Gonglu Gongcheng Gongfa Huibian

公路工程工法汇编

(2008)

中国公路建设行业协会 编

人民交通出版社

内容提要

《公路工程工法汇编(2008)》由中国公路建设行业协会组织编写。本工法汇编包括路基工法17项、路面工法27项、桥梁工法57项、隧道工法3项,其主要内容为公路工程中的路基、路面、桥梁及隧道的最新施工工艺和施工技术。本工法符合国家公路工程建设的方针、政策、标准规范,具有先进性、科学性和实用性,对于保证工程质量和安全,提高施工效率,降低工程成本,节约资源,保护环境等有重要的指导作用。

本书可供从事公路工程施工技术与管理人员学习参考。

图书在版编目(CIP)数据

公路工程工法汇编.2008/中国公路建设行业协会编.
北京:人民交通出版社,2009.2
ISBN 978-7-114-07599-5

Ⅰ.公… Ⅱ.中… Ⅲ.道路工程—施工技术—标准—汇编—中国—2008 Ⅳ.U415.6-65

中国版本图书馆CIP数据核字(2009)第016997号

书　　名:公路工程工法汇编(2008)
著 作 者:中国公路建设行业协会
责任编辑:沈鸿雁
出版发行:人民交通出版社
地　　址:(100011)北京市朝阳区安定门外外馆斜街3号
网　　址:http://www.ccpress.com.cn
销售电话:(010)59757969,59757973
总 经 销:北京中交盛世书刊有限公司
经　　销:各地新华书店
印　　刷:北京市密东印刷有限公司
开　　本:880×1230　1/16
印　　张:61
字　　数:1789千
版　　次:2009年2月　第1版
印　　次:2009年2月　第1次印刷
书　　号:ISBN 978-7-114-07599-5
印　　数:0001—3000册
定　　价:150.00元

前言

为了深入贯彻落实科学发展观，鼓励和引导公路交通建设从业单位大力开展科技创新，促进公路工程新技术、新工艺、新材料和新设备的推广和应用，中国公路建设行业协会受交通运输部的委托，进行公路工程工法管理工作，并于2008年度首次开展公路工程工法申报评审工作。经有关单位积极申报、专家评审、相关媒体公示等程序，最终审定104项为2008年度公路工程工法。

公路工程工法是以公路工程为对象，施工工艺为核心，运用系统工程原理，把先进技术和科学管理结合起来，经过一定的工程实践形成的综合配套的工程建设施工方法，划分为路基、路面、桥涵、隧道、交通工程五类。公路工程工法必须符合国家公路工程建设的方针、政策、标准规范，必须具有先进性、科学性和实用性，保证工程质量和安全，提高施工效率，降低工程成本，节约资源，保护环境等特点。公路工程工法的关键性技术属于公路工程建设行业内领先水平；工法中采用的新技术、新工艺、新材料、新设备在执行公路工程行业标准规范的基础上要有所创新。

这批工法是我国公路工程建设行业评审出的第一批公路工程工法，是从业单位科技创新成果的具体体现，是广大工程技术人员对优秀施工方法的科学总结。从总体看，这批工法都是经过实践检验证明的、优秀的施工方法，都是在原有公路工程施工技术规范基础上有所创新，有较强的创新性和实用性。为了倡导公路交通建设单位和广大工程技术人员积极推广应用公路工程工法，继续修改完善现有工法，积极探索和实践新的工法，不断加强工法成果管理工作，我们将这些工法汇编成书，把公路交通建设优秀科技创新成果展现给大家，以此激励从业单位和工程技术人员坚持科技创新，提高自主创新能力，在实践中认真总结难点和重点项目的宝贵施工经验，加强公路工程工法的开发和管理工作，不断提高公路工程质量，促进资源节约型和环境友好型交通运输行业健康发展。

本书的编写，凝结了工法完成单位和工程技术人员的辛勤汗水和劳动，以及公路建设行业有关专家的智慧。张景珠、程树本、万全、刘元炜、许建盛和人民交通出版社等单位的同志为本书编写和校稿做了大量工作，在此我们一并表示诚挚的谢意！

汇编过程中，由于时间紧迫，水平有限，难免出现一些疏漏或错误之处，敬请从业单位和广大读者批评指正。

中国公路建设行业协会

2009年1月

目　录

路　基　篇

路　面　篇

桥 梁 篇

隧 道 篇

路　基　篇

软土路基水泥搅拌桩施工工法

GGG(皖)A2001—2008

李长斌 魏 英 王 洁 陈 刚 张玉杰
(安徽省路桥工程集团有限责任公司 安徽建工集团有限公司)

1 前言

软土路基水泥搅拌桩是一种深层搅拌桩,深层搅拌法加固软土地基是利用水泥或水泥浆作为固结剂,通过特制深层搅拌机械,在地基深部把软土与固结剂强制拌和,使其成为既具有较好整体性、水稳定性又能满足强度要求的加固土体。此工法对提高软土路基承载能力、减小地基的沉降量有明显效果。通过施工项目现场施工和管理,结合水泥搅拌桩成桩的理论知识,总结出高速公路桥坡段、河塘软基处理段、涵洞基础处理的水泥搅拌桩施工工法,有效控制深层水泥搅拌桩成桩质量,解决了水泥搅拌桩质量控制的难点,确保了软基处理的效果。

2 工法特点

2.1 适用范围广

软土路基水泥搅拌桩适用于淤泥、淤泥质土、粉质黏土、粉土等软土地基,地基承载力标准值不大于120kPa的软土地基,施工深度通常可达20m。

2.2 处理可靠,渗透系数小

采用双排梅花型的布置形式,处理更加可靠。

2.3 施工机具简单

所用的施工机具比较简单,目前市场上有生产。

2.4 充分利用软土

由于利用深层搅拌机就地将土体和水泥固化剂强制进行搅拌,充分地利用软土,避免了大量挖掘和弃土。

2.5 对周围环境无污染

在加固过程中对周围土体无扰动,施工时振动小、对周围环境无污染。

2.6 节约资金

与目前常用的其他软基处理技术相比较,处理费用低廉。

3 适用范围

软土路基水泥搅拌桩技术适用于淤泥、淤泥质土、粉质黏土、粉土及饱和性土等软土地基,目前在软土地基中施工深度通常在4~20m。

4 工艺原理

软土路基水泥搅拌桩是以水泥作为固化材料,通过专用的搅拌机械,将水泥浆喷到软弱地层中,凭借钻头叶片,在原位进行强制搅拌形成土和掺和料的混合物。软土路基水泥搅拌桩加固机理是通过水泥的水解、水化作用所生成的水泥水化物与土颗粒之间的离子交换和团粒化作用、凝硬作用、碳酸化作用等一系列的物理—化学反应,从而产生一种特殊的具有较高强度、较好变形特性(整体性)和水稳定性的混合柱状加固体的水泥骨架;同时水泥在水化过程中生成的钙离子与土颗粒表面的钠离子进行离子交换作用,生成稳定的钙离子,从而进一步提高土体的强度,提高地基承载力。

5 工艺流程及操作要点

5.1 工艺流程

采用搅拌桩专用机械设备,施工深度为4~20m。钻机钻孔时,回转转盘和加压机构通过钻杆向钻头施加作用力,钻头在轴压力和回转扭矩作用下切入土层并切碎土体到达深度后,然后反向旋转提升钻头,同时用压缩空气输入水泥浆,通过钻头的搅拌作用,使水泥浆和土体充分拌和,边提升钻头、边喷入液化料、边搅拌混合,直至钻头提出地面完成一根桩的施工。在实际施工过程中,计算机根据现场的操作作实际的记录,依此检验拟定的参数,以确定施工的技术参数。通过实践,采用2喷4搅法施工更能有效控制施工质量。施工工艺流程见图1。

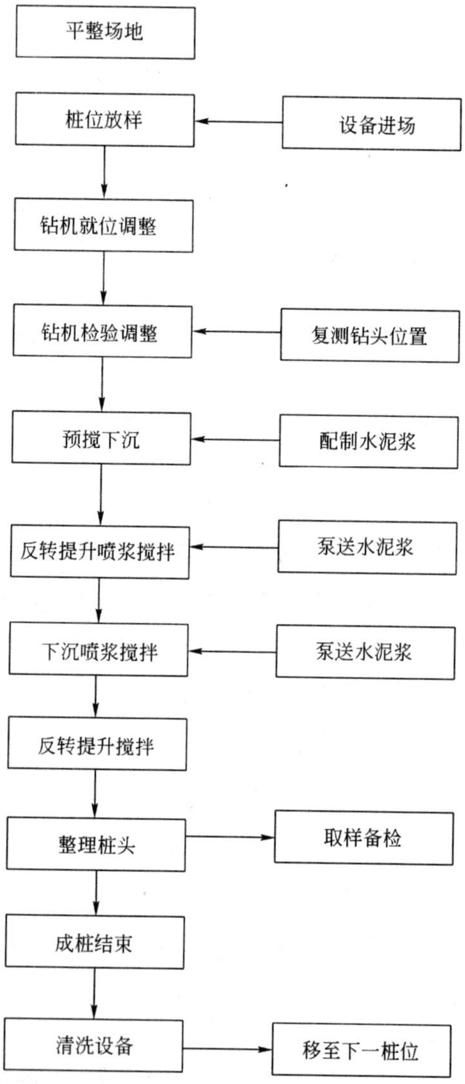

图1 软土路基水泥搅拌桩施工工艺流程图

5.2 操作要点

5.2.1 施工准备

1)技术准备

(1)做好技术交底、安全交底,熟悉施工图纸及设计说明和相关设计文件、施工规范,熟知质量要求,满足《软土地基深层搅拌桩加固技术规程》(YBJ 225—91)和《公路工程质量检验评定标准》(JTG F80/1—2004)的要求。

(2)高程控制点、平面控制点布设完毕,导线、水准测设资料齐全且经过审批。对每一根桩进行编号,计算出桩位坐标,测出桩位处施工前地面高程。

(3)现场技术员及钻机操作手、其他作业人员要熟知施工步骤,特别是工序间的衔接要顺畅。根据技术交底、安全交底进行各项施工准备。

(4)施工前应检查水泥及外掺剂的质量,桩位、搅拌机工作性能、各种计量设备(主要是水泥流量计及其他计量设备)完好程度。

2)作业条件

(1)先平整场地,做好水泥储存场地,在一侧开挖排水边沟,保证雨季场地不积水。清除桩位处地上、地下一切障碍物(包括大块石、树根和生活垃圾等)。场地低洼时应回填黏性土料,不得回填杂填土,基础底面(设计高程)以上宜预留500mm厚的土层;开挖基坑时,将上部质量较差桩段挖去。

(2)施工前在水泥浆罐的罐壁上用稍大的铁块或螺丝帽焊接出用水面和水泥浆面的准确位置以确保水泥浆配合比。标定深层搅拌机械的灰浆泵输浆量、灰浆经输浆管送达搅拌机喷浆口的时间和钻杆提升速度等施工参数。

(3)根据设计要求通过成桩试验,确定最佳的搅拌次数、水泥浆的水灰比、泵送时间、泵送压力、搅拌机提升速度、下钻速度以及复搅深度等参数,以指导下一步水泥搅拌桩的大规模施工。每个标段的试桩不少于5根,必须待试桩成功后方可进行水泥搅拌桩的正式施工。试桩检验可采取7d后直接开挖取出,或至少14d后取芯,以检验水泥搅拌桩的搅拌均匀程度和桩体强度。

(4)施工使用的固化剂和外掺剂必须通过室内试验检验方能使用。固化剂浆液应严格按预定的配比拌制。制备好的浆液不得离析,泵送必须连续,拌制浆液的罐数、固化剂与外掺剂用量以及泵送浆液的时间等要有专人记录。

(5)施工时应严格控制喷浆和停浆时间。每根桩开钻后应连续作业,不得中断喷浆。严禁在尚未喷浆的情况下进行钻杆提升作业。储浆罐内的储浆应不小于一根桩的用量加50kg,若小于上述质量,不得进行下一根桩的施工。

3)施工技术参数

(1)钻进速度:$v \leq 1.0$m/min。

(2)提升喷灰速度:0.5~0.8m/min。

(3)喷浆量:根据设计要求和成桩试验确定。

(4)搅拌转数:根据成桩试验确定。

(5)送灰管的长度应控制在60m内。

(6)湿喷桩送灰管内空气压力一般为0.2~0.4MPa,搅拌时$P=0.3$MPa,对含水率较大的软土压力应降低至0.25MPa。

(7)停浆面:搅拌提升至距原地面30cm时,发送器(泵)停止向孔内喷浆。

5.2.2 桩位放样

根据计算出的各个桩位坐标,用经纬仪或全站仪放出各个桩的中心桩,同时设立控制桩,以利于及时校核桩位,以及恢复被桩机移动所破坏的中心桩。用石灰线从两个方向将中心桩连接,利于现场保护及确定桩位,控制桩机行走,避免漏桩。

5.2.3 桩机定位

(1)平面就位。放好桩位后,按桩的施工顺序移动搅拌桩机到达指定桩位,钻头对中。

(2)调整桩机。双向控制导向架垂直度,在桩机井架的正面和侧面均应吊挂垂球,垂球质量不小于2kg。根据导向架的吊锤偏移,用米尺测定搅拌轴垂直度,通过间接测定导向架垂直度来监测桩身垂直度,可及时发现施工时桩机是否倾斜。调整导向架垂直度,按设计及规范要求,一般竖直度小于1.5%桩长。

(3)桩位复测。桩机就位调整好后,根据控制桩检查钻头位置。

(4)确定起钻点、终钻点。平面位置无误后,进行高程测量。在钻头落地的情况下,在桩机井架上准确画出每米的深度标示线,标示出“零”起点的位置,根据设计桩长资料,计算出终钻时钻杆长度,确定终钻位置。

5.2.4 预搅下沉

(1)水泥搅拌桩开钻之前,应用水清洗整个管道并检验管道中有无堵塞现象,待水排尽后方可下钻。

(2)启动搅拌桩机转盘,待搅拌头转速正常后,方可使钻杆沿导向架边下沉边搅拌。下沉速度可通过档位调控,工作电流不应大于额定值。

5.2.5 拌制浆液

(1)单根桩所需的水泥浆尽量一次拌制完成。一次拌不完的,根据总量分次拌制完成。深层搅拌机预搅下沉的同时,后台拌制水泥浆液,待压浆前将浆液放入集料斗中。每根桩每次所使用的水泥浆量要均匀充足,使用时根据在水泥浆罐罐壁上焊接的每根桩(或每次)需用水泥浆的刻度线确定用浆量,确保水泥浆满足配合比要求。通常水灰比控制在0.45~0.50范围,水泥浆相对密度要符合要求。

(2)确定每米喷浆量。根据设计文件对水泥含量、桩径的要求,通过成桩试验,确定水泥浆的最佳水灰比、泵送时间和压力、搅拌机提升和下钻速度等参数，确定每米喷浆量。

5.2.6 喷浆反转搅拌提升

下沉到达设计深度后，开启灰浆泵，通过管路送浆至搅拌头出浆口，出浆后启动搅拌桩机及拉紧链条装置，按设计确定的提升速度，边喷浆反转搅拌边提升钻杆，使浆液和土体充分拌和，第一次提钻喷浆时应在桩底部停留30s，进行磨桩端，提钻至工作基准面下0.3m处，持喷30s后，停止搅拌和喷浆。

5.2.7 重复搅拌下沉

启动搅拌桩机转盘，待搅拌头转速正常后，开始喷浆，同时使钻杆沿导向架边下沉边搅拌，下沉速度按设计要求进行，重复搅拌下沉至设计深度。下沉到达设计深度后，停止喷浆。

5.2.8 重复搅拌提升

重复反转搅拌提升，一直提升至地面。

5.2.9 取样，做好样品标志

保存养护好样品，备检。整理好桩头。

5.2.10 桩机移位

施工完一根桩后，移动桩机至下一桩位，重复以上步骤进行施工。

6 材料与设备

6.1 材料性能

6.1.1 水泥

满足设计要求，应采用合格的R32.5级普通硅酸盐袋装水泥以便计量，出厂日期不超过三个月。使用前，承包人应将水泥的样品送中心试验室或监理工程师指定的试验室检验。

6.1.2 外加剂

所采用外加剂须具备合格证与质保单，满足设计要求，并应做复试。

6.2 主要设备

深层搅拌机(KTZ-21搅拌机或其他型号桩机)、灰浆搅拌机、集料斗、压浆泵、发电机(120kW)、电脑记录仪。施工前应检查机械工作性能、各种计量设备(主要是水泥流量计及其他计量设备)完好程度，组织验收合格后方可开钻。

7 质量控制

7.1 质量控制要点

7.1.1 钻机垂直度的控制

测量放线布桩时要重点对控制性轴线、桩位进行复查，满足要求后方可开钻。根据5.2.3双垂球调整导向架垂直度，将钻机平面调平以使钻杆相对地面保持垂直，按设计及规范要求，一般垂直度小于1.5%桩长。

7.1.2 桩长、桩位、桩径的控制

(1)桩长的控制。要在桩机的井架上准确标示出“零”起点，根据起钻点、设计桩长资料，确定终钻位置。

(2)桩位控制。放出各桩中心桩的同时设立控制桩，以利于校核，见5.2.2。

(3)桩径控制。要求不小于设计直径，且直径磨损量小于1cm，经常检查钻头，发现磨损超限时及时焊补。

7.1.3 水泥剂量的控制

为确保桩体水泥每米掺入量以及水泥浆用量达到设计要求，每台机械均应配备电脑记录仪。同时，现场拌制浆液应用比重计控制水泥浆稠度。应做到一桩一配浆，一桩一清池(灰浆池)，并用水泥砂浆抹面进行防水处理;同时安排专人负责,全过程旁站。

7.1.4 桩头的复搅

为保证水泥搅拌桩桩端、桩顶及桩身质量,第一次提钻喷浆时应在桩底部停留30s,进行磨桩端,当提升至地面以下1m时宜用慢速;提钻并喷浆升至工作基准面以下30~50cm时,持喷30s水泥浆,保证桩的上部密实度和强度。

7.1.5 喷浆时间控制

施工时应严格控制喷浆时间,钻进速度、提升速度可以根据设计或地层的不同选用,但是不大于0.8m/min。每根桩开钻后应连续作业,不得中断喷浆。严禁在尚未喷浆的情况下进行钻杆提升作业。

7.1.6 工艺流程控制

根据成桩试验确定的技术参数,并严格2喷4搅法进行施工,并控制钻头下沉和提升速度以及喷浆和停浆时间,保证加固范围内每一深度都得到充分的搅拌,按要求进行复核。

7.1.7 施工原始记录

随时检查施工记录,对照施工工艺对每根桩进行质量控制。现场施工人员填写记录内容应包括:①施工桩号、施工日期、天气情况;②喷浆深度、停浆高程;③灰浆泵压力、管道压力;④钻机转速;⑤钻进速度、提升速度;⑥浆液流量;⑦每米喷浆量和外掺剂用量;⑧复搅深度。

7.2 质量验收

7.2.1 主控项

(1)水泥和添加剂质量和水泥用量满足设计要求和本工法规定性能。

(2)桩体强度和地基承载力满足设计要求。

7.2.2 一般项目

桩底、桩顶高程、桩位偏差、桩径、竖直度等符合《公路工程质量检验评定标准》(JTG F80/1—2004)中规定(见表1)。

实测项目及检验方法 表1

项 次	检 查 项 目	规定值或允许偏差	检查方法和频率
1	桩距(mm)	±100	抽查2%
2	桩径(mm)	不小于设计	抽查2%
3	桩长(m)	不小于设计	检查施工记录
4	竖直度(%)	1.5	检查施工记录
5	单桩喷粉量	符合设计要求	检查施工记录
6	强度(kPa)	不小于设计	抽查5%

7.2.3 检验方法

1)人工直接观察

桩体圆匀,无缩颈和回陷现象;搅拌均匀,凝体无松散;群桩桩顶齐,间距均匀。

2)静力触探

(1)水泥搅拌桩成桩7d可采用轻便触探法进行桩身质量检验。

(2)检验搅拌均匀性:用轻便触探器中附带的勺钻,在桩身中心钻孔,取出桩芯,观察其颜色是否一致,是否存在水泥浆富集的"结核"或未被搅匀的土团。

(3)触探试验:根据现有的轻便触探击数(N10)与水泥土强度对比关系来看,当桩身1d龄期的击数N10大于15击时,桩身强度已能满足设计要求;或7d龄期的击数N10大于30击时,桩身强度也能达到设计要求。轻便触探的深度一般不超过4m,触探点距桩中心2/5直径处,成桩检验频率为2%。

(4)由于轻便触探器的检查结果只能定性而不能定量,因此,经轻便触探器检查后,如对某些桩体强度有怀疑时,进一步做钻孔取芯检查测定桩体强度。

(5)在搅拌桩检测中,静力触探除用于对桩体进行7d内静探外,还可用于对桩周土进行静探测试,结果可判定被探体(土层或桩体)的密实性、均匀性、地基处理前后的承载力、不排水强度、压缩性质等,用来计算单桩承载力。

3)钻孔取芯

(1)水泥搅拌桩成桩28d后,用钻孔取芯的方法检查其完整性、桩土搅拌均匀程度及桩的施工长度。每根桩取出的芯样由监理工程师现场指定相对均匀部位,送试验室做(3个一组)28d龄期的无侧限抗压强度试验,留一组试件做3个月龄期的无侧限抗压试验,以测定桩身强度。钻孔取芯频率为1%~1.5%。

(2)对搅拌桩取芯后留下的空间应采用同等强度的水泥砂浆回灌密实。

4)地基承载力试验

搅拌桩的质量检验可用单桩或复合地基载荷试验检验地基承载力。载荷试验在成桩28d后进行,检验点数应不小于总桩数0.5%,且不少于3点。

5)检测结果判定

如果某段或某一桥头水泥搅拌桩取芯检测结果不合格率小于10%,则可认为该段水泥搅拌桩整体满足要求;如果不合格率大于10%小于20%时,则应在该段同等补桩;如果不合格率大于30%,则该段水泥搅拌桩为不合格。

6)随机抽查

在特大桥桥台或软土层深厚的地方,或对施工质量有怀疑时,可在成桩28d后,由监理工程师随机指定抽检单桩或复合地基承载力。随机抽查的桩数不宜少于桩数的0.2%,且不得少于3根。试验用最大载荷量为单桩或复合地基设计荷载的2倍。

8 安全措施

8.1 严格执行OHSAS 18001:1999职业健康安全管理体系标准,建立安全生产保障体系,明确安全生产责任,规范具体操作方法,真正达到"纵向到底,横向到边"的全方位、全过程、全员负责的安全生产要求。

8.2 认真落实施工组织设计中安全技术管理的各项措施,严格执行安全技术措施审批制度、施工项目安全交底制度以及设备交接验收使用制度。

8.3 严格执行安全技术操作规程,模范遵守安全生产规章制度。机械操作人员必须身体健康、培训合格、持证上岗,正确使用个人防护用品,非专业人员禁止操作机械。

8.4 操作工人进入施工场地必须戴好安全帽,严禁酒后操作和施工。上灰工上岗时应采取戴口罩等防止粉尘的措施,防止粉尘吸入。

8.5 发生事故时,保护好现场,及时施救、及时上报,并认真吸取教训。

9 环保措施

9.1 严格执行ISO 14001:1996环境管理体系标准,加强环境保护宣传、教育,建立完善的环保施工纪律,增加施工人员的环保意识和自觉性。

9.2 必须工完场清。设专人洒水、打扫,不能让水泥灰尘飞扬污染环境。

9.3 施工机械不得有滴漏油现象,禁止油污直接滴漏地表,污染土壤。

9.4 材料堆放整齐,废弃物及时清运,注重施工现场的卫生。

10 资源节约

该技术综合复合地基进行软基加固方法的特点,可以快速有效地对高速公路桥坡段、河塘软基处理段、涵洞基础进行处理,是国内先进的软基处理技术。本工法有效提高软土路基承载能力,减小地基的沉降量,且施工工期短、工后沉降量小、稳定性好。该技术避免了常用软基处理中的大量挖弃,对环境无污染,对周围土体无扰动。在工程应用中得到证实,该工法绿色环保,经济有效,具有良好的社会和经济效益。

11 效益分析

此方法为一种经济、实用、有效的软土加固技术,对提高软土路基承载能力、减小地基沉降量有明显效果。深层水泥搅拌加固技术无振动、无噪声、无环境污染,施工简便、快捷、费用低,特别适用于软黄土、淤泥质土、黏性土、粉土、杂填土等天然土体加固,具有较大的推广使用价值。

12 工程实例

12.1 安徽省沿江高速公路 YJ1-07 标段

软土路基水泥搅拌桩加固地基分布于 K36 +828.9 ~ K36 +942.2、K37 +049.7 ~ K37 +070.3、K37 +175.2 ~ K37 +198.9、K37 +358 ~ K37 +372.1、K37 +484.2 ~ K37 +507.9、K37 +603.7 ~ K37 +649 六个区域,共有桩 7 265 根,合计 53 537m。设计桩径为 50cm,按梅花型布置,间距分别为 A 区 1.1m、B 区 1.2m、C 区、D 区 1.3m,桩长分别为 7m、6m、9m。该项目的水泥搅拌桩施工采用了有效措施,较好地控制了桩垂直度、桩长和桩位,在水泥桩搅拌桩施工过程中采用了 2 喷 4 搅法施工。经检测桩体的垂直度、位置和桩体质量等指标良好,分项工程一次性通过验收。后期沉降观测表明,效果良好,达到设计要求,施工质量良好。

12.2 安徽省芜湖三环东路 BT 项目

芜湖三环路软土路基水泥搅拌桩加固地基分布于 K0 +815 ~ K1 +415、K1 +910 ~ K2 +210、K2 +720 ~ K2 +820、K3 +300 ~ K3 +580、K4 +680 ~ K4 +925 五个区域,共有 94 108 根,合计 773 374m。设计桩径为 50cm,按梅花型布置,间距 1.4m,桩长 8 ~15m。该项目的水泥搅拌桩施工采用了双垂球调整导向架垂直度,并较好地控制了桩长、桩位,水泥桩搅拌桩施工过程中采用了 2 喷 4 搅法施工。经检测桩体的垂直度、位置和桩体质量等指标良好,分项工程一次性通过验收,施工质量良好,完全满足规范及设计要求。

湿陷性黄土路基施工工法

GGG(中企)A2002—2008

李海鹏 程五胜 方劲松 祁 鹏 喻进全 彭河宽 钟才根 雷雨亮 杨 勇
(安通建设有限公司 北京市海龙公路工程公司)
任世杰 于建军 李 岩 陶 帅 任睿铁
(中铁九局集团有限公司)

1 前言

黄土是第四纪形成的沉积物,是一种具有大孔隙、高压缩性和湿陷性的特殊黏性土。黄土的物理性质表现为疏松、多孔隙,垂直节理发育,极易渗水,且有许多可溶性物质,很容易被流水侵蚀形成沟谷,也易造成沉陷和崩塌,在我国分布很广,总面积达63万km^2。根据湿陷性大小,黄土分为湿陷性黄土和非湿陷性黄土。湿陷性黄土又可细分为自重湿陷性黄土和非自重湿陷性黄土。从力学性质角度分析,黄土变形分压缩性变形和湿陷性变形。前者是指黄土在荷载作用下且含水率不变情况下所产生的垂直变形;后者指在荷载和浸水共同作用下,由于结构遭受破坏而发生的垂直变形,这是黄土的重要性质。

1.1 黄土的结构特征及湿陷机理

黄土具有大孔隙、竖向节理等特征。我国黄土的显微结构有明显的区域性变化规律,由西北部的粒状架空接触式结构逐渐过渡到东南的凝块胶结式结构。构成黄土结构体系的支柱是骨架颗粒,颗粒的排列方式决定结构体系的稳定性。由于气候干燥,在黄土形成过程中形成了粒状架空接触式结构,其微观特点如下。

1.1.1 骨架颗粒的形态

黄土骨架颗粒主要有粒状和凝块状两种,在甘肃分布的黄土一般为碳酸盐牢固胶结,有较大的刚性。由于气候干燥,加固黏聚力阻碍了土体有效压密从而形成以粒状为主的结构,在浸水条件下易产生强烈湿陷。

1.1.2 骨架颗粒的连接形式和排列方式

骨架颗粒分点接触和面胶结两种。湿陷性黄土属点接触连接,其直接接触面很小,连接强度主要由接触点处的盐晶胶形成的加固黏聚力所成。在水浸入时,部分盐晶溶解,削弱了连接强度,即使在较小的压力下,这种连接也极易破坏。这种点接触导致一定数量的颗粒松散堆积形成大孔隙、架空孔隙排列,因而极易湿陷。

1.1.3 黄土的湿陷机理

在干旱和半干旱的条件下形成的黄土,由于蒸发量大,水分不断减少,盐类析出,胶体凝结,产生了加固黏聚力。在黄土湿度不很大的情况下,上覆土层不足以克服土中形成的加固黏聚力,因而形成欠压密状态,一旦受水浸湿,加固黏聚力消失,就产生湿陷。

1.1.4 湿陷性黄土的工程力学特点

由于黄土大孔隙、架空孔隙等结构特点,在工程力学上表现出高压缩性、抗剪强度随含水率增加迅速降低等特点。受水侵蚀后,就会产生很大的变形,引起不均匀沉降,造成建筑物的破坏。在黄土地区修建高速公路的路基稳定性问题一直是一个难题。

1.2 工法的产生及应用

(1)在山西省汾(阳)柳(林)高速公路施工中,安通建设有限公司会同同济大学岩土工程系等相关部门共同进行科学研究试验,精心采集数据,确定了综合运用强夯、重锤夯实、挖台阶、土工格栅等处理湿陷性黄土高填方路基的“湿陷性黄土路基施工工法”,该工法先后在汾柳高速公路、离军高速公路、树徐高速公路等工程项目施工中获得推广应用。工程实践证明,该方案可处理黄土的不良地质特性如湿陷性、膨胀性,保证高填方路基的施工质量,为同类高速公路路基施工提供了依据。

(2)中铁九局集团有限公司所承建的阜新至朝阳高速公路22标段(K449+100~K458+500)经过地区大部分为湿陷性黄土。为确保路基、桥涵施工质量,采用该湿陷性黄土路基施工工法,通过现场实际研究和多次监测数据确定合理的强夯作业标准,解决湿陷性黄土强夯处理中的诸多技术问题,得到了良好的效果。

2 工法特点

本工法综合采用强夯、重锤夯实、挖台阶、土工格栅等易操作的施工方法,在处理湿陷性黄土不良地质特性方面取得了良好的效果,对比换土法、化学加固法、深层搅拌桩法、振冲碎石桩法、CFG(水泥粉煤灰碎石桩)法、夯坑置换法、压力灌注浆法等,具有如下显著特点:①费用低;②可操作性强,施工工艺简单;③工程质量有保证,工后沉降量小,沉降均匀,稳定时间短;④施工进度快,效率高;⑤适用土质广。

3 适用范围

本工法适用于黄土地区路基施工,特别能够处理黄土的湿陷性、膨胀性等不良物理特性给工程施工造成的影响。

4 工艺原理

湿陷性黄土地区修建高速公路往往要克服多种不良地质特性,采用单一的处理方法很难处理好高填方的黄土路基施工质量。本工法采用多种方法综合利用,分别从黄土地区的地基基底、填挖处理、强夯、压实、土工格栅加固、防水等方面综合整治黄土的不利因素,并在施工中采用大功率压实机械保证路基压实度,从而消除部分湿陷性,保障高填方黄土路基的施工质量。

5 施工工艺流程及操作要点

5.1 施工工艺流程(图1)

5.2 清表

开工伊始,全线调查,路基外两侧50m范围内黄土陷穴全部进行处理。陷穴较浅的开挖,夯实回填;离路槽近的薄弱点,用强夯处理;陷穴较深的用砂粒回填,三七灰土封口处理。力争将横穿路基的地表水排除,以确保路基的稳定。

路基填筑前,用人工对路基用地范围内的草皮清理,并将其运至指定地点。采用推土机配合挖掘机作业清除路基用地范围内的原地面以下300mm内的草皮、树根、表土、腐质土等有机物残渣和垃圾,并将其规整地堆放到征用的弃土场内。

5.3 防排水设施

路基开始施工时,路基基底为湿陷性黄土时挖方地段应先做好截水沟,避免水流冲刷边坡,形成空洞、陷穴。填方地段应先挖开排水沟,排除流向路基的地表水,保证水流畅通。施工前做好路基排水十分重要,为保证施工生产的顺利进行,在业主提供的征地界内,依据设计图纸纵向边沟的位置,开挖出与设计宽度、深度基本一致的排水沟,控制好排水沟的纵坡,保证路基地表水能够顺利排出,一般场地清理完后,应全面进行填前整平碾压。地上与地下排水构造物均应采取防渗措施,以减少地基湿陷性沉降。路基在施工过程中,必须做好临时排水工程、(如急流槽、截水沟等),防止路基浸泡,严禁雨水冲刷上、下边坡。对液限大于50%、塑性指数大于26的土,以及含水率超过规定要求的土,不得直接作为路堤填料。

5.4 摊铺整平和闷料

5.4.1 摊铺整平

黄土路基填筑采用水平分层、纵向分段填筑压实的方法施工。每层填筑土松铺厚度不得大于35cm,压实厚度不得超过30 cm,纵向分段长度一般以200m左右为宜。在基底处理交验后,由测绘人员精确放出路基中线及坡脚线(放线时注意每侧要比设计宽度超宽50cm,以保证路基边缘压实度,并撒出三条白灰线;在坡脚线上每隔10m插一根用油漆刷成红白相间、间距30cm的竹制标杆,在路基中线上每隔10m做一个土标高台(高度等于松铺厚度),再根据自卸汽车的吨位和土的压实系数,用石灰粉划出每车土所占的位置,由专人负责指挥车辆卸土。

填料摊铺整平使用推土机进行初平,再用平地机进行终平,控制层面无局部的凹凸。对于黄土填料,平整面做成向两侧倾斜4%的横向排水坡。为有效控制每层松铺厚度,初平时应用水准仪控制每层的松铺厚度。

5.4.2 闷料

黄土的含水率大都在9%左右,最佳含水率在12%~14%之间。在最佳含水量情况下采用LT220压路机强振4遍即可达到93%的压实度。而含水率为9%左右的黄土,则需要强振8遍才能达到相应的压实度,可见提高含水量更加经济,促进施工进度。施工时可采用洛阳铲在取土场打孔,梅花状布孔,孔径间隔3~5m。孔深2m,孔径30cm,注水闷料3d左右才能保证含水率均匀,或在取土场挖坑槽,注水后加土覆盖。路基填土尽量在夜间进行,填土前要洒水润湿,摊铺后如含水率低于最佳含水率,要进行洒水,闷料2~3h后进行压实。路基填筑土方的含水率应控制在最佳含水率+2%之内。

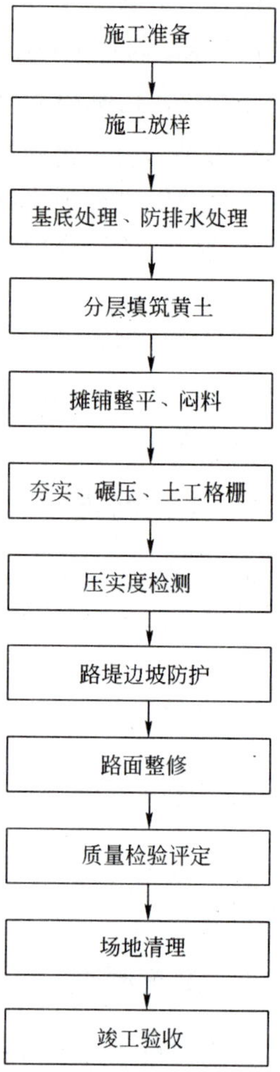

图1 湿陷性黄土路基施工工艺流程图

5.5 路基填筑

(1)路基填料要均匀,不得含有大土块。路基填筑完成后,全线(除桥梁外)铺15cm厚砂砾,其厚度不侵占路面结构层厚度。

(2)挖方区及填挖接合部上路床深度范围内的原地面土应予以挖除换填或采取重锤夯实处理,然后按上路床填方的要求施工。不同性质的土应分别填筑,不得混填,每种填料层累计厚度不宜小于0.5m,强度较小的土应填在下层。

(3)采用振动压路机碾压时,第一遍不振动预压使填土表面平整度较好。压路机行驶速度要适当:光轮压路机为2~5km/h,振动压路机为3~6km/h。对于含水率小、压实度要求较高的黄土,压路机行驶速度应再降低。压实过程中,应先压两侧,后压中间。为了保证横向接缝和纵向接缝之间的压实度都符合要求,应重叠压实。

(4)对窄而深的"V"形冲沟,清除表土后,原状土CBR值能达到要求,可不挖台阶。在填土距路基顶面4m时,应创造条件在沟壁开挖台阶,台阶高度为1m,宽度不得小于1m。

(5)在填挖交界处回填土尽量与原状土的土质保持一致。当填至距设计标高2m以内时,停止运土填筑,将沟顶原地面的土分层推至沟内进行填筑,以保证距路床下一定深度范围内路基的均匀性。

(6)在斜坡上填筑路堤时，当横坡为1∶10～1∶5时，应清表后并翻松整平表土，地面重夯再进行填筑；当横坡陡于1∶5时，还应将原地面从填方坡角向上挖成向内倾斜不小于2%的台阶，台阶宽度不小于1.0m。挖方一侧行车范围内的宽度不足一个行车道宽度时，应挖够一个行车道宽度。

(7)对半填半挖路堤可能出现局部滑坡、坍塌和路基整体滑动等病害。根据现场实际情况可采取设土工钉和抗滑桩等措施。对于土质路基，现场质量按压实度与含水率双指标同时控制，所有路基填土的CBR均应满足设计要求。施工中应严格按现行《公路路基施工技术规范》要求的检测方法和频率进行检测。

5.6 强夯处理

5.6.1 强夯的机理

目前所采用的普通压实机具，只能提高土体三相体的密度，而无法提高深层地盘的强度。强夯(重锤)夯实可将动能以冲击波方式传递于地盘，使地盘c、φ值增大，从而提高抗剪能力；使地盘压缩模量E_S大为提高，从而将未来的沉降量在压实过程中提前实现。对于天然地基的不良工程特性如黄土的湿陷性、膨胀土的膨胀性，强夯(重锤)夯实可通过提高地基土的抗剪强度、改善地基土的压缩特性，消除或减少特殊土的不良工程特性。对于土体具有强湿陷性或较高的压缩性，且容许承载力低于路堤自重压力时，应考虑地基自重和活载作用下所产生的压缩下沉。除采取防止地表水下渗的措施外，液性指数偏大，土质处于可塑—软塑状态，采用强夯挤密效果好，加密深度较易达到，但易出现软弹现象。在实际施工中，如果夯坑两侧出现隆起，应停止夯击，应晾晒一定时间后，在夯坑内加入粗集料，继续夯实，尽量防止出现橡皮土。

(1)强夯处理地基的厚度：根据场地的地质条件和设计要求，首先确定出地基处理厚度Z，该厚度决定强夯采用的夯击能，按需处理厚度依照梅纳公式：

$$Z = a\sqrt{mh} = a\sqrt{E/g}$$

式中：Z——需处理的土层厚度即有效处理深度(m)；

a——修正系数，黄土地基一般取值范围在0.30～0.60；

m——夯锤质量(kg)；

g——重力加速度(m/s^2)；

h——夯锤落距(m)；

E——确定夯击能。

(2)夯点布置方式和夯点间距：夯点的布置方式一般采用正三角形，夯点间距一般用夯锤直径D的倍数来表述，通过试验获得夯点间距。

5.6.2 强夯处理过程

高填方及结构物的原地面进行强夯处理，另外每填高2m时，在距沟壁3m范围内采用2排重锤夯实一次，锤重不小于45kN，落距不小于8m，冲击能量不小于3 500kN/m^2。夯击次数以最后一击沉落量小于2cm为准，且不少于3击。夯锤逐点相切顺序排列。强夯完毕后，用推土机整平，低凹的夯实带应补充填土并用压路机碾压密实，进行强夯效果检验。

采用120kN重锤夯实设备，提升高度为8m。通过强夯试验确定加固地基方案为：

平整场地→起重机就位→测量夯锤前地面高程→吊夯→换夯点→4～7d后，检测夯击后地基承载力。

5.6.3 强夯处理效果

强夯处理的效果可通过处理前后地基承载力的比较中获得判断。采用标准贯入试验测试地基承载力，其处理前后的地基承载力测试结果对比，根据测试结果确定：①单点夯击次数；②单点夯击锤次数可以满足最后两击沉降量小于2cm的要求。

5.6.4 施工控制要点

(1)在正式施工前做强夯试验,以校正各设计施工参数,考核施工设备的性能,为正式施工提供依据。试夯应有单点及小片试区,必须时应有不同夯击能的对比,以提供合理的选择。在后面具体阐述施工中试验和监测的具体操作。

(2)了解研究强夯设计意图,根据现场实际提出改进意见,使方案更趋完善合理。

(3)现场的施工机具:吊车、夯锤、自动脱钩装置及辅助施工的推土机、碾压机。

(4)夯实过程的记录和数据包括:每个夯击点的每击夯沉量、夯坑深度、开口大小、夯坑体积和填料量场地隆起、下沉记录;每遍夯后场地的夯沉量及填写料量记录;附近建筑物的变形量监测;满夯前根据设计基底高程,考虑夯沉预留量并整平场地,使满夯后接近设计高程。

(5)对每个夯点的最后一遍夯击及满夯,应控制最后2击的贯入度符合设计或试验要求值。

(6)注意吊车、夯锤附近人员的安全,为防止飞石伤人,吊车驾驶室应加防护网,起锤后,人员应在10m以外并戴安全帽,严禁在吊臂前站立。

(7)强夯过的场地需要作加固效果的评价,强夯检验在场地施工完成并经过时效后进行。

(8)沟底软基按由轻到重、逐渐加荷的施工工艺,使土体逐级夯实,强度逐渐提高,防止土体液化与出现橡皮土。

(9)夯锤必须平稳自由落下,以免改变夯击中心,损耗能量,影响工程质量。

5.7 土工格栅处理

土工格栅是国外在20世纪80年代开发的一种新型工程加固材料,自问世以来,因其优良的力学性质、良好的抗变形能力而在欧美国家广泛应用于路基路面加固。近年来,国内采用土工格栅处理软土地基的路堤修筑技术问题已经得到许多科技工作者的重视。由于土工格栅的抗拉强度大,可增加路基的稳定性;格栅网眼的存在制约了土的横向移动,形成了良好的嵌锁作用,使土体具有较好的整体抗剪能力;土工格栅有一定的刚度使上面的负荷得到扩散,提高了地基的承载力。总之,土工格栅可以减少路堤的均匀和不均匀沉降,并能增加路堤的稳定性。当填土高度超过20m时,填土高每达5m时,铺一层土工格栅;距路基顶8.0m时不再铺土工格栅。铺筑时土工格栅要铺平、拉紧、钉牢。

5.8 路基表面整修

填筑到路基设计标高后,应对路基表面进行整修,保证设计路拱横坡度。整修路堤边坡表面时,如有个别地方边坡缺土,可以自上而下、分层挖台阶加宽,填土夯实,再按设计坡面削坡。弯道内侧路肩边缘,应修建路肩拦水带,以免边坡受到雨水的冲刷。修整完以后,边坡应密实、平整稳定、曲线圆滑。路基填筑完毕后进行路基压实度、纵断高程、中线偏位、宽度、平整度、横坡、边坡七项指标的检测。

5.9 沟底结构物台背回填

黄土地区多存在一些V形沟,这些沟的沟壁比较陡,沟比较深。V形沟底多采用涵洞进行排水或通道。涵顶填土高度较高,因此台背回填特别重要。台背回填中要注意台背填料、回填范围、压实材料、压实机具、压实厚度几个方面。对于湿陷性黄土地段涵洞,台背填筑应采用二八灰土填筑,若施工确有困难,台背涵基部分必须采用二八灰土填筑封层,剩余部分可采用砂砾填筑。若台背距沟壁小于1m时,采用浆砌片石砌筑。

6 材料与设备

6.1 材料

TGDG25土工格栅主要性能指标见表1。

TGDG25 土工格栅主要性能指标表 表1

项 目		单 位	平 均 值	变 异 系 数
网 格 尺 寸		mm	126×19	/
纵向	抗拉强度	N/根	871	0.057
	抗拉强度	kN/m	35.2	0.057
	伸长率	%	8.9	0.059
	应变2%时抗拉强度	kN/m	14.3	0.055
	应变5%时抗拉强度	kN/m	25.6	0.048

6.2 机械设备

实际项目机械设备配置见表2。

机 械 设 备 表 表2

序号	名 称	型 号	数 量	序号	名 称	型 号	数 量
1	挖掘机	CAT320B	2台	5	洒水车	东风	2台
2	推土机	山推160	1台	6	压路机	XS220	2台
3	自卸车	东风	14台	7	强夯机	锤重12t	2台
4	平地机	PY160B	1台				

6.2.1 履带式起重机

一般采用起重能力15t以上的履带式起重机，具有行走方便、稳定性好等优点。起重机要有一定的起重高度，大多在10～14m。

6.2.2 夯锤

夯锤采用钢材制作，夯锤底面为圆形。锤底面积宜根据土质确定，锤径一般2m左右，底面积3～4m^2；锤重可视需要而定，多在10～20t之间，锤底静压力值25～40kPa。一般采用脱钩夯锤。

履带式起重机及夯锤示意如图2。

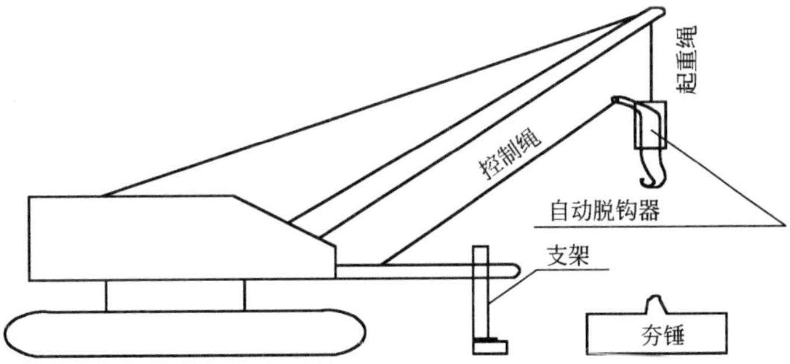

图2 履带式起重机及夯锤示意图

注：1.夯锤是自制铁构件圆柱体，大小根据吊机机型及夯击能量需要确定；2.夯锤锤底至锤顶有4个ϕ200mm的竖向排气孔。

6.3 劳动力配置

实际项目劳动力配置见表3。

劳动力配置表 表3

序号	工 作 内 容	人 数	序号	工 作 内 容	人 数
1	操作土方机械	40	3	试验员检测压实、含水率	3
2	现场指挥装卸车	4			

7 质量控制

本工程各工序针对工艺参照有关规定,除制定明确的质量标准和检查记录表格,执行《公路工程质量检验评定标准》(JTG F80/1—2004)和《公路路基施工技术规范》(JTG F10—2006)等有关规范。

8 安全措施

8.1 加强安全教育,认真进行安全技术交底。

8.2 特种作业人员,必须具有特种作业证书。进行专门的安全操作训练,经过考核合格后,才能准许操作。

8.3 建立和完善安全生产应急预案,加强预案的演练工作。

8.4 健全各项管理制度、操作规程,各岗位职工严守各项规章制度。

8.5 强夯施工时夯锤起落频繁,为保证安全施工,要做到:

(1)强夯区在施工前应设置安全隔离标志或警戒线,严禁非操作人员进入。

(2)起重机操作室挡风玻璃前,设防护网遮挡,并设一个30cm×30cm的钢丝网观察孔,以便驾驶员操作。

(3)强夯前,应对临近夯击区已有工程,如电杆、地下电缆和管线等进行调查,严防情况不明,盲目施工,造成强夯时破坏地下电缆和管线等。

(4)夯锤起吊后严禁操作人员从夯锤下方通过。当夯锤上升接近脱钩高度时,起重车驾驶员要注意观察,夯锤脱钩起重车要停止卷扬;夯锤脱钩如发生故障时,起重指挥人员必须立即发出信号,并将夯锤降落,判明原因后再进行处理。

(5)挂锤人员距夯锤点要保持在15m以外,拉锤时禁止将拉绳绕在手臂上,以防万一锤摆动时脱手不及造成危险。

(6)强夯一段时间后(一般在1 000次夯击左右),起重机应进行保养,要检查机械设备、动力线路、钢丝绳磨损等情况,并着重检查调整回转台平衡钩轮与导轨的间隙,避免加大平衡钩轮的冲击负荷。此外,在连续作业的情况下,每天均应进行检查或保养。

(7)现场应设专人指挥,设专职安全员,坚持班前会议进行安全教育。

9 环保措施

9.1 工程范围以外的土地如取土场、弃土场、施工便道、临时生活用地等,施工完毕应及时进行土地复耕,植被绿化,以免周围环境污染。

9.2 施工场地保持经常洒水、控制扬尘,使得施工场地旁的农田作物无扬尘污染。

9.3 降低施工噪声污染。距居民生活区距离小于100m范围,夜间不安排噪声大于55dB的机械施工。

10 资源节约

相对于其他湿陷性黄土路基处理方法,本工法具有易操作性、节约资源和成本,相比化学加固法还减少了化学品对环境的污染。

11 效益分析

处理黄土地区路基施工的方法如:化学加固深层搅拌桩法、振冲碎石桩法、CFG(水泥粉煤灰碎石桩)的工程造价均比较高,在房建中应用较多,不适宜高速公路的大面积应用。采用本湿陷性黄土路基施工工法,能够及时准确地控制路基压实质量,不造成盲目施工和人工、材料、机械的浪费。工序合理,工程建设速度快,效率高。

12 应用实例

12.1 山西汾(阳)柳(林)高速公路全长77.7km,2003年4月20日开工,2005年10月竣工。汾柳高速公路穿越非自重湿陷性黄土,沿线高山沟壑较多,沟壁较陡,土的塑性指数在8~10之间,属细粒式低液限粉土、低液限黏土,天然含水率在7%~9%之间,天然孔隙比大于0.9。最大路基填方为34m。地质勘探资料及土的物理力学性质指标为:非自重湿陷性黄土层厚12m;黄土层厚度6m;地下水埋藏深度8m;天然密度1.56g/cm^3;液限27%;塑性指数9.8;空隙比1.02;压缩系数0.46MPa^{-1};湿陷系数0.08;地基湿陷等级为Ⅰ级。对填方大于8 m路段基底进行重锤夯实。对填方超过20m及结构物基底采用强夯处理。采用强夯、重锤夯实、挖台阶、土工格栅等多种方法结合处理特殊土高填方路基施工具有较好的效果。

12.2 山西省晋城至侯马高速公路阳城至翼城段,东起阳城县北音河,终于翼城县杨家河,全长64.792km,建设工期为3年,开工日期为2007年10月20日。阳翼高速公路L4等施工标段采用“黄土地区路基施工工法”进行路基填筑。实践证明采用“黄土路基施工工法”具有经济、进度快、操作性强、对环境影响小等特点,应用效果比较好。

12.3 阜新至朝阳高速公路是国家高速公路网长春—深圳高速公路的重要组成部分,全长265km,线路经过地区大部分为湿陷性黄土。由中铁九局承建的22标段主要施工方法采用强夯法,取得了很好的效果。

高原多年冻土区路基施工工法

GGG(京)A2003—2008

柴金存　张玉峰　夏孝畲　张满儒　祁　鹏
(安通建设有限公司　四川武通路桥工程局)

1　前言

在我国,多年冻土分布面积约占全国面积的22.4%。而青藏高原多年冻土带又是全球分布最大、海拔最高的多年冻土地区。青藏公路自格尔木至拉萨全长约1 150km,其中760km路段由北向南穿越青藏高原腹地多年冻土地区。由于多年冻土有融沉性、冻胀性、冰(水)害等工程特性,而气候升温和工程活动引起的多年冻土退化导致的工程病害一直伴随着青藏公路整治改建的全过程。长期的工程实践表明,多年冻土区公路修筑的关键在路基工程。

2　工法特点

2.1　全部机械化施工,全线分区段平行作业,区段内流水作业,提高工程进度。

2.2　利用此工法施工,通过对关键技术的控制,可控制工程质量。

2.3　通过试验检测和观测,实现控制质量目的。

3　适用范围

本工法适用于大片连续多年冻土区和岛状多年冻土区的路基工程的施工。

4　工艺原理

4.1　多年冻土的力学特性

4.1.1　未冻土转化为冻土时产生体积膨胀

在冻土的形成过程中,当温度降低到土体的冻结温度以下时,水分向正在冻结的土体中迁移并发生相态变化逐渐缓慢直至消失。在这个过程中,土体中的液态水凝固并以冰的形式填充到土颗粒间隙中,当土体中水相态变化的体积膨胀足以引起土颗粒之间的相对位移时就引起了土体的冻胀。

4.1.2　冻土相对于未冻土体的物理力学性质发生改变

冻土的强度和变形特性与未冻土体的最大差别在于冻土中冰的存在,冻土的力学特性一定程度上取决于冻土中冰的力学特性。通过以往研究经验和室内模型试验,冻土的抗压强度和抗剪强度相对于未冻土体有较大的提高。

4.2　冻土路基施工原理

4.2.1　保护多年冻土

所谓保护多年冻土施工方案,就是要有效地采取综合保温措施并使路堤填高大于最小临界高度,使成型后的路基基底人为上限控制在一定深度内,保护路基下多年冻土不融化,以确保路基稳定。

4.2.2　破坏永冻土

所谓破坏多年冻土方案,就是在路基建成后允许路基下地基中的多年冻土全部或部分融化。在岛状永冻土的外边缘,永冻土层厚度很薄,且公路路基与岛状多年冻土外边缘交界处多为零填、低填(填高≤1.5m)、浅挖等地段,因此采用破坏永冻土的方案非常适合。

5 施工工艺流程及操作要点

5.1 施工工艺流程(图1)

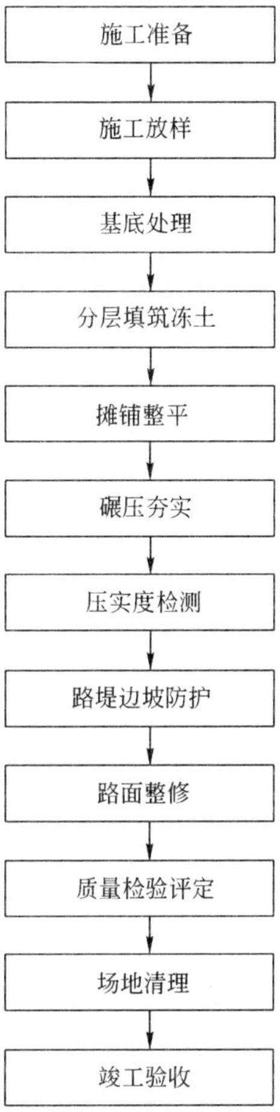

图1 多年冻土地区路基填筑施工流程图

5.2 施工流程

高原多年冻土地区路基施工作业应按标准化、程序化进行,路基填筑过程分为三个阶段、五个区段、八个流程。

三个阶段:准备阶段、施工阶段、竣工阶段。

五个区段:填土区、晾晒区、平整区、碾压区、检验区。

八个流程:施工准备→基底处理→分层填土、晾晒→摊铺平整→碾压夯实→检查签证→路拱整修→整坡护坡。

5.3 关键技术及操作要点

保护多年冻土施工方案;破坏永冻土方案;深挖路堑的施工方案。

5.3.1 保护多年冻土施工方案

连续多年冻土具有区域大、冻土厚度厚等特点,路基施工时以保护好多年冻土层为原则。具体内容如下:

(1)施工季节的选择:安排在融化季节进行施工,施工中采取快速分修的施工方法,全线分区段平行作业,区段内流水作业,这样既保证了工程进度,又避免了因冻层暴露太久、冻土上限下降而引起的路基沉陷破坏。

(2)路基底面上和整个公路用地范围内从路基中心算起50~100m范围内保持植被不破坏,其作用是隔热、保护冻土和减弱地表水的下渗。

(3)路基第一层填方作业时,采用端部卸土的方法进行填筑(滚填),汽车、拖拉机等带轮子的设备在前面尚未铺设足够的填料以及支持它以前,禁止在坡道上进出。

(4)路基填土只能保证深度方向达到保持冻土的要求,如果在路基附近一定范围内生态环境遭到破坏(如沿线路基坡脚取土等)和路侧积水,路基侧防水护道对路中多年冻土上限变化有着十分明显的影响。因此,路基通过植被稀少地段地表有临时积水、冻结层上水发育及高含冰量冻土的路段时,路基两侧设置护道,护道的宽度一般为2~3m,较长期积水路段宽度不宜小于5m。护坡道高度一般为0.8~1.5m,积水路段应高出最高积水位0.5m。护道应设置向外4%的横坡。

(5)高原冻土区路堤填筑采用集中取土。斜坡地表路堤,取土坑设在上坡一侧。取土坑深度均不得超过当地多年冻土上限以上土层厚度的80%,坑底有坡度,积水有出口,水能及时排出,同时取土坑的外露面用草皮铺填。

(6)填料尽量选用保温隔水性能均较好的细粒土,采用黏性土或透水性不良土填筑路堤时,要控制好土的湿度,碾压时含水率不超过最佳含水率的±2%。不得用冻土块或草皮层及沼泽地含草根的湿土填筑路基。通过热融湖(塘)路堤,水下部分必须用渗水良好的土填筑,并高出最高水位0.5m。

(7)高原冻土路基的排水应尽量远离路基坡脚,并力求排水畅通,不得在路基边坡附近形成积水洼地,更不能在边坡积水,以免引起路基永冻土的融化,影响路基稳定。为此,施工中采用的排水沟多为宽浅形式,以减少对冻土的热干扰;施工的临时性排水与永久性排水相结合,使排水系统始终保持畅通;对于路基坡脚无法与排水沟连通时,施工时用路基填料将积水坑回填,把积水挤至路基坡脚5m以外。

5.3.2 破坏多年冻土的施工方案

具体方法如下：

(1)彻底铲除地表的草皮,停置一段时间,使基底以下冻土层自然融化至一定深度或全部融化。

(2)根据基底季节融化层和多年冻土的性质情况,换填足够厚度的渗水性土。

(3)加强路基排水,保持基底干燥,防止路基积雪。

(4)对半填半挖路段的填土高度小于0.5m的路堤视为路堑,分别按含水率多少进行基底换填,并设过渡带。

5.3.3 施工细则

虽然多年冻土地区公路路基施工工艺与其他路基施工工艺大致相同,但工艺流程中的具体细节则必须与多年冻土路基施工相适应。因此,在施工细则方面多年冻土路基施工具有自身的特点,具体体现在：

(1)施工准备阶段。除正常进行各项技术准备和施工准备外,还应着重、详细地调查沿线的多年冻土分布、类型、性质及特征、多年冻土的上下限、冰层上限、地面水、地下水及有无冰锥、冰丘、厚层地下冰、冻土沼泽等不良地质路基地段情况,并根据不同地段的地质情况,制定相应的施工方案。

(2)基底处理。必须与相应路段的施工方案相适应,对于路堤填高大于最小临界高度的路基,采取保护冻土施工方案,严禁破坏基底植被。对于路基填高小于最小临界高度或浅挖段的路基,根据基底季节融化层和冻土的性质,开挖至一定深度并将底部压实(需要时可预融一段时间),以备换填。施工过程中发现地质条件与设计不符时,应及时与设计单位沟通,制定合理的设计和施工方案。

(3)路基填筑。路基施工前应做试验段,以确定土的松铺系数,路基填筑采取挂线法施工,以控制路基宽度、厚度、路拱等。对于多年冻土地段的第一层路基填筑必须采用端部卸土的方法(滚填)填筑,汽车、拖拉机等带轮子的设备在前面尚未铺设足够的填料以及支持它以前,禁止在坡道上进出。第一层路堤的填筑厚度应适当加厚(一般为0.5~0.8m),使路基在运土车辆行驶时不软弹。其他各层填筑按纵向法施工。

(4)摊铺整平。用推土机将土石方摊铺开并大致整平,细粒土用平地机进行精平,粗粒土、巨粒土用人工配合推土机进行精平。

(5)碾压夯实。路基土方整平后,测定土的含水率,当土的含水率达到最佳含水率+2%时,方可进行碾压,否则应进行晾晒或洒水。碾压时,先用20t的振动式压路机静压2遍,再从弱振到强振碾压6~8遍,使路基碾压密实。

(6)检查签证。路基碾压完毕后,应对路基碾压密实度进行自检,自检不合格应进行补压。路基局部的软弹、翻浆应进行处理,自检合格后方可向监理工程师报检。经监理工程师检查签证后,方可进行下一层路基填筑。

(7)路拱整修。路基施工过程中应形成路拱,路拱坡度一般为2%,雨季为3%~4%。路基达到设计标高后,应使路拱达到设计要求。

(8)整坡护坡。路基填筑成型后,应对路基边坡进行整形(高填方路段应随填随整),边坡整形采用挖掘机和人工配合的方式进行,整形时应严格控制路基边坡的坡度和顺直度。

(9)填料。普通路段路基基底填料应选用保温隔水性能好的细粒土,上部(厚度不小于60cm)需用粗粒土。对于换填路段的换填料应选用砂性土和砾石土等渗水性良好的土。对于路旁有积水的路段,路基底部应选用石方进行填筑。采用黏性土或透水性不良的土壤填筑路堤时,要控制土的湿度,碾压时含水率不超过最佳含水率+2%,不得用冻土块或草皮层及沼泽地含草根的湿土填筑。

5.3.4 冻土路基施工注意事项

(1)针对不同的冻土条件,确定相应的施工季节和施工工艺。施工季节应尽量避开降雨集中、热融作用最活跃的七八月份,宜安排在夏末或秋初,并做好防护,防止地表水流入或渗入基底和边坡,路基地面防护范围应符合设计要求。

(2)路基填筑。由于寒季地基全部封冻,取土、填筑压实将十分困难,且气候十分恶劣,人难以适应，因此只有在暖季进行突出施工。但如果遇到频频降水（雨、雪），填土的湿度较大，压实难以保证。

根据青藏公路路基施工经验，在路基成形后经过1年以上行车碾压，让富余水分散失，路基才能达到坚实稳定。对于按保护冻土原则设计的路基，应尽量减少对多年冻土的扰动和破坏，以利于热平衡状态的恢复，尽量减少大气降水的浸润、渗入及冻结层以上水的危害。

(3)路堑开挖。在青藏公路的设计中，路堑长度占冻土区全长的5%。在冻土地区应尽量减少路堑长度，宜尽快开挖成形，不能断断续续施工，并及时做好其附属工程。在施工中少刷或不刷边坡，跨年作业有利于路堑稳定，最好在秋末开挖成形，来年暖季回填。

(4)路基排水。排水沟设置应与路基坡脚有一定距离，尽量减少排水沟对路基基底冻土的热作用，尽量加快地表水在排水沟的过水速度，减少排水沟积水时间。在路基施工过程中，也要注意临时排水设施的修建。

(5)环境保护。路基工程中的取土、弃土、填方、挖方等必然要对多年冻土地区植被、地表水、层上水造成一定影响。为此，要严禁推土机大面积推土填筑路基，任意开辟施工便道，随意就近弃土，随意铲除草皮等做法，要优化路基工程设计、做好施工组织设计、合理安排各道工序的衔接，对冻土环境要进行实时监测。

6 设备与劳动力组织

6.1 施工机具(表1)

一个作业区段施工机具

表1

序　号	机械名称	机械型号	数量（台）
1	挖掘机	小松、PC220-6	3
2	压路机	洛阳、LT220	2
3	推土机	山东、TY240B	1
4	平地机	天津、160PY-B	1
5	自卸车	东风、12T	12
6	自卸车	尼桑、15T	8

6.2 劳动力组织(表2)

劳动力组织

表2

序　号	工　种	数量（人）	备　注
1	施工队长	3	队长1名，副队长2名
2	技术负责人	1	各操作手均为双班
3	测量员	3	
4	特种机械操作手	14	
5	自卸车驾驶员	20	
6	其他人员	8	

7 质量控制

7.1 所选填料经试验室确认合格后方可使用。检测填料的物理性质和指标，主要是确定冻土的土质、温度和总含水率、土颗粒密度、天然容重、未冻水含量等指标，以确定冻土的工程分类和有关性质。

7.2 当填料料源发生变化后，必须经试验室重新进行选定合格后方可使用。

7.3 严格控制填料压实度，使压实度控制在规范规定范围内。针对青藏公路工程的具体情况，应采用快捷、简单、高效的检测手段和方法，以满足机械化快速施工的要求，检测仪器还应适应低温环境。

压实系数 K 作为路基压实控制的一个参数,在施工现场常常会与强度指标相矛盾,如当填料的含水率较高时,尽管通过增加碾压遍数可得到较大的压实系数,但荷载板试验指标却很小。轻型动力触探作为一种原位测试手段,不仅可以确定基床土表层的承载力,而且还能确定某一深度处土的强度,具有反映指标合理、数据直观可靠、易于操作掌握、检测速度快等优点。建议冻土路基的压实标准以地基系数K30 或轻型动力触探 N10 控制为主,填土压实度 K 和相对密度作为辅助控制标准。压实过程中,还要注意控制填料的未冻水含水率和总含水率,填料中的未冻水—冰处于一种动平衡状态,当冻土中未冻水含量减少,则冻土的强度增加,压缩性降低,变形量减少。应尽量使路基填料的含水率接近最佳含水率。

7.4 注意接缝的施工质量,使接缝处平整、顺直。

7.5 碾压后,应按规定的检查频率检查压实度和压实厚度。

7.6 记录好压实度位置及代表的层数。

8 安全措施

8.1 逐级建立安全组织机构,设立专职安全员。

8.2 安全教育经常化、制度化,并建立安全设施,提高安全系数。

8.3 按施工组织设计和工艺流程科学施工。

8.4 抓好现场安全管理,坚持文明施工,保障人员、机械和器材的安全。

9 环保措施

9.1 为减少公路工程施工作业产生灰尘,应在施工区域随时采用抑尘措施,不出现明显的降尘、扬沙。

9.2 施工废水、生活污水不得直接排入农田、耕地、灌溉渠和水库,严禁排入饮用水源。

9.3 尽量保护高原绿色植被。因修建临时工程破坏了现有的绿色植被,应负责在拆除临时工程时予以恢复。

9.4 对施工人员加强保护自然资源及野生动植物的教育,在雇用合同中规定严禁偷猎和随意砍伐树木。

10 资源节约

高寒、缺氧、低气压对人机效率具有严重的影响。据有关资料,在海拔4 001 ~5 000m 之间气候对人机的影响见表3。

高原气候影响系数　　表3

海拔高度(m)	高原气候影响系数(%)	
	工天系数	机械台班系数
4 001 ~ 5 000	32 ~ 39	60 ~ 70

针对高原冻土“高寒、缺氧”等特点,按以下原则进行设备选型配套以节约资源。

10.1 最大限度采用机械化原则。

10.2 经济、效能原则:不追求单台设备最先进,力求设备间匹配合理。

10.3 施工机械要与施工方法配套,动力选型以电动为主。

10.4 单机选型上要考虑质量可靠高效、经济合理、维修方便,组合配套时要考虑各设备间生产能力的匹配。

10.5 既要考虑高原机械工效降低,设备配备的富余系数又不宜过大,关键设备备用系数一般采用1.44。

11 综合效益分析

利用此工法施工可使多年冻土地区路基施工更加规范化、标准化,机械组织合理,实现分段平行作业,分段内流水作业,提高了工作效率、保证了施工质量,其效益非常突出。

12 应用实例

青藏公路格尔木至拉萨段整治改建工程第四合同段、第八合同段,技术标准二级。根据观测资料显示:该地区年平均气温 -3.6~-5.2℃,极端气温分别为23.7℃和 -37.6℃。年平均降雨量220.9mm,年平均蒸发量1 469.8mm,相对湿度平均为44.8%,最大风速23.0m/s,主导风向西风,平均雷暴日数年最多22d,最冷月平均气温 -16.7℃。自然条件极其恶劣:空气稀薄,含氧量低,不足海平面的60%;具有独特的冰缘干寒气候特征;紫外线辐射强烈。其中低气压、低氧分压是其显著特点之一。施工单位进场后,调集了一批长期在川藏线施工,有着丰富高原冻土施工经验的技术人员,成立了专家小组,依托技术优势,狠抓技术管理和技术革新,对高原冻土路基施工进行了科研,编写了《高原多年冻土区路基施工工艺》。新工艺通过关键技术的创新,有效地控制了工程质量,同时降低了成本,受到了业主的好评。从工程竣工后4年的使用情况来看,青藏公路格尔木至拉萨段整治改建施工工程是成功的,路基在使用过程中没有出现沉降和其他病害,编写的施工工艺合理可行,为今后冻土区公路施工提供了很好的借鉴。

青海G315线德令哈至大柴旦二级公路E1标段,路基累计长度19km。武通路桥工程局再次使用此工法进行施工。该工艺以破坏永冻土为关键点,施工单位进行全部机械化施工,全线分区段平行作业,区段内流水作业,提高了工程进度,并通过试验监测和检测,实现了工程质量的有效控制。实践证明,利用此施工工艺使多年冻土地区路基的施工规范化、标准化,合理地组织了机械,在保证施工质量的前提下,提高了工作效率,其经济效益非常突出。

高边坡注浆钢管锚索框格梁施工工法

GGG(京)A4004—2008

柴金存　张全忠　杜远禄　祁　鹏　田永泰
(安通建设有限公司　四川武通路桥工程局)

1　前言

对于上覆土层较厚的高边坡,一般采用分台阶开挖或采用挂网喷浆的施工工法对其进行防护。分台阶开挖必定会产生大量土石方工程;而采用挂网喷浆的施工工法,由于上覆土层厚度不均,防护工程整体稳定性有限。经过多年施工探索,四川武通路桥工程局(即武警交通第一总队)在2004年开创了“高边坡注浆钢管锚索框格梁施工工法”,并于2005年在蒙新高速公路第8合同段地处蒙自县通山河峡谷地段进行了应用,取得了良好的效果,受到了业主单位的好评,获得2006年度武警交通部队科技进步一等奖。

2　工法特点

对于自然坡度较陡、上覆堆积层在2~15m、下覆基岩整体稳定的路堑边坡,如果挖方边坡设计为缓坡,边坡会极高且不稳定,土石方巨大,工期较长。若使用挂网喷浆对其防护,一旦有大滑坡体形成,该防护将没有丝毫作用,还会增加灾害发生的几率和破坏性。采用“高边坡注浆钢管锚索框格梁”能够有效提高边坡的稳定性,保障了公路运营的畅通,减少滑坡灾害的发生和对地表的破坏,工期也较开挖土石方短。

3　适用范围

本工法适用范围广泛,主要用于如下情况的路基边坡:自然坡度较陡,边坡较高,放坡困难(或坡顶有建构筑物),上覆堆积层松散,厚度在2~15m之间,下覆基岩整体稳定。

4　工艺原理

注浆钢管锚索利用预应力锚索增加抗滑力,提高潜在滑动面上的抗剪强度,有效地阻止坡体位移;利用钢管进行注浆加固,可以固结坡体,防止出现滑裂面,对于不稳定坡面可增加其抗剪强度,同时钢管还能起到非预应力锚杆的作用。

5　施工工艺流程及操作要点

5.1　施工工艺流程(图1)

5.2　操作要点

5.2.1　场地平整

由于在斜坡上成孔,故要平整场地,钻机所处位置要牢固,保证不积水,防止土体在扰动的情况下出现滑塌。平整场地时要进行必要的刷坡,刷坡应遵循从上往下、从两侧向中间分级分段施工的原则,每平整一级就要加固一级,再向下开挖;每施工一段加固一段,再开挖邻段。切忌全段一次开挖,避免造成人为扰动激活滑坡体，导致灾害事故发生。

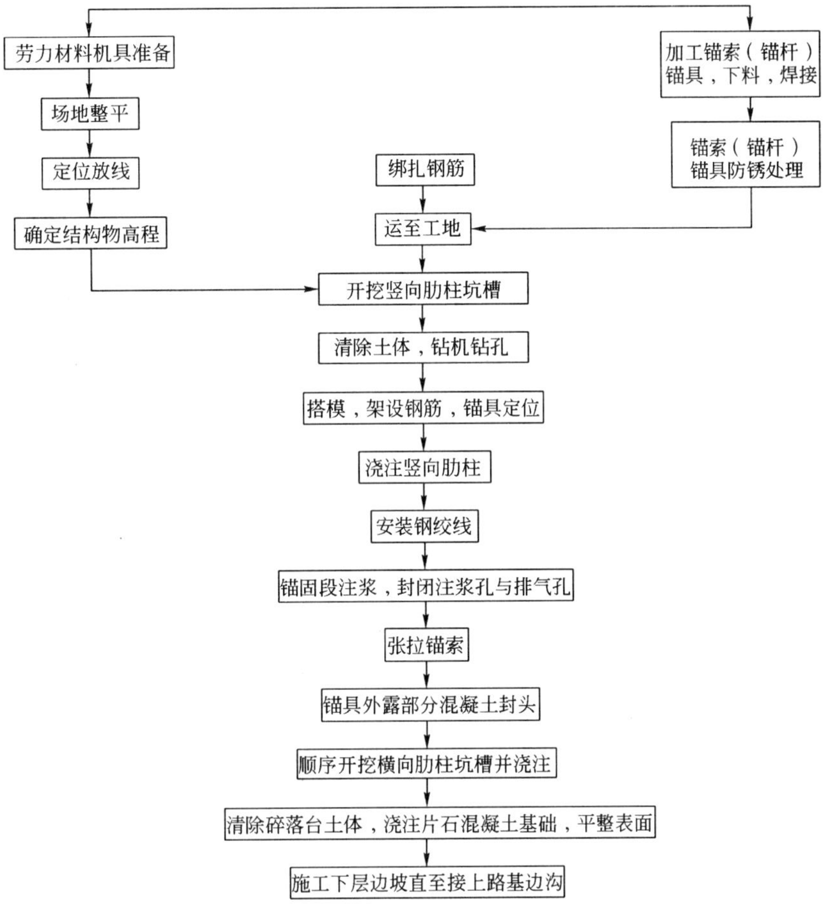

图1 注浆钢管锚索施工工艺流程图

5.2.2 钢管和锚索的制作

注浆钢管采用 Φ89mm、壁厚 5mm 的无缝钢管，钢管的质量要求达到 GB/T 13663—92 标准，钢管的连接用等壁厚的 Φ102mm 无缝钢管，套管长度为每端各 10cm，套管端部与钢管焊接；沿管身每隔 2m 焊 3 根 Φ8mm 的定位钢筋，使保护层的厚度不少于 2cm；同一截面处钢管接头数量不得超过钢管总数的 50%，接头处焊接应符合有关技术标准。

锚索应按照设计的锚固段、自由（张拉）段、锁定头的长度和结构要求制作。制作工序如下：

（1）下料：采用机械切割机切割满足锚索设计及张拉操作要求长度的钢绞线。严禁采用电焊或气焊切割。

（2）在加工车间或厂棚内利用特殊的支架将切割好的钢绞线摆平顺，进行必要的清污除锈处理。

（3）锚索采用 $4\Phi_j$15.24 的钢绞线制作，钢绞线强度 $R_b = 1\,860$MPa，用 OVM15-4 型锚具锁定。锚索按框格形护坡典型断面图设置，根据计算结果由三排锚索组成。锚索长度包括锚固段长度和自由段长度。自由段长度指锚固端到破裂面的锚索长度，锚固段长度应根据锚固段地层抗拔力的需要而定。在锚索制作中需特别注意防腐和定位，对进行了除锈处理的钢绞线涂刷强力防腐涂料，然后在自由段再涂防护油并套上 Φ22mm 的 PVC 管，套管两端 20 ~ 30cm 内涂黄油，自由段与锚固段相接处应采用粘胶带或其他止水材料缠封。箍环采用 Φ8mm 的钢筋环绕两圈并双面焊接（也可采用 8 号铅丝绑扎而成），焊接长度不小于 30cm，且外径为 75mm；扩张环可采用聚乙烯材料模塑加工（材料弹性模量应小于浆体凝固后的弹性模量）。为防止钢绞线散开，影响设锚，同时避免下锚时泥土灌入堵塞注浆管，锚固体前端采用锥形导向帽，导向帽应牢固地焊于钢绞线上。为防止钢绞线外的水泥浆体开裂，引起较大的预应力损失，应在锚固段钢绞线外包裹的钢丝网，钢丝网伸入锚索自由段内约 50cm。锚索上应有一根通至底部的灌浆管。

(4)钢绞线编束时，应逐根理顺，捆扎成束，不得紊乱。

(5)锚索制作完成后，应进行外观检验，并签发合格证。用塑料包裹好，并卷成直径约 2m 的圈，存放并应按锚索长度、规格进行编号，使用前应经监理工程师认可。

(6)锚索运输

①锚索的运输与吊装应因地制宜拟订方案。

②锚索水平运输中，各支点间距不得大于 2m，锚索弯转半径不宜过小，以不改锚束结构为限；垂直运输时，除主吊点外，其他吊点应能使锚索快速、安全脱钩；运输、吊装过程中，应细心操作。不得损坏锚束及其防护涂层。

不同岩性边坡的锚索长度见表 1。每排锚索均按坡面法线方向锚入山体。

不同岩性边坡(T_i 值)对应锚索长度计算表 表 1

锚固岩层地质条件	T_i(kPa)	自上至下锚索排数	锚索长度		
			自由段长度(m)	锚固段长度(m)	总长度(m)
风化砂、页岩互层、灰质页岩、泥质页岩	$150 \leq T_i \leq 250$	第一排	4	16	20
		第二排	3	17	20
		第三排	2	18	20
细砂质及粉砂质泥岩	$200 \leq T_i \leq 400$	第一排	4	10	14
		第二排	3	11	14
		第三排	2	12	14
薄层灰岩夹页岩	$400 \leq T_i \leq 600$	第一排	4	6	10
		第二排	3	7	10
		第三排	2	8	10
薄层灰岩夹石灰质页岩，风化灰岩	$600 \leq T_i \leq 800$	第一排	4	4	8
		第二排	3	5	8
		第三排	2	6	8

注：T_i 为锚孔壁对砂浆的极限抗剪强度。

钢管锚索结构如图 2 所示。

5.2.3 成孔

根据地形和施工技术文件选择了 2 种成孔方式。

1)潜孔钻

将钻机开到山顶，用挖掘机挖出平台，干钻成孔。此种方法钻进快，成孔后压浆效果好，但对于土质松散且夹杂较多孤石边坡施工，极易发生卡钻和塌孔现象。

2)地质钻

利用钻机直接钻孔，此方法容易操作，对山体扰动较小，在利用水泥浆护壁后可以达到较好的效果。在成孔过程中，要针对不同的情况，采取不同的应对措施：

(1)如果不漏浆、不卡钻则正常开钻；

(2)如果漏浆，加水泥浆至满，水泥浆初凝后正常开钻；如果一次不能注满则进行间歇注浆直至注满(严禁使用水玻璃等)，初凝后开钻；

(3)如果在钻孔的过程中不返浆，则说明水泥浆中含砂较多，这时可以在水泥浆中加入少量的膨润土；

(4)如果遇到石头则做好记录，判断是孤石还是基岩；

(5)实际钻孔深度应比设计超深 2m，以便用来沉渣，保证锚索的设计长度。

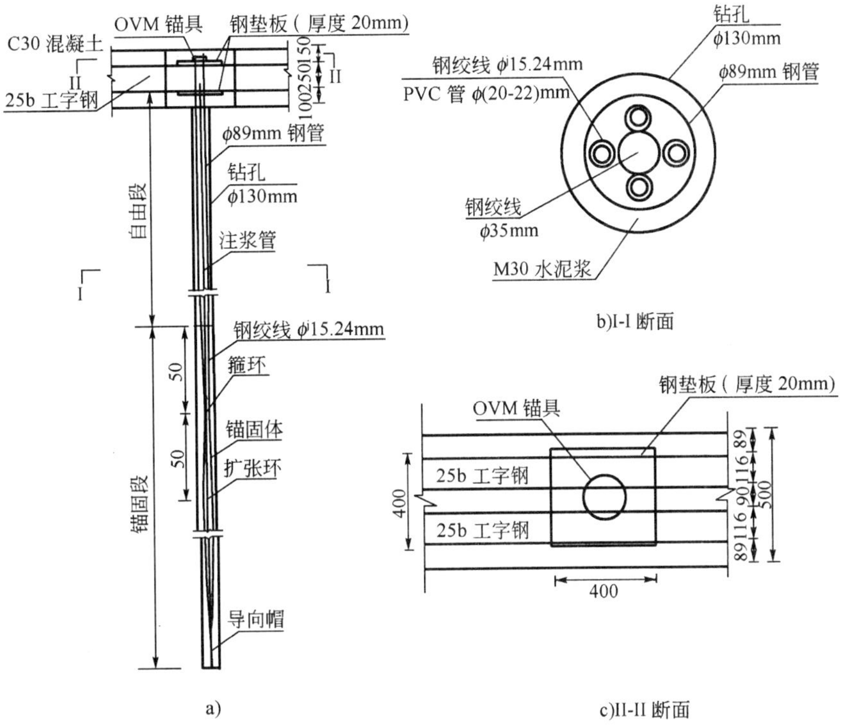

图 2　钢管锚索结构(尺寸单位:cm)

5.2.4　清孔

成孔后孔中留有较多的混有残渣的水泥浆,将一根注浆管深入孔底用高压水进行反复清洗,待孔口返浆为清水后,再注入水泥浆(水灰比 0.5)进行二次清孔,直至孔口返浆的颜色和浓度与浆池中接近时即可。

钻完第一个孔后,需做压水试验。因为锚孔内不应有水泥浆漏失,否则会降低锚杆的受力性能及锚杆的耐腐蚀性。孔壁的裂隙大于 160μm,水泥浆将会漏失。在一个附加大气压作用下,将产生 32 L/min 的渗流量。试验若发现漏浆,可用较稀的水泥浆灌注孔内,24h 后,重新钻孔,再做压水试验。

5.2.5　吊装钢管锚索

在吊装中将预先制作好的未焊接的钢管运到山顶,首先利用钻机将第一根钢管放入孔内将其临时固定(第一根钢管已经焊接好 ϕ102mm 套管),再用钻机吊装第二根钢管,两根钢管对接、定位、焊接;将焊接好的钢管送入孔中,在其端部焊接一根 30cm 长的钢筋使其不滑入孔内,且钢管露出地面 10cm;然后将锚索小心放入,以免钢管端部将自由端的 PVC 管划裂。

5.2.6　封口、压浆

用 M30Q 的水泥浆进行灌注,待孔口返浆后用水玻璃和纯水泥浆(体积比 0.3:1 进行混合、搅拌)将钢管内外全部封死,只留注浆管内外相通,封口深度要在 30cm 以上,以满足注浆压力,注浆压力控制在 0.5 ~ 1.5MPa,在压浆的过程中采用分次间歇注浆;在靠近坡顶外侧锚索注浆时注浆压力不大于 1.0MPa;相邻孔位不得同时注浆;注浆量控制在 250 ~ 300L/m;注浆为跟进施工即下好钢管锚索后马上注浆。

5.2.7　临时张拉

钢管锚索施工完成后,为了加快施工进度,确保雨季施工尽快稳定山坡,水泥浆达到强度后在未进行框格梁施工时进行临时张拉,临时张拉荷载为设计荷载的 30%。

5.2.8　框格梁施工

沿横梁方向工字钢之间用 4 根 Φ25mm 的钢筋连接,焊接长度为 25cm,框格梁节点处竖肋钢筋应焊接在横梁的工字钢上,节点处顺横梁方向预留 Φ75mm 的泄水孔。

6 材料与设备

6.1 材料

6.1.1 混凝土

肋柱柱身使用C25号混凝土,必须仔细研究确定施工工艺和选用的材料,进行混凝土最佳配合比试验,控制质量,控制标准和检测方法,并严格执行。建议采用同一厂家同一品牌的水泥用料。

6.1.2 钢材

普通钢筋、工字钢、预应力钢绞线等应按设计技术指标进行购货,并按照国家标准进行抽检。预应力钢绞线应采用符合《预应力混凝土用钢绞线》(GB/T 5224—95)国家标准生产的高强度低松弛预应力钢绞线,直径15.2mm,标准强度为1 860MPa,弹性模量为1.95×10^5MPa。钢筋运抵后应进行及时必要的防护,防止锈蚀。

6.1.3 锚具

锚固端锚具推荐采用OVM15-4圆形锚具,锚垫板采用20mm厚钢材。对锚具的质量控制应从以下几个方面进行:

(1)锁定钢绞线的锚具必须采用质量好的合格产品。

(2)应抽样检查夹片硬度。

(3)应逐个检查锚具及垫板孔口内有无毛刺,对有毛刺者应予退货,不准使用。

(4)锚具和夹片应涂抹防锈漆,使用时不得有锈、有水及玷污其他杂物。孔内空隙应用挤压法确保防护剂填满。垫板下的锚孔内应压入水泥砂浆,确保垫板下锚孔内无空洞及空隙。

(5)对夹片与钢绞线卡紧部分的防护宜采用防护油涂层防护,对锚具及锚索的外露头采用混凝土封闭防护,使锚具处于混凝土形成的碱性环境之中。

6.1.4 管材

设计采用Φ89mm钢套管,管壁厚5mm,钢管质量应满足相关的规定。Φ22mmPVC管材应符合国家相关行业标准。

6.1.5 水泥砂浆

水泥砂浆的配比依据《混凝土结构工程施工及验收规范》(GB 50204—92)的规定,浆体强度≥30MPa,必须为生产日期在3个月内的525号硅酸盐水泥配制的水泥砂浆,水灰比为0.45~0.5,搅拌后的泌水率宜控制在2%,最大不超过3%,可适当掺入对预应力筋无腐蚀作用的膨胀剂。注浆要求饱满密实,注浆质量应作抽检。

6.1.6 防锈漆

防锈漆质量要求:涂层不脆,张拉时不脱壳,pH值为5.0以上最好。

6.2 机具设备

主要机具设备有:20m^3/min、气压0.8MPa的英格索兰空压机,华探100型钻机;卷扬机、钢筋加工机;混凝土拌和设备、自制高速灰浆搅拌机;BW-250/50泥浆泵;YC60张拉千斤顶,A6400型高压油泵。

7 质量控制

7.1 锚索框格肋柱嵌入深度控制

应按如下设置:①土质及全风化层,地梁嵌入48~50cm,三维植被网5~7cm,骨架嵌入23~25cm,三维植被网5~7cm;强风化层,地梁嵌入35cm,六角空心砖20cm,骨架嵌入10cm,六角空心砖20cm;②中弱风化层:地梁无法刻槽嵌入,地梁与骨架均培土35cm,后做六角空心砖20cm。框格竖肋要上下顺直,横梁左右平齐,并确保钢筋混凝土的施工质量。③当岩性为硬岩时,坡面难以平整,为保证框格美观,局部空洞要采用素混凝土补齐(工程量以现场计量为准)。框格横梁每隔3~5排框格设2cm的伸缩缝，设在框格中间，内填浸沥青木板。

7.2 锚索及地梁的允许偏差(表2)

锚索及地梁的允许偏差表 表2

序 号	检 查 项 目	规定值或允许偏差	检 查 方 法
1	水泥浆强度(MPa)	≥25	每个工点取9组试验
2	孔距离差(mm)	200	每个工点记录，每20m检查3点
3	孔口高程(mm)	200	查施工记录，每20m检查3点
4	锚索轴线误差(°)	3°	查施工记录，每20m检查3点
5	锚索孔深误差(mm)	200	查施工记录，每20m检查3点
6	锚索抗力	最小抗拔力不小于设计值	查施工记录，按锚索数1%做抗拔力试验
7	锚索地梁断面尺寸	满足设计要求	每5根抽查1根

7.3 锚索肋柱预埋管道位置控制

锚索肋柱内管道应按设计设置“井”字型定位钢筋并点焊在主筋上，不容许铁丝定位，确保管道在浇筑混凝土时不上浮、不变位。管道设置的容许偏差不得大于±1cm，横向不得大于0.5cm。肋柱加密箍筋间距可根据实际情况调整，确保预埋管道位置正确。

7.4 锚索肋柱强度

满足设计要求，外观上顺直、美观，无麻面。

7.5 钻孔偏差控制

较好岩石地基为1/100~1/200；砾石层、坡积层及不均匀地层，其精度在1/50之下；较深的钻孔，可放宽要求。钻孔深度应满足锚固段的有效长度及安全储备并有不小于0.5m的预留深度。如钻孔时发现锚固段地层差于设计资料时，应及时通知监理工程师和设计单位，以便确定是否增加孔深或采用其他特殊措施来满足设计要求。钻孔的孔径、倾角、方向角等的误差，参照国际锚固协会(FIP)地锚规范，采用如下值：与锚固钻孔轴的误差在75mm以下；与设计锚固轴线的倾角、水平角误差在±2.5°以下；锚固孔布置误差为锚索长的1/30以下。

7.6 注浆质量控制

7.6.1 注浆材料质量控制

水泥砂浆采用标号不低于525号生产日期在3个月内的硅酸盐水泥配制的水泥砂浆，水灰比为0.45~0.5，搅拌后的泌水率宜控制在2%，最大不超过3%。

7.6.2 制浆注浆控制

(1)浆液应用搅拌机搅拌，达到规定稠度，直到均匀为止，然后缓慢搅拌，一直到灌浆结束。具体操作时，可按先放水，再放水泥，最后加砂。全部投料后，在规定的时间内搅拌均匀。采用转速为1 500~2 000 r/min的高速旋转式的和浆机，大约搅拌2min即可。然后存入缓慢搅拌的储浆桶中，待计划的浆量储够后，开始注浆。在不漏浆的情况下，每孔可一直灌满，不得分开灌入，以免浆液渗进气泡。

(2)灌浆过程中严格排除孔内的气、水，且不影响灌浆质量，影响锚固体与孔壁的结和力，采用孔底灌浆、孔口返浆。

(3)在浆体未凝固前不得移动锚索，并需要进行养生。

(4)锚孔浆液容量一般取设计用浆量的120%~130%，裂缝发育和存在溶洞、溶缝时将会超灌很多，制浆前与灌浆过程中应充分注意。

(5)如遇孔道阻塞，必须更换注浆口，但必须将第一次灌入的水泥浆排出，以免两次灌入的水泥浆之间有气体存在。锚索下入孔后6h内必须注浆，有地下水的孔，造孔成孔后4h内不能下锚时，应在下锚索前重新洗孔，速洗、速设锚、速注浆。锚索注浆时，应等待锚孔水泥浆面稳定后才停灌，不稳定时，应继续缓慢加压注浆,不稳定不得停灌。在灌满孔道并封闭排气孔后,宜再继续加压至0.5~0.6MPa,稍后再封闭灌浆孔。

7.6.3 灌浆压力控制

在地质、气候条件复杂,属深挖高填地段,路基上边坡高度接近50m,坡度为1:0.75,刷坡过程中时有掉块落石现象发生,岩性破碎,且边坡多由风化泥岩、粉砂质泥岩胶结砾石组成。根据不同的地质条件,设计高边坡地段采用锚杆(锚索)框格梁、主(被)动柔性防护措施进行加固处理。锚索的承载能力、灌浆的最低压力以0.4~0.8MPa为宜。岩层中,无裂隙的灌浆压力可以取低值,有裂隙时,可在下锚前采用自流预灌浆,再钻孔、洗孔、设锚。在土层中,可根据土体的密实性能,选用不同的灌浆压力。土层密实时,选用0.4~0.6MPa;土质松散时,选用0.6~0.8MPa。

7.7 锚索张拉与锁定

预应力锚索的张拉必须在灌浆体及预制件、结构物混凝土工程达到龄期强度后,才能施加预应力,并通过张拉试验或验证试验确定是否满足设计规定的承载力。

7.7.1 张拉

(1)确定施工预加应力参照日本VSL锚固工程规范规定,可采用如下公式确定施工张拉预应力值:

$$p = p_x - \frac{\varepsilon(p_0 - p_i)}{\Delta L}$$

式中:p——施工时所要施加的预应力(kN);

p_0——最大试验荷载(kN);

p_i——初始试验荷载(kN);

ΔL——试验最大荷载~初始试验荷载下的变形量(mm);

p_x——锁定后所获得的预应力(kN),并假定夹片锚楔的压缩量ε最大为6mm,最小为1mm,各种型号的夹片规定不同。

(2)初值预拉:在张拉前对单根钢绞线须选定吨位进行预拉,使每根钢绞线处于初始的相同受力状态。然后安装张拉千斤顶,使每根钢绞线受力均匀。

(3)预应力张拉:张拉时应将施加的预应力值分成3~5级进行循环张拉,每级的张拉荷载为设计张拉力的1/3~1/5。岩质地层可取3级,土质地层宜取较多的级数。每次循环间隔时间,岩石地层可取1h左右,土质地层可取1d左右,松散软弱的地层间隔时间宜长些。分级张拉时应将每次加载,需稳定一段时间,一般情况岩石地层稳定时间宜在10min左右,土质地层宜在20min左右。松散、软弱地层稳定时间宜更长些。操作控制以张拉值稳定时间的2倍为度。

(4)锚索张拉时,一定要将锚索扶正与工作台垂直后,再安装千斤顶。张拉时应设架保证千斤顶与工作台面垂直,确保各根钢绞线受力均匀。张拉时应注意安全,张拉千斤顶后绝不能站人。

(5)每次张拉应有完整的原始张拉记录。

(6)预应力采用引伸量与张拉力双控,以引伸量为主。引伸量误差应在-5%~+10%范围,每一截面的断丝率不得大于该截面总钢丝数的1%,且不允许整根钢绞线拉断。断丝是指锚具与锚具间或锚具与死锚端部之间,钢丝在张拉时或锚固时破断。

(7)预应力的张拉工作班组必须固定,且应在有经验的预应力张拉工长的指导下进行,不允许临时工承担此项工作。

(8)锚索张拉过程中,应始终有监理工程师现场检查,发现异常及时报告以便采取必要措施。

7.7.2 锁定封锚

(1)确认锚索承载能力后,全部锚索张拉够吨位,产生工程效果后,可切断外露的工作钢绞线,但应在锚具顶面外留80~100mm线头,不宜留得太短,以防钢绞线曳滑掉入而失效,然后采用防腐涂料仔细涂刷外露钢件(锚具、夹片、钢绞线、钢垫板等)。在锚孔中补浆后,用C20混凝土封闭全部外露的锚具及金属垫板等,保护、防护锁定头,使之成为永久锚固工程的组成部分。封锚混凝土任一部位的最小厚度,不得小于30mm。所有管道及管道与锚具的连接均应确保其密封性。

(2)锚索锁定后48h内若发现有明显的应力松弛时,应进行补偿张拉。

8 安全措施

高边坡施工安全工作必须参照《公路工程施工安全技术规程》外,还应注意以下安全事项:

8.1 项目经理部应专门设立施工安全工作组,并根据高边坡施工的特点制定施工安全目标和施工安全保证体系。

8.2 高陡边坡施工时,作业人员必须绑系安全带(绳)、佩戴安全帽。

8.3 边坡开挖工作与装运工作应相互错开,杜绝上、下双层作业现象。

8.4 弃土下方和有滚石危及范围内的道路,将设警告标志,作业时坡下禁止通行。

8.5 坡面上的作业人员及时清除松动的土、石块,防止土、石块击伤人员。

8.6 各种机具设备的操作严格按操作规程作业。关键操作人员必须进行安全技术培训,考核上岗。

8.7 施工点临时用电线路布置要合理,每次开工前应做好线路检查。

9 环保措施

9.1 设置良好的临时排水通道,保证分台阶开挖时,不发生雨水淤积和对边坡冲刷,预防边坡滑塌现象出现。

9.2 清理现场的废料和土石方工程的废方处理,不得影响排灌系统及农田水利设施,不得向江河、湖泊、水库和专门堆放地以外的地方倾倒。应按照图纸规定或监理工程师的指示在适当地点设置弃土场,有条件时,力求少占土地,并对弃土进行整治利用。

9.3 使用机具设备,要尽量减少噪声、废气污染,并遵守当地相关部门的施工环保规定。

10 资源节约

本工法减少了土石方开挖的数量,减少了对原有地表的破坏,节约了地表资源,美化了环境。

11 效益分析

高边坡采用注浆锚索框格梁防护形式,与其他防护形式相比,具有以下优势和经济效益:

11.1 对边坡地形、地质适应性好,施工条件容易得到满足,尤其是对边坡地质差、易塌跨滑坡的高边坡具有很好的防护作用。

锚索框格梁,尤其是预应力锚索框格梁可以使滑动岩体的自重力分布在边坡上,最大限度地保持了滑动面本身的力学性能不变,受力稳定可靠,从而保证边坡稳定。

11.2 减少土石方开挖数量和边坡防护面积,缩短工期。同条件的高边坡采用锚索(杆)框格梁比采用其他形式的防护可以对挖方边坡采用较陡的坡比,很大程度上减少土石方开挖数量和实际边坡防护面积,同时工期也相应得以缩短。

11.3 减少了对地表资源的破坏,绿化了环境。

12 应用实例

蒙新高速公路第8合同段K34+150~K39+200段范围内高边坡多处就采用了该防护形式,其中K34+150~K34+363左侧高边坡高达11台139.5m,第6、8台采用注浆钢管锚索框格梁、第1、2、3、4台采用锚杆框格梁,其余采用现浇混凝土拱形护坡;K35+020~K35+223右侧高边坡高达10台共116.5m,第3、5台采用锚索框格梁、其余均采用锚杆框格梁;K35+265~K35+395右侧高边坡高达8台99.4m,第3、5台采用锚索框格梁、其余采用锚杆框格梁。以上高边坡均取得了很好的施工质量和防护效果。

2004 年 11 月,云南罗富高速公路土建工程第 2 合同段(K3 +230 ~ K6 +980)。四川武通路桥工程局在施工过程中利用以往的施工经验,根据其自行编写的《边坡防护锚杆施工工艺》进行施工。该工艺对地质条件较差的土质、风化岩、软质破碎岩采用钢管锚索框格梁进行防护,可使边坡形成整体,从而确保边坡稳定。对地质条件较好可采用主动柔性防护,防止孤(碎)石飞落,保证行车安全,同时可以缩短工期。实践证明,同条件的高边坡采用钢管锚索框格梁比采用其他形式的防护可以对挖方边坡采用较陡的坡比,很大程度上减少土石方开挖数量和实际边坡防护面积,同时工期也相应得以缩短,取得了很好的经济效益。

电石灰稳定土施工工法

GGG(冀)A1005—2008

李友林 贺敬宜 言丽平 袁香菊 安国栋
(沧州路桥工程公司)

1 前言

1.1 产生背景

国道307线石黄高速公路路面第八合同段(14座分离式立交桥引道、72km^{2}路面基层);2003年沧乐一级公路、石黄高速公路临港化工园区连接线、石黄高速公路沧州西互通连接线等工程,均由我公司中标承建。

1.2 工法应用及获奖情况

1.2.1 标准化

目前,"电石灰稳定土施工工法"已被我公司标准化,广泛应用于路基土CBR改良、高等级公路垫层和一般公路底基层。

1.2.2 科技进步奖

电石灰(工业废渣)在公路工程中的研究,获沧州市2003年科技进步一等奖;

1.2.3 优秀QC小组

电石灰路用改良路基土CBR性能QC小组,被评为交通部、河北交通厅优秀QC小组。

2 工法特点

2.1 直接应用工业废渣。电石灰替代石灰做(稳定土)路面基层、底基层,质量得到保证、缩短了工期、降低了工程造价,具有一定的先进性和新颖性。电石灰替代石灰可改良路基CBR性能。

2.2 传统工法工艺流程:消灰→筛灰→铺土→运灰→铺灰→拌和Ⅰ→闷料→拌和Ⅱ→碾压成型→养生。

应用电石灰施工流程:铺土→运灰→铺灰→拌和Ⅰ→闷料→拌和Ⅱ→碾压成型→养生。

3 适用范围

3.1 电石灰稳定土工法适用于高等级公路底基层和一般公路基层。

3.2 适用于公路路基工程,改善路基土的性能,提高路基CBR值。

4 工艺原理

4.1 应用电石灰的基本原理

4.1.1 电石灰的生成机理

电石灰(俗称噶石灰),是化工厂用碳化钙(俗称噶石或电石)为原料生产乙炔气体的副产品 。用化学反应方程式表示为:

$$CaC_2 + H_2O \longrightarrow C_2H_2 \uparrow + Ca(OH)_2 + 127kJ$$

由化学反应方程式可知,电石与水反应后,生成乙炔气体和电石灰放出热量。乙炔气体被收集后剩下的副产品主要是 $Ca(OH)_2$,与路用消石灰化学成分相同。因此,它具有稳定土壤的功能。其稳定效果能否满足路用要求还要看活性物质的含量。

4.1.2 电石灰的化学成分

经化验分析,电石灰化学成分列于表1。分析结果表明:电石灰有效钙含量高达55% ~70%,相当于路用Ⅲ级以上消石灰。因此,用它作稳定剂修筑稳定土路面基层、底基层和结构垫层从理论上是可行的。

电石灰的化学成分(%) 表1

化学成分 / 材料名称	SiO_2	Al_2O_3	Fe_2O_3	CaO	MgO	SO_2	FeO
电石灰	0.2 ~5	0.1 ~3.5	0.1 ~0.9	55 ~70	0.3 ~1.2	—	—

4.2 电石灰路用室内试验与组成设计

4.2.1 原材料试验

依照《公路土工试验规程》(JTG E40—2007)测试土样的物理指标 I_p,结果见表2;依照《公路工程无机结合料稳定材料试验规程》(JTJ 057—94)进行化学分析,结果见表3。

土样 I_p 测试结果 表2

土样编号	w_L(%)	w_p(%)	I_p(%)	土壤类别	取土位置
1	38.5	26.5	12.0	低塑限黏土	东取土区位于 K202 +500 北
2	44.5	28.5	16.0	高塑限黏土	东取土区位于 K202 +500 北
3	54.7	36.0	18.7	高塑限黏土	西取土区位于 K190 +100 北

电石灰的活性含量测定 表3

测试项目 / 试样编号	活性含量(%)		
	CaO	MgO	CaO + MgO
1	56.25	1.82	58.07
2	55.91	1.78	57.69
3	56.04	1.82	57.86
4	56.19	1.74	57.93

4.2.2 组成设计

电石灰稳定土组成设计程序及操作规程同石灰稳定土一样,依照《公路工程无机结合料稳定材料试验规程》(JTJ 057—94)进行试验。通过含水率 w 与干密度 ρ_d 关系曲线确定最佳含水率 w_o 与最大干密度 ρ_{dm}。不同土样不同灰剂量的含水率 w_o、最大干密度 ρ_{dm} 和7d 抗压强度 R_c 列于表4。

不同土样最佳含水率与最大干密度试验结果 表4

土样编号	灰剂量(%)	w_o(%)	ρ_{dm}(g/cm^3)	R_c(MPa)	C_v(%)
1	14	18.2	1.69	0.56	6.1
	16	18.8	1.69	0.54	7.7
	18	19.4	1.68	0.50	7.4
2	12	17.4	1.70	0.52	8.0
	14	18.3	1.69	0.57	4.0
	16	18.3	1.67	0.58	4.0

续上表

土样编号	灰剂量(%)	w_o(%)	ρ_{dm}(g/cm^3)	R_c(MPa)	C_v(%)
3	10	18.2	1.66	0.58	2.1
	12	20.0	1.63	0.65	2.5
	14	21.2	1.60	0.55	6.8

由表4所列测试数据,东取土区(1、2号土样)灰剂量为14%时:

$$R(\text{平均}) = 0.56$$

$$R_d/(1-Z_aC_v) = 0.5/(1-1.282\times0.061) = 0.54$$

$$R > R_d$$

西取土区(3号土样)灰剂量为12%时:

$$R(\text{平均}) = 0.65$$

$$R_d/(1-Z_aC_v) = 0.5/(1-1.282\times0.025) = 0.52$$

$$R > R_d$$

均满足规范$[R > R_d/(1-Z_aC_v)]$的要求,表明电石灰稳定土路用可行。故此,东取土区设计灰剂量为14%,干密度1.69g/cm^3,最佳含水率为18.2%;西取土区设计灰剂量为12%,干密度1.63g/cm^3,最佳含水率为20%。

4.2.3 试验段落及数据验证部门

由业主、驻地监理和项目经理部质检组、试验室联合鉴定。

5 施工工艺流程及操作要点

5.1 新工法工艺流程(图1)

电石灰稳定土施工与石灰稳定土施工没有本质区别,只是省去了消灰、筛灰、二次搬倒(将消石灰由灰场运至灰土施工现场)和闷料四道工序,而是由产地直接运往灰土施工现场。

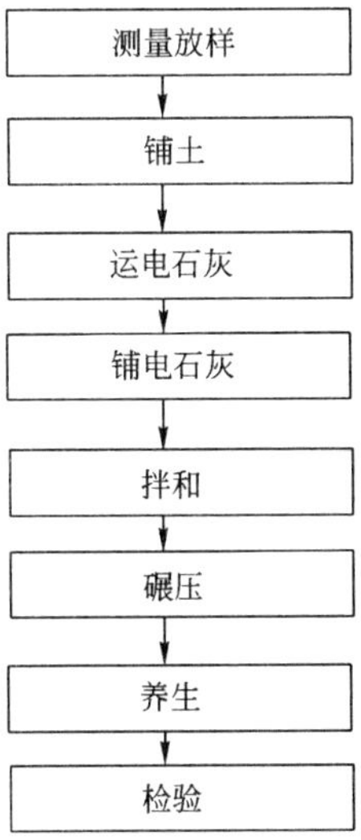

图1 电石灰稳定土施工工艺流程图

5.2 新工法技术控制要点

(1)施工过程控制参数见表5。

电石灰稳定土施工主要过程控制参数 表5

施工段落	设计配比(质量比)	拌和		压路机重(t)	碾压遍数	养生方法
		设备	遍数			
K204+460立交桥引道	12:100(电石灰:土)	旋耕机配和多铧犁	4~6	18~21三轮压路机	6	封土厚10cm
K203+652立交桥引道	12:100(电石灰:土)	旋耕机配和多铧犁	4~6	18~21三轮压路机	6	封土厚12cm
K194+020立交桥引道	14:100(电石灰:土)	石灰稳定土拌和机	1~2	18~21三轮压路机	6	封土厚11cm
K192+990立交桥引道	14:100(电石灰:土)	石灰稳定土拌和机	1~2	18~21三轮压路机	7	封土厚10cm

(2)施工检验结果列于表6。

电石灰稳定土现场检验结果 表6

施工段落	灰剂量(%)	厚度(cm)	压实度(%)	强度(MPa)	I_p(%)	外观质量(养生7d后)				
						裂缝	鼓包	颜色	起皮	表面
K204+460立交桥引道	14.1	15.2	95.1	0.52	15.6	无	无	均匀	无	密实
K203+652立交桥引道	14.3	15.0	95.0	0.54	15.3	无	无	均匀	无	密实

续上表

施工段落	灰剂量(%)	厚度(cm)	压实度(%)	强度(MPa)	I_p(%)	外观质量(养生7d后)				
						裂缝	鼓包	颜色	起皮	表面
K194+020立交桥引道	12.1	20.3	95.5	0.58	18.7	宽1mm深4cm	无	均匀	无	密实
K192+990立交桥引道	12.0	20.1	95.3	0.82	27.2	宽4mm深20cm	无	均匀	无	密实

由表5、表6可以看出,电石灰稳定土各项技术指标均能满足规范要求,可见,电石灰与石灰具有等同的路用效果。

(3)由于生产电石灰的原材料不同,电石灰存放时间不一,储存环境差异,故电石灰的活性含量处于不稳定状态,所以应加大组成设计和施工过程中电石灰活性含量的试验频度。

(4)施工过程中应加大"滴定"试验的频度,以利及时了解、调整灰剂量。

(5)应加大现场"钻芯取样"测试强度试验的频度。

(6)电石灰试验取样应"表里兼顾,拌匀再取",以保证试样的代表性,避免试样偏差导致计算数据脱离实际,造成技术经济损失。

(7)经试验确定一条或几条"标准干密度与灰剂量的关系曲线",以利施工中增减灰剂量时准确选用标准干密度,客观地反映压实情况。

(8)采购电石灰时,货源处验证合格后,应一次性集中运输,切忌频繁更换取料位置,以防试验样品与原材料相差悬殊,造成损失。

6 材料与设备

电石灰稳定土多为路拌法施工,设备宜用WBZ21稳定土拌和机,施工时参照《公路路面基层施工技术规范》(JTJ 034—2000)中石灰稳定土的规定即可,只是稳定剂由电石灰替代。

7 质量控制

电石灰稳定土质量控制按照现行《公路路面基层施工技术规范》(JTJ 034—2000)和现行《公路工程质量检验评定标准》(JTG F80/1—2004)中石灰稳定土的规定执行。同时,在施工中应注意如下几点:

7.1 土与电石灰充分拌和,均匀一致。

7.2 加强拌和过程中及拌和后的含水率控制。

7.3 注意碾压:先用轻型压路机稳压1~2遍,再用胶轮压路机碾压2~3遍,后用重型三轮压路机压3~5遍。碾压应先轻后重、先慢后快。

7.4 碾压过程中,若天气炎热,表层水分丢失严重,要及时喷雾补充水分。

7.5 因为电石灰露天放置时,其表层易碳化,含水量、氧化钙、氧化镁含量都会降低。应加强试验检测控制。

7.6 科学组织施工,合理计划,尽量缩短作业间隔,一般按"施工段落已经拌和,须当天完成"的原则来控制,以减少电石灰活性损失和降雨干扰。

8 安全措施

电石灰稳定土施工安全须按照现行《公路工程施工安全技术规程》(JTJ 076—95)有关规定执行,并注意如下几点:

8.1 电石灰堆场,运灰车应缓慢行驶,避免与其他车辆发生碰撞。

8.2 装车现场,装载机应停靠于稳定地面之处,保持作业过程中车身平衡。

8.3 装灰时，运灰车停靠位置应利于装车，并随时调整位置，避免偏载。

8.4 装灰时，挖掘机严禁掏空挖灰，以免电石灰坍塌吞埋设备。

8.5 用装载机或挖掘机装车时，应轻举轻放，保证运灰车安全。

8.6 用装载机或挖掘机装车时，严禁碰撞运输车辆，避免损伤运输车辆。

8.7 核定运灰车功率，严禁超载。

8.8 严禁敞篷运输，行进过程中须用篷布遮盖，首先防止撒落，影响交通安全；其次预防淋雨；其三减少其活性损失。

8.9 施工现场便道须平整、顺畅，避免运灰车颠簸。

8.10 施工现场便道纵坡缓陡应与运灰车性能匹配，确保运灰车安全行驶。

8.11 运灰车点火或卸灰前，驾驶员应绕车环视，以免伤人。

8.12 稳定土拌和机在拌和过程中，必须保持低速、均速。液压油的温度不得超过规定。不能急转弯或原地转向，严禁使用倒挡进行拌和作业。遇到底层有障碍物时，应及时提起转子，进行检查处理。

8.13 未尽事宜，参照石灰稳定土施工执行。

9 环保措施

9.1 电石灰稳定土施工环保措施应遵守《中华人民共和国环境保护法》、《中华人民共和国公路法》的有关规定。

9.2 在施工时要合理安排、科学组织施工，尽量缩短工期，避开雨天作业，避免电石灰流失污染耕地或水源。

9.3 在电石灰运输过程中，采用篷布遮盖，防止撒落污染交通环境，造成车祸。

9.4 完工后应及时清除运灰车内外灰渣，以免空车行进过程中污染道路，导致扬尘，污染空气。

9.5 适当晾晒或加水，合理控制混合料拌和含水率，以免结团或起尘。

9.6 整平时，科学处理多余混合料，严禁随意丢弃，污染环境，影响文明施工。

9.7 洒水车不得随意倾卸多余水，避免泥水影响施工、污染环境。

9.8 严禁对电石灰过敏人员参与施工或进入施工区域。

9.9 现场所有从业人员，应按规定佩戴劳保用品，确保健康生产、文明施工。

9.10 未尽事宜，参照石灰稳定土施工执行。

10 资源节约

由于使用工业废料电石灰做稳定土结合料，可节约其他结合料，同时解决了电石灰的占地问题。

11 效益分析

11.1 减少占地

用电石灰修路可免征临时灰场占地(存放和消解生石灰用地)和省掉诸多工序，较用生石灰可节省20~40元/t；同时减少了管理环节和管理人员的工作负荷。

11.2 改善环境

避免了消灰、筛灰、装灰、卸灰对环境的污染，也相对改善了施工环境；由于免征灰场占地，避免了对耕地的污染；环境污染程度的降低，也必然减少了与百姓的矛盾和地方协调人员的压力。

11.3 施工质量

由于电石灰未消解含量为零，所以，电石灰稳定土不会出现“空鼓现象”；电石灰含渣率极小，容易控制铺灰厚度和均匀度，计量准确；由于电石灰没有欠火灰，所以拌和设备磨损降低。

12 应用实例

国道307线石黄高速公路路面第八合同段、沧州至保定公路(京沪高速公路收费站至廊崔公路段路面基层107.8km^2)、沧乐一级公路路基、石黄高速公路临港化工园区连接线路基162.4km^2、石黄高速公路沧州西互通连接线路基671.52km^2。

在以上工程中应用,发现电石灰不仅有很高的路用价值,而且技术、经济和社会效益也极为显著,可变废为宝(电石灰堆积如山,占用良田,污染环境,历来被视为垃圾),减轻污染,减少占地。

浅海水域公路工程施工工法

GGG(冀)A2006—2008

郑 捷 蓝 青 李友林 林贵朋 赵红军
(沧州路桥工程公司)

1 前言

1.1 建设疏港公路网的意义

黄骅港即将形成1.5亿吨的年吞吐能力,居全国沿海港口前列。随着黄骅港的建设和交通体系完善,其腹地将延伸到晋中南、鲁北、豫北等地区,成为河北省实施“东出西联”战略、加快区域经济发展的“桥头堡”和前沿阵地。南、北、中、东、西5条近百公里疏港公路形成了方便快捷的交通网络,对黄骅港有着极其重要的意义。

1.2 工程结构设计概况

浅海水域公路工程主要由迎浪堤、背浪堤、路基、路面、防浪墙和路基防护工程组成(图1)。

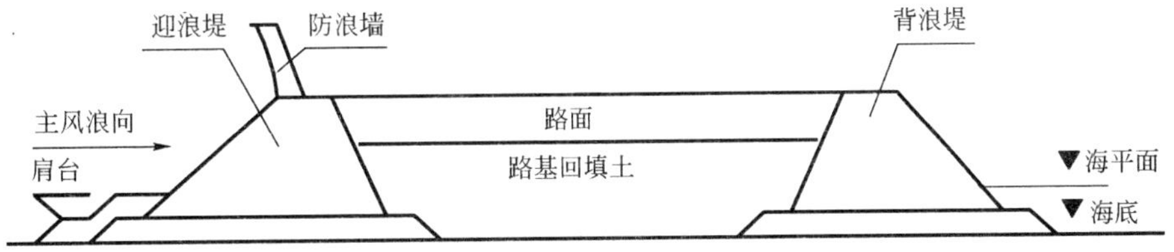

图1 公路横断面示意图

1.2.1 迎浪堤

路基防护工程一般与迎浪堤合为一体设计、修建,主要由堤心、迎浪坡面、隐坡和防浪墙四部分组成。

(1)堤心。其结构自上而下为:50cm砂垫层,400g/m^2土工布,50cm碎石垫层,10~100kg块石,上顶为30cm二片石,堤高4.67m。

(2)迎浪坡面。用砂袋砌成顶宽100cm、高50cm、两腰坡比1:1的梯形坡脚;坡面底层为厚60cm、50~100kg块石,面层为A、B型钢筋混凝土预制栅栏板(A型1.66m^3/块、B型2.25m^3/块),坡比1:2;肩台高1.62m,顶宽3m,设两级肩台(上高0.6m,下高1.02m),坡比1:2。

(3)隐坡。坡脚同迎浪坡面之内坡脚,但设有二级肩台,每级高50cm,宽100cm,坡比1:1;坡面自上而下为:二片石坡比1:1、面坡1:1.25,400g/m^2土工布,混合倒滤层(水位以上宜用分层倒滤层,其碎石层厚宜为15~20cm,粗砂或中砂层厚宜为10~15cm。当采用混合倒滤层时,其厚度不宜小于40cm;水位以下可采用级配较好的混合倒滤层,其厚度不宜小于60cm)底坡1:1.25、面坡1:1.5。

(4)防浪墙。于堤心上顶二片石之上,浇筑10cm C15混凝土垫层,上为高3.0m的浆砌石防浪墙。

1.2.2 背浪堤

背浪堤主要由堤心、隐坡和坡面三部分组成。

(1)堤心、隐坡同迎浪堤。

(2)坡面。内坡脚同迎浪堤;外坡脚由50~100kg块石抛填,底宽200cm,顶宽200cm,高62cm;坡面底铺 400g/m^2 土工布，上铺 10cm 碎石垫层，加铺 6cm C25 混凝土护面，混凝土浇筑以“模袋”为佳。

1.2.3 路基

(1)迎浪堤和背浪堤在顶宽 36.6m 的范围内，于海面切割出一片相对稳定的水域，将堤内淤泥清除干净后，即可填筑路基。其填料或土、或矿渣、或水稳性较好的建筑垃圾，但必须粒径均匀，分层填筑，以免不均匀沉降。

(2)路基顶面 80cm 范围内压实度 >90%，改良土下层 90cm 范围内压实度 >93%，上层 60cm 范围内压实度大于 95%。

1.2.4 路面

路面结构上面层为：入海段 10cm 水泥混凝土锁块路面，非入海段 10cm 沥青混凝土路面，设双向 2% 的横坡，路拱顶设计高程 3.94；路面基层均为 40cm 石灰稳定土 +20cm 水泥稳定碎石；迎浪堤一侧路面边缘与防浪墙基础衔接，背浪堤一侧设宽 10cm 的路缘石，之外为宽 2.0m 的路肩。

2 工法特点

2.1 与陆地公路工程的区别

在海洋气候浅海水域深淤泥条件下，抛石建堤和路基防护工程同时进行；堤内围堰清淤，防潮汐侵扰，容易质量控制；堰内路基填筑，减少工后沉降，利于海上作业安全和海洋环境保护。

2.2 建设难度

该工法论述的是公路挺进大海，路基自始至终是在海水中建成。

2.3 建设目的

该工法用于修建高等级公路(国家一级公路标准)，以运输为第一目的。

3 适用范围

本工法适用于浅海水域深淤泥地质条件下建设高等级公路。

4 工艺原理

4.1 试验研究

该课题借鉴海挡经验，完善公路路基防护工程理论，通过“试验路段”研究，总结出在海洋气候、浅海水域、深淤泥条件下抛石建堤、堤内围堰、堰内清淤、填筑路基的施工工艺、技术要点、质量标准和安全环保措施，填补我国现行公路施工技术规范之空白。

4.2 工艺原理

(1)建立 RTK—GPS 海洋气候浅海水域施工测量与监测系统。

(2)在潮汐、风浪、淤泥恶劣环境下抛石建堤和路基防护工程一体化，统筹兼顾，同时构筑。

(3)路基、路面与防护工程工艺原理

①施工时先修建迎浪堤、背浪堤，而后于堤内围堰，抢低潮排水清淤；对于低潮位海水仍未退去的水域，则抢高潮清淤船清淤；②迎浪堤和背浪堤在顶宽 36.6m 的范围内，于海面切割出一片相对稳定的水域，将堤内淤泥清除干净后，即可填筑路基；③路基工程完成后，即可铺筑路面；路面工程完成后，交通设施及其他工程即可施工。

5 施工工艺流程及操作要点

浅海水域深淤泥地质条件下修建公路总工艺流程见图 2。

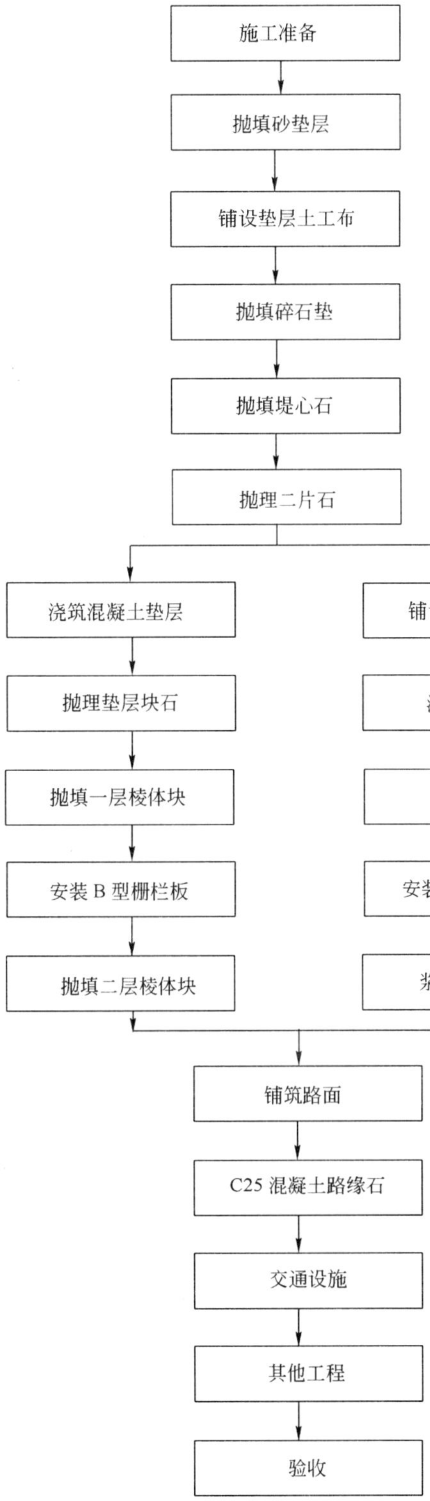

图2 浅海水域深淤泥地质条件下修建公路总工艺流程图

5.1 堤底砂垫层抛填

5.1.1 概况

砂垫层抛填厚度为500mm,砂垫层抛填总量为6 524m^3。本工程抛填用砂全部经外海由船舶运输到现场进行抛填。

5.1.2　施工工艺流程

堤底砂垫层抛填施工工艺流程见图3。

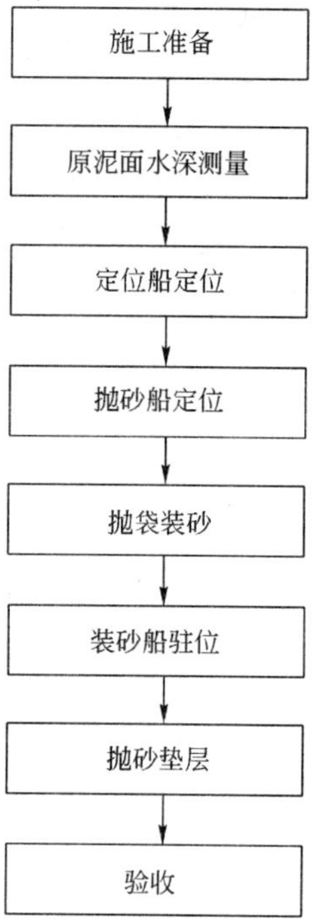

图3　堤底砂垫层抛填施工工艺流程图

5.1.3　施工工艺

(1)原泥面水深测量。施工前采用测量船由GPS与数字化自动回声测深系统相结合进行原泥面水深测量,水深测量成果整理通过HaiDa水上成图软件将实测数据进行处理,绘制平面图。

(2)定位船定位。根据施工范围和船型,计算出GPS在施工坐标系下定位位置。拖轮将定位方驳送入施工区域,并给定位方驳下八字形锚。定位方驳垂直于堤轴线方向驻位,根据设立的砂垫层边线及里程标志方驳绞缆初步驻位,GPS校核后准确驻位。

(3)抛袋装砂。为防止抛填后的砂垫层受水流作用冲刷,抛填砂垫层前抛填出一定宽度的袋装砂坝,即在砂垫层抛填位置的两侧沿堤纵向用砂袋抛出一条高度等于砂垫层厚度的砂袋坝,起到挡砂作用。

趁低潮时间,人工对抛填的袋装砂重新进行砌筑,以保证砂袋的位置、厚度满足挡砂要求。

抛袋装砂的定位及测量方法与抛填砂垫层一样,根据标志桩初定位、GPS校核,利用水砣测量高程。

(4)装砂船驻位。砂垫层抛填乘潮施工,乘高潮时间选择小型方驳运输、定位,采用方驳+反铲挖掘机的工艺施工。自航定位方驳下两个八字形后锚,再将两个前锚拴于提前设置的定位浮鼓上,定位方驳根据设立的标志初步驻位、再由GPS准确定位。自航装砂驳由施工区域缓慢靠近定位方驳一侧,通过两根缆绳牢固拴于定位方驳系缆桩上。同时,两台GPS流动站于船艏、船艉分别测定装砂船的施工坐标,对其进行准确定位。

(5)抛填砂垫。乘高潮时间进行砂垫层的抛填,正式抛填以前先进行试抛,找到抛填砂石的漂移方向和距离,以确定抛砂的位置。

装砂方驳上的反铲挖掘机按顺序抛填砂垫层,不得漏抛或多抛,抛填时随时利用水砣测定砂垫层高程。

低潮时间砂垫层顶面可漏出水面,由人工对砂垫层不平整部位进行整平。整平好的砂垫层马上进行土工布的铺设。

5.1.4　抛填砂垫层质量控制

(1)严把垫层砂的进场关。垫层砂的质量是否合格由砂的产源调查入手,不合格的砂源坚决不予采用。

(2)垫层砂的暴露段长度控制在50m之内,抛填完成后马上进行下一道工序的施工。

(3)抛填过程中,及时进行测量验收检查,以便对超高或不足区域进行及时处理。砂垫层一般不需整平,经水流的作用砂垫层自动平整。如砂垫层不够平整,则乘低潮时间人工水下整平。

(4)现场监测控制制度化,利用GPS、测深仪等测量手段,对抛填的砂垫层进行全面、精确的监控。

5.1.5　抛填砂垫层质量验收

1)验收方法

(1)砂垫层抛填后采用测量船由GPS与数字化自动回声测深系统相结合进行砂垫层高程测量,测量成果整理通过HaiDa水上成图软件将实测数据进行处理,绘制平面图、断面图和三维形象图。通过计算机将实测面叠加到设计断面,即可实时显示出实际抛填断面形状与设计断面的差异,并可直接计算出需补抛的数量和部位,便于补抛。多次测量同一断面使用不同颜色叠加,可反映出该断面形成的过程和实际抛填情况,并可打印记录,保存数据备查。

(2)完成的砂垫层抛填区域,及时请监理工程师验收。

2)工程质量验收标准

(1)砂料材质要求

①砂粒应是未风化、坚硬、密实、耐风化且透水性强的；

②堆填稳定后湿重度应达到18kN/m³；

③内摩擦角≥32°；

④粒径小于0.1mm的颗粒含量不大于5%；

⑤有机混合物含量不大于5%；

⑥易溶性盐类和中溶性盐类含量不大于8%。

(2)砂垫层的顶面宽度不小于设计顶面宽度。

3)砂垫层和基础换砂允许偏差、检验数量和方法(表1)

砂垫层和基础换砂允许偏差、检验数量和方法 表1

序号	项目		允许偏差(mm)	检验单元和数量	单元测点	检验方法
1	顶面高程	头	±300	每个断面(5~10m一个断面,且不少于3个断面),每处(20m² 一处)	2~4m 1个点且不少于3个点	用测深水砣检查
		防波堤	+500 -300			
	上砂垫层		+30 -20	每处(20m² 一处)	1	用水准仪检查
2	陆上砂垫层厚度		±H/10	每处(100 m² 一处)	1	挖坑用钢尺量

注:1. H为砂垫层厚度；

2. 排水砂垫层只检查厚度。

5.2 铺设土工布

5.2.1 概况

本工法铺设的土工布分为三部分:第一部分为砂垫层顶部,第二部分为堤心石内侧斜坡段二片石坡面,第三部分为填土斜坡面。土工布采用涤纶机织加筋土工布和无纺土工布,其单位面积质量均为400g/m²,抗拉强度大于6kN/m。

5.2.2 施工工艺流程

铺设土工布施工工艺流程见图4。

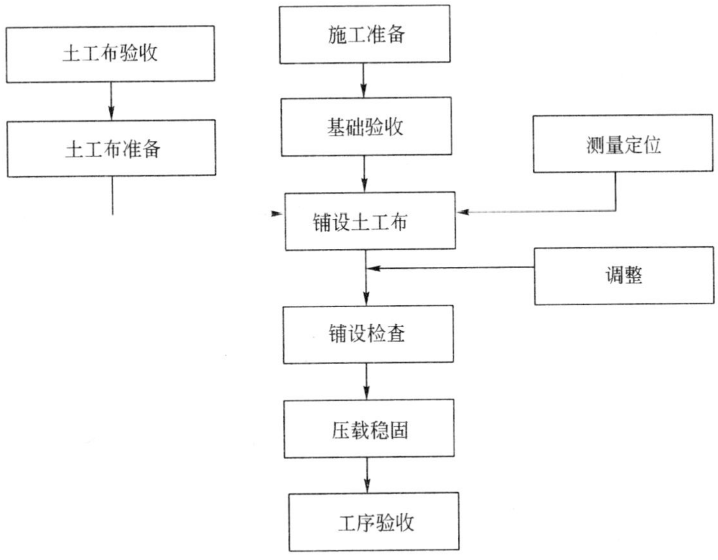

图4 铺设土工布施工工艺流程图

5.2.3 施工方法

土工布铺设乘低潮时间进行,每一施工段砂垫层抛填、二片石垫层抛填、回填抛填完成后立即采用“管绳布轴法”进行土工布铺设。

(1)土工布加工。土工布在施工作业前30日通知厂家生产施工用土工布。土工布加工成铺设块,宽度及长度随施工区域不同通过计算确定,计算方法为该段基础断面长度加富裕长度1.5m。

(2)土工布准备。进场检验合格的土工布,首先运至堆放场地。按照施工顺序,将土工布铺展开来,用加工好的ϕ60mm钢管卷成滚状,卷滚前在钢管两端三分之一位置拴好两根ϕ20mm丙仑绳并随土工布一起卷到卷滚中。卷好的卷滚用丙仑绳捆绑结实,按照铺设顺序由运输船运至施工地点,准备铺设。

(3)施工准备。乘高潮时间,由平板驳压载土工布用的袋装碎石运输到土工布铺设位置,下锚定位后将袋装碎石抛填在指定的位置,以方便低潮时间土工布铺设时进行压载。另外装载土工布的平板运输驳在砂垫层以外一侧驻位,以便低潮时间将土工布倒至砂垫层顶面进行铺设。

(4)水下测量定位。建立土工布的GPS自定义系统铺设定位网格。布设5m×2m的测量控制网格,建立铺设土工布所用的GPS定位平面控制系统,将铺设土工布的设计参数(坐标)输入GPS和计算机系统。铺设土工布施工中,计算机显示器监控施工,计算机显示器上所确定的网格代表土工布确切位置。

(5)铺设土工布。土工布铺设底面可露出水面,故土工布乘低潮时人工进行铺设。人工将土工布抬放至指定铺设的砂垫层或二片石或回填顶面,由GPS定位至设计的铺布位置起点。每块土工布的铺设位置必须根据前一块已铺的实际边线位置修正后确定。确保相邻土工布间的实际搭接宽度在整块布范围内任一位置均不小于1.0m。打开土工布卷滚,由碎石袋压住土工布的边线位置,然后再滚动卷滚,每前进2m,由碎石袋压牢;两块土工布搭接部位也要压牢。若出现较大偏差,及时调整布卷位置。土工布卷滚滚动时,要修正铺设边线位置,以保证要求的搭接宽度及其他规范要求。

5.2.4 铺设土工布质量控制

若有搭接宽度不够、铺偏、打折和卷起等现象,必须返工重铺。

5.2.5 土工布质量检查与验收标准

(1)土工布进场时,逐批检查出厂合格证或试验报告,并逐批进行外观质量检查;其主要物理性能指标应按设计要求进行抽查复检,抽查数量每批不少于一次。

(2)土工布在施工过程中要进行如下检查:土工布铺设轴线、边线检查;相邻两块土工布的搭接长度检查;土工布两端的压稳锚固情况检查。

(3)土工布的品种、规格和技术性能须符合设计要求,可通过检查出厂合格证和抽样试验报告进行验收。

(4)土工布拼幅缝接接头的抗拉强度须符合设计要求,可通过检查接头强度抽样试验报告进行验收。

(5)土工布铺设时不允许发生折叠和破损现象。

(6)土工织物垫层施工允许偏差、检验数量和方法见表2。

土工织物垫层施工允许偏差、检验数量和方法 表2

序号	项目		允许偏差(mm)	检验单元	单元测点	检验方法
1	搭接长度	水下	±$L/5$;L	每块土工织物	每20m一个点	用钢尺量
		陆上	±100			
2	轴线偏移	水下	1 500		2	用钢尺量两端
		陆上	500			

5.3 碎石垫层抛填

5.3.1 概况

碎石垫层抛填厚度为500mm，碎石垫层抛填总量为5 222m³。本工程抛填用碎石全部经外海由船舶运输到现场乘高潮时间进行抛填。

5.3.2 施工工艺流程

碎石垫层抛填施工工艺流程见图5。

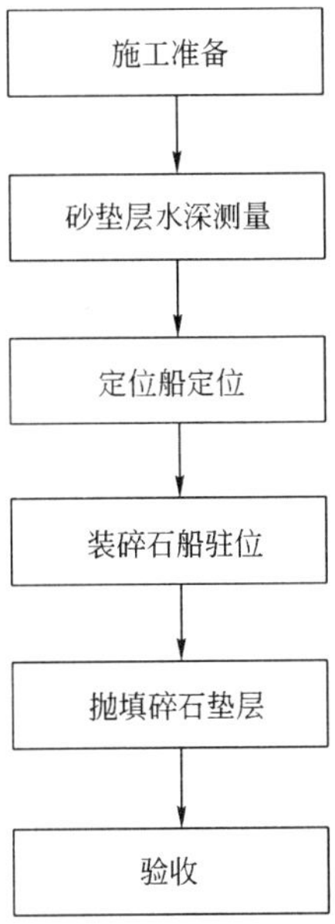

图5 碎石垫层抛填施工工艺流程图

5.3.3 抛填碎石垫层主要施工方法

(1)施工准备。抛填碎石垫层前，需根据施工船舶船型及施工区域，对欲抛填区域，计算出抛填网格及抛填区域对应的施工坐标，确定施工定位船舶驻位方式。

(2)水深测量。施工前采用测量船由GPS与数字化自动回声测深系统相结合进行水深测量，计算出抛填量及需抛填的位置和数量。

(3)定位船定位。根据施工范围和船型，布设定位网格，自航定位方驳进入施工区域，下八字形后锚；再将两根前缆系于提前设置好的定位浮鼓上，定位方驳垂直于堤轴线方向，根据设立的边线及里程标志桩初定位，再由GPS校核准确驻位。

(4)抛填碎石船驻位。自航装碎石的平板驳由施工区域缓慢靠近定位方驳一侧，通过两根缆绳牢固拴于定位方驳系缆桩上。同时，两台GPS流动站于船艏、船艉分别测定装石船的施工坐标，对装石船进行准确定位。

(5)抛填碎石垫层。碎石垫层乘高潮时间进行，装石方驳上的反铲挖掘机按顺序抛填碎石垫层，不得漏抛或多抛，抛填时随时利用水砣测定碎石垫层高程。再乘低潮时间，由人工随时将垫层不平整部位整平。

5.3.4 抛填碎石垫层质量控制

(1)严把垫层碎石进场关。垫层碎石质量是否合格由石料的产源调查入手，不合格的料源坚决不予采用。

(2)垫层碎石的抛填分段长度控制在50m，抛填完成后迅速进行下一道工序的施工，减小水流冲刷，确保碎石垫层的抛填质量。

(3)抛填过程中，及时进行测量验收检查，以便对超高或不足区域进行及时处理。

(4)现场监测控制化，利用GPS、测深仪等测量手段，对抛填的碎石垫层进行全面、精确的监控。

5.3.5 抛填碎石垫层质量验收

1)验收方法

抛填完成后采用测量船由GPS与自动回声测深系统结合进行高程测量，利用它算出需补抛的数量和部位。

2)工程质量验收标准

(1)碎石垫层的最小厚度不小于设计要求的70%。检验方法为检查断面测量图并观察检查。

(2)抛石断面平均轮廓线不低于设计断面，断面坡度应符合设计要求，检验方法为检查断面测量记录。

(3)本段工序完成后，下一工序进行前应对其实断面进行检验，每5m为一检测断面，每2m设一检测点。

5.4 堤心石抛填

5.4.1 概况

堤心石重10～100kg，由远海1 000t以上方驳运输至施工地点附近水深满足吃水要求位置，再倒至小型平板驳上，乘高潮时间，小型平板驳进行堤心石粗抛，再乘低潮时间由挖掘机进行理坡。抛填堤心石时应该按照护岸施工“及时成型,同步推进”,即“堤心石暴露段防护及时,护岸全断面跟进”的原则组织施工。

5.4.2 堤心石抛填施工工艺流程图

堤心石抛填施工工艺流程见图6。

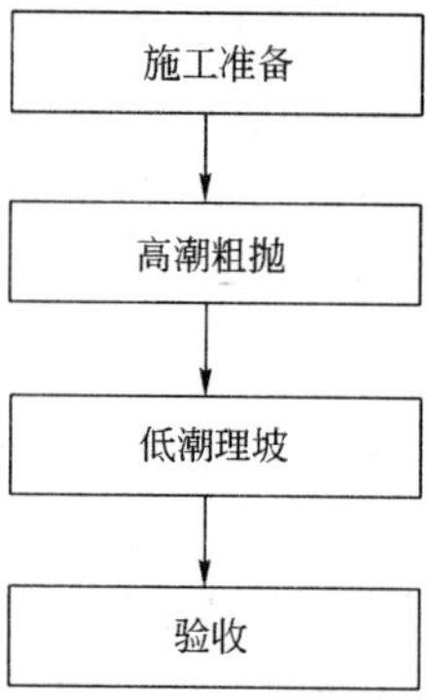

图6 堤心石抛填施工工艺流程图

5.4.3 抛填堤心石主要施工方法

(1)施工准备。抛填堤心石前,需根据施工区域,对欲抛填区域,计算出抛填网格及抛填区域对应的施工坐标,并设立边线及里程标志,以便于方驳驻位。

(2)水深测量。施工前采用测量船由GPS与数字化自动回声测深系统相结合进行水深测量,计算出抛填量及需抛填的位置和数量。

(3)堤心石抛理。乘高潮时间,采用小型平板驳+反铲式挖掘机的工艺进行施工。根据计算的抛填量抛填至堤心位置;再乘低潮时间,挖掘机登至已抛堤心石顶面进行理坡。对于缺石部位再乘高潮时间方驳补抛。

5.4.4 施工质量控制

(1)堤心石石料规格和质量符合设计要求和规范规定。石料进场前要进行检验,不合格者严禁进场。

①采用新鲜无严重风化、无裂缝且不成片状的岩石。

②堤心石在水中浸透后的强度不小于30MPa。

③软化系数应大于0.75。

④岩石的吸水率(按空隙体积比例计)不大于0.8。

⑤岩石的重度应大于24kN/m^3。

⑥块石的几何尺寸:最大边长度与最小边长度之比不大于1.5~2.0。

⑦块石的尺度及重量应符合设计要求。

(2)堤心石抛填过程控制

①抛填完成后迅速进行下道工序施工,防止被波浪海流等淘刷,确保台风期及突风时抛石堤的安全。

②堤心石抛填过程要及时进行测量验收检查,超高部位由挖掘机抛填至低洼处,不足低凹处及时补抛。

5.4.5 抛填堤心石质量验收

(1)抛填堤心石质量验收方法

①低潮时间采用全站仪和水准仪做出断面轮廓线板拉线方式测量。

②完成设计断面的抛石段要及时请监理工程师验收,填报隐蔽工程验收单。

(2)抛填堤心石质量验收标准

抛石断面平均轮廓线不低于设计断面,断面坡度应符合设计要求。检验方法为检查断面测量记录。

堤心石完成后,在进行下一工序之前应对其实际断面进行检验,每5m为一检测断面,每2m设一检测点。

堤心石、棱体块石的实际断面线与设计断面线间的允许高差为±40cm。

(3)抛石、理坡、安放高程允许偏差、检验数量和方法见表3。

抛石、理坡、安放高程允许偏差、检验数量和方法 表3

序号	项目		允许偏差(mm)	检验单元和数量	单元测点	检验方法
1	抛石(块石重,kg)	10~100	±400	每一断面(5~10m一个断面)	1~2m一个点	拉线尺量或用测深水砣检查
		100~200	±500			
		200~300	±600			
		300~500	±700			
		500~700	±800			
		700~1 000	±900			

续上表

序号	项目		允许偏差(mm)	检验单元和数量	单元测点	检验方法
2	理坡(块石重,kg)	10～100	±200	每一断面(5～10m一个断面)	1～2m一个点	拉线尺量或用测深水砣检查
		100～200	±300			
3	安放(块石重,kg)	200～300	±400			
		300～500	±500			
		500～700	±600			
		700～1 000	±700			

注:栅栏板、四脚空心块理坡允许偏差:水上±100mm;水下±150mm。

5.4.6 抛石堤身预留沉降量及施工监测

根据地质资料进行堤身沉降计算分析,并结合施工期位移沉降观测(在堤轴线和护底块石处设沉降盘,定期对沉降盘进行观测)。通过沉降盘沉降观测资料,确定抛石堤顶预留沉降量。经监理工程师批准后作为堤顶控制高程依据。

5.5 垫层块石抛理

5.5.1 概述

本工法垫层块石规格为50～100kg,采用高潮抛石、低潮挖掘机粗理、再下轨道细理的方法。

5.5.2 垫层块石抛理工艺流程

垫层块石抛理工艺流程见图7。

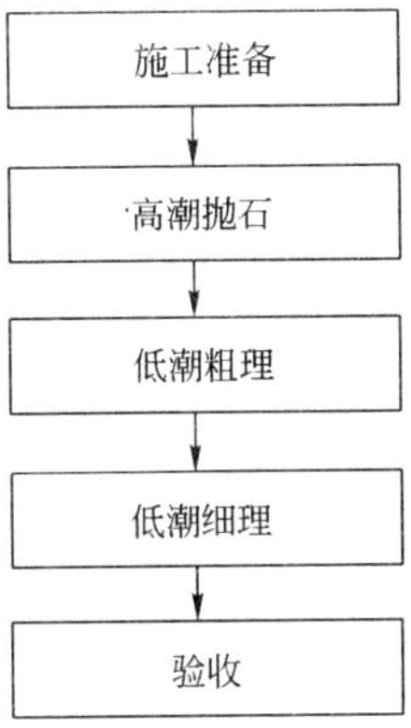

图7 垫层块石抛理工艺流程图

5.5.3 垫层块石抛理主要施工工艺

垫层块石石料乘高潮时间由小型平板驳抛填至指定位置,低潮时间由挖掘机进行初步理坡,再设立理坡轨道,人工细理。

5.5.4 垫层块石抛理质量控制

(1)垫层块石的材质要求:

①采用新鲜无严重风化、无裂缝且不成片状的岩石。

②石料在水中浸透后的强度:浸水饱和抗压强度不小于30MPa;

③软化系数应大于0.75;

④岩石的吸水率(按空隙体积比例计)不大于0.8;

⑤岩石的重度应大于24kN/m^3。

⑥块石的几何尺寸:最大边长度与最小边长度之比不大于1.5～2.0;

⑦块石的尺度及质量应符合设计要求。选用垫层块石质量等级符合设计要求。

(2)垫层石抛理后,立即进行测量检查,发现超高部位,立即清理,不足低凹处及时补抛。

(3)垫层块石的实测断面线与相同断面的堤心石实测断面线比较,得出的垫层石实际断面线与设计断面线间的允许高差为±10cm,不能满足时局部补足。实际坡度不应陡于设计坡度。

(4)现场监测控制制度化,利用全站仪、经纬仪和水准仪等常规测量控制手段,对抛石工程做全面、精确的监控。

(5)利用水砣与水准仪测量验收。

(6)垫层块石抛理后应及时安放护面栅栏板加以保护。

5.6 棱体块石抛填

5.6.1 概述

堤心石外侧抛理200～250kg棱体块石。

5.6.2 棱体块石施工工艺流程

棱体块石施工工艺流程见图8。

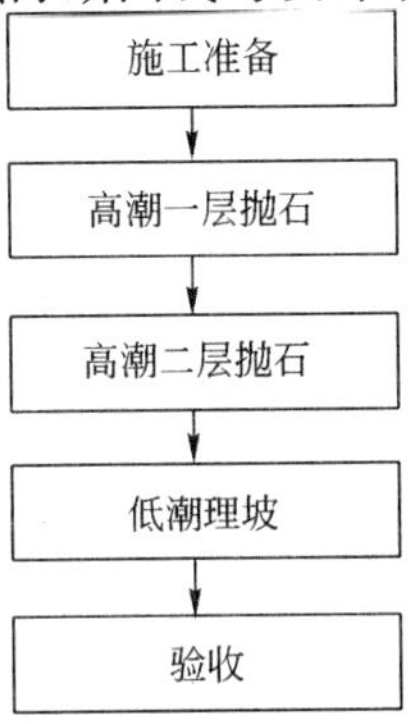

图8 棱体块石施工工艺流程

5.6.3 棱体块石施工方法

棱体块石抛石分两层进行,首先抛填护面栅栏板地脚以下部位,待下层栅栏板安装完成后,再乘高潮时间由小型平板驳抛填剩余部分,最后乘低潮时间由挖掘机理坡。

5.6.4 棱体块石施工质量控制

(1)棱体块石的材质要求:块石在水中浸透后的强度不小于30MPa;且不成片状,无严重风化和裂纹。

(2)棱体块石的实测断面线与相同断面的下层石实测线比较,得出的棱体石最小厚度不小于设计厚度的70%,不能满足时局部补足。

(3)完成设计断面的规格石抛放,及时请监理工程师验收,填报隐蔽工程验收单。

5.6.5 棱体块石施工质量检验标准(表4)

抛石棱体允许偏差、检验数量和方法 表4

序号	项目		允许偏差(mm)	检验单元和数量	单元测点	检验方法
1	棱体顶部边线		±100	每一断面(5~10m一个断面)	1或2个	用经纬仪和钢尺量
2	棱体顶部高程		+200 −0		2m 1个点且不少于3点	用水准仪检查
3	坡面轮廓线	水上	±200			用水准仪检查
		水下	±300			用测深水砣检查

5.7 栅栏板安装

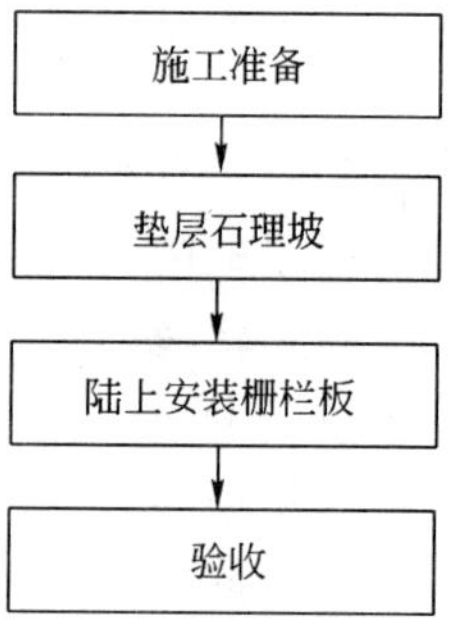

图9 栅栏板安装工艺流程图

5.7.1 概况

栅栏板上层为A型,下层为B型。

5.7.2 栅栏板安装工艺流程图

栅栏板安装工艺流程见图9。

5.7.3 栅栏板安装施工方法

栅栏板在堤身后方回填土回填形成陆上施工条件后,采用平板车运至安装地点后履带吊陆上安装,下层栅栏板安装乘低潮时间进行。现场测量人员事先测放栅栏板安装基线,吊机将栅栏板吊起,利用吊机吊臂的长度倾角转角将栅栏板吊至安装位置,栅栏板安放位置达到设计要求后,即可进行下一栅栏板安装。

5.7.4 栅栏板安装质量标准

四脚空心块、栅栏板安放允许偏差、检验数量和方法见表5。

四脚空心块、栅栏板安放允许偏差、检验数量和方法表 表5

序号	项目	允许偏差(mm)	检验单元和数量	单元测点	检验方法
1	相邻块体高差	150	每块构件(四脚空心块抽查10%,栅栏板逐件检查)	2	用钢尺量任意二边,各取大值
2	相邻块最大缝宽	≤100		2	

5.8 二片石、混合倒滤层施工

5.8.1 概述

300mm的二片石、混合倒滤层主要设置堤心石内侧。

5.8.2 二片石、混合倒滤层施工方法

二片石或混合倒滤层料用自卸汽车运至施工现场,由现场指挥人员指定抛填地点,乘低潮时间用反铲式挖掘机依照坡度尺进行理坡,再由人工找平。

5.8.3 测量与验收

(1)垫层抛理后,立即进行测量检查,发现超高部位,立即清理,不足低凹处及时补抛。

(2)垫层块的实测断面线与相同断面的堤心石实测断面线比较,得出的垫层实际断面线与设计断面线间的允许高差为 ±20cm,不能满足时局部补足。实际坡度不应陡于设计坡度。

(3)现场监测控制制度化,利用全站仪、经纬仪和水准仪等常规测量控制手段,对抛石工程做全面、精确的监控。

(4)完成设计断面的石料抛放,及时请监理工程师验收,填报隐蔽工程验收单。

(5)二片石抛理后应及时抛填混合倒滤层,混合倒滤层抛理后应及时回填土。

(6)土工织物滤层施工的允许偏差、检验数量和方法见表6。

土工织物滤层施工的允许偏差、检验数量和方法 表6

序号	项目			允许偏差(mm)	检验单元及数量	单元测点	检验方法
1	平整度	抛石面	水下	200	每个断面(每10m一个断面)	每2m 1个点	检查基层理坡或整平测量记录
			水上	100			
		砂、砂砾石面	水下	150			
			水上	100			
2	搭接长度	水上施工		$\pm L/10$	每块织物(抽查30%)	3	用尺量上、中、下3处
		水下施工		$\pm L/5$			

注:L 为设计搭接长度,单位 mm。

5.9 浆砌石防浪墙施工

5.9.1 概况

本工法防浪墙结构为浆砌石结构,块石饱和抗压强度不低于 50MPa,填充及勾缝砂浆标号为 M20,防浪墙每 15m 设置一道结构缝,中间填充 2cm 油侵木丝板。防浪墙施工分为上下两层施工。

5.9.2 浆砌石防浪墙施工方法

(1)砌筑所用砂浆在混凝土拌和站拌和,混凝土罐车运至施工现场,块石采用自卸汽车自块石存放场运至施工现场,人工砌筑。

(2)砌筑每一层块石时,在垫层上坐浆砌筑。所有块石应坐于新铺砂浆之上,砂浆凝固前所有缝均应满浆。砌体应分层砌筑,每层块石近乎水平,上下两层块石应骑缝,内外块石应交错搭接,层之间不能相互搭砌,砌石层厚不小于 250mm,各层的块石应安放稳固,块石之间砂浆应饱满,黏结牢固,不得直接贴靠或脱空。砌筑时,底浆应铺满,竖缝砂浆应先在已砌石块侧面铺放一部分,然后于石块放好后填满捣实。直缝应与下层的临近直缝错开,砌缝宽度不大于 4cm。

(3)砌筑用砂浆坍落度控制在 50~70mm,拌和物应具有良好的和易性,随拌随用,应在 3h 内使用完毕。若发生离析、泌水等现象应进行现场人工二次拌和。

(4)块石在使用前必须浇水湿润,表面如有泥土、水分,应清除干净。砌筑前,应进行选石及块石修凿,块石的尖锐边角应凿去。临水面块石应大致方正,上、下面大致平整,须经粗打,正面平整度 20mm。

(5)块石砌筑时,按一丁一顺排列,先砌角隅及面石,然后铺筑帮衬石,最后砌腹石。

(6)浆砌石胸墙在砂浆凝固前将外露缝勾好,若不能及时勾缝,则应在砂浆终凝前将灰缝隙刮深,深度≮20mm,为以后勾缝做好准备。挡墙外露面采用 1:2 砂浆勾凸缝,砂浆采用中细砂,勾缝砂浆应嵌入砌缝≥20mm,勾缝完成砂浆初凝后,将砌体表面洗刷干净。

(7)砌体表面覆盖麻袋潮湿养护 7~14d,不得干湿交替,养护期间避免砌体受碰撞或震动。

5.9.3 浆砌石防浪墙检查与验收标准

挡土、防浪(汛)墙砌石允许偏差、检验数量和方法见表7。

挡土、防浪(汛)墙砌石的允许偏差、检验数量和方法　　表7

序号	项目		允许偏差(mm)		检验单元和数量	单元测点	检验方法
			浆砌块石	浆砌料石			
1	前沿线对施工准线偏移		30	30	每段(逐件检查)	2	用经纬仪和钢尺量两端
2	外形尺寸		±50	±40		8	用钢尺量两端
3	顶面高程		±40	±20		3	用水准仪检查两端和中部
4	正面竖向倾斜	前倾	0	0		1	吊线用钢尺量
		后倾	$H/100$	$H/100$			
5	正面平整度		40	20		2	用2m靠尺和楔形塞尺量竖向和水平向
6	正面相邻块石错牙		—	10		1	用钢尺量,取大值

注:H为墙全高,单位mm。

5.10　路基施工

5.10.1　工程概况

黄骅港疏港公路网共百余公里,其中浅海水域约40km。路基宽36.6m,路基填料主要为土,最大填深8m,于槽下150cm范围内,加剂量5%～12%的生石灰处置"过湿土"、盐渍土并改善路基CBR性能。

5.10.2　工艺流程

浅海水域海底清淤路基施工工艺流程见图10。

5.10.3　海底清淤

1)组合冲吸式水下清淤机工作原理

(1)机械组成。组合冲吸式水下清淤机由浮箱(拼装式船)、泥浆泵、清水泵、配电箱、提升装置、吸头(有密封式和敞开式两种)、输泥管、压力管等部件组成。

(2)机械的工作原理。借助压力水泵水力的作用来进行破土,用泥浆泵吸泥管道排送,卸泥。

(3)水下取土装置的组成与工作原理。采用密封式吸头时,则将泥浆泵的吸入口和压力水泵的出口分别用管道(长度视挖深而定)连接到一个铁罩壳上。工作时,罩壳沉入水底与土层紧贴(压力水泵工作时与土层形成间隙),形成与周围水相隔的区域,启动压力水泵,高压水柱切割水下淤泥土体,使之形成泥浆,启动泥浆泵,通过管道吸送到弃土区。采用敞开式吸头时,则将泥浆泵的吸口和压力水泵的出口分别用管道连接到底部为矩形、上部为圆形的吸头上,其矩形底部周边装有喷水咀。工作时压力水将周围土体冲成泥浆,通过泥浆泵的吸入、提升、加压管道输送实现清淤。由于泥浆泵的流量大于清水泵,故工作时泥浆不会向四周扩散。

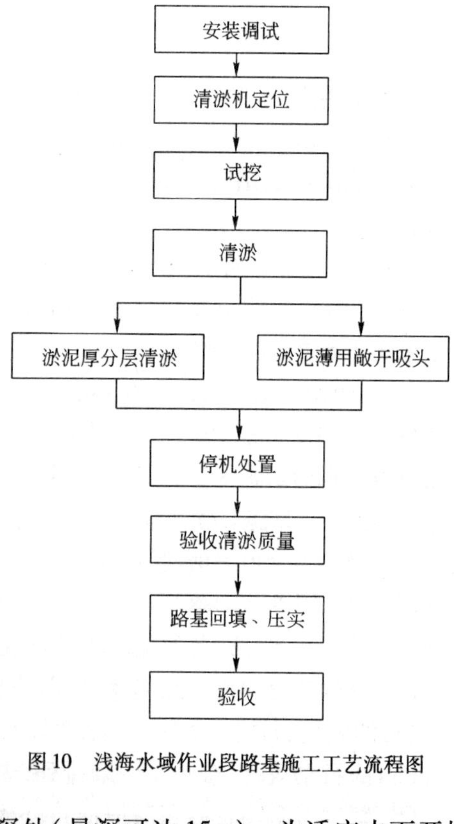

图10　浅海水域作业段路基施工工艺流程图

泥浆泵吸口安装位置在水面以下50cm左右,通过管道(橡胶管或部分铁管)将泥浆泵吸口及压力水泵出口引至水下深处(最深可达15m)。为适应水下开挖深度变化,减少吸泥管加接所占用的工作时间,可将泥浆泵安装在设于船边的轨道上,随着开挖深度的加深前移泥浆泵,确保吸头正常工作。若工程水深超过15m,可于吸头上部串接一台潜水泥浆泵,其扬程可达18m,泵下吸管仍可达15m。这样可将水深30m左右的水下泥浆送到水面。再于船上或水面上用普通泥浆泵将泥浆接力输送到指定地点。

2)清淤工艺原理与技术要点

(1)安装调试。

(2) 按 RTK-GPS 指令校对清淤机坐标,将清淤机驶入预定作业区并定位。

(3)试挖与检查清淤效果,以确定正式清挖时的孔距、排距及挖深。

(4)正式清挖

①呈扇形状变换作业点。一次清挖深度一般为 2.5 ~3m,淤泥较厚时可分数层清挖。使用封闭式吸头,每次变换作业点必须提起吸头。

②前收后放移动作业面。完成一次扇形状布点清挖后,整个船体须前移,船体前移靠锚绳或缆绳的前收后放实现。

(5)清挖淤泥层较薄时应选用敞开式吸头。

(6)暂时停机。当需要暂时停机时,应先提起吸头,停止高压泵,待泥浆泵出口泥浆浓度接近清水时再停泥浆泵。据经验一般清淤深度 1.0m 左右时,黏性土形成的中径为 2.0 ~3.0m,坡比约为 1∶1;砂性土形成的中径 4.0 ~5.0m,泥坑坡比约为 1∶2 左右;孔距与排距为中径的 0.8 倍。每层清挖深度砂土 2.5 ~3.0m,黏性土 1.0 ~2.0m。

3)划分工段,逐段施工检验

一般将整个工程分成若干段,每段 25 ~50m 左右不等,施工时经过自检、专检、抽检合格后方可转入下一作业区。

4)按梅花状布点施工

为防止欠挖,吸泥罩(吸泥头)应呈梅花状布置造孔清挖。检查是否呈梅花状可用测杆插入水下探测。

5)水口检查法自检

为减少潜水员下水检查次数,可采取水上检查法进行自检。一是派员观察出泥泵出口的泥浆浓度,若由黑变黄,则说明淤泥清除干净。二是用带斗标杆浸入水下插入淤泥中测试淤泥的深度。带斗标杆由一根长约 3m 附带三角小斗(小斗间距 5 ~10cm)的钢管制成。当测杆插入淤泥中,小斗被淤泥充填,提起测杆,便知水下淤泥层厚度。对施工要求特别高的工程,最后用敞开式吸头吸扫一遍。

5.10.4 路基回填

(1)土场取土前要进行清表,把表层土、腐质土和含杂质的土清除,确保路基回填土的质量。装土采用挖掘机,根据运距的远近,挖掘机配备相应的自卸汽车数量,以充分发挥各种机械的效能,确保工程进度。

(2)路基填料每 5 000m^3 或土质有变化时取样进行检验。正式填筑前,先做 100m(全幅路基)的试验段,以验证最佳碾压组合方式、工序、松铺厚度和含水量等,试验结果报经监理工程师批准后作为施工控制的依据,然后再正式填筑。路基碾压采用 DD110、DD130 振动压路机和 18 ~21t 三轮压路机,组合碾压。

(3)路基填筑时按路面平行线分层填筑。不同土质分层填筑,每层填筑压实厚度为 10 ~20cm,每种填料需铺总厚度不大于 50cm,填筑宽度要路基每侧超出设计宽度 50cm,以保证路堤边缘的压实度。整平时采用推土机粗平,平地机细平,按试验段确定的压实厚度和遍数,一般厚度不大于 40cm。同时,填至路床顶层,最后一层的最小压实厚度不小于 8cm,注意处理好接头和保证路基填筑。

(4)在填筑时,要求上、下路床(0 ~80cm)范围内最大粒径不大于 10cm;路堤(80cm 以下)范围内最大粒径不大于 15cm。

(5)土石路堤必须分层填筑,逐层压实,不得采用倾填法施工。

(6)水中路基填筑可采用"倾填法"施工。

(7)施工期间保证排水畅通。

(8)结构物台背回填,按图纸和监理工程师要求进行。两侧对称回填压实,压路机达不到的地方,采用小型机具夯实。

(9)液限大于50、塑性指数大于26的土,以及含水率超过规定的土,不得直接作为路堤填料。

(10)路基强度、压实度及填料规格要求见表8。

路基强度、压实度及填料规格 表8

项目分类		路面底面以下深度(cm)	材料		压实度(%)	
			填料最大粒径(cm)	填料最小强度(CBR)(%)	重型压实度(%)	固体体积率(%)
填方路基	上路床	0~30	10	8	≥96	≥87
	下路床	30~80	10	5	≥96	≥87
	上路堤	80~150	15	4	≥94	≥85
	下路堤	150以下	15	3	≥93	≥83
零填及路堑路床		0~30	10	8	≥96	≥87

5.10.5 路基工程施工关键技术

(1)掌握潮汐规律,科学选用陆地作业工法或水中作业工法,合理利用资源。

(2)海底清淤是路基回填成败之关键,结合"海底地形图"、水深及流向和淤泥深度确定作业工法,譬如"两栖设备清淤法"、"驳船清淤法"和"爆破清淤法"。

(3)水中路基一般采用"竖向填筑法(倾填法)";陆地段则采用"分层压实法(碾压法)"。

(4)路基同防护工程一样,均要进行工后沉降观测,以利科学确定路面结构施工时段。

5.10.6 非海水域作业段工法

参照《公路路基施工技术规范》(JTG F10—2006)和《公路工程质量检验评定标准》(JTG F80/1—2004)执行。

5.11 路面及其他工程

遵照"标书"制定"施工技术规范",遵照"质量标准"制定"作业指导书"和详尽的"工序过程控制质量标准与保障措施";"标书"没有明确的工程项目,应遵照现行"施工技术规范"、"质量标准"施工;必要时借鉴港口工程成熟经验和现行"规范"、"标准"修订"作业指导书"。

6 所用材料与设备

6.1 原材料采购

(1)工程沿线无砂石料厂,石料由蓟县或山东青州、蓬莱等地采购,砂子由正定采购。砂石料到场方式全部为水上运输到场。

(2)钢材、水泥等其他原材料可由沧州采购,运输条件较为便利。

6.2 原材料运输

本工程所在地区总体上讲运输条件比较理想,具体情况如下:

(1)沿海公路北至天津,南到山东,是沿海地区与外省市联系的主要通道。

(2)205国道:二级公路,为贯通我国南北的大动脉。

(3)省道黄骅市至辛集的二级公路,为河北与山东联系的主要出口之一。

(4)省道保沧公路:是连接沧州与保定的交通大动脉。

(5)黄骅港口的建设使得海路运输方便、快捷。

6.3 机械设备

6.3.1 路基(陆地部分)、路面施工可采用常用机械设备。

6.3.2 受潮汐影响的滩涂部分,路基工程应配备长臂挖掘机和水陆两栖挖掘机(见图11和图

12)；组合冲吸式水下清淤机；机械斗式挖泥船和水力吸扬式挖泥船；DBP 清淤设备。

图 11　长臂挖掘机

图 12　两栖挖掘机

6.3.3　其他主要施工机械设备见表 9。

主要施工船机使用计划表　　表 9

机械名称	规格型号	额定功率容积、吨位	数　量	新旧程度(%)
方驳		1 600	2	80
方驳		1 000	3	70
方驳		200	5	80
方驳 + 吊机		600 方驳 + 65 吊机	1	80
登陆艇			1	70
挖掘机		1.6	5	70
挖掘机		1.2	3	70
交通船			2	70
测量船			1	70
自卸汽车			15	70
平板车			5	80
混凝土罐车			3	80
履带吊		40	1	80

7　质量控制

主要质量控制标准、检验方法、频次已在工序施工过程中阐述，下面仅强调海底清淤质量控制要点。

7.1　质量检验方式

潜水检验或用带斗测杆测量检验。

7.2　随机抽查与频次

据随机原则抽查，其范围（面积之和）不低于该作业区（工段）清挖总面积的 1%。每个测区测点为 4 ~ 6 个，其中一测点为圆心，其余 3 ~ 5 点均匀分布于该圆心、试挖推断之圆周上。每作业区测区数，由每测区面积与要求测量面积求得。每个作业区测点数，由每作业区测区个数与每个测区测点数求得。

7.3　质量标准

控制对每个作业区（工段）测点合格率须达到 90%，否则返工。

8 安全措施

本工程安全目标:确保无死亡和重伤事故、无重大机械设备事故、无等级火警事故。

8.1 安全组织保证

8.1.1 设立安全小组及安全控制网络。配备专职、兼职安全员,组长须具备国家A类或B类安全员资格,专职安全员须具备C类资格。

8.1.2 严格执行国家的有关安全方针、政策和法规。

8.1.3 对参加施工的全体人员进行“安全第一、预防为主。安全生产、人人有责”安全活动教育。据具体情况,制定安全守则,健全安全生产岗位制,杜绝发生重大人身伤亡事故,预防发生一般事故。

8.2 安全技术措施

8.2.1 在施工期内,按照国家、省、市颁布的有关安全法规、规程和安全生产条例、规章,建立以项目经理为首的安全领导小组,制定并实施一系列安全措施,贯彻落实“安全生产,预防为主”的方针,确保工程现场施工安全。安全目标:杜绝一、二类人身伤亡、机械设备及工程质量事故。避免三类事故和社会治安事故,维护工地正常生产,生活秩序;防止四类一般性小事故,确保施工按计划完成。

8.2.2 开工前组织有关人员认真学习安全防护规程,遵照管生产必须管安全的原则,项目经理是安全生产的第一负责人,设置专职安全员,负责安全生产责任制的制订和贯彻落实,经常到工作面进行检查,发现问题,及时处理,做到定时、定人、定措施整改,杜绝不安全因素。

8.2.3 树立“安全第一”的思想,提高职工的安全意识和自我保护意识,定期举行安全会议,检查安全责任制和安全措施的落实情况,各作业班组在交接前后,均进行安全作业情况的检查和总结。在主要进场道路口设置醒目的安全告示牌。

8.2.4 按国家劳动保护法的规定,加强劳保用品的管理,现场作业人员一律配发相应的劳动保护用品,如安全帽、安全带、防尘面具等。

8.2.5 加强夜间生产、生活安全措施,场内道路、作业面布置足够的照明灯具。

8.2.6 施工期间按时收听、收看天气预报。

8.2.7 加强操作工人的安全技术教育和培训,新工人入场上岗前先进行“三级”安全教育。建立安全档案,做好安全技术交底工作,对特殊工种如各种机械、电气设备、车辆、船舶等机械操作应杜绝无证作业。定机定人,严格按安全操作规程作业。

8.2.8 加强场区施工用电和电机设备安全管理,低压电器线路按标准离地5m以上临空架设,严禁乱拉乱接,对施工作业面临时线路进行挂高离地2m以上布置。对电机设备和用电机具进行切实有效的安全接地和接零保护,做好日常保护保养和定期检修工作,防止漏电触电事故发生。

8.2.9 施工现场配置颜色统一并有警示标记的配电箱,并进行编号,做到门锁齐全,严禁乱拉乱合。

8.2.10 加强安全防火知识教育,严禁使用电炉,合理布置消防设施,对职工进行基本的防火器材使用示范训练,做到人人都会使用简单的消防器材,真正做到群防群治,把火灾事故消灭在萌芽状态。

8.2.11 对防火重点场所、仓库挂置醒目的禁火牌,执行动火许可证制度,严禁无证动火,加强防火器材的配置和定期检查,确保万无一失。

8.2.12 禁止职工酒后上班,严禁酒后作业。

8.2.13 设立月度安全奖励制度,开展“百日无安全事故”活动,争取本工程项目无安全事故。

8.2.14 建立职工安全档案,严格执行安全生产“六大纪律”和安全生产“十个不准”,严禁违章指挥和违章作业,对违章者据违章情节给予处罚和追究责任,并计入安全档案。

8.2.15 加强流动人口的暂住证的管理工作。由于公路工程工期长,合作单位多,地点分散,职工调动频繁,为防止社会闲杂人员混入,预防偷盗事件的发生,加强保卫科与当地公安机关和乡镇村密切合作,认真做好本埠人员的管理工作,确保工程施工顺利进行。

8.3 安全预案

8.3.1 针对工程性质制定“浅海水域作业安全预案”和“防台风抢险预案”。

8.3.2 组织安全预案演习。

9 施工环境保护措施

一项工程,应该把环境保护作为专题设计,并纳入设计文件,成为其重要组成部分;完整的《施工组织设计》中应该有相当的篇幅详细叙述每一道工序所采取的环境保护措施。鉴于篇幅所限,仅将我公司《浅海水域浆砌石防浪墙工程施工环境保护措施》之“一般规定”做简要介绍,以供借鉴。

9.1 结合工程特点,制定“环保措施”,争做“环保先进单位”。

9.2 制定严格的作业制度,规范施工人员作业行为,做到科学管理、文明施工,避免有害物质或不良行为对环境造成污染或破坏。

9.3 在施工区和生活区配备专职环卫人员;施工道路安排专人管理、维护,及时清理散落在地面上的土、石。

9.4 施工产生的粉尘,除作业人员配备必要的防尘保护用品外,采取防尘措施,防止灰尘飞扬,使粉尘公害降至最小程度。

9.5 不得在施工区水域清洗受污染的物资及机械设备。

9.6 为确保空气质量,防止废气污染,施工区严禁焚烧垃圾,严禁采用烧煤设施。

9.7 工地建设,按文明工地标准进行,按规定标准建设食堂、厕所。工地现场和生活区设置足够的临时卫生设施,及时清理垃圾,生产和生活垃圾统一运弃,保证施工区的环境卫生。

9.8 严明纪律,以礼待人。爱护当地花卉草木,搞好与兄弟单位的协作关系,和当地群众和睦相处。

9.9 在施工区域内,树立醒目标语牌,加大环保文明施工的宣传力度。各施工队实际管理区域责任制,挂牌施工,文明施工,定期整治现场环境,保持现场的各类机械设备、材料摆放整齐有序,严禁乱堆、乱丢,不用的器材要及时回收,已完工的项目要做到工完场清。

9.10 在全部工程完成后,征得监理单位同意,拆除一切临时性工程场地、临时道路、临时建筑,清除废渣,将工地四周环境清理整洁,确保工完场清。

9.11 对易引起粉尘的细料、散料进行遮盖,运输时用帆布、雨布等覆盖材料进行遮盖,并控制车辆行驶速度一般不大于25km/h,防止粉尘飞扬。

9.12 按指定地点弃渣,有序堆放整平,并合理利用。严禁随意堆放弃渣。

9.13 汽车、设备排放的气体经常检测,排放的气体必须符合《大气污染物综合排放标准》(GB 25297—1996)中二级排放标准时,才能投入使用。否则必须检修或停用,确保工区空气质量。

9.14 确保噪声在《建筑施工场界限值》(GB 12523—90)以内。

9.15 确保施工工期废水排放达到《污水综合排放标准》(GB 8978—1996)的要求。

9.16 污水处理系统:所有可能危及周围环境卫生的施工区周围设置明渠、暗管等设施,严禁污水漫流。在各区域排污系统的末端,根据污水性质设置不同处理系统,一般设置沉淀池、油水分离池、过滤、澄清并达到有关规定后再排放。或采取有效技术措施后重复利用或再生利用。

9.17 粉尘防护系统。拌和站等粉尘污染较重部位,利用“湿法处置粉尘设施”,合理选配运输设备,从根本上控制粉尘污染。混凝土拌和站拌料场,采用彩板封闭结构遮挡控制材料粉尘随风飘散。

10 效益分析

10.1 在浅海水域深淤泥地质条件下修建公路1km约投资4 000 ~5 000万元,比修桥1km可节约

1 000～2 000 万元。

10.2 在海洋气候浅海水域深淤泥地质条件下公路比桥梁养护费用少。

11 应用实例

为构筑黄骅港与内地“东出西联”大通道，配套建设南、中、北、东、西五条疏港路，约 100km（其中浅海水域约 40km）。该工程由沧州路桥工程公司中标承建，其中南疏港公路已经竣工通车，为港区建设和黄骅港“东出西联”发挥着重要作用。该工法经实践检验、专家鉴定是非常成功的。

12 问题与思考

工程所在地黄骅港区，为土质海岸，素无砂石，应开展“水稳性较好的建筑垃圾再生利用”和“固化剂改良盐渍土、过湿土”应用研究，以充分利用当地资源，降低公路建设成本。

高寒地区沼泽地带路基下处理施工工法

GGG(黑)A2007—2008

李 冰 林树丰 朱仲士 张佳鹏 张九华
(龙建路桥股份有限公司)

1 前言

随着我国经济的迅猛发展,公路交通运输能力的提升迫在眉睫。许多高等级公路为了减少占地、降低工程造价,最大限度地利用原有旧路进行单侧或双侧加宽改造。但是,在旧路利用改造过程中,由于新旧路基的不均匀沉降与变形,特别是高寒地区沼泽地带路基下处理段,很容易造成路面纵横向反射裂缝等问题。

绥满公路大庆至齐齐哈尔段一级公路是利用原有二级公路改造工程,利用单双侧路基加宽。由于大部分路段位于国际级扎龙湿地自然保护区沼泽软基地带,且处于高寒地区,易产生新旧路基不均匀沉降,造成路面纵横向反射裂缝等问题。根据旧路加宽和该路段所处的环境、地质和地理情况等特点,我们开展了地基沉降与路基稳定性分析、路基路面结构的有限元法分析,以及路基土在行车荷载作用下塑性累积变形的探索,找出了有效的技术方法进行施工,经几年的通车验证效果良好。该施工技术通过了省交通厅组织的科研课题专家鉴定,认为成果处于省内先进水平,且该工程项目荣获了2006年度国家优质工程银质奖。

2 工法特点

2.1 对于全部填筑砂砾的路基,路基填筑的高度越大,自重荷载越大,产生的沉降量也就越大。

2.2 轻质材料和土工织物对减小路基沉降有明显作用。

2.3 基底换填透水性材料可以减少高寒地区冬季冻胀现象。

2.4 基底换填透水性材料和加铺土工织物,可以防止毛细水上升进入路床,有效防止路基水害。

3 适用范围

该工法适用于高寒地区现有公路改扩建中沼泽地带的路基下处理段施工,新建公路沼泽地带路基下处理段亦可以借鉴此工法施工。

4 工艺原理

公路改扩建在沼泽地带施工中,通过采用基底换填透水性材料,尽量减少高寒地区冬季冻胀现象;路基填筑轻质材料以减小新修路基的沉降量;以加铺土工织物的方法来增强新旧路基的整体性能,尽量消除新、旧路基的不均匀沉降与变形,并防止毛细水上升进入路床;通过延长自然沉降时间和通过行车荷载预压的方法,使新修路基极早趋于稳定,最终达到减少路面产生纵横向反射裂缝的目的。

5 施工工艺流程及操作要点

5.1 施工工艺流程图

5.1.1 基底处理施工工艺框图(图1)

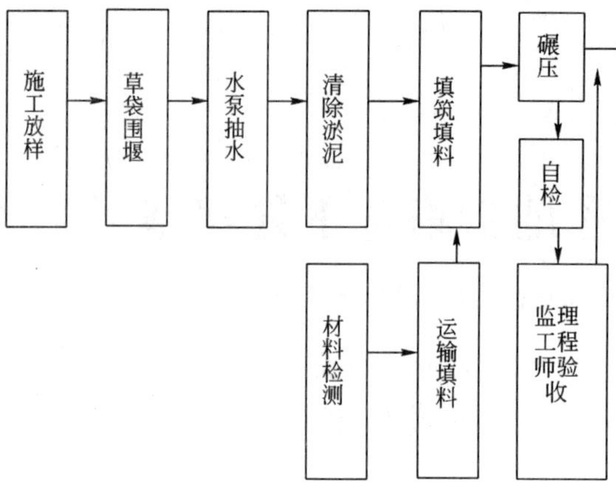

图1　基底处理施工工艺框图

5.1.2　土工隔栅施工工艺框图(图2)

5.2　施工工艺及要点

5.2.1　路边坡挖台阶设计

根据实地测量,以换填后的透水性材料顶面高出常水位20cm为标准(这样既可以消除路基软化,又可以尽量减少高寒地区冬季冻胀现象),沿旧路面层边缘向下设计台阶。台阶宜为横断面长1.5m,高1.0m,第一步台阶高应从路基封层处算起,挖台阶时应向内倾3%～4%。

5.2.2　基底处理

(1)抽水清淤。为确保施工质量,先在路基外边缘一定距离(初步估算挖深推算安全距离)修筑围堰,将路基内的积水抽出再进行清淤。清淤时应彻底清除淤泥层,与设计不符时及时与监理、设计单位、业主联系,履行变更手续,增加或减少清淤深度和回填厚度。实际施工时直至挖出土质为淡黄色的亚黏土(含部分细砂),清出的淤泥应整齐地码放在围堰外侧,路基填筑后用于反压护道施工,并观察挖掘机履带在清淤后的底面行走无陷入为控制标准。

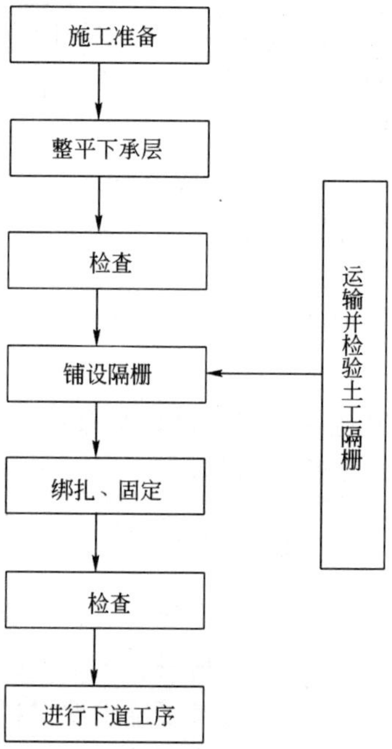

图2　土工隔栅施工工艺框图

(2)回填透水性材料,铺设土工隔栅。根据清淤后的实际测量回填深度h确定填筑层数,以回填天然砂砾为宜。由于下处理段清淤后成槽型,水无法排出,施工时应避免大雨天,回填天然砂砾不可用水撼法施工。第一层天然砂砾回填厚度以0.75～1.0m为宜,其余各层以压实厚度为0.25m控制。第一层天然砂砾必须用挖掘机布设并初步找平,用120kW湿地式推土机推平并排压3遍以上,并观察推土机履带在回填层行走无陷入为标准,最后再采用双驱动重型振动式压路机碾压至要求压实标准,经检测合格后进行下层天然砂砾回填。

倒数第二层天然砂砾检测合格后,铺设土工隔栅,隔栅铺设方向为平行于路线走向。最后一层天然砂砾检测合格后,应马上封一层土,路拱横坡以3%为宜。

5.2.3　路基填筑

(1)填筑材料。使用含水率适宜的路基土方进行路基填筑,为加强路床的强度,0～40cm上路床应使用白灰土进行填筑,生石灰掺入量宜大于6%,有条件的项目建议使用二灰土(石灰+粉煤灰,石灰含量大于10%)。

(2)分层填筑。每层以压实厚度为20cm控制,填筑时严格控制含水率,严禁过湿土上路,每层土应做到一次性填筑、碾压合格。

(3)铺设土工隔栅。在第二个台阶处铺设土工隔栅,该层土以路基封层要求进行控制,确保表面平整密实。这样铺设的土工隔栅既可以防止不均匀沉降,还可以充分防止粉质土的毛细水上升进入路床。

5.2.4 反压护道

清淤弃土用于反压护道施工,工程结束后进行绿化,既可以保护路基,减少水害,又可以美化环境。

5.2.5 路基沉降

(1)自然沉降。为达到消除新、旧路基不均匀沉降与变形的目的,施工后的路基必须经过至少一个冻融期的自然沉降后方可以进行路面工程施工。

(2)行车载荷预压。新修路基的表面铺筑2.5cm天然砂砾磨耗层,在冬季开放交通,通过行车载荷作用达到预压的效果,使路基及早趋于稳定。

6 材料与设备

6.1 主要机械设备(表1)

主要机械设备表 表1

序 号	机械名称	规格型号	单 位	数 量	备 注
1	挖掘机	Pc300	台	2	
2	挖掘机	Pc200	台	1	
3	装载机	ZL50	台	2	
4	推土机	T140	台	2	
5	平地机	PL180	台	1	
6	双驱动振动压路机	16B	台	1	
7	光轮压路机	18~21t	台	1	
8	自卸汽车	15t	台	15	
9	经纬仪	J2	台	1	
10	水准仪	S3	台	2	

6.2 主要材料(表2)

主要材料表 表2

序号	材料名称	规格及要求	备 注
1	天然砂砾	2~5cm的颗粒质量百分率必须在50%以上,含泥量小于5%	
2	生石灰	三级以上	
3	粉煤灰	粒径宜在0.001~1.18mm之间,<0.075mm的颗粒含量宜大于45%。烧失量宜<20%,不得含团块、腐殖质及其他杂质	
4	土工隔栅	符合设计要求	

7 质量标准及控制

7.1 本工法质量标准必须严格遵照如下技术规范的相关要求

7.1.1 《公路路基施工技术规范》(JTG F10—2006)。

7.1.2 《公路工程质量检验评定标准》(JTG F80/1—2004)。

7.1.3 《公路土工试验规程》(JTG E40—2007)。

7.1.4 《公路工程集料试验规程》(JTG E42—2005)。

7.1.5 《公路路基路面现场测试规程》(JTJ 059—95)。

7.2 路基填料最小强度和最大粒径要求(表3)

路基填料最小强度和最大粒径要求 表3

填料应用部位 路床顶面以下深度(m)		填料最小强度(CBR)(%)		填料最大粒径(mm)
		高速公路、一级公路	二级公路	
路堤	上路床(0~0.30)	8	6	100
	下路床(0.30~0.80)	5	4	100
	上路堤(0.80~1.50)	4	3	150
	下路堤(>1.50)	3	2	150

7.3 土质路基压实度要求(表4)

土质路基压实度标准 表4

填挖类型		路床顶面以下深度(m)	压实度(%)	
			高速公路、一级公路	二级公路
路堤	上路床	0~0.30	≥96	≥95
	下路床	0.30~0.80	≥96	≥95
	上路堤	0.80~1.50	≥94	≥94
	下路堤	>1.50	≥93	≥92

7.4 换填砂砾检测项目(表5)

换填砂砾检测项目 表5

序号	检测项目	规定值或允许偏差	检查方法和频率
1	回填砂砾厚度	不小于设计	每200m检查4处
2	回填砂砾宽度	不小于设计	每200m检查4处
3	反滤层设置	符合设计要求	每200m检查4处
4	压实度(%)	90	每200m检查4处

7.5 原材料进场前的检测

原材料必须符合规定的质量要求方可使用。每填筑层完成后都要进行现场检测,各项指标合格后方可进行下层填筑。

8 安全措施

8.1 应遵照现行的《公路工程施工安全技术规程》(JTJ 076—95)的要求执行。

8.2 贯彻落实《中华人民共和国安全生产法》、《建设工程安全生产管理条例》及《中华人民共和国道路交通安全法》,严禁违章操作、野蛮施工。

8.3 成立以项目经理为第一责任人的OHSMS管理机构,配备专职安全员。贯彻落实"安全第一,预防为主"的方针。

8.4 由于旧路需要保持通车,施工路段必须设置安全警示牌,提醒车辆减速、缓行、绕行,并由专人负责监督、管理,做到井然有序,现场工作人员穿戴醒目的衣帽确保人身安全。

8.5 自卸汽车以外的其他施工设备严禁在旧路上行驶、停靠。

8.6 自卸汽车在旧路上向路槽内卸透水性材料时,必须有专人穿反光马甲在车辆前后各200m处拦截过往车辆,自卸汽车卸完料驶离现场后再放行过往车辆。

9 环保措施

9.1 应遵照国家现行的有关环境保护法律，坚持"以防为主、防治结合、综合治理、化害为利"的原则。

9.2 减少对湿地的破坏，避免水土流失，保持生态平衡。

9.3 加强保护自然资源及野生动物的教育，严禁偷猎。

9.4 清淤弃土用于反压护道，施工结束后进行绿化，既可以保护路基又可以美化环境。

10 效益分析

(1)利用现有旧路进行改扩建可以大幅降低公路工程的造价，大大减少公路永久性占地面积。如果新建24m宽一级或高速公路，以平均填高为3.5m计算，每公里需要大约44 500m^2永久性占地；而利用现有的12m宽二级公路提升公路等级，每公里只需要增加12 000m^2永久性占地，可以节省32 500m^2永久性占地；利用原有旧路可以节省约二分之一的土方使用量。

(2)在旧路改造工程中，可以根据此工法，对具体路基特征、道路标准、施工条件、地理情况以及对周围环境的影响等因素，选择最符合改造目的要求且经济适用的方法进行施工。这样既可以延长旧路改造工程的使用年限，又可以保证工程造价最小化，其经济效益是可观的。

(3)采用此工法施工，可以充分减少扩建后的路面纵向反射裂缝的产生，减少公路运营过程中的养护、维修次数，延长大修周期，大幅降低运营成本，可以收到良好的经济效益。

(4)采用此工法施工的改扩建工程，可以大大降低公路运营过程中的封道维修次数，可以取得良好的社会效益。

11 工程实例

绥满公路大庆(黄牛场)至齐齐哈尔段一级公路单侧加宽路段长94km，双侧加宽路段长13.3km，且该项目部分位于国家级扎龙湿地自然保护区内，高寒地区沼泽地带路基下处理段23.5km。由于采用了本工法有效解决了这一技术问题，经6年多的通车验证，路面未出现严重的纵横向裂缝，社会反响良好；且该项目荣获了2006年度国家优质工程银质奖。

在绥芬河至满洲里公路亚布力至尚志段A13标段和绥芬河至满洲里公路海林至亚布力段A21标段特殊路段下处理施工中，也借鉴了本工法，效果良好，得到了业主的好评。

粉喷桩施工工法

GGG(鲁)A2008—2008

贾海庆　周海防
(山东省公路建设(集团)有限公司)

1　前言

粉喷桩即从不断回转的专用钻机的钻头向周围已被搅松的土中喷出水泥或生石灰粉,经叶片搅拌形成的桩体。粉喷桩的桩身无侧限抗压强度可达780~2 000kPa。采用粉喷桩处理后的复合地基承载力可达160~180kPa,甚至更高。与钢筋混凝土桩相比,可节约大量的钢材,从而降低了造价,缩短了工期,具有良好的技术经济效果。

2　工法特点

2.1　可根据不同加固土的性质和需要达到的桩体要求,选用不同种类不同掺量的固化材料,目前常用的有水泥和石灰等。

2.2　利用固化材料可提高加固土的早期强度,大大缩短工期。由于固结屈服应力很大,故上部承重时,不会产生固结沉降。

2.3　施工机具简单,设备小型便于操作。无振动和噪声,对周围土体无挤压作用,可在建筑物、人口密集区邻近施工。

2.4　加工费用低廉,技术效果明显,可用于大范围软基处理。

3　适用范围

3.1　本工法适用于工业及民用建筑、市政、道路及港口、地下挡土结构等工程的软土地基处理。

3.2　适用于淤泥、饱和黏土、亚黏土等地基加固。

3.3　最大加固深度为20m,加固土强度标准值取90d龄期的无侧限抗压强度,一般可达到0.8~2.0MPa。

3.4　当地下水有侵蚀作用或加固的地基为泥碳土时,应通过试验确定其适应性,冬季施工应注意低温对加固效果的影响。

4　工艺原理

粉喷桩是用改制的螺旋钻机,将钻杆钻至设计要求的土层深度,钻头到达下部持力层后,用压缩空气将水泥粉或生石灰粉经钻杆内孔输送至钻头上特制的喷嘴,随同钻头旋转向四周土体喷射,同时钻杆以一定的速度提升。钻头上的叶片将其四周一定范围内的土体自下而上不断切割,使之疏松,并与水泥或生石灰粉搅拌混合胶结,硬化后即可形成一定直径的强度高于原土层的固结体。

水泥加固软土是基于水泥与加固土的物理化学反应。水泥颗粒表面矿物很快与土体中的水发生水解和水化反应,生成氢氧化钙、水化硅酸钙、水化铝酸钙、水化铁酸钙等。水泥的各种水化物生成后,有的自身继续硬化,形成水泥石骨架,有的与周围具有一定活性的黏土颗粒发生反应,形成水泥土的团粒结构,并封闭各土团之间的孔隙,形成坚硬的联结体。拌入水泥7d后,土颗粒周围充满水泥凝胶体,1

个月后,充填到颗粒间的孔隙中,形成网状结构,5 个月后,纤维状结晶辐射向外伸展,产生分叉,并相互连接形成空间网状结构,增加土体强度。

5 施工工艺流程及操作要点

5.1 施工工艺流程

5.1.1 定位:平整场地将搅拌机移到桩位调平机位、对中。

5.1.2 预搅钻进下沉:启动搅拌搅机电机,使钻头正向转动钻进,匀速下沉至设计高程为止。

5.1.3 喷粉搅拌提升:当深层搅拌机下沉到设计深度时,开启空压机,待气粉混合物到达喷口时按确定的提升速度开动钻机反钻,边喷灰边提升搅拌机。

5.1.4 重复搅拌:搅拌机喷灰反转提升至原地面以下 50cm 时,关闭空压机。为使软土和固化剂搅拌均匀,再次将搅拌机钻进下沉,直至设计深度,再将搅拌机按规定速度反转提升出地面。

5.1.5 移位,准备打下一根桩。

工艺流程图见图 1。

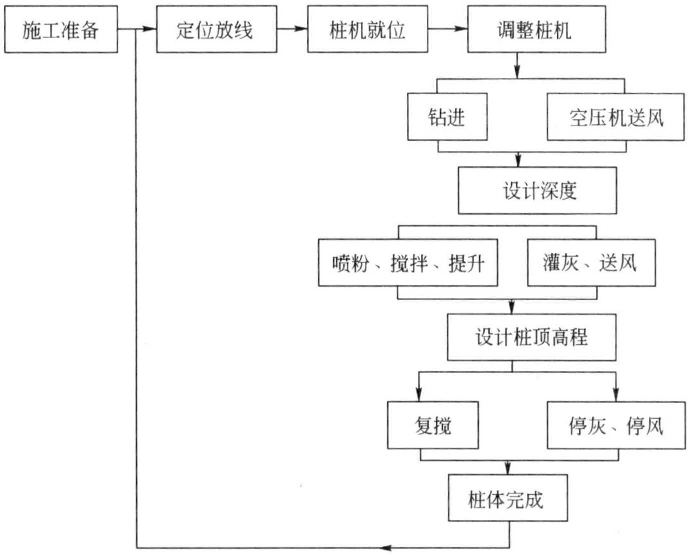

图 1 粉喷桩施工工艺流程图

5.2 一般工艺参数

钻进速度:$v = 0.5 \sim 0.8$m/min

提升速度:$v_p = 0.5 \sim 0.8$m/min

搅拌速度:$R = 30 \sim 50$ 转/min

气体流量:$Q = 20$L/s

空气压力:$P = 0.2 \sim 0.4$MPa

5.3 操作要点

5.3.1 场地必须平整,清除地表地下的一切障碍。当表土过软时应采取防止施工机械失稳措施。

5.3.2 机身调平以钻杆是否垂直为依据,实际操作时可用铅锤吊线,必要时可在机身设置激光对中仪进行控制。

5.3.3 每根桩开钻后必须连续施工,严格控制喷灰及停灰时间,不得间断,严禁在尚未喷灰的情况下进行提升作业,以确保粉体桩的长度。

5.3.4 如有故障等原因而中断喷粉应记录中断深度,必须进行复打,重打重叠段不小于 1.0m。

5.3.5 喷粉或喷气时,当气压达到0.45MPa时,管路可能堵塞,此时应停止喷粉,将钻头提升至地面,切断空压机电源,停止送气。查明堵塞原因,予以排除。

5.3.6 钻头钻至设计深度,应有一定的滞留时间,以保证加固粉料到达桩底。一般在开工前通过观察确定滞留时间。当用30m送料管时,滞留时间为2~4min。

5.3.7 桩顶设计高程与地面高程接近时,地面以下1m范围内喷粉、搅拌、提升宜用慢速。当喷粉即将出地面时,宜停止提升,搅拌数秒钟,以保证桩头均匀密实。

5.3.8 喷粉开始时,应将电子秤显示屏置零,使喷粉过程在电子计量显示下进行。喷粉搅拌时,记录人员应随时观察电子秤的变化显示,以保证各段(通常以1m为一个单位)喷粉均匀。

5.3.9 对使用过的钻头直径,须随时检查,磨损量不得大于1cm。

6 材料与设备

6.1 材料

可采用水泥、生石灰、粉煤灰等作为加固料。

6.1.1 水泥宜用普通水泥或矿渣水泥。

6.1.2 生石灰粒径应小于2.36mm,无杂质,氧化镁和氧化钙总量应不小于85%,其中氧化钙含量应不小于80%。

6.1.3 粉煤灰中二氧化硅和三氧化二铝含量应大于70%,烧失量应小于10%。

6.2 施工设备

6.2.1 粉喷桩机一台(由底座、钻架、搅拌钻头等组成),通过搅拌叶片的机械搅拌作用,使灰土混合。

6.2.2 粉体发送器一台,向钻机提供气粉混合物。

6.2.3 空气压缩机一台,作为风源。

6.2.4 450kW以上发电机一台,向系统提供动力。

7 质量控制

7.1 质量控制标准

桩距偏差≤10cm;有效桩长偏差≤±10cm;桩顶高程偏差≤±5cm;桩垂直度偏差≤1.5%。

7.2 检测

7.2.1 室内灰比试验

现场采集要加固的土样及施工用的固化剂送至实验室,按拟定的配合比和操作程序制作试块。试块成形后1~2d拆模,称重后送入养护室进行各龄期养护,达到规定龄期后称重,做无侧限抗压强度试验,选定最优灰比。

7.2.2 本体加固效果检查

(1)在桩身不同部位切取试块,比较相同龄期室内试块与桩身切取的试块强度。

(2)在荷载板下不同部位埋设土压力盒,测试复合地基的反力分布和应力分配。

7.3 质量控制措施

7.3.1 开工前组织施工人员进行技术交底,施工中根据工程要求召开质量管理专题会,不得使用不合格的施工机具及不合格或失效的固化剂。

7.3.2 控制钻头下沉和提升速度,保证加固范围内每一深度都得到充分搅拌。

7.3.3 随时检查施工记录,对照施工工艺对每根桩进行质量评定。对不合格的桩,根据具体情况采取补救措施。

7.3.4 选取一定数量的桩体进行开挖,检查桩的外观质量、搭接质量和整体性。

8 安全措施

8.1 严格执行安全操作规程,安全员负责安全教育和检查,有权制止不合要求的施工操作。

8.2 机械设备运行时,特别是在制桩过程中,岗上人员必须坚守岗位,夜间作业应充分照明,登高作业要系安全带。

8.3 建立机械设备的定期检查、保养制度。

9 环保措施

9.1 对易产生扬尘的材料如水泥、石灰等进行覆盖。禁止将其堆放在水源地周围。

9.2 注意控制粉尘的弥漫和扩散。

9.3 施工中所发生的生活、生产垃圾,集中收集在有防雨棚和地表经过硬化处理的垃圾池内,及时集中清运,不得任意裸露处置,污染环境。

9.4 洗刷施工机械、设备及工具的废水、废油等有害物质和生活污水,不得直接排放于河流或其他水域中,也不得倾倒于饮用水源附近的土地上,以防污染水质和土壤。

10 效益分析

10.1 本法加固软土地基的效果比其他方法更为明显可靠,一是沉降均匀、边坡与路中沉降差减少;二是沉降量小;三是强度高。如粉喷桩的桩长5.0m、桩径50cm、桩距1.3m水泥用量10%计,其28d无侧限抗压强度大于720kPa,复合地基承载力在90kPa左右,而真空预压的为80kPa,堆载预压的在50~80kPa之间。

10.2 施工速度快,缩短了施工周期。施工工期真空预压需140d,堆载预压需6个月到12个月。而粉桩一般在100d左右,沉降量基本稳定,从而加快了进度。

10.3 节约工程投资。在设计复合地基承载力为120kPa、粉喷量为45kg的情况下,每成桩1m的造价约37~45元,仅为真空预压法的85%。

10.4 劳动强度低,施工安全、操作简便,可广泛推广使用。

10.5 质量好。水泥和土形成的水泥土的整体性和稳定性好。

11 应用实例

应用实例列于表1所示。

表1

序号	工程项目名称	地　点	结构形式	开竣工日期	实物工作量	应用效果及存在的问题
1	济南绕城高速公路东线工程	济南	软基处理粉喷桩工程	1998~1999年	110万延米	良好
2	东青高速公路十合同	东营	软基处理粉喷桩工程	1999年	34万延米	良好
3	国道205线滨州至大高高速公路一合同	滨州	软基处理粉喷桩工程	2003~2005年	13万延米	良好

抛石强夯冲击碾压处理高寒湿地公路软基施工工法

GGG(晋)A2009—2008

刘淑芳　江红义　杨绍华　宋建鹏　闫续屏
(山西省机械施工公司)

1 前言

海拉尔—满洲里一级公路是我国"五纵七横"国道主干线的重要组成部分,其线路有十几公里穿越海拉尔河漫滩湿地,地基为高寒湿地软土地基。原设计采用全部挖除换填的方法,但该公路河漫滩当时水位较高,采用直接挖除换填的办法是不可取的。为了保证该公路的工期和施工质量,由内蒙古自治区公路局组织设计单位、施工单位及相关研究单位共同研究,提出了处理高寒湿地公路软弱地基的多项方案。经过大量的试验,优化出"抛石挤淤强夯+蓝派冲击碾压施工技术"。该技术的应用,成功地解决了高寒湿地公路软弱地基处理的难题,顺利地完成了该公路的施工,并取得了显著的经济和社会效益。

抛石挤淤强夯+蓝派冲击碾压处理高寒湿地公路软基施工关键技术经过2007年12月山西省建设厅组织的科技成果鉴定,达国际先进水平。

抛石挤淤强夯+蓝派冲击碾压施工技术成功应用到海拉尔—满洲里一级公路湿地沼泽段地基处理,属国内首例,该施工工艺获2007年中国企业新纪录奖。

2 工法特点

2.1 施工简便,工艺程序清晰易懂,可操作性强。

2.2 施工速度快,效率高,工期短。

2.3 成本低。材料选用当地坚硬的粗集料,有效地降低成本。

2.4 污染小。本施工方法与全部换填挖出淤泥相比,污染小,有利于环境保护。

2.5 采用该工艺,加固效果好,有效地解决了高寒地区易出现的沉降、塌陷等通病。

3 适用范围

该技术适用于高寒地区的高饱和淤泥质软土、河漫滩湿地的公路软基施工。

4 工艺原理

抛石强夯+冲击碾压加固湿地软基原理,主要是先采用坚硬的粗集料,将湿地软弱淤泥挤出,然后采用点夯对置换的粗集料进行强夯,压缩、密实填料,形成强夯置换墩。墩柱底端穿透腐质淤泥层,起到挤密、承力和排水固结加固软基的作用。利用冲击压路机对强夯后的面层进行静压、搓揉、冲击的连续冲击碾压,形成高振幅、低频率的冲击压实复合地基。

本工艺是在综合分析研究了软基处理置换法、排水固结法和复合地基法处理高寒湿地软基等方法后,集抛石挤淤、强夯和碎石桩复合及冲击碾压技术为一体的粗骨混合料置换墩处理工艺,对湿地软基有较好的加固效果。

5 施工工艺流程及操作要点

5.1 施工工艺流程(图1)

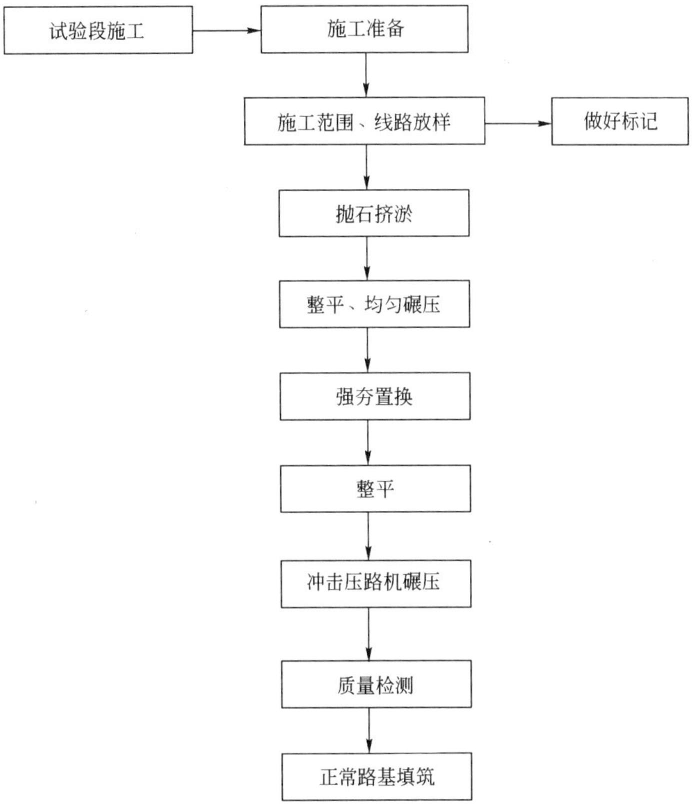

图1 施工工艺流程图

5.2 操作要点

5.2.1 施工准备

1)技术准备

(1)组织施工人员学习、熟悉本项目的施工文件及施工技术规范、规程,组织有关单位会审图纸。

(2)收集本项目的地质、水文、气候等相关资料。

(3)编制详细的施工组织设计或施工方案,制定质量计划及各项保证措施。

(4)向施工人员进行技术安全交底。

(5)对材料进行进场前的试验检验。

(6)熟悉主要施工机械及其配套设备的技术性能。

2)施工现场准备

(1)开工前首先对现场进行踏勘、调查,对施工现场范围内各类地上、地下障碍物进行清理,并提出相应的安全措施。对需要保护的应提出相应的保护措施。

(2)开工前,应组织测量人员复测业主交给的导线点,并在不受施工影响的地方加密设置平面及高程控制桩。控制桩附近应设立明显的标志加以保护,并设专人对其定期进行复核、检查。

(3)根据机械设备的配载重量,修建施工便道或便桥,以保证施工道路安全畅通。

(4)施工机械、现场人员及材料齐备,具备开工条件。检测、测量设备经过检验校核。

(5)设置安全警戒线,禁止闲杂人员进入施工现场。

5.2.2 试验段施工

(1)在正式施工前,应先根据设计单位提出的要求或初步确定的参数,提出初步的试验方案,在施工现场有代表性的场地上选取一个或多个试验区,进行试验性施工。试验区数量应根据参数方案的不同、施工工艺的不同及场地地质条件的复杂程度确定。

(2)通过试验段试验,以验证最优工艺加固软基处理的可行性,确定最佳的施工机械组合、施工顺序,选定优化的施工工艺参数和施工方法,用于指导大面积施工。

(3)通过试验要确定强夯间距、夯击能、最佳夯击数、冲击碾压的遍数。

(4)试验段需经质量检测,满足要求后方可大面积施工。

5.2.3 施工范围、线路放样

利用已复测的导线控制点和加密控制点,按照线路的设计方向,采用测量仪器从湿地软弱段的陆域一侧,逐渐向另一侧测放施工范围的中、边桩。

在公路软基或淤泥中施工,其测量放线、施工范围的测设不同于陆地,难度相对较大。在抛石挤淤中,结合挤淤的顺序及要求,先按线路设中线桩,并沿中线桩往前先挤出一定的工作长度,然后再从岸边起,由中桩和岸边的边桩按线路的纵向中、边桩高程及路基相对的高程、设计宽度逐渐向前推进。这就要求在挤淤施工过程中同时用测量仪器监测、校准线路的方向和路基的宽度。

5.2.4 抛石挤淤

(1)材料要求。挤淤材料应采用硬质的粗集料,可采用片石、开山混合料等,但填筑开山混合料时,其混合料的含泥量应控制在5%以内。

(2)挤淤。自卸汽车将粗集料运卸至设计线路范围内的岸头,湿地表层不除草,直接用推土机将堆料沿前进方向有序推进。一般挤淤时,先沿线路中线铺挤出一定的工作面,然后再由中间向两侧挤淤,这样不容易造成太多夹淤,并容易将淤泥清挤干净。

抛填粗集料时,高程应控制在常水位面以上50cm,抛填料顶面设计高程处的断面宽度须在两边分别大于其上路基填料坡角1m。

(3)整平碾压。待挤淤填料抛掷到一定的工作长度后,采用推土机整平。再用自重加激振力不小于50t的重型振动压路机均匀碾压2遍后,测量场地高程。

5.2.5 强夯、置换

(1)夯点放样,夯机就位。待抛填料整平碾压后,按夯点设计图,布设夯点。一般夯点中心和夯锤轮廓用石灰点表示。

待强夯点位进行现场复核后,即可进行夯机就位。

(2)夯击、置换。挤淤填料填筑至设计高程后,用自重加激振力不小于50t的重型压路机均匀静碾压2遍,然后采用2.5m直径的夯锤,按试验确定的夯击能、布点形式及间距进行点夯形成强夯置换墩。夯点一般采用正方形布点,夯点间距5~6m,工程分4遍夯实,第2、4遍夯点位于1、3遍正方形夯点的中心,均为点夯。

强夯置换墩的夯击顺序沿横断面由中间向两边、沿路基纵向由近及远逐点夯实,夯实击数应按试验确定的夯击数进行,一般每个夯点不小于8击。每个夯坑的凹陷深度大于30cm时,需及时用级配良好的填料填平后再夯实。当第1、2遍点夯完成后,采用推土机将夯后面层整平,再按1、2遍夯点布置图进行3、4遍点夯,每夯点夯击至最后两击沉降量不大于50mm时方可停锤。

点夯形式的强夯置换墩,墩柱底端应穿透腐质淤泥层,起到挤密、承力和排水固结加固淤泥软基的作用。

5.2.6 冲击碾压

强夯置换墩施工完成后,利用推土机将面层粗集料整平至设计高程。为保证施工进度不受影响,并确保强夯置换后上层填料的质量、防止路基冻胀破坏,采用冲击碾对整平后的全路段开山石顶面进行压实处理。冲击碾压可采用牵引式三轮压路机,碾压遍数由试验确定,一般碾压18~20遍左右。

碾压完成后,应及时对工程质量进行检查。抛石强夯 + 冲击碾压处理公路高寒湿地应进行地基承载力和地基土密实度的检测。地基承载力和其密实度一般常用静载试验和地质雷达进行检测。

5.2.7 防高寒冻胀措施

本项目依托的二卡湿地软弱地基段地处高寒地区,冻深达到 2 ~ 3m,路基的冻胀问题比较突出。为避免由于强夯开山石混合料置换墩处治湿地软弱地基可能带来的路基冻胀问题,对冻胀的影响范围、大小等进行了研究,并提出防治措施。

根据对高寒湿地情况的初步分析,冻胀对路基的影响主要出现在路基边坡坡脚部位。为防止冻胀对路基主要部位的影响,在抛石挤淤、强夯置换墩形成时,在设计路基坡角外加宽 1 ~ 1.5m,对路基边坡形成保护层,防止路基冻胀。

6 材料与设备

6.1 材料

湿地抛填挤淤的材料应采用硬质的粗集料,可采用片石、开山混合料等,但其混合料的含泥量应控制在 5% 以内。

强夯置换墩材料选用级配良好的块石、碎石、碎砾石、风化的山坡石、矿渣或建筑废料等坚硬的粗颗粒料,最大粒径不超过 300mm 为宜,且含量不宜超过全重的 30% 。

6.2 施工设备及仪器

6.2.1 为了满足本工艺施工要求,每个工作区配备的主要机械设备见表 1。

主要机具设备 表 1

序　号	名　称	单　位	型　号	数　量
1	履带式起重机	台	UB32 或 QU32A、QU32A	2
2	夯锤	个	15 ~ 25t	2
3	自卸汽车	台	15t	6
4	推土机	台	T140　D85	2
5	冲击压路机	台	拖式三轮冲击压路机	1
6	振动压路机	台	50t	1
7	装载机	台	ZL50 或 ZL40	2

6.2.2 主要测量及检测仪器设备见表 2。

主要测量及检测仪器 表 2

序　号	名　称	单　位	数　量
1	全站仪	台	1
2	J2 经纬仪	台	1
3	DS3 水准仪	套	2
4	静载荷试验设备	套	1 ~ 2
5	沉降观测仪	套	
6	50m 钢卷尺	台	2

7 质量控制

7.1 施工质量控制应遵循的标准

7.1.1 《建筑地基处理技术规范》(JGJ 79—2002)。

7.1.2 《建筑地基基础工程施工质量验收规范》(GB 5020—2002)。

7.1.3 《建筑地基基础设计规范》(GB 50007—2002)。

7.1.4 《工程测量规范》(GB 50206—93)。

7.1.5 相关行业、地方标准。

7.2 工程质量控制标准

7.2.1 抛石挤淤控制标准(表3)

抛石挤淤检测标准 表3

序 号	检 查 项 目	规定值或允许偏差	检 测 方 法
1	抛填材料及抛挤顺序	符合设计要求	目测及试验分析
2	中线偏差	50	经纬仪、钢尺测
3	宽度(mm)	20	钢尺测
4	纵断高程(mm)	±15	水准仪测
5	平整度(mm)	30	平整度仪
6	边坡	符合设计要求	目测或水准仪、钢尺测

7.2.2 强夯置换要求(表4)

强夯置换检测标准 表4

序 号	检 查 项 目	规定值或允许偏差	检 测 方 法
1	夯锤落距(mm)	±300	钢尺测
2	锤重(kg)	±100	称重法
3	夯击遍数及顺序(mm)	符合设计要求	计数法
4	夯点间距(mm)	±400	钢尺量
5	夯击范围和前后两遍间歇时间	符合设计要求	钢尺量
6	地基强度和地基承载力	符合设计要求	载荷试验等

7.2.3 冲击碾压标准(表5)

冲击碾压标准 表5

序 号	检 查 项 目	规定值或允许偏差	检 测 方 法
1	碾压遍数及顺序	符合设计要求	计数法
2	压实度(%)	90 以上	土工试验、标准贯入

7.3 质量保证的技术措施

7.3.1 现场的控制桩要树立明显的标志加以保护,并定期进行复核检查。

7.3.2 夯锤气孔保持畅通,如遇堵塞,应立即将塞土清除。

7.3.3 如施工中发现夯锤偏离夯坑中心,应立即调整对中,夯击后如发现坑底歪斜较大,需及时用填料将坑底垫平后,方可继续夯击。

7.3.4 认真做好施工记录,对每击的沉降量都进行观测和记录,并掌握好停锤标准。

7.3.5 密切注意异常现象,对夯沉量异常、夯锤反弹、地表隆起要加强监测,如实记录,并及时上报业主和监理工程师研究解决办法。

7.3.6 对场地夯沉量有控制要求时,每遍夯前和夯后都应对场地夯沉量进行测量。

7.3.7 回填材料的级配及质量应符合施工要求。

7.3.8 夯完的夯坑及时推平,不得积水。

7.3.9 及时办理有关质量文件,如场地定位测量成果、现场施工记录、设计变更单、现场签证、工序质量评审等,加强原始资料整理、归档管理工作。

7.3.10 夯后处理效果,需经第三方检测。

7.4 质量保证的管理方法

7.4.1 健全质量监督体系。应由一名工程师专门负责工地的质量检查、监督、管理工作,施工队配一名专职质检员,跟班检查施工质量;施工班组有质量自检员,负责每道工序的质量检查工作。

7.4.2 建立 QC 小组,实行全面质量管理。由项目负责人牵头,组织管理干部、技术人员、工人代表组成全面质量管理小组,定期组织学习和质量分析,出题、攻关、解决施工中的质量问题。

7.4.3 建立土工试验室,配备专职试验人员和足够的仪器,随时对夯击效果及施工中出现的异常现象进行检测,分析、指导施工顺利进行。

7.4.4 建立质量奖罚制度,执行质量与奖金挂钩的奖金分配办法,严格执行奖优罚劣。

8 安全措施

8.1 进入现场施工人员必须佩戴安全帽,吊车驾驶室前应设安全网,以防强夯时土、石飞溅伤人,夯击时所有人员应退至安全线外,非施工人员严禁进入施工现场。

8.2 施工人员必须统一指挥,信号明确,防止作业中人及设备陷入淤泥沼泽地,发生事故。吊车驾驶员、推土机驾驶员应按信号操作,夯锤起吊后任何人不得由吊臂杆下方通过。

8.3 施工人员必须明确分工,各负其责,各岗位人员必须严格执行本工种的有关安全操作规程及强夯作业的安全规定。关键岗位持证上岗,例如施工工长、质量检查员、吊车驾驶员、测量人员及起重人员等。

8.4 吊车要按性能要求使用,不得超负荷,工作一定时间后应进行保养。

8.5 施工中应经常对夯锤、脱钩装置、吊车臂杆及索具等进行检查,发现问题及时处理后方可继续施工。

8.6 施工现场应保持平整,夯坑回填时应注意压实,防止强夯机组施夯和转移时发生翻车、龙门架扭转和背杆等事故发生。

8.7 六级以上大风天气、大雾以及夜间照明不良情况下严禁强夯作业。

8.8 严禁酒后操作机械及上岗工作。

9 环保措施

9.1 合理安排施工作业时间,减少夜间施工对周围居民的干扰。

9.2 对使用的工程机械和运输车辆安装消声器,并加强维修保养、降低噪声。

9.3 对有害物质(如废料、垃圾等)要经过可行措施处理,征得业主或监理工程师同意后,弃至指定地点进行掩埋,并防止对动植物的损害。

9.4 配备专用洒水车对施工现场和运输道路经常进行洒水湿润减少扬尘。

9.5 文明施工注意事项:

9.5.1 坚持挂牌施工制度。施工现场设置宣传标语牌、安全标志、指示牌和警示牌及有关工程图牌等。

9.5.2 工程竣工后,及时进行现场清理,做到工完、料净、脚下清。

9.5.3 对于各种施工机具和设备进行保养,做到定期清洗检查。

9.5.4 对建筑工地施工人员应当经常开展遵纪守法、文明施工教育,注重精神文明建设。

10 资源节约

10.1 抛填挤淤及强夯置换材料可选用当地的开山石混合料、风化的山皮石、河卵石及建筑粗骨废料,既节约了资源,又减少了污染 。

10.2 采用该工艺,比全部换填等工艺可节约30%的投资。

10.3 采用该工艺施工,工艺简单,机械化程度高,节省了大量的人力资源。

11 效益分析

抛石强夯+冲击碾压处理高寒湿地公路软基施工工艺,具有技术先进、操作简便,施工效率高、节约材料、施工费用低、地基加固效果显著等特点。本工艺与全部湿地换填方法相比,工期短,可节省投资30%,且该工艺污染小,为业主和施工企业均带来良好的社会效益和经济效益。

抛石强夯+冲击碾压施工方法是集抛石挤淤、强夯和碎石桩复合及冲击碾压技术为一体的湿地软基处理方法,既能保证工期、质量,又经济合理,具有广阔的应用前景。

12 应用实例

海拉尔至满洲里一级公路第七合同段K546+000~K553+200处高寒湿地,采用了抛掷开山石混合料进行挤淤,并在其上采用2 250kN·m能级,间距为5.6m正方形布点,分四遍点夯形成强夯置换墩,最后在置换后的混合料面上采用蓝派冲击碾压了20遍。此软基处理项目于2005年8月开工,9月下旬结束。本工艺施工操作便捷,投入小,大大缩短了工期,为本合同段以致整个项目按期完工提供了保证。

本项目施工过程中进行了孔隙水压力、土压力、分层沉降及位移检测。项目完成后,经静荷载试验、地质雷达检测及寒冷季节不同深度的土温检测后,数据表明地基承载力和其他各项指标达到了设计要求,效果良好。本施工工艺,为高寒地区处理软土地基施工积累了一定的经验。

公路路堑段边坡防护客土吹附施工工法

GGG(浙)A4010—2008

徐平原　朱光华　于航波　王　勇
（浙江省大成建设集团有限公司）

1　前言

随着国民经济快速发展,人们对环境保护、生态平衡的要求越来越高。但近些年交通建设迅猛发展,目前我国无论是公路、铁路的建造,均需要开挖部分山体土石方。这些开挖破坏了原有的植被,造成大量的裸露边坡,导致严重的水土流失和生态环境失衡。因而需要采取工程措施,对边坡进行工程防护和生态绿化处理。客土吹附技术的应用,极大地防止了边坡破坏、水土流失,同时涵养水源、净化了空气、美化了生态环境,减少了生态灾害,保护了环境。目前,我单位通过此项技术在几个工程边坡防护工程中的应用和实施中的总结,积累了一定的宝贵经验。

2　工法特点

客土吹附是将植壤土、纤维、腐质土、缓释营养肥、保水剂、黏合剂、草籽、灌木种子等按照一定比例组成混合,并经过搅拌机充分搅拌均匀后,在干料状态用空压机和混凝土喷射泵输送,在喷射口前与水混合吹附到预先固定的铁丝网上,形成一定厚度、黏稠度较高、能促进植物长期生长所需的基材。植被恢复后,发达的根系可通过基材深入到岩体的节理和裂隙中,能达到永久固坡和美化环境的双重目的。客土吹附路堑段边坡防护与其他防护如护面墙等防护形式相比,其施工具有:①施工简单、速度快、工期短;②施工质量高,草籽喷播均匀发芽快、整齐一致;③防护效果好,正常情况下,喷播1个月后坡面植物覆盖率可达70%以上,2个月后形成防护、绿化功能;④适用性广;⑤工程造价低等一系列优点,而被广泛采用。

3　适用范围

各类公路、铁路等挖方段边坡防护路段。

4　工艺原理

客土吹附一般应用在挖方段路堑边坡,该防护适用于土质或强风化岩石挖方边坡时,其边坡坡率不陡于1:1.25。适用于微风化、弱风化、全风化岩石挖方边坡时,其边坡坡率不陡于1:0.5~1。客土吹附厚度,土质边坡一般不小于3cm,石质一般不小于10cm。根据边坡地质及稳定情况,确定其客土厚度,是否需要挂网+系统锚杆,否则难以确保边坡稳定及美化生态环境效果。

本工法根据路堑段边坡应具有“稳定、环保、坡面平整”的技术要求,精心组织,合理安排施工顺序,确保客土的草籽成活率、根系发达,不因客土厚度不足且未及时养护其草籽不发芽或成活率不高未形成根系,不因客土吹附前未对边坡作挂网、系统锚杆、框架格梁处理而产生边坡坍塌事故。

5 施工工艺流程及操作要点

5.1 施工工艺流程(图1)

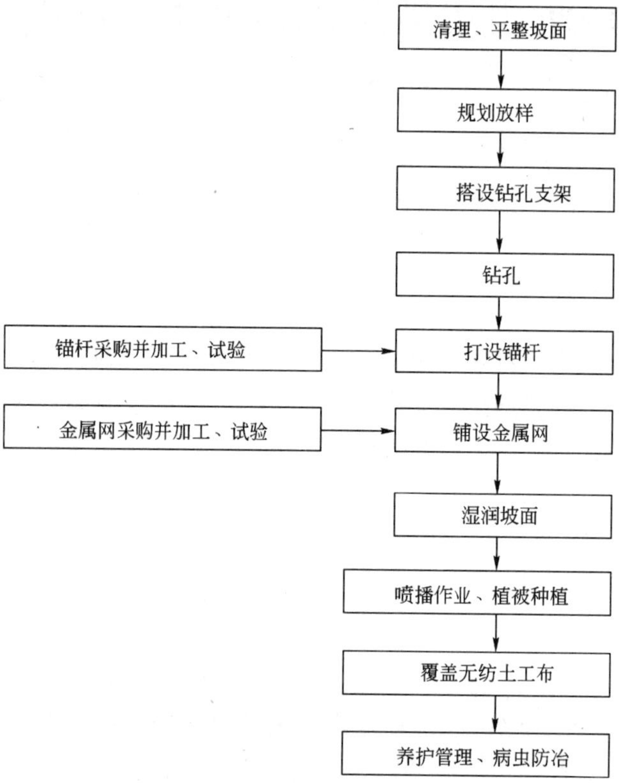

图1 客土吹附施工工艺流程图

5.2 操作要点

5.2.1 施工准备

(1)草籽、灌木种子选用。根据工程所在地气候、地质及水文条件,草种应选择根系发达,耐干旱、耐高温、耐贫瘠、成长快的多年生草本植物(如高羊茅、狗牙根、百喜草、白三叶、弯叶画眉草等);为改变坡面植被品种单一的面貌,可根据现场实际需要选择一定数量的灌木、藤状品种。草种选择时,应利用草种的互补性进行混播,如深根性和浅根性、豆科和本科、外地和本地、发育早和发育晚等特性进行混合喷播。

(2)基材混合料配方设计。基材混合物由绿化基材、纤维、种植土等按一定的比例混合而成,其体积比为绿化基材:纤维:种植土=1:2:2。绿化基材混合料由经过筛的植壤土、纤维、腐质土、缓释营养肥、保水剂、黏合剂等通过试验确定最佳掺配比例。具体配合比需根据岩体坚实度、岩体类型、气候状况和原材料质量进行组配;种植土应根据工程地原有的地表土或附近农田土粉碎过8mm筛,含水率≤20%,风干过筛后的种植土应采取防水措施;纤维可就地取秸杆、树枝粉碎成10~15mm长,含水率≤20%。草种配比:可采用暖季性为主的草种组合,可采用百慕达、百喜草、画眉草、波斯菊、大金鸡菊等,并加入选用银合欢、小叶女贞、多花栏、紫藤、长红继木等乔灌木种子。

5.2.2 清理、整平坡面

坡面清理一般用人工方法进行处理,即清理坡面浮石、危石、浮土等,并且做到处理后的坡面倾斜一致、平整,无大的石头突出与其他杂物存在,使其有利于基材和岩石表面的自然结合。

5.2.3　钻孔及安装锚杆

锚杆可分为长锚杆和短锚杆，长锚杆长度为 2 ~ 4m，短锚杆长度为 0.5 ~ 1m，直径一般为 ϕ22mm、ϕ25mm 的中空锚杆。安装锚杆时，先放样，长锚杆与短锚杆交错并列，横向间距 1m，纵向间距 2m，然后采用风转或电钻进行钻孔，钻头的直径大小一般为 ϕ38mm，钻孔深度与锚杆长度相同。孔钻好后，便可进行锚杆的固定工作，锚杆事先要进行防锈处理，用水泥砂浆灌注，往锚孔灌注水泥砂浆时，一定要灌满、灌实，锚杆伸出坡面长度为 6 ~ 8cm。

5.2.4　铺设金属网

铁丝网选用网孔为 4cm × 4cm 或 5cm × 5cm 的镀 PVC 或镀锌菱形铁丝网铺设坡面。施工时将铁丝网从坡顶沿坡面顺势铺下，铁丝网应伸出坡顶 50cm。若坡顶截水沟未修筑，最好置于坡顶浆砌石底下，在坡底也应有 20cm 的铁丝网埋置于平台填土中。铺设时拉紧网，铺平顺后，将挂网在锚杆上，用连接件或铁丝锁紧，并根据需要在锚杆中采用不同厚度的混凝土垫块，以使铁丝网与坡面的距离保持 3 ~ 5cm，网与网之间搭接宽度为 15cm。

钉网：针对石质坡面情况，采用"L"形 ϕ6 ~ 8mm 或其他型号的钢锚钉或竹锚钉，锚钉长度根据实际情况分别采用 150 ~ 400mm。完成网与锚杆、锚钉的连接工作后，要严格检查铁丝网与锚杆连接的牢固性，确保网与坡面形成稳固的整体。

5.2.5　湿润坡面

客土吹附施工前，应预先用洒水车和水枪对待施工坡面进行湿润。洒水应保持坡面表面充分湿润，直到部分水外流为止。

5.2.6　客土吹附喷播作业

先将风干过 8mm 筛的植壤土、纤维、腐质土、缓释营养肥、保水剂、黏合剂等基础混合物按试验确定的混合料配合比用量，分别投入到搅拌机料斗中，并经过搅拌机充分搅拌均匀后，在干料状态用空压机和混凝土喷射泵输送，在喷射口前与水混合吹附到预先固定的铁丝网上。喷射施工应尽可能从正面进行，用登高梯从上而下作业，凹凸部分及死角部位要喷射充分，喷射的平均厚度为 8mm。其中铁丝网之上要保证有 3 ~ 5cm 的基材，随后将含有草籽、灌木种子的基材混合物喷播到整个坡面的表面，二次喷射的厚度不小于 2cm。根据边坡的岩性可调整喷射厚度，以保证有机基材能提供植被生长所需的足够养分及水分。其客土吹附施工示意图 2 如下。

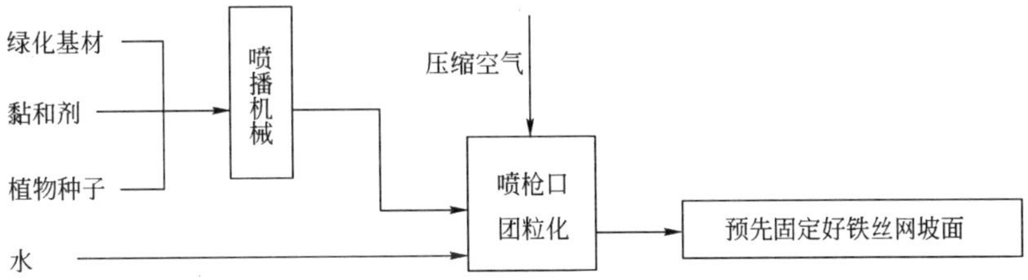

图　2

5.2.7　覆盖无纺土工布

在喷水养护前，在表面层上覆盖无纺布或挂设遮阳网，以防因雨水和养护高压喷水冲刷坡面，同时也减少边坡表面水分的蒸发，从而进一步改善种子的发芽和生长环境。

5.2.8　养护管理

(1)施工完成后，需定期养护。养护内容包括浇水、施肥、补种、病虫害等防治。前期成坪前养护，应一直保持坡面湿润，直至草种齐苗。浇水时应控制喷头与坡面的距离和移动速度，保证无集中的水流冲击草坪坡面，浇水时应将水滴雾化(有条件的地方应安装雾化喷头)。在病虫害多发季节，定期采用广谱杀菌剂杀菌，并对症下药，以防病虫害扩散。

(2)后期浇水遵循多浇少次原则,对于旱季节,并适当增加浇水次数。

(3)草种成苗后,应全面检查生长情况,对生长明显不均匀的位置应补播,确保覆盖成活率在90%以上。

6 材料与设备

本工法施工所需的材料较多,特别是草籽的种类繁多,严格按设计要求选择优质的草种,具体见表1。

客土吹附边坡施工所需材料统计表　　表1

序　号	材料名称	备　注
1	草籽及灌木	具体为百慕达、百喜草、画眉草、波斯菊、大金鸡菊、草纤维等草籽及银合欢、小叶女贞、多花栏、紫藤、长红继木等乔灌木种子,按一定比例配置
2	植壤土、腐质土	
3	缓释营养肥	
4	保水剂、黏合剂	
5	普通锚杆	
6	中空锚杆	
7	泥炭土	
8	镀锌铁丝网	
9	无纺土工布	

注:客土吹附所需材料数量主要取决于工程量。

本工法无需大的机械设备,也无需特种机械,具体所采用的机具设备见表2。

机具设备配设表　　表2

机具名称	数　量	备　注
高压喷射机	1台	
柴油发电机	1台	50kW
混凝土搅拌机	1台	350型
洒水车	1辆	
高压水泵	2只	
铁锹	15把	
运输车	2辆	5t

注:客土吹附施工机具、设备、数量主要取决于工程量与工期、工作面的多少。

7 质量控制

7.1 质量要求

客土吹附施工质量严格按《公路工程质量检验评定标准》(JTG F80/1—2004)、《公路工程国内招标文件范本》(2003版下册)等有关规范办理。具体质量控制标准见表3。

客土吹附边坡防护允许偏差

表3

序号	检查项目	规定值或允许偏差	检查方法
1	混凝土或砂浆强度(MPa)	在合格标准之内	按 JTG F80/1—2004 附录 D、E、F 检查
2	锚杆拔力(kN)	拔力平均值≥图纸规定值, 最小拔力 = 0.9 图纸规定值	按锚杆数 1%,且不少于 3 根做试验
3	锚孔间距(mm)	±50	抽查 10%,用钢尺量
4	锚孔深度(mm)	+200,0	查钻孔记录
5	锚数数量	不小于设计	查钻孔记录
6	镀锌或钢丝网抗拉强度(kN/m)	≥8	按标准试验确定
7	网格尺寸(mm)	单向拉伸 25 ~ 150	按标准试验确定
		双向拉伸 25 ~ 100	
		土工网 25 ~ 140	
8	客土厚度(mm)	不小于设计要求	每 $100m^2$ 取 2 个点

7.2 质量控制技术措施与管理方法

7.2.1 为增加作业面的绿化效果,在坡面清理时,对坡面转角处及坡顶的棱角处应修整成弧形,并尽可能将作业面平整,有利于客土喷播施工。喷播施工前作业面的凹凸度应控制在 ±10cm 以内,对低洼处适当覆土夯实回填。

7.2.2 作业面排水系统设置的合理与否直接关系到作业面植被的生长环境,对于长、高边坡、坡顶、坡脚及平台处均需要设置排水沟。同时,根据作业面水流量的大小考虑是否设置坡面排水。对于坡面有季节性出水段,应在坡面出水处设置树枝状盲沟等将水导出坡外,保证边坡的稳定。

7.2.3 为保证边坡植被生长具有足够的养料及水分,喷播厚度应符合设计要求。由于基材水分丧失会造成基材厚度不足,一般要求喷射厚度为设计厚度的 125%。

7.2.4 边坡客土吹附施工的重点工序为:坡面刷坡到位、铁丝网挂网搭接、基材配合比、基材喷射及草籽发芽后的养护管理等。为保证施工效果,每道工序的施工质量均要严格把关。另外,为提高植被成活率及减少养护费用,施工季节的选择也很重要。春季及夏初,是客土吹附植被护坡施工最佳季节,在这期间,雨量充沛、万木复苏,有利于种子的发芽成活,并可减少养护次数,是施工的黄金季节。

7.2.5 加强施工人员在各道工序中的质量意识,落实人员质量责任制,建立健全质量保证体系。

7.2.6 建立对原材料的检验、试验和测量检验制度。

7.2.7 建立工程质量三检制,其次是班组(或工序)互检制。

7.2.8 操作人员必须持证上岗,特殊工种操作人员必须持有效合格证上岗,才能操作。

7.2.9 在坡面喷播前应用高压水冲洗坡面,并使坡面保持一定湿度。

7.2.10 锚杆杆体使用前应平直、除锈、除油。

7.2.11 喷播完成后在一定时间内应及时加强养护且必须有足够的养护期,以保证各类草籽能够及时地发芽、成长及具有较高的成活率。

7.2.12 制定边坡养护管理计划,如经常浇水、经常施加农药及防治病虫害等,同时在适宜的季节,对坏灌木以及其他不发芽或死去的植物和草均予以更换。

8 安全措施

客土吹附工程为高边坡作业,为确保工程顺利进行,保证施工人员及设备和交通安全,特拟定以下安全措施。

8.1 总体措施

8.1.1 认真贯彻执行"安全第一、预防为主"的方针政策,严格执行《中华人民共和国安全生产法》、《建筑法》及《建设工程安全生产管理条例》等法律法规和交通颁发实施的《公路工程施工安全技术规程》(JTJ 076—95)。

8.1.2 建立项目安全组织结构和"三防"工作领导小组。

8.1.3 加强安全教育,做到安全教育制度化、经常化,对职工进行安全技术培训,对新进场工人进行三级安全教育,特殊工种持证上岗。不准无证操作,严格操作规程,定期进行安全教育和安全大检查,发现隐患及时予以清除,定期进行班组安全活动,树立高度安全意识。

8.1.4 建立健全各种规章制度,制定各种安全操作规程,制定专项安全措施,持证上岗。

8.1.5 加强安全生产管理,健全安全责任制,以人为本,科学地进行安全生产、文明施工。

8.1.6 做好施工现场消防安全工作,落实防火措施,配备消防器材,制定消防安全应急处置预案以及交通安全措施。

8.2 具体措施

8.2.1 制定安全事故处理和检查方法,设立专职安全员,处理安全和劳动保护问题及可能发生的事故。

8.2.2 施工人员进入现场,必须戴好安全帽和其他必要的防护用品。

8.2.3 在所有的高边坡路段及正在施工的现场设立明显的警示标志,同时做好安全宣传工作。

8.2.4 夜间施工,现场要有足够的灯光照明。

8.2.5 锚杆、挂网及支架搭设操作人员必须系好安全带。

8.2.6 各种机械设备、施工工具要完好,定机定人,严格按操作规程进行操作。

8.2.7 做好安全用电管理工作,普及职工安全用电和触电抢救知识,消除隐患,杜绝事故,电工要持证上岗。配电系统设总配电箱,分配电器、开关箱实行分级配电,开关箱装漏电保护器。

8.2.8 支架搭拆要求:支架搭设操作平台必须牢固、可靠。拆除作业必须由上而下逐层拆除,严禁上下同时作业。

8.2.9 搭拆支架时边坡两侧应设围栏和警示标志,并派专人看守,严禁非操作人员站在边坡下边。

8.2.10 遇六级以上大风、雷雨和雪天,不得继续施工。

8.2.11 每次施工前,要先检查,后施工。不在危险岩石或建筑物下面作业。边坡客土防护作业前设专人观察边坡稳定情况,主要检查边坡顶是否有裂缝产生,边坡浮石危石是否清理干净,截水沟是否设置并且畅通。

9 环保措施

9.1 现场布置:根据场地实际情况,结合标准化工地建设要求合理地进行布置,设施设备按现场布置图规定设置堆放,并随施工不同阶段进行场地布置和调整。最大限度地减少耕地占用。

9.2 道路和场地:施工区内道路通畅、平坦、整洁,不乱堆乱放,无散落物;构造物周围浇捣散水坡,四周保持清洁;场地平整不积水,无散落的杂物及散物;场地排水成系统,并畅通不堵。施工废料集中堆放,及时处理。

9.3 班组场地清理:班组必须做好操作后场地清理,随作随清,物尽其用。在施工作业中,有防止尘土飞扬、泥土横流、车辆沾带泥土运行等措施。有考核制度,定期检查评分考核,成绩上牌公布。

9.4 材料堆放:泥土、锚杆、钢丝网分类堆放成方,砌体料类成垛,堆放整齐。

9.5 施工机械应防止严重漏油,禁止机械在运转过程中产生的油污水未经处理就直接排放,或维修机械时油污水直接排放。

9.6 制定一系列的环境保护措施,经常给施工人员进行环境保护教育,做到人人有环境保护的意识。

9.7 文明施工,保护现场周围环境。对环保工作全面规划、综合处理,采取一切合理措施,将施工现场周围环境的污染减至最小程度。

9.8 定期会同当地环保机构对施工中的环保工作进行检查。

10 资源节约

客土吹附技术的成熟应用,能够充分利用地方的种植土资源、水资源,施工中的人力资源等都能得到很好的节约,符合国家节能、环保的总体发展需求。

11 效益分析

11.1 施工简单、速度快,可以大大缩短工期,在较短的时间内完成施工任务。

11.2 施工质量高,草籽喷播均匀发芽快、整齐一致。

11.3 防护效果好,具有防护、绿化功能。同时行车视线好,边坡表面不易脱落,行车相对安全。

11.4 适用性广、造价低,具有较高的经济效益和社会效益。

12 应用实例

12.1 丽龙高速公路莲都段一合同工程

丽(水)龙(泉)高速公路地处浙江省西南部山区,是浙江起点接金丽温高速公路富岭段,经丽水市莲都区、云和县至龙泉市的城关。本项目为丽(水)龙(泉)高速公路起始段,位于丽水市莲都区境内。

莲都段一合同项目包括主线和连接线两部分,主线起点拟定在金丽温高速公路章庵桥中心,该点位也是丽(水)龙(泉)高速与金丽温高速公路的交叉处,起点桩号为K0+000,终点为K4+300,全长4.3km,设计速度80km/h,双向4车道,路基宽度24.5m。连接线设计速度60km/h,路基宽度23~32m,连接线起自富岭枢纽互通,起点桩号为K0+530,终点终点桩号K3+500,路线走向为东北,全长2.97km。由于本工程基本为全山区高速公路,设计对线形的要求较高,高填高挖较多,全合同段路堑段边坡防护基本均为客土吹附防护,总防护量约100 000m^2,客土厚度有3cm、10cm两种形式。工程于2005年6月28日开工,2007年12月24日完工交验并顺利通车。该工法在该工程中应用效果较好,其施工时间较短,全部边坡施工仅仅三个月完成,且施工完成的边坡整体防护效果好,无塌方现象,其适用性广、造价低,具有较高的经济效益和社会效益,得到了业主、设计、监理等相关单位的一致好评。

12.2 诸永高速公路台州段二期S7合同工程

诸永高速公路台州段工程第七合同段,主线起点桩号为K144+070,沿途经仙居县白塔镇、田市镇,终点桩号K147+100,全长3.03km。本合同段工程内容为路基工程、桥梁涵洞工程与隧道工程,合同总价 15 751 万元。主体工程量为:路基填方 18.52 万 m^3,挖方 20.26 万 m^3,挡墙 12 000m^3,厚层基材绿化 40 000m^2;大中桥 4 座(共 574m);隧道 5 座(单洞长 3 103m)。

本合同段为山岭重丘区;路基填筑基本上在隧道与隧道之间,填筑高度一般为 25 ~ 35m。路堑开挖高度一般为 30 ~ 45m,施工难度较大,总防护量约 40 000m^2,设计客土厚度为 10cm。工程于 2005 年 9 月 1 日开工,2007 年 8 月 31 日完工交验并顺利通车。该工法在该工程中应用效果较好,其施工速度较快,且施工完成的边坡整体防护效果好,无塌方现象,其适用性广、造价低,具有较高的经济效益和社会效益,得到了业主、设计、监理等相关单位的一致好评。

大直径(钉型)双向深层水泥土搅拌桩施工工法

GGG(浙)A1011—2008

张伟东　翁艾平　陆柏川　林后宽　卫道进
(浙江省交通工程建设集团有限公司)

1 前言

浙江杭嘉湖平原存在着大量复杂的软土地基,软土具有松软、孔隙比大、压缩性高和强度低等特点。在软土地基上修建高等级公路及建筑物时首先都要进行软基处理,以达到加快施工速度、提高地基承载力、增加地基稳定性及减小工后沉降等目的。目前软土地基现有的处理方法有很多种,各种方法均有其优缺点,例如:塑料排水板+预压,施工周期过长;预应力管桩、注浆桩、素混凝土钻孔桩虽然效果好,但费用昂贵,其他如振动沉管法(素混凝土灌注桩、Y型桩、薄壁管桩等)存在质量不易控制、有挤土振动等不良影响且造价不菲;而水泥搅拌桩具有施工简单、快速、振动小、挤土效应弱、无公害等优点,能有效地提高软土地基的稳定性,减少和控制沉降量的特点。

该工法经过申嘉湖杭高速公路练杭段L3合同、湖州段H2合同两个项目的应用,取得了较好的经济效益、社会效益和广阔的应用前景。

2 工法特点

2.1 双向水泥搅拌桩成桩钻机,通过双向动力传动系统,带动同心双轴正反两方向旋转。在叶片正反向同时旋转过程中起到压浆和双向搅拌水泥土的作用,阻断水泥浆上冒途径,保证水泥浆在桩体中均匀分布和搅拌均匀,确保成桩质量。

2.2 同心双轴钻机钻杆直径加大,提高了钻杆的刚度,确保了在钻孔过程中,钻杆的稳定与成孔垂直度。

2.3 双轴同心两组搅拌叶片同时双向旋转,仅需两搅一喷,使功效提高一倍以上。

2.4 在施工过程中,对周围土体无扰动、无振动,减少了对周围环境的噪声污染。

2.5 大直径(钉型)双向水泥搅拌桩应用了路堤桩工作受力从顶部到底部逐步衰减的原理,桩身上部受力大,采用大直径(直径为90~100cm);桩身下部受力小,则采用小直径(直径如50~70cm),从而减少工程数量,降低了工程成本。

3 适用范围

本工法适用于加固、处理各种成因的饱和软黏土,淤泥、淤泥质土、黏土、亚黏土等地质,处理软基深度可达到16~25m。

4 工艺原理

4.1 双向搅拌机钻头结构如图1所示。

4.2 大直径(钉型)双向深层水泥土搅拌桩处理软土地基系指利用水泥等材料作为固化剂,通过特制的双向搅拌机械,在软基深层处,就地将软土和固化剂强制搅拌,由固化剂和软土间产生一系列的

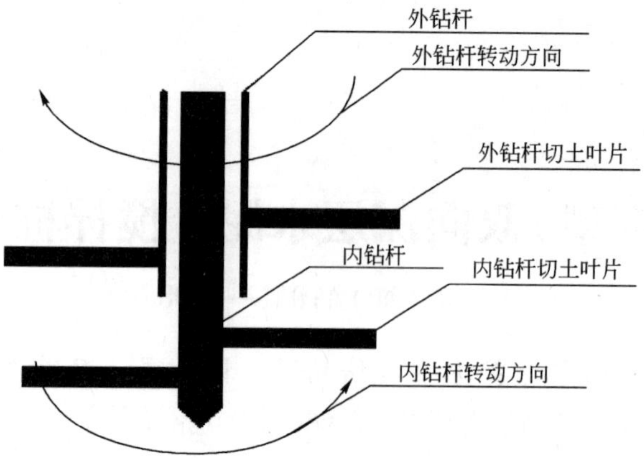

图1　双向搅拌机钻头结构图

物理和化学反应,使软土硬结成具有整体性、水稳定性和一定强度的水泥土搅拌桩。这种水泥土搅拌桩与桩周土体一起组成复合地基,从而达到提高地基承载力、减少地基沉降的目的。

5　施工工艺流程及操作要点

5.1　工艺流程(图2)

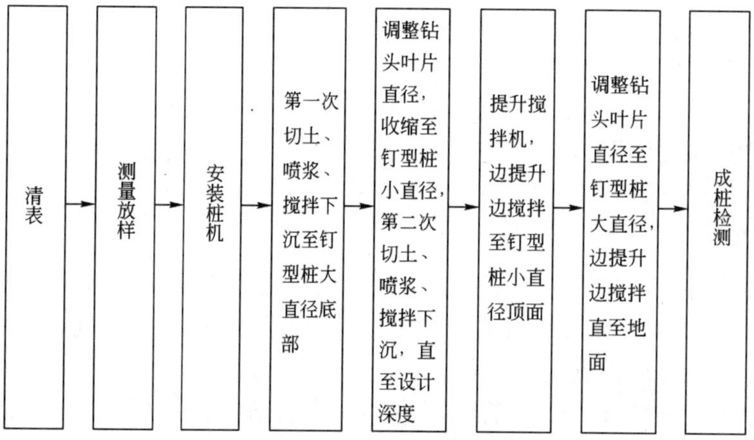

图2　施工工艺流程

5.2　操作要点

5.2.1　平整场地

(1)清除地表杂草、杂物面(包括石块、树根和垃圾等),场地低洼时,采用回填黏性土并进行压实,以满足桩机行走时的地基承载力。

(2)将原地面做好成4%的横坡,并在路基两侧开挖边沟。

(3)对于施工场地下埋的施工管线采取标示等保护措施。

5.2.2　测量放样

利用全站仪按设计图纸准确地进行控制桩放样,并根据桩位布置图放出具体桩位。对控制桩设明显标志,并定期复核。

5.2.3　安装钻机

在现场拼装钻机、就位,在主机上悬挂一吊锤,用吊锤来控制钻杆的垂直度。

首次进场施工时,应对桩机电流表、管道压力表、电磁流量计、深度测量仪、电脑打印机进行标定,电脑打印机要具备全程打印功能;平时应经常复查,特别是钻头叶片磨损超限应及时补焊,以保证桩体的桩径。

5.2.4 第一次切土、喷浆、搅拌、下沉

启动搅拌机，使搅拌机沿导向架向下切土，两组叶片同时正、反旋转切割、搅拌土体，同时开启压浆泵向土体喷射水泥浆，搅拌机应匀速、持续下沉直至钉型桩大直径设计底部。

在切土、喷浆、搅拌、下沉时应注意以下事项。

(1)掌握设计喷浆量(由水泥掺入量及水泥浆水灰比换算得出)的各种技术参数，如钻进速度、提升速度、搅拌速度、喷浆压力、段浆量等。根据本项目的施工经验，机械施工技术参数为：钻进速度 <1.0m/min；提升速度 <0.7 ~1.0m/min；搅拌转速 r_1 ≥50 转/min(内钻杆)，r_2 ≥65 转/min(外钻杆)；钻进喷浆时管道压力 0.25 ~0.4MPa。

(2)掌握下钻和提升的阻力情况，选择合理的搅拌头形式、电机的功率与搅拌叶片的宽度厚度及叶片与钻杆的夹角等(本项目的搅拌叶片宽度为 80 ~100mm，搅拌叶片厚度为 25 ~40mm，夹角为 10° ~20°)。

(3)泵送浆液前，管路应保持潮湿，以利输浆。现场拌制浆液，应有专人记录每根桩水泥用量，并记录送浆开始、结束时间。

(4)根据成桩试验确定的技术参数进行施工。操作人员应记录每米下沉时间、提升时间、送浆时间、停浆时间等。

(5)供浆必须连续，拌和必须均匀。一旦因故停浆，为防止断桩和缺浆，应使搅拌机下沉到停浆面以下 1.0m，待恢复供浆后再喷浆上升。如因故停浆超过 3h，为防止浆液硬结堵管，应先拆除输浆管路，清洗后备用。

(6)为保证水泥搅拌桩桩端、桩顶及桩身质量，第一次提钻喷浆时应在桩底部停留 10s，使浆液完全到达桩端。

(7)检验室内试验所确定的水泥土配合比是否适用于现场，然后根据现场实际地质情况进行适用性调整，以满足设计要求。

(8)水泥浆液应严格按照室内试验所确定的配比进行拌制。制备好的浆液不得离析、不得停置时间过长(一般时间不超过 2h)；浆液倒入储浆桶时应加筛过滤，以免浆内结块，损坏泵体。

(9)施工中如发现喷浆量不足，应按监理工程师要求整桩复搅，复喷的喷浆量不小于设计用量。如遇停电、机械故障原因，喷浆中断时应及时记录中断深度。在 12h 内采取补喷处理措施，并将补喷情况填报于施工记录内。补喷重叠段应大于 100cm，超过 12h 应采取补桩措施。

(10)施工人员认真填写施工原始记录，记录内容应包括：施工桩号、施工日期、天气情况；喷浆深度、停浆高程；灰浆泵压力、管道压力；钻机转速；钻进速度、提升速度；浆液流量；每米喷浆量和外掺剂用量；复搅深度等。

5.2.5 第二次继续切土、搅拌、下沉

调整钻头叶片直径，改变内外钻杆的旋转方向，使叶片收缩至下部桩体设计直径后，边切土搅拌下沉边喷浆施工，直至钉型桩小直径设计深度，在桩底持续喷浆搅拌不少于 10s。

5.2.6 提升搅拌

关闭送浆泵，搅拌机提升，两组叶片同时正反旋转搅拌水泥土提升至钉型小桩径顶面。

5.2.7 调整钻头叶片直径至钉型桩大直径继续提升搅拌

改变内外钻杆的旋转方向，使钻头叶片直径伸展到钉型桩大直径桩径，继续边搅拌边提升直至地面。在离地面 1m 范围内再增加一次喷浆搅拌(喷浆量为 15kg/m)。

5.2.8 成桩检测

(1)检验桩身的无侧限抗压强度满足设计要求，28d 龄期的上、中、下部(按桩长 1/3 等分)的抗压强度平均值不低于 0.8MPa，最小无侧限抗压强度不小于 0.5MPa。

(2)检验成桩质量：检验单桩极限承载力和复合地基极限承载力是否满足设计要求；检验加固剂分布的均匀性和有效加固长度能否满足设计要求。

6 材料与设备

6.1 材料

6.1.1 水泥采用国产32.5级普通硅酸盐水泥,所购置水泥应是国家免检产品,且在有效期内使用;严禁使用受潮、结块、变质的劣质水泥。对非免检水泥,应分批提供有关强度等级、安定性等试验报告。

6.1.2 水泥掺入量试验

(1)在开展现场成桩试验前,首先要采取现场原状和扰动土样在室内进行配比试验:①选择水泥品种;②了解加固软土所用水泥的最佳掺量、水灰比和最佳外加剂品种和掺量;③了解水泥土强度增长的规律,即龄期与强度的关系。试验设备采用土工试验和砂浆混凝土试验仪器。

(2)室内试件为尺寸70.7mm×70.7mm×70.7mm的立方体,试件可在振动台上振实,振动台频率为(3 000±200)次/min,负载振幅(0.35±0.05)mm,振实3min。加固处理土放入试模应仔细分层填塞均匀,不得产生空气泡,上下两端面用刮刀刮平,盖上塑料布,以防水分蒸发,试块成型1~2d拆模,称重后放入标准养护室,分别进行各龄期的养护。

(3)室内抗压强度试验应采用控制应力试验方法。逐级加压并保持水平,量测垂直向变形,待变形稳定后下一级荷载,直至破坏。

(4)稳定标准:试件垂直变形速率小于0.5mm/min。

(5)破坏标准:应力不变,变形不断发展,试件裂纹产生,应力下降。

(6)每组试件不得小于三个,同时考虑室内配合比试验与现场施工条件的偏差,要求室内配合比试验28d无侧限抗压强度$q_u \geq 1.0$MPa。

6.1.3 水泥掺入量应由室内配合比试验确定,根据土样含水率、孔隙比以及有机质含量不同,水泥掺入量应进行相应调整。水灰比一般采用0.45~0.55,水泥掺入量可参考表1。

水泥掺入量参考值 表1

桩径(cm)	水泥掺入量参考值(kg/m)	桩径(cm)	水泥掺入量参考值(kg/m)
50	50	100	200
60	72	110	240

注:根据土体参数情况可进行调整。

6.2 机械设备

6.2.1 搅拌桩机械设备(表2)

大直径(钉型)双向搅拌桩工艺主要设备表 表2

序 号	名 称	规格型号	单 位	数 量
1	大直径双向水泥搅拌桩机	SJB-1	套	1
2	120kW发电机	120kW	台	2
3	灰浆搅拌机	灰浆搅拌机	套	1
4	输浆泵	BW200-4	台	1
5	电焊机		台	1
6	深度记录仪		台	1
7	流量计		台	1

6.2.2 测量仪器

(1)全站仪;

(2)J_2经纬仪;

(3) SD_3 水准仪；

(4)50m 钢卷尺。

6.2.3 水泥浆测试仪器

水泥浆测试仪器有泥浆相对密度计。

7 质量控制

7.1 质量要求

7.1.1 本工法所采用的施工技术规范

(1)《公路工程技术标准》(JTG B01—2003)。

(2)《公路工程质量检验评定标准》(JTG F80/1—2004)。

(3)《公路桥涵施工技术规范》(JTJ 041—2000)。

(4)《公路路基施工技术规范》(JTG F10—2006)。

7.1.2 质量标准要求

(1)允许偏差。施工允许偏差包括桩径、桩距、桩长、垂直度、单桩喷浆量(由水泥掺入量及水泥浆水灰比换算得出)和强度,详见表3。

搅拌桩质量控制参数 表3

项次	项目	单位	允许偏差	检测方法和频数
1	桩距	cm	±10	抽查2%
2	桩长	m	不小于设计值	查施工记录
3	桩径	mm	不小于设计值	抽查2%
4	垂直度	%	<1.5	查施工记录
5	单桩喷浆量	kg	不小于设计值	查施工记录
6	桩体无侧限抗压强度	MPa	不小于设计值	成桩28d后取芯,桩体三等分各自取芯样一个,成桩数抽查2%
7	单桩或复合地基承载力	MPa	不小于设计值	每一测区成桩数0.2%,且不小于3根

(2)成桩7d内,浅部开挖桩头,其深度宜为1.5m,目测检查搅拌的均匀性,测量成桩直径;轻便触探仪检查桩的质量,触探点应在桩径方向1/4处;检查频率为总桩数的0.5%。

(3)成桩28d后,用钻孔取芯的方法检查其完整性、桩土搅拌均匀程度及桩的施工长度;检查频率为总桩数的2%。同时进行单桩复合地基静载试验,检测频率为每一测区成桩数的0.2%,且不小于3根。

(4)外观鉴定要求:桩体圆匀,无缩颈和回陷现象;搅拌均匀,凝体无松散;群桩桩顶齐,间距均匀。

7.2 水泥搅拌桩属地下隐蔽工程,施工质量受机具、施工工艺、施工人员的责任心等多种因素的影响,因而其质量控制要贯穿于施工的全过程,并坚持全方位的施工监理。

7.3 施工现场事先予以平整,不得回填杂填土或生活垃圾。施工前检验机具性能和施工工艺各项技术参数,并进行实际标定,有关技术参数及时提供现场监理工程师,以作为控制搅拌桩质量的依据。

7.4 搅拌头翼片的枚数、宽度、与搅拌轴的垂直夹角、搅拌头的回转数、提升速度相互匹配,确保加固深度范围内土体的搅拌次数满足规范要求。

7.5 施工中始终保持搅拌桩机底盘的水平和导向架的垂直,搅拌桩的垂直偏差不得超过1%,桩位的偏差不大于50mm,成桩直径及桩长满足设计要求。

7.6 制备好的浆液不得离析,不得停放时间过长,泵送必须连续。灰浆泵输浆量、灰浆经输浆管到达喷浆口时间以及钻头起吊提升速度按试验标定参数进行。

7.7 前台操作与后台供浆应密切配合,前台搅拌机喷浆提升的次数和速度与试验桩已标定的施工工艺参数相吻合。

7.8 后台供浆停机时,及时通知前台以防止断桩和缺浆,使搅拌桩机下沉至停浆点以下0.5m,待恢复供浆时再喷浆提升。停机后3h,将输浆管拆下,妥为清洗。喷浆搅拌提升的速度和搅拌次数符合设计及施工工艺要求,喷浆量及提升速度等由流量计控制并由专人记录。

7.9 当搅拌桩桩顶接近设计高程时,应特别注意桩头的施工质量,桩顶1~1.5m范围内增加喷浆搅拌一次。同时搅拌自地面以下1m喷浆搅拌提升出地面时,应慢速;当喷浆口至桩顶高程时,宜停止提升,搅拌10~20s,以保证桩头密实均匀。

7.10 当输浆管有弯折、外压或漏浆情况时要及时检查、理顺管道,清除外压,发现漏浆点应进行补漏,严重时停机换管。当输浆管道过长、沿程压力损失增大时,可使制浆池布置靠近桩位,以缩短送浆管道。当场地条件不具备时,可适当调增泵送压。

8 安全措施

8.1 施工前应对施工现场、机具设备及安全防护设施等进行全面检查,确认符合安全要求后方可施工。

8.2 对进场施工人员必须进行安全教育,遵守安全操作规程,正确使用安全劳动防护用品。

8.3 特殊工种操作人员须经有关部门专业培训合格后持证上岗。

8.4 施工安全请参照《公路工程施工安全技术规程》(JTJ 076—95)中的有关规定。钉型双向搅拌桩施工过程中应严格按有关安全生产、劳动保护的法律和规程进行,具体落实到作业班组的每个人员。

8.5 钻机就位前应熟悉地质勘测资料,确认地质条件,符合钻机施工要求,地下无埋设物,作业范围内无障碍物。

8.6 施工现场架空输电线路与机械的安全距离应符合规范要求。

8.7 钻机组装应按说明书进行,竖立与放倒钻架时应有熟练的专业人员进行指挥、操作。

8.8 施工前应对以下项目作重点检查。

8.8.1 各部件安装紧固,转动部位有防护罩,钢丝绳完好,制动功能良好。

8.8.2 各管路接头密封良好,无漏油、漏气、漏浆现象。

8.8.3 电气设备及装置完好,机械转动部件有防护措施。

8.8.4 夜间作业应有安全照明措施。

8.8.5 照明电机电源必须采用完好电缆线,并经过“两级”漏电保护。

8.8.6 钻机作业范围内无障碍物。

8.8.7 作业人员必须穿戴整齐的劳动保护用品。

8.8.8 施工现场的所有机具设备、安全装置都必须经常进行检查,确保完好和安全使用。

8.9 开钻时,钻压应轻,钻速应慢,钻进过程中应根据地质情况和钻进速度选择合适的钻压和钻速,保持供浆的均匀性和连续性。

8.10 钻进中应随时观察钻机的运转情况,当发生影响及其他不正常情况时,应停机检查,排除故障后方可继续作业。

8.11 在排除或检查时应停止运转机械,操作人员上钻架排故或检查时,必须待机械完全停止后方可上钻架,并做好一切安全防护措施,切断电机电源。

8.12 作业后应及时对机械进行清洗和全方位保养。

9 环保措施

大直径(钉型)双向水泥搅拌桩具有施工简单、快速、振动小、挤土效应弱、无公害等优势。

9.1 粉尘控制措施

9.1.1 现场定期洒水，减少灰尘对周围环境的污染。

9.1.2 严禁在施工现场焚烧有毒、有害、有恶臭气味的物质。装卸或清理有粉尘的材料时，提前在现场洒水。

9.1.3 严禁向现场周围抛掷垃圾。

9.2 噪声控制

9.2.1 加强机械设备的维修保养工作，确保机械运转正常，降低噪声。

9.2.2 夜间施工时，监督职工不得敲打钢管等，尽量减小噪声，施工时严禁大声喧哗。

9.2.3 进出施工现场的所有车辆不得鸣笛，出现场时不污染道路和环境。

9.3 污水控制

生产污水要经过收集、澄清、除油后回收利用或排放处理，避免造成水污染。

10 资源节约

该工法采用双向深层水泥搅拌桩替代原先的单向水泥搅拌桩处理软基，将原有的四搅二喷改为二搅一喷，加快了工程施工进度，提高了工效，缩短了路基预压工期，取得了较好的经济效益和社会效益。

11 效益分析

11.1 经济效益

11.1.1 以申嘉湖杭高速公路练杭段 L3 标为例，其中，洪圣里大桥 23 号桥台路段软土层厚 16.5 ~19.5 m，路基平均设计高度 4.52 ~4.11m。现就采用大直径（钉型）双向水泥搅拌桩（方案一）与施工期相近的管桩方案（方案二）进行经济比较，具体见表 4 所示。

经济比较表 表4

方案	部位	布桩设计					单价（元/m）	造价（元）
		桩径	间距	桩长	根数	桩长		
方案一	桥头路段	110cm	2.5m	6m	284	1 704m	149	901 332
		70cm	2.5m	11m	284	3 124m	64	
	桥头过渡段	110cm	2.6m	6m	250	1 500m	149	
		70cm	2.6	14m	250	3 500m	64	
方案二	桥头路段	40cm	2.5m	17m	284	4 828m	105	1 031 940
	桥头过渡段	40cm	2.6m	20m	250	5 000m	105	

由上表可知，采用大直径（钉型）双向水泥搅拌桩处理，较管桩造价降低 130 608 元。

11.1.2 施工工期真空预压需要 6 个月，堆载预压需 6 个月到 12 个月。水泥搅拌桩一般在 3 个月，沉降量基本稳定，从而加快了进度。

11.2 社会效益

本工法充分利用传统水泥搅拌桩，施工速度快、劳动强度低、施工安全、操作简便，又缩短施工周期、节约工程投资等。通过双向搅拌的施工工艺和大直径（钉型）双向水泥搅拌桩的运用，对地基处理深度比较深的地段具有更加重要和深远的意义。

12 应用实例

实例 1:申嘉湖杭高速公路练杭段第 L3 标工程

申嘉湖杭高速公路练杭段第 L3 合同工程位于桐乡市,软土分布极为广泛,表层有厚度不一的素填土。主要地层为亚黏土、淤泥、淤泥质亚黏土、粉砂土、粉砂岩。全线 6 座桥台、6 道箱涵和 2 道管涵,地基处理工程采用大直径(钉型)双向水泥搅拌桩,施工机械为 SJB-1 双向搅拌机,施工桩总数 7 740 根,总桩长达 139 460m,大小桩径组合分别为 110/70cm、110/60cm、110/50cm、100/60cm、90/50cm 等,桩长组合 6/14m、7/10m、6/15m 、7/18m 、7/14m 等,该工程于 2007 年 4 月 15 日开工,并于 2007 年 11 月 20 日竣工。

该工程经杭州华烨交通工程检测有限公司、浙江有色地球物理技术应用研究院工程检测中心两家单位进行取芯和静载检测,所有桩体 28d 桩体无侧限抗压强度达到 0.8MPa,单桩承载力达 500kN,复合地基静载强度达到 75MPa 以上。

实例 2:申嘉湖高速公路湖州段第 H2 合同工程

申嘉湖高速公路湖州段第 H2 合同工程位于湖州市,软土分布极为广泛,表层有厚度不一的素填土。主要地层为海相亚黏土、海相软土、冲海基土、冲洪积碎石土。大直径(钉型)双向水泥搅拌桩总数 6 350 根,总桩长达 129 460m,大小桩径组合分别为 110/70cm、110/60cm、100/60cm、90/50cm 等,桩长组合 6/14m、7/10m、6/15m 、7/18m 等,施工机械为 SJB-1 双向搅拌机,该工程于 2005 年 4 月 10 日开工,并于 2005 年 11 月 8 日竣工。

该工程经上海同济建设工程质量检测站进行取芯和静载检测,所有桩体 28d 桩体无侧限抗压强度达到 0.8MPa,单桩承载力达 500kN,复合地基静载强度达到 75MPa 以上。

路基轻质填料(EPS)施工工法

GGG(豫)A2012—2008

焦安亮　肖必建　黄延铮　贾飞宏
(中国建筑第七工程局有限公司　中建七局(上海)有限公司)

1　前言

在软弱地基及其他不良地基上修筑道路和桥梁,路基的沉降和不均匀沉降是影响工程质量的一个重要因素。除了砂井预压、打设桩基等常规软基处理方法外,近年来国外又发展了一种以新的超轻质填料——聚苯乙烯泡沫(expanded polystyrene,简称EPS)处理软弱地基的方法,在国内外得到了广泛的应用,有效地解决了软基过渡段的沉降和不均匀沉降、路堤与桥台相接处的差异沉降等问题。

2　特点

2.1　EPS材料具有超轻性、耐压缩性、自立性、耐水性和施工简单、方便、快捷等优点。

2.2　EPS材料具有轻质、高强、较强的化学稳定性和水稳定性、良好的力学性能,能较好地解决软基的过度沉降和差异沉降以及桥台和道路相接处的差异沉降,减少桥台的侧向压力和位移等问题。

3　适用范围

适用于公路工程中软基处理、桥台与路基连接处路基填筑。

4　工艺原理

利用EPS材料具有超轻性、耐压缩性、自立性、耐水性等特性作为路基填筑材料,使路面荷载均匀传递到下承层。同时由于自身较轻,减少了路基的不均匀沉降。

5　工艺流程

施工前准备、路基清理→素土填筑→5%石灰土摊铺→土工布(砂垫层底)铺设→砂垫层摊铺→垫层碾压→EPS块体铺设→土工布防护→素土包边→钢筋混凝土板浇筑→混凝土板养护→路堤覆土护坡

6　操作要点

6.1　考虑到防水等因素,一般在路基底面铺一层素土。素土的厚度根据具体情况而定,位于桥头引道、机孔两侧以及填浜路段的素土厚度,一般填至高出原地面0.5m;其他条件较好路段素土厚度一般填至高出原地面1.5m。

6.2　为了减少路基在施工过程中的沉降及工后沉降,在工期许可的情况下,应对路基进行堆载预压。即在EPS填筑前,土路基顶面先堆载一段时间,待沉降趋于稳定后,再卸载施工EPS路基以及路面结构等。

6.3　施工过程中的防水和排水对于EPS轻质路堤而言是十分重要的。防水和排水的具体要求可参照现行《公路路基施工技术规范》(JTG F10—2006)。施工前,应截断流向路堤作业区的所有水源,并应充分设置临时排水设施,确保施工期间排水。为避免地下水上升,路基底面设置纵、横盲沟,盲沟施工参照有关规范施工。

6.4　EPS块体的施工基面摊铺30cm中粗砂组成垫层，起整平和排水作用。根据基底土质条件和排水需要，在垫层下界面铺设土工布(土工布采用复合式无纺布，要求质量不小于400g/m^2，采用透水性土工布，摊铺搭接宽为50cm)。垫层摊铺后可用轻型压路机压实，厚度应满足设计要求，并做到均匀一致，表面平整。垫层宽度应与路基宽度相同，两侧端以片石护砌，以防粒料流失，但同时不得堵塞垫层的排水通道。铺设后的垫层不得受泥土、杂物等污染。在铺筑底层EPS块体时，应随时修整由于施工人员走动等引起砂层不平整现象。

6.5　EPS块体的施工基面必须保持干燥状态。EPS块体铺设时，不准拖拉机和其他重型机械直接在块体上行驶。EPS块体自下而上逐层错缝换向铺设，整体铺设质量很大程度上取决于施工基面和最下层的铺设精度。底层EPS铺筑就位后，用ϕ8mm的圆钢制成销钉打入底基土中。

6.6　EPS块体之间的缝隙和高低错台尽可能小。块体间产生缝隙或高低错台时，最下层由垫层来调整，中间各层大于2mm缝隙则采用无收缩水泥砂浆调平。部分缝隙有可能超过标准容许误差(最大缝隙要求小于50mm)，要求采用砂或无收缩水泥砂浆充分填塞。

6.7　在最上层EPS块体顶面应现浇一层厚度15cm的C30钢筋混凝土板，桥头设置搭板处则可不设。钢筋网设置板厚中间。混凝土可采用泵送或手推车运送，铺浇后用插入式及表面振动器振捣密实后抹平。混凝土板每间隔50m设置施工缝，其缝宽为10mm，采用沥青浸透的杉木板设置，钢筋网片连续不断开。混凝土设横缝，间隔一般为10m，采用锯缝的假缝形式，并用沥青聚胺酯灌缝。只有当钢筋混凝土板强度达到设计强度的70%时，方能在其上进行路面结构施工。

6.8　与填土接触部分的EPS块体呈台阶铺设，纵向与横向坡率按设计要求施工。顶层EPS块体与路堤填土接触部分，要求EPS块体顶上的现浇混凝土板向填土部分纵向延伸1～2m。

6.9　EPS轻质路堤的两侧应覆土护坡。用于覆盖EPS块体的土层厚度应不小于1.5m，护坡包边土的填筑宜与EPS同步铺设进行；护坡覆土必须得到充分碾压，土质护坡摊铺宽度应保证削坡后的净宽满足设计要求。

7　材料与设备

7.1　EPS块体具有一致的几何尺寸和平整的表面。标准块体尺寸及容许误差见表1，材料见图1。

EPS块体尺寸及容许误差　　表1

项　目	单　位	标　准	容许误差	测量方法
长度	mm	3 000	±10	卷尺法
宽度	mm	1 270	±8	
厚度	mm	630	±3	

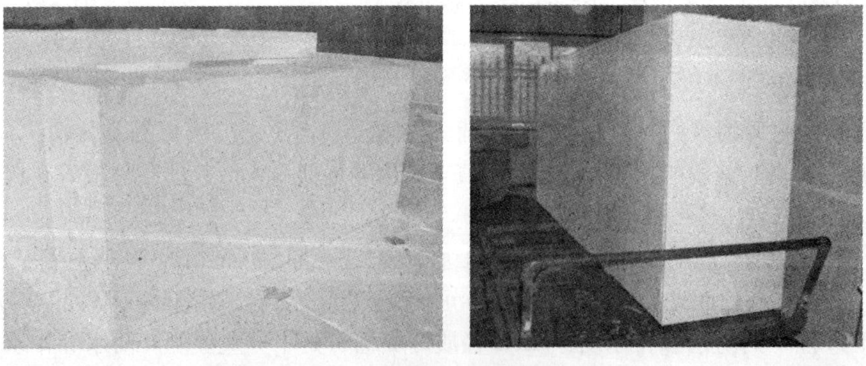

图1　EPS块体

从EPS标准体上切割下来的零星块件，其尺寸测量的最大容许误差为±1%；可用块体的最小尺寸(长、宽、高)为0.5m(有特殊规定和要求除外)。

EPS 块体平面上采用3m 直尺测得的平整度应在5mm 以内。

7.2　EPS 块体的密度应不低于23～25kg/m³，搭板枕梁下方的EPS 块体密度不低于38kg/m³。

7.3　EPS 块体的抗压强度：技术指标为无侧限抗压强度，一般部位EPS 块体的平均抗压强度不小于100kPa，桥头搭板枕梁下方等特殊部位的EPS 块体抗压强度不低于250kPa。

7.4　EPS 块体材料应具有燃烧时的自灭性。燃烧自灭性试验的试件尺寸为10mm×25mm×200mm。用火柴点燃，在取出火源以后3s 内自行熄灭，作为燃烧时的自灭性指标。

7.5　EPS 块体之间采用具有一定强度的单向爪型联结件。爪型联结件系采用1mm 厚A3 钢板加工而成，见图2。

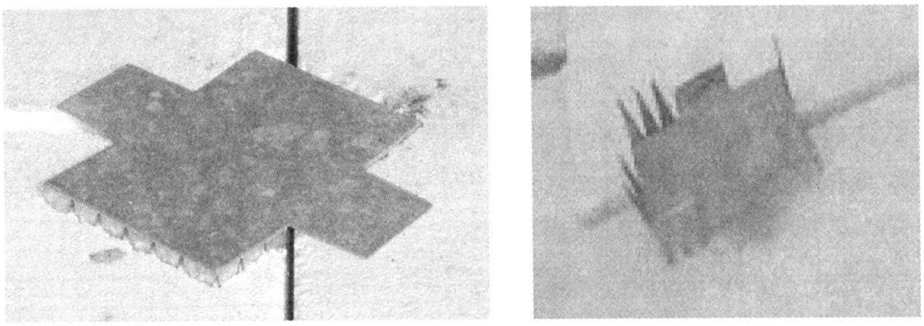

图2　爪型联结件

7.6　在下层EPS 块体与施工基面和土基之间采用I 型金属销钉联结。

7.7　主要机具为路基填筑施工常用工具，无需另配置其他工具。

8　质量控制

8.1　变形观测

为了控制施工过程中的路堤变形和稳定性，以及了解道路运行后EPS 路堤的长期特性，EPS 路基应进行变形观测。变形观测内容主要包括软土地基的沉降与位移，EPS 块体的变形（包括水平和垂直），EPS 路堤对台背的水平土压力和对土基的垂直土压力、分布特征，以及路面工后沉降及其时空分布。变形观测的断面设置、测点布设、观测方法及技术要求等均参照《公路路基施工技术规范》（JTG F10—2006）执行。

8.1.1　沉降板观测

为研究地基的垂直变形，采用埋在EPS 块体层底部、地基顶面的沉降板观测地表沉降。沉降板一般埋置于路中心、路肩和坡趾。沉降板由底座板、金属测杆和保护套管组成。

8.1.2　工后沉降观测

工后沉降观测是在道路表面埋设沉降钉，沉降钉可以与路表变形相适应，通过沉降钉高程的变化算出路表面的沉降量，用以观测路表沉降发展趋势。

8.1.3　地基分层沉降观测

分层沉降观测是在地基不同深度预埋磁环，磁环可以与地基变形相适应，测头通过磁环可以测出其高程的变化，从而算出地基的沉降量，用以观测地表以下不同深度处的沉降发展趋势。

8.1.4　深层土侧向位移观测

在路堤坡脚附近，钻孔埋设工程专用测斜管以测试土体侧向位移。测斜管采用硬质PVC 管，孔内具有正交十字槽，可以对测头滑轮进行导向，测斜管随地基侧向变形而变化。

8.1.5　稳定性观测

地基的稳定性可通过观测地表面位移边桩的水平位移和地表隆起量而获知。位移观测边桩埋设在路堤两侧趾以及边沟外缘。同一观测断面的边桩应埋在同一横断面上。边桩一般采用钢筋混凝土预制,埋置深度以地表以下不小于1.2m为宜,桩顶露出地面的高度不应大于10cm。埋设方法可采用打入或开挖埋设,要求桩周围回填密实,桩周上部50cm用混凝土浇筑固定,确保边桩埋置稳固。

8.1.6　土压力观测

土压力盒采用坑式埋设的方法,桥台背侧向压力的测试方法为先将压力盒竖向紧贴墙背,然后再填土覆盖。

8.1.7　测点保护

观测用具在观测期中均必须采取有效措施加以保护或专人看管。沉降板观测标杆易遭施工车辆、压路机等碰撞和人为损坏,除采取有力的保护措施外,还应在标杆上竖有醒目的警示标志。测量标志一旦遭受碰损,应立即复位并复测。

8.1.8　沉降与稳定观测频率

施工过程中,每填一层,必须观测一次,如果路堤中心线每昼夜沉降大于10mm或坡脚水平位移每昼夜大于5mm时,应立即停止填土,待路堤稳定后再继续填筑。填筑完成后,前一个月每隔一周观测一次,如果路基土比较稳定,没有异常状况,则其后可以每隔两周观测一次。

8.2　EPS路基施工质量标准及允许偏差

8.2.1　EPS块体材料质量检查抽样频度

施工过程中,对进场的EPS块体必须进行抽样检查,检查内容包括形状尺寸、密度、抗压强度、燃烧自灭性和平整度等。抽样频度见表2。

EPS块体抽样频度　　表2

EPS施工用量 V(m^3)	试验块件	EPS施工用量 V(m^3)	试验块件
$V<2\,000$	2	$5\,000 \le V < 10\,000$	4
$2\,000 \le V < 5\,000$	3	10 000以上	1块/2 000m^3

8.2.2　EPS路基施工质量标准及允许偏差应符合表3的规定。

EPS路基施工质量标准及允许偏差　　表3

项次	检查项目		规定值或允许偏差	检查方法和频率
1	EPS块体尺寸	长度(mm)	±10	卷尺法 抽样频率见表2
		宽度(mm)	±8	
		厚度(mm)	±3	
2	EPS块体密度(kg/m^3)		不低于设计值	天平法　抽样频率同1
3	EPS抗体强度(kPa)		符合设计要求	抗压试验　抽样频率同1
4	EPS材料燃烧自灭性(s)		≤3s自灭	燃烧试验　抽样频率同1
5	基底压实度(%)		≥90	环刀法或灌砂法　每1 000m^2检查3点
6	垫层平整度(mm)		±10	3m直尺　每20m检查3点
7	EPS块体之间平整度(mm)		5	3m直尺　每20m检查3点
8	EPS块体之间缝隙(mm)		20	卷尺法　每20m检查1点
9	EPS块体之间错台(mm)		10	卷尺法　每20m检查1点
10	基底横坡(%)		±0.5	水准仪　每20m检查6点
11	护坡宽度(m)		不小于设计宽度	用尺量　每40m检查1点
12	钢筋混凝土板厚度(mm)		+10,-5	用尺量　量板边每块2点(钻孔,视需要)
13	钢筋混凝土板宽度(mm)		±20	用尺量　每100m检查2点
14	钢筋混凝土板强度(MPa)		在合格标准之内	抗压试验
15	钢筋网间距(mm)		±10	用尺量

注:1.当EPS路堤向填土部过渡时,其下的压实度标准参照公路填方路基相应层位压实度标准控制。

2.曲线部分的EPS块体缝隙不得大于50mm。

3.上表未及之处,应参照《公路工程质量检验评定标准》(JTG F80—2004)或相关规范来办理。

8.3 最上层 EPS 块体顶面现浇厚 15cm 的 C30 钢筋混凝土板。钢筋网采用直径 ϕ8mm 钢筋，网格尺寸为 150mm × 150mm，钢筋网的搭接长度不小于 25cm。

8.4 EPS 块体之间采用具有一定强度的单向爪型联结件。爪型联结件系采用 1mm 厚 A3 钢板加工而成。爪钉应具有防锈处理。

8.5 在下层 EPS 块体与施工基面和土基之间采用 I 型金属销钉联结，销钉插入底基深度不小于 20cm。

9 安全措施

9.1 当 EPS 填筑较高时应严格遵守高空作业个人防护的一般规定。

9.2 严禁在高空抛掷物品。

9.3 五级以上大风应停止施工，并对材料采取防风措施。

9.4 严格遵循国务院颁发的《建筑工程安全技术规程》、建设部颁发《国营建筑企业生产工作条例》和施工单位制定的《安全生产责任制》进行施工。

10 环保措施

10.1 路基素土填筑时应控制扬尘，对素土采取覆盖措施。

10.2 对 EPS 弃料进行回收，不得随意丢弃，造成环境污染。

10.3 不得随意焚烧 EPS 材料。

10.4 严格执行当地环保部门制定的各项要求和施工单位环境控制体系。

11 效益分析

11.1 经济效益

11.1.1 采用该工法可节约大量的人力、物力，缩短了施工周期，节约了施工单位的管理成本。上海市 A30 高速公路（界河—外环线）沪崇苏立交项目采用该工法减少预压费用 15.6 万元，缩短工期节约成本 6.1 万元，降低材料损耗率节约成本 14.3 万元。

11.1.2 该工法可以有效地解决软基过渡段的沉降和不均匀沉降、路堤与桥台相接处的差异沉降，降低因不均匀沉降引起的维修费用。

11.2 社会效益

采用该工法可节约大量土方，节约土地资源。

12 应用实例

12.1 我单位施工的上海市 A30 高速公路（界河—外环线）沪崇苏立交项目在桥台与道路连接处采用了 EPS 轻质填筑材料。此工法在该工程中运用经济效果较为明显，大大缩短了工期，为整个项目的竣工奠定了基础。通过沉降观测，各项指标都在控制范围内，有效地解决了桥头台背因不均匀沉降而导致的跳车现象。

12.2 沪宁高速公路上海安亭段拓宽工程中大量地应用了 EPS 作为路基拼接段的主要填料，实现了快速施工，且施工质量得到好评。

12.3 沪宁高速公路江苏段扩建工程中也大量地采用 EPS 作为软土地基的路基填料，取得了良好的效果。

改性包边中膨胀土路堤施工工法

GGG(中企)A2013—2008

汤用泉　黎学皓　刘经军　戴　清
(葛洲坝集团第一工程有限公司)

1　前言

随着我国高速公路、一级公路等高等级公路网的快速发展,许多公路路线不可避免通过膨胀土区,《公路路基施工技术规范》(JTG F10—2006)规定"中等膨胀土经处理后可作为填料,用于二级及二级以上公路路堤填料时,改性处理后胀缩总率应不大于0.7%。"所以研究用中膨胀土直接填筑路堤的施工技术,对节约投资、加快施工进度和环保施工都有重大意义。

湖北襄荆高速公路全长185km,沿线膨胀土分布广泛,有102km经过膨胀土地区,膨胀土是本工程的主要不良地质现象。为了减小膨胀土路基这一不良工程地质对工程建设的不利影响,保证襄荆高速公路建设的顺利进行,在工程施工全面展开前,在工程业主和设计单位的支持下,我公司提前进行了湖北襄荆高速公路科学试验施工合同段路堤填筑施工,并在施工中开展了"湖北省襄荆高速公路膨胀土路段膨胀土特性和工程处理与防护研究"项目科学试验研究工作,对改性包边中膨胀土路堤施工工艺进行了探索和研究,总结出了一套改性包边中膨胀土路堤施工工法,并在随后的湖北襄荆高速公路第6合同段工程施工中得到完善,且在整个湖北襄荆高速公路工程建设中得到全面推广和应用。

2　工法特点

2.1　利用改性中膨胀土代替非膨胀土包边,中间直接填筑素中膨胀土进行路堤施工,二者可同步填筑,同时上升,施工方便快捷。

2.2　改性中膨胀土包边填筑路堤后,包边的改性中膨胀土可做封闭层,路堤填成后,不必做浆砌护坡封闭边坡。

2.3　本工法实施前,应根据工程地质情况及环境条件进行土工试验和现场生产性试验,确定改性土中膨胀土施工的最佳施工技术参数和施工工艺,以指导现场施工。

3　适用范围

膨胀土区地区高速公路及一、二级公路路堤填工程及其他需用中膨胀土进行填筑施工的工程。

4　工艺原理

改性处理就是利用石灰、水泥或其他固化材料通过与膨胀土的物理化学作用对膨胀土进行处理,以达到抑制土体膨胀,减弱收缩,增加力学强度,提高水稳性等目的。改良后的膨胀土可达到非膨胀土的各项指标要求,从而用于路堤填筑施工。

本工法利用改性中膨胀土代替非膨胀土作为包边和封层,采用在中膨胀土中掺入一级生石灰改性包边、素土填心的施工方法,最大限度地将道路沿线的中膨胀土用于路堤填筑,实现快速环保施工。

5 工艺流程及操作要点

5.1 工艺流程

5.1.1 改性土流程

填筑材料及地基试验、检验→现场生产性试验→基底处理→土场取土、场拌→布土→初平→路拌→精平→碾压→检测。

5.1.2 不改性土(素土)流程

填筑材料及地基试验、检验→现场生产性试验→基底处理→土场取土→布土→初平→精平→碾压→检测。

5.2 操作要点

由于不改性土施工为常规方法,故以下仅叙述改性土的操作要点。

5.2.1 试验室室内外试验

包括填筑所用土料的土性试验、液塑限、土的颗粒分析、击实试验(包括不改良土、石灰土的不同含水率、不同掺合比状况下的击实)、土的承载比、填方区的地基承载力试验等。

5.2.2 现场生产性试验

通过现场生产性试验确定石灰掺用比例、松铺厚度、最佳含水率、压实机械的压实遍数、改良土的压实度等路堤填筑施工技术参数,以此参数指导施工。

5.2.3 基底处理

(1)填前清表:清表内容包括路基范围内的植被树木、淤泥、腐殖土和有机质等杂质。对于植被树木,并将树干和树根运至指定的料场堆放,地表土和庄稼等附着物可用推土机进行清理,沿路段施工范围内就地堆放或运至监理工程师指定地点堆放。

对于地面自然横坡或纵坡陡于1:5时,填筑前要将地面挖成台阶状,台阶宽度应满足摊铺和压实设备操作的需要,且不得不小于1m,台阶顶做成2% ~4%的内倾斜坡。对于路基范围内的不良地段,如水稻田等湿土地段,应先排水后再挖装淤泥。首先在路堤两侧修筑土埂,将地表水抽干,在埂内挖纵横排水沟,沟深保证能及时排出地面水,待地表疏干后,将表层的淤泥及含水率高的黏土清除干净。

(2)碾压:清表完成后应根据土体的含水率在适当时候进行填前碾压,使之达到规定的压实度。

(3)检验:压实度检查合格并经现场监理工程师检查认可后,方可进行路基填筑施工。

5.2.4 土场取土、场拌

在选定土料场取土,并检测取土的各项指标,符合设计要求即可采用,同时应确保土料的含水率合适,否则需采取降低含水率措施。开挖路段的中膨胀土经检测合格后可运至填筑路堤面用于填心施工。改性土根据室内和现场试验所确定的掺合比,按石灰质量是土的百分比,折算成单位体积石灰掺入量,将石灰和土在土料场用开挖机械进行拌和使其基本均匀,然后装车、运输、上路堤。

5.2.5 布土

布土时,先进行两侧改性膨胀土包边的铺土,并确保包边土垂直坡面厚度≥4.5m(包括超宽0.5m);再进行中间填心膨胀土铺土。土料摊铺时安排专人负责,根据试验确定的碾压机具所确定铺土层厚,定专人指挥卸料,从而掌握卸土间距与布土的稀密,以提高摊铺速度及平整度。

路基填筑先从低洼地段开始,后填一般地区,从下向上分层平行摊铺,每层虚铺厚度一般20 ~30cm。为控制摊铺厚度和减少摊铺工作量,应尽量准确控制布土密度。具体做法为:根据自卸车装土体积,计算出每车应摊铺面积,然后划成方格,每格倒一车。全断面全幅布土,同层同次碾压,保证其高程、层厚达到设计要求。

5.2.6 初平

采用推土机初平,严格控制松铺厚度,初平应达到一定的平整度,推土机平踩后再上平地机,对包边宽度不够的应人工予以修整,厚度20~30cm。

5.2.7 路拌

仅对改性包边土进行路拌,路拌前根据检测石灰剂量决定是否加补石灰。洒铺石灰时,现场划分网格进行控制,人工配合机械将石灰均匀摊铺,将颗粒较大的石灰人工破碎或捡除,采用路拌机进行拌制,达到拌和均匀为止,同时保证土块粒径在5cm以下。

5.2.8 精平

先用推土机平踩,再用平地机进行精平。平地机精平时,要求控制好平整度,并注意形成路拱。安排专人在平地机后跟进,消除集料"窝"和粗集料带,测量、试验人员跟随平地机及时检测,控制其层厚、高程及其他指标。

封顶层整形:用平地机整形时,由两侧向路中心进行刮平,再用压路机快速静碾1~2遍,对局部低洼处用混合料进行找补整平,再用平地机整形一次,每次整形均要按照规定的坡度和路拱进行。

5.2.9 碾压

采用振动压路机进行碾压,碾压遍数依据检测结果确定。碾压时先快速静碾两遍,然后振动碾压至规定的压实度。碾压时每碾压一遍,及时检测含水率、压实度、压实厚度等技术指标,以指导施工。

碾压时从两侧路基边缘向路中推进,压路机碾压轮重叠二分之一轮宽,且后轮必须超过两段接缝处。包边土与填芯土同层同次碾压,重型振动压路机碾压约4~8遍,实际碾压遍数依现场试验检测结果确定。

5.2.10 检测

外观要求表面平整,无明显的轮迹,无松软起皮、起皱现象;按规定对每层进行压实度和含水率的测试,每层检测点数应不小于8点/2 000m^2。但应注意分别对包心土、包边土进行检测,按规范对其平整度、压实度、含水率等技术指标进行测试,会同旁站监理检测并填报相关表格,报监理工程师审核后即可进入上一层的填筑。

5.2.11 对于路基底部封底和封顶分别按20cm厚做两层共40cm的石灰改性土,施工方法同上。

6 材料与设备

6.1 材料

6.1.1 本工法使用中膨胀土填筑路堤,土料填筑前应控制含水率和土的块径,要求用于路堤填筑的中膨胀土含水率与最佳含水率的偏差应在1%~2%内,最大粒径小于5cm。

6.1.2 石灰可就近从周边生石灰厂采购,需磨细后使用,符合一级石灰标准。

6.1.3 考虑到现场实施时混合料的均匀性较差,施工中掺加石灰应适当增加1%,也可通过试验确定掺量。

6.1.4 改性后的中膨胀土的强度满足规范要求。

6.2 机具设备

本工法施工机械配置参见表1。

最佳机械设备组合一览表 表1

序号	设备名称	单位	数量	序号	设备名称	单位	数量
1	装载机	台	1	5	推土机	台	2
2	反铲	台	2	6	平地机	台	1
3	自卸汽车	辆	14	7	振动碾	台	1
4	路拌机	台	1				

7 质量控制

7.1 工程质量控制标准

膨胀土路堤填筑施工应按《公路路基施工技术规范》(JTG F10—2006)及相关验收规程和设计文件的要求进行。

7.1.1 填筑路堤用中膨胀土含水率应接近其最佳含水率,偏差在1% ~2%内,土料其最大粒径不大于5cm。

7.1.2 包边土掺加的石灰应采用一级石灰,并应磨细后使用。

7.1.3 改性土石灰掺量由试验确定,并保证石灰与土料混合均匀。

7.1.4 改性后的改性土强度必须满足规范规定的路基填料最小强度要求。

7.1.5 路堤压实标准按《公路路基施工技术规范》(JTG F10—2006)中的压实度标准规定执行。

7.2 质量控制措施

7.2.1 根据设计文件要求编制详细的施工方案和作业指导书,严格按技术要求进行施工。

7.2.2 建立并落实施工质量保证系统,加强全员质量意识教育,坚持施工质量“三检”制,强化过程控制。

7.2.3 做好土料场排水、防水措施,控制中膨胀土的含水率,在上堤填筑前通过晾晒或洒水处理等方式将土料的含水率调整到最佳含水率。

7.2.4 施工中每层填土宽度应超出路基设计50cm,保证路基边缘的密实,在路基整修时再予以削除。

7.2.5 填土采用推土机、平地机分层平行摊铺,摊铺层厚度要均匀,每层厚度不大于30cm,使用重型压路机进行碾压,对包边改性土和填心交界部位应加强碾压,保证压实度达到设计要求。每压好一层都要及时进行检测,并由监理工程师签认合格后再进行下道工序的施工。用核子密度仪、环刀法及灌砂法按有关规定检查密实度,用液塑限测定仪测定土壤液塑限值控制路基的施工质量。

7.2.6 合理安排施工,路堤填筑尽量避开雨天施工。

8 安全措施

在路堤填筑施工过程中应贯彻“安全第一,预防为主”的方针,抓好施工中的安全工作,可采取的具体措施如下。

8.1 建立健全安全生产组织,强化安全检查机构,设专职副经理主管安全,设专职安全员加强现场施工安全控制,各施工作业队配专职安全监督员,坚持经常性的施工安全检查和监督指导。

8.2 建立健全安全生产规章制度,把安全生产作为一项重要管理工作来抓。制定各种措施,使安全生产深入人心,把安全生产贯穿到整个施工全过程。

8.3 路基施工前,必须认真了解施工范围内地下埋设的各种管线、电缆、光缆等情况并与相关部门联系,制定合理的安全保护措施。施工中如发现危险品及其他可疑物品时,应立即停止施工,报请有关部门处理。

8.4 施工便道、便桥应设立警示和交通标志,必要时应设专人维护、指挥交通。施工车辆必须遵守道路交通法。夜间施工时,现场应设有保证施工安全要求的照明设施。

8.5 人工铺撒石灰时严禁在机械正在作业的范围内进行辅助作业。

8.6 多台机械同时作业时,各机械之间应注意保持必要的安全距离。机械在路基边坡、边沟、基坑边缘上作业时,应采取必要的安全措施,并配有地上指挥人员观察指挥,确保安全。

9 环保措施

在路堤填筑施工过程中需采取有效措施控制对水质、土壤、大气等的污染,把对当地的自然环境、邻近单位的生产及居民生活的影响减少到最低程度。

9.1 成立以项目经理为第一责任人的施工现场环境保护小组,制定“环境保护实施计划”。

9.2 必须认真规划土场,做到最大限度地利用、最小限度的开挖和使用完后平整恢复。

9.3 要防止水土流失,在施工期内修建临时排水渠道,保持工地良好的排水状态,以避免淤积、冲刷。

9.4 废料废方妥善处理,严格按规定或监理工程师的批示弃置,力求少占土地、不影响排灌和农田水利设施。

9.5 水质保护

(1)料场和路基的排水必须集中沉淀或处理,使排水达标后,方可排出施工场地。施工废水废料、生活污水必须经处理合格后排出,不得直接排入农田、饮用水源、灌溉渠道,避免污染附近河流、池塘等。

(2)在施工期间和完工后,妥善处理施工区域土料场、砂石料场,以减少河道、排水沟渠的侵蚀,防止沉渣进入排水渠道及河流。

(3)含有沉积物的废水,应采取过滤、沉淀池处理或其他措施,使沉淀物不超过施工前河流、湖泊的随水排入沉淀量。

9.6 控制扬尘

(1)施工作业产生大量灰尘,故应进行洒水使灰尘公害减至最小程度;载重车辆途经城市交通干线时,应保持轮胎干净、不沾带泥土,不沿途遗洒。

(2)易引起粉尘的细料或散料应予以遮盖或适当洒水,运输时用帆布等遮盖。

(3)松铺石灰时尽量避免在有风时施工,倾倒时高度尽量低,施工人员应佩戴防尘口罩等劳动保护用品。

9.7 减少噪声、废气污染

(1)施工设施如堆料场、加工厂尽量远离居民点以减少干扰。

(2)机械设备生产操作时,采取有效的降噪、防护措施;在居民区夜间施工时,严格遵守当地有关部门对夜间施工的规定。

10 资源节约

使用拟建道路沿线的中膨胀土填筑路堤,提高了膨胀土分布区道路施工中挖方的利用率,可减小外借土方需求量,有效节约土地资源。

11 效益分析

10.1 本工法经工程施工实践总结而来,接近于工程实际,为以后类似工程施工提供了可靠的组织依据和技术支持。

10.2 改性包边中膨胀土路堤填筑施工施工技术在湖北襄荆高速公路的应用实践,在对膨胀土的工程利用上有所突破,为我国膨胀土分布区的道路施工积累了经验,具有长远的社会效益。

10.3 本工法具有明显的经济效益和环保效益。改性包边中膨胀土路堤填筑施工技术,一方面使得在膨胀土分布区进行道路施工时可最大限度地利用路基挖方或就近取用路堤填筑土料,减小外借土方,减小土料场的征用面积;另一方面,做改性掺料的石灰来源丰富,成本较低,经济效益明显。利用中膨胀土填筑路堤提高了对路堑挖方的利用率,降低了工程弃料量,可最大限度地实现环保施工。

12 工程应用实例

12.1 湖北襄荆高速公路科学试验施工合同段(K101+230~K101+470)

襄荆高速公路沿线膨胀土广泛分布,且相当一部分为高液限、高塑性、低强度(CBR值小于3%)的膨胀土,不能直接成为路堤填筑材料,对路堤、路堑边坡稳定性的影响较大。为克服膨胀土的这些弱点,解决膨胀土在路堤、路堑施工中的工程质量问题,全线开工之前,在中国科学院武汉岩土力学研究所的指导下,进行科学试验段的科学试验施工,以便科研单位取得生产性实施成果后,指导全线膨胀土路堤、路堑施工的进行。

襄荆高速公路科学试验合同段位于钟祥胡集施家湾附近 K101 +230 ~ K101 +470(填方段)和 K102 +050 ~ K102 +375(路堑段),邱挡河 K102 +635 处横穿主路线。填方路堤填筑高度为 0.652 ~ 5.082m,路堑挖方最大边坡高度 8 m ,填方路堤边坡为 1:1.75,路堑边坡为 1:1.75 ~1:2。科学试验合同段属垄岗地貌,路堤段处于地貌较平的水稻田上,地表为弱膨胀土,地下水位较高,经挖路堤边沟后,地下水处于清基后地面下部 0.4m 左右位置;路堑段表层为弱 ~ 中膨胀土,向下为硬塑中膨胀土,为路堤填筑料源。

工程所在地区无霜期长,降水充沛,年均降雨量 1 000mm 左右,11 月到次年 2 月降雨量最少,通常不超过 50mm/月,是膨胀土地区施工最佳时节。科学试验合同段工程于 2000 年 11 月动工,2001 年 3 月完成,共完成挖方 75 965m^3,填方 40 005m^3,掺加石灰 850t,完成了预定的各项试验参数、技术指标的试验、检测工作,达到了试验路段的工程施工目的。

12.2 湖北襄荆高速公路第 6 施工合同段

襄樊至荆州高速公路第 6 施工合同段位于荆门钟祥市胡集镇境内,起点桩号 K84 +950,终点桩号 K96 +200,全长 11.25km。本区段膨胀土分布较广,由黏土及亚黏土组成,属弱至中等膨胀土。取土场土质经试验确定为弱至中等膨胀土。本项目总工期 18 个月,主要设计指标如下:

公路等级	高速公路
计算行车速度	100km/h
路面宽度	26m,其中中央分隔带宽 2m
行车道宽度	2 ×7.5m
平曲线极限最小半径	400m
最大纵坡	4%
凸型竖曲线极限最小半径	6 500m
凹型竖曲线极限最小半径	3 000m
桥梁宽度	与路面同宽
桥涵设计荷载	汽车—超 20 ,挂车—120
设计洪水频率	特大桥 1/300,路基及其他构造 1/100
与公路分离式立体交叉	上跨一、二级公路桥下净高≥5m,上跨三、四级公路桥下净高≥4.5m
与铁路分离式立体交叉	上跨铁路桥下净空按铁路净空规定
通道净空(宽×高)	汽车通道≥4m×3.2m,农机通道≥4m×2.7m,人行通道≥4m×2.2m

本标段地形为岗地,地势西高东低,较平坦,海拔高程一般为 60 ~70m,相对高差一般 5m 左右,属侵蚀沉积型洪冲积垄岗地貌,小型冲沟发育。地面水系发达,水资源丰富。地下水主要以孔隙潜水及孔隙承压水的形式赋存,含水地层以第四系砂性地层及碎石类地层为主,多为孔隙承压水,地下水相对较丰富。

路线所经地区处于中低纬度,属于亚热带大陆季风性湿热气候,四季分明,无霜期长年平均气温 16.3℃,极端最低气温 -18℃,极端最高气温 41.3℃。夏季高温闷热,气压可达 102×10^2Pa,相对湿度最高达 80%,区内雨量充沛,年平均降雨量 1 284.5mm,极限年降雨量 2 107.1mm,最少降雨量 576.4mm,降雨多集中在 4 ~9 月份,以 6 月份降水最多,12 月份降水最少。区内 4 ~7 月盛行东南风,其他时间多为北风或东北风,最大风力达 8 级,风速 27.9m/s。

本项目主要工程情况如下:

路线总长　　11 250m

土石方	挖方356 464m^3,路基填土方1 733 143m^3
防护工程	砌石护坡39 091m^3,混凝土2 475m^3,铺草皮163 388m^2
中桥	3座,共长209.52m
小桥	1座,共长13.90m
涵洞	34道(其中倒虹吸3道,盖板涵5道)
分离式立交	2处,共长135.86m
通道	28道
天桥	2座,共长111m

该工程于2001年1月动工,2004年6月28日全线通车,2006年10月22日通过国家验收。投入使用至今运行正常。

真空预压联合堆载处理软土地基施工工法

GGG(中企)A2014—2008

罗努银 谭孝足 彭云涌 邓联军 陈先兵
(中建五局土木工程有限公司 中国建筑第五工程局有限公司)
刘吉山 付光辉 郝志强 王 瑜 王书明
(山东省路桥集团有限公司)

1 前言

软土地基含水率大、压缩性高、强度低、透水性差,在建筑物荷载作用下会产生相当大的沉降和沉降差,在软土地基上修建市政或高速公路,不可避免地要进行软土地基处理。为了确保施工质量,缩短工期,同时为了确保工后沉降稳定,防止边坡失稳,须选用合理的施工方法。

武汉新区四新大道工程位于武汉市汉阳新区四新农场内,地势较低。原地基是平坦而开阔的耕地和鱼塘、藕塘,软土地基处理面积大、淤泥厚,在整个中南地区尚属罕见。作为道路工程的路基,如果处理效果不好,对整个工程将是一个重大的质量隐患。

在施工中对多种施工方法进行了分析和比较,最终采用真空预压联合堆载技术处理该工程的软土地基,在施工过程中边施工、边做技术总结,取得了"真空预压联合堆载处理软土地基施工技术"新成果,同时形成了一套公路软土地基处理工法。由于在软土地基处理过程中保证了路基施工质量(堆载填土施工完成后,经业主、监理单位、施工单位现场检测,此段路基符合设计及施工质量规范要求),明显地缩短了工期,取得了很好的经济效益和社会效益。

2 工法特点

2.1 采用真空预压联合堆载处理软土地基,可以大大缩短预压期,其他传统预压方式一般需6~8个月,此法只需3~4个月,可以缩短工程工期,使工程及早投入运营,提高社会经济效益。

2.2 在满足相应工后沉降标准的条件下,不同方法处理地基的技术经济效果见表1。

不同方法处理软土地基的比较 表1

处理方法	搅拌桩复合地基	真空预压联合堆载	塑料排水板超载预压
一般处理深度(m)	18	25	25
技术要求	搅拌桩穿透软弱地层	塑料排水板穿透软弱地层	塑料排水板穿透软弱地层
路基填筑速率	不受控制	不受控制	受控制
施工及预压时间	较短	较短	较长
每平方米造价(元)	261	175	110

注:搅拌桩复合地基按间距1.4m,桩径0.5m,梅花型布置,桩长15m,桩顶0.5m碎石垫层;塑料排水板按间距1.2m,梅花型布置,桩长15m,0.5m砂垫层考虑,其上堆载土方没有计价。

就技术而言,在有足够工期的条件下,以上三种地基处理方法均可以满足工程要求。根据工程经验,在满足一定技术条件的前提下,软土地基经水泥搅拌桩处理后,填筑速率不受稳定性控制,可缩短工期,且工后沉降较小;采用真空预压联合堆载处理软土地基,路堤填筑不受稳定性控制,在较短时间内能满足工后沉降要求,但要注意抽真空对周围结构物的影响;采用塑料排水板超载预压处理软土地基,路堤稳定性受到控制,工后沉降一般相对较大,工期较长,且存在大量超载土方取弃的问题。

一般情况下,工期要求较短、土源比较紧张的情况下,不宜采用塑料排水板超载预压方法处理软基;搅拌桩复合地基及真空预压联合堆载在处理效果及工期上均能满足要求,但两者经济指标相差较大。从工期及经济效果的角度出发,真空预压联合堆载处理软土地基为最佳方式。

3 适用范围

3.1 适用于含水率在40% ~65%、渗透系数小于10^{-4}cm/s的非粉性土土层,一般路基填土高度在2~4m范围内的市政或高速公路。

3.2 适用于软黏土的地基加固。在我国广泛存在着海相、湖相及河相沉积的软弱黏土层,这种土的特点是含水率大、压缩性高、强度低、透水性差,在建筑物荷载作用下会产生相当大的沉降和沉降差。对于该种地基,尤其是大面积处理时,如在该地基上建造市政或高速公路、码头、机场等,真空预压联合堆载法是处理软黏土地基的有效方法之一。

4 工艺原理

4.1 真空预压法

此法是利用抽真空来加固软土地基的一种方法,属于排水固结法的一种。真空预压的原理是用插板机将塑料排水板插入软土地层内,形成软土层的竖向排水通道,再在地表铺设砂垫层,形成水平方向排水通道,增加软土层的排水途径,缩短排水距离。再在砂垫层上覆盖不透气的密封薄膜,使软土地层与大气隔绝,形成一个密封系统,然后用胶皮管将埋设在砂垫层内的主管与抽真空设备连成一体,利用抽真空装置将膜下空气抽出形成真空从而使加固土体中的孔隙水在真空吸力作用下,通过塑料排水板、砂垫层、主、支滤管排出膜外,使土体固结密实。它对土体所产生的力是向内的,既球形应力。

根据太沙基有效应力原理:

$$P = p + u$$

式中:P——总应力;

p——土体中的有效应力;

u——土体中的空隙水压力。

当总应力为常数时,$\mathrm{d}p = -\mathrm{d}u$。它表明孔隙水压力降低即为有效应力增加值。

真空预压法就是通过膜下大气压尽量降低来增加膜内外压差,使加固土体中孔隙水压力降低,而有效压力增加。当膜内气压等于孔隙水压时,渗流停止,土体完成固结过程,其有效应力分布变化见图1。

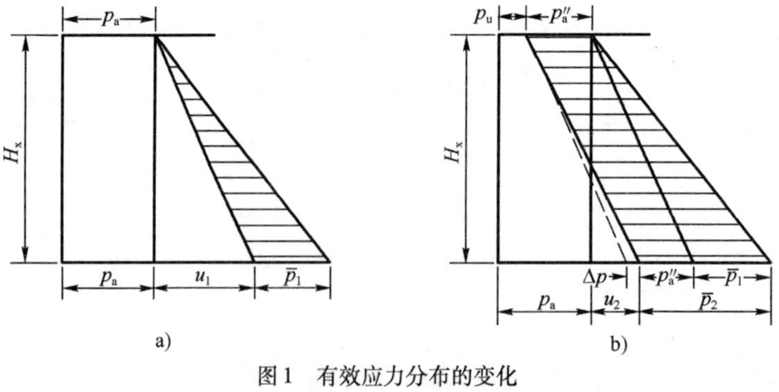

图1 有效应力分布的变化

a)抽真空前;b)抽真空后

4.2 堆载

堆载是通过给土体一个正压力,在荷载作用下,土层固结,即孔隙水压力消散和有效应力增加。总应力增量为$\Delta\sigma$,有效应力增量$\Delta\sigma'$,孔隙水压力增量为Δu,则三者满足:$\Delta\sigma' = \Delta\sigma - \Delta u$,堆载就是通过增加$\Delta\sigma$并减小$\Delta u$而使$\Delta\sigma'$增加,属于正压固结。它对土体所产生的力是向外的,既剪应力。联合处理的变形是:内→不变→外。

4.3 核心原理

初期阶段通过抽真空装置,使土体中形成负压,将土体内的空隙水抽出,从而降低空隙水压力,增加有效应力。后期随着堆载的进行又增加一正应力,在两者的共同作用下加快土体内孔隙水的排出,从而加快土体固结速度。

具体平面布置示意图如图2所示。

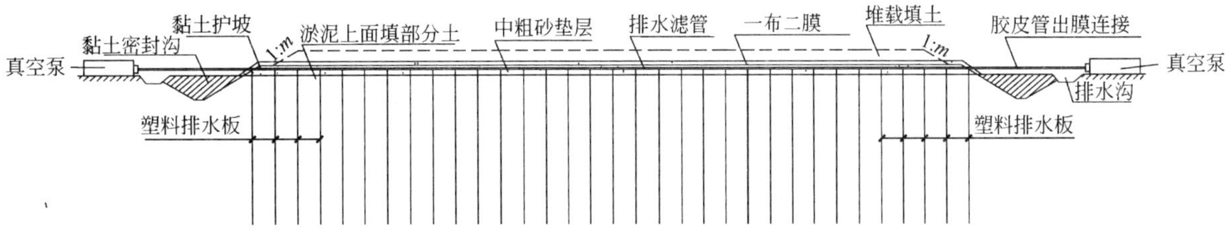

图2　真空预压联合堆载法(排水板)平面示意图

5　施工工艺流程及操作要点

真空预压联合堆载加固软土地基施工工艺主要施工包括:横向排水体(砂垫层)铺筑;竖向排水体(塑料排水板)打设;真空管网铺设:土工布和密封膜铺设、密封沟开挖及回填、出膜连接与真空泵系统安装;抽真空与堆载的填筑;联合预压期间的沉降和侧向位移的观测等。施工工艺流程如图3所示。

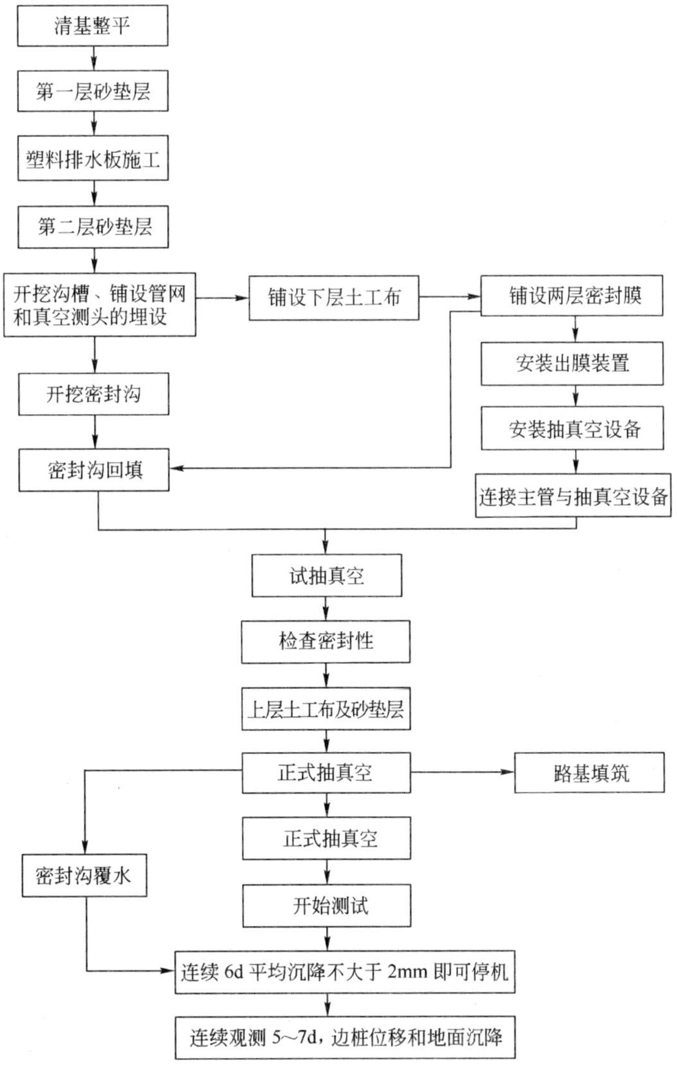

图3　真空预压联合堆载处理软土地基施工工艺流程图

在正式进行地基处理前,挖沟疏导施工范围内的地表水,清除征地范围内地面以上的树木、块石、垃圾等,排除可能影响工程质量、安全的隐患或障碍物。

5.1 横向排水体(膜下砂垫层)铺筑

首先,在已平整好的场地上,自卸汽车将符合要求的中粗砂运送至现场后分堆堆放,再用推土机直接摊铺整平第一层30cm厚的砂垫层。根据施工图确定真空泵及用电线路的架设路径,确定临时施工便道的用地,修筑临时便道,以便于第二层砂的进场。

当塑料排水板打设完成后,再施工第二层砂垫层,第二层砂的厚度必须保证20cm,此时砂垫层的总厚度必须满足50cm。待第二层砂铺完后再反挖沟槽,埋设支滤管。

5.2 竖向排水体(塑料排水板)打设

5.2.1 施工工艺

塑料排水板施工工艺流程如图4所示。

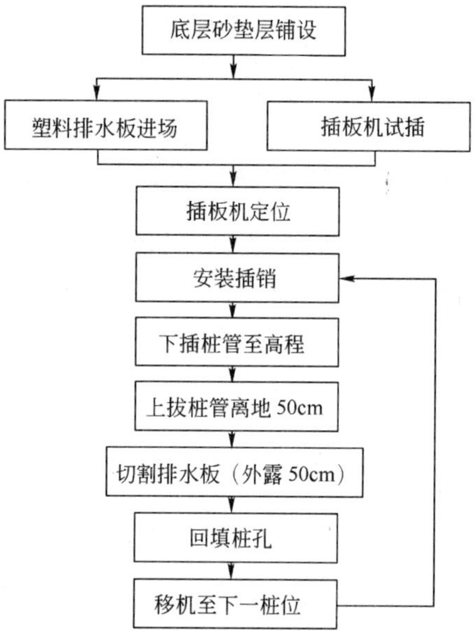

图4 塑料排水板施工工艺流程图

施工顺序如下:

(1)塑料排水板上机前,要检查排水板的出厂合格证、检测报告,确认无质量问题后,方可使用,然后根据设计图,用经纬仪和钢尺在已验收的砂垫层上,放出排水板的位置,并在上面标出明显的标志(用长30cm,宽2cm的硬塑带或硬柔编织物等)。

(2)插板机进入现场就位,并在插板机上设置好进尺标志,控制塑料板打设深度,塔架高度必须保证最大插板深度的需要,然后安装排水板插销。施打作业时,插板机操作人员应控制好插板机插口的落地地位,其误差控制在±15mm范围内。

(3)垂直下插塑料排水板,打插深度宜根据设计要求动态控制,通过地层反力变化,以穿透软弱地层为准。施工操作人员根据安装在插板机上的金属活动指针和刻度盘,控制桩管下插时的垂直度偏差不得大于1.5%。

(4)上拔桩管至桩管下端高出砂垫层面50cm。

(5)切割排水板,控制排水板在砂垫层顶面以上的外露长度20~30cm。

(6)移机进行下一根排水板施工。

(7)塑料排水板施工完毕,应先进行自检,待自检合格后再请监理工程师验收,检查不合格时应进行补打。

(8)塑料排水板验收合格后,要及时清除打设带上来的淤泥,并用砂料填充密实,不得用土块堵塞以防孔洞处砂层下沉,密封膜破裂。

(9)在排水板施工过程中,派专人做好施工原始记录,详细记载塑料排水板打设深度、板位误差、垂直度、外露长度、回带及补打、机械状态等情况,以备抽查。

(10)排水板的施工严格按照《塑料排水板施工规程》(JTJ/T 256—96)的有关规定执行。

5.2.2 施工质量控制

塑料排水板施工主要应从打设垂直度、平面位置误差和打设深度三个方面来控制每根排水板的施工质量。其中打设垂直度、平面位置通过严格控制工序基本可以满足要求,而打设深度直接影响加固效果,是质量控制的重点,目前工程中控制方法见表2。

带刻度的塑料排水板打设深度是从塑料排水板刻度变化进行控制(或从机架标记进行控制),精度控制较高,监理可以通过现场记录来确定打设深度,施工工效不受影响,目前工程中应用普遍。

塑料排水板打设深度控制方法 表2

项　　目	带刻度塑料排水板	带金属丝塑料排水板	自 动 记 录
测试精度	高	较高	—
应用情况	普遍	较少	很少
每米造价	低	较高	高
施工工效	不受影响	影响较大(工效低)	不受影响

带金属丝塑料排水板在施工过程中增加了焊接金属丝的工序,对施工速率影响很大,一般工效降低一半以上。其优点是可以进行工后检测,精度较高,但从相关资料看,部分工程可能是出于测试仪器不配套、焊接点的不牢固等因素影响,使检测结果出现偏差,影响这种方法检测结果的稳定性。目前带金属丝塑料排水板在工程中应用较少。

通过自动记录装置对塑料排水板打设深度进行控制,目前仅在个别工程进行了试验,还有待进一步完善。排水板施工质量标准及塑料排水板技术指标要求,见表3。

排水板施工质量标准 表3

序　　号	检 查 项 目	单　　位	容许偏差值
1	板间距	cm	±10
2	排水板长度	m	不短于设计长度
3	垂直度	%	1.5
4	外露长度	cm	+20~25

另外,施工时塑料排水板回带、板头污染及回带淤泥对砂垫层污染等都可能影响施工质量,施工现场应加强控制。

5.3 真空管网铺设

5.3.1 真空管铺设

按照主管、支滤管的平面设计图,首先用经纬仪在砂垫层上放出主管、支滤管的正确位置,再开挖主管、支滤管的沟槽,沟深约20~25cm,然后在沟槽内安装加工后的支滤管,主管和支滤管间用变径三通和四通连接,同管径的对接采用钢丝胶管连接,外用铁丝捆紧。主、支滤管的布置间距,原则上按设计图纸施工,以保证满足设计真空度的前提下,应视具体地质情况,在实际施工中具体确定。经监理工程师检查,管路安装合格后,即用中粗砂回填,整平砂垫层。

管路系统均在第一层砂垫层上铺设,先将第二层砂铺筑完成后再反挖沟槽铺设,管路安装完成后回填覆盖,以确保管网完全置于砂垫层中。

主支滤管选用优质PVC塑料管,主管壁厚大于2.7mm,支滤管壁厚大于2.4mm,确保其能承受足够的径向压力。支滤管上打浅水孔,孔径为8~10mm,孔距为5cm,三角形排列。管外采用土工布包裹,作为滤水层,避免抽气后,砂粒进入射流装置。

进行此道工序的同时,应将露出砂层表面的塑料排水板埋入砂垫层中,并清除砂垫层的贝壳等尖利杂物。

5.3.2 第一层土工布及两层密封膜

密封膜为聚氯乙烯薄膜,厚度为0.12~0.17mm,加工后形状与加固区一致。加工后的薄膜面积不小于设计面积,密封膜每边长度大于加固区相应边3~4m。加工好的密封膜不宜久放,并且应该堆放在阴凉通风处,堆放时薄膜之间适当撒放滑石粉,以防互相粘连。

在铺密封膜前,要认真清理平整砂垫层,拣除贝壳和带尖角石子,以防填堆载土时将密封膜顶破漏气,同时还必须将砂垫层顶面、边坡整平,四周密封沟修平。

首先在砂垫层上摊铺一层无纺土工布,土工布搭接≥5cm。再分次逐层铺设两层密封薄膜。铺薄膜最好选在无风或风小天气进行。将成捆的薄膜送入加固区,小心的摊铺,避免损坏薄膜。每铺完一层后,应在膜上进行检查,若有漏气处应立即补好。相邻两层膜的合缝需错开50cm以上,严禁接缝重叠。整个密封膜工作完成后,膜上压适当的小砂堆,以免被风吹坏或吹走。同时,将已铺好的一布二膜摊铺到密封沟底内,用黏性土回填密封沟,如发现还存在不密封因素,可采用在密封沟外增加围堰沟,向内覆水等措施弥补。

5.3.3 密封沟开挖及回填

密封沟布置在加固区的周围,在真空预压施工中它主要起周边密封的作用。密封沟采用人工配合挖土机开挖,将膜体四周沿密封沟内壁埋入土层,用黏土回填密实,并覆水。施工时边开挖、边埋膜、边回填。密封沟开挖深度视土层性质而定,一般不小于1.5m。元件测试电缆及管线通过地带开挖一条小沟使电缆线通过,并需作蛇形弯曲布设,预留变形长度,为防止重物压断电缆,将若干电缆并成一股,加塑料套管保护。电缆线从密封沟穿过时须分散通过,防止漏气。

5.3.4 出膜连接与真空泵系统安装

按一般情况,每1 200m^2左右配备一台真空泵比较适宜。真空主管通过硬橡胶管与真空泵连接,连接必须牢固,密封可靠,以保证真空度在管内不受损失,并使排水通畅。同时,为避免出现停泵修理等原因,在真空管路中设置止回阀和闸阀,所有止回阀及闸阀都应符合密封要求。避免真空度在停泵后很快降低。

5.4 抽真空与堆载的填筑

5.4.1 试抽真空

抽真空设备安置就位,进行试抽。同时仔细检查每台真空泵的运转情况及薄膜的密封性,发现问题及时处理。试抽真空为7~10d,膜下真空压力应该达到80kPa,若低于此值即属不正常,应立即查找原因及时处理。试抽开始,即进行真空压力、沉降等参数观测。

5.4.2 膜上砂垫层及第一层土方施工

试抽真空正常后,即可进行膜上土工布、砂垫层及路基土方的施工。为了保护好土工膜及真空管,根据工程的特点,膜上20cm砂垫层可采用“机械摊铺和人工摊铺相结合”的方法,即在铺砂区域中间先用推土机将砂推出一条20~30m宽、厚度不小于60cm的砂条,然后用人工先铺设砂条周边区域,再将竹模板摊铺在已铺好的砂垫层上形成手推车的通道,由人工将砂往路基边缘方向输送、摊铺。

当膜上砂垫层验收合格后,铺筑第一层堆载土方,该层土方最好采用细粒土,且厚度不宜小于50cm,采用静压或弱振方法压实。当第一层验收合格后,即可按正常的填筑工艺进行施工,但刚开始应避免重型机械或运载车辆在路基上急转弯。

5.4.3 铺设第二层土工布

试抽真空正常后,在膜上铺设第二层土工布,铺设要求同第一层。土工布铺设完毕后真空度保持不小于80kPa,并维持24h经检查无漏气现象后,方可进行上层的砂及土方填筑作业——堆载,并开始正式抽真空,一般持续2~5个月。加固区四周会产生拉裂缝,可将淤泥浆灌入,将裂缝填实。

5.4.4 堆载速度要控制,一般4m填土高度要求在2~3个月完成,以防止填土过快造成边坡失稳。

5.5 联合预压期间的沉降和侧向位移的观测

因排水固结法加固软土地基,属于半隐蔽工程。为了能及时了解施工过程中加固效果,为了真实准确地反映观测数据,可聘请专业的监测单位,经常进行一些观测工作,内容有:地面沉降观测、边桩水平位移观测、孔隙水压力、水位下降、真空度观测等。

6 材料与设备

6.1 主要材料

6.1.1 砂砾层:砂砾料应有良好的透水性,不含有机质、黏土块和其他有害物质,砂砾的最大粒径不大于 5cm，泥质等杂质含量不大于 5%，通过 5mm 筛孔的粒料应小于 35%，不均匀系数大于 10，曲线系数为 13。

6.1.2 塑料排水板：芯板采用聚乙烯或聚丙烯新料（非再生料），滤膜采用黏合型涤纶无纺土工布（渗透系数≥5.0×10^{-3}cm/m），复合体厚度（4.0±0.2）mm，纵向通水量≥50m^3/s。

6.1.3 支滤管选用优质 PVC 塑料管。

6.1.4 密封膜材料：密封膜材料必须按设计要求采购，即采用密封性好、韧性好、抗老化性能和抗穿刺能力强的专用密封膜。密封膜在厂内按施工要求加工成整块薄膜，薄膜指标如下：厚度≥0.14m，抗拉强度纵向≥18.5kPa，横向≥16.5kPa，纵、横向断裂延长率≥220%。

6.1.5 土工布材料：土工布要求采用 250g/m^2 的无纺土工布，土工布之间搭接宽度≥5cm。注意在加固四周，密封膜应留有足够的超宽余量。

6.2 设备

6.2.1 膜下砂垫层施工：自卸汽车、推土机、挖土机。

6.2.2 塑料排水板施工：履带式插板机。

6.2.3 真空系统铺设：挖土机、真空泵、发电机（备用）。

6.2.4 其他设备：全站仪、水准仪、经纬仪、测深仪、钻孔钻斜仪、300～500kPa 孔隙水压力计一台（0.25kPa），500Hz 频率读数仪一台（0.1Hz）等设备、手工缝纫机。

6.3 劳动力组织

6.3.1 项目部应设置以下管理人员：施工总负责、技术负责、质量负责、安全管理员、测量管理员、试验管理员、材料员、资料员、后勤管理员。

6.3.2 劳务队应按机操工、电工、管工、机修工、普工等分班组，工种人数根据实物工程量确定。铺膜时需要一名有经验的真空膜修补工。

7 质量控制

7.1 工程质量控制标准

7.1.1 地基处理执行《建筑地基基础工程施工质量验收规范》（GB 50202—2002）。

（1）施工前应检查施工监测措施，沉降、孔隙水压力等原始数据，排水设施，塑料排水板等位置。

（2）堆载施工应检查堆载高度、沉降速率。真空预压施工应检查密封膜的密封性能、真空表读数等。

（3）施工结束后，应检查地基土的强度及要求达到的其他物理力学指标，重要建筑物地基应做承载力检验。

（4）预压载荷≤2%，固结度（与设计要求比）≤2%，承载力或其他性能指标按设计要求。

7.1.2 公路路基填筑还应执行《公路路基施工技术规范》（JTG F10—2006）。

（1）清表平整后的场地高差不大于 15cm，表面土质不含有机质。

（2）砂垫层施工第一层砂砾垫层铺设厚度为 30cm，允许偏差 ±4cm。砂砾垫层要宽出坡外 1m（并应考虑路基加宽），两侧按图纸要求设置干砌片石反滤层。

7.1.3 塑料排水板执行《塑料排水板施工规程》（JTJ/T 256—96）。

（1）合理选择机械，采用带刻度的排水板。

（2）在打插塑料排水板前，首先根据设计图，用经纬仪和钢尺在已验收的砂垫层上，准确放出排水板的位置，并在上面标出明显的标志，并在打插塑料排水板过程中，随时检查。

（3）插打塑料排水板，板的顶部应伸入砂砾垫层，外露长度不小于 30cm，严格控制回带长度，回带率不大于 5%，且带回长度不大于 50cm，使其与垫层贯通，保证排水良好。塑料排水板的打设深度不得小于设计深度（打设深度 = 设计深度 + 回带长度）。塑料排水板在插入地基的过程中应保证板不扭曲、透水膜无破损和不被污染。

7.2　控制措施

7.2.1　建立完善的质量管理领导小组,由项目经理、总工、技术科长、测量组长、质检工程师组成。施工队设管理小组,由施工队长、现场技术员、施工班组长组成。严格制度,严把质量关,做到质量全员管理。积极开展QC活动,成立QC小组,及时解决施工过程中遇到的难题。及时技术交底,严格按规范施工。

7.2.2　根据施工组织安排和工艺要求,配备足够良好的机械检验检测设备。

7.2.3　膜下真空度:维持在80kPa以上。

7.2.4　累计抽真空2~5个月,当实测地面沉降速率连续5~10d平均沉降量不大于2mm/d后,可以停泵卸载。

8　安全措施

8.1　认真贯彻"安全第一,预防为主"的方针,根据国家有关规定、条例,结合施工单位实际情况和工程的具体特点,设立以项目经理为第一责任人的安全生产领导小组,组成专职安全员和班组兼职安全员以及工地安全用电负责人参加的安全生产管理网络,执行安全生产责任制,明确各级人员的职责,抓好工程的安全生产。

8.2　施工过程中应遵守国家的《公路工程施工安全技术规程》(JTJ 076—95)和地方有关施工现场安全生产管理规定。

8.3　施工现场按符合防火、防风、防雷、防洪、防触电等安全规定及安全施工要求进行布置,并完善布置各种安全标志。各工种持证上岗,配备合适的安全劳保用品。

8.4　施工现场临时用电严格按照《施工现场临时用电安全技术规范》(JGJ 46—2005)的有关规范规定执行。

8.5　建立完善的施工安全保证体系,加强施工作业中的安全检查,确保作业标准化、规范化。

9　环保措施

9.1　成立对应的施工环境卫生管理机构,在工程施工过程中严格遵守国家和地方政府下发的有关环境保护的法律、法规和规章,加强对施工燃油、工程材料、设备、废水、生产生活垃圾、弃渣的控制和治理,遵守有防火及废弃物处理的规章制度,做好交通环境疏导,充分满足便民要求,随时接受相关单位的监督检查。

9.2　将施工场地作业限制在工程建设允许范围内,合理布置、规范置档,做到标牌清楚、齐全,各种标志醒目,施工场地整洁文明。

9.3　在清表砍除树林或其他经济作物时,应先征得所有者和业主的同意,有经济或使用价值时要移植处理。

9.4　设立专用排浆沟、集浆坑,对废浆、污水进行集中,认真做好无害化处理。定期清运沉淀泥砂,做好泥砂、弃渣及其他工程材料运输过程中的防散落与沿途污染措施,废水按环境卫生指标进行处理达标外,并按当地环保要求的指定地点排放。弃渣及其他工程废弃物按工程建设指定的地点和方案进行合理堆放和处治。

9.5　对施工现场道路进行硬化,并在晴天对施工通行道路进行洒水,防止尘土飞扬,污染周围环境。

9.6　在施工场地周围开挖防振沟,使周围民房免遭振动破坏,同是防止施工机械施工时噪声的振动传播;对施工机械进行降噪处理,使噪声控制在55~85dB,尽可能避免夜间施工。

10 资源节约

10.1 软土路基施工前,施工人员应对工程范围内的地质、水文情况、地下管线、缆线等进行详细调查,通过取样、试验确定土质性质和范围,了解附近既有建筑物需要的特殊处理方法。

10.2 做好路田分界和临时排水工作。

10.3 平整场地时注意在施工范围内进行平整,平整后采用振动压路机静压 1 ~2 遍,防止降雨形成冲刷。整平后在施工区两侧设排水线并与路基排水沟连接。

10.4 明确土的含水率控制指标,根据试验路段确定分层填筑的最大松铺厚度,如土干燥可洒水拌和,过湿可进行晾晒处理,同时达到最佳碾压效果。

11 效益分析

11.1 社会效益

在我国广泛存在着海相、湖相及河相沉积的软弱黏土层。为大面积处理该种地基时,如在该地基上建造市政及高速公路、码头、机场等,采用真空预压联合堆载软土地基处理施工工法。

取得良好的实施效果,并对今后软基处理的科学决策和提高软基处理的科学管理水平具有较强的借鉴作用。

11.2 经济效益

采用真空联合堆载预压处理软土地基,可以大大缩短预压期,其他预压方式一般需 6 ~8 个月,此法只需 3 ~4 个月,节省了部分劳动力及机械设备台班,缩短了工程工期,能使工程及早投入运营。

12 应用实例

12.1 武汉新区四新大道三标段位于武汉市汉阳新区四新农场内,总长度 1 385m,平均处理宽度 116m,处理面积 158 389m^2。本工程软基处理淤泥厚,淤泥平均深度 14.3m,最深处达 18.2m,软基处理面积大,达 158 389m^2。

本工程经过几个月的真空预压后,地基固结度均在 100% 以上,合格率为 100%。在施工过程中有效地控制了各种质量通病的出现,节约了工程成本,创造的总经济效益达 361.2 万元。作为武汉市的重点工程,业主对该段路基的处理效果非常重视。真空预压处理效果获得了业主、设计、监理的一致好评。

12.2 温州绕城高速公路北线第四合同段开工 2006 年 3 月,竣工 2006 年 10 月,全长 3.57km,路线全部处于软土地基地段,采用此法处理软土地基,在施工阶段取得了良好的效果。

12.3 浙江申苏浙皖高速公路六合同段 2006 年 3 月开工,2007 年 6 月竣工,全长 5km,均为软土路段。采用此法处理软土地基,缩短了预压工期,施工质量优良,取得了良好的效果。

Y 型沉管灌注桩软基处理施工工法

GGG(中企)A2015—2008

周文明　于建军　丁飞鹏　王兆威　陶　帅
(中铁九局集团有限公司)

1　前言

软基处理是沿海码头、高等级公路、机场等工程中一个较为突出的问题,尤其是高等级公路桥头对路堤沉降的要求非常高,桥头差异沉降引起的桥头跳车是高速公路建设中的一个难题。

Y 型沉管灌注桩作为软基处理的新型技术,是将国外先进的 Y 型桩设计理念和国内的灌注桩工艺相结合、具有中国特色的原创技术。为寻求更好的软基处理方法和技术,对 Y 型沉管灌注桩进行深入研究具有一定的实际意义。以杭州至上海浦东高速公路为工程实例,具体研究了 Y 型沉管灌注桩的施工方法、检测方法、适用条件、质量控制及注意事项等,同时,形成了 Y 型沉管灌注桩软基处理施工工法。该工法对加固后的桥头部分地基承载力效果显著,有效解决了高速公路软土路段桥头跳车问题,提高了工程质量,降低了工程成本,缩短了工期,实现了“节能减排”,技术先进,取得了明显的经济效益和社会效益。

2　工法特点

2.1　工序衔接紧凑,进度快,可有效降低工程成本。

2.2　施工快捷、噪声小、材料消耗低,利于节能减排。

2.3　大幅提高桩基的承载能力,利于提高工程质量。

3　适用范围

适用于地基承载力不足需进行处理从而提高地基承载力以达到施工要求的工程,尤其在软土层较厚并且填土较高的桥头、涵洞、通道等路段具有更大的优势。Y 型沉管灌注桩处理的软基段落无需进行等超载预压即可进行下一道工序,所以对于工程量大、工期紧的工程特别适用。

4　工艺原理

Y 型沉管灌注桩与其他抗压桩一样,作用在于穿过软弱的土层,把上部结构的荷载传递到更坚硬或更密实的土层或岩基上。Y 型沉管灌注桩主要作用是提高地基承载力,其支撑力是由桩侧摩阻力和桩端阻力两部分组成。在轴向压力作用下,桩身将发生轴向弹性压缩,同时桩顶荷载通过桩身传到桩底,桩底下土层也将发生压缩,这两部分之和就是桩顶的轴向位移。置于土中的桩与其侧面土紧密接触,桩相对于土向下位移,产生土对桩向上作用的侧向摩阻力。桩顶荷载沿桩身向下传递过程中,必须不断克服这种摩阻力,这样桩身截面轴向力就随着深度逐渐减小,传至桩底截面的轴向力就等于桩顶荷载减去全部桩侧摩阻力,它与桩底支撑力即桩端阻力的大小相等,方向相反。

浇筑完桩帽混凝土后,铺设土工格栅。利用土工格栅良好的延展性和整体抗剪性、均匀的纵、横向抗拉性、高抗疲劳性和耐腐蚀性的特点,增加地基的稳定力矩,提高软基的整体稳定性,加快地基的填筑速度,缩短施工工期。

5 施工工艺

5.1 施工工艺流程

施工工艺流程见图1。

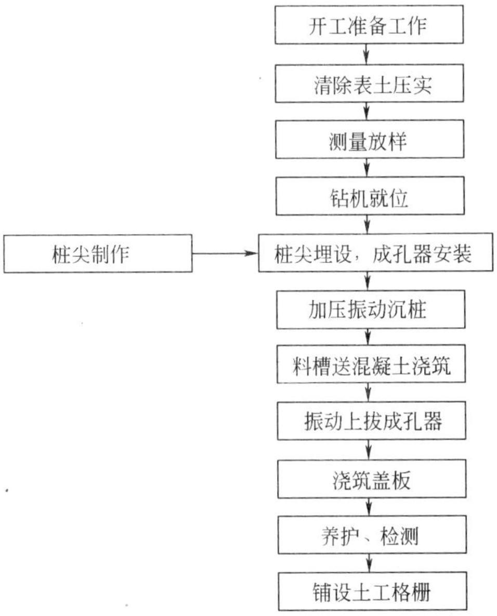

图1 Y型沉管灌注桩施工工艺流程图

5.2 操作要点

主要操作要点为环形密封安装、静压沉管成孔、轻振提拔桩管、逐斗分级加料、连续转间歇振动、高频振荡防裂。同一桩点Y型沉管桩的施工顺序为：先长桩后短桩，由区块中心向四周推移，减少挤土效应。若实际挤土现象严重，则间隔施工。

5.2.1 平整场地

施工前严格进行场地平整，做到排水通畅，清除桩位处地上地下障碍物，场地低洼时应回填素土，不应回填粒径大于30cm的石块及树根等有机物。

5.2.2 桩位放样

根据设计图纸放出Y型桩中心点，位置偏差应小于2cm。场地两侧距边界外5m处设放两条基准线，随时校测场地内桩位中心点的位置因桩施工而造成的偏差。

5.2.3 桩尖制作

桩尖质量及形状是Y型沉管灌注桩施工技术的关键。桩尖分为尖头和平底两种，按照设计要求在预制场内集中进行桩尖制作。预制时，带尖头的桩尖需将模具翻转尖头朝上脱模养护，平底桩尖不需翻转，可就地脱模。施工时根据具体情况选择合适的桩尖。

5.2.4 设备安装

成孔器安装是桩机在沉桩前的最后一道关键性技术，安装时控制底套筒环形空隙的密封性。调整桩机的水平度及垂直度，桩机水平度控制在1%以内，垂直度控制在0.5%以内。钻机平正、稳固就位，埋好桩尖，使成孔器的内外钢管底端分别顶住桩尖的内外台阶支承面，铺纤维性布料作为密封性材料，成孔器的垂直度小于1%，桩管中心与桩中心偏差不大于20mm。检查合格后，进行各单机的通电试验。

5.2.5 成孔

成孔器安装完毕，钻机就位对中后，振动锤激振下沉。根据少扰动土层、低混凝土灌压的原则，采取先将桩管振动穿透表层硬土后改为静压沉管，在桩架抬起后再振动沉管至设计高程。成孔后进行孔深检查，做好记录。

5.2.6 灌注混凝土

(1)灌注桩身混凝土之前，根据施工经验及地质报告预估充盈系数，计算投料体积，制定分批投料计划。

(2)坍落度控制在13～15cm，拔管速度控制在1.5～2m/min顺利成桩，充盈系数应大于1.0，小于1.25。

(3)混凝土灌入后振动拔管，拔起7～8m后连续振动改为间歇振动。拔管采取加一斗料拔一段管，保持管内混凝土面不高过既有地面2.5～3m。

(4)减少混凝土灌注间隔时间，桩管灌满混凝土之后，先振5～10s，再拔管，每拔0.5～1.0m停拔振动5～10s，如此反复。

(5)地层变化地段降低振动拔管速度，一般应控制在1.0m/min以下。保持管内混凝土面始终不低于地面或高于地下水位1.0～1.5m以上，至桩顶2.0m左右时一次拔管到地面。

(6)桩顶实际浇筑面高出设计要求50cm，混凝土浇筑完成后，去掉浮浆层并清理桩头至设计高度，详细记录灌注混凝土量。

(7)在桩身混凝土灌注14d后,挖出内孔中渣土,凿除泥浆层,铺筑盖板垫层,检验合格后按设计要求进行盖板施工。

(8)Y型桩处理范围内还有其他结构物施工时,可适当移动与结构物有冲突的Y型桩,预留出位置。

6 劳动组织

劳动组织见表1。

劳动组织情况表

表1

序号	单项工程	所需人数	工作内容	备注
1	90Y型振动灌注桩基	1	成孔及灌注	
2	管理及技术人员	3	指挥及测量	
3	普通工人	7	机械操作及灌注混凝土	
合计		11		

7 材料与设备

采用DZ—90多功能打桩机,主杆长25m,配DZ—90Y振动锤。沉管用Y型模管按设计要求由机械厂专门加工,采用三块弧形钢板,凹面向内和三条角钢组成一个Y形空腔,三个角内纵向设置三条中隔板,使三块模壁承受的土压力通过三块中隔板彼此平衡、部分抵消。本工法无需特别说明的材料,主要机具设备见表2。

主要机具设备表

表2

序号	设备名称	设备型号	数量	工作内容
1	打桩机	DZ—多功能	1台	成孔
2	振动锤	DZ—90Y	1台	成孔
3	桩模		1套	成孔、灌注
4	混凝土拌和机	JZC500	1座	提供混凝土
5	混凝土运输车	JC8	4量	运输混凝土
6	吊车	25t	1台	灌注混凝土

8 质量控制

8.1 执行标准

执行现行的《公路工程质量检验评定标准》(JTG F80/1—2004)。Y型桩质量检验评定标准按表3执行。

Y型桩质量检验评定标准

表3

序号	检查项目		规定值或允许偏差	检查方法和频率	权值
1	混凝土强度(MPa)		在合格标准内	按评定标准附录D	3
2	断面尺寸(mm)		不小于设计	用尺量:每桩测量	3
3	孔深(mm)		不小于设计	用水准仪测桩顶面高程后反算:每桩检查	3
4	桩位(mm)	外缘桩	不大于0.1d	全站仪或经纬仪:抽查20%	2
		中间桩	不大于0.2d		
5	倾斜度		1%	查施工记录	1

8.2 检验及试验方法

成桩应进行小应变测试和桩承载力试验,小应变抽查频率不小于总数的10%,单桩承载力试验不少于总数的0.2%,并不少于3根,试验组数不宜少于2组,当总数较少,按0.2%抽检不足6根时,按6根(2组)抽检。

采用单桩承载力试验对管桩施工质量进行检测,单桩承载力极限值随着桩长的变化而变化,见表4。

单桩承载力极限值取值表 表4

桩长(m)	≤8	12	16	20	24	≥28
承载力值(kN)	250	350	500	650	800	950

利用静力压桩机或十字横梁作反力平衡装置进行桩的静载试验,采用快速持荷载法加载。千斤顶加载反力装置根据现场实际条件采用如下方法:2片I24工字钢十字摆放形成主梁,下放油压千斤顶以及测量仪表等,用钢筋将工字钢固定在相临4锚桩的桩帽预埋件上,形成反力测试架。反力横梁装置能提供的反力应不小于预估最大试验荷载的2倍。

工程验收进行的抽样检测的试验桩最大加载量不应小于单桩竖向抗压承载力设计值的1.6倍。Y型沉管灌注桩在成桩后到进行试验的间歇时间不应少于桩周土体强度恢复或桩身与土体的结合基本趋于稳定的时间,持力层为黏性土时不少于28d。

8.3 质量控制措施

8.3.1 体系保障

建立健全项目质量保证体系,严格按照程序施工,质检体系见图2。

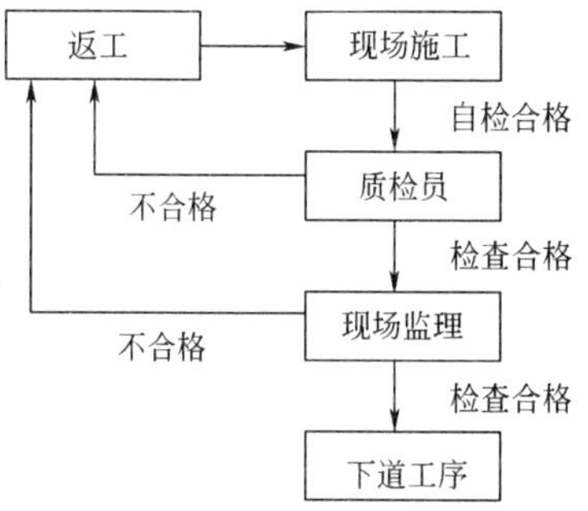

图2 质检体系图

8.3.2 材料保障

材料进场严格遵照检验制度,没有进场材料报验单的材料不得使用,所有材料均要有产品出厂合格证。

8.3.3 工艺保障

(1)施工前应做好排水边沟,以排出振动过程中产生的地下水。

(2)桩位测量放样应准确无误,留出其他结构物的位置。

(3)桩尖顶部混凝土高程控制应考虑桩帽高度,使总桩长满足设计要求,并使桩帽顶部高度控制在原地面以下。

(4)导管料斗口不能太低,应高于地面5~10cm。

(5)试验检测设备应置放于施工现场,以便随时进行检测。

(6)Y型桩桩帽施工时,严格控制与桩体的同心度,避免偏心使桩顶端混凝土遭到破坏,导致承载力不够。

(7)采用高频振荡打桩机及调整施工顺序方法,控制桩机产生振动波和挤土效应对初凝的邻桩素混凝土产生破坏作用,避免桩体出现裂缝。

9 安全措施

9.1 执行标准

施工现场严格按照《公路工程安全生产许可达标与施工现场安全技术操作规范及国家标准强制性条文》执行。

9.2 安全控制措施

9.2.1 施工前,对邻近施工范围内的原有建筑物、地下管线等进行检查,对有影响的工程,应采取有效的加固措施或隔振措施,确保施工安全。

9.2.2 机具进场要注意危桥、陡坡、陷地和防止碰撞电杆、房屋等,以免造成事故。

9.2.3　打桩机行走道路应平整坚实,必要时铺设道渣,经压路机碾压密实。工作场地四周挖排水沟以利排水,确保移动桩机时的安全。

9.2.4　施工前,全面检查机械设备,检查合格后进行试运转,严禁带病作业。机械操作必须遵守安全技术操作要求,由专人操作,并加强机械的维护保养,保证机械各项设备和部件、零件的正常使用。

9.2.5　吊装就位时,起吊要慢,拉住溜绳,防止桩头冲击桩架,撞坏桩身;加强检查,发现不安全情况,及时处理。

9.2.6　在打桩过程中,遇有地面隆起或下陷时,应随时对机架及路轨调平或垫平。

9.2.7　在施工操作时,机械操作人员要精力集中,服从指挥信号,不得随便离开岗位,应经常注意机械运转情况,发现异常情况及时纠正。

9.2.8　建立完善的施工安全保证体系,加强施工作业中的安全检查,确保作业标准化、规范化。

10　环保措施

10.1　噪声控制

10.1.1　对容易产生噪声的设备采取合理布局,加强设备润滑和维护保养工作,严格执行相应作业指导书和设备检点规程,以减轻噪声对周围生活环境的影响。

10.1.2　尽量减少振动锤激振下沉时间,采取先将桩管振动穿透表层硬土后改为静压沉管,在桩架抬起后再振动沉管至设计高程。

10.1.3　加强对机动车的现场管理,保持技术性能良好;加强对操作人员的环保意识教育,尽量减少噪声污染。

10.2　扬尘、固体废弃物控制

10.2.1　水泥宜采用袋装水泥,装卸过程中严禁抛、摔。采用散装水泥时,应采取罐储,容器出料口安装套筒减缓出料速度,套筒长度视具体情况以不出现落差为准。

10.2.2　对施工道路及有可能产生扬尘的作业区经常洒水,保持尘土不上扬。

10.2.3　固体废弃物按性质和类别分开存放,主要分为危险、不可回收利用固体废弃物、可回收利用固体废弃物、生活和办公垃圾等。

10.3　水污染控制

10.3.1　控制泥浆、水泥浆排放,严禁直接排放到附近河流中。

10.3.2　提倡节约用水,减少水资源的浪费和生活废水的产生。

10.4　地下、地上管线和建筑物等保护

10.4.1　施工前对打桩范围内地上、地下管线进行全面排查,明确所有管线的走向、埋设深度或架设高度,并做好记录。

10.4.2　打桩附近有建筑物,应采取在建筑物四周挖设防振沟等措施,防止施工时造成建筑物的振裂。

11　效益分析

理论和实践证明,Y 型沉管灌注桩具有很好的性能价格比,本工法正是基于此展开了工法开发。工法从工艺、设备等多方面研究,避免了施工生产的大量场地占用,消除了对居民生活区的严重影响,施工产生的振动、噪声、粉尘等有害物质也得到有效的控制。工法的开发与形成,为以后各个领域的软基处理工程提供了可靠的技术指标和决策依据,新型的工法技术将促进软基施工技术进步,环境效益和社会效益突出。

本工法与同类工程的工法相比较,具有场地易于布置、工程进度快、提高工程质量、降低工程成本、干扰因素少,能够保障周围既有设施的完好无损,同时减少了大量工程拆迁、农田土地占用等,有利于文

明施工和“节能减排”。工法的形成和应用得到实践的检验，形成了较好的经济效益和社会影响。

12　工程实例

杭州至上海浦东高速公路七合同段软基处理。

12.1　工程概况

七合同段位于嘉兴市海宁境内，起点桩号 K43 +000m，终点桩号 K54 +748m，全长 11.748km。项目沿线经过区域为杭嘉湖冲湖积平原亚区，南临钱塘江和杭州湾。地势平坦，河网密布，地势呈西高东低，大部分路段为软土路段。

本合同段软土路基共有 8.367km。桥头部分软基处理采用 Y 型沉管灌注桩，工程数量为 98 256m，根数 8 767 根，处理路段长度为 876m。

12.2　Y 型沉管灌注桩布设方式和截面设计

Y 型沉管灌注桩布设分两级，靠近桥台伸缩缝侧为第一级，远离的为第二级。第一级间距为 2m，共 19 列；第二级间距为 2.5m，共 6 列。从第二级第一列 Y 型沉管灌注桩处理深度开始递减，递减值为 1 ~ 3m 不等，具体布设方法见图 3。图中符号 L_1、L_2 为桥头路段分级处理长度，S_1、S_2 为分级处理间距；桩在平面上呈平行四边形布置；D 为分级处理深度。

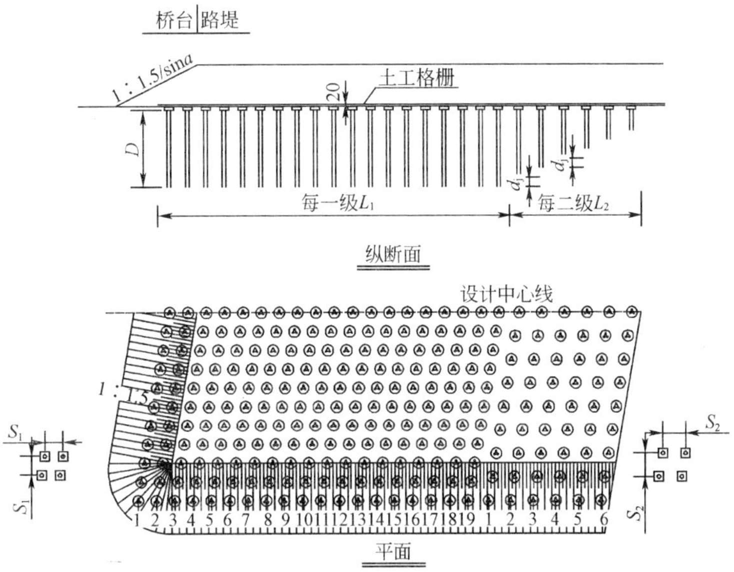

图 3　Y 型沉管灌注桩典型布置图

Y 型沉管灌注桩采用混凝土强度等级为 C25，桩截面见图 4，断面面积为 0.116m²，周长为 1.723m，盖板采用圆形，混凝土强度等级 C25，直径为 1.2m，厚度 0.35m。

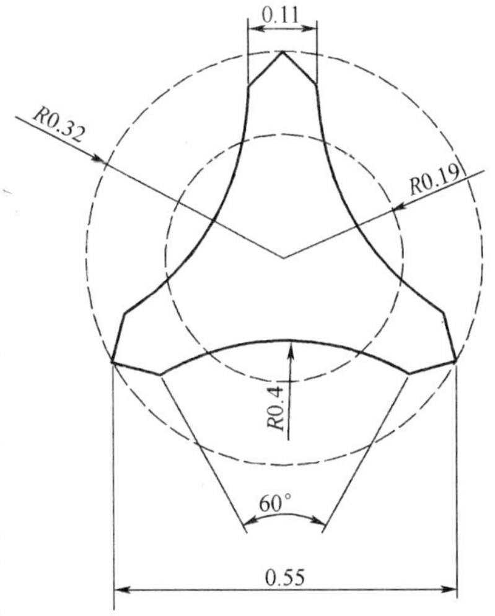

图 4　Y 型沉管灌注桩截面图

12.3　施工情况

工程施工中，Y 型桩处理的桥头路段施工不受路基施工进度的影响，施工独立性比较强，材料和机械进场迅速。Y 型桩处理的桥头路段在路基填土高度达到设计高程后进行桥台钻孔桩的施工，没有制约桥台处现浇梁或桥台处空心板梁工程进度。对于临近居民区以及鱼塘的位置，采取了回填素土和小粒径石块、整平夯实等方法，按照环形密封安装、静压沉管成孔、轻振提拔桩管、逐斗分级加料、连续转间歇振动，高频振荡防裂的工法要点组织施工，有效地解决了桩基易倾斜、桩头处露浆、桩位偏斜、沉管堵塞、桩身夹层、桩体裂缝等问题。通过采用有力措施,有效地控制了工程施工质量和进度。

该区段于2004年11月20日开工,2005年12月20日竣工。

12.4 工程监测与结果评价

采用Y型沉管灌注桩软基处理施工工法后,保证了施工区域范围内民房的安全稳定,及时监测各主要工序施工阶段引起的沉降动态数值,铁道部第四勘测设计院和施工单位监测组对地基处理沉降、民房偏斜进行了全过程监控量测。

地基沉降监测结果显示,最大沉降量为18mm,发生在鱼塘回填区域,改进的施工工艺有效地控制了地基沉降。民房基础沉降监测结果显示,最大沉降量为12mm,平均沉降为8mm,倾斜度为0.04%。

施工全过程处于有效可控状态,工程质量、安全、进度、成本得到了可靠保障。工程质量优良率达97%以上,无安全生产事故发生,得到各方面的好评。

石灰改良膨胀土路基施工工法

GGG(中企)A2016—2008

张　剑　夏小刚　王毅伟
(中铁一局集团有限公司)

1　前言

膨胀土多由亲水性的黏土矿物组成,遇水膨胀、失水收缩,被称为“公路工程癌症”,修筑在其中的公路路基易沉陷、坍塌。湖北、陕西等地是典型的膨胀土分布区域,湖北孝(感)襄(樊)高速公路 K208 +800 ~ K219 +580 有约 12km 膨胀土路基。膨胀土路基施工,国外一般采用换土填筑的办法,但孝襄高速公路附近无土可换。在这种情况下,针对膨胀土进行了深入研究,通过大量的试验和实践,将膨胀土改性为非膨胀土,使土体的物理、化学性质发生变化,以降低土体膨胀潜势、增加自身强度和提高水稳性,有效防止土体边坡滑坍和变形,保证路基稳定、耐久。在施工过程中不断分析总结膨胀土路基施工的特点,不断优化各项技术参数,最终形成了一套成熟的膨胀土路基施工工法,快速、高效、优质地完成了施工任务,取得了较好的经济效益和社会效益。这一研究成果得到了湖北省孝襄高速公路指挥部专家的肯定,并在全线的膨胀土路基施工段得到推广。

2　工法特点

本工法就近利用本桩膨胀土土方改性填筑,相较于传统的换土填筑法有诸多先进性和新颖性。

2.1　缩短了远运借土调配时间,加快了施工进度。

2.2　不考虑换土借土运距,大大降低了工程成本。

2.3　不考虑大量的借土换土,降低了对当地大面积植被等生态环境的污染和破坏。

2.4　有效治理膨胀土路段易坍塌、变形等隐患,保持路堤稳定、耐久。

3　适用范围

本工法适用于分布在全国 26 个省区的膨胀土区域的高速公路、一级公路、铁路、机场等工程的路基施工,也可用于含水率较高的黏土路基施工以及膨胀土路基的病害加固处理。

4　工艺原理

4.1　膨胀土的特性及分类

4.1.1　膨胀土的特性

膨胀土是一种遇水急剧膨胀、失水则严重干缩的高塑性黏土,它含有蒙脱石及伊利石、高岭石等膨胀性矿物,具有很强的亲水性、持水性和很高的可塑性及黏聚性,工程力学性质极不稳定。

4.1.2　膨胀土的分类

膨胀土根据其膨胀率大致可分为强、中、弱三级,一般在设计文件中有规定,也可取样通过试验而定。按照自由膨胀率 F_s 和液限 w_1,膨胀土的判定及分类见表 1。

见《公路路基施工技术规范》(JTJ F10—2006)中 6.5 膨胀土地区路基施工条文说明。

4.2 膨胀土路基施工的方案选择与机理分析

4.2.1 方案选择

目前我国对膨胀土地区工程设计和施工主要是换填或改性处理两种方案。

膨胀土判别及分类　　表1

指标 土名	液限 w_1	自由膨胀率 F_s
弱性膨胀土	$w_1 \geqslant 40\%$	$40\% \leqslant F_s < 65\%$
中性膨胀土	$w_1 \geqslant 40\%$	$65\% \leqslant F_s < 90\%$
强性膨胀土	$w_1 \geqslant 40\%$	$F_s \geqslant 90\%$

换填是膨胀土路基最简单而且有效的处理方法。即挖除膨胀土,换填非膨胀土或砂砾土,换土深度根据膨胀土的强弱和当地的气候特点确定。在一定深度以下的膨胀土含水率基本不受外界气候的影响,该深度和该含水率称之为该膨胀土在该地区的临界深度和临界含水率。由于各地的气候不同,膨胀土的临界值也有所不同。通常弱—中膨胀土换填为1.0~1.5m,强膨胀土为2m。

改性处理就是在膨胀土体内均匀掺入固化材料,使膨胀土的物理、化学性质发生变化,以达到降低膨胀土膨胀潜势、增加强度和提高水稳性的目的。固化材料一般采用石灰、水泥或NCS固化材料。

湖北省孝襄高速公路K207+800~K219+580段长11.78km,管段内190多万方(挖填总量)均为膨胀土,周边无合适的取弃土场可以利用,采用换填的施工方案明显是不合理的,因此采用了就地改性处理方案。

4.2.2 机理分析

现以石灰掺加膨胀土改性为例进行机理分析。

(1)化学性质改变

膨胀土中掺入石灰,石灰遇土壤中的水后,使水分子离解成 H^+、HO^-,从而与土粒交换离子,使吸附在土粒上的水化学键破坏形成自由水,使石灰土形成链状和网状结构,加快反应和离子交换速度,水分通过重力、蒸发、压实作用而排出,减弱其膨胀势能,改变膨胀土颗粒结构特性,使土相互吸引形成团粒,导致土体永久性能的改变,同时石灰发生反应 $CaO + H_2O = Ca(OH)_2$,生成氢氧化钙。氢氧化钙具有可溶性碱的通性。它容易和空气中的二氧化碳结合生成碳酸钙晶体 $Ca(OH)_2 + CO_2 = CaCO_3 + H_2O$,而结成硬块,且碳酸钙本身就是一种非膨胀矿物,对减小土的胀缩性起主要作用。

(2)物理力学性质改变

膨胀土中掺入石灰后,土体液限减小,塑限增加,塑性指数明显降低;水理性质稳定;无侧限抗压强度增加;承载比明显增大;在掺加适量的石灰后,土体自由膨胀率将降低至小于40%(具体数据可参见表2~表7)。

4.3 确定掺灰量

强膨胀土稳定性差,难于捣碎压实,不应作为路堤填料;中、弱膨胀土宜经过加工、改良处理后作为填料;改性处理后胀缩总率不超过0.7%为宜(见《公路路基施工技术规范》(JTJ F10—2006)中6.5膨胀土地区路基施工条文说明)。因此,对中、弱膨胀土进行改性处理,为了保证膨胀土改性成功,取具有代表性的中、弱膨胀土样,室内试验石灰掺量分别按4%、5%、6%、7%、8%的不同掺量做对比试验,测定胀缩率指标是否达到要求,并结合室内各项试验分析数据综合确定掺灰量。

4.3.1 颗粒分析

分别对中、弱膨胀土掺加不同掺量的石灰,充分拌和均匀,对拌和后的灰土进行颗粒分析,如表2。

细粒土含量对比表　　表2

试样名称	项　目	天然土样	石灰掺量				
			4%	5%	6%	7%	8%
弱膨胀土	细粒土含量(%)	84	76	71	67	69	69
中膨胀土	细粒土含量(%)	86	79	74	70	70	72

从图1结果显示，膨胀土掺加石灰后，黏粒含量减少，砂粒含量和砂粉含量增加，当掺加6%左右的石灰时黏粒含量减少幅度最大。同时表明掺加石灰后膨胀土性质发生变化，带有砂类土性质。

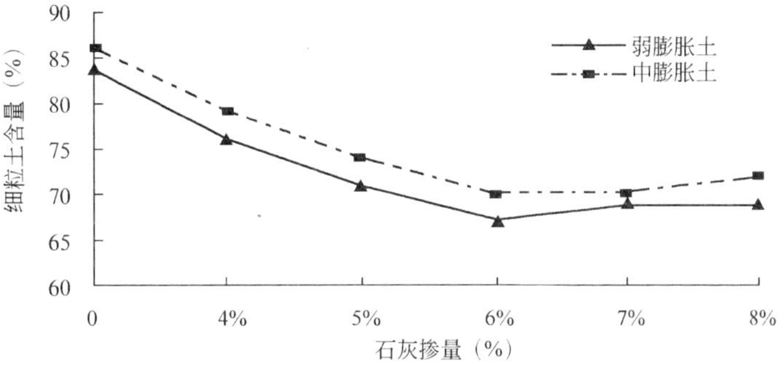

图1 细粒土含量对比曲线图

4.3.2 液塑限试验分析

分别对中、弱膨胀土掺加不同掺量的石灰，进行液塑限试验，试验数据记录如表3。

液塑限试验对比表 表3

试样名称	物理性质	天然土样	石灰掺量				
			4%	5%	6%	7%	8%
弱膨胀土	液限(%)	40.6	36.2	35.5	37.1	39.2	43.7
	塑限(%)	15.5	20.7	25.2	31.0	33.4	35.5
	塑限指数	25.1	15.5	10.3	6.1	5.8	8.2
中膨胀土	液限(%)	45.5	42.1	40.6	39.2	44.6	47.3
	塑限(%)	17.1	21.9	28.4	30.5	34.1	36.1
	塑限指数	28.4	20.2	12.2	8.7	10.5	11.2

从图2和表3可看出，膨胀土改良后，随掺灰量的增加，液限降低；塑限明显增加；塑性指数则大幅减小。当掺灰超过6%时，改良后的膨胀土塑性指数降低到最大值，增长趋势变缓。

4.3.3 无侧限强度试验分析

分别对中、弱膨胀土掺加不同掺量的石灰，进行无侧限强度试验（压实度0.96，养护龄期7d），做无侧限强度试验，试验结果如表4。

无侧限强度对比表（强度单位kPa） 表4

试样名称	项目	天然土样	石灰掺量				
			4%	5%	6%	7%	8%
弱膨胀土	饱和无侧限强度(MPa)	33	412	772	937	933	921
	无侧限强度(MPa)	106	996	1 541	1 822	1 790	1 685
中膨胀土	饱和无侧限强度(MPa)	52	398	689	850	886	891
	无侧限强度(MPa)	211	787	1 298	1 608	1 715	1 600

从试验数据及对比曲线（图3）可看出，土样的无侧限强度趋势是随着掺石灰量的增加而增加，当掺灰量为6%左右时，弱膨胀土无侧限强度达到峰值，当掺灰量为7%时，中膨胀土无侧限强度达到峰值，当掺灰量超过6%后，强度增长趋势变缓。

4.3.4 湿化试验改性土水理性质分析

分别对中、弱膨胀土掺加不同掺量的石灰，取样养护7d后，观察试样变化情况，如表5。

根据观察结果显示，除中膨胀土掺灰量在4%时，有轻微崩解外，其余均无明显崩解。由此可得结论，掺灰量在5%以上，改性土的水理性质较稳定，同时也说明改性土掺灰量不得小于5%。

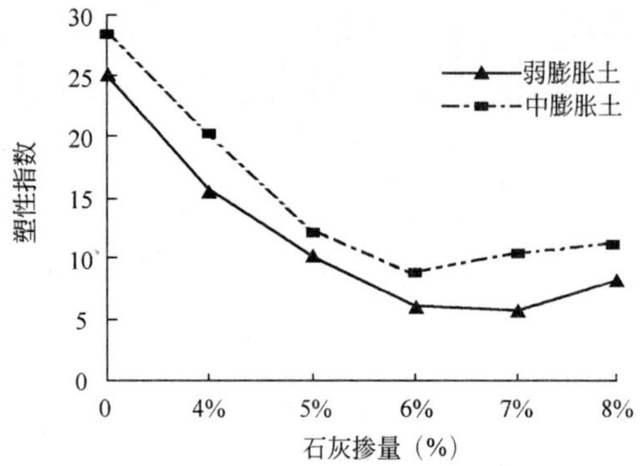

图2　塑性指数对比曲线图

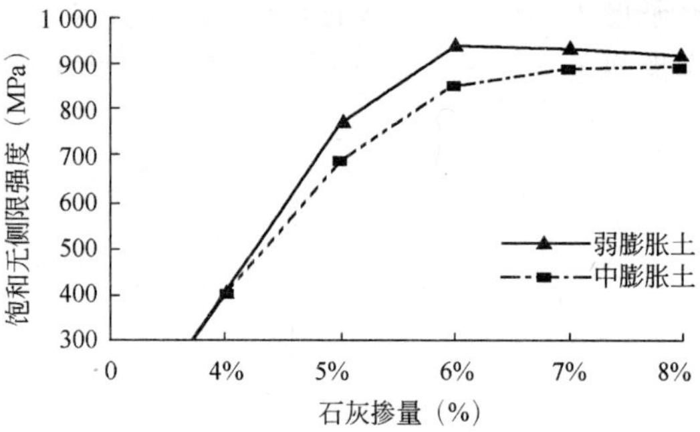

图3　饱和无侧限强度对比曲线图

水中浸泡观察结果对比表　　表5

试样名称	项　目	天然土样	石灰掺量				
			4%	5%	6%	7%	8%
弱膨胀土	水中浸泡 72h	完全崩解	无崩解	无崩解	无崩解	无崩解	无崩解
中膨胀土		完全崩解	轻微崩解	无崩解	无崩解	无崩解	无崩解

4.3.5　重型击实及CBR试验分析

分别对中、弱膨胀土掺加不同掺量的石灰，进行重型击实及CBR试验，试验结果如表6、图4及图5。

重型击实及CBR试验对比表　　表6

试样名称	项　目	天然土样	石灰掺量				
			4%	5%	6%	7%	8%
弱膨胀土	最大干密度(g/cm^3)	1.87	1.85	1.83	1.81	1.77	1.74
	最佳含水率(%)	17.7	17.9	18.1	18.2	18.2	18.5
	CBR(%)	3.5	5.9	7.8	11.6	20.8	33.7
中膨胀土	最大干密度(g/cm^3)	1.83	1.79	1.78	1.77	1.74	1.72
	最佳含水率(%)	22.3	23.5	23.7	23.7	23.8	23.8
	CBR(%)	2.2	4.6	6.9	9.6	17.7	25.5

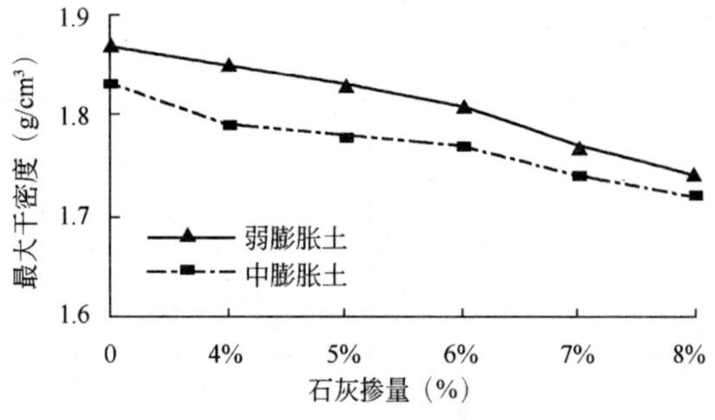

图4　最大干密度对比曲线图

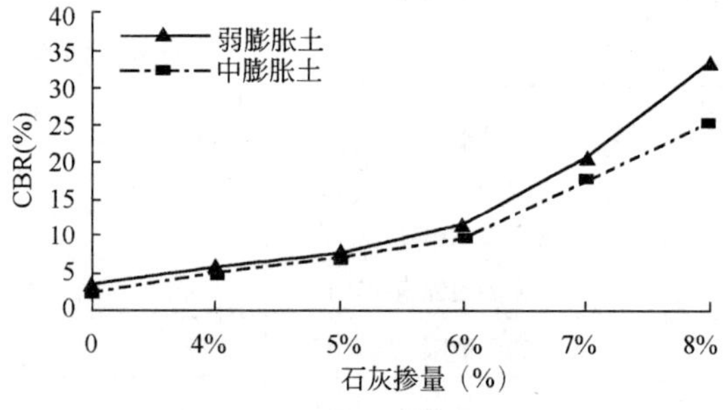

图5　CBR值对比曲线图

从表6分析得知，最大干密度随石灰掺量增加，呈线性递减；承载比CBR随石灰掺量增加，呈二次抛物线递增。在石灰掺量6%时，中、弱膨胀土CBR均≥8%，满足上路床填料最小强度要求，见《公路路基施工技术规范》(JTJ F10—2006)第4.1.2款。

4.3.6　胀缩性试验分析

分别对中、弱膨胀土掺加不同掺量的石灰，进行自由膨胀、膨胀力、无荷载膨胀量、有荷载膨胀量以及收缩试验，根据试验结果，计算胀缩总率，计算结果如表7。

胀缩总率对比表 表7

试样名称	项目	天然土样	石灰掺量				
			4%	5%	6%	7%	8%
弱膨胀土	胀缩总率(%)	6.9	0.92	0.74	0.22	0.17	0.15
中膨胀土	胀缩总率(%)	11.8	1.72	0.96	0.83	0.38	0.2

胀缩总率以 e_{ps} 表示,并按下式计算:

$$e_{ps} = e_{p0.5} + c_{sL}(w - w_m)$$

式中:$e_{p0.5}$—— 在压力 0.5MPa 时的膨胀率;

c_{sL}—— 土的收缩系数;

w——土的天然含水率;

w_m——土在收缩过程中含水率的下限值。

如式中 e_{ps} 为负值时,按负值考虑,如($w - w_m$)大于 8% 时按 8% 考虑,小于 0 时按 0 考虑。

式中收缩系数 c_{sL} 可通过收缩试验测得,它是土的收缩曲线的直线部分的斜率,即:

$$c_{sL} = \frac{\Delta e_{sL}}{v}$$

式中:Δe_{sL}——与 Δw 相应的收缩率之差;

w_m——反映了土的收缩变形受大气降雨和蒸发的综合影响,可按下式计算:

$$w_m = kw_p$$

式中:k——条件系数;

w_p——土的塑限。

由表7 显示,弱膨胀土在石灰掺量达到6%时,胀缩总率小于0.7;中膨胀土在石灰掺量达到7%时,胀缩总率小于0.7。见《公路路基施工技术规范》(JTJ F10—2006)第6.5.3 款。

4.3.7 综合分析确定石灰掺量

经过以上试验分析,得出理论结论:当弱膨胀土掺加6%石灰时,中膨胀土掺加7%石灰时各项性能指标满足规范要求,可以用于高速公路路基填筑材料。施工现场可根据土样性质、填筑区 CBR 值要求等进行适当调整。

5 施工工艺流程及操作要点

膨胀土改性拌和有路拌、场拌和闷拌等几种方法,其方法各有优缺点,施工中最常用、最方便快捷的是路拌法(路拌法即在路基上将石灰与路基填料直接拌和)。这里主要论述路拌法改良膨胀土施工工艺。

膨胀土路基施工工艺流程:施工准备→地基处理→测量放线→分层填筑→平整静压→掺灰拌和→测定掺灰量→碾压→检测。

5.1 操作要点

5.1.1 填土

根据填料区段、松铺厚度计算所需膨胀土的数量及每车料的堆放位置和间距,用石灰撒成方格,将填料卸至方格内,松铺厚度一般不大于300mm,土块粒径应小于37.5mm。见《公路路基施工技术规范》(JTJ F10—2006)第6.5.6 款,当掺加石灰改性时,膨胀土粒径应将16mm 以上粒径的土块控制在15%以内。

方格尺寸根据现场自卸汽车载重能力及松铺厚度确定。以自卸汽车载重能力为12t(能载细粒土7.5m^3)为例计算:7.5 m^3(载满一车土体体积)÷300mm(理论松铺厚度)=25m^2(待划方格尺寸面积);为方便操作,方格可划成5m×5m,即面积为25 m^2,方格内只能卸一车土,均匀摊铺后,理论摊铺厚度将为300mm。同理,以该计算方法,计算素土填筑方格尺寸以及需改性土与石灰掺拌时的方格尺寸。

掺加石灰宜分两次进行。第一次掺石灰是为“砂化”,降低塑性指数,便于粉碎;第二次掺石灰是为提高强度,控制膨胀量。“砂化”的时间视土块程度而定,第二次掺石灰的剂量视浸水CBR值要求大小而定。因此每层填土分两层填筑,松铺厚度按150mm控制。

5.1.2　平整

用竹竿标尺及挂线标出填层高度,用推土机将填料摊铺整平。若膨胀土较湿时,应用五铧犁翻耕晾晒,施工时可用核子仪快速检测含水率以确定晾晒时间及洒水量。用平地机初平,使各处填土厚度均匀,用压路机快速静压一遍。

5.1.3　掺石灰拌和

掺石灰后一定要控制土块粉碎后的大小,宜将16mm粒径的土块控制在15%以内。否则大土块过多而达不到改性的目的,吸水后强度下降造成质量问题。

现场操作,将摊铺机平整的土用核子密度仪或灌砂法、环刀法测土的干密度$\rho_{土}$及含水率;用钢钎和卷尺测量土的松铺厚度$h_{土}$;按下式计算掺石灰摊铺所需的厚度$H_{灰}$。

$$H_{灰} = \frac{h_{土} \times \rho_{土}}{\rho_{灰}} \times n_{灰}$$

式中:$\rho_{土}$——填料密度(g/cm^3);

$\rho_{灰}$——石灰密度(g/cm^3);

$n_{灰}$——石灰掺配比例。

将石灰运至填筑区段用平地机按计算的厚度进行摊铺,必要时采用人工配合,若石灰掺量少,按厚度摊铺有困难,可折算每平方所用的石灰质量,用画方格的方法,每一方格内按计算的石灰质量进行摊铺。摊铺均匀后用五铧犁翻耕,路拌机拌和均匀。

石灰的质量必须达到国家三级石灰标准以上,即钙镁含量必须大于70%,细度指标0.9mm颗粒不大于1.5%,0.125mm颗粒不大于18%。石灰必须摊铺均匀,然后按照要求用路拌机充分拌和均匀。

5.1.4　碾压前检测

首先是石灰剂量的检测,将现场拌和好的石灰土取样,通过EDTA二钠标准液滴定来确定石灰剂量是否符合设计规范要求,如果掺灰量不足则掺至满足规范要求。其次,测改性土的含水率,控制在最佳含水率的-2%~+3%范围内,必要时需晾晒或洒水。

5.1.5　碾压阶段

采用重型振动压路机进行碾压,先静压再振动再静压,从两边往中间,先慢后快。压实度与碾压机械的选择有关,土质变化时可适当调整碾压遍数,直至压实度满足规范要求,若采用小吨位碾压机具,则造成路基局部碾压不密实、增加碾压遍数,导致质量隐患、增加该工序的施工时间和费用的浪费。下面将分别对路堤、路床施工要求和现场实际采集数据为例再次说明。

1)下路堤施工

(1)一般要求

下路堤填筑时,性质不同的填料,应水平分层、分段填筑,分层压实。同一水平层路基的全宽应采用同一种填料,不得混合填筑碾压。每种填料的填筑层压实后的连续厚度不宜小于500mm。

下路堤填筑时,应从最低处起分层填筑,逐层碾压;当原地面纵坡大于12%或横坡陡于1:5时,应按设计要求挖台阶,或设置坡度向内并大于4%、宽度大于2m的台阶。

下路堤填筑时,每一层压实后的宽度不得小于设计宽度。

下路堤填筑时,填方分几个作业段施工时,接头部位如不能交替填筑,则先填路段应按1:1坡度分层留台阶;如能交替填筑,则应分层相互交替搭接,搭接长度不小于2m。

下路堤压实度标准为≥93,见《公路路基施工技术规范》(JTJ F10—2006)4.2.2。

(2)下路堤碾压现场施工数据采集

采用 CA25D 光轮压路机，松铺厚度为 30cm，静压 2 遍、振动碾压 4 遍、静压 2 遍，压实度可达到 93% 以上；而采用 BW219PHD 光轮压路机，静压 2 遍、振动碾压 3 遍、静压 2 遍，压实度可达到 93% 以上。

2)上路堤施工

(1)一般要求

同下路堤施工一般要求。

上路堤压实度标准为≥94，见《公路路基施工技术规范》(JTJ F10—2006)4.2.2。

(2)上路堤碾压现场施工数据采集

采用 CA25D 光轮压路机，松铺厚度为 30cm，静压 2 遍、振动碾压 5 遍、静压 2 遍，压实度可达到 94% 以上；而采用 BW219PHD 光轮压路机，静压 2 遍、振动碾压 3 遍、静压 3 遍，压实度可达到 94% 以上。

3)路床施工

(1)一般要求

路床施工时，填筑路床顶最后一层时，压实后的厚度不小于 100mm。

路床压实度标准为≥96，见《公路路基施工技术规范》(JTJ F10—2006)4.2.2。

(2)路床碾压现场施工数据采集

采用 CA25D 光轮压路机，松铺厚度为 15cm，静压 1 遍、振动碾压 3 遍、静压 2 遍，压实度可达到 96% 以上；而采用 BW219PHD 光轮压路机，静压 1 遍、振动碾压 2 遍、静压 2 遍，压实度可达到 96% 以上。

5.1.6 检测

根据《公路工程质量检验评定标准》(JTG F80/1—2004)规定土方路基的检测频率为每 200m 每层测 4 处，为保证工程质量，可适当加大检测频率，同时可用核子密度仪快速检测，用灌砂法做对比进行校正，既保证了检测频率加大及检测结果的准确性，又缩短了检测时间，加快了作业循环及施工进度。

5.2 防护方法

5.2.1 膨胀土路堤边坡防护

(1)当路堤高度小于等于 3m 时，采用植草和植矮灌防护。边坡应换填 30cm 以上的种植土，保证草皮及矮灌的成活率及覆盖率。

(2)边坡高度大于 3m 时采用拱形或人字形骨架防护，骨架内植草和植矮灌，骨架嵌入坡面的深度不得小于 0.8m。骨架根据设计可采用 M7.5 浆砌片石或片石混凝土、素混凝土。骨架施工时注意控制好浆片或混凝土的密实性，并每 10 ~ 15m 留沉降缝，沉降缝用沥青麻絮填塞以防水渗入。

(3)路基边坡平台采用浆片或混凝土封闭，考虑到绿化需要平台上面设置种植槽。

5.2.2 膨胀土路堑边坡防护

根据膨胀土的特性和路堑边坡高度对边坡稳定性的影响，一般来说，膨胀土低边坡(高度小于 3m)的胀缩量小，侧压力也较小，对路基边坡的稳定性影响较小。所以一般采用满铺草皮进行边坡防护就能够满足要求。

对于膨胀土高边坡(高度大于 3m)路堑，一般采用挡墙加宾格网防护(见图6)，封闭的整个坡面，达到尽量减小膨胀土胀缩量的目的。

5.3 施工注意事项

5.3.1 膨胀土摊铺后，土块应击碎至粒径 5cm 以下，可使土块中水分易于蒸发，减少土块本身的膨胀率，且易于掺灰均匀，有利于提高压实效率。

5.3.2 采用湿度控制法填筑膨胀土时，宜采用非膨胀土性填料(石灰改性土)封闭边坡及顶面，以减少路基土含水率受外界大气、水文条件的影响。

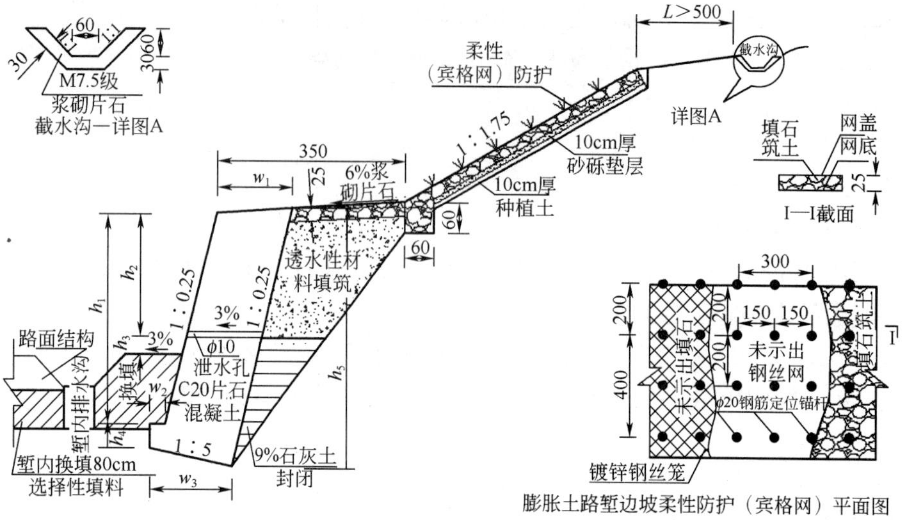

图6　膨胀土路堑地段堑内及边坡处理(尺寸单位:cm)

5.3.3　由于水是影响膨胀土的最大因素,施工时应加强排水。施工前应开挖临时排水沟至河道、塘、排洪渠内,降低膨胀土施工地段的地下水位,并保证路堤不浸水;施工中路堤要设路拱,路拱坡度可采用4%;确保路基顶部不积水,边坡每50~100m要设置急流槽排水,以防止边坡被冲刷。

5.3.4　膨胀土路堤填筑时应避开雨季,施工时各道工序紧密衔接,连续施工,分段完成。路基填筑后不应间隔太久或越冬后再做路面。

5.3.5　膨胀土路堤按设计修整后,应立即进行边坡防护工程施工,防止雨水侵蚀。

6　材料与设备

6.1　改性膨胀土为非膨胀土的主要材料是石灰,石灰质量必须达到国家三级石灰标准以上,即钙镁含量必须大于75%。

6.2　机具设备及人工配置见表8、表9。

机具设备　　表8

序　号	名　称	规　格	单　位	数　量	备　注
1	挖掘机	EX300-3	台	3	
2	推土机	TY220	台	2	
3	压路机	CA25D	台	2	
4	压路机	BW219PHD	台	2	
5	平地机	PY160B	台	2	
6	路拌机		台	1	
7	自卸汽车	12T	台	12	

劳动组织　　表9

序　号	工　种	人　数	序　号	工　种	人　数
1	施工负责人	1	5	机械操作人员	14
2	技术负责人	1	6	修理工	1
3	测量员	3	7	其他特殊工种人员	3
4	试验员	2	8	普工	5

7 质量控制

7.1 严格控制掺灰量。掺灰量的多少直接决定膨胀土路基的填筑质量。掺灰量必须采用双检控制,在摊铺石灰前,必须根据填土厚度计算掺灰量,掺灰后,必须用滴定法测定掺灰量。

7.2 石灰的质量必须达到国家三级石灰标准以上,即钙镁含量必须大于75%,细度指标0.9mm颗粒不大于1.5%,0.125mm颗粒不大于18%。石灰必须摊铺均匀,然后按照要求用路拌机充分拌和均匀,以保证路基的整体质量。

7.3 严格控制含水率,含水率较高时,必须采用晾晒等方法降低含水率。

7.4 路基填筑后,如果出现局部反弹现象,必须及时进行换填或改性处理。

7.5 严格遵循膨胀土路基施工工艺进行施工,严格执行《公路路基施工技术规范》(JTJ F10—2006)及《公路工程质量检验评定标准》(JTG F80/1—2004),填土层检测项目及标准见表10。

检测项目及标准 表10

序 号	检 查 项 目	规 定 值	检 查 方 法
1	松铺厚度	不大于30cm	水准仪:每200m测4个断面
2	压实度	下路堤93%、上路堤94%、路床96%	密度法:每200m每压实层检查4处
3	掺灰量	试验测定后的确定掺灰值	滴定法
4	压实面平整度	允许误差±20mm	3m直尺:每200m测2处×10尺

8 安全措施

8.1 工程开工前必须进行现场调查,根据施工地段的地形、地质、水文、气象、环境等,制定相应的安全技术和环境保护措施。施工中应及时掌握气温、雨雪、风暴、汛情等预报,做好防范工作。

8.2 路基施工前,加强对施工范围内地下埋设的各种管线、电缆、光缆等情况进行详细调查并与相关部门联系,制定合理的安全保护措施。施工中如发现有危险品及其他可疑物品时,应立即停止施工,报请有关部门处理。如:在施工K219+500段路基时,经过调查发现了地下的九连墩古墓,并与当地文物部分取得联系,有效的保护了该文物的出土。

8.3 施工现场应设置醒目的安全、警示标志和安全防护设施,严格规定机械行走路线,设置明显的界限标志,防止相互干扰和碰撞。机械在路基边沿作业时,应留出安全距离,防止机械下滑和翻车。

8.4 按照《中华人民共和国安全生产法》、《建设工程安全生产条例》等相关安全法规加强对施工人员进行安全教育,树立安全第一的思想,文明施工。

8.5 按照建设部关于《施工现场安全防护用具及机械设备使用监督管理规定》加强对施工人员安全施工防护用具的配备和机械设备的使用。

8.6 建立健全安全领导机构,分工明确,责任到人。

9 环保措施

施工中的环保应本着"最小程度地破坏和最大限度地恢复生态环境"的原则做好施工阶段的污染防治和生态环境保护工作。

9.1 路基施工清表工作中要检查现场工作界线,确定需要保留的植物及构造物,对发现的古树名木、珍稀野生植物等,联系林业部门采取移植等异地保护措施。

9.2 剥离表土层应运至指定集中堆放点予以保存,要做好达到设计堆放高度后的排水设施及覆盖措施。

9.3 填方路段要避免雨季施工,路基填筑前要先挖好排水沟和沉淀池,必要时在出口处设土工布围栏拦截泥沙。

9.4 控制取土面积和取土深度,做好路基边坡防护。沿河路段要坚持先防护、后施工,按设计要求修建挡土墙和拦水沟、截水沟、导水沟,避免土石方工程的弃方流入河流。

9.5 雨季施工注意天气预报,雨前填筑的土石方要压实。避免施工膨胀土改性所用的石灰等排入农田、耕地或自然水体,防止水污染,并防止引起淤积、阻塞和冲刷。

9.6 土方、石灰运输中车辆应采取篷布覆盖严密,施工场地及运输道路常洒水,保持湿润,尽可能减少粉尘对施工人员和其他人员造成危害及对农作物的污染。

9.7 改性拌制施工中,施工人员要佩戴防护眼镜及防尘口罩,以保护眼睛和呼吸器官,防止粉尘侵害。扬起粉尘周界外最高点浓度应低于 1mg/m^3 的国家排放粉尘限量见《大气污染物综合排放标准》(GB 16297—1996)。

9.8 工程完成后对取、弃土场及废弃便道,进行复耕和恢复植被。

10 资源节约

10.1 依照本工法施工,孝襄 K208 + 800 ~ K219 + 580 段路基,节约土地资源,减少占用耕地 500 亩。

10.2 依照本工法施工,孝襄 K208 + 800 ~ K219 + 580 段路基,节约林木资源,减少砍伐 250 亩山林地。

11 效益分析

11.1 技术效益

2004 年发表的《膨胀土路基施工工法》成果获中国中铁一局科技进步第三名。

11.2 经济效益

相较于国内外普遍采用的换土填筑法,采用掺石灰改性处理方案,将降低成本约 30%。以孝襄 K208 + 800 ~ K219 + 580 段路基施工为例进行分析:以 100 万 m^3 膨胀土计算,采用换土填筑法成本需要 3 545 万元,而采用掺石灰改性处理成本只需要成本 2 494 万元,节约 1 052 万元,经济了 29.66%。

11.3 社会效益

通过湖北省孝襄高速公路指挥部组织的专家对孝襄 K208 + 800 ~ K219 + 580 段膨胀土路基工程质量和工法鉴定,得以在全线膨胀土路基施工大力推广。

11.4 环保效益

孝襄 K208 + 800 ~ K219 + 580 段路基施工,采用本工法后,直接较少对 366 850m^3 的生态环境破坏。

12 工程实例

2003 年施工的湖北省孝襄高速公路 K207 + 800 ~ K219 + 580 段长 11.78km,全部为膨胀土地段。经大面积取样试验,管段内 190 多万方(挖填总量)均为膨胀土。例如,在 K213 + 600 现场取样试验的物理力学指标为:天然含水率 22.5%,液限 51.2%,塑性指数 28,自由膨胀率 46%,属于弱膨胀土。这种主要成分为蒙脱石及伊利石、高岭石等膨胀性矿物的膨胀土,干燥时非常坚硬,吸水后成为流塑状态,强度和硬度急剧下降。直接在其之上施工路基,将严重威胁路基竣工后质量,必须进行特殊处理。

当时提出两套方案进行比较:①采用换土填筑。优点在于直接而有效的治理膨胀土路基病害;缺点是就近很难找到合适的土源,在当地镇政府的积极配合下在 20km 以外找到有合适路基填料的场地。如此将增加运输费用,增加取土场和弃土场的征用费用,同时也破坏两处自然生态环境,而且在湖北年降水量最高时达到 1 330.9mm,平均达 990mm 的省份,长距离运输对雨季路基施工将造成诸多不便,工期也很难保证。②采用改性土填筑。优点在于不受取土场的限制,成本很经济,受客观因素制约较少,施工速度能大幅度提高,工期能得到可靠保证;缺点在于现场控制相对较为繁复,技术指标要求相对较高。

经过反复论证后,采用了改性填筑的方案。在大量的试验和实践后,在膨胀土土体内均匀掺入适量石灰,使膨胀土的物理、化学性质发生变化,降低膨胀土膨胀潜势、增加强度和提高水稳性,改性为非膨胀土,直接用于路基填筑。最终快速、高效、优质地完成了施工任务。在施工过程中湖北省孝襄高速公路指挥部多次组织的专家亲临现场鉴定,经多次进行钻探取样试验,弱膨胀土掺6%的石灰改良后,含水率在18%左右,压实度平均达96%以上。在专家肯定后,这项成果在全线的膨胀土路基施工段得到大力推广。

经过对管段膨胀土路基填高8m的路堤1年的沉降观测,路基面下沉量平均为3.8cm,符合设计要求。该工程验收合格率100%,分项工程优良率96%,该路基工程被评为优质工程。

风积沙路基施工工法

GGG(中企)A2017—2008

李世清　刘　罡　李艳明　陈中华　王大鹏　祁　鹏
(中铁一局集团公司　安通建设有限公司　新疆昆仑路港工程公司)

1　前言

我国是一个多沙漠地区,沙漠总面积为 6 317 万 km^2,约占全国总面积的 6.8% 左右。风积沙是构成沙漠地貌的主体,它是一种砂性土,含一定数量的粗颗粒。由于风积砂具有一定的黏结性,不至于过分松散,遇水干得快,不膨胀,湿时不黏,水稳定性好,沉降均匀,受不利季节影响小,并且分布广泛、储量丰富、取材方便,因此,沙漠地区修筑公路路基大多以风积砂作为主要填料。但是由于风积砂颗粒较细、含水率小、保水性差,其压实工艺一直是施工中的难题。

榆林至靖边高速公路是我国第一条横穿沙漠的高等级公路,位于陕北黄土高原北部毛乌素南缘的长城沿线风沙区,是国家能源重化基地和国家生态农业示范区——榆林通往陕西省会西安及周边省府银川和太原的重要干线,是规划中的包头至北海大通道的一部分,起自榆林市,经横山县,终到靖边县,全长 115.864km。该高速公路穿越了毛乌素沙漠的长城沿线风沙区。该沙区地形相对开阔,波状沙丘起伏跌宕。表层 3m 以内为风积沙,3 ~ 10m 以内为中沙,下伏有砂岩、黄土和粉性土。该地区冬季长,且干旱少雪,冰冻期为每年 11 月至次年 3 月,最大冻深 1.4m,极端最低气温为 -32.7℃;春季温差较大,有大风或沙尘暴,年均风沙日为 60 ~ 90d,年均风速 3.24m/s;夏季气候炎热,极端气温高达 40℃,雨量相对集中,年均降雨量 400mm 左右,由于地表为风积沙性土,蒸发蒸腾作用强烈,年蒸发量为 2 000mm 左右。路基主要采用风积沙材料填筑,其中风积沙的物理力学性质、风积沙路基边坡坡比设计、风积沙路基施工压实工艺、风积沙路基压实度控制及检测技术等是施工中所要解决的技术难题。

本工法是在榆靖高速公路路基工程施工中形成的。后经技术改进,该工法又再次在新疆阿拉尔至和田沙漠公路得到了应用。实践证明,该工法能够使沙漠地区风积沙路基施工在满足质量要求的前提下,规范化、标准化,通过合理组织机械、调用地材,提高施工效率,经济效益显著。

该技术于 2003 年 1 月 4 日通过中铁一局集团公司专家鉴定,认为该技术达到国内领先水平。

2　工法特点

2.1　针对风积沙特点,采用路基机械化施工。合理选择沙漠施工机械设备,充分发挥了机械效率。

2.2　结合当地气候特点,优化组合,连续施工。

2.3　边施工边防护,尽可能减少沙害。

2.4　通过碾压程序,合理控制风积沙碾压遍数,使风积沙路基压实度满足规范要求。

3　适用范围

风积沙路基施工工法适用于沙漠或半沙漠地区风积沙填筑的公路路堤施工。

4　工艺原理

4.1　风积沙压实过程与常规筑路材料不同,不存在最佳含水率。最大干密度出现在干燥和饱水两种状态附近,在天然含水率状态下可以获得较好密实度,且较干燥状态时的最大干密度相差不大。因此,在自然状态下碾压风积沙最经济。风积沙施工过程中要很好地解决运输和碾压这两大制约因素,这两种因素如能很好的解决,风积沙施工就变得相对容易了。

4.2 根据设计选择地质条件、断面形式具有代表性的地段作为试验段,通过对试验路段施工,获得风积沙路基松铺厚度、碾压遍数、含水率、施工工艺流程等技术参数,为大面积施工做好技术准备。

4.3 选择能够在沙漠中自由行走的机械,制定切实可行的机械施工作业方案,最大限度满足机械施工的要求,充分发挥机械效率。

4.4 确定试验路段用沙的最大干密度和压实标准,再取全段地貌复测,确定挖填利用和挖掘方法(横挖,纵挖)。清表后整平、碾压,之后挖填同时进行。前期采用大、小推土机结合,振动压路机压实的方法,每完成一个流程,测一次压实度(现场用酒精法),达到压实度后,记录各台机械的压实遍数。通过多次的组合压实,得出最佳压实方法。沙基封层也是如此。

5 施工工艺流程及操作要点

5.1 工艺流程(见图1)

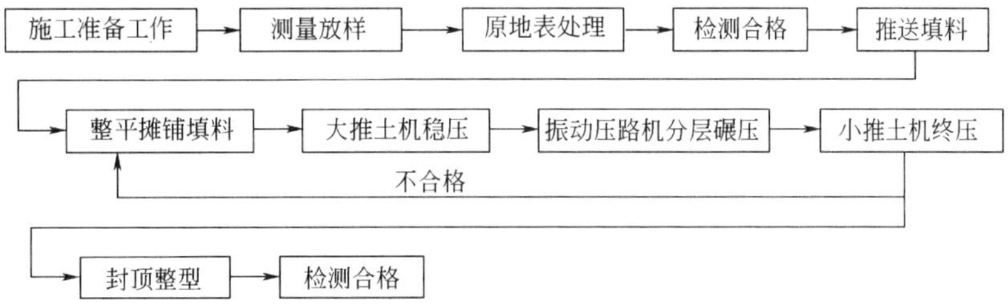

图1 施工工艺流程图

5.2 施工操作要点

5.2.1 基底处理

(1)沙漠路基在填筑前应首先清除沙区生长的植物及树根;

(2)在填筑前还需要将风积沙中夹杂的非纯风积沙(如有机土、种植土及腐殖土、淤泥等)予以清除;

(3)在填筑前还需将原地面的坑洞,墓穴等纯风积沙或沙性土分层回填,进行碾压处理;对于高度小于1m的流动沙丘路段,应先推平沙丘,并进行填前碾压,达到规定压实要求。

(4)在沙区路基填筑施工段内,由于风积细沙透水性好,一般不用临时排水设施(在非沙区路段施工时,应设置相应的临时排水设施处理)。

5.2.2 取沙与弃沙

施工前做全面安排,合理调配,避免大弃。涵洞及桥头附近避免取、弃沙。尽可能减少对原植被的破坏。对取弃沙地段进行防护处理,恢复植被。

以沿线两侧就近取弃为原则,取沙以沙丘为主,弃沙以沙窝为主。线路两侧取沙时,宽度尽可能控制在两侧20m平整带范围内,并与平整带施工相结合,保持平整带线形顺畅,平整。取沙量较大时,宽度可适当增加,但不超过路基两侧40m的范围。

线路两侧取沙坑深度在1m以内时,将路堤边坡延伸至取沙坑底并防护;当取沙坑深度大于1m时,在路堤坡脚与取沙坑之间设置宽度不小于3m的护坡道。护坡道应整平,外侧边坡修成缓坡。施工时尽可能移挖作填,减少弃方,确需废弃时,纵向就近弃于线路两侧沙丘低洼处,并整平。当挖方边坡高度在2m以内时,就近弃于路堑两侧外;挖方大于2m时,用推土机纵向运沙,横向弃于低洼处。

5.2.3 填方路堤的施工

1)路堤填筑

(1)填方路堤施工前应对原地基进行充分碾压,确保地表面厚30cm范围内风积沙层的压实度满足要求。高度小于1m的流动沙丘路段,先将厚沙丘推平,并进行填前碾压,达到规定压实度。

(2)路堤填料不得夹砂黏土、植物及树根等杂物。用风积沙做填料时不得将风积沙和土混填,以避免路基之间形成水囊,影响路基质量。

(3)填筑采用水平分层进行,最大松铺厚度不得超过25cm,路堤填筑宽度每侧宽出设计宽度50cm。原地面不平时,由最低处分层填起,检测压实合格后填筑下一层。分层压实采用自重在15t以上、前后轮驱动的自行或振动压路机压实。

(4)当地面横坡缓于1:5,且基底经处理符合要求时,可直接在地基上分层填筑路堤。地面横坡陡于1:5时,原地面应挖成台阶(台阶宽度不小于2m)并进行压实,由最低一层台阶填起,逐层向上填筑,分层压实。

(5)若填方分几个作业段施工,两段交接处不在同一时间填筑时,将先填地段挖成宽度不小于2m的台阶。同一时间填筑的则分层相互交叠,搭接长度不小于2m。

(6)如果风积沙路基填筑就近取水方便时,可采用水坠法分层碾压填筑,其最大松铺厚度一般不超过25cm,所设围堰每层应相互错开。分段进行水坠法施工时,相邻段水坠重叠宽度应不小于1m,填料水头高度应不小于20cm以上。采用干振法施工时的最大厚度不得超过30cm。

2)路基压实

(1)施工前,根据具体情况选择地质条件、断面形式具有代表性的地段做试验路段,其长度为200~300m。通过路基填筑和开挖试验,确定正确的压实方法、各类压实设备在最佳组合下的各自的碾压遍数、碾压速度、松铺厚度、含水率、预加沉落度、宽填宽挖尺度等施工参数,作为大面积施工的依据。

(2)根据断面放样出路基中线及边线。在天然含水率及洒水状态下的压实施工,选用能在沙漠中自由行走的机械,前后轮驱动压路机或履带式推土机。一般可采用15t以上的振动压路机或140马力(1马力=735.5W)以上的推土机。由于填料为风积沙,无黏聚性,考虑到填料扰动深度与碾压机具的工作能力及振动频率存在线性的关系,故对路基的碾压应选用合理的机械配置及合理的碾压程序进行施工。当日验收完成的路基,当日进入下道工序,以防扰动破坏。沙漠路基的施工黄金时间为6~10月份。

(3)推送填料

推土机从路基两侧或短距离纵向移挖运送风积沙至填方路段。先将填料顶层的干沙清除,因为风积沙表面较干燥,0.3m以下相对含水率较高,接近最佳含水率。一般情况下,晚上运送填料,白天碾压,防止水分在白天高温下蒸发。摊铺完后采用推土机进行稳压,稳压的工艺和原地表压实相同。

(4)碾压

碾压时由中间向两边碾压,先慢后快,振动碾压。最后用推土机终压,推土机进行纵三横四碾压(纵向碾压三遍,横向碾压四遍),终压采用100kW以下推土机,履带板采用尖形板。

选用推土机碾压时,其工作能力与振动频率相对较弱,在施工时应按以下工序进行施工。

初压选用140推土机时从路基边缘向内侧逐轮碾压,碾压时轮迹重叠宽度不小于1/2宽度,单侧轮迹布满一个作业为一遍;复压选用180马力以上的推土机进行碾压,碾压遍数为6遍,碾压时从路基边缘向内侧逐轮碾压,碾压时轮迹重叠宽度不小于1/2宽度,单侧轮迹布满一个作业为一遍;稳压时也可采用纵向、横向交错的碾压方式;终压选用140推土机进行碾压,碾压遍数为2遍,在碾压时从路基边缘向内侧逐轮碾压,碾压时轮迹重叠宽度不小于1/2宽度,单侧轮迹布满一个作业为一遍。

选用双驱动压路机时,考虑到压路机的工作能力及振动频率与风积沙反弹层厚度有关,在施工时应按以下工序进行施工。

初压选用14t或15t双驱动压路机进行碾压,其碾压遍数据为2遍,碾压时轮迹重叠宽度不小于1/3,轮迹布满一个作业为一遍,碾压行驶速度不超过4km/h;复压时选用16t以上双驱动压路机进行碾压,其压遍数为4遍,碾压时先慢后快,采用强振进行振动碾压,压时轮迹重叠宽度不小于1/3,轮迹布满一个作业为一遍,终压选用14t或15t双驱动压路机进行碾压,其遍数为2遍,碾压时轮迹重叠宽度不小于1/3,轮迹布满一个作业为一遍,碾压行驶速度不超过4km/h。

在碾压时，直线及大半径曲线由两边向中间，小半径曲线段由内侧向外侧，纵向进退式进行。前后相邻两区段（碾压区段之前的平整预压区段与其后的检测区段）应纵向重叠2.0m以上，达到无漏压、无死角，确保碾压均匀。

(5)检测压实密度。采用环刀法测定风积沙干密度，压实度每2 000m^2检测8点，规定值为>94%，合格后进行下层填筑。

5.2.4 挖方路堑施工

(1)挖方路堑施工前，复查施工组织设计，核实调整风积沙调运图表，施工现场清表，用标志桩标出开挖线。

(2)挖方路堑的排水设施

路堑开挖前做好截水沟，并视土质情况做好防渗工作。土方工程施工期间修建临时排水设施。临时排水设施与永久性排水设施相结合，流水不流入农田、耕地，不引起淤积和冲刷。

(3)风积沙开挖

开挖自上而下，分层挖弃，层厚以1m左右为宜，边坡预留0.5~1.0m厚，刷坡时考虑。

根据路堑开挖线和弃方调运图，确定好弃沙线路和使用机械。一般以较大型推土机（140kW以上）进行纵向推运，根据开挖数量，每100m长度配备2~4台；较小型推土机（120kW以下）负责路堑刷坡，以免超挖或欠挖，每100m范围配置2台，左、右坡面各一台。若纵断面较长，纵向推土机可接力推运；超过200m以上时，可采用横弃法。不满足横弃条件时（调配或无横弃点），300m以上考虑沙漠翻斗车运输或修筑便道，由自卸车运弃。

挖至距路床高程0.3~0.5m时，停止开挖。待刷坡、护坡工作结束，路床纵横断面准确整修后再精确至路床高程上10cm。用平地机整平，压实后，再用平地机刮去多余风积沙。再精平、压实后，进行沙基封层工作。压实方法及工艺同路堤施工。

施工过程中如发现风积沙层下部出现土质或其他材料，将上部风积沙全部挖除后再进行下部开挖，开挖的土层堆至指定地点以备后用。

(4)路堑开挖根据路堑深度和纵向长度，分别采用以下三种方法。

①横挖法：适用于边坡较缓及地面纵坡较小的沙区。施工时采用推土机沿路堑纵断面垂直方向进行开挖，不同高度分几个台阶进行，以挖作填，运距超过推土机的经济运距时，按弃土处理。

②纵挖法：先沿路堑纵向挖掘一道，然后向两边拓宽，每开挖深2m，边坡修整一次。用于边坡较陡开挖距离较短的地形。

③线路纵向长度和挖深都很大时，采用混合式开挖法，即横挖法和纵挖法混合使用。

5.2.5 桥台、涵背回填施工

回填工作在隐蔽工程验收合格后进行。桥台背纵向填筑长度不小于10m，涵背每侧不小于3m。桥台、涵背的填料均以风积沙水平分层填筑。桥台及涵洞伸入路面结构时，在距台顶及涵顶1.5m以上部分用砂砾分层填筑，砂砾填筑坡度为1:2，与风积沙连接处做成台阶状向上填筑。

桥台、涵背风积沙回填采用水坠法分层填筑。松铺厚度不大于25cm，水坠后，再用推土机及压路机进行碾压，局部不容易压到的地方，人工用电夯及内燃小型夯机夯实。压实厚度约20cm。桥台、涵背填方宜与锥坡填方同时进行。工艺框图如图2。

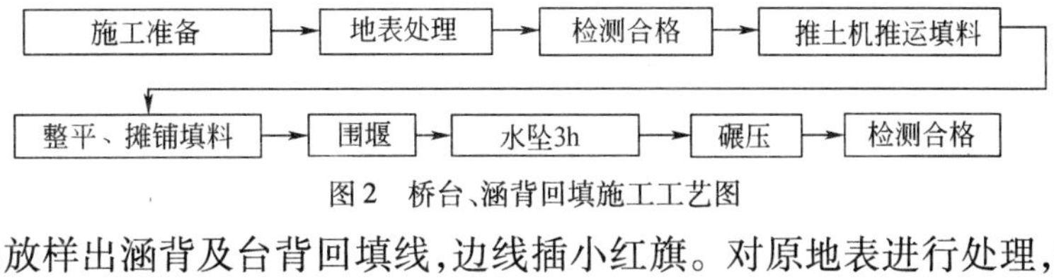

图2 桥台、涵背回填施工工艺图

(1)施工准备：放样出涵背及台背回填线，边线插小红旗。对原地表进行处理，清除缺口垃圾及杂物，开挖出回填轮廓线。与路基相连接处，挖成台阶形，台阶宽度不小于2m，高度不大于1m。

(2)运送填料。一般为横向取沙及纵向小距离运沙，横向取沙时防止阻塞自然形成的渠道，使涵洞失去作用。

(3)摊铺填料。填料运到桥涵背后,用推土机摊平,每次摊铺厚度不超过25cm,压实为20cm,为保证摊铺厚度,在桥涵背边墙两侧各标出填筑厚度,左、中、右各标一个,每20cm为一格,一直划到涵顶。

(4)在桥台、涵背范围修筑围堰、放水。每$20m^2$设一个围堰,高30cm,保证蓄水高度为15cm。对涵背及台背的拐角处及台背墙身周围50cm以内采用人工用铁锹进行捣固,水渗3h后进行碾压。

(5)碾压。采用推土机及压路机,压路机轮迹重叠不小于1/3,推土机履带轮迹重叠不小于1/2,布满一个工作面为一遍,压路机压6遍,推土机压6遍后检测压实度,合格后方可填筑下一层。

5.2.6 沙基封层施工

1)灰土封层施工(工艺流程见图3)

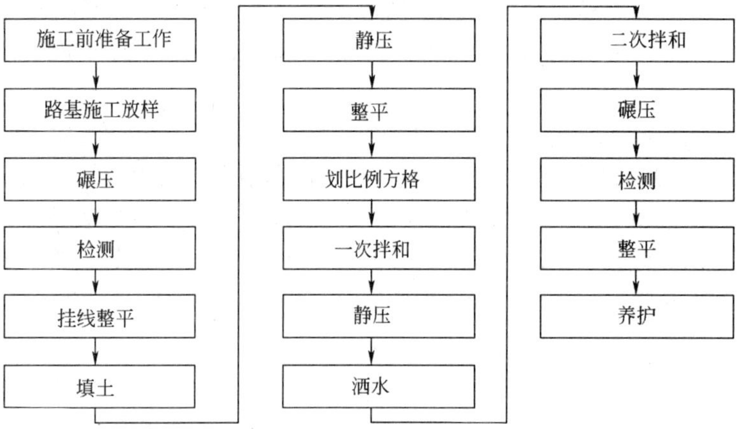

图3 沙基封层施工工艺图

(1)施工前的准备。灰土封层施工前应提交石灰土有关试验报告。试验报告包括石灰土7d侧限抗压强度(养生6d,饱水24h)应达到0.5MPa以上,灰剂量应在7%以上。CaO + MgO含量为65%。石灰经过消解并过5mm筛子,石灰的各项资料满足三级以上生石灰技术指标。

(2)路基施工放样:路基每100m一段放样出中线及边线。

(3)对沙路基进行水坠,推土机碾压平整,使整段路拱横坡与路面横坡一致,检测路基高程及压实度。高程每200m测4个断面,规定值为(+10,-15);压实度每2 000m测4个点,规定值为≥95%。

(4)填土只能从一端或两端同时向中间推进,自卸汽车运土,推土机配合整平。

(5)采用18t压路机静压两遍。黏土的塑性指数不小于12,土块粒径不大于15mm,再用平地机按要求整平。

(6)每个工作面按100m划分,半幅路基进行,在整平的土层上按10~$15m^2$划一个框,再按要求每个放入石灰,人工摊平。灰土宽度和路床宽度相同,灰土每侧加宽20cm,保证灰土压实及拌和质量。

(7)拌和机进行拌和,拌和机后要有专人跟踪,每5m长检测一次拌和深度。拌和过深,容易把下面的沙子搅起,拌和过浅,易出现没有拌和到的夹层。

(8)检测含水率是否接近最佳含水率。含水率要略小于最佳含水率,若含水率过低,则洒水,进行二次拌和。二次拌和时要先进行稳压,再拌和。

(9)用18t以上羊足碾进行碾压,不得少于6遍,碾压时轮迹重叠不小于轮宽1/3,两个工作面搭接长度不小于2m。碾压完后立即进行检测,合格后用平碾振动碾压。

(10)用水准仪测高程,再用平地机整平,整平后用胶轮压路机封面。灰土施工完后立即进行养护,摊铺3~5cm风积沙,随时洒水养护或用地膜进行养护,养护期一般不小于7d,禁止车辆通行。

2)砂砾封层施工(工艺流程见图4)

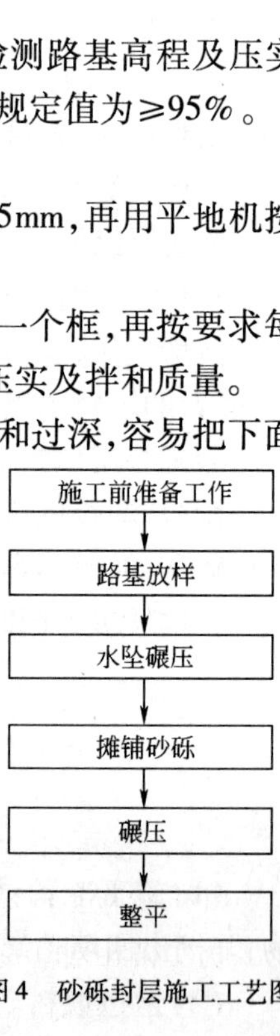

图4 砂砾封层施工工艺图

(1)施工前准备工作。砂砾要做含水率试验,标准击实砂砾中石块不能太大。

(2)路基放样。砂砾封层的施工放样与灰土封层相同。

(3)水坠碾压。砂砾封层下的沙层施工与灰土相同。

(4)摊铺砂砾。用推土机配合自卸汽车。

(5)碾压。砂砾摊铺整平后,先用推土机稳压两遍。然后用平地机粗平,再用 18t 振动压路机碾压 2 ~3 遍即可检测。

(6)整平。先用水准仪侧出标准高程,再用平地机按要求整平。因砂砾为渗水性填料,不会集水,强度高,效果较好。

5.2.7 沙漠路基边坡防护施工

1)黏土包边施工(工艺流程见图5)

(1)施工前的准备。做黏土的标准击实,黏土的塑性指数等项目。采用塑性指数在 8 ~10 的黏土。

(2)对沙面边坡进行放线。包括坡度、填筑宽度及厚度,根据放线刷边坡,坡面挂米字线参照施工,使坡面平整圆顺。

(3)刷完坡后,在坡面上洒水使风积沙充分湿润,然后用推土机碾压沙面,坡面一般要求 1∶3,碾压后经检测合格方可填筑黏土。

(4)路堤应在路基宽度范围之外的边坡铺筑黏土,底部埋入原地表 20cm,顶部至硬路肩底面,并做成 5% 的横坡。黏土从坡脚开始水平分层向上铺筑,每层松铺厚度不大于 15cm,宽度大于包边宽度,适当洒水,用推土机碾压,碾压履带轮道相互重叠不小于 1/2,碾压 3 遍。每 50m 检测 2 点,每点压实度不小于 80%。

(5)路堑黏土包边要埋入积沙平台 20cm,顶部与原地面平齐,路堑顶最好用黏土做成宽 30cm、高 20cm 的黏土平台,既可防止雨水流入路堑又可防止雨水冲刷边坡。黏土包边厚度不小于 25cm,推土机碾压。

图5　黏土包边施工工艺图

(6)精刷边坡。黏土包边整修要挂米字线,由上到下一次完成,使坡面平整,顺畅。每 20m 宽为一段,一次刷完,多余的土留在坡脚用车拉出路基外弃掉。

(7)黏土包边施工完后应立即进行绿化。

2)平整带

平整带位于两边路堤坡脚外 20m,路堑边坡顶 20m,把路基施工的多余土,铺在平整带。平整带要顺直,避免大填大挖,要求随地形推平。平整带要做成向路基外坡度为 5% 的坡度,避免下雨时,水直流路基,冲刷边坡。平整带修完后,风积沙区要先铺草格网,再进行绿化。

3)三维土工网

三维土工网防护边坡效果不但好,而且施工简单,适合路基边坡较陡及坡度较大地段。

三维土工网沿路基方向垂直铺在边坡上,坡顶及坡脚要埋入沙中不少于 30cm。土工网两侧用土工钉每隔 30cm 钉一根纵向排列。如果长度不够可纵向搭接,搭接长度不小于 2m,两幅搭接宽度不小于 25cm。三维土工网铺完后,应立即撒上草种,再铺上黏土 5cm。

6 材料与设备

6.1 材料

6.1.1 风积沙

风积沙施工过程中要很好地解决运输和碾压这两大制约因素,这两种因素如能很好的解决,风积沙施工就变得相对容易了。

6.1.2 砂砾

(1)砂。使用颗粒级配良好、质地坚硬的中砂或粗砂,当用细砂、粉砂时,应掺加粒径20~50mm的卵石(或碎石),但要分布均匀。砂中不得含有杂草、树根等有机杂质,含泥量应小于5%。

(2)砂石。用自然级配的砂石(或卵石、碎石)混合物,粒级应在50mm以下,其含量应在50%以内,不得含有植物残体、垃圾等杂物,含泥量小于5%。

6.1.3 灰土

石灰土7d侧限抗压强度(养生6d,饱水24h)应达到0.5MPa以上,灰剂量应在7%以上。CaO + MgO含量65%。石灰经过消解并过5mm筛子,石灰的各项资料满足三级以上生石灰技术指标。

6.1.4 黏土塑形指数为8~10。

6.2 设备(见表1)

填方路基每个作业面配套机械表 表1

名称	型号	数量	名称	型号	数量
挖掘机	大宇250	1台	自卸车	红岩CQ3253TMG324	7台
推土机	山推220	2台	振动压路机(双驱)	18t	2台
推土机	三明重工140	2台	洒水车	$5m^3$	4台
推土机	徐工120	4台	平地机	PY180S	2台
自卸车	东风EQ3126	8台	装载机	ZL-50S	4台

6.3 劳动力组织

管理和技术人员18人,大型机械操作手20人,修理工6人,驾驶员16人,其他配合人员12人,合计72人。

7 质量控制

施工中质量控制的重点是压实度,压实度是保证路基强度和稳定性的基本条件。重点应注意以下几个方面。

7.1 确定不同路段的填土最大干密度用于填筑路基的沿线风积沙,其含水率为零,干密度往往有较大的变化,沙漠边缘地带的干密度在$1.55g/cm^3$。在路基施工之前,必须对每一段风积沙进行土工试验,取得其最大干密度,以便检测路基风积沙的压实度。

7.2 分层填筑,分层碾压

对于风积沙,采用CA-25振动压路机振动压实,压实厚度不超过50cm,对振动压路机无法碾压的低洼地段可采用大吨位的推土机进行碾压。

7.3 全宽填筑,全宽碾压

填筑砂基时,从基底开始在路基全宽范围内分层向上填筑和碾压。

7.4 加强测试检验及压实控制

压实度检测采用环刀法。在施工中当碾压遍数达到一定要求时,如果实测的压实度过小或过大时,检查该路段风积沙的最大干密度,找出问题原因,以达到要求,保证路基的强度和稳定性。

7.5 沙漠路基检测

7.5.1 风积沙填、挖路段试验项目(表2)

(1)颗粒分析试验;

(2)相对密度试验;

(3)天然含水率试验;

(4)最大干密度(包括干振法确定及饱水振法确定)。

风积沙填、挖路段检测规定值　　表2

项　　目	项 目 检 查	规定允许偏差	检 测 方 法
1	压密度(%)	执行规范标准	2 000m^2 检测8点
2	纵断高程(mm)	+10,-15	水准仪2 000m检测4个断面
3	中线偏位(mm)	≤100	经纬仪200m测4点,弯道加测HY、YH两点
4	宽度(mm)	不小于设计值	米尺200m测4个断面
5	横坡(%)	±0.5	水准仪:每200m测4个断面
6	边坡(%)	不大于设计值	抽查,每200m测4处

7.5.2　灰土封层检测(表3)

(1)石灰的化学分析,主要包括石灰的有效氧化钙、氧化镁含量;

(2)石灰土的配合比设计;

(3)石灰土的重型击实试验;

(4)石灰量检测;

(5)无侧限抗压强度;

(6)灰土中的塑性指数、重型击实试验、含水率及颗粒分析。

灰土封层检测规定值　　表3

项　　目	检 查 项 目	允 许 偏 差	检查方法和频率
1	弯沉值(0.01mm)	不大于设计值	弯沉仪,200m一个点
2	纵断面高程(mm)	+10,-15	200m测4个断面
3	中线偏差(mm)	50	200m测4点,弯道加测HY、YH两点
4	宽度(mm)	不小于设计值	200m测4个断面
5	平整度(mm)	12	200m测4处
6	横坡(%)	±0.5	200m测4个断面
7	灰土强度(MPa)	≥0.5	每100m 2组
8	压实度(%)	≥95%	2 000m测4个点

7.5.3　砂砾封层检测

(1)含石率检测;

(2)重型击实试验;

(3)灌沙法检测。

除抗压强度外,检测项目和灰土相同。

7.5.4　黏土包边检测(表4)

(1)风积沙压实;

(2)土的重型击实试验、含水率、塑性、颗粒分析。

黏土包边检测规定值　　表4

项　　次	检 测 项 目	规定值及允许偏差	检查方法和频率
1	包边压实度	80%	2 000m^2 检测4点
2	宽度	不小于设计值	200m测4个断面
3	厚度	>25cm	200m测4处

8　安全措施

8.1　加强沙漠地区施工安全宣传教育工作,强化全员安全意识,建立完善的安全保证体系,使安全管理制度化,教育经常化。

8.2　认真落实标准化作业,严格按安全操作规程进行施工,严肃劳动纪律,杜绝违章指挥与违章操作,保证充足的安全投入,使安全生产建立在管理科学、技术先进、防护可靠的基础上。

8.3　采取一些必要的手段,如:安全技术交底、沙漠生存知识讲座、"三工、三检"、安全分析会等形式,使安全工作融入日常工作和生活中,把事故消灭在萌芽状态。

8.4　机械设备及施工车辆,要经常检查其状况,严格禁止带病作业。

8.5　各专业工种作业人员,必须经专业培训和考试,合格后持证上岗。

8.6　工地修建的临房,架设的动力照明线路,设置的电箱等,必须符合防火、防水、防触电、防雷击、防沙尘暴的要求,配备足够的消防设施,安装避雷设备。

8.7　由于施工现场属于沙漠地段,高温,辐射较强,生活用水紧张,很容易造成中暑,腹泻等疾病,必须健全医疗保障措施,配备必要的卫生设施和专业人员。

8.8　抓好现场管理,搞好文明施工,工程材料的合理堆放,各种交通、施工信号标志完备,管路、线路保证畅通、架设正确。施工现场紧张有序,施工程序有条不紊。路基施工前要做好疏排水系统,做好侧、边、截水沟,在雨季来临前,使工地沿线具有良好的排水通道,以防雨水冲刷路基,并经常派人对排水系统进行清理,以保证排水通畅。

8.9　在施工过程中,每个作业班下班后,必须清理边沟内的杂物、土石等,以保证既有线排水通畅。

8.10　开挖地段设专人检查,防护,如发现坍塌或线路状态有变动时,立即采取补救措施,如果对行车有影响,必须在线路恢复到良好状态后,方可放行车辆。

9　环保措施

9.1　施工前应做全面安排,编制合理的施工组织设计。尽可能减少机械、人力资源的浪费。

9.2　取、弃沙合理调配,避免大弃,尽量保护沙漠植被。尽最大可能减少对原植被的破坏。因修建临时工程破坏了现有的绿色植被,应负责在拆除临时工程时予以恢复。

9.3　在施工区域,尤其是有居民的居住区域采用抑尘措施,减少扬沙情况发生。

9.4　生活污水不得直接排入灌溉渠、坎儿井、水库,严禁排入饮用水源。

9.5　对施工人员加强保护自然资源及野生动植物的教育,在雇佣合同中明确规定严禁偷猎和随意砍伐。

10　资源节约

本施工工法采用干压法进行施工,在满足工程质量要求的前提下,可以做到合理调配沙量、安排施工机械,节约了沙漠地区宝贵的水资源,提高了施工效率,加快工期,大幅度降低了材料、油料、机械消耗,节约了成本。

11　施工注意事项

(1)宜安排路基在少风、风速较小或有雨季节施工,并在风季来临前配套完成,并做到集中力量完成一段,防护一段。

(2)施工次序为先路堑,后路堤,先迎风面,后背风面,先风口地段,后一般地段。

(3)在地形开阔的风沙流地段,应将路基两侧20~50m范围内可引起公路积沙的障碍物予以清除、摊平,并进行固沙处理。

(4)尽量保护路线两侧原有植被和地表硬壳,以保持原有的平衡状态的地形地貌。

(5)在用粉砂和细砂填筑路堤时,应进行试验以确定压实机械和压实方法。

(6)从风积沙路基施工开始,就做到随时进行固防处理,当日不能完工的地段,对坡面和路肩加以覆盖,以防刮风。

(7)路基的整形。在风积沙路基填筑基本完成后,采用14t或15t双驱振动压路机或140马力以上履带式推土机配合小型推土机及人工进行整形,要求各项技术指标严格按有关技术规程执行。应尽可能移挖作填,减少弃方。确需废弃时应纵向就近弃于路线两侧沙丘低洼地,并予整平。

(8)尽量采取有效措施保护路线两侧原有植被和地表硬壳。对因施工作业及取弃沙等造成原地表植被破坏的部分,路基成型且边坡整理后,应采取柴草网格或黏土压盖等措施,并撒播草籽,恢复植被。

12 效益分析

榆靖高速公路风积沙路基施工中采用了该工法,与其他类似的沙漠路基施工相比较,使整个施工期较为科学地调运了沙量,合理安排了施工机械、井水资源(打旱井取水),各工序能够紧密衔接,效率配套,充分地发挥了生产资源的投入效益,加快了工期,降低了施工成本,特别是机械碾压部分,取得了较好的效益。据测算,平均每公里的综合成本要减少3%左右,相当可观。

本工法科学合理,结合实际。不但节约了施工成本,还保证了工程质量。在榆靖公路多次劳动竞赛中,以速度快、质量好多次受到业主表扬及奖励。在陕西省质检站检查中,该标段的沙漠路基线形顺畅、边坡顺直、路面平整、压实度100%合格,获通报表扬。

13 应用实例

榆林至靖边高速公路及新疆阿和沙漠公路的施工中得到了成功应用,实现了风积沙路基日平均进度达到1.12km,提前2.5个月完成进度目标,质量稳定,安全高效。

公路主线路基采用整体式横断面,路基宽度26~35.00m,由行车道(2×7.5m),中央分隔带(2.0~11.0m),路缘带(2×7.5m),硬路肩(含路缘带)(2×3.0m),土路肩(2×0.75m)组成。

榆林至靖边高速公路N4标段路基填筑压实分为五个区段,K43+500~K45+531为风积沙,下伏砂质黄土路段,长度2 031m,最大挖方深度9.7m,最大填方高度4.68m;K45+687~K46+962为风积沙,长度1 275m,最大挖方6.26m,最大填方2.93m;K47+248~K48+354为风积沙路段,长度1 106m,最大挖方10.13m,最大填方10.61m;K49+691~K49+860为岩质路堑,长度169m,最大挖深12.27m;K49+860~K50+500为黄土路段,长度640m,最大填方高度9.24m。

填方路基:边坡高度小于3m时,采用1:3~1:8的坡率黏土包边,边坡高度大于3m小于8m时,采用1:2边坡,大于8m时为1:3,边坡采用三维土工网垫护坡。

挖方路基:挖方深度小于1.5m,坡度1:8,植草绿化,挖方1.5~6m间路段,坡度1:4,植草绿化,挖方深度大于6m的路段,坡度1:2,三维土工网垫护坡。挖方深度大于6m的黄土路堑,坡度1:1,三维土工网垫护坡,并设置挡沙墙。

该项目已于2002年竣工,工程质量优良。

路 面 篇

沥青玛蹄脂(SMA)路面施工工法

GGG(京)B4018—2008

张宏建 汪 华 朱富奎 曹 程 王 晋
(安通建设有限公司 新疆昆仑路港工程公司)

1 前言

安徽省高速公路的建设在2000年以前均以水泥混凝土路面为主,但随着早期建设的水泥路面大中修期的到来,给高速公路的维修带来了极大的不便,艰难的维修工作同时严重的影响着行车的安全性和舒适性,为改变这种被动局面的循环再现,省高管局出台了高速公路黑色化的决策,此决策也得到了交通部的大力支持,2000年10月安徽省第一条沥青混凝土路面——合徐高速公路南段建成通车,随后,省高管局又提出了在合(肥)安(庆)高速公路路面08标段(安庆连接线)铺筑长24.4km的改性沥青与SMA试验路,待通车观察后在全省推广,并用于水泥混凝土路面的改造和维修,改性沥青与SMA试验路于2001年11月铺筑完毕,试验路铺筑取得了圆满成功,为安徽省大面积推广改性沥青和SMA路面积累了成熟的施工经验。

2 工法特点

2.1 本工法采用间歇式沥青混合料拌和楼集中拌和、大吨位自卸车运输、履带式沥青混合料摊铺机进行摊铺、双钢轮振动压路机高温碾压成型的机械化流水作业方法。其中,拌和时采用专用纤维稳定剂投料装置直接将木质素纤维自动投放,摊铺时采用非接触式平衡梁自动找平。

2.2 本工法是多年来在SMA路面的施工实践中总结出的成熟施工方案和施工工艺的基础上,逐步优化而成,可操作性强。

2.3 由于SMA路面施工工艺要求较高,与其他间断级配混合料一样,它对施工因素的敏感性较强,极易造成质量波动、局部泛油、油斑、透水等,施工人员必须经全员培训掌握SMA路面特性及本工法后,才能上岗。

2.4 SMA路面对原材料及机械设备的性能要求高,由于混合料生产时各料仓间不平衡、矿粉投放时间加长,以及拌和时间增加(较普通沥青混凝土长10~15s),产量降低比较明显,因此,必须配备每小时产量达220t以上的拌和设备。

2.5 由于SMA混合料为间断级配,粗集料粒径单一、量多,细集料很少,矿粉用量大,且使用改性沥青,因而SMA路面施工时应充分考虑其沥青玛蹄脂的黏性大及工序间的互动性强引起的施工难度。

2.6 本工法受气候条件影响明显,适宜在高温季节施工,施工阶段的各道工序均在高温(较普通沥青混凝土高10℃~20℃)状态下进行。

3 适用范围

本工法适用于高速公路、一、二级公路和机场跑道、城市道路、钢桥桥面等SMA路面施工。

4 工艺原理

4.1 沥青玛蹄脂碎石混合料(SMA)是一种以沥青、矿粉、纤维稳定剂及少量的细集料组成的沥青玛蹄脂填充间断级配粗集料骨架间隙而组成的沥青混合料。

沥青玛蹄脂碎石混合料的组成特征主要包括两个方面:①含量较多的粗集料互相嵌锁组成高稳定性、抗变形能力强的结构骨架;②细集料矿粉、沥青和纤维稳定剂组成的沥青玛蹄脂将骨架胶结在一起,并填充骨架空隙,使混合料有较好的柔性及耐久性。SMA 的结构组成可概括为“三多一少”,即粗集料多、矿粉多、沥青多、细集料少。具体讲:①SMA 是一种间断级配的沥青混合料,5mm 以上的粗集料比例高达 70% ~80%,矿粉用量达 7% ~13%,(“粉胶比”超出通常值 1.2 的限制)。由此形成的间断级配,很少使用细集料;②为加入较多沥青,一方面增加矿粉的用量,同时使用纤维作为稳定剂;③沥青用量较多,高达 6.0% ~6.5%,黏结性要求高,并希望选用针入度小、软化点高、温度稳定性好的沥青(最好采用改性沥青)。所以,沥青玛蹄脂碎石混合料的强度是依靠粗集料在沥青混合料中的骨架嵌挤作用和沥青玛蹄脂胶结料的黏结裹覆作用形成的,因而它更具有很好的耐久性、抗高温稳定性、抗低温开裂性、抗滑性及较好的排水性能。

4.2　合安路面 08 标段使用的基质沥青系进口壳牌 AH－70 号重交道路石油沥青,改性剂采用 SBS(苯乙烯—丁二烯—苯乙烯嵌段物),SBS 为湖北燕化公司“国创一号”星型,剂量 5%,由北京国创改性沥青有限公司的 LG－8 型炼磨式改性设备在拌和厂现场改性,该设备分加工车和储存车两部分,加工车首尾通过管道分别与基质沥青储存罐和改性沥青发育储存罐连接,改性剂 SBS 经计量装置称量后进入改性车,经高速剪切和多次胶体磨之后泵入改性沥青发育储存车,发育储存罐直接与拌和楼沥青计量罐相连,目前所用改性沥青均可直接使用成品改性沥青。

5　施工工艺流程及操作要点

5.1　施工工艺流程(图 1)

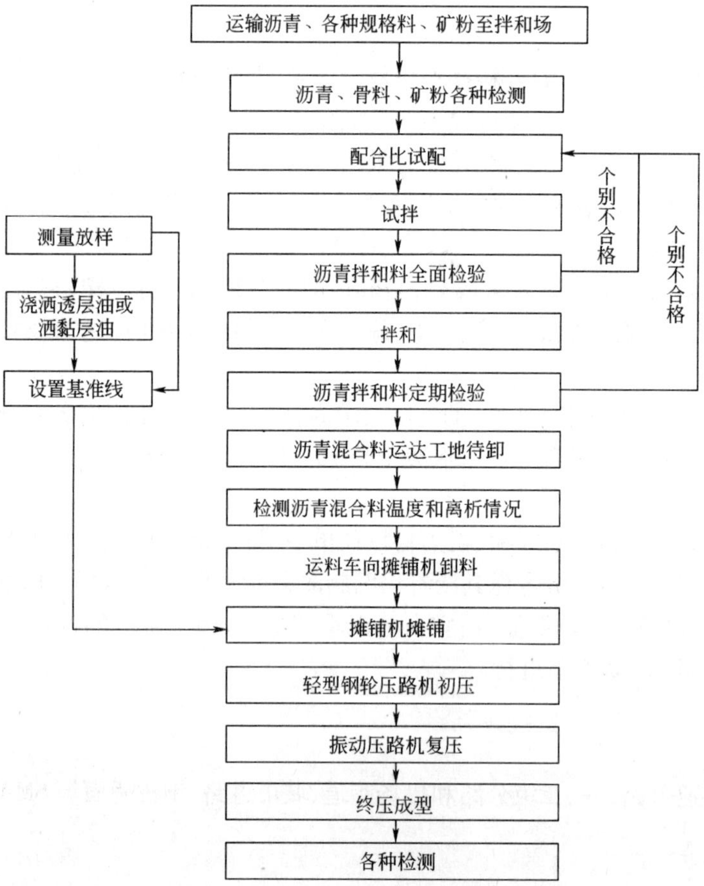

图 1　SMA 路面施工工艺流程图

5.2 操作要点

5.2.1 认真进行材料调查，准确掌握各种材料的性能、价格、运距等方面的信息，在材料进场前后都要抽样送检，在确保各项指标都合格后才能大批量进场和使用，且经选择的材料在施工过程中应保持稳定，不得随意变更。

5.2.2 施工前对各种施工机具应作全面检查，并经调试证明处于性能良好状态，机械数量足够，施工能力配套，重要机械宜有备用设备。

5.2.3 SMA混合料的配比设计应根据实践经验和马歇尔试验的结果，经过试拌，铺筑试验段论证确定，一般要经过三个阶段：目标配合比设计阶段、生产配合比设计阶段、生产配合比验证阶段。经设计确定的标准配合比在施工过程中不得随意变更。合安高速公路SMA混合料的配比设计如图2、图3所示。

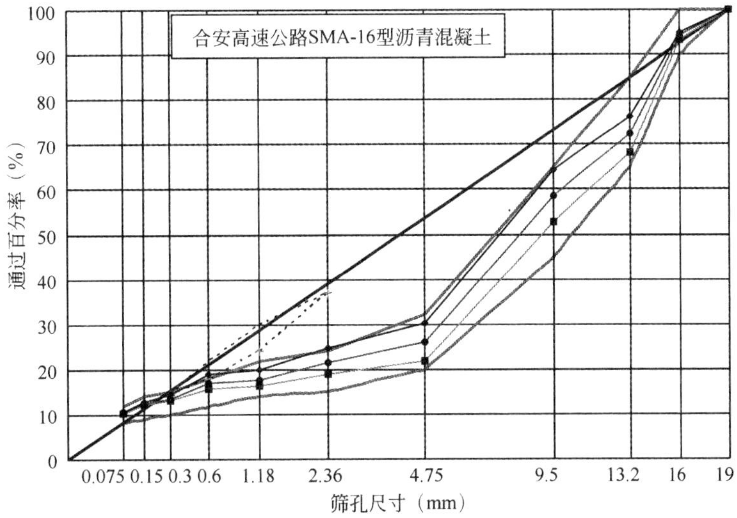

图2 SMA混合料级配（目标配合比设计）

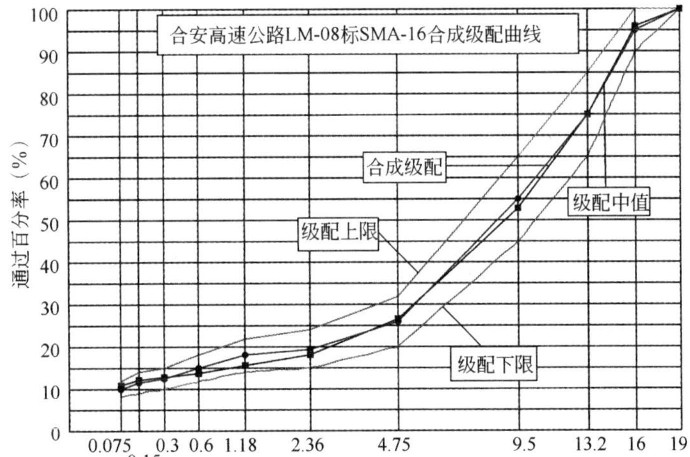

图3 SMA混合料级配（生产配合比级配）

5.2.4 SMA混合料必须在沥青拌和厂采用间歇式拌和机械拌制，沥青混合料拌和时间以混合料拌和均匀、所有矿料颗粒全部裹覆沥青结合料为度，并经试拌确定；拌和厂的沥青混合料应均匀一致、无花白料、无结团成块或严重的粗细分离现象，不符合要求时不得使用，并应及时调整；按试验段确定的配合比生产且不断进行跟踪检测，改性沥青混合料宜随拌随用，若因生产或其他原因需短时间储存时，时间不得超过24h。

5.2.5 木质素纤维的添加应使用自动控制的纤维投入设备，管道接至热料仓观察孔处，该设备具有较精确的计量控制系统，添加过程为全自动控制，纤维与沥青同时喷入。试验过程中证明，纤维不会被拌和机内的真空吸尘装置吸走,能够保证按设定剂量添加。观察表明,纤维在混合料中分散十分均匀,无团块。铺筑的每一天应根据实际使用的木质素纤维和SMA混合料产量进行校核。

5.2.6 SMA混合料的运输应采用较大吨位的自卸汽车,应与摊铺机的数量、摊铺能力、运输距离相适应,在摊铺机前应形成一个不间断的供料车流,运料车应用篷布覆盖,用以保温、防雨、防污染。

5.2.7 铺筑SMA混合料前,应检查确认下层的质量、高程及几何尺寸等,合格后方可进行施工作业;沥青混合料必须缓慢、均匀、连续不间断地摊铺,同时配以人工找补,摊铺速度应符合2~6m/min的要求。

5.2.8 SMA混合料的压实应按初压、复压、终压(包括成型)三个阶段进行,压路机应以缓慢而均匀的速度碾压,初压应在较高温度下进行,不得产生推移、发裂,压实温度应满足规范要求,压路机应从外侧向中心碾压,压路机的碾压速度应与摊铺速度平衡,碾压遍数及轮迹重叠宽度应符合规范要求。应该注意的是,SMA路面碾压不能使用轮胎压路机,应采用全钢轮压路机碾压。

5.2.9 摊铺时采用梯队作业的纵缝应采用热接缝,平接缝应做到紧密黏结,充分压实 、连接平顺。

5.2.10 SMA改性沥青混凝土应保持连续、均匀、不间断地摊铺;压实应在摊铺以后紧接着进行,不得等混合料冷却以后碾压;在初压和复压过程中,宜采用同类压路机并列成梯队压实,不宜采用首尾相接的纵列方式;振动压路机碾压时轮迹重叠不超过20cm。

5.2.11 当采用两台摊铺机成梯队作业时,纵缝应采用热接缝,两台摊铺机相距宜为10~20m,整平板设置在同一水平;横向施工缝中、下面层可采用平接或斜接缝;上面层应采用平接缝,宜在当天施工结束后切割、清扫、成缝。

6 材料与设备

6.1 主要材料

粗细集料均采用强度高、耐磨性好的玄武岩,碎石加工宜采用反击式破碎机自行加工,小于0.075mm部分要基本除尽。碎石加工质量要严格控制,矿粉必须使用强基性石灰岩磨细的石灰石粉,细度、亲水系数必须符合规范要求。

6.2 主要施工机械(表1)

主要施工机械表　　表1

机械名称	型号规格	额定功率(kW)、容量(m^3)或吨位(t)	厂牌及出厂时间	数量(台)
沥青混合料拌和楼	LB300	220t/h	1999	1
摊铺机	ABG-423	12.5m	1999	2
摊铺机	ABG-423	12.5m	2000	1
压路机	DD110	12t	1999	3
压路机	HD110	12t	1999	1
压路机	CC522	12t	1999	1
沥青洒布车	东风牌		1998	1
油罐车	HQG1100	99kW	1997	1
电子磅秤	SCS80	80t	1999	1
发电机	小松牌	400kW	1999	1
装载机	ZL50	$3m^3$	1996	4
挖掘机	PC220-5C	$1.0m^3$	1993	1
洒水车	WX-140	4.5t	1999	1
压路机	CA25S	25t	1998	1
自卸汽车	XZJ5270	15t	1999	20
路面铣刨机	Wirtgen 1900DC	297kW	2000	1

6.3 材料试验、质检仪器设备(表2)

材料试验、质检仪器设备表　　表2

序 号	仪器设备名称	规格型号	单 位	数 量	备 注
1	全站仪(宾德)	PTS-V_2	台	1	
2	水准仪	DZS3-1	台	2	
3	三米直尺		把	1	
4	电子秤	4 000g	台	1	
5	电烘干炉	101-I 型	个	1	
6	托盘天平	2 000g	台	1	
7	弯沉仪	3.6m	套	2	
8	干燥器		个	1	
9	台秤	10kg	台	1	
10	取样盘(大、中、小)		个	各 15	
11	电子秤	MA110g	台	1	
12	石子标准筛	2.5 ~ 100mm	套	1	
13	砂子标准筛	0.16 ~ 5mm	套	1	
14	针片状规准仪		套	1	
15	马歇尔试验仪		台	1	
16	沥青抽提仪		台	1	
17	控温沥青拌和机		台	1	
18	马歇尔脱模器		台	1	
19	恒温水槽(六孔)	LSY	个	1	
20	电烘箱	101-A2 型	个	1	
21	全自动数显沥青针入度仪	LZ-S	台	1	
22	沥青针入度仪		台	1	
23	沥青延度试验仪		台	1	
24	沥青软化点试验仪		个	1	
25	摆式摩擦系数仪		台	1	
26	平整密度仪		台	1	
27	钻芯取样机	75 ~ 100cm	台	1	
28	沥青马歇尔稳定度试模		个	1	
29	沥青矿料方孔筛	0.075 ~ 37.5mm	套	2	
30	沥青旋转薄膜烘箱	XH-85	台	1	
31	路面平整度测定仪	ZJ-79	台	1	
32	谢伦堡沥青析漏仪		台	1	
33	肯塔堡沥青飞散试验仪		台	1	

7 质量控制

各工序针对工艺特点参照有关规定,除制定明确的质量标准和检查记录表格,执行《公路沥青路面施工技术规范》(JTG F40—2004)和《公路工程质量检验评定标准》(JTG F80/1—2004)等有关规定。

7.1 改性沥青对 SMA 路面的贡献率很高,它的质量直接关系着 SMA 路面的耐久性。施工中对改性沥青的质量控制主要为:改性剂与基质沥青的相容性,改性剂 SBS 的出厂质量,添加精度,SBS 的剪切颗粒大小与基质沥青的胶磨次数,改性沥青的软化点、延度、针入度、薄膜加热等指标的检验。对三大指标的检验要每日随机多次抽检,在施工中,现场试验员用玻璃棒在白纸板上刮拉,直观检测改性沥青的加工质量,对于及时发现问题有很好的效果。

基质沥青进入改性设备的温度应控制在 170 ~ 175℃(不超过 175℃),改性后的沥青温度控制在 175 ~ 180℃(不超过 180℃),改性沥青应根据当前的混合料产量生产,储存时间不宜超过 24h,在储存时为防止离析,要不停的搅拌。试验路铺筑过程中基质沥青、改性沥青试验检测结果见表 3,改性沥青的质量控制情况如图 4。

基质沥青及改性沥青检测结果　　表 3

技术指标	I-D 级改性沥青技术指标	改性沥青试验结果	基质沥青试验结果
针入度(25℃,100g,5s),0.1mm	大于等于 50	53	64
延度(5℃,5cm/min),mm	大于等于 30	40	180
软化点(环球法),℃	大于等于 70	75	46
弹性恢复(25℃),%	大于等于 90	96	—
密度,g/cm^3	实测	1.0	1.02

7.2　SMA 路面碾压控制,以往有过教训。SMA 路面压实遍数少,害怕过碾压造成玛蹄脂上浮,产生油斑,主要是配合比设计时空隙率靠油填充,4.75mm 的通过量过大,因而压路机少振动或不振动就可达到规定的压实度和路面空隙率,但通车后在重载交通的作用下,空隙率很快地减小,出现了车辙和泛油现象,这是 SMA 混合料配合比控制的误区。SMA 混合料必须适当降低油石比,增加粗集料用量,减小 4.75mm 通过率,增大压实功,使通车后路面空隙率减小较慢,提高抗车辙能力。

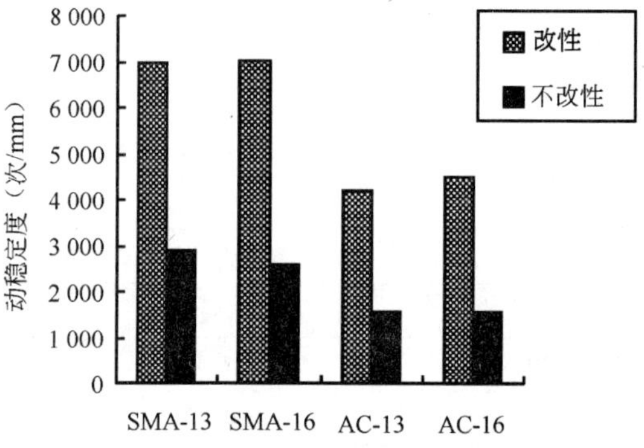

图 4　改性沥青的质量控制

7.3　配合比的质量控制,在配合比设计时虽然由于油石比小造成马歇尔空隙率和饱和度指标不满足要求,但主要还是应以成型路面的实测指标为依据,通过增大压实功来降低路面空隙率,保证大吨位的振动压路机强振不推移,且有足够的构造深度而不渗水,这是成功控制 SMA 混合料配合比的关键所在。

7.4　SMA 混合料的质量检测

施工的每一天均要进行室内马歇尔试验,谢伦堡析漏试验,抽提试验和体积指标检验,确保 VCA_{min}(最小骨架间隙率)小于 VCA_{DRC}(粗集料骨架间隙率)实现石—石嵌挤结构。在配合比设计阶段还要进行肯塔堡飞散试验、车辙试验、水稳定性检验,对施工结束后的路面应进行钻芯试验、检测现场压实度和现场空隙率,确保现场空隙率小于 6.0%。因 SMA 混合料中有木质素纤维,不宜使用燃烧炉测试 SMA 的油石比。试验室从拌和站取样,在 165℃击实温度下,以上下面各击实 50 次制作马歇尔试件,抽提试验(最佳油石比 6.2%)及矿料级配筛分结果(平均值)见表 4。在试验路铺筑前的线外试铺时,使用了三种油石比进行了试铺,选定 6.2% 为最佳油石比,马歇尔试验结果见表 5。SMA 粗集料间隙率 VCA_{DRC} =42.5%(VCA_{min}分别为 37.6、37.2、37.3)。

混合料抽提及矿料级配筛发结果(平均值)　　表 4

混合料	油石比	通过下列筛孔(mm)的百分率(%)										
名称	(%)	19	16	13.2	9.5	4.75	2.36	1.18	0.6	0.3	0.15	0.075
SMA-16	6.23%	100	98.6	80.6	58.1	26.8	18.4	15.8	14	13	11.9	9.2

SMA-16 马歇尔试验结果 表5

油石比(%)	粗集料合成毛体积相对密度(g/cm³)	合成集料的毛体积相对密度(g/cm³)	沥青混合料最大理论相对密度(g/cm³)	实测毛体积相对密度(g/cm³)	空隙率(%)	沥青饱和度(%)	矿料间隙率(%)	稳定度(kN)	流值(0.1mm)
6			2.468	2.356	4.5	74.7	17.9	8.67	29.2
6.1	2.701	2.706	2.464	2.358	4.3	76.1	17.9	9.29	30.2
6.2			2.461	2.363	4.0	77.7	17.8	12.79	32.3
规范值	—	—	计算法求得	实测	3~4	75~85	>16.5	>6.5	20~50

8 安全措施

8.1 建立安全保证体系，由项目经理部设安全领导小组，各级生产机构配齐专职安全员，实行岗位责任制，把安全生产纳入竞争机制，纳入承包内容，逐级签订包保责任书。明确分工，责任到人，奖罚分明，做到齐抓共管。抓管理，抓制度，抓队伍素质，盯住现场，跟班作业，抓住关键，超前预防。

8.2 把职业健康安全管理体系落到实处，通过定期召开安全生产工作会议、广泛组织工地夜校和工前教育、要求专业岗位人员持证上岗等有效措施，使安全管理程序化、规范化、制度化，从而进一步提高全员的安全生产意识，使大家能自觉遵守各项安全生产法令和规章制度。

8.3 施工现场做到布局合理，施工规范，防范严密，工地做到管线齐全，灯明路平；标志醒目，防护设施齐全；在施工现场悬挂有关施工安全标语，设立醒目警示牌，高空作业配戴安全帽、安全带，配置安全网。机械施工时设专人现场调度，确定合理的车辆机械行走线路。并设立明显安全标志。

8.4 做好交通疏导、管理工作

8.4.1 路面施工经常会遇到路段半幅分段封闭、半幅正常通车情况，因此要充分做好交通疏导管理工作。要在封闭段前后200m分别设立“禁止通行”标志，封闭处设立行驶方向指示牌，并有专人负责指挥，以确保车辆安全畅通。

8.4.2 施工人员应在施工作业段内活动，不得随意横穿车辆行驶车道，以确保人员安全。

8.4.3 施工用材料运输车辆要服从交通部门的管理，严格遵守交通规则。在施工现场按规定的行驶方向行驶，为现场施工人员及周围群众提供安全和方便。

8.4.4 严格执行消防有关要求：在拌和站、库房及临时房屋集中的地方，配备各种消防器材并定期检查。加强对职工的防火教育，建立严格的防火管理制度，在施工现场设立防火警示牌，并设专人巡逻监督。在林区和有风季节施工时，要加强火源管理，未经批准不随意用火，用火时再设专人管理，并距火源留有一定的防火线；另要加强对机械车辆及电源的管理，必要时加戴防火罩和采取其他防火措施，加强对易燃材料的保管。

8.4.5 加强车辆设备的管理：加强对驾驶员的安全教育，严禁违章操作；加强车辆设备的保养维修，严禁带病作业，做到文明驾驶，安全行车。

8.4.6 施工中注意保护好防汛设施，不损坏沿线排水系统，不因施工而削弱河流、堰塘、堤坝的抗汛能力，并注意疏通河道沟渠，不削减过水断面，确保水流畅通。汛期到来前将施工机械设备、材料物资转移到高处，并昼夜巡查，发现险情迅速消除。

8.4.7 做好季节性劳动保障：根据季节变化夏季做好防暑降温工作，配齐防暑劳保用品，备足防暑药品。冬季做好防寒工作，配齐保暖设施，备足取暖的材料，并注意防止煤气中毒。

9 环保措施

在施工中，坚持国家有关环境保护政策，以预防为主。积极同当地环保部门配合，加强本单位的环保宣传教育，增强施工人员的环保意识。发动群众，调动一切积极因素，切实做好施工期内的环保工作。

9.1 建立健全环保体系

9.1.1 成立环境保护科或指派专人负责施工期内的环保工作。

9.1.2 严格执行当地现行的环保条例和排污管理办法的有关规定。

9.1.3 根据支队制定的环境管理体系,分析和识别路面施工各工序对周围环境的影响程度,进行有效的治理与预防。

9.1.4 积极主动与沿线群众沟通,听取群众的合理建议,不断改进施工方法。

9.2 施工各环节中的环保措施

9.2.1 防止水土流失和水污染:做好施工期防水、排水工作。施工废水、生活污水不得排入农田、耕地、饮用水源、灌溉渠道和水库,必须经处理后排入指定地点;施工区域、砂石料场,在施工期间和完工之后,妥善处理以减少对河道、溪流的侵蚀,防止沉渣进入河道、溪流及池塘;确保施工活动远离生活用水水源,以免生活水源被污染;燃油、油、颜料等化工材料应保存在安全容器中,指定放置地点,以免外泄;防止工地死水聚积,污染环境;在施工期间保持土壤的良好排水状态,修建有足够泄水断面的临时排水道,并与永久排水设施相连接,且不得引起淤积和冲刷。

9.2.2 保护农田排灌系统设施,不得随意将农田灌溉沟渠作为工程水源,应与地方群众协商处理。

9.2.3 废土废料处理:施工中产生的大量废料(如塑料薄膜、废弃的沥青料等)和生活垃圾,应按设计图纸或选定的地点集中堆放,并及时处理,运至业主和地方环保部门都同意的地点弃置;当废料无法及时运走时,应采用加以掩盖等临时措施,防止扩散,造成污染;有毒废料,应报请业主和当地环保部门批准,弃置于永久性废物堆放地点,并加以密封,以策安全。

9.2.4 防止空气污染和噪声污染:严格执行《中华人民共和国空气质量标准》;沥青混凝土拌和楼采用先进的二次除尘设备,沥青加热使用导热油加热,沥青混凝土拌和站可完全实现干净整洁,不会发生油气、粉尘的外泄;选择扬尘低的施工方案,减少粉尘对环境的污染;施工作业产生的灰尘,在场的作业人员配备必要专用劳保用品;施工道路经常进行洒水以使灰尘公害减少至最小程度;储存松散和易飞扬的材料,应放置在村庄下风处。

9.2.5 水泥稳定碎石、沥青混凝土拌和站应远离居民区或设置在居民区的下风向,水泥等易于引起粉尘的细料或散料予以遮盖,材料运输时用帆布、盖套及类似物品遮盖,减少扬尘。

加强施工便道维修,施工便道保持畅通整洁,经常洒水,保持湿润,减少扬尘。对利用原乡村道路的地段,应实施定期养护,对破坏严重的地段,采取提高路面等级的方法给予无偿修筑,保证当地群众的交通方便。

尽可能改善工艺措施,选择优良设备,要尽量减少噪声;路线距离村庄较近处应加强对施工噪声的控制。在夜间及居民休息时间,学校上课时间尽量避免作业,对噪声较大的施工机械采取安装消声器的方法降低其噪声污染。

9.2.6 禁止在工地燃烧有毒的物品,以免影响周围环境;另外,对施工中因不可避免而造成的植被破坏,水源破坏等,在报请业主和当地环保部门后,应及时进行恢复补救措施。

9.3 按照设计要求认真做好环保绿化工作。永久用地范围内裸露地表用植被覆盖。临时用地使用完后,要恢复原场地,便于群众复垦,对群众有困难修筑的灌溉、便道等工程可安排我部相应的机械设备加班无偿援助。

9.4 在工程施工中和完工后,对破坏的环境要及时整治,防止水土流失和适时进行植被恢复,接受各级环保部门对本工程环境保护工作的日常监督管理。

10 资源节约

沥青玛蹄脂技术是近年来随着对资源及环境保护的重视而发展起来的,它采用改性沥青、木质纤维,与传统的技术相比,具有强度高、抗磨损、低噪声、防滑等优势。

从道路结构设施的性能指数分析来看,过于重视一次性投资,而忽视了其耐久性,造成了道路结构设施早期损坏现象严重,浪费了大量的资金用来养护和维修,影响了城市的发展。因此,在新建与改建的道路结构设施中,应尽力采用新材料、新工艺,提高其耐久性。沥青玛蹄脂碎石混合料(SMA)是一种路用性能好、耐久性高的沥青路面,应该进一步研究并大力推广应用。在道路建设发展的同时,由于道路里程逐年增加,由此对路面维修养护的需求也日益提高,同时也随着维修养护工程而产生大量的沥青路面废料,所以对路面废料的再生利用应进一步开展,可提高效益、节约能源、减少废物;我国大部分城市的道路设施的早期损坏现象严重,因此加强研究道路桥梁各类病害的预防和治理的新工法,选择SMA 混合料对加强城市桥梁的维修养护、及时治理病害,延长道路结构设施的使用寿命,以及对城市的可持续发展都会产生影响。

11 效益分析

11.1 该工法的优势和经济效益

(1)抗滑耐磨,具有良好的抗疲劳和抗车辙性能;(2)提高路面的抗拉与结合强度;(3)延长路面使用寿命,减少养护费用;(4)降低噪声、符合环保要求;(5)具有良好的排水性。

而且 SMA 路面较一般沥青路面黑亮,表面观感较好,符合景观大道对外观的要求。同时从路面使用全寿命周期的综合效益评价来看,SMA 路面虽然初期投资较高,但使用寿命延长,养护费用减少,使用质量较高,社会效益较好。

11.2 SMA 混合料的优越性

SMA 属间断级配,大于 4.75mm 的碎石用量一般在 70% ~75% 左右,SMA 属石石嵌挤结构,不同于AC 型的悬浮结构,在 SMA 的施工中,混合料的松铺系数一般在 1.02 ~1.05 之间,碾压过程中可以发现,SMA 混合料在初压时即没有轮迹,在高温状态下用振动压路机碾压而不产生推拥(这也是判断混合料是不是 SMA 的直观标准),碾压成型后表面有足够的构造深度又基本上不透水,路面构造深度一般在1.0 ~1.3mm 左右,它集 AC 型混合料的密实性、AM 型的骨架结构、AK 型的抗滑性于一身,具有优良的高温稳定性,耐久性和抗滑性,在国际国内普遍用于机场跑道、城市道路和重载高速公路以及桥面铺装,是解决沥青路面早期破坏的一种具有广阔发展前景的新型路面。

铺筑改性沥青 SMA 结构表面层,同 AK 型相比,其使用寿命最低可延长 30% 以上,采用改性沥青SMA 技术较改性沥青 AK 每年要节约投资成本和养护费用约 0.8 元 /m^2,在使用年限内改性沥青 SMA路面节约综合费用 13.67 元/m^2。

我国高速公路以沥青路面为主,高速公路的发展速度很快,同时也出现也比较严重的早期损坏现象。主要是现在的沥青混合料在高温稳定性能和低温抗裂性能方面、在抗滑性能和耐久性方面都有矛盾。尤其是为了提高抗滑性能,使路面的空隙率较大,因而水损害比较严重。而 SMA 技术使路面服务状况得到改善,从而带来运输成本的节约,提高路面抗滑性能,增加路面构造深度,防止雨天溅水形成水雾,大大降低雨天事故发生率,提高公路交通安全性、耐久性,可以延长使用寿命 20% ~30%,甚至更多,有效地防止路面早期损坏,减少维修养护费用,产生综合经济效益和社会效益。

12 应用实例

沥青玛蹄脂碎石混合料(SMA)是一种新型的沥青混合料,以其优良的性能在众多国家推广使用。在我国,沥青玛蹄脂(SMA)路面施工工艺也得到了进一步的推广。

合(肥)安(庆)高速公路路面 08 标(安庆连接线)铺筑长 24.4km 的改性沥青与 SMA 试验路,通车观察后在全省得到推广,并用于水泥混凝土路面的改造和维修。

合安高速公路路面 08 标改性沥青与 SMA 路面于 2001 年 6 月开工,2001 年 11 月铺筑结束,2001 年 12 月 10 日通过了专家评审组的评审,各级监理机构和省高管局对该路的铺筑都表示满意。铺筑期间,试验路经历了多雨冬季和梅雨季节的考验,通车至今已 7 年,从路表面来看, SMA 混合料表面粗糙又不透水,混合料摊铺非常均匀,行车舒适,路面平整度未见衰减,也没有发生泛油现象。试验路铺筑取得了圆满成功,受到了业内专家的高度赞扬,为安徽省大面积推广改性沥青和 SMA 路面积累了成熟的施工经验。

重载交通沥青路面基层贫混凝土施工工法

GGG(京)B1019—2008

高　政　王旭东　孙建波　周兴业　戴克斌
(北京市公路桥梁建设集团有限公司　交通部公路科学研究院
北京市政路桥建材集团有限公司)

1　前言

1.1　近年来,随着我国经济的迅猛发展,公路运输日益发挥着重要的作用,但是一些重载交通和运输车辆严重的超载现象对公路的损坏日趋严重。怎样使用最经济的施工方法使道路的路面基层强度提高,从而提高路面结构使用寿命和功能的耐久性,沥青混凝土路面的路面基层采用贫混凝土铺筑的方法很好的解决了这个问题。贫混凝土(Lean Concrete)是由粗、细集料与一定水泥和水拌和而成的一种混凝土。这种混凝土的水泥用量较普通混凝土低,有时也称经济混凝土(Econocrete)。贫混凝土基层7d无侧限抗压强度95%保证率下的代表值不小于9.0MPa,采用贫混凝土路面基层设计后(图2采用贫混凝土设计路面结构),可以代替原设计(图1为原设计路面结构)两层水泥稳定碎石及一层沥青混凝土底面层,可以节省工程原材料和缩短工期,经济效益和社会效益显而易见。贫混凝土混合料是使用经过试验严格设计级配的各类集料、水泥的混合料,改进后的拌和、摊铺、碾压、切缝等施工工艺组成了完整的贫混凝土的施工方法,目前已经在110国道改建、110国道大修等工程中得到了很好的验证。

1.2　贫混凝土路面基层的施工是北京市路政局主持立项,交通部公路科学研究院具体研究实施,北京市公路桥梁建设集团有限公司具体施工的科研项目。

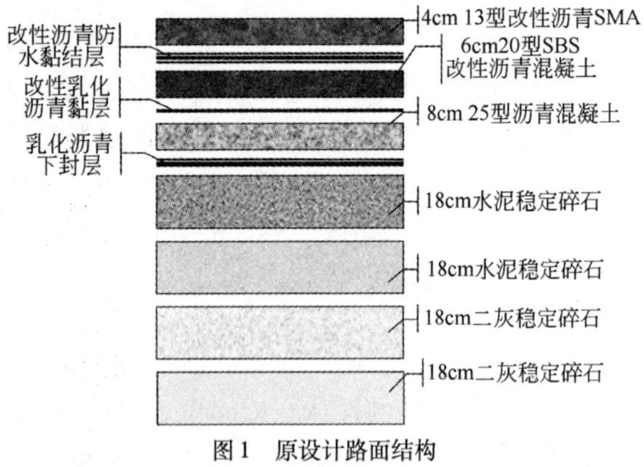

图1　原设计路面结构

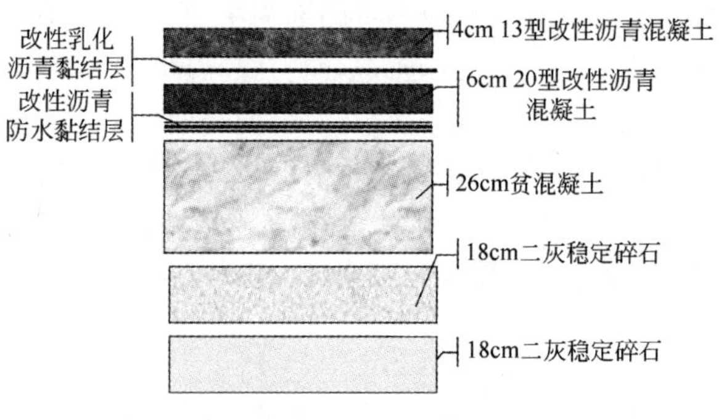

图2　采用贫混凝土设计路面结构

2　工法特点

2.1　严格设计、多次试验,优选出最佳贫混凝土混合料的配合比。

2.2　贫混凝土的施工方法无需采用特殊施工机械、设备,只需对现有的拌和设备进行改造和调整机械组合。

2.3　采用先重后轻的碾压方法,使碾压功直达底层,并且有效地防止了水分散失过快,但是对贫混凝土混合料的最佳含水率有很高的要求。

2.4 通过贫混凝土切缝处理,合理的控制了由于水化热反应及大体积贫混凝土体板膨胀开裂变形,有效地减少了刚性路面基层开裂造成的油面反射裂缝。

2.5 贫混凝土的施工方法大大缩短了工程的施工工期,提高了施工机械的利用率,通过无侧限抗压强度和取芯等试验检测,质量完全符合国家相关标准和设计要求。

2.6 贫混凝土的施工方法减少了路面结构层的数量,节约了资源、减少了有害气体及噪声等环境污染、降低了安全事故发生的概率。

2.7 贫混凝土施工方法的经济效益和社会效益非常显著。

3 适用范围

重载交通环境下的沥青混凝土路面基层施工。

4 工艺原理

4.1 贫混凝土混合料按照各类集料和水泥严格的配和比拌和,利用骨料镶嵌的物理作用和高剂量的水泥化学作用提高混合料的强度。

4.2 通过改进后的拌和、摊铺、碾压、切缝等施工方法使贫混凝土基层7d无侧限抗压强度95%保证率下的代表值不小于9.0MPa,在提高了路面基层强度的同时有效地减少了刚性路面基层开裂造成的油面反射裂缝。

5 施工工艺流程及操作要点

贫混凝土的施工工艺流程图见图3。

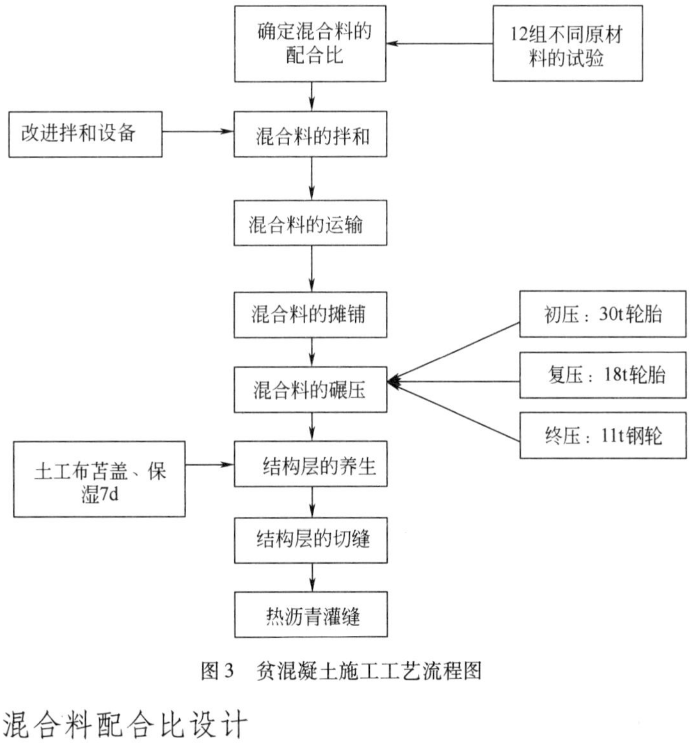

图3 贫混凝土施工工艺流程图

5.1 贫混凝土混合料配合比设计

在配合比设计过程中采用12组不同原材料的配合比设计,经过筛选确定以下4种原材料的配合比设计进行验证,验证过程及结果如下。

5.1.1 筛分

对拌和厂可用于贫混凝土的料进行了筛分试验,结果如表1。

筛分试验结果 表1

筛孔尺寸(mm) \ 各档料	20~30(mm)	10~20(mm)	10~20(mm)	5~10(mm)	机制砂	河砂
		新料	旧料			
26.5	89.62	100.00	100.00			
19	25.36	91.05	99.75			
16	6.61	74.14	94.46			
13.2	0.70	48.46	73.15	100.00		
9.5		12.03	22.69	99.01	100.00	99.76
4.75		0.10	0.31	20.17	95.95	88.24
2.36				1.72	70.13	65.01
1.18					51.16	44.10
0.6					37.66	26.21
0.3					23.62	12.00
0.15					18.54	7.09
0.075						3.28

5.1.2 试验掺配

对筛分结果进行掺配,形成表2、表3、图4级配组成。

各档料掺配比 表2

各档料	新料	旧料	新料
	A组	B组	C、D组
20~30(mm)	15%	26%	26%
10~20(mm)	31%	25%	25%
5~10(mm)	10%	9%	9%
机制砂	16%	16%	16%
河砂	28%	24%	24%

掺配级配 表3

级配组成(mm)	A组级配	B组级配	C、D组级配	设计上限(%)	设计中限(%)	设计下限(%)
26.50	98.44	97.30	97.30	100	95	90
19.00	86.03	80.53	78.36	86	80.5	75
16.00	77.97	74.33	69.25	79	73.5	68
13.20	69.13	67.47	61.30	72	66.5	61
9.50	57.56	54.52	51.86	62	56.5	51
4.75	42.11	38.54	38.37	45	40	25
2.36	29.60	26.98	26.98	31	25	19
1.18	20.53	18.77	18.77	22	16.5	11
0.6	13.36	12.32	12.32	15	10.5	6
0.3	7.74	7.26	7.26	10	6.5	3
0.15	5.77	5.48	5.48	7	4.5	2
0.075	3.88	3.75	3.75	5	2.5	0

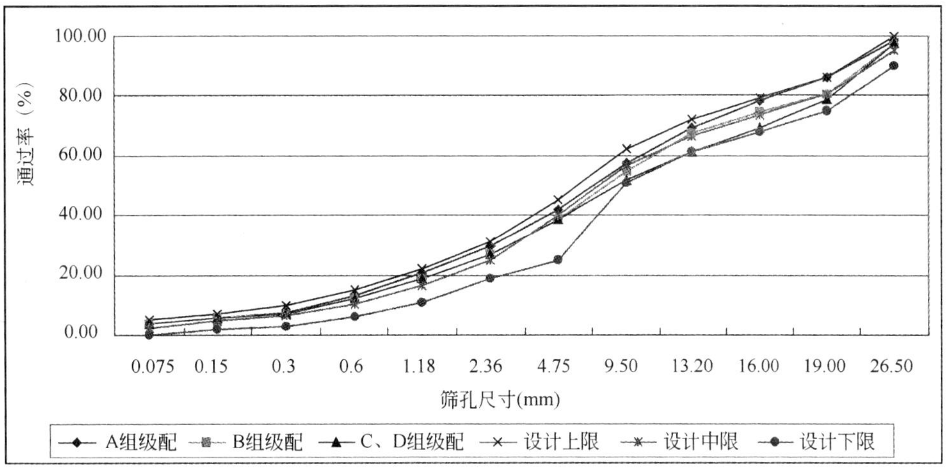

图4 级配曲线

5.1.3 击实(表4)

击 实 结 果 表4

击实结果	新料	旧料	新料	新料
	A组	B组	C组	D组
水泥剂量(%)	12	14	14	12
最佳含水率(%)	5.14	7.02	5.71	5.55
最大干密度(g/cm^3)	2.337 1	2.305 7	2.343 2	2.351 7

5.1.4 强度(表5)

强度试验结果 表5

水泥剂量 / 试验序号	新料	旧料	新料	新料
	A组	B组	C组	D组
	12%	14%	14%	12%
1	6.78	11.71	—	9.94
2	9.95	6.75	10.98	8.20
3	9.39	9.59	12.85	13.71
4	8.90	11.54	13.94	11.31
5	12.00	9.88	11.57	12.31
6	7.86	12.46	11.96	11.67
7	8.92	13.79	12.74	12.29
8	6.42	12.45	12.74	11.25
9	9.52	10.57	11.05	12.80
10	9.72	6.95	11.13	11.70
11	9.33	10.98	11.65	12.02
12	7.79	9.46	11.49	12.16
13	8.54	10.83	10.59	11.13
平均值	8.86	10.53	11.89	11.58
变异系数	16.38%	19.43%	8.31%	11.72%
代表值	6.47	7.17	10.27	9.34

5.1.5　结论与建议

通过以上的试验结果可知：

(1)石料的品质对强度的影响较大,在级配组成大致相同的情况下,C、D 组 10～20 档石料采用质量较好的石灰岩,B 组的采用有较多软石颗粒的石料,仅改变了一档石料,在水泥掺量相同的情况下,强度相差较大。

(2)软石颗粒过多,将直接影响强度的变异性水平,B 组的变异水平远远高于其他各组。

(3)水泥剂量的增大,将减少变异水平,C 组的变异性系数小于 D 组。但通过增加水泥剂量来提高强度和减少变异水平将会产生其他的相应问题,如增大成本、增大干缩开裂可能性等。

(4)级配对贫混凝土的影响较大,在水泥剂量相同的情况下,A 组强度明显小于 D 组。

(5)通过以上的分析,实际生产中按照 D 组的级配进行生产。在实际的生产过程中,严格控制原材料、掺加水泥剂量、掺加水量的变异性。

具体的参数见表 6。

生 产 用 参 数　　表 6

各档料	20～30(mm)	10～20(mm)	5～10(mm)	机制砂	河砂
掺配比例	26%	25%	9%	16%	24%
水泥剂量	12%				
最佳含水率	5.55%				

5.1.6　试验验证

(1)具备贫混凝土材料配合比试验必要的基本现场试验设备和手段,主要有：

水泥强度等级和终凝时间的测定手段和设备；

混合料的击实、成型设备；

混合料含水率的测定手段和设备；

符合养生要求的混合料试件养生室。

(2)在生产过程中,当原材料发生变化时,需重新进行配合比试验设计。确定相关的生产参数,即：各档集料的比例、水泥剂量、含水率、最大干密度等。

(3)正式施工前铺筑不小于 200m 长的试验路段,验证混合料的配比、施工流程。因此试验路段施工时,施工设备必须全部到场,因此总结的工艺流程在正式施工时必须严格遵照执行。试验路铺设完毕后,经过养生、验收等程序后,编写试验路总结报告方可进行大规模施工。

5.2　拌和与运输

5.2.1　拌和

贫混凝土采用 500 型粒料拌和设备集中厂拌,生产能力不小于 400t/h,拌和设备配备 6 个进料仓。进料仓的隔板必须加高,加高的高度大于 80cm,同时料仓的开口应比装载机的铲斗宽,以保证上料时不同粒料不会相互混杂,影响施工配合比的精确性。拌和场地及堆料场地采用 C20 混凝土硬化处理,不同粒料分别堆放并设置 2m 的砖混隔离墙。

为保证贫混凝土混合料的配比精确性,对现有 500 型粒料拌和设备进行技术改造。拌和机按最大粒径在进料口配置振动筛网,出料口安装附着振动设备,仓底送料带采用电子皮带秤动态计量,用多种控制手段共同控制贫混凝土混合料中各种粒料的比例,以达到混合料与配合比设计的一致性。水泥仓密闭、防潮,并配有破拱装置,保证水泥生产过程中水泥的均匀添加。重点强调的是在拌和过程中必须使贫混凝土混合料的含水率时刻保持精确,严格控制混合料拌和时的含水率,且有必要、有效的计量措施,聘请专业拌和站设备厂家改装水计量装置,把时间计量改为质量计量,以达到对成品料含水率的精确控制,在气候炎热、干燥时,可大于最佳含水率 0.5%～1%。

为保证混合料的充分拌和,从混合料加水拌和到拌和出料,其拌和时间应不少于 40s。

5.2.2 运输

(1)贫混凝土混合料从拌和仓通过传送带传送至给料仓,装车运输至施工现场。在传送带处由质控人员随时抽取样本检测含水率以保证每车含水率达到要求。

(2)运输混合料的车辆数量应根据施工现场进度配置,保障均衡供料。

(3)混合料在运输中覆盖防水苫布以减少水分蒸发。

5.3 贫混凝土混合料的摊铺

5.3.1 支模

(1)采用8cm厚,30cm高,长4m的木模支护。

(2)模板搭接处采用3cm厚、30cm长、20cm高的木板加固连接。

(3)模板的支撑采用直径20mm、长45cm的光圆钢钎钉入下承层20cm,紧贴模板外侧进行加固。

(4)在贫混凝土混合料碾压成型,并且达到初凝后(8h)方可拆模。

5.3.2 清理

对已有的二灰碎石底基层进行清扫处理,使用专业清扫车对整个工作面进行彻底清理,并使二灰碎石底基层具有一定的粗糙度,为了加强层间结合,应在底基层顶面洒布纯水泥浆(边洒布边摊铺),水泥浆不少于$4kg/m^2$。

5.3.3 摊铺

(1)贫混凝土混合料的摊铺应采用大功率摊铺机摊铺,并使混合料松铺厚度达到试验段验证的松铺系数值1.29。摊铺前用燃烧法或钙离子检测法检测每车的含水率,使摊铺时混合料的含水率大于最佳含水率的0.5%。

(2)摊铺机应尽可能连续、均匀作业,严格控制绞笼供料速度,防止混凝土离析。如遇供料失去均衡时,应缓慢减速或加速,但摊铺速度不超过1m/min,不可忽快忽慢或频繁停机,以保证摊铺层的平整度和混合料的密实度,保证摊铺层质量。

(3)当采用两台摊铺机梯队摊铺时,两台摊铺机的型号、振动频率应保持一致。在施工过程中两台摊铺机应保持均匀供料,前后间距不宜大于10m。同时为保证强度,摊铺机接缝位置不应放在未来行车道的轮迹带位置,摊铺机横向布置采用7m+7m方式进行。

(4)严格控制摊铺层的设计高程、厚度、横坡度(与面层一致)和平整度,两台摊铺机外侧均采用基准线控制,第一台摊铺机内侧走铝梁,第二台摊铺机内侧采用滑靴走已经铺筑但尚未碾压的结构层控制高程。

(5)配备路面修饰组,跟踪摊铺机及时处理摊铺层出现的缺陷。摊铺机手应随时注意观察摊铺机的工作状态和摊铺质量,发现异常情况应及时进行调整,避免缺陷继续产生。

5.4 碾压

5.4.1 混合料的碾压应按试验路段确认的工艺进行。

5.4.2 为了保证压实效果,同一个施工断面上应配备5台重型压路机,采用2台重型轮胎振动压路机(18t)、2台重型胶轮压路机(30t)、1台双钢轮压路机(11t)配合碾压施工的方式进行。

5.4.3 由于贫混凝土结构层为26cm厚,大于现行规范对结构层摊铺厚度的要求,因此在碾压时打破传统的碾压理念,采用先重后轻的碾压方式,使碾压功直接传送至结构层最底部,改变以前碾压后结构层上部密实,下部压实度达不到规范要求的状况。碾压是将压路机的驱动轮面向摊铺机,碾压顺序先外侧后中心,在超高路段由底向高碾压,碾压时应重叠1/2轮宽。

(1)初压:由2台重型胶轮压路机(30t)紧跟摊铺机进行碾压,碾压遍数为每台2遍,共4遍。初压时紧跟摊铺机,并保持较短的初压区长度,尽快使表面压实,防止水分散失。

(2)复压:由2台重型轮胎振动压路机(18t)挂高频强振碾压,碾压遍数为每台2遍,共4遍。复压紧跟初压进行,碾压段的长度为40m,每台压路机均要全幅碾压,防止幅面压实度不均匀。

(3)终压:由1台双钢轮压路机消除轮迹印并配合缺陷处理组对混合料离析现象、局部水分过大现象进行缺陷处理。

5.4.4 压路机的碾压速度。碾压速度头两遍以采用1.5～1.7km/h为宜,以后宜采用2.0～2.5km/h。

5.4.5 在碾压过程中,严禁压路机在已完成的或正在碾压的路段上掉头或紧急制动,应保证贫混凝土表面不受破坏。

5.4.6 在碾压过程中,贫混凝土层的表面应始终保持湿润,如水分蒸发过快,应及时补洒少量的水,但严禁洒大水碾压。

5.4.7 碾压过程中,如有弹簧、松散、起皮等现象,应及时翻开重新拌和(加适量的水泥),使其达到质量要求。

5.4.8 经过拌和、整形的贫混凝土材料,宜在胶结料初凝前并应在试验确定的延迟时间内完成碾压,并达到要求的密实度,且没有明显的轮迹印。

5.5 接缝

5.5.1 施工接缝和压路机"掉头",应按《公路路面基层施工技术规范》(JTJ 034—2000)的规定处理。

5.5.2 当两台摊铺机梯队摊铺时,如遇等料或其他原因,造成接缝位置不能及时碾压时,如间隔时间超过1h或接缝位置混合料发干、发白时,该处混合料应铲除,重新用新料填补。

5.5.3 应利用与构造物接缝做横向施工缝,尽可能不设或少设横缝。对横向施工缝应用3m直尺量测出"低头处",画线并向下刨除9cm(结构层厚度的1/3)做出台阶,长度不小于30cm。第二天摊铺前处理完的接缝处应刷水泥浆,以保证两次铺筑的混合料更好的连接。上基层与搭板接缝铺筑玻纤格栅。

5.6 养生

5.6.1 碾压完成后应立即进行养生。养生时间不少于7d。

5.6.2 养生阶段采用土工布完全覆盖养生,7d内应始终保持贫混凝土结构层表面饱水湿润,以防止其表面收缩、开裂。

5.6.3 在养生期间,除养生车辆可慢速通行外(车速限制在30km/h以下)。禁止其他任何车辆通行。

5.7 切缝与灌缝

5.7.1 切缝时间不易过早或过迟,过早由于贫混凝土强度较低将导致缝隙边缘产生毛边或飞边现象,过迟由于贫混凝土强度增长较快造成切缝时费时费工。在贫混凝土养生3d时,对贫混凝土层进行锯缝,锯缝深度不小于贫混凝土厚度的1/3,横缝间距为每10m一条缝,纵缝设在未来车道标线下。

5.7.2 在贫混凝土养生结束后,在施工下道工序铺玻纤格栅之前,对贫混凝土层清扫干净后(包括缝内),对所切缝进行灌缝处理,采用热沥青人工灌缝,灌缝要均匀、饱满。

5.8 其他

5.8.1 雨季施工

(1)集中力量,分段铺筑,在雨前做到碾压密实。未经压实合格而遭雨淋的所有混合料均应铲除废弃。

(2)施工时应随时疏通边沟,保证排水良好。

5.8.2 基层施工期间的日最低气温应在5℃以上。

5.8.3 在施工过程中,应严格控制集料的含泥量、混合料的级配组成与含水率,按工艺要求进行摊铺、碾压,加强覆盖保湿养生,以减少铺筑层产生裂缝。

6 材料与设备

6.1 本工法的材料

6.1.1 碎石的压碎值不应大于30%。

6.1.2 碎石的最大粒径不应超过31.5mm。

6.1.3 细集料中有机质含量不超过2%，且不宜采用含塑性指数的土。

6.1.4 水泥可选用普通硅酸盐水泥、矿渣硅酸盐水泥和火山灰硅酸盐水泥，初凝时间不小于4h，终凝时间不小于6h。

6.2 采用的机械设备(见表7)

机械设备情况一览表 表7

序 号	机械、设备名称	型 号	生产能力、吨位
1	贫混凝土拌和站	WCZ500型	500t/h
2	摊铺机	ABG423(2台)	
3	压路机	单光轮压路机18t(2台)	18t
4	压路机	轮胎压路机30t(2台)	30t
5	压路机	双钢轮压路机11tDD110(1台)	11t
6	斯太尔运输车	自卸汽车(10辆)	30t
7	洒水车	SEQ5130GSS(2辆)	8t
8	装载机	ZL50(2辆)	

6.3 无机结合料试验的基本仪器(见表8)

试验仪器一览表 表8

设 备 名 称	台 套
振动筛分机	1
方孔筛0.075～37.5mm	1套
击实仪	1台
鼓风、控温烘箱	2台
200t压力机	1台
脱模仪	1台
路强仪	1台，配15t压力环
劈裂试验模具	1套
15cm×15cm的试模	15套
精度0.01g，量程不小于3 000g电子天平	1台
精度0.1g，量程不小于10kg电子天平	1台
测定水泥有效剂量的设备	1套
保温、保湿的养生室	1间

7 质量控制

7.1 工法施工符合《公路路面基层施工技术规范》(JTJ 034—2000)、《公路工程无机结合料稳定材料试验规程》(JTJ 057—94)、《公路路基路面现场测试规程》、(JTG E60—2008)、《公路工程水质分析操作规程》(JTJ 056—84)的规定。

7.2　成立以项目经理为第一负责人的工程质量管理小组,组员为项目部各部室和各施工工区人员,树立“百年大计,质量第一”的思想,全面负责项目工程质量保证和控制。建立全面的、强有力的质量保证体系,对工程项目进行标准化、程序化的受控管理,认真制定、执行各项质量保证制度。

落实项目工程质量计划,加强施工过程的控制,严格项目工程的施工技术和质量检验管理,严把“图纸、测量、试验”关,并对其工程质量负责。监督检查采购物资的检验和试验设备的控制,制定和实施预防措施和纠正措施。

7.3　贫混凝土的拌和

合格的集料应分粒径堆放在硬化、无污染的场地上,不得混堆。原材料的进场要按照频率进行试验检测。拌和站的计量装置要通过专业管理部门的标定,并且按时进行维护和检修。

7.4　贫混凝土的摊铺

摊铺机的起步和行驶过程中速度要均匀稳定,不可随意停机或加大摊铺速度。有专人指挥料车倒车,防止料车冲撞摊铺机造成平整度的损失,摊铺时测量人员要每 10m 复测高程,保证贫混凝土基层的纵曲线高程满足设计要求。

7.5　贫混凝土的碾压

严格控制压路机的碾压先后顺序及碾压遍数,初压、复压、终压段以插不同颜色的旗帜划分,操作手按照旗帜分段碾压,防止漏压和过压。质控人员随压路机测量混合料的压实度,压实度不足时及时进行补压。

7.6　贫混凝土的养生

碾压成活的贫混凝土结构层要马上苫盖土工布进行养生,养生时间不少于 7d。养生期间 7d 内应始终保持贫混凝土结构层表面饱水湿润,以防止其表面收缩、开裂。在养生期间,除养生车辆可慢速通行外(车速限制在 30km/h 以下),禁止其他任何车辆通行。

7.7　贫混凝土的切缝

严格按照规定的间隔距离和切缝时间进行贫混凝土的切缝,切缝深度的控制要按照技术交底的内容完成。切缝后清理晚缝内杂物,用热沥青进行灌缝处理,灌缝要均匀密实,封闭缝口防止杂物掉入缝中。

7.8　贫混凝土的试验检测

8　安全措施

8.1　安全保证方针

安全保证方针是:遵守法规、强化管理、落实责任、确保安全、预防为主、加强保护。合理安排施工生产,落实质量保证措施,确保工程质量,对施工生产负直接领导责任。严格执行施工规范、操作规程,杜绝“违章指挥、违章作业、违反操作规程”行为。

8.2　安全管理措施

8.2.1　在拌和站和施工现场设置专职安全管理人员,在明显部位张贴安全注意事和安全警示标语、标志。

8.2.2　制定拌和站和各类施工机械的操作规程,严格按照操作规程施工,避免机械伤害事故。各类机械设备要定期保养、定期检查使其始终处于一个良好的工作状态下。各类机械设备的操作工、电工、焊工等工种,必须经过专门安全操作技术训练,考试合格后方可持证上岗。

8.2.3　对项目部人员和劳务用工进行安全入场教育并进行考核,只有考核合格者才可进入施工现场。

8.2.4　对每项工序进行安全交底,交底人员认真学习后签字确认。

8.2.5　坚持经常和定期、不定期的安全检查,及时发现事故隐患,堵塞事故漏洞。

8.3 施工用电

对于工程施工用电我们将专门进行设计,编制临时用电方案,但在通常情况下应做到如下几点。

8.3.1 施工用电必须符合用电安全规程。现场电器设备要有防漏电措施,非电工不得安装、操作电器设备。

8.3.2 室外支线应用橡皮线架空,接头不受拉力并符合绝缘要求。

8.3.3 工地采用低压照明,导线不得随地拖拉或绑在架子上。

8.3.4 电箱内开关及电器必须完整无损,接线正确。各类接触装置灵敏可靠,绝缘良好,无灰、无杂物、固定牢固。

8.3.5 配电箱要有防护栏、防雨棚、防砸棚,每个箱子上锁并设专人负责。

8.3.6 各种电器设备有测试、检测记录,现场要达到三级配电、三级漏电保护,现场要有专人负责,各种制度要健全。

8.3.7 所有电器设备,一律安装漏电保护器,设备和线路必须良好,各种电动设备必须接零、接地,开关箱与用电设备实行一机、一闸、一保险。

9 环保措施

拌和站和施工现场是控制环保的重点场所,是施工现场综合管理水平的体现,为了创造良好的环境效益、社会效益,开展了以下几个方面的工作。

9.1 卫生管理

机械在每天使工现场设专人负责卫生保洁,保持现场整洁卫生,道路畅通,无积水,车辆不带泥出现场。

做好节能工作,安装节水型水龙头,禁止跑、冒、滴、漏现象发生。禁止长明灯。

现场设专人负责门前三包和场区卫生。

将施工场地清理的废渣废料进行定点堆放,及时运到监理工程师指定的地点弃废料,以利施工有序进行;施工排放的污水、废浆等应做沉渣处理后排出。

9.2 防止扰民和民扰的措施

严格控制作业时间,特殊情况需连续作业,按规定办理夜间施工证。夜施光源位置安排合理,不得直接对准居民房,在混凝土浇筑必要时采用低噪声振捣棒。

施工现场提倡高度文明施工,建立健全控制人为噪声的管理制度,夜间施工尽量轻拿轻放,杜绝人为敲打、叫、嚷、野蛮装卸噪声等现象,最大限度地减少人为噪声扰民。

大门前设车辆冲洗池,凡冲洗土方车辆,通过排水沟排到沉淀池内,经二次沉淀后排入指定市政污水管线。

做好“门前三包”工作。

9.3 防扬尘防污染的措施

施工现场、生活区应制定洒水清扫制度,配备两辆洒水车,指定专人负责,洒水和清扫,每天上、下午各不少于两次。

各种运输车辆出场前必须清扫车身,现场大门前设置冲洗池,用高压水冲洗轮胎及槽帮,防止将灰尘带出场外。

运输易飞扬的细颗粒散体材料和建筑垃圾时,封闭、包括覆盖,以免沿途泄漏、遗撒,卸时采取有效措施防止扬尘。

施工现场内水泥、石灰等细颗粒散体材料必须密闭库内存放,施工土方、砂石等材料须用密目安全网覆盖。

各种运输车辆的尾气排放需达到国家有关标准,超标车禁止上路行驶。

10 资源节约

重载交通沥青路面基层贫混凝土施工工法的应用由一层贫混凝土代替两层水稳碎石和一层沥青混凝土,大大节约了各类地材、沥青、机械、人工的使用,进一步减少了水、电、各类油料的消耗量,节约了大量物质资源和社会资源,为国家节能减排、减少资源消耗做出了贡献。

11 效益分析

11.1 110 国道改建工程

11.1.1 直接经济效益:原110国道改建工程结构层设计为4+6+8三层沥青混凝土,二层水泥稳定碎石各18cm厚。二层石灰粉煤灰稳定碎石各18cm厚。通过采用贫混凝土设计后,去掉了二层水泥稳定碎石和一层8cm厚的沥青混凝土底层。用26cm厚的一层贫混凝土代替以上三层结构。原三层结构中水稳每层34元/m^2。8cm厚的沥青混凝土98/m^2。原三层结构总价为8 349 800元,26cm厚的贫混凝土109元/m^2,总价为5 482 700元,直接经济效益为2 867 100元。

11.1.2 间接效益:标段全长3.6km,每天可铺筑水稳450m左右,8d完成一层,养生7d后方可进行下一层施工。8cm厚的沥青混凝土用4d完成。三层铺完用时28d,而贫混凝土每天铺筑320m左右,用时11d。工期可提前17d。工期的提前在环保上也节省了一部分财力、物力、人力。对周边环境减少了有害气体的排放,提高了空气质量。减少了噪声及废弃物对环境的污染。道路的提前通车,极大的缓解了以前旧110道路的堵塞现象,社会效益显著。

3.6km长结构造价对比法:

各项费用	三层结构	26cm贫混凝土	节约费用
工期	28d	11d	
机械	1 669 960元	1 096 540元	573 420元
材料	5 844 860元	3 837 890元	2 006 970元
人工	834 980元	548 270元	286 710元
节约费用总计			2 867 100元

11.2 110 国道大修工程

11.2.1 直接经济效益:原设计要求一层20cm水泥稳定碎石。三层5cm+6cm+9cm的沥青混凝土结构,变更改为5cm+6cm两层沥青混凝土和一层26cm厚的贫混凝土结构。26cm厚的贫混凝土代替了一层水稳碎石和9cm后的底层油。水稳每层24元/m^2,9cm厚的沥青混凝土78元/m^2。原两层结构总价为11 704 500元。26cm厚的贫混凝土89元/m^2,总价为10 212 750元。直接经济效益为1 491 750元。

11.2.2 间接效益:标段全长8.5km,通过改做26cm贫混凝土后工期提前7d,对周边环境影响较小。社会效益显著,经济效益可观。

通过以上分析可以看出贫混凝土的应用产生的社会效益十分可观。

8.5km长不同结构层造价对比表:

各项费用	两层结构	26cm贫混凝土	节约费用
工期	31d	24d	
机械	2 340 900元	2 042 550元	298 350元
材料	8 193 150元	7 148 925元	1 044 225元
人工	1 170 450元	1 021 275元	149 175元
节约费用总计			1 491 750元

11.3 通过以上分析可以看出路面基层贫混凝土施工工法的应用产生的经济效益和社会效益十分可观。

12 应用实例

12.1 国道110线(昌平德胜口—延庆下营)改建工程

由北京市公路桥梁建设集团有限公司参建的国道110改建工程施工工期为2005年9月~2007年12月,本标段为山区段K59+400~K63+004.221,由一层26cm的贫混凝土代替两层18cm水泥稳定碎石及一层8cm沥青混凝土底面层。

本标段道路长度为3.6km,该工程竣工后通过了四方验收,符合设计、规范及有关验收标准的要求。该工程运用了重载交通下的沥青路面基层贫混凝土施工工法,该工法精确了贫混凝土混合料设计配比,改进了施工艺,在本工程上取得了成功的应用。

经过一个冬融期和雨季的检验,贫混凝土路面基层完全符合设计的预期要求。

12.2 国道110线(得胜口—军都山渡槽段)大修工程B合同

国道110线起点为北京,终点为银川,又称京银路。此道路在北京界内又称为京张公路,全长38.9km,二级路标准。道路路基全宽为10.5~12m。

本标段为B施工合同段,起点桩号为K52+500,终点桩号为K61+000,道路全长8.5km。本次大修设计标准为山区二级路,计算行车速度为40km/h。全段共新建大桥1座、中桥1座、小桥3座。工程总造价4 4351 083元。

工程开工日期为2003年5月26日,完成日期为2003年10月20日。

由北京市公路桥梁建设集团有限公司参建的国道110大修B合同竣工后通过了四方验收,符合设计、规范及有关验收标准的要求。该工程运用了重载交通沥青混凝土路面基层贫混凝土施工工法,该工法精确了贫混凝土混合料设计配比,改进了施工工艺,在本工程上取得了成功的应用。

橡胶沥青加工工法

GGG(京)B3020—2008

柳　浩　王旭东　杨丽英　李美江　刘长剑
(北京市政路桥建材集团有限公司　交通部公路科学研究院
北京市公路桥梁建设集团有限公司)

1　前言

1.1　橡胶沥青在路面工程中的应用在国际上已有比较悠久的历史。

国际上最早的橡胶沥青文献见于1843年的英国专利。2001年交通部设立西部交通科技项目,开展"废旧橡胶粉用于筑路的技术研究",对湿拌法和干拌法橡胶粉沥青混凝土进行了研究。2004年北京市交通委员会又立项开展了"废胎胶粉改性沥青的应用研究",重点针对橡胶沥青开展应用研究和相关试验路的铺筑。课题组后来又在京秦高速公路、武汉钢桥面、广东105国道、北京绿色奥运工程中使用了橡胶沥青。随后橡胶沥青在我国范围内自觉推广应用,广东、江苏、四川、天津等省份的有关单位分别引进国外成套技术,开展了橡胶沥青的生产和应用研究。

1.2　橡胶沥青用于道路工程,能够改善沥青的高低温性能、抗老化性能、抗疲劳性能,起到减薄路面、延长路面使用寿命、延缓反射裂缝、减轻行车噪声等作用,有优良的冬季柔性。

1.3　为了响应国家建设"资源节约型、环境友好型"社会的号召,2007年,交通部开展了"材料节约和资源循环利用"专项行动计划,将废胎胶粉在公路工程中应用作为主要的推广项目之一。

1.4　本工法是对交通部公路科学研究所、北京市公路桥梁建设集团有限公司、北京市政路桥建材集团有限公司等单位多年研究成果和工程经验的总结。

2　特点

2.1　橡胶沥青是指废胎胶粉与沥青(有的掺加一定比例的添加剂)按一定比例加工得到的满足相关技术指标要求的产物,其中废胎胶粉的掺量不小于15%(内掺)或17.6%(外掺),又称沥青橡胶(asphalt rubber)。

2.2　橡胶沥青的加工温度高,一般要达到180℃以上。

2.3　橡胶沥青的发育反应时间长,一般要45min以上。

2.4　橡胶粉掺量大,一般为基质沥青质量的17.6%~30%(外掺)。

2.5　现用现加工,不宜长期储存,一般要求在24h内使用完。

2.6　本工法不包括废胎胶粉、沥青和其他某种聚合物改性剂共同改性得到的复合改性沥青。

3　适用范围

橡胶沥青可用于各种等级公路新建和改建工程的沥青路面混合料中,也可作为防水、黏结、应力吸收的功能层用在沥青路面结构层中。

4　工艺原理

4.1　轮胎的设计寿命一般为50~100年,但轮胎在使用1~2年后因磨损就报废了,因此废旧轮胎橡胶粉主要的化学成分是天然橡胶和合成橡胶(如丁苯橡胶、顺丁橡胶),还有硫、碳黑、氧化硅、氧化铁、氧化钙等添加剂成分,以上这些成分都是良好的沥青改性剂。

4.2 废胎胶粉和沥青在高温下共混成为橡胶沥青,橡胶粉会和沥青产生化学反应和物理作用,使得橡胶粉融胀,但橡胶粉不会溶解在沥青中,在经过长时间反应后,胶粉依然在沥青中稳定存在。

4.3 废胎胶粉和沥青混合成为分散相共混结构,胶粉为分散相、沥青为分散介质,形成了废胎胶粉和沥青连续或相互交错的三维的空间结构,使得橡胶沥青既具有了沥青介质的部分性能也具有了废胎胶粉的一些性能。

4.4 橡胶沥青加工过程中有脱硫的化学反应

橡胶沥青的加工温度在180℃以上,最高能达到230℃,在沥青介质中废胎胶粉持续保持高温状态(一般1~4h),同时橡胶沥青加工过程要采用高速剪切设备进行分散,并使用搅拌设备使其保持运动状态,因此橡胶沥青的加工工艺符合废胎胶粉脱硫再生的工艺过程。大量试验已证明,橡胶沥青的加工过程也是废胎胶粉的脱硫过程,只是脱硫的程度难以控制。在实际工程中,通常采用橡胶沥青的黏度变化水平间接反映其在加工过程中废胎胶粉的脱硫程度。

5 施工工艺流程及操作要点

5.1 橡胶沥青的选择

根据工程的自然环境、交通特点和使用目的,选择橡胶沥青的技术标准。针对我国气候和交通环境,橡胶沥青的有关技术指标见表1。

橡胶沥青技术标准① 表1

项目		寒区③	温区④	热区⑤
基质沥青		110号、90号⑥	90号、70号⑥	70号、50号⑥
180℃旋转黏度(Pa·s)②		1.0~3.0	2.0~4.0	2.5~5.0
25℃针入度(0.1mm)		60~100	40~80	30~70
软化点(℃)		>50	>58	>65
弹性恢复(%)		>50	>55	>60
5℃延度(cm)		>10	>10	>5
薄膜烘箱老化后	质量损失(%)	<0.6	<0.4	<0.2
	25℃针入度比(%)	>80	>80	>80
	5℃延度比(%)	>40	>40	>40

注:①本技术指标只适用于橡胶沥青,不用于评价橡胶改性沥青。
②旋转黏度标准试验方法采用Brookfield旋转黏度试验,并按照50%扭矩内插获得。
③本工法中的寒区主要指的是《公路沥青路面施工技术规范》(JTG F40—2004)中的2-1、2-2、3-2气候分区。
④本工法中的温区主要指的是《公路沥青路面施工技术规范》(JTG F40—2004)中的1-1、1-2、1-3、2-2、2-3气候分区。
⑤本工法中的热区主要指的是《公路沥青路面施工技术规范》(JTG F40—2004)中的1-3、1-4、2-2、2-3、2-4气候分区。
⑥一般来说,重交通道路宜选择较硬沥青,较轻交通可选择较软的沥青,基质沥青品种的选择要根据实际工程的具体情况而定。

5.2 橡胶粉掺量是橡胶沥青的主要技术参数之一,橡胶沥青中废胎胶粉的掺量可根据实际使用的技术要求确定。一般来说,废胎胶粉的掺量越大,相应的路用性能越好;但橡胶沥青的黏度增大,施工和易性下降,因此,废胎胶粉的掺量有一定的合理范围,一般为基质沥青质量的17.6%~30%(外掺)。

5.3 橡胶沥青的配方设计

橡胶沥青的配方设计首先是根据气候、交通特性选择橡胶沥青需要达到的技术标准;然后根据选用的技术标准,按图1的方法进行橡胶沥青的配方设计,确定橡胶沥青的配方。橡胶沥青配方确定的主要参数有:基质沥青的品种、橡胶粉的品种、橡胶粉的掺量、外掺剂(主要是延展油等)的种类和掺量。

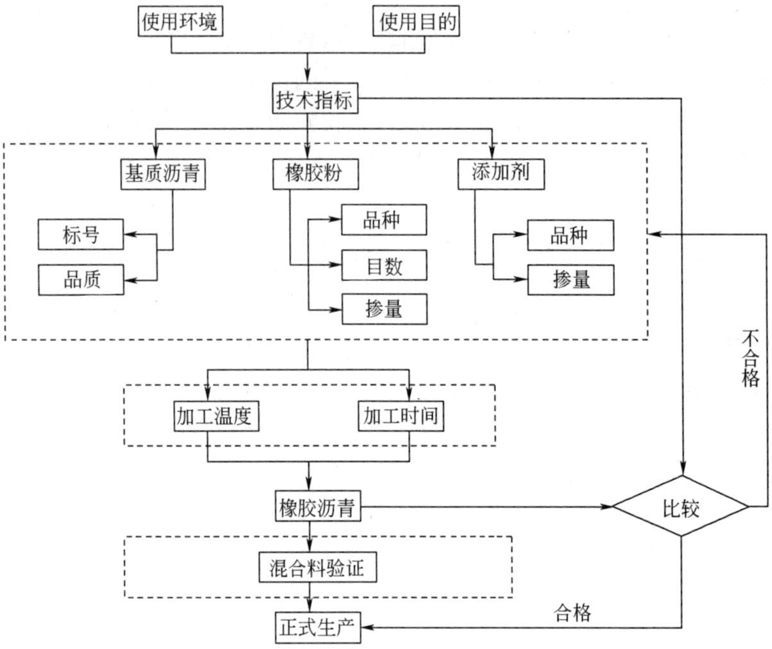

图1　橡胶沥青的配方设计

5.4　橡胶沥青的加工流程及设备

图2为橡胶沥青加工的基本流程,主要分为以下几个步骤:

第一步:基质沥青、废胎胶粉等原材料的添加。

第二步:基质沥青、废胎胶粉等原材料的预混。

第三步:橡胶沥青的反应过程。

第四步:橡胶沥青质量监控。

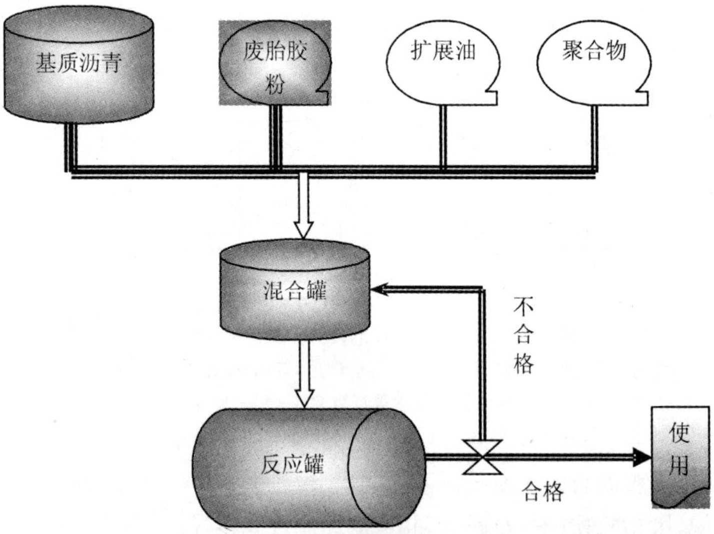

图2　橡胶沥青的加工流程图

5.5　橡胶沥青加工前的准备

5.5.1　加工橡胶沥青前,橡胶沥青加工设备中的计量装置应进行专门标定,并贴有计量标签。对于固定式的加工设备,按计量有效期年限的频率进行标定,对于移动式设备,每个工程开工前均需要标定。计量标定的主要仪器或传感器有:所有的称重设备传感器、温度传感器、流量计、搅拌器的转速。

5.5.2 在正式生产前,橡胶沥青设备应进行试生产,检查设备的运转情况。

5.6 橡胶沥青的加工

5.6.1 橡胶沥青宜采用搅拌法加工。

5.6.2 橡胶沥青生产分为连续式和间歇式,宜采用间歇式生产橡胶沥青。

5.6.3 橡胶沥青的加工温度宜控制在180℃~190℃,当废胎胶粉掺量较大时,加工温度可适当提高,但不应高于210℃。

5.6.4 橡胶沥青加工搅拌的时间,一般为45~60min。

5.6.5 在生产过程中,应及时检测每锅橡胶沥青的技术指标,当采用连续式生产时,应每隔45~60min抽样检测橡胶沥青的技术指标。

5.7 橡胶沥青的存储

5.7.1 橡胶沥青原则上应在24h内使用完毕。当由于不可抗力,如需临时存储时,应将橡胶沥青的温度降到145℃~155℃范围内存储,存储时间一般不超过3d。在存储期间应检测橡胶沥青的技术指标。

5.7.2 当经过较长时间存储,再次使用前应检测橡胶沥青的指标是否满足技术要求,如果不满足要求,则应重新加工或掺加一定剂量(掺量一般小于10%)的废胎胶粉重新预混、反应至满足技术要求。

6 材料与设备

6.1 材料准备

6.1.1 废胎胶粉的种类和规格

(1)废胎胶粉专指废汽车轮胎制成的橡胶粉,不包括任何其他来源的橡胶粉。

(2)根据轮胎的来源分为:子午胎胶粉和斜交胎胶粉。

(3)根据粉碎工艺分为:低温冷冻法胶粉和常温法胶粉。

(4)根据我国的废胎胶粉生产情况,按细度分为3种规格:粗胶粉,粒度在40目以下(0.425mm以上);细胶粉,粒度在40~80目之间(0.425~0.180mm之间);微细胶粉,粒度在80~200目之间(0.180~0.075mm之间)。

6.1.2 路用废胎胶粉的选择

(1)路用废胎胶粉宜选用常温研磨粉碎的轮胎胶粉,应满足相应物理、化学指标。

(2)在保证易于碾压成型,且满足使用性能要求的前提下,应尽量选用较粗的废胎胶粉。无论是干拌工艺还是湿拌工艺,宜选择30~80目之间的路用废胎胶粉。

(3)粒径小于2mm的级配橡胶粉也可以使用,应满足相应物理、化学指标。

6.1.3 路用废胎胶粉的物理指标

路用废胎胶粉的物理技术指标见表2,相应指标的检测方法,橡胶粉技术指标的检测参照《北京市废胎胶粉沥青及混合料设计施工技术指南》附录中方法进行检测。

路用废胎胶粉的物理技术指标 表2

项 目	相对密度	水 分	金属含量	纤维含量
单位	—	%	%	%
技术标准	1.10~1.30	<1	<0.03	<1

6.1.4 路用废胎胶粉的化学指标

路用废胎胶粉的化学技术指标见表3。在使用过程中,应由具有相关资质的专业单位出具相应的检测报告,作为废胎胶粉化学指标的评定依据。

路用废胎胶粉的化学技术指标 表3

检测项目	灰分≤%	丙酮抽出物≤%	碳黑含量≥%	橡胶烃含量≥%
技术标准	8	22	28	42
试验方法	GB 4498	GB/T 3516	GB/T 14837	GB/T 14837

6.1.5 加工橡胶沥青的基质沥青

加工橡胶沥青的基质沥青可选用重交沥青 AH-70、AH-90 和 AH-110(A/B 型)。

6.1.6 外掺剂

为进一步改善橡胶沥青的某些技术性能,在橡胶沥青加工过程中可掺加一定比例的天然胶含量较高的橡胶类材料或某些轻质油分。

外掺剂一般可与废胎胶粉一起掺加到沥青中拌和、加工。

6.2 橡胶沥青加工的基本设备如下

6.2.1 基质沥青的存储罐:设备本身具有加热与控温功能。

6.2.2 废胎胶粉的添加设备:胶粉称重料斗的作用是按比例准确称量胶粉的质量,然后由螺旋送料器输送到搅拌罐。料斗可以设计成单料斗或双料斗需要添加不同目数、不同天然橡胶含量的胶粉。

6.2.3 其他添加剂的添加设备。

6.2.4 基质沥青与废胎胶粉等原材料的预混罐(有时可以省略),应具有快速升温功能。其体积要求在 1 000 L 以上,作用是将基质沥青、外掺剂、胶粉进行强制拌和。搅拌转子的转速在 1 000 ~ 3 400 r/min可调。生产过程中拌和好的材料被送入反应罐,与此同时,新的胶粉与沥青也被不断加入。

6.2.5 橡胶沥青的反应罐:应具备搅拌功,还配有加热器,对反应中的沥青橡胶不断加温。

6.2.6 橡胶沥青加工设备的加温和控温系统。

6.2.7 橡胶沥青质量的监控设备。

6.2.8 设备的生产能力为 10 ~50 t/h。

7 质量控制

7.1 本工法执行的技术规范

(1)《沥青路面施工及验收规范》(GB 50092—96)

(2)《公路工程沥青及沥青混合料试验规程》(JTJ 058—2000)

(3)《公路沥青路面施工技术规范》(JTJ F40—2004)

7.2 质量标准及检验方法

应在橡胶沥青使用前 1 ~2h 对橡胶沥青的技术性能进行检测。

7.3 现场检测指标

7.3.1 废胎胶粉进场前应按每批提供全套物理、化学指标的检测报告;进场后应按每 200t 的频率进行化学指标的抽检,并按每 10t 的频率抽检物理指标。

7.3.2 废胎胶粉的掺量应严格按照设计掺量,允许正误差 2%,不允许出现负误差。

7.3.3 为确保橡胶沥青的质量,除针入度、软化点、延度、弹性恢复、老化试验外,黏度是关键、有效的检测指标。

7.3.4 黏度检测分为橡胶沥青生产检测和混合料生产检测两部分。对于橡胶沥青生产检测,如采用连续式生产,每隔 1h 从生产罐中抽取样品进行检测,如采用间歇式生产,每罐抽检一次。每次检测平行试验应不少于 3 个样本。对于混合料生产检测是在生产混合料前和生产过程中从储油罐中提取样品进行检测。每隔 4h 抽取一个样本。当橡胶沥青的生产和混合料生产同步进行时,可只进行橡胶沥青的生产检测。

7.3.5 现场黏度检测时，其温度应控制在(180±2)℃，从取样到试验结束应在1h内，试验记录应记录试验的时间。

7.3.6 各沥青性能指标的数据应满足相应工程设计文件的要求。

8 安全措施

8.1 应执行中华人民共和国现行的行业标准《公路工程施工安全技术规程》(JTJ 076—95)。

8.2 应遵照国家颁布的有关安全技术规程和安全操作规程办理。

8.3 凡接触沥青的工人必须穿工作服和靴子，戴手套。

8.4 工地上应备有治灼伤、防暑等药品，以应急需。

8.5 应注意加热油和加热罐的距离，防止火灾。

8.6 橡胶粉储存时应有遮盖物，严禁与酸、碱、油和其他影响产品质量的物质一起储放运输，储存运输环境温度应低于50℃，距热源1m以上，并离地面、墙壁一定距离。

8.7 沥青橡胶设备应设置醒目的安全提示标志。

8.8 沥青橡胶设备对作业人员可能构成危险的电、热、燃、爆及机械等应采取有效可靠的防护措施。

9 环保措施

9.1 橡胶沥青加工场地应远离居民区及村庄。无法避开时应选在主风向下方。

9.2 橡胶沥青的搅拌罐与反应罐应密闭，防止有毒气体排放。要对反应罐进行排气烟度检测，要满足环保部门的要求，不符合者应采取有效措施。

9.3 废胎胶粉应存储在通风、干燥的仓库中，并采取有效的防淋、防潮措施以及消防措施，防止橡胶粉粉尘排放。

9.4 橡胶沥青的加工噪声应满足环保部门的要求，沥青橡胶设备操作位置处噪声声级不大于90dB(A)，沥青橡胶设备周边7.5m处辐射噪声声级应不大于90dB(A)。不符合者应采取有效措施隔音。

10 资源节约

10.1 随着我国汽车工业的飞速发展，废轮胎无害化处理问题日益突出。

据统计，我国目前汽车保有量已达到3 000万辆，2006年我国废旧轮胎产生量已达到了1.5亿条，并将以每年12%的速度增加，到2010年将达到2.21亿条。大量的废轮胎产生，不仅占用土地、污染环境，而且孳生蚊蝇、传播疾病，已造成严重的社会环保问题。无害化、资源化充分利用这些废轮胎将对我国经济的可持续发展至关重要。

10.2 橡胶粉能够改善沥青的抗高温性能和低温性能，拓宽沥青的温度域，同时具有良好的弹性和抗老化性能。用于筑路工程中不仅能够解决废旧轮胎带来的社会问题，而且可以减薄路面、延长路面使用寿命、延缓反射裂缝、减轻行车噪声、具有优良的冬季柔性等，是解决我国当前面临的重载交通、早期损坏问题的有效途径之一。

10.3 2005年，我国提出大力发展循环和建设节约型社会的政策。废胎胶粉用于沥青路面的修筑，不仅符合我国当前的政策，减少环境污染，而且对于改善沥青路面使用品质延长作用寿命，降低养护成本起到积极作用，具有重要的社会意义和经济意义，是当前我国发展循环经济的一个基本国策。

11 效益分析

11.1 首先从材料成本角度分析。由于橡胶沥青的加工主要采用搅拌方式，比一般SBS改性沥青的加工方式简单，同时橡胶沥青加工过程中对反应温度和时间要求比较严格，因此可以认为橡胶沥青与以 SBS 为代表的改性沥青相比,加工成本基本相当。

11.2 橡胶沥青与 SBS 改性沥青材料成本对比见表 4,SBS 的掺量为 5%。由此看出,每吨橡胶沥青的材料成本比 SBS 改性沥青平均降低 19.2% ~22.2%,具有明显的经济效益。

橡胶沥青与 SBS 改性沥青材料成本比较 表 4

基质沥青价格(元/t)	SBS 改性沥青材料成本(元/t)	80 目橡胶沥青,掺量 20%		40 目橡胶沥青,掺量 20%	
		单价(元/t)	减少率	单价(元/t)	减少率
4 000	4 762	3 867	18.8%	3 733	21.6%
3 000	3 810	3 033	20.4%	2 900	23.9%
3 500	4 286	3 450	19.5%	3 317	22.6%
4 500	5 238	4 283	18.2%	4 150	20.8%
平均			19.2%		22.2%

12 应用实例

12.1 在国外橡胶沥青的加工工艺已经比较成熟,目前美国的加州、得州、佛州以及南非、西班牙、奥地利等国家和地区都有成功使用 10 年以上的工程。我国从 2003 年来也已铺筑大量橡胶沥青路面和橡胶沥青应力吸收层。

12.2 北京顺平辅线试验路位于左堤路至顺密路左幅。采用的是湿拌法的橡胶沥青。2004 年 10 月进行了试验路的铺筑。试验路沥青路面厚度为 8cm:3cmSAC10 橡胶沥青混凝土(湿拌)+橡胶沥青防水黏结层 +5cmAC20 橡胶沥青混凝土(干拌)+橡胶沥青应力吸收层 + 透层油;本试验路段的主方案,长度为 800m;为进一步降低试验路造价,经研究决定将方案一中防水层全幅洒布(18m)变为仅洒布机动车道(12m)。

12.3 南雁试验路为旧沥青路面的加铺改造项目,加铺前的路面结构层较薄,路面强度不够,加上重车超载严重,路线弯道多,路面出现了龟裂、横向开裂、沉陷变形等病害。旧路弯沉代表值较大,路面承载力不够。该试验路长度为 1km,桩号为 K46 +000 ~ K47 +000,2005 年 6 月进行了试验路的铺筑。试验路方案充分考虑了旧路面强度不足、重车超载车辆较多以及北京地区气候条件等因素,以达到消除旧路面病害、提高路面路用性能、改善路面行车条件为目标。主要设计思路如下:①设置橡胶沥青应力吸收层,以减少和延缓路面反射裂缝的产生,增强路面的层间黏结,加强路面的整体性,并起到路面防水的作用;②采用橡胶沥青 SAC16 做面层,以提高路面的高温稳定性、低温抗裂性、水稳性、耐久性和抗滑性,并降低路面噪声。

GTM设计加聚酯纤维沥青混合料路面施工工法

GGG(冀)B4021—2008

江厚权　郑韶峰　郑小平　刘军田　刘水洋
(河北建设集团有限公司)

1 前言

本课题主要结合京沪高速公路路面中修罩面工程实例进行研究。京沪高速公路(河北段)是“九五”期间国家规划建设的“五纵七横”12条国道主干线的重要组成部分,也是当时交通部规划的“两纵、两横、三条线”的重要道路。京沪高速公路河北段北起河北与天津交界的青县流河镇东,向南经由沧州市的青县、沧县、泊头、南皮、东光和吴桥6个县,在吴桥县埝高庄和梁庄之间与山东境内路段相接,路线全长140.999km,于1998年10月开工建设,2000年12月竣工通车。京沪高速公路(河北段)不仅是重要的经济命脉,也是河北省向世人展示繁荣、和谐风貌的窗口。

京沪高速公路自2000年12月竣工通车以来,至今已经运营了5年多时间,部分路段路面相继出现病害,如纵、横向裂缝,纵、横向裂缝交叉沉陷、网裂沉陷、车辙以及部分经管养部门治理后新出现的裂缝反射等。为此,急需对这些病害进行全面调查、分析原因并提出系统的治理方案,以有效地遏制病害进一步发展,延长路面使用寿命,恢复服务水平。2006年6月,河北省交通厅项目办和京沪管理处开始组织招标,对京沪高速公路(河北段)实施中修罩面工作。

河北建设集团路桥分公司在承建该工程后,对该施工方案提出立项,进行探索与研究。先后有河北省交通科研所完成加纤维的GTM沥青混合料的配合比设计,华南理工大学王端宜教授作纤维方面的技术报告。本课题技术经河北省科学技术信息研究所查新为新技术。该课题于2006年立项,并列入2007年度河北省建设厅科技研究计划,该项目于2007年12月通过河北省建设厅组织并主持的专家鉴定,被评为河北省建设行业科技成果二等奖。

2 工法特点

在高速公路沥青混凝土路面的施工中,将GTM方法设计和添加聚酯纤维的两种途径相结合,降低沥青用量、提高压实系数,改善沥青混合料高温、低温和水稳定性等路用性能,预防和减少早期病害的发生,提高路面的使用寿命。

3 适用范围

新建高速公路路面表面层及高速公路大中修罩面层。

4 工艺原理

4.1　本项目沥青混凝土路面采用旋转压实剪切机(GTM)设计方法。

20世纪60年代,美国为了解决大型轰炸机跑道易破损问题,专门研制出了美国旋转压实剪切试验机(GTM)。但随着公路的渠化交通、轴载及胎压的增大,车辆对路面的破坏越来越严重,美国ASTM规范采用GTM作为沥青混合料配合比设计及质量控制的标准。

旋转压实剪切试验机(GTM)能最大程度地模拟汽车在公路上行驶时轮胎与路面相互作用的实际

情况,利用充气型滚轮,通过设定垂直压力(压应力),改变旋转角度(剪应力),对材料施加周期性的圆周型压力,使试件被旋转压实到平衡状态,并以此压力决定沥青混凝土砂石的设计密度和沥青用量。GTM 具有以下优点:①密度高,抵抗永久变形能力好;②沥青用量较小,不易流油,病害少,工程造价低。但其缺点是:抗疲劳、耐久性不足,影响使用寿命。

4.2　沥青混合料是一种具有空间网络结构的多粒分散体系,从宏观上讲,它是由骨料、沥青及空气组成的一种三相体系,本项目通过在普通沥青混合料中添加聚酯纤维以改善其整体物理力学性能来提高路面性能。

聚酯纤维 Boni Fibers 是 1970 年由 DuPont(杜邦)公司的化学工程师 Boni Martinez 研制开发的,被称为美国延长道路使用寿命的“秘密武器”,并于 1998 年引进中国。纤维在沥青混合料中的作用及其机理如下。

4.2.1　纤维—沥青基体界面结构有助于降低沥青的温度敏感性。

纤维—沥青基体界面为一个至几个分子层厚的区域,其结构和性能对复合材料的物理力学性能起着重要作用。由于界面黏结、吸附等作用取决于纤维的原子排列、化学性质以及沥青基体的分子结构和化学组成,故其界面性质因不同纤维—沥青基体系统而异。

沥青中酸性树脂组分是一种表面活性物质,它在纤维表面产生的物理浸润、吸附甚至化学键作用,使沥青呈单分子状排列在纤维表面。形成结合力牢固的“结构沥青”薄膜。它比薄膜外的自由沥青黏性大,耐热性好。同时,由于纤维直径极细,纤维及其周围结构沥青一同裹覆于集料表面,使沥青膜厚度及性质都发生变化,由于纤维的加入致使沥青用量增加,有资料显示沥青膜厚度增加了 65% ~113%,较厚的沥青膜减慢了沥青的老化速率,从而可长时间地维持其黏弹性,降低沥青的温度敏感性,改善沥青混合料的高温和低温性能,延长路面的使用寿命。

4.2.2　纤维的稳定、增黏作用。

纵横交错的纤维所吸附的沥青,增大了结构沥青的比例,减少了自由沥青,使沥青膜处于稳定的状态,纤维使沥青矿粉胶浆黏性增大,软化点提高,相对普通的沥青胶浆而言,软化点提高了 20℃以上,从而使沥青混合料高温稳定性大幅度提高。纤维均匀分散在集料之间,使沥青矿粉不能形成胶团,减少油斑出现的几率。同时,在夏天高温季节,纤维的内部空隙还成为一种缓冲余地,不至于成为自由沥青而泛油,也有益于沥青混合料高温稳定性。纤维会提高沥青矿粉胶浆的黏结力;增加沥青与矿料的黏附性,握裹力;通过油膜之间的黏结,提高集料之间的黏结力,保证沥青路面的整体性,不易发生松散。

4.2.3　纤维对基体材料裂纹扩展的阻滞作用。

裂纹是沥青混合料受力的薄弱点,易引起应力集中成为疲劳破坏的起源。加入纤维后,纤维均匀分布于沥青胶浆中,跨越这些孔隙及裂纹,形成“桥架纤维”,使得裂纹扩展的能量释放率减小,即裂纹的扩展受到了短纤维的约束,纤维的咬合效应对沥青基体裂纹扩展起到阻滞作用,使沥青胶浆大大提高裂纹的自愈能力,大幅度推迟老化、破坏的时间、增强了弹性恢复,减缓了车辙的加深速度。

4.2.4　短纤维对抗疲劳性能的改善。

疲劳破坏的过程,首先是在结构的某一部位开始产生微小裂纹,裂纹起点为疲劳源。对沥青混凝土结构来讲,荷载、温度及内部不均匀结点的存在是其产生的主要因素,当材料受荷载作用时,裂纹尖端发生应力集中,裂纹扩展,当裂纹尺寸达到临界值时,就会出现失稳扩展,材料出现较大的裂缝直至断裂破坏。由于三维随机各向短纤维阻滞了裂纹的扩展,增加了弹性恢复,减缓了亚临界扩展,延长了材料失稳扩展、断裂出现的时间,因而材料抗疲劳强度得到明显改善。

从以上理论分析可以看出,添加聚酯纤维的沥青混合料与普通沥青混合料相比:降低了温度的敏感性;沥青混凝土的高温稳定性得以提高,纤维起到了强筋作用,增加了混凝土韧性;提高了沥青混凝土的低温抗裂、抗拉和抗剪性能;改善了沥青混凝土的抗老化性能和抗疲劳性,保证了路面使用功能,延长了使用寿命。

5 施工工艺流程及操作要点

5.1 施工工艺流程图(见图1)

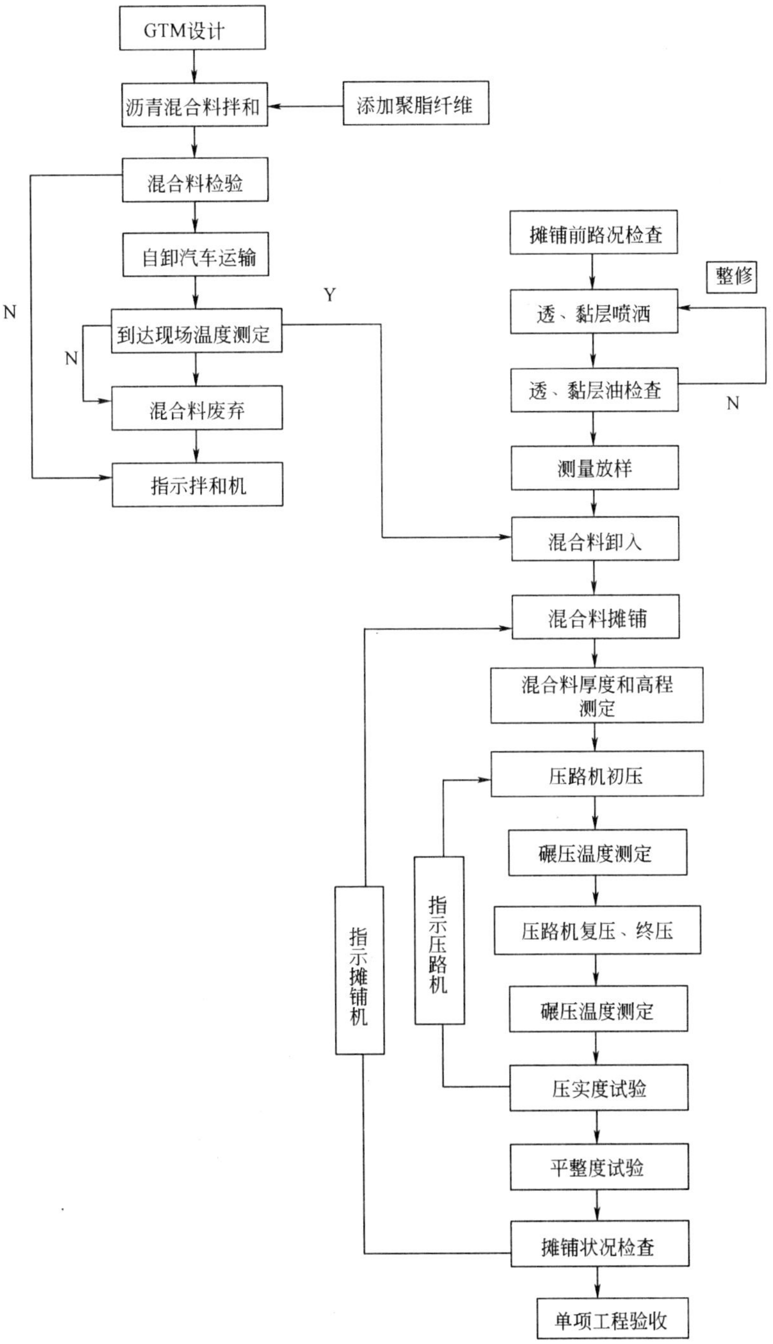

图1 施工工艺流程图

5.2 下面层的处理

根据设计要求,在罩面层下洒布SBS改性沥青黏结防水层,洒布量为1.8~2.0kg/m²,其上撒布粒径在9.5~13.2mm之间的石灰岩石料,覆盖率宜控制50%~60%。

5.3 拌和

5.3.1 上料要均匀,铲运机在上料前要对原材料进行翻拌,防止人工堆料造成离析,对混合料产生影响。

5.3.2　按目标配合比确定的比例,准确称量冷料的上料速度,按生产配合比确定热仓料比例,准确称量各种热仓料。

5.3.3　拌和温度的控制

改性沥青混合料的拌和温度控制在175℃~185℃,超过200℃予以废弃。

5.3.4　拌和时间的控制

沥青混合料添加聚酯纤维的关键是:①拌和的均匀性。严格控制拌和时间,防止花白料;②使纤维均匀分散裹覆在集料的表面。一般普通沥青混合料的拌和时间为35s,其中干拌时间宜为5s,加沥青后拌和30s,改性沥青混合料宜延长5~10s,加聚酯纤维的改性沥青混合料宜再延长10s,具体拌和时间以拌和效果而定,拌和效果以纤维不结团絮,均匀地裹覆在石料表面为准。

5.3.5　纤维添加方式

(1)同步添加投料装置:松散的纤维在喷入沥青的同时加入拌缸。

(2)按每盘掺入量分好,装入塑料袋,人工直接投入拌锅。

5.4　运输

5.4.1　由拌和机向运料车上放料时,每卸一斗混合料,汽车挪动一下位置,以减少粗细集料的离析现象,尽量缩小混合料下落的距离。

5.4.2　运输车辆须配备防雨保温设施。

5.4.3　运输车辆使用前必须清扫干净,在车厢板上涂刷一层防止沥青黏结的隔离剂,但不得有积液在车厢底部。

5.4.4　运料车在摊铺机前100~300m处停放空挡等候,由摊铺机推动前进开始缓慢卸料,避免撞击摊铺机。

5.5　摊铺

5.5.1　摊铺机在开工前0.5h~1h预热熨平板并不低于100℃,选择熨平板夯锤压实装置适宜的振动频率与振幅,提高路面的初始压实度。

5.5.2　摊铺速度的选择。改性沥青混合料的摊铺速度为1~3m/min,同时摊铺速度应与拌和速度相配,保证连续不间断,均匀摊铺,以提高路面平整度,减少混合料的离析。

5.5.3　采用非接触式平衡梁自动找平。

5.5.4　根据试验段确定的松铺系数1.25(虚铺5cm)进行控制,保证压实厚度。

5.5.5　摊铺温度不得低于165℃,由于GTM的标准密度相对较高,摊铺温度宜选择高限,有利于提高压实效果。

5.6　压实及成型

5.6.1　本工程选择DYNAPAC 622(1台),DD—130(1台),DD—110 (1台),XP301(2台)。

5.6.2　压实工序:采用胶轮压路机(XP301)初压一遍,可以起到降温慢、平整度好的作用,为防止粘轮,可先在轮胎上涂一层食用油,采用DD—130,DNAPAK622复压,各振2~3遍,终压采用DD—110压实。

5.6.3　压实原则是“紧跟、慢压、高频、低幅”。

5.6.4　压路机应在成型后或温度较低区域掉头,严禁在工作区域内制动或改变碾压方向。

5.6.5　压实温度见表1。

沥青混合料的施工温度(℃)　　表1

施工温度	改性沥青	施工温度	改性沥青
沥青混合料出厂温度	175℃~185℃	终压终了温度	不低于110℃
摊铺温度	不低于165℃	沥青混合料废弃温度	超过200℃
开始碾压温度	不低于155℃		

5.7 接缝

5.7.1 横缝

(1)横缝在新铺筑沥青混合料的末端。路面未冷却时,凿除端部厚度不足的部分,使工作缝成直角连接,并涂抹黏层沥青。

(2)铺筑混合料接头应先在旧路面上虚铺一层热沥青混合料,使其软化,然后进行新工作面的铺筑,将接缝处混合料搭接饱满顺平,压路机先进行横向碾压,再纵向碾压成为一体,接缝应压实,连接平顺,可通过目测或三米直尺进行检测。

5.7.2 纵缝

由于高速施工,实行不断交1/4幅施工,只能采用冷接缝。冷接缝施工分为以下几个阶段:

(1)铣缝:由内侧路缘石向外量出6.15m(总宽11.75m)宽度标出切缝位置(先铺超车道及部分行车道),沿标线铣去多铺部分,保证接缝平滑,顺直。

(2)涂抹黏结沥青:将新铣出纵向接缝清扫干净,侧面涂抹SBS改性沥青,保证接缝处密实、不透水及两幅之间良好的连接。

(3)铺筑及碾压:新铺筑的沥青混合料在已铺层上重叠50~100mm,再铲走铺在前半幅上面的混合料,碾压时由边向中间碾压,错过100~150mm,使纵缝挤密压实,局部不密实处,人工补洒部分细料填缝,再进行碾压然后每压一遍,向新铺层移动100~200mm,直至全部在新铺层上,保证接缝顺直、美观、密实。

5.8 开放交通

新铺筑的沥青混合料原则上当天封闭,禁止通行,如有通行需要,可进行洒水降温,表面温度低于50℃时,方可提前开放交通。

6 材料与设备

6.1 原材料

6.1.1 石料(表2~表4)

沥青混合料用粗集料规格 表2

公称粒径(mm)	通下列筛孔(方孔筛,mm)的质量百分率(%)						
	16.0	13.2	9.5	4.75	2.36	1.18	0.6
10~15	100	90~100	0~15	0~5			
5~10		100	90~100	0~15	0~5	—	

沥青混合料用粗集料质量技术要求 表3

指 标	标 准	
	上面层	其他层次
石料压碎值(%),不大于	18	24
洛杉矶磨耗损失(%),不大于	28	30
表观相对密度(%),不小于	2.60	2.50
吸水率(%),不大于	2.0	3.0
坚固性(%),不大于	12	12
针片状颗粒含量(混合料)(%),不大于	10	10

沥青混合料用细集料质量技术要求 表4

指　　标	标　　准
表观相对密度,不小于	2.50
坚固性(>0.3mm部分)(%),不大于	12
含泥量(<0.075mm的含量)(%),不大于	3
砂当量(%),不小于	60
亚甲蓝值(g/kg),不大于	25
棱角性(流动时间)(s),不小于	30

6.1.2　矿粉(表5)

沥青混合料用矿粉质量技术要求 表5

指　　标		标　　准
表观相对密度,不小于		2.50
含水率(%),不大于		1
粒度范围	<0.6mm(%)	100
	0.15mm(%)	90~100
	<0.075mm(%)	75~100
外观		无团粒料块
亲水系数		<1
塑性指数		<4
加热安定性		实测记录

6.1.3　沥青(表6)

沥青改性后技术要求 表6

技术指标		SBS
针入度(25℃,100g,5s),(0.1mm)		60~80
针入度指数PI,不小于		-0.4
延度(5℃,5cm/min),(cm),不小于		30
软化点T(℃),不小于		70
运动黏度135℃(Pa·s),不大于		3
闪点(℃),不小于		230
溶解度(%),不小于		99
弹性恢复25℃(%),不小于		65
软化点48h(℃),不大于		2.5
密度15℃(g/cm^3)		实测
薄膜加热试验	质量变化(%),不大于	1.0
	残留针入度(%),不小于	60
	延度5℃(cm),不小于	20

6.1.4　聚酯纤维(表7)

聚酯纤维技术参数 表7

序　　号	项　　目	技术指标
1	直径(mm)	0.020±0.005
2	长度(mm)	6+1.0
3	抗拉强度(MPa)	≥550
4	断裂伸长率(%)	≥25
5	耐热性(210℃,2h)	体积无变化

6.2 混合料

6.2.1 级配(表8)

GTM设计沥青混合料矿料参照级配 表8

级配类型	通过下列筛孔(方孔筛mm)的质量百分率(%)										
	19.0	16.0	13.2	9.5	4.75	2.36	1.18	0.6	0.3	0.15	0.075
AC-13C		100	90～100	68～85	38～68	24～50	15～38	10～28	7～20	5～15	4～8

6.2.2 性能(表9～表12)

沥青混凝土GTM试验设计、目标和生产配合比技术指标 表9

试验项目	技术指标	目标配合比	生产配合比
剪应变比GSI,不大于	1.05	1.04	1.04
抗剪安全系数GSF,不小于	1	1.68	2.08

沥青混合料力学性能技术要求 表10

检测项目	技术指标
低温弯曲($\times10^6$),不低于	2800
冻融劈裂强度比(%),不低于	80
残留稳定度(%)不小于	80

沥青混合料车辙试验动稳定度技术要求 表11

技术指标	动稳定度(次/mm)
掺加纤维改性沥青混合料,不小于	3 600

沥青混合料的技术要求 表12

试验项目	技术标准
	密级配沥青混凝土混合料
试件尺寸(mm)	ϕ101.6mm×63.5mm
击实次数(次)	双面各75
稳定度MS(N)	不小于8 000
流值FL(mm)	2～4
空隙率VV(%)	3～5
沥青饱和度VFA(%)	65～75

6.3 设备配备

(1)拌和站(1台):意大利产玛莲尼260(MARINI260)(260t/h)。

(2)摊铺机(1台):福格勒(VOG2100)。

(3)压路机(5台):DYNAPAC 622、DD－130、DD－110、XP301(2台)。
(4)运输车辆(20辆):15t的自卸车。

7 质量控制(表13、表14)

沥青面层施工过程中工程质量检查的内容和要求　　表13

检查项目		检查频率	检查方法	质量要求
外观		随时	目测	无离析、无絮状物
接缝		随时	目测、用3m直尺	紧密、平整、顺直
施工温度	出场温度	不少于1次/车	温度测量	符合本指导书要求
	摊铺温度	不少于1次/车		
	碾压温度	随时		
矿料级配		每台拌和机热料筛分每日1～2次 每台拌和机2次/日抽取后筛分	热料仓筛分拌和厂取样,用抽取后的矿料筛分	在配合比设计标准级配的范围内尽量接近中值
沥青用量		每台拌和机2次/日	拌和厂取样、离心法抽提	±0.2%
压实度、空隙率		每200m每车道1处	钻孔法	不小于GTM生产配合比设计密度97%,空隙率<6%
动稳定度		必要时	车辙试验机	≥3 600次/mm

GTM设计方法沥青混凝土面层实测项目　　表14

项次	检查项目		规定值或允许偏差		检查方法(每幅车道)
			高速公路		
1	压实度(%)		GTM法设计生产配合比标准密度的97%		每200m每车道1处钻芯取样
2	平整度	σ(mm)	中/下面层1.2	上面层0.8	平整度仪:全线每车道连续
3	抗滑	摩擦系数F_b	$F_b \geq 45$BPN		摆式摩擦仪:每200m测1处横向力系数车:全线连续
		SFC	SFC≥54		
		构造深度TC	TC≥0.55mm		砂铺法:每200m测1处
4	厚度	总厚度(%)	－2		每200m每车道1点
		上面层(%)	－4		

8 安全措施

8.1 编写《安全施工组织设计》,报高速交警批复后方可开工。
8.2 设专职安全员,施工前对全体施工人员节进行安全技术交底。
8.3 按标准摆放安全标志,安全标语包括:施工提示牌、限速牌、并道、指示灯、反光桶等。
8.4 施工车辆须悬挂“高速施工,随时停车”警示牌。
8.5 设专职人员挥动红旗提醒过往驾驶员,进入施工区,减速慢行。
8.6 施工人员不得随便跨越封闭区域。
8.7 所有施工人员进入工地必须穿反光防护服。

9 环保措施

9.1 材料堆放后进行覆盖,避免扬尘。
9.2 拌和设备安装了先进的三级除尘设施,减少粉尘排放。
9.3 料车运输进行覆盖,避免洒落,污染路面。

9.4 施工现场严禁将废弃物遗弃在高速公路的绿化带里,集中存放,每天设专人专车收集。

9.5 黏层油及热沥青洒布时,对路肩石及防撞护栏覆盖,防止污染。

9.6 施工现场严禁生活垃圾的随意遗弃,每天设专人收集,保证现场的干净整齐。

10 资源节约

10.1 GTM 设计降低了沥青用量。

10.2 该技术提高了沥青混合料的耐久性能,预防和减少了早期病害的发生,降低了养护成本和运营成本。

11 效益分析

11.1 经济效益

采用 GTM 方法设计的沥青混合料,从油石比上低于马歇尔方法设计的沥青混合料,本项目 AC—13C 的用油量为 4.3%,而马歇尔方法设计的 AC—13C(原材料相同)为 4.6%,每吨沥青混合料节省沥青 3kg,共用沥青混合料 92 000t 料,统计节省沥青 276t,每吨改性沥青价格为 5 500 元,折合人民币共 151 800 元。

但采用添加聚酯纤维,使工程成本加大。纤维掺入量 1.6kg/t,纤维单价为 30 000 元/t,每吨成本增加 48 元。纤维的添加能够减少沥青混合料的早期破坏,延长路面的使用寿命,提高路面的行车舒适性。高速公路设计使用年限一般为 10 年,而京沪路面大修距建成时间仅隔 6 年,聚酯纤维的掺加降低了高速公路的养护费用,从长远的角度来说有较好的经济效益。

11.2 社会效益

京沪高速公路(河北段)是主干线京沪高速的重要组成部分,担负着经济命脉的重任,它是通往京津旅游胜地的主要干道,也是河北省向世人展示繁荣、和谐风貌的窗口。

京沪高速大修延续其“经济走廊”的优势,实现了高速公路与沿线区域经济的互动发展,拉近了时空距离,强化了周边地区的大市场、大流通,带动了沿线种植业、养殖业、旅游业、广告业、工业等的发展,高速公路已成为展示地方经济、文化形象的窗口,在拉动区域经济发展的同时,提高了高速公路的运营效益。

12 应用实例

12.1 该工法率先在京沪高速公路(河北段)使用,作为沥青路面的罩面层。

12.2 该工程于 2006 年 8 月开工,2007 年 8 月分竣工,我公司承建 K158 ~ K200 段,全长双向 42km。

12.3 该工程经过一年的运营,取得良好的效果,未发现早期病害的发生。

12.4 在施工中存在的主要问题:

(1)由于 GTM 的标准密度相对较高,要求路面的压实度达到标准的 97%,在施工过程对设备性能要求高,设备投入较大,增加了施工成本。因此,在拌和过程中严格控制混合料的集配、油石比和拌和温度,在摊铺碾压过程中掌握好施工温度与碾压方法,对提高工程质量与降低生产成本会有积极的作用。

(2)拌和过程中,由于纤维的加入,搅拌时间延长,造成生产效率下降,生产成本的增加。而且人工投料的时间差,往往造成纤维拌和不开,结团,摊铺碾压后形成小蘑菇,影响纤维的加筋作用。因此,采用机械化自动投料,延长拌和时间,可以改善纤维在混合料中的分散效果,提高拌和均匀性,对纤维在混合料中的作用充分发挥有较大的意义。

STRATA 应力吸收层施工工法

GGG(冀)B4022—2008

魏玉军　赵智强　平常德　张宝林
(河北路桥集团有限公司)

1　前言

在如何控制旧水泥混凝土路面加铺沥青面层后反射裂缝的问题上,道路工程界的研究者和实践者围绕反射裂缝产生的力学机理和延缓反射裂缝的措施——在沥青加铺层结构、材料及加铺层设计方法、试验方法等各方面都做了大量的理论分析和试验评价。

Strata 应力吸收层是美国 KOCH 沥青材料公司研发的专门用于解决反射裂缝问题的沥青混合料,主要起消减应力和封水的目的。国内湖北武黄高速公路旧水泥混凝土路面沥青加铺工程在 2001 年首次应用该技术铺筑了试验路,2002 年后北京二环路、广州顺德新基路、广西桂柳高速公路、湖北汉宜高速公路等几条城市道路和高速公路的沥青加铺工程开始应用,效果均十分良好。在施工实践中,对 Strata 应力吸收层的施工特点、材料要求、施工工艺控制要点等进行了大量的总结分析,并形成了一套行之有效的施工方法和施工质量控制措施。为进一步搞好今后 Strata 应力吸收层的施工与质量控制管理,在总结以前施工经验的基础上,特编制 Strata 应力吸收层施工工法,以便在今后的施工中推广应用。

2　特点

Strata 应力吸收层是一种采用特殊聚合物改性的沥青混合料,沥青含量高、混合料中细矿料比重大,具有高弹性、不透水、黏附性强及抗裂性能好等优点,其承受的疲劳循环次数远高于普通聚合物改性沥青混合料,能有效减少或缓解旧水泥混凝土板传递给沥青面层的反射裂缝,其效果优于一般土工合成材料夹层,如土工布和 SAMI 应力吸收中间层这类“应力吸收膜”材料。

Strata 应力吸收层沥青混合料防止反射裂缝的特点可归纳为:

2.1　具有良好的柔韧性和弹性恢复能力。Strata 应力吸收层相当于在 PCC 与 AC 之间设置了一层弹性恢复能力极强的弹性层,外加荷载作用产生的应力被很快缓解、消散,进而缓解了接(裂)缝处的应力强度,即有良好弹性的沥青混合料中间层能消散部分剪切、拉伸能量,使裂缝区域的局部承载能力得到了提高。

2.2　具有良好的抗疲劳性能。疲劳试验证明,在交通荷载和温度应力的反复循环作用下,Strata 应力吸收层具有很好的抗温度型和抗剪切型疲劳荷载的能力。说明其具有较高的剪切、拉伸强度。这是 Strata 应力吸收层作为抗反射裂缝材料的关键指标之一。

2.3　具有吸收应力的厚度效应和使反射裂缝偏高原接(裂)缝的偏离效应。Strata 应力吸收层具有一定的力学厚度,这也是区别于一般土工合成材料夹层如土工布和 SAMI 应力吸收中间层这类“应力吸收膜”的关键指标之一。

2.4　具有很好的防水渗透功能。Strata 应力吸收层混合料主要由细集料组成,空隙率非常小,形成了一个天然的防水层,且其上的普通沥青混合料裂缝又偏离了原裂缝,阻隔了路面水向基层的渗透,有效的防止了基层的水破坏。从而延长了加铺层的使用寿命。

3 适用范围

本工法适用于各种高等级道路和城市道路的旧水泥混凝土路面加铺沥青混凝土罩面工程。

4 工艺原理

旧水泥混凝土路面上加铺沥青面层,在水泥混凝土板的接缝、裂缝处极易产生反射裂缝。

Strata 反射裂缝应力吸收系统是 KOCH 路面解决方案用于延缓水泥混凝土路面上沥青加铺层反射裂缝的一种沥青路面结构形式,该系统由高弹性、密级配热拌沥青混合料中间层(Strata 应力吸收层),以及上面的热拌沥青混合料加铺层两部分组成,其中应力吸收层是整个系统的关键部分。Strata 应力吸收层沥青结合料是该系统专门开发的一种特殊的高弹性聚合物改性沥青,该沥青与特殊级配的矿料组成一种具有高弹性、高柔韧性和黏结性且不渗透的热拌沥青混合料。这些特定性质提供了 Strata 应力吸收层可以将接(裂)缝区域的集中应力分散到较大的面积上,使应力峰值减小,从而扩散到相邻介质(沥青罩面层)中的应力也相应减小,可延缓反射裂缝出现的时间并减慢反射裂缝的扩展速度,可使加铺层反射裂缝产生的位置偏离水泥混凝土板接(裂)缝的位置。Strata 应力吸收层混合料还可以抵抗极大变形而不断裂,并隔绝路表水继续向下渗透,使应力吸收层很好地黏结在水泥混凝土板上,增加加铺层的疲劳寿命。

4.1 从旧水泥混凝土路面加铺沥青面层的断裂特性来看,沥青加铺层反射裂缝的扩展模式主要有两种,即剪切型和张开型反射裂缝。加铺层反射裂缝主要是由于温度荷载和交通荷载以及温度荷载和交通荷载复合作用引起的。从断裂力学的观点出发,主要原因是旧水泥混凝土路面结构中存在裂缝、接缝的原始缺陷,由于拉伸应力和剪切应力的作用引起接缝、裂缝处的应力集中,从而导致裂缝的产生和扩展。

4.2 在旧水泥混凝土路面与沥青加铺层之间设置 Strata 应力吸收层可大幅度地降低荷载型及温度型裂缝应力强度。当设置 Strata 应力吸收层时,应力强度随轴载变小和温度降低呈线性关系减小。初始裂缝长度越长,则应力强度越大。

4.3 无论是在交通荷载作用还是温度作用下,沥青加铺层的最大应力值均出现在裂缝或接缝处。与直接加铺相比,设置 Strata 应力吸收层后接(裂)缝处应力集中的应力值有较大幅度减小。

5 施工工艺流程

5.1 施工工艺流程图

Strata 应力吸收层的施工工艺流程图见图 1。

5.2 Strata 混合料配合比设计

Strata 应力吸收层混合料设计主要有以下内容:原材料的质量控制、目标配合比设计和生产配合比调整与沥青混合料性能验证等。

Strata 应力吸收层混合料设计采用 SHRP 沥青混合料体积设计理论,采用 Superpave 旋转压实仪成型试件,旋转压实试验要求进行 50 转($N_{max}=50$)。按 SHRP 混合料水准 1 设计,其主要任务有:确定初始级配、对试件进行压实并测量高度、测试松散混合料的最大理论密度、确定压实试件的毛体积密度和体积参数、确定级配与初始沥青用量。

现场拌和配方需符合表 1 体积性质和性能的要求。现场控制样本应使用现场拌和配方产生,并应压实到 N_{max}(50 转),来决定矿物骨料间隙率(VMA)和空隙率(V_a)。

另外,Strata 应力吸收层一定要掺天然砂,总量最好不要大于 20%;0 ~ 3mm 石屑可用机制砂代替,但机制砂不能代替天然砂,否则,Strata 应力吸收层混合料压实度难以保证。

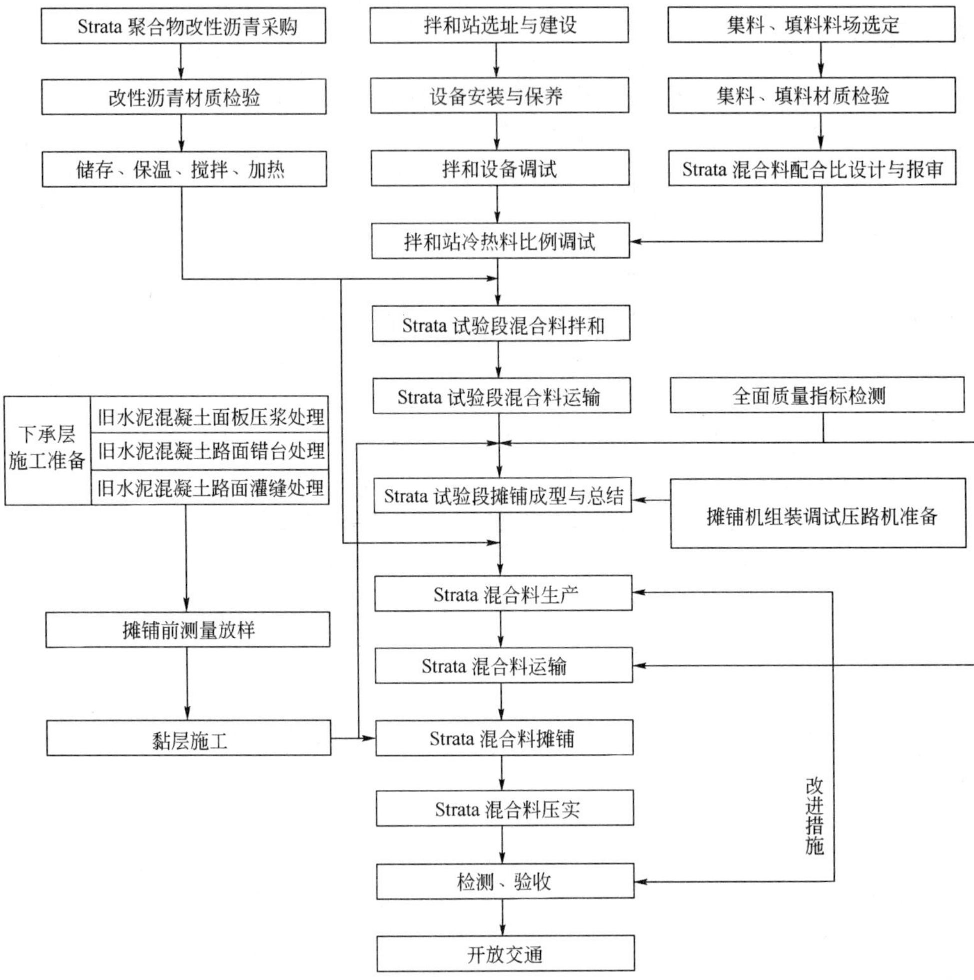

图 1　Strata 应力吸收层施工工艺流程

5.2.1　材料技术要求

Strata 应力吸收层沥青结合料应符合 AASHTO PG 分级(70℃或更高的高温性能等级以及性能等级 -22℃或更低的低温性能等级)的要求,以达到性能指标控制的维姆稳定性和弯曲梁疲劳试验的双重要求;矿料采用特殊级配。混合料的细集料可包含天然砂、粉碎的细砂和石屑;集料试验的指标见表 1,集料规格见表 2,沥青主要性质见表 3。

Strata 集料主要性能指标要求　　表 1

项　目	指　标	项　目	指　标
密度(g/cm³)	>2.5	吸水率(%)	<3
砂当量(%)	>45	天然砂变动率(%)	< ±5
棱角性(%)	>40		

Strata 集料规格　　表 2

筛孔(mm)	9.5	4.75	2.36	1.18	0.6	0.3	0.15	0.075
5 ~ 10	100	<15						
2.36 ~ 5		100	<30					
<2.36			100					<10
天然砂				>85				
矿粉								>75

Strata聚合物改性沥青主要性能指标要求　　　　表3

项　目		指　标
针入度(25℃,100g,5s),0.1mm		85~100
延度(5cm/min,5℃),cm		≥50
软化点,℃		≥65
溶解度,%		≥99
黏度(135℃),Pa·s		2.2~3.2
闪点,℃		≥230
弹性恢复(RTFO,25℃),%		≥80%
离析(48h),℃		≤4
旋转薄膜烘箱后残留物	质量损失,%	≤1
	延度(5cm/min,5℃),cm	≥35
	针入度比(25℃),%	≥65
	弹性恢复(RTFO,25℃),%	≥45

(1)集料棱角性

高速公路、一级公路的Strata应力吸收层中粗集料应满足一个破碎面>95%,2个或2个以上的破碎面应>85%;其他公路应满足一个破碎面>75%,2个或2个以上的破碎面应>60%。

高速公路、一级公路的Strata应力吸收层中细集料棱角性(流动时间)应不小于35s(松压集料的空隙百分率不小于40),其他公路则不小于20s。

(2)扁平细长颗粒和黏土含量

粗集料扁平细长颗粒含量不大于15%,细集料砂当量不小于65%。

5.2.2　目标配合比设计级配

Strata应力吸收层目标配合比设计级配如表4所示。

Strata应力吸收层目标配合比设计级配　　　　表4

筛孔(mm)	0.075	0.15	0.3	0.6	1.18	2.36	4.75	9.5
通过百分率(%)	6~14	8~20	15~35	25~55	40~70	60~85	80~100	100

5.2.3　性能试验指标控制

(1)弯曲梁疲劳试验

Strata应力吸收层混合料弯曲梁疲劳指标:大于100 000次/2 000με。2 000με远远大于常规沥青混合料的应变能力,这是保证位于水泥混凝土板接(裂)缝区域的Strata应力吸收层在较大的变形下不会疲劳断裂的控制指标。

(2)维姆稳定度

Strata应力吸收层沥青混合料维姆稳定度指标:大于18kN,这是保证Strata应力吸收层混合料在施工和道路使用中不会在车辆荷载作用下产生车辙的控制指标。

(3)混合料性能试验指标

Strata应力吸收层沥青混合料体积和性能控制指标如表5所示。

5.2.4　旋转压实试验

(1)拌和压实温度的确定

根据Superpave相应规范要求,Strata特种改性沥青用Brookfield DV-II+RV(Version5.0)黏度计进行黏度试验,采用的纺锤体编号为S21,旋转速度为20r/min。

Strata 应力吸收层沥青混合料体积和性能控制指标 表5

项　目	指　标	允许偏差
HVEEN 稳定性试验(AASHTO T246),(40℃,100mm molds,50 转)	>18.0	
BEAM 疲劳试验(次)(AASHTO TP-8),(2000εμ,10Hz,3.0±1.0%空隙率,20℃)	平均每两个样本>100 000cycles	
沥青含量(%)	>7.0	±0.3
空隙率 V_a(%)	0.5~2.5	±0.5
矿料间隙率 VMA(%)	>16.0	±1.0

注:对弯曲梁疲劳试验样本的空隙要求不同于旋转压实试验的样本,3.0±1.0%空隙率代表现场施工的密度。

Strata 特种改性沥青 135℃的平均黏度为 2.425Pa·s,165℃的平均黏度为 0.245Pa·s,对应于 0.17±0.02Pa·s 和 0.28±0.03Pa·s 的沥青混合料拌和与压实温度分别为 168.5℃~171.5℃和 161.9℃~164.8℃。

(2)混合料最大理论密度测试与计算

因 Strata 应力吸收层混合料细料含量多,又采用了高黏度的改性沥青,故不用真空法进行实测,而采用以下公式对混合料的最大理论相对密度进行计算。

合成相对密度 γ_s:$\gamma_s=(P_1+P_2+\cdots+P_n)/(P_1/\gamma_1+P_2/\gamma_2+\cdots+P_n/\gamma_n)$

吸水率 W_x:$W_x=(1/\gamma_{sb}-1/\gamma_{sa})\times100$

沥青吸收系数 C:$C=0.033W_x^2-0.2936W_x+0.9339$

合成有效相对密度 γ_{se}:$\gamma_{se}=C\times\gamma_{sa}+(1-C)\times\gamma_{sb}$

最大理论相对密度 γ_{ti}:$\gamma_{ti}=100/((100-P_{bi})/\gamma_{se}+P_{bi}/\gamma_b)$

(3)其他体积参数的计算

由于最大理论相对密度计算时考虑了沥青被矿料吸收,则在计算沥青混合料的空隙率、矿料间隙率和有效沥青的饱和度时都应有所变化,具体计算公式如下。

$$空隙率\ VV:VV=(1-\gamma_f/\gamma_t)\times100$$

$$矿料间隙率\ VMA:VMA=(1-P_s\times\gamma_f/\gamma_{sb})\times100$$

$$有效沥青饱和度\ VFA:VFA=(VMA-V_a)/VMA\times100$$

式中,P_s 为各种矿料占沥青混合料总质量的百分率之和,即 $P_s=100-P_b(\%)$。

(4)沥青混合料试件 SGC 成型方法

每组沥青混合料配三份料,将配好的集料试样放入拌和温度下的烘箱中加热 2h,沥青放入另一烘箱中预热至拌和温度。将拌和机的温度调节控制在拌和温度,混合料拌和时间约为 3min。混合料拌和后,将混合料均匀地铺在浅平盘中,平均厚度约为 21~22kg/m²,然后将盛有混合料的盘放入压实温度下的强制通风烘箱中进行短期老化 2h,期间每个小时搅拌 1 次。混合料老化完成后,即可在旋转压实仪上准备压实成型。

在混合料的短期老化期间,准备好旋转压实机,预热,然后确定各压实参数是否符合要求:竖直压力(600kPa)、压实角(1.25°)、旋转速度(30r/min)和旋转压实次数 N_{ini}(5 次)和 N_{des}(25 次),并进行高度的校正。同时检查数据采集系统是否正常,并设定相应的试验日期和试件编号。

在压实第一个试件前约 45~60min,把压实试模和底压板放进设定在压实温度的烘箱中预热。从烘箱中取出试模和底压板,把底板放入试模中,同时放一张纸片在底板的面上,然后将经短期老化到压实温度的混合料分三次装入试模中整平,对中并启动系统开始旋转压实,直到完成预定的设计旋转压实次数 N_{des}。在压实过程中,连续检测试件高度并在每转一圈后记录试件高度测量值。

达到 N_{des} 后,压实机停止压实,压实机自动升起加载头,从压实机中取出装有压实试件的试模,冷却 5min 后脱模,再用合适的标记对试件进行编号。将旋转压实机中存储高度—压实次数的数据传到计算机中,由相关软件接受采集、存储,留后进行相关数据处理。

(5)计算试件毛体积密度和体积参数,确定最佳沥青用量

根据级配组成,逐级回配得到配合比所需的称量,最少需要4组,每组2个试样用于压实试件,每个压实试件的集料总重约为4 500~4 700g,与沥青一起约4 800g;在确定的拌和温度下拌和试样,将拌和好的混合料用SGC压实试件得到N_{des}下的密实度及密实曲线。计算出试件毛体积密度和体积参数,绘出空隙率VV与沥青用量关系曲线、矿料间隙率VMA下沥青用量关系曲线,在满足Strata应力吸收层沥青混合料体积和性能控制指标后,按设计目标空隙率确定最佳沥青用量。

6 机具设备

拌和、运输、摊铺设备均可采用普通沥青混合料面层施工设备(表6),由于Strata应力吸收层沥青含量较高,铺层又薄,只有10~16t钢轮压路机可用于压实Strata混合料。

施工机具设备配备表 表6

序 号	名 称	规 格	单 位	数 量	备 注
1	间歇式沥青拌和站	200t/h	台	1	
2	摊铺机	ABG423	台	2	
3	可伸缩摊铺机		台	1	
4	双钢轮压路机	10~16t	台	4	
5	自卸汽车	15t以上	台	15~20	根据运距确定
6	发电机	500kW	台	2	
7	装载机	WA380	台	3	

注:上述施工机具和配置未考虑备用设备。

7 质量标准

本工法执行的技术规范:

《沥青路面施工及验收规范》(GB 50092—1996)

《公路工程集料试验规程》(JTG E42—2005)

《公路工程沥青及沥青混合料试验规程》(JTJ 052—2000)

《公路路基路面现场测试规程》(JTG E60—2008)

《公路沥青路面施工技术规范》(JTG F40—2004)

《公路工程施工安全技术规程》(JTJ 076—95)

《公路工程质量检验评定标准》(JTG F80/1—2004)

8 质量控制

8.1 Strata沥青混合料的级配控制

Strata沥青混合料细集料很多,要求生产配合比的变动很小。由于在原材料中细集料往往含有较多的粉尘,这些特点不同于常规的沥青混合料的拌和,因此如何在传统搅拌设备上拌和出级配稳定的高质量Strata沥青混合料成为关键问题。

8.1.1 Strata沥青混合料的级配要求

Strata混合料对集料棱角性、砂当量和黏土含量有较高的要求。控制砂当量、限制黏土含量,以增强沥青胶结料与集料之间的黏结力,避免混合料水敏感。Strata矿料级配属于连续级配、密实结构,矿料级配具有较宽的上下限范围,但又要求相对于生产配合比的实际矿料级配变动量小(表7)。

矿料级配范围和生产配合比允许变动范围 表7

筛孔(mm)	0.075	0.15	0.3	0.6	1.18	2.36	4.75	9.5
通过百分率(%)	6~14	8~20	15~35	25~55	40~70	60~85	80~100	100
生产配合比变动范围(%)	±1	—	—	—	—	±4	—	—

8.1.2 Strata矿料级配的控制

由于科氏公司提供的Strata矿料级配具有较宽的上下限范围,而关键筛孔2.36mm和0.075mm的通过率在生产配合比中最大偏差变动范围又非常小。且应力吸收层主要以抗疲劳、抗渗性能为主。在矿料级配设计中,使其级配曲线远离最大密度线,以提高矿料间隙率;为增强抗疲劳、抗渗性能,矿料间隙率又不宜过大。因此,经过反复设计和大量试验验证,确定出工程实际控制的Strata矿料级配控制范围(表8)。

工程控制Strata矿料级配范围 表8

筛孔(mm)	0.075	0.15	0.3	0.6	1.18	2.36	4.75	9.5
工程控制级配中值(%)	8.6	12	22	37	54	74	97.5	100
工程控制级配范围(%)	8.1~9.1	10~14	20~24	34~40	50~58	70~78	95~100	100
生产配合比变动范围(%)	±1					±4		

8.2 Strata沥青混合料生产控制

8.2.1 Strata沥青混合料生产

Strata混合料的矿料中小于2.36mm的细集料含量很大,大约占集料的75%左右,属于难于拌和的混合料。为了保证混合料质量,应采用加大引风的方式去除部分粉尘。为了使搅拌设备适应Strata混合料的生产和保证稳定的和质量,需对搅拌设备的参数设置进行合理的调整。

(1)振动筛筛孔的选择

沥青混合料拌和楼有5个热料仓,在仓容的分隔上,粉仓约占总容量的30%~40%,其余各仓容积也与其仓容相对应。由于振动筛受筛分时间的限制,其筛分效率比试验室低,一般为85%左右,所以在筛孔的选择上应较试验室筛孔放大15%~20%。对于Strata混合料,由于细集料很多,使振动筛中的粉料筛的筛分效率大大降低,经多次试验确定,对于重要筛孔2.36mm的筛分效率低30%~35%,此时与2.36mm对应的筛孔应选3.5mm,否则过大的窜仓率使混合料级配变得很难稳定,材料细微的波动都会导致窜仓严重增大,使级配中2.36mm的通过率处于一种不稳定状态。推荐采用的振动筛筛孔尺寸如表9所示。

振动筛与标准筛对应值参考表 表9

标准筛筛孔(mm)	2.36	4.75	9.5
振动筛筛孔(mm)	3.5	5.5	11

(2)拌和时间的调整

拌和楼拌料时,在每拌锅充盈率一定的情况下拌和时间决定了混合料的均匀性,当拌和时间由37s延长至44s时,均匀性由0.224%变化为0.109%(图2)。但是拌和时间也不宜过长,因为混合料在搅拌过程中,沥青膜在高温状态下与空气中的氧气充分接触,老化现象十分明显。因此综合考虑,在保证拌和质量前提下拌和时间尽量缩短,拌和Strata混合料推荐采用55s的拌和时间,较中粒式沥青混合料拌和时间延长22%。

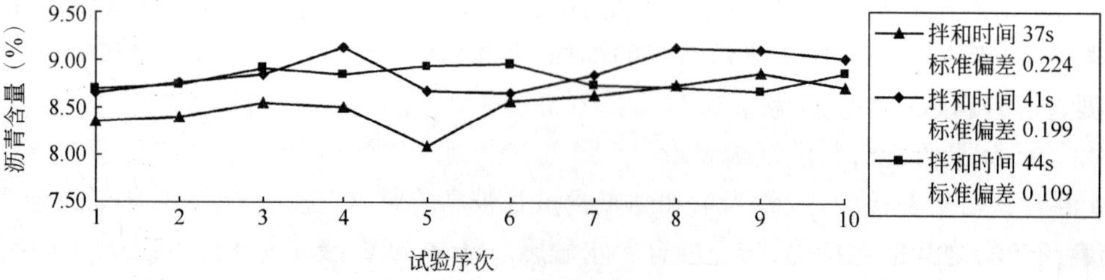

图2 混合料拌和均匀性曲线

(3)拌和温度控制

Strata 混合料为了起到吸收和分散应力的作用,提高了弹性恢复能力,采用改性沥青作为胶结料。由于 Strata 在施工时铺层很薄,降温很快(图 3),因此对混合料的加热温度以及温控精度提出了很高要求,若出料温度偏低,摊铺到路面上,温降很快,往往难于达到碾压要求,若出料温度太高,则沥青老化十分严重,影响混合料质量,因此应将出料温度控制在允许出料温度的上限附近,温度波动控制在 2.5℃以内。

特别指出,铺层温降受环境温度、风速和铺层厚度影响很大,由图 3 可知当环境温度由 34℃降至 26℃时,允许碾压时间由 10min 缩短到 6min,减少了 40%。

(4)引风除尘

由于原材料含有较多的小于 0.075mm 的粉尘,需要依靠搅拌设备的除尘系统进行净化,同时除尘系统作用时使滚筒内有一个合适的负压,保证燃烧器的火焰充分燃烧,因此必须将引风设备调整到合适的状态,使之保持稳定,以避免造成除尘不稳定,影响混合料的级配组成,并避免除尘系统温度过低或过高。一般排气温度为 115℃ ~160℃,因为当除尘系统温度过低时,水蒸气会在袋式除尘器的袋子上结露,特别是当低于 95℃(露点)时,粉尘与水滴会堵死袋子使引风阻力加大,当排气温度太高时,不仅增加了燃油消耗量,而且影响袋子寿命,最高排气温度应小于 180℃。

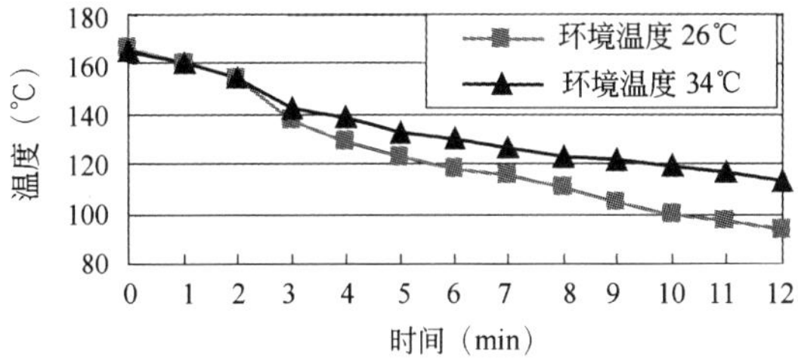

图 3 Strata 混合料温降曲线

(5)混合料生产控制要求(表 10)

Strata 混合料生产控制要求 表 10

序 号	项 目		要 求	控 制 范 围
1	石料加热温度(℃)		180 ~ 190	185 ~ 190
2	沥青加热温度(℃)		160 ~ 170	160 ~ 165
3	混合料拌和温度(℃)		170 ~ 180	175 ~ 180
4	拌和时间(s)		50 ~ 60	55
5	沥青含量偏差(%)		0.3	-0.3 ~ 0
6	级配偏差(%)	0.075mm 筛孔	±0.5	±0.5
		2.36mm 筛孔	±4	±4
7	砂当量(%)		>45	>85

8.2.2 Strata 沥青混合料摊铺

Strata 应力吸收层厚度要求为 2.5cm ±0.5cm,铺层过厚难于碾压,不利于高温稳定性;铺层太薄难于施工,也不利于延缓反射裂缝,因此在旧水泥混凝土板块上进行 Strata 摊铺作业时,需着重解决以下问题。

1)找平基准

在旧水泥路面上摊铺 Strata 时,由于原路面变形较大,在其上铺筑厚度均匀的薄层宜采用原路面做找平基准的方式进行。根据摊铺机熨平板工作特性,当找平基准靠近熨平板时,摊铺机滞后角 $\psi \to 0$,此时旧水泥混凝土板上可铺出厚度均匀的沥青薄层。

2)摊铺主要控制事项

(1)摊铺前熨平板需充分预热到 100℃以上,否则无法正常起步。摊铺速度控制在 3m/min 以内,不宜过快。

(2)第一个压路机尽可能地靠近摊铺机,如果混合料有开裂现象,压路机应退回直到开裂停止。

(3)路幅大于 8m 时宜采用两台摊铺机同步摊铺,两台摊铺机纵向应该重叠、互搭,重叠宽度最少

20cm。施工缝与原水泥混凝土板接缝错开 30cm 以上。

(4)常规摊铺温度为 120℃ ~177℃,摊铺温度在 177℃以上可能导致摊铺机后面混合料出现推挤,摊铺温度在 120℃以下可能导致摊铺机后面混合料出现开裂。

(5)气温低于 10℃不得摊铺,不能摊铺在湿的路面上,雨后 24h 以后方可摊铺。

8.2.3 Strata 沥青混合料碾压

Strata 混合料薄层降温很快,温降实测结果见表 11 和图 3。

Strata 铺层温降检测结果 表 11

时间(min)	0	1	2	3	4	5	6	7	8	9	10	11	12	备 注
测点 1 温度(℃)	166	161	154	137	129	123	118	115	110	104	100	97	94	环境温度 26℃ 摊铺厚度 2.8cm
测点 2 温度(℃)	165	160	154	142	138	133	130	126	123	121	119	116	113	环境温度 34℃ 摊铺厚度 2.8cm

表中数据表明:在环境温度为 34℃时,有效碾压时间为 10min(终压 120℃),在环境温度 26℃时,有效碾压时间为 6min,因此压路机需紧跟摊铺机后 30m 内,短距离碾压。

由于 Strata 含油量较高,铺层又薄(2.5cm ±0.5cm),只有 10 ~16t 钢轮压路机可用于压实混合料。在碾压时宜采用双钢轮压路机静压,不宜振动碾压,不宜用胶轮压路机。碾压过程中压路机不宜大量喷水,以防混合料降温过快。

在碾压过程中或压实完成后,由于水泥混凝土路面中的水分在高温下气化,Strata 铺层可能出现气泡,必须有专人将气泡刺破,使水汽散发出来,并用压路机压实。

Strata 混合料经碾压后每隔几米应出现油斑或轻微的油带,如果不出现,表明用油量偏小,如果大面积出现油斑,则表明用油量偏大。

Strata 混合料经过 4 ~5 遍碾压即可达到设计压实度,压实密度为最大理论密度的 97 ±2% 。压实完成后孔隙率应控制在 1% ~5% 以内。

9 安全措施

9.1 应遵照中华人民共和国行业标准《公路工程施工安全技术规程》(JTJ 076—95)的要求执行。

9.2 应遵照国家颁布的有关安全技术规程和安全操作规程办理。

9.3 对参与 Strata 应力吸收层施工的人员应穿戴劳保防护用品,防止烫伤,夏季高温季节施工,应采取防暑降温措施。

9.4 对从事沥青试验检测人员除做好通常的沥青作业防护外,还得做好三氯乙烯等有害气体的防护。

9.5 Strata 沥青混合料拌和站应经常检查导热油,防止泄漏入沥青储存罐中而引发火灾,拌和站内应采取有效的防火、防爆、防毒措施,设置醒目防火警示牌,并配备足够数量的消防器材。

9.6 Strata 沥青混合料拌和站的燃油罐和加油站与导热油热载体炉有足够的距离,防止发生火灾。

9.7 凡对沥青敏感的施工人员和试验人员禁止从事沥青路面工作。

9.8 在施工路段内,设置各种安全警示、指路标志、限速标志和隔离装置,各种标志齐全,设置合理。

10 环保措施

10.1 选择 Strata 沥青混合料拌和场地时,应远离居民区及村庄,无法避开居民区或村庄时应选在主风向下方。

10.2 Strata 沥青混合料拌和设备必须有良好的二级除尘装置,并能有效地进行除尘,使空气质量标准符合环保部门要求。

10.3 废弃的粉尘和 Strata 沥青混合料应存放在指定地点,粉尘可采用湿排法或采用经常洒水及覆盖等措施,防止粉尘扩散。

10.4 拌和站和发电机等设备的噪声,应符合环保部门的要求,不符合者应采取有效措施。

11 效益分析

使用 Strata 应力吸收层能防止及延缓反射裂缝出现的时间并减慢反射裂缝的扩展速度,在防透水、抗疲劳及抗裂性能方面显示出其他材料所不具备的综合性能,延长了加铺层使用寿命,从而大大降低了养护费用,收到了良好的社会效益与经济效益。

由于路面工程质量好坏,体现在路面的使用性能和使用寿命上。使用本工法施工的几条路段目前使用状况良好,业主意见和我们回访调查的情况一致。可达到成本低、质量好的目标。

12 应用实例

从 2001 年起到 2003 年,先后有武黄高速公路、北京二环路、广州顺德新基路、广西桂柳高速公路、湖北汉宜高速公路等几条城市道路和高速公路的采用 Strata 应力吸收层施工工法,这些工程都已完工,交工时均为优良工程,投入使用的时间有先有后,但使用性能和使用寿命都得到了业主和社会的高度评价,有良好的社会信誉。

下面以武黄、汉宜高速公路为例介绍 Strata 应力吸收层应用情况。

2001 年武黄高速公路开始进行路面加铺改造,并于当年完成了 2km 的应力吸收层试验路(武黄 K41 + 300 ~ K43 + 300),2003 年 10 月完成沥青路面实体加铺工程,其中应力吸收层路面结构 37.075km;2004 年 3 月,根据武黄高速公路的设计、科研成果和使用效果,以及跟踪观测分析结果,汉宜高速公路全线采用应力吸收层系统路面结构进行沥青罩面,并根据汉宜高速公路原材料情况分别在 K233 +500 ~ K234 +500 等三个路段上铺筑了与实体工程结构一样的试验路,2005 年 12 月完成沥青路面实体加铺工程。武黄、汉宜高速公路主要试验路加铺结构见表 12,试验路总厚度 10.5 ~ 15cm。根据原路面的实际状况,武黄、汉宜高速公路的工程加铺结构见表 13,加铺层总厚度 12.5 ~ 16.5cm(含调平层)。

主要试验路加铺层结构 表 12

序 号	加铺层结构类型(由上到下)
1	4cmSuperpave12.5 + 4cmSuperpave19 + 2.5cmStrata 应力吸收层
2	4cmSuperpave12.5 + 4cmSuperpave19 + 2.5cmStrata 应力吸收层 + 2.5cmAC-10I 调平层

实体工程加铺层结构 表 13

序 号	加铺层结构类型(由上到下)
1	4cmSuperpave12.5 + 6cmAC − 20S + 2.5cmStrata 应力吸收层
2	4cmSuperpave12.5 + 6cmSuperpave19 + 2.5cmStrata 应力吸收层 + 2.5 ~ 4cmAC-10I 调平层
3	4cmSuperpave12.5 + 8 ~ 9cmSuperpave19(兼调平层) + 2.5cmStrata 应力吸收层

宽幅抗离析大厚度摊铺水泥稳定碎石技术施工工法

GGG(赣)B1023—2008

刘久明　郑春刚　晏志辉　姚怀新　周　立
(江西省交通工程集团公司　长安大学筑路机械研究所
陕西中大机械集团有限责任公司)

1　前言

随着高等级公路的大量修建,沥青路面成为主要的路面结构形式,其水泥稳定土基层也随之发展很快。它以其高强度、良好的板体性和水稳定性,延长了道路的使用寿命,大大地减少了道路面层的龟裂、坑槽和冻害,并具有施工速度快,操作方便,料源丰富等特点,但往往由于基层施工质量问题导致路面破坏。减少水泥稳定碎石基层的缩裂,充分发挥其强度与结构能力,就必须深入研究水泥稳定碎石基层影响缩裂的主要因素,从而通过严格控制施工工艺、水泥的质量和剂量等措施,进一步完善摊铺、碾压、养护等施工工艺,才能使其均匀性、密实度、平整度等各项指标都能满足规范要求。我公司高度重视企业的创新技术,成立了以总工程师牵头的有关人员参与施工工艺和全面质量管理攻关小组,会同长安大学筑路机械研究所和陕西中大机械集团有限责任公司,共同先后在江西省景婺黄(常)高速公路项目(系江西境内首次)、福建省龙岩—长汀高速公路项目上探索总结,行成该工法。

2　工法特点

2.1　提高工程质量

与传统施工方法相比,该工法有以下优点:

(1)整体板块,工艺简单不要分层养生,节约成本。

(2)单机摊铺,抗离析,生产率高,平整度好,节约一台机器,一组人员。

2.2　缩短工期

大厚度一次性铺筑成型,完成10km的基层约需25个工作日,而并机分层铺筑同样长度需33.3个工作日,加上养生期、组织施工、机械、人员等,同样的10km的基层一次性大厚度铺筑可以缩短工期10d以上。

3　适用范围

该工法适用于高等级公路路面水稳层的宽幅大厚度一次性施工。

4　工艺原理

宽幅抗离析大厚度摊铺水泥稳定碎石技术,是采用重型压路机碾压,将大厚度(厚度为21~40cm)的水泥稳定土基层一层铺筑碾压成型的新工艺。该技术的实现是以重型压路机和铺筑厚度可达50cm、宽度可达16m的摊铺机的问世为基础的。这种摊铺机设备通过采用满埋螺旋低速输料,对螺旋外端处的卸荷口采用弹性橡胶板的悬臂式结构,链轮箱左右(中缝处)根据需要各加装一组角度可调的反向螺旋叶片,减小螺旋支撑(螺旋吊挂)横截面尺寸,加装过渡叶片,加宽料槽,增大摊铺机料斗等措施,防止水泥稳定粒料在施工过程中产生离析,使该施工工艺得以实现。

5 施工工艺流程及操作要点

5.1 施工工艺流程

下基层路况调查→测量放线→(材料准备)材料拌和→摊铺→碾压→接缝处理→养生

5.2 操作要点

5.2.1 准备工作:(1)下基层路况调查;(2)确定施工配合比。

5.2.2 测量放样:利用中线控制桩,放样路基中线间距10m,并在对应断面路肩外侧设指示桩。在两侧指示桩上挂好钢绞线,标出水泥稳定土层顶面的设计高程(含松铺系数及超声波找平仪预设高度)

5.2.3 松铺系数的确定:在试验段测量放样时应在放样的十米整桩号横断面加密3~5个点,即离中线2m、4m、6m、8m、10m,在垫层上打入钢钉并测量高程,待基层摊铺后,压路机碾压之前按钢钉的位子测量基层顶面松铺高程,压路机碾压完成后测量压实高程。

5.2.4 根据拌和站的拌和能力、运距合理安排运输车辆,确定摊铺机速度,设专人指挥运输车辆倒料,充分发挥物料转运车的作用、确保摊铺能均匀不间断的进行,并加强摊铺现场和拌和站之间的联系。

5.2.5 摊铺:利用人工配合摊铺机摊铺,在摊铺机铺不到的边角处,用人工进行整理,派专人注意及时消除离析情况:摊铺完成后,现场技术人员应在路面横断面上及时检查,发现平整度超标的地方及时处理。

5.2.6 碾压:为寻求最佳碾压方案,试验段分了三个碾压段。第一个碾压段:K48+800~K48+880初阶段用YZ-18型压路机静压1遍,预压阶段用YZ-20振动2遍,强压用YZ32中大超重吨位压路机低频率幅振动2遍,再以高频低幅振压2遍。终压用XP261型胶轮压路机静压2遍。

第二个碾压段:K48+880~K48+950,初压阶采用YZ-18型压路机静压1遍,预压阶段用YZ-20振动1遍,强压用YZ32中大超重吨位压路机以高频低幅振动2遍,再以低频高幅振压2遍,然后再用20t压路机振压一遍,终压用XP261型胶轮压路机压2遍。

第三个碾压段:K48+950~K48+040初压阶段用YZ-20型压路机静压1遍,预压阶段用YZ-20振动1遍,强压用YZ32中大超重吨位压路机以高频低幅振动2遍,再以低频高幅振压2遍,然后再用20t压路机振压一遍,终压用XP261型胶轮压路机压2遍。

碾压采用1/2形式错轮,随摊铺机进碾压,压路机的碾压长度以与摊铺机的速度相匹配的原则,压路机不得在未碾压成型的路段上掉头,停机等候;碾压过程中,混合料表面始终保持湿润,如有"弹簧、松散、起皮"等现象,应及时翻开晾晒或加水拌和碾压。碾压结束前要仔细检查平整度,发现缺陷及时处理,碾压结束后立即进行压实度检测。摊铺到碾压结束,必须在水泥初凝时间之内完。

5.2.7 养生:碾压完成并检查合格后立即进行养生,用土工布全封闭覆盖,用自动洒水车洒水,养生时间不小于7d。在养生期间,封闭交通。

5.3 劳动组织(表1)

劳动组织人员表 表1

序 号	岗位名称	数量(人)	备注1
1	项目经理	1	施工的组织管理
2	摊铺机操作手	3	摊铺机的操作
3	压路机操作手	3	压路机的操作
4	施工员	1	施工管理
5	技术员	1	技术负责

续上表

序　　号	岗 位 名 称	数量(人)	备注 1
6	试验员	2	试验检测
7	质检员	1	质量管理
8	安全员	2	安全管理
9	普工	18	摊铺水泥

6　材料与设备

6.1　材料

6.1.1　水泥:采用普通硅酸盐水泥。

6.1.2　集料:采用符合级配的天然砾石,其具体指标应符合设计要求。

6.1.3　水:凡是饮用水(含牲畜饮用水)均可用。

6.2　主要施工设备(表 2)

主要施工设备一览表　　表 2

序　　号	设 备 名 称	单　　位	规 格 型 号	数　　量	备　　注
1	稳定土拌和站	套	600T/H	2	
2	摊铺机	台	DT600	1	
3	振动压路机	台	YZ32	1	
4	压路机	台	YZ18	2	
5	自卸车	台	15T	12	
6	洒水车	台	8T	1	

7　质量控制(表 3)

7.1　严格按要求进行取样,保证样品真实可靠并具有代表性。

水泥稳定粒料基层和底基层实测项目　　表 3

项次	检 查 项 目		规定值或允偏差				检查方案和频率	权值
			基　　层		底　基　层			
			高速公路	其他公路	高速公路	其他公路		
1	压实度(%)	代表值	98	97	96	95	每 200m 每车道 2 处	3
		极值	94	93	92	91		
2	平整度(mm)		8	12	12	15	3m 直尺:每 200m 测 2 处×10 尺	2
3	纵断高程(mm)		+5,-10	+5,-15	+5,-15	+5,-20	水准仪:每 200m 测 4 个断面	1
4	宽度(mm)		不小于设计		不小于设计		尺量:每 200m 测 4 个断面	1
5	厚度	代表值	-8	-10	-10	-12	每 200m 每车道 1 点	3
		合格值	-15	-20	-25	-30		
6	横坡(%)		±0.3	±0.5	±0.3	±0.5	水准仪:每 200 测 4 个断面	1
7	强度(MPa)		符合设计要求		符合设计要求			3

7.2 各种材料应满足混合料配合比设计中的相关要求。

7.3 合理组织施工,使各工序紧密衔接。

8 安全措施

8.1 认真贯彻“安全第一,预防为主”的安全工作方针,加强安全教育,严格执行安全生产制度和操作规程,切实做好安全技术交底。

8.2 在施工路段的两端及其一定安全距离的延伸外,设置醒目显著的施工警告标志牌,并安排专人指挥交通。

8.3 施工现场应设立安全警示牌,路口处、车辆转变处标牌正确、醒目。

8.4 设备在工作前,要认真检查,保证设备性能良好,安全可靠,当日工作结束后,及时检查保养。交接班时,要相互仔细交接检查,填写交接记录。

8.5 摊铺机、压路机、运输车在工作过程中,除机组人员外,其他人员不得靠近,并设专人负责指挥协调施工机械密切配合作业,以免碰撞。

8.6 摊铺机在作业过程中,必须采取匀速行走。压路机应按规定碾压,控制好压实遍数。

8.7 工地易燃物品要妥善存放,并做好防火标志。

9 环保措施

DT1600 摊铺机合用符合欧 3 排放标准的发动机,经济环保。

10 资源节约

该工法系根据施工设备的改进(重型压路机铺筑厚度 50cm,摊铺机摊铺宽度可达 16m)的问世,探索研究出对施工工艺的改进,使水稳基层均匀性,密实度,平整度等各项指标能一次达标,不需分层碾压及养生,有效地节约了人工机械成本,减少了油料等消耗,对节约资源及保护环境是有益的。

11 效益分析

系列多功能摊铺机在云南、内蒙等地进行基层一次性摊铺推广的成果证明,这种工艺提高了工程质量,缩短了工期、降低了成本,是符合中国国情的、需要推广的科技成果。现在从以下几个方面进行比较。

11.1 提高工程质量的比较

11.1.1 一次性摊铺碾压成形:基层将形成一个整体的板块结构,只要密实度达到要求(即 98% 以上),相对于两次分层摊铺来说,其抗拉伸,抗冲击强度可以提高 80% 以上,可以有效地避免和推迟早期路面的下沉、车辙形凹陷、分裂脱落、坑洞等常见病的产生。对于提高公路质量、延长公路寿命有很大的帮助。

11.1.2 并机分层摊铺的情况:

(1)由于是并机摊铺,所以中间接缝不是很好,造成路面的平整度差,影响路面质量、平整度和美观。

(2)并机摊铺时,造成中间接缝处存在很大程度的离析,接缝处正好是车道处(汽车轮碾过的地方),严重的影响了公路质量。

(3)分层摊铺时,下基层和上基层之间的结合不会太好,也不会成为一个整体结构,强度差一些。

(4)分层摊铺时,在铺筑上基层时,要在下基层上洒一定量的水,这样会造成上基层的水分会与设计有一定的偏差。

(5)由于是分层铺筑,使用现有的摊铺机大多在摊铺时存在离析问题,影响了工程质量。

11.2 大厚度一次性铺筑与并机分层铺筑的经济性比较

以龙长高速公路为例,在不考虑压路机压实遍数的情况下并机分层铺筑主要费用为:

(1)并机铺筑费用4.38元/m^3,人工费用1.150元/m^3,养生等费用6.58元/m^3,以上合计为12.11/m^3。

(2)大厚度一次性铺筑机械费用5.12元/m^3,人工费用0.58元/m^3,养生等费用3.29元/m^3,以上合计8.99元/m^3。

两者相比每立方米节省3.12元,为投资方和施工方节约大笔资金,既有利于国家,也有利于业主和施工单位,具有很大的推广价值。

12 应用实例

12.1 广东粤赣高速27标段采用大宽度、大厚度一次性摊铺,施工时混合料松铺系数采用1.30,松铺厚度50cm,局部松铺厚度52cm,摊铺宽度12.16m,压实厚38cm。施工时间为2005年1月~2005年12月,经广东省交通厅质检站验收,一次性合格率100%,并被列为广东省交通厅科技项目。

12.2 江西省景婺黄(常)高速公路建设CP1段(江西省交通工程集团公司施工)2005年12月~2006年11月经验收检测全部合格,得到业主肯定。

12.3 福建龙长速公路B1段(江西省交通工程集团公司施工)2006年2月~2007年5月完成,经检测一次性合格率100%,受到业主奖励。

热洒布式改性沥青(橡胶沥青)防水黏结层施工工法

GGG(京)B3024—2008

王旭东 李美江 蔡 玮 高 政 吕志前
(交通部公路科学研究院 北京市公路桥梁建设集团有限公司
北京市政路桥建材集团有限公司)

1 前言

1.1 热洒布式改性沥青防水黏结层是一种在喷洒沥青类结合料后,立即撒布一定粒径的碎石,经碾压而形成的薄层。在路面结构中,常常因所起的作用不同和所采用的材料不同有多种不同的名称,常见的名称有改性沥青防水黏结层、橡胶沥青应力吸收层(SAM)和应力吸收中间层(SAMI)等。

1.2 改性沥青防水黏结层的主要作用是封闭表面细小裂缝,阻止水侵入路面,损坏基层与路基。该技术产生于20世纪20年代,起初主要作为小交通量道路的表面层,目前被广泛用于高等级道路的功能层中。

1.3 橡胶沥青是一种性能优良的结构防水、黏结材料,可作为防水、黏结、应力吸收的功能层用在沥青路面结构层中。橡胶沥青防水黏结层于20世纪60年代中期开始使用,以其优良的使用性能被美国、南非及澳大利亚等国家广泛用于道路表面性能恢复、应力吸收层、路面及桥面防水等工程。

1.4 20世纪80年代末,改性沥青应力吸收层的应用技术引入我国,先后在广东惠州试验路(1986),正定试验路(1988)使用。目前改性沥青防水黏结层作为应力吸收层、防水黏结层广泛用于沥青路面新建与改建、沥青混凝土桥面铺装、水泥混凝土路面沥青加铺等工程。

1.5 本工法包括了改性沥青防水黏结层和橡胶沥青防水黏结层的施工工法,本工法是对交通部公路科学研究所、北京市公路桥梁建设集团有限公司、北京市政路桥建材集团有限公司等单位多年研究成果和工程经验的总结。

2 特点

2.1 通过洒布一层改性沥青,封闭路表面细小裂缝,阻止水侵入路面。

2.2 撒布碎石提供对沥青的保护,也给行驶车辆提供行驶平台。根据沥青洒布量确定碎石的粒径,同时碎石不能满铺。

2.3 在旧路加铺中或路面结构发生变化时,厚的沥青膜起到吸收应力的作用,可延缓原沥青路面产生的反射裂缝。

2.4 可采用机械化施工,施工速度快、质量易控制。

2.5 在防水黏结层与上面层一起施工时,与其上沥青面层形成一个整体,不会出现软弱层,与下层的黏结强度高,加强了层间结合,防止脱皮现象的产生。

2.6 由于橡胶沥青的高弹性性能及高洒布剂量,橡胶沥青防水黏结层有极佳的碎石黏结力。采用橡胶沥青时,由于橡胶沥青弹性恢复好,应力吸收效果好,同时橡胶沥青黏度高,不会产生泛油问题。

3 适用范围

3.1 用在旧路的顶面,可作为路面结构内部的防水黏结层,或应力吸收层(简称SAMI)。直接铺设在原有老路的表面,然后再在其上直接铺设抗滑表层(图1),或者在老路面上铺设调平层后,再铺设该功能层,然后铺设抗滑表层(图2)。

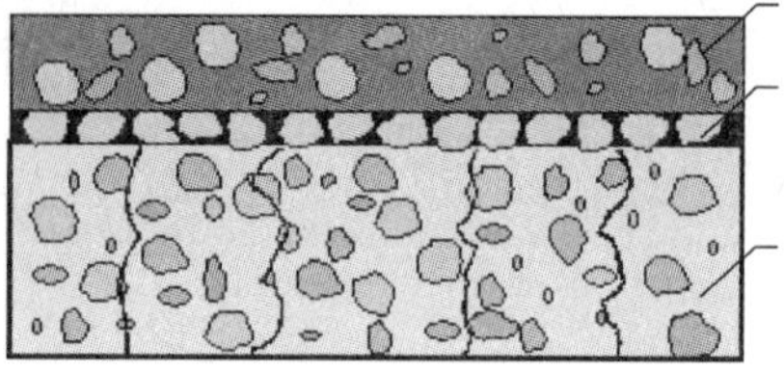

图1 改性沥青应力吸收层(防水黏结层)示意图

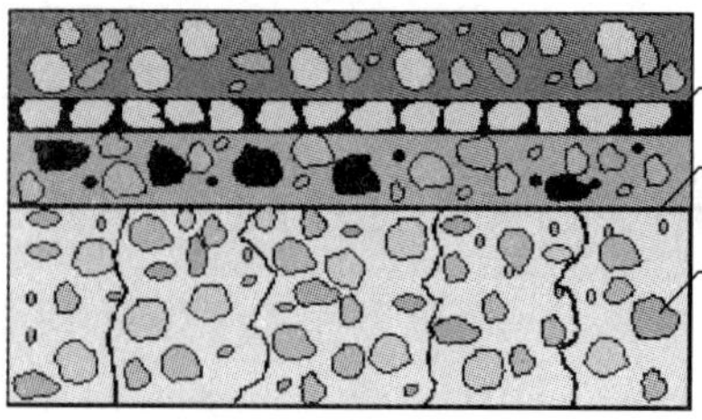

图2 改性沥青应力吸收层(防水黏结层)示意图(三层体系)

3.2 在新建道路的表面层下面、半刚性基层顶面及桥面铺装中应设置改性沥青(橡胶沥青)防水黏结层。

4 工艺原理

4.1 改性沥青防水黏结层的基本原理是在两个结构层之间设置一个专用的功能层,该功能层可根据路面设计的需要,实现增强层间黏结、防止水分进入等作用;同时在两种完全不同的路面结构(如半刚性基层与沥青面层、桥面铺装层、旧路加铺)的界面,还可以采用弹性好、黏结性好的沥青结合料,同时起到应力吸收和加强黏结的作用。

4.2 该工艺通过洒布一层不同功能的沥青起到层间黏结、应力吸收或结构防水的目的。撒布碎石是对沥青提供保护,也给车辆提供行驶平台,以保证安全行驶。根据沥青的撒布量确定碎石粒径,以保证碾压后碎石嵌入沥青达一定深度。为了保证防水黏结层不成为路面结构的软弱层,碎石的撒布量根据工程需要确定,不能满铺碎石。

5 施工工艺流程及操作要点

5.1 图3为改性沥青防水黏结层施工的基本工艺流程。整个施工流程包括下承层的清理、防水黏结层的试洒和正式施工三个程序,施工的具体过程为沥青的洒铺、碎石撒布和胶轮碾压三个过程。其中,试洒工艺相当于一般沥青路面施工的试验路段。通过试洒确定一些关键的施工参数,为正式施工做好必要的准备。如:每平米碎石撒布的方量或公斤数,施工机械的有效组合、沥青洒布的合理温度,洒布设备的机械参数等。图4~图8为改性沥青防水黏结层的工艺流程图。

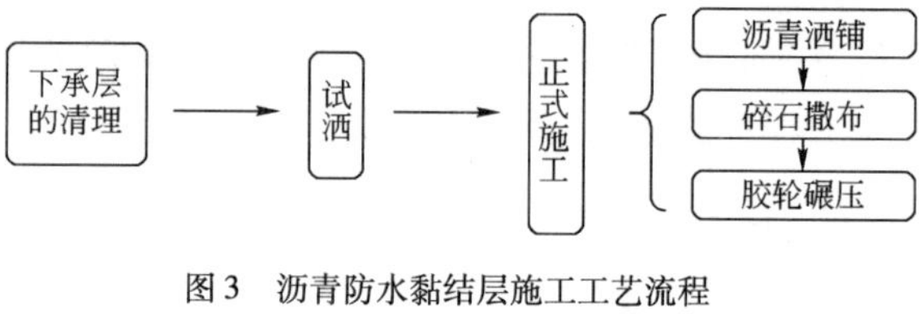

图3 沥青防水黏结层施工工艺流程

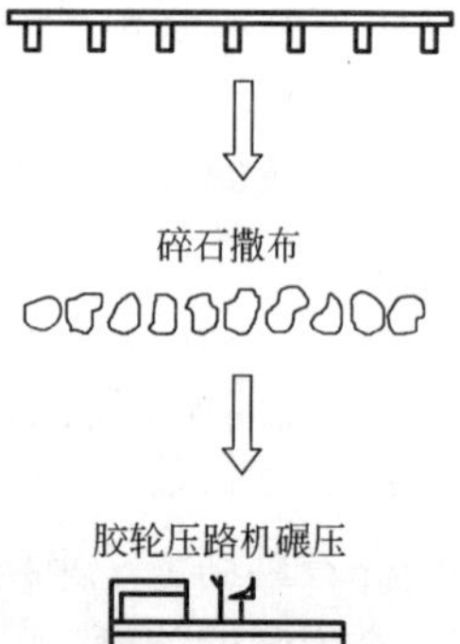

图4 改性沥青防水层和应力吸收层工艺流程示意图

图5 橡胶沥青的洒布

图6 撒布规格石料

图7 胶轮压路机碾压

图8 最终的施工效果(应力吸收层)

5.2 为了保证橡胶沥青防水黏结层的施工质量,应采用专业的机械化施工队伍。

5.3 施工断面清扫

5.3.1 下承层的清理(图9)

当用于老路改建罩面时,原有老路需要进行必要的处理,如路面结构的补强,坑洞、车辙的修补、封缝等。

a)

b)

图9 下承层路面清扫施工现场图

a)机械清扫;b)人工清扫

在用于水泥混凝土桥面铺装或水泥混凝土路面加铺时,为了加强黏结,需要对混凝土路面打毛、清扫。

在用于半刚性基层顶面时,应等养生结束后,开放交通,将表面浮浆跑散,然后进行清扫、干燥,铺设改性沥青防水黏结层。

在用于沥青混凝土顶面时,也需要对下承层进行清扫、干燥。

在施工改性沥青防水黏结层前,下承层路面应保持干净、干燥和粗糙的界面状态。当下承层为沥青混凝土时,在清扫时应避免用水冲洗。

5.3.2 在洒布沥青前,施工人员排成一排,采用便携式空压机对施工断面进行最后一次拉网式清理,确保路表面洁净干燥。

5.3.3 当原路面污染比较严重时,在清理时应尽量避免施工对周围环境的影响,可采用专用的具备洒水、洗尘功能的道路清扫车,必要时也可采用洒水清洗,但应严格控制,待路面彻底干燥后(一般为洒水清扫24h后),方可施工防水黏结层。

5.4 施工准备

5.4.1 沥青的洒布应采用专用、可有效控制洒布剂量且具有加温、保温和搅拌功能的洒布设备。

5.4.2 洒布设备在施工前应进行认真清理,将储油罐中的残油清除干净。

5.4.3 在正式洒布前应进行试洒。

5.4.4 严格清理有关的施工机械,特别是沥青洒布车和碎石撒布车的车轮,严禁将污染物带上施工断面。

5.5 沥青的洒布

5.5.1 沥青的洒布量

(1)沥青的洒布量应根据沥青的黏度水平、洒布的层位等因素确定。黏度越高,洒布量越大。

(2)当采用聚合物改性沥青(SBS、SBR、EVA 等)时,洒布量为 1.6 ~ 2.0kg/m^2,而橡胶沥青的洒布量为 2.0 ~ 3.0kg/m^2。

(3)当洒布在旧路、桥梁和半刚性基层表面时,沥青的洒布量可适当大于洒布在沥青表面层下的洒布量。

5.5.2 沥青的喷洒

(1)在沥青洒布前应对下承层进行认真的处理,保持干净、干燥。

(2)在施工期间,如遇下雨,应在下承层表面充分干燥的条件下洒布。

(3)在洒布过程中,洒布车应保持匀速行驶,确保均匀洒布。

(4)沥青的洒布温度要保证沥青处于液体可流动的喷洒状态,一般情况下聚合物改性沥青的洒布温度控制在 170℃ ~180℃,橡胶沥青的洒布温度一般控制在 180℃ ~190℃。

(5)在沥青洒布过程中,应注重接头的施工处理,主要包括横向接头和纵向接头的处理。在横向接头的位置,再次施工时既要与前次施工紧密衔接,同时也要避免与前次施工断面重叠。可在每次横向接头洒布前采用油毛毡或铁皮沿接头边缘将已洒布的路段遮挡覆盖住,然后再进行施工。

在确定纵向接缝位置的施工要求时,首先分析沥青洒布的原理。沥青洒布时通过喷头洒成扇形,相邻的两个喷头洒布的沥青相互重叠,重叠后的洒布沥青量即为设计的标准用量。图 10 为橡胶沥青喷洒示意图,a、b 为两个相邻的喷头,两个喷头的洒布的沥青相互重叠,重叠的宽度为 d_0,该宽度范围内的沥青洒布量为设计要求的洒布量。假设每个喷头沥青洒布量相同,则外侧的 b 喷头未重叠的 d 宽度范围内的洒布沥青仅为设计要求的一半。因此,在第二次洒布时,在纵向应与前次洒布的沥青重叠宽度 d。宽度 d 一般为两个相邻喷头的间距。因此,在纵向接头施工时,要保证最外侧喷头与接头边缘线在同一条线上。

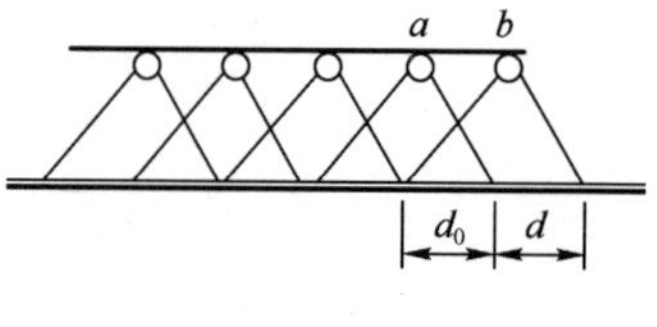

图 10 沥青喷洒示意图

5.6 碎石撒布

5.6.1 认真准备碎石,严格按设计要求准备符合规格的碎石。

撒布的碎石宜进行筛分,保证碎石的单一粒径,超粒径范围的石料含量不应超过 10%。撒布的碎石应干燥无尘。对于高等级道路,或碎石的粉尘含量比较高时,碎石需要进行水洗,并晾干。处理好的碎石应单独堆放在硬化的场地,并做好防尘、防雨,避免二次污染,以备施工使用。

对于高等级道路施工,在撒布前,碎石宜通过拌和楼进行预拌。其目的:一是消除撒布时粉尘对环境的污染;二是提高碎石的撒布温度,有利于与防水黏结层的结合。碎石的撒布温度不宜低于 80℃。预拌沥青可采用普通沥青,油石比一般为 0.5%。

5.6.2 碎石的试撒,主要确定撒布车料斗的倾角、车速和标准的撒布量。在一般的设计中,碎石的撒布要求是按照面积的标准给出的(如满铺的 60%),为了便于工程计量需要得到每平米的撒布量。这是通过实际工程中试撒得到的,并经过业主和监理确认,作为今后工程计量的标准。当采用石灰岩石料,规格为 13.2 ~ 16mm 时,撒布量一般为 10 ~ 12kg/m^2;规格为 16 ~ 19mm 时,撒布量一般为 12 ~

$14kg/m^2$。

5.6.3 在喷洒沥青后应及时撒布碎石,以便沥青和撒布的石料能有效的黏结。在大规模施工时,根据施工效率,一般1台沥青洒布车需配备2台碎石撒布车。

5.6.4 撒布碎石时,除了施工设备配备的操作手外,每台碎石撒布车应再配备1~2名清洁工,跟随在撒布车后,将散落在沥青外边的碎石清扫干净。

5.6.5 根据撒布碎石的原理和意义,灵活掌握碎石撒布的位置。在靠近路缘石和边缘20cm左右的宽度,在不影响摊铺机械运行的位置可不撒碎石,更便于层间的黏结。

5.6.6 为避免碎石撒布车与黏层沥青产生粘连,碎石撒布车的载重轮可适量喷水,但洒水量需严格控制,以浸润轮胎为标准,不可造成自由水流淌在黏结层上。

5.6.7 在撒布碎石施工中,为了保证撒布的均匀性,应注意撒布车辆的启动阶段、纵横向的交接位置,不能出现重叠和漏撒现象。如造成局部重叠,应在胶轮碾压前,采用人工清理的方法将多余的碎石清扫干净。

5.7 改性沥青防水黏结层的成型

5.7.1 碎石撒布后,应及时用重型胶轮压路机紧跟碎石撒布车碾压成型,胶轮压路机来回碾压1~2遍。

5.7.2 碾压成型后应尽快安排沥青混合料的摊铺,间隔时间不宜超过24h,其间应临时封闭交通,避免黏结层的二次污染。

6 材料与设备

6.1 材料准备

6.1.1 沥青的准备

根据设计的需要,可采用聚合物改性沥青和橡胶沥青。

聚合物改性沥青应满足《公路沥青路面施工技术规范》(JTG F40—2004)的相关指标要求。

洒布用橡胶沥青宜采用较粗的废胎胶粉,如30~40目。为了保证橡胶沥青品质的稳定,一般当天加工,当天洒布,橡胶沥青从加工到洒布不宜超过24h。加工橡胶沥青的基质沥青宜采用针入度不大于90的90号沥青或70号沥青,废胎胶粉的掺量一般为20%~25%(外掺)。

6.1.2 撒布碎石的准备

撒布用的碎石采用单一粒径的石灰岩石料,超出粒径范围的碎石含量应小于10%。石料应保持干燥、清洁,必要时可经过拌和楼筛分、除尘、加热。

当在基层顶面撒布时,石料的粒径宜为16~19mm,当在上面层下面撒布时,石料粒径宜为9.5~13.2mm。碎石的撒布量一般为满铺的60%~70%。

6.2 设备的准备(表1)

6.2.1 应具备可加热、保温、搅拌的沥青洒布车,洒布剂量通过计算机控制,确保洒布的均匀性。

6.2.2 碎石撒布应采用专用的碎石撒布车。

6.2.3 当大规模施工时,一台沥青洒布车配备两台碎石撒布车。同时应配备1~2台重型的胶轮压路机,并配备相应的施工人员。

机具设备配备 表1

序 号	名 称	规 格	单 位	数 量	备 注
1	碎石撒布车		台	1~2台	具有加热保温功能、精确控制撒布量
2	沥青撒布车		台	2~4台	能精确控制撒布量
3	压路机	重型胶轮	台	1~2台	

6.2.4 工地试验室的机具设备见表2。

工地试验室应具备的沥青混合料基本试验仪器 表2

设备名称	台套	设备名称	台套
针入度仪	1台	便携式黏度计	1台
软化点仪	1台	弹性恢复试验	1台
可利夫开口杯式闪点仪	1台	旋转薄膜烘箱	1台
聚合物改性沥青离析试验	1台	电子秤	1台
Brookfield 黏度计	1台		

7 质量控制

7.1 本工法执行的技术规范

7.1.1 《沥青路面施工及验收规范》(GB 50092—1996)

7.1.2 《公路工程沥青及沥青混合料试验规程》(JTJ 052—2000)

7.1.3 《公路沥青路面施工技术规范》(JTG F40—2004)

7.1.4 《公路工程集料试验规程》(JTG E42—2005)

7.1.5 《公路路基路面现场测试规程》(JTG E60—2008)

7.1.6 《公路沥青路面养护技术规范》(JTJ 073.2—2001)

7.2 现场检测指标

改性沥青防水黏结层每1 000m^2 现场抽检一次沥青洒布剂量,误差不应超过±0.15kg/m^2。

7.3 施工质量控制管理

为了保证改性沥青防水黏结层的施工质量,除严格按照以上要求进行施工外,还有些需要注意的关键工艺。主要有:

(1)在采用橡胶沥青时,在整个施工过程中,时刻监控橡胶沥青的黏度变化,保证沥青的质量稳定。

(2)沥青洒布时应注意接缝位置的控制,避免重叠,导致沥青洒布量过多,造成泛油。

(3)撒布的碎石应均匀,不能重叠或漏撒,必要时需要人工进行整理。

(4)该层施工结束后应尽快安排沥青混凝土的摊铺施工,一般不宜超过24h,其间应注意保护该层,可采用临时封闭交通的措施,避免二次污染或破坏。

8 安全措施

8.1 应遵照《公路工程施工安全技术规程》(JTJ 076—95)的要求执行。

8.2 应遵照国家颁布的有关安全技术规程和安全操作规程办理。

8.3 凡接触沥青的工人必须穿工作服和靴子,戴手套。

8.4 如果有人被沥青灼伤,应立即将粘在皮肤上的沥青用酒精、松节油或煤油等擦洗干净,再用高锰酸钾溶液或硼酸水刷洗伤处,事故严重的应立即请医务人员进行急救。

8.5 工地上应备有治灼伤、防暑等药品,以应急需。

8.6 应注意加热油和加热罐的距离,防止火灾。

8.7 对参与沥青检测的人员除做好沥青作业防护以外,还得做好三氯乙烯等有害物品的防护,并发放一定的补贴。

8.8 参与沥青路面施工的人员应穿戴劳保防护用品,防止烫伤。夏季高温季节施工,应采取防暑降温措施。

9 环保措施

9.1 应选择周边人流不集中的时候施工。

9.2 由于沥青在高温下洒布，要保证施工人员带好防毒面具。

10 效益分析和资源节约

10.1 将改性沥青防水黏结层设置在表面层底面，防止水进入沥青面层中、下部与基层，最大限度地对沥青路面结构进行保护，能够显著减少养护费用，延长路面使用寿命，具有十分重要的工程现实意义和经济效益。

10.2 将改性沥青防水黏结层设置在旧路表面或不同结构层界面，作为应力吸收层和防水黏结层，可以减少路面病害的发生。国外的研究表面，使用橡胶沥青应力吸收层，从路面结构承载能力和抗反射裂缝角度可以减薄路面结构的厚度。

10.3 南非的应用表明：橡胶沥青应力吸收层较普通沥青及聚合物改性沥青的应力吸收层均表现好，也更经济，更适于重交通。美国亚利桑那州的应用表明：橡胶沥青应力吸收层，可以延缓反射裂缝达15年以上。

11 应用实例

11.1 20世纪80年代末，防水黏结层的应用技术引入我国，先后在广东惠州试验路(1986)，正定试验路(1988)使用。其中，广惠试验路使用了橡胶沥青，所掺加胶粉为16~30目，掺量为25%(内掺)，洒布量为3.5kg/m^2；而正定试验路采用SBS改性沥青，用量为2.4kg/m^2，其上洒布的10~20mm碎石，覆盖率60%。

11.2 早期的防水黏结层(包括重交沥青、SBS改性沥青)一般多用于半刚性基层顶面，由于沥青洒布设备没有加热系统，且洒布精度不够，当洒布量过大时，常通过多撒铺碎石来弥补，影响了其使用性能。因此，该技术没有得到大规模推广应用。

11.3 20世纪90年代末，随着我国对进口设备的引进及生产设备的国产化，SBS改性沥青防水黏结层得到了广泛的应用。如广东京珠逸仙大道水泥混凝土路面沥青加铺工程(1999)、京沪高速公路沧州段(2000)、马房大桥钢桥面铺装及商开高速公路(2001)、广深高速公路罩面工程(2002)等。

11.4 进入21世纪以后，随着西部交通科技项目“废旧橡胶粉用于筑路的技术研究”的实施及国内对橡胶沥青加工、洒布设备的引进，河北京秦高速公路罩面(2004)、北京顺义顺平路辅线(2004)、广东中山105国道板芙段(2005)、北京门头沟南雁路(2005)、北京看丹桥与四元桥(2006)铺筑了橡胶沥青防水黏结层的试验路与实体工程。

11.5 国内也针对橡胶沥青洒布的堵孔、易离析、洒布黏度高等问题，研发了国产的橡胶沥青洒布专用设备。橡胶沥青防水黏结层的施工质量、规模得到了大幅度的提高。

11.6 目前，橡胶沥青作为应力吸收层、防水黏结层广泛用于沥青路面新建与改建、沥青混凝土桥面铺装、水泥混凝土路面沥青加铺等工程。

橡胶沥青混凝土施工工法

GGG(京)B3025—2008

王旭东　柳　浩　李美江　高维兵　杨丽英
(交通部公路科学研究院　北京市公路桥梁建设集团有限公司
北京市政路桥建材集团有限公司)

1　前言

1.1　橡胶沥青混凝土在路面工程中的应用在国际上已有比较悠久的历史。

1999年,交通部公路科学研究所首次将橡胶粉用于马房大桥的桥面铺装,2001年交通部设立西部交通科技项目开展"废旧橡胶沥青用于筑路的技术研究",该项目在广东、山东、河北、四川、贵州等地,涉及到华南地区、西南地区、轻冰冻地区三个气候片区,修筑总长近30km试验路和实体工程。课题组后来又在京秦高速公路、武汉钢桥面、广东105国道、北京绿色奥运工程中修筑了橡胶沥青混凝土路面。

1.2　废胎胶粉在沥青混合料中的应用,有利于减少废轮胎对环境的污染,促进可循环资源的再生利用,同时,有利于改善沥青路面的使用性能、节约建设、养护成本。

橡胶沥青混凝土用于道路工程,能够改善沥青的高低温性能、抗老化性能、抗疲劳性能,起到减薄路面、延长路面使用寿命、延缓反射裂缝、减轻行车噪声等作用,具有优良的冬季柔性。为了响应国家建设"资源节约型、环境友好型"社会的号召,2007年,交通部开展了"材料节约和资源循环利用"专项行动计划,将废胎胶粉在公路工程中应用作为主要的推广项目之一。

1.3　橡胶沥青混凝土主要有干拌工艺和湿拌工艺。

干拌工艺是将废胎胶粉与沥青、矿料一起投放到拌和楼里拌和,生产橡胶沥青混合料的生产方法。湿拌工艺是先将废胎胶粉和沥青加工形成橡胶沥青后,再与矿料拌和,生产橡胶沥青混合料的生产方法。

1.4　本工法包括了橡胶沥青混凝土的干拌工艺和湿拌工艺两种工艺的施工工法,本工法是在交通部公路科学研究所、北京市公路桥梁建设集团有限公司、北京市政路桥建材集团有限公司等单位多年研究成果和工程经验的基础上总结出来的。

2　工法特点

2.1　橡胶粉在沥青混合料中既有化学反应,同时橡胶粉颗粒在沥青混合料中又以天然形式存在,使得橡胶沥青混合料的级配设计要充分考虑橡胶粉颗粒的存在。

2.2　橡胶粉加入混合料中以后,沥青的黏度增大,施工温度提高。

2.3　橡胶粉掺入沥青混合料中后使得沥青混合料的弹性增大,需要加强压实。

2.4　橡胶粉掺入沥青混合料中的反应复杂,橡胶沥青混合料的密度很难通过计算确定,需要实测。

2.5　由于橡胶沥青混凝土本身的特点,橡胶沥青混凝土的高温性能和低温性能都得到改善,橡胶沥青混凝土的技术性能指标也应根据其性能确定。

2.6　橡胶沥青混凝土的设计方法需要充分考虑橡胶粉在其中的作用特点,对其体积参数和稳定度、流值进行调整。

3 适用范围

3.1 橡胶沥青混合料可用于各种等级公路新建和改建工程。橡胶沥青混合料适用于沥青路面的各结构层位。废胎胶粉用于沥青混凝土中,能改善沥青混凝土的高温稳定性、抗疲劳性能、水稳定性能、低温性能和延缓反射裂缝等路用性能,同时能显著降低路面的行车噪声。

3.2 根据混合料的性能特点和使用要求,可分别选用湿拌法的橡胶沥青混合料和干拌法的橡胶沥青混合料。干拌法生产的混合料高温稳定性好;而湿拌法生产的混合料在低温抗裂、抗水损坏以及降低行车噪声等方面具有明显优势。

3.3 干拌法生产的橡胶沥青混凝土宜用于中、下面层中,以提高沥青路面的抗高温变形能力;湿拌法生产的橡胶沥青宜用于上面层沥青混凝土、防水黏结层和应力吸收层等。

4 工艺原理

4.1 轮胎的设计寿命一般为 50 ~ 100 年,但轮胎在使用 1 ~ 2 年后因磨损就报废了,因此废旧轮胎橡胶粉主要的化学成分是天然橡胶和合成橡胶(如丁苯橡胶、顺丁橡胶),还有硫、碳黑、氧化硅、氧化铁、氧化钙等添加剂成分,以上这些成分都是良好的沥青改性剂。

4.2 无论是干拌法还是湿拌法的橡胶粉沥青混凝土,橡胶粉和沥青两种材料在高温条件下共混,其反应过程比较复杂,既不能用简单的物理过程来描述,也不能用复杂的化学过程论之。

研究证明,橡胶粉对干拌法沥青混合料绝不是简单的物理填充作用。湿拌法沥青混合料的沥青性能试验表明橡胶粉对沥青的改性作用是客观存在的,但从微观照片和密度测试中,仍能看到橡胶粉在橡胶沥青中单独存在的影子。相比较而言,干拌法沥青混合料的物理作用多一些,湿拌法的化学作用会明显一些。

4.3 由于橡胶粉用于沥青混合料既有对沥青的改性作用,其颗粒在沥青混合料中又以天然形式存在,正是在这种双重作用下,使得橡胶粉沥青混凝土表现出与一般沥青混凝土不同的路用性能,使得橡胶粉沥青混凝土的受力特性发生了变化,赋予了橡胶粉沥青混凝土良好的降噪性能、减薄路面厚度的作用、抗高温性能和重载性能、抗疲劳性能。

5 施工工艺流程(图 1)及操作要点

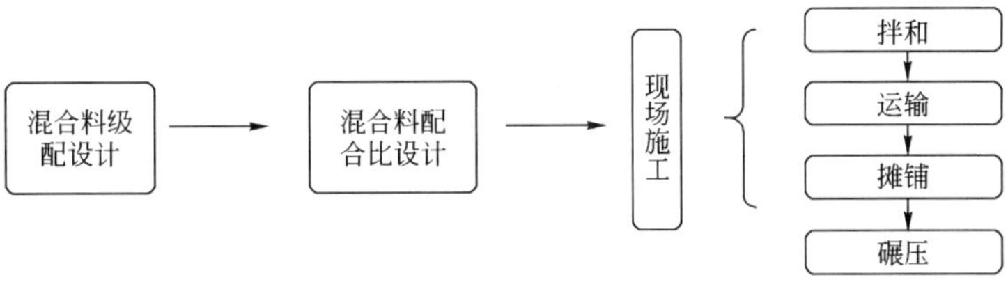

图 1 橡胶沥青混合料施工工艺流程

5.1 橡胶粉沥青混合料级配设计

5.1.1 橡胶沥青混凝土分为开级配和密级配两种。

5.1.2 对于密级配橡胶沥青混凝土,无论是干拌工艺还是湿拌工艺均应采用间断型级配。

5.1.3 级配构成原理:橡胶沥青混合料的级配根据设计空隙率的水平,按照骨架嵌挤原理形成。

5.1.4 适用于干拌工艺的混合料级配及控制范围。

(1)干拌工艺生产的混合料,即橡胶沥青混合料(ARHM(D)),可用于沥青面层的上、中、下 3 层,宜选用密级配。按公称最大粒径分为:10 型、13 型、16 型、20 型、25 型、30 型等。表 1 为相应的橡胶沥青混凝土(ARHM(D))的参考级配曲线。

(2)级配的控制点为 4.75mm 和 0.075mm。4.75mm 通过率的允许误差为 ±2%(绝对值),

0.075mm 通过率的允许误差为 ±1%(绝对值)。

干拌法橡胶沥青混凝土(ARHM(D))的参考级配曲线(通过率%)　　表 1

级配类型	通过下列筛孔(mm)的质量百分率(%)														
	37.5	31.5	26.5	19	16	13.2	9.5	7.2	4.75	2.36	1.18	0.6	0.3	0.15	0.075
ARHM30(D)	100	90~100	80~91	64~76	57~69	50~62	40~51	—	25~35	17~27	12~20	9~16	6~12	4~9	3~7
ARHM25(D)		100	90~100	70~82	62~73	54~65	42~53	—	25~35	17~27	12~20	9~16	6~12	4~9	3~7
ARHM20(D)			100	90~100	77~88	64~76	47~59	—	25~35	18~27	14~21	10~17	7~13	5~10	4~8
ARHM16(D)				100	95~100	79~86	58~67	—	30~40	22~31	16~24	12~19	9~15	7~12	5~9
ARHM13(D)					100	95~100	66~74	—	30~40	23~32	17~25	13~20	10~16	8~13	6~10
ARHM10(D)						100	95~100	60~69	30~40	23~32	17~25	13~20	10~16	8~13	6~10

5.1.5　适用于湿拌工艺的混合料级配及控制范围

(1)湿拌工艺生产的混合料,即橡胶沥青混合料(ARHM(W)),宜用在沥青面层的表面层,按公称最大粒径分为:5 型、7 型、10 型、13 型、16 型、20 型等。可采用密级配(表 2),也可采用开级配(表 3)。

湿拌法橡胶沥青混凝土(ARHM(W))密级配的参考级配曲线(通过率%)　　表 2

级配类型	通过下列筛孔(mm)的质量百分率(%)												
	26.5	19	16	13.2	9.5	7.2	4.75	2.36	1.18	0.6	0.3	0.15	0.075
ARHM20(W)	100	90~100	77~88	64~76	47~59	—	25~35	18~27	14~21	10~17	7~13	5~10	4~8
ARHM16(W)		100	95~100	77~85	54~64	—	25~35	19~28	15~22	11~18	9~14	7~11	5~9
ARHM13(W)			100	95~100	62~71	—	25~35	20~28	15~23	12~19	10~15	8~12	6~10
ARHM10(W)				100	95~100	56~66	25~35	20~28	15~23	12~19	10~15	8~12	6~10
ARHM7(W)					100	95~100	58~68	25~35	19~28	15~22	12~18	9~14	7~11
ARHM5(W)						100	95~100	25~35	20~28	16~23	13~18	10~15	8~12

湿拌法橡胶沥青混凝土(ARHM(W))开级配的参考级配曲线(通过率%)　　表 3

级配类型	通过下列筛孔(mm)的质量百分率(%)											
	19	16	13.2	9.5	7.2	4.75	2.36	1.18	0.6	0.3	0.15	0.075
ARHM16(W)-O	100	95~100	71~80	43~55	—	15~25	6~18	3~14	1~10	1~7	0~5	0~4
ARHM13(W)-O		100	95~100	52~64	—	15~25	10~19	6~15	4~11	2~9	2~7	1~5
ARHM10(W)-O			100	95~100	45~57	15~25	10~19	6~15	4~11	2~9	2~7	1~5
ARHM7(W)-O				100	95~100	48~60	15~25	10~19	7~14	4~11	3~8	2~6
ARHM5(W)-O					100	95~100	15~25	10~19	7~14	4~11	3~8	2~6

(2)这些级配的控制点为 4.75mm 和 0.075mm。4.75mm 通过率的允许误差为 ±2%(绝对值);0.075mm 通过率的允许误差为 ±1%(绝对值),对于开级配混合料的允许误差为 ±0.5%(绝对值)。

5.2　橡胶沥青混合料配合比设计

5.2.1　橡胶沥青混合料设计原则

(1)橡胶沥青混合料配合比设计应遵循理论配合比设计、目标配合比设计、生产配合比以及混合料试生产和试验路段铺设四个阶段。其配合比设计流程见图 2。

(2)按照体积法原理进行配合比设计。根据混合料设计空隙率的要求,并结合其他体积参数,由试件实际空隙率水平确定相应的油石比。

(3)混合料配合比设计应根据石料情况,以间断级配、骨架结构为原则,优化混合料的实际级配,并进行相关的性能验证。

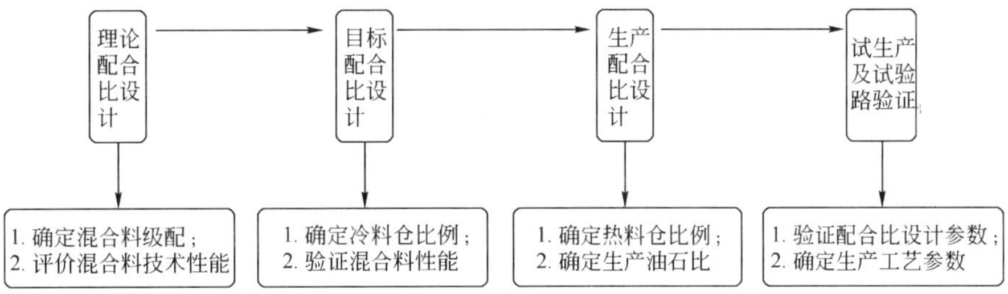

图2 配合比设计流程图

5.2.2 橡胶沥青混合料设计标准

(1)橡胶沥青混合料设计方法宜采用马歇尔击实试验方法。在有条件地区也可使用旋转压实的试验方法。

(2)橡胶沥青混合料技术指标。

①橡胶沥青混合料马歇尔击实试验的技术指标要求见表4。

橡胶沥青混合料马歇尔试验技术指标 表4

指 标	密级配混合料	开级配型混合料
马歇尔击实次数(次)	75	75
稳定度(流值为3mm)	>8kN	>5kN
设计空隙率(%)	3~5	18~24
沥青饱和度(%)	70~85	—

②击实次数:橡胶沥青混合料无论作为表面层还是用于中、下面层,无论是密级配混合料,还是开级配混合料,均采用双面击实各75次。对于重载交通路段,用于表面层的密级配混合料的击实次数可提高到100次。

③稳定度和流值:大量的试验表明,断级配混合料的流值比较大,例如:SMA混合料。这是由于断级配本身的特性造成的,流值大并不意味着混合料的抗变形能力弱,相反,车辙试验表明这种混合料的高温稳定性良好。对于橡胶沥青混合料要求在流值为3mm时的稳定度满足要求。

④设计空隙率:对于密级配混合料,当用于中、下面层时,设计空隙率宜控制为3%;当用于表面层混合料时,中粒式混合料的设计空隙率宜为4%,细粒式混合料的设计空隙率宜为5%。对于开级配混合料,用于表面层混合料设计空隙率宜为18%~20%,中、下面层为20%~24%。

⑤橡胶沥青混凝土的矿料间隙率(VMA)宜符合表5要求。

橡胶沥青混凝土的矿料间隙率要求 表5

集料公称最大粒径(mm)	31.5	26.5	19	16	13.2	9.5
VMA不小于(%)	11.5	12	13	13.5	14	15

⑥混合料试件毛体积密度应采用蜡封法测定。

⑦混合料的最大理论密度宜采用真空法测定。当采用理论计算法时,应通过试验确定混合料毛体积密度与表观密度的比例关系。

⑧宜采用设计空隙率确定橡胶沥青混合料的最佳油石比,同时其他指标应满足设计要求。

(3)橡胶沥青混合料技术性能

①橡胶沥青混凝土高温性能要求根据交通等级进行分类,以车辙试验为标准,按照现场压实度的标准成型试件。具体技术指标见表6。

②密级配橡胶沥青混凝土的水稳定性指标包括残留稳定度和冻融劈裂强度比值,试验采用在设计油石比条件下进行马歇尔击实试验,每面50次。具体指标要求见表7。

橡胶沥青混合料高温性能要求 表6

交通量等级	层位	上面层	中面层	下面层
轻交通	动稳定度(次/mm)	2 000	1 200	800
	相对变形(%)	15	15	20
中等交通	动稳定度(次/mm)	2 500	1 500	1 000
	相对变形(%)	10	10	15
重载交通	动稳定度(次/mm)	3 000	2 000	1 500
	相对变形(%)	5	10	10
特重交通	动稳定度(次/mm)	4 000	2 500	2 000
	相对变形(%)	3	5	10

橡胶沥青混合料水稳定性检验技术要求 表7

气候条件和指标	相应于下列气候分区的技术要求(%)			
年降雨量(mm)及气候分区	>1 000	500~1 000	250~500	<250
	潮湿区	湿润区	半干区	干旱区
T 0709	浸水马歇尔试验残留稳定度(%),不小于			
指标	85		80	
T 0729	冻融劈裂强度比值(%),不小于			
指标	80		75	

③密级配橡胶沥青混凝土的低温弯曲试验(试验方法T 0715)的技术标准见表8。

橡胶沥青混合料低温弯曲试验破坏应变技术要求 表8

气候条件与技术指标	相应于下列气候分区所要求的破坏应变(με)			
年极端最低气温(℃)	< -37.0	-21.5~37.0	-9.0~-21.5	> -9.0
气候分区	冬严寒区	冬寒区	冬冷区	冬温区
指标	3 000	2 800	2 500	

④当橡胶沥青混凝土作为抗滑表层时,其构造深度不小于0.65mm,渗水系数不大于100mL/min。

⑤橡胶沥青混凝土的线膨胀量不大于1%。

5.2.3 橡胶沥青混合料理论配合比设计

1)橡胶沥青混合料理论配合比设计的目的

根据当地工程、材料特点和使用性能要求,确定橡胶沥青混合料理论级配曲线和废胎胶粉掺量,并进行室内试验验证混合料的性能指标。

2)橡胶沥青混合料理论配合比设计的主要流程及内容

(1)根据使用条件的要求,确定采用干拌工艺,还是湿拌工艺,并初步确定废胎胶粉的掺量。

(2)废胎胶粉掺量一般不宜低于20%(外掺)。

(3)选择废胎胶粉的种类。

(4)根据工程所使用的石料,进行石料性能检测,指标应满足本工法中的有关要求。

(5)将石料筛分成各档,分别测定石料的表观密度、毛体积密度及吸水率。细集料的毛体积密度测到0.3mm档,0.3mm以下测定其表观密度。

(6)根据石料密度,按照骨架结构原理,初定各档石料的比例及混合料的级配曲线。也可参照本工法提出的级配曲线作为混合料设计的初步级配曲线。

(7)确定石料的生产级配的建议范围。

(8)按照确定的级配曲线掺配混合料,进行马歇尔击实试验。

(9)检验马歇尔试件的力学和体积指标,应满足本工法的有关要求。

(10)按照空隙率确定混合料的油石比。如混合料的空隙率达不到设计要求,应对原有级配进行调整,重新进行马歇尔试验,直到混合料空隙率满足技术要求。

(11)按照现场压实度水平进行混合料的技术性能验证。如混合料技术性能不能满足技术要求,需要重新进行理论配合比设计,着重于橡胶沥青或废胎胶粉的类型、掺量等角度进行分析。

3)橡胶沥青混合料理论配合比设计需注意的问题

(1)级配的选择。本工法提供的各种混合料的级配仅是推荐级配,在实际工程中,应根据石料的情况进行验证、调整,得到符合实际情况的级配曲线,但是工法中有关控制点和控制范围不变。

(2)橡胶沥青的密度。由于废胎胶粉与沥青的作用机理比较复杂,相同类型、掺量的废胎胶粉掺入不同标号的基质沥青后的密度并不相同;同时,橡胶沥青的密度并不能通过废胎胶粉密度和沥青密度直接计算得到。因此,橡胶沥青密度应通过试验测定。

(3)干拌工艺的废胎胶粉密度。在干拌工艺橡胶沥青混合料的生产过程中,废胎胶粉与沥青和矿料在高温时拌和,尽管时间较短,但沥青与废胎胶粉仍会产生一些反应,导致废胎胶粉密度产生变化。因此,即使干拌工艺橡胶沥青混合料,直接通过废胎胶粉密度计算混合料的密度仍存在一些偏差。故宜采用真空法测定混合料的最大理论密度。

5.2.4 橡胶沥青混合料目标配合比设计

橡胶沥青混合料目标配合比设计的目的是根据理论级配确定混合料冷料仓的比例,进一步验证混合料的性能。应在拌和厂现场完成。

1)橡胶沥青混合料目标配合比的主要流程及内容

(1)对生产用石料和沥青进行性能检测。

(2)对石料进行筛分,根据理论配合比确定的级配曲线,确定各档石料的比例。

(3)级配宜控制在容许的范围内。

(4)如掺配的级配不能满足设计要求,需调整石料的生产。

(5)调整好级配后,进行马歇尔击实试验,确定混合料的油石比,并进行混合料的性能验证。

(6)选用10型级配时,应选用不少于3档石料,采用4个冷料仓。

(7)选用13~16型级配时,应选用不少于4档石料,采用4~5个冷料仓。

(8)选用20~25型级配时,应选用不少于5档石料,采用5~6个冷料仓。

2)橡胶沥青混合料目标配合比设计需注意的问题

(1)目标配合比设计过程中如发现原材料的级配不能满足要求,应及时通知碎石场,调整筛孔的孔径。如某些地区生产的5~10mm规格的玄武岩石料大多是为了生产SMA-13混合料而确定的筛孔,通过试验发现,这些碎石偏细,不利于生产10型混合料,建议应将上层筛孔放大2mm。同时,建议增设7.5mm筛孔,生产4.75~7.2mm的石料。

(2)当对细粒式混合料进行目标配合比设计时应充分利用冷料仓,使各个料仓的进料速度均衡。

5.2.5 橡胶沥青混合料生产配合比设计

1)橡胶沥青混合料生产配合比设计的目的

其目的是确定拌和楼热料仓的范围和比例,以及混合料的生产油石比。

2)橡胶沥青混合料生产配合比的主要流程及内容

(1)将拌和楼中的杂料清理干净,检查筛孔是否破损,如破损应及时修补。

(2)根据级配特性,确定混合料热料仓的范围,即热料仓的筛孔范围,生产过程中使用的热料仓不宜少于4个。

(3)进行热料仓筛分,确定热料仓比例。

(4)按照目标配合比确定的冷料仓比例上料,同时将石料加热到正常生产时所需的温度,并打开除尘口,正常除尘。不喷沥青、不掺加填料。如采用干拌法工艺,不掺加废胎胶粉。

(5)在进行生产配合比时,每盘料不宜少于1t。

(6)将头两盘料当作废料,弃掉。

(7)用铲车接取第三盘料,各个热料仓的石料分别堆放在干净的硬化地面上。

(8)将石料拌匀后用四分法取料,进行筛分。

(9)按理论配合比级配曲线掺配,初步确定热料仓的比例。

3)橡胶沥青混合料生产配合比设计需注意的问题

在生产配合比设计过程中应与拌和楼紧密配合,做到料仓供料均匀、平衡,避免大规模生产中发生等料、溢料的问题。

4)橡胶沥青混合料油石比的二次标定

为了准确测定混合料的油石比,生产过程中宜采用燃烧法检测油石比。

(1)油石比的第一次标定。在生产配合比设计阶段,需要采用如下步骤对燃烧炉进行标定。

①按理论级配、四种不同的油石比(其中一个为最佳油石比),拌制标准混合料,每份混合料质量为1 000 ~1 500g。

②一个油石比不少于2个平行试验样本。

③燃烧法分别测定混合料的油石比。

④制定理论设定油石比与燃烧法测定的油石比的关系曲线,作为生产过程中油石比检测的修正曲线。

⑤当混合料的级配改变或废胎胶粉的掺量改变时,需重新进行油石比的标定。

(2)油石比的第二次标定。在对燃烧炉标定的基础上,对拌和楼的喷油精度进行标定。拌和楼按正常生产状态下,按照生产配合比确定的混合料级配,分别按照最佳油石比、最佳油石比 +0.3%、最佳油石比 -0.3%三个不同的油石比喷油,分别生产不少于1t的混合料,每个油石比的混合料分别取两份进行燃烧法测定油石比,取两者的平均值,并经过修正,作为该设定油石比下拌和楼的实际油石比。设定油石比与实际油石比的差即为拌和楼的喷油误差。

5)橡胶沥青混合料生产油石比的确定

根据室内马歇尔试验确定的混合料最佳油石比,为改善表面层混合料的高温稳定性,在实际生产中可比最佳油石比降低0.2% ~0.3%。则拌和楼实际生产中设定的油石比应为:

(1)表面层混合料的设定油石比 = 最佳油石比 -(0.2% ~0.3%)- 拌和楼的喷油误差。

(2)中、下面层混合料的设定油石比 = 最佳油石比 - 拌和楼的喷油误差。

5.3 橡胶沥青混合料的拌和

5.3.1 冷料仓之间的隔板高度不宜低于70cm,避免在生产过程中造成料仓中原料混杂。

5.3.2 拌和机的矿粉仓应配备振动装置以防止矿粉起拱。添加消石灰、水泥等外掺剂时,宜增加粉料仓,也可由专用管线和螺旋升送器直接加入拌和锅,若与矿粉混合使用时应避免二者因密度不同发生离析。

5.3.3 沥青混合料拌和时间根据具体情况经试拌确定,以沥青均匀裹覆集料为度。间歇式拌和机每盘的生产周期不宜少于50 ~60s(其中干拌时间不少于15 ~20s)。

5.3.4 间歇式拌和机宜备有保温性能好的成品储料仓,储存过程中混合料温降不得大于5℃,且不能有沥青滴漏。橡胶沥青混合料宜随拌随用,储存时间不宜超过10h。

5.3.5 采用干拌法工艺时,废胎胶粉必须在混合料中充分分散,拌和均匀。拌和机应配备同步添加料投料装置,废胎胶粉宜在集料投入的同时自动加入,经5 ~10s的干拌后,再投入矿粉。工程量很小时也可分装成塑料小包或由人工量取直接投入拌和锅。

5.3.6 应充分利用拌和楼的热料仓。

5.3.7 橡胶沥青混合料的拌和温度按表9执行。当橡胶沥青黏度大于2.5Pa·s时,橡胶沥青的加热温度应再提高5 ~10℃。

混合料的拌和温度参数 表9

类 型	石料加热温度(℃)	沥青温度(℃)	出料温度(℃)
湿拌法	180~200	175~195	180~210
干拌法	190~210	155~165	180~210

5.3.8 拌和楼在生产过程中应打印每盘料的生产数据,包括每盘料各个热料仓的矿料量、填料、沥青和废胎胶粉的质量(对于干拌工艺)、拌和的时间(精确到秒)。

5.3.9 其他要求参照《公路沥青路面施工技术规范》(JTG F40—2004)执行。

5.4 橡胶沥青混合料的运输

5.4.1 由储料仓向运料车装混合料时,要尽量缩短储料仓出料口到车厢板的距离,要分别在车厢的不同位置分次卸料。如先在车厢的后部装一部分料,再在车厢的前部装一部分料,然后再在车厢中部装一部分料。如车厢的容量大,可以分成五次装料,先在车厢后部装两堆料,再在车厢前部装两堆料,最后在车厢中间装一堆料。这样可减轻装料过程中集料的离析现象。

5.4.2 摊铺机的摊铺速度应与拌和机的正常生产能力,或每小时的产量相匹配。运料车需要有足够的数量,能将拌和机生产的混合料及时运送到铺筑现场。

5.4.3 现场应设专人指挥运料车就位,并使其配合摊铺机卸料。

5.4.4 其他要求参照《公路沥青路面施工技术规范》(JTG F40—2004)执行。

5.5 橡胶沥青混合料的摊铺

5.5.1 运料车向摊铺机受料斗中卸料时,要根据受料斗的容量,尽可能快速一次将受料斗装满,以减少集料离析。但要注意不要一次卸料过多,使料溢出料斗,散落到待铺下承层上。

5.5.2 应将散落在下承层上的沥青混合料,用铁锹铲出放到受料斗内,不能将料就地铲开薄层铺平。因摊成的薄层料的温度下降很快,摊铺机铺上新混合料和碾压后,实际上会导致沥青混凝土层局部的不均匀性。散落在下承层上的少量沥青混合料,应铲起甩出路外。

5.5.3 受料斗中的沥青混合料要及时送到后面分料室中。分料室的螺旋分料器要及时将料分向两侧,直到混合料的高度达到全长螺旋分料器的3/4高度,即混合料的高度要超过螺旋分料器的转轴并将上部分料器淹埋1/2,然后再开始摊铺。在摊铺过程中,受料斗中的沥青混合料要连续不间断向后面分料室送料,螺旋分料器也要不间断地将混合料向两侧分料,并始终保持螺旋分料器周围混合料的高度。混合料的高度不能忽高忽低,分料器的转轴不能时隐时现,也不能使转轴的两端在混合料内,中间外露,或中间在混合料内,两端外露。因为这些现象都将影响铺成沥青混凝土的均匀性和平整度。

5.5.4 在受料斗内混合料不多时,指挥人员应估计运料车中剩余混合料能否一次卸到受料斗中。如能一次卸完,应指挥运料车驾驶员将混合料一次卸入受料斗中。但要注意不使混合料溢出受料斗和散落在下承层上,同时指挥卸完料的运料车尽快离开摊铺机,并指挥待卸料的运料车尽快后退到摊铺机受料斗前,准备卸料。

5.5.5 受料斗两侧翼板内的混合料,常是粗颗粒较多的离析混合料。在料斗中间部分混合料较少时,摊铺机操作员习惯上会将两侧翼板内的离析混合料向中间翻倒。如果这部分混合料被单独送到分料室中,并摊铺在下承层上,则摊铺机后面接近两侧铺成的沥青混凝土会产生片状离析现象。为避免发生上述现象,指挥人员要指挥已到受料斗前待卸料的运料车在受料斗中部离析混合料还没有被向后面分料室输送前,及时向受料斗中卸入新混合料,使新混合料与原离析混合料一起被送到分料室中,并由螺旋分料器将新旧混合料分散开。这样能减少集料离析现象。

5.5.6 为避免发生5.5.5条所说的片状离析现象,也可以不将两侧翼板内的离析混合料向中间翻倒。中间混合料不足时,运料车及时向受料斗内倾卸混合料。在中断摊铺时,将两侧翼板内的混合料废弃不用。

5.5.7 摊铺机必须缓慢、均匀、连续不间断地摊铺,不得随意变换速度或中途停顿,以提高平整度,减少混合料的离析。摊铺速度宜控制在1~3m/min。当发现混合料出现明显的离析、波浪、裂缝、拖痕时,应分析原因,予以消除。

5.5.8 橡胶沥青路面施工的最低气温应不低于15℃,寒冷季节遇大风降温,不能保证迅速压实时,不得铺筑橡胶沥青混合料。热拌沥青混合料的最低摊铺温度根据铺筑层厚度、气温、风速及下卧层表面温度不得低于表10要求。每天施工开始阶段宜采用较高温度的混合料。

橡胶沥青混合料的最低摊铺温度 表10

下卧层的表面温度(℃)	相应于下列不同摊铺层厚度的最低摊铺温度(℃)		
	<50mm	50~80mm	80~100mm
10~15	172	165	160
15~20	167	160	155
20~25	160	155	150
>25	155	155	150

5.5.9 为减少摊铺过程中的离析问题,提高路面的摊铺质量,宜采用运料转输车配合摊铺使用。

5.5.10 对高等级道路,橡胶沥青混合料的松铺系数应通过试验路段的试铺、试压确定。对于低等级道路松铺系数可通过试验路确定,也可按照经验确定,一般为1.18~1.20。

5.5.11 其他要求参照《公路沥青路面施工技术规范》(JTG F40—2004)执行。

5.6 橡胶沥青混合料的压实

5.6.1 压路机轮上的淋水喷头,应疏通、调试好,应能够有效控制喷水量。在碾压过程中,根据情况应随时调整喷水的大小,且不得过度喷水碾压。同时,给压路机添水的水车,应随时跟在压路机后面,便于压路机及时加水。

5.6.2 在整个碾压过程中,应有专人指挥,负责碾压各个阶段的衔接。

5.6.3 橡胶沥青混凝土碾压温度的高低与橡胶沥青的黏度有关,黏度越大,碾压温度越高。橡胶沥青混凝土的初压温度一般不宜低于155℃,复压温度不宜低于135℃,终压的结束温度不宜低于90℃。当混合料的摊铺厚度大于80mm时,初压温度不宜低于150℃。

5.6.4 橡胶沥青混合料的初压应符合下列要求。

(1)初压应在紧跟摊铺机后进行,并保持较短的初压区长度,以尽快使表面压实,减少热量散失。

(2)橡胶沥青混合料宜采用重型胶轮压路机初压2~3遍,提高混合料碾压的密实性。压路机吨位应不小于25t。当胶轮压路机上路碾压前,应将轮胎清理干净,并用水与煤油(或柴油)的混合液(比例1:1左右)擦拭轮胎。在整个碾压过程中,轮胎压路机不可洒水,以保持高温碾压。同时每个轮胎压路机跟随1名工人,用拖把蘸混合液不时擦拭轮胎,防止粘轮。

(3)当采用振动压路机初压时,可直接采用"高频、低振"的模式碾压1~2遍。碾压时应将压路机的驱动轮面向摊铺机,从外侧向中心碾压,在超高路段则由低向高碾压,在坡道上应将驱动轮从低处向高处碾压。在整个碾压过程中应控制钢轮上的洒水量,以刚好不粘轮为宜。

(4)初压后应检查平整度、路拱,有严重缺陷时进行修整乃至返工。

5.6.5 橡胶沥青混合料的复压应符合下列要求:

(1)复压应紧跟在初压后进行,且不得随意停顿。压路机碾压段的总长度应尽量缩短,通常不超过50m。采用不同型号的压路机组合碾压时宜安排每一台压路机做全幅碾压,防止不同部位的压实度不均匀。

(2)宜优先采用振动压路机复压。钢轮压路机的静压力应不低于11t。振动压路机的振动频率宜为35~50Hz,振幅宜为0.3~0.8mm。层厚较大时选用高频率大振幅,以产生较大的激振力,厚度较薄时采用高频率低振幅,以防止集料破碎。相邻碾压带重叠宽度为100~200mm。振动压路机折返时应先停止振动。

(3)当采用三轮钢筒式压路机时,总质量不宜小于12t,相邻碾压带宜重叠后轮的1/2宽度,并不应少于200mm。

(4)对路面边缘、加宽及港湾式停车带等大型压路机难于碾压的部位,宜采用小型振动压路机或振动夯板作补充碾压。

5.6.6 终压可选用双轮钢筒式压路机或关闭振动的振动压路机碾压不宜少于2遍,至无明显轮迹为止。

5.6.7 在复压结束后,应由施工人员用3m直尺检测路面的纵向平整度,结合终压及时修补,以保证良好的平整度水平。

5.6.8 其他要求参照《公路沥青路面施工技术规范》(JTG F40—2004)执行。

5.7 橡胶沥青混凝土路面施工接缝的处理

沥青路面的施工必须接缝紧密、连接平顺,不得形成明显的接缝离析。上、下层的纵缝均应错开150mm(热接缝)或300~400mm(冷接缝)以上。相邻两幅及上、下层的横向接缝均应错位1m以上。接缝施工应用3m直尺检查,确保平整度符合要求。

5.8 开放交通及其他

橡胶沥青混合料摊铺结束后,应在24h后或路面温度低于50℃后方可开放交通。

6 材料与设备

6.1 材料准备

6.1.1 粗集料

(1)粗集料要求参照《公路沥青路面施工技术规范》(JTG F40—2004)的相关要求。

(2)当用于表面层的细粒式混合料时(即10型和13型),混合料中的碎石主要是小于9.5mm的碎石,其针片状指标要求为:对于高等级道路(包括城市道路的主干道、快速路和公路的高速公路和一级公路)不大于15%。粗集料要求分二次破碎,第二次采用反击式破碎。

(3)橡胶沥青与粗集料黏附性均要求不小于5级,磨光值不小于40。

(4)当粗集料的粉尘含量大于0.8%,用于表面层时,粗集料宜水洗干燥后使用。

(5)当使用10型混合料时,为了有效控制级配,在粒径4.75~9.5mm之间宜增设7.2mm的控制筛孔。其中S12级配中4.75~9.5mm石料中7.2~9.5mm与4.75~7.2mm粒料的比例在1∶1~2∶1之间。

6.1.2 细集料

(1)细集料要求参照《公路沥青路面施工技术规范》(JTG F40—2004)的相关要求。

(2)在表面层使用时,为了改善混合料的水稳定性,3mm以下细集料宜采用石灰岩石料。

6.1.3 填料的种类

(1)橡胶沥青混合料中使用的填料包括:矿粉、水泥或消石灰。当混合料骨料为玄武岩等中性或酸性石料时,为了改善混合料的水稳定性,宜采用水泥或消石灰代替矿粉。消石灰的掺量为矿料总质量的1%~3%,水泥可全部替代矿粉。

(2)矿粉的技术要求《公路沥青路面施工技术规范》(JTG F40—2004)的相关要求。

6.2 橡胶沥青加工的基本设备

6.2.1 施工的机具设备见表11。

1)沥青拌和场

拌和场的场地需要硬化,各种料应隔仓堆放,细集料应采取防雨、防淋的措施,避免潮湿。

每个施工单位应采用3 000型以上的拌和楼,拌和楼每盘料的质量应大于2~2.5t,拌和楼应具备连续打印每盘料配比和时间(精确到秒)的能力和手段。

机具设备配备　表 11

序号	名　称	规　格	单　位	数　量	备　注
1	间歇式沥青拌和站	240t/h	台	1～2	总拌和能力满足施工进度要求
2	沥青混合料摊铺机		台	1～3	满足摊铺宽度要求
3	双钢轮双振动压路机	>11t	台	>3	用于复压和终压
		>8t	台	>1	
4	轮胎压路机	>25t	台	2～3	初压
5	运料车	20t	辆	15～20 辆	
6	螺旋推进器	1	台		用于干拌法橡胶粉添加,能够控制掺量

拌和楼应带有储料仓,储料仓的容量应大于60t。冷料仓之间必须用隔板隔开,在现有隔板的基础上增加50cm 的高度,避免在生产过程中的冷料掺混。同时,冷料仓的数量满足配合比需要,通常不宜少于5～6个。

拌和机的矿粉仓应配备振动装置以防止矿粉起拱。添加消石灰、水泥等外掺剂时,宜增加粉料仓,也可由专用管线和螺旋升送器直接加入拌和锅,若与矿粉混合使用时应避免二者因密度不同发生离析。

拌和机必须有二级除尘装置,一级除尘部分可直接回收使用,二级除尘部分可进入回收粉仓使用(或废弃)。对因除尘造成的粉料损失应补充等量的新矿粉。对于干拌法宜采用螺旋推进器的方式。按照设定的添加量,确定螺旋推进器的转速,在混合料拌和过程中连续添加橡胶粉,应在拌和楼控制系统的装置中增加橡胶粉添加量的控制。

2)摊铺机

橡胶沥青混合料的摊铺宜使用履带式摊铺机。

摊铺机应采用自动找平方式,下面层或基层采用钢丝绳引导的高程控制方式,上面层宜采用平衡梁或雪橇式摊铺厚度控制方式,中面层根据情况选用找平方式。直接接触式平衡梁的轮子不得黏附沥青。

6.2.2　工地试验室的机具设备见表 12。

工地试验室应具备的沥青混合料基本试验仪器　表 12

设 备 名 称	台　套	设 备 名 称	台　套
针入度仪	1 台	恒量水浴	1 台
软化点仪	1 台	路面取芯机	1 台
可利夫开口杯式闪点仪	1 台	混合料真空法测密度仪	1 套
聚合物改性沥青离析试验	1 台	路强仪	1 台
Brookfield 黏度计	1 台	劈裂试验模具	1 套
弹性恢复试验	1 台	路面弯沉仪	1 台
旋转薄膜烘箱	1 台	路面渗水检测仪	1 台
车辙试验机	1 台	摩擦系数测定仪	1 台
试验用沥青混合料拌和机	1 台	连续平整度	1 台
马歇尔击实仪	1 台,模具不少于 16 个	振动筛分机	1 台
马歇尔稳定度仪	1 台	方孔筛 0.075～31.5mm	不少于 1 套
燃烧炉	1 台	控温低温冰箱(最低不大于 −20℃)	不少于 1 台
标准筛	1 台	车辙试验仪	1 套,模具不少于 6 个
集料压碎值试验仪	1 台	20L 拌和锅	1 台
砂当量试验仪	1 台	抽提仪或燃烧炉	1 套
鼓风、控温烘箱	不少于 2 台	精度 0.01g,量程不小于 3 000g 电子天平	1 台
25℃、60℃恒温水箱	不少于 1 套	精度 0.1g,量程不小于 10kg 电子天平	1 台

7　质量控制

7.1　本工法执行的技术规范

7.1.1　《沥青路面施工及验收规范》(GB 50092—1996)

7.1.2　《公路工程沥青及沥青混合料试验规程》(JTJ 052—2000)

7.1.3　《公路沥青路面施工技术规范》(JTG F40—2004)

7.1.4　《公路工程集料试验规程》(JTG E42—2005)

7.1.5　《公路路基路面现场测试规程》(JTG E60—2008)

7.1.6　《公路沥青路面养护技术规范》(JTJ 073.2—2001)

7.2　现场检测指标

7.2.1　橡胶沥青混凝土路面施工应根据全面质量管理的要求,建立健全有效的质量保证体系,对施工各工序的质量进行检查评定,达到规定的质量标准,确保施工质量的稳定性。

7.2.2　施工前应对沥青拌和楼、摊铺机、压路机等各种施工机械和设备进行调试,对机械设备的配套情况、技术性能、传感器计量精度等进行认真检查、标定,并得到监理的认可。

7.2.3　正式开工前,各种原材料的试验结果,以及据此进行的目标配合比设计和生产配合比设计结果,应在规定的期限内向业主及监理提出正式报告,待取得正式认可后方可使用。

7.3　施工质量控制管理

7.3.1　生产过程化的控制

为了保证橡胶沥青混凝土的质量,应强调混合料生产施工的过程化、动态控制。

7.3.2　橡胶沥青混合料生产的质量控制

橡胶沥青混合料的生产质量控制,除了一般混合料质量控制的要求外,应着重加强以下几方面的控制:

(1)对于干拌法工艺,应控制每盘料的废胎胶粉的添加量,应与每盘料的混合料其他参数一起打印。

(2)应严格保证混合料生产过程中的拌和温度和拌和时间,特别是(橡胶)沥青的温度和干拌时间。

(3)应保证混合料的碾压温度和压实机械的配套。

7.4　橡胶沥青混合料技术指标控制

橡胶沥青混合料每台拌和楼每天取样两次,进行马歇尔击实试验,测量混合料的空隙率、稳定度;并采用燃烧法测定混合料的油石比和矿料级配,以两个样本的平均值评定。

同时每两天进行混合料的车辙试验,以三个试件的平均值评定。必要时进行混合料的浸水马歇尔试验和冻融劈裂试验。

发现问题应及时调整,必要时需要停工,待问题解决后方可开工。

以上各试验数据应满足相应工程设计文件的要求。

7.5　橡胶沥青混凝土验收标准

橡胶沥青混凝土每 2 000m^2 检测一组压实水平,采用压实度和现场空隙率双指标控制。控制标准见表 13。

混合料压实水平的控制标准　　表 13

层　位	上　面　层		中、下面层	计 算 标 准
混合料类型	密级配	开级配	密级配	
压实度(%)	≥98	≥98	≥97	试验室标准密度
现场空隙率(%)	≤7(8①)	—	≤7	混合料最大理论密度

注:①当采用10型混合料时,现场空隙率要求不大于8%。

橡胶沥青混凝土路面的外观、接缝、厚度、平整度、宽度、纵断面高程、横坡等验收标准与现行有关的沥青路面施工技术规范中的要求一致。

8 安全措施

8.1 应遵照中华人民共和国行业标准《公路工程施工安全技术规程》(JTJ 076—95)的要求执行。

8.2 应遵照国家颁布的有关安全技术规程和安全操作规程办理。

8.3 凡接触沥青的工人必须穿工作服和靴子,戴手套。

8.4 如果有人被沥青灼伤,应立即将粘在皮肤上的沥青用酒精、松节油或煤油等擦洗干净,再用高锰酸钾溶液或硼酸水刷洗伤处,事故严重的应立即请医务人员进行急救。

8.5 工地上应备有治灼伤、防暑等药品,以应急需。

8.6 应注意加热油和加热罐的距离,防止火灾。

8.7 对参与沥青检测的人员除做好沥青作业防护以外,还得做好三氯乙烯等有害物品的防护并发放一定的补贴。

8.8 对参与沥青路面施工的人员应穿戴劳保防护用品,防止烫伤,夏季高温季节施工,应采取防暑降温措施。

9 环保措施

9.1 橡胶沥青加工场地应远离居民区及村庄,无法避开时应选在主风向下方。

9.2 橡胶沥青的搅拌罐与反应罐应密闭,防止有毒气体排放。

10 资源节约

10.1 随着我国汽车工业的飞速发展,废轮胎无害化处理问题日益突出。

据统计,我国目前汽车保有量已达到3 000万辆,2006年我国废旧轮胎产生量已达到了1.5亿条,并将以每年12%的速度增加,到2010年将达到2.21亿条。大量的废轮胎产生,不仅占用土地、污染环境,而且孳生蚊蝇、传播疾病,已造成严重的社会环保问题。

10.2 无害化、资源化充分利用这些废轮胎将对我国经济的可持续发展至关重要。

橡胶粉用于筑路工程环保公益作用明显,不仅能够解决废旧轮胎带来的社会问题,而且可以减薄路面、延长路面使用寿命、延缓反射裂缝、减轻行车噪声,具有优良的冬季柔性等,是解决我国当前面临的重载交通、早期损坏问题的有效途径之一。

10.3 2005年,我国提出大力发展循环和建设节约型社会的政策。

废胎胶粉用于沥青路面的修筑,不仅符合我国当前的政策,减少环境污染,而且对于改善沥青路面使用品质延长作用寿命,降低养护成本起到积极作用,具有重要的社会意义和经济意义,是当前我国发展循环经济的一个基本国策。

11 效益分析

11.1 从结构角度分析

美国和南非的研究经验表明,使用橡胶沥青混凝土和使用橡胶沥青应力吸收层,从路面结构承载能力和抗反射裂缝角度可以减薄路面结构的厚度。我国的一些试验路和实体工程中也使用了类似的结构,与常用的路面结构相比,从使用性能角度基本相当,甚至更好。

11.2 典型的橡胶沥青路面与我国常用的高速公路路面结构造价比较

我国一般采用4cm+6cm+8cm,总厚度为18cm的沥青面层,而且近些年来为了提高路面的抗车辙能力,不仅表面层使用改性沥青,而且中面层也使用。上中面层和中下面层之间洒铺乳化沥青黏层油加强层间结合，半刚性基层顶面铺设乳化沥青稀浆封层，厚度一般 5 ~ 10mm。橡胶沥青路面结构采用 4cm + 6cm，总厚度为 10cm 的面层，与常用结构相比减少了 8cm。表面层采用湿拌工艺的橡胶沥青混凝土，为了保证路面的抗车辙能力下面层采用干拌工艺的橡胶粉沥青混凝土，整个面层结构设置了两层橡胶沥青防水黏结层，分别设于上下面层的底部，加强层间的结合和路面结构的防水，同时起到应力吸收的作用，减缓半刚性基层的反射裂缝。根据国外研究成果，这两层橡胶沥青应力吸收层足于代替 8cm 沥青混凝土抗反射裂缝的作用。

然后按照我国当前沥青混凝土和材料的平均造价测算两种路面结构的综合造价。根据表 14 中数据，计算出常用路面结构每平方米造价 165 元，橡胶沥青路面结构每平方米造价为 134 元，后者比前者降低 18.8%。也就是橡胶沥青路面比我国目前高速公路常用的路面结构节约造价 18.8%。如果考虑减少一层沥青混凝土的摊铺，可缩短沥青面层施工工期近 1/3，所带来的社会效益和经济效益将更加显著。

两种路面结构造价比较 表 14

结 构 层	常用路面结构			橡胶沥青路面结构		
	材料	厚度	单价（元/m^2）	材料	厚度	单价（元/m^2）
上面层	改性沥青混凝土	4cm	12/cm	橡胶沥青混凝土	4cm	12/cm
黏结层	乳化沥青		2	橡胶沥青防水黏结层		18
中面层	改性沥青混凝土	6cm	10/cm			
黏结层	乳化沥青		2			
下面层	普通沥青混凝土	8cm	6/cm	橡胶粉沥青混凝土	6cm	8/cm
下封层	稀浆封层		5	橡胶沥青应力吸收层		20
单价合计			165			134

12 应用实例

12.1 在国外橡胶沥青混凝土的使用已经比较成熟，目前美国的加州、得州、佛州、南非、西班牙、奥地利等国家和地区都有成功使用 10 年以上的工程。我国从 2003 年来也已铺筑了大量橡胶沥青混凝土路面。

12.2 北京顺平辅线试验路位于左堤路至顺密路左幅。采用的是湿拌法的橡胶沥青。2005 年 10 月进行了试验路的铺筑。试验路沥青路面厚度为 8cm：3cmSAC10 橡胶沥青混凝土（湿拌）+ 橡胶沥青防水黏结层 + 5cmAC20 橡胶沥青混凝土（干拌）+ 橡胶沥青应力吸收层 + 透层油；本试验路段的主方案长度为 800m。目前，该试验路使用效果良好。

12.3 南雁试验路为旧沥青路面的加铺改造项目，加铺前的路面结构层较薄，路面强度不够，加上重车超载严重，路线弯道多，路面出现了龟裂、横向开裂、沉陷变形等病害。旧路弯沉代表值较大，路面承载力不够。该试验路长度为 1km，桩号为 K46 + 000 ~ K47 + 000，2005 年 6 月进行了试验路的铺筑。试验路方案充分考虑了旧路面强度不足、重车超载车辆较多以及北京地区气候条件等因素，以达到消除旧路面病害、提高路面路用性能、改善路面行车条件为目标。主要设计思路如下：①设置橡胶沥青应力吸收层，以减少和延缓路面反射裂缝的产生，增强路面的层间黏结，加强路面的整体性，并起到路面防水的作用；②采用橡胶沥青 SAC16 做面层，以提高路面的高温稳定性、低温抗裂性、水稳性、耐久性和抗滑性，并降低路面噪声。目前，该试验路使用效果良好。

聚酯纤维加强改性沥青混凝土桥面铺装施工工法

GGG(黑)B4026—2008

卢立军　李洪林　孙吉成　崔会林　刘怀东
(龙建路桥股份有限公司)

1　前言

桥面铺装层直接承受行车荷载,既是桥面保护层又是桥面结构的共同受力层,所以应具有足够的强度和良好的整体性及抗裂、抗冲击、耐磨性能。特别是东北高寒地区桥面铺装的早期破损、开裂、坑槽、防水层与面层和桥面黏结强度不足而产生推移等病害,已成为影响大中桥梁使用功能的发挥和诱发交通事故的一大病害。而使用掺入博尼维聚酯纤维加强改性沥青混凝土,通过纤维与周围基体(沥青以及沥青胶浆)、纤维与纤维之间存在的复杂的相互作用,不但对沥青具有改性的效果,同时还会对沥青混合料的韧性具有改性、加筋和桥联作用,大大提高沥青混凝土的抗车辙能力和抗低温裂缝能力,延长疲劳寿命。哈尔滨松花江四方台斜拉桥东北高寒地区桥面铺装采用此工法,效果显著,经过4年多的通车运营,全桥1 268m无一处裂缝、脱皮现象。2006年12月份该桥被评为2006年度国家建筑工程“鲁班奖”。

2　工法特点

2.1　铣刨机对桥面水泥混凝土表层浮浆的铣刨处理;

2.2　在梁板横向接缝处设置碳纤维布;

2.3　加铺1.0cm改性沥青砂,设置防水层;

2.4　摊铺材料用聚酯纤维加强改性沥青混凝土,拌和工艺要求比改性沥青混凝土更高的温度和更长的拌和时间,碾压要比传统工艺多3~4遍。

3　适用范围

该项技术使铺装层具有较好的高温稳定性、低温抗裂性、疲劳耐久性和水稳定性能,适用于大中跨径及行车承载要求较高桥梁的桥面铺装,特别对高寒地区大跨径桥梁桥面铺装更为适用。

4　工艺原理

施工前首先对桥面用大型铣刨机铣刨,形成凹凸麻面,使新铺沥青混凝土和原有水泥混凝土有机结合,增加其整体性。其次,加铺1.0cm厚沥青砂,碾压,形成防水层。最后摊铺掺入博尼维聚酯纤维的改性沥青混凝土,提高桥面铺装层本身的抗拉、抗折,特别是冬季的抗折、抗拉性。

5　施工工艺流程及操作特点

5.1　工艺流程(图1)

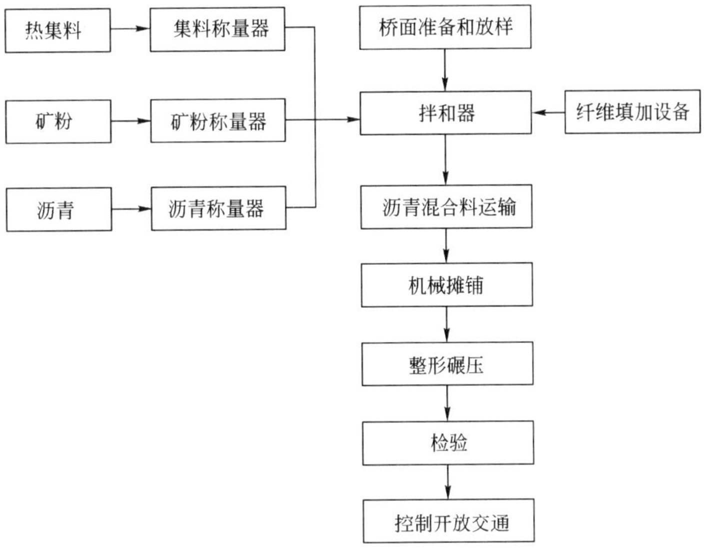

图1 沥青混凝土路面施工工艺流程图

5.2 操作要点

5.2.1 防水层设置

(1)首先对桥面水泥混凝土表面凹陷部分用环氧砂浆补平,然后用大型铣刨机对水泥混凝土桥面顶面进行铣刨,厚度为5mm;在实施过程中确保铣刨厚度不得超过5mm。横梁顶面湿接缝处混凝土须认真铣刨,确保该处平整、光洁,以利于碳纤维布的黏结。

(2)反复采用空压机、高压吸尘机、水枪冲洗等方法,去除表面浮浆、浮皮、油渍污染等,确保混凝土表面清洁,待干燥后方可进行下一道工序。

5.2.2 混凝土板横向接缝处理

为防止桥面反射裂缝的发生,混凝土板横向接缝处设置碳纤维布,具体工艺如下。

1)底层处理

(1)以砂轮机或磨光机将混凝土表面劣化层(风化、游离石灰、脱模剂、剥离的砂浆、粉刷层、污染等)除去。

(2)研磨完以毛刷或高压气枪将粉尘及松动物质去除,并确保其表面干燥、表面平整无灰尘。

(3)若补强施工部位具有锐利隅角,须将其磨成半径2cm以上的圆弧导角,以免围束时造成应力集中而降低补强效果。

(4)若补强施工位置属于凹角部位时,须使用环氧树脂砂浆修整(补土工作),以利贴片。

2)裂缝注入

结构物若有龟裂产生时,视情况以下列方式处理。

(1)若裂缝宽度大于5mm,则用水泥砂浆填入后抹平结构物表面。

(2)无法以水泥砂浆填注处,可用封塞剂先将裂缝处堵住,再以低压树脂注入法将灌注用树脂注入裂缝处中,待确认注入后将多余的封塞剂和凸出物除去,使表面平坦化。

3)底漆

(1)混凝土表面结露或有水处不得施工,湿气太高将导致树脂与水气产生作用而干扰胶化过程。若迫于工期或其他因素必须施工时,则施工现场须有保温和除湿设备。

(2)将底漆按规定的配合比置于搅拌槽中用低速电动搅拌机充分搅拌均匀。

(3)施工面以滚筒毛刷均匀涂底漆,涂布第二道时必须等第一道漆初干。

(4)底漆初干时间为3~12h。

4)贴碳纤维

(1)涂布浸渍树脂前必须先确认底漆状况为指触干燥状态(不粘手)。

(2)将纤维贴片预先按照设计尺寸裁好。

(3)将浸渍树脂按规定的配合比置于搅拌槽中,以低速电动搅拌机充分搅拌均匀。

(4)施工面以滚筒毛刷均匀浸渍树脂,其使用量随混凝土表面状况不同而斟酌使用。

(5)将纤维贴片平顺的贴合在含浸树脂的涂面上,并以刮刀沿纤维方向用力刮平以除去气泡。

(6)用有凹槽形式的塑料滚轮沿着纤维方向来回滚压以使纤维贴片充分含浸树脂和除去气泡。

(7)在已经贴好的纤维贴片上,再度以含浸树脂的滚筒毛刷将树脂均匀涂布,务必使树脂含浸完全。纤维贴片贴覆30min后才可进行上层树脂涂抹。

(8)须粘贴二层碳纤维时,以相隔一天的效果最好,若迫于工期,则至少要间隔1h以上。冬季施工以一日一层施工品质最好。

(9)在最后一层碳纤维布的表面均匀涂浸树脂。

(10)纤维贴片搭接时,纤维方向交接处搭接长度须大于10cm。

(11)施工中若发生结露现象,须擦干和保持干燥才可施工。

5)撒机制砂(此步骤不可少)

在15℃条件下,在碳纤维表面涂浸AECR树脂8h后,撒布3.0kg/m^{2}机制砂,粒径为2.36mm,采用轻型机械压实,使机制砂均匀分布于浸渍树脂中,待树脂完全固化后,用空气机除去浮砂。

6)在机制砂表面撒布5% SBS改性沥青,用量为1.3kg/m^2,机械摊铺1.0cm厚沥青砂,碾压,形成防水层。

5.2.3　沥青混凝土面层铺装

沥青砂顶面撒布5% SBS改性沥青,用量为1.3kg/m^2,摊铺下面层。

(1)下面层采用4.5cm AC16K 4.5% SBS改性沥青混凝土,上面层采用4cm AC16K 4.5% SBS改性沥青混凝土;上、下面层间喷黏层油,用量为1.3kg/m^2。

(2)为提高沥青混合料的抗拉、抗剪强度及高温抗车辙性能,增强桥面铺装抗裂性和水稳定性能,在上、下面层沥青混凝土中填加博尼维聚酯纤维,掺入量质量比为0.3%。

为了验证采取博尼维聚酯纤维沥青混合料进行桥面铺装的理论可行性,进行了马歇尔力学性能检验、车辙试验、水稳定性试验(浸水马歇尔试验、冻融劈裂试验)、低温抗裂性检验、襞裂疲劳试验等性能检验。

由于四方台斜拉桥地处我国寒区,自然区划为II_2区。为了更好地反映两种沥青混合料低温性能,特从襞裂试验、小梁弯曲试验、线收缩系数试验方面做综合评价。

通过如上试验证明:加入博尼维纤维后沥青混合料的稳定度、流值、动稳定度等较改性沥青混合料有所增大,混合料韧性提高,高温稳定性有显著改善,抗推移能力增加,但最佳沥青用量较不加博尼维的沥青混合料提高0.4%,这是由于纤维的加筋吸附作用。在相同压力下,密度有所降低,这是由于博尼维纤维质量轻而造成的。浸水马歇尔试验和冻融襞裂试验结果表明:加入博尼维纤维后,沥青混合料有较好的抗冻和抗水损害性能。在改性沥青混合料中加入博尼维纤维后,进行马歇尔试件襞裂试验,得到不同温度条件的破坏强度、破坏应变指标;进行小梁弯曲试验,得到不同温度条件的抗弯拉强度、抗弯拉应变指标,两种试验结果都比改性沥青混合料在相同条件下的指标有所提高。线收缩系数减小,说明加入博尼维纤维的沥青混合料抗弯拉强度增大,低温柔韧性增加,低温抗裂有很大改善。在相同应力比条件下,加入博尼维纤维会使沥青混合料劲度模量增加,大大改善沥青混合料抗疲劳耐久性,从而提高沥青混合料桥面的使用寿命。

5.2.4　博尼维聚酯纤维混合料的施工

博尼维聚酯纤维沥青混合料施工工艺过程和改性沥青混合料基本相近,但在施工中应注意以下方面。

(1)集料在充分拌和加入纤维后,为了使纤维均匀分散的吸附在集料表面,干拌时间延长至15s以上，集料加热温度在195℃以上，喷入进行湿拌的沥青温度应在165～175℃，混合料总拌和时间不小于60s，出料温度不低于175℃。

（2）博尼维聚酯纤维有一定弹性，当碾压温度降到一定值时，博尼维聚酯纤维沥青混合料出现反弹而很难压实。依据经验得出碾压时初温度应控制在165℃以上，终压温度不低于130℃。

（3）碾压时必须较传统工艺施工多碾压3～4遍，压实度达到98%以上。

6 材料与设备

6.1 主要材料

110号沥青加4.5%SBS改性剂的改性沥青、各种集料、矿料、博尼维聚酯纤维、碳纤维布等。

6.2 主要机械设备及工具（表1）

主要机械设备及工具配备表　　表1

序号	名　称	规格型号	单　位	数　量	备　注
1	沥青混凝土拌和站	M3000	台	1	
2	沥青混凝土摊铺机	德马克	台	2	
3	双钢轮振动压路机	DD－130	台	2	
4	胶胎压路机	SP－1070M	台	1	
5	装载机	ZL50	台	2	
6	推土机	T140	台	1	
7	自卸汽车	15t	台	8	根据运距确定
8	大型铣刨机		台	1	
9	洒水车	5～8t	台	1	
10	沥青洒布车	4～8t	台	1	
11	乳化沥青设备		套	1	
12	沥青储罐		个	3	
13	空压机	3～6m^3	台	1	
14	高压吸尘机		台	1	
15	聚酯纤维添加设备		套	1	
16	地秤		台	1	
17	发电机	260～300W	台	2	有外电也应配备
18	经纬仪	TC1100	台	2	
19	水准仪	NA28	台	2	

7 质量控制

7.1 博尼维聚酯纤维技术指标（表2）

博尼维聚酯纤维技术指标　　表2

序号	项　目	技术指标	序号	项　目	技术指标
1	直径（mm）	0.015±0.005	5	最大拉伸率（%）	不小于8
2	长度（mm）	6±1.5	6	吸油量	规定值±0.1
3	比重（g/cm^3）	1.38±0.5	7	耐热性（163℃，5h）	颜色、体积无变化
4	抗拉强度（MPa）	不小于500	8	燃点温度（℃）	不低于230℃

7.2 桥面铺装层施工阶段的质量检查标准(表3)

桥面铺装层施工阶段的质量检查标准　　表3

项　目		检查频率	质量要求或允许差	试验方法
施工温度SBS混合料出厂温度		每车料一次	180~185℃	温度计测定
运输现场温度			170℃	
初压温度			不低于160℃	
碾压终了温度			钢轮压路机不低于120℃	
沥青含量(油石比)		每日每机两次	-0.1%~+0.2%	拌和厂取样离心法抽提
马歇尔试验	稳定度	第日每机上、下午各1次	>7.5kN	拌和厂取样,室内成型试验
	流值		20~40(0.1mm)	
	空隙率		3%~4.5%	
	压实度	每层1次/200m/车道	不小于98%(马歇尔密度) 93%~97%(最大理论密度)	现场钻孔试验
厚度	表面层	1次/200m/车道	-4mm	钻孔检查并铺筑时随时插入量取,每日用混合料数量校核
	总厚度		-8mm	
平整度	表面层	每车道连续检测	3mm 不大于0.8mm	用3m直尺测量 用连续式平整度仪检测
	下面层		不大于1.0mm 5mm	
宽度		2处/100m	不小于设计宽	用尺量
纵断面高度		3处/100m	±15mm	用水准或全站仪
横坡度		3处/100m	±0.3%	用水准仪检测
中线平面偏位		4处/200m	20mm	用经纬仪检测
外观检查		表面平整,均匀密实,无轮迹裂缝,拥包等		目测
构造深度		≤0.07mm		铺砂法
接缝		接缝平顺,无跳车		3m直尺

8 安全控制

8.1 项目部应成立安全领导小组,并设专职安全员全程进行监护。

8.2 应遵照中华人民共和国行业标准《公路工程施工安全技术规程》(JTJ 076—95)的要求执行。

8.3 应遵照国家颁发的有关安全技术规程和安全操作规程办理。

8.4 对参与沥青混合料施工的人员应穿戴劳动保护用品,防止烫伤,夏季高温季节施工应采取防暑降温措施。

8.5 对从事沥青试验检测人员除做好通常的沥青作业防护以外,还得做好三氯乙烯等有害气体的防护并发放一定的补贴。

8.6 拌和场的燃油罐与导热油热载体炉有足够的距离,应经常检查导热油,防止泄露入沥青储存罐中而引发火灾,并设置醒目的"小心烫伤"、"禁止烟火"的明显标志,配备一定数量的消防器材,应采取有效的防爆、防毒措施。

8.7 凡对沥青敏感的施工人员禁止从事沥青混凝土的施工作业。

8.8 施工现场应设立安全警示牌,路口处、运输车辆转弯处标牌正确、醒目。

9 环保措施

9.1 选择 SBS 沥青混合料拌和场地时，应远离居民区及村庄，无法避开居民区或村庄时应选在主风向下方。

9.2 施工便道定期维护定期洒水，杜绝扬尘。

9.3 拌和场内废弃的粉尘和 SBS 沥青混合料存放在指定地点，粉尘可采用经常洒水及覆盖等措施，防止扬尘。

9.4 现场存放油料，必须对库房进行防渗处理，对废油、废料要采取隔离措施，防止污染地下水。

9.5 拌和场地的扬尘和发电机等设备的噪声，应符合当地环保部门的要求，不符合者应采取有效措施。

10 效益分析

本工艺施工造价仅比同等厚度的传统工艺方法施工增加 6% 造价，即主要增加了博尼维纤维的造价，虽增加铣刨等工序，但在机械作业下，施工时间相差不多，但工程质量显著提高，使用寿命增加几倍。通过调查发现，东北高寒地区如“沈山高速公路”通车 2 年，“哈同公路一期工程”、“绥满公路”等在 3 年内，大部分桥梁的沥青混凝土铺装层出现了不同程度的坑槽、裂缝等现象，而采用此工艺的“松花江四方台斜拉桥”及“鹤大公路鸡西至牡丹江段公路”应用此工法施工经过 4 年多的使用后，未出现任何横、纵裂缝，桥面无任何破损现象，施工质量经得起时间的考验，解决了特别是东北寒冷地区大中桥桥面裂缝破损的质量通病。因此，此工法无论在工程质量上还是在经济效益、社会效益上都取得了非常显著的效果。

11 应用实例

11.1 松花江四方台斜拉桥桥面铺装中采用了掺入博尼维纤维加强改性沥青混凝土铺装施工工艺，于 2004 年 8 月开工，2004 年 10 月 1 日投入使用，下面层采用 4.5cm AC16 SBS 改性沥青混凝土，上面层采用 4cm AC16 SBS 改性沥青混凝土，上下面层间喷洒黏层油；为提高沥青混合料的抗拉、抗剪以及高温抗车辙性，增强桥面抗裂性，在上、下层沥青混凝土中添加聚酯纤维；通过该法施工中的桥面，通车 4 年后全桥 1257m 沥青铺装层无任何轻微坑槽，横向、纵向无任何裂缝。该桥面施工的实践证明，在 SBS 沥青混合料中添加一定比例的聚酯纤维，能大幅度提高沥青混凝土的抗拉、抗剪以及高温抗车辙性，增强桥面抗裂性，延长桥面的使用寿命，该法施工特别适用于中国北方高寒地区的桥面铺装，具有一定的推广意义。

11.2 鹤大公路鸡西至牡丹江段公路桥面铺装中采用了掺入博尼维纤维加强改性沥青混凝土铺装施工工艺，工程于 2004 年 5 月开工，2004 年 10 月 1 日投入使用。下面层采用粗粒式 AC－25I 型 SBS 改性沥青混凝土，上面层采用中粒式 AC－16I（调整型）改性沥青混凝土，上下面层间喷洒黏层油。为提高沥青混合料的抗拉、抗剪以及高温抗车辙性，增强桥面抗裂性，在上、下层沥青混凝土中添加聚酯纤维。通过该法施工的桥面，通车 4 年后沥青铺装层无任何轻微坑槽，横向、纵向无任何裂缝。

11.3 哈同公路佳木斯至哈尔滨段旧路改造工程桥面铺装中采用了掺入博尼维纤维加强改性沥青混凝土铺装施工工艺，工程于 2006 年 5 月开工，2006 年 10 月 1 日投入使用。下面层采用 4.5cm 中粒式 AC-20I 型 SBS 改性沥青混凝土，上面层采用 4cm 中粒式 AC-16I 型 SBS 改性沥青混凝土，上下面层间喷洒黏层油。为提高沥青混合料的抗拉、抗剪以及高温抗车辙性，增强桥面抗裂性，在上、下层沥青混凝土中添加聚酯纤维。通过该法施工的桥面，通车一年多以来，沥青铺装层无任何轻微坑槽，横向、纵向无任何裂缝。

冷铺沥青混合料路面施工工法

GGG(鲁)B3027—2008

贾海庆　张　建　梁奎基
(山东省公路建设(集团)有限公司　山东华瑞道路材料技术有限公司
山东省公路工程技术研究中心有限公司)

1　前言

传统的冷拌沥青混合料路面采用乳化沥青或液体沥青拌制,也可采用改性乳化沥青,但其强度较差,寿命较短,应用很少。

冷铺多级沥青是一种新型道路用沥青,它以改性多级沥青作为主要成分,掺加稀释剂和其他添加剂制成的一种在常温下使用的产品。一年四季均可用于铺筑路面,方便简单,尤其冬季使用更能体现它的优越性。2007年6月1日,山东省地方标准《冷铺多级沥青技术条件》发布实施,对该工法使用的材料提出了技术标准。

针对冷铺多级沥青混合料的特点,在原有施工工艺上进行了调整,形成了满足冷铺多级沥青施工性能的施工工法。

2　工法特点

2.1　节能环保

与热拌沥青相比,冷铺多级沥青混合料拌和时,沥青加热温度较低,集料不需要加热或微热,铺路时冷铺冷压,因而节约能源,大量降低施工过程中的废气排放,环保效果明显。

2.2　施工快捷、方便

与乳化沥青相比,冷铺沥青混合料不需要考虑摊铺、碾压且不受破乳时间的限制,本工法中拌好的混合料可长时间存放,随用随取,摊铺、碾压不受时间温度的限制,在寒冷的季节也可进行施工。施工完毕后可立即开放交通。

2.3　降低设备成本

本工法设备要求低,对混合料拌和楼、摊铺机、压路机等设备的等级要求较热拌沥青混合料大幅降低。

2.4　提高路面的耐久性

经过碾压成型的冷铺沥青路面,具有与热铺沥青路面基本一样的使用性能,且冷铺沥青路面不易出现温度收缩裂缝。冷铺多级沥青混合料路面夏季高温时会保证强度,冬季低温时不会脆硬,抗开裂、耐疲劳,可有效提高路面的耐久性。

3　适用范围

冷铺多级沥青混合料路面适用于三级及三级以下的公路的沥青面层、二级公路的罩面层施工。施工时环境温度最低可达-10℃。

4 工艺原理

用冷铺料铺路后，即形成初期强度。这主要依赖于对冷铺料碾压成型后，冷铺多级沥青的黏结力和集料间的相互嵌挤作用。这种初期强度，足以抵抗一般交通量和荷载的作用。所以，铺路完毕后，可随即开放交通。

随着时间的推移，冷铺料中的绝大部分稀释剂会挥发出来。挥发的速度取决于气温的高低。但稀释剂不会全部挥发掉，最后剩余的是改性多级沥青和少量稀释剂的混合胶结料。它具有一定的高温劲度和较好的低温延展性，在夏天会保持强度，在冬天，不会变得太僵硬，因此不会开裂，而且耐疲劳。因为集料的沥青膜较厚，而且改性多级沥青的抗老化能力强，所以混合料的耐久性强，而且提高了抗水损害能力。

5 施工工艺流程及操作要点

5.1 主要施工工艺流程

施工前准备→混合料摊铺→路面压实及成型→接缝处理→路面上封层施工→开放交通

5.2 施工前的准备

5.2.1 施工现场准备

铺筑沥青层前，应检查基层或下卧层的质量，当旧沥青路面或下卧层已被污染时，必须清洗或经铣刨处理后铺筑沥青混合料。每平方米的范围内撒布热油或乳化沥青 0.17kg 为黏层油。

5.2.2 冷铺多级混合料的拌和、存放和运输

(1)冷铺多级沥青使用温度在 120℃ ~140℃。因为闪点不高，在储存和冷铺料生产过程中，现场应严禁烟火。拌和可以冷拌，也可以对集料稍加温。冷拌是指对集料不加热，直接进行拌和，但集料应干燥。最好是将集料加热到 50℃ ~60℃，既方便生产，又能烘干集料中的部分水分，生产的冷铺料质量较好。特别是冬季，集料温度较低，直接冷拌会使拌出来的料较黏，给拌和带来不便，而且冷沥青不能完全的覆盖整个集料的表面。但加热温度也不能过高。当出料温度超过 70℃时，会引起稀释剂大量挥发，影响产品质量。

(2)拌好的冷铺料可露天堆放于已硬化的地面上，宜大堆堆放，以减少与空气的接触面积，不需覆盖。一般可存放 6 个月以上。长期存放，料堆表面易形成一层薄硬壳，使用时与内部软料混合在一起使用，不影响性能。

(3)用装载机将冷铺料装上运输车，车厢板上不需涂隔离剂或防粘剂，也不需要覆盖保温。

5.3 混合料摊铺

使用摊铺机进行摊铺，I 型冷铺多级沥青混合料的施工气温应大于 -10℃，小于 10℃。若温度大于 10℃，使用 II 型。

5.4 路面压实及成型

冷拌冷铺沥青路面的压实成型：选择合理的压路机组合方式及初压、复压、终压（包括成型）的碾压步骤，以达到最佳碾压效果。初压通常可采用 8 ~12t 钢轮压路机静压 2 遍。碾压时应将压路机的驱动轮面向摊铺机，从外侧向中心碾压，在超高路段则由低向高碾压，在坡道上应将驱动轮从低处向高处碾压。复压应在初压后开始，且不得随意停顿。复压一般为 3 ~4 遍。终压在复压后进行，如经复压后已无明显轮迹时可免去终压。终压可选用双轮钢筒式压路机或关闭振动的振动压路机碾压不宜少于 2 遍。压路机应以慢而均匀的速度碾压。压实层最大厚度不宜大于 100mm。压实成型的沥青路面应符合压实度及平整度的要求。

5.5 接缝处理

沥青路面的施工必须接缝紧密、连接平顺，不得产生明显的接缝离析。采用斜接缝形式。斜接缝的

搭接长度与层厚有关,宜为0.4~0.8m。搭接处应洒少量沥青,混合料中的粗集料颗粒应予剔除,并补上细料,搭接平整,充分压实。

5.6 路面上封层施工

冷铺多级沥青混合料路面空隙率大,应在压实成型后做上封层施工。上封层可采用乳化沥青单层表处,也可撒布一层机制砂或天然砂。石屑或天然砂的撒布量不宜过大,撒布结束后需压路机再碾压一遍。

5.7 开放交通

冷拌冷铺沥青路面压实后即可开发交通,依靠轮胎压力继续压实。

6 材料与设备

6.1 材料

6.1.1 冷铺多级沥青

冷铺多级沥青是一种新材料,根据黏度的大小,分为I型、II型两个等级,I型适用于冬季,II型适用于春秋、夏季。在相同温度下,I型冷铺沥青比II型要软一些。交通量大的路段用稍硬的冷铺料。冷铺多级沥青是用黏度较大的改性沥青稀释而成,所以在技术要求上与液体石油沥青有所差别。山东省质量技术监督局发布了《冷铺多级沥青技术条件》,对其技术要求见表1。

冷铺多级沥青技术指标 表1

项目		技术指标	
		I型	II型
动力黏度(25℃),Pa·s		50~500	500~1 000
闪点,℃		66	
含水率,质量百分数,%		1.0	
蒸馏体积	225℃前蒸馏出①,体积百分数,%	0~5	0~3
	260℃前蒸馏出①,体积百分数,%	0~5	0~5
	316℃前蒸馏出①,体积百分数,%	50~87	40~80
	蒸馏到360℃后残留物②,体积百分数,%	70	78
蒸馏后残留物	针入度(25℃),0.1mm	100~250	
	浮漂度(60℃),s	≥1 200	
	溶解度,%	≥99	

注:①指该温度前蒸馏出物占总蒸馏出物的体积百分数。
②指360℃后残留物占总试样的体积百分数。

6.1.2 集料

集料必须符合规范热拌沥青混合料集料的质量要求。

6.1.3 上封层材料

乳化沥青符合规范的质量要求,机制砂或天然砂的规格以中砂为宜。

6.2 设备

采用的设备见表2。

设 备 表

表2

序 号	名 称	单 位	数 量	备 注
1	拌和楼	套	1	
2	装载机	台	2	
3	沥青洒布车	台	1	
4	集料撒布车	台	1	
5	自卸车	台	15	
6	钢轮压路机	台	4	8 - 12t
7	水车	台	1	

7 质量控制

7.1 材料质量控制

对冷铺多级沥青的质量按山东省地方标准《冷铺多级沥青技术条件》规定的技术指标和试验方法进行检验,不合格的不得使用。施工前进行低温下的试拌,确保操作和易性。制造冷铺沥青混合料的集料必须符合规范热拌沥青混合料集料的质量要求。集料与沥青要有良好的黏附性,要用破碎的碎石,不得使用卵石、砾石。

7.2 施工质量控制

施工质量控制按《公路沥青路面施工技术规范》(JTG F40—2004)的要求进行。

7.3 路面检查与验收

路面检查与验收按《公路沥青路面施工技术规范》(JTG F40—2004)的要求进行。

8 安全措施

8.1 组织保证措施

8.1.1 项目部成立以项目经理为第一责任人的安全生产领导小组。

8.1.2 项目部配专职安全员并建立各级网络,做到“专管成线,群管成片”。

8.2 制度保证措施

8.2.1 为加强施工中管理、保障施工人员和国家财产的安全,根据“谁主管谁负责”的原则,建立以项目经理为第一责任人的各级安全生产责任制,做到“纵向到底,横向到边”。各级负责人签订安全生产责任状,谁出了问题,追究哪一人的责任。

8.2.2 建立安全生产定期和不定期检查制度。每月召开一次安全生产例会,对可能存在的安全隐患消灭在萌芽状态。每旬对安全生产情况进行一次检查。

8.3 思想保证措施

8.3.1 全体施工人员严格执行党和国家有关安全生产方针、政策、法令和安全生产技术规程,自觉遵守有关安全生产的管理规定。

8.3.2 抓好安全岗位培训。开工前,对所有上岗人员进行安全知识教育,分批培训,把有关安全操作规程印发给各基层单位,对照检查,对照实施,特种行业人员一律持证上岗。

8.4 施工安全保证措施

8.4.1 所有作业、测量、管理、监理、参观人员,进入现场注意施工车辆交通安全及作业机械安全,施工车辆要限速行驶,保证人员安全。

8.4.2 施工现场的布置应符合防火、防电等安全规定和文明施工的要求,生产、生活区均要设足够的消防水源和消防设施。

8.4.3 机械设备操作人员(或驾驶员)经过专门训练,熟悉机械性能,经考试取得操作证或驾驶执照后方可上机(车)。不准操作人操作与操作证不相符的机械;不准将机械设备交给无操作证的人员操作,对机械操作人员要建立档案,专人管理。

8.4.4 配件材料安全保证措施

工地设物资配件仓库,统一对物资进行管理,按照材料的储存要求,修建具备相应功能的仓库,做到分门别类储放,门前标志牌清楚,消防器材齐全。

9 环保措施

9.1 由环保监督员定期对拌和场、施工现场进行检查监督,发现问题及时整改。

9.2 对拌和场易产生扬尘的材料如碎石、砂等进行覆盖。定期检查机械的除尘设备,不合格的立即更换。

9.3 施工期间尽力保护现有绿色植被土地资源和现场的公共设施。对出入拌和场和混合料运输便道,尽量减少占地和破坏植被。对拌和场周围设立围墙,并规定车辆的行驶速度。

9.4 施工中所发生的生活、生产垃圾,如废弃沥青混合料,废水、废料等,集中收集在有防雨棚和地表经过硬化处理的垃圾池内,及时集中清运,不得任意裸露处置,污染环境。

9.5 洗刷施工机械、设备及工具的废水、废油等有害的物质和生活污水,不得直接排放于河流或其他水域中,也不得倾泻于饮用水源附近的土地上,以防污染水质和土壤。

9.6 拌和场选址在离村庄较远、地形空旷、通风良好的地方,并尽量避免夜间施工,以减少噪声对居民生活的干扰。

10 效益分析

10.1 冷铺多级沥青混合料可以在常温甚至冬季较低气温下施工,解决了传统热拌沥青混合料施工气温的限制,对于冬季路面抢修和寒冷地区延长施工季节具有重要的意义。

10.2 冷铺多级沥青混合料的沥青加热温度低,集料不需加热或微热,节约大量能源。施工方便、不受工序时间限制,设备投入低,节省成本。

10.3 冷铺多级沥青混合料节约能源,无烟气等污染,对于保护环境,节能减排具有重要的意义。

11 应用实例

11.1 318国道广祠段大修工程

318国道安徽广祠段全长27km,于1995年建成通车,到现在已经有12年,现在部分路段损毁严重,并出现大面积坑槽和积水,给行车安全带来很大隐患。从2004年6月底开始,对两段破损严重的路段进行全面修复,全长10km,其中2km采用了冷铺多级沥青混合料。2005年1月完工。

其中,改建路面结构为:两层15cm厚石灰土基层+6cm厚冷铺多级沥青混合料面层。

工期紧迫是改建工程的主要特点之一。在该改建工程中,充分发挥了冷铺沥青混合料对施工环境温度要求较低的特点,在气温较低的冬季顺利的完成了施工任务,路面裂缝明显少于热拌沥青混合料。取得了较好的社会效益和经济效益。

11.2 淄博205国道博山段改造工程

淄博205国道博山段是博山区的交通要道,但该路段多年来因超负荷使用,原路面出现大面积网裂、坑槽,破损严重直接影响了过往车辆和行人的安全。

整个改造工程长度为8.4km,按公路I级标准设计、施工。概算总投资为3 100余万元,建设工期为两个月,2006年10月1日竣工通车。

其中,3km 采用了 5cm 厚加铺冷铺多级沥青混合料面层的改建方案,有效延长了施工作业时间,提高了施工效率,受到了业主的好评。

11.3 淄博 309 国道临淄段养护工程

309 国道淄博境内段总长 74km,从 2001 年实施改建以来,2004 年完成,投资 5.6 亿元。近年来,由于车辆超载现象的日益突出,道路养护的任务日趋繁重,尤其是低温季节的道路养护成为公路养护工作人员必须解决的问题。

2007 年,根据 309 国道的路面使用状况,决定在其中 3km 的路段实施 3cm 冷铺多级沥青混合料罩面。工程建设者克服交通管制难度大、工期短的不利因素,圆满完成了建设任务,工程各项主要指标合格率达 100%。

沥青混凝土路面冷接缝施工工法

GGG(鲁)B3028—2008

周海防　张　建　梁奎基
(山东省公路建设(集团)有限公司　山东华瑞道路材料技术有限公司
山东省公路工程技术研究中心有限公司)

1　前言

沥青混凝土路面施工冷接缝的处理是个难点,传统的切边涂洒沥青黏结的方法并不能很好的解决冷接缝处不密实、透水的缺点,冷接缝处成为路面使用后易发生水损害的薄弱点。本工法依据研究开发的新材料——沥青混凝土路面冷接缝黏结料,对传统的冷接缝处理工艺进行改进,提出了沥青混凝土路面冷接缝黏结料施工工艺,较好的解决了冷接缝处理的问题。经过在省内多条高速公路路面维修工程中的应用,相关材料和施工技术已经成熟,具有明显的创新性、显著的社会经济效益和良好的推广应用前景。2007 年 6 月 1 日,山东省地方标准《沥青混凝土路面冷接缝黏结料技术条件》发布实施,对该工法使用的材料提出了技术标准。

2　工法特点

2.1　传统的沥青混凝土路面施工冷接缝的处理是涂洒一薄层乳化沥青进行黏结,一般采用人工操作,本工法是将黏结料条在热的状态下贴在冷接缝处,保持直立而不瘫倒,需要使用灌缝机进行融化并挤出。

2.2　路面摊铺可在黏结料贴缝施工后立即进行,也可在几天后进行。

2.3　当另一幅的热混合料摊铺时,贴着冷接缝的黏结料条融化后能较好的密实冷接缝处的空隙。

3　适用范围

沥青混凝土路面分幅摊铺施工的冷接缝和由于路面维修铣刨后罩面,新老路面混凝土之间的冷接缝处。

4　工艺原理

沥青混凝土路面分幅摊铺施工时,一方面,先摊铺一幅的边缘,由于是无侧限压实,压实度很难达到,空隙率较高;另一方面,后摊铺一幅的沥青混合料面对的是先摊铺一幅的冷却且坚硬的立面,由于降温较快和不易密实,空隙较大。就如同试验室内成型的沥青混凝土试件,去掉试模后表面总是比内部空隙多很多。路面维修铣刨后罩面,由于上述第二方面的原因,新老路面混凝土接缝处也不密实。传统方法涂洒的乳化沥青仅存在于两幅路面接缝的表面,整个冷接缝区域由于不易压实,空隙率较大,存在透水的危险。本工法使用的黏结料先被贴着挤在冷接缝处,能在较热状态下贴着冷接缝直立而不瘫倒。当另一幅的热混合料摊铺时,黏结料融化,填充了空隙,密封了接缝。

5 施工工艺流程及操作要点

5.1 主要施工工艺流程

施工现场准备→加热融化黏结料→黏结料贴缝施工→路面摊铺

5.2 施工现场准备

5.2.1 封闭交通

在施工的路段摆放好警示牌,设置隔离墩,给施工设备及人员提供安全的施工区域,这一工作一般需要4~5人来完成。一般情况下,不应该全路段封闭,而只是封闭其一半的车道,以免阻塞交通。工作人员应身着制服及反光背心,在封闭区域边缘指挥车辆,以免车辆进入。

5.2.2 清扫接缝

在使用黏结料前先确保冷接缝处表面干燥,没有松散颗粒、灰尘等。先用钢刷、扫帚清除松散颗粒,再用压缩空气吹,使接缝表面无灰尘。分幅摊铺施工的冷接缝一般比较干净,而且表面有一层沥青膜,在去处松散颗粒和吹掉灰尘后即可贴黏结料,路面铣刨后的冷接缝处往往有较多尘土且难清理,要多做清理工作。要想让黏结料能在较热状态下贴着冷接缝直立而不瘫倒,除了对黏结料自身的性能要求外,接缝干净才能保证黏结料黏在冷接缝上。黏结料施工应在清扫接缝后随即进行,以免时间长后接缝又被污染。

5.3 加热融化黏结料

5.3.1 设备预热及调试

应提前对灌缝机进行预热,将导热油温度设定在比黏结料使用温度高20℃~30℃,检查各设备工作是否工作正常。

5.3.2 黏结料准备

估算当天黏结料使用数量,将成箱的黏结料堆放在牵引车车厢内。

5.3.3 融化黏结料

黏结料为块状黑色固体,外裹塑料袋,外包装为纸箱。使用时拆开纸箱,将黏结料和塑料袋一起投入灌缝机中,塑料袋加热融化于黏结料中一块使用不影响质量。灌缝机内不得残存有其他产品,以免对黏结料的性能有所影响。加热融化的过程中进行搅拌,最后得到均匀的液态产品,一般加热到160℃~180℃,挤出的黏结料温度在150℃~170℃。最大安全加热温度不超过204℃。黏结料融化后在使用过程中不能长时间搅拌,一般在补充投料后搅拌均匀即可。应随时注意罐中料的情况,使之保持约75%的容量。一般情况下,黏结料的投放不应引起搅拌器的搅拌困难以及融化速度过慢。

5.4 黏结料贴缝施工

使用时环境温度不低于5℃。由牵引车拖着灌缝机沿着接缝行走,要使灌缝机处于便于操作的位置,操作工人用灌缝机的泵把黏结料从罐中通过弯管挤到已有路面冷接缝处,厚度0.5~1.0cm,覆盖暴露的接缝的全部深度。应首先将泵速调至最低,把手杆喷嘴插入材料罐中,再按下开关并逐步调高泵速,直到泵的发动机开始启动,黏结料从喷嘴挤出,最后调整泵速及流量。操作工人的技术很重要,采取合适的站位、管头与混凝土壁合适的角度能够帮助黏结料较好的贴在混凝土壁上。不要挤的太多,盖住路面的要去掉。一般对于4cm厚的路面平均用量为0.3~0.45kg/m。

5.5 路面摊铺

路面摊铺可在黏结料贴缝施工后立即进行,也可在几天后进行。冷接缝另一幅的沥青混凝土按规范规定摊铺和碾压。当另一幅的热混合料摊铺时,黏结料融化,填充了空隙,密封了接缝。

6 材料与设备

6.1 材料

本工法使用的材料主要为黏结料，根据使用用途，其应具备以下基本使用要求：具有良好的高温性能，在高温时不产生流动，以保证不被挤出；具有良好的低温性能，在低温下具有一定的黏结拉伸能力；具有良好的弹性和与沥青混凝土良好的兼容性；能直立的贴在混凝土壁上不瘫倒，可以通过塌落试验进行检验，这是施工工艺对黏结料的要求。沥青混凝土路面冷接缝黏结料是一种新材料，山东省质量技术监督局发布了《沥青混凝土路面冷接缝黏结料技术条件》，对其技术要求见表1。试验方法按《沥青混凝土路面冷接缝黏结料技术条件》规定进行。

沥青混凝土路面冷接缝黏结料技术要求 表1

项目	技术指标	项目	技术指标
针入度(25℃,150g,圆锥针),0.1mm	30~60	软化点,℃	≥80
流动度(60℃,5h),mm	≤5	沥青兼容性	通过
弹性恢复(25℃,球针),%	≥30	塌落值(150℃,30min),mm	≤2.0
拉伸率(25℃),%	≥500		

6.2 设备

本工法使用的主要设备为用于路面灌缝的灌缝机，其融化罐为双层罐体，层间有导热油加热，该罐具有搅拌和自身循环功能，通过泵压把黏结料从罐中通过弯曲的软管挤出，软管的端头上是专用的涂抹器。不同于灌缝用的涂抹器，需要更换贴黏结料专用的涂抹器。

施工采用的设备见表2。

设备表 表2

序号	名称	单位	数量	备注
1	灌缝机	台	1	更换专用的涂抹器
2	牵引车	台	1	牵引灌缝机和装运黏结料
3	手持鼓风机	台	1	
4	钢刷、扫帚等	把	若干	

7 质量控制

7.1 黏结料质量控制

对黏结料的质量按山东省地方标准《沥青混凝土路面冷接缝黏结料技术条件》规定的技术指标和试验方法进行检验，不合格的不得使用。特别是塌落值合格与否，直接影响到施工能否顺利的进行，要进行严格的控制。

7.2 施工过程控制

7.2.1 认真检查接缝清扫工作，做到无松散颗粒，无灰尘，接缝处不干净不得进行下一步工序。

7.2.2 严格控制黏结料加热温度，过高和过低都会影响施工效果，按规定进行搅拌，即不能不搅拌也不能不间断的搅拌。

7.2.3 牵引车匀速慢性，速度过快会导致贴在冷接缝处的黏结料厚度不够或断开。

7.2.4 操作工人应采取合适的站位，挤出的黏结料量要均匀。控制管头与混凝土壁的角度，使黏结料条略微斜靠在混凝土壁上，能更好的使其直立，不至于翻倒到地面上。

7.2.5 另一幅混合料的摊铺的质量控制按《公路沥青路面施工技术规范》(JTG F40—2004)的要

求进行。

7.3 路面检查与验收

路面检查与验收按《公路沥青路面施工技术规范》(JTG F40—2004)的要求进行,增加对冷接缝处路表渗水系数检查,检查频率和质量要求按规范进行。

8 安全措施

8.1 认真贯彻执行有关安全生产的法律法规、交通部颁发的《公路工程施工安全技术规程》(JTJ 076—95)、《公路筑养路机械操作规程》等有关安全生产的规定。

8.2 成立安全生产组织机构,设专职安全员,建立健全安全生产责任制,对参加施工的人员接受安全技术教育,从事特殊工种的人员,必须经过专业培训,获得《安全操作合格证》才能上岗。建立安全值班制度,制定安全生产事故应急救援预案。

8.3 施工机械、车辆,严禁带"病"工作。所有施工机具设备应定期检查,并有安全员的签字记录,保证其经常处于完好状态;不合格的机具、设备和劳动保护用品严禁使用。

8.4 各类操作人员持证上岗,必须按规定穿戴防护用品。施工负责人和安全检查人员随时检查防护用品的穿戴情况,不按规定穿戴防护用品的人员不得上岗。

8.5 施工现场做好交通管制,具有相关的交通安全标志。

8.6 机械设备及仓库采取防雨、防潮、防雷措施。

9 环保措施

9.1 配备专职环境保护监督员,定期对施工现场进行检查监督,发现问题及时整改。

9.2 施工中所发生的生活、生产垃圾,如废弃结合料、纸箱、废水、废料等,集中收集在有防雨棚和地表经过硬化处理的垃圾池内,及时集中清运,不得任意裸露处置,污染环境。

9.3 洗刷施工机械、设备及工具的废水、废油等有害的物质和生活污水,不得直接排放于河流或其他水域中,也不得倾泻于饮用水源附近的土地上,以防污染水质和土壤。

10 效益分析

10.1 沥青混凝土路面冷接缝黏结料施工方便、快捷,使用公路养护部门常用的灌缝机即可施工,不需增加专用设备、人,使用人工少。

10.2 黏结料是一种新型材料,价格虽然比沥青高,但性能突出,可有效防止路面病害,降低养护费用,综合经济效益好。

10.3 社会效益

采用黏结料处理沥青混凝土路面冷接缝可有效的提高路面的使用性能和使用寿命,减少路面病害,减少因道路维修造成的阻车,提高了服务水平,社会效益巨大。

11 应用实例

11.1 淄博205国道博山段改造工程

淄博205国道博山段是博山区的交通要道,但该路段多年来因超负荷使用,原路面出现大面积网裂、坑槽,破损严重直接影响了过往车辆和行人的安全。

整个改造工程长度为8.4km,按公路Ⅰ级标准设计、施工。概算总投资为3100余万元,建设工期为两个月,2006年10月1日竣工通车。

其中,7万延米铣刨后的接缝采用了冷接缝处理施工工艺,有效提高了接缝处理质量,提高了路面抗水损坏能力,受到了业主的好评。

11.2　318 国道广祠段大修工程

318 国道安徽广祠段全长 27km，于 1995 年建成通车，到现在已经有 12 年，现在部分路段损毁严重，并出现大面积坑槽和积水，给行车安全带来很大隐患。从 2004 年 6 月底开始，对两段破损严重的路段进行全面修复，全长 10km，其中约 6 万延米的铣刨后接缝采用了冷接缝施工工艺。2005 年 1 月完工。

其中，改建路面结构为：二层 15cm 厚石灰土基层 + 6cm 厚冷铺多级沥青混合料面层。部分路段为单车道铣刨后罩面。

工期紧迫是改建工程的主要特点之一。在该改建工程中，冷接缝处理施工工艺明显改善了冷、热沥青混合料接接缝的结合质量，增强了防止水损坏的效果。取得了较好的社会效益和经济效益。

11.3　淄博 309 国道临淄段养护工程

309 国道淄博境内段总长 74km，从 2001 年实施改建以来，2004 年完成，投资 5.6 亿元。近年来，由于车辆超载现象的日益突出，道路养护的任务日趋繁重，尤其是低温季节的道路养护成为公路养护工作人员必须解决的问题。

2007 年，根据 309 国道的路面使用状况，决定在养护路面铣刨施工中采用冷接缝处理施工工艺。工程建设者克服交通管制难度大、工期短的不利因素，圆满完成了建设任务，经取样试验，冷、热接缝结合良好，路面抗渗水能力得到有效改善。

大粒径透水性沥青混合料摊铺离析控制施工工法

GGG(鲁)B3029—2008

贾海庆 张 建 刘洪海 钟 原
(山东省公路建设(集团)有限公司)
(山东省公路工程技术研究中心有限公司 长安大学)

1 前言

大粒径透水性沥青混合料能够有效地防止反射裂缝的发生,并且能够排出路面结构内部的水分,避免水分对下层或沥青面层的破坏;另外大粒径透水性沥青混合料具有较高的模量和抵抗变形的能力,可以直接用于旧路补强或新建路的结构层中。在施工的过程中,由于大粒径透水性沥青混合料的粒径差异较大,离析现象更为普遍。

在以往的离析控制中,对离析现象以及路面机械与其关系一直以来缺乏系统全面的把握。因此,非常有必要对路面机械施工与材料之间相互作用的机理进行全面的分析,并从控制与减小离析角度对路面机械的设计进行相关的改进,以完成对离析现象在施工工艺上的有效控制。

山东省公路建设(集团)有限公司、长安大学和山东省公路工程技术研究中心在山东省交通厅公路局的指导下,对大粒径透水性沥青混合料的摊铺离析控制施工进行了深入研究,随后在多条公路中进行施工。相关课题"大粒径沥青混合料在老路补强中的应用研究",于2004年通过山东省交通厅组织的鉴定,课题研究总体上达到了国际先进水平。

2 工法特点

2.1 摊铺过程中产生的离析现象根据摊铺离析产生的机理和表现形态可分为有规律材料离析和无规律材料离析。本工法是针对有规律离析提出的施工控制工艺。

2.2 大粒径透水性沥青混合料由于粒径变化大、厚度大,不分层摊铺,是离析现象较为普遍的一种路面结构。本工法既是现场施工经验的总结,也是在施工工艺控制中对设备工艺加以提高和改进的尝试。大粒径透水性沥青混合料摊铺离析控制施工工法充分反应了在施工过程中设备和道路材料之间的相互作用关系,同时说明了设备工艺在沥青混合料施工工艺控制中的重要作用。

2.3 离析控制工艺应该是施工全过程的系统控制,但对于大粒径透水性沥青混合料来讲,成品料离析的主要原因是粒径差异较大的自身结构造成的。因此,混合料摊铺过程中的离析控制就成为该种结构离析控制的重中之重和关键环节。

2.4 由于采用多级改性沥青等高黏度沥青。在沥青、集料加热温、出料摊铺、碾压温度等方面做出了专门的规定。

2.5 与通常的施工工艺相比,本工法的应用减少了路面损害的发生,提高了工程质量和施工速度,减少了设备重复投入。在大修改建工程中,可缩短封闭交通时间,社会经济效益显著。

3 适用范围

本工法可应用于公路的新建工程或者沥青路面补强改造工程,以及水泥混凝土路面的加铺层中大粒径透水性沥青混合料的摊铺施工。

4 工艺原理

图1 材料离析示意图

4.1 离析产生的原因有很多种,其中材料离析产生的主要原因是粗、细集料在相同的运动过程中,粗集料倾向于运动,细集料倾向于静止的特性造成的,如图1所示。

4.2 本工法是针对材料离析,在摊铺过程中通过设备工艺改进,增加在集料移动过程中粗集料、细集料运动的一致性,从而减少材料离析的产生。

5 施工工艺流程及操作要点

5.1 施工工艺流程

离析控制的一般操作→纵向离析的控制→竖向离析控制工艺→横向离析控制→摊铺过程中的集料运动控制工艺

5.2 离析控制的一般操作

5.2.1 为了防止混合料中的细料黏结在料车底部或周壁并积聚,最后倒入摊铺机而在路面形成油斑,料车在每天装料前应适当涂抹油隔离剂,同时在摊铺过程中也应当注意细料的积聚并清除。运输过程中应尽量避免紧急制动,以减少混合料的离析。

5.2.2 运输车装料时要求料车做到前后移动分多堆装车;运输车应当在摊铺机前10~30cm处停住,不得撞击摊铺机,卸料过程中运输车应挂空挡,由摊铺机推动前进。

5.2.3 运输车辆应当备有覆盖篷布,以保证混合料在运输过程中温度尽量不损失。同时运输能力要比摊铺能力有所富余,以避免摊铺机的长时间待料,并保证摊铺的连续性。

5.2.4 混合料的摊铺应保持合理的速度,根据拌和站的拌和能力进行合理调整,一般不得大于2m/min,做到缓慢、均匀、不间断地摊铺。

5.2.5 摊铺机应调整到最佳工作状态,调整好螺旋布料器两端的自动料位器,并使料门开度、链板送料器的速度和螺旋布料器的转速相匹配。布料器中料的位置应以略高于螺旋布料器2/3为度,同时螺旋布料器的转速不宜太快,避免摊铺层出现离析现象。

5.2.6 摊铺机料斗应在刮板尚未露出约有10cm的热料时收拢,基本上是在运输车刚退出时进行,而且应该做到在料斗两翼刚复位时下一辆料车开始卸料,做到连续供料,避免粗集料集中。

5.3 预防纵向离析的控制工艺

5.3.1 在运料车将混合料倒入摊铺机的受料斗时,应采用大容量的运料车将混合料大倾角、大批量地卸入摊铺机料斗,避免混合料零星滚入料斗。

5.3.2 在运料车交替卸料过程中应避免将摊铺机料斗内的混合料放空,两辆运料车卸料之间应尽量缩短时间,运料车上的料倒入摊铺机受料斗时避免碰撞。

5.3.3 避免料斗侧壁的粗料滚入刮板输送器输入螺旋分料器。

5.3.4 应利用摊铺机料斗的翼板经常使料斗内混合料顶面保持水平,以避免出现中央凹谷而导致粗料滚落;应及时收起料斗侧壁,并及时释放以避免出现中央凹谷导致粗料集中。

5.4 预防竖向离析控制工艺

5.4.1 竖向离析指摊铺层横断面上粗细集料分离现象。这一现象发生在螺旋前挡板离地间隙过大和螺旋外端料槽卸荷口处,由于大粒料沿着螺旋前挡板的间隙和卸荷口处向下滚落,结果造成大粒料沉落于摊铺下层。

5.4.2 为了避免这种现象发生,在前挡板下方加装高度可调的挡料板,根据摊铺厚度和材料不同,适当调节离地间隙;对螺旋外端处的卸荷口,采用半开式挡板结构,既防止大粒料向下滚落,又起到防止螺旋卡死的作用。

5.5 防止横向离析控制工艺

5.5.1 横向离析指摊铺层沿行车方向的有规律离析带,主要产生于左右螺旋的中缝处,各自螺旋的过渡支撑处和双机并幅摊铺的接缝处。由于螺旋驱动链轮箱的空间干涉,使左右螺旋在中缝处断开一定距离,这一断裂处的物料得不到螺旋的强制挤压和搅拌,而仅依靠物料的自然流动来充填,形成一明显的条形离析带。

5.5.2 在左右螺旋断开处加装角度可调的反向螺旋叶片,根据摊铺厚度和材料的变化来调节叶片数量和角度,使中缝处物料充填密实且均匀。

5.5.3 螺旋支撑处的离析带,主要通过加大了螺旋料槽前后方向的宽度,减小了支撑处的结构尺寸,并使支撑结构呈圆弧过渡面或加装过渡叶片解决物料在支撑处的阻滞现象。

5.6 摊铺过程中的集料运动控制工艺

螺旋的快速转动和工作过程中的转速剧烈变化会加剧粗细集料的分离,可以通过结构改进减小螺旋分料器对摊铺材料的影响,使螺旋实现搅拌和均匀输料复合功能。

5.6.1 采用变径螺旋

摊铺机的螺旋分料石是一个开放式结构,它在工作过程中一边卸料一边输料,在不断卸料的过程中将物料均匀地送于熨平板的整个幅宽上。在不同位置的螺旋应有不同的输料能力,为了满足这种要求,螺旋分料器应采用变径螺旋设计,螺旋直径自内向外逐渐减小,分料过程中可以达到螺旋圈宽范围内形成稳定的料位高度,实现均匀布料。

5.6.2 提高螺旋料位增加二次搅拌作用

提高螺旋料位增加二次搅拌作用物料满埋螺旋工作是增大输料能力,降低螺旋转速,避免横向离析的关键。可以通过提高刮板和螺旋料位传感器料位控制点实现。

5.6.3 增大螺旋直径提高材料通过能力

对于粒径较大的混合料输送过程中,在螺旋支撑处往往会发生输料滞留堆积现象,需通过增加螺旋直径和通道宽度解决。摊铺机在摊铺作业中,主要的功率消耗于螺旋驱动,特别当物料位较高时,驱动螺旋会消耗整机功率约50% ~60%。因此需采用大功率的发动机使功率裕量配置,避免发动机因各种超载产生掉速现象,这种超载频繁地发生于螺旋起动、刮板发卡、料车倒撞等工况,是摊铺机的特有工况。发动机掉速会影响摊铺机的正常工作秩序,是产生离析、影响平整度的不良因素。

6 材料与设备

6.1 材料

6.1.1 粗集料

大粒径沥青混合料中粗集料起到骨架作用,粗集料的质量和其物理性能严重地影响着混合料的使用性能,因此混合料中粗集料应使用轧制的坚硬岩石。对大粒径沥青混合料其粗集料颗粒性状良好。细长及扁平颗粒含量不应超过15%,集料压碎值应不大于20%,粗集料与沥青应有良好的黏结力,根据目前高速公路水损害出现的频率较高,要求粗集料与沥青的黏结力为5级,小于5级时应当采取抗剥落措施,以保证混合料达到水稳定性指标要求,未列出指标应满足《公路沥青路面施工技术规范》(JTG F40—2004)中对热拌沥青混合料集料的要求。

6.1.2 细集料

采用反击式或锤式破碎机生产的硬质岩集料经过筛选的小于2.36mm的部分具有较好的角砾性,可以作为人工砂使用,大粒径沥青混合料可以使用人工砂和石屑作为细集料,但不准采用天然砂。细集料棱角性必须大于42%,砂当量值不小于65%。

6.1.3 填充料

由于大粒径沥青混合料为透水混合料,为了提高沥青混合料的抗水损害能力,填充料宜采用干燥消石灰粉或生石灰粉,填充料技术要求可根据当地情况而定,至少应满足III级要求。

6.1.4 沥青胶结料

为了保证大粒径透水性沥青混合料的耐久性,混合料需要比较厚的沥青膜,但同时必须防止混合料的析漏,因此应当采用黏度较高的沥青胶结料。根据研究可以采用MAC改性沥青或SBS改性沥青,MAC改性沥青应满足表1的技术要求,SBS改性沥青技术要求参考《公路沥青路面施工技术规范》(JTG F40—2004)。

MAC改性沥青技术要求 表1

项目			技术指标	
			I型	II型
针入度(25℃,100g,5s),0.1mm			65~100	35~65
针入度(4℃,200g,60s),0.1mm			20~45	12~35
软化点,℃			60	70
动力黏度(60℃),Pa·s			≥300	≥500
闪点,℃			245	
溶解度,%			99	
老化试验①	沥青薄膜加热试验	质量变化,质量百分数,%	-1.0~+1.0	
		针入度比(25℃),%	≥70	

注:①老化试验以沥青薄膜加热试验为仲裁法。

6.2 设备

采用的设备见表2。

设备表 表2

序号	名称	单位	数量	备注
1	拌和楼	套	1	不小于240t/h
2	装载机	台	4	
3	混合料摊铺设备	台	1~2	
4	自卸车	台	15	
5	双轮振动压路机	台	2	11~13t
6	胶轮压路机	台	2	20~30t
7	钢轮压路机	台	1	7~11t
8	水车	台	1	

7 质量控制

7.1 大粒径透水性沥青混合料技术要求

大粒径透水性沥青混合料技术要求见表3。

大粒径透水性沥青混合料大马歇尔试验配合比设计技术标准 表3

项 目	单 位	技 术 指 标
公称最大粒径	mm	≥26.5mm
马歇尔试件尺寸	mm	φ152.4mm×95.3mm
击实次数(双面)	次	112
空隙率 VV	%	13～18
沥青膜厚度	μm	>12
谢伦堡沥青析漏试验的结合料损失	%	≤0.2
肯塔堡飞散试验混合料损失或浸水飞散试验	%	≤20
参考沥青用量	%	3～3.5

7.2 混合料施工质量控制

对于大粒径透水性沥青混合料现场压实度应采用空隙率与压实度双指标进行控制，从路面取芯样以二次封蜡法或计算法进行测试，混合料理论最大密度应采用计算法，另外还需要通过压实遍数来进行压实控制。由于现场压实与室内击实存在差别，以及现场沥青封层和石屑的上浮造成混合料底部比较密实也影响了空隙率。综合考虑各种因素，现场路面钻芯取样检测空隙率宜控制在平均值为13%～18%，极值为20%，考虑空隙率测定方法的不同在正式实施时还可以进行调整；压实度的控制与普通沥青混合料相同，不应小于98%。现场芯样的检验频率按照规范要求进行，或根据招标文件要求进行。

拌和站控制室要逐盘打印沥青及各种矿料的用量和拌和温度，同时由质检人员检验混合料出厂温度、摊铺温度和碾压温度，并对混合料进行目测，检验有无花白料、严重离析现象等。每天结束后，用拌和站打印的各料数量，以总量控制，以各仓用量及各仓级配计算平均施工级配、油石比和抽提结果相比较。

对于混合料质量控制，以每天分别从拌和站和摊铺现场取样进行抽提和筛分试验，每天至少两次，每次取样不少于4kg。由于大粒径透水性沥青混合料的级配是根据粗集料的骨架和体积状态以及细集料的填充状态，通过实际计算而得到，级配范围随着原材料的体积性质而有所变化，但是为了便于对施工质量进行控制，通过对国内外许多资料的查询在级配控制时采用对重点筛孔进行重点控制，主要为0.075mm、4.75mm、9.5mm、13.2mm、26.5mm、31.5mm各级必须满足范围要求，根据重点筛孔偏差范围可以制定相应施工控制范围要求，其余筛孔允许有一点超出施工级配要求范围，沥青含量允许偏差为±0.2%。另外还需要对拌和站进行逐盘与总量检验，具体检验要求见表4。

大粒径透水性沥青混合料的检验频率与要求 表4

<table>
<tr><th colspan="2">项 目</th><th>检查频度及单点检验评价方法</th><th>质量要求或允许偏差</th><th>试 验 方 法</th></tr>
<tr><td colspan="2">混合料外观</td><td>随时</td><td>观察集料粗细、均匀性、离析、油石比、色泽、冒烟、有无花白料、油团等各种现象</td><td></td></tr>
<tr><td rowspan="3">拌和温度</td><td>沥青、集料的加热温度</td><td>逐锅检测评定</td><td>符合规定</td><td>传感器自动检测、显示并打印</td></tr>
<tr><td rowspan="2">混合料出厂温度</td><td>逐车检测评定</td><td>符合规定</td><td>传感器自动检测、显示并打印，按T 0981人工检测</td></tr>
<tr><td>逐锅测量记录，每天取平均值评定</td><td>符合规定</td><td>传感器自动检测、显示并打印</td></tr>
</table>

续上表

项目		检查频度及单点检验评价方法	质量要求或允许偏差	试验方法
矿料级配	0.075mm	逐锅在线监测	±1%	计算机采集数据计算
	4.75mm、9.5mm		±5%	
	≥9.5mm		±6%	
	0.075mm	逐锅检查,每天汇总1次取平均值评定	±1%	总量检验
	4.75mm、9.5mm		±2%	
	≥9.5mm		±3%	
	0.075mm	每台拌和机每500~1000t检查1次,以2个试拌样的平均值评定	±1%	T 0725抽提筛分与标准级配比较的差
	4.75mm、9.5mm		±3%	
	≥4.75mm		±5%	
沥青用量(油石比)		逐锅在线监测	±3%	计算机采集数据计算
		逐锅检查,每天汇总1次取平均值评定	±0.15%	总量检验
		每台拌和机每500~1000t检查1次,以2个试样的平均值评定	±0.2%	抽提T 0722、T 0721

混合料的级配曲线以抽提筛分结果为准,由于拌和站热料仓取样偏差比较大,不以热料仓筛分根据比例计算为控制要求。混合料在取样时应尽量避免离析,可以多取一些然后进行四分。同时为防止由于沥青含量过高而发生析漏,混合料还需要进行析漏试验,要求析漏量小于0.2%。

8 安全措施

8.1 认真贯彻执行有关安全生产的法律法规、《公路工程施工安全技术规程》(JTJ 076—95)、《公路筑养路机械操作规程》等有关安全生产的规定。

8.2 成立安全生产组织机构,设专职安全员,建立健全安全生产责任制,对参加施工的人员接受安全技术教育,从事特殊工种的人员,必须经过专业培训,获得《安全操作合格证》才能上岗。建立安全值班制度,制定安全生产事故应急救援预案。

8.3 施工机械、车辆,严禁带“病”工作。所有施工机具设备和高空作业的设备应定期检查,并有安全员的签字记录,保证其经常处于完好状态;不合格的机具、设备和劳动保护用品严禁使用。

8.4 制订安全用电和防火措施,并严格执行。对于易燃易爆的材料除应专门妥善保管之外,还应配备有足够的消防设施,所有施工人员都应熟悉消防设备的性能和使用方法;不得将任何种类的爆炸物给予、易货或以其他方式转让给任何其他人。

8.5 各类操作人员须持证上岗,必须按规定穿戴防护用品。施工负责人和安全检查人员随时检查防护用品的穿戴情况,不按规定穿戴防护用品的人员不得上岗。

8.6 施工中应采取新技术、新工艺、新设备、新材料时,制订相应的安全技术措施,施工现场具有相关的安全标志牌。

8.7 机械设备及油库采取防雨、防潮、防雷措施。

9 环保措施

9.1 由项目经理部安全环保科总体负责,配备专职环境保护工程师,各生产队设环保监督员,定期对各拌和场、施工现场进行检查监督,发现问题及时整改。

9.2 禁止将可能产生高污染的建材堆放在水源地周围。定期检查机械的除尘设备,不合格的立即更换。

9.3 施工期间尽力保护现有绿色植被土地资源和现场的公共设施。并规定车辆的行驶速度。

9.4 施工中所发生的生活、生产垃圾，如废弃沥青混合料，废水、废料等，集中收集在有防雨棚和地表经过硬化处理的垃圾池内，及时集中清运，不得任意裸露处置，污染环境。

9.5 洗刷施工机械、设备及工具的废水、废油等有害的物质和生活污水，不得直接排放于河流或其他水域中，也不得倾泻于饮用水源附近的土地上，以防污染水质和土壤。

10 效益分析

10.1 经济效益

10.1.1 控制原材料离析，提高搅拌设备生产效率（表5）

控制材料离析节约拌和机台班费 表5

拌和机型号		4000型
每小时产量(t)	使用前	280
	使用后	320
对比(t)		30
提高效率(%)		12.5
台班费/h(元)		5 000
每吨费用(元)	应用前	17.9
	应用后	15.6
节约费用(元/t)		2.3
总产量(万t)		100
总节约(万元)		230

10.1.2 降低温度离析，减少拌和机油耗（表6）

节约燃油费 表6

拌和机型号		4000型	备注
每吨混合料燃油(L/t)	控制前	7.3	
	控制后	6.9	
对比(L/t)		0.4	
柴油价格(元/L)		5.0	
每吨混合料节约(元)		0.2	
总产量(万t)		100	
总节约(万元)		20	

10.2 其他社会效益

其他社会效益主要表现在以下几个方面。

1)养护费用降低

采用课题研究成果，沥青路面使用寿命延长，可以延长大修养护周期，减少了养护次数，节约大量的养护费用。

2)提高了路面质量,减少了汽车损耗

由于沥青路面质量提高,路面使用性能大为改善,可以减少车辆行驶的油耗。由于路面平整度好,提高了行车安全舒适性,减少了汽车颠簸的机械损耗和轮胎磨损,延长了车辆使用寿命。

3)节约资源、保护环境

沥青路面使用周期延长,大修次数减少,减少了大量沥青路面废料,有利于环境保护,具有良好的社会效益。节约养护维修费用,可有效减少路面早期病害,延长路面使用寿命,提高行车舒适性。

11　应用实例

11.1　广东开阳高速项目

开阳高速公路起自鹤山市址山镇,经开平、恩平、阳东、阳江,至于阳江林场。东接佛开高速终点,西连阳茂高速公路,是国家主干线同三线广东境内的一段,全长126km。该路段位于北回归线以南,属亚热带海洋性气候,夏季多雨,冬暖霜气短。合同工期为2004年7月至2008年5月。

经过建设指挥部同意,施工采用了沥青混合料离析控制技术,取得了良好的效果,表现在以下几方面:

(1)通过采用防止材料离析和搅拌设备离析的新方法,消除了溢料待料现象。既提高了拌和机生产混合料的质量和稳定性,又节约了生产成本。

(2)节约了搅拌设备燃油消耗,而且为压路机均匀碾压提供了基础。

(3)通过对摊铺机结构参数的改进,消除了以往常见的摊铺离析现象,使路面平整、均匀,碾压过程中采用防止碾压离析新技术,提高了碾压效率和压实度,路面密实稳定。

(4)路面完工以来经受了高温、多雨考验,没有出现车辙、坑槽等早期损坏现象。

使用该技术修建的沥青路面平整密实,抗滑耐磨,均匀美观。取得了良好的经济效益和社会效益。

11.2　山东潍乌高速项目

该项目东起东营市广饶县,西在滨州市无棣县境内与天津至汕尾线大高至鲁冀界段连接,路线途经东营、滨州两市的3个县,位于山东省鲁北经济区。该公路是国家重点公路建设规划网的重要路段(威海至乌海公路、天津至汕尾公路在山东境内重合段),同时在山东省“五纵连四横、一环绕山东”高等级公路网络中既是“一环”又是“一横”的重要组成部分。合同工期为2005年1月至2007年11月。

路面结构为12cm大粒径沥青混合料+10cmAC-20+6cmSMA。

在该项目路面施工早期出现了较为严重的离析问题,为了提高沥青路面施工质量,减少早期损坏现象发生,增加路面耐久性,延长路面使用寿命,在后期12km路面工程施工中采用了大粒径沥青混合料离析控制技术,取得了良好的效果。

通过该技术的实际应用不仅对材料和混合料对路面破坏现象进行了深入的剖析,而且注重研究设备结构、机械设备与材料的相互作用特性关系。提出了一个贯穿沥青混合料拌和、运输、摊铺、碾压、检测全过程的控制离析的质量保证体系,从而对沥青路面施工进行定量的评价和有效控制。

潍乌高速公路通过将该课题成果应用在路面施工质量控制中。路面质量显著提高,平整密实,抗滑耐磨,均匀美观。建成通车后,行车安全舒适,发挥了高速公路“畅通、高速、安全、舒适”的运营优势,受到广大驾乘人员的称赞,取得了良好的经济效益和社会效益。

11.3　国道205线滨州至大高高速公路合同段

滨州至大高高速公路是山东省中部地区南北交通主动脉(新建)国道205线的重要组成部分,也是对国道主干线的重要补充。国道205线滨州至大高公路采用双向四车道高速公路标准,计算行车速度120km/h,路基宽度为28m,桥涵与路基同宽,全线桥涵设计荷载采用公路—I级。路线基本走向为南北向,全线设互通立交四处,有特大桥一座,服务区一处,全长28.8km。

合同工期为 2003 年 10 月至 2005 年 10 月。

针对大粒径沥青混合料容易离析的现象，施工采用了沥青混合料离析控制技术，取得了良好的效果，表现在以下几方面：

(1)通过采用防止材料离析和搅拌设备离析的新方法，提高了拌和机生产混合料的质量和稳定性，节约了生产成本。

(2)通过对摊铺机结构参数的改进，消除了以往常见的摊铺离析现象。

(3)节约了搅拌设备燃油消耗。

(4)路面完工以来经受了高温、多雨考验，没有出现车辙、坑槽等早期损坏现象。

使用该技术修建的沥青路面平整密实，抗滑耐磨，均匀美观。取得了良好的经济效益和社会效益。

水泥混凝土路面打裂压稳施工工法

GGG(鲁)B2030—2008

贾海庆　张　建　孙同波　张　鹏
(山东省公路建设(集团)有限公司　山东省公路养护工程有限公司)

1　前言

水泥混凝土路面打裂压稳是控制加铺层反射裂缝的一种方法,打裂目的就是减小水泥混凝土板的尺寸,以降低产生反射裂缝的温度应力,同时对其上的加铺层提供较好的支撑。压稳的目的是检验和加强打裂后混凝土板与基层的结合。目前,破碎与固定可分为破碎与固定同步实施、破碎与固定分步实施两种技术。该技术属于后者。水泥混凝土路面打裂压稳技术主要通过门式破碎机对旧水泥混凝土路面进行冲击,使其开裂从而达到减少混凝土板的尺寸,实现延缓沥青罩面的反射裂缝,延长道路使用寿命的目的。山东省公路建设集团控股公司山东省公路养护工程有限公司于2002年国内首次引进美国水泥混凝土路面打裂压稳设备,并将其施工工艺命名为水泥混凝土路面打裂压稳技术(Creak and seat)。

水泥混凝土路面打裂压稳使用的机械主要有门式破碎机、重型胶轮压路机。门式破碎机装配有宽度为2.5m的门板式冲击锤,锤头重5t,具备足够的能量使混凝土路面产生全深度的开裂。重型轮胎压路机自重25t,单轮压力35kN,在打裂后静压路面2~3遍以检验路面动态稳定性。

2　工法特点

与国内同类技术相比,尤其是与蓝派水泥混凝土路面冲击压实技术相比较,水泥混凝土路面打裂压稳技术有以下几个特点。

2.1　冲击力可随意调节。门式破碎设备的冲击力由冲击锤的高度和设备行进速度决定,因此,可以根据不同的路面状况和构造物埋设情况调节冲击高度,满足不同的冲击要求。尤其是道路相邻建筑物密集的城区,施工优势更加明显。

2.2　均匀性高。通过控制行进速度可以进行定点冲击,也可以通过匀速行驶达到均匀冲击的效果。

2.3　施工便捷。不需封闭交通,具有施工速度快、振动小、造价低的特点以及重要的环保意义。

3　适用范围

3.1　基本条件

采用打裂压稳施工工艺的路段应满足表1所列要求。

适用打裂压稳工艺的关键因素　　表1

相关指标	基层稳定情况	板体材料
界限或性状	稳定	有一定整体性

3.2　路况调查

当路面路况调查有以下特征时,可采用打裂压稳施工工艺。

(1)超过25%的板开裂,但板的整体性尚未明显破坏。

(2)超过20%的接缝需要修补。

(3)超过20%的工作长度出现纵缝缺陷,且宽度超过10cm。

(4)超过10%的路面需要开挖修补以达到结构性要求。

(5)封闭交通困难的路段。

4 工艺原理

在水泥混凝土路面的整个使用周期内,其路面状况与修复方法的关系如图1所示。

从结构上看,打裂压稳通过冲击延展了原混凝土板中的细微裂缝,并有效减小了尺寸,达到延缓罩面反射裂缝的目的(图2)。

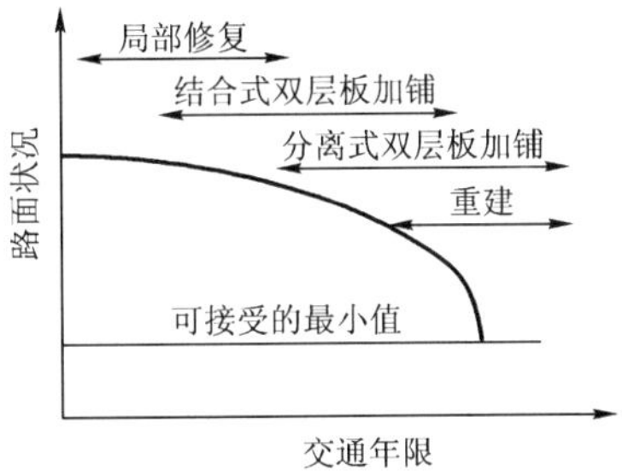

图1 各阶段适用措施与使用年限关系示意图

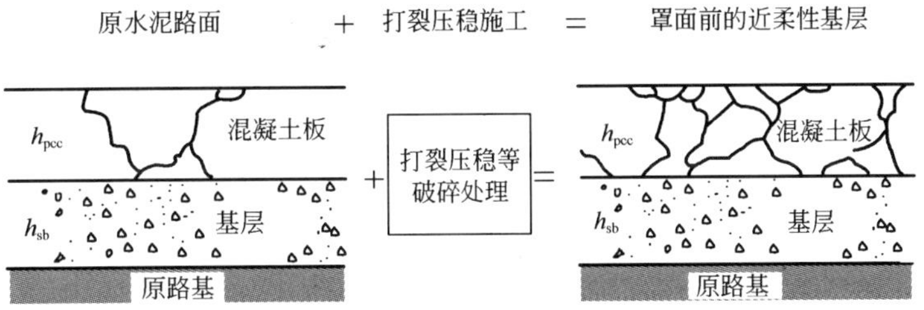

图2 打裂压稳工艺的基本原理

5 工艺流程及操作要点

5.1 主要工艺流程

施工准备→试验路段→裂缝尺寸检查→确定打裂工艺控制→打裂一遍→轮胎压路机压实三遍→稳定性检查→透层或封层施工→路面施工

5.2 操作要点

5.2.1 施工准备

1)技术准备

开工前,组织技术人员认真熟悉工程情况,进行任务分工,让每个技术人员明确自己责任分工的内容和要求及工程工期、质量、安全目标,认真做好以下技术准备工作。

(1)熟悉设计图纸,掌握施工规范、技术要求、操作要点、检验方法、验收标准。

(2)积极与监理工程师联系,完成设计技术交底,根据监理工程师要求制备开工所需施工文件、图纸及各种试验、检验表格。

(3)编制实施性的施工组织设计

项目部各有关人员进驻工地后,对施工现场进行进一步的调查研究提出合理建议,并依据投标书内容编制可操作性的施工组织设计,报监理工程师批复后,对工程技术人员及工程管理人员进行技术交底,特别要明确工期控制点和主要工艺流程的施工技术特点及注意事项。

(4)编制开工报告

在具备开工条件后,编制开工申请报告,申请正式开工。

2)现场准备

(1)机械设备准备

进场机械设备及时安装、调试,满足工程需要。

(2)机械材料供应准备

施工机械进场前准备充足的各类机械配件,在施工过程中机械负责人根据机械运转情况编制详细配件采购计划,确保机械设备能够正常运转。

(3)交通管制

改建工程施工路段交通量较大,为维护正常的施工组织、秩序及保证施工安全,交通安全管制工作十分重要。施工中配合业主发布的封闭交通施工通告对整个施工路段进行交通管制,在合同段的起终点及平面交叉口设置施工禁行及绕行指示标志,安排专职人员24小时着交通警示服装在起终点、平交路口、重要厂矿学校门口等处对过往、驻区车辆进行分流和疏导,对驻区车辆根据施工情况划定具体的路线限速行驶,使用安全锥、钢管架等进行隔离和导向,对正在施工段进行完全封闭,防止社会车辆误入发生事故。

(4)隐蔽构造物的调查与标记

破碎前,结合设计图纸提供的有关隐蔽构造物如:暗涵、地下管线等的情况进行调查,以确定破碎是否会对这些构造物造成损坏。通常,构造物埋深或填土高度在1m以上的不会由于破碎带来损坏。在不满足以上条件时,可以降低锤头高度对水泥路面进行打裂,或采用其他人工风镐等可行的方案。对于不同埋深的构筑物用不同标志的红色油漆标注清楚,用以区别破碎。

5.2.2 原路沥青罩面层清除

327国道部分路段破碎比较严重,为维持一定的通行能力,于2003年下半年对这部分路段打裂压稳后进行了沥青罩面修补,本次翻修施工图中要求将其清除。

(1)沥青罩面层清除方法

可使用门式破碎机破碎一遍,将沥青层振松后配合人工清除。

(2)沥青罩面层清除注意事项

清除过程中特别注意避免废弃的沥青混合料对工程沿线的污染,做到边施工边清理,降低因施工带来的对环境的破坏和影响。清除的废弃料运至业主制定的堆弃场地,切实做到文明施工、文明交工,树立良好的社会形象。

5.2.3 打裂压稳试验段

在正式施工之前,先进行试验路段,破碎长度为100m,记录不同的破碎尺寸相对应的门式破碎机的设置,如锤头高度、行驶速度等数据,找出能够将路面破碎至规定尺寸的设置。

试验路段得到监理工程师的认可后将确定的破碎化程序应用于本工程。施工过程中应不断地监控破碎操作,并应该在施工过程中根据路况的不同不断地进行小的调整,以确保破碎结果满足要求。

5.2.4 打裂压稳工艺控制

1)横向打裂宽度的排列

正常情况下,打裂设备可使4m宽的混凝土板一次性开裂,12m宽路面可以分三幅施工,15m宽路面可以分四幅施工。但是考虑到本项目在板纵缝处已经存在不均匀沉降和脱空情况,而均匀性是打裂压稳技术先进于传统冲压技术的一个重要指标,它能更好地限制反射裂缝的发生。本项目拟对12m宽路面分四幅施工,15m宽路面可以分五幅施工,彻底解决板缝处的问题并保证破碎尺寸的均匀性。

2)破碎尺寸的控制

由于原路强度不均,在施工过程中应随时调整破碎机冲击高度、频率、速度等,确保破碎后路面尺寸的相对均匀,尺寸以肉眼观测和尺量控制为主。

由于打裂后裂缝非常细微,正常情况下比较难以直接观测到裂缝发生,因此,可以在喷洒少量水之后抽样检测破碎尺寸。

3)沉降差及动态稳定性控制

打裂后用重型胶轮压路机压实,安排专人负责观察轮底板块的稳定性并测量压实前后路面沉降量,如果板块稳定且沉降差值小于5mm,则认为路面不再下沉且已稳定。轮胎压路机静压过程中的板块动态稳定性检验与控制也是打裂压稳技术先进于传统冲压技术的一个重要内容。

4)软弱板块的重新处理

如果部分原路面在施工中发现破碎后的板块不稳定或沉降超标,应对其进行补充破碎,如果补充破碎后达到要求,则可进行下一道工序。如果补充破碎以后表面仍不稳定,则说明路基软弱或基层损坏,这时,就必须清除不稳定路面板和软弱基层,并全深度用水泥稳定材料换填压实。

5)清扫

在混凝土路面破裂后,应清除表面所有的松散、破碎的混凝土,尘土和外来物,此工序应在下部工序实施前进行,以减少不必要的重复。

5.2.5 打裂压稳对基层施工的要求

打裂压稳后的混凝土路面即可进行下一道工序施工,如果施工需要,也可开放交通,但是在摊铺基层之前应增加一道稳定性检验程序,确保工程质量。

6 材料设备

该工艺需要的材料为黏层油和路面施工设计中确定使用的道路材料。水泥混凝土路面打裂压稳使用的机械主要有门式破碎机(图3)、重型轮胎压路机(图4)。

图3 门式破碎机(BB—8600)

图4 重型轮胎压路机

门式破碎机装配有宽度为2.5m的门板式冲击锤,锤头重5t,具备足够的能量使混凝土路面产生全深度的开裂。锤头的提升高度、频率可独立调节,这样在4m宽度内可以一次性连续均匀地将路面破碎。每小时可破碎4m宽车道300m左右。

重型轮胎压路机自重25t,单轮压力3.5t,在打裂后静压路面2~3遍以检验路面动态稳定性。

7 质量控制

7.1 打裂压稳质量标准

参照美国国家沥青路面协会的有关规范,制定相关控制标准如下:

(1)75%以上的路面不规则开裂,相邻裂缝围成的面积为0.4~0.6m^2;

(2)轮胎压路机压实前后沉降差在5mm以内;

(3)压实前后板体稳定。

7.2 质量保证措施

本项目施工质量控制重点:一是控制破碎尺寸;二是控制破碎均匀性;三是压实后板体稳定性的检查。设备操作手每班两人,专门经过技术培训,一人操作,一人随时观察质量情况并做出调整,技术人员也将全过程检测打裂和压稳情况,确保破碎质量。

7.2.1 质量保证体系

项目经理部建立创优领导小组,实行项目经理负责制,由项目经理任组长,总工程师任副组长,职责是坚持“以质创益,以优取胜,以质兴业”的经营方针,围绕创优目标领导各部门人员的创优保证工作,采取可行措施确保创优目标实现。建立健全各级、各部门、各岗位工程质量责任制。

7.2.2 质量保证体系说明

本合同拟采取的质量保证体系从思想、组织、制度、措施、经济五个方面来保证创建“优良级工程”这一最终目标,简述如下。

(1)思想保证:进行全员创优教育,施工前教育和施工中的经常教育,提高全员创优意识,加强技术培训和质量竞赛。

(2)组织保证:服从监理工程师的现场指导、监督。紧紧围绕创优目标领导各部门人员的创优保证工作,采取可行措施确保创优目标实现。

(3)制度保证:制定严格、细致的质量奖惩制度,使各项工作都有章可依,便于对人的各项具体工作质量进行考核。

(4)措施保证:制定工艺操作标准,推行标准化规范作业,编写制定各分项工程施工工艺标准细则,严格按标准施工。推广新技术、新工艺的应用。

(5)经济保证:加大资金投入,保证机械设备良好工作状况。开展奖优惩劣活动,激励人员不断提高工作质量,创造优质工程。

7.2.3 健全完善自检体系

(1)强化以第一管理者为首的质量自检、自控体系,实行工程部门管理、质检部门监控的监督分离体制,对工程重要结构和隐蔽工程建立内部旁站和复检制度。

(2)自检体系由项目部、施工队二级组成。按照“跟踪检查、复检、抽检”三个检测方法实施检测任务。

(3)制定和完善岗位质量规范、质量责任及考核办法,明确岗位质量职责,层层落实质量责任。

(4)施工过程中进行自检、互检、交接检,并定期的进行质量大检查。确认质量合格后交项目部复检,复检合格后报监理工程师核查审批。

8 安全措施

8.1 组织保证措施

8.1.1 项目部成立以项目经理为第一责任人的安全生产领导小组。

8.1.2 项目部配专职安全员并建立各级网络,做到“专管成线,群管成片”。

8.2 制度保证措施

8.2.1 严格按照交通部及山东省有关保证安全生产的文件和规定执行。

8.2.2 为加强施工管理、保障施工人员和国家财产的安全,根据“谁主管谁负责”的原则,建立以项目经理为第一责任人的各级安全生产责任制,做到“纵向到底,横向到边”。各级负责人签订安全生产责任状,谁出了问题,追究谁的责任。

8.2.3 建立安全生产定期和不定期检查制度。每月召开一次安全生产例会,把可能存在的安全隐患消灭在萌芽状态。每旬对安全生产情况进行一次检查。

8.3 思想保证措施

8.3.1 全体施工人员严格执行党和国家有关安全生产方针、政策、法令和安全生产技术规程,自觉遵守交通部及业主的有关安全生产的管理规定。

8.3.2 增强全员安全意识。认真贯彻执行“安全生产、预防为主”的方针,打好安全基础,使各级明确自己的安全目标,制定各自的安全规划,达到全员参加,全员实施的目的,体现“安全生产、人人有责”的原则。

8.3.3 抓好安全岗位培训。开工前,对所有上岗人员进行安全知识教育,分批培训,把有关安全操作规程印发给各基层单位,对照检查,对照实施,特种行业人员一律持证上岗。

8.3.4 随时接受业主及监理单位对安全生产的督促、检查、考评,对提出的问题,确定方案组织实施,确保安全生产。

8.4 施工安全保证措施

8.4.1 现场安全防护措施

所有作业、测量、管理、监理、参观人员,进入现场均应注意施工车辆交通安全及作业机械安全,施工车辆要限速行驶,保证人员安全。

8.4.2 施工防火保护措施

(1)施工现场的布置应符合防火、防电等安全规定和文明施工的要求,生产、生活办公用房、仓库、配件堆放场等按批准的总平面布置图进行布置。

(2)生产、生活区均要设足够的消防水源和消防设施,消防器材应有专人管理,施工人员要熟悉并掌握消防设备的性能和使用方法。

(3)房屋、库棚等的消防安全距离应符合国家或公安部门的规定,室内不得堆放易燃品,现场的易燃杂物,应随时清除;严禁在油库等处吸烟。

8.4.3 机械设备安全管理措施

(1)机械设备操作人员(或驾驶员)经过专门训练,熟悉机械性能,经考试取得操作证或驾驶执照后方可上机(车)。不准操作人操作与操作证不相符的机械;不准将机械设备交给无操作证的人员操作,对机械操作人员要建立档案,专人管理。

(2)机械操作人员和指挥人员严格遵守安全操作技术规程,工作时集中思想,谨慎工作,不擅离职守,不酒后驾车。

(3)机械设备发生故障后及时检修,严禁带故障工作。严禁存放易燃、易爆物品,严禁酒后操作机械,严禁机械带病运转或超负荷运转。

(4)机械操作人员做好各项记录,达到准确、及时,严格贯彻例保制度,认真执行清洁、润滑、坚固、防腐、安全作业。

(5)机械设备在施工现场停放时,应选择安全的停放地点,夜间应有专人看管。

(6)严禁对运转中的机械设备进行维修、保养、调整等作业。

(7)定期组织机电设备、车辆安全大检查,对检查中查出的安全问题,按照“三不放过”的原则进行调查处理,制定防范措施,防止机械事故的发生。

8.4.4 配件材料安全保证措施

工地设物资配件仓库,统一对物资进行管理,按照材料的储存要求,修建具备相应功能的仓库,做到分门别类储放,门前标志牌清楚,消防器材齐全。

9 环保措施

9.1 做好项目部建设。环境清洁,办公设施整齐,规章制度、岗位职责、工程图表上墙,动态图表能真实反应当前工程的质量和进度情况,天气记录真实准确。

9.2 工程实施过程中应特别注意避免对工程实施区域内的环境造成污染,工程接近完工时组织对施工沿线现场、生活住区等的环境进行集中彻底清理,降低因施工带来的对环境的破坏和影响,切实做到文明施工、文明交工。

9.3 对施工过程中可能影响到的建筑物指定可靠的防止损坏的实施措施,并在施工过程中实施监控。

9.4 采取隔音措施,尽可能的降低噪声污染。

10 效益分析

10.1 水泥混凝土路面改造不同方案造价比较(图5)

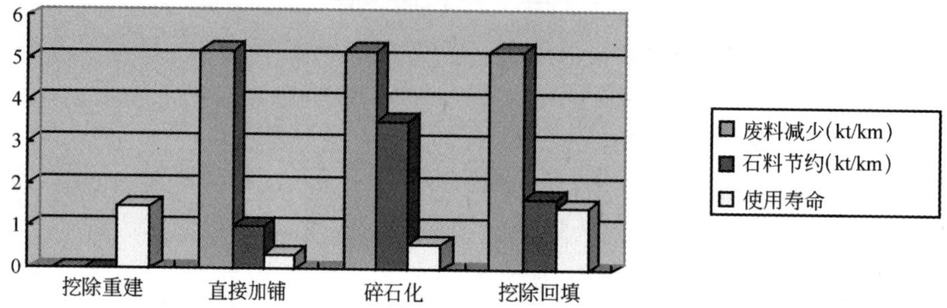

图5 各方案资源节约和寿命比较

10.2 各方案性能价格比比较(图6)

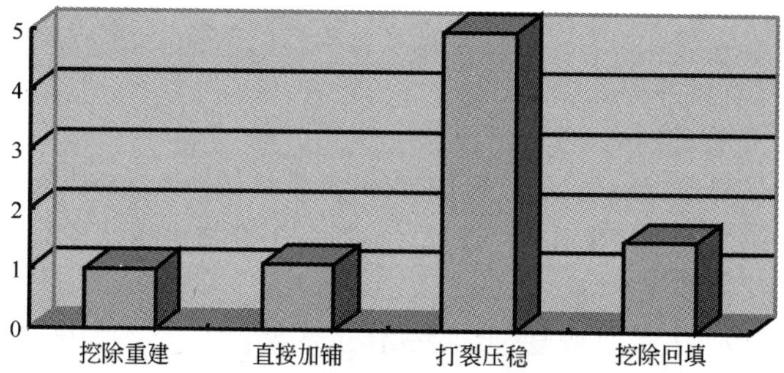

图6 各方案性能价格比比较

10.3 水泥路面改造技术分析(表2)

水泥路面改造技术分析

表2

项目 \ 方案	挖除重建	直接加铺	打裂压稳
反射裂缝	完全解决	不能解决	基本解决
路基形式	柔性	刚性	刚性偏柔性
基层处理	新铺	利用	利用
废料减少(t/km)	0	5 200	5 200
石料节约(t/km)	0	1 000	3 000
沥青节约 (t/km)	0	50	175
工期比例(%)	100%	18%	30%
交通影响(%)	100%	35%	20%
使用寿命(年)	15	3	8
成本比例	100%	66%	70%
性价比指数	1.0	1.2	5.0

综合分析，碎石化的性价比高，不仅可以减少废料，降低环境污染，节约石料和沥青，还能缩短工期，降低工程成本。

11 应用实例

11.1 河北唐山省道平青乐线

省道平青乐线是滦县县城北部的一条主要交通干道，也是滦县县城通往京沈高速公路的唯一通道，凯瑞立交桥至北收费站段作为省道平青乐线其中的一段，始建于1993年，1997年经加宽改建为一级公路，路面结构为：中间两幅(1993年建成部分)为22cm厚水泥混凝土路面+双层18cm厚石灰土基层。现有路面已通车使用十余年，绝大部分路段已出现严重病害，尤其是近年来由于超限超重车辆的增多，更使路况质量加速下降，继续使用，势必大大增加养护费用，影响使用质量。它的大修将对加强滦县与京津及河北省北部地区城市的联系、确保运营安全、提高道路通行能力和服务水平，促进滦县经济发展产生积极的影响。

本项目的设计阶段充分吸收了以往水泥混凝土路面改造的经验，对照近年来在国内成功应用的水泥混凝土路面碎石化改造技术，通过专家组论证，决定采用打裂压稳施工工艺对省道平青乐线进行改造。

该项目2008年5月底通车后，经历了大交通量的行车碾压及炎热夏季的气候变化以及夏季大降雨量的严峻考验，目前路面状况良好(表3)，无任何反射裂缝。

沥青加铺层病害调查表

表3

调查内容		状　况	备　注
裂缝	温度裂缝	无	
	反射裂缝	无	
滑移		无	
车辙		无	
网裂和坑洞		无	

11.2 绍兴104国道上虞段

绍兴104国道上虞三角站至蒿坝段，旧路面为水泥混凝土路面，路面宽22m，路面结构为22cm厚水泥混凝土面层+15cm厚水泥(5%)稳定碎石基层+15cm厚水泥(3%)稳定碎石底基层。近年来，随着社会经济的全面发展，人们对公路基础设施的要求越来越高，交通安全和舒适性要求普遍提高，同时原有路面结构难以满足交通发展和车道轴载加重的需求，造成水泥混凝土破板普遍，仅靠修复已无法确保行车舒适和安全的需要，为改善路面状况，提升行驶功能，2007年特对本项目实施专项整治。

本项目的设计阶段充分吸收了水泥混凝土路面改造的经验，结合水泥路面打裂压稳技术在浙江成功应用的经验，并选用满足交通量、经济合理、施工方便、技术成熟的路面结构形式，力求提高路面的使用质量和寿命。

项目采用的路面结构为：4cm厚细粒式AC-13型SBS改性沥青混凝土上面层+5cm厚中粒式AC-16C型沥青混凝土中面层+7cm厚粗粒式AC-25C型沥青混凝土下面层。

在确定应用碎石化技术之前，业主和设计单位对原路面的基层的强度和面板的破坏情况进行了调查，面板的基层情况较为良好，面板除少数板出现断裂、沉陷外，总体破坏的不多，无需换板处理，构造物埋置深度满足要求。

通车一年后，经历了大交通量的行车碾压、恶劣少见寒冷冬季及炎热夏季的气候变化以及夏季大降雨量的严峻考验，目前路面状况良好，无任何反射裂缝。

11.3 205国道临沂段

205国道临沂段为二级公路,随着社会经济的全面发展,人们对公路基础设施的要求越来越高,交通安全和舒适性要求普遍提高,同时原有路面结构难以满足交通发展和车道轴载加重的需求,尤其是近年来由于超限超重车辆的增多,更使路况质量加速下降。为改善路面状况,提升行驶功能,2002年决定对其中2.5km进行打裂压稳技术改造并重新罩面。

该路段的路面结构形式采用:6cm粗粒式沥青混凝土+5cm中粒式沥青混凝土+4细粒式沥青混凝土。

该项目2002年11月底通车后,经历了大交通量的行车碾压及炎热夏季的气候变化,以及夏季大降雨量的严峻考验,目前路面状况良好,无任何反射裂缝。

多锤头破碎旧水泥路面施工工法

GGG(鲁)B2031—2008

贾海庆 张 建 孙同波 程 涛
(山东省公路建设(集团)有限公司 山东省公路养护工程有限公司)

1 前言

山东省公路建设集团控股公司山东省公路养护工程有限公司于2003年,在国内首次引进美国水泥混凝土路面多锤头破碎机,并将其施工工艺命名为水泥混凝土路面多锤头破碎(多锤头破碎旧水泥路面施工工法)。

水泥混凝土路面多锤头破碎是利用多锤头破碎机将旧水泥混凝土路面破碎成表层小于8cm、板底小于38cm的混凝土块,经压实并洒布透层沥青后作为新建路面的基层,然后在其上铺筑沥青混凝土面层。

在2003年的实际施工中,针对目前国内半刚性基层上铺筑水泥混凝土路面的实际情况,山东省公路养护工程有限公司对引进设备和施工工艺进行了改进,并形成了较为完善的施工体系。

2005年12月,以水泥混凝土路面多锤头破碎为主要内容的课题"水泥混凝土路面多锤头破碎综合技术研究"通过了山东省科技厅组织的专家鉴定。鉴定结论为:研究成果具有明显的创新性、显著的社会经济效益和良好的推广应用前景,总体上达到国际先进水平,其中,多锤头破碎后沥青加铺层设计方法的研究达到国际领先水平。

2 工艺特点

与国内同类技术相比,水泥混凝土路面经多锤头破碎施工破碎后,水泥混凝土路面具有明显不同的粒径结构,从而有着不同的结构特点:粒径自上而下逐渐增大,内部形成紧密的咬合嵌挤的结构,可以比较充分地保留原路强度;表层破碎充分,作为应力消散层,彻底消除应力集中现象。多锤头破碎工艺是目前解决水泥混凝土路面反射裂缝最彻底的方法,同时能够达到更好的表面强度平均化程度,具有施工速度快、振动小、造价低的特点以及重要的环保意义。

3 工艺适用范围

3.1 基本条件

采用多锤头破碎施工工艺的路段应满足表1所列要求。

适用多锤头破碎工艺的关键因素 表1

相关指标	土基CBR	基层稳定情况	板体材料
界限或性状	>5	基本稳定	未出现松散

3.2 路况调查

当路面路况调查有以下特征时,可采用多锤头破碎工艺:

(1)罩面上出现大量反射裂缝;

(2)大量接缝破坏,如错台、翻浆和角隅破坏,以至于超过20%的接缝需要修补;

(3)超过25%的板开裂;

(4)超过20%的工作长度出现纵缝缺陷,且宽度超过10cm;

(5)超过10%的路面需要开挖修补以达到结构性要求;

(6)超过20%的路面已经修补或需要修补;

(7)出现冻胀开裂或碱集料反应或其先兆,需要加铺罩面或重建;

(8)多锤头破碎方法比其他重建方法费用低。

4 工艺原理

在水泥混凝土路面的整个使用周期内,其路面状况与修复方法的关系有如图1所示。

从结构上考虑,水泥混凝土路面的多锤头破碎工艺是一种重建的手段,它应该在使用其他方法不能达到好的效果时才可以采用。这种技术具有排他性,破碎后水泥混凝土路面不能再作为面层。

图2表示,当水泥混凝土路面破碎的程度增加时,其机构强度的损失增大,但反射裂缝出现的可能性降低。混凝土路面破碎需要在结构性降低和反射裂缝风险增高之间寻求平衡。适宜的破碎后有效模量应使反射裂缝可能性降低到一定程度,在此情况下尽量保证原混凝土板块结构性。破碎后有效模量是与破碎后颗粒粒径密切相关的,所以存在一个合理的破碎后粒径区间,能使有效模量达到适宜范围。

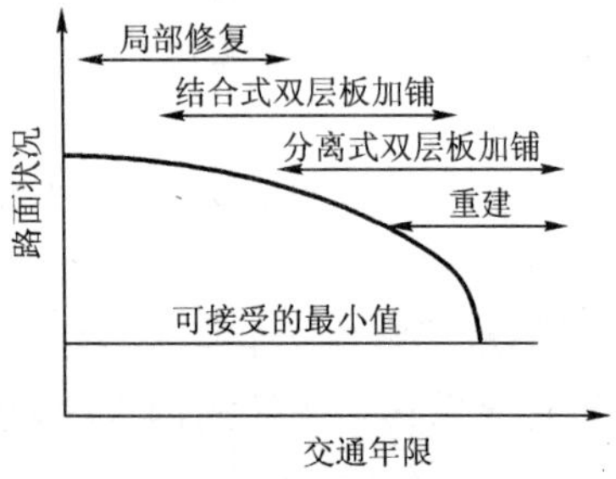

图1 各阶段适用措施与使用的年限关系示意图

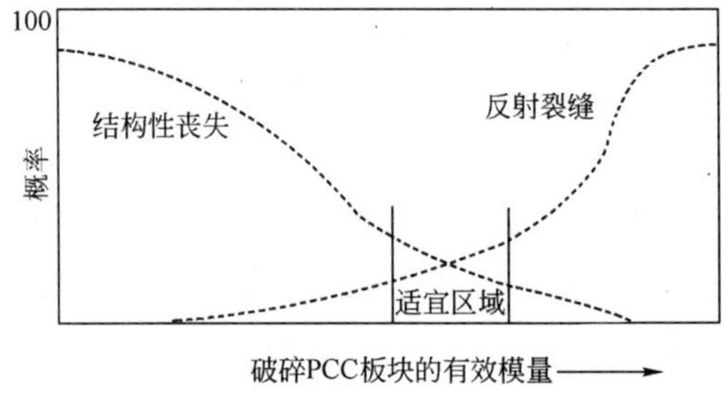

图2 多锤头破碎工艺的基本原理

5 工艺流程及操作要点

多锤头破碎施工工艺的主要流程如图3所示。

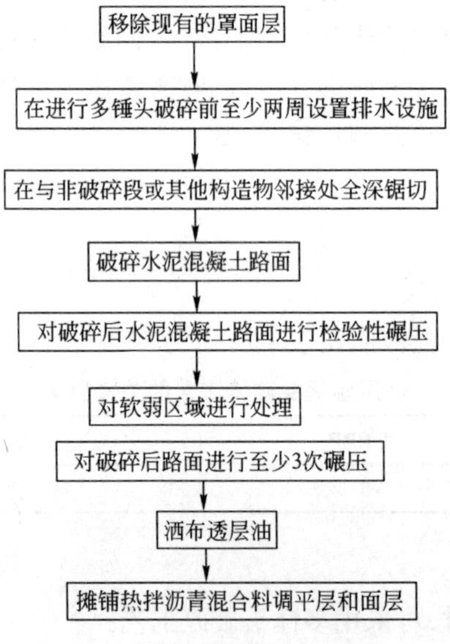

图3 多锤头破碎施工工艺流程图

6 材料与设备

6.1 多锤头破碎工艺需要的材料为慢裂乳化沥青为主的透层油和路面施工设计中确定使用的道路材料。

6.2 MHB(Multiple－Head Breaker)是一种多锤头破碎设备。它利用设备所带多个重锤的下落对水泥混凝土路面板进行锤击。

这种机械具有两个可选装配的侧翼,每个侧翼带有两个翼锤,在不加和加上侧翼的两种情况下,MHB 可以破碎 8ft(约 240cm)到 13ft(约 400cm)两种宽度的路面。MHB 型机械所携带的重锤分两排成对装配在整台机械的尾部(后排重锤对角地装配在前排重锤间隙中心),每对重锤单独地以一套液压提升系统为动力,重锤下落时可产生 1 000～8 000lbf·ft(1 383～11 060N·m)的冲击能量。其典型工作效率(每台班)是 1mile(约 1.6km/车道,多锤头破碎时)、2～3mile(3～5km/车道,为移除进行破碎时)。

机械的前端有一横杆,可作为机械破碎时的位置参考,当机械直线移动时,这一横杆的位置与后部重锤下落宽度相一致。

在使用 MHB 进行水泥混凝土的多锤头破碎时,应同时配备表 2 中所列的碾压设备。

多锤头破碎配备设备 表 2

材料\设备名称	数　量	备　注
慢裂乳化沥青	1～3kg/m^2	
燃料油	满足使用	设备用
多锤头破碎机	1～3	根据工作面确定
Z 形压路机	1	
光轮压路机	2	

6.2.1 Z 形压路机:Z 形压路机是一种振动式钢轮压路机,特殊的是其在钢轮表面带有 Z 状纹理。在振动模式下运作时压路机的总重不小于 9.1t(10t),可以压稳多锤头破碎后的路面,为其上的沥青面层提供一个平整的表面。

6.2.2 光轮振动压路机:在振动模式下运作时压路机的毛重不小于 10t,可以平整多锤头破碎后的路面,为其上的沥青面层提供一个平整的表面。

7 质量控制

质量控制的详细内容依据《旧水泥混凝土路面碎石化技术应用指南》(2007 年 1 月出版)确定。

MHB 设备在我国还是一种较新的旧水泥混凝土路面多锤头破碎设备,国外应用的过程中主要关注的是其破碎后粒径组成情况。例如美国 Delaware(特拉华州)对多锤头破碎的要求是上部不大于 3in(7.5cm 左右)和 12in(30.5cm 左右)。然而,多锤头破碎后粒径的大小与多种因素相关,如原水泥混凝土板块的抗压强度,如果水泥混凝土板块所用水泥强度等级不同,破碎后其颗粒粒径控制在以上范围内,MHB 设备施工时的参数也不同。另外,基层的强度对破碎的效果也有影响,所以控制多锤头破碎施工的质量除基本的粒径控制外还应该做其他方面的要求。

影响多锤头破碎效果的因素相关参数分为三大类:一类是原水泥混凝土路面的强度等特性;一类是多锤头破碎过程中的设备控制类参数;一类是多锤头破碎的检测和评定指标类。这三类指标中,原水泥混凝土路面的强度特性参数是多锤头破碎工艺的基础条件,设备控制类参数是施工过程中需要加以控制的参数,而检测和评定指标是根据工程经验或理论分析要求多锤头破碎达到的参数范围。在进行多锤头破碎工艺质量的控制过程中,应明确的是多锤头破碎的检测和评定指标,这也是进行多锤头破碎的指标目标。建立质量控制体系的任务有两个方面:一是确定指标的目标值大小、范围;一是为不同的工艺基础条件初步选择相应的施工控制参数。前文讨论了质量控制指标的相关内容,下面讨论多锤头破碎工艺相关设备的初步控制参数选择范围。

7.1 多锤头破碎工艺试验段设备参数推荐

MHB 作为一种施工机械,其重锤的质量是固定的,可以控制的指标主要有:落锤高度、锤迹间距。这两项指标决定了重锤在原水泥混凝土板块平面上的锤击位置分布特性和每个锤击位置上作用的冲击能大小,从而最终决定了破碎后结构层在整个厚度范围内的粒径分布特性以及其力学性质。

出于机械性能方面的考虑,MHB 施工中一般采用固定的落锤频率,实际施工中可以方便调节的只有落锤高度和 MHB 的锤迹间距。

破碎过程中设备落锤高度的可调整范围为:1.0~1.2m,其两次冲击纵向间距可控制在 6~12cm 范围内(表3)。

初步选定的设备控制参数范围 表3

	原水泥混凝土下卧层强度状况					
	强度较高		强度一般		强度较低	
水泥强度等级	32.5	42.5	32.5	42.5	32.5	42.5
下落高度(m)	1.2	1.2	1.1	1.1	1.0	1.0
锤迹间距(cm)	8~12	6~10	8~12	6~10	8~12	6~10

水泥混凝土板块下的基层、土基强度较高时可能造成多锤头破碎困难,所以要对其强度作出定性评估。一般情况下,属于土质较好情况下的挖方,应属于下卧层强度较高类,土质一般的挖方和填方属于一般强度类,而路基填料土质较差或含水率可能相对较高的情况属于下卧层强度较低类。

需要指出的是,因原水泥混凝土路面状况差异较大,上述推荐的施工参数只是在试验段调试设备运行参数阶段的参考,具体施工设备运行参数需根据试验段得出的结果来调整。

7.2 施工质量控制的一般过程

施工质量控制应在多锤头破碎大面积施工开始前,及施工过程中和施工后分别加以控制。其一般过程如下。

7.2.1 设置路段条件具有代表性的试验段,其长度最小 100m,在该试验段中安排不同锤迹间距(2cm 左右级差)的子区段,每段长度不少于 50m,其分界要标记清楚。

7.2.2 根据推荐值并结合施工经验选择设备控制参数,为试验段施工采用。

7.2.3 试验段施工结束后,对不同锤迹间距的子区段粒径进行检测,选择对应的设备控制指标。

7.2.4 检测回弹弯沉(或、和回弹模量),验证其是否满足变异性要求,推荐采用回弹模量指标,测试的点位随机选定,并应不少于 9 个。如果不满足,要增加试验段长度并根据增加落锤高度或减小锤迹间距的方式调节,以使其破碎程度增加,变异性减小,直到达到前述质量控制指标要求。

7.2.5 进行大面积施工过程中,要注意单幅路面长度破碎超过 1km 时,每 1km 要补充 1~2 个试坑(建议表层破碎不均匀时抽检),验证粒径是否满足要求,如果不满足要做小幅调整,在此过程中无需继续检测回弹模量指标,而以试坑粒径状况与试验段有无显著差别作为判断是否合格的依据。

7.2.6 对于下卧层强度差异较大的不同路段要做不同的设备参数控制,可在其中一段控制参数的基础上,做小幅调整以满足其他段的破碎要求。

对粒径的确认应通过开挖试坑后用卷尺结合目测的方式进行(试坑面积为 $1 \times 1\text{m}^2$,深度要求达到基层),试坑位置的选取应有随机性。可以前文提出的初步施工参数推荐值为基础进行调整来确定。

试验段测试的内容除颗粒粒径外还有顶面的当量回弹模量(或增加回弹弯沉测试),检测要在乳化沥青洒布后、粒径合格的试验子区段内进行。以上测试的试验段测点数目至少需要 9 个。

试验段子区段安排过程中应包含开始破碎的前10m和结束破碎前5m,指标的检测不能安排在这一区域进行。

7.3 多锤头破碎施工中需特别关注的问题

根据多锤头破碎工艺施工特点,在施工过程中需要的主要环节有:

7.3.1 排水设施的设置及施工过程中的防水、排水;

7.3.2 施工正式开始前的试验段施工与粒径控制,及施工过程中对破碎情况的持续监控;

7.3.3 施工前对基层局部软弱部位的处治。

以上三个方面是控制施工质量的最基本的要素。有关水的问题有两个方面:新路面结构的排水体系的建立和在破碎完成后,新路面加铺层施工前的防水。

8 安全措施

8.1 组织保证措施

8.1.1 项目部成立以项目经理为第一责任人的安全生产领导小组。

8.1.2 项目部配专职安全员并建立各级网络,做到"专管成线,群管成片"。

8.2 制度保证措施

8.2.1 严格按照交通运输部及山东省有关保证安全生产的文件和规定执行。

8.2.2 为加强施工中管理、保障施工人员和国家财产的安全,根据"谁主管谁负责"的原则,建立以项目经理为第一责任人的各级安全生产责任制,做到"纵向到底,横向到边"。各级负责人签订安全生产责任状,谁出了问题,追究谁的责任。

8.2.3 建立安全生产定期和不定期检查制度。每月召开一次安全生产例会,把可能存在的安全隐患消灭在萌芽状态。每旬对安全生产情况进行一次检查。

8.3 思想保证措施

8.3.1 全体施工人员严格执行党和国家有关安全生产方针、政策、法令和安全生产技术规程,自觉遵守交通运输部及业主的有关安全生产的管理规定。

8.3.2 增强全员安全意识。认真贯彻执行"安全生产、预防为主"的方针,打好安全基础,使各级明确自己的安全目标,制定各自的安全规划,达到全员参加,全员实施的目的,体现"安全生产、人人有责"的原则。

8.3.3 抓好安全岗位培训。开工前,对所有上岗人员进行安全知识教育,分批培训,把有关安全操作规程印发给各基层单位,对照检查,对照实施,特种行业人员一律持证上岗。

8.3.4 随时接受业主及监理单位对安全生产的督促、检查、考评,对提出的问题,确定方案组织实施,确保安全生产。

8.4 施工安全保证措施

8.4.1 现场安全防护措施

所有作业、测量、管理、监理、参观人员,进入现场均应注意施工车辆交通安全及作业机械安全,施工车辆要限速行驶,保证人员安全。

8.4.2 施工防火保护措施

(1)施工现场的布置应符合防火、防电等安全规定和文明施工的要求,生产、生活和办公用房,仓库,配件堆放场等按批准的总平面布置图进行布置。

(2)生产、生活区均要设足够的消防水源和消防设施,消防器材应有专人管理,施工人员要熟悉并掌握消防设备的性能和使用方法。

(3)房屋、库棚等的消防安全距离应符合国家或公安部门的规定,室内不得堆放易燃品,现场的易燃杂物,应随时清除;严禁在油库等处吸烟。

8.4.3 机械设备安全管理措施

(1)机械设备操作人员(或驾驶员)经过专门训练,熟悉机械性能,经考试取得操作证或驾驶执照后方可上机(车)。不准操作人操作与操作证不相符的机械;不准将机械设备交给无操作证的人员操作,对机械操作人员要建立档案,专人管理。

(2)机械操作人员和指挥人员严格遵守安全操作技术规程,工作时集中思想,谨慎工作,不擅离职守,不酒后驾车。

(3)机械设备发生故障后及时检修,严禁带故障工作。严禁存放易燃、易爆物品,严禁酒后操作机械,严禁机械带病运转或超负荷运转。

(4)机械操作人员做好各项记录,达到准确、及时,严格贯彻例保制度,认真执行清洁、润滑、坚固、防腐、安全作业。

(5)机械设备在施工现场停放时,应选择安全的停放地点,夜间应有专人看管。

(6)严禁对运转中的机械设备进行维修、保养、调整等作业。

(7)定期组织机电设备、车辆安全大检查,对检查中查出的安全问题,按照"三不放过"的原则进行调查处理,制定防范措施,防止机械事故的发生。

8.4.4 配件材料安全保证措施

工地设物资配件仓库,统一对物资进行管理,按照材料的储存要求,修建具备相应功能的仓库,做到分门别类储放,门前标志牌清楚,消防器材齐全。

9 环保措施

9.1 做好项目部建设。环境清洁,办公设施整齐,规章制度、岗位职责、工程图表上墙,动态图表能真实反应当前工程的质量和进度情况,天气记录真实准确。

9.2 工程实施过程中应特别注意避免对工程实施区域内的环境造成污染,工程接近完工时组织对施工沿线现场、生活居住区等的环境进行集中彻底清理,降低因施工带来的对环境的破坏和影响,切实做到文明施工、文明交工。

9.3 施工过程中可能影响到的建筑物指定可靠的防止损坏的实施措施,并在施工过程中实施监控。

9.4 采取隔音措施,尽可能的降低噪声污染。

10 效益分析

经济性研究表明:10% ~15%的路面面积需要修补,是采用修补和多锤头破碎技术的平衡点。这个百分比因地方经济状况不同而有所差异。实际工程经济性评价时应根据本地材料价格及拟定的可能加铺结构进行计算。

10.1 水泥混凝土路面改造不同方案造价比较(图4)

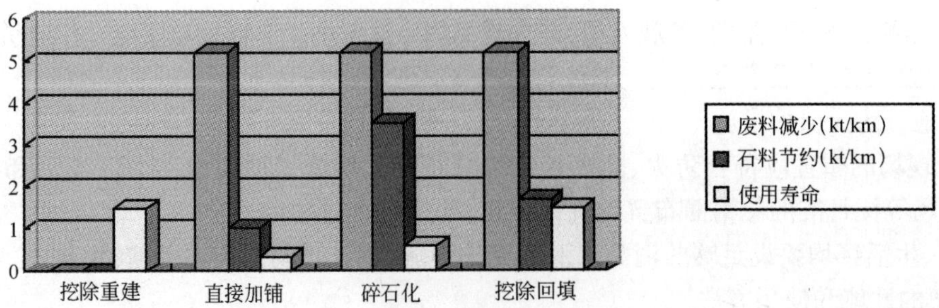

图4 资源节约和改造后寿命比较

10.2 各方案性能价格比比较(图5)

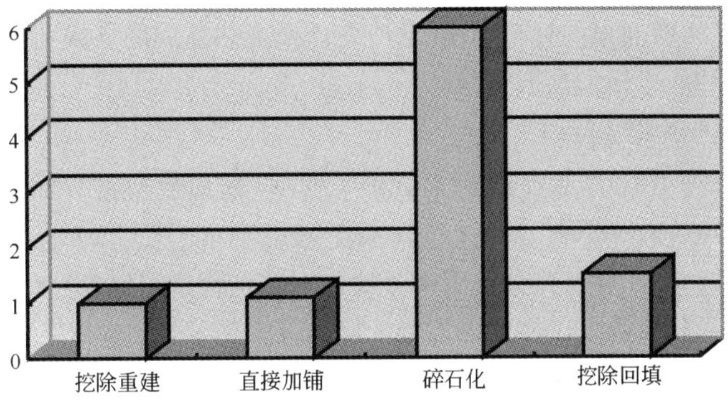

图5 性能价格比较

10.3 水泥路面改造技术分析(表4)

水泥路面改造技术分析 表4

项目＼方案	挖除重建	直接加铺	多锤头破碎
反射裂缝	完全解决	不能解决	完全解决
路基形式	柔性	刚性	类似柔性
基层处理	新铺	利用	利用
废料减少(t/km)	0	5 200	5 200
石料节约(t/km)	0	1 000	3 000
沥青节约 (t/km)	0	50	150
工期比例	100%	18%	20%
交通影响	100%	35%	30%
使用寿命(年)	15	3	12
成本比例	100%	66%	75%
性价比指数	1.0	1.2	5.8

综合分析,多锤头破碎的性价比高,不仅可以减少废料,降低环境污染,节约石料和沥青,还能缩短工期,降低工程成本。

11 应用实例

11.1 安徽省合宁高速公路

安徽省合宁高速公路于1986年10月开工建设,1991年4月投入运营的,是我国最早、最长的一条水泥混凝土路面的高速公路。2003年进行改建。该项目是水泥混凝土路面碎石化技术在安徽的首次应用。

合宁高速公路的业主单位已经决定进行合宁高速公路的改建,在此基础上,通过技术推介,业主单位对美国引进的水泥混凝土路面的碎石化技术有了初步的了解,并同意与冲击压实技术进行分段施工加以对比。

在项目推广初期,加铺厚度采用了美方提供的经验数据结合项目具体情况来确定,最初要求直接加铺沥青混凝土厚度不低于15cm。考虑到原有水泥混凝土路面的断板、局部沉陷对平整度和罩面厚度和施工的影响,业主单位建议采用4cm的AC10找平。

该项目作为试验段,路段选择考虑了以下几个因素:

(1)排水良好;

(2)路面板脱空和沉陷不严重,无需换板处理;

(3)构造物及埋置深度满足要求。

(4)业主单位在设计阶段检测了原路面弯沉。

通车5年后,经历了大交通量的行车碾压、寒冷冬季及炎热夏季的气候变化以及夏季大降雨量的严峻考验,目前路面状况良好,无任何反射裂缝。

11.2 浙江320国道衢州段

浙江320国道衢州段,于1997年建成水泥混凝土路面(路基宽18m),老路面为24cm厚水泥混凝土路面,基层为18cm厚水泥稳定砂砾。由于近年来交通量快速增长、重车超载现象普遍,混凝土破板率较高,路面损坏较严重,2005年8月公路管理处决定对该工程进行修复完善行车道路面。

本项目的设计阶段充分吸收了以往水泥混凝土路面改造的经验,本着节省投资、工期便捷、对两侧建筑物影响小的原则,对照近年来在国内成功应用的水泥混凝土路面碎石化改造技术,通过专家组论证,决定采用多锤头破碎工艺对320国道衢州段路面进行改造。

将碎石化后水泥混凝土路面作为新结构层的下基层,新加铺5cm AC-16C密级配沥青混凝土+7cmAC-25C密级配沥青混凝土。

根据现场调查资料,本路段破板率基本高达40%左右,并出现断板、错台、接缝损坏等现象,严重影响了行车舒适性。近年沿线增建较多饭店、居民住宅。但基层、土基较稳定,适合采用碎石化技术对原水泥路面进行处理。

该项目通车三年后,经历了大交通量的行车碾压及炎热夏季的气候变化以及夏季大降雨量的严峻考验,目前路面状况良好,无任何反射裂缝。

11.3 莱肥线绕城段改造工程

莱肥线绕城段改造工程,东起龙潭大街与绕城段丁字路口,西至莱肥路与绕城段丁字路口,全长11.9km,原路面结构为23cm左右贫混凝土。绕城段为紧贴莱城城市外围的重要交通通道,是莱芜市城内、周边、过境车辆通行的主要路段,也是泰山钢铁公司运煤、运钢专线,其中从龙潭大街与绕城段丁字路口至市医院4km路段又是莱城电厂运煤专线。因此该道路对莱芜市特别是莱城城市交通集散和运营起着极为重要的作用,同时也影响着莱城及其周边的经济、政治、文化的发展。

莱芜市公路局等业主单位决定进行莱肥线绕城段的改建,根据总体设计原则:保障新增路面结构稳定、节约投资、工期短、对沿线附属设施影响小,并结合省内水泥路改建方面的经验,通过了多锤头破碎改造方案的设计审查。

确定改造方案为:将原混凝土路面进行多锤头破碎处理后作为路基,然后新增18cm水泥稳定碎石底基层+18cm水泥稳定碎石基层+6cm沥青混凝土(AC-20C)下面层+4cm沥青混凝土(AC-16F)上面层。

近年来,随着道路的加宽、路面结构等的改造,通行车辆日益增多,特别是泰山钢铁公司和莱城电厂运煤车辆,大部分为特重型车辆,对道路造成极大的损坏,原混凝土路面破碎率达85%以上,加之断板率达96%,仅存完整的个别板块在车辆的作用下均有松动现象,板角、板边翘曲明显,部分路段基层因混凝土面板渗水、唧泥等而出现翻浆、隆起、下陷等病害。

通车两年后,经历了大交通量的行车碾压、寒冷冬季及炎热夏季的气候变化以及夏季大降雨量的严峻考验,目前路面状况良好,无任何反射裂缝。

大粒径透水性沥青混合料柔性基层施工工法

GGG(鲁)B1032—2008

贾海庆 周海防
(山东省公路建设(集团)有限公司)
史寿宾 李振方 刘华军 蔺高才 吴传记
(山东省路桥集团有限公司)
郭爱民 魏洪树 王凯峰 张相龙
(河北路桥集团有限公司)
贾 涛 李海晋 李 辉 张 超 杨保全
(中铁十局集团有限公司)

1 前言

半刚性基层沥青路面是目前我国已建沥青路面的主要结构形式。半刚性基层由于其整体强度高、板体性好,使沥青路面具有较高的承载能力,而且材料容易获得,为提高我国公路交通的整体水平发挥了重要作用。但是半刚性基层的收缩裂缝及引起的反射裂缝难以避免,而且由于半刚性基层的致密性,无法排除沥青层和反射裂缝中渗入的水分,水分的积存造成基层表面的冲刷、唧浆及沥青混合料的水损害。大量研究证明,采用大粒径透水性沥青混合料能够有效地防止反射裂缝的发生,并且能够排出路面结构内部的水分,避免水分对下层或沥青面层的破坏;另外,大粒径透水性沥青混合料具有较高的模量和抵抗变形的能力,可以直接用于旧路补强或新建路的结构层中。

2 工法特点

2.1 由于大粒径透水性沥青混合料的设计级配为骨架空隙结构,同时也为了避免更多的粗集料破碎和混合料的严重离析,所以应采取一次摊铺,并保证拌和、摊铺、压实能力相匹配,保证摊铺的连续性。

2.2 大粒径透水性沥青混合料由于厚度大,不分层摊铺,拌和、摊铺、压实能力必须相匹配。拌和机生产量大,回收粉不允许采用。运输能力要比摊铺能力有所富余,以避免摊铺机的长时间待料,保证摊铺的连续性。摊铺应保持合理的速度,做到缓慢、均匀、不间断地摊铺。

2.3 由于混合料的特殊性易离析,要注意装料、运输和摊铺过程中避免混合料的离析。

2.4 大粒径沥青混合料的压实是保证基层质量的重要环节,应选择合理的压路机组合方式和碾压步骤。由于大碎石混合料是一种完整的粗集料骨架结构,施工时既要保证粗集料的骨架结构又要防止由于过碾而导致骨架棱角的破坏。为达到良好的压实效果,必须使用大吨位的双钢轮振动压路机和较大吨位的胶轮压路机。

2.5 因为透水性沥青混合料矿料中细颗粒成分较少,在干燥筒中容易过热,拌和时会促使沥青老化,故应对拌和温度进行严格控制。采用 MAC 改性沥青时,加热温度在 170 ~ 180℃之间,集料加热温度应比沥青温度高 10 ~ 20℃。拌和站混合料的出场温度宜控制在 170 ~ 185℃,废弃温度为 195℃。拌和时间由试拌来确定,必须使所有颗粒全部裹覆沥青结合料,并以沥青混合料拌和均匀为度。拌和的混合料应均匀一致、无花白料、无结团成块或严重粗细集料分离现象。

2.6 大粒径集料的增多和矿粉用量的减少,使得比表面积减少,从而减少了沥青总用量,降低工程造价。

2.7 其与通常的半刚性基层相比,提高了工程施工速度,减少了设备投入;在大修改建工程中,可大大缩短封闭交通时间,社会经济效益显著。

3 适用范围

大粒径透水性沥青混合料可以应用于公路的新建工程或者沥青路面补强改造工程以及水泥混凝土路面的加铺层。

3.1 新建路面基层

大粒径透水性沥青混合料作为新建路面柔性基层,可以兼有承重层、排水层的功能。通常条件下,大粒径透水性沥青混合料层下需要设置封层。

3.2 旧路改造加铺层基层

对于旧路改造中大粒径透水性沥青混合料的应用,需要对原路面进行调查与分析。根据对原路面的调查与评定,对原路面进行相应的处置,并根据调查结果进行合理设计。

4 工艺原理

利用英国布朗教授在讨论集料级配对沥青混合料性能影响时提出的"集料的最大公称尺寸不同会显著影响沥青混合料的性能,使用公称尺寸较大的集料能提高沥青混合料的稳定性和抗滑性能"的理论,同时结合骨架密实结构理论,对 ATB-30 的配合比进行优化设计,以减少沥青用量,增加效益。

从级配设计角度考虑,大粒径透水性沥青混合料是一种新型的沥青混合料,根据相关研究混合料铺筑厚度至少为最大公称尺寸的 3 倍,大粒径透水性沥青混合料最大公称尺寸为 26.5mm 以上,这样最小铺筑厚度应为 8cm;另外,由于大粒径透水性沥青混合料的设计级配为骨架空隙结构,同时也为了避免更多的粗集料破碎和混合料的严重离析,所以应采取一次摊铺,并保证拌和、摊铺、压实能力相匹配,保证摊铺的连续性。

5 施工工艺流程及操作要点

5.1 施工工艺流程

5.1.1 大粒径透水性沥青混合料应用于新建公路的工艺流程见图 1。

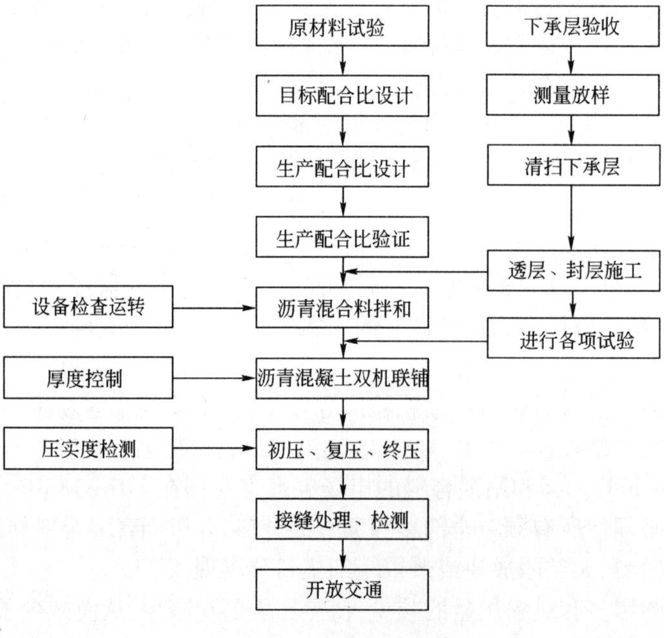

图 1 新建公路施工工艺流程图

5.1.2 大粒径透水性沥青混合料应用于旧路加铺

当对沥青路面进行补强时,应当进行对原沥青路面表面出现的坑槽、松散、沉陷等严重破坏的部分进行挖补处理,挖补处采用密级配沥青混凝土回填压实。当对水泥路面进行补强时,水泥混凝土路面出现的严重破坏现象也必须进行相应的处理。裂缝严重呈现面板破碎路面、板边板角破碎与坑洞现象应进行挖除,然后采用水泥混凝土或密级配沥青混凝土进行回填压实,对于板底脱空、唧泥与沉陷部分应采用压浆处理。对原路面表面破损现象进行修补以后还需要进行承载力调查,路面结构承载能力的测定,可分为破损类和无破损类。破损类主要从路面各结构层内钻取试样,试验确定其各项计算参数,通过同设计标准相比较,估算其结构承载能力。无破损类测定通过路表的无破损弯沉测定,估算路面的结构承载能力。对无破损检测可以采用 FWD 或现场回弹模量试验对承载力进行评价,对于承载力严重不足的地方(判定标准采用 ET 值 <120MPa)进行处理,使其达到承载力标准。同时,为了更准确地对旧路作出评价,还应进行少量破损检测,以对应于无破损检测结果。

大粒径透水性沥青混合料还具有排水层的作用,其中的水分是流通的。为了防止水分继续下渗而破坏下面的结构层使其在旧路面以上排出,在对原路面修补与处理完成后需设置下封层。

其余的施工工艺同 5.1.1。

5.2 施工过程工艺操作要点

5.2.1 清理下承层,洒布透层油,铺筑下封层

透层施工前将下承层清扫干净,清除表面浮尘,乳化沥青用量保证在 $0.7\sim1.5\text{kg/m}^2$,破乳后立即撒布用量 $2\text{m}^3/1\,000\text{m}^2$ 的石屑保护,然后进行下封层的施工。下封层宜采用单层式以层铺法沥青表面处治铺筑,下封层厚度不宜小于 6mm,且做到完成密水,矿料用量控制在 $5\sim8\text{m}^3/1\,000\text{m}^2$。

5.2.2 施工放样

施工放样是控制工程质量的一个重要环节,应做到数据真实准确,计算无误。

5.2.3 混合料的拌和

混合料的拌和、摊铺、压实能力必须相匹配。为保证大碎石混合料的连续施工,沥青混合料拌和机生产量不能小于 240t/h。拌和机必须配备计算机进行逐盘打印,且具有二级除尘装置。二级除尘以后的回收粉不允许采用。混合料在生产以前必须对生产配合比进行严格调试,根据目标确定的配合比首先应进行热料仓振动筛的设置,然后进行热料仓筛分调试生产初试级配,根据抽提筛分结果确定采用生产级配,最后再确定最佳沥青用量。

因为透水性沥青混合料矿料中细颗粒成分较少,在干燥筒中容易过热,拌和时会促使沥青老化,故应对拌和温度进行严格控制。大粒径沥青混合料与传统沥青混合料存在较大的差异,这种差异可以体现在施工的每一个环节。采用 MAC 改性沥青时,沥青采用导热油加热,加热温度在 170~180℃之间,集料加热温度应比沥青温度高 10~20℃。拌和站混合料的出场温度宜控制在 170~185℃,废弃温度为 195℃。拌和时间由试拌来确定,必须使所有颗粒全部裹覆沥青结合料,并以沥青混合料拌和均匀为度。拌和的混合料应均匀一致、无花白料、无结团成块或严重粗细集料分离现象,不符合要求时不能使用,并应及时调整。大粒径沥青混合料最大粒径比较大,粗集料多而且沥青用量小,为此必须延长拌和时间。根据研究,试验路铺筑经验拌和时间一般至少为 45s,以提高混合料的均匀性。

5.2.4 混合料运输

为更好地防止离析,拌和站在运输车中放料时应插空放料,先前后两头后中间,然后根据料车内料堆积的情况,进行前后插空。混合料在运输过程中应当覆盖以保持温度。为了防止混合料中的细料黏结在料车底部或周壁并积聚,最后倒入摊铺机而在路面形成油斑,料车在每天装料前应适当抹隔离剂,同时在摊铺过程中也应该注意细料的积聚并清除。运输过程中应尽量避免急制动,以减少混合料的离析。

5.2.5 混合料摊铺

大粒径透水性沥青混合料的设计厚度一般情况下最小为 8cm,按照以往传统密级配混合料的施工

经验是不可以一次性摊铺的。但是根据相关研究,混合料铺筑厚度至少为最大公称尺寸的3倍,LSM-25的最大公称尺寸为26.5mm,这样最小铺筑厚度应为79.5mm。如果采用两层摊铺在铺第二层会对第一层造成很大的破坏;另外,由于大粒径透水性沥青混合料的设计级配为骨架空隙结构,同时也为了避免更多的粗集料破碎和混合料的严重离析,所以应采取一次摊铺。

摊铺厚度增大,必须对摊铺机作调整。混合料的摊铺应保持合理的速度,根据拌和站的拌和能力进行合理调整,一般不得大于2m/min,做到缓慢、均匀、不间断地摊铺。摊铺机应调整到最佳工作状态,调整好螺旋布料器两端的自动料位器,并使料门开度、链板送料器的速度和螺旋布料器的转速相匹配。布料器中料的位置应以略高于螺旋布料器2/3为度,同时螺旋布料器的转速不宜太快,避免摊铺层出现离析现象。要注意摊铺机料斗的操作方法,减小粗细集料的离析,摊铺机料斗应在刮板尚未露出约有10cm的热料时收拢,基本上是在运输车刚退出时进行,而且应该做到在料斗两翼刚复位时下一辆料车开始卸料,做到连续供料,避免粗集料集中。

混合料的摊铺厚度应为设计层厚乘以松铺系数,摊铺前应确定观测点来验证松铺系数。根据室内试验研究,混合料的松铺系数在1.18~1.20之间。当然,在每一工程大面积开工以前都应铺筑试验段,以验证确定的各项参数。

5.2.6　混合料碾压

混合料摊铺以后振动压路机即可进行跟踪压实,可以采用的压实工艺有两种,具体压实工艺如下:

(1)两台双轮振动压路机,初压第一遍前进静压,后退振动;第二遍前进后退均为振压。压实速度宜为1.5~2km/h。为防止过分振动振碎粗集料,压路机宜采用高频低幅进行压实,相邻碾压带轮迹重合为20cm左右。洒水装置进行间断洒水,只要保证不粘轮即可。振动过后,胶轮压路机再碾压1~2遍,随后即可以进行赶光。赶光可采用7~11t钢轮压路机,速度可控制在3~4km/h。

(2)胶轮压路机紧跟摊铺机进行跟踪碾压。为了避免粘轮严重,最先可以洒少量水,等到轮胎温度升高后则不用洒水。在胶轮压路机压实一遍后,使得混合料的骨架结构变得紧密,稳定了混合料,此后再用振动压路机同工艺一压实两遍后,再用胶轮静压一遍,最后赶光。

由于混合料在冷却到一定温度以下用振动方式容易造成集料过度压碎,因此,在此温度以下不应再用振动碾压。另外,由于大碎石混合料空隙率较大,表面粗糙,在重车通行下表面容易发生松散,因此在施工完成以后应尽量避免非施工必须通过的车辆驶入,或在尽可能短的时间内铺筑沥青面层。

每一个工程项目开始之前,应修筑一试验段来检验混合料体积性质是否满意和评价摊铺与压实技术。这个试验段必须用计划中的相同施工技术,在相同的混合料温度下摊铺与压实。

5.2.7　验收

碾压完成后,测试部门要及时对高程、横坡度、宽度、平整度、压实度、厚度等进行检测,自检合格后,报请监理工程师进行抽检。

5.2.8　接缝处理

在施工缝连接处操作应仔细,接缝处应紧密、平顺。

(1)纵向接缝处理:摊铺机在摊铺施工时采用梯队作业施工,施工时将已铺混合料部分留下10~20cm宽暂不碾压,作为后摊铺部分的高程基准面,在最后作跨缝碾压。

(2)横向接缝处理:当天铺筑结束后,摊铺机在接近端部前1m处抬起熨平板驶离现场,用人工将端部混合料铲齐碾压,然后检查端部的高程、厚度,并用3m直尺检查平整度,趁尚未冷透时垂直刨除不合适部分,使下次施工时成直角连接。

在下次施工前应在切除断面上洒抹黏层油,从接缝处继续摊铺并调整好松铺系数,配合人工修理至满意后,先用双轮振动压路机横向碾压。碾压时,压路机位于已压实的混合料层上伸入新铺层上宽约15cm处,然后每压一遍向前推移15~20cm,直至全部在新铺层上为止再改为纵向碾压,不符合要求应及时铲除,重新施工。

5.2.9　交通管制与路面养护

(1)派专人维护交通秩序,保证施工车辆的正常行驶。

(2)设置警告标志、导向标志、限速标志等交通标志牌,以保证施工安全和行车安全。

(3)及时清扫路面杂物,防止路面污染。

(4)对机械漏油污染及时进行修补。

(5)对污染较重的下承层,要彻底清扫干净后再洒布黏层油,而后进行下一层的铺筑。

6 材料与设备

6.1 材料

6.1.1 粗集料

大粒径沥青混合料中粗集料起到骨架作用,粗集料的质量严重地影响着混合料的使用性能,因此混合料中粗集料应使用轧制的坚硬岩石。对大粒径沥青混合料,其粗集料颗粒性状应为良好。细长及扁平颗粒含量不应超过15%,集料压碎值应不大于20%,粗集料与沥青应有良好的黏结力,目前高速公路水损害出现的频率较高,因此要求粗集料与沥青的黏结力为5级;小于5级时应当采取抗剥落措施,以保证混合料达到水稳定性指标要求。未列出指标应满足《公路沥青路面施工技术规范》(JTG F40—2004)中对热拌沥青混合料集料的要求。

6.1.2 细集料

采用反击式或锤式破碎机生产的硬质岩集料,经过筛选的小于2.36mm具有较好的角砾性的部分,可以作为人工砂使用。大粒径沥青混合料可以使用人工砂和石屑作为细集料,但不准采用天然砂。细集料棱角性必须大于42%,砂当量值不小于65%。

6.1.3 填充料

由于大粒径沥青混合料为透水混合料,为了提高沥青混合料的抗水损害能力,填充料宜采用干燥消石灰粉或生石灰粉。填充料技术要求可根据当地情况而定,至少应满足III级要求。

6.1.4 沥青胶结料

为了保证大粒径透水性沥青混合料的耐久性,混合料需要比较厚的沥青膜,但同时必须防止混合料的析漏,因此应当采用黏度较高的沥青胶结料。

6.2 设备

采用的设备见表1。

设备仪器一览表 表1

机械名称	规格型号	额定功率/容量	数量(台)	备注
沥青拌和设备	4000型	320t/h	1	
沥青混凝土摊铺机	ABG525或同级别	16m	1	
沥青混凝土摊铺机	ABG423或同级别	12.5m	2	
轮胎式压路机	XP301或同级别	30t	2	
双驱双振压路机	HD110或同级别	11t	1	
双驱双振压路机	DD130或同级别	13t	1	
双驱双振压路机	DD158或同级别	15.8t	1	
非接触式自动找平装置	SMC—20或同级别	12m	2	
装载机	ZL50或同级别	$3m^3$	10	
智能型沥青洒布车	B10—36UC2或同级别	10 000L	2	
石屑撒布车	ZZ3256、M2946或同级别	20t	2	
水准仪			3	
3m平整度直尺			2	

7 质量控制

7.1 严格按照《公路沥青路面施工技术规范》(JTG F40—2004)及《公路工程质量检验评定标准》(JTG F80/1—2004)进行检查,具体见表2。

检查项目和技术要求 表2

检 查 项 目	试 验 规 范	技 术 要 求
厚度	T 0912—95	代表值为设计值的 -10%,极值为设计值的 -20%
松铺系数	视施工具体情况	
压实度	T 0922—95 和 T 0924—95	≥97%
平整度	T 0931—95	最大间隙5mm
油石比	抽提法	最佳油石比
弯沉	T 0951—95	设计弯沉值
渗水	T 0730—2000	设计要求
施工温度	T 0981—95	符合前面所述温度
集料级配	生产配合比	ATB-30

7.2 合理布置控制桩并定期进行检查和联测,同时严把进料关。为减少离析,材料堆码不宜超过4m,尤其是20~40mm、10~30mm等大集料。

7.3 混合料施工质量控制:对于大粒径透水性沥青混合料现场压实度应采用空隙率与压实度双指标进行控制。拌和与检验要求见表3

大粒径透水性沥青混合料的检验频率与要求 表3

项 目		检查频度及单点检验评价方法	质量要求或允许偏差	试 验 方 法
混合料外观		随时	观察集料粗细、均匀性、离析、油石比、色泽、冒烟、有无花白料、油团等各种现象	
拌和温度	沥青、集料的加热温度	逐锅检测评定	符合规定	传感器自动检测、显示并打印
	混合料出厂温度	逐车检测评定	符合规定	传感器自动检测、显示并打印,按T0981人工检测
		逐锅测量记录,每天取平均值评定	符合规定	传感器自动检测、显示并打印
矿料级配	0.075mm	逐锅在线监测	±1%	计算机采集数据计算
	4.75mm、9.5mm		±5%	
	≥9.5mm		±6%	
	0.075mm	逐锅检查,每天汇总1次取平均值评定	±1%	总量检验
	4.75mm、9.5mm		±2%	
	≥9.5mm		±3%	
	0.075mm	每台拌和机每500~1000t检验1次,以2个试拌样的平均值评定	±1%	T 0725 抽提筛分与标准级配比较的差
	4.75mm、9.5mm		±3%	
	≥4.75mm		±5%	
沥青用量(油石比)		逐锅在线监测	±0.3%	计算机采集数据计算
		逐锅检查,每天汇总1次取平均值评定	±0.15%	总量检验
		每台拌和机每500~1000t检验1次,以2个试样的平均值评定	±0.2%	抽提T 0722、T 0721

7.4 离析控制

7.4.1 离析类别

所谓离析是指混合料中的粗集料与细集料分离开来,呈现出粗细集料在某一部位局部集中的现象。离析是大粒径透水性沥青混合料在生产施工中应当预防和注意的最常见问题。沥青混合料中主要发现三种离析,即随机离析、纵向离析和运输离析。

7.4.2 减少离析的途径采取的主要措施

(1)集料堆积和运输。分层堆积集料(尤其是粗集料)可以减少随机离析问题。在料场场地容许的情况下,尽可能减少料堆的高度。如果粗集料在料堆底部发生了离析,应当用前端装载机将料重新拌和后,才能送到冷料斗中。加强料堆卸料和装料的管理,是减少随机离析的关键。

(2)汽车装卸料。为防止因汽车装载而形成的离析,在装载过程中,应至少分三次装载,第一次靠近汽车的前部,第二次靠近汽车的尾部,第三次在汽车的中部,通过这种方法基本上能消除因装载形成的离析。如果每拌一盘料就进行装载,通过滑模在汽车的上方移动,可对汽车进行均匀装载,它比分三次装载的效果还要好。另外,当汽车内的混合料进入摊铺机时,应使混合料作为一个整体进入摊铺机的料斗,这样可以避免汽车卸载时引起的离析。

(3)摊铺机铺筑作业。在摊铺过程中保持摊铺机料斗至少半满,只有在必要时才收起料斗,料斗的收起能消除料床上的料沟,使下一车的料能作为一个整体卸在摊铺机的料斗里,这样会明显减少离析程度。在汽车卸载在摊铺机上时,卸载速度应尽可能快。当摊铺机的料很满时,混合料就从汽车的底部运走,这样就减少了材料的滚动,一定程度上减少了离析。此外,还尽可能保证摊铺机进行连续作业,不要停顿;调整摊铺机的摊铺速度,使之与拌和厂的供料速度一致。

(4)保证摊铺厚度。根据对大粒径透水性沥青混合料离析的研究,摊铺厚度对混合料离析有很大影响,当摊铺厚度变厚时可以明显减少离析程度,因此在摊铺过程中应注意检查摊铺的厚度,保证混合料的最小摊铺厚度。

8 安全措施

8.1 认真贯彻执行有关安全生产的法律法规、交通运输部颁发的《公路工程施工安全技术规程》(JTJ 076—95)、《公路筑养路机械操作规程》有关安全生产的规定。

8.2 成立安全生产组织机构,设专职安全员,建立健全安全生产责任制,对参加施工的人员接受安全技术教育。从事特殊工种的人员,必须经过专业培训,获得《安全操作合格证》才能上岗。建立安全值班制度,制订安全生产事故应急救援预案。

8.3 施工机械、车辆,严禁带“病”工作。所有施工机具设备和高空作业的设备应定期检查,并有安全员的签字记录,保证其经常处于完好状态;不合格的机具、设备和劳动保护用品严禁使用。

8.4 制订安全用电和防火措施,并严格执行。对于易燃易爆的材料除应专门妥善保管之外,还应配备有足够的消防设施,所有施工人员都应熟悉消防设备的性能和使用方法;不得将任何种类的爆炸物以给予、易货或其他方式转让给任何其他人。

8.5 各类操作人员持证上岗,必须按规定穿戴防护用品。施工负责人和安全检查人员随时检查防护用品的穿戴情况,不按规定穿戴防护用品的人员不得上岗。

8.6 施工中采取新技术、新工艺、新设备、新材料时,应制订相应的安全技术措施,施工现场具有相关的安全标志牌。

8.7 机械设备及油库采取防雨、防潮、防雷措施。

9 环保措施

9.1 文物保护

(1)施工中如发现文物古迹,要暂时停止作业,保护好现场,立即报告监理工程师,确保文物不流失。

(2)土方工程以及其他需要借土、弃土时,对现有的或规划的保护文物遗址,采取避让的原则,另行进行地点的选择。

9.2　防止水土流失注重废料废方的处理

(1)在施工期间应始终保持工地的良好排水状态,挖方段要设置临时排水沟,各类临时排水渠道要与永久性排水设施相连接,不得引起淤积和冲刷。

(2)驻地、施工便道周围挖好排水沟,确保占用的土地无冲刷。从本工程施工中开挖的土石材料对水道不产生淤积或堵塞,确保各种临时排水系统不改变现有水文状态。

(3)建立废旧物品回收、保留和处理制度,设废物收集箱、生活区化粪池、污水沉淀池;对施工垃圾及生活垃圾有专人清理,并在指定地点处理。

(4)按业主和监理工程师指定地点弃方;弃方的下部和边角要砌筑拦土坝或墙,防止水土流失;未经监理工程师批准不得超范围弃方。

(5)及时对弃方进行压实,并在其表面进行植被覆盖,尽可能对弃土场进行整平用作耕地。

(6)桥涵施工过程中的废弃物,要在工程完工时即时清除干净,以免妨碍交通。

9.3　防止和减轻水、大气污染

(1)施工现场与驻地要设置污水集水池,污水在集水池滤清后再排放。

(2)施工区域在施工期间和完工以后要及时处理,防止沉渣进入下水道。

(3)冲洗含有沉积物的集料时,要设置沉淀池,做到达标排放。

(4)施工期间,施工物料应堆放整齐,防止雨季或暴雨时,将物料随雨水径流排入地表及附近水域造成污染。

(5)施工现场与施工机械经过的道路,要随时进行洒水抑尘。外借土填方经过公路时,自卸车后斗要覆盖。

(6)易于引起粉尘的细料或松散料要予以遮盖,运输时用篷布覆盖。

(7)尽量控制机械作业所产生的噪声、废气等的污染;夜间作业在靠近民居处,尽量不安排有噪声、振动的工序施工,避免干扰居民。

9.4　保护绿色植被

(1)尽量保护公路用地范围以外的现有绿色植被,若因修建临时工程破坏了现有的绿色植被,应负责在拆除临时工程时予以恢复。

(2)保护好公路用地范围之外的古树名木和法定保护的树种;在公路用地范围之内的,要采取搬迁等措施加以保护。

9.5　土地资源的保护

(1)临时用地不再使用时,要根据业主及监理工程师的指令及时进行复耕、绿化。

(2)借土要根据业主及监理工程师的指令到指定的场所取土,并在工程交工前做好还地工作。

9.6　现有公用设施的保护

(1)施工过程中,如果遇到地下管线等一切公用设施与结构物,要采取一切适当措施加以保护;需要搬迁的,要持有监理工程师的书面通知方可进行。

(2)在靠近公用设施的开挖作业前,要通知有关部门,并邀请有关部门代表在施工时到场,并将上述通知与邀请的副本提交监理工程师备案。

9.7　文明施工措施

在业主和监理工程师的统一领导下,和其他施工单位保持良好的关系,协调施工,互相支持,精心组织,统筹安排,保证优质、安全、按期完成施工任务,为当地公路建设做出奉献,在当地人民心中树立企业良好形象和社会信誉;遵纪守法,与当地政府处理好关系,尊重当地的风俗习惯。

争创"文明施工单位",做到履约信誉好、质量安全好、料机管理好、队伍建设好、环境氛围好、综合治理好。

10 效益分析

10.1 经济效益

10.1.1 降低成本

本工法效率高、进度快。施工中采用先进的沥青拌和设备,产量可达320t/h;而且拌和效果好,从根本上保证了现场摊铺的连续施工,减少了接缝、缩短了工期;同时节约了劳动力,降低了劳动强度,便于管理,每天施工进度不少于2.0km。采用骨架密实结构在保证路用性能指标不降低的情况下,可有效降低沥青用量,较AC-25结构层降低0.5元/m^2·cm,大大降低了工程成本。

10.1.2 延长使用寿命

大粒径透水性沥青混合料新型路面结构具有良好的耐久性,可有效减少路面早期病害,延长路面使用寿命,节约建设资金。

10.2 社会效益

大粒径透水性沥青混合料用于老路加铺,可有效加快施工进度。半刚性基层需要分层铺筑,且要一定的养生期,封闭交通的时间较长,而大粒径透水性沥青混合料新型路面结构施工速度快。采用大粒径透水性沥青混合料新型路面结构,可有效地提高路面的使用性能和使用寿命,减少路面病害,减少因道路维修造成的阻车,提高了服务水平,社会效益巨大。

11 应用实例

11.1 张石高速公路涞源(张保界)至曲阳(保石界)段项目

涞水至曲阳段工程路线起于涞水县明义乡涞水西枢纽互通(TK154+500),向西南大体与G107及京广铁路平行,途经张家庄、大王店、满城西、顺平西、唐县县城西侧蠡野线附近,止于大沙河保定与石家庄交界处(桩号K290+090),路线全长135.59km。

第LM-S2合同段主要位于徐水县境内,起点桩号为K173+900,终点桩号为K197+200,全长23.30km。

主线采用双向六车道高速公路标准,计算行车速度为120km/h,路基宽度为34.5m,其中行车道3×3.75m,中间带宽4.5m,(含0.75m×2路缘带),硬路肩3.0m×2(含路缘带0.5m×2),两侧土路肩宽0.75m。

石灰稳定土底基层厚度为19 cm,水泥稳定级配碎石基层36 cm,SBS改性沥青防水层0.2cm,沥青稳定碎石12cm,沥青混凝土中面层8cm,改性沥青混凝土表面层4cm,其中沥青稳定碎石施工采用本工法。

采用柔性基层是延缓和解决沥青路面结构早期损坏一个重要的技术途径。以本高速公路试验段的修筑作为实例,对沥青稳定碎石柔性基层施工技术进行探讨,有助于为工程人员积累相关的施工技术和经验,同时可为今后类似工程的施工提供有益的指导。

11.2 黄陵至延安高速公路

黄陵至延安高速公路是国家规划的西部大通道(包头—西安—重庆—北海)在陕西境内的重要组成部分,也是陕西省"十五"计划重点建设项目之一,同时也是陕西省"米"字形主骨架的构成路段。本合同段为LM-3合同段,全长27.2km。

黄延高速公路设计行车速度80km/h,路面结构层为:4cmAC-13沥青混凝土+6cmAC-20沥青混凝土+10cm ATB-30沥青稳定碎石。

2006 年 4 月至 6 月,该工程下面层全部采用本工法施工,连续 5 个月获得业主质量进度奖。所铺筑的沥青路面受到陕西省公路研究所、长安大学等路面专家的首肯,被陕西省交通厅评为信誉评价一级(优良)单位,被省政府授予"先进集体"称号,取得了良好的经济和社会效益。

11.3 山东潍乌高速项目

该项目东起东营市广饶县,西在滨州市无棣县境内与天津至汕尾线大高至鲁冀界段连接,路线途经东营、滨州两市的 3 个县,位于山东省鲁北经济区。该公路是国家重点公路建设规划网的重要路段(威海至乌海公路、天津至汕尾公路在山东境内重合段),同时在山东省"五纵连四横、一环绕山东"高等级公路网络中既是"一环"又是"一横"的重要组成部分。

路段全长 120km, 全路段采用了大粒径透水性沥青混合料。该路段路面下面层为 12cm 大粒径透水性沥青混合料,中面层为 6cm AC-20 型沥青混合料,上面层为 4cmSMA 沥青混合料。

为了提高沥青路面施工质量,减少早期损坏现象发生,增加路面耐久性,延长路面使用寿命,全路段采用了大粒径透水性沥青混合料。

潍乌高速公路通过采用大粒径透水性沥青混合料施工工艺,路面质量显著提高,平整密实,抗滑耐磨,均匀美观。该公路建成通车后,行车安全舒适,发挥了高速公路"畅通、高速、安全、舒适"的运营优势,受到广大司乘人员的称赞,取得了良好的经济效益和社会效益。

沥青混合料应力吸收层施工工法

GGG(鲁)B4033—2008

史寿宾　李振方　刘华军　蔺高才　吴传记
(山东省路桥集团有限公司)

1　前言

如何有效防治反射裂缝,使现有道路能够承担未来的交通荷载是当前公路发展需要解决的主要问题之一。目前,国内外通常采取的防反射裂缝措施主要有增加沥青加铺层厚度、设置土工织物夹层、破坏旧混凝土板以及铺设应力吸收膜和应力吸收层等措施。设计使用具有抵抗反射裂缝能力的沥青混合料和具有特定防裂能力的应力吸收层,增加沥青加铺层的疲劳寿命,同时防止水的渗透,是解决这一问题的有效方法和途径。

本文依托2005年尉许(河南尉氏—许昌)高速公路应力吸收层SMA－5的施工工艺,简要阐述该工艺的特点、原理、流程和效果。

2　工法特点

本工法在使用功能或施工方法上的特点如下:

2.1　应力吸收层具有“承上启下”的黏结作用。

2.2　应力吸收层具备了防水与排水作用。

2.3　应力吸收层可以阻止或延缓反射裂缝的产生与扩展。

3　适用范围

本工法宜用于旧的水泥混凝土路面上的加铺层和刚性基层上铺筑沥青混凝土路面的连接层。

4　工艺原理

4.1　增强路面结构的刚性基层与面层之间黏结力。

4.2　增强路面在使用过程中的高温抗剪切变形能力、低温延展性及柔韧性。

4.3　有效吸收和分散来自路面荷载的剪切力,防止来自基层的反射裂缝。

4.4　使路面具备良好不透水性 ,防止水渗透到基层。

5　施工工艺流程和操作要点

5.1　目标配合比设计

5.1.1　设计矿料级配的确定

采用石灰岩石料做SMA-5配合比,且公称最大粒径为4.75mm。按照SMA配合比设计规范,在工程设计级配范围内,调整各种矿料比例设计3组不同粗细的初试级配。3种级配的粗集料骨架的分界筛孔(1.18mm)的通过率处于级配范围的中值±3%附近,矿粉数量均为13%左右。设计出3种粗细不同的级配,然后按较粗的级配3配制出5种不同的油石比。试验室用小型拌和机拌料,矿料加热温度控制在190～200℃之间,沥青加热温度控制在165～170℃之间,拌和锅温度控制在165℃左右,混合料出锅温度控制在175～185℃之间,击实温度控制在165℃,击实次数为双面击实各75次。试验时,尽量避免在操作上的误差,以减少人为因素对试验结果的影响,使试验结果真实反映矿料级配的变化或油石比的变化,这样更有利于对试验结果的分析,便于找出失误与不足之处。

(1)应力吸收层矿料合成级配情况(表1、图1)

本次配合比设计采用油石比为8.0%,木质纤维的掺加量为混合料总质量的0.4%。3组混合料的设计配合比分别为配合比1(3～5mm∶0～3mm∶矿粉＝65∶22∶13)、配合比2(3～5mm∶0～3mm∶矿粉＝61∶26∶13)和配合比3(3～5mm∶0～3mm∶矿粉＝58∶29∶13)。

SMA-5 应力吸收层混合料性质数据 表1

筛孔(mm)		9.5	4.75	2.36	1.18	0.6	0.3	0.15	0.075
通过率(%)	合成级配1	100	98.3	35.3	22.7	18.1	15.6	14.9	13.9
	合成级配2	100	98.4	38.1	24.2	18.8	15.9	15.1	14
	合成级配3	100	98.5	40.2	25.3	9.3	16.1	15.2	14.1
工程设计级配范围	中值	100	95	46.5	29	23	18.5	15.5	13.5
	下限	100	90	28	22	18	15	13	12
	上限	100	100	65	36	28	22	18	15

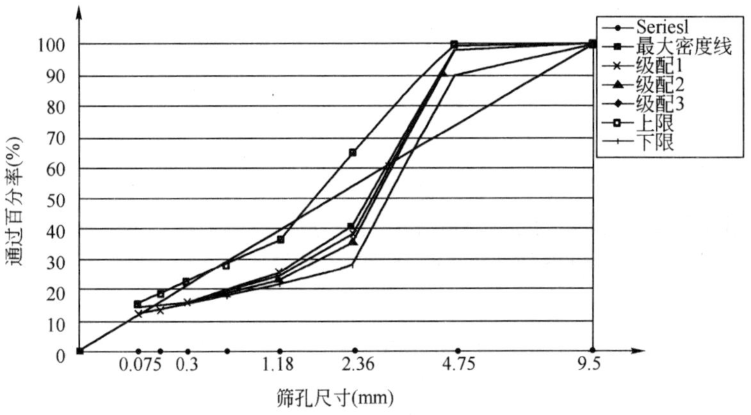

图1 SMA-5 应力吸收层矿料合成级配曲线图

(2)选择初始沥青用量

根据河南省检测中心对应力吸收层的要求,首先按8.5%的油石比制作马歇尔试件。表2中马歇尔试件的毛体积密度由表干法测得。

马歇尔试验结果 表2

级 配	配 合 比	理论最大相对密度 γ_t	毛体积相对密度 γ_f	空隙率 VV(%)	矿料间隙率 VMA(%)	粗集料之间的骨架空隙率 VCA_{mix}
配合比1	65∶22∶13	2.355	2.298	2.4	18.1	31.1
配合比2	61∶26∶13	2.355	2.315	1.7	17.4	32.0
配合比3	58∶29∶13	2.355	2.339	0.7	16.6	32.2

分析上述三种级配,级配3不能满足矿料间隙率的要求,故舍去;级配1、级配2均符合要求。根据实际情况优选级配1作为设计级配。

5.1.2 确定设计沥青用量

根据所选择的设计级配和初始油石比试验的空隙率结果,以0.3%为间隔,调整几个不同的油石比,制作马歇尔试件,计算空隙率等各项体积指标,并确定最佳油石比。试验结果见表3。

马歇尔试验结果　　表3

油石比(%)	理论最大相对密度 γ_t	毛体积相对密度 γ_f	空隙率 VV(%)	矿料间隙率 VMA(%)	粗集料之间骨架空隙率 VCA_{mix}
8.2	2.363	2.272	3.8	18.7	31.8
8.5	2.355	2.298	2.4	18.1	31.1
8.8	2.347	2.294	2.3	18.5	32.6
9.2	2.336	2.288	2.1	18.9	34.1

经分析确定最佳油石比为8.2%，生产配合比中再作具体调整。

5.1.3　配合比设计检验

谢伦堡析漏试验结果为0.03%，小于0.1%的要求；浸水马歇尔试验残留稳定度检测结果为92.8%，大于80%的要求；肯塔堡飞散试验的混合料损失为2.5%，小于15%的要求。

5.1.4　目标配合比设计报告

综上所述及试验结果综合分析，目标配合比设计已完成。

5.2　生产配合比设计

5.2.1　对间歇式拌和机，按规定方法取样测试各热料的材料级配，确定各热料仓的配合比，供拌和机控制室使用。同时选择适宜的筛孔尺寸和安装角度，尽量使各热料仓的供料大体平衡。取目标配合比设计的最佳沥青用量OAC、OAC ±0.3%等3个沥青用量进行马歇尔试验和试拌，通过室内试验及从拌和机取样试验综合确定生产配合比的最佳沥青用量，由此确定的最佳沥青用量与目标配合比设计的结果的差值不宜大于0.2%。

5.2.2　应力吸收层热料仓合成级配

按照目标配合比的材料比例，控制原材料的上料速度与正常生产时的上料速度几乎一样，然后从热料仓中按规范要求的方法取出热料，做筛分试验等其他试验；筛分试验完成后，做出热料仓的合成级配。结果见表4、图2。

应力吸收层热料仓合成级配性质数据　　表4

筛孔(mm)		9.5	4.75	2.36	1.18	0.6	0.3	0.15	0.075
合成级配通过率(%)		100	92	36.5	27.7	20.3	16.3	15	13.7
工程设计级配范围(%)	中值	100	95	46.5	29	23	18.5	15.5	13.5
	下限	100	90	28	22	18	15	13	12
	上限	100	100	65	36	28	22	18	15

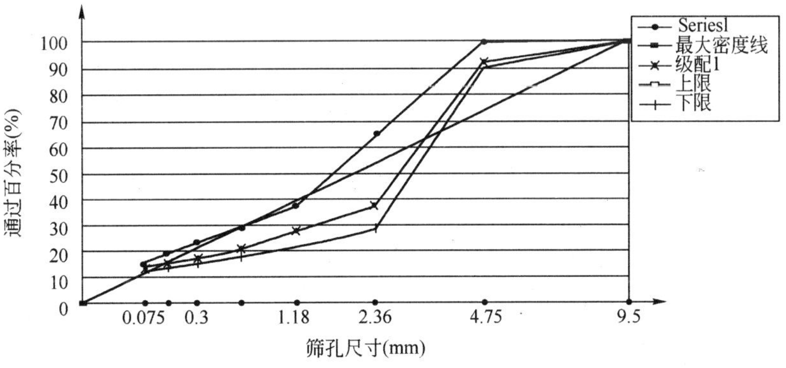

图2　SMA-5应力吸收层热料仓合成级配曲线图

5.2.3　马歇尔试验

用热料仓的料按照合成的级配，根据业主及检测中心的指导意见，取7.8%、8.0%、8.2%的油石比在室内配料作马歇尔试验;纤维用量仍为沥青混合料用量的0.4%;石料加热温度、拌和锅加热温度、拌和温度、击实温度及击实次数均保持和目标配合比时一致。试验中尽量减少人为因素带来的误差。马歇尔试件的体积指标均用表干法测得。马歇尔试验结果见表5

马歇尔试验结果 表5

油石比(%)	空隙率VV(%)	矿料间隙率VMA(%)	沥青饱和度VFA(%)	稳定度MS(kN)	流值FL(mm)
7.8	1.8	16.8	89.5	10.72	4.27
8.0	2.0	17.3	88.7	11.25	3.96
8.2	1.6	16.3	90.2	10.29	3.92

对以上试验数据进行分析比较,7.8%、8.2%的油石比的矿料间隙率不符合要求,故选8.0%的油石比作为生产配合比设计的最佳油石比,配合比验证时再作具体调整。

5.3 生产配合比验证阶段

5.3.1 确定生产配比

按照目标配合比配合比冷料比例,按照正常生产时的上料速度进行上料生产,油石比为8.0%,木质纤维为沥青混合料总量的0.4%,取沥青混合料做抽提试验、马歇尔稳定度试验、残留稳定度试验,析漏试验、肯塔堡飞散试验。试验结果见表6。

抽提试验结果 表6

混合料质量(g)	577.0	矿料质量(g)	534.4	抽提油石比(%)	7.97
筛孔尺寸(mm)	筛余质量(g)	分计筛余(%)	累计筛余(%)	通过百分率(%)	规范要求
9.5	0	0	0	100	100
4.75	30.5	5.7	5.7	94.3	90~100
2.36	290.1	54.3	60.0	40.0	28~65
1.18	45.6	8.5	68.5	31.5	22~36
0.6	37.5	7.0	75.5	24.5	18~28
0.3	27.5	5.1	80.7	19.3	15~22
0.15	18.6	3.5	84.2	15.8	13~18
0.075	16.8	3.1	87.3	12.7	12~15
筛底	67.8	12.7	100		

分析抽提试验结果,拌和机的集料称、沥青称、矿粉称计量比较准确,生产配合比设计的级配能指导实际生产。

马歇尔试验结果见表7。

马歇尔试验结果 表7

油石比(%)	空隙率VV(%)	矿料间隙率VMA(%)	沥青饱和度VFA(%)	稳定度MS(kN)	流值FL(mm)
7.97	2.5	17.5	85.3	11.78	4.58

马歇尔残留稳定度为92.0%,析漏试验结果为0.02%,飞散试验结果为5.5%。由以上结果分析,生产配合比是成功的,完全能指导生产。

5.3.2 试拌试铺试验段

根据生产配合比及试拌的结果,选定200m左右直线段作试验段,严格控制拌和机冷料仓的上料速度与目标配合比的冷料比例大体一致,产量和正常生产时的产量基本相当。

(1)混合料拌和。沥青加热温度为165~175℃,矿料加热温度为185~200℃,混合料出厂温度在185℃左右。

混合料加入木质素纤维后先干拌10s,使矿料与纤维拌和均匀,再喷入改性沥青,继续拌和至混合料均匀。整个拌和过程约为60s，每盘料2t，每小时产量为120t。

拌和站安排专人负责混合料温度检测，并负责目测混合料质量，不能出现花料、焦料。

(2)运输。在运距3km的情况下，采用20t自卸车4辆运输，共拌和混合料5车，运输能力满足现场摊铺速度的要求。

自卸车接料时，每盘均要移动自卸车位置，防止沥青混合料离析；装满后立即覆盖防雨保温篷布，防止温度散失。篷布应完全覆盖混合料。

自卸车料斗装料前已清洗干净，底板与四周涂油水混合液(油:水=1:3)，用量以底板不留残液为准。

料车运到现场后量测温度，混合料温度在170℃以上，除正摊铺的料车外，所有车辆防雨篷布不得掀开。

(3)摊铺。摊铺采用1台ABG525摊铺机全宽摊铺，由于内侧有中央分隔带混凝土，摊铺机宽度为11.75m，略低于设计宽度12m。摊铺速度为3m/s，与拌和、运输速度相符。

摊铺前半小时用液化气加热摊铺机熨平板至100℃以上，以免黏附混合料。熨平板下，按松铺厚度2.4cm垫木板，保证沥青层厚度。

运输车在摊铺机前20cm左右停止，由摊铺机顶推前进。摊铺机两侧有专人指挥，并将由料车漏下的混合料清入摊铺机料斗。料车倒料完成后驶离摊铺机，底板余料不得倒在施工现场。

安排专人负责量测松铺厚度，将结果告知两侧电脑操作手，随时调整铺厚度。摊铺完后，混合料温度在130℃，该温度即为初压温度。

(4)碾压。碾压机械为1台CC522、1台SW850、1台HD110，采用1台CC522和1台SW850振动压路机同时进行，碾压时一台由外侧开始，另一台从一幅路的中间开始。碾压采用前进时轻振，后退时静压，采用高频率低振幅进行施工，速度控制在2～4km/h。碾压紧随摊铺进行，每次重叠1/3车轮，共振压2遍。1台HD110静压2遍作为终压，终压结束路表温度平均为75℃左右(红外测温仪)，说明混合料降温迅速。应力吸收层厚度小，温度散失快，因此应减小压路机喷水量。

(5)沥青混合料抽提试验、马歇尔试验结果分别见表8、表9。

抽提试验结果 表8

混合料质量(g)	678.7	矿料质量(g)	628.4	抽提油石比(%)	8.01
筛孔尺寸(mm)	筛余质量(g)	分计筛余(%)	累计筛余(%)	通过百分率(%)	规范要求(%)
9.5	0	0	0	100	100
4.75	31.5	5.0	5.0	95.0	90～100
2.36	329.1	52.4	57.4	42.6	28～65
1.18	71.5	11.4	68.8	31.2	22～36
0.6	40.5	6.4	75.2	24.8	18～28
0.3	29.6	4.7	79.9	20.1	15～22
0.15	20.5	3.3	83.2	16.8	13～18
0.075	22.5	3.6	86.8	13.2	12～15
筛底	83.2	13.2	100		

马歇尔试验结果 表9

油石比(%)	空隙率VV(%)	矿料间隙率VMA(%)	沥青饱和度VFA(%)	稳定度MS(kN)	流值FL(mm)
8.01	2.4	17.4	86.5	12.08	4.62

马歇尔残留稳定度为93.2%，析漏试验结果为0.02%，飞散试验结果为5.0%。通过对以上结果分析，拌和机的集料称、沥青称、矿粉称计量比较准确，生产配合比设计是比较成功的，完全能指导大量生产。

(6)试验段完成后,对试验段各项技术指标进行检测,试验段十分成功,详细结果见表10。

试验段检测结果 表10

项　次	检 查 项 目		规定值或允许偏差	检 测 数 值
1	压实度(%)		96	97.6、99.6、99.7、98.7、97.2、98.6
2	平整度	Δ(mm)	1.8	1.002、0.983、1.123、0.828
3	渗水系数		300ml/min	不渗水
4	抗滑	摩擦系数	满足设计要求	50、48、48、46
5	厚度		设计厚度的-10%	2.05、1.96、2.30、1.92、1.98、2.01
6	中线偏位(mm)		20	合格率100%
7	纵断高程(mm)		±15	合格率100%
8	宽度	有侧石(mm)	±20	合格率100%
9	横坡(%)		±0.3	合格率100%

试验段取芯完整密实,压实度均能达到规范要求,密水性能良好,平整度也符合规范要求。说明施工组织、施工工艺是合理的。

5.4 注意事项

通过应力吸收层配合比设计过程,体会到混合料级配、沥青含量对沥青混合料的体积指标影响是比较大的,所以在大面积生产中要注意严格控制混合料的级配和沥青含量。摊铺机应保持匀速缓慢行驶,压路机应紧跟摊铺机碾压,遵循"紧跟、慢压、高频、低辐"的原则。生产配合比确定后即可进行大面积的生产施工。

5.5 工艺流程(图3)

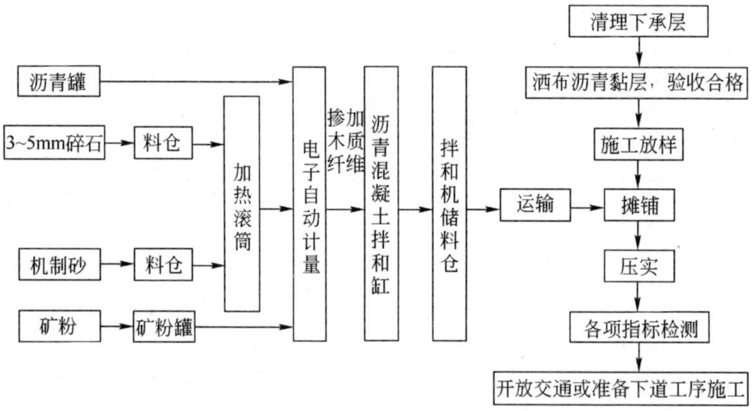

图3　施工工艺流程图

5.6 操作要点

5.6.1 清理下层,保证黏层施工质量

黏层施工前将下承层清扫干净,清除表面浮尘,乳化沥青用量保证在0.3~0.6kg/m^2。黏层施工24h后方可进行应力吸收层的施工。

5.6.2 加强拌和站管理

(1)拌和站严格按照试验室确定的生产配比进行生产,禁止私自调整数据。拌和机的生产温度、上料速度、拌和时间等参数严格按照试验段确定数据进行。每次开盘后,在试验室去白料,进行筛分试验,根据结果进行调整。指定专人量测每盘混合料温度,并目测混合料质量。混合料温度超过195℃应废弃。

(2)沥青加热温度控制在165～175℃,矿料加热温度控制在185～200℃,混合料出厂温度控制在175～190℃(大于195℃时,予以废弃)。

(3)加入纤维后先干拌10s,使矿料与纤维拌和均匀,再喷入沥青,连续搅拌至混合料均匀,约需55～60s。

(4)试验室及时对沥青混合料进行抽样检验,确保合格的成品料运到施工现场。

5.6.3 运输

(1)沥青混合料运输采用20t以上自卸汽车运至摊铺现场。摊铺现场安排专人负责接收混合料,并检查混合料的拌和质量和温度,不合格混合料予以废弃。

(2)运输车装料前清洗干净,车箱底板及周壁涂一层洗衣粉与水的混合液,但不得在底板留存余液。

(3)运输车接料时,每卸一盘料移动一下汽车位置,以减少粗细集料的离析现象。

(4)连续摊铺过程中,运料车在摊铺机前10～30cm处停住,不得撞击摊铺机。卸料时运料车挂空挡,靠摊铺机推动前进。

(5)运输车均备有帆布,及时覆盖已装车的全部混合料,以免造成温度降低。对于已经离析或结成团块或在运料车辆卸料时滞留于车上的混合料,以及低于规定铺筑温度的混合料,都应予以废弃,不得倒在现场。

5.6.4 沥青混合料摊铺

(1)沥青混合料摊铺采用一台ABG525摊铺机摊铺,在摊铺前半小时采用液化气燃烧的方法对熨平板进行加热到120℃,以免摊铺时黏附混合料,保证摊铺后的路面平整、光滑。

摊铺机采用非接触式均衡梁控制高程、横坡度,自动调节厚度和找平。

(2)摊铺时松铺系数取1.18。

(3)摊铺速度控制在1.5～2m/min左右匀速前进,以便于拌和站拌和能力、运输能力配合,禁止随意调整摊铺速度,注意松铺厚度及路拱,中途少作变动,必要时加以调整,务求平顺。

(4)摊铺过程中,安排专人随时测量摊铺后的温度及量测松铺厚度。如果发现有松铺厚度较小的现象,要及时通知摊铺机两侧看电脑人员及现场技术人员,以便进行调整,确保厚度达到规范要求。

5.6.5 沥青混合料碾压

按试验段确定的压实机械及碾压组合进行施工。

(1)压实机械。SW850振动压路机1台、CC522振动压路机1台以及1台HD110振动压路机。

(2)碾压工艺。碾压过程按初压、终压两个阶段进行,碾压紧跟摊铺进行。其碾压工艺同试验段碾压。

因混合料温度下降很快,压路机自动喷雾量应尽可能小,以混合料不黏附钢轮为准,以免影响混合料温度。碾压时压路机驱动轮面向摊铺机,从低向高处碾压,压完全幅为一遍。压路机不在刚碾压路面上转向、掉头、停机。

(3)施工现场设有质检组,随时量测混合料温度、碾压前后的路面温度、摊铺厚度,并逐一记录,为施工提供可靠的施工依据。

(4)用核子仪检测碾压完成后的压实度,压实度指标为不小于试验段标准密度的98%。

5.6.6 交通管制

施工完毕,先封闭交通,待摊铺层自然冷却,混合料表面温度低于50℃后方可开放交通。施工路段设置警示标志,设立专人指挥车辆通行,禁止任何人在刚摊铺完的路面上行驶。质量检测人员在施工完毕后可及时组织对施工路段进行质量检测,以指导下一步的生产。

6 材料与设备

6.1 材料

6.1.1 本工法使用的材料见表11。

材料及质量要求　　表11

材料名称	规　格	材料种类	质量情况	备　注
粗集料	3～5mm	石灰岩	良好	
细集料	0～3mm	石灰岩	良好	
填料		石灰岩	良好	
沥青		壳牌SBS改性沥青	优	
木质纤维			优	

6.1.2　主要施工用料需要量(表12)

应力吸收层SMA-5沥青混合料每1 000m² 材料用量表(单位:t)　　表12

3～5mm碎石	0～3mm碎石	矿　粉	木质纤维	壳牌SBS改性沥青
23.63	13.75	5.58	0.19	3.44

6.1.3　工程辅助物料需要量

该工法工程主要辅助物料为黏层油乳化沥青,用量在0.3～0.6t/1 000m²。

6.2　设备(表13)

机具配备一览表　　表13

序　号	机具设备名称	型　号	性　能	数　量
1	沥青试验室仪器及测量仪器		良好	各1套
2	沥青拌和站	每小时产量150t以上性能良好		1台套
3	双光轮振动压路机	130或以上	良好	2台
4	双光轮振动压路机	110或以上	良好	1台
5	沥青摊铺机	ABG525	良好	1台
6	装载机	ZL50	良好	3台
7	运输车辆	装载20t以上	良好	不少于15辆

7　质量控制

7.1　质量标准及检验方法(表14)

质量技术要求　　表14

项　次	检查项目		规定值或允许偏差	检验方法
1	压实度(%)		96	钻芯取样法
2	平整度	Δ(mm)	1.8	平整度仪
3	渗水系数		300ml/min	渗水试验
4	厚度		设计厚度的-10%	钻芯取样
5	中线偏位(mm)		20	全站仪实测
6	纵断高程(mm)		±15	水准仪测定
7	宽度	有侧石(mm)	±20	钢卷尺测定
8	横坡(%)		±0.3	水准仪测定

7.2　保证质量的技术措施和管理措施

(1)针对压实度,严格按照试验段确定的碾压组合及碾压程序执行,不得少压或者漏压,由专人负责指挥。

(2)对于平整度控制,摊铺环节上摊铺机在行走过程中保持与拌和站拌和能力相匹配的速度匀速前进;碾压环节上,压路机不得在刚摊铺的层面上掉头、转向或紧急制动。

(3)保证渗水系数的措施就是严格按照确定的生产配合比进行生产,碾压上保证碾压遍数。

(4)在控制厚度上,坚持"宁厚勿薄、宁刮勿贴"的原则。

(5)中线偏位、纵断高程、宽度和横坡度的控制需要求工程技术人员在工作中加强技能修养,努力提高技能素质,工作中认真仔细。

8 安全措施

8.1 加强安全教育及岗位安全培训。施工前针对所有施工人员进行一次全面安全知识教育,对不同岗位制订相应安全生产操作规程,由安全员检查并督促整改。

8.2 每日工前进行现场教育,班组长及安全员应讲解本日生产要点及注意事项。

8.3 加强用电管理,电工组负责日常检查,禁止宿舍内使用大功率电器,做到人走电关。

8.4 加强机械操作手安全意识,严格按照机械操作规程进行,每日进行例行检查,杜绝设备带病工作。

8.5 设置专职交通管制人员,负责指挥施工车辆通行;做好交通标识,分流交通。

8.6 做好劳保用品及防暑降温品的管理及发放工作。

8.7 办公室负责监督食堂卫生,搞好饮食。

9 环保措施

9.1 做好当地文物的保护

9.2 防止水土流失,注重废料废方的处理

9.3 防止和减轻水、大气污染

9.4 保护绿色植被

9.5 土地资源的保护

9.6 现有公用设施的保护

9.7 文明施工措施

9.7.1 文明施工目标

争创"文明施工单位",做到履约信誉好、质量安全好、料机管理好、队伍建设好、环境氛围好、综合治理好。

9.7.2 文明施工管理机构(图4)

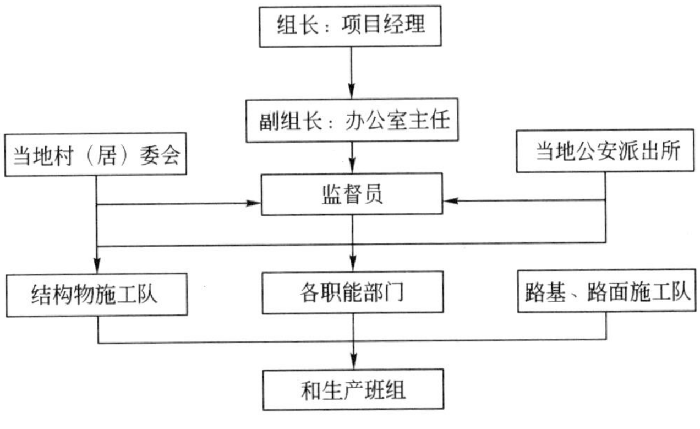

图4 文明施工管理机构

遵守当地政府颁布的有关管理规定及标准要求,成立"创建文明工地领导小组",领导实施和实现文明施工管理目标。

10 资源节约

根据国家节能工程的有关要求,在该工法形成过程中,严格贯彻以节能减排,创建节约型项目管理为方针,以不浪费现有资源为主题,加大科研投入,开展能源替代和材料再生为主题的研讨会,做到最大限度的节约资源。

11 效益分析

11.1 材料成本估算与对比分析

11.1.1 黑色面层(层厚4cm)

优质SBS改性沥青,3 800元/t。

方案1:

SMA-13,玄武岩(150元/t),木质素4‰(6 000元/t),油石比6%,材料成本价42元/m。

方案2:

AC-13,石灰岩(100元/t),油石比5.5%,材料成本价31元/m。

11.1.2 应力吸收层(层厚2cm)

优质SBS改性沥青(3 800元/t),优质石屑(100元/t),油石比8%,成本价22元/m。

11.1.3 黑色垫层(层厚2cm)

重交沥青60/80(2 500元/t),AC-10,油石比6%,石料(100元/t),成本价10元/m。

11.2 对比结论

沥青混凝土面层的摊铺,就人工费、机械台班费、管理费而言,几乎大同小异。通过上面的分析,采用该工法在材料费上虽然比黑色垫层成本高,但要比黑色面层成本低,而路用性能上远远超出黑色垫层,其技术经济效果不错。

12 应用实例

该工艺在尉许(尉氏—许昌)高速公路施工中被采用,施工地点在尉氏,开竣工时间为2004年10月15日~2005年8月31日,工程量为62 498 726元(人民币),其中应力吸收层工程量为20 203 055元(人民币)。该项工艺其实际效果良好,有效地防止了来自路面基层的反射裂缝和路面各结构层中毛细水造成的损坏。

滑模摊铺水泥混凝土路面钢筋植入机施工工法

GGG(鲁)B2034—2008

杨玉民 郝洪升 胡 富 吕梅琳 王书明
(山东省路桥集团有限公司)

1 前言

目前,我国的高速公路主要以沥青混凝土路面为主。随着高速公路建设水平的不断提高,路面设计寿命越来越长,等级也越来越高。2004 年初,尉许高速的路面施工任务为每间隔 4m 设纵向拉杆一组(38 根),间隔 0.8m 设横向拉杆一组(3 根);水泥混凝土路面为最底层,厚度为 28cm;中间为 2cm 厚的沥青与混凝土的结合层,上部为 7cm 厚的沥青铺装层。根据工程需要,在对市场做了相应的调研之后,决定自行研制开发 CADBI—12000 型钢筋植入机。

经河南尉许高速公路路面的使用, CADBI—12000 型钢筋植入机具有结构合理、操作简单、灵活、工作安全、可靠、性能优良等优点,为尉许高速公路的竣工通车提供了可靠的保证。该钢筋植入机具有很强的市场竞争力和推广前景。2006 年,CADBI—12000 型钢筋植入机的浮板横梁装置、悬挂连接装置、拉杆植入装置获得三项国家实用新型装置奖;同年年底,该型钢筋植入机通过省交通厅的技术鉴定;2007 年,获得获得“山东公路学会科技创新一等奖”;2008 年,获得国家发明专利。

2 工法特点

2.1 工法原理

CADBI—12000 钢筋植入机采用悬挂形式与滑模摊铺机组合为一体,用滑模摊铺机的自身质量(80t 左右)抵抗传力杆植入倾翻力,从而减轻了本机自重;两机一体、同步作业,能有效地把握传力杆植入时机和精度,可实现摊铺中不停机植入;采用自动布料车,减小人工劳动强度;采用振动搓平梁,自动找平因传力杆植入造成的路面不平度。自行式钢筋植入机的优点是可独立行走,但没有振动搓平梁,需人工抹平;与滑模摊铺机工作速度不一致,难以控制传力杆植入时间;由于混凝土坍落度的因素,传力杆的植入精度就很难保证;其与本机(CADBI—12000)比较,自动化程度低,而且质量大,造价高,路面后期处理工序增加,施工人工投入增加。

2.2 CADBI—12000 钢筋植入机的创造性和先进性

(1)浮板横梁装置主要由两根矩形钢管构成的横向主梁以及安装在横向主梁上的浮板装置和液压装置组成。

(2)拉杆植入装置安装在钢筋植入机的悬挂连接主梁上。

(3)悬挂连接主梁与滑模摊铺机间为悬挂连接方式,即在悬挂连接主梁后端焊接法兰,与滑模摊铺机液压后支腿液压缸外伸法兰连接。

(4)在植入机的后部加装振动搓平梁,即在主纵梁的后部设两组法兰连接孔,与振动搓平梁的吊杆连接在一起,吊杆上设有导向套,内装液压缸,通过手动开关调节液压缸,来达到调节振动搓平梁高度的目的。

3 适用范围

钢筋植入机适用于高等级路面传力杆及拉杆的植入,既可保证植入的位置与深度,又可节省大量的人力、物力。

4 工艺原理

CADBI—12000 钢筋植入机是一种用于混凝土路面传力杆及拉杆植入的路桥施工设备。钢筋植入机(简称 DBI)在国内属于新兴产品。CADBI—12000 型钢筋植入机采用了如下技术方案:由梁架系统构成的整机,整机上安装有液压执行系统、电气控制系统等部分。其特征是:整机通过悬挂方式与滑模摊铺机连接;整机的梁架系统为矩形管,梁架系统上还安装有钢筋植入系统。

5 施工工艺和操作要点

钢筋植入机是一种自动化程度很高的设备,适用于设计寿命高、带传力杆及横向拉杆的路面。钢筋植入机的主要结构包括底纵梁、横梁,植入小车,纵向植入系统,振动搓平梁系统,悬挂连接系统,电器控制系统等部分。

5.1 钢筋植入机结构简介

5.1.1 基本构造

CADBI—12000 钢筋植入机由梁架系统由浮板横梁系统、植入主梁系统、悬挂连接主梁系统组成;钢筋植入系统由振动搓平梁系统、拉杆植入系统、植入导向梁系统、自动布料系统组成;拉杆植入系统通过悬挂的方式与悬挂连接主梁系统连接在一起,振动搓平梁系统通过吊杆装置与悬挂连接主梁系统连接在一起,自动布料系统通过浮板横梁系统上的轨道与整机连接在一起。

5.1.2 浮板横梁系统

浮板横梁系统结构包括两根矩形管横向主梁,每根横向主梁的端部内设液压缸,两根横向主梁间由传力杆定位板连接;布料轨道采用挂钩形式和横向主梁连接在一起,两根轨道之间连接传力杆横推压板,传力杆横推压板由横推液压缸推动,在布料轨道的两侧各有 10 个导向滑块。

5.1.3 植入主梁系统

植入主梁系统结构包括厚壁方管的主梁,主梁外部焊接 4 根角铁;主梁下连接附着式振动器,附着式振动器下连接振动器连接架,在每个连接架上加设 4 个橡胶缓冲垫块,主梁的两侧安装三组靠轮。

5.1.4 悬挂连接主梁系统

悬挂连接主梁系统结构为:在悬挂连接主梁后端焊接的连接法兰,它与滑模摊铺机的液压后支腿连接;在所悬挂连接主梁的前端焊接连接法兰,该法兰与滑模摊铺机上的连接板固连,从而将整机与滑模摊铺机以前点配合后支撑点的方式与滑模摊铺机悬挂连接。

5.1.5 振动搓平梁系统

振动搓平梁系统包括振动搓平梁,它由 H 形钢构成,安装在整机的后部。在悬挂连接主梁的后部设两组法兰,与振动搓平梁的吊杆装置连接在一起。吊杆装置包括吊杆,该吊杆上设有导向套,内装液压缸。在振动搓平梁下部焊接一块前后均翘头的钢板。在振动搓平梁上还有液压马达座,其上安装液压马达。液压马达的输出轴上安装偏心轴,偏心轴上安装一个轴销连接摇臂连杆,摇臂连杆的另一头安装在吊杆上。

5.1.6 拉杆植入系统

拉杆植入系统包括由小型方管组成的拉杆框架，在框架的上部，焊接两组吊耳，与悬挂连接主梁前端焊接出的吊耳连接在一起。液压缸安装在主框架上，通过管道将至少两组拉杆植入机构连接在一起。在拉杆框架内部两侧，焊接两块滑板，中间安装一个振动器架，上面安装一台振动器。振动器架的上部通过液压缸与拉杆框架连接在一起，下部安装三根插入杆。

5.1.7 植入导向梁系统

植入导向梁系统包括三根植入导向梁，两端的植入导向梁内安装液压缸，中间植入导向梁由丝杠手动调节，两端的植入导向梁内部悬挂主液压缸。主液压缸的上下部分别与植入导向梁上部焊接的吊耳连接在一起。

5.1.8 自动布料系统

自动布料系统包含布料小车和液压驱动马达两部分。车体安装在布料轨道上，由两台液压马达控制布料的速度。

5.1.9 液压系统

液压系统由泵站、油路块和液压缸、液压马达构成。液压缸为活塞式液压缸，根据工作需要液压缸分两种控制方式，分别由手动控制和换向阀控制。

5.1.10 电气控制系统

电气控制系统，安装可编程控制器来控制钢筋植入机的动作过程。

5.2 工艺流程(图1)

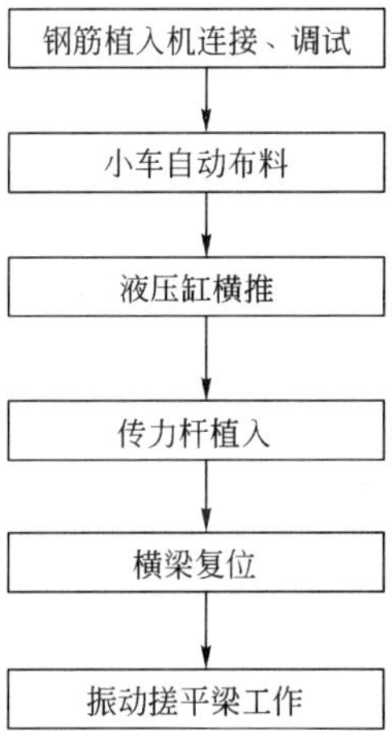

图1 工艺流程图

5.2.1 钢筋植入机的连接、调试

钢筋植入机在运往施工现场之后，先与滑模摊铺机的液压后支腿连接。在所悬挂连接主梁的前端焊接连接法兰，该法兰与滑模摊铺机上的连接板固连，从而将整机与滑模摊铺机以前点配合后支撑点的方式与滑模摊铺机悬挂连接。然后，将钢筋植入机与滑模摊铺机的水平位置通过位移传感器调平，进行空车试验。

5.2.2 小车自动布料

将一组需要植入的传力杆摆放在布料小车的料斗中，启动液压马达。液压马达牵动钢丝绳，带动布料小车前进，每前进到一个传力杆的植入位置，就有一根传力杆落入浮板横梁的槽中。

5.2.3 液压缸横推

小车自动布料完成后，横推液压缸工作，将传力杆推到需要植入传力杆的水泥表面。

5.2.4 传力杆植入

主液压缸带动植入主梁动作，将传力杆植入水泥中间，通过位移传感器控制传力杆的植入深度。

5.2.5 横梁复位

到达规定的深度后，主缸自动带动植入主梁复位，横梁复位。

5.2.6 振动搓平梁工作

植入机的后部加装振动搓平梁，即在主纵梁的后部设两组法兰连接孔，与振动搓平梁的吊杆连接在一起。吊杆上设有导向套，内装液压缸，通过手动开关调节液压缸，来达到调节振动搓平梁高度的目的。液压马达的输出轴上安装偏心轴，偏心轴上安装一个轴销连接摇臂连杆。摇臂连杆的另一头安装在吊杆上，通过液压马达的单向运动，使振动搓平梁与植入机之间产生相对运动来达到搓平的效果。

6 材料与设备

6.1 机械设备(表1)

使用机械、设备表

表1

机械设备名称	型号产地国	功率/吨位/容积	单　位	数　量
混凝土拌和站	HSL80	$80m^3/h$	套	1
混凝土搅拌运输车	MR—60S、日本	$6m^3$	辆	4
滑模摊铺机	CMI、美国	12m	台	1
钢筋植入机	自制、济南	CADBI—12000	台	1
钢筋切割机	GC—40、济南		台	2

6.2 材料

钢筋植入机的钢结构件用Q345钢材;机加工件采用45号;其他辅助结构采用Q235钢材。

7 质量控制

质量控制是施工的重点,控制好施工质量是工程的关键。质量控制目标见表2。

质量控制目标

表2

检查项目	控制目标	检查项目	控制目标
混凝土强度(MPa)	在合格标准内	拉杆位置误差(mm)	±5
传力杆位置误差(mm)	±10	拉力杆深度误差(mm)	≤5
传力杆深度误差(mm)	≤5	路面平整度(mm)	±5

8 安全措施

8.1 进行安全教育,建立健全各项规章制度,加强岗位责任制,严格施工纪律,严格按规程操作。

8.2 作业人员必须有作业证书,严禁带病上岗;作业工人应穿佩戴安全帽,穿着警示服装。

8.3 设立施工作业警示区,严禁非施工人员及车辆进入施工现场。

8.4 遇有大风、暴雨天气需停止施工;注意保护电源,防止漏电。

8.5 严禁乱抛掷杂物。

8.6 定期检查各种限位开关及液压系统,如有损坏及时更换。

8.7 设专人指挥,设备启动前应鸣笛。

9 环保措施

9.1 施工期间噪声的防治措施

现场施工噪声主要来自施工机械,为了能有效地降低施工噪声,应从以下几点着手。

(1)必须采取相应措施以使施工噪声符合国家环保局颁发的《建筑施工场界噪声限值》(GB 12523—1990)要求。土石方施工阶段的噪声限值为:昼间75dB,夜间55dB。

(2)在可供选择的施工方案中尽可能选用噪声小的施工工艺和施工机械。

(3)将噪声较大的机械设备布置在远离施工红线的位置,减少噪声对施工红线外的影响。

(4)对噪声较大的机械,在中午(12:00~14:00)及夜间(20:00~7:00)休息时间内停机,以免影响附近居民休息。

9.2 施工期间粉尘(扬尘)的污染防治措施

施工车辆行驶会引起尘土飞扬,使附近的总悬浮颗粒物超过环境空气质量标准。为了注重环保工作,应采取如下措施:

(1)配备足够数量的洒水车,以保证将汽车行走施工道路的粉尘(扬尘)控制在最低限度。

(2)定时派人清扫施工便道路面,减少尘土量。

(3)对可能扬尘的施工场地定时洒水,并为在场的作业人员配备必要的专用劳保用品。对易于引起粉尘的细料或散料应予遮盖或适当洒水,运输时也应予遮盖。

(4)汽车进入施工场地应减速行驶,避免扬尘。

9.3 其他环保措施

(1)建立环境保护管理小组,由项目经理主管,成员由专业骨干组成,做好日常环境管理,并建立环保管理资料。

(2)建立健全环境工作管理条例,施工组织设计中应有相应环保内容。

(3)对地下管线应妥善保护,不明管线应事先探明,不允许野蛮施工作业;施工中如发现文物应及时停工,采取有效封闭保护措施,并及时报请业主处理,任何人不得隐瞒或私自占有。

(4)建立公众投诉电话,主动接受群众监督。

(5)施工期间应防止水土流失,做好废料石的处理,做到统筹规划、合理布置、综合治理、化害为利。

10 资源节约

10.1 钢筋植入机通过悬挂连接装置与滑模摊铺机连接在一起,利用滑模摊铺机带动其行走,有效地节约了能源。

10.2 振动搓平梁的后挡板可以把废料收集起来再利用。

11 效益分析

11.1 新增产值

钢筋植入机的钢结构件总质量25t,加工单价8 000 元/t,加工费为:25t × 8 000 元/t = 200 000 元。外购件150 000 元,液压件150 000 元,其他费用150 000 元。新增产值为:加工费200 000 元 + 外购件150 000 元 + 液压件150 000 元 + 其他费用150 000 元 = 650 000 元。

11.2 新增利税

机械加工行业利润为总造价的10%,上缴税金按企业增值税缴纳,所增利税17%,新增利税为650 000 元 × 17% = 110 500 元。

11.3 增收节支总额(为公司节约资金)

进口一台钢筋植入机需要26 万欧元,折合人民币245 万元。采用该机型,节约资金2 450 000 元 - 800 000 元 = 1 650 000 元。

11.4 项目总投资额

800 000 元。

11.5 社会效益

原材料25t,综合单价3 600 元/t,材料费为25t × 3 600 元/t = 90 000 元。外购件150 000 元。原材料总投资为:材料费90 000 元 + 外购件150 000 元 + 液压件150 000 元 = 390 000 元。冶金及电子工业利税按20%计,则为其他行业带来的新增利税为:390 000 元 × 20% = 78 000 元。

11.6 经济效益总额

经济效益总额为新增利税110 500 元 + 增收节支1 650 000 元 + 社会效益78 000 元 = 1 838 500 元。

12　应用实例

12.1　应用实例1:河南尉许高速公路路面四标

2005年3月16日,在河南尉许高速公路路面四标首次使用,铺装200m试验段,现已竣工通车,安全、质量和进度均收到业主、监理的一致好评。

12.2　应用实例2:河南尉许高速公路路面二标

2005年5月,在河南尉许高速公路路面二标再次使用,铺装10km,现已竣工通车,安全、质量和进度均收到业主、监理的一致好评。

沥青路面多步法就地热再生施工工法

GGG(鲁)B3035—2008

赵显福 周新波 李振海 于 悦 马士杰
(山东省路桥集团有限公司)

1 前言

我国经济的高速发展,带动公路建设实现跨越式的发展。时至今日,大发展早期投入使用的道路,已相继进入维修养护期,养护维修量呈直线上升趋势。2005 年,交通运输部提出“建设是发展,养护也是发展”的建养观念。国家拟定了可持续发展战略,建立资源节约型、环境友好性社会,大力提倡循环经济利用的倡议。在这一社会的大环境下,山东省路桥集团为提升自身的施工实力,为社会做出较大贡献,于 2004 年引进加拿大大能牌热再生系列机组。该机组理念独特,是目前世界上唯一一套多步法沥青现场热再生再生机组。但是该机组经使用发现,其性能不能完全满足我国路况维修养护的参数要求,功能不能达到再生沥青混合料的完好优质。为此,山东省路桥集团成立了专职的施工与管理机构,对设备存在的问题进行技术改造,对施工工艺进行分析、探讨与实施,并邀请山东省交通科研所道路室作为技术合作单位。

多步法再生工艺具有施工快捷、操作方便、节能环保、节约资源等优点。与传统养护相比,就地热再生能大幅节约资金投入,每公里单车道累计节约材料超过 11 万元,节约维修时间 1/2 以上,同时路面废料得到充分利用,消除了路面废料对环境的污染,总体提高效益 50.72%。2004 年至今,山东境内施工面积 40 余万平方米,早期施工的路段到现在已使用 4 年以上,没有明显的病害发生。特别是 2008 年在曲阜的施工路段,沥青混合料的参数和路用参数已达到新沥青混合料施工的各项参数。热再生已先后在浙江杭甬高速、浙江上三线高速、福建省福泉高速、内蒙古呼包高速、内蒙古呼市市政道路再生维修,均得到业主满意的评价。

2 工法特点

多步法热再生工艺采用的是热风循环加热方式,多次加热,多次耙松,可控性好,热效率高,节约 30% 的燃料。同时,避免了红外加热使沥青很大程度上老化,辐射严重,以及对周围绿化严重破坏。针对耙松深度控制不好影响平整度的情况,将耙松控制系统外拉至热影响区以外,利用非受热区基准点耙松深度控制方法,同时分离耙松系统。独创沥青添加系统,并实现总动化控制。在复拌机上增设二级拌锅,为沥青、再生剂、新沥青混合料提供了 1min 左右的拌和时间,有效提高了再生混合料的拌和效果,使混合料更加均匀。其终端加热系统,可提高摊铺温度从而保证摊铺质量。再生平均速度由原来 2m/min 提高到 3m/min,混合料摊铺温度提高 20℃,再生路面渗水系数平均 73ml/min,压实度可达 98% 以上,路用性能指标大大提高。

3 工法适用范围

沥青路面现场再生技术是一种预防性养护方式,它能对路面表层 3 ~ 8cm 厚的沥青混合料进行再生,但适合就地再生的沥青混凝土路面须满足一定的条件,具体情况见表 1。

适合条件具体情况　表1

项目		适用条件	备注
原路面的平均厚度(cm)		>5	确保翻松时不接触非沥青混合料
车辙	挤压变形程度(cm)	<8	车辙深度超过8cm后需要预处理
	磨耗(cm)	<3	面层料质量满足使用要求后,可以再生,否则必须选择一种合适的方式,预处理或者加铺
网裂程度(%)		<40	如果仅仅是表层网裂,不受限制;当局部破损达到下一层次或更深时,必须提前挖补
原路面沥青的老化标号(0.1mm)		>30	加铺时,原路面沥青针入度要求下限可以放宽至20

多步法就地再生机组是一系列机组,设备原值较高,机械庞大,设备折旧费用和施工转场时托运费用较高,施工时机械组合长80~100m,因此施工现场应满足以下条件:

(1)具备足够发挥就地热再生特长的工程规模;

(2)通过增加工程量降低维修单价和设备其他费用;

(3)确保现场的施工条件,一组机械通过的时间约需60~90min,再加上养生时间,需要中断施工地点一个车道的交通。

4　工艺原理

在室内对待再生路面取样进行分析,通过试验掺加一定数量的再生剂,使之恢复原有沥青性能程度后,添加适量沥青、新料,组织设计再生新料配比,指导现场应用再生机组对沥青混合料进行加热、软化、耙松、收集、添加再生剂、添加沥青以及不同级配的新沥青混合料;通过复拌机的二级拌和,充分加热、搅拌,模拟混拌新的再生沥青混合料,重新摊铺、压实、检测、观察等,完成现场就地再生,恢复道路的使用功能。

5　施工工艺和操作要点

加热软化原路面,分三步对路面的旧沥青混合料进行加热、耙松,然后通过传输收集耙松料并添加合适剂量再生剂、沥青及适量的新沥青混合料,在具有终端加热功效的拌锅内进行封闭加热拌和,以实现对老沥青结合料的再生及改进旧沥青混合料的结构组成(级配、含油量、空隙率等),最后将再生混合料重新铺筑在原来的路面上,传统碾压,待路面温度降至常温后即可对外开放交通。

现场施工工艺见图1。

(1)施工工序。路面清扫、加热机加热、加热耙松机分层加热耙松、掺加新料、添加再生剂及沥青、沥青料收集加热搅拌、摊铺、路面压实。

(2)施工过程中,特殊路段的处理

当车辙较深时,可采用加热机预先加热,紧跟压路机碾压预处理后再生的方式处理。

(3)平整度控制。改造后的热再生设备配有独立式摊铺机,其平整度控制与传统养护相同。横坡仍采用原路面横坡,对个别横坡不良路段再生时加以微调,对个别沉陷桥头也可以进行挂线找平施工。

(4)再生机组施工工艺。多步法就地热再生工艺属国际首创,采用热风循环加热方式,多次加热,多次耙松,可控性好,热效率高,对路面沥青和集料损伤轻微,控制得当,是一种实施理念最为先进的再生工艺。

施工时,第1、2台加热机要在起步60m的范围内往返加热至少2次,运行速度不大于2m/min,随后其余机器相继投入生产。全部机组投入生产后,根据天气、地温等因素,运行速度可作相应调整,每两节再生列车间距不得大于2m。每节列车配1名操作手,1名管理员。

第1、2台加热机热风循环系统可向路面提供足量的热风,使路面温度达到180℃以上,加热箱与路面形成密闭空间，因而路面热量快速向下传导。加热箱全长 8m 左右，按 2.5m/min 的行进速度计算，可对路面提供 3min 以上的加热时间，路面 3cm 深处的温度可达到 150℃左右。

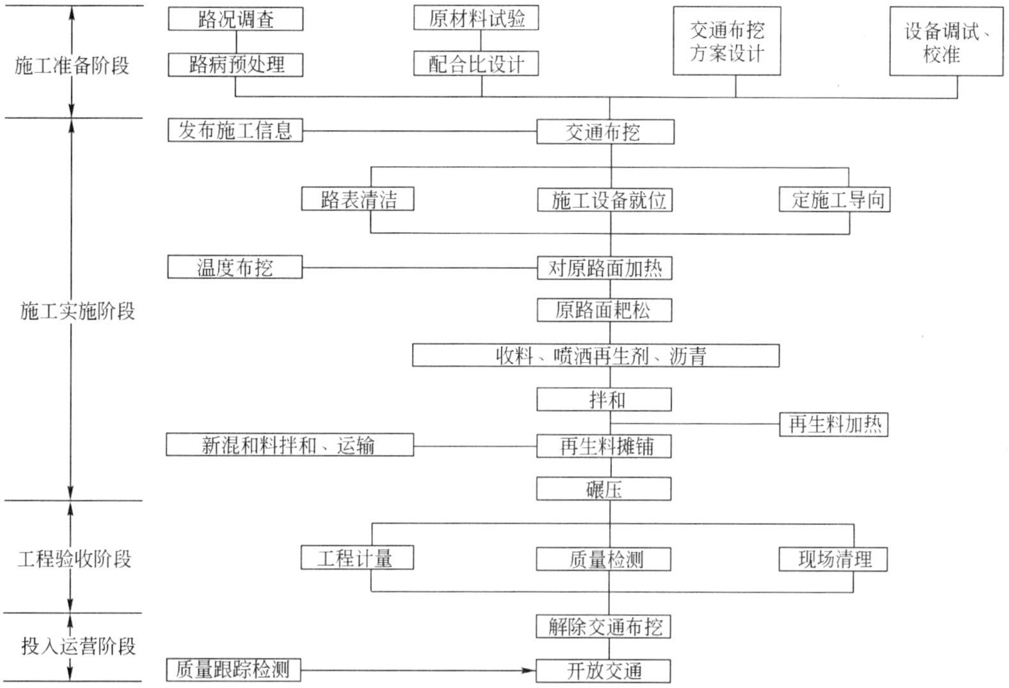

图 1　沥青路面现场热再生施工工艺流程

第 3 台为加热耙松机，加热箱长度为 6m，可对路面提供 2min 加热时间。其与第 1、2 台加热机的温度共同作用，使路面 3cm 深处温度可达 150℃，并能完成 2.0cm 的耙松深度。

第 4 台加热耙松机可加热路面以下 4.5cm 或更深，温度达 130℃以上，耙松深度控制在 2.0cm 左右，耙松后路面不能存在明显的夹层。

第 5 台也为加热耙松机，其功能等同于第 3、4 台加热耙松机，但根据不同路面情况，该节设备可作机动使用。如果原路面上面层厚度为设计 4cm，且层间状况良好，该节设备可以起到加热、刮平、增加层间黏结的作用；如果原路面上面层厚度为设计 5cm，且层间状况良好，该节设备可以起到加热、继续耙松、增加层间黏结的作用；如果原路面上面层厚度为设计 5cm 或更深，且层间状况不好，那么第 3、4 台设备就应调整耙松深度，完成设计耙松深度，而该节设备的主要作用是加热，蒸发层间水分，起到提高层间黏结的作用。

如果原路面上面层与下面层结合不好，施工速度应适当放慢，以保证再生路面和原路面面层结合良好。耙松的宽度比加热宽度两边各窄 20cm，以利于再生路面和原路面纵向接缝良好。

第 6 台为复拌综合机，集收料、传输、新料添加、再生剂添加、沥青添加、混合搅拌加热等功能于一体。

目标和生产配比已经基本确定了再生剂、沥青的添加量，生产施工时只需根据路面实际情况判断偏差和变异情况，确定施工路段的再生剂、沥青最佳用量，而添加的方式完全采用微电子控制技术，行走速度与添加量呈正比，最终每天进行一次总量校核。热再生摊铺前要添加适量新料以弥补磨耗及其他料损，以保持原路面高程或提高原路面高程，调整原路面级配为主要目的。本试验路段的新料添加量为 20%，实际施工中新料的添加还应考虑满足路面损耗要求，但不要影响其他附属设施功能的正常发挥。

第 7 台为独立式沥青混凝土摊铺机，其作用是将综合机混拌后的再生混合料及时摊铺，如有顺坡要求，随时调整。

再生路面的碾压,初压温度应在120℃以上,终压温度应在90℃以上,两台双钢轮振动压路机及胶轮压路机紧随摊铺机梯队碾压。

6 材料与设备

6.1 热风循环加热系统

该系统是强制循环高温高压空气及一定程度的红外线辐射的完美结合。热风加热系统采用柴油燃烧器加热,在燃烧器的腔体结构中加热大量空气。这些用于循环加热路面的热空气只含有少于0.2%氧气,这将避免被加热路面在高温下进一步氧化。被加热的高温高压气体通过管路输送到由一些方形管构成的加热板。在加热板的底部,高温热风通过在增压板成百上千个小孔吹向路面。同时,增压板也向路面辐射一定程度的红外线,从而增加传热效率。为了减少热能的损耗及减少氧气,加热路面后的热风由鼓风机被抽回到加热腔再加热,并加入少量空气补充热风保持风量。在此热风循环加热中,热风出口温度大约700℃,而被鼓风机抽回的气体温度大约为400~450℃。出口温度可以调节低至400~450℃,而相应抽回气体温度降至200~250℃。在燃烧室终端增加挡风板,对加热箱排风系统增加不均匀小孔布设,合理应用流体力学原理,对加热系统进行改善,建立了有效的热风循环平衡体系,采用更加完善的保温措施,对隔热系统进行改造,从而有效控制大量热风外泄,既保护了周围绿化植物,提高热效率,又较好地改善了工作环境。

6.2 增设沥青添加系统

沥青路面随着使用时间的延长、环境的影响和车轮对地面的摩擦使路面面层沥青老化和损失是无法克服的两大自然病害。一般再生设备只有再生剂的添加,仅可以解决沥青老化问题,而针对大部分沥青路面均有不同程度的沥青老化以及大量贫油现象无能为力。对此,该设备增设了沥青添加装置,通过添加沥青来调节沥青混凝土的沥青含量,使沥青路面沥青含量这一重要指标得以保障,切实有效保证了路面的施工质量。

6.3 多步法再生设备

在复拌综合机上增设了二级拌锅及终端加热装置,为新添加的沥青、再生剂及旧沥青混合料提供了1min左右的拌和时间,有效保证了再生混合料的质量,并且新添加的沥青、再生剂及混合料得到了充分搅拌,混合料的质量和离析现象得以解决。

7 工程质量控制措施

全面执行GB/T 19902—ISO 9000质量管理标准,开展全员、全过程、全方位的质量管理,成立质量管理领导小组,全面负责工程质量的实施和管理工作。

对于再生施工的质量保证措施,我们一般是从严格技术把关入手,抓好施工生产全过程的质量管理。本次试验路质量控制措施主要表现在以下三个方面:

(1)加强各职能部门人员的质量责任和意识;

(2)重视生产过程中的质量控制;

(3)保证施工中的资料完整齐全。

7.1 加强各部门人员的质量责任和意识

(1)质量负责人质量责任

①确保工程各技术数据正确。

②认真执行ISO 9000质量管理体系的要求,进行详细的技术交底,使每个职工都明确本工种的质量要求。

③负责现场技术工作的检查和指导,确保测量数据、施工放线准确。

(2)施工处质量责任

施工处应对工程施工质量负责，严格按设定要求施工，保证施工质量。

(3)工程质检科质量责任

工程科负责领导并组织好现场的技术人员，做好项目的质量管理工作，并负责工程施工全过程的质量控制、检查、监督工作。

7.2 生产过程中的质量控制

(1)沥青路面摊铺过程中必须随时对铺筑质量进行评定，重点对碾压工艺进行过程控制。

①碾压工艺的控制包括压路机的配置(台数、吨位及机型)、排列和碾压方式、压路机与摊铺机的距离、碾压温度、碾压速度、压路机洒水情况、碾压段长度、掉头方式等。

②摊铺过程中随时检测摊铺厚度及摊铺温度。

(2)施工过程中应随时对路面进行外观(色泽、油膜厚度、表面空隙)评定，尤其特别注意防止粗细集料的离析和混合料温度不均，造成路面局部渗水严重或压实不足，酿成后患。

(3)热再生施工过程中的质量控制，施工及验收评定标准按《公路沥青路面再生应用技术规范》(JTG F41—2008)及《公路沥青路面养护技术规范》(JTJ 073.2—2001)执行，参见表2～表4 。

就地热再生混合料施工过程中的工程质量控制标准 表2

检 查 项 目	检 查 频 度	质量要求或允许偏差	试 验 方 法
再生剂用量	每天1次		总量控制
沥青用量	每天1次		总量控制
压实度代表值	每天1～2次	试验室标准密度的97%，最大理论密度的93%	T 0924
再生混合料摊铺温度	随时	>120℃	温度计测量

就地热再生外形尺寸现场质量检查的项目与频度 表3

检 查 项 目	检 查 频 度	质量要求或允许偏差	试 验 方 法
宽度(mm)	1次/100m	±20	T 0911
再生厚度(mm)	随时	±5	T 0912
加铺厚度(mm)	随时	$-3<d<+3$	T 0912
平整度(mm)	随时	<3	T 0931
横接缝高差(mm)	随时	<3，必须压实	3m直尺间隙
纵接缝高差(mm)	随时	<3，必须压实	3m直尺间隙
外观	随时	表面平整密实，无明显轮迹、裂痕、摊挤、油包、离析等缺陷	目测

就地热再生外形尺寸现场质量检查的项目与频度 表4

检 查 项 目	检 查 频 度	质量要求或允许偏差	试 验 方 法
宽度(mm)	每1km 20个断面	±20	T 0911
再生厚度(mm)	每1km 5点	±5	T 0912
加铺厚度(mm)	每1km 5点	$-3<d<+3$	T 0912
平整度(IRI)	全线连续	3.0m/km	T 0933
外观	随时	表面平整密实，无明显轮迹、裂痕、摊挤、油包、离析等缺陷	目测
压实度代表值	每1km 5点	试验室标准密度的97%，最大理论密度的93%	T 0924

(4)就地热再生的检查验收。就地热再生工程的检查和验收按照《公路沥青路面再生应用技术规范》(JTG F41—2008)及《公路沥青路面养护技术规范》(JTJ073.2—2001)进行，对纵断面高程、横坡度

不做要求。

7.3 保证施工中的资料完整齐全

根据工程验收和质量体系对工程竣工资料和施工管理控制的要求,做好各类现场工作图片、影像资料的收集、保存、归档工作;严格按照"文件和资料控制程序"的内容和要求,对图、表、签证、原始凭据、施工文件、来往信函等内容,以及资料照片、数码资料等进行管理和控制,保证文件资料控制的有效性和可追溯性,确保工程资料的准确性、及时性和完整性。

8 安全保证措施

8.1 施工机械安全措施

项目部机务科对工地所有机械统一定期进行安全检查,发现问题及时解决,消除不安全的因素;各种机械设备均要制订安全技术操作规程,并认真检查落实情况;定期检查机械设备的安全保护装置和安全指示装置,以确保以上两种装置的齐全、灵敏、可靠。

8.2 施工用电安全

所有电缆线应有套管,电线进出不混乱,配电箱不容许进水;支线绝缘好,无老化、破损和漏电现象出现;一般现场照明采用220V电压。照明导线应有绝缘子固定;严禁使用花线或塑料胶质线;导线不得随地拖拉或绑在金属架上;照明灯具的金属外壳必须接地或接零;单相回路内的照明开关箱必须装设漏电保护器。

8.3 施工车辆安全

项目部机务科对所有施工车辆进行统一检查,所有车辆应证件齐全;所有施工车辆应按照指定路线或标志进入施工现场;所有施工车辆进入施工封闭区域内不得随意的掉头、转向,并限速30km/h。

9 环境保护措施

9.1 减少扰民噪声污染

(1)在拌和站选址时,噪声污染和环境污染将作为选址考虑的重要因素。为防止噪声扰民,拌和站的选址应远离居民区。

(2)合理安排生产时间,尽量减少夜间作业时间。

9.2 降低环境污染

(1)热风循环加热技术具有加热均匀、热效率高、无烟气污染、保护环境等优点。由于回收利用热风循环加热,能够节省30%的燃料,是一种"绿色"技术。

(2)拌和站、耙松料堆放场尽可能减少耕地的占用,远离水源和农作物。对拌和站场地按要求进行硬化,防止扬尘污染。在工作面清扫的过程中,采用具有除尘设施的设备进行清扫,减少扬尘污染。

9.3 加强文明施工

(1)施工现场设置明显的、符合国家标准要求的安全警示标志牌;标志牌、锥形标等安全设施按规定整齐摆放;施工现场的管理人员在施工现场应当佩戴证明其身份的工作证。

(2)施工区内道路畅通、平坦、整洁,不乱堆乱放,无散落物;堆放大宗材料、成品、半成品和机具设备,不得侵占场内道路及安全防护等设施;施工便道派专人养护,对便道进行平整,洒水车经常洒水养护;生活垃圾、施工垃圾不得随意乱扔,避免公路两边和中央分隔带以及沿线居民区受到污染。

10 效益分析

以2007年山东省京福高速K222~K246段的施工为例,选取1km施工段计算热再生工艺的综合效益,比较评价两种维修方式的效益差异。面层重铺的工艺为:耙松旧沥青面层,铺设封层,摊铺沥青混凝土面层。

10.1 维修成本

维修合同确定铣刨旧沥青面层单价为 99.23 元/m^3,摊铺沥青面层单价为 1 359.08 元/m^3,封层单价为 11.28 元/m^2,综合考虑燃料等其他费用,热再生单价为 39.6 元/m^2。

面层重铺:铣刨旧沥青面层 99.23 元/m^3 ×3.75m ×1 000m ×0.04m =14 884.5 元,摊铺沥青面层 1 359.08 元/m^3 ×3.75m ×1 000m ×0.04m =203 862 元,封层 11.28 元/m^2 ×3.75m ×1 000m =42 300 元,合计 X_{11} =261 046.5 元。

就地热再生:Y_{11} =39.6 元/m^2 ×3.75m ×1 000m =148 500 元。

10.2 维修时间

面层重铺:铣刨时间 1 000m ÷3.5m/min =286min,摊铺时间 1 000m ÷2.5m/min =400min,准备时间 60min,道路封闭时间 60min,另有铣刨后晾干时间 1h,封层撒布时间以及间隔时间 4h,合计 X_{21} = 18.4h。

就地热再生:再生时间 1 000m ÷2.5m/min =400min,准备时间 60min,道路封闭时间 60min,合计 Y_{21} =8.7h。

10.3 废料污染成本

面层重铺:废料 3.75m ×1 000m ×0.04m =150m^3,堆高 4m,占地 38m^2,占地费用约 150 元/年 ×5 年(一个中修年限)=750 元,合计 X_{31} =750 元。

就地热再生:无废料污染,Y_{31} =0。

10.4 权重系数

根据各种情况对效益的影响程度,对各种影响因素分配不同的权重系数,其中费用影响最大 D_1 = 0.7,维修时间影响次之,D_2 =0.2,废料污染成本影响最小,D_3 =0.1。假设面层重铺综合效益指数 P = 1,计算热再生综合效益指数为:

$$\begin{aligned} P_1 &= 1 + \sum_{j=1}\sum_{i=1}^{3}(|X_{ij} - Y_{ij}|)/X_{ij} \times D_i \\ &= 1 + (261\,046.5 - 148\,500)/261\,046.5 \times 0.7 + (18.4 - 8.7)/18.4 \times 0.2 + (750 - 0)/750 \times 0.1 \\ &= 1.507\,2 \end{aligned}$$

10.5 单项指标增加效益

$$C_i = (|X_{ij} - Y_{ij}|)/X_{ij}(i = 1,2,3;j = 1):$$

$$C_1 = (261\,046.5 - 148\,500)/261\,046.5 = 0.431\,1$$

$$C_2 = (18.4 - 8.7)/18.4 = 0.527\,2$$

$$C_3 = (750 - 0)/750 = 1$$

10.6 综合效益提高

$$P_2 = P_1 - P = 1.507\,2 - 1 = 0.507\,2$$

通过热再生施工工艺的效益计算来看,采用就地热再生技术比面层重铺工艺,可以降低维修成本 43.11%,节约维修时间 52.72%,减少废料污染成本 100%。

通过上述公式对长距离的就地热再生工艺维修和面层重铺工艺维修进行综合效益比较,得出就地热再生工艺提高效益的具体数据。

实践证明,分步法就地热再生施工能处理很多路面常见病害,与传统养护相比,能大幅节约资金投入,每公里单车道累计节约材料超过 11 万元,节约维修时间 1/2 以上;同时路面废料得到充分利用,消除了路面废料对环境的污染,总体提高效益 50.72%。如果公路管理部门重视沥青路面现场就地热再生技术带来的社会效益、经济效益,辅以适当的政策导向,设备技术开发企业及社会可获得可观的经济效益和社会效益,则该项技术的研究才能获得较大的提升空间。同时,只有公路养护施工企业减少了工程费用的支出,提高了工作效率,管理部门养护成本才能降低,道路畅通率才能提高,这对我国的公路养护事业将具有重大意义。

11 工法应用实例

2004 年至今,我单位进行了大量的施工,目前已完成再生路面 50 余万平方米。2004 年在京福高速公路济南段 K100 ~ K119 路段施工。该路段大面积网裂,坑槽较多,多数路段有 1 ~ 2cm 的车辙,多年的挖补维修使得路面形象欠佳。我们在对唧浆和已形成中下面层问题的路段挖补处理后,进行了现场热再生,路面平整度显著提高,行车性能有了很大改善,至今没有大的病害产生。2005 年在京福高速德州段 K1 ~ K11 路段施工。该路段为 SBS 改性沥青路面,主要病害为车辙,车辙深度均在 5cm 左右,个别路段已达 8cm 以上,对小车的行车安全已构成直接威胁,用热再生处理后现路面行驶状况良好。2006 年、2007 年,我们在京福高速曲阜段 K222 ~ K232 和 K235 ~ K245 进行了现场热再生施工。该路段以纵向裂缝、车辙、和表面贫油为主要病害特征;2007 年 10 月又在浙江沪杭甬高速 K33 ~ K46 和福建福泉高速公路 K380 ~ K387 进行了热再生施工;2008 年在曲阜的施工路段、内蒙古呼包高速、内蒙古呼市市政道路再生维修施工,均得到了业主和监理的一致认可。采用本工法,施工质量实现了质的飞跃,级配、渗水、构造深度、摩擦系数、抗滑系数、平整度、再生层与中面层的结合程度以及再生后的沥青混凝土性能指标等均达到新建路面标准。

水泥混凝土路面滑模施工工法

GGG(鲁)B2036—2008

王聿清　焉保川　高腾安　单学民
刘怀亮　陈晓华　胥忠国　何拥军　熊文涛
(山东省路桥集团有限公司　中国葛洲坝集团国际工程有限公司)

1　前言

滑模摊铺技术以其特有的施工工艺简单、施工速度快、施工质量高、节约施工成本和经济效益好等优点,受到越来越多的高速公路建设单位和施工单位的青睐。该技术的广泛应用,业内人士给予足够的重视。长寿命路面[18cm 的水泥稳定碎石层 +1.5cm 的沥青封层 +28cm 的水泥混凝土板 +(4 +2)cm 的细粒式改性沥青混凝土面层]典型结构成套技术,即水泥混凝土路面滑模摊铺、裸化、切缝及养护技术,于 2006 年 12 月获得河南省人民政府颁发的河南省科学技术进步奖一等奖;钢筋自动植入装置由国家知识产权局于 2008 年 6 月授权专利。

2　工法特点

2.1　施工工艺简单、施工质量高。

2.2　机械化、自动化程度高。

2.3　施工速度快、生产规模大。

2.4　料源广阔、节约成本。

2.5　环境污染小、使用寿命长。

3　适用范围

本工法适用于任何工程量大、质量要求高、厚度在 20 ~ 60cm 的水泥混凝土面层的施工,如高速公路及其他等级的道路、大型广场及港口码头、飞机场。

4　工艺原理

滑模摊铺机在施工导线的引导下向前行进,固定在机上的成型模(含顶模和侧模)向前滑动,混凝土拌和料进入振动腔、成型模,经振捣、挤压成混凝土路面。

5　施工工艺流程(图 1)及操作点

5.1　施工准备

(1)基层的检查、验收及处理。

(2)工作面内障碍物清理。

(3)基层表面杂物及松散颗粒清理。

(4)施工用临时便道准备。

(5)机械设备和工具的检查与保养。

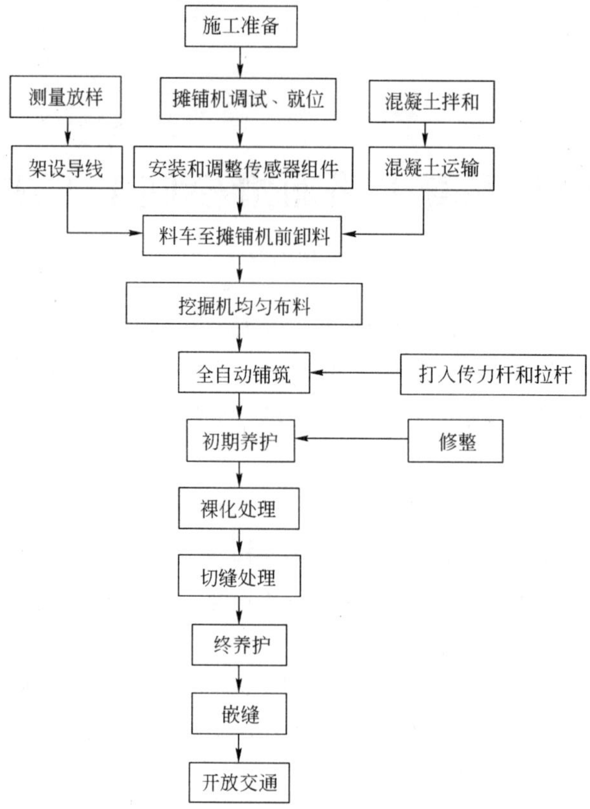

图1　高等级水泥混凝土路面滑模摊铺机施工工艺流程图

(6)施工所需钢筋网片、传力杆、拉杆、套筒以及养护剂的准备。

5.2　测量放样

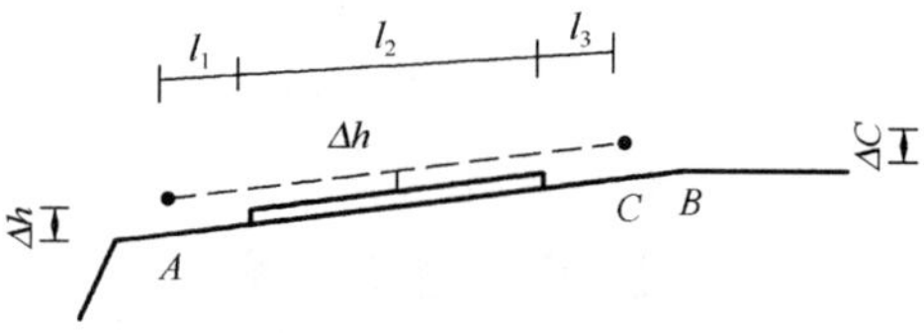

图2　恢复路线中桩

(1)根据摊铺机的结构特点、混凝土路面的厚度及其在横断面上的位置确定施工导线距混凝土顶面的高度 Δh 和距混凝土侧边的距离 l_1、l_3。

(2)根据路面设计高程计算各断面导线高程 H_A、H_C。

(3)恢复路线中桩 B(图2)。中桩间距为直线段和圆曲线段10m,缓和曲线段5m。

(4)用木桩放出导线架设点 A、C。木桩上用钉子准确标出点位。

(5)测量 A、C 两点桩顶高程 h_A、h_C,并计算出挂线高度 ΔA、ΔC。其中,$\Delta A = H_A - h_A$、$\Delta C = H_C - h_c$。

5.3　架设导线

(1)在各断面导线位置点 A、C 外侧一定距离(如30cm)处打入导线桩(钢杆),用锁紧套将横杆固定在导线桩上,调整锁紧套,使横杆保持一定高度(如60cm),横杆上的凹槽大致对准导线位置点 A(或 C)。

(2)在一定路段长度内将导线(细钢绞线)展放开。导线的一端用钢杆固定,另一端穿入张紧器。首先,将张紧器用钢钎固定在地上,然后用张紧器张紧导线,并将导线塞进各横杆的凹槽。

(3)将各个导线桩的桩号和挂线高度 ΔA(或 ΔC)用粉笔标明在导线桩上。

(4)用垂球、钢板尺和扳手逐桩调整横杆,使凹槽内的导线对准下面的导线位置点 A(或 C),并且两者之间的高差等于挂线高度 ΔA(或 ΔC)。

(5)用目测的方法检查导线的平直(直线段)或顺滑(曲线段)程度。每次架设导线的长度一般不要超过450m。一次摊铺长度大于450m时,应分两次架设。施工过程中应经常目测检查前方导线的平直或顺滑程度。

5.4 水泥混凝土路面的摊铺

5.4.1 摊铺前检查内容

滑模摊铺前要进行全面检查,包括检查板厚,检查辅助施工设备机具,检查各种施工材料是否准备齐全、到位,检查各岗位人员是否到齐。

5.4.2 卸料及布料

(1)设立专人指挥车辆均匀卸料,并注意卸料的位置和高度。

(2)当水泥混凝土的坍落度在10～15mm时,布料松铺系数应控制在1.08～1.15之间,布料中的挖掘机与滑模摊铺机间的施工距离应控制在5～10m较为适宜,如图3所示挖掘机进行布料作业。

(3)摊铺机前正常料位高度应始终控制在螺旋布料器中心线处,缺料的地方用挖掘机重新布料,力求布料均匀,防止由于机前堆料过多,引起摊铺机行走困难或跑偏等现象,如图4所示摊铺作业。

图3 挖掘机布料作业

图4 摊铺作业

5.4.3 滑模施工

(1)滑模摊铺机工作参数初步设定与调整

摊铺前要对摊铺机进行全面的性能检查,并对所有部件进行正确施工位置参数的初步设定,这是滑模摊铺技术中最关键的技术环节之一。调整、设定好具体参数之后,无意外情况,需保持不变。

(2)铺筑作业技术要领

①摊铺速度:操作滑模摊铺机要缓慢匀速、连续不间断地作业,严禁出现料多追赶、随意停机、间歇摊铺的现象。摊铺速度由操作手根据拌和物稠度、供料多少和设备性能,控制在0.5～3.0m/min之间,一般应在1m/min左右。拌和物稠度发生变化时,应先调振捣频率,后改变摊铺速度。

②振捣频率控制:正常摊铺时,振捣频率控制在9 000转/min左右,并且一定要防止混凝土过振、欠振或漏振。同时根据混凝土的稠度大小,随时调整振捣频率或摊铺机的行走速度。当混凝土偏稀时,应适当降低振捣频率,加快摊铺速度,但不能小于6 000转/min;当混凝土偏干时,应适当加大振捣频率,减慢摊铺速度;摊铺机起步时,应先开启振捣棒振捣2～3min,再缓慢平稳推进。若在施工过程中忽然出现纵向1m左右宽度的带状麻面区域,应立刻停机,检测此带状区域所在位置的振动棒,并及时排除振动棒故障,保证路面的摊铺效果。

③拉杆钢筋植入:不同型号的摊铺机所采用的拉杆植入装置也不尽相同,有前植的也有后植的。前植一般为液压式的自动装置,而后植一般为振动压叉自动装置。滑模摊铺机一次性摊铺单幅路宽,应在摊铺机上对应纵缝位置配置机后拉杆自动打入装置,采用振动压叉将拉杆钢筋压入路面混凝土中的形式。由于压叉的振动作用降低了混凝土的阻力,降低了钢筋植入的难度,同时由于后方设有振动搓平梁和抹平板,从而保证了拉杆打入面板后的缺陷修复。

④传力杆钢筋植入:缩缝传力杆钢筋打入装置是由山东省路桥集团有限公司机械厂自行研制的最大施工宽度为12m的CADBI—12000型传力杆钢筋自动植入机。它的工作原理与拉杆钢筋植入装置相同,见图5传力杆植入装置。压入之前由专人把钢筋全部摆放好,当摊铺机行至横向缩缝位置时,一并压入混凝土面板中,植入机施工图见图6。

图5　传力杆植入装置

图6　植入机施工图

⑤混凝土面板的修整:滑模摊铺机具有抹光器进行自动抹平,来消除表面气孔或麻面来的缺陷,故面板原则上应不再修整。但在下列情况下,可以通过工作桥采用人工进行局部修整(图7)。

a.当表面出现缺陷时,需由人工用自制抹平器进行抹平、精整,但不允许在整个表面加薄层修补路面高程。

b.当两侧边出现倒边、塌边、溜肩现象时,由人工用支侧模或者支方铝管的方法,对边缘进行相应的补料、修整,并用直尺反复检查横坡,最后用沾水后的小拖布恢复微观构造。

c.注意两个侧面的修整,侧面不得有蜂窝麻面和不平整现象。

⑥出现横向拉裂现象,应从如下几方面进行检查:

a.混合料可能整体过于干硬、离析或集料过大或可能速度过快,频率不够。

b.挤压底板的位置和前仰角设置是否变化,若倒角或前仰角过大,均可出现拉裂现象。

c.混合料干硬或停机等料时间较长,起步摊铺速度过快,可能出现拉裂现象。

⑦面层砂浆控制:施工时,密切关注路面摊铺效果,及时调控速度、振捣频率、搓平梁及抹平板,以确保面层砂浆表层厚度控制在2mm左右,若厚度过大会使成型后的水泥混凝土面板出现龟裂现象。当砂浆厚度过大,首先需检测水泥混凝土的坍落度,坍落度过大,需重新调整施工配合比,使坍落度满足施工要求。若坍落度满足施工要求,就需对砂率及砂的细度模数进行检测,砂率过大或砂的细度模数过小都会使成型后的水泥混凝土路面出现砂浆厚度过大的现象。

⑧混合料供应不上或拌和楼出现故障,停机等料时间不得超过当时气温下混凝土初凝时间的2/3,否则必须将摊铺机驶离工作面,在相应位置设置施工缝。

⑨滑模摊铺的路面应该是表面平滑,几何形状规则,无麻面、拉裂、塌边、溜肩等病害现象,见图8成型的水泥混凝土路面。

5.5　初期养护

(1)当水泥混凝土路面工程施工环境风力较大、日晒较强、温度相对较高时,为防止混凝土表面出现开裂现象,在混凝土摊铺并修整完后,立即组织养护人员喷洒养护剂。喷洒前要将养护剂按照要求进行掺配。喷洒应保持均匀,厚度一致,颜色一致,喷洒时注意喷杆的高度和方向。喷洒的高度和压力应视当时风速而定,一般应高于面层50cm,并使其方向向上呈雾状喷洒,同时注意面板两侧也应喷洒。养护剂喷量不少于0.35kg/m^2,以保证成膜厚度,达到封闭水分的目的。

图7 人工修整

图8 成型的路面

(2)如果施工时的温度较底,为节约施工成本,可以免除此程序。

5.6 混凝土面板的裸化处理

(1)由于尉许高速公路的路面结构为AC/CC复合路面结构,路面板上有4cm+2cm的细粒式改性沥青混凝土,故要求对混凝土面板作裸化处理。此种路面形式称之为“长寿命路面”,这在我国公路建造史上尚属首次。施工过程中,需配备四台专业的面层裸化设备。该设备是带有四个行走轮(其中两个为转向轮)的钢桁架梁,下面悬挂一个带有钢刷的圆盘,并带有能控制水量的流水装置。四个行走轮为充气式轮胎,钢刷圆盘可旋转并能自由控制升降且能调整水平度。路面裸化主要是靠旋转圆盘上的钢刷刷去面板表面上的砂浆层,裸露出碎石,再由人工用洒水车的压力喷水装置冲刷净刚刷下来的砂浆层残渣,使裸露出的碎石表面干净无附着物。

(2)该施工过程中应注意以下几点:

①圆盘钢刷与路面接触应充分,以保证经裸化过的路面上的碎石充分暴露。

②严格控制喷水量,否则有损坏混凝土面板表面强度的可能,同时还要考虑混凝土的初凝时间,必要时对混凝土进行缓凝设计。

③裸化的时间控制,开始时间要根据当天的实际气温而定,一般控制在180~280℃·h之间进行。

④裸化的程度控制,裸化深度一般控制在2~3mm,以表层碎石无剥落现象,且碎石上表面完全裸露为准。如图9所示裸化处理过程,图10为裸化处理后的水泥混凝土路面。

图9 裸化处理过程

图10 裸化处理后的路面

5.7 混凝土面板的切缝处理

在裸化处理完成并形成一定强度后,为防止面板出现不规则断裂现象,需及时组织专门的切缝施工队伍对水泥混凝土面板进行切缝处理。切缝宜在180~300℃·h之间进行,但最长时间不得超过24h。切缝过程中不得造成啃边现象。如图11所示切缝处理过程,图12为切缝处理后的水泥混凝土路面。

图11　切缝处理过程

图12　切缝处理后的路面

5.8　混凝土面板的终期养生

(1)锯缝完成后,在面板表面洒水,然后盖上保湿膜和养护薄膜。在进行养护薄膜的覆盖时,要注意薄膜搭接宽度要不小于40cm,并在周边和搭接处用沙土以方格的形式将养护薄膜压住,以防止被风吹起。同时在养护期内,注意检查薄膜的覆盖情况,一旦发现有被风吹起的地方,要及时采取措施加以覆盖。如图13所示人工进行终期养护作业,图14为终期养护中的水泥混凝土路面。

图13　人工终期养护作业

图14　终期养护中的路面

(2)养生期间严禁一切通行,只有强度达到40%以上时(约6~8h),才允许人员通行。

5.9　填缝

填缝应及时。传统填缝料主要是各种沥青类材料,目前其已逐步被淘汰。PG道路封缝胶是一种由两种剂型组成的性能优良、施工方便、不污染环境的新型填缝料。其施工方法如下:

(1)清除缝内泥土、杂质,用钢丝刷将缝口刷一遍,并用吹风机将缝内浮灰吹尽,确保缝内无水、缝口干燥。

(2)用专用工具将配套的海绵条压入缝内,压入深度不小于3cm。

(3)以A液:B液=3:1的质量比,将两种液体混合并搅拌均匀。

(4)将混合料用专用灌封机械灌注入缝中,高度以低于路面5mm为宜。

5.10　特殊气候的施工措施

水泥混凝土路面铺筑期间,应收集月、旬、日天气预报资料,遇有影响路面施工质量的天气时,应暂停施工或采取必要的防范措施,制订特殊气候的施工方案。如遇下列情况,必须停止施工:现场降雨或风力大于6级,风速在10.8m/s以上的强天气;现场气温高于40℃或拌和物摊铺温度高于35℃,施工现场连续5昼夜平均气温低于5℃,夜间最低气温低于-3℃。

5.10.1 风天施工

风天采用风速计在现场定量测风速或观测自然现象,确定风级,并采取加大养生剂剂量和喷洒次数的措施,防止塑性收缩开裂。

5.10.2 高温季节施工

(1)施工现场的气温高于30℃,拌和物摊铺温度在30~35℃,同时空气相对湿度小于80%时,混凝土路面按高温季节施工的规定进行。

(2)高温天铺筑混凝土路面采取下列措施:

①当现场气温大于等于30℃时,避开中午高温时段施工,选择在早晨、傍晚或夜间施工。夜间施工要有良好的操作照明,并确保施工安全。

②砂石料堆应设遮阳篷;拟抽用地下冷水或冰屑水拌和;拌和物中加允许最大掺量的粉煤灰或磨细矿渣,但不掺硅灰;拌和物中掺足够剂量的缓凝剂、高温缓凝剂或者缓凝(高效)减水剂。

③自卸车上的混凝土拌和物加遮盖。

④加快施工各环节的衔接,尽量压缩搅拌、运输、摊铺、饰面等各工艺环节所耗费的时间。

⑤使用防雨篷做防晒遮荫篷,在每日气温最高和日照最强烈的时段遮荫。

⑥高温天气施工时,混凝土拌和物的出料温度不宜超过35℃,并随时监测气温、水泥、拌和水、拌和物及路面混凝土温度,必要时加测混凝土水化热。

⑦在采用覆盖保湿养生时,加强洒水,并保持足够的湿度。

⑧切缝视混凝土强度的增长情况或按250℃·h计,宜比常温施工适当提早切缝,以防止断板;特使是在夜间降温幅度较大或者降雨时,提早切缝。

(3)混凝土路面或桥面弯拉强度未达到1MPa或抗压强度未达到5MPa时,严防路面受冻;低温天施工,路面覆盖保温保湿养生天数不能少于28d。

6 劳力、材料、机具配备情况

6.1 水泥混凝土路面滑模施工劳动力组织情况(表1)

劳动力组织情况 表1

序 号	作 业 组	主要作业内容	人 数		
			技术员	技工	普工
1	技术组	施工组织设计、施工技术交底、技术难点攻关	3		
2	试验组	选定混凝土配合比,对混凝土、各种原材等抽检试验	2	2	
3	拌和组	混凝土的拌制		2	4
4	钢筋加工组	钢筋加工、运输、焊接、绑扎	1	5	4
5	测量组	导线点、水准点复核,放线、摊铺过程技术控制、成型面板的检测	2	2	2
6	摊铺组	设备调试操作、钢筋的植入、工作面的清扫	1	6	8
7	修整组	面板的修整		4	
8	裸化组	裸化作业		2	6
9	切缝组	切缝作业		2	6
10	养护组	养护作业		1	5

6.2　水泥混凝土路面滑模施工材料要求情况

6.2.1　水泥

(1)品种、强度等

道路混凝土所用水泥应采用硅酸盐水泥、普通硅酸盐水泥和道路硅酸盐水泥，所用水泥强度等级不宜低于32.5级。

(2)矿物组成

水泥的无理性能及学成分应符合国家标准。铁铝酸四钙对提高抗折强度十分有利，应选用C_3A低、C_4AF较高的水泥，以改善抗折强度和变形性能。水泥中铝酸三钙的含量应予控制。当使用无混合材料的道路水泥和硅酸盐水泥时，混凝土中不掺混合材料，维持限制三氧化硫不大于3.5%；当使用有混合材料的普通水泥或在混凝土中掺加(磨细)粉煤灰、矿渣、硅灰、沸石粉或复合矿粉等时，限制三氧化硫不大于5.0%。

(3)体积安定性与耐疲劳极限

水泥中的游离氧化钙含量是影响到水泥混凝土路面能否使用到30年的设计寿命的最直接因素。当游离氧化钙的含量从0.9%增大到2.7%时，其水泥砂浆的耐疲劳极限可相差1~2.5倍，混凝土可达1.5~4倍。游离氧化钙含量越低的水泥，其配制的混凝土耐疲劳极限越高。在施工过程中应严格控制游离氧化钙含量不大于1.0%，同时在任何气温条件下，限制散装水泥的出厂温度不得高于55℃，否则不得使用。

(4)碱度与碱集料反应

在水泥化学成分方面，水泥碱含量应予以严格控制，国际上公认的控制碱集料反应的最大碱度不大于0.6%，以防止碱—集料反应的发生。

(5)干缩率

道路用水泥要求较小的变形性能，干缩是影响最大的一项，道路水泥的28d干缩率不大于0.10%。

(6)凝结时间

道路水泥的凝结时间不早于1h，终凝时间不迟于10h；硅酸盐水泥初凝时间不早于45min，终凝时间不迟于390min(6.5h)；普通水泥初凝时间不早于45min，终凝时间不迟于10h。

(7)细度

80μm筛筛余不大于10%，硅酸盐水泥的比表面积大于3 000m^2/kg。水泥的细度要同时满足不同的高速公路使用性能要求，并非越细越好，仍然是适中为好。

(8)抗磨性

现行水泥规范只有道路水泥有耐磨性规定，按《水泥胶砂耐磨性试验方法》(JC/T 421—2004)测得的磨损量不大于3.60kg/m^2。

(9)出厂温度和搅拌温度

搅拌时的水泥温度不大于50℃。在冬季低温施工时，水泥的温度不宜低于10℃，混凝土出搅拌机的温度宜在10~35℃之间。

6.2.2　粉煤灰

所采用的粉煤灰为II级干排粉煤灰，各成分含量和技术指标均满足表2要求。

粉煤灰技术指标　　表2

粉煤灰等级	粉煤灰质量指标(%)及超量取代系数				
	细度(45μm)气流筛筛余量	烧失量	需水量比	三氧化硫含量	超量取代水泥系数
I级	≤12	≤5	≤95	≤3	1.1~1.4
II级	≤20	≤8	≤105	≤3	1.3~1.7
III级	≤45	≤15	≤115	≤3	

6.2.3　外加剂

高速公路水泥混凝土路面使用的减水剂可以是普通减水剂、缓凝减水剂、引气减水剂、高效减水剂、缓凝高效减水剂或同时加引气剂构成缓凝引气高效减水剂。选择使用哪种减水剂与施工气温有较大关系,夏季热天施工应掺用缓凝型或保塑型(高效)减水剂和引气剂;冬天负温施工应采用引气剂或早强剂(防冻剂)。

6.2.4　细集料

高速公路一级公路水泥混凝土路面工程应优先采用河砂,也可使用天然砂或石屑,但必须质地坚硬、耐久、洁净、符合级配要求。为了保证水泥混凝土路面抗折强度和表面砂浆抗磨性,高速公路、一级公路宜采用细度模数2.3~3.2之间的Ⅰ区、Ⅱ区中砂、中粗砂和偏细粗砂。细集料含泥量应严格控制,使之不宜超过2%,以降低道路混凝土的干缩量,防止道路混凝土早期收缩开裂,提高混凝土强度。其他性能应符合国家标准。砂子级配见表3。

砂 子 级 配　　表3

筛孔尺寸(mm)	5	2.5	1.25	0.63	0.315	0.16
累计筛余(%)	0	0~25	10~50	50~80	70~90	95~100

6.2.5　粗集料

在高速公路要求的高性能道路混凝土中,粗集料的重要性比中低强度的混凝土更为突出。粗集料可使用碎石或砾石,但考虑到粗集料与水泥的黏结性较差,因此不宜单独使用卵石(可将卵石破碎,或与碎石掺配使用)。粗集料的碱活性集料含量、最大粒径(不应超过40mm)、粒形(碎石、砾石的针片状颗粒含量不大于10.0%)、级配(影响水泥混凝土抗折强度的主要因素)、含泥量(不超过1%)、吸水率和含水率(不宜大于5%)、磨耗率和磨光值(在硫酸钠溶液中5次干燥循环后,其质量损失不大于5%)应符合规定。粗集料材料要求详见表4,级配要求见表5。

粗集料的技术要求　　表4

项　目		技 术 要 求
石料强度等级		≥3级
压碎指标值(%)	水成岩	13~16
	变质岩或深成的火成岩	16~20
	浅成的或喷出的火成岩	21~30
针、片状颗粒含量(%)		≤15
含泥量(冲洗法)(%)		≤1

碎 石 级 配　　表5

筛孔尺寸(mm)	30	20	15	10	5	2.5
累计筛余(%)	0~5	41~56	60~75	76~89	87~97	95~100

在尉许高速公路中所运用的粗集料为河南省禹州产碎石,碎石规格为5~10mm(占25%),10~20mm(占40%),10~30mm(占35%)。为更好地控制粗集料的含泥量,保证工程质量,在水泥混凝土路面的施工过程中,对所进的粗集料全部用碎石筛洗机进行水洗。如图15所示装载机配合筛洗机进行碎石水洗作业。

6.3　主要试验检测仪器设备配备情况(表6)

图15　装载机配合筛洗机进行碎石水洗作业

主要试验检测仪器设备　　表6

编　号	设 备 名 称	规 格 型 号	数　量
1	电热鼓风干燥箱	101A—150	1台
2	压碎值仪	—	1套
3	新标准石子筛	方孔	1套
4	新标准砂子筛	方孔	1套
5	托盘天平	JYT	2台
6	电子天平(2 000g、0.01g)	MP2000B	1台
7	磅秤(100kg、50g)	100kg	1台
8	空调	春兰	2台
9	水泥混凝土标准养护箱	SBY—40B	1台
10	混凝土强制搅拌机	HT—50	1台
11	水泥胶砂振动台	JYT—1	1台
12	水泥混凝土振动台		1台
13	水泥细度负压筛析仪	FSY—150	1台
14	混凝土贯入阻力仪	HG—80	1台
15	水泥标准稠度凝结时间测定仪	ISO 维卡法	1台
16	煮沸箱	FZ—31A	1台
17	雷氏夹测定仪	LD—50	1台
18	电动抗折试验机	KZJ—500	1台
19	万能试验机	WZ—1000A	1台
20	压力试验机	NYL—2000D	1台
21	恒温加湿控制仪	YH—II	1套
22	取芯机	HZ—15	1台
23	振动筛	ZBSX—92	1台
24	水泥胶砂搅拌机		1台
25	水泥净浆搅拌机		1台

6.4　水泥混凝土路面滑模施工主要机械设备配备情况(表7)

滑模施工主要机械设备　　表7

机 械 名 称	规 格 型 号	额定功率/容量/吨位	数　量
水泥混凝土拌和楼	HZS—150	$150m^3/h$	2
滑模摊铺机	CMI	最大宽度16.0m	1
挖掘机	卡特	$1m^3$	1

续上表

机械名称	规格型号	额定功率/容量/吨位	数量
自卸汽车	斯太尔	20t 以上	12
装载机	ZL—50	$3.0m^3$	4
钢筋置入机	DBI	最大宽度 12m	1
变压器	400kWA		2
切缝机	HJK—7.5		5
裸化机			4
洒水车	解放		3

7 质量控制

7.1 建立质量保证体系

按照 ISO 9000 标准建立质量保证体系。

7.2 对主要原材料的质量监控

7.2.1 水泥

水泥常采用普通硅酸盐水泥。对拟订采用的水泥都要进行物理性能和化学成分试验和分析,除厂家分批提供的产品质量检验单外,项目试验室要定期对运到拌和现场的水泥进行质量抽检。以下几种水泥不准使用:没有出标,即出炉不足 3d 的;出厂时间超过 3 个月的;经试验初终凝时间不稳定的;强度等级不稳定的;出厂时间虽不足 3 个月,但已产生结块的。

7.2.2 粗集料(级配碎石)

应采用质地坚硬、耐久、洁净、符合规定级配、最大粒径≤30mm、含泥量≤1%、针片状颗粒含量≤1.5%、硫化物及硫酸盐含量≤1%、石料强度≥3 级的碎石。特别要强调的是,片状碎石含量应严格控制,因为它减小了与水泥的黏结力,从而降低了混凝土的强度和寿命。对于不同采石场的碎石,均应进行上述物化性能、成分分析,从而确定能否使用,以便从源头上把好质量关。在拌和现场,验方员要对拉到工地的每一车碎石把关,杜绝不合格碎石进入拌和现场;试验室对已进入现场的碎石进行定期的抽检。同时由于路面用水泥混凝土的特殊性,在施工中,必须对含泥量过大的碎石用碎石水洗机进行水洗后,方可使用。另外,由于碎石的级配对水泥混凝土的抗弯拉强度有直接影响,因此,在材料的进场或使用过程中必须对碎石的混合级配进行检验或多次试验,合格或符合规范设计要求后方可进场或使用。

7.2.3 细集料(砂)

应采用质地坚硬、耐久、洁净、细度模数宜在 2.5 以上、含泥量≤3%、硫化物及硫酸盐含量≤1%的天然中砂。开工前应对沿线砂场进行颗粒级配、含泥量、硫化物及硫酸盐含量、有机物含量等指标进行试验分析,根据分析结果确定供砂砂场,杜绝不合格砂进入施工现场。试验室定期对已运到施工现场的砂进行质量抽检。

7.2.4 水

清洗集料、拌和混凝土及养生用水,不应含有影响混凝土质量的油、酸、碱、盐、有机物等。饮用水一般适用于混凝土施工;非饮用水应符合下列要求:(1)硫酸盐含量(按 SO_4^{2-} 计)$<2.7mg/cm^3$;(2)含盐量$\ngtr 5mg/cm^3$;(3)pH 值 >4。因此,混浊的河沟水和受海水或盐碱地侵蚀的咸水不能使用。

7.2.5 钢筋

钢材供应商必须对每批各种类型的钢筋提供相应的测试化验单,对已进入施工现场的钢筋,在使用前试验室首先应进行抽检,然后再进行定期的抽检,不合格的严禁使用。

7.3 混凝土路面的配合比及监控

选定路面用水泥混凝土配合比时,其抗弯拉强度必须满足设计要求的 5.5MPa。混凝土抗压强度只作为参考值,但必须达到40MPa以上。

在实际施工中,拌和站的标定应委托有资质的计量单位进行,标定合格后方可投入使用。由于拌和站为双轴强制卧式搅拌机,电脑自动控制,性能稳定、计量精确。每盘拌和量为6m³,从而确定每盘的投料量。水的投入量还应根据集料的含水量、天气状况配合坍落度试验在现场进行必要的调整。在日常施工中,每天至少要进行2次粗细集料的含水率分析,并同步进行坍落度试验,以调节水量的投放。每个搅拌站每个工班或每200m³混合料至少做2组试件,试件按规定养护达规定天数后送试验室试验。试验室应把测试结果及时上报归档。

7.4 水泥混凝土在拌和过程中的注意事项

(1)混凝土的拌和时间:搅拌机拌和总时间为60~90s/盘(从进料开始到拌和完成出料时间),纯拌和最短时间不得短于35s(全部料到齐后的纯拌和时间);最长拌和时间也不宜超过180s/盘。

(2)混凝土拌和料的温度控制:搅拌机拌完后,混合料温度应控制在10~35℃之间,否则原材料必须做降温处理。

(3)混凝土坍落度控制:美国产CMI SF—6004型的大型进口滑模摊铺机对水泥混凝土坍落度的要求为机口坍落度一般为5cm左右,现场摊铺一般为3.5~4.5cm。德国产Wirtgen SP—1600型的大型进口滑模摊铺机对水泥混凝土现场坍落度的要求一般为3~3.5cm。坍落度要求应根据摊铺机的型号的不同做出相应的调整。

(4)水泥混合料运输要选用车况好、载质量大、不漏浆撒料的自卸车来完成。自卸车卸料落差不得超过2m,运输时间必须符合下列要求:运到现场的混凝土必须满足滑模摊铺的需要并且满足运输允许最长时间的规定,规定见表8(施工气温指日平均气温),同时摊铺完毕时间宜短于初凝时间1h。混凝土拌和物运输、摊铺完毕允许最长时间见表8。

水泥混合料运输要求 表8

施工气温(℃)	运输允许最长时间(h)	摊铺完成允许最长时间(h)
5~10	2	2.5
10~20	1.5	2
20~30	1	1.5
30~35	0.75	1.25

7.5 基准线的质量监控

首先是基准线的设置。滑模摊铺机靠两侧的基准线通过4个水平传感器和2个纵向传感器确定摊铺方向和摊铺平面,拉线精度达到规定要求是保证摊铺出符合设计技术指标的面板的必要条件。拉线精度应从宏观和局部两方面进行控制。在宏观控制上,将合同段内的控制点进行复测加密,控制点间距一般以200m左右为佳。

在局部施工控制上应注意以下几点:

(1)精确测设出路中线点。为了防止拉线挠度过大,保证拉线精度,确保曲线段上拉线与设计线形更完美拟合,在平面直线段上一般每10m一个点,圆曲线加密到5m,缓和曲线和纵断面竖曲线段5~10m。

(2)线形放样。根据摊铺机侧模到传感器的距离及路面板宽度定出拉线点位置,包括方向线和高程线。方向线控制方向和高程,高程线只控制高程。

(3)根据定出的拉线点,用电锤或大锤牢固固定拉线桩。拉线桩的高度尽量低于运料车箱底。在施工中可能会因为个别锁定块滑丝而导致工程事故,如摊铺厚度和平整度不合格,因此,必须对拉线桩上的锁定块一一进行检查。

(4)用紧线器张拉基准线。要求使用1 000kN力张拉基准线,线拉紧后,可使用300g的重球挂在线上进行检测,其挠度应低于8mm,然后把拉线全部固定在夹线臂夹口内。在靠近紧线器和线圈轮4m处的端线桩、紧线器和线圈轮需略外倾,以不妨碍张拉线和摊铺机富余工作空间为宜。

7.6 混凝土浇筑过程中的质量监控

对施工现场操作人员和管理人员进行详细的技术交底和监理质量控制的交底工作,使现场施工的每个工人都能明确施工过程中应注意的事项,避免操作过程中不规范的行为发生。

混凝土的施工应尽量避免夏季中午高温或冬季低温施工时间段,确保混凝土施工质量。

在混凝土浇筑施工过程中,做好现场坍落度的检测和按照有关规范进行试块的留置,并根据业主的需求进行3d、7d或14d等试块的留置;现场管理人员应随时检查摊铺机的工作状况。

7.7 混凝土面层质量自检

在每道工序进行质量监控的情况下,还应对已完工的路面外观进行检查,测量几何尺寸与设计文件进行核对。检查外观在养生达到设计强度后进行,检查项目及允许偏差为:

(1)路拱横坡度每隔50m量测一次,允许偏差为±0.15%;

(2)路面平整度用3m直尺量测,每隔100m测一次,最大离地间隙≯5mm;

(3)路面高程每100m测一次,允许偏差为±2mm;

(4)相邻两块面板高低差≯3mm;

(5)路面宽度和厚度,每隔50m量测一次,允许偏差宽度为±3~±5cm,厚度为-5~+10mm;

(6)纵坡应无波浪,允许偏差为±0.2%;

(7)28d试块强度偏差,抗压强度不得低于设计强度的95%,抗折强度不得低于设计要求;

(8)钢筋安装位置偏差≯1cm,传力杆间距和高低偏差≯1cm而且必须与面板平行。

7.8 质量管理

在各施工队、作业组建立质量管理小组。项目经理部设置总工程师岗位,负责本标段的施工技术和质量管理,负责组织解决关键疑难问题,建立健全内部质量检查机构,认真执行质量"三检制"。质量检查部门负责日常施工质量管理、工程报验及配合驻地监理工作。各施工队、作业组设兼职质检员,负责本施工队、班组的内部施工自检。自检过程中对水泥混凝土路面的检验项目、方法和频率必须满足《公路水泥混凝土路面施工技术规范》(JTJ F30—2003)要求。

8 安全措施

8.1 各种机械设备均由经考检合格的专职人员操作,严格执行操作规程。未经培训考核的无证人员严禁擅自操作,实行单机包机制,安全责任到人。操作人员工作时不得吸烟,不得动用明火。现场必须备有灭火器材。

8.2 机械操作做到"三懂四会",即懂设备性能、懂质量标准、懂操作规程;会看图、会操作、会维修、会检测。操作人员必须根据作业条件的要求佩戴硬帽、防护眼镜、穿着工作服和使用其他防护器具。

8.3 加强对机械设备的检查、保养、维修,保证安全装置完备、灵敏、可靠。

8.4 摊铺施工现场及拌和站的周围应有明显警告标志,严禁非工作人员进入。摊铺及拌和操作人员,由熟悉本专业的人员参加,或经培训合格后方准上岗,并有操作熟练的人员负责指挥。同时在生产过程中,严格执行操作规程,开机后严禁非操作人员参与操作。

8.5 加强用电管理,采用标准配电盘,严禁乱拉电线及乱安用电装置,确保用电安全。

8.6 各工种的技术工人必须经专门安全操作技术训练,考试合格后方可持证上岗。严禁酒后操作。

8.7 摊铺机起步时要有专人注意周围环境,不要让无关人员走到摊铺机上或走到摊铺机周围。

8.8 施工区域要有明显标志和封闭护栏,在摊铺机上进行检修和保养工作时,必须先把发动机停止下来。摊铺机停放在施工现场,晚间要点上红灯,并设置围护。

8.9 不要触摸正在工作的发动机的任何部分,不要触摸任何处于工作温度状态的液压油箱、液压阀或液压软管,预防烧伤。

8.10 若要在摊铺机底下工作时,必须妥善地把设备和所有附接件支承好;发动机正在运行时,切勿试图对其进行调整;必须把各种护罩按规定安装好,防止人员压伤或割伤。

8.11 材料车进摊铺机现场时要有专人指挥,交通繁忙地段施工时,现场要设专职纠察。

9 环境保护措施

9.1 成立环保小组,制订环保项目,采取环保措施;项目部、施工队分级管理,负责检查、监督各项环保工作的落实。

9.2 对职工进行环保知识教育,使职工树立人与自然和谐共处的思想。

9.3 施工中不得乱占山野田地,乱伐树木,破坏自然生态。施工完成后尽快恢复土地,还田于民,恢复原貌。

9.4 对施工便道进行定期洒水,减少扬尘;易于引起粉尘的细料或散料应遮盖或适当洒水,运输时用帆布、盖套等遮盖。

9.5 在居民区附近,夜间不安排噪声大的机械施工。若施工,则对施工机械和施工作业予以控制。

9.6 对施工及生活中的垃圾统一及时处理,堆放在指定地点,严禁乱扔乱弃,避免阻塞河流和污染水源。

10 资源节约

10.1 路面结构形式的改变,路面所用材料的不同,新颖的水泥长寿命路面代替了传统的沥青路面。如今,随着石油价格的飞涨。相对应的沥青价格也飞速上涨。采用水泥混凝土路面结构形式避免了传统的沥青路面结构形式从材料上的局限性,同时也可大大降低成本,避免浪费。

10.2 随着钢筋自动植入机的发明,节省了传统的钢筋前植法的支架部分钢筋。尉许高速公路LMNo.4标段的经济效益有很大一部分是来自于此项材料的节约。

11 效益分析

滑模机械摊铺水泥混凝土路面技术以其施工工序简单、施工速度快、施工质量高、节约施工成本和经济效益好等优点,得到广泛应用及普遍认可,是经济效益非常明显。具体经济效益情况如下:

11.1 尉氏至许昌段高速公路LM No.4标段水泥混凝土路面工程中,共计施工水泥混凝土路面56万平方米,每平方米比人工摊铺要节约施工成本为5元/m^2,由于钢筋植入机的研制及应用成功,使得施工成本比传力杆钢筋前置法大大降低,节约成本为3.5元/m^2,则尉许高速公路LM No.4标段水泥混凝土路面共节约476万元。

11.2 印度RJ6项目路面混凝土单价3 838卢比/m^3,工程量为232 760m^3,总造价89 333万卢比。2006年购买德国WIRTGEN公司生产的SP 850型四履带水泥混凝土滑模摊铺机,加上配套的拉毛养生机,免税价格为5 833万卢比,设备使用期为5年,期末设备残值为150万卢比,年折旧费为1 140万卢比,每年运行及维护费为400万卢比,路面在24个月内完工。另配备一个20人的作业队,月薪4 500卢比,每年劳务费为108万卢比。如果采用人工配合小型机械施工,参照国内定额,30cm厚的混凝土路面每1 000m^2需人工工日342.8个,两年内完成232 760m^3路面混凝土,每年完成387 933m^2,每年需人工工日387 933×343.8/1 000=132 984个,每个工日价格为150卢比左右,每年劳务费为132 984×150=1 995万卢比。另外参照国内定额,计算出每年小型机械使用费为15万卢比。相对于人工配合小型机械施工,滑模摊铺施工每年节约362万卢比,折合10万美元。再考虑到它在施工质量、工作效率和服务年限等方面的优势,其经济效益显著。

12 工程实例

12.1 尉氏至许昌段高速公路LM No.4标段水泥混凝土路面工程中运用了水泥混凝土路面滑模

摊铺、裸化、切缝及养护的施工工法。该工程施工桩号为 K20 +850 ~ K44 +220。设计路面结构层为18cm 的水泥稳定碎石层 +1.5cm 的沥青封层 +28cm 的水泥混凝土板 +(4 +2)cm 的细粒式改性沥青混凝土面层。设计要求水泥混凝土面板为单幅(宽度为 12m)三车道,施工要求一次性摊铺完成。因此在施工过程中,LM No.4 标段采用的是最大摊铺宽度为 16m 的美国产 CMI SF—6004 型的大型滑模摊铺机,满足此施工要求。同时,在施工过程中运用新研制成功的钢筋植入机进行传力杆钢筋的植入作业,加快了施工进度。施工工期为 7 个月,比计划工期提前近 1 个月,同时在最终的交工过程中被评为优良工程,受到业主和监理单位的一致好评。

12.2　印度东西走廊 RJ6 公路项目水泥混凝土路面,采用滑模摊铺工艺摊铺全部水泥混凝土路面。正常情况下 12h 摊铺 400 ~500m,平均每小时约 40m。RJ6 项目路面混凝土施工最高记录是 27h 连续摊铺宽 8.5m、厚 30cm 的半幅路面 1 040m。从印度东西走廊 RJ6 公路项目水泥混凝土路面的建设情况来看,采用滑模摊铺工艺,工程质量完全满足高等级水泥混凝土路面要求,保证路面总体平整度不大于 3mm;施工速度快,工作效率高;摊铺工程全部自动化,工人劳动强度低。由此综合评价,滑模摊铺工艺具有无可比拟的优越性。

纤维改性稀浆封层施工工法

GGG(辽)B3037—2008

王晓伟　薛庆伟　李桂芝　吕志强　薛宝金
(沈阳五洲公路养护有限公司)

1　前言

1.1　工法形成原因

(1)改性稀浆封层技术作为公路沥青路面养护技术,从20世纪90年代开始在我国各等级公路养护中大量应用,其对于路面防水和处理裂缝恢复路面使用功能等方面发挥了重要作用,取得了很好的经济和社会效益。但经过多年的施工实践发现,普通改性稀浆封层对于沥青路面裂缝的修复只限于裂缝宽度小于5mm的情况,封层后超过此范围的裂缝经过几个月的行车作用,还会反射到封层顶面,起不到防水的作用。而纤维改性稀浆封层是在以前的普通改性稀浆封层中加入纤维,相当于在稀浆混合料中"加筋",通过室内试验显示能有效地防止反射裂缝的产生,使铺筑的稀浆封层使用性能大大提高。在公路建设中的热拌沥青混合料中加入纤维后,其性能也得到很大提高,而热拌沥青混合料在拌和楼中即可以加入。但稀浆混合料通过稀浆封层机来完成加纤维,在国内外还没有这项技术的先例。因此,如何实现纤维自动均匀加入到稀浆混合料中,是保证该技术能否应用于实际施工中的关键。

(2)为使纤维改性稀浆封层技术在我国公路养护推广应用,2007年3月辽宁省交通厅、公路管理局等部门组织对此项技术进行了专题探讨,后责成沈阳五洲公路养护有限公司对此项技术进行可行性研究。该公司在完成纤维改性稀浆混合料的各项室内试验,并在各项技术指标满足现行有关规范的前提下,顺利完成了纤维改性稀浆封层试验路段的施工,收集了大量翔实、准确的数据,并完成了施工过程中各项指标的测试工作,为进一步推广应用奠定了基础。

1.2　工法形成过程

(1)沈阳五洲公路养护有限公司于2007年独立对纤维改性稀浆封层进行了系统的开发研究,并最终取得了成功。

(2)试验路的成功,使该技术在2007年当年即在近10条干线公路上进行了施工,得到了辽宁省交通厅和公路管理局的认可,并将该技术方法列入2008年全省的公路养护计划中。与此同时,2008年3月沈阳五洲公路养护有限公司对该技术进行了系统总结,将其确定为沈阳五洲公路养护有限公司企业工法。

(3)2007年和2008年,纤维改性稀浆封层技术在辽宁省干线公路上得到了大量应用。

2007年共完成纤维改性稀浆封层150万平方米,主要路线为辽开线、国道102线铁岭段、铁岭中兰线、鞍山鞍羊线、沈通线抚顺段、阜新新阜线、阜新库二线等。

2008年采用该技术已完工和正在施工的路线为朝阳老宽线、阜新奈广线、阜新务泡线、小小线阜新段、大盘线鞍山段、鞍山沈营线、大连皮连线、铁岭新梨线、本溪小草线、抚顺彰桓线等。

2　工法特点

2.1　在稀浆混合料中加进纤维,使稀浆混合料变成一种复合材料,比普通稀浆混合料产生质的飞跃,使稀浆混合料与稀浆封层提高一个档次。

(1)取代传统稀浆封层工艺,增强了路面抵御裂缝和防水能力,使其路用性能更高;

(2)扩大了稀浆封层的应用范围,使其应用领域更宽广,更能大限度发挥其作用;

(3)为黑色路面养护又增添了一种更科学的工艺和手段;

(4)为低等级公路提供了一种新的路面结构;

(5)在使用性能大大提高的前提下,在使用周期内养护成本可降低25% ~40%,且施工工艺简单,不增加过多施工环节;

(6)加纤维后对环境没有任何影响,有利于环保;

(7)通过对现有封层车改造,安装专用设备就可将纤维计量准确,拌和均匀地加入稀浆混合料中。

2.2 纤维改性稀浆封层与传统的施工方法比较具有明显的先进性和新颖性。

(1)该技术具有改性稀浆封层施工的全部优点,施工工艺简单,同时由于纤维能吸附部分沥青,增加了混合料中的比表面积,缩短了混合料的破乳时间,提高了封层早期强度形成,可以缩短开放交通时间。

(2)该技术在质量方面提高了一个档次。试验结果表明:

①黏结性、抗磨耗性能、抗水损害性能提高33%(湿轮磨耗试验)。

②抗变形能力提高60%(轮辙试验)。

③热稳定性能提高29%(单轴压缩试验)。

④低温抗裂性能提高15%(劈裂试验)。

(3)该技术在施工安全方面与稀浆封层相同,不存在其他方面的安全隐患。

(4)该技术在工程造价方面比普通稀浆封层只增加了添入纤维材料的费用,但路面整体使用年限得到提高,按道路整个寿命周期计算,其造价可节省25%以上。

3 适用范围

纤维改性稀浆封层是一项先进的沥青路面养护技术,主要适用范围为:

(1)高速公路预防性养护及车辙修补。

(2)各等级普通公路旧沥青路面的养护。

(3)低等级公路半刚性基层和原路面上做双层铺设,替代热沥青中修罩面。

(4)适用于高等级公路路面下封层。

4 工艺原理

纤维改性稀浆封层中的纤维可以吸附部分沥青,从而增大沥青用量,提高沥青饱和度,并且使黏结在矿料上的结构沥青膜变厚,降低了水对沥青胶浆的侵蚀作用,增强了沥青胶浆抵抗自然环境破坏的能力;纤维能够握裹集料,以沥青为黏结物质,起到"加筋"效果,并且纤维使混合料结构层的抗拉能力提高,可以有效地抵御路面裂缝的反射和形成,更能改善改性稀浆封层整体结构的使用功能。

5 施工工艺流程及操作要点

5.1 施工工艺流程(图1)

5.2 施工操作要点

(1)选择高性能的改性乳化沥青、矿料、水、填料等材料,严格按配合比设计施工。

(2)施工期内的平均气温应大于10℃,要注意气象预报及天气变化,严禁在雨天施工。

(3)施工前先清除原路面上的所有杂物,保持路面的清洁。在天气炎热状况下,稀浆混合料摊铺前,根据原路状况,对原路预先洒水,保持路面湿润,延缓混合料的破乳时间,且原路面不得有积水现象,湿润后立即施工。

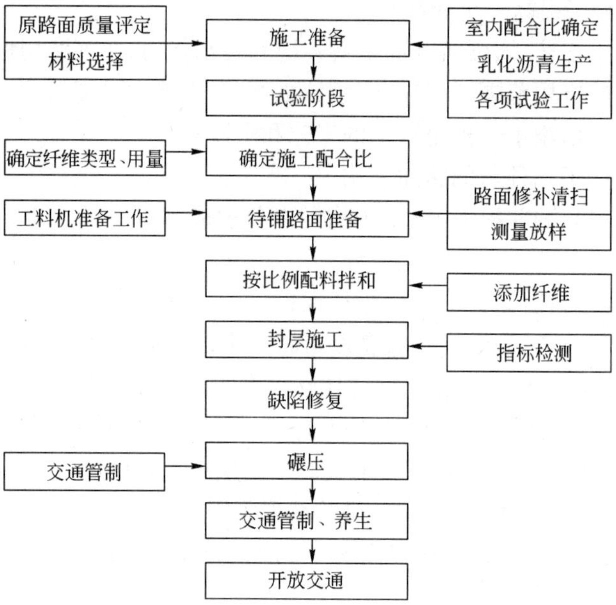

图1　施工工艺流程

(4)施工中应保证乳化沥青、水、矿料、纤维、填料等计量准确,按照一定的比例混合。控制好施工稠度,保证混合料拌和均匀与施工的和易性。

(5)封层车应以一定的速度匀速行驶,行驶速度大约为20m/min,行驶线形要顺直、匀称;每一车摊铺结束后,要及时清理摊铺槽,保持摊铺槽清洁。

(6)施工中要及时处理各种出现的质量问题。

(7)早期养护:稀浆封层铺筑后,在没有固化成型前,应禁止一切车辆和行人通行,应设专人负责,做好早期养护,以免路面遭受破坏。如果交通封闭不严或原路面清理不彻底等原因,造成局部病害时,应立即用稀浆进行修补,防止病害扩大。

(8)开放交通:当混合料黏结力试验达到200N·cm时,初期养护结束。车辆在上面行驶无明显轮迹时,可开放交通。在开放交通后的1~2h内,要保证车速小于30km/min,并严格限制牲畜在上面行走。

6　材料与设备

6.1　原材料选择

6.1.1　矿料

矿料强度符合公路规范规定的各种石料,在辽宁省主要是石灰岩。其试验检测标准见表1。

集料试验检测标准　　表1

石料名称	检测项目	单位	规范技术指标
碎石(产地:阜新兴达石料厂)	石料压碎值	%	≤26
	洛杉矶磨耗损失	%	≤28
	表观相对密度	—	≥2.6
	坚固性	%	≤12
	吸水率	%	≤2.0
	针片状颗粒含量	%	≤15
	水洗法<0.075mm颗粒含量	%	≤1
	软石含量	%	≤3
	磨光值	—	≥40

续上表

石料名称	检测项目	单位	规范技术指标
石屑(产地:阜新兴达石料厂)	表观相对密度	—	≥2.5
	坚固性	%	≥12
	含泥量	%	≤3
	砂当量	%	≥60
	亚甲蓝值	g/kg	≤25
	棱角性	s	≥30

6.1.2 (改性)乳化沥青

一般为慢裂快凝型乳化剂,沥青采用重交道路基质沥青,改性剂采用优质胶乳,生产的乳化沥青各项指标标准见表2。

改性乳化沥青检测报告 表2

检测项目		单位	规范技术要求
筛上剩余量储存稳定性(1.18mm)		%	≤0.1
储存稳定性	1d	%	≤1
	5d	%	≤5
恩格拉黏度 E_{25}		—	3~30
沥青标准黏度 $E_{25,3}$		s	12~60
蒸发残留物含量		%	≥60
蒸发残留物含量	针入度(25℃,100g,5g)	0.1mm	40~100
	延度(5℃)	cm	≥20
	软化点	℃	≥53
	溶解度(三氯乙烯)	%	≥97.5
粒子电荷		—	+
破乳速度		—	慢裂

6.1.3 纤维

纤维长度的选择通过湿轮磨耗与负荷车轮及轮辙试验结果确定,纤维长度为2.5~3.5cm。

6.2 矿料级配

本次试验选用ES-III型稀浆封层混合料配合比。

6.2.1 最佳纤维用量及最佳沥青用量

根据纤维本身力学性能,综合(改性)稀浆混合料自身性能,利用湿轮磨耗与负荷车轮确定纤维与沥青用量,见表3、表4、图2。

纤维(改性)稀浆混合料湿轮磨耗试验结果 表3

纤维用量(g/m^2) \ 乳化沥青用量(%)	10.5	11	11.5	12	12.5
2‰	517.3	373.2	267.2	214.8	183.6
2.5‰	583.4	395.5	236.5	189.7	132.9
3‰	615.0	416.6	276.8	175.0	100.3

纤维(改性)稀浆混合料负荷车轮试验结果　　表4

纤维用量(g/m²) \ 乳化沥青用量(%)	10.5	11	11.5	12	12.5
2‰	165.4	237.6	318.8	389.9	454.7
2.5‰	102.1	153.2	238.5	314.6	393.8
3‰	43.2	96.4	197.3	265.6	330.1

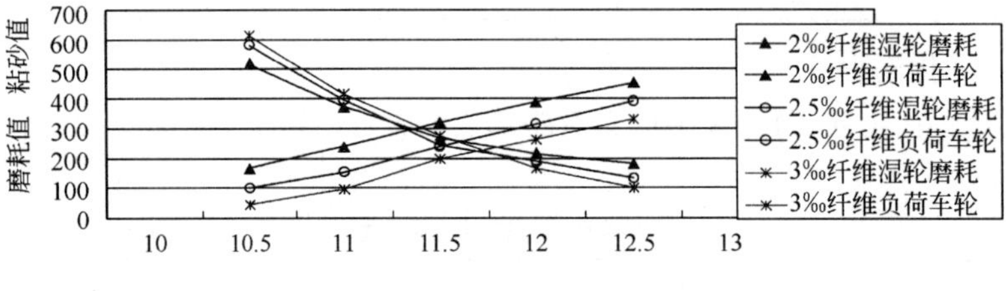

图2　纤维(改性)稀浆混合料纤维沥青最佳用量分析图

通过以上数据及图表,综合考虑到纤维与沥青的经济用量及所起到的试验效果和路用及施工和易性效果,且纤维用量过高和易性会减弱,施工不方便,过低则磨耗值增大,一般确定纤维的最佳用量为2.5‰,沥青最佳用量为11.5%。以下纤维(改性)稀浆混合料试验均采用最佳沥青最佳纤维用量。配合比一般为集料:乳化沥青:纤维:水=100:11.5:0.25:9。

6.2.2　纤维改性稀浆混合料稠度试验检测(表5、表6)

纤维改性稀浆封层混合料技术指标　　表5

项　　目		单　　位	标　准　值	注　　明
可拌和时间		s	>120	确定乳液破乳速度
稠度试验		cm	2~3	确定混合料加水量
湿轮磨耗试验		g/m²	<800	确定乳液最小用量
负荷车轮试验		g/m²	<600	确定沥青最大用量
初凝时间	黏结力 CT	N·m	1.2	确定初步凝固时间
终凝(固化)时间		N·m	2.0	确定可开放交通时间

纤维改性稀浆混合料稠度试验表　　表6

配　合　比	石料:乳化沥青:水:纤维=100:11.5:9:0.25
混合料类型	纤维改性稀浆混合料
稠度(cm)	2.4

6.2.3　纤维改性稀浆混合料黏聚力试验检测(表7)

纤维改性稀浆混合料黏聚力试验表　　表7

配　合　比		石料:乳化沥青:水:纤维=100:11.5:9:0.25
混合料类型		纤维改性稀浆混合料
黏聚力	30min	1.43
	60min	2.42

6.2.4 纤维改性稀浆混合料轮辙试验(表8)

轮辙试验结果 表8

改性稀浆混合料宽度变化率(%)	4.7
纤维改性稀浆混合料宽度变化率(%)	1.9

6.2.5 纤维(改性)稀浆混合料劈裂试验(表9)

劈裂试验结果 表9

混合料类型	抗拉强度(MPa)
改性稀浆混合料	0.508 3
纤维改性稀浆混合料	0.584 5

6.3 机械设备、仪器(表10)

机械设备、仪器配置 表10

设备名称	封层机	纤维辅助车	装载机	配料机	水车	压路机	沥青各项指标仪器	石料各项指标仪器	混合料各项指标试验仪器
规格型号	国产、进口	自制开发	50l	4斗	1 000l	15t以上胶轮	国产	国产	国产

7 质量控制

7.1 相关规范

《公路沥青路面施工技术规范》(JTJ F40—2004);
《公路沥青路面养护技术规范》(JTJ 073.2—2001);
《公路沥青路面设计规范》(JTG D50—2006);
《公路工程沥青及沥青混合料试验规程》(JTJ 052—2000);
《公路工程集料试验规程》(JTG E42—2005);
《公路工程质量检验评定标准》(JTG F80/1—2004);
《沥青路面施工及验收规范》(GB 50092—96)。

7.2 质量管理方法

(1)施工前必须进行原材料的各项试验,检验合格后,方可使用。施工前要进行混合料的各项试验,当确认材料未发生变化时,方可施工。

(2)施工中应根据乳化沥青的固含量和矿料含水率的变化,而及时调整配合比使之符合规定要求,保证稀浆混合料的和易性,并进行施工。

(3)施工中要及时处理各种出现的质量问题,稀浆混合料摊铺后,应立即用耙子对局部进行修复、处理。

①局部划痕要用耙子顺路斜拉,消除划痕。

②局部出现光面,用笤帚或耙子进行处理,提高封层表面的粗糙度。

(4)划痕

①针对石料中针片状含量较多的实际情况,在使用配料仓进行掺配石料时,在纵向间距为1cm的固定值基础上,要减小振动筛的横向间距,降低针片状石料的通过率。

②对于摊铺厚度的控制,应遵循设计结构的要求,但由于在掺配的级配料中出现碎石和石粉离析的现象,而导致级配混合料不均匀。在这种情况下,调平工在调整摊铺厚度时应根据级配料的最大粒径而

随时调整厚度,而不是采用固定的摊铺厚度,否则封层就会出现光面或划痕现象。

③针对石粉和碎石的离析现象,应采取相应的措施进行解决,可在配料仓的传送带上安置一小型的洒水管,预先润湿级配混合料,避免级配混合料在传送带顶端下落时部分碎石和石粉离析,同时混合料润湿后减小了石粉的散失量,增加了计量的准确性。

④及时清除黏附在橡胶刮板上和摊铺槽内的沥青及其混合物。

(5)光面

①混合料的级配要符合规范要求,要以路面上摊铺的最佳效果为基准来不断调整级配,使级配处于动态控制中。

②要根据原路况和级配料的最大粒径而随时调整厚度。

③依据乳液和石料的配伍性的优劣来调整最佳用水量。

(6)麻面

①严格控制好级配。

②施工中出现划痕、光面后,耙工要迅速处理,然后锹工马上用铁锹将处理部分拍实、拍平,尽量使之恢复良好效果。

(7)线形不平顺

①提前与相关部门进行沟通协调,做好原路面封层前边缘的修补和杂物的清除工作。

②驾驶员在摊铺作业时,注意力要高度集中,既要和车后的操作手默契配合,又要保持行驶路线的匀称、平顺。

(8)早期养护

纤维改性稀浆封层铺筑后,在没有固化成型前,应禁止一切车辆和行人通行,应设专人负责,做好早期养护,以免路面遭受破坏。如果由于交通封闭不严或原路面清理不彻底等原因,造成局部病害时,应立即用稀浆进行修补,防止病害扩大。

(9)开放交通

当混合料黏结力达到200N·cm时,初期养护结束;车辆在上面行驶无明显轮迹时,可开放交通。在开放交通后的1~2h内,要保证车速小于30km/min,并严格限制牲畜在上面行走。

8 安全措施

8.1 加强安全教育,使全体施工人员树立牢固的安全观念。

8.2 加强对施工现场及驻地的交通管理,建立健全各种道路安全标志。

8.3 设专职安全员,深入施工现场,杜绝违章作业,确保安全生产,并建立健全管理制度及档案。

8.4 现场的机电设施,机械设备均应有安全、防范措施和可行的指示信号。

8.5 驾驶员、机械工严禁酒后驾车作业,对违反规定的给予严肃处理,出现事故追究责任。

8.6 非驾驶员、机械操作员不得擅自驾驶机械,否则予以处罚。

8.7 备有常用的急救治疗措施和急救药品。

8.8 加强对炊事人员的卫生管理,注意储水容器、炊事器具的卫生,防止疾病的发生。

9 环保措施

9.1 该技术采用常温的乳化沥青混合料进行施工,避免了沥青施工中的加热过程,节省了加热用的燃料,即用常温的乳化沥青混合料替代了传统的热沥青混合料施工。

9.2 施工中做到材料堆放整齐,机械设备摆放有序,做到工完料尽。

9.3 弃料必须运至弃土场,严禁随意抛撒。施工过程中严禁将含有污染的物质或可见悬浮物的水排入沟或水道。所有机械废油应回收利用或妥善处理,严禁随意泼倒。

9.4 严格控制作业时间。合理布置机械设备和运输车辆出入口,发电机等高噪声设备及车辆进出口安置在距离居民区相对较远的地方。

9.5 营造良好的施工现场和生活环境。

9.6 工程完工后，及时对现场进行彻底清理。

10 效益分析

10.1 纤维改性稀浆混合料与普通改性稀浆混合料性能改善比较

(1)黏结性、抗磨耗性能、抗水损害性能提高33%(湿轮磨耗试验)。

(2)抗变形能力提高60%(轮辙试验)。

(3)热稳定性能提高29%(单轴压缩试验)。

(4)低温抗裂性能提高15%(劈裂试验)。

(5)摩擦系数平均摆值55(规范要求大于45BMP)。

(6)构造深度0.7(规范要求大于0.6mm)。

(7)渗水系数0(规范要求小于10ml/min)。

10.2 纤维改性稀浆封层的应用，初步解决的相关问题

(1)所用纤维的技术指标；

(2)所用纤维的精度、长度、最佳纤维用量、最佳乳化沥青用量；

(3)精确计量，均匀加入稀浆混合料中，拌和均匀；

(4)加纤维专用机械设备的改造和研制；

(5)加纤维后稀浆混合料配合比；

(6)合理的机械设备组合、人员编制。

10.3 经济效益分析

(1)以2008年以前为例：改性稀浆封层在辽宁的基本造价为12.7元/m^2，加入纤维后，成本增加1.5元/m^2；但其平均使用寿命预计可由未加纤维前的3年延长到4~5年。

虽然成本增加约10%，但使用寿命平均可增加30%以上，因此，综合分析使用年限内总体成本降低20%以上，其经济效益十分可观。

(2)在路况允许的情况下，该技术可替代3cm热沥青混凝土中修罩面，即病害较轻时采用单层1cm纤维改性稀浆封层；病害较重时可采用双层0.5cm+1cm纤维改性稀浆封层结构，其价格为1cm结构的1.5倍，经济效益更加明显。

10.4 社会效益

(1)为公路养护增加了一项先进养护技术，促进了公路养护事业的发展。

(2)实现了企业的自主科技创新。

(3)由于加入纤维后对环境没有任何影响，并且能推动化纤行业参与公路市场。

11 应用实例

11.1 应用实例之一

京哈线(国道102)铁岭段K822+500~K831+72，施工起讫日期2007年9月1日~2007年9月28日。

原路为沥青路面，2003年热沥青混凝土罩面，施工段长9 245m，宽12m，面积110 940m^2，工程造价141万元。原路整体稳定，面层出现裂缝等较轻微病害。纤维稀浆封层结构厚度为1cm，施工后收到很好的应用效果，受到业主等各方面好评。该路如采用传统的2.5cm热沥青混凝土罩面，费用将达到240万元以上，而且使用寿命和效果基本相同。

11.2 应用实例之二

新阜线(省道)阜新段 K77 +500 ~ K87 +600,施工起讫日期 2007 年 8 月 1 日 ~2007 年 8 月 25 日。

原路为沥青路面,2004 年热沥青混凝土罩面,施工段长 10 100m,宽 12m,面积 126 180m^2,工程造价 160 万元。原路整体稳定,面层出现裂缝、贫油、局部光面等轻微病害。纤维稀浆封层结构厚度为 1cm,施工后收到很好的应用效果,受到当地公路部门等各方面好评和认可。该路当年列入维修计划,属于必须中修的工程。该路如采用传统的 2.5 ~3cm 热沥青混凝土罩面,费用将达到 300 万元以上;采用本工法技术,道路使用寿命和效果基本相同。

多孔改性水泥混凝土基层施工工法

GGG(冀)B1038—2008

李来宾 石晨英 霍玉娴 陈朝军 石文军
(邢台路桥建设总公司)

1 前言

目前公路的路面多数为沥青路面和水泥混凝土路面,基层基本上为石灰土、二灰土、水泥稳定砂砾、水泥稳定碎石等。这些路面基层均为密实性的,温度收缩系数很大,而且绝大多数路面基层没有防水功能,遇水宜吸湿。沥青混凝土及水泥混凝土路面由于温度的影响等各种原因出现裂缝是自然规律,雨、雪水通过开裂的缝隙渗入基层,当遇到长时间水浸时,强度降低,甚至塑化,形成泥浆唧出,在路面下形成空洞,造成路面的早期损坏。另外,目前绝大多数基层抗折性能较差,基层抗折强度满足不了轮压对基层的要求,也会造成基层板体的断裂损坏。所以,目前公路早期损坏的主要因素为水损坏和基层板体抗弯拉强度不足引起的结构性破坏。

针对以上问题,邢台路桥建设总公司用了七年时间不间断地研究攻关,开发了多孔改性水泥混凝土施工工法,并在邢峰公路A合同、邢台市东三环道路改造工程、廊涿高速公路、隆昔线B合同和邢台市七里河综合治理工程等项目得到试用,取得了关键的技术成果。公司于2004年8月30日为该路面结构层形式申请了专利,在我国具有领先性,有很好的经济效益和社会效益,并成功申请了发明专利(专利号:200410056891.9)。与该工法配套的混凝土拌和设备——连续式混凝土拌和设备也于2005年成功申请了专利(专利号:200520007906.2)。

2 工法特点

多孔改性水泥混凝土路面(基层)是一种全新的路面结构。该材料多孔、非密实、自重轻,具备了韧性高、抗疲劳性能优越、承载力大、耐水油浸湿、透水好不塑化、抗冻融性能好、施工简便等多种优点。其密度为1.8~2.2t/m^3,减轻了路面对路基的压力,材料来源广泛,所有石质材料均可以用作多孔改性水泥混凝土的主要材料。

该工法产品施工简便,每套大型全自动拌和设备,生产量每小时500t,可满足连续生产的需要。设备简单,易于搬迁安装。材料运输为普通翻斗车运输。摊铺可利用现有沥青混凝土摊铺机摊铺,也可用水泥滑模摊铺机摊铺。摊铺厚度可从15~50cm一次成型,不用压路机碾压,免振捣,平整度更好。摊铺过后,自行养生,因此施工简便,可成倍提高施工进度,省时、省力、省机械。其可直接修筑在路基上,也可在路基上加铺一层低强度、贫水泥稳定类垫层。在多孔改性水泥混凝土基层下设防水层,能有效防止路基进水,保持路基永久稳定。

该项产品成本组成不高,比一般C30普通混凝土造价稍高一点,综合测算基本相当,但质量会明显提高,公路使用寿命会明显延长。

该项工法具备了如下特点:

(1)整体性能好、韧性大、抗疲劳性优越,寿命长,适用于二级以上公路。

(2)稳定性能好,抗水、抗冻能力强,抗各种油类侵蚀,可有效防止路面水毁引起的早期破坏,并有效减少养护费用。

(3)弹性模量高,承载能力大,根据需要设计不同厚度,可建造超重载道路。

(4)与普通水泥混凝土相比温缩系数大幅度减小,1km 长度内可不留伸缩缝。

(5)较大的孔隙率,为建造透水公路奠定了基础,从而实现路面透水效果,提高行车安全系数。

(6)施工工艺简单,免振捣,可大幅提高施工速度和工作效率。

(7)与普通路面结构相比造价低,经济效益明显。

(8)适应地域范围广,抗高温、低温性能优越。

(9)沥青路面厚度减薄,可减少热拌沥青混合料时的耗能耗材,免碾压和振捣,节省设备台班、机械燃油,减少施工噪声。

(10)由于使用该工法产品可大幅减薄沥青面层厚度,从而有效防止路面车辙形成。

3 适用范围

本工法适用地域范围广,考虑就地取材、透水等因素,山区、丘陵及多数地区最经济。高寒、梅雨及软基地区质量优势更明显,可以广泛用于各级公路及城市道路的路面基层,以及城市大型广场和停车场。考虑到工程造价因素,本工法更适用于二级以上公路,特别是高速公路和重载交通公路的路面基层。

4 工艺原理

目前公路路面基层多数采用石灰土、二灰土、水泥稳定砂砾、水泥稳定碎石,也有连续级配的石料柔性基层、贫混凝土以及密实混凝土加筋基层等结构。路基为土基、天然砂砾、山皮土或开山的炮渣石等材料填筑。经过多年研究发现:公路道路的早期损坏,主要是由于基层的水损坏和基层板体抗弯拉强度不足引起的结构性破坏。我们认为,要想解决公路早期水损坏,构成公路主体材料的胶结胶体材料是关键。当构成公路主体材料的胶结胶体有足够的强度,在水浸、冻融条件下,其强度不降或微降,就可以解决雨水对公路道路造成的早期损坏。

本工法的工艺核心原理是将现有密实性板体结构层改为多孔网状骨架结构层,由连续级配形成密实性结构改为单粒径点状连接,形成网状骨架。多孔混凝土应力分散由密实性板体的射线分散改为折线分散,多孔结构由实腹改为多空腹,多孔结构中若干个空腹为颗粒料周围多数表面留出了膨胀和收缩的空间,有效地消减内部温度应力和膨胀尺度。点状连接(高强度的连接点)形成了网状结构,使外部应力分散线成为无数次折射应力分散传递,也使线状受力改为点状受力。每个点在同一层面上分散一次外力的时间上是相同的,由于折线分散,分散的方向上各不相同,力在分散过程中相互碰撞衰减,表现出了优异的抗折和抗疲劳性能。

基层胶体是将现有的普通硅酸盐水泥进行化学改性,通过改性进一步激活水泥中的活性材料,使水泥胶体的强度迅速提高,所用的胶体做了强防水处理,使颗粒表面和胶连点的胶联体有效避免水的进入,颗粒固化后的胶体颗粒吸水率极低,进而达到抗冻融的要求及遇水不塑化,强度不减。试验表明,现有普通混凝土的抗疲劳能力与大孔隙改性水泥混凝土是无法比拟的。多孔改性水泥混凝土的回弹模量仅为普通混凝土的60%左右,大幅改善了水泥混凝土的原有脆性,变成了有一定韧性的胶结体,可配制空隙率20% ~38%、抗压强度8 ~15MPa、抗折强度1.5 ~3.2MPa 的多孔改性水泥混凝土。

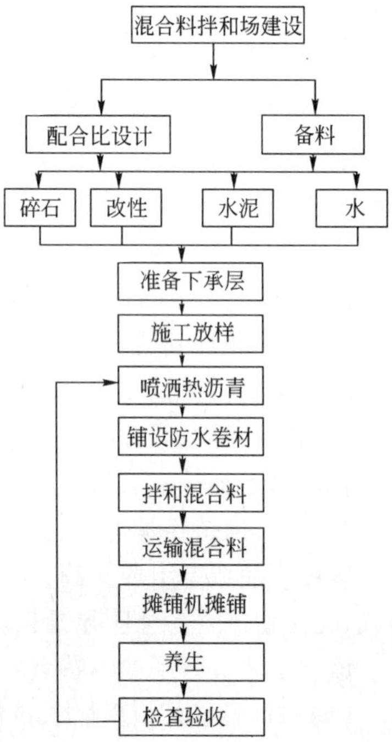

图1 多孔改性水泥混凝土施工工艺框图

5 施工工艺流程(图1)及操作要点

5.1 下承层(垫层)的准备

5.1.1 对下承层的要求

(1)下承层宽度应比多孔改性水泥混凝土每侧宽出30cm以上。

(2)下承层表面应平整、稳固,并及时进行养生及保护。

(3)下承层路拱、纵坡、高程符合要求。

(4)应至少提供足够摊铺机连续施工7d以上的合格下承层。

(5)对下承层进行彻底的清扫,使其无尘土无废渣。同时恢复路线中线,按设计宽度用白灰标出两侧边线,保证摊铺宽度。检测下承层高程、横坡、平整度等各项指标是否符合设计要求,有问题的应提前进行处理。

5.1.2 铺设防水层

防水层为一膜双面纤维防渗土工膜。如果为全透水结构(路面水可透过路面结构层进入到路基内),可不设本防水层。半透水路面(面层、基层透水,但不向路基透水)防水层为下承层上喷洒沥青后铺设防渗土工膜卷材。铺设防渗土工膜的作用是防止上层水渗入下基层,上层水由防渗土工膜表面排向路基之外,保证路基稳定。

(1)铺设方法

①在下承层经检查无任何质量问题的情况下,利用沥青喷洒车配合人工进行热沥青的洒布。热沥青的洒布要保持均匀,在喷洒热沥青后及时进行防渗土工膜卷材的铺设工作。喷洒热沥青的主要作用是使防渗土工膜卷材与下承层进行黏结,故此,沥青喷洒量是关键。喷洒过多容易产生拥包、不平整等,喷洒过少容易造成黏结不牢,因此在施工中要严格控制沥青的喷洒量和保持喷洒均匀。每平方米沥青的喷洒量宜控制在0.5kg左右,保证下承层与防渗土工膜卷材有效牢固黏结。

②喷洒后的热沥青放置时间过长将会失去部分黏结力,无法和防渗土工膜卷材牢固黏结,因此防渗土工膜卷材的铺设要在热沥青喷洒后及时进行。防渗土工膜卷材的铺设应采用向前摊铺法,热沥青喷洒后10min即开始进行防渗土工膜卷材的铺设。铺设时,施工人员应首先将卷材的一头铺设牢固,然后工作人员站在铺设好的防渗土工膜卷材上向前进行多卷卷材的平行铺设,同时压实人员应紧随铺设人员后面利用胶辊对铺设好的防渗土工膜卷材进行碾压,消除卷材和下承层之间的气泡,使卷材和下承层充分有效黏结。防渗土工膜卷材铺筑0.5h后与下承层的黏结基本牢固,可以进行下步工序的施工。在防渗土工膜卷材和下承层未黏结牢固之前,严禁一切无关人员、机械、车辆通行。

③铺设防渗土工膜卷材时,要自然铺设,绝对不可在任何方向施加拉力。

④防渗土工膜卷材的铺设主要是起防水作用,即防止上部水下渗后破坏下承层和路基而造成公路的损坏。但防渗土工膜卷材的幅宽是有限的,故而两幅之间的黏结是关键中的关键。为了使两幅防水卷材搭接牢固不透水,首先相邻两幅卷材的搭接宽度为6~8cm。在第一卷卷材铺设好后,为使卷材搭接宽度相等,用粉笔或粉线在已铺设好的防水卷材上距离卷材边沿规定宽度处画一条线,作为第一卷与第二卷搭接的正确位置。搭接部位用热熔焊接机焊接牢固,保证搭接部位牢固不透水。路拱在路中心搭接时路拱中间的卷材在上面,靠边的卷材在下面,并依据路拱方向,高处的卷材在上面,低处的卷材在下面。

⑤为了保证路基路面的整体稳定性,以及路肩的稳定性,在具体施工过程中,防渗土工膜卷材铺设宽度应超出路肩10~15cm,以保证路面水有效地沿防渗土工膜卷材排出后流入边沟,避免路面积水对路基的破坏,保证路基路面的施工质量。

⑥防渗土工膜卷材的收头处(四周)和较难处理的特殊部位,应用聚合物水泥砂浆封实。

⑦防渗土工膜卷材的铺设段不宜太长,在100~200m处应预留运料车的进出口和掉头处,尽量避免因运料车的行驶而破坏卷材;所有运料车辆设专人指挥。

⑧整个段落防水部位施工完毕后,在摊铺改性水泥混凝土之前,应对铺设卷材作全面质量检查,进行认真清扫,以保证防水层的整体质量。如有损坏或粘贴不良,应及时作修补处理。如有破损,可用比破损处周边大10cm的卷材,刷热沥青粘贴。粘贴前,粘贴部位应清洗干净;粘贴完后,用橡皮锤砸牢。

(2)注意事项

①雨、雪、雾天、大风天气及基层有水的情况下不能铺设防水层。

②防水层的施工应单独进行,不得交叉施工。

③要注意检查防水层施工后是否有气泡存在于内部,各黏结部是否牢固,有无破损现象。

④防水层铺设完毕后,进行多孔混凝土摊铺之前,要安排专人监守、清扫,确保防水层上不能有硬颗粒或尖状物,避免运料车以及摊铺机碾压扎破防水层。

⑤施工时严禁使用火源,土工布为可燃物,注意防火安全。

5.2 基准线设置

5.2.1 基准线设置

(1)基准线横向支距:基准线桩固定位置到摊铺边缘的横向支距,应根据摊铺机侧模到传感器的位置而定,距两侧基层边缘宜不小于1m宽度,最小不得小于0.65m。基准线上的高程应为其所在位置的基层边缘高程计入支距横坡高度后,加上设定的架设高度。

(2)基准线横向间距:基准线的横向间距为摊铺宽度加一侧(单线)或两侧(双线)横向支距。双线式基准线的垂直横向线间距应相等,单线式基准线到摊铺边缘间距应相等。

(3)基准线桩纵向间距:平面直线段应小于或等于10m,圆曲线段视弯道半径大小,一般可为5~7m。在小半径弯道或山区极小半径回头弯道上,内侧宜加密到2.5~5m,外侧宜为3.5~7m;平面缓和曲线段和纵断面竖曲线段宜为5~10m。实际设置基准线桩距离可小于上述值,但不得大于给定尺寸。

(4)基准线桩固定:基层顶面到夹线臂的高度宜为45~75cm;自基准线所在位置的基层边缘高程算起的基准线统一架设高度宜为25~50cm;基准线桩夹线臂夹口到桩的水平距离宜为30cm;夹线臂到桩顶垂直距离宜为15cm;基准线桩应牢固打入基层15~25cm,当打入困难时,应采用电钻钻孔后再钉牢固。

(5)基准线长度:一根基准线的最大长度不得大于450m。超过此长度并需要继续摊铺时,应续接基准线。续接方式应通过同一个过渡桩的夹线臂口平顺连接。

(6)基准线张紧:基准线两端应各设一个紧线器,并应设置在基准线桩外侧30~50cm处。在第一根桩与紧线器之间,应设一根扯线桩,扯线桩的夹线臂应低于基准线桩夹线臂。扯线桩应钉牢固,不因弯道水平拉力而倾斜。基准线必须张紧,每侧基准线应施加大于等于1 000N的拉力。张紧后基准线上的垂度不应大于1.0mm,基准线应先张紧,再扣进夹线臂槽口。

(7)中央路拱:大型双车道摊铺机有固定抛物线或折线路拱两种设置。在有中央路拱的平曲线及缓和曲线路段,除应在基准线上准确放出所在位置(含超高)的高程外,在每个基准线桩处还应标示出摊铺拱中垂直高度,便于机手调整渐变路拱和横坡。

(8)最小弯道半径和最大纵坡:摊铺机在山区公路上可施工带超高的最小弯道半径不应小于50m;带加长侧模板的滑模摊铺机可施工的最小弯道半径不应小于75m,否则应使用其他方式摊铺。摊铺机满负荷施工的最大纵坡上坡宜为5%,下坡宜为6%;施工山区路面的极限纵坡为7%,如果大于7%,应缩窄摊铺基准线桩,桩距应加密到3.5~5m。

5.2.2 基准线精度

基准线设置精度应符合表1的要求。施工时宜达到规定值,验收时应满足最大允许偏差值的规定。基准线宜在摊铺前一天完成设置。基准线设置好以后,应进行校核复测,并注意防止弯道和渐变段出现差错。

5.2.3 施工要求

基准线设置好以后,禁止扰动。摊铺时,严禁碰撞和振动;一旦碰撞变位,应立即重新测量设定。基准线接头不得大于1cm。每100m基准线不得多于2个接头。多风季节施工时,应缩小基准线桩间距。风力达到5~6级时,应停止施工。

摊铺水泥混凝土基层基准线设置精度要求 表1

项目		规定值	最大允许偏差
中线平面偏位(mm)		10	20
路面宽度偏差(mm)		+15	+20
面板厚度(mm)	代表值	-3	-5
	极值	-8	-10
纵断高程偏差(mm)		±10	±15
横坡偏差(%)		±0.10	±0.15
左右幅连接纵缝高差(mm)		±1.5	±2

5.3 混凝土搅拌

5.3.1 一般规定

(1)在拌和前,试验室要根据施工时的环境温度及混合料自身温度,定出混合料的凝结时间,作为水泥混合料从开始拌和到摊铺完毕的限制时间,用以指导施工。超过限制时间的混合料必须废弃。

(2)多孔改性水泥混凝土采用专用设备进行拌和,装载机装料,配套容量和配套设备应满足施工要求。水电供应可靠,原材料充足,最少不得少于当天施工用量。

(3)每天开始拌和前,按配合比要求(见6.1.6),对水泥、水、集料、改性剂的用量准确调试后,输入到自动计量的控制存储器中,经试拌无误,再正式拌和生产。水泥改性剂按每立方水的用量通过计算后直接加入水中,搅拌均匀。

(4)多孔改性水泥混凝土拌和楼停机时须清理,应着重清理搅拌锅、储料仓、皮带滚、水泥输送机口等,打扫地面,清除水池中的尘泥。

(5)所用各种材料的技术要求见6.1。

5.3.2 配料精度

搅拌楼在投入生产前,必须通过标定并试拌正常;在出现异常时或搅拌楼搬迁安装完毕,均应重新标定。搅拌楼配料计量误差不得超过表2的规定。施工中应经常校验搅拌楼计量精度。混凝土应配备和采用有计算机自动称料、配料系统的搅拌楼进行生产,不得使用手动配料,禁止使用体积法计量的简易自落滚筒式搅拌机拌和。在搅拌过程中还应打印出每盘连续称料的配料数据和误差,按需要打印每天(周、旬、月)对应摊铺桩号混凝土配料的统计数据及误差。从打印数据发现配料误差大于表2计量精度要求时,应分析原因,排除故障,保证拌和计量精度。

搅拌楼的混凝土拌和计量精度要求 表2

材料名称	水泥	粗集料	水	改性剂
允许偏差(%)	±1	±2	±1	±1

注:允许偏差是实际质量与配比质量的差值占配比质量的百分数。

5.3.3 拌和质量检验与控制

(1)施工开始及搅拌过程中都应按表14规定的频率检验坍落度、坍落度损失、混凝土凝结时间及混凝土重度等,预留规定数量的抗折强度试件。施工时间应选择日间平均气温在5~35℃期间,夜间最低温度不得低于1℃。混凝土拌和物从搅拌机出料时的温度应控制在10~35℃之间。

(2)混凝土拌和物应均匀一致,不得有未加水的干料、未拌匀的生料和离析等现象。干料和生料禁止用于基层摊铺。混凝土拌和物的坍落度允许误差为±1cm。试拌及摊铺时的坍落度,应按最适宜摊铺的坍落度值加上当时气温下运料所耗时间的坍落度损失值确定。为保证摊铺机前拌和物最佳工作性,坍落度一般控制在10~20mm。

(3)混合料所用水质及用水量是整体拌和质量的关键控制点。拌和所用水的质量应严格符合6.1.4的要求,防止某项指标超标与改性剂发生反应,从而影响混合料质量。试配所得用水量须经试拌和铺筑试验段来验证,把验证后的用水量确定为最佳用水量。施工中的实际用水量与最佳用水量的误差应控制在 $2kg/m^3$ 以内,因为含水率的大小直接关系到结构层收缩裂缝的多少。

5.4 混凝土运输

5.4.1 一般规定

应根据施工进度、运量、运距及路况,按照本工法 6.2.4 条的规定配备车型和车辆总数。总运力应比总拌和能力略有富余。施工气温超过 26℃时,建议运输车辆加盖苫布,预防混合料水分散失。

5.4.2 运输时间

运输到现场的混凝土拌和物的坍落度有所损失,但必须适宜摊铺,摊铺坍落度为 10 ~ 20mm。运输时间宜短于拌和物的初凝时间 1h。运输允许最长时间宜短于摊铺允许最长时间 0.5h,但运输时间必须满足摊铺在混合料初凝之前完成。混凝土拌和物从搅拌楼出料到运输、摊铺完毕的允许最长时间可参考表 3 的规定。

混凝土拌和物运输、摊铺完毕允许最长时间 表 3

施工气温(℃)	运输允许最长时间(h)	摊铺完毕允许最长时间(h)
5 ~ 10	2	2.5
10 ~ 20	1.5	2
20 ~ 30	1	1.5
30 ~ 35	0.75	1.25

注:施工气温指施工时间的日间平均气温。

5.4.3 运输技术要求

(1)运送混凝土的车辆,在装料时应防止混凝土离析,装料过程中应挪动一下车位,卸料落差高度不得大于 2m。驾驶员必须了解拌和物运输、摊铺完毕的允许最长时间,超过摊铺允许最长时间的混凝土不得用于摊铺。混凝土一旦在车内停留超过初凝时间,应采取紧急措施处置,防止混凝土硬化在车箱内。

(2)混凝土运输过程中要防止漏浆、漏料和污染路面。烈日、大风、雨天和冬季施工,应遮盖自卸车上的混凝土。运输车辆在每次装混凝土前,均应将车箱清洗干净并洒水湿润。

(3)使用翻斗车运输混凝土时,最大运输半径不宜超过 20km。

(4)混凝土运到施工现场后由专人指挥卸料,在指定地点掉头,防止运输车辆碾压破坏防水层,保证其有条不紊地进行施工;摊铺机摊铺行进中卸料时禁止制动。

(5)严禁运输车辆在铺设好的防水卷材上紧急制动和掉头,运输车辆驶上防水层前要设专人检查清理轮胎,不能夹带硬物,防止破坏防水层。

5.5 混凝土摊铺

5.5.1 摊铺前对施工现场准备工作进行检查

(1)检查结构层厚度:每 20m 垂直于两侧基准线挂横线,用钢尺单车道测 3 点、双车道测 5 点垂直高度,减去基准线设定高度,即为单个结构层厚,以 3 ~ 5 个值的平均值为该断面平均结构层厚。每 200m 10 个断面的均值为该路段平均结构层厚。路段平均结构层厚不应小于设计结构层厚;断面平均结构层厚不应比设计结构层厚薄 10mm;单个结构层厚极小值不应比设计结构层厚薄 20mm。不满足上述要求时,应采取有效措施保证结构层厚。

(2)检查防水层:防水层局部破损应修补完整,防水层及履带行走部位均应清扫干净,积水应扫除。

5.5.2 摊铺机工作参数初设

对摊铺机所有机构工作部件应进行正确施工位置的初步设定,并将这些正确的施工参数通过试铺调整固定下来,正式摊铺时宜根据情况变化进行微调。

5.5.3 初始摊铺时的参数校正

在开始摊铺的5m内，必须对所摊铺出的基层高程、边缘厚度、中线、横坡度等技术参数进行复核测量。机手应根据测量结果及时缓慢地调整摊铺机，消除误差；禁止停机剧烈调整高程、中线及横坡等，以免严重影响平整度等质量指标。摊铺机起步—调整—正常摊铺，应在10m内完成，并应将摊铺机工作参数设置固定保护起来，不允许非操作手更改或撞动。

5.5.4 摊铺位置

摊铺机的摊铺宽度和位置应尽可能与车道、路肩宽度和画标线位置相重合，并保证设置施工基准线所需的宽度。摊铺机履带应行走在压实稳固的下承层或垫层上，不得行走在有积水的中间带或湿软土基上。

5.5.5 摊铺过程控制

(1)摊铺时，根据运输能力调整摊铺的速度，保证摊铺均匀、连续进行，全幅摊铺可用两台摊铺机一前一后进行，前后间距3~5m，并确保在水泥初凝前完成纵缝施工。两侧或单侧提前固定好导向控制基准线，以控制高程、厚度、平整度。在摊铺过程中，摊铺机应匀速行驶，避免停顿，始终保持用混合料覆盖螺旋输料器，以保证混合料不发生离析，均匀不间断地摊铺。在摊铺过程中组织专人进行质量检测和缺陷修复，对不符合要求的地方及时修复处理。

(2)在摊铺过程中，首先通过倒料器将前料斗的混凝土均匀地输送到后面的运行板前，通过运行板的自由升降来控制混凝土的摊铺厚度。在摊铺机的运行板上可以直接调出横坡。运行板两侧，可根据路缘石的具体尺寸各设一个三角形状的模具(在设备准备阶段完成)，在摊铺过程中将基层和路缘石一次性摊铺成型。摊铺机的夯实板和熨平板自带振动功能，可以根据摊铺的具体厚度来调整夯实板振动力的大小，使混凝土摊铺一次性成功，无须再进行振捣和碾压。这样既可提高摊铺后混凝土的均匀性，又可减少施工工序，可有效地提高结构层的整体稳定性，提高路面平整度，保证施工质量，加快施工进度。

5.5.6 摊铺机的操作要领

(1)操作摊铺机应缓慢、匀速、连续不间断地摊铺。摊铺速度，根据拌和物稠度和设备性能可控制在0.5~2.0m/min之间，一般宜为1~1.5m/min。

(2)滑模摊铺机的操作要领按《公路水泥混凝土路面滑模施工技术规程》(JTJ/T 037—2000)第7.5.5条执行。

5.6 路面接缝施工

5.6.1 纵向接缝

当1台摊铺机摊铺宽度小于路面宽度时，应采用2台摊铺机平行作业。其前后距离3~5m，并确保在混合料初凝前完成纵缝施工；若超过了混合料初凝时间，需要在纵缝处即路中间先铺的混凝土侧面涂刷水性环氧水泥浆，使纵向接缝为湿接缝，解决纵缝开裂的问题。

(1)多孔改性混凝土不论路面宽度多宽，不用刻意设置纵向缩缝。

(2)纵向施工缝。当采用2台摊铺机平行作业，有1台出现故障，只能1台摊铺时，就会留下纵向施工缝。在纵向接缝处用人工刷一层水性环氧水泥浆，然后开始摊铺。纵向施工缝如图2所示。

5.6.2 横向接缝

(1)横向施工缝(刷水性环氧水泥浆)。每天摊铺结束或摊铺中因故中断，且中断时间超过混合料初凝时间的2/3时，应设置横向施工缝。横向施工缝应与路中心线垂直。横向施工缝构造见图3。

对设置横向施工缝部位用专用模板进行处理，模板内进行插捣，并用振动平板夯振实。

(2)横向施工缝(加接缝板)。多孔改性混凝土不用刻意设置胀缝。

在秋冬季节低温施工，两个构造物间距大于或等于1 000m时，宜在两个构造物之间的横向施工缝处加设接缝板，接缝板厚2cm。接缝板应与路中心线垂直，缝壁垂直，缝隙宽度一致，缝中完全不连浆。接缝构造如图4所示。

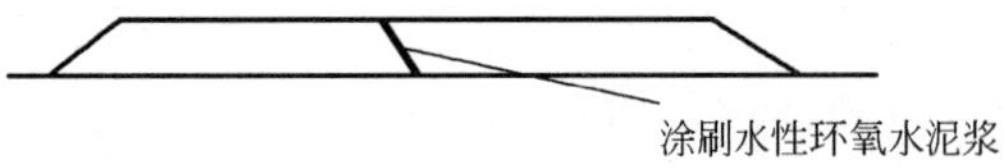

图2　纵向施工缝

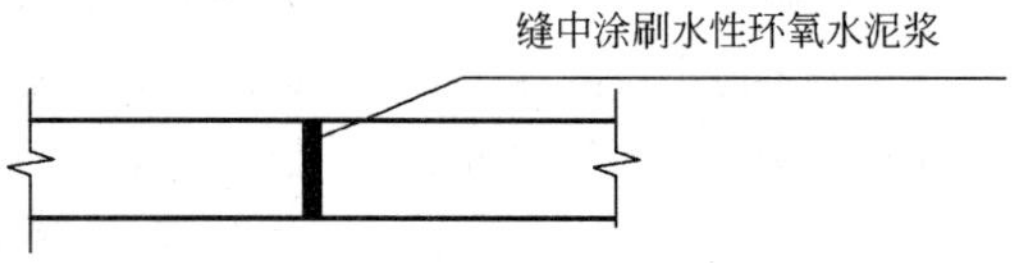

图3　横向施工缝

接缝板应选用能适应混凝土膨胀和收缩、施工时不变形、弹性复原率高、耐久性好的胀缝板。其技术要求应符合表4的规定。

5.6.3　干缩裂缝的处理

多孔改性水泥混凝土施工出现部分干缩裂缝属正常现象,可用高强度砂浆进行处理。处理方法如下:首先沿干缩裂缝将基层凿深3~4cm,凿宽8~10cm,但必须凿至有足够强度的位置;若凿深后不能保证剩余基层厚15cm以上时,须用多孔改性水泥混凝土混合料填至15cm以上,然后用高强度砂浆填平。

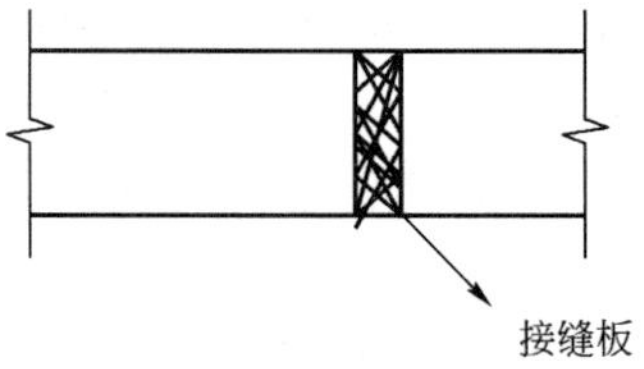

图4　接缝

接缝板的技术要求　　表4

试验项目	胀缝板种类		
	木材类	塑胶、橡胶泡沫类	纤维类
压缩应力(MPa)	5.0~20.2	0.2~0.6	2.0~10.0
弹性复原率(%)	≥55	≥90	≥65
挤出量(mm)	<5.5	<5.0	<3.0
弯曲荷载(N)	100~400	0~50	5~40

注:各类接缝板吸水后的压缩应力不应小于不吸水的90%,木板应去除结疤,沥青浸泡后木板厚度应为20mm±1mm~25mm±1mm。

5.7　混凝土基层养生

5.7.1　一般规定

多孔改性水泥混凝土施工完毕后,应立即进行养生。为减少水分蒸发,避免阳光直射和风吹雨淋等,采用塑料薄膜覆盖养生,不宜采用覆盖砂、草袋、草帘、稻草等。

5.7.2　盖塑料薄膜养生

薄膜厚度(韧度)应合适,宽度应大于覆盖面60cm。在摊铺机后面的薄膜悬挂机构上挂上成卷的塑料薄膜,紧随着摊铺机的前进而放出塑料薄膜,两幅塑料薄膜的搭接宽度不应小于10cm。两幅塑料薄膜之间喷洒液体塑胶将塑料薄膜黏结在一起,然后用每侧宽于摊铺宽度5cm的拖布(拖布条长度50cm)水湿后挂在摊铺机后的塑料薄膜卷后20~30cm处,随后拖布抚平薄膜。后面用细砂或卵石(不得用带有尖角的石块)压上,防止被风吹起。养生期间须保持薄膜完整,薄膜破裂时应立即补盖或修补。如果塑料膜破损可直接洒水养生并立即补盖薄膜。在养生期内禁止一切车辆通行,包括洒水车。

5.7.3　养生时间

养生时间应根据混凝土弯拉强度增长情况而定,当大于等于设计弯拉强度的80%时,可停止养生。一般养生天数宜为3~7d,不应少于3d。冬季或低温施工应延长养生期限。

5.7.4　养生期保护

在养生期间,严禁人、畜、车辆通行,在达到设计强度40%后,行人方可通行,但需采取措施保护塑料薄膜不被破坏。在确需行人、牲畜、畜力车、人力车、汽车横穿平面道口时,在基层养生期间,应搭建临时便桥。

5.8　特殊气候条件下施工

5.8.1　一般规定

摊铺多孔改性水泥混凝土基层时，应有专人负责接收和报告天气气象预报工作，遇有降雨、大风和寒流侵袭时不得施工。

5.8.2 摊铺多孔改性水泥混凝土基层，特殊气候条件的施工应符合下述规定。

(1)雨天施工。摊铺过程中遭遇降雨，当降雨影响基层表面质量时应停止施工。雨季施工时应准备足够的防雨篷或塑料薄膜。防雨篷支架宜采用焊接钢结构，材料宜使用帆布或编织布，以便在突发阵雨时，遮盖摊铺机送料器至塑料薄膜卷之间的部位，防止雨水进入未覆盖薄膜的混合料以及成型的基层；正在卸料的车应在翻斗与摊铺机料斗上方搭起雨篷，防止雨水将水泥浆体冲掉。因水泥浆被冲走而影响混合料强度的部位，应尽早铲除重铺。

(2)高温施工。夏季，当现场气温高于35℃时，宜避开中午施工，可选择在早晨、傍晚或夜间施工。若不能避开，应采取对水泥罐体、胶体储罐及石料堆搭设遮阳篷，抽用地下冷水冲洗石料及拌和，为自卸车加遮盖等技术措施降温施工。无论在什么情况和条件下，混凝土拌和物的温度不得超过35℃。夏季高温季节施工时，应随时加测气温和水泥、拌和水、拌和物及基层温度；必要时加测混凝土水化热。

(3)低温施工。当最低气温低于0℃时严禁施工，因为气温低于0℃时改性剂会失效。当气温低于5℃时，应采用路面保温覆盖措施施工。

搅拌楼出料温度不得低于10℃，摊铺混凝土温度不得低于5℃。在养生期间，应始终保持多孔混凝土基层温度在5℃～10℃之间，最低不得低于1℃。低温施工覆盖保温养生的最少天数不得少于14d。当工程量小确需施工时，应采用温水拌和。养生方式采用加盖黑色塑料薄膜养生，再用稻草、草帘、麦秸、泡沫塑料垫等保温材料保温覆盖。

6 材料与设备

6.1 原材料技术要求

6.1.1 水泥

(1)水泥采用42.5级普通硅酸盐水泥，最好采用缓凝水泥，低温天气施工或有快通路段要求的可采用R型(早强)水泥。各交通等级路面水泥的抗折强度、抗压强度应符合表5的规定。

各交通等级路面水泥各龄期的抗折强度、抗压强度 表5

交通等级	特重交通		重交通		中、轻交通	
龄期(d)	3	28	3	28	3	28
抗压强度(MPa)，≥	25.5	57.5	22.0	52.5	16.0	42.5
抗折强度(MPa)，≥	4.5	7.5	4.0	7.0	3.5	6.5

(2)所使用水泥的化学成分、物理性能等路用品质要求宜符合表6的规定。水泥进场时每批量应附有齐全的化学成分、物理、力学指标合格的检验证明。水泥的存放期不得超过3个月。

水泥化学成分和物理指标 表6

水泥性能	特重、重交通路面	中、轻交通路面
铝酸三钙	不宜 > 7.0%	不宜 > 9.0%
铁铝酸四钙	不宜 < 15.0%	不宜 < 12.0%
游离氧化钙	不得 > 1.0%	不得 > 1.5%
氧化镁	不得 > 5.0%	不得 > 6.0%
三氧化硫	不得 > 3.5%	不得 > 4.0%

续上表

水泥性能	特重、重交通路面	中、轻交通路面
安定性	雷氏夹或蒸煮法检验必须合格	蒸煮法检验必须合格
标准稠度需水量	不宜 > 28%	不宜 > 30%
烧失量	不得 > 3.0%	不得 > 5.0%
细度(80μm)	筛余量不得 > 10%	筛余量不得 > 10%
初凝时间	不早于3h	不早于2.5h
终凝时间	不迟于10h	不迟于10h

(3)施工单位选用水泥时,水泥的各项路用品质必须合格,并应通过混凝土配合比试验。根据其试配弯拉强度、耐久性和工作性,确定可使用水泥的品种、强度等级及厂家。

(4)多孔改性水泥混凝土采用机械化铺筑,选用散装水泥。无论气温多高,散装水泥的出厂温度:南方不宜高于65℃,北方不宜高于55℃;混凝土搅拌时的水泥温度:南方不宜高于60℃,北方不宜高于50℃,且不宜低于10℃。

6.1.2 粗集料

(1)粗集料可使用碎石、破碎砾石和砾石,石质为石灰岩、玄武岩、安山岩、花岗岩等,形状接近球形最好。粗集料应质地坚硬、耐久、洁净。粗集料的技术要求应符合表7的规定。

(2)严禁采用有级配的石料。石料采用等粒径,不同等粒径石料采用的筛孔尺寸见表8。原则上采用30mm石料,在料源紧张工期紧迫时也可采用20mm或40mm石料。粗集料在进入拌和仓之前,用水清洗干净,并通过振动筛将超粒径或粒径不足的集料筛除。

碎石、破碎砾石和砾石技术要求 表7

项目	技术要求
石料强度	≥3级
压碎值	≤16%
针片状颗粒含量泥土杂质含量(冲洗法)	≤15%
硫化物及硫酸盐(按 SO_3 质量计)	≤1%
有机物含量(比色法)	不深于标准溶液的颜色

注:1. 石料强度分级应符合《公路工程石料试验规程》(JTG E42—2005)的规定。
2. 砾石软弱颗粒含量不大于5%。
3. 变质岩和火成岩允许压碎值不大于20%。超过时,应以混凝土试配弯拉强度达到相应等级公路的规定值与否决定取舍。

不同粒径石料标准筛筛孔尺寸 表8

筛孔(mm) \ 粒径(mm)	20	30	40
上层筛孔	20×20	30×30	40×40
下层筛孔	10×10	20×20	30×30

注:此表筛孔尺寸为标准筛水平位置筛孔尺寸,施工中应换算成振动筛尺寸,振动筛有倾斜时应考虑倾斜角度。

6.1.3 改性剂

改性剂为黏稠状胶体,对人体无害、无毒副作用,不污染环境,在水中可均匀分散开;如果分散不开或太稀即为不合格。改性剂是多孔改性混凝土技术的关键,改性剂是否合格可通过固体含量、黏度、检测试配的混合料的强度来验证。改性剂的技术要求见表9的规定。

改性剂技术要求 表9

项 目	技术要求	检测方法
固含量(%)	>3%	SH/T 1153—92
黏度(MPa·s)	25 000 ~ 45 000	SH/T 1152—92
pH值	6.5 ~ 8.5	SH/T 1150—1999
在水中分散程度	均匀	目测

改性剂由专门厂家进行生产,保质期为10d。改性剂的存放:应储存在不锈钢或树脂类容器中,禁止用铁、铜、铝器具储存,防止储存过程中与铁、铜、铝离子发生化学反应而失效,同时应注意遮阳。

6.1.4 水

(1)饮用水可直接作为混凝土搅拌用水,对水质有疑问时,应检验下列指标,合格者方可使用。

①硫酸盐含量(按 SO_4^{2-} 计),小于2.7mg/cm³。

②含盐量不得超过5mg/cm³。

③pH值不得小于4。

④不得含有油污、泥和其他有害杂质。

(2)海水不得作为混凝土拌和用水。

(3)用铁、铜、铝含量高的水配胶时,24h内需使用完毕。

6.1.5 防水材料

路面基层下为土路基时,应在路面底基层(下承层)之上多孔改性混凝土层之下设置防水层。防水层为一膜两布纤维防水卷材。铺防水卷材时,要先在路面底基层上喷洒沥青。沥青一般为普通90号热沥青,用量不超过0.5kg/m²。防水卷材由指定厂家生产。

防渗土工膜的质量要求:检验项目满足GB/T 17642—1998中所规定的技术指标要求(表10)。

防渗土工膜技术指标要求 表10

序 号	检验项目			技术要求
1	单位面积质量(g/m²)			400
2	单位面积质量偏差率(%)			-10
3	CBR顶破强力(kN)			≥1.1
4	宽条拉伸	断裂强力(kN/m)	经向	≥5
			纬向	≥5
		断裂伸长率(%)	经向	30 ~ 100
			纬向	30 ~ 100
5	垂直渗透系数(cm/s)			$\leqslant 1\times10^{-12}$
6	抗老化性能			20年以上

6.1.6 配合比设计

(1)基本要求:多孔改性水泥混凝土基层的配合比设计应当满足弯拉强度、工作性、孔隙率和经济性四项基本要求。

(2)弯拉强度

①设计弯拉强度大于等于2MPa,为主要技术指标。

②试配弯拉强度为 $1.13\times2=2.26$MPa。

(3)工作性能:为保证摊铺机前拌和物最佳工作性,坍落度一般控制为10 ~ 20mm。

(4)孔隙率视当地降雨量控制在15% ~33%。

(5)经济性:在满足上述三项技术要求的前提下,配合比应尽可能经济,以单位质量水泥获得的弯拉强度最大为经济性评价指标。

6.1.7 配合比计算

(1)配合比计算按假定重度法。

(2)配合比参数及各种材料用量参考值如下:

改性剂占水的比例为10% ~15%;

水泥用量300 ~340kg/m^3;

石料用量为1 600 ~1 700kg/m^3;

水用量为90 ~130kg/m^3。

6.1.8 配合比调整

(1)试验室试拌配合比

①采用假定重度法计算的配合比,应实测拌和物重度,并应按实测重度调整配合比,调整时水泥用量不得减少,调整后的配合比复测拌和重度偏差不应大于 ±2.5%。

②制作弯拉强度等试件,检验试配弯拉强度、耐久性。

(2)搅拌楼试拌配合比。混凝土的试拌配合比应通过搅拌楼实际拌和检验,同时应满足机械摊铺的工作性、试配弯拉强度等要求。水泥用量不得减小。

(3)施工配合比。经搅拌楼实拌调整好的配合比,在施工中应根据天气、季节和运距等的变化,保证摊铺现场的坍落度等工作性适宜于机械摊铺,且波动最小。同时,应根据当天不同时间的气温变化微调加水量,维持坍落度不变。其他配合比参数不得随意变更。

6.2 设备

6.2.1 机械设备的配备

根据施工需要对所需的施工机械及设备进行提前准备。主要配备专用多孔改性混凝土拌和楼、摊铺机、运输车辆等机械,详见表11。

投入项目的主要施工机械一览表 表11

机械名称	型号或要求	数量
摊铺机或滑模摊铺机	多功能摊铺机	具体数量根据实际情况调整
多孔改性混凝土拌和设备	LSHB—500	
装载机	ZL50、40	
防水布专用热熔焊接机		
沥青洒布车	载质量8 ~10t	
自卸汽车	载质量15 ~35t	
洒水车	容量8m^3 以上	

6.2.2 测试检测仪器配备

针对项目施工需要准备如下测、试、检仪器设备,设备数量视工程具体情况而定,见表12。

6.2.3 搅拌站的配置

(1)多孔改性水泥混凝土搅拌楼采用专用连续式搅拌楼,型号LSHB—500,产量为500t/h(250m^3/h),满足摊铺速度1m/min的要求。

(2)搅拌站的设置

①搅拌站宜设置在摊铺路段的中间位置。搅拌站内部布置应满足原材料储运、混凝土运输、供水、供电等使用要求,并尽量紧凑,减少占地。搅拌楼应安装在上风头。确因地形条件限制,料场面积不足时,可在搅拌站附近设置石料储备转运场。

测、试、检仪器设备表 表12

仪器设备名称	规格型号	单位	数量
万能试验机	WE—800	台	根据实际情况调整
标准养护箱	YH40B	个	
养护室自动控制仪	XMST—2	台	
过滤器	180μm ± 10μm	台	
旋转黏度计	L型	台	
分析天平	TG328A	台	
坍落度筒		个	
针片状规准仪		个	
标准石子筛		套	
恒温水浴	CF—4	个	
混凝土抗压试模	15cm × 15cm × 15cm	套	
混凝土抗折试模	15cm × 15cm × 55cm	套	
全站仪	GTS—301S	台	
水准仪	DS3	台	
3m直尺		个	
温湿自控仪	WSK—A	台	
混凝土取芯机	HZQ	台	
电动振筛机	ϕ200	台	
静水力学天平	GS—2KG1	台	

②混凝土搅拌站应解决搅拌、清洗、用水的供应,并保证水质。水源供水量不足时,搅拌站宜设置体积不小于 250 ~ 500m^3 的蓄水池,所蓄的水量应至少满足半天以上摊铺施工的需要。

③混凝土搅拌站应保证充足的电力供应,可采用就近从电网取电或自备发电机保证供电。电力总容量应考虑全部施工用电设备、夜间施工照明及生活用电。配电房或发电设备应设在地势高处或架高设置。

④施工单位应确保摊铺机、运输车辆及发电机等动力设备的燃料供应。离加油站较远的工地应设置油罐或油料储备库,并保证其防火防盗安全。

⑤在施工前,应储备正常施工一个月以上的石料。料场应建在地势较高、排水通畅的位置,其底部应采用胶凝材料处理或水泥混凝土硬化处理,严禁料堆积水和泥土污染。不同规格的石料之间应有隔离设施,严禁混杂。

⑥搅拌站原材料运输与混凝土运输车辆不应相互干扰,应设置车辆进出道口的环形道路,搅拌楼应设相对独立的运料进出口,并有临时停车场。搅拌楼下装车部位应铺筑厚度 20cm 左右的混凝土路面,并应设置清洗污水排放管沟、积水渗水坑或清洗搅拌楼的废水处理回收设施。

⑦粗集料在进入搅拌锅之前须用清水冲洗干净,进水口设在振动筛的上方。同时设置污水池及沉淀池,循环使用清水。冲洗石料的混水不能重复利用的排入废水处理设施进行处理。

6.2.4 运输车辆配置

(1)摊铺系统配套的运输车数量,按式(1)计算:

$$N = 2n(1 + S\gamma_C m/v_q/g_q) \tag{1}$$

式中:N——运输车辆总数(辆,不同产量搅拌楼分别计算再计其和);

n——相同产量的搅拌楼台数;

S——单程运输距离(km);

γ_C——新拌混凝土的密度(t/m^3);

m——一台搅拌楼的每小时拌和能力(m^3/h);

v_q——车辆的运输平均速度(km/h);

g_q——汽车载重能力(t/辆)。

如果汽车装载质量不同,先按小吨位计算,再折合成大吨位的汽车数目。

(2)运输车辆的要求:应选配车况好、装载质量大(15~35t)的自卸车。自卸车后挡板应关闭紧密,运输时不漏浆撒料,卸料时抬升角度应大于45°,车箱板应平整光滑。

6.2.5 施工前,必须对搅拌楼、运输车辆、摊铺机等施工机械、经纬仪、水准仪或全站仪等测量基准线仪器及试验仪器进行全面地检查、调试、校核、标定、维修和保养,并试运行正常;对主要设备的易损零部件应有适量储备。

7 质量控制

7.1 施工前材料与设备采购检查

7.1.1 当地原材料调研

在施工准备阶段,应依据设计要求、施工经验和规模,对工程附近的水泥厂、石料场、施工沿线水源、电力供应状况等进行实地踏勘和调研,以确认符合建设多孔改性水泥混凝土基层的原材料质量、品种、规格、原材料的供应量、供应强度和供给方式、运距等;明确施工沿线在何处适合建设大型混凝土搅拌站。通过调研优选,初步选定原材料供应厂商,请这些厂商向试验室提供试验和检验原材料,并附产品合格证和出厂证明书。

7.1.2 原材料确定和配合比优化

多孔改性水泥混凝土基层开工前,试验室应对计划使用的原材料进行质量检验和混凝土配制试验,进一步优选原材料并优化配合比,出具原材料检验及配合比试验报告,并应通过监理对原材料抽检和配合比试验验证,报请业主正式审批,然后通知材料供应厂商和施工单位。施工单位应对通过符合质量要求的原材料厂商进行招标或比选,确定原材料供应厂商,并签订原材料供应合同。重要的原材料供应合同,如水泥、石料、改性剂等不仅应签署供应总量、方式,而且应明确其检验技术指标、退货等要求,并应通过监理及业主认可。确定和处置好搅拌站场地后,开始供应和储备原材料。

7.1.3 原材料批量检验

原材料进场以及施工过程中发生材料来源或规格变化时,应将相同料源、规格、品种的原材料作为一批,分批量分别检验并储存。原材料的检验项目和频率见表13。大规模基层施工一般需要2个以上的水泥厂供应水泥,不同厂家的水泥,即使品种、等级等完全相同,也应分别存放,不得混装在1个水泥罐仓内。在水泥罐换装水泥时,必须清仓再灌。改性剂保质期为10d,超过保质期为不合格。

混凝土原材料的检测项目和频率 表13

材料	检查项目	检查频率
水泥	抗折强度、抗压强度及等级	1 500t,1批
	安定性	1 500t,1批
	凝结时间	3 000t,1批
	标准稠度用水量	3 000t,1批
	细度	3 000t,1批
	f-CaO含量	必要时,每标段不少于3次
	MgO含量	必要时.每标段不少于3次
	SO_3含量	必要时.每标段不少于3次
	铝酸三钙	必要时,每标段不少于3次
	铁铝酸四钙干缩率	必要时,每标段不少于3次
	温度	必要时,每标段不少于3次
	水化热	冬、夏季施工随时检测

续上表

材　料	检 查 项 目	检 查 频 率
粗集料	颗粒外观(针片状、超径和逊径含量)	8 000m^3,1 批
	颗粒级配	8 000m^3,1 批
	含泥量	4 000m^3,1 批
	压碎值	4 000m^3,1 批
	含水率	随时
	松方密度	施工需要时
改性剂	固含量	15t,1 车
	黏度	15t,1 车
	pH 值	15t,1 车
	均匀性(与水混合后的液体)	随时
水	pH 值	开工前和水源有变化时
	含盐量	开工前和水源有变化时
	硫酸根含量	开工前和水源有变化时

注:1. 所有项目开工前,均应检验。
2. 数量不足一批时,按一批检验。
3. 当原材料规格、品种、生产厂、来源变化时,必检。

7.2　铺筑试验路段

7.2.1　一般规定

多孔改性水泥混凝土基层在正式摊铺前,必须铺筑试验路段。试验路段长度不应小于 100m。基层厚度、摊铺宽度、基准线设置、接缝设置等均应与实际工程相同。

7.2.2　试验路段分为试拌及试铺两个阶段,通过试验路段应达到下述目的:

(1)通过试拌检验搅拌楼性能及确定合理搅拌工艺,检验适宜摊铺的搅拌楼拌和参数:上料速度、拌和容量、搅拌均匀所需时间、新拌混合料坍落度、离析性和生产使用的混凝土配合比等。

(2)通过试铺检验摊铺系统全部主要机械的性能和生产能力;检验机械种类、数量、实际生产能力配套及组合的合理性;提供主要机械性能、生产能力检验结果和改进措施。

(3)通过试铺确定基准线设置方式,摊铺机的适宜工作参数,包括摊铺速度、振捣频率调整范围、养生塑料薄膜覆盖效果。

(4)使全体工程技术、施工及设备操作人员熟悉并掌握各主要机械正确的操作要领和所有工序、工种正确的施工方法;检验全套施工工艺流程。

(5)检验确定人工辅助施工的修整机具、工具、模具种类和数量等;按施工工艺要求确定施工组织形式和人员编制,明确人员职责,分工负责。

(6)通过试铺,应建立健全混凝土原材料、新拌混凝土坍落度、基层弯拉强度、抗压强度、孔隙率、平整度、厚度、接缝顺直度等全套技术性能的检验手段;熟悉检验方法;建立施工系统的全面质量管理体系。

(7)确定施工产量和进度,制订施工进度计划。

(8)检验通信联络和快速生产调度指挥系统,确定施工管理体系。

7.2.3　总结试铺效果

在试铺中,施工单位应认真做好记录,监理工程师或质监站应监督检查试验段的施工质量,及时与施工单位商定有关结果。试验段铺筑结束后,应由业主、施工单位和监理会商讨论试验结果,提出改进意见和注意事项。施工单位应就各项试验结果、改进措施和注意事项提出试验路段总结报告,上报监理和业主批复,以取得正式开工资格。

7.3 施工中的质量管理与检查

7.3.1 一般规定

(1)多孔改性水泥混凝土基层施工必须得到主管部门的开工令后,方可开工。

(2)施工单位应随时对施工质量进行自检。自检混凝土原材料、拌和物和水泥混凝土基层项目和频率按表13和表14规定进行。当发现异常情况时,应加大检测频率,找出原因,及时处理;在恢复正常后,再降低检测频率。

混凝土拌和物及多孔改性水泥混凝土基层的检验项目和频率 表14

材料	检查项目	检查频率
混凝土拌和物	坍落度及其均匀性	每天施工测3次,有变化时随测
	坍落度损失率	开工、气温较高和有变化时随测
	密度	每天施工测1次
	温度	必要时测,冬季、夏季每天1次
	凝结时间	必要时测,冬季、夏季每天1次
	水化热	冬季、夏季施工必要时测
	离析	随时观察
混凝土基层	弯拉强度	每班留1~3组试件,日进度小于500m取1组,大于等于500m取2组,大于等于1 000m取3组
	抗压强度、孔隙率	每班留1~3组试件,日进度小于500m取1组,大于等于500m取2组,大于等于1 000m取3组
	平整度(mm)	每200m2处,每处连续10尺
	结构层厚度	每200m结构层摊铺宽度内左右各1处,连接摊铺每100m结构层边缘1处并参考岩芯高度
	横坡度	水准仪:每200m4个断面
	摊铺中线偏位	经纬仪:每200m4点
	纵断高程	水准仪:每200m4点
	路面宽度	尺测:每200m4处

注:1. 平整度值为直尺底部与混合料顶面的间距。

2. 抗压强度为参考指标,试模尺寸150mm×150mm×150mm,试验方法同普通混凝土。

(3)施工中,应由专门质量检验机构负责施工质量的检查与试验。除施工单位按下述规定自检外,监理、质检站按规定频率抽检。

(4)搅拌站对每台搅拌楼所拌拌和物按表14的要求检测,除了满足可摊铺性外,应注意观察拌和物的匀质性和检验其坍落度的稳定性。

7.3.2 关键技术指标的检验

施工中,多孔改性水泥混凝土基层应按表14规定的检查项目和频率检测,其平整度、弯拉强度和结构层厚度三大质量指标要求如下。

(1)平整度:3m直尺检测平整度,作为施工过程中质量控制的检测项目;采用3m直尺测纵向平整度时,应有90%以上的数据小于或等于12mm。连接摊铺路面纵向施工缝的横向平整度要求为:3m直尺平均值应小于或等于12mm,极值小于或等于15mm。

(2)弯拉强度:摊铺改性水泥混凝土基层弯拉强度的评价,以搅拌楼生产的混凝土在标准养生的小梁弯拉强度为准。基层混凝土弯拉强度的施工检查频率见表14。弯拉强度宜采用三参数评价,即统计平均值(组数较少时为合格判定弯拉强度)、最小值和统计偏差系数。弯拉强度合格标准规定参考《公路水泥混凝土滑模施工技术规程》(JTJ/T 037.1—2000)附录C或《公路水泥混凝土路面施工技术规范》(JTG F30—2003)附录A.1的规定,龄期取7d。弯拉强度的统计偏差系数不应大于12%。

(3)结构层厚度:摊铺多孔改性水泥混凝土在施工中应严格控制结构层厚度,并应在设置基准线后摊铺前进行测量控制。通过基准线检测结构层厚的方法见5.5.1。每天施工基准线设置好后,在旁站监理工程师监督下测量待摊铺结构层的厚度。监理工程师签字确认预计摊铺路段的结构层厚合格,方可开始当日摊铺。底基层高程有误差部位,可在高程误差允许范围±1cm内调整基准线高程,调整最短长度不应小于50m。下承层高程不足、结构层偏厚部位,应直接摊铺,不得在施工中设薄垫层或调低本结构层高程。摊铺后本层厚测量可以侧面尺测为准,当厚度不足时,应以一个断面内平均厚度(钻芯)作为返工判定依据。假如摊铺厚度不足或者基层高程偏低时,不得用多孔混凝土补填,只能用沥青面层料找补;假如基层高程超高时,可用铣刨机洗到高程,然后将基层上松动的石料清除干净。

7.3.3 质量检验技术要求

摊铺混凝土施工过程中,施工单位自检的检查项目和频率应按表14的规定进行。基层全部技术指标的质量检验方法、频率和评定标准见表15。

各级公路摊铺多孔改性水泥混凝土基层质量要求 表15

项次	检 查 项 目	规定值或允许值	检查方法和频率
1	弯拉强度(MPa)	100%符合7.3.2的规定	符合7.3.2(2)及表14的规定
2	抗压强度(MPa)	符合7.3.2的规定	符合表14的规定
3	孔隙率(%)	±5	符合表14的规定
4	结构层厚度(mm)	均值-10; 单个值-20	尺测:频率符合表14规定
5	平整度最大间隙h(mm)	≤12(≥90%)	3m直尺:频率符合表14规定
6	连接摊铺纵缝高差(mm)	平均值小于或等于12 极值小于或等于15	3m直尺测:频率符合表14规定
7	中线平面偏位(mm)	≤20	经纬仪:频率符合表14规定
8	结构层宽度(mm)	≤±20	尺测:频率符合表14规定
9	纵断高程(mm)	≤±15	水准仪:频率符合表14规定
10	横坡度(%)	≤±0.5	水准仪:频率符合表14规定

注:平整度为3m直尺底部到基层顶面的最大间距。

7.3.4 资料整理

施工单位的质检结果应按1km为单位整理成表格,作为支付依据。当发现异常时,应停止施工,分析原因,并采取措施。对于多孔改性水泥混凝土基层的关键工序宜拍摄照片或进行录像,作为现场记录保存。

7.4 交工验收阶段的工程质量检查验收

7.4.1 申请交工验收

多孔改性水泥混凝土基层完工后,施工单位应将全线以每公里为一个评定路段,按表15的要求,提交检测结果、试验数据、施工总结报告及全部原始记录等齐全资料,申请交工验收。

7.4.2 交工验收要求

业主、监理和质监部门收到施工单位的申请交工验收报告并确认资料齐全后,首先对照施工单位交工自检报告数据和监理、质监检部门施工阶段进行的抽检数据是否吻合,然后按表15规定的检查项目和验收频率进行交工检查和验收。发现异常情况时,应按下述条款进行处理:

(1)评定基层混凝土弯拉强度,采用小梁试件7d弯拉强度作为评定依据。当小梁弯拉强度不足,有争议时,每公里取3个以上岩芯,通过劈裂强度确定返工与否。

(2)所有行车道均应检测平整度,标准见表15。对局部路段、施工接头、部位必须进行处理。

(3)同一断面内的结构层厚度,一侧偏薄,另一侧偏厚时,要求返工重铺的标准为整个断面平均厚度与设计厚度之差占设计厚度的百分数小于或等于1%。

7.5 工程施工总结

7.5.1 竣工文件

施工单位应根据国家竣工文件编制规定,提出施工总结报告和质量管理与测试报告或采用新材料、新技术的研究报告,连同竣工图表,形成完整的施工档案资料,待工程全部完工后一并交业主及档案管理部门。

7.5.2 施工总结报告

主要内容应包括工程概况、设计图纸及变更、基层资料、原材料、施工组织、机械及人员配备、施工工艺、进度、工程质量评价等。

7.5.3 施工质量管理与测试报告

主要内容应包括施工管理体制、质量保证体系、试验段铺筑报告、施工质量达到或超过现行规范规定情况、原材料和混凝土检测结果、施工中多孔改性水泥混凝土基层质量自检结果、交工复测结果、工程质量评价、原始记录、相册和录像资料等。

7.5.4 施工经验总结

总结成功经验,分析失败原因,并提出改进意见和措施。

8 安全措施

8.1 一般规定

应根据机械化施工特点,做好安全生产和保卫工作。施工前,组建安全生产组织,建立安全生产责任制,建立健全各项安全生产规章制度,明确安全责任。施工单位应对员工进行安全生产教育,树立安全第一的思想。

8.2 施工安全生产规定

施工过程中,应制订搅拌楼、运输车辆、摊铺机及其辅助机械设备的安全操作规程,并制成标牌在施工中严格执行;同时制作并设立施工现场不同区域的安全警示标牌。

(1)非施工人员禁止进入施工或拌和区域,区域要设立围护设施,防止无关人员进入。外来检查、巡视人员进入,需有专人陪同。凡进入拌和区域人员必须戴安全帽,搅拌楼下及四周严禁非工作人员进入或逗留。生产操作人员必须穿戴防护用具(如安全帽、绝缘鞋、绝缘手套、口罩、安全带等),特别是安装或拆除搅拌楼时更要注意安全。

(2)人工在搅拌楼的拌和锅内清理混凝土时,无电视监控的搅拌楼,必须有两人以上,方可进行,一人清理,一人值守操作台;有电视监控的搅拌楼,必须打开电视监控系统,关闭主电机电源,并在主开关上挂警示红牌。搅拌楼机械上料时,在铲斗及拉铲活动范围内,人员不得逗留和通过。

(3)运输车辆倒退时,车辆应鸣后退警报,并有专人指挥和查看车后,指挥车辆的人员禁止站在车的后方。所有人员禁止在运输车辆后方或下方歇息停留。

(4)夜间施工,在摊铺机上应有明亮的照明和明显的示警标志。摊铺机停放在通车道路上时,周围必须设置明显的安全标志,夜间应以红灯示警。

(5)施工中禁止所有机械设备机手擅离操作台,严禁用手触摸或用工具处理正在运转的机(构)件。

(6)所有施工机械、电力、燃料、动力等的操作部位,严禁吸烟和存在任何明火。

(7)拌和区域内的储油罐应架设遮阳和围挡设施,防止高温自燃或其他人为不安全因素。

8.3 交通安全

施工现场必须做好交通安全工作。交通繁忙的路口应设立标志,并有专人指挥。夜间施工,路口及基准线桩附近应设置警示灯或反光标志，专人管理灯光照明。施工人员要求穿反光背心。

8.4 用电安全

施工现场要配备专职电工，施工机电设备应有专人负责保养、维修和看管，确保安全生产。施工现场的电线、电缆应尽量放置在无车辆、人、畜通行部位。专职人员要定期（如每周）或随时对接线部位进行检查，查看是否松动、电缆是否老化、破损漏电，有问题及时解决处理。

8.5 安全防护

现场操作人员必须按规定佩戴防护用具。对于有毒、易燃的燃料、填缝材料等进行操作时，其防毒、防火等要求应按有关规定严格执行。

8.6 其他

摊铺机、搅拌楼、储油站、发电站、配电站等重要施工设备上应配备消防设施，确保防火安全。搅拌楼、油罐应安装避雷针等装置，并确保有效。

工地所有施工设备和机具，在停工或夜间必须有专人值班保卫，严防原材料、机械、机具及零件等丢失。

9 环保措施

9.1 一般规定

在施工前，要结合现场实际条件，识别和评价本项目的环境因素，针对重要环境因素要制订环境目标和指标，在此基础上进一步制订为实现目标和指标的管理方案，加以控制，减少环境污染。拌和站选址要尽量远离居民区，少占耕地，撤场后要做好复耕工作。

9.2 控制扬尘

拌和站场地，特别是车辆通行的道路及场地要硬化，设计好排水，在拌和站出口设置清洗设施，保证车辆进出不带泥土。对于施工道路必要时安排专人清扫、洒水降尘。运料车辆要做密闭覆盖，防止遗撒。散装水泥罐上的排气口、输送水泥管道接口要做好防尘密闭处理，防止操作时产生扬尘。

9.3 控制施工噪声

除拌和站选址设在远离社区或养殖基地外，还需要采取如下措施：设备加装消音装置；合理安排施工作业时间，避开居民休息时间，做到无投诉。

9.4 控制固体废物及污水排放

就近施工现场，选择好废料及施工污水的排放地点。不能用于路面基层的混合料优先考虑填筑路基、道口或乡村道路；施工污水经沉淀池处理后可用于场地及道路养生降尘；养生后的残留塑料薄膜集中回收交废品收购站；装运改性剂的容器由生产厂家回收重复利用。本工法所用改性剂为无毒、无味、无腐蚀性的液体，施工过程不产生污染物。

10 资源节约

多孔改性水泥混凝土在公路工程中的应用，将节省机械碾压或振捣的费用，省油、省电。拌和每立方多孔改性水泥混凝土比普通水泥混凝土节约用水约70kg。

该工法的应用将促使沥青面层的厚度减薄，从而节省沥青的用量，同时也节省拌和、运输、摊铺设备的燃油消耗。

以该工法2007年在廊涿高速公路的应用为例，在廊涿高速K24 + 730 ~ K35 + 480.81段右半幅铺设30cm厚多孔改性水泥混凝土基层试验段10.75km，共计150 646m^2。本段路面结构层从下至上依次为18cm水泥稳定砂砾底基层、20cm水泥稳定砂砾下基层、防水土工布（沥青用量0.5kg/m^2）、30cm多孔改性水泥混凝土基层、SBR 改性乳化沥青黏层(沥青用量 1kg/m^2)、6cm 中粒式改性沥青混凝土、热喷 SBR 改性沥青防水层、4cm 细粒式沥青玛蹄脂碎石表面层。其他路段路面结构层从下至上依次为 18cm 水泥稳定砂砾底基层、20cm 水泥稳定砂砾下基层、20cm 水泥稳定级配碎石基层、液体石油沥青透层(沥青用量 2kg/m^2)、10cmAC-25C 型沥青混凝土下面层、SBR 改性乳化沥青黏层、6cm 中粒式改性沥青混凝土中面层、热喷 SBR 改性沥青防水层、4cm 细粒式沥青玛蹄脂碎石表面层。其中试验段用 30cm 多孔改性水泥混凝土基层替代了 20cm 水泥稳定级配碎石基层、透层(沥青用量 2kg/m^2)、10cmAC-25C 型沥青混凝土下面层,以沥青含量 4% 计,节省沥青 150 646 ×(0.002 - 0.000 5) + 150 646 ×0.1 ×2.5 × 4% = 1 732.43t,同时节省了 20cm 水泥稳定级配碎石基层的碾压机械台班、10cmAC-25C 型沥青混凝土下面层的摊铺、碾压机械台班(节省台班及燃油情况见表 16)。

节省机械台班及燃油表(以 24 000m^2 计)　　表 16

项 目 名 称	机 械 名 称	台班	燃油消耗(kg/台班)	合计(kg)
18cm 水泥稳定碎石基层碾压、养生	6~8t 压路机	3.36	19.33	64.95
	12~15t 光轮压路机	30.48	40.46	1233.22
	6 0001 以内洒水车	7.44	42.43	315.68
沥青混凝土摊铺、碾压(8cm 厚)	6~8t 压路机	5.3	19.33	102.45
	12~15t 光轮压路机	7.93	40.46	320.85
	12.5m 以内沥青混合料摊铺机	2.69	136.41	366.94
	9~16t 轮胎压路机	5.16	33.71	173.94
透层、黏层油洒布	4 0001 以内沥青洒布车	4.32	34.28(汽油)	148.09

11 效益分析

多孔改性水泥混凝土用于公路工程基层,在应用时可以替代水泥稳定碎石基层、沥青碎石基层和降低沥青路面的厚度,节省摊铺、碾压或振捣的费用,节省燃油消耗,节约沥青的用量。同时能够有效解决路面因水损坏和基层抗折性能不足带来的早期损坏,提高路面行车舒适性和安全性,延长路面使用寿命。下面分别以使用本工法的邢峰公路 A 合同、邢台市东三环道路改建工程和廊涿高速公路试验段等项目,分析其经济效益情况。

11.1 邢峰公路 A 合同

(1)试验段结构形式:30cm 石灰稳定土、防水土工布(沥青用量 0.5kg/m^2)、26cm 多孔改性水泥混凝土基层、4cm 中粒式透水沥青混凝土路面。其单价分别为:石灰土 16.59 元/m^2,防水土工布 7.0 元/m^2,多孔改性水泥混凝土基层 72.8 元/m^2,4cm 中粒式透水沥青混凝土路面 32.72 元/m^2。结构层合计单价为 16.59 +7 +72.8 +32.72 =129.11 元/m^2。

(2)其他路段结构形式:30cm 石灰稳定土、18cm 水泥稳定碎石基层、透层(沥青用量 2kg/m^2)、7cm 粗粒式沥青混凝土下面层、黏层(沥青用量 1kg/m^2)、5cm 中粒式沥青混凝土上面层。其单价分别为:石灰土 16.59 元/m^2,18cm 水泥稳定碎石基层 23.95 元/m^2,透层 2.24 元/m^2,7cm 粗粒式沥青混凝土下面层 52.53 元/m^2,黏层 2.35 元/m^2,5cm 中粒式沥青混凝土上面层 40.9 元/m^2。结构层合计单价为 16.59 +23.95 +2.24 +52.53 +2.35 +40.9 =138.56 元/m^2。

(3)26cm 多孔改性水泥混凝土替代了 18cm 水泥稳定碎石基层和 8cm 厚的沥青混凝土,从造价上来看试验段比其他路段每平方米减少 9.45 元。共铺筑试验段 2 000m,路面宽度 12m,减少投资 2 000 × 12 ×9.45 =226 800 元。

(4)节省沥青约 2 000 ×12 ×(0.002 +0.001 -0.000 5)+2 000 ×12 ×0.08 ×2.5 ×4% =252t;同时增大了沿线水泥厂的销量,促进了地方经济的发展。

(5)节省水泥稳定碎石基层的碾压台班,沥青混凝土的摊铺、碾压台班,喷洒透层、黏层台班,见表16。节省柴油 2 578.03kg、汽油 148.09kg,相应减少了 CO_2 的排放。

11.2 邢台市东三环道路改造工程

(1)路面结构形式:20cm 水泥稳定砂砾底基层、30cm 多孔改性水泥混凝土基层、4cm 沥青混凝土面层。其单价分别为:20cm 水泥稳定砂砾底基层 21.846 元/m^2、30cm 多孔改性水泥混凝土基层 87 元/m^2、4cm 透水沥青混凝土面层 32.72 元/m^2。结构层合计单价为 21.846 +87 +32.72 =141.566 元/m^2。

(2)一般正常设计路面结构形式为:30cm 石灰稳定土、18cm 水泥稳定碎石基层、透层(沥青用量 2kg/m^2)、7cm 粗粒式沥青混凝土下面层、黏层(沥青用量 1kg/m^2)、5cm 中粒式沥青混凝土上面层。其单价分别为:石灰土 20.75 元/m^2,18cm 水泥稳定碎石基层 25.81 元/m^2,透层 2.24 元/m^2,7cm 粗粒式沥青混凝土下面层 52.53 元/m^2,黏层 2.35 元/m^2,5cm 中粒式沥青混凝土上面层 40.9 元/m^2。结构层合计单价为 20.75 +25.81 +2.24 +52.53 +2.35 +40.9 =144.58 元/m^2。

(3)造价比多孔改性水泥混凝土路面每平方米减少 3.014 元。该工程节省投资 229 320 ×3.014 = 691 170.48 元。

(4)本项目节省沥青 229 320 ×0.003 +229 320 ×0.08 ×2.5 ×0.04 =2 522.52t。

(5)节省水泥稳定碎石基层的碾压台班,沥青混凝土的摊铺、碾压台班,喷洒黏层台班,见表 17。节省柴油 24 631.34kg、汽油 1 415.08kg,相应减少了 CO_2 的排放。

节省机械台班及燃油表(以 229 320m^2 计) 表 17

项目名称	机械名称	台班	燃油消耗(kg/台班)	合计(kg)
18cm 水泥稳定碎石基层碾压、养生	6 ~8t 压路机	32.10	19.33	620.49
	12 ~15t 光轮压路机	291.24	40.46	11 783.57
	6 000l 以内洒水车	71.09	42.43	3 016.35
沥青混凝土摊铺、碾压(8cm 厚)	6 ~8t 压路机	50.63	19.33	978.68
	12 ~15t 光轮压路机	75.77	40.46	3 065.65
	12.5m 以内沥青混合料摊铺机	25.68	136.41	3 503.01
	9 ~16t 轮胎压路机	49.35	33.71	1 663.59
透层、黏层油洒布	4 000l 以内沥青洒布车	41.28	34.28(汽油)	1 415.08

11.3 廊涿高速公路工程

(1)试验段结构形式:18cm 水泥稳定砂砾底基层(19.47 元/m^2)、20cm 水泥稳定砂砾下基层(23.87 元/m^2)、防水土工布(沥青用量 0.5kg/m^2、7 元/m^2)、30cm 多孔改性水泥混凝土基层(93.0 元/m^2)、SBR 改性乳化沥青黏层(2.35 元/m^2)、6cm 中粒式改性沥青混凝土(53.3 元/m^2)、热喷 SBR 改性沥青防水层(7.55 元/m^2)、4cm 细粒式沥青玛蹄脂碎石表面层(60.1 元/m^2)。结构层合计单价为 19.47 + 23.87 +7 +93 +2.35 +53.3 +7.55 +60.1 =266.64 元/m^2。

(2)其他路段路面结构形式:18cm 水泥稳定砂砾底基层(19.47 元/m^2)、20cm 水泥稳定砂砾下基层(23.87 元/m^2)、20cm 水泥稳定级配碎石基层(28.49 元/m^2)、液体石油沥青透层(沥青用量 2kg/m^2、4.56 元/m^2)、10cmAC -25C 型沥青混凝土下面层(73.02 元/m^2)、SBR 改性乳化沥青黏层(沥青用量 1kg/m^2,2.35 元/m^2)、6cm 中粒式改性沥青混凝土中面层(53.3 元/m^2)、热喷 SBR 改性沥青防水层(7.55 元/m^2)、4cm 细粒式沥青玛蹄脂碎石表面层(60.1 元/m^2)。结构层合计单价为 19.47 +23.87 + 28.49 +4.56 +73.02 +2.35 +53.3 +7.55 +60.1 =272.71 元/m^2。

(3)其中试验段用30cm多孔改性水泥混凝土基层替代了20cm水泥稳定级配碎石基层、液体石油沥青透层、10cmAC-25C型沥青混凝土下面层。试验段与其他路段比较每平方米造价降低了272.71-266.64=6.07元。试验段铺筑了150 646m^2,节约造价150 646×6.07=914 421.22元。

(4)节约沥青150 646×(0.002-0.000 5)+150 646×0.1×2.5×4%=1 732.43t。

(5)节省20cm水泥稳定级配碎石基层的碾压、养生台班,液体石油沥青透层喷洒台班,10cmAC-25C型沥青混凝土下面层的摊铺、碾压台班,见表18。共计节省柴油17 694kg、汽油464.77kg,相应减少了CO_2的排放。

节省机械台班及燃油表(以229 320m^2计)　　表18

项目名称	机械名称	台班	燃油消耗(kg/台班)	合计(kg)
18cm水泥稳定碎石基层碾压、养生	6~8t压路机	21.09	19.33	407.68
	12~15t光轮压路机	191.32	40.46	7 740.82
	6 000l以内洒水车	46.70	42.43	1 981.49
沥青混凝土摊铺、碾压(8cm厚)	6~8t压路机	41.58	19.33	803.71
	12~15t光轮压路机	62.22	40.46	2 517.29
	12.5m以内沥青混合料摊铺机	21.09	136.41	2 876.95
	9~16t轮胎压路机	40.52	33.71	1 366.06
黏层油洒布	4 000l以内沥青洒布车	13.56	34.28(汽油)	464.77

11.4 总结分析

通过上述效益分析,本工法在各等级的公路工程中应用,不同程度地减低了工程造价。上述三个实例中均不同程度节约了沥青的用量,另外同时节省了摊铺、碾压或振捣机械设备的油电消耗,节省了人工投入,节约了拌和养生用水。

本工法因施工简单、路面空隙较大、温缩小、透水性能良好等特性,极大地提高了汽车运行的安全系数,降低了路面噪声及施工费用,延长道路使用寿命,减低养护费用,并可根据需要调整材料配比建造超重载公路道路,收到了很好的节能减排的效果。

我国每年石油用量虽然有一半靠进口,但却有着丰富的水泥生产资源和能力。节省沥青用量、减少设备台班用量,加大水泥用量,与我国现阶段的资源状况相适应,并能够拉动地方产业链的兴起,推动地方经济的快速发展,加快实现建设和谐社会目标的步伐。因此,加快多孔改性水泥混凝土的研究、推广应用前景可观。

12 应用实例

为响应国家关于开展科技创新、节能减排活动的号召,邢台路桥建设总公司积极开发新型交通建设材料和技术。针对目前国内路面早期损坏及车辙问题,邢台路桥建设总公司于2003年在河北省交通厅立项,开展了大孔隙水泥混凝土基层路面研究,目的是为了解决沥青路面结构的水损坏和车辙问题,提高路面的长期使用性能,满足重载交通的需要,减少日益恶劣的气候条件对路面的影响。

在日常的施工过程中,我们不断摸索多孔改性水泥混凝土路面基层的施工方法,进行了大量的试验摊铺,目前有了较成熟的理论基础和施工工艺,编制了《施工作业指导书》作为企业标准,主要应用的项目有邢峰公路(2005年)、邢台市东三环道路改造工程(2007年)、廊涿高速公路(2007年,2008年6月试运营通车)、隆昔线B合同(在建)、邢台市七里河综合治理工程(在建)等项目。下面主要介绍邢峰公路(2005年)、邢台市东三环道路改造工程(2007年)两个已通车的项目。

12.1 邢峰公路 A 合同

(1)施工地点:邢峰公路 A 合同由沙河大桥至朱金紫段,起自邢峰线 K10 +200 处,由北向南经羊范镇,十里亭镇,白塔镇,终于沙河市的朱金紫村全长 14.3626km。试验段桩号:K13 +700 ~ K15 +700。

(2)结构形式:路面结构自下向上依次为 30cm 石灰稳定土、防水层、26cm 多孔改性水泥混凝土基层、4cm 中粒式透水沥青混凝土路面。

(3)开竣工日期:2005 年 5 月 1 日 ~2005 年 11 月 30 日。

(4)实物工作量:铺筑试验段 2 000m,合计 24 000m^2。

(5)应用效果及存在问题:

①节省沥青用量 252t;节省柴油 2 578.03kg、汽油 148.09kg;

②减少路面车辙;

③透水效果明显,雨天路面无水膜,抗滑性能好,行车噪声低。

④试验段摊铺完成 30d 后,出现 40 ~ 100m 间隔不等的横向裂纹,随着气温升高,裂纹愈合,气温降低时又出现,分析其原因为配合比不精确,拌和不匀;

⑤由于第一次大面积开展施工,防水卷材铺设、拌和、运输、摊铺等环节配合不是很熟练,施工进度较慢,每天施工 300m 左右;

⑥采用两台摊铺机前后间隔摊铺前进,由于出料慢、设备在调试过程中,配合不协调,出现纵向裂缝;

⑦试验段通车近 3 年后路面出现小面积网裂现象(其他路段更多,面积更大),分析原因主要为:

a. 搅拌楼是第一次使用,处于边生产、边调试、边试铺阶段,改性水泥混凝土拌和不均匀,导致配合比误差较大。

b. 防水层所用卷材弹性不足、上下面无布纤维保护,在施工过程中,由于运料车碾压、摊铺等原因,可能使局部防水层遭到破坏,雨水直接渗入下承层,致使下承层遇水变软,形成空洞。在车辆荷载的反复作用下,多孔混凝土基层板体断裂、局部松散下沉。

12.2 邢台市东三环道路改造工程

(1)施工地点:邢台市东三环南起南三环,距东侧京珠高速邢台南出口 300m,北至北二环,距东侧京珠高速邢台北出口 1 000m。全长 10.3km。

(2)结构形式:路面结构自下向上依次为 20cm 水泥稳定砂砾底基层、30cm 多孔改性水泥混凝土基层、4cm 透水沥青混凝土面层。

(3)开竣工日期:2007 年 7 月 1 日 ~2007 年 11 月 30 日。

(4)实物工作量:10.3km,计 229 320m^2。

(5)应用效果及存在问题:

①节省沥青用量 2 522t;节省柴油 24 631.34kg、汽油 1 415.08kg;

②减少路面车辙;

③500m 范围内无横向裂缝,无纵向裂缝;

④多孔改性水泥混凝土路段雨雪天透水效果明显;

⑤通车半年多来未发现路面损害。

沥青混凝土厂拌冷再生基层施工工法

GGG(浙)B4039—2008

单光炎　范丰安　黄汉江　侯来业　蒋福刚
郑韶峰　江厚权　郑小平　刘军田　刘水洋
(浙江省交通工程建设集团有限公司　中交二公局第三工程有限公司
河北建设集团有限公司)

1　前言

高速公路沥青路面在养护维修阶段,沥青混凝土面层甚至包括基层需要进行铣刨后重新铺筑才能满足行车要求。铣刨沥青路面产生的大量路面"废料"不仅对环境造成较大的压力,也占用了大量的土地资源。将这些路面"废料"进行冷再生处理,用于公路基层施工,是非常有效的方法。该工法施工工艺较为简单,实际使用效果较好,可降低造价,节约土地,保护环境。

2　工法特点

2.1　该工法节约土地,保护环境,社会效益显著,符合国家环保节能的建设理念。

2.2　该工法铺筑的半柔性基层,其强度、整体性以及稳定性较好。

2.3　该工法施工方便,与普通沥青路面施工相比,只增加铣刨料加工这一环节,其他工序基本相同,并无特殊要求。

3　适用范围

适用于各大、中修沥青路面的基层施工。

4　工艺原理

利用原沥青混凝土面层的铣刨材料,经过石料破碎机加工,并合理分档;根据级配要求,掺加一定比例的新购碎石,添加矿粉、水泥及乳化沥青;经过厂拌设备拌和,运输到施工现场;经路面摊铺机摊铺压路机碾压,养生后完成沥青混凝土冷再生基层施工。

5　施工工艺流程及操作要点

5.1　工艺流程

该工法主要工艺流程见图1。

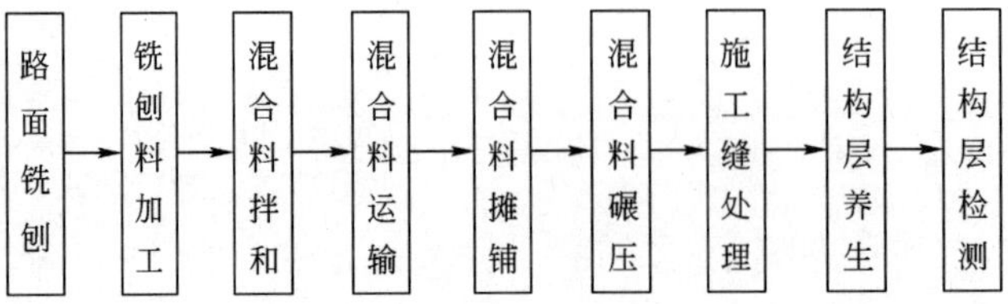

图1　主要工艺流程图

5.2 操作要点

5.2.1 路面铣刨

铣刨后,路面的深度、纵端面和横坡符合设计要求,回收混合料,清洗路面。

5.2.2 铣刨料加工

(1)场地要求:铣刨料的堆放场地进行硬化,并有完善的排水设施。

(2)铣刨废料堆放要求:由于路面往往进行过局部路段的病害处理,回收的铣刨料从石料本质及级配和沥青含量上存在较大差异。铣刨料的堆放应从中间向四周呈扇形分布,避免不同性质的铣刨料过度集中,减小离散性。铣刨料堆放应有高度限制,并有覆盖措施,减少铣刨料的结块现象。

(3)铣刨废料加工要求:设合理的筛网,避免在雨天加工。由于铣刨料具有黏性,加工时应经常清理振动筛网,减少加工后成品料的级配差异。加工后的铣刨料见图2、图3。

图2 加工后的铣刨料(9.5~31.5mm)

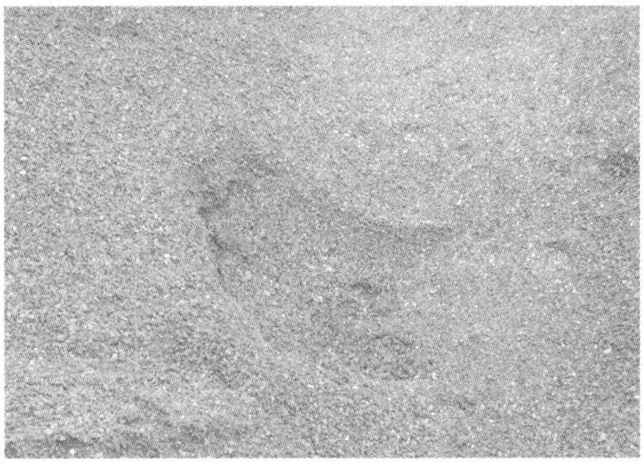

图3 加工后的铣刨料(0~9.5mm)

(4)成品料堆放要求:呈扇形分布,限制堆高不超过2m并采取覆盖措施,以减少离析,避免结块。不同规格的成品料应分隔堆放,不得混杂。成品料应进行级配、沥青含量、含水率的检测。

5.2.3 混合料拌和

调试好拌和设备,对计量系统进行标定,使设备工作正常,计量正确。拌和前对各种材料的技术指标进行严格的检测。

控制好料仓上料高度,避免料仓间串料。正常生产时,应设专人观察混合料的质量。混合料应呈褐色、无花白料、无液体流淌、无矿粉水泥结块现象。乳化沥青不宜加热使用。填料、水、乳化沥青泵和管道、喷嘴必须经常检查,保持畅通。料仓需配备振捣设备,必要时附以人工捣料,确保各种材料均匀出料。拌好的成品料必须马上进行各项指标检测,试样取样在拌和楼稳定后进行。

5.2.4 混合料运输

拌和好的混合料马上用自卸汽车运到施工现场使用。运输车辆数量,应根据拌和能力、运输距离等综合考虑。运输车辆装料前必须清扫干净,并在车箱板上涂一薄层油水混合物。车辆装料应从车箱前部、后部、中部分三次装料,以减少混合料离析。

混合料用不透光的棉被或厚帆布严密覆盖,防止见光破乳或污染,影响混合料质量。已经离析、结块、遭雨淋的混合料应废弃。

运输车辆不得在施工现场紧急制动、急转弯,避免透层封层的破坏。

图4 混合料的摊铺现场

5.2.5 混合料的摊铺(图4)

混合料摊铺前应检查下承层的质量,下承层应平整、密实,不得有污染物,并基本干燥。摊铺前应做好测量放样,以绷紧的钢丝绳控制松铺厚度。摊铺前摊铺机不需预热。

混合料摊铺采用两台摊铺机梯队作业,错开距离为5~10m,宽度重叠10~20cm。混合料摊铺始终缓慢、均匀摊铺,摊铺机的速度一般控制在3m/min左右。摊铺过程中,应控制好料位传感器高度,保证摊铺机螺旋送料器埋入混合料中不小于3/4高度,以减少摊铺离析。施工现场必须有专职质检员控制施工质量,进行现场检测。如有宽度不足、离析、表面不平整等现象,采用人工作局部修补或更换混合料。人工补料不得采用铁锹甩料的方法,避免人为离析。

图5　冷再生基层碾压

5.2.6　混合料的碾压(图5)

碾压紧跟摊铺机,速度为钢轮压路机2~3km/h,胶轮压路机3~4km/h。碾压时遵循由外向内、由低到高的原则。初压时路肩边缘先留出10~20cm,待压完第一遍后,将压路机大部分质量位于压实过的混合料面上再压边缘,以减少向外推移。双钢轮压路机振压时,轮迹重叠不小于20cm。压路机启动、停止均应减速缓行,不得出现因碾压路线及碾压方向突然改变而导致混合料产生推移的现象。碾压至摊铺机后停机时,每次碾压均错开或呈阶梯状,错开距离为30~50cm。

冷再生混合料含水率比较小,碾压时水分蒸发,容易造成表面松散,可采用双钢轮压路机喷水或人工洒水的方法弥补。基层碾压后立即检测压实度,及时补压。

5.2.7　施工缝的处理

两台摊铺机呈梯队联合摊铺,纵向接缝采用斜接缝。在前部已摊铺混合料部分留下10~20cm宽暂不碾压,作为后摊铺高程的基准面,并有10~20cm的摊铺层重叠,以湿接缝形式在最后作跨接缝碾压以消缝迹。

横向施工缝全部采用平接缝,用3m直尺沿纵向位置在摊铺段端部的直尺呈悬臂状,以摊铺层与直尺脱离接触处定出接缝位置,采用人工挖除。

5.2.8　结构层养生

成型后的冷再生基层,及时进行自然养生,同时封闭交通,禁止所有车辆驶入。养生期一般为3d。当现场混合料含水率小于2.0%或能取出完整的芯样时(图6、图7),养生结束。

图6　冷再生基层取芯

图7　冷再生基层芯样

5.2.9　结构层的检测

沥青混凝土冷再生基层进行检测,检测指标及频率见表1。

沥青混凝土冷再生基层的检测指标及频率　　表1

检测项目	规定值或允许偏差	频率	备注
结构层厚度(mm)	代表值 -8,极值 -15	1/200m 双车道	钻孔或挖验
压实度(%)	不小于98%	1/200m 双车道	湿密度控制
空隙率(%)	8~14	1/200m 双车道	取芯检测
平整度(mm)	2.4	连续检测	测定的标准偏差
宽度	不小于设计值	4处/200m 双车道	
横坡(%)	±0.3	4处/200m 双车道	
纵断面高程(mm)	设计值±10	4处/200m 双车道	
外观	表面平整密实,无松散离析	随时	

6 工程材料与机具设备

6.1 工程材料

该工法的主要工程材料见表2。

主要工程材料表　　表2

序号	1	2	3	4	5	6
材料名称	铣刨加工料	铣刨加工料	碎石	乳化沥青	矿粉	水泥
规格	0~9.5mm	9.5~31.5mm	9.5~31.5mm	改性	0~0.6mm	P.O 32.5

6.2 机具设备

该工法的主要设备见表3,主要试验检测仪器见表4。

主要机械设备表　　表3

设备名称	单位	数量	型号	设备名称	单位	数量	型号
冷再生拌和楼	套	1	300T/H	轮胎压路机	台	2	LPT2030
路面摊铺机	台	2	ABG423	装载机	辆	2	ZL50
双钢轮压路机	台	1	BW202	弯沉车	辆	1	黄河
单钢轮压路机	台	2	YZ20E	水车	辆	1	东风

主要试验检测仪器表　　表4

试验设备名称	单位	数量	试验设备名称	单位	数量
旋转剪切成型试验仪	台	1	水泥胶砂搅拌机	台	1
马歇尔击实仪	台	2	水泥胶砂振实台	台	1
电动脱模器	台	1	水泥抗折机	台	1
真空最大理论密度仪	台	2	水泥负压筛析仪	台	1
弯沉仪	台	2	水泥净浆搅拌机	台	1
取芯机	台	2	游标卡尺	把	1
平整度仪	台	1	电子天平	台	1
马歇尔试验仪	台	1	浸水天平	台	1
抽提仪	台	1	标准筛	套	1
万能试验机	台	1	玻璃仪器		若干
压碎值试验仪	套	1	化学药品		若干

7 质量控制

7.1 质量技术要求

(1)基层施工应按照《公路路面基层施工技术规范》(JTJ 034—2000)进行检查验收;

(2)工程质量检测按照《公路工程质量检验评定标准》(JTG F80/1—2004)进行;

(3)原材料检测指标及频率见表5;

沥青混凝土冷再生基层材料检测指标及频率　　表5

检测项目		技术要求	检测频率
铣刨料沥青含量(%)		合成后油石比6.8~8.2	1次/台班
含水率(%)		<2	1次/台班
乳化沥青		全套	1次/批
水泥		全套	1次/批
矿粉	0.075mm通过率(%)	75~100	1次/批
	亲水系数	<1	1次/批
	塑性指数	<4	1次/批

(4)混合料检测指标及频率见表6。

沥青混凝土冷再生基层混合料检测指标及频率　　表6

检查项目	规定值或允许偏差	频率	备注
级配	符合要求	1次/台班	抽提后筛分
含水率(%)	4~6	随时	
总油石比(%)	6.8~8.2	1次/台班	抽提
大马歇尔密度(g/m^3)	大于2.2	1次/台班	
稳定度(kN)	大于14.5	1次/台班	
残留稳定度	大于70	1次/台班	

7.2 质量控制措施

(1)施工前应检查施工设备,确保设备工作正常;

(2)试验室加强对原材料、拌和后的混合料进行检测,避免不合格材料用于工程建设;

(3)必须进行试验路段的铺筑,以检查机械、材料、人员的匹配能力,明确操作要领,确定松铺系数、碾压方法等各项技术参数;

(4)施工时严格按照试验路段确定的方案进行,同时加强检验检测,特别是现场压实度;当检测不合格时可以采取补压措施,必要时停机检查机械原因或检测混合料密度;

(5)施工完后路段必须进行交通管制,避免行车对结构层的破坏。

8 安全措施

8.1 工作人员必须配备安全帽、反光背心等必要的劳动防护用品。

8.2 施工机械的操作必须严格按相应的机械操作规程进行。

8.3 施工作业段必须进行封闭,设交通警示牌和指示牌,施工现场必须设专职安全员,指挥现场安全工作。

9 环保措施

9.1 设置固定的机修点,确保无废油进入水源。

9.2 设置固定的废弃物堆放点,工程废料集中处理。

9.3 施工场地经常洒水,确保施工期间无扬尘。

10 资源节约

该工法把原有沥青混凝土面层铣刨“废料”加工为路用基层材料,变“废”为宝,减少石料开采量,大大减少了公路工程建设中矿产资源的使用,十分符合国家节能工程的建设理念。

11 效益分析

该工法中80%以上是使用原沥青路面的铣刨材料,减少了使用石料产生的大量费用,既消除路面废料对周围环境的影响,同时可少占用路面废料的堆放场地,符合国家环保节能的建设理念,环保、节能和社会效益显著。

沥青混凝土厂拌冷再生基层属于柔性基层,可克服半刚性基层容易产生收缩裂缝的弊端,减少了公路运营过程中的维修,节约公路运营维护费用。

与传统普通水稳基层施工方法相比,该工法经济效益显著,以昌九高速公路技改AP6标为例,经济效益比较见表7。

经济效益比较表(万元) 表7

项 目	厂拌冷再生施工	普通水稳基层施工	项 目	厂拌冷再生施工	普通水稳基层施工
集料	26	138	场地征用	0	800
乳化沥青	320	0	合计	354	970
运费	8	32			

12 应用实例

12.1 工程实例一

江西省昌九高速公路技术改造AP6标,为高速公路大修项目,工程起点桩号为K117+700,终点桩号K133+034,全长15.34km。工程于2007年3月26日开工,2007年8月31日结束。该工程路面基层采用冷再生基层工法施工,工程质量经验收合格,通车运营使用效果较好。

12.2 工程实例二

江西省昌九高速公路技术改造AP4标,为高速公路大修项目,工程起讫桩号为K74+807.19~K91+707,全长16.9km。工程于2007年3月26日开工,2007年8月31日结束。本工程路面基层采用冷再生基层工法施工,工程质量经验收合格,通车运营使用效果较好。

12.3 工程实例三

京沪高速河北段公路路面病害治理工程施工第JH07-1合同段应用了本工法,铺筑19cm厂拌冷再生上基层结构层共计53 213.9m^2,施工质量好、见效快,取得了良好的经济效益和社会效益。

12.4 工程实例四

沪宁高速公路扩建工程HN-LM4标采用本工法,将沥青面层铣刨料经乳化沥青冷厂拌再生后用于新路下基层,厚度为10cm,施工质量好、经济效益显著,发挥了巨大的社会效益。

"S"形水泥稳定级配碎石基层施工工法

GGG(中企)B1040—2008

韩建成　库崇锋　杨　宏　董　欣　王　强
(长庆石油勘探局筑路工程总公司)

1　前言

随着公路事业的快速发展,水泥稳定碎石以其良好的力学性能、板体性、水稳性和抗冻性等优点,被广泛用于高速公路路面基层。虽然其优点很多,使用范围也比较广泛,但水泥稳定碎石基层因其自身的冷缩性、干缩性而产生的裂缝是不可能避免的,而裂缝一旦形成,必然会影响面层、基层的使用性能,给工程留下了隐患。长庆石油勘探局筑路工程总公司于2007年在安南高速公路路面基层施工中采用"S"形水泥稳定级配碎石,取得了良好效果。本工法即根据该工程的施工实践,经整理归纳提炼而成。2008年3月,该技术获长庆建设工程总公司科技进步一等奖。

2　工法特点

2.1　较传统的水泥稳定碎石混合料有更好的水稳性和抗冻性,提高了基层的使用性能。

2.2　能很好地解决传统水泥稳定碎石基层出现大面积裂缝及冻融引起的松散问题,抗裂性能明显提高。

2.3　基层成品混合料在满足无侧限抗压强度的前提下,能够减少水泥剂量,并降低最佳含水率。

2.4　采用两台摊铺机联合同步作业,缩短了摊铺宽度,保证了摊铺厚度,有效避免了摊铺时产生的集料离析现象。

2.5　施工工序衔接紧凑,接缝少,工期短,经济效益显著。

3　适用范围

本工法适用于高速公路水泥稳定(底)基层施工,同时也适用于一级公路、城市道路、机场等水泥稳定(底)基层施工。

4　工艺原理

"S"形水泥稳定级配碎石是一种新型改良的路面结构材料。混合料配合比、摊铺、碾压工艺是该工法的关键技术。

"S"形水泥稳定级配碎石在传统的水泥稳定级配碎石的基础上做了适当的调整,即适当增加4.75mm以上粗集料的用量,减少细集料的用量,形成骨架密实结构,使混合料级配曲线呈"S"形状,如图1所示。其目的是提高压实混合料的嵌挤度,增强抗裂性,使混合料成为一种互相嵌挤密实的结构。通过科学的配比设计,合理的摊铺、碾压等机械组配,提高了路面基层平整度,增强了路面行车的舒适度,且粗集料用量的增加大大提高了基层表面的粗糙度,有利于沥青面层的结合。

5　施工工艺流程及操作要点

5.1　施工工艺流程(图2)

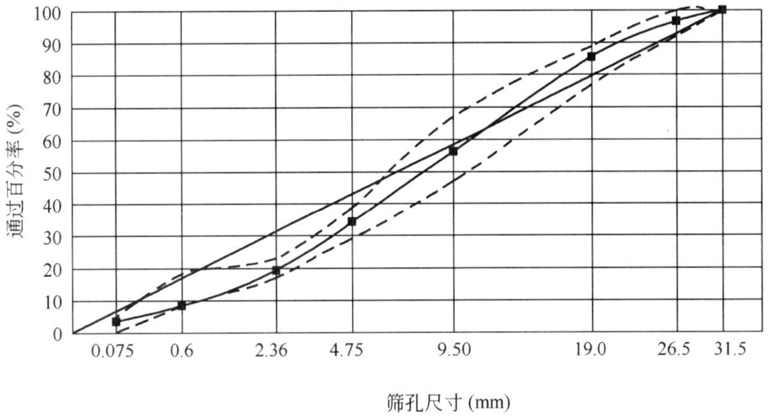

图1 “S”形级配混合料曲线

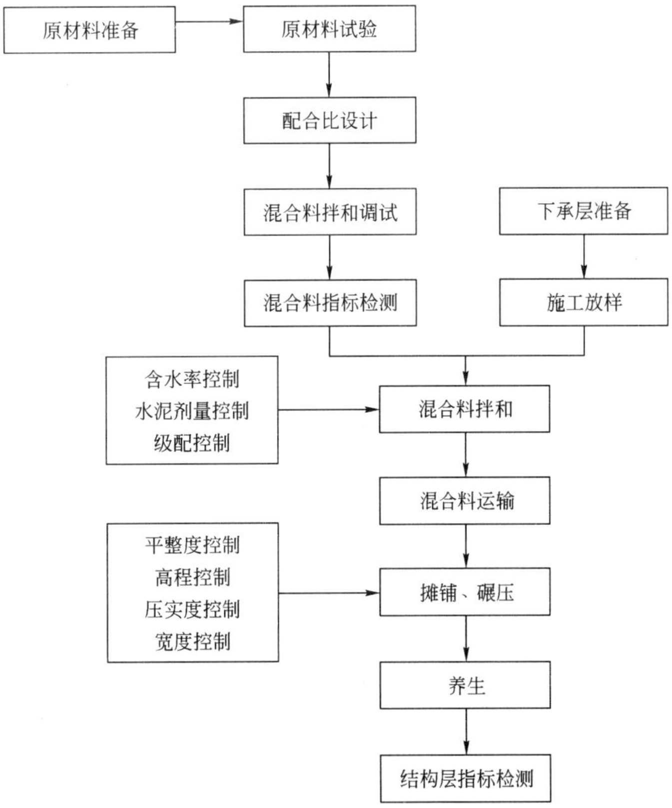

图2 水泥稳定碎石基层施工工艺流程图

5.2 操作要点

5.2.1 原材料进场

(1)集料:基层所用集料最大粒径不应超过31.5mm,压碎值≤30%,有机质含量≤2%,硫酸盐含量≤0.25%。所用集料都应事先筛分成3~4个大小不同的规格,分别堆放然后再与水泥一起集中厂拌,从而保证混合料应有的级配,并保证成品混合料的强度不产生大的变化。安南项目集料采用河南省浚县石料厂生产的碎石及石屑,其技术性能指标见表1。

(2)水泥:强度等级为32.5级或42.5级的普通硅酸盐水泥、矿渣硅酸盐水泥和火山灰质硅酸盐水泥都可以使用,但应选用初凝时间3h以上和终凝时间较长(宜在6h以上)的水泥。快硬水泥、早强水泥以及已受潮变质的水泥不得使用。安南项目采用河南省安阳中海水泥有限责任公司生产的“海工”

牌32.5缓凝水泥,其技术性能指标见表2。

集料技术性能指标 表1

试验项目	标准要求	结果	备注
表观密度(g/cm^3)		2.846	
含泥量(%)	≤2%	0.8	合格
针、片状颗粒含量(%)		6.2	
压碎值(%)	≤30%	13.8	合格
砂当量SE(%)	≥45%	63	合格

水泥技术性能指标 表2

试验项目		单位	标准要求	试验结果
细度(0.08mm筛余)		%	≤10.0	3
标准稠度用水量		(%)		25
凝结时间	初凝	h:min	≥0:45	6.5h
	终凝	h:min	≤10:00	8h
安定性	雷氏夹法			合格
抗折强度	3d	MPa	≥2.5	3.6
	28d	MPa	≥5.5	7.1
抗压强度	3d	MPa	≥11.0	15
	28d	MPa	≥32.5	36.6

(3)水:凡是饮用水(含牲畜饮用水)均可用。

5.2.2 混合料配合比设计

(1)集料级配是影响水泥稳定碎石基层强度、干缩性、冷缩性和耐久性最主要的因素,也是混合料组成设计的核心内容。传统的设计采用规范推荐的连续级配形式,在“松排骨架,紧密填充”的设计原则下,尽可能采用接近规范中值的级配。该法的优点是易于压实,但收缩裂纹较多,冻融后表面易松散,给后续面层施工造成隐患。根据基层使用性能要求,本着满足质量、经济合理、易于施工的原则,本工法所采用的设计配合比优化了传统的设计原则,通过配合比计算及合成试验,增加了4.75mm以上粗集料的用量,减少细集料含量,形成了“S”形级配曲线,使混合料骨架结构更加密实。安南项目基层各种集料掺配比例及级配范围要求分别见表3和表4。

集料掺配比例 表3

碎石名称(mm)	16~31.5	9.5~16	4.75~9.5	石屑	合计
掺配比例(%)	16	30	24	30	100

集料级配范围要求 表4

筛孔尺寸(mm)	31.5	26.5	19	9.5	4.75	2.36	0.6	0.075
合成级配	100	96.6	85.6	56	34.3	19.2	8.3	3.3
级配上限	100	100	89	67	39	23	18	5
级配下限	100	92	77	47	29	17	8	0
级配中值	100	96	83	57	34	20	13	2.5

(2)安南项目路面水泥稳定碎石基层设计7d抗压强度不小于3.8MPa。根据《公路工程无机结合料稳定材料试验规程》(JTJ 057—94)中的相关规定,通过用振动压实成型法做不同水泥掺量的水泥稳定碎石击实试验表明,水泥掺量为3%、4%、5%的无侧限抗压强度试件,经养生后试压,7d无侧限抗压

强度均满足设计要求。根据《公路路面基层施工技术规范》(JTJ 034—2000)中相关规定及设计推荐水泥掺量,本着质量至上的原则,最终确定水泥用量为4%。

(3)根据击实试验,确定最大干密度和最佳含水率,见图3。

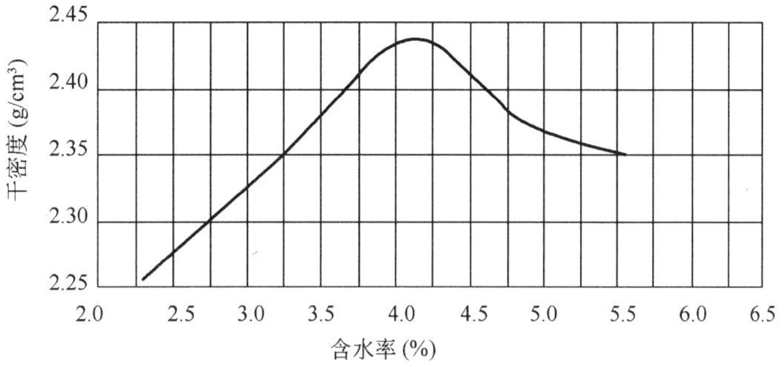

图3 击实曲线图

通过击实曲线图可得:最佳含水率 $w_0=4.1\%$,最大干密度 $P_{dmax}=2.43g/cm^3$。

5.2.3 混合料拌和及运输

(1)水泥稳定碎石基层混合料采用WCB500稳定土拌和站进行集中厂拌,采用比重法准确控制各种配料的剂量并确保拌和均匀。拌和过程中应随时根据原材料及混合料的含水率和现场施工条件来及时调整加水量,使混合料的含水率高于最佳含水量0.5%~1.0%,以补偿运输、摊铺及碾压过程中的水分损失,并确保混合料在接近最佳含水率时被压实。在正式拌制混合料之前,必须先调试所用的设备,使混合料的级配和含水率都达到规定要求。成品混合料出场前,立刻用滴定法对水泥含量进行检测,根据检测结果及时调整设备参数,确保出场的成品混合料合格。

(2)混合料运输采用15t自卸汽车,运输前对车槽清理干净。为解决离析现象,从拌和站储料仓向运料车放料时应采用多次放料,先装料车的前部,再装料车的后部,然后装中部。运输途中要匀速行驶,避免因大的颠簸而造成混合料的离析。

(3)运输能力应与拌和和摊铺能力相匹配并略有富余,以保证施工的连续性。运输过程中,须对混合料加以覆盖,以防水分损失。

(4)运输车辆有专人负责指挥和协调,疏通运输道路,现场有专人指挥卸料。卸料时先到先卸,后到后卸,避免混合料积压时间过长。混合料从装料到摊铺延迟时间不超过1.5h。

5.2.4 混合料摊铺和碾压

(1)下承层准备

①施工前组织相关技术人员对下承层进行检查、验收。在此基础上认真清除下承层上的所有浮土、杂物及处理局部路段上的车辙与松软部分,做到下承层表面平整、密实、无松散弹簧现象,其平整度、压实度、宽度、高程、横坡度等技术指标必须满足相关技术规范要求。

②培土路肩和设置钢模。为了保证基层边缘的压实度,摊铺前在外侧培土路肩,高度为基层松铺厚度,宽度为50cm。内侧设置槽钢,其高度为基层设计厚度。模板必须固定稳固,保证在摊铺及碾压过程中不产生变形移位,影响压实度。

③施工放样。在经检测合格的底基层上放出基层铺筑的边线,每10m两边各放一边桩,同时测出边桩处的高程。为控制高程,摊铺前还需打钢钎,并挂钢丝绳。在每个边桩位置上打一钢钎(钢钎长度为1mϕ20钢筋),钢钎上配有挂钢丝绳的固定镙栓,然后用水准仪测量固定镙栓的固定位置。固定镙栓的固定位置为边桩处的底基层高程+基层铺筑厚度+10cm。最后挂钢丝绳,其两端固定稳固。钢丝绳必须拉紧,防止中间下垂,影响摊铺质量。

④在预定摊铺的底基层上撒布水泥,按每1kg/m^{3}控制。摊铺前先洒水拌浆,注意洒水、拌浆的时间控制,应确保摊铺机到达时水泥浆处于湿润状态。

(2)混合料摊铺

①调试摊铺机:混合料摊铺采用两台摊铺机联合呈梯队方式同步作业,摊铺梯队间距要均匀保持在5~10m之间。通过调试,使两台摊铺机的摊铺厚度、松铺系数、路拱坡度、摊铺平整度、振动频率均匀一致,相邻两摊铺纵向接缝平整。

②摊铺前,在摊铺机熨平板下预先垫上方木垫块。方木垫块的高度为基层压实厚度乘以松铺系数。

③摊铺时,前一台摊铺机靠路边一侧采用钢丝线引导高程控制的方式,靠路中央一侧采用导梁高程控制方式;后一台摊铺机靠已铺层一侧采用拖撬感应高程控制方式,另一侧同样采用钢丝线引导高程控制的方式。

④摊铺机要缓慢、均匀、连续不间断地摊铺。摊铺过程中不得随意变换速度或中途停顿,以提高平整度,减少混合料的离析。摊铺速度应与拌和站的产量相匹配,有确定的摊铺速度。安南高速公路摊铺速度为3m/min。

⑤为防止摊铺过程中的大料滚落现象,应适当降低熨平挡板距地面的高度,并在熨平挡板下加装橡胶板。橡胶板距地高度为1cm;同时,减少送料器至边部挡板的距离,有效防止大料滚落现象。

⑥摊铺过程中应设专人跟在摊铺机后面处理集料离析现象,特别是粗集料料窝及时清除,并用新混合料填补。

(3)混合料碾压

①碾压应遵循先轻后重、从低往高的原则。碾压至槽钢一侧时应先满轮通过槽钢顶面,避免槽钢模板受力挤出或倒塌。外侧土路肩应同水稳层一同碾压成型。碾压时纵向应重叠1/2轮宽,后轮必须超过两段的接缝处,后轮压完路面全宽时,即为一遍。

②碾压要及时,一次碾压段长度控制在50m左右,视摊铺情况碾压应在2h内完成,且碾压段落不得超过后一台摊铺机的位置。压路机每次由两端折回的位置应呈阶梯形,并使折回处不在同一横断面上。碾压段落必须层次分明,设置明显的分界标志。

③严禁压路机在已完成的或正在碾压的路段上掉头或紧急制动,应保证基层表面不受破坏。

④碾压过程中,基层的表面应始终保持湿润,如水分蒸发过快,应及时补撒少量的水,但严禁大量洒水碾压。

⑤经过拌和、整型的水泥稳定基层,宜在水泥初凝前并应在试验确定的延迟时间内完成碾压,并达到要求的密实度,同时没有明显的轮迹。

(4)接缝处理

摊铺机摊铺混合料时,不宜中断,如因故中断时间超过2h,应设置横向接缝,摊铺机应驶离混合料末端。人工将末端混合料整平,紧靠混合料放置方木,方木高度与混合料压实厚度相同。方木另一侧用碎石回填且不小于3m,其高度应高出方木几厘米。用压路机将混合料碾压密实,在重新开始摊铺混合料之前,将碎石和方木除去,并将下承层顶面清扫干净,洒布水泥浆后重新开始摊铺作业。

由于摊铺时采用两台摊铺机同步向前摊铺,并一起进行碾压,避免了纵向接缝。

(5)养生及交通管制

碾压完成并经检验合格后,立即全幅覆盖养生膜或土工布进行保湿养护,使水泥稳定层表面始终保持湿润状态。养护期间除洒水车外,应进行交通管制,封闭交通。养生期不少于7d。

6 机具设备及劳动组织

6.1 主要施工机具设备及试验仪器(表5、表6)

主要施工机具设备 表5

序 号	设 备 名 称	单 位	规 格 型 号	数 量	备 注
1	水稳拌和站	座	WBC500型	2	
2	摊铺机	台	徐工751型	2	

续上表

序 号	设备名称	单 位	规格型号	数 量	备 注
3	单钢轮压路机	台	22T 徐工	2	
4	装载机	台	ZL50	4	
5	15t 自卸汽车	台		12	
6	洒水车	台		3	

主要试验仪器 表6

序 号	仪器设备名称	规格型号	单位	数量	备注
1	振动压实成型机	ZY—2	台	1	
2	路面材料强度试验仪	LQ—III	台	1	
3	无侧限试件成型机		台	1	
4	EDTA 滴定设备		套	1	
5	标准养护室	HBY—I	套	1	
6	水泥试体恒温恒湿养护箱	YH—40B	台	1	
7	水泥稠度凝结时间测定仪		台	1	
8	水泥细度负压筛析仪	FSY—150	台	1	
9	水泥压力试验机	DZE—300	台	1	
10	电动抗折试验机	KZJ—500	台	1	
11	水泥胶砂搅拌机	JJ—5	台	1	
12	水泥净浆搅拌机	NJ—160B	台	1	
13	沸煮箱	FZ—31	台	1	
14	ISO 水泥胶砂振实台	ZT96	台	1	
15	烘箱	101—2	台	1	
16	容积升	1—50L	套	1	
17	基层集料筛	300	套	1	
18	压力试验机(配压碎值仪)	NYL—2000D	台	1	
19	电子精密天平	MP200B	台	1	
20	电子天平	5 000g	台	1	
21	电子秤	10kg	台	3	
22	灌砂筒	150	套	3	
23	钻芯机	NZ—15	台	1	
24	3m 直尺		根	2	

6.2 劳动组织

拌和站劳动力组织见表7,运输及摊铺现场劳动力组织见表8。

水稳拌和站劳动力组织一览表 表7

序 号	工种名称	数 量 (人)	工作内容
1	工长	1	全面组织管理
2	操作员	4	操作拌和站
3	维修工	2	设备维修、检修
4	试验员	4	检测化验
5	质检员	1	质量管理

续上表

序　号	工种名称	数　量　(人)	工作内容
6	安全员	1	安全管理
7	装载机司机	6	上料、倒料
8	车辆指挥	1	指挥车辆装料、开票
9	普工	10	协助上料、清理料仓

运输及摊铺现场劳动力组织　　表8

序　号	工种名称	数　量	工作内容
1	队长	1	全面组织管理
2	技术员	1	现场技术负责
3	质检员	1	质量检查
4	试验员	2	现场试验检测
5	测量员	4	施工放样、几何尺寸控制
6	施工员	4	控制传感器
7	安全员	1	安全管理
8	车辆指挥	1	指挥卸料、开票
9	汽车驾驶员	15	混合料运输
10	摊铺机司机	4	摊铺机操作
11	压路机司机	6	压路机操作
12	普工	8	配合摊铺机摊铺

注:劳动组织班组可根据生产需要适当调整。

7　质量控制

7.1　质量控制依据

《公路路面基层施工技术规范》(JTJ 034—2000);

《公路工程质量检验评定标准》(JTJ F80/1—2004);

《公路工程无机结合料稳定材料试验规程》(JTJ 057—94)。

7.2　质量控制措施

7.2.1　拌和过程控制措施

(1)混合料拌和必须按照监理工程师批准的配合比进行,确保水稳料内在质量。

(2)新拌混合料的含水率应根据天气情况随时进行调整,保证混合料碾压时含水率达到最佳含水率。

(3)水泥的加入方式始终保持均匀,水泥剂量应比设计剂量增加0.5%。

(4)对新拌混合料及时取样,测定水泥剂量、含水率,并随时检查碎石材料的级配情况。

(5)对于拌和不均匀和水泥剂量不符合设计要求的混合料及时清除,严禁用于工程。

(6)混合料的运输应进行覆盖,防止运输过程水分蒸发,防止撒料污染环境。卸料时,注意卸料速度,防止离析。

7.2.2　摊铺过程中的控制措施

(1)摊铺施工必须按照试验路段确定的摊铺、压实工艺和松铺系数等进行。

(2)进行摊铺时必须挂线,控制高程。

(3)质检人员随机对摊铺过程进行全面检验。

7.2.3　碾压过程的控制措施

(1)试验人员跟机作业,及时检测压实度。

(2)碾压在铺筑范围内进行。碾压机械应紧跟摊铺机后面及时进行碾压。碾压方向与路中心平行,直线段由两边到中间,超高段由内侧向外侧,依次连续均匀碾压,并严格按规定的碾压速度和碾压遍数进行碾压。

(3)碾压过程中压路机应重叠1/2轮宽,后轮在横向接缝处重叠2~3m。纵向接缝碾压应严格按施工工艺及程序执行。

8　安全措施

8.1　坚决贯彻“安全第一,预防为主”的安全工作方针,加强安全教育,严格执行安全生产制度和操作规程,做好安全技术交底。

8.2　严禁闲杂人员进入拌和站和施工现场,更不准进入操作室触碰任何设备,并在拌和站和施工现场设专职安全员负责安全管理。

8.3　严禁任何人在成品料仓下停留,以免坠物砸伤。

8.4　工作人员必须劳保上岗,严禁上岗时穿拖鞋。

8.5　拌和站、摊铺机开机前必须先鸣笛报警,由安全员检查认可并经现场负责人同意后方可开机。

8.6　摊铺机在工作过程中,除机组人员外,其他人员不得靠近,并设专人负责指挥协调施工机械密切配合作业,切勿相互碰撞。

8.7　严禁在设备刚停时就打开散热器盖去检查冷却液,检查时要戴着帆布手套或用厚布盖住冷却器上盖,先慢慢旋松,等蒸汽由溢流管释放完毕后再打开上盖。

8.8　各种油品、易燃物品要妥善存放,并做好防火标志。

9　环保措施

9.1　项目部成立环保专管机构。项目经理为第一责任人,项目副经理主管环境保护专管机构具体实施,专门负责施工期间环境保护的管理工作和有关环境保护工作的联络、组织和落实,并协助业主、监理和环境保护机构开展日常工作。

9.2　组织职工学习环保知识,加强环保意识,使大家认识到环境保护的重要性和必要性。

9.3　采取措施保护大气环境和实行文明施工,减少施工噪声对周围环境的影响;夜间施工必须报当地建设行政主管部门批准。

9.4　施工现场所修筑的便道应采取限速、洒水除尘等措施,控制粉尘传播。

9.5　施工所用的砂石材料在堆放和运输过程中要用篷布遮盖,水泥应专用罐车运输,并将存放地点选在远离学校、居民区和企事业单位的下风处。

9.6　及时保养机械,使机械始终处于最佳性能状况,减少尾气和噪声的排放;安排工人轮流进行机械作业,减少长时间接触高噪声的时间;对在声源附近工作时间较长的工人,发放防声耳塞,对工人进行自身保护。

9.7　生活、生产污水及废液严禁未经处理随意排放。

9.8　现场生活垃圾应妥善处理,不得随意乱扔,保持现场的清洁卫生。

9.9　施工中坚持工完料净场地清,及时清除现场施工垃圾。现场垃圾按照国家、地方以及业主的相关规定进行处理。

10　资源节约

本工法在开发形成工程中,认真贯彻国家节能工程的有关要求,积极采用节能减排措施,具体表现在:

(1)在施工过程中,积极采用性能良好,技术先进的施工设备,严禁使用老化、落后的设备。

(2)积极采用散装水泥,尽可能避免使用袋装水泥,以减少水泥袋的消耗和水泥的二次倒运。

(3)研发推广"S"形水泥稳定级配碎石材料,提高基层使用寿命。

(4)"S"形水泥稳定级配碎石材料的推广应用,节约了大量的水泥和水。

11 效益分析

11.1 生产效率高、施工进度快。本工法所用设备为技术先进、性能良好的配套施工设备。两台拌和站生产能力为800t/h,且拌和质量符合要求,从根本上保证摊铺施工能够连续进行,不但有效地保证了施工质量,缩短了施工工期,降低了劳动强度,而且有利于标准化、专业化操作和管理。

11.2 路面基层使用年限长,混合料具有更好的水稳性和抗冻性。

11.3 经济效益可观。每天产值可达50万元以上,高效的施工节省了施工机械台班,降低了生产固定费用,提高了劳动生产效率。同时,"S"形水泥稳定级配碎石材料在满足设计强度要求的情况下,降低了20%~25%的水泥和水用量,因而经济效益非常可观。

11.4 社会效益显著。可靠的质量、领先的进度、完善的管理受到业主及监理单位的好评,在提高企业信誉的同时,实现了良性滚动发展。

12 应用实例

河南省安(阳)南(阳)高速公路全长64.80km,起点位于安阳市东南,京珠高速公路西侧,终点位于濮阳市南乐县西南,与在建的安林高速公路终点相接。全线于2007年4月1日正式开工,到2007年10月10日基层完工,按双向四车道设计,路基宽度28m,基层和底基层采用"S"形水泥稳定级配碎石材料施工。

从2007年5月至10月该工程底基层、基层施工时全部应用了此项工法。通过钻芯可看出水稳层间连接紧密,芯样表面密实平整,具有良好的力学性和稳定性。通过检查证明该工法施工的水稳层表面裂缝明显减少,经统计,平均裂缝间距为92.4m(传统水泥稳定碎石基层裂缝间距为18~25m)。其抗裂性远高于普通水稳层,在经受了2008年年初的雪灾考验,得到了充分的体现,开春后基层表面无明显松散,整体保存完好,受到业主、监理的一致好评。

旧沥青路面水泥稳定就地冷再生基层施工工法

GGG(中企)B1041—2008

朱传敬　岳志宏　库崇锋　韩小平　刘太钧
孟福胜　赵建军　沙永达　李友林　郭艳平
(长庆石油勘探局筑路工程总公司　沧州路桥工程公司)

1　前言

沥青路面就地冷再生技术,最早是1915年在美国开始的,但其在以后大规模的公路建设中忽视了对该技术的研究。1973年石油危机爆发后,美国对该技术才引起了重视,并在全国范围内进行广泛研究。到20世纪80年代末,美国再生沥青混合料的用量几乎为全部路用沥青混合料的一半,并且在再生剂开发、再生混合料的设计、施工设备等方面的研究也日趋深入。近年来,我国开始从国外引进冷再生施工机械和技术,开始沥青路面再生技术研究应用。2005~2007年,长庆筑路工程总公司、沧州路桥工程公司、沧州市市政工程公司先后依托山西忻州~静乐公路改建工程、沧州市渤海路翻修工程开展了旧沥青路面就地冷再生技术研究,经实践证明取得了良好的经济效益和社会效益。本工法即根据工程的施工实践,经整理归纳提炼而成。

2　工法特点

2.1　节约投资:与传统的施工方法相比,总投资可节约40%。

2.2　工期短、效率高:在自然条件下除了对原路面坑槽、翻浆和偏拱路段需要预先处理外,其余路基、路面均不需要任何处理,加之就地集中连续施工的特点,使再生设备能够满负荷连续的作业,因此大大提高了生产效率。

2.3　提高道路等级:由于该工法强化了基础的承载能力,从根本上保证了道路等级的提高,这一优点对于二级及二级以下道路改造尤为重要。

2.4　节约资源、保护环境:因为旧料得以全部就地利用,避免了旧料的挖除、运输和废弃问题,从根本上减少了施工过程中产生的"三废"污染和基层集料开采对资源的消耗以及对环境的破坏,因此,在节约资源、保护环境方面意义非常重大,被誉为"绿色"施工技术。

3　适用范围

该工法适用于基层总厚度不小于20cm,实际弯沉值在50~120(0.01mm)之间的旧沥青路面,以及采用水泥稳定就地冷再生技术进行大修、改建的一级及一级以下等级公路的底基层和二级及二级以下等级公路的基层施工。

4　工艺原理

旧沥青路面水泥稳定就地冷再生基层的工作原理(图1),并不是人们通常所理解的将已破损的旧沥青路面重新恢复到完好的原始状态,而是在原有旧沥青路结构层的基础上,加入一定规格、数量的新集料(必要时)、水泥、水,在最佳含水率状态下按照一定的厚度,利用再生机组在自然常温下,一次性地完成对现有旧路(面层和基层)的铣刨、破碎、拌和、找平、碾压和养生等工序,最终形成一种特殊级配的道路基层。

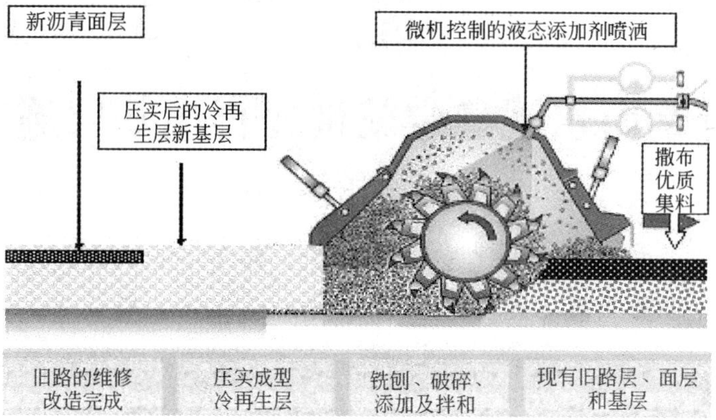

图1　旧沥青路面水泥稳定就地冷再生技术原理图

5　施工工艺流程及操作要点

5.1　施工工艺流程(图2)

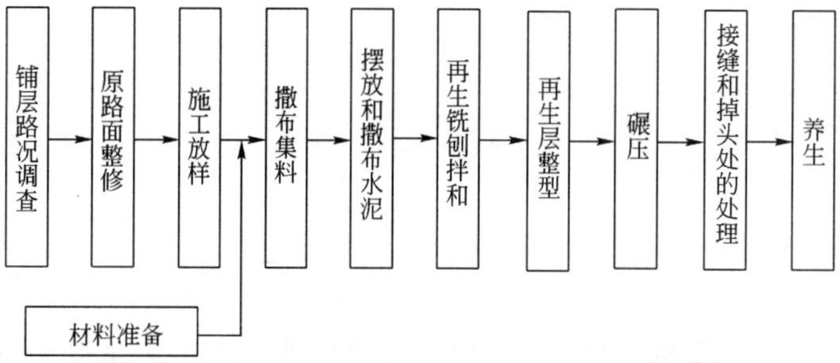

图2　沥青路面水泥稳定就地冷再生工艺流程

5.2　操作要点

5.2.1　准备工作

(1)铺层路况调查

①挖探样品取样坑,通过样品取样坑获取旧路各结构层厚度、材质和含水率等旧路基本信息。因此,取样坑的选择及样品质量对配合比设计影响至关重要。

②对每一均匀路段,样品取样坑每5 000m^2应不少于1个。通常在车道外侧轮迹带开挖,也可在硬路肩(或路缘带)与行车道的交界处开挖。

③取样坑通常长1.2m、宽0.8m、深0.5~0.8m,具体尺寸可根据道路结构进行调整。

④对取样坑需分层开挖,每层材料应分开堆放,以便取样。样品应及时放置在密封的容器内,用于测定含水率。取样坑开挖完毕,应拍照并详细记录取样坑的路面轮廓。

(2)配合比设计

①对旧沥青路面材料样品进行抽提、筛分,测定旧料级配,评价旧沥青路面材料性能。

②根据旧路面结构层材料组成和设计要求,掺加一定比例的新集料,使掺加的冷再生混合料颗粒组成满足表1和表2要求。

用做底基层时水泥稳定就地冷再生混合料颗粒组成范围　　表1

筛孔尺寸(mm)	53	4.75	0.6	0.075	0.002
通过质量百分率(%)	100	50~100	17~100	0~50	0~30

用做基层时水泥稳定就地冷再生混合料颗粒组成范围　　表2

筛孔尺寸(mm)	通过质量百分率(%)	筛孔尺寸(mm)	通过质量百分率(%)
37.5	90~100	2.36	20~70
26.5	66~100	1.18	14~57
19	54~100	0.6	8~47
9.5	39~100	0.075	0~30
4.75	28~84		

③根据击实试验,确定最大干密度和最佳含水率。

④根据无侧限抗压强度试验结果,确定水泥用量。

(3)原路面整修。冷再生基层施工前,必须对原路局部的翻浆、车辙、沉陷、波浪、坑槽等病害以及路肩下沉和路面偏拱部位,要提前用天然砂砾或级配碎(砾)石进行换填、补料、碾压等修整处理,使原路面基本平整。

5.2.2　施工放样

(1)在再生层施工之前,应在道路的两侧放置一系列的标桩(杆)作为基线,用来恢复道路的中心线。

(2)标桩(杆)的间距,直线段每15~20m设一桩,平曲线段每10~15m设一桩,并在两侧路肩边缘外设指示桩。

(3)根据放样用白灰撒出路面边线和中线,以便施工。

5.2.3　撒布新加集料

(1)根据原道路路面结构层厚度和再生层设计,计算每平方米新加集料的用量(计算虚铺厚度)。

(2)根据虚铺厚度和每车料的体积,计算每车料的堆放距离。

(3)按照计算的卸料距离,指挥运料车由远至近,严格按计算的卸料距离把料卸在路面中间。

(4)把卸下的集料按计算的厚度均匀的撒布在路面上。

5.2.4　摆放和摊铺水泥

(1)根据拌和厚度和预定的干密度及水泥剂量,计算每平方米需要的水泥用量,并确定水泥摆放的纵横间距。

(2)根据计算出的每袋水泥的纵横间距,在原路面上做安放标记。

(3)应将水泥当日直接送到摊铺路段,卸在做标记的地点,并检查有无遗漏和多余。运水泥的车应有防雨设备。

(4)用刮板将水泥均匀摊开,并注意使每袋水泥的摊铺面积相等。水泥摊铺完后,表面应没有空白位置,也没有水泥过分集中的地点。

(5)现场人工撒布水泥,实际采用的水泥剂量应比室内试验确定的剂量多0.5%~1.0%。

5.2.5　冷再生机铣刨与拌和

(1)采用德国BOMAG MPH1212型路面就地冷再生设备拌和,输出功率为330kW,最大工作宽度为2 630mm,最大切削深度为500mm。

(2)冷再生设备按照试验段确定的行走速度(推荐为6~10m/min)和转子速度进行铣刨与拌和。在整个拌和过程中,必须缓慢、均匀、连续不间断的行走,中途不得随意变换速度或停顿;同时,该冷再生机配备微机控制自动加水系统,洒水车应紧跟作业,为其随时加水,另准备2辆洒水车,保证拌和用水,以提高冷再生设备的机械效率。

(3)冷再生机组在拌和过程中,应安排1名施工人员带领3~4名普工紧跟机组后面,随时检查再生拌和深度和再生机行走速度,并配合再生机操作员进行调整;同时,清理混合料中的杂质以及每刀起始位置的余料,以防止影响再生材料拌和的均匀性。

(4)及时检查再生层拌和深度、水泥含量、含水率以及拌和料的均匀性,若有疑问时,应停止施工,查找原因,等问题解决后再继续施工。

(5)混合料拌和均匀后应色泽一致,没有灰条、灰团和花面,即无明显粗细集料离析现象,且水分合适和均匀。

5.2.6 再生层整型

(1)拌和完毕后,先用振动压路机稳压2~3遍。

(2)稳压完成后,应立即用平地机初步整型。在直线段,平地机由两侧向路中心进行刮平;在平曲线段,平地机由内侧向外侧进行刮平。必要时,再返回刮一遍。

(3)用轮胎压路机立即在初平的路段上快速碾压一遍,以暴露潜在的不平整。

(4)再用平地机进行整型。整型前应用齿耙将轮迹低洼处表层5cm以上耙松,再用轮胎压路机快速碾压一遍。

(5)对于局部低洼处,应用齿耙将其表层5cm以上耙松,并用新拌的混合料进行找平。

(6)再用平地机整型一次。应将高处料直接刮出路外,不应形成薄层贴补现象。

(7)每次整型都应达到规定的坡度和路拱,并应特别注意接缝必须顺适平整。

(8)在整型过程中,严禁任何车辆通行,并保持无明显的粗细集料离析现象。

5.2.7 碾压

(1)再生层整型完成之前要进行其含水率的检测,含水率必须大于最佳含水率的0.5%~1%,否则,补充洒水后再碾压。

(2)碾压时,压路机应按照试验段确定的碾压机械组配工艺进行压实。直线和不设超高的平曲线段,由路肩向路中心碾时,应重叠1/2轮宽,后轮必须超过两段的接缝处,后轮压完路面全宽时,即为1遍。压路机的碾压速度,头两遍以采用1.5~1.7km/h为宜,以后宜采用2.0~2.5km/h。一般需碾压6~8遍。

(3)严禁压路机在已完成的或正在碾压的路段上掉头或紧急制动,应保证再生层表面不受破坏。

(4)碾压过程中,再生层的表面应始终保持湿润,如水分蒸发过快,应及时补洒少量的水,但严禁大量洒水碾压。

(5)碾压过程中,如有"弹簧"、松散、起皮等现象,应及时翻开重新拌和(加适量的水泥)或用其他方法处理,使其达到质量要求。

(6)经过拌和、整型的水泥稳定再生层,宜在水泥初凝前并应在试验确定的延迟时间内完成碾压,并达到要求的密实度,同时没有明显的轮迹。

5.2.8 接缝和掉头处的处理

(1)纵向接缝的处理

①道路宽度小于6m,纵向重叠较多时,不宜半幅施工,应考虑全幅施工,以减少重叠量,提高施工效率。

②当采用半幅施工,应采用搭接形式,搭接宽度为200~250mm,防止幅与幅之间有拌和不均匀现象。

(2)横向接缝的处理

①施工中尽量减少停机现象,再生机组只能在施工段落结束后或类似情况下才能停机。

②停机超过水泥初凝时间,再生机再次施工时,必须将整个再生机后退至再生过的路段3m距离,

并重新撒布水泥进行拌和。接茬处要求平整、顺直、严密,不得有松散、跳车现象。

(3)掉头处的处理。如机械必须到已压成的水泥稳定再生层上掉头,应采取措施保护掉头作业段。一般可在准备用于掉头的 8 ~ 10m 长的稳定层上,先覆盖一张厚塑料布或油毡纸,然后铺上约 10cm 厚的砂或砂砾。

5.2.9 再生层养护及交通管制

再生层养生采取洒水保湿或地膜覆盖的方法,养生期不少于 7d。养生期内,除洒水车外禁止其他车辆通行,即使养生 7d 后也应禁止大吨位车辆通行。开放交通初期,应限制行车速度。

6 材料、设备及劳动组织

6.1 材料

(1)水泥:采用普通硅酸盐水泥、矿渣硅酸盐水泥和火山灰质硅酸盐水泥,但应选用初凝时间 3h 以上和终凝时间较长(宜在 6h 以上)的水泥;不应使用快硬水泥、早强水泥以及已受潮变质的水泥;宜采用 32.5 级或 42.5 级的水泥。

(2)集料:采用符合级配的天然砾石,其具体指标应符合设计要求。

(3)水:凡是饮用水(含牲畜饮用水)均可用。

6.2 主要施工设备(表 3)

主要设备一览表 表 3

序号	设备名称	单位	规格型号	数量	备注	序号	设备名称	单位	规格型号	数量	备注
1	冷再生机	台	MPH212	1		5	水泥运输车	台	8t	3	
2	振动压路机	台	W1803	2		6	平地机	台	850	1	
3	三轮压路机	台	3Y18/21	2		7	洒水车	台	8t	4	
4	胶轮压路机	台	YL－16	1							

6.3 劳动组织(表 4)

施工现场主要劳动组织一览表 表 4

序号	工种名称	数量(人)	备注	序号	工种名称	数量(人)	备注
1	队长	1	生产组织指挥	6	质检员	2	质量管理
2	冷再生机手	6	冷再生机操作	7	安全员	1	安全管理
3	施工员	3	施工管理	8	平地机手	1	平地机操作
4	技术员	3	技术负责	9	压路机手	5	压路机操作
5	试验员	2	试验检测	10	普工	30	摊铺水泥

注:劳动组织按单班考虑,根据生产过程中的具体变化应适当进行调整。

7 质量控制

7.1 严格按要求进行取样,保证样品真实可靠并具有代表性。

7.2 各种材料应满足混合料配合比设计中的相关要求。

7.3 合理组织施工,施工段落划分应使各工序紧密衔接为宜,特别是要尽量缩短从拌和到完成碾压之间的延迟时间。单台冷再生机组施工时,推荐长度一般为 120 ~ 150m。

7.4 质量控制标准应符合表 5 要求,评定标准应符合表 6 要求。

质量控制的项目、频度和质量标准 表5

项次	检查项目	频　度	质量标准	达不到要求时的处理措施	备　注
1	水泥剂量	每2 000$m^2$1次,至少6个样品。用滴定法或用直读式测钙仪试验,并与实际水泥用量校核	不小于设计值-1.0%	检查原因,进行调整	在拌和过程中取样
2	含水率	据观察,异常时随时试验	最佳含水率±1%	含水率多时,进行晾晒;过干时,补充洒水	在拌和过程,开始碾压及碾压过程中检验
3	拌和均匀性	随时观察	无灰条、灰团、色泽均匀,无离析现象	补充拌和,处理粗细集料较为集中的部位	
4	再生深度(cm)	下刀、收刀两侧:每200m每车道开挖1点;每50m每车道尺量1点	±1	检查原因,进行调整	
5	压实度	每一作业段或不大于2 000m^2检查6次以上	二级及二级以下公路的底基层95%,基层97%;一级公路的底基层96%	继续碾压。局部含水率过大或材料不合格部位,挖除并换填好混合料	用灌砂法检测
6	抗压强度	每一作业段或每2 000$m^2$6个或9个试件	符合设计规定要求	检查原因,进行调整	在拌和过程中取样,制件时不再拌和
7	延迟时间	每个作业段1次	不超过延迟时间	适当处理,改进施工方法	记录从加水拌和到碾压结束时间

实 测 项 目 表6

项次	检查项目		规定值或允许偏差			检查方法和频率
			基层	底基层		
			其他公路	一级公路	其他公路	
1	压实度(%)	代表值	97	96	95	按规范方法①检查 每200m每车道2处
		极值	93	92	91	
2	平整度(mm)		12	12	15	3m直尺: 每200m测2处×10尺
3	纵断高程(mm)		+5,-15	+5,-15	+5,-20	水准仪: 每200m测4个断面
4	宽度(mm)		符合设计要求			尺量: 每200m测4个断面
5	厚度(mm)	代表值	-10	-10	-12	按规范方法②检查 每200m每车道1点
		合格值	-20	-25	-30	
6	横坡(%)		±0.5	±0.3	±0.5	水准仪: 每200m测4个断面
7	强度(MPa)		符合设计要求			按规范方法③检查

注:1.《公路工程质量检验评定标准》(JTG F80/1—2004)附录B方法。
2.《公路工程质量检验评定标准》(JTG F80/1—2004)附录H方法。
3.《公路工程质量检验评定标准》(JTG F80/1—2004)附录G方法。

7.5 再生层的其他检测项目应符合《公路工程质量检验评定标准》(JTG F80/1—2004)中相关规定。

7.6 新集料、水泥的其他指标应符合《公路路面基层施工技术规范》(JTJ 034—2000)和《公路工程无机结合料稳定材料试验规程》(JTJ 057—94)中相关要求。

8 安全措施

8.1 坚决贯彻"安全第一,预防为主"的安全工作方针,加强安全教育,严格执行安全生产制度和操作规程,做好安全技术交底。

8.2 在施工路段的两端及其一定安全距离的延伸段外,设置醒目显著的施工警告标志牌,并安排专人指挥和疏导交通。

8.3 施工现场应设立安全警示牌,路口处、车辆转弯处标牌正确、醒目。

8.4 设备在工作前,要认真检查,保证设备性能良好,安全可靠,当日工作结束后,及时检查保养。交接班时,要相互仔细交接检查,填写交接记录。

8.5 冷再生机组在工作过程中,除机组人员外,其他人员不得靠近,并设专人负责指挥协调施工机械密切配合作业,切勿相互碰撞。

8.6 冷再生机在作业过程中,必须采取低速、均匀行走。液压油的温度不得超过规定的温度。

8.7 严禁在设备刚停时就打开散热器盖去检查冷却液,检查时要戴着帆布手套或用厚布盖住冷却器上盖,先慢慢旋松,等蒸汽由溢流管释放完毕后再打开上盖。

8.8 各种油品、易燃物品要妥善存放,并做好防火标志。

9 环保措施

9.1 项目部成立环保专管机构。项目经理为第一责任人,项目副经理主管,环境保护专管机构具体实施,专门负责施工期间环境保护的管理工作和有关环境保护工作的联络、组织和落实,并协助业主、监理、环境保护机构开展日常工作。

9.2 组织职工学习环保知识,加强环保意识,使大家认识到环境保护的重要性和必要性。

9.3 采取措施保护大气环境和实行文明施工,减少施工噪声对周围环境的影响。夜间施工必须报当地建设行政主管部门批准。

9.4 施工现场所修筑的便道应采取限速、洒水除尘等措施,控制粉尘传播。

9.5 施工所用砂石材料在堆放和运输过程中要用篷布遮盖,水泥应采用袋装运输,并将堆放地点选在远离学校、居民区和企事业单位的下风处。

9.6 废弃的水泥包装袋应及时回收集中处理,不得随意丢弃和焚烧。

9.7 严禁在大风时摊铺水泥,水泥摊铺人员必须穿长筒靴子,戴安全帽、口罩、眼镜和耳塞。

9.8 及时保养机械,使机械始终处于最佳性能状况,减少尾气和噪声的排放;安排工人轮流进行机械作业,减少长时间接触高噪声的时间;对在声源附近工作时间较长的工人,发放防声耳塞,对工人进行自身保护。

9.9 施工中坚持工完料净场地清,及时清除现场施工垃圾,现场垃圾按照国家、地方以及业主的相关规定进行处理。

10 资源节约

本工法是利用旧沥青路面结构层作为再生层的主要集料,在充分利用废弃旧路面材料的同时,节约了90%以上路面基层集料,减少了基层集料的开采对资源的消耗和对环境的破坏,对节约资源和保护环境具有明显的效果。

11 效益分析

11.1 本工法有效地利用了原旧沥青路面结构层材料,避免了原来旧路改建工程对原路面结构材料挖除废弃的缺点,不但有利于环境保护,更有利于资源的再生利用,具有较好的社会效益。

11.2 本工法由于现场采用冷再生机就地铣刨拌和,简化了施工工序,减少了外界不必要的干扰,有利工程进度加快,与传统的施工方法相比,施工工期可节约50%,施工总投资可节省40%左右,若原路面结构层厚度越厚,成本降低越加明显。

12 应用实例

12.1 山西忻州~静乐公路工程第四合同段起点为K24+000,终点为K66+000,标段全长42km,原路面宽8~12m,结构层为5cm沥青路面+20cm石灰稳定砾石+20cm天然砂砾石,新建道路设计宽度8~12m,冷再生层厚度为20cm,水泥用量控制为5%,施工时间为2005年4月1日~8月30日。经山西省交通厅质量监督站验收,该分项工程一次合格率100%。同时,在冷再生层上直接开放交通近两个月的情况下,未出现无明显的松散和脱皮等病害现象。

12.2 沧州市渤海路翻修工程采用冷再生技术,于2008年7月10日完工。在工程实施过程中,现场检查压实度及取样试件强度试验表明,冷再生基层能满足规范及设计要求。

路面加宽拼接施工工法

GGG(中企)B3041—2008

刘树良　王志刚　王桂霞　连佳机　周天民
(中交第一公路工程局有限公司　中交一公局第三工程有限公司
中交一公局海威工程建设有限公司)

1　前言

随着国民经济的快速发展,交通流量迅猛增长,国内许多始建于20世纪八九十年代的四车道高速公路已无法满足通行需求,不能继续适应经济社会发展的需要,亟待扩建、改建。

相对于新建高速公路,改扩建工程路面施工难度更大,面临着路面拼接、交通分流组织、施工安全管理等一系列难题。从连云港新墟公路大修工程开始,我们针对路面拼接技术专门成立了技术课题组,进行研究总结,在石黄高速三合同旧路改造、沪宁高速扩建(江苏段、上海段)等工程上应用,形成了公路改扩建工程路面施工工法。在摊铺机上安装加热装置使面层接缝成热接缝施工技术,荣获中交股份2006年度科技进步三等奖。

2　工法特点

本工法具有施工快捷、组织合理、工艺简单、操作容易等特点,可广泛应用公路改扩建施工中,尤其适合于交通量大,不中断交通的高速公路改扩建施工。

3　适用范围

本工法适用于高等级公路、城市快速干道、厂矿道路、机场跑道等工程改扩建、养护施工,尤其适用于各类主干道开放交通施工。

4　工艺原理

新老路拼接施工,首先对新老路路面结构层拼接部采取预留台阶铣刨,老路路肩下路床拼接部进行铺筑土工格栅、局部补强等加固处理;然后铺筑新路面底基层、基层;紧接着视路面病害严重程度铣刨老路超行车道部分;最后铺筑面层完成路面拼接。

5　施工工艺流程及操作要点

5.1　施工工艺流程(图1)

施工准备→硬路肩铣刨→路床加固→底基层施工→基层施工→交通分流→老路超、行车道铣刨→预留台阶→老路超车道铣刨→封层施工→铺设聚酯玻纤布→沥青面层施工。

5.2　操作要点

5.2.1　施工准备

1)场地选址与建设

与新建高速公路不同的是,改扩建工程路面施工要求所有路面结构层要在每一施工段内流水作业,

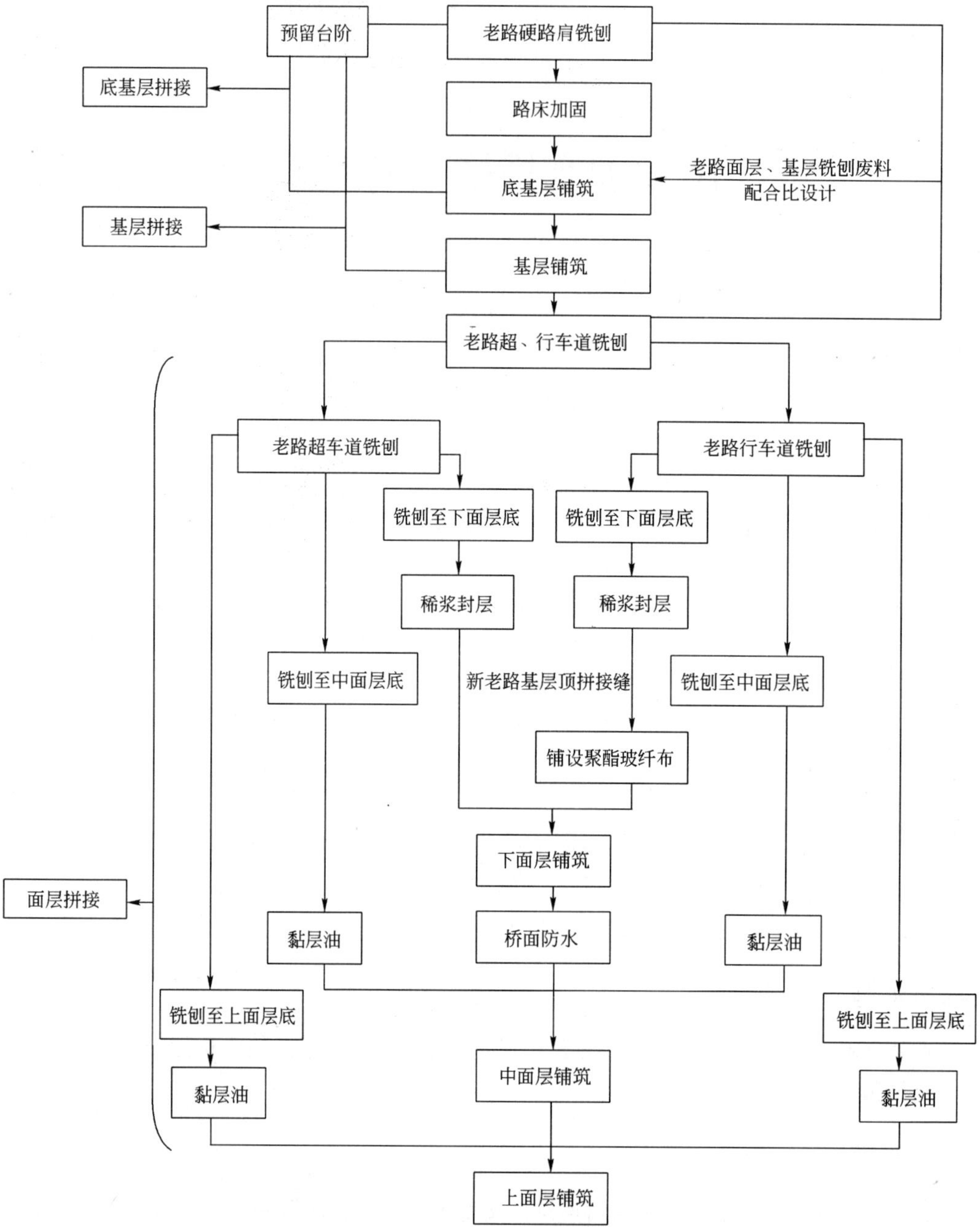

图1　路面拼接施工工艺流程图

每一工序仅需几天时间;在进行料场规划时,需要考虑面层铣刨料、基层铣刨料和各结构层原材料同时进场的仓储面积。

(1)料场:与新建高速路面施工相同,根据总体施工计划中各结构层原材料、铣刨施工废料拟仓储量及拌和站设置及场地交通布置作详细的料场规划。建设要多点进行,点面结合。

(2)试验室:应设有办公室、化学室、沥青室、沥青混合料室、抽提室、水泥及混凝土室、原材料室、力学室、养生室及警卫室等。

(3)驻地:综合考虑当地情况可新建或租赁,应在符合招标文件对卫生、环保、安全等要求及相关规定的前提下配置齐全的生活、办公设施。

2)技术准备

(1)路面扩建施工中测量工作包括附合导线点、三四等水准点复测及加密和老路复测等工作。施工测量的精度应符合国家有关规程的要求。测量工作中应注意：

①按技术规范和常规要求，平面控制测量过程中导线点布设形式应该布设为“之”字形，因为“之”字形路线可以使全站仪性能更稳定。但在路面改扩建工程中的平面控制测量过程中，导线点布设形式受条件限制只能使用“一”字形导线(图2)。

②施工前会同监理单位进行老路复测工作，结果报予设计单位进行纵断面拟合，以此制订老路铣刨、加铺方案。

(2)与新建高速路面工程不同的是，改扩建工程路面分段施工要求试验室在短时间内迅速完成所有结构层的配合比设计工作，以满足分段施工各分项工程流水作业的需要。

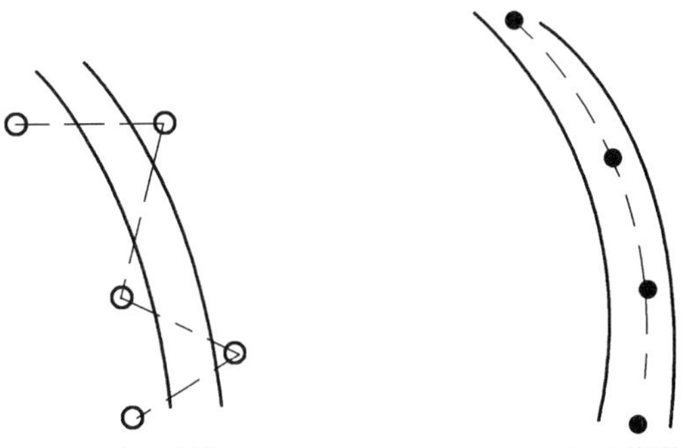

图2　导线点布设型式图

5.2.2　硬路肩铣刨

1)铣刨前准备

(1)新建路基防冻土清理。首先在施工幅新建路基一侧修筑施工便道，两台装载机由此进入新建路基分段内进行清理工作。施工段落可以按结构物划分，遇结构物时要在结构物两端修筑施工便道，位置宜在桥头搭板(通道、涵洞两端)靠近边坡一侧，以免将来影响到后续路床加固施工；清理工作应使用铲斗无斗齿的装载机，铲土时铲斗尽量放平，以免损坏新建路基；清理土方应直接安排运输车辆运走，严禁直接堆放到边坡上影响边坡排水的顺畅性。

(2)拔除护栏桩。建议采用人工配合挖掘机(或装载机)拔除的方法，先用风镐或小型挖掘机在护栏桩底部挖坑，然后用挖掘机晃动护栏桩，最后使用大小适宜的钢钎穿过护栏装配孔，并用钢丝绳连接到挖掘机(或装载机)斗齿上向上拔除。对于底部生锈、基础坚硬难以拔除的护栏桩，拟先用乙炔割除上部，其余部分在后续工序中处理。

(3)硬路肩交通封闭。安保部门在施工前提前与交管部门联系，并于正式施工前完成交通封闭工作。

2)铣刨施工

根据铣刨方案梯队分层铣刨，在硬路肩路面拼接部分层预留200mm宽台阶，为后期底基层、基层拼接施工做准备。

(1)施工步骤

①在硬路肩分界线靠行车道一侧，采用灰点跟踪法标注铣刨深度；检查铣刨机水、油及刀具磨损情况。

②将铣刨机开至施工起点处，调整好铣刨深度、横坡。

③再次确认各种参数的设定准确无误，然后指挥运输车辆行至铣刨机出料口下合适位置。

④启动铣刨机开始铣刨。

⑤指挥料车配合铣刨速度前进，料车将要装满时指挥铣刨机停止出料，等待下一辆料车就位后接着铣刨，同时在每台铣刨机后安排工人清扫铣刨面。

(2)注意事项

①施工中为每台铣刨机配置一辆水车。

②铣刨时必须配备足够的铣刨料运输车。

③对铣刨线形、宽度、厚度和铣刨面进行检测，对铣刨施工进度和铣刨质量的进行控制。

5.2.3　路床加固

根据补强深度和宽度计算水泥用量，然后用32.5级的普通水泥均匀布好。采用铣刨机铣刨，将料堆放在一侧新路基上。铣刨机在铣刨过程中，根据路床的干湿程度适当补水，对刨槽静压2~3遍后铺土工格栅,把拌和好的水泥土摊铺到槽中,初平稳压,精平、振压成型。

1)工序流程(图3)

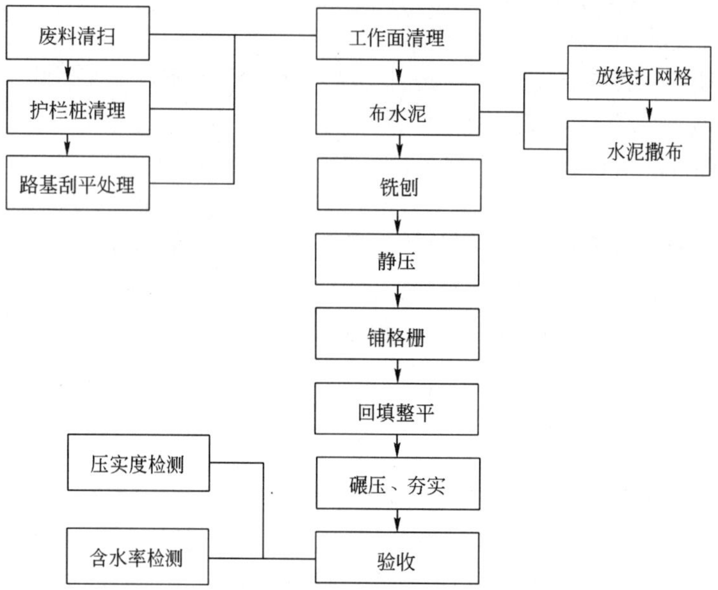

图3　路床加固工序流程图

2)施工准备

(1)以两个构造物之间段落为一个作业段,若构造物之间段落较长,可以分成几段施工。

(2)原材料准备

①水泥:根据式(1)计算水泥用量并于施工前运输到施工现场。

$$M = L \times W \times H \times \rho \times \frac{I}{100} \tag{1}$$

式中:M——水泥总用量(kg);

W——施工宽度(m);

H——施工厚度(cm);

ρ——路床土密度(kg/cm^3);

I——水泥掺量百分比(%)。

②土工格栅:根据施工长度,计算所需格栅数量,提前运输到施工现场,并根据单位格栅长度均匀分配放置到硬路肩铣刨形成的台阶上。

3)施工方法

(1)工作面清理。先用装载机将硬路肩铣刨施工中遗留的铣刨废料、生活垃圾清理干净,同时安排工人仔细清扫硬路肩铣刨台阶,然后使用小型挖掘机刨除护栏桩剩余端节,最后用平地机对路基施工段落全断面刮平处理。

(2)撒布水泥。按照每袋水泥的施工面积打网格,人工配合装载机将缓凝水泥均匀地撒布在网格内。

(3)铣刨。铣刨机合理搭配、梯队施工,一次铣刨成型。铣刨施工过程中应注意:

①控制铣刨机的速度,提高刀头的转速,确保铣刨出的水泥土的颗粒满足要求。

②铣刨出的水泥土混合料直接打在路基上;铣刨至结构物端部时,要尽量靠近结构物端部,水泥土直接打到结构物上,以免增加结构物两端处理工作的难度,但严禁掉头铣刨,以免影响工作面线形的顺畅。

③结构物两端的铣刨盲区应使用装载机等深等宽铲除，如发现路基弹簧要及时挖除，用适宜的混合料填筑整平。挖出的余料严禁混入水泥土混合料中使用，应集中收集运走。

④铺土工格栅。铣刨结束后先用钢轮压路机对铣刨形成的坑槽底面静压2～3遍，然后铺设单向土工格栅。土工格栅的搭接长度要保证至少300mm。

⑤回填、整平和碾压。每100m安置一台装载机进行水泥土回填。在回填施工中，要注意防止因装载机行驶不平衡而发生挑起、撕裂土工格栅的现象。

回填段落形成超过50m以上即可开始指挥平地机开始粗平、粗平、稳压、精平、振动压实、终压成型。对于压路机工作盲区，要使用小型夯实机夯实；如不能及时夯实，应当在底基层施工前挖除松散部分并用素混凝土浇筑。

路床形成以后，要用平地机将全幅浮料刮出路基，给底基层施工做好前期准备。如果在24h内不能施工底基层的地段要洒水养生，保持表面湿润。此外，应注意水泥的初凝时间。

5.2.4　底基层拼接

(1)施工机械配备。同新建高速公路。

(2)原材料准备。32.5级普通硅酸盐水泥、老路面铣刨后的沥青废料与二灰碎石废料、0～4.75mm石料。

(3)施工配合比的设计。根据设计的沥青面层和二灰碎基层铣刨量，以50%沥青铣刨料+40%二灰碎石铣刨料+10%石屑或50%沥青铣刨料+30%二灰碎石铣刨料+20%石屑或50%沥青铣刨料+50%二灰碎石铣刨料为基准，外掺2%水泥制备不同比例的不少于3组混合料，用重型击实法确定各组混合料的最佳含水率和最大干密度，测定无侧限抗压强度。满足7d无侧限抗压强度代表值≥1.0MPa要求的最佳配合比作为水泥稳定废料的生产配合比，以指导施工。

(4)施工现场准备。工作业面检查、施工放样、培制土模。

(5)混合料的拌和、运输、摊铺。同新建高速公路施工。

(6)混合料的压实。改扩建工程路面施工硬路肩铣刨后的路面结构多呈台阶状。铣刨机沿着与路中心线平行的位置，将路面铣成200mm宽的台阶形状，这样底基层和基层的3个台阶都集中在非常窄的范围内，给摊铺后的基层碾压带来困难(一般接缝的碾压是从新铺的混合料依次向已经成型的路基过渡碾压)。摊铺后，应固定1名工人将高出台阶位置的混合料修理成一个斜坡，在应有的松铺厚度上对离接缝100mm的位置内进行人为增加，同时在碾压遍数上增加振动压路机和胶轮压路机各1遍，尽可能使接缝位置能够压实。

(7)横缝处理。水泥稳定废料一般应连续摊铺，尽量减少水泥稳定废料底基层横向工作缝。如两次摊铺时间相隔时间较长，则应设置横向施工接缝。

横缝应与路面车道中心线垂直设置，首先指挥人工将末端含水率合适的混合料整理整齐，紧靠混合料放方木，方木的高度应与混合料的压实厚度相同，另一侧用钢钎固定；然后使用压路机横向碾压，逐次推进；最后改成纵向碾压，确保横缝平整、密实相接。

5.2.5　基层拼接方法

(1)主要施工机械配备、原材料准备、配合比设计方法同底基层施工。

(2)下承层检查：按质量验收标准对底基层进行验收。

(3)水稳定碎石的拌和、运输、摊铺同新建高速公路施工。

(4)基层拼接措施

①水润湿铣刨后的台阶在清扫后施工前，要安排工人用水对台阶进行润湿；在摊铺机前，人工对工作面进行二次润湿；摊铺机所到位置，用喷雾器对工作面进行第三次润湿，保证拼接质量。

②水泥浆使用水泥浆对铣刨台阶涂刷，同时将配好的水泥浆均匀加入摊铺机(靠台阶处500mm范围内)内，增强台阶范围内的强度。

③界面剂剔去水稳基层表面的疏松部分，扫净或用水冲去表面浮灰。用毛刷将配好的界面剂均匀

地涂刷在台阶立面,然后趁其未干摊铺水稳。注意涂抹速度,保证摊铺机正常摊铺即可。夏季施工时,涂上后表干太快,则可用水浸湿基层,然后涂刷处理剂。养生7d取芯分析,拼缝处拼接强度为0.35MPa,正常部位水稳基层拼接强度为0.89MPa。界面剂处理后,黏结部位强度为新施工基层正常部位的39%,比之以前的零黏结大有改善。

(5)混合料的压实:在碾压前,人工将高出台阶位置的混合料修理成一个斜坡,在应有的松铺厚度上对离接缝100mm的位置内进行人为增加,增加振动压路机和胶轮压路机各1遍,尽可能使接缝位置能够压实。

(6)横缝处理:以两个构造物(桥或涵)间的路段为一工作段进行施工。如两次摊铺时间相隔时间较长,则将已压实成型的接头做成垂直断面连接(将横断面湿润处理),压路机横向碾压,逐次推进;最后改成纵向碾压,确保横缝平整、密实相接。

(7)养生:对于路面边部采取培湿土或覆盖草帘等保湿措施,严禁用抽水机或高压水枪直接加压喷水;养生期间禁止料车通行。

5.2.6 交通分流

基层养生期间即可着手准备老路超、行车道铣刨施工,为了保证施工期间交通畅通要进行交通分流工作。

利用老路原有中央开口,把左幅(以左幅施工为例)社会车辆疏导到右幅。在右幅超、行车道分界线上,设置已涂刷反光漆的预制隔离墩,引导车辆分道双向行驶。在施工段落的另一侧,再次利用中央开口把社会车辆导回左幅正常行驶。如在右幅施工,则采用相反的分流方法。

(1)交通分流使用工具。施工标志牌、减速行驶牌、车辆行驶限速牌(规格分80km/h,60km/h,40km/h,20km/h等)、方向引导牌、灯标车、预制隔离墩(涂反光漆)、道路变窄标志牌、锥形标。

(2)具体实施步骤及注意事项(以左幅施工为例):

①左幅施工,右幅通车。施工前一天备齐所需工具,并做好分流方案及人员准备。

②封闭交通首先应封闭右幅超车道,在右幅距封闭路口前600m放置"前方施工"标志牌;接着每隔100m依次放置"左道变窄"、限速牌60km/h、40km/h、20km/h和方向引导牌;车道宽度渐变处放置锥形标(间距1m);直线处放置隔离墩(间距2m);转弯处放置"禁止使用远光灯"标志牌和灯标车,并安排红旗手指挥交通。然后封闭左幅,在左幅距封闭路口前1km的地方放置"前方施工"标志牌;每隔100m依次放置"右道变窄"限速行驶牌60km/h、40km/h、20km/h及方向引导牌;锥形标、隔离墩及转弯处设置同上。

(3)灯标车每天开启时间,应根据当地实际昼夜交替时间及天气情况、道路状况灵活掌握。

(4)路口看管人员24h轮流值班。

5.2.7 老路超、行车道铣刨

(1)施工步骤:清理道路表面杂物,组合铣刨机,画出控制线,标出铣刨深度,检查铣刨机水、油及刀具磨损情况;将铣刨机开至施工起点处,调整好铣刨深度、横坡;再次确认各种参数的设定准确无误,然后指挥运输车辆行至铣刨机出料口下合适位置;启动铣刨机开始铣刨;指挥料车配合铣刨速度前进,料车快装满时指挥铣刨机停止出料,等待下一辆料车就位后接着铣刨;同时在每台铣刨机后安排工人清扫铣刨面。

(2)施工注意事项

①在铣刨机前履带一侧用铁丝横向悬空支撑点,用以指引铣刨机控制台操作人员控制方向。施工时,保证支撑点沿控制线拖动即可做到边线形顺直。

②增加测量点位,用直接控制厚度方法来保证铣刨施工的准确性。

③应根据实际测量结果适时改变设定铣刨机切深深度。

④在铣刨能正常运行前提下,考虑铣刨料运输车辆通行方便;避免由于台阶过高造成铣刨料运输车的通行不便。

5.2.8 封层拼接

(1)工艺流程图(图4)。

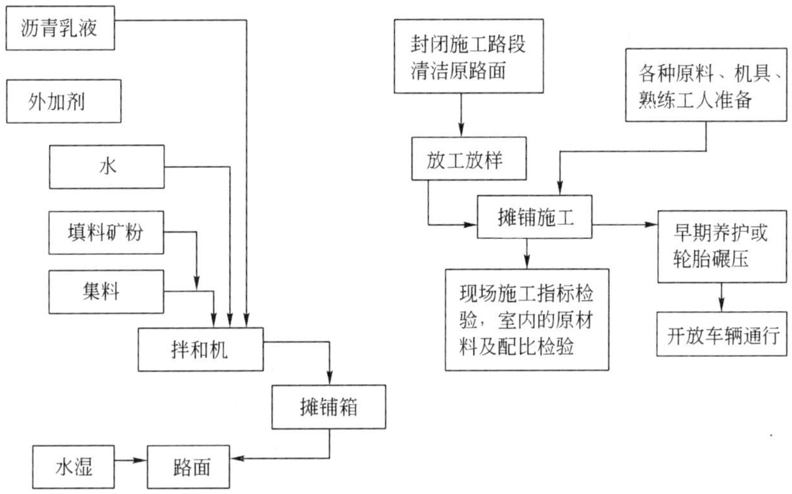

图4 封层拼接工艺流程图

(2)操作方法

①封层采用稀浆封层照面的方法,厚度5~8mm,宽度同下面层宽度。

②稀浆封层的横向接缝应做成对接接缝。

③从开始施工直至封层破乳前,对施工段落进行交通管制,防止车辆驶入未成型的稀浆封层,对稀浆封层造成破坏。

5.2.9 聚酯玻纤布铺设

(1)施工准备

①聚酯玻纤布的质量应满足要求,进场后要妥善保管,防止受潮、污染或破损。

②黏结材料:对于新旧半刚性基层纵向拼接缝、收缩裂缝、纵向裂缝可根据施工条件选用重交沥青、SBS改性沥青或基质沥青含量≥60%的慢裂快凝型改性乳化沥青,沥青喷洒量为0.8~1.2kg/m^2;对于旧沥青路面反射裂缝采用SBS改性沥青,沥青喷洒量为0.6~1.0kg/m^2。

(2)施工工艺流程:作业面清理→放样画线→喷洒黏结材料→铺设聚酯玻纤布→保养维护。

(3)施工方法

①将缝宽超过5mm的裂缝进行灌缝处理;将路面上尖锐、突兀部位铲平,对于破损、凹陷、破碎严重处,铲除后用沥青料或混凝土填补找平;雨后必须待路面干燥后方可施工,保证作业面干燥污水分。

②按拟铺设的聚酯玻纤布宽度在拼接缝或裂缝两侧定好基准线,对于横缝保证裂缝两侧的布宽≥0.75m;对于拼接缝或纵缝,应保证裂缝两侧的布宽为1.8~2.0m,拼缝或裂缝居中。

③喷洒黏结料。在画线范围内用沥青喷洒车喷洒黏结料,喷洒横向范围要比聚酯玻纤布宽50~100mm。洒布热黏结料时,施工温度应在5℃以上,热黏结料最佳温度应控制在180℃~200℃。喷洒黏结料时要喷洒均匀,计量准确,热沥青洒布量为0.8~1.0kg/m^2。

④铺设聚酯玻纤布。待黏结料喷洒后还处于液体状态时,立即采用聚酯玻纤布铺设设备进行聚酯玻纤布铺设施工,要合理控制撒布与铺设速度,铺设要紧跟撒布,共需要紧凑。聚酯玻纤布纵向接缝搭接宽度应控制在50~100mm;横向接缝搭接宽度应控制在100~150mm。横向接缝搭接方向为摊铺沥青面层的方向,将后一端压在前一端之下,并用黏结料黏结好使接缝牢固。

⑤保养维护。在热黏结料未冷却至常温下应禁止行人和车辆进入。

(4)注意事项

在施工现场操作人员应戴好防护手套,佩戴防护眼罩和口罩;施工中不得使用受潮、污染、破损的聚酯玻纤布;铺设时起头要直顺,要防止和地面脱空,并要保证聚酯玻纤布的张力;及时摊铺上面的结构层,并注意摊铺方向。

5.2.10　沥青面层拼接

1)准备工作、材料要求、施工机械配备、劳动力组织、目标和生产配合比设计、沥青混合料的拌和、运输、摊铺、碾压成型、施工横缝处理、试验检测等同一般高速公路施工。

2)面层拼接施工工艺

(1)接缝处理。面层接缝在摊铺前(要有足够的破乳时间)将乳化沥青用毛刷均匀涂刷在接缝面上。下面层以下各结构层横向施工缝尽可能留在构造物两侧,中上面层横向施工缝避免留在桥面上。在每天施工结束时把端部处理齐整后在1m范围内倒水冷却,碾压完成后把这部分混合料去掉;第二天用切缝机切缝,切缝深度控制在2/3层厚,然后用风镐把多余部分打掉,并保证端部平整度在3mm之内,清理并吹干后涂刷乳化沥青。

(2)高程控制。下面层外侧摊铺机靠路肩一侧按照设计高程走钢丝,内侧按设计高程走铝合金梁。内侧摊铺机一侧在新铺的基准面上走雪橇,其另一侧当拼接缝在第二车道内且台阶厚度为60mm时,在老路的铣刨面上按设计高程控制走铝合金梁;当拼接缝在一二车道分界线处且厚度大于70mm时,在老路的铣刨面上走雪橇。中面层外侧摊铺机采用非接触式平衡梁控制高程和厚度,内侧摊铺机一侧在新铺的基准面上走雪橇,当老路超车道需加铺中面层时在老路的铣刨面上走钢丝和铝合金梁控制高程;当老路超车道只铺上面层时,中面层要走雪橇和拼接缝铺平。上面层若老路超车道保留利用,则摊铺机在靠近拼接缝处走雪橇和老路铺平,若老路超车道铣刨,则上面层无拼接缝。

(3)摊铺。摊铺机拼接边部熨平板如没有加热装置可自行设计安装;接缝处加热系统,在摊铺机上固定一安装减压阀的液化气罐,用带螺丝接头的高压塑料管与自己设计的高压喷头加热装置连接。这套加热装置由以下部件组成(图5):

①调整前后位置的夹板。

②调整上下位置的夹板。

③调整2个喷枪间距的调整固定板。

④、⑤预热加热喷枪。

⑥煤气管道和煤气罐。

⑦调整前后距离的滑轨。

⑧火焰调节阀。

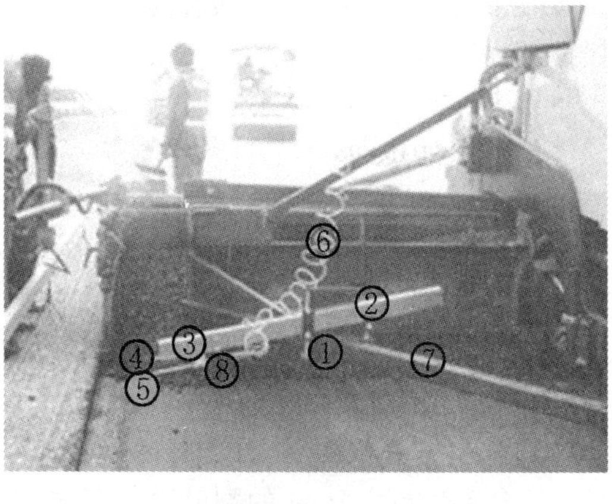

图5　摊铺机加热装置图

为了有效做好新老沥青混凝土纵向接缝搭接,减少因温度不一致而造成的搭接缺陷,加热装置喷枪与熨平板的距离为2.1m,与纵缝距离在150mm,两喷枪距离在200mm之间效果较为理想;预加热喷枪④和⑤,以保证其加热的深度并减少对表面沥青的烧焦。在摊铺机中途停机时,可用手抬起喷枪,同时减小火焰,防止在同一地方烧焦沥青;待行走时,再放下喷枪,调整火焰即可。摊铺机摊铺混合料时,要控制好摊铺机的行走,使接缝处的混合料既要饱满又不应铺到老路面上,摊铺面均匀一致。

(4)接缝碾压

①初压:在摊铺到一定距离(20~30m)且温度不小于145℃时,开始用1台光轮压路机在距接缝30cm左右已摊铺面上前进静压,回退强振1遍,然后再跨缝碾压,其碾压速度为2km/h,选用高频低幅;

②复压:2台双钢轮压路机振压2遍,26t胶轮压路机碾压4遍;

③终压:1台双钢轮压路机静压1遍。

6 材料与设备

6.1 人员准备

人员组织表见表1。

人 员 组 织 表　　表1

项　目	所需人数	备　注	项　目	所需人数	备　注
项目部	38	管理人员、技术人员	拌和站	39	所有拌和站所需人数
领导班子	8		管理人员	3	
工程部	3		操作手	10	
经营部	3		民工	26	
材料部	8				
人财部	2				
安保部	2				
试验室	7	检测工程师5人，试验员2人	测量、试验熟练工人	26	试验工14人，测量工12人
测量组	5	测量工程师1人，测量员4人			
铣刨工区	56	工区总人数	底基层、基层工区	38	工区总人数
管理人员	4		管理人员	3	
操作手	12		操作手	15	
民工	40		民工	20	
面层工区	54	工区总人数	附属工区	56	工区总人数
管理人员	5		管理人员	4	
操作手	25		民工	90	
民工	24				

6.2 机具设备配备

分段施工各工区所需设备投入情况以沪宁路面1标（路面单幅19m宽）为例，统计如下：

（1）铣刨工区：铣刨机3台，平地机1台，装载机1台，振动压路机1台，18～21t钢三轮压路机1台，胶轮压路机1台，清扫用拖拉机1台，自卸汽车20台。

（2）底基层基层工区：稳定土拌和站500型2台，稳定土摊铺机2台，伸缩摊铺机1台，振动压路机3台，胶轮压路机1台，装载机5台，自卸汽车30台。

（3）面层工区：3000型沥青拌和站2台，ABG423摊铺机3台，振动压路机5台，双钢轮压路机2台，胶轮压路机3台，装载机6台，自卸汽车30台。

（4）稀浆封层：封层机2台，洒布车1台，装载机1台，振动筛1套，胶轮压路机1台。

（5）附属工区：混凝土拌和站1台，装载机2台，混凝土罐车5台，发电机组2套。

6.3 材料

对地材和其他施工材料进行调查，确定合格的供货厂家，然后按合同明确的质量标准和施工要求，采用公路或水运的运输方式将材料由汽车和船运到工地指定地点。由于改扩建工程路面底基层施工需利用铣刨废料，所以要提前根据铣刨加铺方案估算设计铣刨量，确定底基层施工原材料的准备与目标配合比设计工作。

7 质量控制

7.1 技术标准及质量要求

(1)技术标准执行《公路路基施工技术规范》(JTG F10—2006)、《公路沥青路面施工技术规范》(JTG F40—2004)、《公路路面基层施工技术规范》(JTJ 034—2000)、《公路工程沥青及沥青混合料试验规程》(JTG 052—2000)等。

(2)质量满足《公路工程质量检验评定标准》(JTG F80/1—2004)的要求。

7.2 技术措施

(1)原材料水洗工艺及加强防治二次污染措施是原材料质量控制的有效措施,使用前对面层粗集料水洗、覆盖,细集料进大棚,硬化便道、场地并洒水润湿,使得混合料级配指标中0.075mm筛孔通过量得到有效控制。

(2)老路铣刨施工中严格控制铣刨速度在5m/min内,解决铣刨料结团和夹层现象;并采用有旋耕犁改造的强力清扫机械清扫铣刨面,防止因人工清扫不及时造成铣刨余料再次压实污染。

(3)路床加固处理采用铣刨拌和施工,通过控制铣刨机高转低速运行保证水泥土粒径要求。

(4)水泥稳定碎石基层防裂缝措施:通过配合比优化,降低4.75mm筛孔通过率,控制0.075mm通过量,同时降低水泥用量,严格控制混合料的含水率,保证混合料处于最佳含水率状态下碾压成型;另外,在新老路基层纵向接缝处采用混凝土界面剂进行施工,有效地保证了新老路基层拼接施工质量。

(5)水泥稳定碎石薄膜养生:为了保证水泥稳定碎石基层的施工质量,使强度达到设计要求,采用塑料薄膜加土工布的覆盖养生方式。这种养生方式,不但使基层表面长时间处于湿润状态,而且减少了洒水的遍数,使基层施工质量得到有效保证。

(6)施工前对局部光滑的基层表面拉毛处理,解决了基层顶"镜面现象"导致稀浆封层与基层黏结效果不佳的现象。

(7)为保证聚酯纤维布施工质量,组织技术人员、设备维修人员对专用设备进行改造:

①增加导向链、方向控制杆;

②在聚酯纤维布滚轴两侧加装制动片;

③降低滚轴高度。

经验证,以上措施可明显提高聚酯纤维布铺设质量。

(8)面层施工为保证新老路面拼接施工质量,在面层拼接部先涂刷黏层油,摊铺、碾压采用热接缝施工法。

7.3 管理措施

(1)鉴于改扩建工程中技术运用的多样性和复杂性,决定对测量组、试验室和前台各工区采用"技术量化承包"的管理模式,在充分调动各部门负责人积极性的基础上,实现了成本节约目标、质量目标和职工收入目标的"三赢"。

(2)技术交底书面化

①计划安排具体到边角,工序负责具体到个人;

②贯彻执行首件工程认可制;

③严格执行工序交接和报检制度;

(3)大力开展技术革新活动,提高施工质量与工作效率,如用旋耕犁自制清扫车,使得沥青铣刨工作面很快被清扫干净;拌和站采用水除尘法,降低了环境污染。

8 安全措施

8.1 执行《公路工程安全技术规范》(JTJ 076—95)等标准及相关要求。

8.2 制订详细的交通分流方案和施工车辆行驶方案。

8.3 注意夜间车辆通行安全，在封闭路段两侧及拉料车的进出口均设置警示灯，以引导驾驶员正确行驶。

8.4 制订堵车应急措施，如发生堵车现象，除及时和交管部门联系外，在封闭段超车道和行车道之间设置锥行标，开放超车道交通。

8.5 加强对运输车辆的管理和控制，坚决选用车况良好的运输车，以避免车辆抛锚，发生堵车现象。

8.6 加强对施工便道维修，及时做好便道的排水工作，并间隔500m左右设置一个停车港湾，保证施工车辆畅通。

8.7 对参与沥青路面施工的人员应穿戴劳保防护用品，防止烫伤；夏季高温季节施工，应采取防暑降温措施。

8.8 对从事沥青试验检测人员除做好通常的沥青作业防护以外，还得做好三氯乙烯等有害气体的防护，并发放一定的补贴。

8.9 沥青拌和厂应经常检查导热油，防止泄漏入沥青储存罐中而引发火灾；拌和厂内应采取有效的防火、防爆、防毒措施，场内严禁烟火，设置醒目防火警示牌，并配备一定数量的消防器材。

8.10 沥青混合料拌和场的燃油罐和加油站应与导热油热载体留有足够的距离，防止发生火灾。

9 环保措施

9.1 执行《建设项目环境保护条例》、《交通建设项目环境保护管理办法》、《公路环境保护设计规范》及当地有关部门的要求。

9.2 选择沥青混合料拌和场地时，应远离居民区及村庄，无法避开居民区或村庄时应选在主风向下方。

9.3 沥青混合料拌和设备必须有良好的二级除尘装置并能有效地进行除尘，使空气质量标准符合当地环保部门的要求。

9.4 废弃的粉尘和沥青混合料存放在指定地点，粉尘可采用湿排法或采用经常洒水及覆盖等措施，防止粉尘扩散。

9.5 拌和楼的矿粉和发电机等设备的噪声，应符合当地环保部门的要求；不符合者应采取有效措施。

9.6 无机结合料拌和厂地内，经常性喷水抑尘。

9.7 细集料采用覆盖，减少粉尘污染。

9.8 废弃的混合料、燃油、废水等应指定地点废弃，以减少对环境、农田的污染。

10 资源节约

使用本工法施工，可以提高路面拼接的质量，减少返工，延长拼接路面的使用年限，极大地节约大量的路面材料和机械设备消耗。

11 效益分析

由于本施工方法先进，施工组织得力，在沪宁高速 HN-LM1 标段(26.57km)应用，施工工期提前了282d，节约工程费用856万元，获业主奖励180万元，经济效益总额达1 036万元。自行设计的加热装置实现了进行路面拓宽时变冷接缝拼接施工为热接缝拼接施工。此套加热装置为业内首创，有效保证了路面的拼接质量及进度的要求。此项技术改造获得中交股份公司科学技术进步三等奖。该项工法在我局承建的沪宁高速公路扩建工程(江苏段)61.73km 的 4 标段上推广应用，进度、质量、安全、效益等各方面都名列前茅，得到业主奖励共计600多万元。由于该施工工法的合理，先进，我局海威公司又承建了上海沪宁 A11 公路拓宽改建工程 3 标 10.58km 的建设任务。

该项施工工法指挥部要求在在沪宁高速公路扩建工程全线推广,项目也因此获得了"江苏省交通行业群众性经济技术创新工程示范岗"荣誉称号。

此项施工技术改造在沪宁高速公路扩建工程全线推广,提前工期 8 个月,提前通车产生的效益不可估量,具有巨大的社会效益。

12 工程实例

12.1 新墟公路大修工程

该工程位于江苏省连云港境内,桩号 K0 +000 ~ K20 +593.1,全长 20.5931km。该工程为新墟公路大修,施工质量良好。该工程大修完成对于连云港地区的交通运输起到了重要的作用,对于公路大修、改扩建提供了技术支持。该工程完工后得到了当地政府较好的评价。

12.2 河北省石家庄至黄骅港高速公路路面工程三合同段

三合同段全长 20.8km,双向四车道,路基宽 27m,高速公路沥青混凝土路面。合同工期为 430d,1999 年 10 月进场,2000 年 11 月竣工。该合同段在原 307 国道二级汽车专用线改建利用和新老路横向连接及路面铺筑上采用多项"新技术",取得了很好的效果。2004 年年底,河北省公路工程质量监督站对该合同段进行平整度和车辙检测,通车 4 年后检测结果:重车道(黄骅方向)合格率为 98% 和 86%,石家庄方向合格率为 98.5% 和 100%。

12.3 江苏省沪宁高速公路扩建工程

12.3.1 先导试验段路面工程

江苏省沪宁高速公路扩建工程先导试验段路面工程,是江苏省沪宁高速的先导试验段。工程项目在江苏省昆山市内,试验段里程长度 1.77km,沥青混凝土路面。2003 年 9 ~ 11 月,项目由一局三公司进行施工。面层结构为上面层 4cmSMA13 + 中面层 8cmSUP20 + 下面层 8cmSUP25 + 0.5cm 稀浆封层 + 上基层 20cm 水稳碎石 + 下基层 20cm 的水稳碎石 + 底基层 20cm 老路再生料或水稳碎石。

该项目主要是为大面积施工提供施工工艺、施工方法及试验数据。

12.3.2 沪宁高速公路扩建工程(江苏段)建设

中交一公局共承担沪宁高速公路扩建工程(江苏段)建设 59.96km,从 2003 年 9 月进场,2005 年 10 月全部交工。

(1)沪宁高速公路扩建工程 HN-LM1 路面标

由一局三公司承建的沪宁高速公路江苏段东起自江苏上海交界处的安亭,西止于南京马群,主线全长 248.216km。沪宁高速公路的扩建采用"两侧拼接加宽为主,局部分离加宽"的方法,将全线主线由原双向四车道的老路扩建为双向八车道的高速公路。沪宁高速公路 HN-LM1 路面标段起点位于昆山花桥收费站,起点为 AK1 +770,终点桩号为 AK29 +500,全线共有两个互通,一个主线收费站。其中正义互通主线 3.013km 和陆家互通匝道为新增加工程量,加上分割路面二标的 400m 主线,路段总长度为 28.13km。主要工程内容为:

20cm 水泥稳定再生旧料底基层:760 145m^2;40cm 水泥稳定碎石基层:717 496m^2;15cm 水泥稳定碎石基层:119 229m^2;稀浆封层:1 017 749m^2;80mmSUP-25 粗粒式沥青混凝土:1 009 561m^2;80mmSUP-20 中粒式改性沥青混凝土:1 141 636m^2;40mmSMA-13 改性沥青混凝土:1 207 224m^2;水泥混凝土板:15 421m^2;路床加固:257 406m^2;铣刨老路面:179 391m^3;培土路肩、路肩硬化、路面排水面及安全设施和预埋管线等内容。

由于路面扩建工程开放交通施工,所以采用单幅分段滚动施工方式。分段长度 6 ~ 8km,以 6km 为单元,如通行情况允许,分段长度可增加到 8km。各单元一般以中央分隔带开口为界或以互通、桥梁为界。

该段于2004年6月10日开工,2005年10月31日完工,比合同工期提前8个月完成施工任务。

采用改扩建工程路面拼接(热接缝)施工工法后,为确保工程质量,并及时监测各主要工序施工阶段的检测数据,江苏省质监站和施工单位监测组对该路进行了全过程监控检查。施工全过程处于安全、稳定、快速、优质的可控状态,工程质量优良率达98%以上,无安全生产事故发生,得到了各方的一致好评,圆满完成了施工任务。

(2)沪宁高速公路扩建工程(江苏段)其他施工项目(35.09km)

由我局厦门工程处承建的沪宁高速公路扩建工程HN-A2-1标,施工段长度10km,2003年10月进场,2005年8月底交工;北京海威公司承建的公司承建的"沪宁高速公路扩建工程HN-A1-2标,施工段全长8.23km,2003年9月进场,2005年3月交工,在质量、进度、管理方面多次得到奖励,共获奖金102万元;第一公路工程公司承建的沪宁高速公路扩建工程HN-A2标,全长9.56km,工程造价1.6亿人民币,2003年9月进场,2005年3月交工;第二工程公司(原江浙工程处)承建的沪宁高速公路扩建工程HN-A1标,2003年10月进场,2005年8月底交工,施工段全长7.3km。

12.3.3 上海沪宁A11公路拓宽改建工程3标

由于在沪宁拓宽改造工程项目上,我局在施工管理、施工进度、施工质量、施工安全等各方面都取得较好的成果,于2006年12月又承担了上海沪宁A11公路拓宽改建工程3标的工程。该工程全长10.58km,造价4.365亿元人民币,现已进入路面施工阶段,合同工期为2009年1月。

高等级国产沥青混凝土路面施工工法

GGG(中企)B3043—2008

崔　磊　金奇峰　亢亚峰　魏立新　郭建群
(中铁一局集团有限公司)

1　前言

高等级公路沥青混凝土路面在现代公路建设中已被广泛应用,建立一套科学有效的施工工法对我们以后的施工将会有非常重要的作用。

本工法是2003~2004年中铁一局二公司在新疆奎赛高速公路施工过程中总结形成的。

2　工法特点

2.1　该工法完全按照热拌热铺法沥青混凝土路面施工程序进行总结,对施工中各环节的具体操作进行说明,具有较强的可操作性。

2.2　对沥青混凝土路面施工中需注意的事项、施工过程中遇到的问题以及解决方案进行了列举,具有一定的指导性。

3　适用范围

本工法适用于热拌热铺沥青混凝土路面的施工。

4　工艺原理

矿料与沥青在热态下拌和、热态下铺筑施工成型的路面,其特点是矿料、沥青及拌和混合料从拌和到铺筑均须在较高的温度范围内完成,因此其形成期短,在面层碾压结束并冷却到常温时,就可以开放交通。

5　工艺流程

5.1　沥青混凝土路面施工工艺流程按组织程序划分见图1。

5.2　其工艺流程按施工技术划分见图2。

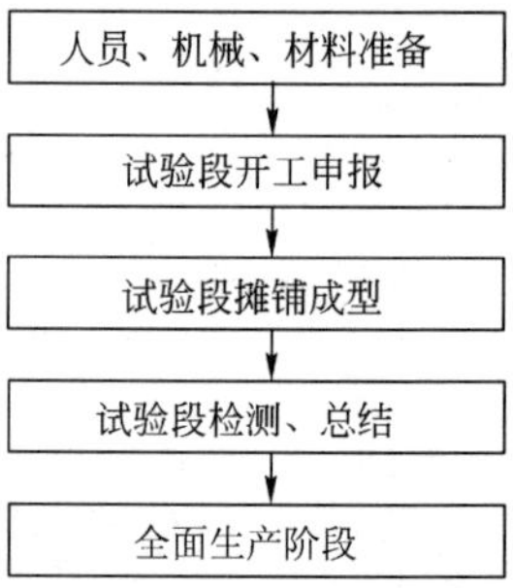

图1　施工工艺流程(按组织程序划分)

6　施工工艺及要点

6.1　沥青拌和设备的选型、配套

拌和设备一般分为两大类,即连续式和间歇式。由于国内原材料规格差,高等级公路一般不用连续筒滚式,而要求用强制间歇式。根据工程量、工程进度和其他要求选定沥青拌和站主机后,应立即计算并选配沥青加热设施、脱筒机(使用桶装沥青)、导热油炉和燃油罐等。

要保证拌和站每天正常连续生产,沥青需有2~3d的储存量,单个沥青罐容量以40~50kl为宜。脱桶机采用三班工作制,即每天24h连续运行,一般情况下应考虑2d的储存量设施。

拌和站中各部分沥青设施、脱桶机(使用桶装沥青)和储料仓的全部热量均由导热油炉提供。导热油炉的发热量大小及热效率的高低是整个加热系统的关键参数。一般情况下,每50kl的沥青罐需

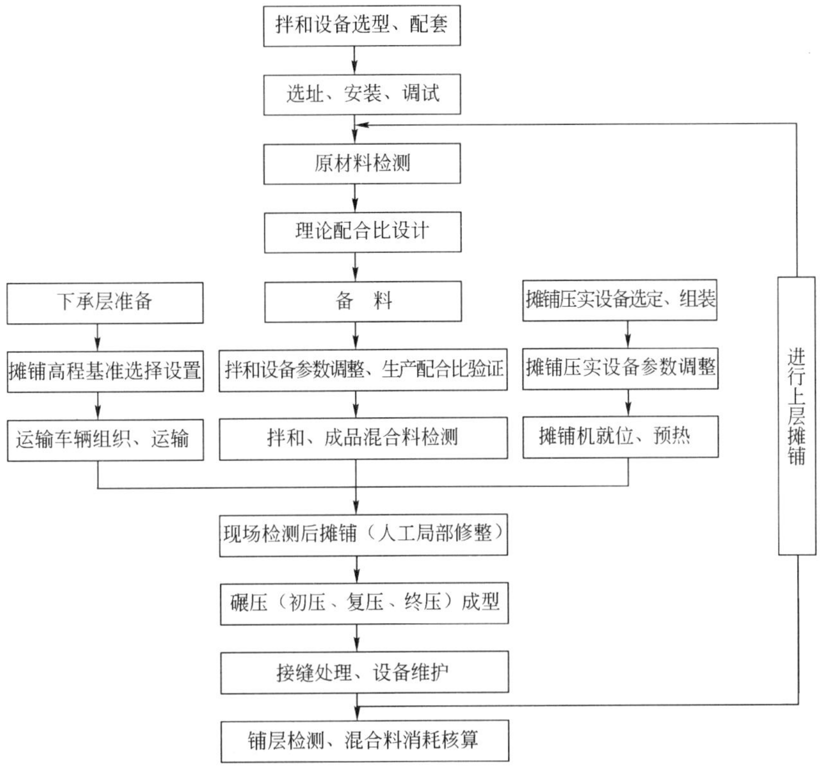

图2 施工工艺流程(按施工技术划分)

418kJ 热量,应根据工程进度、拌和站日产量及沥青产地选定导热油炉的功率。

6.2 沥青混合料目标配合比设计

热拌沥青混合料配合比设计采用马歇尔稳定度法。首先按配合比设计拌制沥青混合料,然后制成规定尺寸试件,试件经 12h 测定其物理指标(包括毛体积密度、空隙率、沥青饱和度、矿料间隙率等),然后测定稳定度和流值。

6.2.1 矿质混合料的配合比组成设计

矿质混合料配合比组成设计的目的,在于选配具有足够密实度和内摩阻力较高的矿质混合料。通常根据设计给出的沥青混合料类型,采用规范推荐的矿质混合料级配范围,按现行规范规定的步骤进行设计。

确定 AC-20I 型中粒式沥青混凝土矿料最大粒径为 26.5mm 后,根据现场取样,对粗细集料和矿粉进行筛析试验。按筛析结果,分别绘出各组成材料的筛分曲线,同时测出各组成材料的相对密度。根据各组成材料的筛析试验资料,采用电算法计算符合要求级配范围的各组成材料用量比例。

根据规范相关要求,在计算中对合成级配作必要的调整,使合成级配曲线尽量接近设计级配中限,尤其应使 0.075mm、2.36 mm 和 4.75 mm 筛孔的通过量尽量接近设计级配范围的中限,并使级配偏向级配范围的下(粗)限。因此,我们对 3 ~5mm 碎石与中砂分别作以调低、调高 2% 的调整。

矿料级配确定后,通过马歇尔试验确定沥青混合料最佳沥青用量,分别按 4.05%、4.35%、4.65%、4.95%、5.25% 这 5 个油石比成型试件,测定各组试件稳定度和流值,同时计算空隙率、饱和度及矿料间隙率。

6.2.2 通过马歇尔试验确定沥青混合料最佳沥青用量

沥青混合料的最佳沥青用量,可以通过各种理论计算的方法求得。但是,由于实际材料性质的差异,按理论公式计算得到的最佳沥青用量仍然要通过试验方法进行修正。因此,理论方法只能得到一个供试验参考的数据,最后仍是采用马歇尔试验法来确定沥青最佳用量。

6.3 沥青混合料生产配合比设计及试拌

在目标配合比确定之后,即可进行施工配合比设计。

6.3.1 确定冷料仓流量

生产时,各冷料仓应按设计比例和一定速度向拌和机供料,即每个冷料仓必须分别保持各自的流速流量,这样才能满足矿料级配合拌和机生产能力的要求。各冷料仓的固定流量,可根据拌和机的生产能力(t/h),和目标配合比计算确定。

在实际生产中,料场进料规格会有变动,含水率也不断变化。这时沿须根据实际情况对冷料仓流量做出适当的调整,以达到与热料仓供料比相匹配,满足标准级配的要求。

6.3.2 各仓供料比试验,生产配合比确定

冷料经烘干筒加热后,提升到拌和楼内进行筛分分档,每档分别进入各自的热料仓。但由于拌和楼内的振动筛长度有限,更兼有倾角影响,集料不能充分筛分,流进各热料仓的集料不是按照各筛号准确分级,因此还必须从各热料仓中取样进行筛分试验(即二次筛分)。根据筛分结果进行矿料配比计算,确定各热料仓的供料比例。在拌和过程中如发现某热料仓溢料或待料,说明冷、热仓的供料比不相匹配,此时要根据溢料或待料的集料粒径调整相应冷料仓的流量。

6.3.3 加热温度及拌和时间试验方法

经反复调整冷料仓供料比达到用料平衡后,即可加沥青进行拌和。根据拌和后混合料的温度及其外观,决定集料和沥青的加热温度以及混合料的拌和时间。根据沥青品种与标号,取规范中规定的加热范围中值,暂定为沥青加热温度。集料加热温度应比沥青加热温度高(10~20℃)。一般每拌一锅需30~50s,试拌时先选50s为宜。按初步拟订的加热温度及拌和时间,用目标配合比的油石比,控制沥青用量,拌制沥青混合料。

6.4 下承层准备

沥青路面摊铺前应先做好下承层的准备。对下承层应彻底清扫(洗),采用人工与空压机($9m^3$)相结合为宜。对下承层的平整度等技术指标进行复测,平整度代表值控制在规范允许范围内;否则应采取补救措施,凸出基层用铣削机械铣刨处理,对凹陷基层挖坑回填。透(黏)层洒布主要是使各结构层紧密联结,形成整体承受行车荷载,但洒布量不宜过多,否则易导致泛油。

6.5 沥青混合料运输

6.5.1 运输车辆的组织设计

沥青混合料成品应及时运往工地。车辆数量必须满足拌和设备连续生产的要求,不因车辆少而临时停工。拌和设备时开时停会造成燃料的浪费,并影响混合料的质量。在生产中所用运输车辆数量 n 可按式(1)进行计算:

$$n = a \cdot (t_1 + t_2 + t_3)/T \tag{1}$$

式中:t_1——重载运程时间(min);

t_2——空载运程时间(min);

t_3——在工地卸料和等待的总时间(min);

T——拌制一车混合料所需的时间,$T = 60G_0/G$(min);

G_0——车辆载质量能力(t);

G——拌和站生产能力(t/h);

a——储备系数,视交通情况而定,一般取1.1~1.2。

6.5.2 沥青混合料运输

沥青混合料运输应采用载质量大于15t而且离去角较大的大型自卸汽车,以减少摊铺机前经常短时间换车卸料的情况,摊铺机前应保持有2~3辆待卸车。

运输车辆的车厢应清扫干净。为防止沥青混合料与车箱板黏结,可在车箱侧板和底部涂1:3的柴

油水混合液。在拌和机向车箱内装混合料时，为减少混合料的离析现象，每向车箱内卸一斗料，车应移动一次位置。装车过程中应有试验人员进行外观检验及温度检测，出拌和站前应出具发料单，注明准确质量、生产时间等。

拌和站距摊铺现场较远时，应用篷布覆盖沥青混合料，以保持沥青混合料的温度。在摊铺现场应凭运料单收料，并检查沥青混合料的质量，如混合料的颜色是否均匀一致、有无结团或严重离析现象、温度是否在容许的范围内；如果有一项不合格，则应该废弃。

6.6 摊铺高程基准的选择与设置

6.6.1 摊铺基准的选择

摊铺高程基准一般分为钢绳弦线法、移动平衡梁法及分幅摊铺时沿着相邻路面滑动的调平滑靴基准。基准的选择视下基层的情况进行。如果基层平整度不好，或摊铺机两侧地带不适于拖平衡梁滑行时，就应选用钢丝绳作基准；浮动平衡梁基准适合于多层铺筑的中面层和上面层以及平整度较好的单层沥青混凝土路面。

6.6.2 基准的设置

平衡梁基准的设置较为简便，只须在使用前完成设备的调试，在使用中注意保护设备即可使摊铺正常进行。

钢绳基准设置需要严格地按程序操作。一个施工作业面要备双侧长600m以上钢绳，每个张拉段的长度以200m为宜，其张紧力一般需800～1 000N。

基准敷设中，主杆的长度为500～700mm，入土深度不小于300～400mm，垂直牢固地埋于土中。主杆上套一个可上下移动的钢环，钢环一侧应有螺栓使其能够固定。钢绳的高程通过量测来定，误差要小于2mm。钢绳应尽可能地靠近铺层边缘，最多不能大于200mm；若要设在较大距离处，则在计算钢环高程时要考虑横坡对该段距离产生的高差。两根立杆的间距一般为5～10m。敷设基准线时将其一端固定，另一端通过弹簧秤连接于张紧器上。

基准线敷设后，要注意保护，专人看管，不断检查，特别是在摊铺机前几根立杆的检查更要认真仔细。另外，为了避免施工过程中可能发生碰撞，最好在各立杆上做出醒目的标志。

6.7 沥青混凝土压实技术与工艺

压实流程分为初压、复压和终压三道工序。初压的目的是整平和稳定混合料，同时为复压创造有利条件，是压实的基础，因此要注意压实的平整性；复压的目的是使混合料密实、稳定、成型，混合料密实程度取决于这道工序，因此必须合理地选择压路机类型和调整压路机的振频振幅；终压的目的是消除轮迹，最后形成平整压实面，这道工序不宜用重型压路机在高温下完成。

碾压时应将驱动轮面向摊铺机。碾压路线及碾压方向不应突然改变而导致混合料产生推移。压路机的起动、停止必须减速缓慢进行。为减小或消除碾压作业段接头处局部拥包，可调整压路机碾压方向为斜向弧线形进行；但调整的过程一定要平顺缓和，否则会出现新的拥包。

无论何时，压路机都应从外侧低处向路中碾压。压路机向前碾压第一遍后，不应在碾压作业段前端错轮，应原路退回碾压第二遍。在碾压作业段的后端（即已成型段）进行错轮，然后再碾压下一个碾压带。相邻碾压带应重叠150mm左右。压路机应在完全退出碾压作业段后停止振动并缓缓错轮，以免错轮过急造成沥青混合料的推移和挤起混合料。

6.8 沥青混凝土路面接缝的处理措施

横向接缝的施工，首先是在每天工作结束前对横缝处的处理。在最后一车混合料倒入摊铺机受料斗逐步用空的过程中，摊铺机司机应集中注意力观察螺旋输送器内和熨平机前部混合料的堆积量，要保持全宽范围内均匀一致，尽可能摊铺出一个垂直于线路中线的整齐断面。

接缝的处理可采用人工热切法及切割机冷切法两种。

(1)冷切法：是在沥青混凝土层冷却至常温后用切割机按选定的位置进行切割处理。冷切法在铺多层式结构时对中面层或上面层不太适合,因为上下铺层间在新铺层冷至常温后会紧密黏结在一起,不易于切割处理,而且速度较慢,故施工中不多用。

(2)热切法:是指在摊铺结束后即按选定位置进行切割,形成毛接缝。一般的做法是在施工邻近结束时,在预定摊铺段末端选定切割位置以后,在摊铺长度范围内先撒一层细砂,摊铺机摊铺结束后驶离现场,人工将端部混合料铲齐,整平碾压密实,从切割位置将尾部料铲除。接缝位置必须保证整个断面的均匀性,可以在已完成铺层边缘及中心处几点用平整度尺量测,找出厚度发生变化的断面。如果接缝位置不是处于纵坡或厚度变化区域内,垂直接缝在次日继续摊铺时,保持停机时的作业参数(主要是标尺计数),调整至准确的虚铺厚度,在横缝处进行适当的人工加热以及正确的接缝碾压等,即可获得平整度很好的横缝。

横向接缝碾压时,先用双钢轮压路机横向静压。压路机位于已压实的混合料层上,伸入新铺层的宽度为150mm,然后每压一遍向新铺混合料移动150~200mm,直到3/4轮宽在新铺层上为止;再用振动压路机低频低幅振动横向其中碾压两遍,最后与相邻的新铺层共同作为一个碾压作业段进行碾压。

6.9 施工要点

6.9.1 熨平板宽度的调整

分路幅摊铺时摊铺机应呈梯队作业,两台摊铺机同时摊铺,前后距离控制在20~40m为宜,两幅一次碾压成型。熨平板组和宽度应与两侧路缘石留100~150mm的间距,以避免摊铺机摊铺行进中方向的偏摆碰撞路缘石,所留空间由人工紧跟摊铺机及时补填并适当拍压。

6.9.2 熨平板拱度的调整

熨平板宽度调整后,即进行拱度的调整。其目的是使摊铺成型的路面拱度与设计的路拱值一致。调整好后要进行试铺校验,必要时应再次调整。

单幅一次摊铺路面时,路拱为直线形。由于路幅较宽熨平板的自重较大,要对熨平板底面严格控制,并在摊铺全过程中经常进行校核。校核方法可跟踪摊铺机,在未碾压前用测绳放于两侧的基准线上,垂直于线路拉紧测绳,量测测绳与已摊铺面之间的距离,各量测点距离相同,则表明路拱为直线无误;反之,则有偏差需要调整。熨平板在摊铺过程中温度始终保持在140℃左右。由于结构热涨的原因,熨平板两端会自动产生4~6mm向上的反拱,因此,在调整熨平板拱度时应根据调整时的温度增加5mm左右的拱度值。

6.9.3 摊铺厚度的确定及熨平板工作仰角的调整

摊铺厚度是一项必须严格控制的指标,也是工程评定中最重要的一项,它对工程质量及经济效益影响极大。摊铺开始前应事先准备好三块坚固的长方形垫木,垫木宽50~100mm,长与熨平板纵向长度相同或稍长,厚度为计算的松铺厚度。松铺厚度为按设计厚度乘松铺系数来计算,松铺系数与混合类型、振动梁及熨平板振夯的频率和振幅有关,一般可通过经验或试铺试验段来获得。

摊铺机熨平板是通过改变工作仰角来改变熨平板的受力平衡,达到调节铺层厚度的目的。工作仰角取决于厚度、混合料材料和施工温度,选择好后要通过实际摊铺的厚度去检验。这种检验必须在8m以外范围内作多点检查。取其平均值与要求厚度比较,一致时即为合适,不一致时要再调整再检验。

摊铺机使用自动找平装置,精确的厚度是靠纵坡基准来控制,并依靠灵敏度很高的自动调平装置来控制工作角的瞬时变化,以保证摊铺平整度。实际施工中,工序工程师要经常根据实际消耗的沥青混合料数量计算按设计厚度应摊铺面积与实际摊铺面积之间的差别,来进一步调整松铺厚度。

6.9.4 布料螺旋与熨平板前缘距离的调整

熨平板前缘与布料螺旋之间的距离是可调的,这会更好地适应不同的摊铺材料和工作条件。距离过大时,容易在熨平板前堆积死料,温度降低后会成团块状脱落,进入摊铺层后密实度不均匀,不易压实;距离过小时,会造成供料不足,大粒径集料易进入熨平板下,也会损坏基层容易离析。该距离的调整,会引起熨平板前沿堆料高度的变化,影响摊铺质量。因此,这一调整是在其他调整全部完成后才能进行。

6.9.5 螺旋布料器高度的调整

螺旋布料器高度的调节主要是与设计路面厚度相适应，太高则供料慢，两端供料不足；太低则阻力过大供料不足。分料器设置有高中低三个位置：高位（比中位高50mm）适用于路面铺层厚超过150mm；中位（螺旋布料器中心线距离底面高365mm）适用于路面铺层厚40～150mm；低位（比中位低50mm）适用于路面铺层厚小于80mm。

6.9.6 振捣和振动系统调整

振捣和振动系统直接影响铺层的压实度和平整度。合适的振幅及频率，能在不同层厚、不同矿料粒径、不同气温条件，达到各种要求的密实度标准。摊铺达到的压实度愈高，愈能降低压路机碾压时的推移程度，对最终平整度极为有利；但也不宜过大，否则会造成集料压碎，细集料上浮和泛油现象。

6.9.7 摊铺机的作业速度

沥青路面压实要在80℃之前完成，同时还要保证作业段长度大于25m（便于压路机错轮），这就要求摊铺机的作业速度不宜小于1.5m/min。摊铺机作业速度太快时，也会出现许多质量缺陷，如表面出现大量的拉沟、裂口现象，摊铺层混合料不均匀、预夯实效果降低。因此，摊铺作业速度还不宜大于4m/min。

6.9.8 摊铺控制

在摊铺机参数调整完成，具备其余条件时便可进行摊铺工作。摊铺过程主要应控制好设备运行参数、方向以及铺层的技术指标（主要是通过厚度调节手柄调整铺层厚度）。其次是对摊铺成型面层的个别大料或局部离析，人工捡出补上混合料或用人工筛细料，均匀地筛布灌缝，修整。

7 材料与设备

7.1 工程材料

7.1.1 沥青

沥青的性能直接影响着沥青混凝土路面的施工工艺及工程质量，其选择与过程检测尤为重要。我国高速公路沥青混凝土路面通常采用重交通石油沥青，根据设计荷载、通行流量、地区环境等进行选择。

（1）密度：沥青密度和相对密度与道路性能无直接关系，测定的主要目的是生产储存时体积与质量换算及计算混合料最大密度时供配合比设计用。试验方法可按照《公路工程沥青及沥青混合料试验规程》（JTJ 052—2000）中T 0603—1993进行。

（2）针入度：针入度试验是用以测定黏稠石油沥青的稠度，我国现行标准是以针入度为标准对沥青进行等级划分。针入度指数用以描述沥青的温度敏感性，试验方法可按照《公路工程沥青及沥青混合料试验规程》（JTJ 052—2000）中T 0624—2000进行。

（3）软化点：沥青材料在液化点至固化点之间温度间隔的87.2%作为软化点，主要是为保证沥青不致由温度升高而产生流动的状态。我国现行规范采用环球法测定软化点。

（4）延度：沥青的延性是当其受到外力拉伸作用时，塑性变形的总能力，通常用延度作为条件延性指标来表征。沥青延度采用延度仪测定。

（5）其他检测项目：沥青除完成上述三大指标检测外还应进行含蜡量试验、沥青闪点试验、沥青溶解度试验以及沥青材料热致老化试验。

重交石油沥青AH-90主要技术要求见表1。

重交通石油沥青AH-90主要技术要求 表1

试验项目	针入度（0.1mm）	延度（cm）	软化点（℃）	闪点（℃）	含蜡量（%）	密度（g/cm³）	溶解度（%）	薄膜加热试验		
								质量损失（%）	针入度损失（%）	延度（cm）
技术指标	80～100	不小于100	42～52	不小于230	不大于3	实测	不小于99	不大于1.0	不小于50	不小于75

7.1.2 粗集料

凡粒径大于2.36mm以上者称为粗集料。沥青混凝土用粗集料可以采用碎石、破碎砾石和矿渣等。所用粗集料应洁净、干燥、无风化、不含杂质。在力学性质方面,压碎值及洛杉矶磨耗率应符合相应道路等级要求。其技术指标见表2。

沥青混凝土用粗集料(碎石)技术指标 表2

项目		指标	项目		指标
石料压碎值	不大于(%)	28	细长扁平颗粒含量	不大于(%)	15
洛杉矶磨耗损失	不大于(%)	30	水洗法	(<0.075mm 颗粒含量)	1
视密度	不小于(t/m^3)	2.5	软石含量	不大于(%)	5
吸水率	不大于(%)	2.0	石料磨光值	不小于(BPN)	42
对沥青的黏附性	不小于(%)	4级	石料冲击值	不大于(%)	28
坚固性	不大于(%)	12			

7.1.3 细集料

细集料可采用天然砂、人工砂及石屑或天然砂和石屑的混合料。细集料应干净、坚硬、干燥、无风化、无杂质并有适当的级配。其技术指标见表3。

沥青混凝土用细集料(水洗砂)技术指标 表3

项目		指标	项目		指标
视密度	不小于(t/m^3)	2.5	砂当量	不小于(%)	60
坚固性(0.3mm部分)	不大于(%)	12			

7.1.4 填料

填料宜采用石灰岩或岩浆岩中的强基性岩石等憎水性石料经磨制的矿粉,不应含泥土杂质和团粒,要求干燥、洁净。拌和机采用干法除尘的粉尘可作为矿粉的一部分回收使用。回收粉尘的用量不得超过填料总量的50%。掺有粉尘的填料的塑性指数不得大于4%。其技术指标见表4。

沥青混凝土用矿粉技术指标 表4

项目		指标	项目	指标
视密度	不小于(t/m^3)	2.5	外观	无团粒结块
含水率	不大于(%)	1	亲水系数	<1
粒度范围	<0.6mm(%) <0.15mm(%) <0.075mm(%)	100 90~100 75~100		

7.1.5 主要材料(表5)。

主要材料表 表5

序号	材料名称	产地	规格
1	沥青	克拉玛依	重交通道路石油沥青 AH-90
2	粗集料	沙湾	3~5mm石灰岩质碎石
			5~10mm石灰岩质碎石
			10~15mm石灰岩质碎石
			10~20mm石灰岩质碎石
3	细集料	奎屯	0~5mm、0~4.75mm水洗砂
4	填料	乌苏	石灰石质矿粉0~0.6mm
5	外加剂	西安华泽道路材料有限公司	TA—1型抗剥落剂

7.2 机械设备

7.2.1 拌和设备的选型配套

高等级公路对沥青路面设备要求甚严,沥青混凝土拌和设备是决定进度和质量的最重要因素。拌和设备一般分为连续式和间歇式两大类。间歇强制式搅拌设备虽然有工艺流程长、设备庞杂、建设投资大、耗能高、搬迁困难等方面的缺点,但由于其能保证矿料的级配、矿料与沥青的比例达到相当精确的程度,也易于根据需要随时变更矿料级配和油石比,所拌制出的沥青混合料质量较高。同时考虑到国产原材料规格标准相对较低等客观因素,高等级公路一般不用连续筒滚式,要求用强制间歇式,在具体选型时还应考虑到工程量及工期要求。

7.2.2 摊铺设备选型

沥青混凝土摊铺一般要求具有自动调平设施的摊铺机完成。摊铺机是将生产合格的沥青混合料按一定的技术要求均匀地摊铺在基层或下面层,并给以初步捣实的专用设备。摊铺机在振捣频率不变的情况下增减速度,或在速度一定的情况下振捣频率增减,都会影响到摊铺的平整度。因此,施工中所选择的摊铺机作业速度,应在适宜的速度范围内。

7.2.3 压实设备选型

压实设备的选择及组合首先要保证摊铺后的沥青混合料能在有效压实时间内压实成型。

静力光轮压路机靠其自重或加配重对路面产生静压力,单位直线静压力在4 000 ~ 12 000kPa之间,它适用于沥青混凝土路面的初压和终压。

轮胎压路机通常有5 ~ 11个光面橡胶轮子,这些轮子具有改变轮胎气压性能,其工作质量一般为5 ~ 25t。目前,施工中常用的是前5轮、后6轮的9 ~ 16t胶轮压路机,轮胎压力在500 ~ 620MPa之间。经静力压路机一次或多次碾压过后,使用轮胎压路机,能有效地消除面层表面的这种热裂纹。这样压过后,能明显地看到铺层更密实,表面的组织更均匀了,并且靠它的揉压作用,更进一步地提高了密实度,减少了表面的细裂纹和孔隙。

振动压路机的压实能力是由压路机的自重和钢轮的振动共同产生的。沥青路面施工常用的振动压路机自重为7 ~ 18t,激振力为15 ~ 30t。一般用双驱双振压路机,具有可调的振频和振幅。

本项目主要机械设备见表6。

主要机械设备表 表6

机械设备名称	型 号	规 格	单 位	数 量	作 用
沥青拌和站	NP2000CA	160t/h	套	1	拌制沥青混合料
导热油炉	OHB16	50万卡/h	台	2	加热沥青
沥青储罐		50kl	只	7	储存加热沥青
填料储存罐		50t	只	1	储存矿粉
沥青混凝土摊铺机	ABG423	12.5m	台	1	施工现场摊铺沥青混合料
双钢轮压路机	YZC12	12.5t	台	2	混合料的初压、终压、复压
	AH—90	1.1t	台	1	局部拥包的处理或边部碾压
胶轮压路机	YZ16C	16.4t	台	1	混合料的终压
运料车		>15t	辆	8	向施工现场运输成品混合料
洒水车		5t	辆	1	负责压路机的用水
装载机	ZL—50C	$3m^3$	台	2	向拌和机提供冷料

8 劳动组织(表7)

劳动力组织表 表7

职务或班组	工作内容	人数	分工
经理	负责全面工作	1	
副经理	负责全面施工生产	1	
技术主管	负责现场施工技术管理	1	
技术室	技术指导、管理、质检施工资料整理及测量	4	工序工程师1人、质检1人、测量1人、资料1人
试验室	配合比设计、拌和站及现场检测	2	配合比设计及常规试验1人、现场检测1人
物资室	收发料	5	收料2人、发料2人、主管1人
机械室	机械管理及维护	3	主管1人、维修巡视2人
拌和组	拌和站负责生产成品的混合料	7	组长1人、驾驶员1人、巡视1人、沥青加热2人、冷废料处理2人
摊铺组	施工现场组织摊铺	13	组长1人、指挥1人、驾驶员1人、助司2人、工人8人
碾压组	负责铺层的碾压	4	初压、复压、终压各1人、局部处理1人
运输组	负责运输混合料	17	组长1人、驾驶员16人

9 质量技术措施

9.1 严把材料质量关

材料质量决定着混合料的质量。对于原材料质量控制,一方面要做好材料的进场检验,按照原材料试验检验要求分批检测;另一方面要做好材料的现场管理,包括粗细集料的防雨淋、防污染,以及沥青的储存温度控制,防止高温老化。

9.2 合理确定拌和参数,确保混合料质量

拌和设备在使用前要经过具备相应资质单位的标定,保证设备性能。选择科学合理的矿料加热温度、干拌时间、加沥青拌和时间等拌和参数,并根据原材料变化、气候变化适时调整,确保出厂混合料质量。

9.3 优化组织连续均衡生产

合理配套各种资源,优化拌和厂和现场组织,保证连续生产。混合料的温度控制、生产的连续性从很大程度上影响着摊铺层的平整度和压实效果。

9.4 加强检测提高摊铺碾压质量

加强对沥青混凝土在各环节的温度检测,是保证摊铺碾压成型的基本要求,只有在最佳温度下才可能获得最大密实度与理想的平整度。现场对于摊铺基准的设置,对于摊铺层高程、厚度的实时检测,直接决定着结构层平整度、混合料消耗量。

9.5 做好接缝处理提高舒适度

接缝位置必须保证整个断面的均匀性,尽可能采取热接缝,并做好预热处理,配合接缝碾压工艺,提高接缝平顺性。

10 安全及环境保护措施

10.1 施工人员一切行动听从指挥统一安排,坚守岗位,未经许可,不得擅自离岗,如有异常现象发生立即报告现场指挥。

10.2 沥青路面施工属于高温施工,必须遵守高温施工的要求,准备一些必备的防高温物品、药品。

10.3 沥青拌和站禁止烟火,并要有明确的标识牌;同时储备足够的防火砂、灭火器。

10.4 机械设备实行岗位及安全责任制,严格奖惩制度。

10.5 加强运输车辆管理,运输中要限速、控制超载,并在拌和场内及摊铺现场设置明显标志。

10.6 配备合格的防毒器具,保证拌和场操作人员健康。

10.7 做好设备除尘系统的调试与监控,防止大气污染。

10.8 施工垃圾集中处理,杜绝施工现场黑色污染。

11 社会效益和经济效益

该工法在奎赛高速公路主路面施工中,通过严格控制沥青混凝土的摊铺厚度和平整度工艺流程,共节约沥青混合料 2 947t,降低成本 70 万余元。

该工法的成功应用,得到了业主及监理的一致肯定和好评。在 2004 年自治区质量监督检查站的检查评比中获得"芯样密实,厚度均匀,级配稳定"的评价,同时还取得了路面工程检查评比全线第一名的优异成绩,提高了我公司在新疆地区的社会声誉。

12 工程实例

新疆奎赛高速公路路面设计为双向四车道,路基总宽 25.5m,路面宽 22.0m。基层为 300mm 水泥稳定砂砾,路面为 60mm 中粒式沥青混凝土 +40mm 细粒式沥青混凝土。

项目实施中采用 ABG423 型摊铺机,设置初始仰角标尺值为 0,螺旋布料器高度设置为低位,振幅选择 20 ~22Hz,熨平板振动器振动频率选择 35 ~40Hz,摊铺速度选择 2.5m/min ,基本上实现了恒定连续工作,且获得了较好的初始压实度(80% ~85%)和平整度(均方差可达 0.5mm)。路面施工表见8。路面压实参数见表 9。

奎赛高速公路沥青混凝土路面施工表 表 8

结构层(宽度)	内 容	施 工 方 式	施 工 阶 段	形象进度(m/d)	混合料生产量	备 注
下面层(11.07m)	AC-20I 中粒式沥青混凝土	摊铺机采用弦线基准	6.26 ~8.19	852	1 330t	在下基层基本结束后,由摊铺机以流水作业形式完成
上面层(11.02m)	AC-13I 细粒式沥青混凝土	摊铺机采用平衡梁基准	8.29 ~9.25	1 627	1 685t	

奎赛高速公路沥青混凝土路面压实参数表 表 9

名 称	初压速度(km/h)及温度(℃)	复压速度(km/h)及温度(℃)	终压速度(km/h)及温度(℃)
胶轮压路机	2 km/h 130 ~140℃	—	—
双钢轮压路机	2 km/h (静压) 130 ~140℃	—	4.5km/h (静压) 90 ~110℃
双钢轮压路机	—	4.5 km/h(振动) 110 ~130℃	—
小型双钢轮振动压路机	主要是处理接头、边缘部位以及相邻碾压区段连接部位,同时在碾压完成后根据平整度测量情况立即进行局部处理		

注:施工中,双钢轮压路机在进行振动压时调至高频低振幅状态,碾压终了温度控制在 80℃以上。

通过施工过程中改进工艺,严格沥青混凝土摊铺厚度及平整度的工艺流程控制,加大检测力度等措施,最终实现了面层总平均厚度 96.9mm 的可喜成绩,既满足了设计和规范要求,又节省了沥青混合料,还确保了工程质量优良。

经过新疆交通厅质量检查站检测评定,该标段路面施工厚度、压实度、平整度、宽度、中线、横坡六项指标合格率均达到 100%。

环氧沥青混凝土钢桥面铺装施工工法

GGG(鲁)B4104—2008

王洪敢　陈富勇　李　志　陈常杰　刘　城
(山东省路桥集团有限公司)

1　前言

(1)环氧沥青混凝土是一种高性能的铺装材料,具有与钢桥面板的结构受力特点相适应的技术性能,即具有对钢板的变形追从性好、与钢板的黏结牢固、高温稳定、低温抗裂、耐疲劳、耐久、致密不透水、表面抗滑耐磨和能够抵抗汽油、柴油及其他有害化学物质腐蚀等性能,因此这种性能优异的材料被越来越多地应用在钢桥面铺装中。它的施工工艺要求十分严格,通过查新检索,到目前为止我国还没有该项施工技术的工法。

(2)南京长江第三大桥南引桥(全长680m,主跨648m斜拉桥)在国内首次采用了环氧沥青混凝土钢桥面铺装这种铺装结构形式。在美国林同炎咨询公司和东南大学桥面铺装课题组提供技术支持的前提下,施工单位以该桥面铺装工程施工为依托研究开发了《钢桥面环氧沥青混凝土铺装施工工法》,并在该工程中应用。随后又将该工法应用于江苏润扬大桥(其中包括:主跨1 490m的南汉悬索桥,主跨406m,全长757.4m的北汉斜拉桥)和南京长江第三大桥北引桥(全长为2 780m)。通过这三个工程、四个桥梁实体的施工,环氧沥青混凝土桥面铺装工艺得到逐渐完善和日臻成熟,并形成了一套适应国内施工环境条件的施工方法。本施工工法通过对环氧沥青混凝土钢桥面铺装整个施工过程各个施工工序的详细划分,人员岗位的细化、组织,以及制定的各种安全、质量、环保措施,实现了在确保工程施工质量的前提下保持较低工程施工成本,且施工进度快,是用于钢桥面板环氧沥青混凝土铺装的优秀施工工法,具有广阔的应用前景和推广价值。

2　工法特点

(1)施工工法设计严谨、施工工序划分设置合理、工艺流程清晰,容易掌握、便于操作。

(2)使用设备先进、检测手段科学,能够有效保证工程质量。

(3)劳动力组织合理、施工工序安排紧凑,整个施工过程流畅,劳动效率高,施工进度快,可有效缩短工期,降低工程施工成本。

(4)必须确保施工工作面的洁净、干燥,严格控制环氧沥青混凝土配合比设计、施工工艺流程以及各工序的施工时间和温度。

3　适用范围

适用于钢桥桥面铺装层施工。

4　工艺原理

环氧沥青由组分A(环氧树脂)和组分B(一种由石油沥青和固化剂组成的匀质混合物)。黏结料与结合料都由两组分组成。在施工时将环氧树脂组分A加入组分B中,经与固化剂发生固化反应,形成不可逆的固化物。它从根本上改变了沥青的热塑性,而赋予了沥青全新的优良物理力学性质,但其性能受成型时温度、时间等因素变化的影响很大，施工条件苛刻，施工中对其质量很难控制。即环氧沥青铺装施工过程中对施工温度和时间的控制要求非常严格，必须将环氧沥青混合料的施工（即拌和、运输、摊铺、碾压等）温度控制在 110～121℃范围内，并在相对应的规定时间内摊铺、碾压完毕，不符合温度要求的混合料一律废弃；同时为确保环氧沥青铺装层和钢桥面板的黏结牢固，必须确保工作面的洁净、干燥，它对工作面的洁净性、干燥性的要求是相当苛刻的，这也是普通沥青混凝土铺装施工所无法相比的。本环氧沥青施工工法针对环氧沥青钢桥面铺装施工过程中各个环节做出具体要求，通过对环氧沥青混凝土钢桥面铺装整个施工过程各个施工工序的详细划分，人员岗位的细化、组织，以及制定的各种安全、质量、环保措施，从而确保了环氧沥青混凝土铺装施工质量，实现了钢桥面与环氧沥青混凝土的协同受力，提高了桥面铺装的耐久性，从而延长了桥梁的使用寿命。

5 施工工艺和操作要点

5.1 环氧沥青钢桥面铺装典型结构图（图 1）

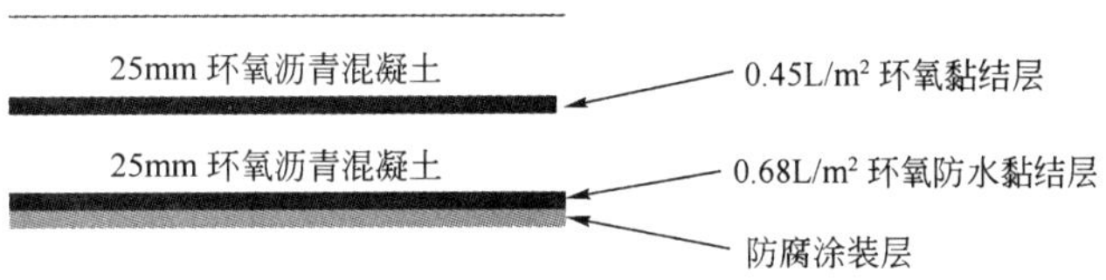

图 1 环氧沥青钢桥面铺装典型结构

5.2 施工工艺流程图（图 2）

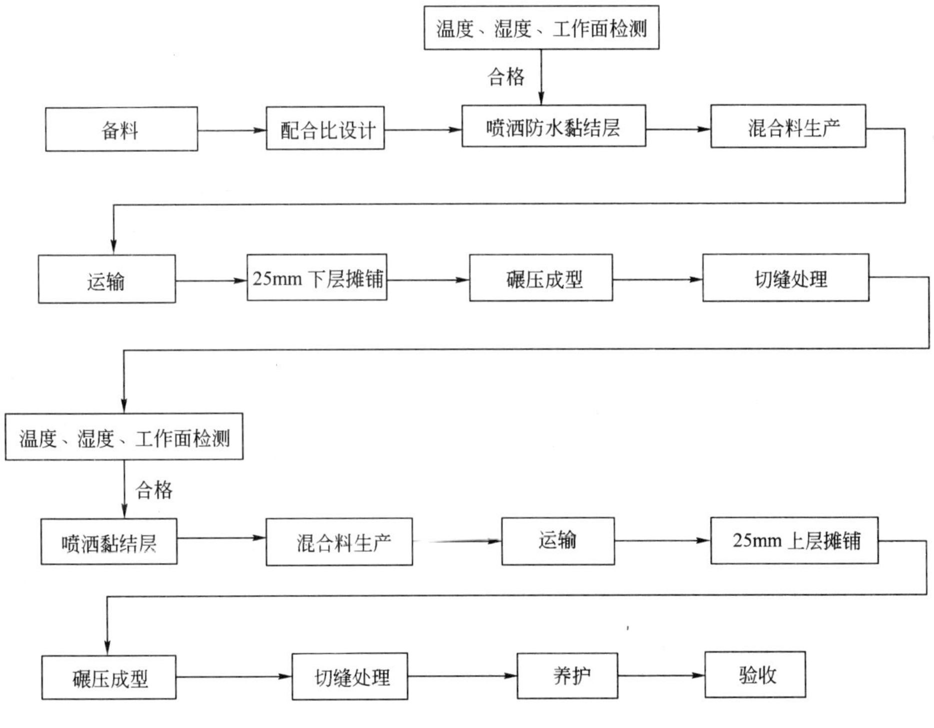

图 2 施工工艺流程

5.3 工艺流程及控制要点

5.3.1 防水黏结层及黏结层施工

（1）桥面清洁：先将桥面的浮尘、杂物。如有油污，须用相应的油污清洗剂清洗（该清洗剂不能对钢桥面板的防腐涂装有损伤）；最后用自来水彻底冲洗干净，清洗后桥面彻底烘干，确保干燥并不得再受污染,每次的清洁范围一定要略大于黏结料的喷洒范围。凸出桥面的结构物侧面也应清洗干净。

(2)气候条件:进行环氧沥青黏结层洒布前桥面可用热鼓风机和专用烤灯烘干,确保桥面干燥。洒布环氧沥青黏结料时气温不应低于10℃,风速适度。有雾、下雨或相对湿度大于90%时不得施工;当风速大于10m/s时应采取有效的防风措施。

(3)黏结料准备:在拌和厂分别将已预热过的A料和BId料由厂内储油罐泵入洒布机的相应储罐内,并继续将A加热至87℃±3℃,BId加热至150℃±3℃,运至现场备用。

(4)环氧沥青黏结层洒布采用专用设备喷洒施工,通过单位面积洒布量和洒布行走速度双控的方法控制黏结层厚度,使黏结层均匀、连续,用量准确。在环氧沥青洒布机喷不到的地方可采用手工涂刷。喷洒超量或漏洒或少洒的地方应予纠正。

5.3.2 养护

在环氧沥青混凝土铺筑之前,除非确有需要,任何车辆与个人均不得进入已洒好的沥青黏结层的区域。混合料摊铺过程中,除摊铺机之外,任何车辆均不得在黏结层上通行,避免或尽可能减少黏结料对钢桥面的污染。

5.4 环氧沥青混合料生产

(1)按照《公路沥青路面施工技术规范》(JTG F40—2004)附录B的要求进行环氧沥青混凝土配合比设计。在完成环氧沥青混凝土目标配合比设计、生产配合比设计后,进行试验段施工以验证配合比设计和施工工艺。

(2)储油罐内材料的预热:在拌制环氧沥青混合料之前夜,要预先将A及BV加热脱筒,分别泵入各自的厂内储油罐中。储油罐内的加热温度:A加热至87℃±5℃;BV加热至128℃±5℃,并始终保持这一温度。

(3)环氧沥青混合机上储油罐内材料的保温:在拌制环氧沥青混合料之前,须将厂内储油罐中的A及BV,分别泵入混合机的相应罐内。并将温度分别设定在87℃和128℃,继续加热和恒温。

(4)控制矿料加热温度:根据试拌时确定的各冷料仓的流量向拌和机进料,经加热后进入热料仓,按生产配合比设计确定的各热料仓集料质量及石粉、矿粉的质量,投入拌缸,然后出料量温。

(5)控制混合料出料温度:当矿料的出料温度稳定在规定范围内后,即可加入结合料进行混合料的拌和。按现场设计的油石比设定混合机的流量,并喷入拌缸中。干拌3s,湿拌不低于38s。将热混合料卸入测温小滑车中,立即测温。要求混合料温度在110~121℃范围内。

当混合料温度满足规定范围后,即卸入运料车;对超出混合料容许温度范围的料,应予作废,并由测温小滑车卸入装运废料的另一辆运料车中,运至预先选定的废料堆场内。

(6)环氧沥青混合料装车后,必须用篷布覆盖严密,并在运料车侧壁插入三支标定过的金属杆温度计和“送料单”一起由运料车运至前场。

5.5 环氧沥青混合料的运输

(1)凡车厢内与混合料接触的部位,涂一层尽可能薄的隔离层,以防止混合料与运料车车厢黏着。

(2)运料车厢顶用篷布覆盖。已经离析或结成团块或在运料车卸料后滞留于车上的混合料,以及低于规定铺筑温度或被雨水淋湿的混合料都应废弃。

(3)当料车中途因故停车,立即用报话机通知施工单位负责人组织抢运。

5.6 环氧沥青混合料的摊铺

5.6.1 幅宽及纵缝

根据桥面设计宽度、桥面板的结构特点及摊铺机规格确定摊铺幅宽和分幅数量,并画出幅宽线。

5.6.2 摊铺速度

摊铺速度根据供料能力和摊铺宽度计算确定,并严格控制。

5.6.3 摊铺顺序

根据交通组织和混合料固化要求合理组织行车道施工顺序。一般情况下沿桥纵向由一端向另一端连续摊铺，按桥横向由一侧向另一侧依次摊铺。当分幅数量超过两幅时，摊铺顺序采取“跳仓”法施工。

5.6.4 摊铺

(1)采用侧喂料机和摊铺机联合作业的方式进行环氧沥青混凝土摊铺施工。摊铺宽度、厚度、纵横坡应满足设计要求，表面平整、混合料均匀无离析。

(2)摊铺层侧向若为自由边时，摊铺宽度应比铺装层设计宽度超宽5~10cm。

(3)事先用适当材料，将桥边落水口堵严。

(4)压实后的铺装与伸缩缝衔接平顺(在接头处压实后的铺装表面略高出伸缩缝表面约1mm)。

(5)料车不得在正桥上掉头。

5.7 环氧沥青混合料的碾压

5.7.1 碾压组合(表1)

压路机组合及碾压遍数 表1

初 压	复 压	终 压	
轮胎压路机4遍	双钢轮压路机4遍	轮胎压路机4遍	双钢轮压路机4遍

5.7.2 碾压温度控制

初压终了温度(铺装表面温度)≥82℃

终压终了温度(铺装表面温度)≥65℃

初压和终压都是在压完了3遍时，用红外线测温计测记表面温度。

5.7.3 碾压施工控制

(1)对初压、复压、终压段落设置明显标志，便于驾驶员辨认。对碾压顺序、压路机组合、碾压遍数、碾压速度及碾压温度设专岗管理和检查、记录，杜绝面层漏压。

(2)压路机要紧跟摊铺机，碾压时压路机驱动轮面向摊铺机，由低到高，依次连续均匀碾压，相邻碾压带重叠1/3轮宽。

(3)禁止压路机在正在施工的铺装层上掉头、急制动，起步、停车要轻而缓。

(4)压实后环氧沥青混凝土表面应光滑、密实，不得有开裂、推挤和移动现象。

5.8 接缝处理

(1)铺装上、下层的纵、横施工缝，均采用斜接缝。

(2)切缝前预先画好线，沿线切割，要求纵向线型顺直、坡面平整。

(3)切割时间通过试切确定。当发现切缝平顺，不再拉料，切割面光洁平整时，即可进行正式切割。

(4)严格控制切割深度，杜绝伤害桥面防腐层和铺装下层。切缝后，清除不稳定的颗粒，最后用高压空气将所有颗粒及灰尘集中在一起，再统一运出桥面以外。

(5)当邻幅喷洒黏结料时，不但要同时喷涂缝壁，还要跨过接缝，超宽1~2cm。

5.9 养护

环氧沥青混凝土铺装施工完毕后，要进行养护。采用自然养护方式。养护期为45d。在此期间禁止一切车辆通行。

6 劳动组织

环氧沥青混凝土钢桥面铺装工程实行项目经理负责制，全面负责合同工程的实施，项目经理部下设各职能部门及专业施工队，项目组织机构见图3。

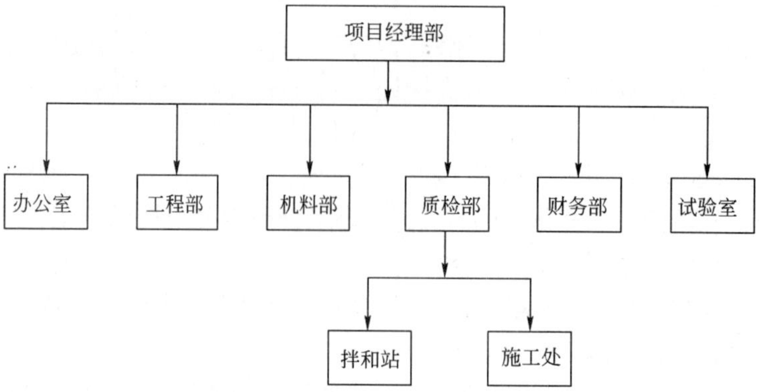

图3　项目经理部组织机构框图

7　材料、机械设备及人员组织

7.1　机械设备

根据环氧沥青混凝土钢桥面铺装工程特点,所需要的施工机械设备和测量、质检试验仪器分别见表2和表3。

主要施工设备　　表2

序　号	机 械 设 备	规　　格	单　位	数　量	备　注
1	日工－2000 拌和机	2000	台	1	
2	沥青混合料摊铺机	ABG423	台	2	
3	非接触式平衡梁	SAS 系统	套	1	
4	双钢轮压路机	DD110	台	2	
5	轮胎式压路机	YL—26	台	1	
6	轮胎式压路机	YL—20	台	1	
7	小型振动压路机	BW75E	台	1	
8	装载机	ZL－50	台	3	
9	自卸车	载重≥15t,后轴为双桥	台	20	
10	环氧沥青洒布车	专用	套	1	专用
11	环氧沥青混合机	专用	套	1	专用
12	热鼓风机	10kW	台	4	
13	切缝机	手持式	台	10	

主要测量、质检试验仪器　　表3

序　号	仪 器 名 称	规 格 型 号	单　位	数　量	备　注
1	全站仪	211D	台	1	
2	自动安平水准仪	NA820	台	2	
3	沥青针入度仪	HD—II	台	1	
4	沥青黏度仪	SYD－265E	台	1	
5	电脑沥青延度仪	SLY94	台	1	
6	沥青软化点仪	LR—3	台	1	
7	沥青混合料离心抽提仪		台	1	
8	沥青马歇尔稳定度仪	ELE45—7005	台	1	
9	沥青马歇尔击实仪	MDJ—I	台	1	
10	沥青混合料拌和机(30L)	HJB—III	台	1	

续上表

序　号	仪 器 名 称	规 格 型 号	单　位	数　量	备　注
11	沥青闪点、燃点测定仪	LR—2	台	1	
12	沥青路面取芯机	RDC—2SW	台	1	
13	沥青强度测定仪	BLY—101	套	2	
14	沥青试件恒温水浴	LHW—2	台	1	
15	标准养护室	HBY—1	台	2	
16	压力机	2 000kN	台	1	
17	路面平整度仪(连续式)	CENTRLENE	台	1	
18	红外线测温仪		把	4	
19	摆式摩擦系数仪	BM	台	1	
20	路面构造深度仪		台	1	
21	路面回弹弯沉仪	5.4m	套	2	
22	薄膜烘箱	LBH—I	台	1	
23	核子密度仪	MC—II	台	1	
24	电子天平	2 000g/0.1g	台	1	
25	电子天平	4 000g	台	2	
26	干燥箱	800×800×1 000	台	1	
27	干燥箱	550×600×750	台	1	
28	标准筛		套	2	
29	脱模器		台	1	
30	集料压碎值试验仪		台	1	
31	试模		个	15	
32	冰箱		台	1	
33	砂当量仪	BCD245D	台	1	

7.2　材料

7.2.1　集料和矿粉

环氧沥青钢桥面铺装使用的集料采用干净、坚硬、耐磨的非酸性玄武岩矿料，表面为100%的破碎面，共分6种规格，分别为：13.2～9.5mm，9.5～4.75mm，4.75～2.36mm，2.36～0.6mm，0.6～0mm和矿粉。外加石灰岩矿粉。

(1)粗集料

粗集料指粒径大于2.36mm的集料。由于钢桥面铺装的使用条件和要求比高速公路更为严格，其关键技术指标的标准较高速公路粗集料的高，具体要求如表4所示。

粗集料技术要求和试验方法　　表4

技 术 指 标	技 术 要 求	试 验 方 法
抗压强度　(MPa)	≥120	JTJ 054—1994(T 0213—1994)①
洛杉矶磨耗率　(%)	≤22.0	JTJ 058—2000(T 0317—2000)①
磨光值　(BPN)	≥48	JTJ 058—2000(T 0321—1994)
针片状含量　(%)	≤5	JTJ 058—2000(T 0317—2000)
压碎值　(%)	≤12	JTJ 058—2000(T 0316—2000)
黏结力　(级)	≥4	JTJ 052—2000(T 0616—1993)
吸水率(%)	≤1.5	JTJ 058—2000(T 0330—2000)

续上表

技术指标	技术要求	试验方法
视密度 (g.cm^{-3})	≥2.65	JTJ 058—2000(T 0330—2000)
坚固性 (%)	≤5	JTJ 058—2000(T 0340—1994)
软石含量 (%)	≤1	JTJ 058—2000(T 0320—2000)
<0.075 颗粒含量(水洗法) (%)	≤1	JTJ 058—2000(T 0303—2000)

注:①本工法申报时,JTJ 054—1994 和 JTJ 058—2000 已经废止,相应地施行 JTG E41—2005 和 JTG E42—2005,后同。

(2)细集料

细集料是指粒径在 2.36mm 和 0.075mm 之间的集料,其技术要求如表 5 所示。

细集料技术要求和试验方法 表 5

技术指标	技术要求	试验方法
吸水率 (%)	≤1.5	JTJ 058—2000(T 0330—2005)
视密度 (g·cm^{-3})	≥2.65	JTJ 058—2000(T 0328—2005)
坚固性 (%)	≤5.0	JTJ 058—2000(T 0340—2005)
砂当量 (%)	≥60	JTJ 058—2000(T 0334—2005)
<0.075 颗粒含量(水洗法) (%)	≤2.0	JTJ 058—2000(T 0327—2005)
含泥量 (%)	≤0.5	JTJ 058—2000(T 0333—2000)

(3)矿粉

矿粉采用石灰岩矿粉,其技术要求如表 6 所示。

矿粉技术要求和试验方法 表 6

技术指标		技术要求	试验方法
视密度 (g·cm^{-3})		≥2.5	JTJ 058—2000(T 0352—2000)
外观		无团粒结块	—
亲水系数		≤1	JTJ 058—2000(T 0353—2000)
含水率 (%)		≤1	JTJ 058—2000(T 0332—2005)
加热安定性		不变质	JTJ 058—2000(T 0355—2000)
粒度范围	0.3mm (%)	≥90	JTJ 058—2000(T 0351—2000)
	0.15mm (%)	—	
	0.075mm (%)	≥80	

7.2.2 环氧沥青

环氧沥青是由环氧沥青组分 A 和环氧沥青组分 B 按照一定比例在规定的温度下混合得到的匀质混合物。按照混合物的成分和用途不同,分为作为黏结层的黏结料和拌制沥青混合料的结合料两种。

(1)环氧沥青组分 A

组分 A 是由双酚 A 和表氯醇经反应得到的液态双环氧树脂,不含稀释剂、软化剂和增塑剂,也不含无机填料、色素和其他污染物或不容物质,其技术要求如表 7 所示。

环氧沥青组分 A 技术指标和试验方法 表 7

技术指标	技术要求	试验方法
黏度(23℃)(cP*)	100~160	GB/T 12007.4—1989
环氧当量(含 1 克环氧的材料克数)	185~192	GB/T 4612—1984
颜色(25℃)(加德纳,Gardner)	≤4	GB/T 12007.1—1989
含水率(%)	≤0.05	JTJ 052—2000(T 0612—1993)
闪点(COC,℃)	≥200	JTJ 052—2000(T 0611—1993)
相对密度(23℃)	1.16~1.17	JTJ 052—2000(T 0603—1993)
外观	透明琥珀状	目视

注:1cP = 10^{-3}Pa·s。

(2)环氧沥青组分 B

组分 B 是一种由石油沥青和固化剂组成的匀质混合物。它不含不可溶物质和污染物。类型 Bid 为黏结料,类型 BV 为结合料,二者的技术指标如表 8 所示。

环氧沥青组分 B 技术指标和试验方法 表 8

技术指标	技术要求		试验方法
	类型 BId	类型 BV	
酸值(KOH 每克)	60 ~ 80	40 ~ 60	T 0626—2000
闪点(COC,℃)	≥250	≥200	T 0611—1993
含水率(%)	≤0.05	≤0.05	T 0612—1993
黏度(100℃,cP)	>800	>140	T 0625—2000
相对密度(23℃)	0.98 ~ 1.02	0.98 ~ 1.02	T 0603—1993
颜色	黑色	黑色	目视

(3)环氧沥青

组分 A 和组分 B 按要求混合并固化后得到环氧沥青技术指标如表 9 所示。

环氧沥青技术指标 表 9

技术指标	技术要求		试验方法
	类型 BId	类型 BV	
重量比(A:B)	100:445	100:585	
抗拉强度(23℃)(MPa)	≥6.89	≥1.52	GB/T 528—1998
断裂时的延伸率(23℃)(%)	≥190	≥200	GB/T 528—1998
热固性(300℃)	不溶化	不溶化	特殊规程
膨胀比(23℃)	≤3.0	≤3.5	特殊规程
浸耗率(23℃)(%)	≤35	≤35	特殊规程
吸水率(7d,23℃)(%)	≤0.3	≤0.3	特殊规程
在荷载作用下的热挠曲温度(℃)	-18 ~ -15	-18 ~ -25	特殊规程
温度增加到 1Pa·s 的时间(121℃)(min)	≥20	≥50	特殊规程

7.3 钢桥面铺装人员分工组织网络图

根据环氧沥青混凝土各施工工序特点,需要进行详细的工序施工组织和人员配备。具体工序划分和工序劳动力如图 4 所示。

8 质量控制

8.1 规范及标准

(1)《公路工程质量检验评定标准》(JTG F80/1—2004)

(2)《公路沥青路面施工技术规范》(JTG F40—2004)

(3)《公路工程沥青及沥青混合料试验规程》(JTJ 052—2000)

(4)环氧沥青混合料的矿料质量及矿料级配应符合设计文件的要求。

(5)环氧沥青材料及混合料的各项指标应符合设计文件的要求。

8.2 质量控制措施

8.2.1 施工前期准备

技术培训

(1)培训计划

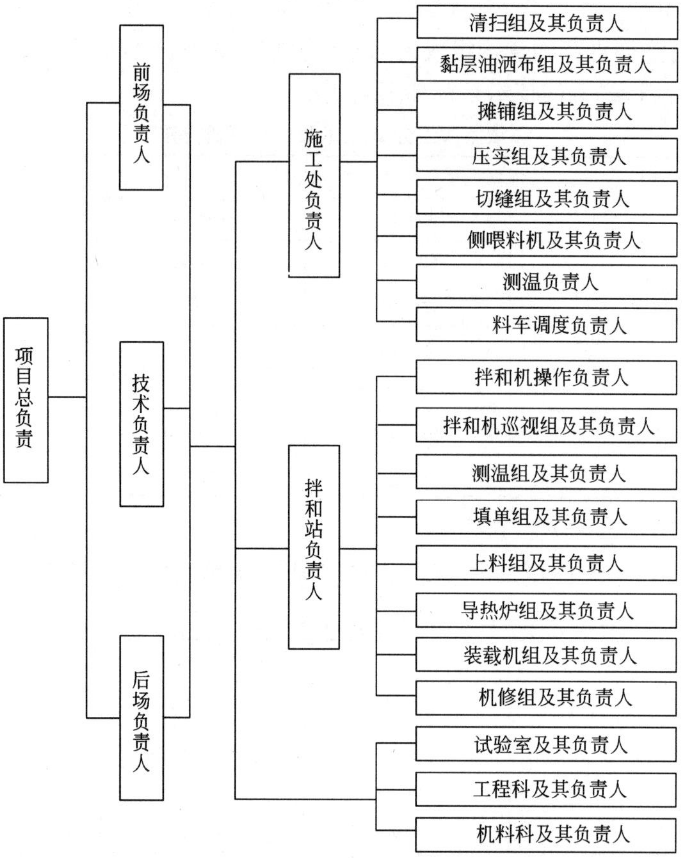

图4 钢桥面铺装人员分工网络图

在试验段施工前,项目部技术人员、各施工工序相关班组的技术骨干集中在工地会议室进行集中学习。同时聘请环氧沥青施工技术人员进行集中讲授。

(2)培训内容

根据总体施工安排,系统、全面的针对施工组织设计、施工方案、工序施工特点、工序施工流程、工序施工技术要求、工序施工控制要点和工序施工技术难点等内容进行培训学习。

(3)培训方式

技术培训采取内外结合"五阶段"培训方式进行,即:感官认识(通过影音像资料进行)—理性认识(通过内部组织学习和聘用环氧沥青施工技术人员进行教授)—考核(通过统一组织的考试和班组技术人员面试的方式进行)—模拟演练(通过按照施工要求在空机状态下演练施工前后场各个施工工序的施工组织、施工控制和相互配合进行)—强化训练(根据理论学习和模拟演练的效果有针对性的进行强化训练)。通过这五个阶段的培训学习、演练,为试验段的施工打下良好的理论基础和实践基础。

针对本地区的自然环境和本工程的自身特点,充分做好场地内的排水工作和矿料、沥青的防雨、防潮工作。

对所有施工所用设备进行精心检修,确保处于一良好的工作状态,绝不允许有漏油、漏水现象;所有机动车辆均用彩条布将发动机底盘包裹起来,以防万一;所有量具重新校验,确保计量准确。

环氧沥青罐的改造:针对本工程的规模,量身定做三个沥青罐,规格分别为$50m^3$、$10m^3$、$8m^3$,提高其温度控制精度为±2℃,并加设循环泵,充分保证沥青温度的均匀性。

改造接料滑车,方便控制每一盘料的温度和均匀性,杜绝不合格混合料的出厂。

改造干燥筒喷火器的油嘴大小,控制干燥筒温度。

8.3 检查项目

环氧沥青混凝土面层检查项目及检验标准见表10。

环氧沥青混凝土面层检查项目及检验标准 表10

项目		检查频率	质量要求或允许偏差	检查方法	备注
施工温度	混合料出厂	每车	110～121℃	红外线温度计	即检即报
	初压终了	每30m	≥82℃		
	终压终了	每30m	≥65℃		
黏结料洒布量		每次喷洒取两处	黏结下层:(0.68±0.05)L/m^2 黏结上层:(0.45±0.05)L/m^2	接着法	当天报
结合料		每天1次,3个试件	抗拉强度:≥1.5MPa(23℃) 延伸率:≥190%(23℃)	拉伸试验	3天内报
黏结料		每次喷洒测1次,3个试件	抗拉强度:≥6.9MPa(23℃) 延伸率:≥190%(23℃)	拉伸试验	
矿料级配		每天上、下午各1次	接近中值	筛分法	当天报
油石比		每天上、下午各1次	设计值±0.2%	抽提法	
马氏试验	稳定度 流值 空隙率 恢复率	每天上、下午各成型6个试件	≥40.4kN ≥2.0mm ≤3.0% ≥60%		隔天报
铺装外观		随时	表面平整密实,无轮迹、裂纹、推挤、油丁、油包、离析或花料	目测	即检即报
接缝		随时	紧密、平整、顺直	目测、4m直尺	
铺装层空隙率		每层、每500$m^2$13点	≤3%	核子密度仪	
黏结强度		仅限于试验段	(23±2)℃时≥2.75MPa (60±2)℃时≥1.75MPa	拉拔法	
铺装层厚度		全桥	(50±3)mm	路面测厚仪	
摩擦系数(摆值)		每500$m^2$1点	≥45BPN	摆式仪	
平整度		纵向:每车道每100m连续10尺 横向:每50ml横断面	纵向:≤3mm 横向:≤6mm	4m直尺	

8.4 外观鉴定

8.4.1 表面平整密实,无泛油、松散、裂缝、粗细料集中等现象。

8.4.2 表面无明显碾压轮迹。

8.4.3 接缝紧密、平顺。

8.4.4 铺装层与路缘石及其他构筑物应衔接平顺,无积水现象。

8.4.5 铺装层表面的水要排除到路面范围之外,表面无积水现象。

9 安全措施

9.1 执行的法规

9.1.1 《中华人民共和国安全生产法》

9.1.2 《中华人民共和国道路交通安全法》

9.1.3 《公路工程施工安全技术规程》(JTJ 076—95)

9.1.4 《建设工程安全生产管理条例》

9.1.5 《危险化学品安全管理条例》

9.2 安全保证体系

安全保证体系框图见图5。

9.3 安全保证措施

9.3.1 组织保证措施

成立以项目经理为组长,副经理为副组长,各部门负责人为组员的安全领导小组,项目部设置专职安全员,各职能部门和各专业班组均设置兼职安全员,全面负责施工安全管理工作,责任到人,使安全工作上有专人抓,下有专人管,落到实处。确立明确的安全目标:坚持“安全第一,预防为主,教育开路,制度确保”的方针,坚决杜绝人为重大事故。

9.3.2 建立安全保证制度

9.3.3 加强安全教育和安全措施的设置

9.3.4 加强安全工作的物质保障

9.3.5 其他保障

(1)加强天气预报的监收,随时掌握不利自然条件的影响,及时采取对策,防止因自然灾害的影响带来伤亡损失。

(2)办妥保险手续,除工程一切险及第三方责任险外,要对施工设备和人身安全投保。图5为安全保证体系图。

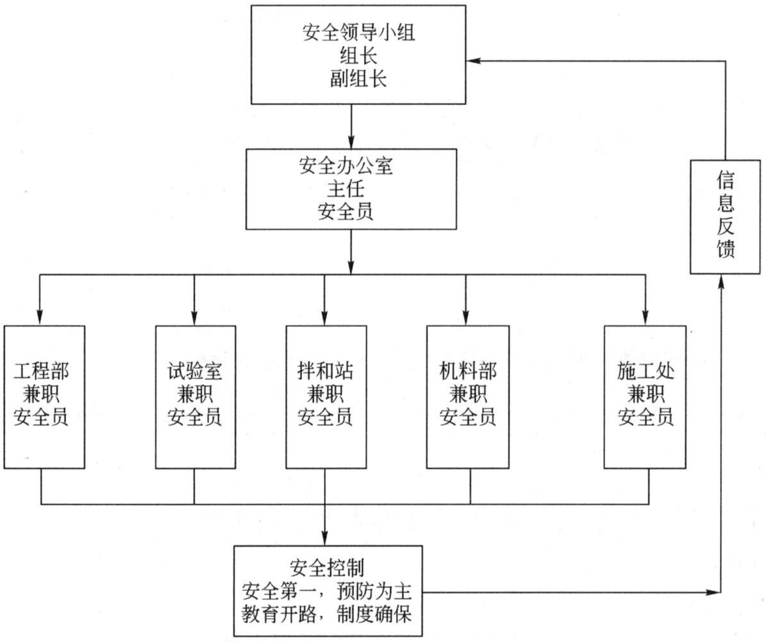

图5 安全保证体系

10 环保措施

10.1 执行法规

10.1.1 《中华人民共和国环境保护法》

10.1.2 《中华人民共和国环境噪声污染防治法》

10.1.3 《中华人民共和国固体废物污染环境防治法》

10.2 措施

10.2.1 防止水土流失和废料废方的处理

(1)在施工期间应始终保持工地的良好排水状态,各类临时排水渠道要与永久性排水设施相连接,不得引起淤积和冲刷。

(2)驻地、施工便道、料场周围挖好排水沟,确保占用的土地无冲刷,确保各种临时排水系统不改变现有水文状态。

(3)未经监理工程师的事先书面同意,不破坏现有河道、水道、现有灌溉或排水系统的自然流动。

(4)建立废旧物品回收、保留和处理制度,设废物收集箱,生活区设化粪池、污水沉淀池。对施工垃圾及生活垃圾有专人清理,并在指定地点处理。

10.2.2 防止和减轻水、大气受污染

(1)施工废水、生活污水不得直接排入农田、耕地、灌溉渠,更不得排入饮用水源。

(2)施工期间,施工物料应定点堆放整齐,防止雨季或暴雨时,将物料随雨水径流排入地表及附近水域造成污染。

(3)施工机械要防止漏油,禁止机械在运转中产生的油污水与维修施工机械时的油污水,未经处理就直接排放。

(4)施工现场与施工机械经过的道路,要随时进行清理防止扬尘。

10.2.3 保护绿色植被

(1)尽量保护公路用地范围以外的现有绿色植被,若因修建临时工程破坏了现有的绿色植被,在拆除临时工程时予以恢复。

(2)严格控制破坏植被的面积,除了不可避免的工程占地、砍伐以外,保证不发生其他形式的人为破坏。

10.2.4 土地资源的保护

(1)弃料要避免破坏或掩埋农田及其他工程设施。在指定废料场弃料。

(2)临时用地不再使用时,要根据合同规定及时进行复耕、绿化。

11 经济效益分析

11.1 目前国内外使用的钢桥面铺装结构类型

目前用作正交异性钢桥面铺装的材料包括浇注式沥青混合料、改性 SMA 混合料和环氧沥青混合料三种结构类型。国内大跨径钢桥对这三种铺装结构类型都有使用,通过使用效果看,除环氧沥青混合料铺装外,其余两种结构类型均出现早期铺装破坏。

11.2 技术经济分析

以典型的 2.5cm + 2.5cm 厚双层环氧沥青铺装、5cm 厚浇注式沥青混凝土铺装和 3cm + 3.5cm 厚改性沥青 SMA10 铺装为例子进行比较分析。

三种铺装结构新建工程综合单价见表 11。

铺装单价对比表 表 11

铺装结构类型	铺装单价(元/m^2)	备 注
双层环氧沥青	780	含两层黏结层
浇注式沥青混凝土	582	含一层黏结层
改性沥青 SMA10	179.4	含两层黏结层

通过表 11 看出,双层环氧沥青铺装初期投资较另外两种高,但是根据目前国内交通状况、环境条件及钢桥面铺装使用的效果看,环氧沥青桥面铺装能够满足设计要求的使用年限;另外两种铺装根据目前的使用效果看不是很理想,一般使用 2 ~ 3 年需全面大修。

11.2.1 直接投资

根据到设计年限末桥面铺装总投资计算三种结构类型的直接投资对比表见表 12。(按照铺装面积 30 000m^2 计算,不含小型维护费用)。

直接投资对比表　　表 12

结构类型	工程数量(m^2)	单价(元/m^2)	桥面防腐单价(元/m^2)	到设计年限末大修次数	累计投资(万元)
双层环氧沥青	30 000	780	100	0	2 340
浇注式沥青混凝土	30 000	485.6	100	4	7 027
改性沥青 SMA10	30 000	179.4	100	4.8	4 023

通过表 12 看,将设计年限末的总投资折算到初始投资双层环氧沥青铺装单价为 780 元/m^2;浇注式沥青混凝土铺装单价为 2 342 元/m^2;改性沥青 SMA10 铺装单价为 1 341 元/m^2。

11.2.2　间接损失

作为大桥管理运营单位,因桥面大修影响过路过桥费收入。按照到设计年限末每次大修平均车流量减少 5 000 辆/日,维修期 30 天,每车通行费 35 元计算,到设计年限末过路过桥费收入减少见表 13。

过路过桥费收入减少表　　表 13

结构类型	车流量减少(辆/日)	通行费(元/辆)	每次维修天数(d)	到设计年限末大修次数	累计减少通行费(万元)
双层环氧沥青	5 000	35	30	0	0
浇注式沥青混凝土	5 000	35	30	4	2 100
改性沥青 SMA10	5 000	35	30	4.8	2 520

通过表 12、表 13 对比,双层环氧沥青桥面铺装具有很高的性价比,具有很高的技术经济效果。

12　工程实例

12.1　南京长江第二大桥工程由"二桥一路"组成,全长 12.517km,由南汊大桥(为钢箱梁斜拉桥)、北汊大桥(为预应力连续梁桥)和八卦洲连接线组成;采用双向六车道高速公路标准,计算车速 100km/h,设计荷载为汽车—超 20 级、挂—120。该工程由 2000 年 9 月 20 日正式开始施工至 10 月 14 日结束,共 24d,其中有效工作日 14d。共完成 5cm 厚环氧沥青混凝土铺装面积 37 140m^2。该桥于 2001 年 3 月正式通车,交通量达到 30 000 辆/日,通过 6 年的运营,到目前桥面铺装使用性能优良。

12.2　江苏省润扬大桥是江苏省"四纵四横四联"公路主骨架和五处跨长江公路通道规划的重要组成部分,北联同江至三亚、北京至上海国道主干线(沂淮江高速公路),南接上海至成都国道主干线(沪宁高速公路),为双向六车道高速公路标准,设计行车速度为 100km/h,荷载标准为汽车—超 20 级、挂车—120。承建的钢桥面铺装 I2 标是润扬大桥工程的一部分,由北汊桥和南汊桥两部分钢桥面铺装组成,其中北汊斜拉桥 756.8m,南汊悬索桥 1 490m,采用上层 30mm 加下层 25mm 双层环氧沥青混凝土铺装方案。其主要工程量为:环氧沥青混凝土钢桥面铺装(厚 55mm)67 422m^2,防水黏结层(0.68L/m^2)68 992m^2;黏结层(0.45L/m^2)73 671m^2。2004 年 7 月 26 日北汊斜拉桥正式开始施工至 2004 年 8 月 20 日结束,共施工 25d,其中有效工作日 11d;2004 年 8 月 29 日南汊悬索桥正式开始施工至 9 月 23 日结束,共施工 25d,其中有效工作日 15d。

12.3　南京长江第三大桥是交通部《全国公路网规划》(1999—2020)中"五纵七横"国道干线网上海—成都国道主干线(GZ55)的重要组成部分。采用高速公路标准为双向六车道,计算车速 100km/h,设计荷载为汽车—超 20 级、挂车—120。承建的南接线南引桥主桥路面工程 L1 合同包括南接线、南引桥普通沥青路面工程及主桥环氧沥青钢桥面铺装工程。其中,主桥为双塔斜拉桥,跨径布置为 63m + 257m + 648m + 257m + 63m,起止桩号 K9 + 761.115 ~ K11 + 049.115,总长 1 288m,主桥路面采用 2.5cm + 2.5cm 环氧沥青混凝土。2005 年 7 月 25 日正式开始施工至 2005 年 8 月 17 日结束,共施工 23d,其中有效工作日 13d。共完成 5cm 厚环氧沥青混凝土铺装面积 37 996m^2。该桥于 2005 年 10 月通车,至今使用情况良好。

桥 梁 篇

百米钢拱架整体横移施工工法

GGG(京)C4044—2008

柴金存　马继武　吕召钦　慕福林　祁　鹏
（安通建设有限公司　四川武通路桥工程局）

1　前言

拱桥自产生以来，以其承载力大、跨越能力强、外形美观而著称。进入钢筋混凝土时代后，其更是向着大跨径、轻型结构的方向发展。随着施工设备和施工技术的进步，大跨径拱桥的支撑架施工法、悬索预制安装法、转体施工法等施工工法相继诞生。在高速公路设计中采用拱桥，往往跨径大、桥面宽，采用钢拱架支撑法施工对设备的一次性需求量大，施工成本过高，分次施工则进度缓慢。四川武通路桥工程局在施工实践中开发了钢拱架整体横移技术，较好地解决了这一问题。该技术的应用，在目前国内同类型桥梁施工中尚属首例，填补了国内外大跨径拱桥施工技术的一项空白。

2　工法特点

2.1　施工简便，工艺过程清晰，可操作性强。

2.2　工期短。拱架拼装快，通过一幅拱架整体横移可实现施工多幅拱桥的目的。

2.3　成本低，对地形破坏小。

3　适用范围

本工法适用于铁路、公路等跨度50-130m钢筋混凝土拱桥的施工。

4　工艺原理

采用六四式军用梁拼组可调曲率桁式拱架，施工拱桥主拱圈；通过砂筒卸架分层分环放砂控制卸落高度，实现拱架与拱圈的安全分离；待一幅拱圈施工完毕后，采用油压千斤顶横向推移拱架，进行另一幅拱桥施工，减少拱架拆、拼装工序，实现拱架的多次利用；拱圈混凝土采用分环、分段法现浇，第一环为底板，第二环为腹板，第三环为顶板，底板、腹板分五段浇筑，顶板分九段浇筑，底板、腹板先合拢，使其与拱架共同受力，共同承受顶板环混凝土质量和施工荷载。

5　施工工艺流程及操作要点

5.1　施工工艺流程(图1)

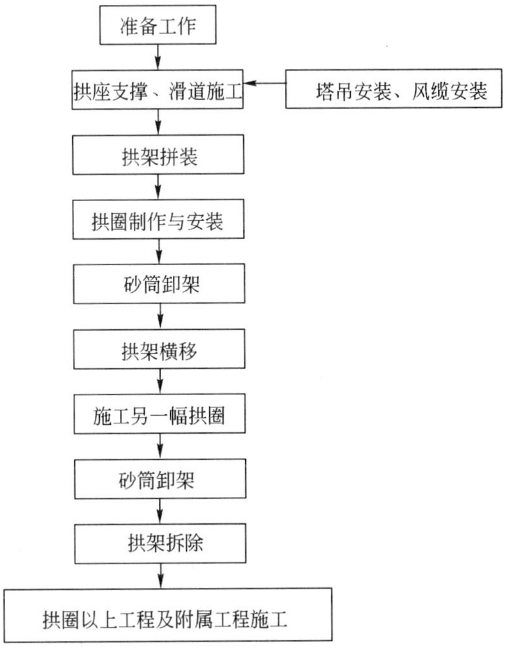

图1　工艺流程图

5.2　拱架设计

根据大桥拱轴线参数，设定拱架轴线为悬链线。拱架基本结构为六四式军用梁,L形调节杆和端三角拼装的桁式双铰无系杆拱。大桥施工拱架主要由拱架、水平滑道、侧向滑道、支撑基础组成。

(1)拱架。拱架由六四式军用梁的标准三角、加强三角、钢销钢枕、联系槽钢以及和加工件,即L形调节杆、端三角拼成,共分五段拼装。

(2)水平滑道、侧向滑道、支撑基础。水平滑道由预埋在支撑基础顶面的12mm钢板(高出支承基础4mm)及焊接在其表面的12mm不锈钢复合板(即固定滑道)、拱架支承垫梁(即活动滑道)和两者之间的聚四氟乙烯滑板组成。侧向滑道由预埋在拱座前墙内的12mm钢板(突出前墙面4mm)及焊接在其表面的12mm不锈钢复合板(即固定滑道)、支座下支顶垫梁背面的钢板(即活动滑道)和两者之间的聚四氟乙烯滑板组成。滑道及支座布置见图2。

(3)塔吊、风缆。在桥跨中点的上游设可沿桥纵向滑移30m的63塔吊一台,用于吊装五段拼装的钢拱架。在第一幅拱架的上下游各埋设3条风缆,用于固定吊装过程中的拱架。另在1号、2号拼装拱架尾部各事先预设2个矩形支架,作为拼装过程中的临时支撑。

(4)拱架计算。根据有限元原理,采用计算机模拟,应用SAP90程序对大桥施工拱架全部杆件进行计算,并且应用PCSAP程序对此进行验算,两者结果吻合。

5.3 拱架拼装

(1)准备工作:拱架拼装准备工作包括设施、材料、机械和人员等准备。

(2)滑道安装:在灌筑拱座和支承基础混凝土时,预先分别在拱座前墙面和支承基础顶面预埋钢板,然后在预埋钢板上焊上不锈钢复合板,铺设聚四氟乙烯滑板和安装支承垫梁。

在施工滑道的同时,安装塔吊、矩形支撑,在拱架两侧设置缆风绳地锚。

(3)拼装:拱架拼装采用先地面预拼五个单元,对称吊装拼装。

5.4 拱圈施工

包括拱盔制作,拱圈混凝土浇筑。

(1)拱盔制作:拱盔由垫木、砂袋、拱形木、横木、底模等组成,结构如图3所示。

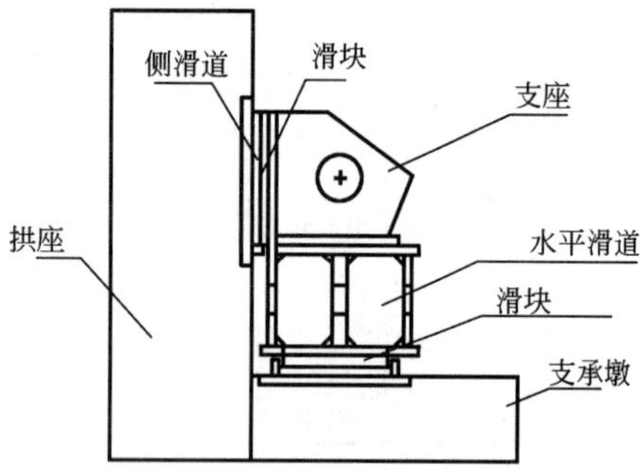

图2 滑道及支座布置图

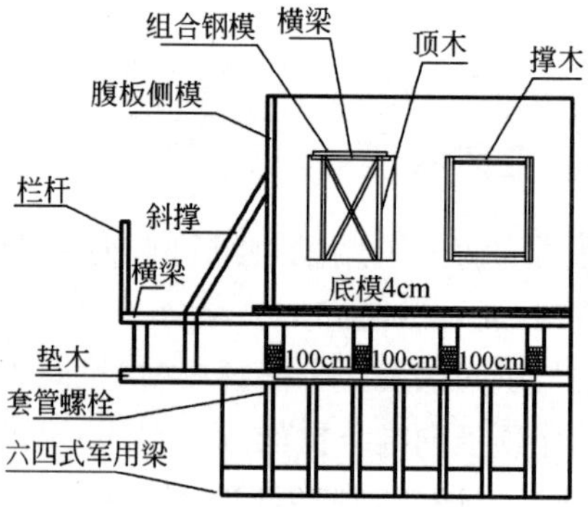

图3 拱盔结构图

①高程控制。拱盔高程控制主要指底模施工时其顶面的高程控制,它直接关系到拱圈高程。底模施工高程由底板底面设计高程和拱架、拱盔、拱圈的预拱度决定。

②拱架、拱盔、拱圈的预拱度:拱架受拱盔、拱圈的荷载产生变形($\Delta_{拱架}$);拱盔受拱圈的荷载产生变形($\Delta_{拱盔}$),包括砂袋变形与连接处变形;拱圈受自重、混凝土收缩与徐变产生变形($\Delta_{拱圈}$)。如果条件许可,最好对拱架、拱盔进行预压,以消除拱架、拱盔的非弹性变形。拱盔根据以上变形,设置拱架、拱盔和拱圈的预拱度(如果预压,则需扣除相应的非弹性变形)。

③底模顶面的施工高程:$H = H_{设} + \Delta_{拱架} + \Delta_{拱盔} + \Delta_{拱圈}$

(2)灌注工艺:拱圈混凝土灌注采用分环分段法。分为底板、腹板、顶板三环,先灌筑第一环底板,再灌筑第二环腹板,最后灌筑第三环顶板。底板、腹板可分五段灌筑,顶板分九段灌筑,如图4

所示。

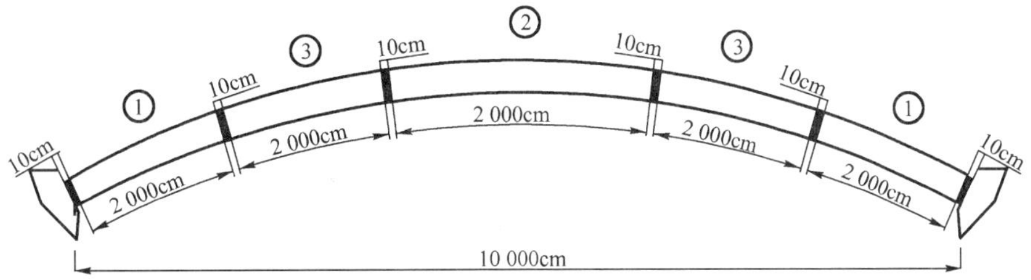

图4 拱圈分段施工工序图

拱圈混凝土灌注时，两岸需对称进行。拱圈合龙采用开口箱合龙，即在底板、腹板所有分段混凝土和段间10cm缝混凝土强度达到设计强度70%时，灌筑底板、腹板合龙段混凝土(70cm)；在顶板的所有分段混凝土和段间10cm缝混凝土强度达到设计强度70%时，灌筑顶板合龙段(70cm)混凝土。这样，底板、腹板形成拱，承受部分荷载，减少拱架承受荷载，利于安全施工拱圈。另外，拱圈合龙时，宜在较低温度进行。合拢温度为15℃为宜。

(3)砂筒卸架。

①通过计算确定卸落高度为40cm，从而确定砂筒尺寸直径为30cm，高度为45cm，每联拱肋2组，共12组，内装洗净烘干的中粗砂，密实程度以人工捣实即可。

②当拱圈顶板合拢段混凝土强度达到设计强度90%时，方能卸架。

③在卸架前，过程中和卸架后都必须进行卸架监控。如果在卸架过程中出现异常(如拱圈偏位过大、拱圈混凝土出现拉应力等)，必须立即停止卸架，待对出现的问题分析解决后，方能恢复。卸架监控包括四个方面：一是通过应力检测仪测应力变化；二是通过悬挂的线垂测挠度变化；三是通过全站仪测轴线偏位；四是通过值班人员检查异常。

(4)拱架横移

①备好油泵、千斤顶[千斤顶的规格选定是根据滑道的摩擦力($F=\mu N$)、千斤顶后背、垫铁垫块、各种尺寸顶杆及配套的设备和配件，严格检查其性能和质量，按要求进行安装]。

顶推作业人员共24人，其中8人操作油压千斤顶和安放顶铁，12人(左右各6人)控制缆风绳，2人观察拱脚处的水平横移距离，2人用测量仪器观察拱架纵轴线的就位情况。

②铺设滑移方向前方的支座后背滑道，检查支座滑道高差、支座后背的垂直度、平行度和滑板表面的粗糙度是否符合要求，并在两滑板上涂润滑油。

③自活动滑道支顶垫梁的前端某一位置开始，每隔10cm在支座后背滑道的固定钢板上方拱座前墙面上，用油漆做好标记，以便控制拱架两端的滑移距离。

④拱架顶进时，两头用对讲机联系，统一行动。顶进过程中，随时相互通报顶进距离，做到同时起顶，同一速度进行，同时停止顶进。两端顶进距离差超过5cm时，必须停止顶进。调整好后，方可重新顶进。

⑤在拱架滑移过程中，拱架滑离侧缆风绳要根据每次滑移长度进行放松，使其始终保持松弛状态，但不得全部放松。

⑥横移就位后，用仪器检测拱架的位置是否正确，确认无误后，用倒链拉紧缆风绳。

(5)拱架拆除：拱架拆除时，先将拱架横移出适当数量拱片，拆除上面的钢枕和联系槽钢等，后按拱架拼装的相反顺序，逐片拆除。

(6)应力监测：在拱圈施工中，需对拱圈应力及拱架应力、挠度进行不间断监测。拱架挠度监测采用垂吊垂球法，应力监测采用1G120电阻应变片作探头，牢固粘贴在被测构件上，利用UCAM—70A—10型数据采集仪采集输出应力或应变值，并由此计算出杆件内力增量。

6 主要机具设备与劳动力组织

6.1 主要机具设备(表1)

主要机具设备表　　表1

名　称	规　格	数　量	名　称	规　格	数　量
发电机	250kW	1台	电焊机	75kW	3台
发电机	120kW	1台	塔吊	63m	1台
全站仪	拓普康	1台	经纬仪		2台
水平仪		1台	汽车吊	16t	1台
强制式搅拌机	500l	2台	振捣棒		8台
油压千斤顶		12台	倒链	5t	4个
钢筋弯曲机		1台	钢筋切断机		1台

6.2 劳动力组织

6.2.1 拱架拼吊人员

管理人员6人,电工、钳工、司机8人,铆工6人,电焊工6人,起重工4人,搬运工及小工16人,测量人员4人,合计50人。

6.2.2 拱架横移人员

管理人员8人,起重工4人,顶推作业人员24人,测量人员4人,其他配合人员10人,合计52人。

7 质量控制

7.1 严格执行《公路桥涵施工技术规范》(JTJ 041—2000)和《公路工程质量检验评定标准》(JTG F80/1—2004)。

7.2 严格按设计图纸要求施工,按技术交底施工。

7.3 加强施工管理,成立质检小组,严肃质检程序,奖罚分明。

7.4 对拱架、拱圈的挠度、应力进行全过程监测。

7.5 滑道预埋钢板任何1m长范围内的高差不得大于1mm。

7.6 拱架拼装时,利用缆风绳调整拱架中线偏差不超过3cm且为同方向。

7.7 拱架横移两支座顶进距离相差不超过5cm。

8 安全措施

8.1 对下落、提升、运输军用梁必须有明确的色旗和哨声等指挥设备,设有专职信号员,负责指挥塔吊的运行。

8.2 拼装过程中,要及时上足拧紧套管螺栓并进行全面检查。

8.3 缆风绳不得绑扎在电杆或其他不稳定的物件上。

8.4 提升用的钢丝绳必须与吊钩连接牢固,保证在升降时不脱钩,钢丝绳安全系数必须大于6,且安排专人经常检查,发现有断丝或伤口必须更换。

8.5 拱上拼装人员必须系好安全带,并且将安全带挂在牢固处。

8.6 拱圈卸架在其顶板合拢段混凝土强度达到设计强度的90%进行。

8.7 拱圈卸架按照开始小,后逐渐增大,纵向对称,横向同时的原则进行。

8.8 对拱圈卸架前、过程中和完成后都应进行监控,包括拱架挠度、拱架应力和拱圈应力等监控。

8.9 拱圈卸架时,卸架人员须戴安全帽、穿防滑鞋。

8.10 拱架横移时,指挥员要严格按照预定程序及技术措施下达指挥令,操作人员必须听从指挥,服从命令。

8.11 拱架两端必须同步滑移,两端滑移距离差不得超过5cm;否则应立即停止横移,待两端调整一致后,方可继续滑移。

8.12 拱架滑移过程中,要随时检查拱架中心线是否一致;否则应用缆风绳调整好,以防止拱架扭坏。

8.13 每次安装垫铁、垫块、顶杆和千斤顶时,要使其在同一直线上。同时要检查顶杆连接头的牢固性及垫块之间的密贴程度,以防在顶推过程中因安装质量不符合要求造成顶杆失稳。

8.14 拱圈浇筑时,随时检查拱架和模板,发现异常状况及时采取措施。

8.15 拱架通过验算,应具有足够的强度、刚度和稳定性。

8.16 拱圈浇筑时,侧模外预留人行道并且安装栏杆。

8.17 拱圈浇筑时,严格按照浇筑顺序进行浇筑。

8.18 拱圈浇筑时,应进行挠度、应力监控。

9 环保措施

施工过程中的泥浆及废弃物等,应在工程完工时及时清除干净,以免阻塞河道和妨碍交通。

10 资源节约

在下佛羊大桥施工中,采用该工法减少材料消耗800t,工期整体大幅度提前,节约了工程造价。

11 效益分析

11.1 采用大跨度可调式军用梁钢拱架比采用万能杆件拼装满堂支架施工拱桥,可节约材料,缩短工期,降低成本,具有显著的经济效益。

11.2 采用该成果施工对地形破坏程度小,防止了水土流失,有利于当地环境保护,具有较好的社会效益。

12 工程实例

山东博山至莱芜高速公路下佛羊北大桥,大桥为一跨100m拱桥,桥宽24.1m。该桥采用100m军用梁钢拱架作支架,砂筒作卸架设备,采用拱架整体横移等技术进行施工,比用万能杆件搭设满堂支架施工本桥节约材料约800t,缩短工期3个月,节省投资80余万元,取得了较好的经济与社会效益。该工程于1996年8月开工,1998年10月完工,工程质量好,多次受到业主好评。

桥面移动塔吊施工工法

GGG(贵)C3045—2008

阮有力　钟荣炼　杨胜江　黄　盛　刘　智
(贵州省桥梁工程总公司)

1　前言

预应力混凝土梁桥和预应力混凝土连续刚构是近年来我国公路建设中采用得最多的桥型之一。它具有钢筋混凝土结构的所有特点,即混凝土集料可就地取材,成本低;耐久性好,维修费用少;材料可塑性强,可以按照设计意图做成各种形状的结构,以适应道路线形的变化;整体性好,结构刚度大,变形小;噪声小等。由于以上优点,在城市立交桥和高架桥以及高速公路桥梁中,中小跨径长桥数量多,工程量大。因此,对混凝土梁桥和连续刚构的施工工艺及工法进行研究和探索,在桥梁施工中具有重要意义。

经过长期的实践和理论研究,人们对钢筋混凝土结构及预应力混凝土结构的认识已经日渐成熟,结构体系也已经比较完善,因此其材料费用占整个工程造价的比例有所下降,而施工费用和劳动力的工资所占的比例在上升。所以,施工费用对工程造价有着举足轻重的影响。桥梁施工中如何提高施工队伍素质,如何提高施工机械化程度,如何组织专业化施工、加强科学化管理,使工程质量、施工期限、工程造价处于最优状态,使摆在我国当前建桥工作者面前的一项重要的课题。

我公司自行开发、自主研究,并顺利投产的桥面移动塔吊施工工法正是针对上述问题应运而生,通过坝陵河大桥东引桥、大花哨大桥及平寨大桥的施工,该工法在设计、实施和运用上取得了实质性的成功。

2008 年 3 月 14 日,贵州省交通厅对该技术组织了科技成果鉴定会,鉴定认为:“桥面移动塔吊施工工法是对挂篮悬浇连续刚构、移动模架逐跨施工连续梁桥等技术的完善和补充,提高了机械作业效率,可实现连续刚构及连续梁桥的规范化和标准化,达到国际先进水平。”

2　工法特点

2.1　在现浇和预制混凝土梁桥以及连续刚构的施工中,不受地形条件和桥墩高矮的限制,有良好的工程适宜性。

2.2　在安全方面,较普通塔吊而言,由于其绝对高度低(塔身标准节少)、稳定性好(与桥面临时连接方便),提高了重大危险源在施工中的可控性。

2.3　在经济价值方面,由于其机动性强(自行式)、配套机料少,在施工中,特别是在长桥的施工中,节约了大量的塔吊安拆费用、机械租赁和调拨费用、材料转运费用等,能够缩短施工周期,给施工企业带来直接的经济效益。

2.4　大量减少了机械设备的运用和材料运输的成本,降低了施工中的电、油能耗,使桥梁施工现场变得更加简洁、有序;在环保方面,也有很高的推广价值。

3　适用范围

3.1　桥长较长,安装一台施工塔吊不能满足施工的连续梁桥、简支梁桥、混凝土连续刚构等。

3.2　受施工条件影响,材料和机具不能方便地从桥面运送至施工现场的情况下。

3.3　对于桥长超过 200m 的多跨连续梁桥和连续刚构,安装多台塔吊或者是安装一台塔吊,对施工机料进行二次转运都是不经济的。对于修建在山区、深谷和浅水地区材料转运困难的桥梁，平原地区的超长桥梁或高墩桥梁等，桥面移动塔吊施工工法都拥有极大的优越性。

4 工艺原理

能使移动塔吊在桥面上正常作业，但需主要解决两个问题，一是塔吊在作业过程中，塔身的竖直度问题；二是塔吊在大幅度减轻自重后的稳定性问题。现将说明如下。

4.1 调平原理(图1)

a) 左侧轨道被垫高，以调整行走台车在横桥方向的水平

b) 顺桥向较低支腿与行走台车之间增加钢垫块，以调整纵桥向水平

图1 调平原理示意图

桥梁规范要求，在使用过程中，塔吊标准节倾斜度不大于2‰，否则需通过对移动塔吊的行走台车进行优化和改造。在本工法中，对于桥面的超高变化，主要采用枕木的高度不断进行调节，使两根行走轨道在同一个水平面上。对于桥面纵坡，主要是采用两种对应尺寸的圆形垫块在塔身和行走台车之间将塔身垫平。塔身的垂直度得到了保证，但行走台车仍然与桥面平行。

行走台车与支腿之间的连接改为车杆可调式连接，在更大程度上满足各类桥梁的桥面高程变化，使移动塔吊塔身垂直度的调节变得更加方便、快捷。该项目正在申请专利保护。

图2 塔机行走台车与桥面采用精轧螺纹连接

4.2 临时约束原理

普通移动塔吊之所以在没有与地基锚固的情况下，能够提供足够的抗倾覆力矩来平衡吊重产生的弯矩，主要是因为在其下车体上设有大吨位的中心压重，而压重的荷载一般均大于桥梁的设计和验算荷载。因此，要同时满足塔吊的正常使用和桥面荷载要求，在塔吊使用阶段，需将其余桥面进行临时锚固。

具体做法为：将移动塔吊的行走台车通过精扎螺纹钢筋临时固定在桥面上(图2)；在塔吊顶端标准节中段通过数根揽风绳与

桥面栏杆预埋钢筋相连(图3)。其中,精轧螺纹的直径、数量,和钢绳的直径、数量等可视具体情况计算而定。

图3 移动塔吊与桥面栏杆预埋钢筋采用揽风绳连为一体

5 施工工艺流程及操作要点

移动塔吊在施工中的从移动到下一次移动为一个运行周期,具体步骤如下:

轨道安装——塔机行走(移动塔吊停止使用)——塔机工作——施工完毕,进入下一个循环。

5.1 轨道安装

移动塔吊为有轨式运行,使用前需进行轨道安装,并可由其自行吊装周转。轨道间距可根据实际工程的荷载要求进行调整。

5.2 塔机行走

塔机行走的动力靠安装在滚轮上的电机提供,不同吨位的塔吊可选配不同型号的电机。

在桥面没有纵坡的情况下,塔机正常行走。在桥面有纵坡的情况下,考虑到塔机行走时的稳定性,可通过计算,在塔吊大臂相应位置处吊重,对行走台车的抗倾覆力矩进行补偿(图4)。

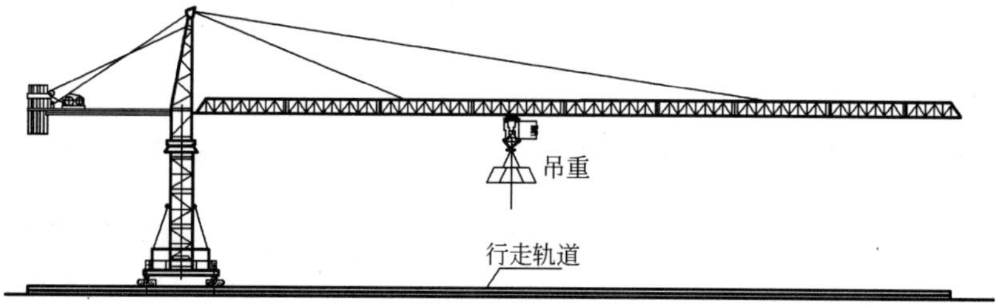

图4 塔机行走配平示意图

5.3 塔机使用

塔吊使用阶段与普通塔吊相同。

5.4 操作要点

(1)轨道高程可通过枕木进行调平,要求同一位置处的两根轨道在同一平面上,轨道与轨枕之间必须有道钉连接固定;桥面与枕木之间、枕木与轨道之间必须用钢板垫塞满,保证轨道总长上任意位置受力均匀可靠。

(2)塔机行走时,为防止发生卡轨和脱轨等情况的发生,台车的4个底轮均需由专人负责观察,一旦出现异常情况则立即终止行走。

(3)在塔机上坡时,为增大塔机行走的安全系数,防止较大冲击荷载的产生,移动塔吊在行走时,应采用低速挡。

(4)塔机行走时,负责观察塔机行走台车底轮的4个工人均手持制动钢片,如果塔机在行走时发生意外停止并受重力影响自动倒退，则该4人立即用制动钢片对移动塔吊进行强停。

(5)移动塔吊不能在大风天气行走以免造成危险，行走前需确认解除塔吊和桥面的所有临时约束。

(6)塔机在使用时，塔身与桥面连接的揽风绳应采用链条滑车收紧，以保证各揽风绳之间受力一致。

6　机械材料与劳动组织

6.1　机械材料

采用桥面移动塔吊施工工法配合桥梁施工，需投入所需吊装能力的塔吊一台，配套行走底车一台，轨道、枕木、道钉及揽风绳等可视具体工程情况而定。

6.2　劳动组织

现以我司承建的大花哨大桥为例，将我部使用移动塔吊之前的劳动组织情况与使用后的情况列于表1。

引入移动塔吊前后劳动力组织情况对照表　　表1

采　用　前			采　用　后		
序号	人员	人数(人)	序号	人员	人数(人)
1	总指挥员	1	1	总指挥员	1
2	一般管理人员	4	2	一般管理人员	2
3	塔吊驾驶员	2	3	塔吊驾驶员	2
4	塔吊指挥员	2	4	塔吊指挥员	1
5	箱梁模版工	24	5	箱梁模版工	15
6	箱梁钢筋工	23	6	箱梁钢筋工	18
7	桥面材料转运工	21	7	桥面材料转运工	0
8	地面材料转运工	15	8	地面材料转运工	5
9	电工	3	9	电工	3
10	机修工	4	10	机修工	2
11	转运车驾驶员	6	11	转运车驾驶员	3
12	值班人员	5	12	值班人员	2
13	材料加工人员	15	13	材料加工人员	15
合计(人)	125		合计(人)	69	

引入移动塔吊后，从管理人员，塔吊指挥员，特别是用于材料转运等方面的劳动力都得到锐减，另外由于工时的缩短，劳动力总数仅为原有劳动力的47.4%。

较传统的施工工法而言，由于移动塔吊本身具有良好的机动性和灵活性等特点，故在机具设备的投入和使用等方面要简化得多。以大花哨大桥为例子，现将两种施工工法的机具设备投入情况比较列于表2。

引入工法前后机械设备投入情况对照表　　表2

引　用　前				引　用　后				备注
设备名称	单位	数量	费用(元/月)	设备名称	单位	数量	费用(元/月)	
8t固定塔吊	台	1	31 000	8t固定塔吊	台	0	0	8t固定塔吊与其电缆位于桥梁0号桥
塔吊电缆线	根	1	8 000	塔吊电缆线	根	0	0	
桥面转运车	辆	1	20 000	桥面转运车	辆	0	0	

续上表

引用前				引用后				备注
设备名称	单位	数量	费用(元/月)	设备名称	单位	数量	费用(元/月)	
桥下转运车	辆	2	20 000	桥下转运车	辆	2	20 000	台处,移动塔吊与移动模架共用一根电缆
5t 移动塔吊	台	0	0	5t 移动塔吊	台	1	15 000	
5t 卷扬机	台	2	8 000	5t 卷扬机	台	0	0	
合计(元/月)	87 000			合计(元/月)	35 000			

从上表可以看出,对于大桥施工,在材料转运和安装方面的投入来看,引入新工法后相关机械材料产生的费用仅为原来的 40.2%。

7 质量控制

7.1 枕木:在本工法中,枕木的主要作用为调平轨道底面,使同一桩号处内外两侧轨道处于同一水平面,需测量人员进行初平;分布荷载,使移动塔吊因自重、吊重及风荷载产生的荷载合理的传递到桥面上。

7.2 轨道:由于移动塔吊底座最小转弯半径为 600m,故能够满足所有转弯半径大于 600m 的桥梁施工。轨道安装中,需严格控制两根轨道是否在同一水平面上,以及轨道接缝间的平顺度,以免在行走过程中造成卡轨。移动塔吊的轨道轨距偏差为 4 500mm ± 2mm,轨道与轨枕之间必须有道钉连接固定;桥面与轨枕之间、轨枕与轨道之间必须用钢板垫平,保证轨道总长上任意位置受力均匀可靠。

7.3 塔身垂直度:塔身垂直度能否满足塔吊使用规范,即小于 2‰,是移动塔吊能否投入使用的关键,在施工中需由测量人员对该指标进行严格控制。

8 安全措施

8.1 行走过程:移动塔吊行走过程中的安全问题需注意以下几个方面:

(1)不能在大风天气行走;

(2)行走前需确认接触塔吊和桥面的所有临时约束;

(3)确认动力系统正常;

(4)塔机上、下坡时,应根据计算,在相应位置处配重;

(5)台车的 4 个底轮均需由专人负责观察,发生卡轨和脱轨等情况需马上停止行走;

(6)塔机上、下坡时,应采用低速挡。

8.2 安平过程:移动塔吊安平过程中的安全问题需注意以下几个方面:

(1)安平时不允许吊重;

(2)安平前后均需检查行走台车与轨道、轨道与枕木及枕木与桥面之间接触是否良好,脱空位置需用薄钢片垫塞;

(3)正确安装抗风缆绳等临时约束。

8.3 使用过程:移动塔吊使用过程中的安全问题需注意以下几个方面:

(1)大风天气禁止使用移动塔吊;

(2)移动塔吊吊臂在与桥面是 45°交角时为塔吊最不利状态;

(3)为提高安全系数,此时起吊最大重量为吊重限制的 90%;

(4)使用完毕后将吊臂顺桥向摆放。

9 环保措施

本工法由于节约了大量的机械设备,降低了施工中电、油等能源的消耗,具有很高的环保价值。在实施中,应注意遵照执行国家和地方(行业)有关环保法规中所要求的环保指标。

10 效益分析

对采用本工法的大花哨大桥左幅、坝陵河大桥东引桥左幅、平寨大桥等三座大桥进行统计,其经济效益如下:

(1)节约上部构造施工中的人工费用达50%以上;

(2)节约上部构造施工中的机械费用达55%以上;

(3)节约上部构造施工中的能源消耗达65%以上:

(4)节约桥梁施工净工期达15%以上;

(5)节约施工成本达330余万元。

本工法符合并满足国家关于建筑节能工程的有关要求,是对挂篮施工连续刚构、移动模架和现浇支架施工连续梁,以及架桥机施工混凝土梁桥的补充,可实现连续刚构和混凝土梁桥施工的规范化和标准化作业,有利于推进能源与建筑结合配套技术研发、集成和规模化应用的发展。

11 应用实例

本工法已成功运用于沪瑞国道贵州省镇宁至胜境关高速公路第39A合同段的坝陵河大桥东引桥左幅、大花哨大桥左幅和16合同段平寨大桥。

11.1 大花哨大桥及坝陵河大桥东引桥工程概况

大花哨大桥及坝陵河大桥东引桥位于半径1 100m的平曲线上,缓和曲线参数$A=370$。

大花哨大桥左右两幅各分三联,东引桥左右两幅各分两联,结构形式为跨径50m左右的预应力混凝土等截面连续刚构,梁高2.8m,单箱单室截面。

直线段箱梁顶面设有2%横坡,曲线上的超高系采用箱梁绕桥面设计基准点旋转而成,横坡由顶板倾斜形成。箱梁横断面中心线与墩中心线在一条直线上。

箱梁为双向预应力混凝土结构,主梁除布置纵向预应力束外,在桥面板内设有横向预应力束。

11.2 平寨大桥工程概况

平寨特大桥长1 382m,桥型布置左幅为8×40m简支转结构连续T梁+130m+3×235m+130m连续刚构+2×40m简支转结构连续T梁,起点桩号K70+077,终点桩号K71+459,全长1 382m;右幅为9×40m简支转结构连续T梁+130m+3×235m+130m连续刚构+2×40m简支转结构连续T梁,起点桩号K70+037,终点桩号K71+459。

遥控飞艇施放大跨径悬索桥先导索施工工法

GGG(贵)C3046—2008

阮有力　钟荣炼　杨胜江　黄　盛　杨茂军
(贵州省桥梁工程总公司)

1　前言

随着21世纪科学技术的发展,工业技术、计算机技术、静态和动态仿真技术、自动控制技术等在桥梁工程设计和施工中得到了广泛的应用和发展,尤其在跨越江河、海湾及峡谷的特大悬索桥建设中得到推广应用。

悬索桥的施工主要包括锚碇施工、索塔施工、主缆架设、索夹吊索安装、加劲梁安装等。主缆架设是悬索桥施工的重点和难点,也是悬索桥的"生命线"。其施工步骤为先导索架设、牵引系统架设、猫道架设、主缆索股架设。其中先导索架设是缆索工程中的第一道难关,先导索也是缆索工程中最先拉过江河、海湾或峡谷的第一根钢索。目前,国内外架设先导索有如下几种方法:轮船渡江牵引法、直升机牵引法、火箭发射牵引法、人工跨越牵引法等,其中轮船渡江牵引法包括悬挂牵引法、江(海)底牵引法、浮索牵引法。

为丰富大跨度悬索桥先导索架设的施工工法,考虑到目前现有工法的操作性能、适用性能、经济性能、安全性能、环保性能等特点,充分利用机械技术和遥感技术,贵州省桥梁工程总公司提出了遥控飞艇施放大跨径悬索桥先导索施工工法,并将它成功应用于镇胜公路第39G-1合同段坝陵河大桥。这是国内外第一次使用飞艇架设悬索桥先导索,在世界建桥技术的尚属首创。

遥控氦气飞艇的前身是M6—2000军事飞艇。该型飞艇是中国人完全拥有自主知识产权的水滴软式飞艇。它采用了国际上现有的新技术、新设备、新材料和新工艺,2001年9月试飞成功,经过民航局适航部门的认真审查,已经取得了型号设计批准书(TDA)和适航证,2002年被评为中国新技术转化A级项目。贵州省桥梁工程总公司于2007年10月20日发布了遥控飞艇施放大跨径悬索桥先导索施工工法,并于2007年11月1日实施。

2008年3月14日,贵州省交通厅在贵阳主持召开了《遥控飞艇施放大跨径悬索桥先导索施工工法》成果鉴定会。鉴定认为,该工法有广泛的推广应用价值。在大跨径悬索桥建设中首次采用遥控飞艇施放先导索施工工法,达到国际先进水平。

2　工法特点

2.1　遥控飞艇施放大跨径悬索桥先导索施工工法工艺先进,操作方便,安全可靠,节约资源,符合环保。

2.2　遥控飞艇施放大跨径悬索桥先导索施工工法创造了多级牵引技术,达到了牵引索材料类型、规格及牵引力的均衡,最大限度地使用牵引力的功率。

2.3　遥控飞艇施放大跨径悬索桥先导索施工工法创造了牵引设备最小化,牵引设备载体无人化,安全效果显著。

2.4　遥控飞艇施放大跨径悬索桥先导索施工工法将自动控制技术与传统的导索牵引技术相结合,提高了作业效率,经济效益显著。

3 适用范围

由于遥控飞艇具有推力大、抗风能力强、稳定性高、操作灵活、续航时间长、环保性能好等优势，遥控飞艇施放大跨径悬索桥先导索施工工法适应于各种地形及架设条件，有广泛的推广应用价值。

4 工艺原理

遥控飞艇施放大跨径悬索桥先导索施工工法的核心是采用遥控气动飞艇搭载轻质高强的先导绳索，从桥梁此岸飞越彼岸，然后通过小绳换大绳的多级牵引方式，最终置换成钢丝绳以达到先导索架设的目的。

飞艇是一种有推进装置、可控制飞行的轻于空气的航空器。飞艇由较大的流线型艇体、艇体下面的吊舱、起稳定控制作用的尾面和推进装置组成，在飞行中主要依靠内部充满氢气或氦气的气囊提供的浮力，将飞艇及其载荷支持在空中，发动机为其提供前进的动力，通过操纵尾翼上的升降舵和方向舵控制飞艇的俯仰和方向运动。飞艇可以垂直起降、空中悬停，不需要有专用设备的起降场。

5 施工工艺流程及操作要点

遥控飞艇施放大跨径悬索桥先导索施工工法，采用在此岸放绳，彼岸收绳的单循环放线方式。其施工顺序是：飞艇施放一线引绳（ϕ3mm 韩国丝）⟶一级引绳置换成二级引绳（ϕ4mm 迪尼玛）⟶二级引绳置换成三级引绳（ϕ10mm 丙纶绳）⟶三级引绳置换成四级引绳（ϕ12mm 迪尼玛）⟶四级引绳置换成钢丝绳（ϕ17.5mm 钢丝绳）。

此岸作为放绳的主要作业区，彼岸作为收绳的主要作业区。飞艇在作业区准备就绪，将一级引绳架固定在地上，一级引绳与飞艇连接。由一名遥控操作员负责指挥飞艇，一名工作人员负责托起飞艇。施工中首先要观察气候条件，察看风向和风速，起飞的时候一定要逆风起飞，这是不变的原则。接着发动发动机，不要急着将油门摇杆拨到高速的状态，先确认发动机的提速反应是否顺利，然后先回复到低速的状态，再一点一点地让发动机运转。在发动机马力全开之后，再利用信号一起把手放开，这是为了能够一口气进行加速。当手离开飞艇之后，飞艇就会发出吼声加速离去，然后再进行调整。飞艇飞到一半之后，彼岸遥控操作手，指挥飞艇降落，完成一级引强的架设。

在两岸布置 1t、8t 卷扬机各一台，卷扬机前设置导线轮。在彼岸把二级引绳架固定在地上，二级引绳与一级引绳绳头相连，在此岸通过 1t 卷扬机或人工牵引一级引绳，一边回收一级引绳一边牵引二级引绳，完成二级引绳的架设。按同样的方法完成三级、四级钢丝绳的架设。施工工艺流程见图 1。

各级引绳的具体操作步骤如下：

(1) 采用起降场带绳起飞或塔顶挂绳起飞作业，途中接力操作、直接牵引的方法施放一级引绳。施放一级引绳时，选择此岸塔前空地作为起降场地，由 1 号操作手负责飞艇的起飞遥控；飞艇起飞后，在适当的高度及飞行中点将飞艇与 2 号操作手交接，由 2 号操作手负责飞艇将一级引绳牵引至对岸塔旁空地降落。飞艇放线示意见图 2。

(2) 二级引绳：一级引绳牵二级引绳时，以 1t 卷扬机或人工牵引方式在滑车内进行，各高空人员进行监护，绳不能与地面摩擦或出现跳槽现象，同时往牵引方向导绳子，直至二级引绳导通为止。

(3) 三级引绳：二级引绳牵三级引绳时，利用两台 1t 卷扬机进行牵放，采用一牵一的形式在朝天滑车内进行，牵通后将绳子锚固牢于卷扬机两端。

(4) 四级引绳：三级引绳牵四级引绳时，把已经放通的三级引绳作为牵引绳，通过 8t 卷扬机牵引四级引绳，四级引绳通过卷扬机出线而产生张力。

(5) 钢丝绳：五级绳采用钢丝绳，通过四级引绳牵引到对岸，两岸都临时锚固在承台前端的预埋件上，待牵引系统作业时再替换更大绳径的钢丝绳。

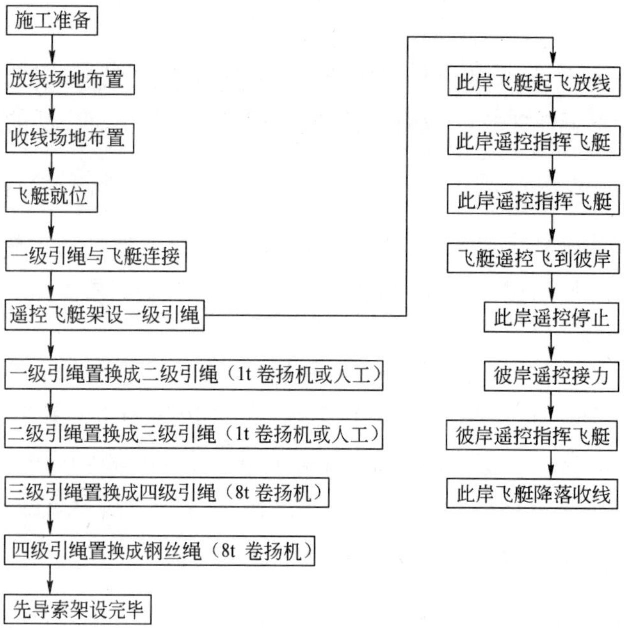

图 1　施工工艺流程图

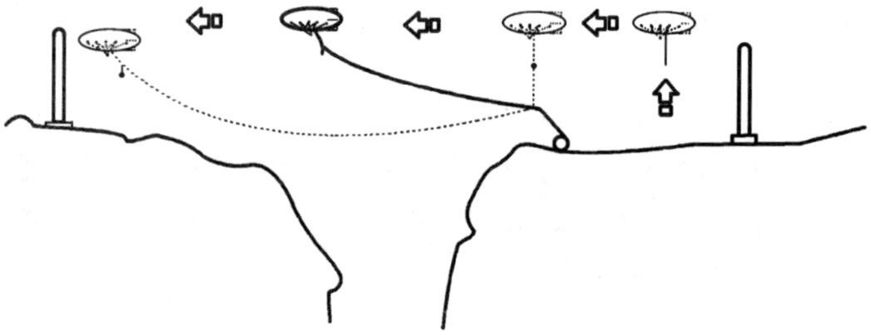

图 2　飞艇放线示意图

6　材料与设备

6.1　材料与设备

遥控飞艇施放大跨径悬索桥先导索施工工法，主要设备有遥控飞艇 1 艘、一级引绳 1 根、二级引绳 1 根、三级引绳 1 根、四级引绳 1 根、1t 卷扬机 2 台、8t 卷扬机 2 台(表 1)。

材料设备一览表　　表 1

物资名称	规　格	数　量	备　注
飞艇总成及配套工具	YS—7	1 艘、1 套	
韩国丝	ϕ3mm	根据桥梁跨径决定	一级引绳
迪尼玛	ϕ4mm	根据桥梁跨径决定	二级引绳
丙纶绳	ϕ10/13mm	根据桥梁跨径决定	三级引绳
迪尼玛	ϕ12mm	根据桥梁跨径决定	四级引绳
钢丝绳	ϕ17.5mm	根据桥梁跨径决定	先导索
对讲机		4 台	飞艇组用
抗弯连接器	3t	4 个	二三级引绳连接
抗弯连接器	5t	4 个	三四级引绳连接
旋转连接器	3t	2 个	三级引绳连接
旋转连接器	5t	2 个	四级引绳连接

6.2 飞艇

现代飞艇一般都是软式飞艇，要保持它们的外形，只能是通过气囊中氦气压力来实现。其主要组成部分有气囊、辅助气囊、吊舱、推进装置、尾翼、方向舵和升降舵等。

(1)气囊：其里面充满了氦气以提供升力，另外里面还有辅助气囊。现代飞艇上气囊由涤纶、聚酯纤维、迈拉等人造材料织成，可有效的防止氦气的泄漏，并具有很长的使用时间。

(2)辅助气囊：飞艇内部一个小的辅助性气囊，可通过在飞行中的冲气和放气来控制和保持飞艇形状和浮力。

(3)吊舱：位于飞艇下方的舱室，包括驾驶舱、发动机和人员舱(有人驾驶飞艇)。

(4)推进装置：为飞艇的起飞、降落和空中悬停提供动力。

(5) 尾翼、方向舵和升降舵：为飞艇提供机动能力。

(6)遥控飞艇有关参数见表2。

遥控飞艇参数表 表2

飞艇型号		QS—700(氦气)	
单人遥控半径		1km	
飞行载质量		5kg	
使用燃料		专用合成油(主成成甲醇)	
发动机点火方式		被动式热火塞，无火花	
飞行数据		几何尺寸	
巡航速度	20km/h	全长	6.5m
最大航速	70km/h	全 高	2.0m
续航时间	40min	气囊直径	1.7m
作业抗风能力	8m/s	气囊总体积	$9m^3$
最大抗风能力	13m/s	副气囊体积	$1m^3$

6.3 引绳参数

(1)引绳的级别：按引绳被施放的顺序，划分为一级引绳、二级引绳、三级引绳、四级引绳等。

(2)引绳的参数见表3。

引 绳 参 数 表 表3

序　号	名　称	型　号	直径(mm)	断裂强度(kN)	质量(g/m)	断裂伸长	备　注
1	韩国丝	3—50	3	0.6	3	10%	一级引绳
2	迪尼玛	ϕ3.5	4	11.4	9.5		二级引绳
3	丙纶绳	ϕ10/13	10/13	11/35	97	9%	三级引绳
4	迪尼玛	ϕ12	12	135	108		四级引绳
5	钢丝绳	ϕ17.5	17.5	192	1 310		

7 安全措施

7.1 飞艇飞行安全

(1)气囊为防静电特殊材料制成，不会聚集静电荷。

(2)双发配置，能保证在无工作负荷的情况下，单发也能完成基本的飞行功能。

(3)配有遥控脱绳装置，在需要的时候，可以准确、快速地使所带绳索与飞艇分离。

(4)严格的起飞质量控制，保证飞艇在任何失控的情况下，都只会向下落到地面。

(5)遥控装置设有自动失控保护，飞艇在失去地面遥控时会自动调整为降落姿态并迅速降落。

(6)飞艇自重轻,飞行速度慢,意外降落不会对环境造成破坏。

(7)飞艇艇体有明显的单位标志,便于辨识。

(8)由专人负责飞艇的管理维护,每次起飞前均要对飞艇的机械、电气、燃油等部分进行全面的检查,保证每次的起飞条件都符合规程的要求。

(9)具有高水平操作、维护飞艇的专业团队,具备完整的飞艇使用体系,及地勤、飞行应急预案。

7.2 飞艇作业安全

(1)飞艇操作及维护人员的工作必须按照 YS—7 型遥控飞艇《飞行、维护操作规程》、《发动机使用及维护操作规程》、《遥控设备说明书》执行。

(2)后勤人员在起飞检查过程中要注意保护自身不受到飞艇的伤害。

(3)在对飞艇进行组装时应在警界区内,严格按照组装程序进行组装,整个过程应严禁烟火;艇囊在充气时,所有施工人员应穿着棉制工装,以防产生静电;在对发动机进行调试时,应防止飞艇运动部件(发动机螺旋桨)对人体的伤害。

(4)每次作业应严格按照飞行任务书执行。

(5)作业应急措施:飞艇每次作业除有预定的起降场地外,还必须考虑应急降落场地,一旦在作业过程中发生意外,应能够就近降落;一旦出现紧急状况,应立即向飞艇作业负责人汇报。

(6)飞艇飞行记录表格

①遥控飞艇飞行任务书;

②充放电统计记录表;

③飞艇状态检查表;

④飞行日志;

⑤飞艇事故分析记录。

7.3 高空作业的安全措施

(1)凡患有不宜从事高空作业病症的人员一律不得进行高空作业。

(2)高空作业时,作业人员必须系好安全带(绳)。安全带的另一端必须拴在牢固的构件上,注意尽量拴在闭合的构件内,不得低挂高用,同时在施工中应随时检查是否拴牢。

(3)高空作业人员应穿软底鞋,上下应沿脚钉或爬梯攀登,在转移作业位置时,脚要踩稳,手扶的构件必须牢固,不得沿单根构件上爬或下滑。

(4)高空作业人员杆塔上应避免上下交叉作业,多人在一处作业时,应相互照应、密切配合,所用的工具、材料,应放在工具袋内或用绳索绑牢,上下传递物体应用绳索吊送,严禁抛掷。

(5)高空作业均需设置安全监护人,安全监护人的责任一方面是监护高空作业人员是否按照安全规程的要求进行作业,另一方面是监护塔下的工作人员注意不要在高空作业的落物范围内,以免落物伤人。

不同高度的高作空业可能的落物范围(半径)如下:高空作业位置到地面的垂直距离 2 ~ 5m、5 ~ 15m、15 ~ 30m、> 30m,可能的落物半径分别为 2m、3m、4m、5m。

(6)遇有雷雨、浓雾、六级以上大风时,不得进行高空作业。

8 效益分析

根据国家规划,21 世纪前 30 年我国交通建设将会出现又一次飞跃,至 2020 年公路建设要实现总里程达到 300 万公里的目标,预计将建设大约 20 万座大中桥梁,总计长度会超过 1 万公里,其中跨度超过 500m 的大型桥梁将达到数百座,一批跨越江河、海湾、峡谷的桥梁工程已进入实施阶段。未来跨江、跨海、山区特大跨径悬索桥建设、数量需求较大,规模上将有较大的跨越。对地形水文限制的悬索桥施工意义重大,遥控飞艇施放大跨径悬索桥先导索施工工法与其他工法相比,以其工艺先进、操作方便、安全可靠、投资节约、符合环保、工期极短等特点，具有很大的市场应用价值，可以在以后的悬索桥施工中应用和推广。与传统工法相比，对于1 000m以上跨径的大路径悬索桥，有其明显的社会经济效益（表4）。

经济效益比较表　　表4

项目名称	直升机牵引	火箭牵引	人工牵引	轮船牵引	遥控氦气飞艇牵引
成本	48万元	25.4万元	3万元	20万元	12万元
设备	直升机/1架	火箭/2门	人工/20人	轮船/2艘	飞艇/1艘
工期	1d	1d	7d	3d	0.5d
文明施工与环境保护	需要停机场地，文明施工与环境保护效果较好	火箭采用火力助推方式，在野外施工中对环境有一定的破坏，应尤其注意防火，文明施工与环境保护效果一般	需要先开劈道路以利于人员和钢丝绳通过，必须对桥梁下方高压线和房屋进行拆迁，文明施工与环境保护效果最差	要求桥下通航，施工期间要求封航，文明施工与环境保护效果一般	对场地无任何破坏，文明施工与环境保护效果最好
其他	办理相关手续复杂	必须进行人员拆离，落点差误大，落点半径0～30m	由于人员进入高山深谷，安全风险较大	必须进行封航	工艺先进，操作方便，安全可靠，投资节约，符合环保，工期极短
可靠性分析	可借鉴国内外经验，超1 000m的桥梁已有成功先例；有技术和经验上有充分的保障	可借鉴国内经验，湖北沪蓉西泗渡河大桥有成功先例；有技术和经验上的保证，但施工中的安全问题还需高度重视	国内小跨径桥梁经常采用此方面，在大跨径桥梁中实施较小，技术上要求不高，重在人员过河的安全要保障	可借鉴国内外经验，超1 000m的桥梁已有成功先例；有技术和经验上的有充分的保障	可借鉴国内外其他行业的成功经验，特别是在电力放线、航拍等方面有成功经验
选用条件	不受限制	无人居住的山区	地势较平缓的山区	江上、海上	不受限制
经济效益分析	造价最高，不经济	造价较高，较经济	造价最低，最经济	造价较高，较经济	造价较高，较经济

9　应用实例

9.1　工程概况

沪瑞国道主干线是“五纵七横”国道主干线系统中的一横（GZ65），是西南地区通往华东地区的主要通道之一。镇宁至胜境关公路是GZ65公路在贵州省境内“两纵两横四联线”公路主骨架的重要组成部分。该路段起于安顺市镇宁县城北，东接清镇至镇宁高速公路，途经安顺、黔西南、六盘水三个地州市，穿越黄果树风景名胜管理区、关岭、晴隆、普安和盘县特区，终点为滇黔省界的胜境关。

坝陵河大桥为主跨1 088m单跨钢桁加劲梁悬索桥，距拟建的镇宁至胜境关高速公路起点约21km，地处黔西地区的高原重丘区，在关岭县东北跨越坝陵河峡谷，峡谷两岸地势陡峭，地形变化急剧，起伏很大，河谷深切达400～600m。图3为坝陵河大桥总体布置图。

9.2　地形、地貌、区域地质构造及水文

镇宁至胜境关路线位于贵州高原西部斜坡地带，西高东低为溶蚀、剥蚀中山～低中山地貌，全线溶岩发育。线位又处于北盘江流域中游，由于流水长期侵蚀，地面相当破碎，河谷附近起伏很大。在桥位区域，由于受安庄断层和关岭县城以西的上木咱断裂的影响，使该区域形成高差悬殊的深切河谷地形，即以黄果树为代表的众多高差悬殊的瀑布。

桥址区地表水属于珠江水系，坝陵河起源于郎岱山北部，长约40km，中下游平均坡降12.1%。枯

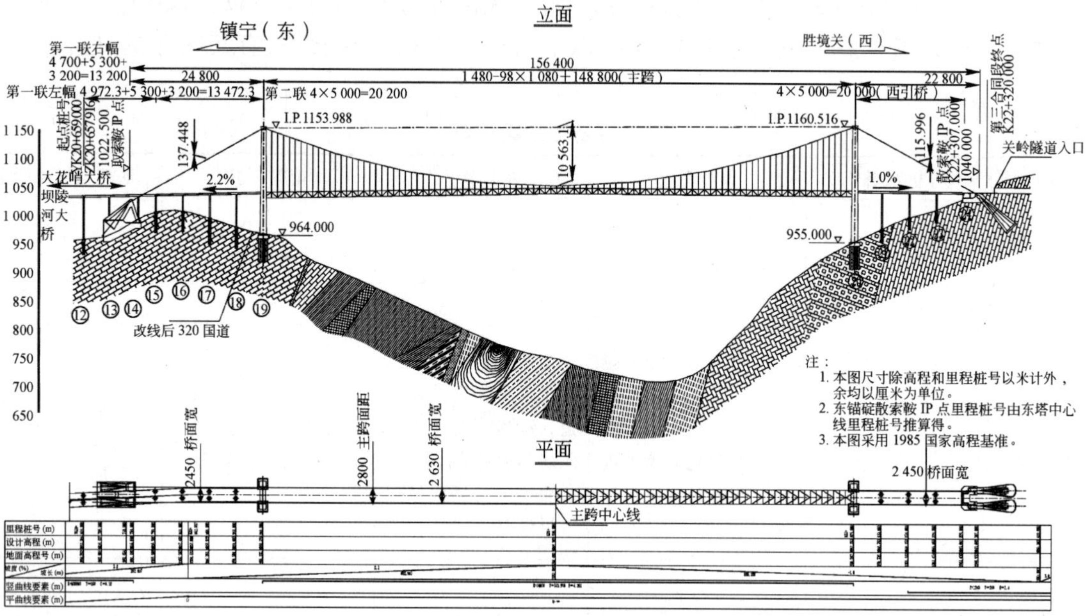

图 3 坝陵河大桥总体布置图

季流量 0.0928m^3/s,平水期约 3～4m^3/s,丰水期 5～6m^3/s。夏季大雨后猛增暴涨,水量增大数十倍,流量可达 15m^3/s 以上。区内坝陵河两岸冲沟多为干沟,汛期洪流顺坡而泄,S6 号泉出露于坝陵河东岸斜坡中部,枯季流量在 28l/s 左右,汛期流量大增。

9.3 坝陵河大桥工程特点

坝陵河大桥桥型结构为 248m + 1 088m + 228m 单跨钢桁加劲梁悬索桥,其工程规模大、技术含量高、施工条件复杂,大桥多项指标处于国内、省内领先水平。

(1)大桥为主跨 1 088m 钢桁加劲梁悬索桥,在高山峡谷区修建如此大跨度桥梁,世界建桥史上尚属首次。

(2)西岸隧道式锚碇长 74.34m,轴线倾角 45°,为世界第一大隧道锚。

(3)东岸重力式锚碇混凝土浇筑方量达 81 662m^3。

(4)全桥建成后长达 2 257m。

(5)全桥概算投资 14.8 亿元人民币。

(6)大桥东接壮美的黄果树大瀑布、西临三国索马古道、南毗神秘的红涯天书、北靠滴水滩瀑布,建成后为该景区增加又一道亮丽的风景线。

9.4 坝陵河大桥先导索架设方案的确定

针对坝陵河大桥桥址区峡谷宽广、深切的特点进行构思,我们先后对比了直升机牵引、火箭牵引、人工牵引,甚至还想到了风筝,但经方案论证之后,都不太适合于本项目,于是提出了遥控飞艇施放先导索施工方案。

9.5 遥控氦气飞艇架设先导索施工

遥控飞艇施放放线引绳施工采用 QS—700 型遥控飞艇,飞艇施放引绳时多采用牵放的形式,即将一级引绳盘置于地上,一级引绳通过塔顶专用放线滑车后由飞艇牵引绳头飞行的方式。图 4 为坝陵河大桥先导索架设示意图。

(1)架设步骤如下:利用飞艇架设一级引绳,一级引绳为 ϕ3mm 韩国丝;在塔前两侧各布置一台 8t 卷扬机,以备换绳用。

(2)利用一级引绳架设二级引绳,二级引绳为 ϕ4mm 迪尼玛;利用二级引绳架设三级引绳,三级引

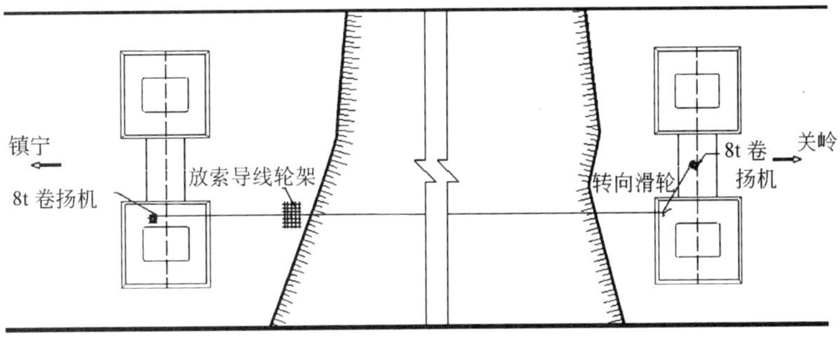

图4 坝陵河大桥先导索架设示意图

绳为 ϕ10mm 丙纶绳；利用三级引绳架设四级引绳，四级引绳为 ϕ12mm 迪尼玛。

(3)在东岸锚碇后 25t 卷扬机上卷进 2 000mϕ16.5mm 钢丝绳、西岸锚碇后 25t 卷扬机上卷进 250mϕ16.5mm 钢丝绳；利用人工将边跨先导绳 ϕ16.5mm 钢丝绳通过散鞍导轮组从锚碇后牵拉到塔底；把钢丝绳从边跨侧通过塔顶导轮组下放到塔前。

(4)同时牵引主副牵引卷扬机，将四级引绳提至所需高程；牵引主牵引卷扬机，同时放副牵引卷扬机，将四级引绳换成 ϕ16.5mm 钢丝绳；ϕ16.5mm 钢丝绳牵引系统形成。

(5)按照“小绳换大绳、逐级牵引”的方式依次换成 ϕ16.5mm 钢丝绳→ϕ24mm 钢丝绳→ϕ32mm 钢丝绳→ϕ36mm 钢丝绳；将两岸 ϕ36mm 钢丝绳通过拽拉器连接从而形成牵引系统。

导索过谷后，因索径太细，需将索径换大，以便形成索引索，进而形成牵引系统。牵引索的张拉力及绳径与安装绳索的施工方法及猫道的结构有关，一般在 ϕ36mm 左右。牵引索在先导索拉到位后，在锚碇处将先导索与牵引索的前端连接，在另一锚碇处用卷扬机卷取先导索，牵引索随之前进到对岸，同时后端施加反拉力使其维持所需高程。

9.6 施工组织及安全措施

牵引系统施工是主缆施工的关键工序，且施工难度和风险较大，必须精心组织、精心施工，确保安全。

9.6.1 施工组织

导索过谷的人员组织及工作职责见表4。

导索过谷的人员组织及工作职责表 表4

岗位	人数	工作职责
总指挥	1人	总策划
现场指挥	1人	现场牵引作业具体指挥
主牵引卷扬机	2人	操作
副牵引卷扬机	2人	操作
东塔顶	2人	观察导索牵引情况
西塔顶	2人	观察副牵引索情况，拆除制动索
东西塔塔吊	2人	配合作业

9.6.2 注意事项及安全措施

(1)牵引索系统架设施工工作机械设备多，且高空地面联合作业，为了保证机械设备及人员的安全，机械定人负责，其他人员定点定位；对所有人员进行详细的安全施工技术交底；无线通信配备应齐全。

(2)导索过峡谷应选在晴朗、风小的天气条件下进行。

(3)先导索、副牵引索和制动索等的临时连接采用适宜的 U 形卡(卸扣)连接方式，更为方便快捷。

(4)索塔上人员应佩戴安全带,系好安全绳等;高空作业佩戴安全带,并悬挂警示、警告标牌。

(5)导索过谷前应对所有机械进行检查保养待用;所有钢绳连接头应严格检查,牵引过程中随时观察接头情况,及时发现和消除隐患。

(6)牵引过程中,派专人对塔顶支架上、塔顶承台上的转向滑轮及牵引的运动情况进行观察,以便及时处理可能出现的意外情况。

9.7 实施结果

遥控飞艇施放大跨径悬索桥先导索施工工法于2007年8月30日,应用于镇胜公路第39G-1合同段坝陵河大桥工程,取得圆满成功。

钢筋混凝土箱型拱桥负角度竖转施工工法

GGG(贵)C3047—2008

张胜林　黄才良　章征宇　康厚荣　罗文秀
(贵州省桥梁工程总公司　大连理工大学桥梁工程研究所
贵州省公路局)

1　前言

在处于山岭重丘区的贵州,山高谷深的地形条件和有限的建设资金,使得钢筋混凝土箱形拱桥成为首选桥型。其结构特点是自重大,地形条件使得此类桥梁的建设难点集中在主拱圈的施工。

目前,钢筋混凝土箱形拱桥常用的施工方法有缆索吊装、悬拼拱架及转体施工。缆索吊装施工是将拱圈分片分段预制、安装,拱圈成型后整体性差,运营阶段出现纵缝是较为普遍的现象;悬拼拱架现浇施工,大量的高空作业使该工艺风险过大,同时临时用钢量大,施工费用较高;转体施工方法为平转或正角度竖转(从下向上转),受地形条件限制,在U形峡谷地形条件下无法实施。

随着我国的科技进步,各种新的工业技术逐渐打破行业壁垒,顺应其发展,桥梁建造新技术、新工艺应运而生。公路等级的提高造就了各种构造的高墩,使得爬模及挂架翻模技术日渐成熟;大吨位可拉、可放的连续千斤顶,常用于工业民用建筑的提升或下放工程。桥梁工程的提升、下放或转体逐步被推广应用。

贵州省桥梁工程总公司联合大连理工大学桥梁工程研究所、贵州省公路局,以珍珠大桥为依托工程,进行了“U形峡谷钢筋混凝土箱型拱桥负角度竖转施工工艺技术”研究,将爬模技术运用于主拱圈立式浇筑,采用连续千斤顶将主拱圈下放至成桥高程,通过两种技术的集成形成“钢筋混凝土箱型拱桥负角度竖转施工方法”,于2007年9月完成了珍珠大桥主拱圈负角度竖转施工,并于2008年4月通过了由贵州省科学技术厅组织国内知名专家和学者进行成果验收,鉴定结论为国际先进水平。

2　工法特点

2.1　拱脚处作临时竖转铰,从拱顶将主拱圈分两半在两岸分别立式浇筑,拱圈浇筑在桥台位置集中进行,施工作业既省力又比较安全;由于拱肋沿垂直方向施工,因此可以得到性能良好的混凝土;所需施工场地小,不受地形条件的影响。

2.2　拱肋立式浇筑以及竖向转体施工过程中,结构体系较为简单,便于施工管理;同时,扣索可使拱圈获得免费的预应力。

2.3　通过张拉牵引索、放松扣索的循环操作,使拱圈重心平稳地由铰心的岸侧转向河心侧;转体过程以行程控制为主,索力控制为铺,便于工艺推广。

2.4　负角度竖转工法采用的爬模及连续千斤顶技术,适应建桥技术的发展方向,在土建行业正逐步推广使用。随着这两项技术的日益成熟及广泛使用,其经济指标将逐步降低。

3　工法适用范围

负角度竖转工法作为一项技术,不仅适用于钢筋混凝土箱型拱桥转体施工,更适用于钢结构(相同跨径,转体质量大幅度降低)及其他钢—混凝土组合结构的桥梁施工。此外,由于不受地形条件的限制,该工法有广泛的适用范围。

4 工艺原理

4.1 拱脚处作临时竖转铰,从拱顶将主拱圈分两半在两岸分别立式浇筑,浇筑完成后通过扣于拱顶处扣索及下放装置缓慢下放,下放至预定高程,施工合龙段,封固拱脚。

4.2 拱肋采用液压爬模浇筑,分段高度以拱肋横隔板的布置为界,各段以割线角度进行倾斜调整。

4.3 转体机构由扣索锚固点、转向块、转体扣索、转向架、张拉台座及牵引索组成,如图1所示。

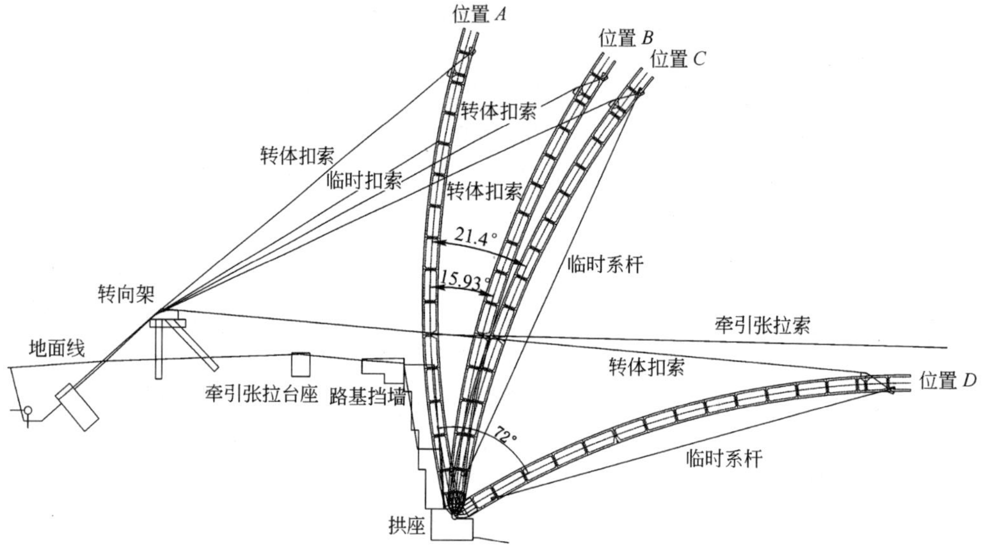

图1 转体施工方案布置示意图

4.4 转体设备采用连续千斤顶及其同步控制系统。转体过程分为有牵引及自重作用两个阶段(位置B为分界点)。有牵引阶段,用放松扣索——张拉牵引索的反复循环操作实现拱肋转体,使拱肋受力不受冲击,确保拱肋受力安全;自重作用阶段,根据拱肋受力分两次张拉临时系杆,分两次倒换工作扣索的数量。

4.5 拱肋转体至预定高程,采用先劲性骨架合拢再浇筑混凝土的方法合龙,逐步拆除临时系杆及扣索,封固拱脚,完成主拱圈施工。

5 施工工艺流程及操作要点

5.1 施工工艺流程(以珍珠大桥为例,见图2)

5.2 操作技术要点(以珍珠大桥为例)

5.2.1 转体机构及拱肋的爬模施工

开挖基坑(包括扣索张拉台座、转向架、牵引索张拉台座),施工扣索张拉台座、转向架、牵引索张拉台座;按拱背线形砌筑桥台,表面设置锚杆、挂网喷射混凝土,最外层铺设双层油毡作为地面以下部分拱背模板;委托专业钢结构加工厂制作拱铰铰座、铰轴及展束索鞍。拱铰铰座、铰轴及展束索鞍到达现场以后,严格按照要求安装铰座及铰轴,安装铰轴防脱臼装置,并浇筑拱座混凝土;然后安装爬模,每4m一段浇筑拱肋混凝土。

当爬模施工拱肋至7a号横隔板位置,将模板上移至下一施工阶段位置,安装临时扣索。临时扣索采用2号、3号转体扣索中的10根。

爬模施工拱肋至完成,拆除模板,张拉1号、4号转体扣索中的18根至367kN索力;拆除临时扣索;张拉牵引索至1 100kN;拆除防脱臼装置中的橡胶垫板。转体施工开始,在正式进行转体施工前,须进行试转,以确保拱肋与山体之间能成功脱离。

5.2.2 拱肋的竖向转体施工

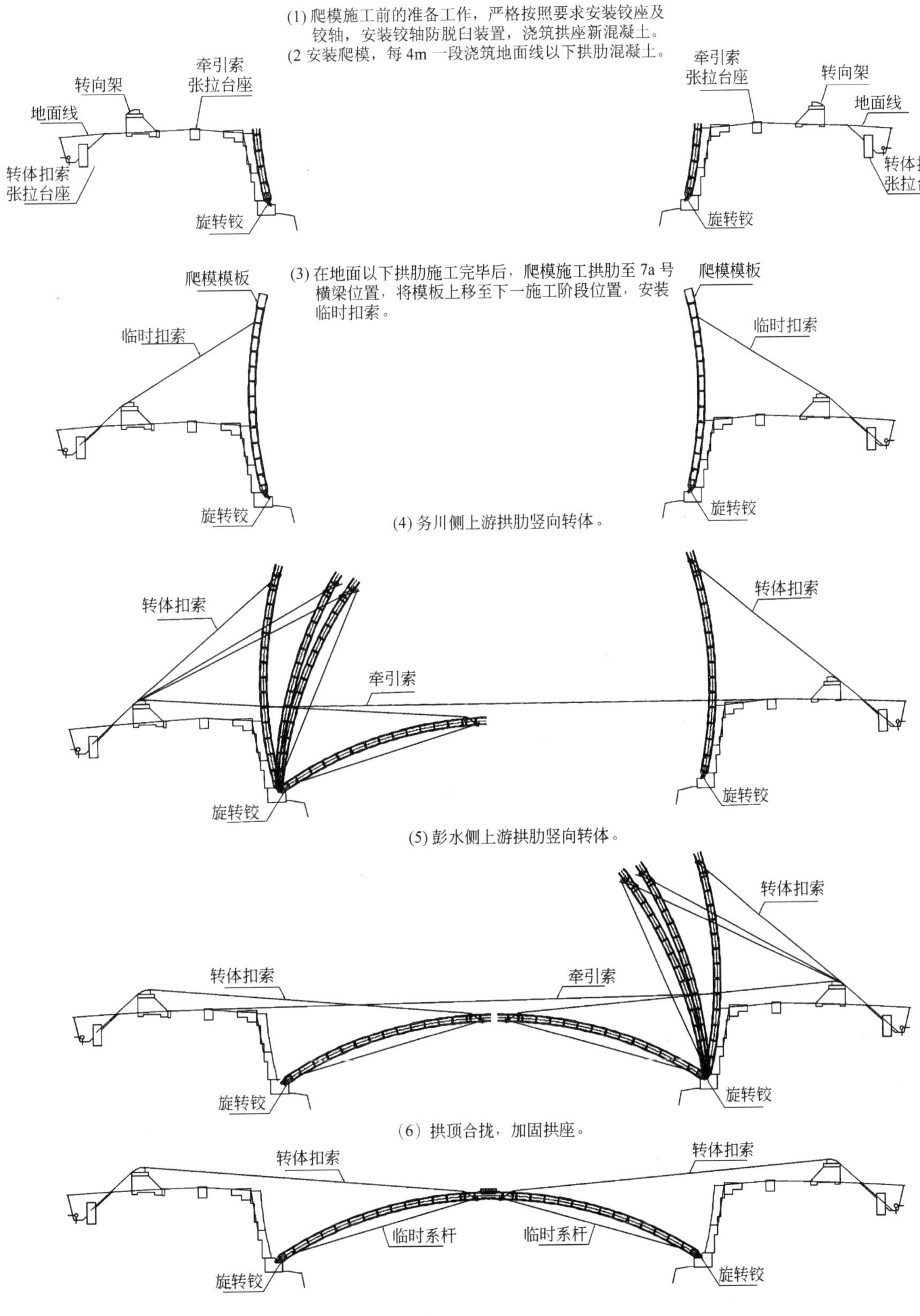

（7）按上述流程施工下游拱肋，施工肋间横隔板混凝土，拱上建筑的施工。

图2　施工工艺流程图

利用放松扣索—→张拉牵引索—→再放松扣索—→再张拉牵引索,如此循环往复,使拱肋实现转体。除极个别步骤外,牵引索的张拉行程控制在18cm以内。

当拱肋旋转至15.93°时,由于拱肋在自重作用下即可转体,故拆除已完全松弛的牵引索,通过转体扣索的逐步放松使拱肋达到目标高程;当拱肋旋转至21.47°时,张拉临时系杆中的2号束至800kN,工作扣索由1号、4号转体扣索中的18根倒换为2号、3号转体扣索中的44根;当拱肋旋转至31.71°时,张拉临时系杆1号、3号束各800kN,工作扣索由2号、3号转体扣索中的44根倒换为全部转体扣索的88根。

5.2.3 拱肋的合拢及体系转换

当拱肋旋转到位,用同样方法施工对岸拱肋。当两侧拱肋竖转至设计高程处,合拢劲性骨架,浇筑合拢段混凝土。在合拢段混凝土达到强度后,拆除合拢段模板。劲性骨架合拢,要求选择在温度变化平稳的时间内完成,合拢段混凝土在凌晨时间段内浇筑。合拢段采用早强微膨胀混凝土,以尽量避免混凝土在养生期间出现的早期收缩裂缝。

合拢后,具体施工步骤如下:放松2号、3号转体扣索1/2的索力—→拆除临时系杆中的2号束—→拆除2号、3号转体扣索—→拆除剩余的临时系杆—→拆除剩余的扣索—→封闭拱脚—→按照同样的方法施工下游拱肋—→浇筑中隔板—→施工拱上建筑。

6 材料与设备(表1、表2)

主要材料数量表

表1

材　料	单　位	全桥合计	备　注
水泥	t	370	42.5R
片石	m^3	180	
砂石料	m^3	986	
钢筋	t	40	Ⅱ级
钢板	t	20	Q345
		45	Q235
钢绞线		60	ϕ_j15.24

主要设备数量表

表2

设备名称	型　号	规　格	数　量
交流电焊机	BX1—500	50kVA	4
直流电焊机	AX3—300—1	10kW	6
钢筋弯曲机	WJ—40	3kW	1
钢筋调直机	CTQ4—40	1.5kW	1
钢筋切断机	QJ—40	5.5kW	1
混凝土输送泵	HBT—60C	$60m^3/h$	1
混凝土搅拌机		500l	2
连续千斤顶	TX—350—J	3 500kN	8
	TX—200—J	2 000kN	1
液压泵站	TX—80—P—D	31.5MPa	2
塔吊	QTZ—632		2
卷扬机		3～5t	4
柴油发电机组		125～160kW	2
全站仪			2
自动安平水准仪	拓普康 AT—G		

7 质量控制

7.1 质量控制依据

(1)《珍珠大桥施工图设计文件》;
(2)《U形峡谷钢筋混凝土箱型拱桥负角度竖转研究大纲》;
(3)《珍珠大桥负角度竖转工艺设计文件》;
(4)《公路桥涵施工技术规范》(JTJ 041—2000);
(5)《公路工程水泥及水泥混凝土试验规程》(JTG E30—2005);
(6)《公路工程集料试验规程》(JTG E42—2005);
(7)《公路工程金属试验规程》(JTJ 055—83);
(8)《公路工程施工安全技术规程》(JTJ 076—95);
(9)《公路工程质量检验评定标准》(JTG F80/1—2004);

7.2 关键部位、关键工序的质量要求

7.2.1 竖转铰制作主要技术要求

(1)铰座外形尺寸:±2mm;
(2)铰座内圆尺寸:+0.5~0.8mm;
(3)铰轴长度:±5mm;
(4)铰轴外圆尺寸:-0.5mm;
(5)直线度:0.5/4000;
(6)粗糙度:6.3。

7.2.2 竖转铰安装控制要素

(1)铰座中心坐标(≤10mm);
(2)铰座横桥向偏差(两端点≤1mm);
(3)铰座两端点的高差(两端点≤1mm);
(4)铰座背面拱座混凝土密实度(无空洞)。

7.2.3 拱肋混凝土质量、线形及外形尺寸控制

拱肋浇筑采用液压爬模逐段浇筑施工,每段浇筑界线划分在各段横隔板顶面,每段模板按其在拱肋曲线相应位置的割线倾角进行调整。采用三维空间坐标放样,控制每段模板顶面的空间位置,无累计误差。混凝土质量、线形及尺寸容许偏差按《公路桥涵施工技术规范》(JTJ 041—2000)有关规定执行。

7.2.4 转体过程控制要素

(1)拱肋竖转前,按设计参数要求,严格控制临时扣索、竖转扣索、牵引索的张拉时机、张拉次序及张拉力。

(2)在竖转过程中,主要控制竖转扣索的进索量和牵引索的拔出量,及关键步骤的索力及拱肋的空中位置,并严密观测拱肋在竖转过程中的轴向偏差。

(3)在竖转过程中,严格控制拱肋临时系杆的张拉时机,实时监测拱肋受力控制断面的应力变化。

(4)严格按要求控制合拢前的拱肋高程;严格按要求控制转体扣索和临时系杆的索力释放过程以及在此过程中的拱肋关键断面应力。

(5)监测后续施工过程的拱肋应力和高程变化。

8 安全措施

8.1 设备试验保障

为确保珍珠大桥整体竖转下放工程顺利实施,在设备正式启用之前,参照实际工况,在试验台上进

行全面的设备性能考核,在确认设备正常以后才能进场安装就位。所有的进场设备都要经过试验,并做记录备查。

试验内容参照我国液压缸出厂试验标准 JB/JQ 20302—88,结合实际工况的要求,适当进行增删。

8.1.1 试验回路

油缸试验采用液压加载,所用仪表精度不低于液压测试 C 级精度的要求。

8.1.2 试验项目(表 3 ~ 表 5)

空载试验 表 3

序号	项目名称	试验目的	试验方法	试验要求
1	功能检验	验证系统及诸元件动作的正确性	油缸置于地面,并与泵站相连,用手控使油缸完成全部动作	各种功能和动作均符合设计要求
2	空载压力测定	1. 测量油缸的最低启动压力 2. 测量系统压力损失	1. 逐步提高供油压力,记录活塞启动时的压力 2. 在伸缸与缩缸时间接近实际工作要求情况下,用压力表测定泵出口压力与油缸进口压力	空载压力损失油缸不大于额定压力 5%; 泵站压力损失不大于额定压力 10%
3	油缸泄漏检测	测定油缸的内外泄漏	油缸一腔进油,升压至 25MPa(锚具缸 5MPa),保压 5min,从另缸一腔油口测定泄漏量	不得有明显内漏和外漏

负载试验 表 4

序号	项目名称	试验目的	试验方法	试验要求
1	满负载试验	检验系统满负载工作时的性能	液压加载,使油缸工作压力为 25MPa(相当于 2 000kN),按实际工作要求循环工作	1. 每台油缸和泵站必须试验; 2. 工作总行程上升和下降 3m
2	耐久性考核	检验系统满负载工作时的可靠性	按满负载试验方法进行	1. 抽查 2 个油缸; 2. 行程累计上升 60m 和下降 2m; 3. 性能不得有明显变化
3	同步试验	检测系统的自动操作性能	采用 4 个油缸提升,每个负载 700kN。分别由四组控制系统控制,模拟实际工况的自动操作和顺控操作功能	1. 能顺利完成自动和顺控操作; 2. 同步误差在规定范围内
4	耐压试验	检验油缸超载承受能力	将油缸伸出不到底的情况下,大腔加载到 31.25MPa,保压 5min	全部零件不得有损坏或永久变形现象

应急试验 表 5

序号	项目名称	试验目的	试验方法	试验要求
1	油管破裂	在油管破裂情况下保证系统安全	荷重提升过程中,系统突然失压,观察系统闭锁情况	荷重能自动停止
2	手动误操作	手动误操作对系统安全性影响	在油缸工作时,通过手动开关误操作夹片	误操作能自动闭锁,不影响系统安全
3	抗电磁干扰	检测在电磁波干扰情况下系统工作可靠性	系统工作时人为产生电磁干扰,观察系统	电磁波不能影响系统工作
4	断电安全性	检测突然停电后的安全性	提升过程中突然去掉电源,观察系统安全性	提升停止,不失控

8.2 提升设备可靠的机电液保障

为了确保提升工程的顺利实施,在整套提升设备中机电液三方面设计多道安全保障措施。

8.2.1 提升油缸保障

(1)在钢绞线承重系统中增设了多道锚具;

(2)提升油缸采用模块设计,使用中一旦出现故障,能够及时更换;

(3)提升油缸采用新型的锚片结构,提高了锚具系统工作的可靠性;

(4)每台提升油缸上装有液压锁,防止失速下降,即使油管破裂,重物也不会下坠;

(5)每台提升油缸安装限压和限速装置,防止负载超限和失速下降。

8.2.2 液压泵站保障

(1)液压泵站中设置安全阀,限制各点的最高负载,确保结构安全;

(2)主要液压元件使用进口元件,可靠性高。

8.2.3 控制系统保障

(1)液压和电控系统采用联锁设计,以保证提升系统不会出现由于误操作带来不良后果;

(2)控制系统具有异常自动停机、断电保护等功能;

(3)控制系统采用容错设计,具有较强抗干扰能力。

8.3 提升过程的实时监控

8.3.1 各吊点提升负载的监控

通过安装在各提升油缸上的压力传感器,将各点油压信号传输至主控计算机上,通过油压监控该点的负载是否在允许的范围内。

8.3.2 结构空中姿态的监控

通过安装在各点的长行程传感器,测量各点的高度与距离,监控各提升点的高差。

8.3.3 提升设备工作状态的监控

监控各种传感器的读数与状态(包含压力、长行程传感器读数、行程传感器读数、锚具状态等),读取压力表读数等,分析提升设备工作是否正常。

9 文明施工与环保措施

9.1 文明施工

9.1.1 文明施工组织管理机构

成立由项目经理为组长的文明施工小组,全面开展文明工地活动,创造良好的施工环境和氛围,保证工程顺利完成。

9.1.2 文明施工保证措施

(1)对进场施工队伍签订文明协议,建立、健全岗位责任制,把文明施工落实到实处,提高全体施工人员自觉性和责任心。

(2)采取有效措施处理生产生活废水,不得超标排放,并保证施工现场无积水现象。在多雨季节应配备应急的抽水设备和突击人员。

(3)现场布置合理,材料、物品机具、土方堆放符合要求。

(4)施工现场、办公室内按要求布置图表,及时反映现场及工程进度状况。

(5)施工期间,经常对施工机械车辆道路进行维修,确保晴雨畅通。

9.2 环境保护措施

9.2.1 水环境保护措施

(1)施工废水按有关要求处理,不得直接排入河流。

(2)施工的废油,采取隔油池等有效措施加以处理,不得超标排放。

(3)对工人进行环保教育,不得随地乱扔果皮纸屑。

(4)对于施工中废弃的零碎配件,边角料、水泥袋、包装箱等及时收集清理并搞好现场卫生,以保护自然与景观不受破坏。

9.2.2 大气环境及粉尘的防治措施

(1)施工现场和运输道路经常洒水,减少灰尘对人的危害和环境的污染。

(2)对油料物品设立专门库房,采取严密可靠的存放措施。

9.2.3 降低噪声措施

(1)对使用的工程机械和运输车辆安装消声器,降低噪声。

(2)在比较固定的机械设备附近设置临时隔音屏障,减少噪声传播。

(3)适当控制噪声叠加,尽量避免噪声机械集中作业。

10 效益分析

10.1 跨越U形峡谷、主跨跨径在60~150m之间的桥梁,以钢筋混凝土箱型拱桥的经济技术指标最优;但由于受地形条件的限制,主拱圈的施工难度较大。以珍珠桥为例,对悬拼拱架现浇拱圈及负角度竖转拱圈两种方案进行技术、经济对比分析,具体见表6。

施工方案技术、经济分析表 表6

方案名称	主要临时工程量	施工措施费
悬拼拱架现浇拱圈	钢拱架,480t	192万元(摊销及运输费)
	钢管支架,120t	48万元
	缆吊斜扣系统	20万元
	架设费	50万元
	合计	310万元
负角度竖转拱圈	竖转铰	48万元
	地笼及锚梁	12万元
	扣索及锚具	36万元
	拱圈下放	90万元
	爬模系统增加费	20万元
	合计	206万元

注:表中施工措施费以2006年第四季度贵州省的市场价格为计价依据。

10.2 国内目前桥梁转体施工方法有平转、竖转(从下向上)及平竖转结合等三种方法,需要特定的地形条件及一定量的临时用地,负角度竖转工艺不受地形条件限制,不占用临时用地,有一定的环保价值。

11 应用实例——务(川)彭(水)公路珍珠大桥

珍珠大桥位于务川至彭水公路(贵州段)K4+384.30~K4+519.50段,跨越垂直落差110m的洋冈河。根据桥位的地形、地质条件等因素,采用了国内首创的负角度竖转工艺,同时为适宜工艺特点优化了主拱圈截面。具体布置如图3所示。

本桥为净跨120m的钢筋混凝土箱形截面悬链线无铰拱,拱轴系数为$m=1.756$,矢跨比1/7,成桥时拱顶预设预拱度24cm,并沿纵向按二次抛物线分布。

原设计拱圈为单箱三室截面,修改设计后的拱圈为无中箱顶底板的箱形肋拱截面。如图4所示,顶

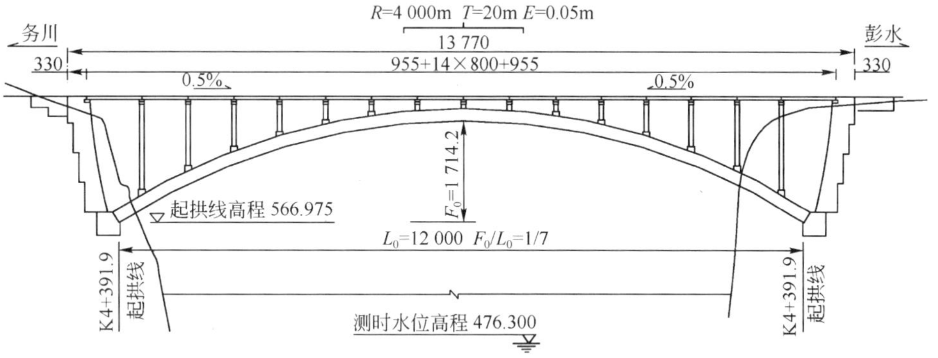

图3 珍珠大桥立面布置图(尺寸单位:cm;高程单位:m)

底板厚度从拱角至 2 号排架段(水平距离 12m)为 30cm,其余部分为 25cm,腹板厚度均为 30cm。拱肋内部每隔 4m(水平距离)设一道横隔板,厚度为 30cm,并在拱顶两侧扣索转向块下增设一道横隔板,全桥共计箱内横隔板 33 道;拱肋之间每隔 8m(水平距离)设一道肋间横隔板,全桥共设肋间横隔板 15 道。在 7 号与 8a 号横隔板之间,在拱肋内增设一道腹板,使拱肋截面由单箱单室变成单箱双室,主拱圈结构如图 5 所示。

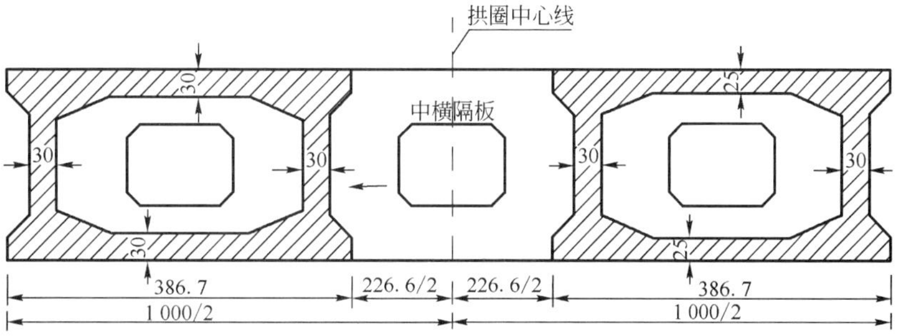

图4 珍珠大桥主拱圈断面图(尺寸单位:cm)

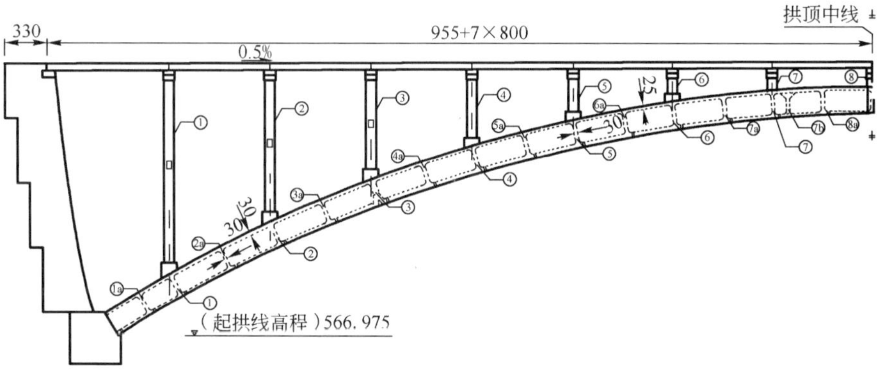

图5 珍珠大桥主拱圈结构图(尺寸单位:cm;高程单位:m)

深水基础无封底混凝土单壁钢板桩围堰施工工法

GGG(贵)C1048—2008

杨贵平　曹　洪　吴　飞　莫海鸿　杨　俊
(贵州省桥梁工程总公司　华南理工大学
中铁工程设计咨询集团有限公司)

1　前言

围堰是深水基础施工最重要的临时性结构,是保证桥梁基础及下部构造施工的关键环节。由于围堰工程量大,围堰结构和工艺的合理选择,是基础工程节省投资、缩短工期和保证安全最重要的因素之一。

在对国内外围堰进一步调研的基础上,采用先进的结构分析手段,结合常用的围堰支护材料——钢板桩的特性,将传统的重力式支护体系改变为单壁钢板桩+钢支护体系;通过对钢板桩接缝及围堰土基水流渗透的分析,以石粉为反滤料,设置30~50cm厚的混凝土垫层、无封底混凝土的抗渗及抗浮托体系;根据上述结构特点,拟订堰内抽水及支护体系安装流程,形成一套深水基础无封底混凝土单壁钢板桩围堰施工工法。

该工法由贵州省桥梁工程总公司和华南理工大学联合开发,荣获广东省2005年"南粤之星"杯QC小组活动创新型第一名,评为"南粤之星"。2007年6月,贵州省科学技术厅组织国内知名专家和学者对本项目进行技术鉴定,鉴定结论为国内领先水平。采用本工法,合理的支护结构节省了围堰用钢量,无封底混凝土的抗渗及抗浮托体系减少了围堰圬工量,安全、环保,经济效益显著。

2　工法特点

2.1　"单壁钢板桩+钢支撑"的结构体系,采用标准和质量轻的钢构件组成,无需大型的水上起重及插打设备,便于安装及施工控制,降低了施工难度;钢支撑采用"角撑+对撑"结合,为承台施工预留了很大的空间,方便了施工。

2.2　以石粉为反滤料,无封底混凝土的抗渗体系,铺设30~50cm厚的混凝土垫层,垫层下设碎石导渗沟的抗浮托体系,有效地解决了围堰抗渗、抗浮托等技术难题,环保效益显著。

2.3　从上至下分层加支撑——分层抽水的"逆作法"施工工序,工序简明,便于施工管理。

2.4　钢板桩100%的回收率,提高了材料周转率;减少了用钢量及封底混凝土数量,节约了成本;便于施工,缩短工期;避免了因船只碰撞或潮涨潮落等造成围堰与封底混凝土出现裂缝,进而发生喷水喷砂等安全隐患。

3　工法适用范围

在水深不超过15m、具有一定厚度弱透水层的条件下的深水基础施工都可以采用单壁钢板桩围堰,且由于此种围堰的支护结构为柔性支护体系,更适合在潮汐性河流或地下水位变化的地基条件下的基础施工,并通过计算分析采取不封底或少封底的形式,可进一步提高钢板桩围堰的经济性、安全性及应用前景 。

4　工艺原理

钢板桩围堰是由单根钢板桩拼式而成,打入土中形成承载及挡水结构。由于其整体刚度较小,受力时变结构形较大,而且钢板桩缝之间漏水和水流绕过桩尖渗入堰内,可能会引起承台施工的抗浮和围堰内部土体的渗透变形等问题。针对不同的岩、土层类别、钢板桩类型型号、内支撑体系,及钢板桩缝渗水自愈机理的研究,得到了等代渗透系数以计算围堰内的抽水量,验证了围堰底面不封底的抽水可行性;通过围堰内导渗措施的研究,解决围堰底面不封底时的抗浮问题;通过钢板桩受力机理研究、工程反算并参照试验数据,得到了钢板桩的受力过程中刚度、强度及支撑体系安全系数的合理取值;并采用二维和三维的仿真数值模拟等综合分析手段,对钢板桩围堰的力学特性和变形规律进行了研究,解决了深水基础无封底混凝土单壁钢板桩围堰设计、施工中的关键技术问题。

5　施工工艺流程及操作要点

5.1　施工工艺流程(以新光大桥主墩承台的施工为例,深水基础单壁钢板桩围堰施工工艺流程见图1)

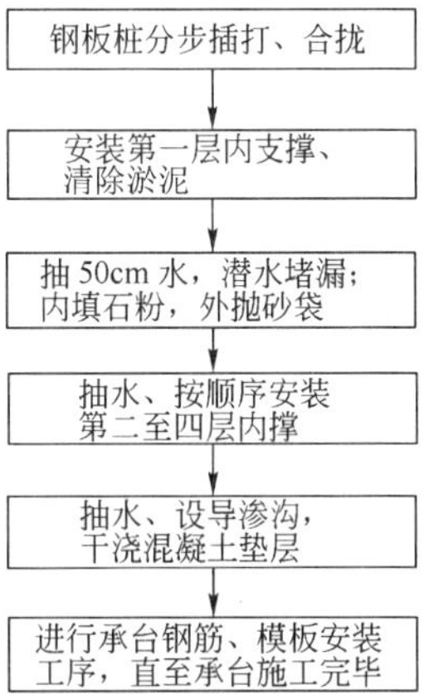

图1　深水基础单壁钢板桩围堰施工工艺流程

5.2　操作技术要点(以新光大桥主墩承台钢板桩围堰施工为例进行详述)

5.2.1　施工准备

(1)组织运输船及打桩船,将钢板桩运至工地。

(2)钢板桩整理。钢板桩运至工地后,应进行检查、分类、编号及登记。检查钢板桩有弯曲、破损、锁口不合的均应整修,按具体情况分别用冷弯、热敲、焊补、铆补、割除或接长等方法进行整修。钢板桩接长需用同类型钢板桩等强度焊接接长,焊接时先对焊或将接口补焊合缝,再焊加固板。

(3)导向架安装。为了加快施工进度,在进行钢板桩整理的同时进行导向架安装。导向架设上下两层,保证导向口上下垂直,其稳定性和刚度应满足插打钢板桩的需要。

(4)检查振动锤。振动锤是打拔钢板桩的关键设备,使用前一定要进行专门检查,确保线路畅通,功能正常。

(5)同一围堰的钢板桩使用同一型号规格的产品,保证锁口一致。

(6)从栈桥至钢板桩围堰、至基坑底设置人行梯,加设安全防护网。

5.2.2　钢板桩插打施工工艺

(1)钢板桩插打方法。即采用逐片插打,逐渐纠偏直至合拢,以及先合拢,后插打进入岩层的方法。

(2)钢板桩插打次序。在有潮水的珠江中插打钢板桩,因受两个流向影响,为了减少水流阻力,应采取从顺流一侧开始,根据水流方向向上下游方向插打,然后转角插打上游和下游侧,合拢口的位置选择在靠岸边一侧,在平潮水位时合拢,以保证其垂直准确。而第一片钢板桩的位置,则设在合拢口对面的一侧。

图2　开始插打钢板桩

(3)钢板桩插打过程控制(图2)。在插打过程中应做到插桩正直,分散偏差,有偏即纠,调整合拢。

5.2.3　钢板桩合拢

(1)合拢前的准备。

在即将合拢时,开始测量并计算出钢板桩底部的直线距离,再根据钢板桩的宽度,计算出所需钢板桩的片数,按此确定钢板桩的下一步如何插打。

(2)合拢时钢板桩的调整处理(图3)。钢板桩围堰在合拢时,两侧锁口不尽平行,两端相距在一定范围内时,可采取如下措施进行调整:

①钢板桩上端向合拢口倾斜时,可在钢板桩顶端使用千斤顶互顶,或用两套复式滑车组向外侧张拉调整至所需位置。

②钢板桩将近合龙而两侧各剩下几片尚未合拢前,即应考虑合拢情况,如须调整时,可将钢板桩悬挂,不使桩底落到河床,由潜水员下水安设复式滑车组进行调整。

③当合拢钢板桩插下时,由于经过调整的间距不能完全平行,必须施加压力才能使合拢钢板桩插下;或当钢板桩上部有很大长度未能套入锁口,又不能采用振动下插时,可在顶端安装复式滑车组,并将滑车组下端固定,将钢板桩拉入锁口。

(3)钢板桩锁口漏水处理(图4)。由于钢板桩插打不当或大风浪等作用,致使锁口发生变形,出现渗漏。补救措施是在漏水缺口处的围堰外侧用棉絮条堵塞缝隙。

图3　钢板桩合拢

图4　钢板桩墙锁口

5.2.4　内部支撑安装

(1)竖撑安装:根据设计每个钢围堰内设36根竖向支撑,采用一根 ϕ370mm×6 钢管,管内充填混凝土,可利用水上工作平台作导向架进行插打竖撑(长约17m),5号墩入砂层不少于5.0m,6号墩入河床不少于5.0m。竖撑插打严格控制平面位置和垂直度,平面位置误差不超过5cm,倾斜度不超过0.5%。

(2)水平支撑结构形式:围堰内四道水平支撑,横桥向支撑,第一至四层为2 I 40a 槽钢;纵桥向支撑,第一层为2I32a,5号墩第二至四层为2I56c ,6号墩第二至四层为2 I 56a。

(3)水平撑安装:水平支撑按从上到下,依次进行抽水安装每道支撑。每层先安装定位架,然后安装围檩,再安装纵横撑。注意每个节点位置纵横撑的轴向对接,并控制好各纵横撑的高程一致。在竖撑上放出纵横梁的安装高程位置,在钢板桩内壁放出围檩的安装高程位置;先安装围檩,纵横向围檩应位于同一水平面上,并与钢板桩点焊连接;吊装纵横撑,放于竖撑牛腿上,两端先与围檩固结,再用千斤顶顶紧,使钢板桩变形复原后合龙中间并连接。先安装对撑,后安装角撑。第一层支撑在低潮位时安装。第二至四层支撑分别抽水低于支撑位50cm后安装。内撑构件及其接点焊接必须按设计图要求精心加工,确保焊接质量。斜撑接点连接必须牢固,严格检查,严密观测。钢板桩围堰钢支撑体系见图5。

5.2.5　基底处理

5号墩首先抽水清除淤泥至 -4.04m 高程,然后在围堰中心不小于16m×16m范围内挖见砂层,回填石粉反滤层至高程 -2.54m。6号墩清基吹砂整平至高程 -4.04m,内填1.5m厚的石粉反滤层

图5　钢板桩围堰钢支撑体系

至 -2.54m(图6),围堰外侧均填砂袋与内侧基本平齐。

通过计算,5号墩基坑最大渗水量(钢板桩全部不入岩时)为每天3 185m(133m/h),入岩0.5m时为31m/h,备用2台大功率(300m/h)水泵抽干。6号墩基坑最大渗水量是16 329m/d(680m/h),最小渗水量是1 555m/d(65m/h),备用3台300~500m/h的水泵即可(图7)。

图6　回填石粉反滤层

图7　围堰内抽水

抽干水后,四周设排水沟、集水井,承台底铺设碎石导渗暗沟,将基底的渗水汇入集水井后全部抽出。利用吸泥机快速地将石粉清除50cm后,整平基底,浇0.5m厚C20混凝土垫层,作为承台施工工作平台。如图8所示导渗沟布置方案。如图9所示混凝土垫层。

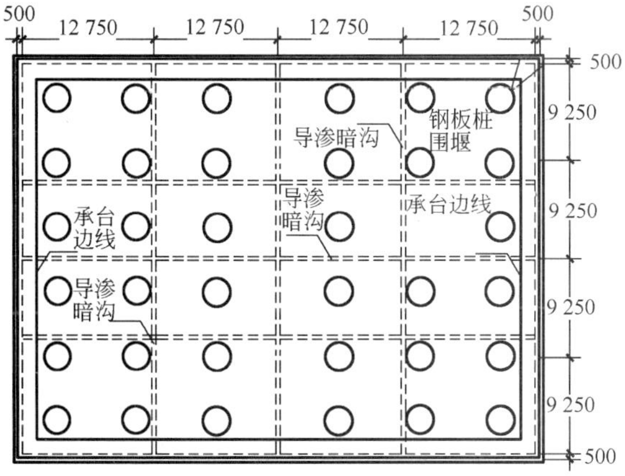

图8　导渗沟布置方案示意图(尺寸单位:mm)

图9　混凝土垫层

6 材料与设备

根据钢板桩围堰结构所需各种材料及设备计划,提前做好调查、外购组织进场、加工制作工作,包括钢板桩、各种支撑加固型钢、钢板等。主要材料数量见表1。主要设备数量见表2。

主要材料数量表 表1

材料	单位	北岸	南岸	全桥合计	备注
钢板桩	t	850	850	1 700	FSPIV 型
型钢	t	550	500	1 050	I56a,I56c,I32a,I40a,I20a
钢板	t	130	120	250	δ20mm,δ16mm,δ14mm,δ12mm,δ10mm
钢模板	m^2	560	560	1 120	
混凝土垫层	m^3	1 000	1 000	2 000	厚0.5m
填料砂	m^3	3 000	3 000	6 000	
石粉	m^3	2 000	2 000	4 000	
钢管	m	612	612	1 224	ϕ370mm×6

主要设备数量表 表2

设备名称	型号	规格	数量
装载机	ZL50	$3m^3$	2
沉拔桩机	DZ—90		2
空压机	9~$12m^3$/h		6
汽车式起重机	QY32C	25t	2
汽车式起重机	长江	40	1
浮吊	100t		2
平板驳	300~400t		2
交通船			4
潜水设备			4
变压器	630kVA		6
柴油机发电组	250kW		4
潜水泵		$300m^3$/h	5
混凝土输送泵	HBT—60	60m/h	10
直流焊机	AX3—300—1		8
交流焊机	BX3—300—1		12

7 质量控制

7.1 工艺流程控制

钢板桩围堰具体施工方案是:钢板桩尽量打入全风化层或打入强风化层;钢板桩合拢后,整平基底;完成顶层内撑后,堵漏止水;视工程需要回填石粉内侧回填石粉反滤层,外侧抛砂袋与内侧基本平齐以防冲刷;分层抽水,在低水位时安装内撑;抽干围堰内水,设导渗盲沟引水至四周排水沟、集水井,干浇筑混凝土垫层。

在上述施工流程中,要求钢板桩尽量打入全风化层或强风化层,一方面可以增加围堰的稳定性,另一方面可以尽可能减小绕钢板桩底部流入围堰内的水量,防止围堰内的土层发生渗透破坏。而在钢板桩插打合拢,安装第一道支撑后,围堰内抽水,内填石粉、外抛砂袋,其作用也是很明显的。内填石粉作用为:一是压渗,防止抽水时坑底发生渗透破坏;二是提高被动侧土层的抗力,有效地控制钢板桩的变形,提高支护体系的稳定性,并可减少钢板桩的入土深度。外抛砂袋则可以防止围堰外河床发生冲刷。在浇筑混凝土垫层时,由于采用了不封底方案,设导渗盲沟引水至四周排水沟、集水井。这一措施也至关重要,是解决围堰底部抗浮的主要措施。

7.2 施工监控

施工监测的重要性不言而喻,它可以及时反映围堰支护体系的工作性状是否处于安全状态,并判别是否需启动应急方案,是否要对下一步的施工方案进行相应的调整,设计所用的参数是否准确并需调节参数对设计进行调整等。这些信息都需要通过监测进行获取,在掌握这些信息的基础上才能不断减弱甚至削除各种不稳定因素,逐步加强各种有利于稳定的因素,最后实现工程顺利竣工。

在钢板桩深水围堰中,钢板桩的桩身变形和钢支撑的轴力是要重点关注的两个因素,通过对其进行测量可以较全面掌握围堰的工作状态。

在新光大桥5号、6号钢板桩围堰中,钢板桩桩身变形采用测斜仪监测,钢支撑的轴力采用大标距变形测杆监测,现场的监测图片如图10所示。

a)　　　　　　b)

图10　围堰的监测

a)桩身变形测斜;b)轴力测试

8 安全措施

8.1 施工前做好准备工作

(1)落实施工机械设备、安全设施、设备及防护用品进场,做好机械设施、设备进场验收工作,做好防护设施、防护用品验收工作。

(2)落实施工现场人员,做好安全教育及安全技术交底工作。

(3)落实安全技术措施经费。

8.2 施工过程安全措施

(1)钢板桩运输必须严格按水上有关规定执行。根据气象及水文报告做出合理的运输、停泊安排。在不允许施工的恶劣天气下,严禁强行施工。

(2)在钢板桩插打前应对机械设备、吊装设备作检修。在插打过程中,随时对钢板桩连接结构观测。如有异常情况,应立即停止作业,整修后再继续作业,并随时对吊装设备进行实时监控。

(3)钢板桩插打合拢后,由于受到水流和潮汐的影响,应成立围堰安全检查小组并设专人对其进行监控,发生变形必须及时进行加固、水下焊接处理。

(4)钢板桩抽水安装内支撑的过程中,必须设专人全程监测,对钢板桩的变形、位移、渗漏进行观察,填写监测记录。如发生变形、位移,对施工安全造成直接危险及安全隐患的,应立即停止抽水,加固钢板桩,消除变形、位移后再继续抽水。在必要的情况下,可以向围堰内灌水,恢复钢板桩围堰的内外平衡,经检查处理后再进行抽水。如发生渗漏时,由专门人员进行堵漏的工作。堵漏的工作在围堰内外同时进行。堰外用细煤渣和木屑混合物倒入漏水部位,堰内用棉絮塞漏。

(5)钢板桩施工完毕后,应由专人对钢板桩结构稳定性、焊接位置等进行检查,并定时进行监测,填写监测记录,有任何异常情况及时采取措施进行整改。在整个工程施工过程中,每天定时对钢板桩进行监测,填写监测记录。

(6)在特别情况下,如潮汐的侵害、船只的冲撞、地基的沉降等,应立即停止施工,对围堰进行检查、加固处理,确定无安全隐患后再进行施工。

(7)基底清理,基底清理过程中,随时对钢板桩进行观测,发生异常情况,及时处理。

8.3 防撞设施

由于围堰处于航道中,如果不采取预防措施,极易受来往航船和施工船只的碰撞,对围堰的安全性产生威胁,为此需在围堰外一定距离处设置防撞护栏,如图 11 所示。

8.4 抽水堵漏措施

河床面以上部分的钢板桩缝隙漏水,可采用各种人工的方法进行封堵。本工程由潜水员在水下向钢板桩缝中填塞棉条堵漏。现场堵漏图片如图 12 所示。

图 11 防撞护栏

图 12 人工堵漏

8.5 施工危险源预防方案

8.5.1 影响围堰失稳的因素

(1)强台风:建立与气象部门联合机制,随时掌握气象变化情况,合理安排施工内容,必要时采取临时加固围堰支撑。台风来临前,不允许作业船只停留在围堰周围,关闭供电电源,作业人员撤离施工现场。

(2)外部力量的碰撞:珠江航行航船流量大,船只吨位大,施工前应完善航道占用手续。围堰上夜晚设置连续警示灯光带,白天设置船只慢行旗。

(3)意外出现大量涌水涌沙:加强围堰内撑受力、钢板桩变形的监控监测,委托有专业资格的单位进行监测,制订监控监测方案;发生突发情况时,作业人员及时撤离施工现场。

(4)停电:在未确定再供电的情况下,先关闭所有用电开关;配备 250kW 功率的发电机一台,处理突然停电情况下施工状态。

8.5.2 预防围堰围檩、支撑吊装、焊接作业过程中人员伤亡事故发生预案

(1)加强对特种作业人员如电工、焊工、起重工、高空作业人员、搭架工、特种施工机具操作人员的培训教育管理,并经地市级主管部门考试合格取得"特种作业安全操作证"后才允许上岗操作,杜绝人的不安全行为。

(2)具体施工前,对施工现场、机具设备及安全防护设施等,进行全面检查,确认符合安全要求后方可施工,杜绝物的不安全状态。

(3)各施工作业点及施工机具,需设置"安全生产须知"和"操作规程"牌及各种警示牌,杜绝违反

安全操作规程的行为。

8.6　施工作业人员安全注意事项

(1)正确使用防护、救生用品。

(2)安全技术交底落实到每一个作业人员。

(3)不允许重叠施工作业;特殊情况下,重叠作业要采取有效隔离措施。

(4)不允许单人单独作业,保持至少两人一组的作业单元。此项作为安全技术交底必须交底内容。

9　文明施工与环保措施

9.1　文明施工

9.1.1　文明施工组织管理机构

成立由项目经理为组长的文明施工小组,全面开展文明工地活动,创造良好的施工环境和氛围,保证工程顺利完成。

9.1.2　文明施工保证措施

(1)对进场施工队伍签订文明协议,建立、健全岗位责任制,把文明施工落实到实处,提高全体施工人员自觉性和责任心。

(2)采取有效措施处理生产生活废水,不得超标排放,并保证施工现场无积水现象。在多雨季节应配备应急的抽水设备和突击人员。

(3)现场布置合理,材料、物品机具、土方堆放符合要求。

(4)施工现场、办公室内按要求布置图表,及时反映现场及工程进度状况。

(5)施工期间,经常对施工机械车辆道路进行维修,确保晴雨畅通。

9.2　环境保护措施

9.2.1　水环境保护措施

(1)施工废水按有关要求处理,不得直接排入河流。

(2)施工的废油,采取隔油池等有效措施加以处理,不得超标排放。

(3)对工人进行环保教育,不得随地乱扔果皮纸屑。

(4)对于施工中废弃的零碎配件,边角料、水泥袋、包装箱等及时收集清理并搞好现场卫生,以保护自然与景观不受破坏。

9.2.2　大气环境及粉尘的防治措施

(1)施工现场和运输道路经常洒水,减少灰尘对人的危害和环境的污染。

(2)对油料物品设立专门库房,采取严密可靠的存放措施。

9.2.3　降低噪声措施

(1)对使用的工程机械和运输车辆安装消声器,降低噪声。

(2)在比较固定的机械设备附近设置临时隔音屏障,减少噪声传播。

(3)适当控制噪声叠加,尽量避免噪声机械集中作业。

10　效益分析

10.1　经济效益分析经济(表3、表4)

新光大桥钢板桩围堰体系经济效益分析　　表3

钢套箱围堰(原设计方案)				钢板桩围堰(优化后设计方案)			
序号	项目名称	工程量	费用(万元)	序号	项目名称	工程量	费用(万元)
1	钢套箱	426.3t	213.2	1	钢板桩	800t	283.7
2	内撑钢管	300.0t	150.0	2	支撑结构	716.0t	250.6

续上表

钢套箱围堰(原设计方案)				钢板桩围堰(优化后设计方案)			
序号	项目名称	工程量	费用(万元)	序号	项目名称	工程量	费用(万元)
3	封底混凝土	5 028.0m^3	158.5	3	回填石粉	2 964m^3	17.8
4	混凝土垫层	1 000m^3	36.9	5	支撑回收	680t	-166.6
合计	548.7(万元)			合计	422.4(万元)		

猎德大桥深水基础工程围堰角撑体系经济效益分析 表4

双壁钢围堰(对比方案)					钢板桩围堰(优化后设计方案)			
部位	项目名称	单位	工程量	费用(万元)	项目名称	单位	工程量	费用(万元)
5号墩	钢围堰	t	373.0	186.5	钢板桩	t	207.2	82.9
					支撑结构	t	43.1	21.6
	封底混凝土	m^3	595.0	22.6	混凝土垫层	m^3	119.0	4.5
					支撑回收	t	43.1	-19.4
6号墩	钢围堰	t	431.6	215.8	钢板桩	t	239.8	95.9
					支撑结构	t	93.5	46.8
	封底混凝土	m^3	743.8	28.3	混凝土垫层	m^3	148.8	5.7
					支撑回收	t	84.2	-37.9
7号墩	钢围堰	t	965.7	482.9	钢板桩	t	536.5	214.6
					支撑结构	t	641.1	320.6
	封底混凝土	m^3	2 650.3	100.7	混凝土垫层	m^3	483.2	18.4
					支撑回收	t	577.0	-144.2
8号墩	钢围堰	t	431.6	215.8	钢板桩	t	239.8	95.9
					支撑结构	t	93.5	46.8
	封底混凝土	m^3	743.8	28.3	混凝土垫层	m^3	148.8	5.7
					支撑回收	t	65.5	-15.1
9号墩	钢围堰	t	373.0	186.5	钢板桩	t	207.2	82.9
					支撑结构	t	66.2	33.1
	封底混凝土	m^3	595.0	22.6	混凝土垫层	m^3	119.0	4.5
					支撑回收	t	46.3	-10.7
合 计	1 490.0				合 计	852.6		

10.2 社会效益分析

(1)广州市新光大桥水中承台施工,在工程质量、安全生产、文明施工等方面,经过业主、广州市质量监督站、广州市建委等多次检查,取得了良好的声誉,确保了新光大桥的建成通车。

(2)为桥梁深水基础施工提供了新的思路,积累了丰富、翔实的第一手资料和经验。其经济技术指标、分析手段和工艺措施在深水基础施工中有很大的推广应用价值。

11 应用实例

11.1 实例1——广州市新光大桥主墩承台

广州市新光大桥跨越南珠江沥滘水道(主航道),全桥长1 083.2m,主桥为177m +428m +177m三跨连续刚架飞雁式钢桁系杆拱桥,引桥为3×50m的预应力混凝土连续箱梁,目前在三跨连续中承式拱桥中位列世界第一(图 13)。

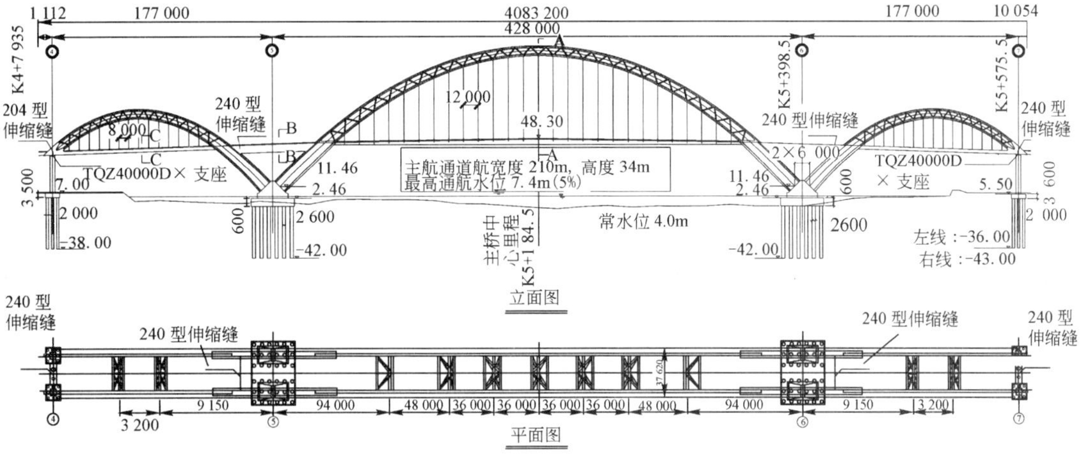

图 13 广州市新光大桥(尺寸单位:cm;高程单位:m)

大桥主墩 5 号、6 号墩位列珠江主航道两侧,主墩基础由 36 根桩基及承台构成。承台尺寸为 34.7m×48.3m×6.0m(顺桥向×横桥向×高),承台底高程为-2.04m(广州市政高程),顶高程为+3.96m。江面常水位为+4.5m 左右,最高潮水位为+7.0m。承台结构如图 14 所示。

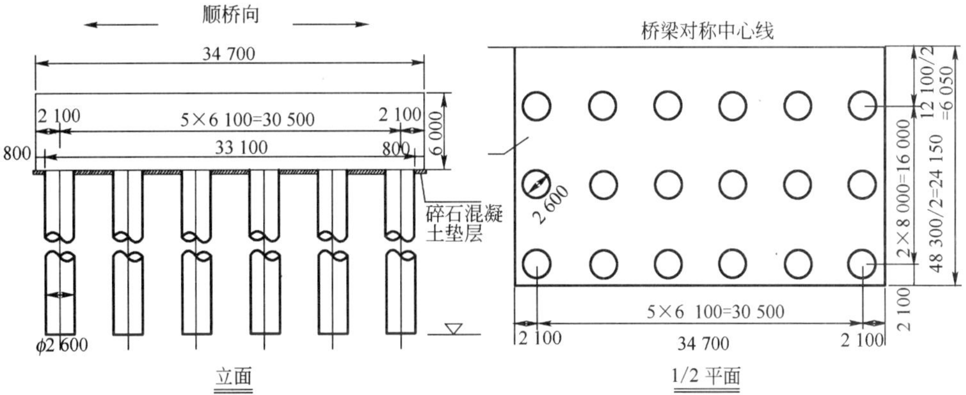

图 14 承台布置图(尺寸单位:cm)

承台尺寸为 48.3m×34.7m×6.0m,围堰的尺寸为 53m×38m,经过技术查新,为目前尺寸最大的单壁钢板桩无封底混凝土围堰。围堰开工日期为 2004 年 4 月 15 日,于 2004 年 10 月 10 日安装结束,比原计划工期提前了 4d 时间。同时,该工程节约封底混凝土 14 098m^3,大大降低施工成本。

11.2 实例 2——广州市猎德大桥水中基础

广州市猎德大桥位于广州市天河区猎德村,南起海心沙东,北起临江大道东,横跨珠江,南连磨碟沙,将天河珠江新城和海珠赤岗连成一片。大桥近南北走向,全长 742m,采用自锚式悬索桥方案。水上桥墩共五座,主墩为 7 号墩,副桥墩为 5 号、6 号、8 号和 9 号墩。7 号墩由 24 根桩及承台构成,承台尺寸为 16.5m×64.25m× 8.0m(顺桥向×横桥向×承台高,下同),承台下铺 0.5m 厚混凝土垫层,垫层底面高程为-5.575m(广州市政高程,下同);5 号、9 号墩由 8 根桩及承台构成,承台尺寸为 8.5m×28.5m×3.0m,6 号、8 号墩由 10 根桩及承台构成,承台尺寸为 8.5m×35.0m×3.0m,副桥墩各承台下均铺 0.3m 厚混凝土垫层,垫层底面高程都为-0.241m。

该桥所在处河床面以下的主要地层为淤泥及强风化泥质粉砂岩,淤泥层以下部分钻孔显示有亚黏土或淤泥质粉砂。为完成承台施工任务,必须修筑围堰,将水位降至承台底面以下。根据地质情况、现场环境及工期要求,设计采用单壁钢板桩+钢支撑支护体系。

我公司于2005年11月承接了广州市猎德大桥水中基础施工任务,在充分运用本项工法的前提下,根据猎德大桥水中基础的实际地质条件,制订了钢板桩围堰方案,在规定的时间内完成施工任务,取得了良好的经济、社会效益,同时有力地完善和补充了本项工法。

水中基础的施工见图15、图16。

图15 猎德大桥水中基础施工中

图16 猎德大桥水中基础施工围堰结构

11.3 实例3——广珠城际快速轨道小榄特大桥196号、197号墩基础

拟建广珠城际快速轨道小榄特大桥北侧起点位于中山市东凤镇永益村,跨小榄水道进入中山市小榄镇。大桥近南北走向,设计起点里程DK42+807.57,设计终点里程DK43+229.27,全长422m。

根据施工场地现场观测,小榄水道近期水位范围在0.49~1.8m(本报告中所有高程均采用85黄海高程),设计中设计水位采用2.0m;又根据该场地附近横海水闸的水文资料,其五年一遇水位为4.48m,所以在设计中采用4.5m水位时作为校核工况。

广珠城际快速轨道小榄特大桥水上桥墩两座(196号和197号),桥墩承台高6m,承台底面高程均为-4.413m,下铺一层0.3m垫层,垫层底高程-4.713m。

小榄特大桥196号、196号桥墩均由12根桩及承台构成,承台尺寸为17.6m×22.6m×6.0m(顺桥向×横桥向×高)。

根据《广珠城际快速轨道小榄特大桥围堰工程岩土勘察报告》,地层组成至上而下主要为细砂层和淤泥质土层。地层情况按岩土分层特征自上而下描述如下:

(1)细砂:呈浅灰色,灰黄色,砂砾成分为石英,亚圆形,级配较好,稍密状,饱和,顶部含少量黏性土胶结,厚度1.7m左右。

(2)淤泥质土:呈深灰色,灰黑色,流塑状,饱和,土质较均匀,含腐殖质及大量贝壳碎屑,局部呈淤泥质粉砂或淤泥出现。

(3)粉质黏土(仅在197号桥墩):呈土黄色,灰黄色,可塑状,湿~很湿,土质较均匀,含中细砂。

考虑到钢板桩围堰支撑围檩的宽度和将来浇筑承台工人施工空间的因素,平面布置围堰与承台边线的距离为1.5m,所以钢板桩围堰横桥向为25.6m,顺桥向为20.6m。

采用18m长的FSP-III型钢板桩,用45kW振动锤打入,打至-13m高程。

支撑系统采取顺桥对撑的方案,支撑平面布置图见图17。

支撑体系由三层支撑组成:支撑第一层采用2I32a工字钢组为横向对撑,2I32a工字钢为角部支撑,支撑第二、三层采用ϕ530mm×7钢管为横向对撑,2I32a工字钢为角部支撑。各层支撑的高程分别为+2.0m、-0.2m和-2.4m。

第一、二层围檩2I32a工字钢组合围檩,第三层采用2I40a组合围檩(局部采用2I40a加钢板组合的形式)。

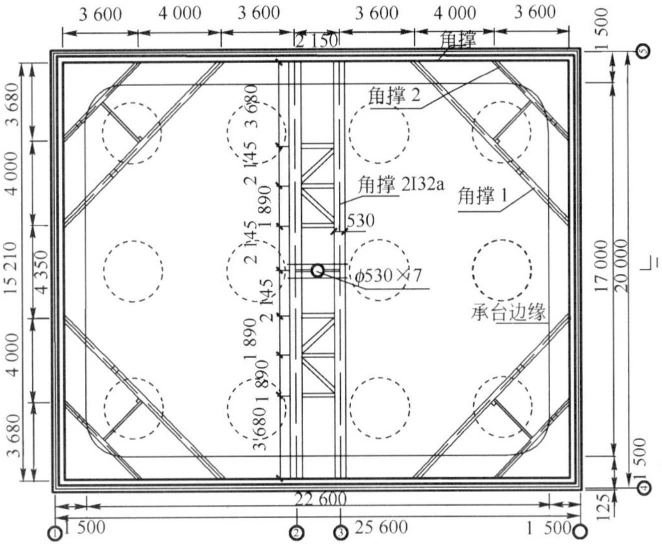
3 600
4 000
3 600
3 600
4 000
3 600
1 500
2 150
角撑
角撑 2
角撑 2I32a
角撑 1
530
ϕ530×7
承台边缘
3 680
4 000
15 210
4 350
4 000
3 680
17 000
20 000
1 500
125
22 600
1 500
25 600
1 500

图 17　支撑平面布置图

钢管拱平竖转综合转体施工工法

GGG(贵)C3049—2008

吴 飞 赵 渝 胡云江 杨 俊 胡孝柱
(贵州省桥梁工程总公司)

1 前言

桥梁转体施工是利用桥梁结构本身及结构用钢做施工设施,利用摩擦系数很小的滑道及合理的转盘结构,以简单的设备,将两岸利用地形和简单支架预制拼装的庞大桥梁结构,整体旋转安装到位。因其具有节约施工用材、减少施工设备、施工快速安全,且不影响通航、不中断通车的特点,转体施工从其诞生的那一天起就成为桥梁工程师有兴趣探索的问题。

从1977年建成第一座转体施工的遂宁建设桥至今,全国采用转体施工方法已建成近100余座桥梁。转体施工已由最初在山区发展到了平原;转体质量由千吨级上升到万吨级;转体施工工艺由平衡转体施工发展到无平衡重转体施工、竖转施工、竖转加平转施工;其桥型包括了箱形拱、双曲拱、桁架拱、刚架拱、斜腿刚构、斜拉桥、T型刚构、板拉桥、连续梁及中承式拱等,取得了较好的技术经济效益。

该工程荣获2001度部级优秀勘察设计一等奖、全国第十届优秀设计项目银质奖,荣获2002年贵州省科学技术进步一等奖,评为2001—2002年度贵州省优质施工工程奖,荣获中国公路学会2003年度科学技术一等奖。

2 工法特点

2.1 采用转体施工方案,将本桥施工对航运和航运对施工的相互影响减少至最小程度。

2.2 利用边孔作为中跨半拱的平衡重能形成转体施工的自平衡体系,主拱钢管桁架强度高,能满足施工过程中的受力要求;同时,采用转体施工,变大量高空作业为地上作业,避免了长、大、重安装单元的运输和起吊;减少施工环节,提高工作效率及施工安全性,从而提高了整个施工方案的可靠性。

2.3 采用转体施工工艺合拢成拱时间短,明显减少施工风险,从而提高桥梁施工的整体安全度,此项优于其他任何吊装方案。

2.4 可以通过调整扣索位置,转体合拢后的内力调整确保边孔曲梁和中孔拱桁在转体过程中及转体合龙后处于最佳应力状态。

2.5 采用转体施工工艺,节省了施工设施及施工用材,从而减少了施工措施费,节省了投资。

3 适用范围

对于山区的深谷高桥、两岸陡峻及预制场地狭窄的桥位,利用两岸地形搭设简单支架,采用平转施工方法具有较大优越性。当跨越宽阔河流及桥位地形较平坦时,由于竖转将组拼拱肋的高空作业变为在低矮支架上拼装拱肋的低空作业,通过平转完成障碍物的跨越。竖转与平转相结合的施工方法的成功应用,不但增加了转体施工工艺的应用范围,而且标志着转体施工日益成熟。它和搭架施工,吊装施工等其他施工方法一起成为桥梁施工的常用方法。由于采用转体施工有节约施工用材、减少施工设备、不中断交通、保证施工质量、提高作业效率等优点,转体施工法在桥梁建设种大量推广应用,必将在我国的桥梁建设中取得更好的经济效益和社会效益。

4 工艺原理

4.1 竖转工艺原理:先在两岸岸边顺河堤方向卧拼主拱桁架,拼装边拱劲性骨架和索塔,灌注边拱钢管混凝土和浇注配重节段混凝土,然后安装扣索、平衡索。采用液压同步千斤顶在边跨尾部连续张拉扣索,使主拱脱架,并连续竖转到设计高程。在整个竖转过程中,施行索力和高程双控,即整个竖转过程均保证1号扣索与2号扣索索力的合理比例关系,同时保持两条主拱肋相对高差和实际高程控制在允许范围内。

4.2 平转工艺原理:主拱竖转到位后,拆除边跨支架,通过扣索、平衡索形成前后平衡体系。在承台与拱座之间设置临时分离的上下转盘,通过张拉牵引索,使上转盘(拱座)旋转带动安装在其上的主拱和边拱平转到位,然后封固转盘。调整各扣索力使拱肋线形满足设计要求后,进行主跨合拢成拱。

5 施工工艺流程及操作要点

5.1 下转盘施工

下转盘由平转环形滑道、中心转轴级平转牵引系统组成。下转盘设置在拱座承台顶面。

(1)环道直径33m,宽110cm,由不锈钢板、表面镀铬钢板和环向型劲性骨架组成。每个环道由72块弧形钢板组成,每块钢板外弧长1 486.7mm,内弧长1 392.9mm、宽1 100mm、厚25mm,每块钢板用6个M20螺栓与钢板下的型钢劲性骨架相连。在钢板接缝处前进方向的底面设置一角钢,角钢下还设加劲板,防转体过程中受力变形。由于转动体系的主要质量通过上转盘撑脚直接传递至环道上(图1),环道施工质量(主要是平整度和光洁度)直接影响转体的成败。环道施工情况如下:

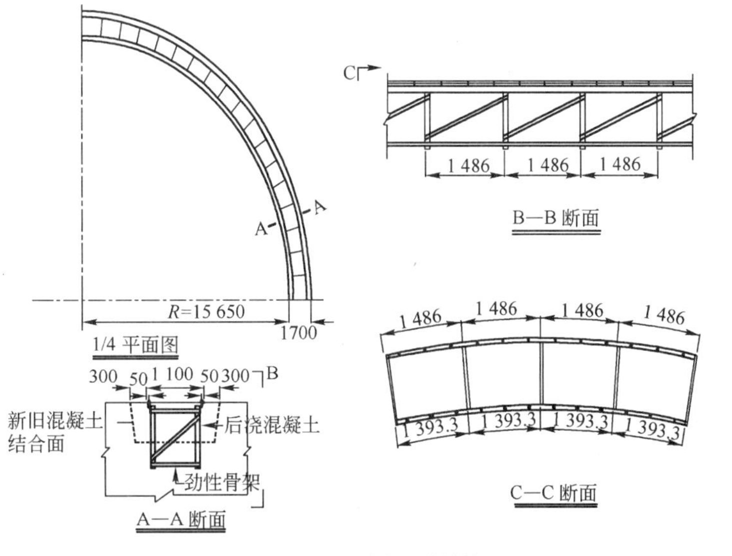

图1 下转盘环道结构

①在下转盘(承台)第二层混凝土浇筑后,按照设计平面位置和高程安装预埋定位劲性骨架角钢,在浇筑第三层混凝土时预留宽1 600mm、深600mm的环形槽;

②在环道钢板安装后通过预留槽边的空隙,一次性浇筑C50混凝土成型。由于槽内钢筋较密,混凝土难以进入,造成混凝土不密实,同时由于空气排出困难,混凝土初凝后存在不少空隙,需再一次灌浆。针对诸多问题,经理部进行反复讨论,并经局部试验可行,确定对预留槽先浇筑大部分混凝土只预留8~10cm厚的空隙,在钢板安装并调平紧固后一次灌C40水泥浆完成。但中环道板上必须钻ϕ8mm出气孔,每块钻孔4~5个。

③环道板安装时,采用精密水平仪严格地控制高程通过钢板上的双螺帽调节钢板的安装高程精度(误差控制在±0.5mm范围内),每块板上测量5个点(4个角点及中点)的高程,并详尽记录,作为验收

依据。

④采用分段安装滑道板,并用混凝土封堵端头及两侧,安装压浆和排气(水)管,滑道板下形成一个密封槽,待封头混凝土达到强度后,分段压注水泥浆。为增加流动性和减少收缩,水泥浆需掺减水剂和膨胀剂。压浆持压控制在0.4MPa以内。在安装环道板时两端头涂抹高强黏合剂,以防漏浆。为防止水泥积于环道板下,在环道板上钻4个均匀分布的ϕ8mm出水孔。

采用上述施工方法,通过检测,无论平整度、密实度和强度均达到了设计要求。

经过摩阻系数试验,已加工的环道钢板由于工件较大难以上磨床加工,表面光洁度达不到要求,实测摩阻系数比设计值大。为了保证平转的顺利实施,经研究决定在环道钢板上增加一层3mm厚光面不锈钢板,确保摩阻系数满足设计要求。不锈钢板与环道钢板采用螺栓固定与金属黏结剂相结合的方法处理。

环道安装完毕,经监理检查验收合格后,采用塑料薄膜覆盖并铺低强度等级水泥砂浆层保护。为防止转动体系受水浸泡,在转动体系安装完成后,在9号、10号转体墩周围设置了防水围堰(浆砌片石墙)和抽水设备,保证了转动体系一直处于干燥状态。

(2)中心转轴(图2)在平转中主要起定位作用。它由上下钢板、板间四氟乙烯菇头及中心定位轴组成。中心转轴施工的关键在于确保上下钢板的平整度的粗糙度,两板不接触预埋面均设有加劲角钢,以增加在搬运安装过程中防止变形的刚度。钢板应在焊好加劲角钢后再进行平面铣削加工。此外,中心转轴埋置中心轴线对整个平转体系转体对接转度影响甚大,设置时应注意保证其精度,与桥中轴线偏差应在±1mm左右,要求中心转轴绝对竖直。

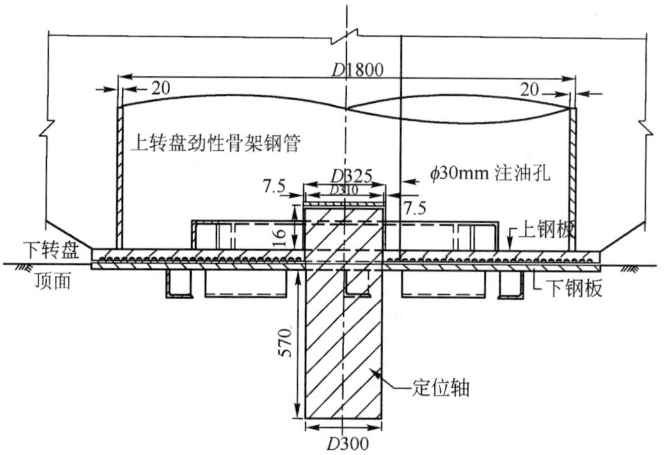

图2　中心转轴构造图(尺寸单位:mm)

(3)平转牵引体系由牵引索,牵引同步千斤顶,助推千斤顶,牵引转向滑轮组成,并对应设置了牵引千斤顶反力座和助推千斤顶反力座(图3)。反力座设置在承台上平面环道四周,为钢结构支承墩座,助推千斤顶力座为钢筋混凝土墩施工时应注意其相互位置和混凝土质量。

5.2　上转盘施工

上转盘由上下游拱座、拱座间连接横系板、撑脚、中心转轴等组成。整个上部结构的质量均作用在上转盘上主要通过撑脚传递到承台基础,为保证拱肋、索塔、撑脚和中间转轴的埋设精度和加强上转盘整体性,转盘内设置钢管和型钢性骨架(图4)。

为减少环道半径,适当增大拱座两侧尺寸以满足撑脚布置。全桥4个拱座2道横系梁,计C40上转盘混凝土5 926.08m^3,钢筋劲性骨架264.14t,钢筋342.61t,型钢钢板445.85t。由于拱座采用非正位浇筑,需搭设部分支架,支架基础进行加固处理。基础加固及支架搭设可在下转盘承台及系梁浇筑后进行。

横系板总高6m,由顶、底板、腹杆构成,顶底板各为1m厚的钢筋混凝土板,腹杆为ϕ500mm×14空

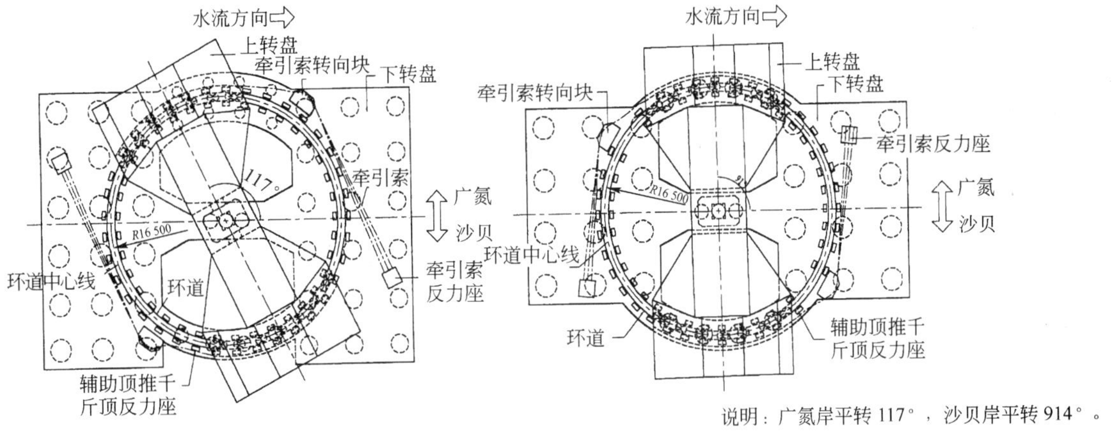

a)　　　　b)

图 3　平转转体平面布置图

a)9 号墩(广氮岸)基础一般构造图(转体初始位置);b)10 号墩(沙贝岸)基础一般构造图(转体初始位置)

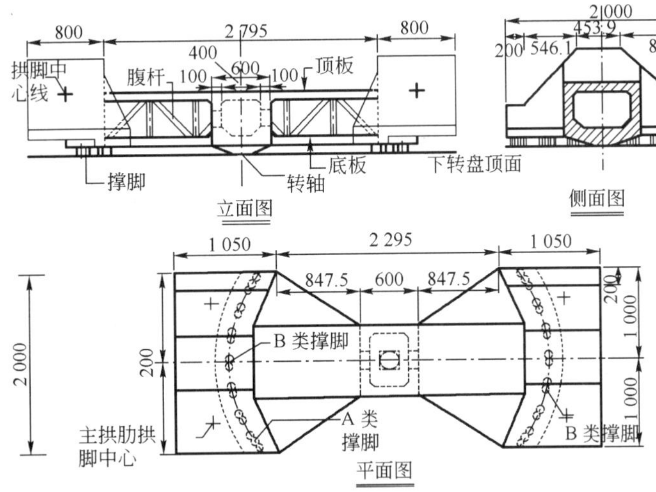

图 4　上转盘一般构造图

钢管,中心转轴处为 6×8m 壁厚 1m 的钢筋混凝土封闭箱,并在箱的两侧开孔。

中心转轴由上下钢板、上钢板嵌四氟蘑菇头及中心定位轴等构成。上钢板厚 50mm,底面钻孔埋设蘑菇头外露 10mm,上钢板顶面 ϕ1 800mm×20 钢管,便于与上转盘连接横梁劲性骨架形成整体。上钢板上还有角钢加劲,并加定位轴套管。下钢板厚 30mm,顶面刨平(粗糙度 6.3),中心定位轴直径 300mm,长 800mm,伸入上下钢板分别为 200mm 和 600mm。下钢板和中心定位轴已在下转盘施工时预埋。

每个拱座设 7 个撑脚,分两种形式,位于两端的为加强型,由 3 根 ϕ800mm×14mm 钢管混凝土柱组成;位于中间的为普通型,由 2 根 ϕ800mm×14mm 钢管混凝土柱组成(图 5)。撑脚端埋于上转盘内,下端支承在下转盘环道上,与环道接触部分设置千岛走板,走板厚 50mm,内嵌四氟蘑菇头,蘑菇头歪露 5mm(图 6)。

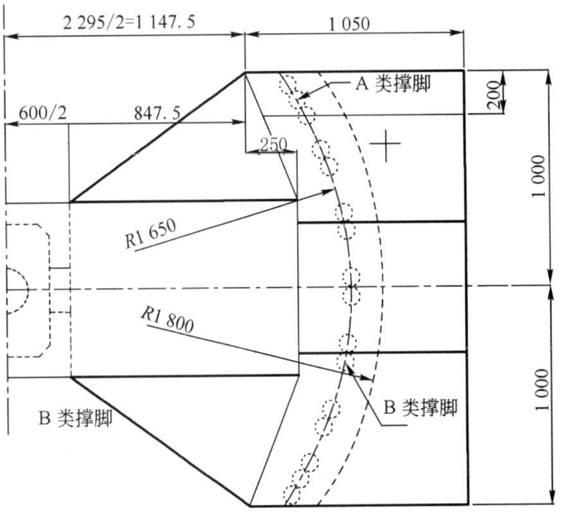

图 5　上转盘撑脚位置图

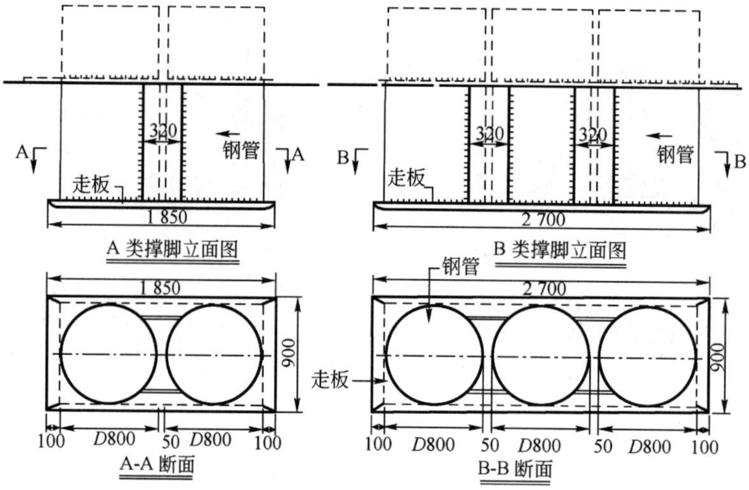

图 6　上转盘撑脚构造图

在中心转轴及撑脚安转时上下钢板间需加黄油与四氟粉除去杂物后涂抹,涂抹后即行封闭。由于拱座中心偏离撑脚中心,上下游两承台间横系梁要承受一定的负弯矩,设计中在横系梁顶底板内和拱座顶部布置有横向预应力束(图 7)。上转盘的施工工序主要包括支架搭设,劲性骨架制作、模板制作、钢筋制作、模板安装、劲性骨架及钢筋安装、撑脚安装、拱座混凝土浇筑、横系混凝土浇筑、混凝土养生、预应力束张拉等。各施工过程略。

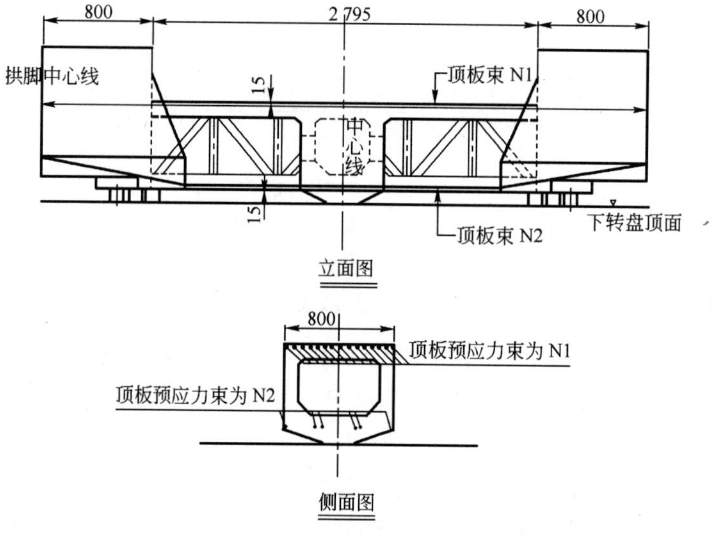

图 7　上转盘预应力束布置图

5.3　钢拱肋拼装施工

根据丫髻沙大桥第二次转体施工工艺设计,主拱肋和边拱劲性骨架在工厂分节段制作、试拼,检验合格后由水路运往工地,然后再两岸桥址附近顺河堤方向搭设的主、边拱组装支架上,将主拱肋从拱顶一分为二,分别拼成型。其中边拱劲性骨架是按设计方程进行组装,主拱拱肋是卧拼后竖转 24.701 4°达到设计高程。

为了制作和运输的方便,主拱肋每片每岸分成 *A*、*B*、*C*、*D*、*E*、*F*、*G*、*K*、*M*9 个节段制作;边拱劲性骨架分为 *P*、*Q*、*R*、*S*4 个节段制作;加上两个合龙段 *N*,全桥主拱共 38 个节段,边拱共 16 个节段,合计 54 个节段,合龙段 *N* 理论长度 1m,高4.0m,每个节段重约为 2.5t。在工厂制作时节段 *N* 仅制成 6 根带有安装切割余量的 ϕ750mm 直钢管(其中 4 根为 ϕ750mm × 18mm,2 根为 ϕ750mm × 20mm)。

拱肋工地组装的主要施工步骤是:

(1)搭设两岸工地组装支架；

(2)拼装起重龙门吊机；

(3)节段水上运输；

(4)节段卸船横移上岸；

(5)龙门吊机移吊移节段就位；

(6)节段定位,精密调整；

(7)节段组焊；

(8)拱肋几何尺寸偏差及焊接质量检查验收。拱肋工地组装的主要技术难点在于:节段质量大,最重节段达110t,几何尺寸大,立体构件最大长度达24.589m,最大高度为8.221m,厚度(即宽度)为3.45m,垂直运输与水平运输特别是卸船横移十分困难。节段在工厂预拼时已割除长度方向的预留量,仅保留有焊接收缩量,要确保拱曲线的圆顺和精度,要求颇高,组拼精密调整容易出现顾此失彼,要全面满足组装时的尺寸允许偏差难度很高。拱脚 *A* 节段制作加工精度颇高,是拱肋组装的基础段,安装要求更高于其他节段,无论是吊装定位还是防止焊接变形上,都极易失控超差。转体工艺对与合龙段相连的4个 *M* 节段也是提出了很高的尺寸偏差要求。尤其是4个 *M* 节段的端口截面扭曲,不仅要求小于允许偏差值,而且应是同向扭曲,过大的偏差将使最后合龙的 *N* 节段杆件斜接,影响全拱的线形和受力性能,是控制拱肋组装的关键之一。

5.3.1 组装支架

在桥址南北两岸,按转体工艺设计位置各搭设一组主、边拱组装支架。边拱支架高度应符合拱劲性骨架设计高程的要求,主拱支架高度应满足主拱拱肋竖转24.701 4°后达到设计高程的要求。主、边拱支架高程严格按设计高程控制。主、边拱支架的水平位置按北岸(广氮端)平转117.111 7°,南岸(沙贝岸)平转92.233 3°后居于设计桥梁纵向中轴线位置设置。主、边拱肋组装支架示意分别见图8和图9。

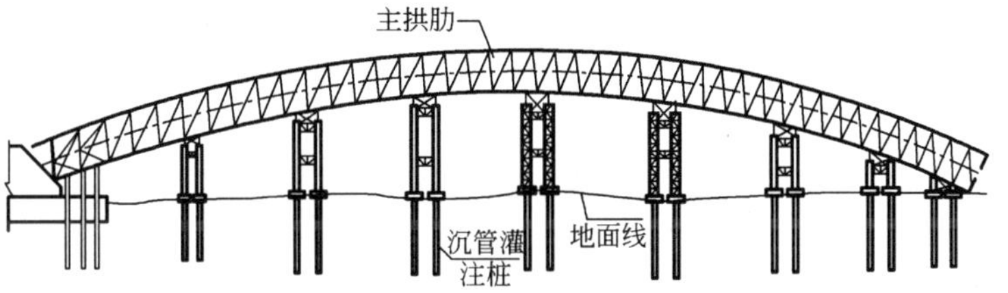

图8 主拱肋组装支架示意图

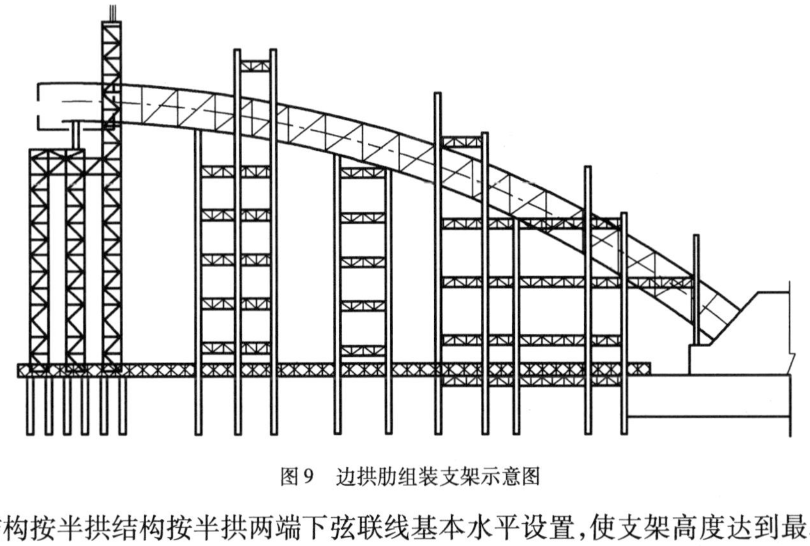

图9 边拱肋组装支架示意图

主拱支架结构按半拱结构按半拱两端下弦联线基本水平设置,使支架高度达到最小在每个分段接头位置及两端设一对支承立柱。每个节头处4根立柱间设纵向和横向联系梁,以保证立柱的稳定性。万能杆件立柱与贝雷梁之间分别设有纵横向分配梁,使每根立杆均匀受力。拱肋节段每端支点设有2

个钢支承垫块(图10)。支承垫块与拱肋下弦钢管临时电焊固结,使支架结构只承受竖向荷载。支承块横向两侧伸出工字钢挑梁,用于千斤顶顶托微调拱肋节段高程。

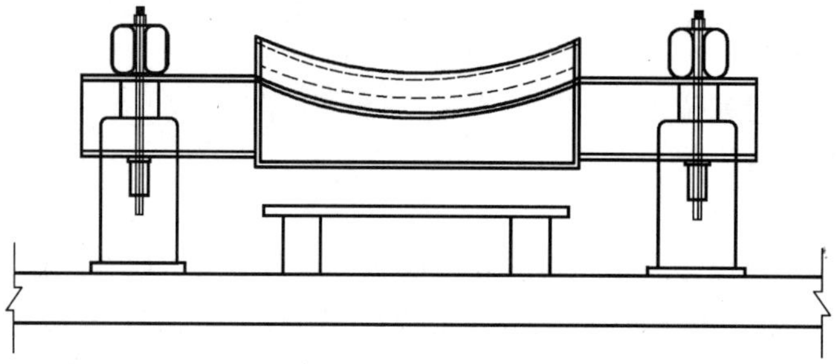

图10　节段支撑垫块

边拱支架的设计考虑,兼有组装承重和节段安装垂直起吊的双重功能。施工过程中,边拱支架不可避免地要承受较大水平力,以及竖转时的反力锚固等施工荷载,边拱支架在立柱间的纵横向联系上比主拱支架有了很大的加强,纵向联系为钢结构桁架,横向联系为可拆卸的钢结构活动桁片,以便劲性骨架节段提升安装时让出空间。此外,为了便于拱肋节段的安装运输,在每个边拱肋支架左右立柱之间设置了栈桥,由4片贝雷梁及钢枕、钢轨组成。贝雷梁支承在钢管桩横联钢桁片上。

5.3.2　节段运输

节段在工厂预制组拼,每块为相邻的三个节段,然后逐节出厂。在码头用两台门座式吊机将预制节段翻转90°成为立面状态,将节段水运至桥位拱肋组装支架附近,用300t浮吊将其吊卸至岸上。其中边拱骨架吊至边拱支架下纵移栈桥轨道上,主拱拱肋均吊至岸边龙门架存梁贝雷悬臂上。拱肋靠不临近江边一侧的节段,卸船后尚需进行横移,横移时通过小车和横移轨道来完成的。

工地自拼大型龙门吊机,承担了工地主拱拱肋节段运输的主要任务,一是运载拱肋节段纵移到预定吊装位置,二是垂直起吊并横移节段就为调整其轴线和高程。图11是工地龙门吊机立面示意图。

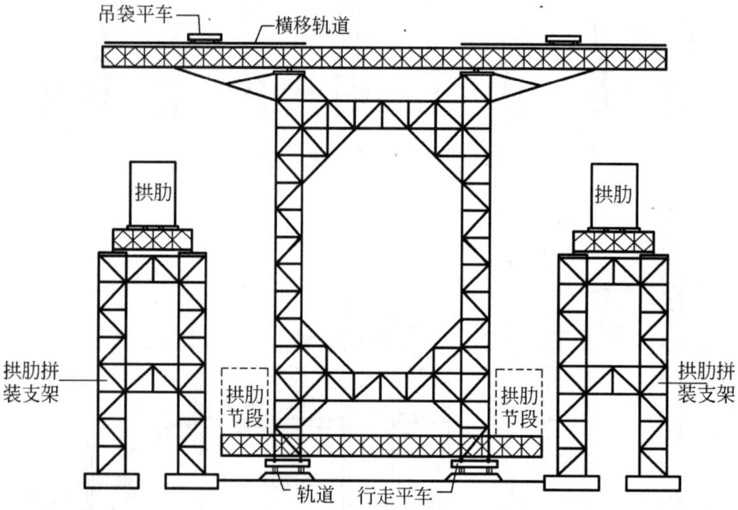

图11　自拼龙门吊机立面示意图

组装龙门吊仅仅在主拱拱肋作业区工作。边拱劲性骨架的纵向移动是靠栈桥上的小车完成的。垂直提升和横移节段就为,并调整高程,则主要是依靠边拱支架自身超高主柱上悬挂滑轮,用卷扬机、汽车吊机辅以链条葫芦完成的。

所有节段的运输,均按照事前编制好的运输工艺方案进行,按边、主拱节段组装顺序要求,头尾摆放顺序进行发运、装船、吊卸。

5.3.3 主拱拱肋组装

主拱拱肋安装顺序是由拱脚 *A* 节段开始，逐节向拱顶方向进行。由于节段在工厂预拼时，已将多余的预留长度割去，仅保留了最后组装环焊缝的焊接收缩预留量，因此工地上总组装实际上是工地预拼得“复原”。但是工地上的组装与工厂里的预拼毕竟又有许多不同，一是卧拼改为了竖拼，后者加进了自重带来的位移变化（尽管经实践检测，由于拱肋节段自身的刚度较大，这个增加的竖向位移量值很小）；二是组拼支架的弹性和非弹性变形，必会影响到组装拱肋曲线的精度，这些差异致工地组拼困难，因此工地上总组装的精度调整工作就变得十分重要了。为此，工地上的组装应该按照预拼时的同样条件，先将相邻的三个节段安放定位，精确调整达到允许偏差要求后，临时固定相互位置，然后再对第 *P* 段第一道环焊进行施焊，依次下去，直到半拱组拼完成。

主拱拱肋吊装的具体实施步骤是：

(1)在主拱支架 6B-8B 号立柱之间设置横移滑道，浮吊提起拱肋节段跨过岸边较矮的 6B-8B 号支架立柱，吊至横移滑道上，先吊内侧拱肋节段，后吊岸边拱肋节段。

(2)横移拱肋节段至两龙门吊轨道的外侧。

(3)移龙门吊至滑道位置，龙门吊横梁起吊平车提升节段，升至高于走行平车下横梁顶面，连接下横梁两端最外一节贝雷梁，将节段落至下横梁上，用压紧螺栓与横梁临时固结，以增加节段纵向移动的稳定性。

(4)龙门吊纵向走行，将节段纵移至拱肋节段预定吊装的位置。

(5)利用龙门吊悬臂提升节段超过组装支架顶面，横移节段，放在拱架顶面的支承垫块上。为保证龙门吊侧向稳定，此时吊索不能卸除。

(6)按上述相同步骤，安装另一侧对应节段，然后卸除吊扣，龙门吊回位，拆除下横梁两端最外一节贝雷梁，转入下一节段的吊装工作。

主拱拱肋分节段吊上组装支架后，对相邻的三个节段需进行精确的线形调整和高度调整。

拱轴线的调整具体实施步骤是：

(1)组装支架搭设完成后，用经纬仪在支架顶部支承横梁上放出拱肋中轴线，以及两边弦管外边缘线。

(2)在拱架横梁上设置拱肋左右边缘线限位板，用于初调定位。

(3)在距拱肋轴线内侧 1 900mm 外测设一条副轴线，用于初调定位。

(4)吊装时，将节段缓慢下放至安装高程，使其中线标志对准组装支架上的中轴线，安放好支承垫块。

(5)测量三根弦管，使之水平，防止扭曲，并用垂线靠两边弦管外缘，检查是否对准拱架上的外边线。

(6)在拱肋上安设水平标尺伸出拱肋外，并在标尺上标出拱肋中心线至副轴线的距离。

(7)在拱座副轴线上以经纬仪观测拱肋伸出的横标尺，复核拱肋中线，进行精调。

(8)在达到要求精度后，在支架上焊接拱肋外侧定位挡块，限制其左右位移，但挡块与钢管间略留间隙，以便高程的调整。

高程的调整应在节段吊装上支架之前，先根据两端支点下弦管底面设计高程安放好合适的支承垫块，待龙门吊吊装节段将其放置支架上刚刚接触支垫时，用全站仪观测节段接头处高程，使其与设计高程吻合。在中轴线横向偏位调整完成后，垫好支承垫块；为克服拱肋斜置产生的水平力，并应将垫块与下弦管临时点焊固结，松开吊点尼龙绳，将拱肋节段荷载全部由支架承受。然后再观测节段接头处及若干预先设置的观测点高程，用龙门吊或千斤顶进行初调和微调，反复多次，直至达到精度要求，用钢板垫紧支承垫块。

在完成了连续相邻的在三个节段的线形精调后，应对头两个节段采取临时固定措施，即在相邻节段接头弦管上焊接临时固定角钢，用螺栓连接成一体，然后便可以按照焊接工艺要求进行第一个接头的工地施焊工作。节段工地对接组焊是整个大桥焊接工作中施焊条件最差,焊接质量最难控制一环。全部工地焊缝都进行了100%的超声波探测和外观检查。

边拱劲性骨架的组装其主要内容方式、测量检验、线形调整都与主拱拱肋组装一致,仅因为是日后要用混凝土包裹的劲性骨架,其精度要求可略低于主拱拱肋的要求。

边拱劲性骨架的拱脚段(*P* 节段)是埋入拱座内的,组装支架有较大部分立在江中,而无法利用浮吊和汽车吊进行吊装。因此在边拱劲性骨架的吊装中,主要利用设于拱肋轴线的栈桥纵移到位并利用门形钢管支架提升就位。

由于一侧边拱支架尾部已伸入江中主航道,边拱节段纵移栈桥无法从尾部伸延出来,而且浮吊起重高度有限,因此在拱脚 *P* 节段安装就位后,其余节段只能从拱脚附近吊入栈桥纵移到位后提升,则安装顺序需求按 $P \longrightarrow S \longrightarrow R \longrightarrow Q$ 节段进行。

由于边拱劲性骨架在工厂制作时未经试拼,节段接头尚留余量,需到工地后在拱架上逐段试拼,切割余量并精调后再焊接成型,因此其组拼方式与主拱拱肋组拼略有不同:先将 *P* 节段安装精调就位固定好之后,浇注拱座混凝土;然后再按前述顺序逐段吊装各节段,粗就位安装在边拱支架上,重新测量 *P* 节段接头准确坐标值,经计算切去 *P* 节段钢管余量,切去 *Q* 节段与 *P* 节段相接端余量;精调 *Q* 节段轴线与高程,直至达到轴线横向偏位的允许偏差要求,同时要确保 *PQ* 接头4根钢管焊接错边量满足精度要求,焊缝间隙符合焊接工艺要求,将 *Q* 节段支垫稳固,并临时固定 *PQ* 接头处,*Q* 节段安装便告完成;再依次按上述步骤对 *R* 节段、*S* 节段进行定位、精调、临时固定;等到整条边拱劲性骨架4个节段全部精调完成后,再作整体复测检查调整,然后由拱脚至拱顶逐个接头焊接,完成组装。

5.3.4　竖转转铰施工

由于转体工艺的需要,主拱拱肋在竖转过程中拱脚应处于铰接状态,且这一状态,一直经平转,主拱合龙,形成两铰拱维持到体系转变之前。因此,在主拱拱脚节段 *A*,设置了一个铰结构,如图12示意。

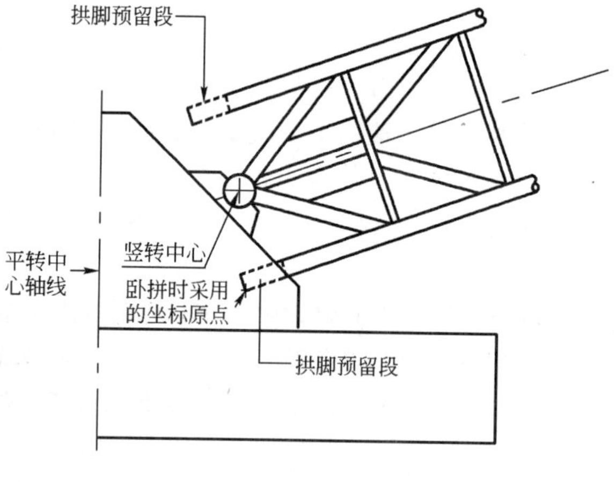

图12　节段A与拱脚铰结构示意图

拱脚铰结构由铰座与铰轴组成。铰座长3.45m,是由厚度为50mm及36mm的Q345D钢板焊接而成。铰座与铰轴接触的 $R = 760$mm 的半圆弧面,需进行机械加工,以保证表面粗糙度和圆柱度达到设计要求。铰座背面焊接有36组U形锚固筋,以便埋入拱座混凝土后,改善其受力性能。铰轴是长3.45m直径 ϕ1 500mm 厚的封端板。铰轴与铰座接触的外表需进行机械加工,以保证设计要求达到粗糙度和圆柱度。铰轴制成后与 *A* 节段焊成一体,在竖转前铰轴筒体内灌注C50混凝土,以增强其抗压性能。铰座和铰座由于是厚板卷制加工和焊接而成,焊后残余变形和焊接内应力较大,不易达到设计要求而满足转体工艺的需要。因此在施工制作中,应对焊接工艺,包括焊接顺序、焊接规范、焊前焊后热处理,均应格外注意采取有效措施。一般讲来,焊后的火工矫正是必要的,然后再进行机加工以达到设计要求。

铰座是在灌注拱座混凝土时预埋的,它安装的尺寸精度对随后进行的拱肋工地组装影响甚大,是整个拱肋工地组装的基础。除了要确保铰座中心三向坐标点位置正确之外,还必须确保在铰座3.45m长度方向(*Z* 轴)与铰轴的接触线应严格处于同以水平线上,两端点的高差不能大于1mm。铰座的Z轴偏斜将严重影响主拱组拼后拱顶端轴线水平偏位,其比率约为1∶50(即铰座横向偏差1mm主拱肋端会偏移50mm,否则主拱肋各节段接头点在轴线时,各节段会呈拆线形),因此无论在制作和组装中都应予以严格控制。在铰座安装定位后,单个圆筒的铰轴便可吊装在铰座上,临时点焊固定。此时要注意保证铰心坐标 *X*、*Y* 值正确,它也是整个主拱拱肋组装的基础。由于铰座已对3.45m长度方向(*Z* 轴)的倾斜度作了严格控制,只要铰轴机械加工精度合格,铰轴紧贴铰座,其长度方向(*Z* 轴)的倾斜度也就得到了保证。

在拱脚铰座和铰轴正确安装定位后，便可以开始吊装拱脚 A 节段。A 节段仅长 5.12m，但高度达 8.221m，质量超过了 110t，是最高、最重的节段。该段紧临拱座，无法利用龙门吊起重安装，加之该段钢管壁厚均为 36mm，组焊时焊接工作量和工艺难度都较大，因此拱脚 A 节段的组装工艺不同于其他节段，是主拱拱肋工地组装的难点之一。针对上述特点，A 节段的吊装采用了专门吊装门架，分靠江和靠岸的不同情况进行不同的吊装步骤。

5.4 索塔、索鞍、扣索施工

索塔、索鞍和扣索是两次转体施工中最重要辅助设施，它承受着竖转体的主要荷载，与其他构件共同组成了稳定的平转体系。索塔、索鞍和扣索设计与施工质量好坏直接关系着两次转体的成败。

索塔为钢管混凝土组成的变截面桁架结构，每拱座索塔有两个塔柱—每个塔柱由 4 根 ϕ600mm × 10mm 的钢管混凝土通过 ϕ350mm × 10mm 空钢管连接而成。纵桥向（顺拱肋方向）塔柱为变截面，塔顶钢管中距为 2 800mm，塔底钢管中距为 12 000mm；横桥向（与拱肋方向垂直）塔柱为等宽度，钢管中距为 4 800mm，塔高为 62.188m。两塔柱间设置两道桁架式直撑和两道 X 单管斜撑。每个索塔柱分成 8 个节段在工厂制作，节段长度为 7.2 ~ 8.5m，单件质量约 8.0 ~ 12.5t；直横撑整段制作，X 斜撑分成两条单管整段制作，单个直撑质量约 24t，每岸两座索塔总重 592 ~ 892t（含塔柱钢管混凝土重）。索塔总体构造见图 13。

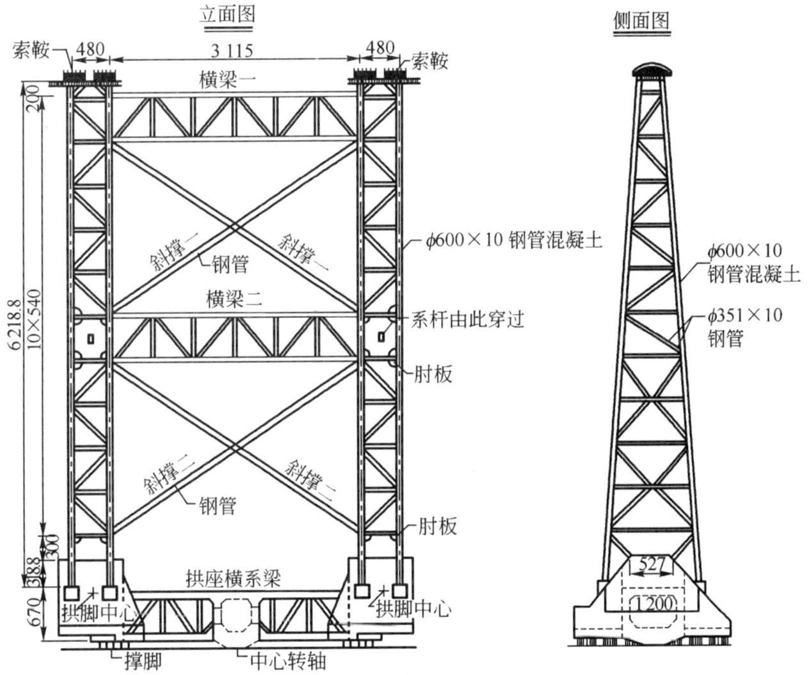

图 13 索塔总体构造图（尺寸单位：mm）

索塔顶部设置索鞍对扣索起转向作用，索鞍由钢板焊成整体结构，与扣索接触面设置有外径 ϕ200mm 的滑轮组，以减少扣索在塔顶的摩擦力。为减少扣索各根钢绞线之间的相互影响，扣索采用分束轮过鞍，以束 18 根钢绞线分置于 18 个小滑轮上。考虑到施工方便，每个索塔顶上的索鞍分离为左右两半排列，每件重约 21t（不包滑轮组及滑轮轴），每岸两个索鞍总重 210t。索鞍构造示意见图 14。

扣索分为两类，第一类为竖转而设置的扣索称平衡索。竖转扣索（计 108ϕ^j15.24mm 钢绞线）分为两组，前端锚于半主拱肋端部为 1 号索，（计 252ϕ^j15.24mm 钢绞线）前端锚于主拱肋 $L/4$ 处为 2 号索。两组扣索（计 360ϕ^j15.24mm 钢绞线）后端均锚固于边拱肋端部的张拉端。由于索塔两侧扣索角度不等，塔顶水平力无法平衡，因而增设了三组平衡索（图 15），自索塔顶牵出有两组（各为 2 × 18ϕ^j15.24mm 钢绞线）分别锚固于拱座底部 4 个点上，另有一组（各为 2 × 36ϕ^j15.24 钢绞线）分别锚固于边拱两肋底。

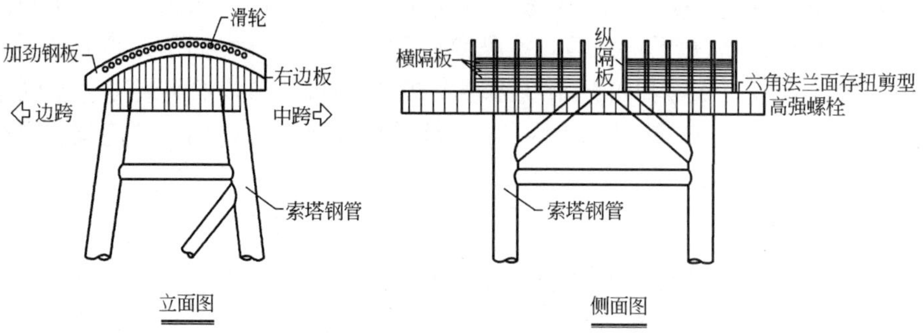

图 14　索鞍构造示意见图

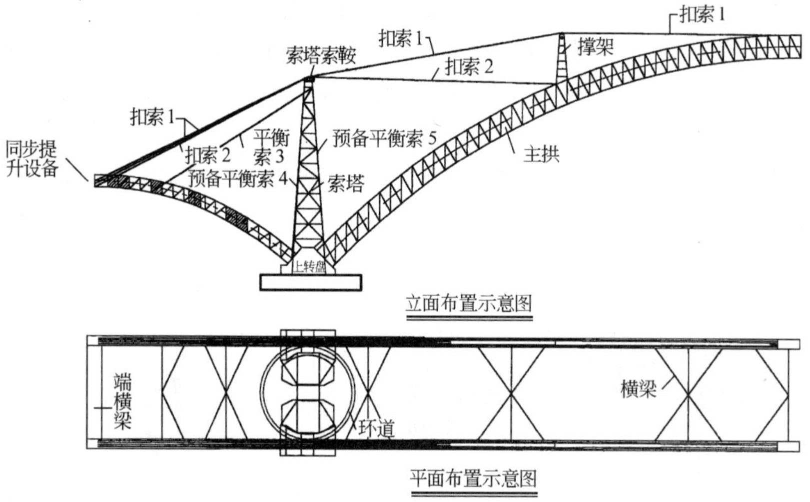

图 15　扣索布置图

(1)为安装索塔和索鞍,设计了专用起吊扒杆,它由钢管立柱(框架)、吊架、连接杆、导向滚轮装置、固定支撑装置和提升系统组成。扒杆立柱采用 ϕ400mm × 10mm 钢管,横向连接杆用 ϕ600mm × 10mm 钢管。扒杆设计吊重为 22t,起吊构件最大高度为 10m。

扒杆在索塔脚节段安装就位并焊接好后用吊车提升安装在塔脚节段(已由吊机或浮吊安装在拱座上)上,扒杆每根方柱钢管靠上下可拆卸的支撑装置固定钢管。横向连接杆和吊架共同起承重作用,并起横向稳定作用。导向滚轮装置在扒杆向上爬升过程中起导向作用。滑车提升系统用于垂直超重横移。经验算,扒杆的稳定性和起吊质量均满足要求,安全可靠。

按照从塔脚段到塔顶、横撑从上到下的顺序,将索塔分批运输到工地两岸转盘的岸边,利用浮吊起吊上岸,放置于拱座两侧的下转盘上。靠江边的塔柱脚段利用浮吊直接就位,靠两岸里面的脚节段采用汽车吊提升就位,其余节段采用扒杆安装。

扒杆起吊安装一段构件就位焊接完成后要上升高,先拆除导向滚轮装置紧固螺栓,将下导向滚轮装置移动到紧靠上支撑装置处固定,同时将上导向滚轮装置移动到靠近已安装好的塔柱钢管顶部固定;然后用卷扬机通过钢丝绳挂住扒杆下横联,取出下支撑装置的销轴,拆卸上下支撑装置的紧固件;再用卷扬机提升整个扒杆至预定高度,重新安装固定上下支撑装置,解除爬升用吊索完成扒杆的一次爬升;最后利用龙门扒杆悬臂先提升索塔节段后平移就位。节段吊装工艺流程如下:

①总吊装顺序:从塔脚段到塔顶节段——上直横撑——斜撑——下直横撑—索鞍。

②每节段安装流程:用汽车吊将节段置于拱座侧面的横系梁顶面—利用扒杆提升系统吊起节段稍高于安装就位高程—水平横移至上下立柱对准后下落就位—临时固定节段—立柱接头和腹杆焊接—扒杆升高、准备吊装下一节段。

高塔安装施工使用爬行扒杆,既简便又实用,效益较高。本项目从7月10日开始至8月24日历时45d,完成了索塔的吊装工作。

(2)穿扣索是转体施工中的一难点,工期紧、数量大、高空作业多技术难度大。

①扣索编排:根据设计,1号扣索在锚固点为每肋 $6\times21\phi^{j}15.24$mm 钢绞线,2号扣索在锚固为 $(2\times14+2\times13)\phi^{j}15.24$mm,目的是使每台张拉千斤顶的荷载尽量均匀,且单根据钢绞线承载小于100kN,保证钢绞线有足够的安全系数。另根据竖转施工方案,每束扣索穿入千斤顶必须按一定的顺序排列锚固,每台千斤顶穿入18根,要求其中左、右旋各9根。为满足上述要求,并使每根钢绞线穿索时不相互绞缠,本方案对各扣索从锚固点出来后跨索鞍分索进入张拉端的每根钢绞线作了编排组合。每条主拱肋各扣索从锚固点出来后在索鞍上的10组滚轮每组18个滚轮,合计180根钢索穿过180个滚轮。从外侧至内侧按顺序重新组合为①-1、①-2、①-3、②-1、②-2、②-3、①-4、①-5、①-6、①-7。上述每束18根钢绞线从外侧至内侧依次按1~18进行编号,如①-1-1~①-1-18。其中1~9号为左旋,10~18号为左旋。扣索安装编排平面布置见图16。

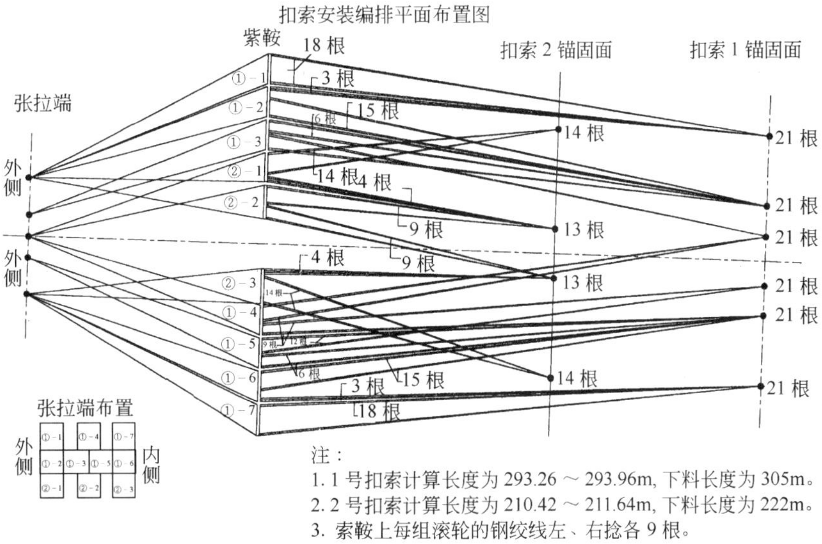

图16 扣索安装编排平面布置

②穿索:1号、2号扣索的下料长度分别为305m和222m,每根钢绞线按上述长度用砂轮切割机下料后需在两端做好编号标记,且用不同颜色油漆或胶布区分锚固端和张拉端。

先穿2号扣索,再穿1号扣索,按外侧至内侧的顺序将钢绞线单根从锚固端,用卷扬机牵引跨索鞍,在对应滚轮就位拖至张拉端临时锚固。具体做法是每条主拱肋下布置两台卷扬机,一台用于牵引钢绞线,另一台用于将前一台卷扬机的牵引钢丝绳拖回锚固端。第一台卷扬机钢丝绳的布置是前端首先置于扣索锚固端,中间跨索鞍经边跨锚端下来后的多次转向滑轮接卷扬机。工作时,先将钢丝绳的前端用索卡与钢绞线和第二台卷扬机的钢丝绳前端连接好;然后起动卷扬机将钢绞线和第二台卷扬机的钢丝绳一起牵引上索鞍再下来至张拉端;待钢绞线临时锚固好后,再起动第二台卷扬机将第一台卷扬机的钢丝绳拖回扣索锚固点;之后再按上述方法将下一根钢绞线牵引到位。如此往复,即可将所有钢绞线牵引到位。

③钢绞线的锚固:当钢绞线牵引即将到位时,用人工将尾端穿入锚固端相应编号的锚板孔,用挤压机将 P 型挤压锚扎紧。前端继续牵引到位,用索卡将其固定在边拱肋上的临时锚梁上。前端用人工穿入预埋管道伸出张拉端,当一束18根钢绞线全部牵引到位后,在张拉端口按施工方案的要求,按第根钢绞线的排列顺序安全锚,拆除临时锚固索卡。待所有扣索(每岸为 $360\phi^{j}15.24$mm)全部穿好后,即可转交竖转施工安装千斤顶(每岸20台)。

5.5 转体前的准备工作

5.5.1 成立转体施工指挥操作系统(图17)

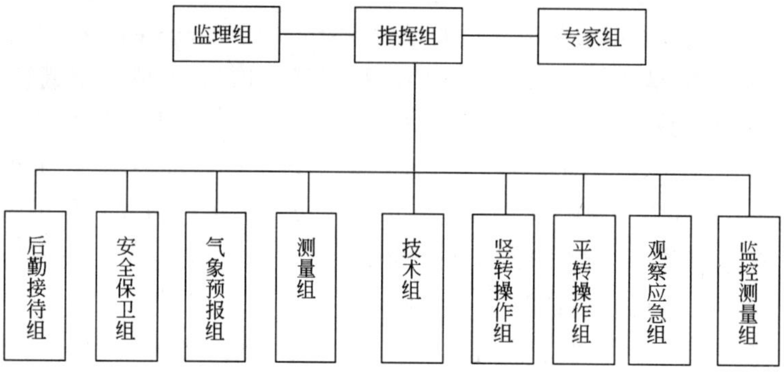

图17 成立转体施工指挥操作系统

5.5.2 设施设备准备

(1)设置中心指挥室:包括转全中心指挥台、资料分析室、监控室,各室间设专用热线联系和信息通报牌。

(2)资料分析处理设备:电脑2台,打印机1台,复印机1台。

(3)监视设备:摄像头4个,显示器4台。

(4)通信设备:对讲机20台,各组负责人,关键部分工作人员配备手机。

(5)紧急报警设备:编制专用信号,接通现场及中心指挥室,在发生紧急意外情况时现场及指挥室都能立即发出制动警报信号。

(6)监控监测设置:按预定方案由监控监测单位全面准备。

(7)竖转张拉设备:由竖转执行单位准备调试全套计算机,液压同步提升设备每岸1套。

(8)平转牵引设备:2套,两岸各1套同步连续千斤顶牵引系统。

(9)测量仪器:全站仪、经纬仪、水准仪、红外线测距仪及其他测量用具。

(10)气象预报仪器:风速仪、温度计、湿度计等,并与广州气象台保持热线联系。

5.5.3 资料、文件及软件准备

(1)转体施工实施纲要;

(2)转体施工实施细则;

(3)转体施工监理细则;

(4)转体施工观测实施细则;

(5)转体施工测量操作规程;

(6)转体施工监控监测计划及实施细则;

(7)转体施工重点部位观察实施细则;

(8)转体施工观察应急操作规程;

(9)竖转施工方案;

(10)竖转施工;

(11)平转施工方案;

(12)平转施工操作规程;

(13)拱顶合龙施工方案;

(14)拱顶合龙及拱脚固结焊接工艺;

(15)各种实测记录与设计数据汇总对比图表;

(16)阶段实测状态对应设计理论值即时推算结果对比系统(软件);

(17)竖转操作控制系统实际工作状态即时反映系统(软件);

(18)实测数据分析处理系统(提供参数调整依据)(软件);

(19)转体期间天气预报计划;

(20)参观接待安排计划。

5.5.4　技术培训及技术交底

按竖转工作组、平转施工组、测量组、监控监测组、观察应急组、合龙施工组、监理组分别进行技术培训和技术交底工作,主要内容有:

(1)两次转体总体施工方案讲解;

(2)本组工作施工方案详细分析;

(3)本组工作程序技术交底;

(4)设备整体操作控制演练及模拟实战演习;

(5)实战模拟演习总结会,提出工作改进意见。

5.5.5　气象预报工作

(1)查阅广州地区近50年台风、暴雨气象资料,分析当年气象大趋势;

(2)转体预定期前两个月开始气象周预报;

(3)转体预定期前一个月确定7d转体周期的初步日期,并开始气象日预报;

(4)转体初步日期前半个月开始每日日夜两次气象预报;

(5)召开专家会议确定正式转体日程;

(6)转体期间每2h预报一次气象,预报主要内容为温度、湿度、晴雨、风力、强对流、能见度及相关项目,其中风力、风速应分析桥上、岸边、江上等几个位置分别预报;

(7)转体期间遇天气突变,发布气象紧急预报。

5.6　竖转施工

5.6.1　竖转体系(图18)

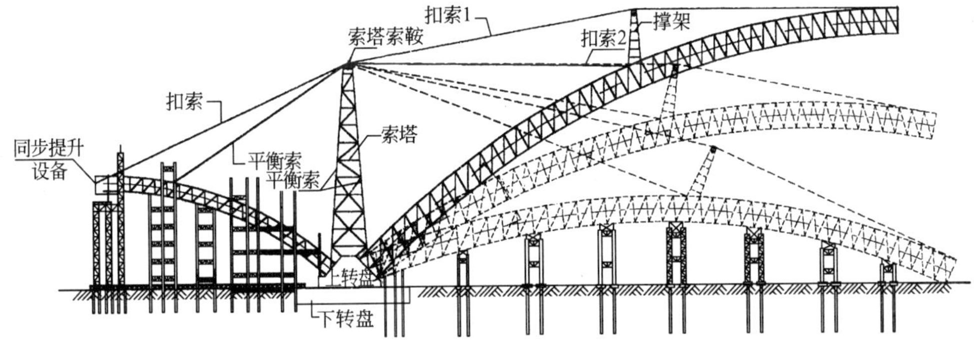

图18　竖转体系示意图

5.6.2　竖转施工工作原理

根据主跨结构的吊装要求,主跨 a、b 两肋各设置两组锚点,即锚点组1和锚点组2,用来将扣索1、扣索2固定在主跨结构上。扣索均采用 $\phi^{j}15.24$mm 高强度钢绞线。两组扣索通过立柱顶上的索鞍分别连到两组油缸中。穿芯式油缸是竖转设备的执行机构,其内部穿过18根钢绞线,两端还装有可控的锚具油缸,以配合主缸对锚片进行控制。主缸伸缸时,上锚利用锚片的自锁原理紧紧夹住钢绞线,而下锚松开,张拉钢绞线一次,使主跨竖转一个角度。主缸满行程时,主缸缩缸,使载荷转换到下锚上,而上锚松开。如此反复,可以使主跨竖转到要求位置。

主缸、上下锚具的控制均由计算机通过比例液压系统来实现。控制系统根据一定的控制策略和算法不仅可以实现对主跨结构的位置控制,而且还可以实现对主跨结构的载荷控制。主跨结构竖转布置图见19。

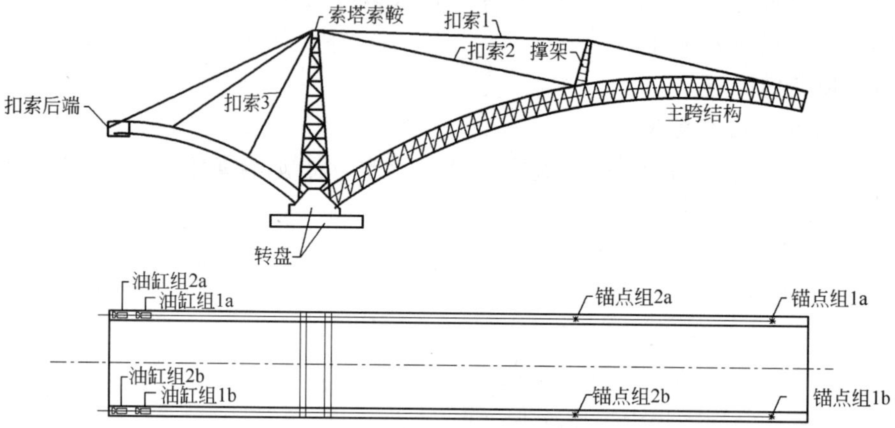

图19　主跨结构竖转布置图

5.6.3　竖转提升系统总体布置

(1)总体布置原则

①满足竖转施工的载荷要求,并应使每台提升油缸受载均匀;

②满足控制系统布点要求,尽量降低系统复杂性;

③保证每台泵站驱动的提升油缸数相等,提高泵的利用率;

④在总体布置时,要认真考虑系统安装的方便性、系统维护的可能性,以降低工程的风险。

(2)具体布置

根据起吊质量及油缸的承载能力,竖转提升系统总体布置如图20所示。每肋使用10台油缸,其中7台油缸与扣索1相连,3台油缸与扣索2相连。每肋布置两台泵站和一台阀块箱,其中一台泵站直接驱动5台油缸,另一台泵站除直接驱动2台油缸之外,还通过阀块箱驱动3台油缸。因此,整个竖转提升系统共使用40台油缸、8台泵站和4台阀块箱。

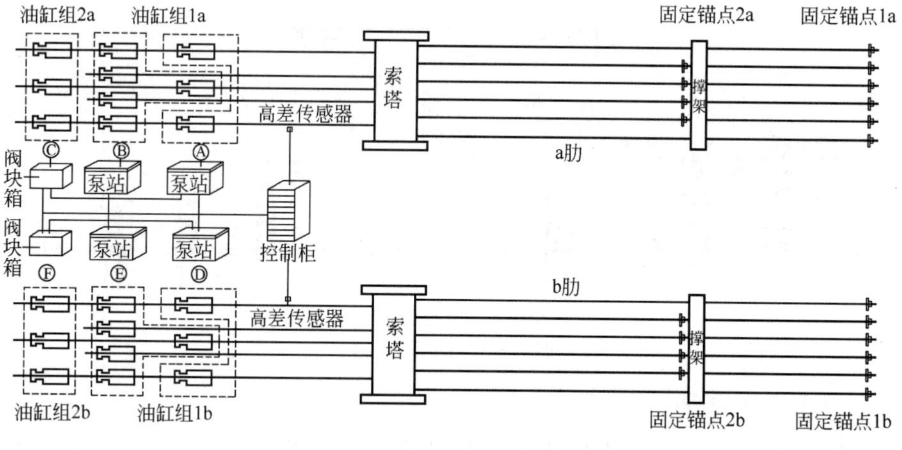

图20　竖转提升系统总体布置示意图

(3)竖转提升速度

竖转提升速度取决于泵站的流量、锚具切换和其他辅助工作所占用的时间,按以往的提升的经验,提升速度为2.2m/h。扣索1和26.294m和25.268m。整个竖转过程历时12h(图21、图22)。

(4)承重系统的选择和验算

承重系统由扣索、油缸和锚点三部分组成。在竖转提升过程中,扣索1、2的最大索力分别为19 839kN、9 725kN。

①扣索1的载荷变化为19 471～19 839kN，由14台油缸分担，因此每台油缸的平均载荷为1 391～1 417kN（每台油缸额定载荷2 000kN），油缸中单根钢绞线的平均载荷为77.3～78.7kN（单根钢绞线的破断力为260kN，考虑拔锚影响及安全系数要求单根钢绞线承载小于100kN）。

②扣索2的载荷变化范围比较大，为3 842～9 725kN，由6台油缸分担，因此每台油缸的平均载荷为640.3～1 620.3kN（每台油缸额定载荷2 000kN），油缸中单根钢绞线的平均载荷为35.6～90.0kN（单根钢绞线的破断力为260kN，考虑拔锚影响及安全系数要求单根钢绞线承载小于100kN）。

③当竖转3°之后，扣索2中每台油缸的平均载荷降为1 473.0kN，单根钢绞线的平均载荷降为81.8kN。

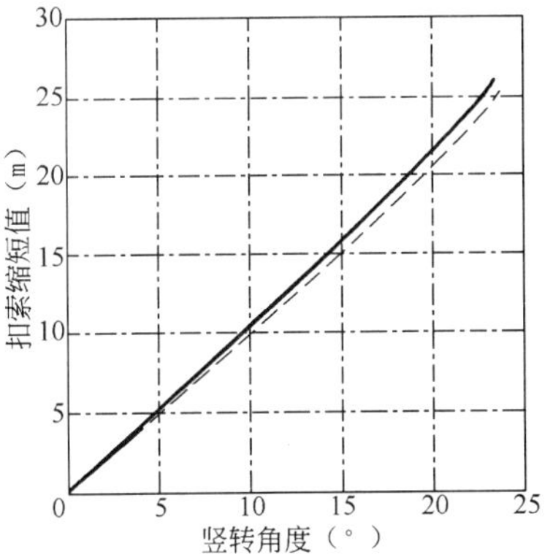

图21　扣索长度随竖转角度的变化曲线
（实线-索1，虚线-索2）

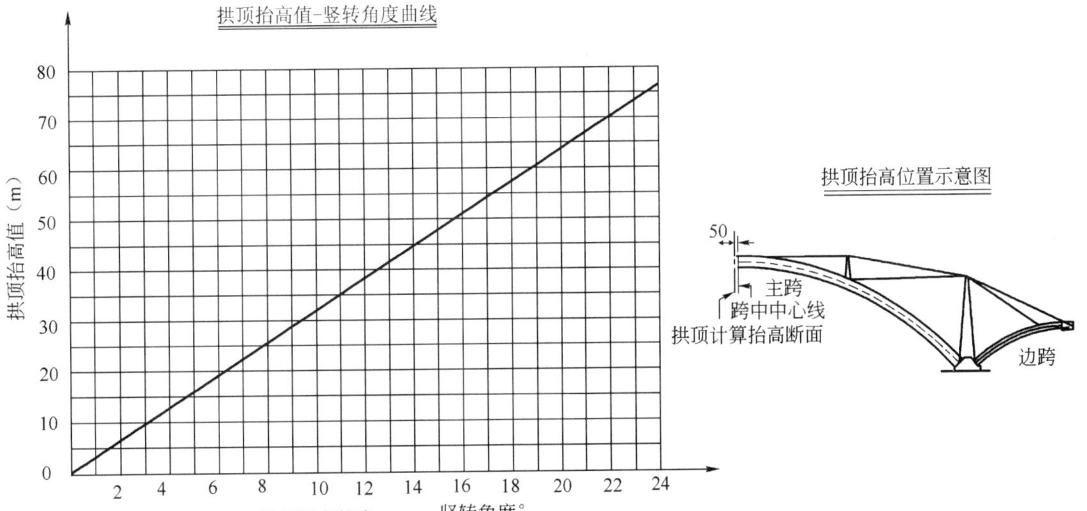

拱顶抬高值表

竖转角度	3°	6°	9°	12°	15°	18°	21°	24°
拱顶抬高值（m）	9.750	19.477	29.150	30.259	48.261	56.615	66.025	76.096

附注：
1、竖转角度以架上为0°，竖转到位24°。
2、拱顶抬高计算位置为拱顶端部断面的下弦中心。

图22　拱顶抬高值随竖转角度的变化曲线

④单根钢绞线的最小安全系数为260/90.0＝2.89。这个系数取用是比较合理的，因为钢绞线一般一次性使用，不会承受长时间的波动荷载，经多次的工程应用和试验研究表明是可靠的。

⑤当竖转15°之后，扣索2中每肋可取走一台油缸，这样扣索2的载荷由4台油缸来承受，于是每台油缸的平均载荷为1 427.0kN，单根钢绞线的平均载荷为79.3kN。

5.6.4　竖转控制系统的工作原理

（1）竖转施工的吊装要求

在竖转过程中，从保证主跨结构吊装安全角度来看，应满足以下三个要求：

①随着竖转角度变化，扣索1和扣索2的索力应满足图23所示的变化规律，以保持主跨结构的正确受力情况，防止过大的吊装应力；

②两肋应保持同步提升，防止主跨结构扭转变形；

③主跨结构竖转过程中，过大的加速度和减速度都会给主跨结构带来附加载荷，因此要保证加速度和减速度不超过规定值。

（2）竖转控制系统简介

竖转控制系统的控制任务分别由两套计算机系统来完成，一套是以8 098单片机为核心构成的同

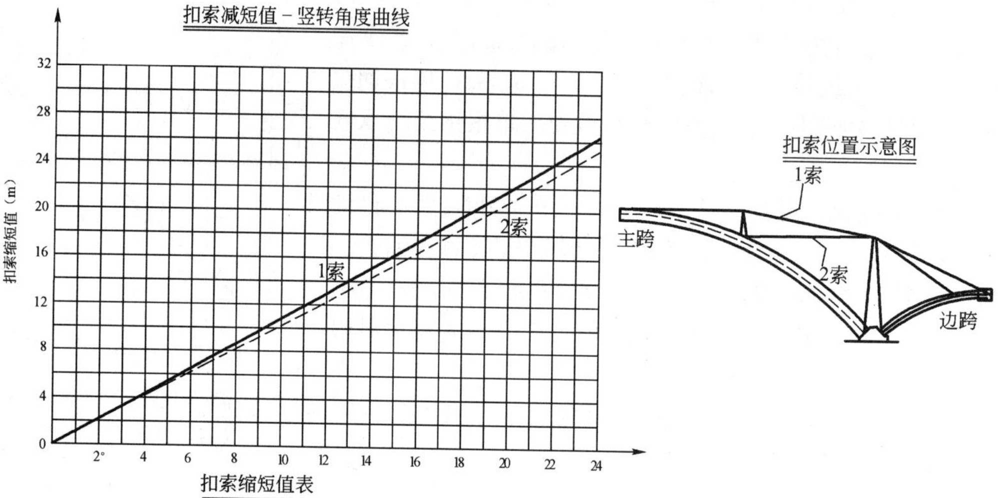

扣索缩短值表

项目 \ 竖转角度		3°	6°	9°	12°	15°	18°	21°	24°
扣索缩短值	1号扣索	3.181	6.109	9.671	12.907	16.279	19.612	22.963	26.294
（m）	2号扣索	2.092	6.041	9.143	12.293	15.488	18.722	21.091	25.288

附注：
1、竖转角度以架上为0°，竖转到位24°。
2、扣索缩短未计入索力变化对扣索垂度的影响。

图23　扣索减短值随竖转角度的变化曲线

步调节系统，一套是可编程控制器为核心构成的动作联控系统。

同步调节是通过调节液压系统的比例阀流量控制提升油缸升降速度，来达到位置同步或压力均衡等控制目的。它由信号检测传感器（例如压力传感器、角度传感器等）、信号调理、A/D采样、单片机和比例阀功率驱动等硬件组成。在竖转施工过程中，要达到控制要求，控制系统的控制策略是关键。

由于在竖转施工中采用提升油缸集群作业，因此提升油缸动作的协调控制是关键。动作控制系统由检测油缸位置和的传感器、可编程控制器和液压系统的电磁阀功率驱动等硬件组成。在设计动作控制系时，充分考虑了油缸动作的闭锁问题，使得系统具有防误操作、掉电保护等功能。

（3）控制策略

根据竖转施工的吊装要求，拟制订如下的控制策略：

①事先由设计单位提供扣索1、2索力随竖转角度的变化曲线（图24）。这样，可以确定扣索1、2的索力比 i_{12} 随竖转角度变化规律（图25），然后计算机控制系统根据这一规律进行调节，这样可以有效地控制扣索1和扣索2之间的载荷分配。

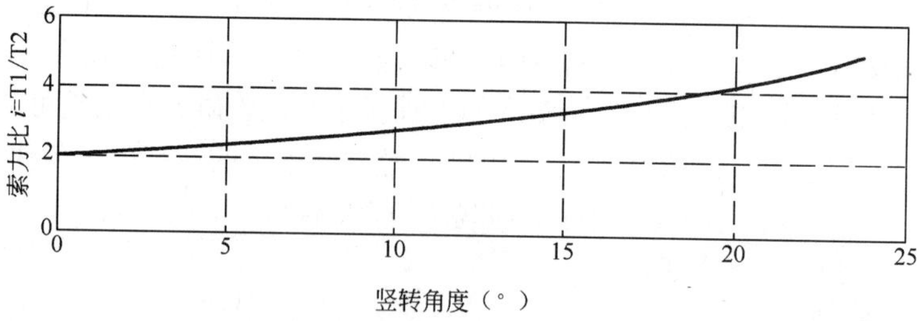

图24　索力及索力比随竖转角度的变化曲线

为了使每台液压泵站驱动的油缸数相等，将提升油缸分成6个点，编号从 A 到 F。很显然，扣索1的索力受控于油缸级Ia（Ib）即点 A、B（或 D、E），扣索2的索力受控于油缸及Ia（Ib）即点 C（或 F）。每点油缸相互之间采用并连接法，因此每点中各油缸受载均等。在每点中安装一只油压传感器，用来测量油缸的实际载荷，通过这只传感器可以将各点的载荷反馈给计算机，这样计算机可以根据控制要求来分配各点载荷。例如点 A、点 B 共同承受扣索1的载荷，因此计算机将按 $i_{11}=1:1$ 的比例来分配载荷；而调整点 A、点 C 的载荷分配比例 i_{12}，可以控制扣索1、扣索2之间的载荷分配，从而可以达到载荷目的。

②主跨结构离地 a、b 两肋调平。在竖转过程中，计算机控制系统根据两肋的高度差进行必要的调

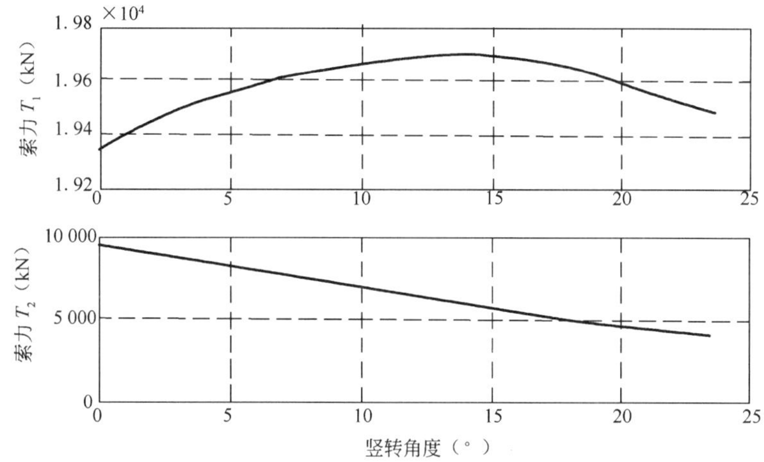

图 25　扣索力与竖转角度关系曲线

节，这样可以保证两肋之间的位置同步关系。

在整个控制系统中，点 A 是一个主令控制点。通过改变点 A 的设定值可以控制整个提升系统的提升速度。为了保证 a、b 两肋的位置同步关系，在 a 肋的点 A 和 b 肋的点 D，分别安装了测量钢绞线缩短长度差值的传感器。用这样的传感器可以将两肋的高度差反馈给计算机。这种传感器自行研制开发，在多次工程实际中使用，具有精度高、可靠性好等特点。

③根据设计单位的要求，设置扣索 1、2 的索力限：扣索索力允许在 5% 的范围内。当索力超限时，控制系统自动报警并停机。

以上策略可以实现位置同步和载荷均衡的双重控制，控制原理图参见图 26。由于油缸的伸缩速度较慢，由此引起的加速度或减速度可以忽略。

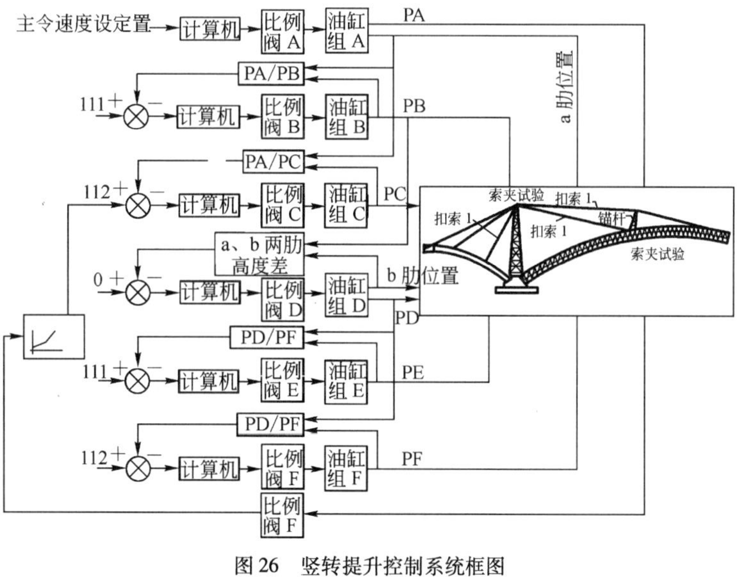

图 26　竖转提升控制系统框图

5.6.5　主拱竖转的实施

1）验收及准备工作

（1）主、边拱结构拼装质量验收

①主拱桁卧拼、边拱劲性骨架拼装几何线形（轴线、高程）检查验收；

②主拱桁、边拱劲性骨架节段接头焊缝质量检查验收；

③主拱、边拱肋横撑安装接头焊缝质量检查验收；

④拱座结构几何尺寸、混凝土强度、预应力张拉检查验收；

⑤边拱钢管混凝土、配重块及端横梁混凝土强度、预应力张拉检查验收。

(2)竖转设施检查验收

①索干塔、索鞍安装几何尺寸、焊缝质量检查验收;

②索塔立柱钢管混凝土强度检查验收;

③撑架安装几何尺寸及焊缝质量检查验收。

(3)扣索钢绞线、锚具检查:对钢绞线、锚具进行外观检查,核查产品出厂合格证,做锚具硬度抽样试验。

(4)张拉设备检查,包括千斤顶标定、张拉设备及控制系统试运行(详见竖转施工技术方案)。

(5)边跨锚固检查:核查精轧螺纹钢材料出厂合格证及抽样试验报告,对锚固结构及状况进行检查。

(6)*P* 型挤压锚试验:对扣索锚固端的 *P* 型挤压锚应做锚固性能试验。

(7)索夹试验:对加工好的索夹应做抗滑性能试验。

(8)监测点安装:按监测计划安装测点,布置导线。

(9)扣索、平衡索安装:钢束制作、牵引提升到位、分束、安装锚具。

(10)张拉平衡索:按设计吨位(2 000kN)张拉锚固 4 号、5 号预备平衡索(张拉端在拱座下)。

(11)安装扣索张拉千斤顶:在边拱张拉端搭设张拉工作平台,安装张拉千斤顶,连接控制系统。

(12)扣索初张拉:在张拉端千斤顶尾部采用单根张拉,每根钢绞线初张拉力按 40kN 控制。

(13)安装助升千斤顶:在拱顶端拱架上安装垂直助升千斤顶,按每条拱肋 3 台 60t 千斤顶布置。

(14)结构初始状态观测,测量组对主、边拱实际轴线位置,拱肋、索塔、拱座各特征观测点的实际三维坐标(平面位置及高程)进行观测记录,监控组对抠助、索塔、拱座等各监测点的内力,温度等监测项目进行初读数。

(15)缆风设施检查:对挂好处于松弛状态的缆风钢丝绳、扣点锚桩(座)及收放设备进行检查,以便竖转过程遇大风能迅速收紧。

(16)围堰排水设备检查:保证能随时投入使用。

(17)通信设备调试:保证指令及信息传递顺畅。

(18)资料处理试动作:技术组模拟资料汇集并输入电脑,检验程序数据处理,图表显示,成果打印等是否准确有效。

2)竖转过程

(1)脱离拱架前分级张拉

①按设计计算起动张拉力的 50%、85%、95%、100% 分级同步张拉(实施时换算成具体吨位)。

②每级加载持荷 20~30min,此时监控、测量、观察组立即投入工作,并迅速将结果报技术组。技术组进行整理分析后提出调整处理意见,总指挥据此做出继续下级操作的安排。沙贝岸张拉至设计索力 100%,广氮岸张拉至设计索力 109%(已脱架)。

(2)起动脱架

①起动力拱顶端助升千斤顶,边拱张拉端千斤顶同步张拉,至主拱肋脱离拱架停止。脱架高度考虑拉索在日温差变形影响下主拱肋不接触拱架即可。监控组测取测点应力、应变值,测量组观测高程及轴线位置,观察组检查结构及张拉系统状况,结果汇至技术组。技术组将观测数据输入电脑,得出当前主拱结构实际位置及相应的结构杆件及拉索内力计算值,经与监控组提供的实测值进行对比分析,判断结构及拉索内力是否处于正常状态或提出调整建议,咨询专家组意见后供总指挥决策能否继续下一级提升竖转或进行调整加固的措施。受令小组据此行事,并将执行结构反馈回指挥室,等待下一步指令。实际操作时,主拱端助升千斤顶未使用上,已顺利脱架。

②保持上述脱架状态停置 24h,观察组对主拱及边拱钢管焊缝、主拱铰、扣点、索塔脚、索鞍、撑架顶部及底脚、转盘撑脚、环道受压变形等各重要部位进行详细检查。竖转操作组对千斤顶及夹片有无滑移

情况进行观察,均未发现异常。

(3)正常竖转

①监控组和测量组在正式竖转前再次测取有关数据,并与脱架时(或经调整后)测取的有关数据进行比较,如发生较大变化,则应根据设计指导值作相应调整。

②竖转分级:$-0.7014° \sim 3°$、$3° \sim 12°$、$12° \sim 24°$。每个分级竖转过程保持1号、2号索力的合理比例关系,同时保持两条主拱肋对高差控制在允许范围内(通过在两条主拱肋拱顶处设置沉降仪控制),即实行索力和高程双控,在实际竖转时由于双控效果更好,竖转并未严格分级。

③拱顶预留高度,最后一级竖转将到位时即停止,预留不小于200mm高度(低于设计高程),以便调整合龙高程。

(4)转速控制,控制在12h内完成,注意启动、止动均速,尽量减小加速度(在$0.005m/s^2$以内)。本项工程实际正常竖转时间为12h,与计算吻合。

(5)边拱卸架与平衡配重

①竖转到位后,根据监控组取的边拱锚杆内力,报技术组。

②技术组将锚杆实测内力与相应阶段各锚点的计算内力比较,提出索力调整建议值,张拉3号平衡索,设计值为3 500kN,实际调整张拉总索力为2 000kN。

③适当适当索力后,分别使主、边拱结构及扣索内力达到设计理想状态,此时结构处于平衡状态,经技术组核实后可放松边拱后锚(但此时未解除),按照拆除临时增加的锚固拉杆—观测锚杆应力变化—由拱脚至拱顶顺序拆除除拉杆位置以外的所有支撑—观测锚杆应力变化—根据观测结果,采取从拱脚至拱顶顺序拆除锚固拉杆的顺序卸架,最后保留边拱后端1组锚杆不松。

④若调整适当的索力仍无法使结构平衡时,则需在边拱端横梁调整配重。配重吨位根据监控组实测数据与计算差值设置,再经监控组对调整配重后的内力状况进行实测。测量组对结构位移变化进行观测,技术组核实确认结构处于平衡状态后方可解除边拱后锚(但此时未放松)。

(6)扣索锁定:在索鞍顶部分组安装索夹,将扣索锁定,限制温差变形或风载振动结构产生位移时扣索通过索鞍前后滑动。

(7)系主拱揽风:在两条半主拱肋端部和$L/4$处挂临时垂直揽风,以便接到紧急大风预报时能迅速收紧,增强抗风能力。

(8)拱脚临时固结:索力调整完成后,即安装主拱脚上、下弦杆临时固结段,形成无铰结构,以增强平转过程的结构强度及刚度。

(9)拱顶温差挠度变化观测:在平转前进行24h拱顶温差变化观测,即从6:00~24:00,每隔2h观测各特征截面高程,并记录当时气温。监控组同时测取拱肋体内温度,技术组整理数据并绘出主拱肋随气温、体温变化曲线,供合龙参考。

5.7 平转施工

5.7.1 平转牵引体系

本桥平转牵引体系由牵引索、牵引千斤顶及其反力座,牵引索转向滑轮组组成。牵引索为两组共6束18ϕ15.24mm(9号墩)及22ϕ15.24mm(10号墩)钢绞线,连续牵引千斤顶采用欧维姆ZTD自动连续转体系统。助推千斤顶采用欧维姆YC60A穷心顶。平转主要设备有:

(1)同步连续牵引系统

①ZTD2000—200千斤顶16台;

②ZTDB泵站16台;

③ZTDK主控台2台。

(2)助推系统

①YC60A—200千斤顶20台;

②ZB4—500电动油泵20台。

5.7.2　同步连续牵引系

ZTD 自动连续转体系统由千斤顶、泵站和主控台三部分组成。其主要特点是连续性和同步性,即能够实现多台千斤顶同步不间断匀速顶进牵引结构转体到位。ZTD2000—200 连续转体千斤顶其前后顶构造使其能够通过两个顶的交替往复运动实现连续顶进,而前后顶的各行程开关则是系统的动作传感元件。

ZTD 自动连续转体的控制过程就是通过各行程开关将千斤顶前后活塞的位置信号传递给主控台。主控台将得到的信号进行逻辑组合后,再将控制信号传递给相应的泵站。泵站通过电磁阀去控制相应千斤顶的动作。上述过程形成一个闭环系统,能够自动调节千斤顶的各种动作,使多台千斤顶做到同步连续工作。

5.7.3　平转牵引力估算

根据转体工艺设计,平转起动静摩擦系数按 10% 控制。为确保转体能按设计成功实施,平转实施前对设计滑道分别做了试验室模拟试验和劲性骨架现场试验。试验室试验经多组不同速度方向和加载时间的试验后得到的静摩擦系数为 0.016 4 ~0.058 3,不超过 0.06。劲性骨架现场试转两岸均采集了 3 次起动匀速行走的牵引力数据,试算的静摩擦系数为 0.037 2 ~0.062 3,不超过 0.07。本方案仍按设计的 10% 静摩擦系数控制起动牵引力,则所需的计算起动总牵引力为 1 236t。牵引系统各千斤顶按每台 ZTD2000 千斤顶控制张拉力 140t,每台 YC60A 千斤顶控制张拉力 50t 计,则每个主墩牵引系统 8 台 ZTD 千斤顶,12 台 YC60A 千斤顶初始起动的总牵引力为 1 720t(为计算起动牵引力的 1.39 倍)。根据劲性骨架现场平转结果,两岸首次起动牵引力均大于之后的再次起动牵引力。因此,在正常情况下实施时,如中途停下后再次起动的总牵引力应不会大于初始起动值。

平转应在风速不大于 10m/s(五级)的情况下进行。平转角速度控制在 0.57°/mim,主拱肋端部水平线速度不大于 1.2m/mim,加速度不超过 0.003m/s^2 以内。预期每岸平转时间不超过 9h 左右。实施时,广氮岸平转为 8h45min;沙贝岸由于清障工作不彻底,平转持续了 17h,实际转体时间 9h15min。

5.7.4　平转的实施

1)转体前的检查及准备工作

(1)环道清理、润滑:将滑道、转轴表面和周围防护材料、杂物及障碍物清理干净,撑脚走板前端抹黄油四氟粉。

(2)平转千斤顶标定;对 ZTD 千斤顶、泵站和主控台进行单台检查调试;对 ZTD 自动连续转体系统进行空载联试。

(3)安装平转牵引千斤顶、钢绞线、锚具。

(4)安装助推千斤顶及反力梁。

(5)松主拱揽风。

(6)松边拱竖向后锚。

(7)观察组再次检查结构关键部位。

(8)测量组测量记录主、边拱特征断面、索塔顶部、拱座角点等观测点的初始平面位置及高程数据。监控组测取平转前初始状态各监测部位的内力值,再次确认转体处于平衡状态。

(9)边拱支架卸架、平转半径范围内树木、房屋、电线等可能影响转体的障碍物的拆除。

(10)钢束预紧。用 YDC240Q 千斤顶在 ZTD 千斤顶尾端逐根张拉牵引钢绞线预紧,每根牵引钢绞线预紧力约为 20kN。

2)平转过程

(1)启动

经检查确认一切准备就绪后,进行平转启动。首先同步张拉牵引千斤顶,吨位按计算动摩阻力控制(摩阻力系数根据试转结果和理论值综合调整确定);然后助推千斤顶分级加力直至撑脚走板确实产生水平位移,并记录静摩阻力。沙贝岸启动总动力为 560t,静摩阻系数为 0.041 4,广氮岸启动总动力为

420t，静摩阻系数为0.022。

(2)正常平转

①平转启动后，转动体系进入同步张拉牵引索匀速平转(已拆除助推千斤顶及反力梁)，直至牵引索接近脱离转向座滑轮。平转过程中，测量组跟踪观测拱肋及索塔轴线偏位及各特征截面(主拱拱顶、边拱拱顶、索塔顶部)的高程变化情况，监控组连续监测各测点应力、应变变化情况。

②牵引索接近脱离转向座滑轮时，牵引千斤顶回油，将牵引索脱开转向座滑轮，用人工重新排列好钢绞线束并收紧，而后张拉端初张拉并锚固，检查锚固端情况。同时，观察组检查各重点部位，测量组观测记录轴线偏位和各特征观测点高程，监控组测取各监测点应力、应变值无异常。继续匀速牵引平转，直到基本到位。

③根据测量组实测轴线偏差值决定微调调幅(考虑惯性位移)。测量组观测微调闭合情况并适时发出停转信号，经反复微调直到轴线重合，使精度满足设计要求。实际操作时，根据推算的撑脚就位线，在两侧前进方向的第一个撑脚前面，分别利用助推反力座设置反力梁和液压千斤顶，在沿滑道中心线距终点剩下最后50～100mm时，将反向千斤顶顶住撑脚，然后先张牵引千斤顶后放撑脚处的反向千斤顶进行微调，直至轴线达到设计要求为止。实际最后转体就位轴线偏差仅为5mm，两岸由轴线对接偏差仅2mm。

(3)拱座检查。测量拱座4个顶角高程与转前初始状态高程值比较，如发现较大偏差，即两侧供座产生较大高差或扭转，应通过调整拱座横向预应力钢束索力予以校正。实际拱座测点高程转体前后基本无变化。

(4)再次复核校正主拱轴线，确保满足设计精度要求；并同时调整边拱拱轴线，通过适当收放1、2号扣索或3号平衡索，使边拱拱轴线符合设计精度要求。

(5)边拱锁定：轴线校正及边拱拱轴线调整完成后立即锚固边跨尾端竖向拉杆，并恢复边拱架支承。

(6)系揽风：在主拱肋$1/4L$、$3/8L$处分系好两组揽风，以便接到大风预报时能迅速收紧。

(7)拱座临时固结：焊接上、下转盘固结骨架，并将撑脚走板与滑道钢板、中心转轴上下钢板焊接。连接张拉每岸拱座与承台预埋的48ϕ32mm精轧螺纹钢筋，将拱座与承台锁定；接着即可开始拱座封固，该项工作可与拱顶合龙工序平行作业。

5.8 主拱合拢与体系转换

(1)从平转就位后次日开始拱座临时固结，在确认揽风绳放松后，首先焊接上、下转盘连接型钢，及撑脚走板与滑道钢板焊接(割除此处不锈钢板)、焊接中心转轴上下钢板。然后拆除塔顶索夹，确认主拱脚段临时固结杆件，测取结构内力与相应状态下理论计算值对比，确认主拱脚转铰固接后当前结构符合设计状况。

(2)在选定的合拢时间(考虑实际合拢温度与设计合拢温度差的影响)，通过张拉扣索微调主拱拱顶高程至设计计算合拢高程。

(3)安装拱顶临时合拢花篮螺杆，旋转顶紧拱顶花篮螺杆。根据监控组监测的当前主拱结构内力及测量的特征截面高程情况，反复调整主拱肋内力及线形，直至达到设计理想状态。在确认边拱支座安装、拱端临时锚定和上下转盘临时连接后，固定花篮螺杆，完成瞬时合拢。

(4)在接近合拢温度时实测合拢段的长度；现场进行拱顶合拢段钢管切割下料；遵照上下游两肋对称的原则，按照先下弦管后腹杆再上弦管的顺序安装主拱合拢段钢管，然后按合拢设计焊接工艺要求，进行弦管、腹杆和平联板的焊接，并进行100%焊缝超探检测。

(5)同时进行下转盘与拱座的封固，先连接上下转盘的预留主筋，焊接接长承台后浇层的竖向箍筋、布设顶层钢筋网。封固混凝土和承台后浇层混凝土，半幅转盘分三块浇筑：首先浇筑环道以外100cm厚的部分，其次浇筑100cm厚承台后浇层的剩余的部分，第三次浇筑拱座底部未浇筑的80cm厚的部分。为保证第二、三次浇筑块顶面与上转盘底面连接良好，在其上部预埋ϕ48mm×3.5mm压浆管，在两块混凝土浇筑完成后压 M40 水泥砂浆。

(6)在合拢段焊接、上下转盘封固混凝土达到设计强度的 85% 和边拱支架恢复完成后,经过设计、监理、监控与施工各方的讨论研究,同意按照两岸及上下游对称、均衡同步的原则,卸降除扣索。卸扣顺序如下:卸 1、2 号扣索、3 号平衡索—卸 4、5 号平衡索—松拱座上体外索预应力索。

(7)根据设计工艺焊接拱脚连接段钢管,浇筑拱脚封固混凝土,进行体系转换主拱成为无铰拱结构(按照设计要求拱脚固接前应拆除 $L/4$ 处拱上临时撑架,考虑到工期紧张的情况设计同意先在拱脚固接后再拆撑架)。在进行了主拱轴线,高程测量,拱座就位精度,主拱内力检测和结构外观检查验收后,转体施工的工作全部结束。

5.9 转体施工时间(表 1)

转体施工时间表 表 1

序号	工程内容	开工时间(年.月.日)	完工时间(年.月.日)	工期	备注
1	主墩承台	1999.2	1999.5.10	100d	
2	上下转盘	1999.5.12	1999.7.7	56d	
3	边拱劲性骨架安装	1999.6.10	1999.7.15	35d	
4	主拱肋现场拼装	1999.7.16	1999.10.3	90d	
5	索塔索鞍安装	1999.7.10	1999.8.24	45d	
6	穿扣索	1999.9.10	1999.10.5	25d	
7	两次转体施工	1999.10.18	1999.10.24	7d	
	沙贝岸脱架	1999.10.18(上午)			检查时间 24h
	沙贝岸竖转	1999.12.19.(9:00)	1999.10.20(13:30)	24.5h	中间停止 12h
	广氮岸脱架	1999.10.17(14:00)			
	广氮岸竖转	1999.10.21(7:00)	1999.10.21(21:08)	14h	中间停止 12h
	沙贝岸平转试转	1999.10.22(17:00)			检查时间 15h
	沙贝岸平转	1999.10.23(8:00)	1999.10.24(0:50)	17h	因清障中停 8h
	广氮岸平转	1999.10.24(7:30)	1999.10.24(16:15)	8.75h	
8	瞬时合龙		1999.10.27(0:30)		
9	合龙段焊接完成		1999.11.15		
10	上下转盘封固		1999.11.15		
11	转体工作全部完成		1999.11.19		

6 劳动组织(表 2)

劳动组织表 表 2

人员	人数	人员	人数
指挥组	1	监控组	2
竖转组	2	竖转施工组	2
平转施工组	2	技术组	2
测量组	2	观察应急组	2
后勤组	1	专家组	1

7　材料与设备(表3)

材料与设备表　　表3

序　号	名　称	规 格 型 号	单　位	数　量
A1	提升油缸	TJJ—200	台	44
A2	液压动力系统(泵站)		台	8+2
A3	阀块箱		台	4
A4	电气启动柜		台	8+2
A5	计算机控制系统		台	2
A6	电线电缆		m	若干
A7	传感检测系统		套	若干
A8	通信设备		套	若干
B1	钢绞线	ASTMA416—90aϕ15.24mm,1 860MPa	m	
B2	张拉千斤顶	YC20QZB8/500	套	4
B3	液压油	高压抗磨46号	桶	18
B4	钢绞线疏导架	现场制作	套	40
B5	油缸钢墩		套	40

8　质量控制

8.1　转盘结构采用环道支承为主、中心支承为辅,并设置控制位移的磨心。各支承受力状态及转动体系的位移,完全处于控制之中,避免任何滑移、倾斜现象,保证转体施工安全进行。

8.2　转轴与环道走板,采用聚四氟乙烯千岛走板及黄油四氟粉两套润滑措施(其摩阻系数均为0.03~0.08),能确保任何一套起作用,保证转动顺利,即使靠牵引无法平转,还可利用千斤顶顶推撑脚辅助转动。

8.3　上转盘劲性骨架正位制作,试转至拱肋拼装轴线,检验转体设施合格后,在进行下一道工序。

8.4　在竖转起始状态(0°~3°),在岸边支架上,分级进行张拉,并进行调高及可能出现的施工荷载试验,其后观测24h,充分掌握可能出现的自然条件变化对结构的影响,及拟订相应措施后,再正式转体,一切均在实践基础上进行。竖转到位后,在索鞍处固结扣索。

8.5　为了安全,整个竖转过程,边跨拱肋与支架临时固结。平转到位后边跨拱肋与支架再连接,以增加抗风稳定性。平转过程中,主拱肋拱脚由单铰结构转变成多铰结构。平转到位后,在主拱肋上设置浪风,增加转动体系抗风能力。

8.6　组织施工设计组、实验组、观测组,对施工过程进行全方位控制。

9　安全措施

9.1　设备安全措施

(1)在钢绞线承重系统中增加了多道锚具,如安全锚、天锚;

(2)每台提升油缸上装有液压锁,以防油管破裂,重物下坠;

(3)液压和电控系统采用联锁设计,以保证提升系统由于误操作带来得后果;

(4)控制系统具有异常自动停机、断电保护等功能;

(5)控制系统采用容错设计,具有较强抗干扰能力。

9.2　现场安全措施

(1)钢绞线在安装时,地面应划定安全区,以避免重物坠落,造成人员伤亡;

(2)在正式施工时,也应划定安全区;

(3)主跨结构转体空间内不得障碍物;

(4)在竖转得过程中,应指定专人观察锚点锚具、索鞍、安全锚、油缸、钢绞线等的工作情况;若有异常,直接通知控制中心;

(5)在施工过程中,要密切观察主跨结构的变形情况;

(6)竖转过程中,未经许可不得擅自进入施工现场;

(7)在竖转提升系统中采取相应措施(设置安全锚、防液压油管爆裂、动作闭锁、超差报警停机等),以确保主跨结构竖转安全到位;

(8)防火:液压提升现场严禁烟火,并要求配备灭火设备;

(9)防盗:露天放置的液压提升设备应派专门人员负责安全保卫工作;

(10)灾害天气的应急措施。

10 效益分析

10.1 转体施工增加工程数量

由于原设计是针对三段吊装施工方案设计,确定采用转体方案施工后,根据专家会议的建议,对桥梁结构进行了局部修改,增加了边拱肋半拱劲性骨架和主拱临时拱铰等。为转体方案的顺利实施,进行了专门的工艺设计,设置了下转盘、上转盘、临时索塔,以及组拼支架和龙门桁车,增加的主要工程数量见表4。

增加的主要工程数量表 表4

<table>
<tr><th>序 号</th><th>项 目 名 称</th><th>混凝土(m³)</th><th>钢材(t)</th><th>备 注</th></tr>
<tr><td>1</td><td>边拱劲性骨架</td><td>0</td><td>649.7</td><td rowspan="2">属桥梁结构的组成部分</td></tr>
<tr><td>2</td><td>主拱拱铰</td><td>0</td><td>150.3</td></tr>
<tr><td>3</td><td>下转盘</td><td>2 829.6</td><td>698.1</td><td rowspan="3">与结构融为一体,
施工后无法拆除</td></tr>
<tr><td>4</td><td>中心转轴</td><td>0</td><td>7.3</td></tr>
<tr><td>5</td><td>上转盘</td><td>1 455.5</td><td>501.9</td></tr>
<tr><td>6</td><td>索塔、索鞍及撑架</td><td>290.9</td><td>894.9</td><td rowspan="3">作为施工设施
转体完成后拆除,
可部分周转利用</td></tr>
<tr><td>7</td><td>扣点、扣索及索引索</td><td>0</td><td>392.0</td></tr>
<tr><td>8</td><td>拱架及龙门桁车</td><td>2 651.8</td><td>4 395.5</td></tr>
<tr><td></td><td>合计</td><td>7 227.8</td><td>7 689.7</td><td></td></tr>
</table>

10.2 设施及措施费用

丫髻沙大桥主桥(512m)建筑安装工程费用24 155 万元(不包括照明系统)。转体施工总费用4 042万元(占建安费的16.7%),其中主体结构修改和增加不能拆除的设施费用1 364 万元,临时转体设施及技术措施费用2 678 万元。

10.3 施工企业经济效益

通过承建该项目,本公司获得了一定直接经济效益和间接经济效益,直接效益盈利约3%。由于采用了一先进的施工技术和新工艺,特别是两次转体方案的顺利实施,使本公司的知名度明显提高,同时也培养了一批施工技术人才,提高了本公司市场竞争能力。

10.4 社会效益

在该大桥上采用转体施工方案,各方面有效地避免了珠江主航道中断通航,确保大桥建设与交通运输两不误。此外,该工程为类似环境条件的大路径桥梁转施工积累经验,为推进我国桥梁建设的发展做了一定的贡献。

11 应用实例

广州市海珠区西南侧丫髻沙大桥，采用了平转加竖转的方案，为同类桥梁施工提供了一个成功的范例。据四川省信息研究所提交的查新报告显示，本桥的转体技术创造了6项世界第一。

(1)桥梁转体结构长度达256m，为世界第一；

(2)主拱竖转结构总重2 058t为世界第一；平转结构总重13 685t，为世界第二；

(3)竖转多索扣、液压同步提升技术为世界首创；

(4)平转转盘：大环道两线支承。中心定位连续平转工艺为世界首例；

(5)转体拱肋线形控制技术为世界首创；

(6)上转盘劲性骨架的设置，下转盘安装调整工艺技术为世界首例。

冬季预制箱梁自动温控蒸汽养生施工工法

GGG(冀)C3050—2008

张秀山　崔桂旺　刘　桐　祖连春　贺　钊
(河北冀星高速公路有限公司　河北路桥集团有限公司)

1　前言

目前,许多桥梁梁板预制施工由于工期要求的限制,必须冬季施工。这就对我国北方大部分地区冬季施工措施提出了更高的要求。对箱梁预制采取养生池蒸汽养生措施,并采用温度自动控制系统,使预制箱梁整个施工过程满足规范要求,使箱梁质量得到保证。

2　工法特点

自动控温,可以根据箱梁生产不同养生阶段进行温度自动调控,使箱梁在不同养生阶段温度符合规范要求,质量得到保证。自动控温,减少人员直接操作,防止蒸汽灼伤等事故的发生;自动温控系统保证了箱梁预制24h全天侯作业,提高生产效率,节约了投资。可以进行大规模野外预制构件施工作业,不受气候条件和地域限制。

3　适用范围

本工法适用于冬季规模施工各种预制构件。

4　工艺原理

蒸汽养生过程中分三个阶段进行,即:升温阶段→恒温阶段→降温阶段,通过控制一定压力和温度的蒸汽流量来进行升温、恒温过程及控制具体的温度。

开始进行预制时,首先进行升温、恒温、降温的试验工作,通过试验验证,调整理论计算的蒸汽流量参数。

(1)升温阶段:升温速度宜控制在为≤10℃/h。

(2)恒温阶段:恒温温度最高不超过55℃,恒温时间以试验确定。

(3)降温阶段:压浆完成养护后即可开始降温,降温速度控制在小于5℃/h,降到与外界温度差不超过10℃时,方可拆去养护罩。

(4)温度监控措施:为保证棚内保持恒温状态必须施用自动化控制和全天候的温度监控。

每个养生室内布设温度传感器。数据传输采用总站—分站结构,总站进行温度监视及命令传出,分站进行温度控制。温度控制通过电磁阀自动开关来调节供气流量,达到养生室温度控制。传感器采集数据后,传入总控制室进行监控。监控室定时进行数据采集、分析,并发出指令,还可以将即时温度情况导出、打印、存档备查。

5　施工工艺流程及操作要点

5.1　浇筑阶段:温度为不低于5℃,在箱梁钢筋、模板报验完成后,此阶段主要进行混凝土的浇筑作业,时间约为4~6h。

5.2 初养阶段:在混凝土浇筑完成后进行覆盖封闭加温,温度控制在15~25℃,控温时间为36h,此阶段主要进行梁顶刷毛及芯模、侧模的拆除作业。

5.3 升温阶段:温度由15℃升至40℃,升温时间为3h;升温斜率为8.3℃/h。

5.4 恒温阶段:温度控制在40~55℃,持续恒温时间以混凝土强度能满足预应力钢束张拉要求时为限,初步时间定为72h,此阶段不进行任何作业,主要对梁体进行蒸养。

5.5 降温阶段:温度由55℃降为25℃,降温时间为6h,降温斜率为5℃/h。

5.6 控温阶段:温度为15~25℃,控温时间为8h,此阶段主要进行箱梁预应力孔道清孔、穿束、张拉及压浆作业。

5.7 升温阶段:温度由15℃升至40℃,升温时间为3h,升温斜率为8.3℃/h。

5.8 恒温阶段:温度控制在40~55℃,持续恒温时间为48h,此阶段不进行任何作业,主要对孔道浆体进行蒸养。

5.9 降温阶段:温度由55℃降为5℃,降温时间为10h,降温斜率为5℃/h,此阶段完成后进行箱梁出坑。

6 材料与设备(表1)

材料与设备表 表1

序号	项目	单位	数量	用途
1	2.0t压力锅炉	个	1	蒸汽养生
2	0.4t压力锅炉	个	2	养生备用
3	0.5t压力锅炉	个	1	养生备用
4	1t热水锅炉	个	2	加热拌和水
5	ϕ100mm钢管	m	360	蒸汽养生
6	水蒸气管	m	1620	蒸汽养生
7	彩钢暖棚罩	个	18	搭设暖棚
8	电磁阀、传感器系统	套	18	温度控制
9	监控系统	套	18	温度监测
10	数据传输线	m	350	数据传输
11	电脑	台	1	温度监测
12	温度监控室	间	1	温度检测
13	打印机	台	1	打印检测数据
14	优质煤	t	900	加热
15	缆风绳	m	600	防风

7 质量控制

按照《公路桥涵施工技术规范》(JTJ 041—2000)冬季施工混凝土相关要求进行。

8 安全措施

8.1 压力锅炉应经过技术监督部门的检测认证,并安排专人持证上岗,确保锅炉使用安全。

8.2 应加强锅炉房等供暖设备的维修保养工作,确保正常供暖;各供暖管沟要进行一次彻底的检查,排除隐患。另外,要注意供暖燃料的储备,统一使用低硫低灰分优质煤。

8.3 应安排专人负责,定期测量棚内和混凝土表面温度,严格控制升、降温速度,升、降温时应每一小时检查记录一次温度,恒温时应每两小时检查记录一次温度。应定时对锅炉换煤加水,防止温度过高影响混凝土质量。

9 环保措施

9.1 应建立环境保护领导小组,项目经理作为环境保护的第一责任人,并设置专职环保管理人员1名,兼职环保管理人员2名,明确职能职权、责任义务,配置先进的仪器设备,加强环境保护的管理力度。

9.2 专职或兼职环保人员经培训考核取得环保培训合格证书后,方有资格上岗工作。

9.3 开挖出的土方应码放整齐并覆盖、洒水凝固,避免二次扬尘。

9.4 施工垃圾应及时清运,适量洒水,运输时封闭严密,减少扬尘。

9.5 水泥、石灰等散粒材料应安排在库内存放,临时露天存放时要下垫上盖,防止扬尘。砂石等散体建筑材料和土方等应码放整齐,表面应覆盖防止扬尘。运输时应防止遗撒、飞扬。

9.6 应采购优质煤减少烟尘排放量,防止蒸汽锅炉燃烧产生大量的烟尘污染环境,并采取对烟尘进行过水处理的方法。

10 资源节约

10.1 所有预制养生池均应开挖于地下,利用地面及侧面土地进行保温,同时在顶部覆盖保温型彩钢板,有效降低热量消耗,减少燃煤用量。

10.2 应通过自动温控系统对每个养生池的供气量进行控制,使蒸汽最大限度地合理应用,大大节约热能资源。

10.3 应对锅炉进行整体防护,对管道进行包裹防护,减少热量损失。

11 效益分析

11.1 可以保证箱梁的预制进度和施工工期。

11.2 可以保证各阶段的养生条件,有效地提高了箱梁的整体质量。

11.3 在紧急的抢修任务下,还可以使施工标准化、规范化,从而合理有效地控制了投资,使工程成本降到最低。

12 应用实例

12.1 本工法2003年应用于京石高速公路九龙河大桥(K169+480)紧急维修工程中,开工时间为2003年10月,于2003年12月完工。利用本工法预制T梁对原桥受损梁板进行更换,质量达到设计要求,使用效果良好。

12.2 2007年本工法应用于京石高速公路滹沱河大桥(西幅)维修加固工程,工程地点在京石高速公路K266+050,开工时间为2007年12月15日,于2008年2月完成全部200片箱梁预制工作。应用效果良好,箱梁预制达到设计生产能力,日产3~4片,并按期完成所有箱梁,箱梁质量良好。

本工法先进性在于可以野外大规模冬季施工预制构件,实用性在于本工法所用材料、设备均为普通型,不受地域等条件限制,适用于现场预制及工厂化预制混凝土构件,可大规模推广。

桥梁上部结构混凝土切割拆除施工工法

GGG(冀)C4051—2008

张秀山　崔桂旺　刘　桐　祖连春　贺　钊
(河北冀星高速公路有限公司　河北路桥集团有限公司)

1　前言

目前,桥梁拆除施工方法用破碎机或风镐凿除钢筋混凝土结构噪声大、速度慢,污染严重,且在半幅断交施工中,对另半幅行驶车辆带来了极大的安全隐患。切割拆除方法采用国内外先进的水冷却钻石钢线切割技术,对桥梁结构采用钻石钢线切割机进行分解,整体外运,集中存放处理。其施工进度快,污染少,施工现场整洁、安全。

2　工法特点

2.1　采用先进的金刚石钻孔、切割设备、快速在钢筋混凝土上成孔、开洞;尺寸准确,施工精度高,对周围结构无损伤,不需修补,速度快。

2.2　无振动、低噪声、无粉尘,符合环保要求。

2.3　设备体积小,使用灵活,对混凝土的拆除,应用范围广,是取代电锤、风镐、人工钎打等振动较大机具施工的最先进工艺,具有不影响周围正常交通、工期短、安全系数高等优点。

3　适用范围

本工法可广泛适用于公路桥梁上部结构钢筋混凝土的拆除以及其他部位钢筋混凝土结构的无损拆除。

4　工艺原理

利用机械设备将梁板沿纵向接缝和墩顶横向接缝切割成简支的单块梁板,用起重机械吊拆梁板。

本项钢筋混凝土切割新工艺的机械设备是由大功率油压机、带动定位滑轮及带有金刚石锯齿的钢线组合而成,原理是油压马达通过传动滑轮带动钢线围绕被切割物高速旋转进行切割,从而具有施工作业速度快、噪声低、无振动、无粉尘、无废气污染等特点,符合环保需求,而且工割下来的桥梁结构部件为整体,既避免拆除物坠落河中,又便于吊装和运输,很适合进行结构物物拆除,拆除时不受其他条件的限制。

5　施工工艺流程及操作要点

首先对施工区域进行交通管制,同时作好桥下交通疏导和施工区的隔离及安全管制,落实各项安全措施;桥上实行中断交通后马上开始进行如下工艺。

5.1　对原有护栏的拆除

采取人工配合机械拆除的方式进行。

5.1.1　钢扶手的拆除:采取人工拆除钢扶手的连接部,吊车配合运输车吊运的方式进行。

5.1.2　护栏的拆除:采取人工割除护栏与梁体的连接钢板及钢筋,吊车配合运输车吊运的方式进行。

5.2 对原有桥梁板切割拆除

5.2.1 原有桥面板的切割:首先采用(墙锯)切割设备对桥面混凝土桥面板进行切割分块;切割位置沿梁板纵向接缝正中进行,切深位置掌握在切透为止,在跨中位置若有中横梁应继续切透,切割位置如图1所示。

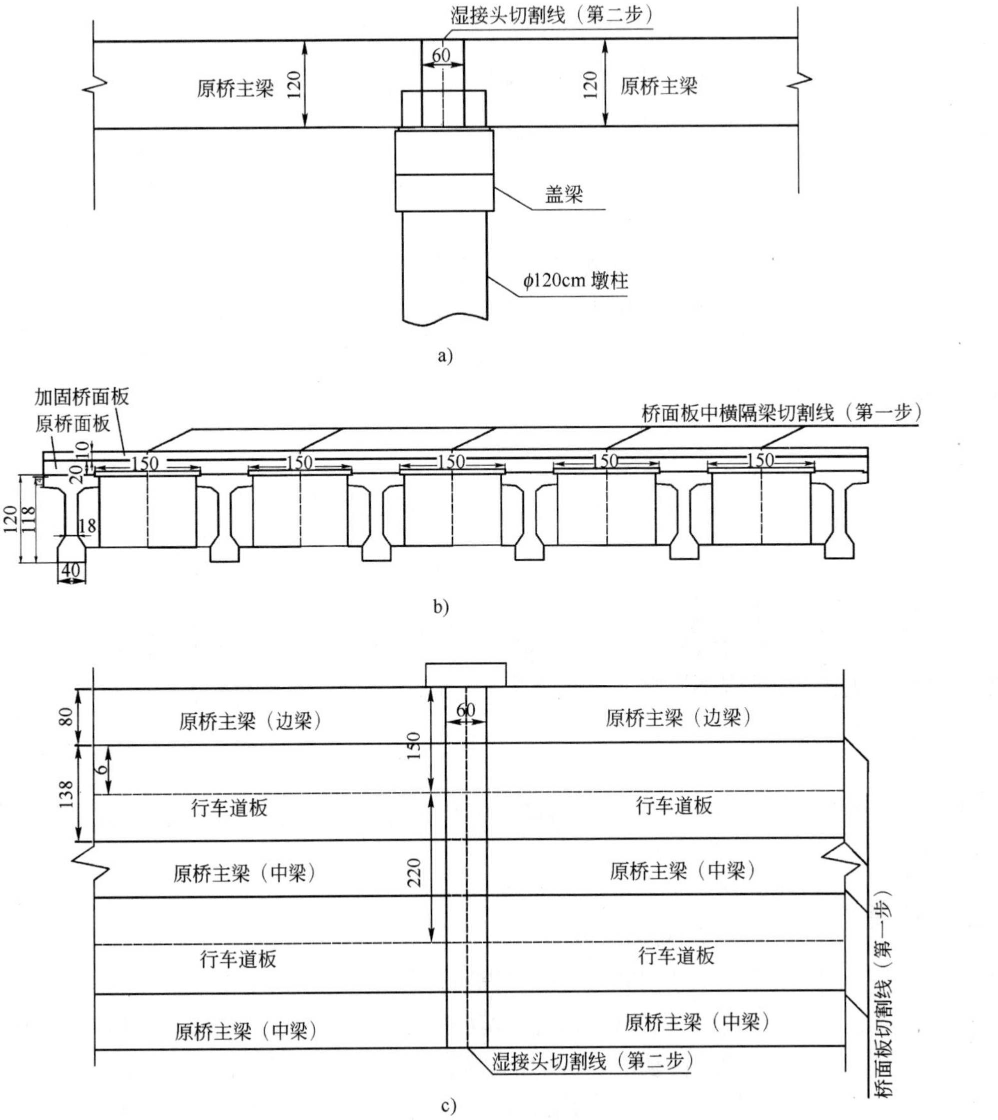

说明:① 本图尺寸以 cm 为单位。
② 图中虚线为切割示意线。
③ 立面图中只示意一个连续墩。
④ 顶面图中只示意一个连续墩及半幅三片主梁。

图1 大桥原桥切割方案示意图

a)侧面;b)立面;c)顶面

5.2.2 桥面板切割作业流程:测量→放线→切割机轨道安装固定→切割作业→切割机轨道拆除→解体构件吊运。

5.2.3 墩顶横向接缝的切割:沿盖梁上横向接缝的正上方的中间部位切割。切割后,横向沿梁体方向纵向切割$\frac{1}{2}$深湿接头,然后沿湿接头中线横向切割与两侧切缝贯通,六片纵梁独立成可吊拆的单元,最后经起重机械吊运拆除。

5.2.4 横梁切割作业流程:测量→放线→切割设备支架安装固定→桥梁体钻孔→穿绳→切割作业→切割设备支架拆除→解体构件吊运。

5.2.5 切割拆除全桥工字梁:按照以上方法以桥基础之间的20m跨度为单元,依次对50个基础单元逐一拆除,直至完成整个拆除工作。

5.2.6 梁板运输及处理:为了将环境污染降到最低,将拆除的结构吊运出施工现场至弃料场集中处理,采取从大梁中间锯断,然后进行剪碎、深埋处理。

5.3 钢筋混凝土绳锯机操作规程

5.3.1 使用前,应检查并确认电动机、电缆线均正常,保护接地良好,防护装置安全有效,锯片选用符合要求,安装正确。

5.3.2 启动后,应空载运转,检查并确认锯片运转方向正确,升降机构灵活,运转中无异常、异响,一切正常后,方可作业。

5.3.3 混凝土切割操作人员,在推操作切割机时,不得强行进刀。

5.3.4 切割厚度应按机械出厂铭牌规定进行,不得超厚切割。

5.3.5 混凝土切割时应注意被切割混凝土的力的变化,防止卡锯片、绳锯等。

5.3.6 混凝土切割作业中,当工件发生冲击、跳动及异常音响时,应立即停机检查,排除故障后,方可继续作业。

5.3.7 严禁在运转中检查、维修各部件。

5.3.8 作业后,应清洗机身,擦干锯片,排放水箱余水,收回电缆线,并存放在干燥、通风处。

6 材料与设备(表1)

主要施工机械与设备配置表 表1

序 号	设备名称	单 位	数 量	备 注
1	切割机液压动力站	台	8	切割设备动力站
2	绳锯机头	套	8	梁切割配套设备
3	墙锯机头	套	8	面板切割配套设备
4	25t吊车	台	2	解体桥面板
5	50t吊车	台	4	拆除原有T梁
6	150t吊车	台	1	拆除原有T梁
7	40t专用运梁车	台	4	T梁运输
8	200kW发电机组	台	2	备用动力
9	货运车	辆	4	解体桥梁构件运输
10	风钻机	台	5	钻孔设备
11	金刚石绳	m	1500	切割耗材
12	金刚石锯片	张	260	切割耗材
13	液压油	桶	100	切割设备耗材
14	钻头	只	200	钻孔设备耗材

7 质量控制

7.1 施工前,管理人员应认真学习施工规范、工艺标准、设计要求和施工组织方案,做到心中有数。

7.2 应做好对施工人员的技术交底,并对参加施工人员进行质量及安全教育。

7.3 应坚持全过程的质量控制。具体如下:

7.3.1 应制订详细的施工方案。各工序必须制订关键部位的施工方案,向监理、业主项目部报批。

7.3.2　技术支持。工程技术部必须对各施工方案及现场施工进行详尽的技术交底,以提供技术支持。

7.3.3　执行质量三级检验制度。应做好施工原始资料记录工作和质量自检工作,质检工程师负责检查复核。

7.3.4　定期和不定期监督检查。应由项目经理部会同质量总监组织施工人员、管理人员、质量检查员对工程施工质量进行定期和不定期检查,及时指出存在的质量隐患,从早从快解决问题。

7.3.5　业主、监理应加强监督检查,全部工程均应接受甲方、监理及质量监督部门的监督检查。如发现在施工过程中出现或存在质量隐患,应立即采取纠正措施。

7.4　施工用材料、工具与设备应经过检验合格后方可进场。

8　安全措施

8.1　安全技术交底制

8.1.1　根据安全措施要求和现场实际情况,各级管理人员应亲自逐级进行书面交底。

8.1.2　开工前应对全体施工人员进行技术安全、消防保卫等交底,做到班前班后总结,对工程结构详细了解,全员明白清楚后方可施工。

8.1.3　大桥两侧应悬挂绿色高密度安全网,并增设反光警示牌,以保证施工时的人员安全。

8.2　班前检查与隐患整改制

每天应组织班前安全检查,对查出的安全隐患必须马上制定可行的整改措施。

8.3　一旦出现安全险情,应立即停工,及时采取措施排除险情。

8.4　工人进场前应签订《施工安全协议书》,明确安全责任,做到安全合理用工,并指定专人负责安全生产指挥。

8.5　设备负荷前应进行试运转,不得带“病”作业;每日要检查各部件牢固情况。

8.6　在施工期间,做到三不伤害:不伤割自己,不伤害别人,不被别人伤害,确保安全施工。

9　环保措施

9.1　在工程施工中,应严格遵守国家环境保护部门及本项目有关规定,采取有效的措施,使生产、生活设施符合环保要求,并接受当地政府及有关部门的监督。在施工期间应加强环保意识、保持工地清洁、控制扬尘。

9.2　应建立环境保护领导小组,各单位一把手作为环境保护的第一责任人,并设置专职环保管理人员1名,兼职环保管理人员2名,明确职能职权、责任义务,配置先进的仪器设备,加强环境保护的管理力度。

9.3　专职或兼职环保人员应经培训考核取得环保培训合格证书后,方有资格上岗工作。

9.4　施工现场的泥浆应及时清扫、冲洗并运出场外。

9.5　施工垃圾应及时清运,适量洒水。

9.6　旧梁外运时,运输便道应适量洒水,杜绝扬尘。

10　资源节约

本工法与传统工艺相比,大大增强了施工的机械化程度,缩短了工期,加快了施工进度,同时节约了大量的人力资源和设备动力。

11　效益分析

11.1　本项工法可以大大加快施工进度,保证了桥梁上部结构拆除的施工进度,保证了施工工期。

11.2　本项工法是无振动、无损切割,提高了施工的精确度,对周围结构无损伤,降低了施工的风险。

11.3 本项工法有效地避免了施工现场的噪声及扬尘情况，避免了人山人海战术，节约了大量的人力资源，切实保护了施工环境。

本工法可以大大缩短拆除的施工时间，保证周围的结构不受损伤，做到了低噪声、无粉尘、无振动施工，保护了环境，增加的社会效益不可估量。

12 工程实例

本工法应用于京石高速公路白坨北沟桥紧急抢修工程，工程地点在京石高速公路 K175 + 132，施工时间为 2006 年 7 月至 8 月。2007 年本工法应用于京石高速公路滹沱河大桥（西幅）维修加固工程，工程地点在京石高速公路 K266 + 050，开工时间为 2007 年 12 月 15 日，于 2008 年 2 月完成全部拆除工作，共计拆除原桥桥面 12000m^2，拆除 T 梁 300 片。应用效果良好，拆除进度快，日拆 8 ~ 10 片，且有效的保护了桥梁下部结构（盖梁）不受损坏，保证了施工的顺利进行。其先进性在于可以大大提高施工的机械化程度，便于现场管理，且施工精准度高，能够保护周围部位不受损伤，极大地减少了施工现场的振动、噪声和扬尘，切实达到了保护环境的目的，产生了无形的社会效益。

钢管拱制作安装定位及钢管混凝土灌注施工工法

GGG(冀)C3052—2008

杨红军　刘文陆　郑韶峰　梁志通　胡瑞华
(河北建设集团有限公司)

1　前言

保定市3号桥工程为主跨40m的中承式钢管拱混凝土拱桥,这是河北省第一座钢管拱混凝土拱桥,其施工方法保证了工程的顺利进行,在3号桥施工经验的基础上进行了总结,形成了本工法。

2　工法特点

钢管拱桥是一种造型优美的桥型,它的主要特点是能充分发挥材料的受压性能,而钢管混凝土的特点是在钢管内填充混凝土,由于钢管的套箍作用,使混凝土处于三向受压状态,从而显著提高混凝土的抗压强度。同时钢管兼有纵向主筋和横向套箍的作用,同时可作为施工模板,方便混凝土浇筑,施工过程中,钢管可作为劲性承重骨架,其焊接工作简单,吊装重量轻,从而能简化施工工艺,缩短施工工期。

3　适用范围

3.1　三滚轴卷板机械滚圆的钢管制作。

3.2　适用于河道水流量不大,适合吊车进行吊装的中承式钢管拱桥的拱肋安装。

3.3　各种钢管拱肋混凝土的灌注控制。

4　工艺原理

在钢管混凝土拱桥施工中,钢管拱的制作安装是一个至关重要的环节,它是拱桥施工成功与否的关键,同时它也是拱桥施工的最大难点。

4.1　钢管制作及安装技术

在钢管混凝土拱桥施工中,钢管拱制作精度是安装控制成功的前提,钢管拱的安装是一个至关重要的环节,它是拱桥施工成功与否的关键,同时它也是拱桥施工的最大难点。为了使钢管拱的安装安全、准确、快速、保质保量地完成,我们摒弃较原始的测量控制技术,采用先进的施工测量系统及高精度的免棱镜全站仪,对钢管拱的安装和加载沉降值进行观测,用全站仪同时控制轴线和高程。安装过程中采用预留抛高值的方法,连续、顺序安装各拱段,加快安装进度。钢管合龙时,为保证实现设计规定的合龙温度,宜夜间进行合龙焊接,减少安装时的温度应力。

4.2　钢管混凝土的配制及灌注技术

泵送顶升混凝土施工技术灌注钢管混凝土,通过试验掌握了混凝土顶升工艺;配制微膨胀自密实混凝土,选用高压泵,在泵车上安装压力表;输送泵管道直径采用125mm,进料管与拱轴线成45°角减小混凝土对钢管拱的直接冲击;在压注口设置倒流截止阀,在拱顶点设置隔板和排气增压孔,采用停顿法以保证混凝土的密实度。

5 施工工艺流程和操作要点

5.1 工艺流程(图1)

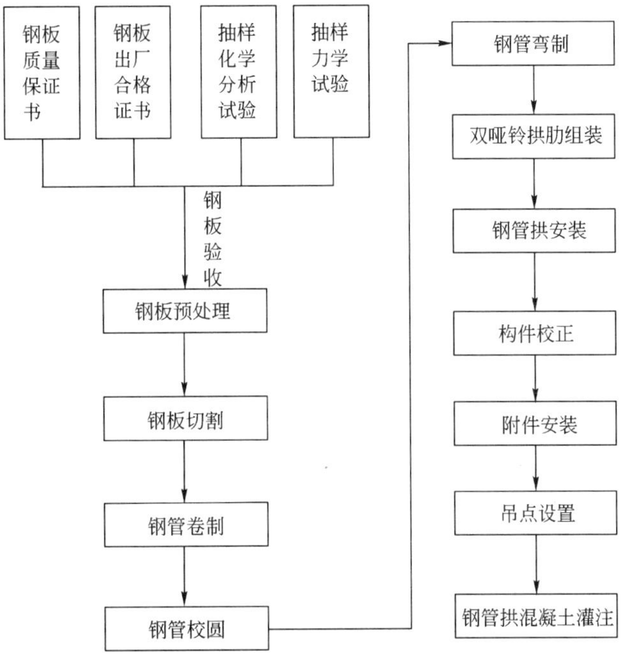

图1 工艺流程图

5.2 钢管的制作

钢管拱肋采用图纸钢材,钢带采用直缝焊接成管,分段长度为1800mm,成管后对接成型。

5.2.1 钢板的验收

每批钢板必须具有"质量保证书"和出厂合格证书。进场后应随机进行抽样并委托有资质的单位进行力学试验和化学分析试验,试验合格后才允许进行加工预处理。

5.2.2 钢板的预处理

经检验合格并对钢板做好标记后,即可对钢板进行表面除锈处理,处理等级必须达到国家标准《涂装前钢材表面锈蚀等级和除锈等级》(GB 8923—88)规定的S2.5级。为防止在钢板加工过程中生锈,在表面除绣后8h内涂一层底漆。涂漆时应在焊缝边缘预留60mm不涂漆。

5.2.3 钢板的切割

钢板采用半自动焰割机和剪板机切割为主;直线切割以剪切为主;带弧线的部分以半自动气割为主;焊缝处应进行坡口处理。

5.2.4 钢管卷制

钢管的卷制成型基本分成预弯头、对接和板面弯曲三个过程。卷板前必须熟悉图纸、工艺、精度、材料性能等技术要求,然后选择合适的卷板机,并确定冷卷、热卷还是温卷。应检查板材的外形尺寸、坡口加工、剩余直边和卡样板的正确与否,检查卷板机的运转是否正常,并向注油孔内注油。

由于在卷板机上弯曲时两端总有部分剩余直边,因此要对板边进行预弯,下料后的每块钢板两端各150mm(理论值为$6t \sim 20t$,t为板厚)直线段压成弧形,半径与钢管半径一致。本工程钢管采用配厚弧板预弯头,见图2。

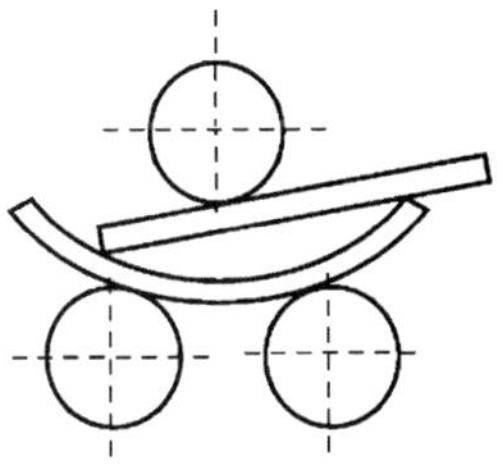

图2 弧板预弯头

在三滚轴卷板机上进行常温卷圆,卷管方向应与钢板压延方向一致,卷板过程中应严格控制管端平面与管线轴线垂直。

卷管时应尽量分次卷制成型,由于钢管在卷制过程中,内层纤维被挤压,外层纤维被拉伸,呈滑移的塑性变形方式,使金属的硬度和强度提高,塑性和韧性下降,这一过程就是通常所说的冷作硬化,卷制后表面硬度和冷硬层深度将随卷压力和次数的增加而加大,一般经卷制加工后表面硬度可提高 5% ~ 50%,但此时钢板内部也存在着较大的残余应力,如果应力过高将会导致过量的塑性变形从而导致生产裂纹或断裂,卷制钢管时应尽量少压一些多卷几次,以减少冷作硬化的影响。

5.2.5 校圆

原钢板卷至一圈后,应用卡样板检查曲率。为了能获得准确的实际曲率,必须选在不受约束的自由部位。卡样板位置尤为关键,左侧因板重力下坠的情况下,此时曲率大于实际曲率;右侧因弧长较短,基本上处于自由状态,固卡样板能真实反映真正的曲率,示意图如图 3 所示。

图 3 卡样板位置

点固前各种缺陷的处理:点固前主要的缺陷是错边和错口,其次是间隙不均匀,应采取措施对缺陷进行处理后,才能进行下一道工序。

圆管成型纵缝应采用手弧焊打底,埋弧自动焊盖面。

5.3 钢管拼接

根据设计要求,钢管弯制成二次抛物线加直线形式,以 3 号桥为例,每个钢管拱分成五个节段,第 1 节段为长 1.536m 直线段,为 1 号预埋段(2 段);第 2 节段为 2 号(水平投影长度 8.5m)吊装段(2 段);第 3 节段为 2 号(水平投影长度 8.5m)吊装段(2 段);第三段长 3m(水平投影)为 4 号吊装段(1 段)。

钢管焊接:环缝采用手弧单面焊,对接应将纵焊缝错开 250mm 以上。

5.3.1 钢管的弯制

钢管的弯制采用热煨弯成型。其加工制作程序是:下料→煨弯成型→冷却成型→大样工装检验→管肋弯曲曲线符合性检查→验收。

将制作好的每段钢管水平放置在工装胎上,用丙烷火焰圈加热的方法,利用钢管的自重和外加力下沉,使钢管弯曲成要求的弧度。加热顺序为先两端慢慢向中间推进,火焰温度控制在 900℃ 以内,在温度下降到 800℃ 之前结束煨弯。加热前钢管内提前装满黄砂与生石灰的混合物,一端封闭,另一端用千斤顶顶住,管内设置活动钢板,进行加压使混合物密实,以防止钢管弯曲时出现凹凸不平的现象。

煨弯工装是钢管拱拱肋制作的关键,工装的精度和刚度直接影响到钢管拱肋煨弯质量。工装示意图见图 4。

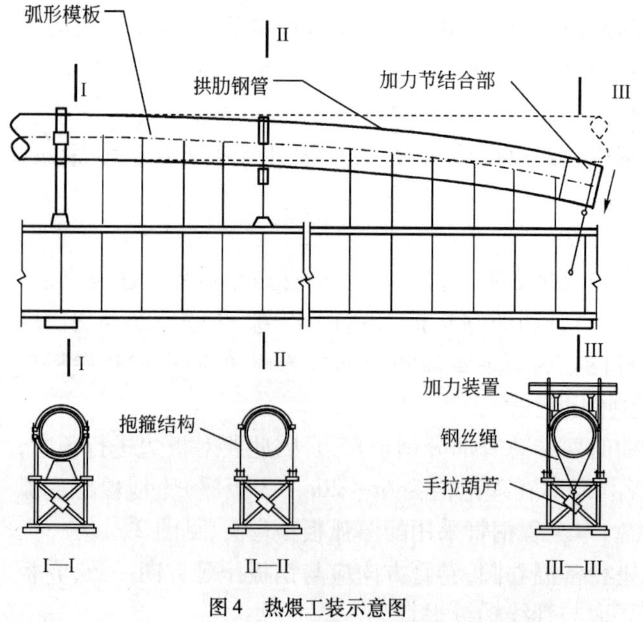

图 4 热煨工装示意图

弯曲曲线应按设计要求的二次抛物线进行检查，检查必须合格，否则须重新修改煨弯曲线进行修正，本过程须经质量认可。

煨弯时先选择较小的回弹量，煨好第一根后，应根据测量出的煨弯成形情况，重新确定较理想的回弹量，并修正好第一条拱肋，然后煨弯其他拱肋。

经煨弯好的拱肋，应认真做好工序测量记录，并做好拱段及拼装位置标记。

5.3.2 双哑铃拱肋组装

将已经加工完成的各零部件或半成品杆件装配成独立的单元成品。严格按工艺焊接装配，当有隐蔽焊缝时，应预先施焊，经检验合格后方可覆盖。组装前零件、部件应检查合格。

精确放样是拱肋组装制作的基础。根据施工图设计，将拱肋在放样台上用坐标法进行1∶1精确放样，先放出拱肋的轴线，然后放出钢管的轴线，在大样图上放出压注孔、排气孔、吊杆、风撑。加劲肋及单元节段间接头位置，按管节尺寸进行排列，管节的环缝应避开上述位置，各管节的纵向焊缝位置相互错开250mm，并将焊缝全部设在拱肋两侧。大样图检查合格后取样下料加工，通过计算确定预拱度，本工程预拱度取2.5cm。

根据设计图主拱各点相对高程，制作出整个主拱平面位置的立体组装胎，各块腹板应预先打好坡口。将各段已经弯制成型的钢管放在组装胎上，将每块腹板组装到位，并点焊牢固；整体组装完成并点焊牢固后，应检查复核几何尺寸和拱肋轴线，严格保证轴线的精度，合格后进行焊接。焊接采用两侧对称焊接。焊接完毕后进行整体精度矫正，使其弧度符合设计二次抛物线要求。

为了确保钢管拱肋的弧度制作精度，在组装前需要制作各段组装胎，用吊车将焊接成型的钢管分段吊入相应的组装胎内，装入隔仓板、吊索盒等，然后吊入上弧板和腹板。为保证两段钢管对接环行焊缝质量，应在对接处加焊缝长80mm、外直径为372mm的钢管衬垫（见图5）。

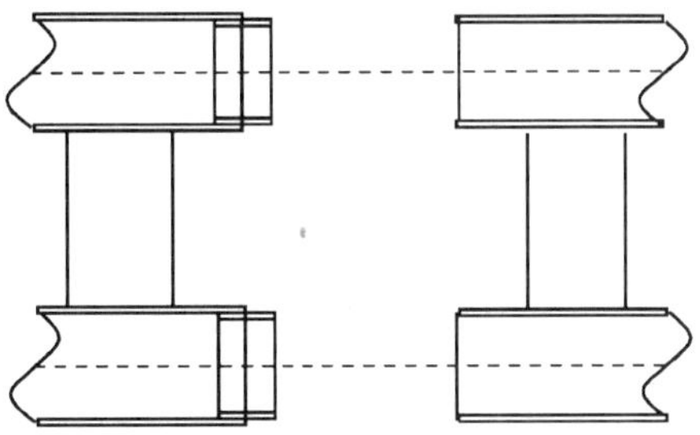

图5 拱肋钢管对接示意图

在钢管拱肋上按图纸尺寸开吊杆锚头孔、导杆孔等，准确铅垂后焊接。锚垫板临时点焊固定。拱肋安装完毕后，在将锚垫板调整至水平位置并重新焊接牢固，组装顶紧后，校合各部位尺寸准确无误后方可进行定位焊接。

各拱段定位焊接后，吊入焊接平台进行组装焊接。首先焊接弧线段的环行焊缝，焊接后切割掉引弧板，并修磨平整，然后吊入组装胎焊接，上、下平板弧度通过组装胎上内外千斤顶调整，焊接应严格按工艺评定中规定的参数实施焊接。

焊接的工艺要点如下：

为防止形成环形焊缝，上、下钢板对焊接与弧形钢板对接焊缝间距应大于300mm；

焊剂使用前必须烘干，详见焊接工艺评定，焊接过程中应随时清除焊剂中的杂物、铁屑、熔渣等；

焊接环境温度应大于5℃，湿度应小于80%，阴雨天不能操作；

焊接应连接不断弧，如有断弧必须在停弧处刨成1∶5斜坡后在搭接50mm继续焊接；

加焊始末端引熄弧板，并在端部80mm处引熄弧，非焊接部位不能引弧；

同一拱肋的四条焊缝尽快连续完成，各段拱肋衔接头应进行必要的支撑。对于每段拱肋受焊接和温差的影响均引起不同程度的轴向收缩，各段拱肋计算后应预留收缩量，同时将验收时实际测量出的各段收缩值经温度改正后累计到合龙段上，以确保拱肋安装精度。

5.3.3 构件的矫正

构件在焊接完成后，由于在加工过程中加热不对称，必然会产生各种变形，诸如凹凸不平，马刀形弯曲等，必须经矫正才能保证拱肋的加工质量。钢梁矫正一般采用液压矫正和火焰加热矫正两种方法，但火焰加热矫正须控制加热温度在600～800℃。

5.3.4 附件安装

在钢管拱肋上按图纸尺寸开吊杆锚头孔、导杆孔,定位上导管,准确铅垂后焊接。焊接应严格按图纸要求,锚垫板应临时点焊固定。拱肋安装完毕后,应在将锚垫板调整至水平位置并重新进行焊接。

焊接的工艺要点如下:

①组装顶紧后,校合各部位尺寸准确无误后方可定位焊接;

②定位焊接采用手工焊接,焊条为 T507,直径为 3.2mm,焊缝距离 60/300mm;

③定位焊焊缝起止处应圆滑,始焊缝距离梁端 50mm;

④定位焊接顺序从梁中间向两端施焊;

⑤定期检查组装前后胎型的外形尺寸是否符合设计要求;

⑥各段拱肋端头在组装胎上定位焊接拼装应采用法兰;

⑦加劲箍装入后先点焊,待上组装胎开吊杆孔后,装入锚垫板,准确定位后实施焊接。

5.3.5　吊点的设置

吊点的设置既要满足厂内加工的需要,又必须满足现场吊装的要求,每段梁的吊点均设置在梁的负弯矩最小的位置且符合相关规范。

5.4　钢管拱的安装

5.4.1　钢管拱的运输

半成品构件应标出构件的重心位置和吊点。运输采用公路运输,使用板车。运输必须做好保护,防止损伤涂层,切忌碰撞。应标明构件的长度、重量、重心位置和定位标记,标明吊点位置,运输过程中必须定位牢固且有严密的安全措施。防止构件在运输途中撞击、变形、表面磨损,确保物件安全。

搬运过程中和卸货时注意操作慢、稳、轻,必要时,着力点下放置木枕、软垫。

5.4.2　拱段的划分

钢管拱在加工厂进行制作,运输到现场,钢管节段应按设计要求进行划分。编号:节段 1(拱脚段)、节段 2、…,3 号桥划分如图 6 所示。

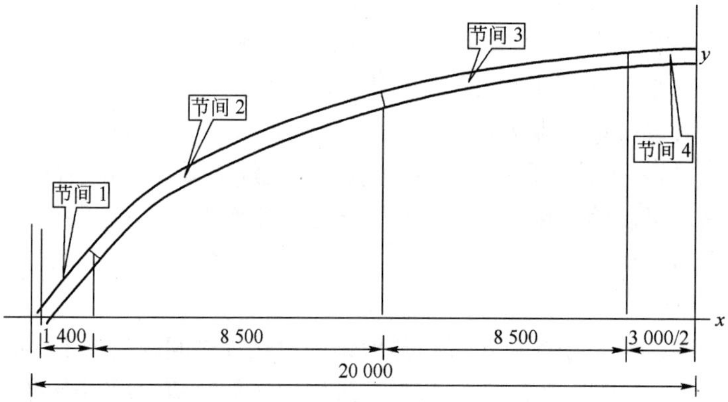

图 6　钢管拱拱段划分示(尺寸单位:mm)

5.4.3　钢管拱承重体系的构成

包括起承重作用的钢管拱肋、起联系作用的钢横梁和防止拱肋面外失稳的米字形风撑。

5.4.4　钢管拱承重体系的安装顺序

首先进行拱脚预埋段的安装,然后是拱肋主拱段→合龙段→钢横梁→米字形风撑的安装。

5.4.5　拱脚的安装

预制节间 1——拱脚的安装,是钢管拱安装的开始,节间 1 的安装与主墩施工应同时进行。节间 1 预埋在主墩中,起着承受钢管拱传来得压力和分散这些压力的作用,它处于钢管拱受力的最不利的位置,所以拱脚安装质量的好坏直接影响着整条拱肋的安装质量,它是钢管拱安装成败的关键。

(1)拱脚安装与主墩斜面模板安装应同时进行,其安装步骤如下:

①制作长槽钢组合梁两根(具体长度根据主墩宽度确定),在拱脚埋入端焊接两个吊环。

②在主墩模板内搭拱脚定位脚手架。

③将节间1用吊车放入主墩模板内,用两条螺栓把吊环和钢横梁连接起来,通过松紧螺栓调节拱脚埋入端的高度和侧向扭曲。

④初步通过底部支撑架调节拱脚的出射角度和外露端高度。

⑤安装拱脚部位模板。

⑥调整拱脚轴线位置:模板内部用铅锤控制拱脚轴线位置,模板外用全站仪控制拱脚轴线位置。

⑦拱脚出射角度的调整:用一定角度(设计角度)的三角板斜面靠在拱脚钢管上,用水平靠尺靠在三角板的水平直角边,调整螺栓高度和支架高度,使水准气泡居中。

⑧检查拱脚轴线和外露端高程,检验合格后进行拱脚加固。拱脚加固采用 $\phi25$ 的钢筋把拱脚和主墩钢筋焊在一起,拱脚限位钢板和主墩模板连在一起。

(2)轴线控制:用全站仪重新施放桥梁纵、横轴线,并与开始所用的纵、横轴线进行对比。如两轴线重合或误差在允许的范围内,则按照原来的轴线控制点放出主墩的纵、横轴线。延长各条拱肋的轴线并在不妨碍下一步施工的位置标定轴线控制点,并加以保护。直到钢管拱安装完毕,主拱段都用这一套轴线控制。拱肋的轴线控制点通过用尺量的方法,取拱肋连线的中心位置。轴线控制平面图如图7所示。

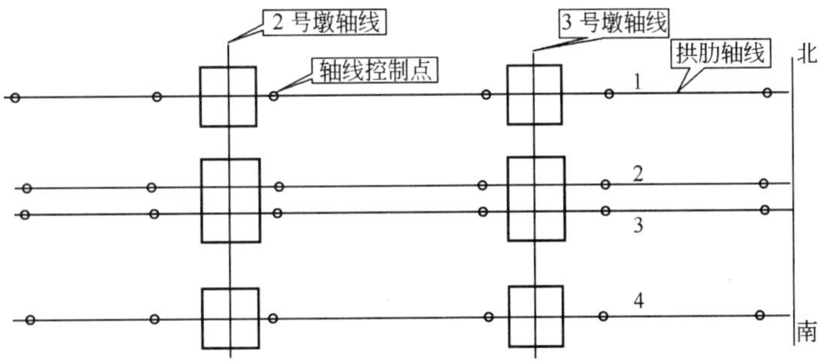

图7　轴线控制平面图

(3)拱脚调整如图8所示。调整方法如下:

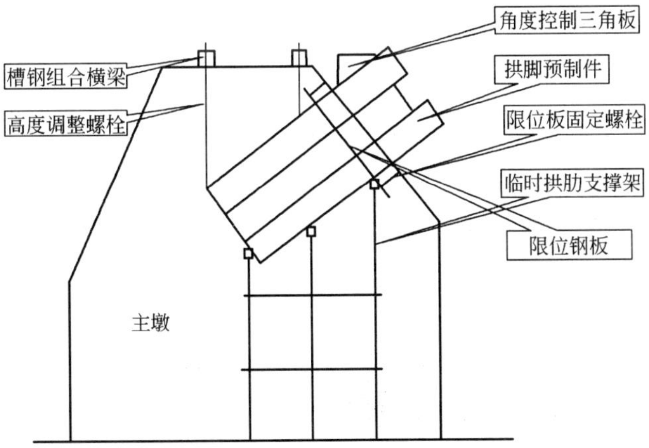

图8　拱脚调整示意图

①节间1偏离拱肋轴线——用大锤轻轻挫动横梁,使拱肋轴线与弹出的拱肋轴线重合。

②两钢管轴线不在同一水平线上——调整钢横梁上的螺栓,提升偏底一侧钢管的螺栓,同时放松较高一侧钢管的螺栓。

③安放位置高度不够——调整临时支架顶丝,同时上升螺栓。

④节间1出射角度不合适——支架顶丝和螺栓按角度要求协调动作。

⑤限位板距斜面的距离不对——调整限位板螺栓。

(4)拱脚加固:当拱脚安装位置调整到合适位置时,复测各点位置符合要求后,开始对拱脚进行加固。拱脚加固的方法为通过连接钢筋使拱脚与主墩成为一个整体。其加固形式如图9所示。

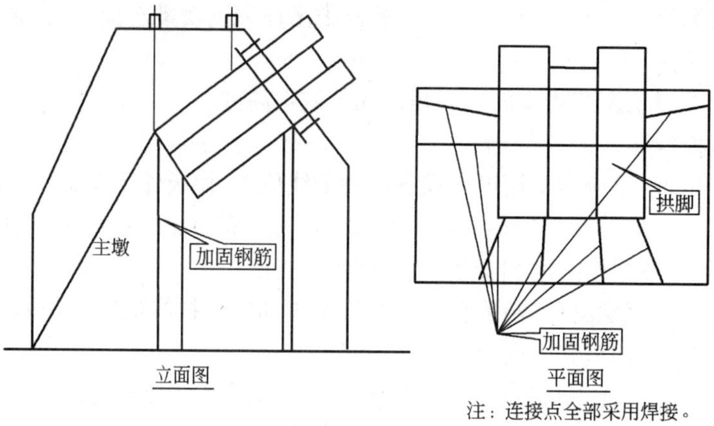

图9　拱脚调整示意图

(5)拱脚安装遵循的原则:

①抛射角误差宜正,不宜负。

②拱脚预埋段顶端高程许高,不许低。

5.4.6　拱肋中间段的安装

钢管拱肋中间段的安装是拱肋安装的关键工序,它是合龙段安装的基础,为了加快钢管拱安装速度和保证钢管拱安装的质量,我们根据施工现场的情况,采用了钢管拱预抛高拼装的施工方法。所谓钢管拱预抛高拼装法:就是在拱段的安装就位过程中,考虑钢管拱的设计高程、设计预拱度、支架承载后的沉降量和温差使钢管拱产生伸缩所导致的竖向变形,预先提高安装固定支架的高度,以减少安装支架承载后的稳定时间,加快安装速度。

1)制订支架支设方案

确定钢管拱支架的支设方案,是一向重要的准备工作。这是因为钢管拱支架不同于一般的梁板支架,它属于直立形长细结构,而支架的承载能力和抗变形能力要求都很高。支架的这些技术性能指标将直接影响钢管拱在安装和拱内混凝土浇筑过程中的变形,乃至钢管拱的最终质量。

2)支架尺寸及平面布置(图10)

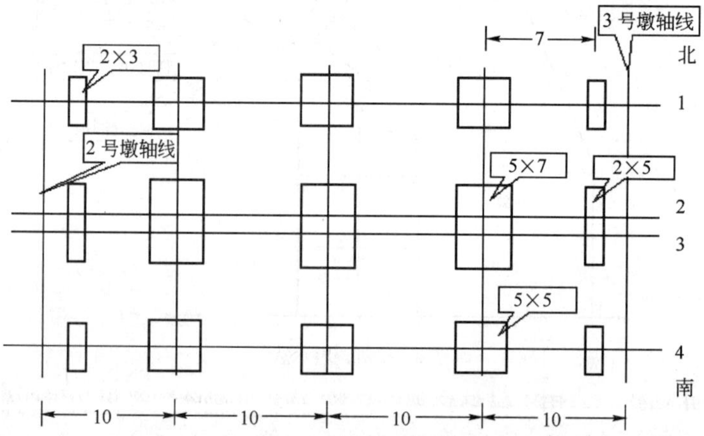

图10　支架平面布置图(尺寸单位:m)

3)支架立面形式(图11)

4)支架基础及结构形式

支架基础根据现场实际和重量,可采用素土或砂砾,采用压路机进行碾压,压实度达到95%以上,并设置5cm厚通长松木脚垫板或15cm厚混凝土垫块。

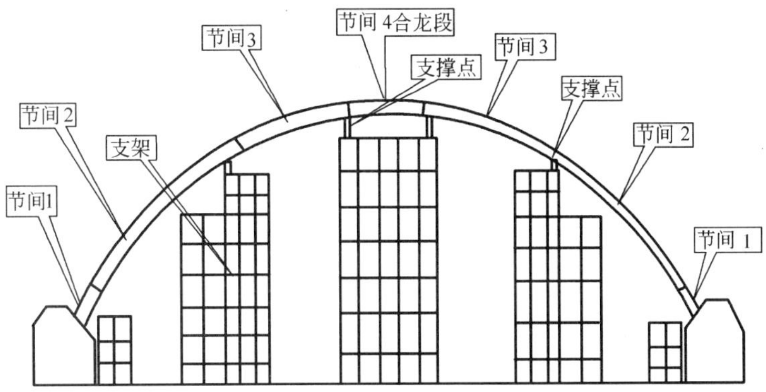

图11 支架立面布置图

支架材料选用普通型碗扣支架或 WDJ 碗扣式支架,支架平面尺寸随高度增加而加大。支架立杆间距为 140cm,横杆间距 80cm,设置斜称和缆风绳,支架顶面满铺 10cm×10cm 木方。支架周边设 1m 高围栏。

5)确定各接点抛高值

各支撑点的抛高值由 4 部分组成:拱高设计值、钢拱设计预拱度、支架承载沉降量、温差产生竖向变形值。在这 4 个值中,设计高程和设计预拱度是不变的,温差产生的拱肋竖向变形与支架的沉降变形量比较,相对有限。所以精确计算支架承载后的沉降量成为确定各拱段抛高值的关键。支架的沉降量计算参考数据见表 1。

支架的沉降量计算参考数据表 表1

项 目		沉落值(mm)
弹接头承压非性变形	木与木	每个接头顺纹约 2,横纹约 3
	木与钢	每个接头约为 2
卸落设备的压缩变形	砂筒	2~4
	木楔或木马	每个接缝约 3
支架基础沉陷	底梁置于砂土中	5~10
	底梁置于黏土中	10~20
	底梁置于砌石或混凝土中	约 3
	打入砂土中的桩	约 5
	打入黏土中的桩	约 5~10(极限荷载取 10,小于极限取 5)

节间支撑点抛高值 = 支架基础沉陷量 + 架管两端(木与钢)压缩变形量 + 设计预拱度 + 支架变形量。

6)拱段吊装

根据确定的支架搭设方案和计算好的抛高值,进行支架的搭设。支架搭设完成后,即刻进行钢管拱节的吊装。拱节安装从拱脚开始,用 25t 吊车,连续、对称进行。其吊装方法为:25t 吊车站于拱肋轴线的内侧,用两段钢丝绳分别系于拱节的两端,上端的钢丝绳通过 10t 的导链与吊钩相连,在地面精确调整拱段所在平面的垂直度和初步调整拱段的倾角,起吊就位。就位顺序:先固定端,后自由端。

7)拱脚(固定)端就位

拱脚端的就位不是以高程和轴线去控制,而是以接口错位偏差来控制。其就位过程为:在拱段与拱脚的连接端,点焊接口限位型连接件,拱段在起重吊装人员的指挥和控制下,缓慢移动至拱脚安装位置,通过安装人员的现场修口调整,使接口错位符合规范要求,点焊固定此接口(图 12)。

8)拱段自由端就位

拱段自由端的就位与固定端不同,它是控制拱肋的高程和轴线,其就位过程如下:

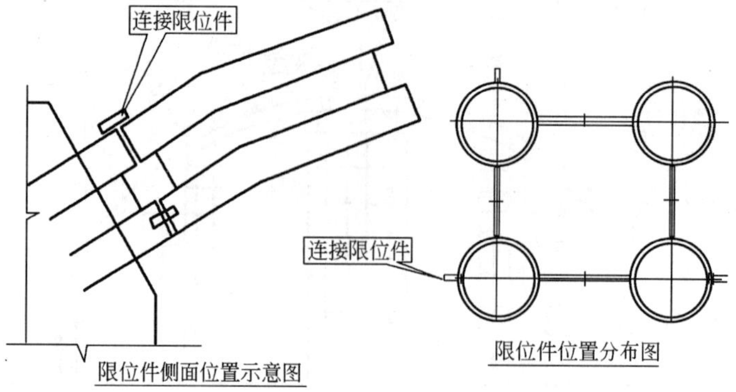

图12　限位件示意图

起重吊装人员在施工测量人员的配合下使拱肋基本就位，然后调整拱肋轴线高程：如果拱肋侧面轴线观测点高程高于该点设计轴线高程＋预抛高值，则放松上侧吊点导链，同时调低拱肋底部支撑点机械千斤顶的高度；反之上提上侧吊点导链，同时上升拱肋底部支撑点机械千斤顶的高度，在测量人员密切配合下，反复调整，直至符合要求。

拱段轴线位置的调整：在支架的顶面，用两组导链进行拱肋轴线的精细调整，拱肋往哪侧偏，就放松哪侧的导链，拉紧对面的导链，直至符合要求。其调整结构如图13所示。

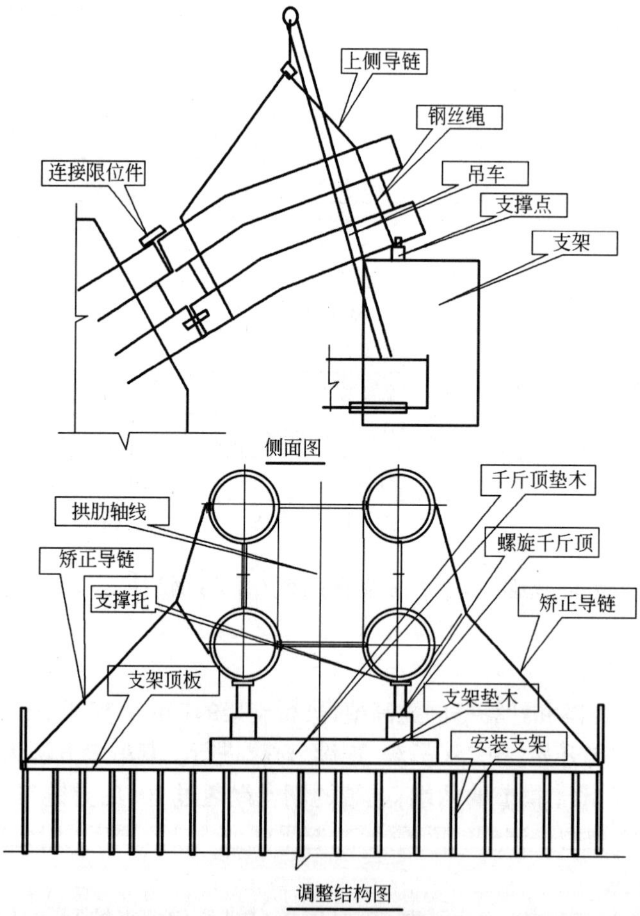

图13　拱段轴线位置的调整图

9)各拱段轴线、高程的控制

为了准确控制钢管拱的轴线及高程，我们使用了具有免棱镜功能的拓普康GPT-3002系列全站仪，采用空间三维坐标(N、E、Z)的测量方法。

所谓免棱镜，就是无需使用棱镜来反射光线，直接照射工程实体观测点，就能测出该点的三维坐标，从而避免了人工操作棱镜产生的误差，简化了测量程序，提高了测量速度和测量精度，并且省时、省力，也便于对安装过程进行跟踪观测。所谓空间三维坐标控制方法，就是利用全站仪的高精度测距和三维坐标测量功能，根据已知就位点的坐标，在测量人员的指挥下，到达控制位置的方法。

(1)首先，校核桥梁施工初期建立的桥梁施工控制网，校核无误后，作为拱段安装的控制网如图14所示。

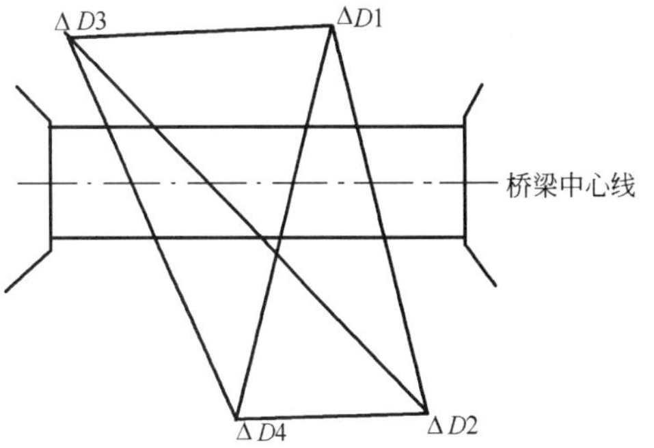

图14 拱段安装的控制网

(2)拱段高程的控制如下：

①拱段安装前，在拱肋的自由端1m的范围内，标出拱肋高程控制轴线。

②根据拱段的长度，确定某一拱肋控制点的设计坐标(N,E)和该点的拱轴线高程Z(包括抛高值)。

③计算该设计坐标点的方位角、距离。

④全站仪支于$D4$点，测定仪器高，$D3$点定向。

⑤将全站仪镜头转到设计的方位角值，对准高程控制拱轴线，测出(N'、E'、Z')值。

⑥将测得的Z值与该点轴线设计高程(Z包括抛高值)比较，大于轴线设计高程，则降低拱肋高度；小于轴线设计高程，则上调拱肋，直至符合要求

(3)拱段轴线控制如下：

①在拱段高程符合要求后，比较测得的(N',E')值与计算出的该点设计坐标(N,E)，然后水平移动。对于本项目，如果N'值大于该点N值，则将钢管拱靠近仪器移动，否则钢管拱背离仪器向移动，直至与该控制点设计坐标值相符。

②重新比较Z'值，调整拱肋高度，如此反复，直至实测值(N'、E'、Z')与该点的设计坐标(N,E)和拱轴线高程Z(包括抛高值)误差达到规范要求。

③将镜头对准的观测点用十字交叉点进行标识，以作为以后的拱肋沉降观测点。

④点焊固定接口焊缝。

空间三维坐标控制及观测位置示意图如图15和图16所示。

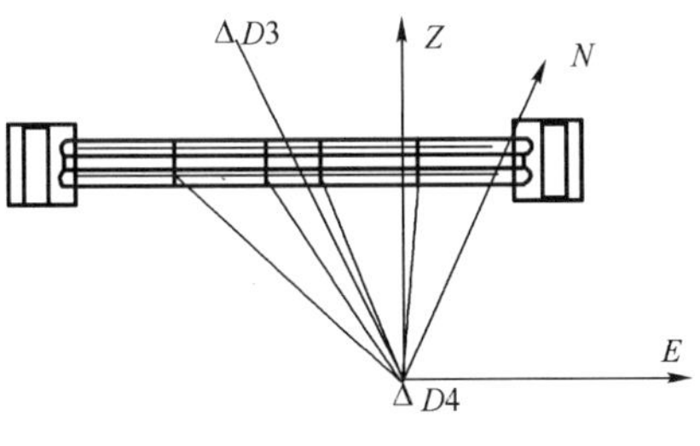

图15 空间三维坐标控制示意图

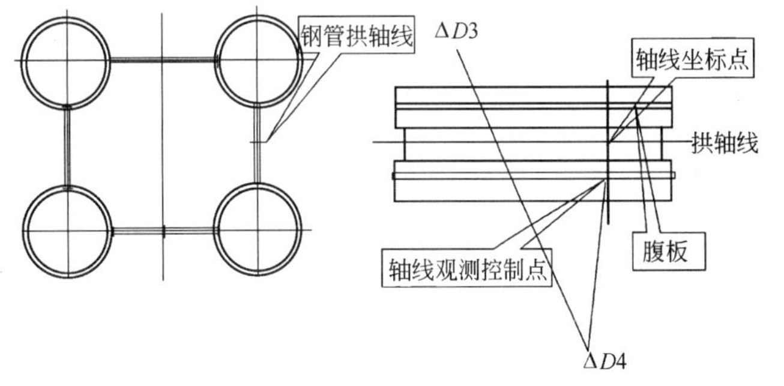

图16 钢管拱控制观测位置图

节间3的安装方法同节间2，只是节间3以节间2的顶端做固定端。

10)合龙段的安装

钢管拱其他拱段安装完成后，应进行钢管拱的合龙施工。钢管拱合龙段施工最重要的是合龙温度的控制。因为合龙温度是设计经过科学计算得出来的，它使钢管拱在年平均最高气温和年平均最低气温时，所受的温差应力基本相等。如不按合龙温度进行合龙，将使钢管拱在年平均最高气温或在年平均最底气温时，产生应力过大的现象，影响钢管拱的使用寿命。因此要根据气候条件，选择合适的时间，要在阴天或清晨或傍晚进行，这样可以保证钢管的阴阳面温差最小，以减少焊接应力，合龙段的就位主要以接口错位和轴线控制为主，高程控制是通过控制与合龙段相邻的拱段高程来完成的。

钢横梁和风撑的安装在钢管拱合龙之后就位之后进行。钢横梁可在合龙焊接完成之前进行,风撑必须合龙焊接完成之后进行,风撑中间设预拱度。

11)接口的焊接

接口的焊接按照钢结构施工规范和设计图纸,接口端管头用刨光机除锈和打坡口,和加衬板。临时固定的焊点在正式焊接前都要用刨光机打磨掉。重新焊接。焊接顺序,同一接口,两人同时对称焊接,以减少焊接应力。

5.4.7 观测控制数据

1)施工控制网点坐标

确定控制网各点的坐标。

2)拱肋安装测量控制点坐标

①测量控制点坐标:在每条拱肋上选5点,点位靠近接口部,设在拱肋的侧面便于观测,根据设计图纸进行各控制点的坐标的计算,计算出该点的 $N(x)$、$E(y)$、$Z(h)$、方位角及平距,将计算结果列成表格。

②3号桥测量控制点示意图如图17所示。

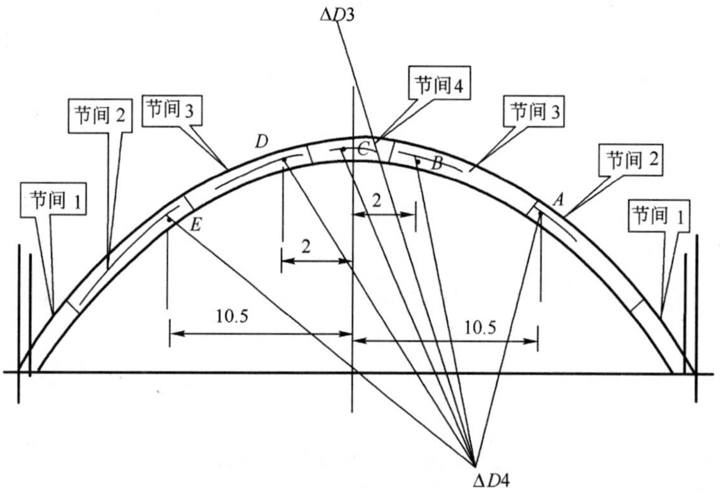

图17 3号桥测量控制点示意图(尺寸单位:m)

3)沉降观测时间主要包括:安装完毕、灌注钢管混凝土后、安吊杆后、桥面铺装铺沥青混凝土后。

5.5 钢管混凝土的浇筑

钢管拱肋安装完毕后进行验收合格后,可以进行混凝土灌注,拱脚部位预留输送泵管导入孔(压注孔),混凝土通过输送泵从拱脚位导入孔导入,顶推并填充至管顶,完成混凝土压注过程。施工时,混凝土从两拱脚相向、均衡、对称、顶升灌注。选用匹配型号的高压泵,在泵车上安装压力表,输送泵管道直径采用125mm,进料管与拱轴线成45°角(见图18),在压注口设置倒流截止阀,在拱顶点设置隔板和排气增压孔,排气管采用直径150mm钢管,垂直高差不小于200mm(见图19)。灌注顺序为先下钢管,后浇筑上钢管。

5.5.1 压注混凝土施工程序:分三阶段实施本工艺。

(1)现场准备阶段:包括钢管拱裸拱验收、设备的定位和管道的连接和试运行、材料到场和现场检验、试验、计量设备的常规检查、设计配合比的现场调整和施工配合比确定并报现场监理工程师认可等。

(2)压注施工阶段:先压入部分清水,然后压入 $1m^3$ 微膨胀高强度等级水泥砂浆,最后压入设计微膨胀自密实混凝土,中途不得停顿,直到将清水和砂浆从排气孔压出并排出混凝土原浆为止。

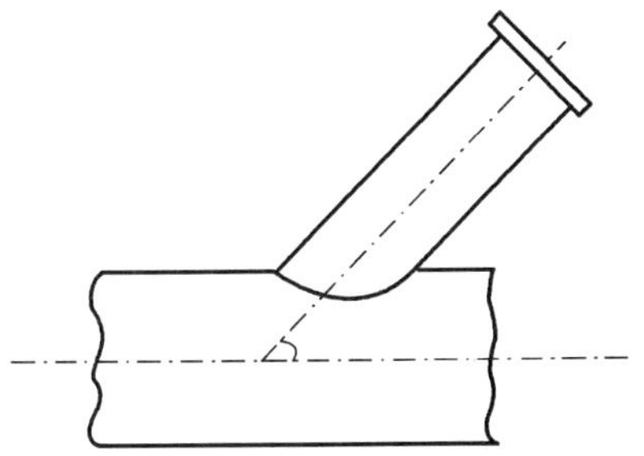

图 18 混凝土灌注口示意图(角度在45°左右)

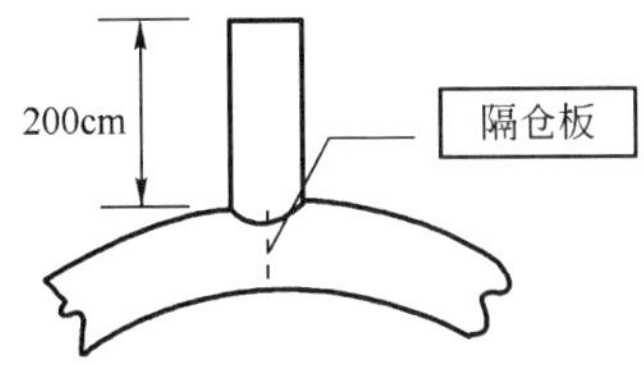

图 19 排气孔示意图

混凝土泵送顺序为以拱顶隔板为对称中心,从两拱脚向拱顶浇筑,两侧混凝土泵送速度协调一致,尽量对称顶升。先灌注下弦管,后灌注上弦管,连续压注混凝土,随时观察混凝土顶升情况、裸肋变形状况、入料情况,控制两拱脚混凝土泵送速度宜控制在 $10m^3/h$ 左右,保持连续灌注。混凝土压注时,一侧泵车停止,另一侧继续压注,排气增压孔排出原浆后停止,再开启另一侧混凝土泵压注混凝土,排气增压孔排出原浆后停止,停顿 3 ~ 5min,然后重新启动输送泵,混凝土由排气增压孔排出后停顿 5min,然后重新启动输送泵,混凝土由排气增压孔排出后停止,这样可以使混凝土逐渐压密稳定。此阶段,应避免单侧混凝土上升过快,引起弦管的纵向振动。

(3)压注完成阶段:完成浇筑后,立即关闭混凝土截止阀对导入孔封闭,完成压注过程。混凝土现场养护试件强度达到 2.5MPa 后,方可拆除拱顶泄浆孔管和拱脚混凝土截止阀。由于混凝土凝结过程因素的不确定性,截止阀松出过程宜谨慎进行。

5.5.2 混凝土顶升过程控制方法:

(1)原始值取得:管肋和横撑完成安装后,在拱肋顶管上缘按 5 分点明确标示出相应点位,作为管肋偏位和变形观测控制点。选择墩顶相对稳定位置,用特定的标示物(如钉头)标志,用于桥墩顶纵向位移控制。通过测量手段,结合坐标轴平面定位原理,对上述选点进行三维数值定位测设。有关参数作为比较值存档。将相应点位参数的设计值与比较值比较,根据顶升混凝土过程拱肋变形的特殊性,预测调整后的拱肋理论拱轴线。推算出上述点位在理论拱轴线上的参数,作为混凝土施工前拱肋的原始值。

(2)观测混凝土施工过程,随时对拱肋和墩位观测点的相应参数进行观测,与原始值比较,获得相应位置相应参数的偏移差值。

(3)过程控制:管内混凝土逐步的加载过程,会使裸肋产生一定的变形。过程控制的目的就是控制加载过程变形值,从而调整拱肋轴线,使之符合设计和规范允许范围。方法是:将所测值的偏差值与规范允许偏差值比较,视变形后拱肋曲线与原始拱肋曲线的偏移情况,通过调整混凝土两侧的顶升速度,达到调整肋拱轴线的目的。

6 材料与设备

6.1 主要材料性能及要求

6.1.1 符合设计要求,钢管拱肋进场后要进行现场拼装。

6.1.2 钢管灌注用混凝土要求具有良好的流动性、和易性、低泡、早强、微膨胀性和自密实性能,根据这些要求,把配合比试验的重点放在膨胀率与收缩率上,根据资料调查和咨询,膨胀率控制 $2 \times 10^{-4} \sim 6 \times 10^{-4}$,选用 UEA 混凝土膨胀剂,内掺于水泥中,拌制成补偿收缩混凝土。

设计采用的水泥,其主要性能如下:①细度:在 0.08mm 方孔筛上的筛余百分率合格;②初凝时间、终凝时间符合要求;③安定性合格;④强度:水泥 3d 强度、28d 强度合格,3d 抗折强度、28d 抗折强度合格。

采用 UEA 高效混凝土膨胀剂,水泥混凝土坍落度控制在(16 ± 2)cm。

6.2 设备统计(表2)

机具设备统计

表2

序号	设备名称	规格型号	数量
1	吊车	QY25	3辆
2	全站仪	GTS-332W	1台
3	全站仪	GPF-3002	1台
4	千斤顶		6台
5	电焊机		4台
6	探伤仪		1
7	棕绳		1盘
8	滑车	1~3t	5台
9	手拉葫芦	2t、3t	各4台
10	钢尺	50m	2把
11	对讲机		5部
12	弓形卸扣	1~3t	8只
13	钢丝绳夹		12只
14	混凝土拖泵	HBT60	2台
15	混凝土运输车		3辆
16	发电机		
17	磨光机	100WW	8
18	三轴卷板机	W12-25-2000A	1台
19	埋弧自动焊机		2台
20	热煨工装设备		2套

7 质量控制

7.1 钢管拱制作安装质量检验

7.1.1 钢管成型后进行质量检查,检查主要指标见表3。

钢管主要质量指标

表3

项目	允许偏差	执行标准
直度	$f/L \leq 0.1\%$,$f \leq 10$mm	CECS 28:90 JTJ 041—2000 D为钢管外径,L为单管长度
椭圆度	$f/D \leq 0.3\%$	
管端状态	$f/D = 0.5\%$,$f \leq 0.3$mm(不平度)	
无损检测	10% X光射线,100%超声波	

7.1.2 焊接注意事项及质量控制注意事项如下:

施焊时,雨天或湿度大的天气时,严禁露天焊接;构件表面如有水分应采用加热方法将水分彻底清除后方可进行焊接;焊接时母材的非焊接部位严禁焊接引弧,埋弧自动焊接中不得断弧。

焊接完毕后必须对焊缝质量进行检验,这是拱肋制作的关键工序,外观检查要求外表面焊缝余高为0~1.5mm,焊缝表面不得有裂纹、气孔、夹渣、焊瘤、咬边未填满弧坑等质量缺陷,达到表面均匀一致,符合技术规范的要求,焊缝内部质量检查,要求对钢管的纵向、环向焊缝按《钢结构工程施工质量验收规范》(GB 50205—2001)进行100%超声波探伤,按《钢熔化焊对接接头射线照相和质量分级》(GB

3323—87）抽查10%进行X光检验，确保达到I级焊缝标准，按规范要求对焊缝进行焊接探伤检查（检查标准见表4）。

焊缝超声波探伤范围和检验等级

表4

焊缝质量等级	探伤比例	探伤部位	板厚(mm)	检验等级
I、II级横向对接焊缝	100%	全长	10～46	B
			46～56	B（双面双侧）
II级对接焊缝	100%	焊缝两端各1000mm	10～46	B
			46～56	B（双面双侧）
II级角焊缝	100%	两端螺栓孔部位并延长500mm，板梁主梁及纵横梁跨中加探1000mm	10～46	B
			46～56	B（双面双侧）

在加工经验和试验焊件的基础上，选定管肋节段焊缝的分层焊接，严格控制规定的焊接电流、电弧电压及焊缝高度。施焊前，气刨清根，并先行自检。

分段接头采用单面焊双面成形，内衬垫板为14mm×100mm，加劲板焊接采用角焊缝，要求达到II级，焊接前进行焊接工艺评定检验，作为指导焊接施工的依据。

7.1.3 钢管拱安装质量检测见表5和表6。

钢管拱肋的制作与安装实测项目

表5

项次	检查项目	规定值或允许偏差(mm)	检查方法和频率
1	焊缝质量	符合要求	用超声波检查全部
2	内弧偏离设计弧线	8	样板检查
3	每段拱肋内弧长	0，-10	用钢尺丈量
4	钢管直径	$D/500$及5，	用尺量5处
5	轴线横向偏位	$L/6000$	经纬仪检查5处
6	拱肋接缝错台	0.2（壁厚）	样板检查每个接缝
7	拱圈高程	符合设计要求	检查5处

钢管拱肋混凝土浇筑实测项目

表6

项次	检查项目			规定值或允许偏差	检查方法和频率
1	混凝土强度(MPa)			符合设计要求	按JTG F80/1—2004的附录D检查
2	轴线横向偏位(mm)	$L\leqslant 60$m	10	60～100m时内差	用经纬仪检查5处
		$L=200$m	50		
		$L>200$m	$L/4000$		
3	拱圈高程(mm)			$L/3000$	用水准仪检查5处
4	对称点高差(mm)			$L/3000$	用水准仪检查3处

管内不得出现断缝、孔洞，不得出现混凝土与管壁分离现象，所以单管混凝土灌注必须连续浇筑，且灌注完成时间不得超过首盘混凝土初凝时间。

7.2 钢管内混凝土质量检测

钢管内混凝土的密实度以及混凝土与管壁的结合情况好坏直接影响钢管拱整体质量，由此可见保证混凝土的填充率和对管内混凝土脱空部分进行处理的重要性，要保证混凝土的填充度，除在混凝土配合比设计、混凝土搅拌、运输、加压灌注等环节严格控制外，检测也是至关重要的环节，混凝土强度达到设计强度后，必须进行检测。

7.2.1 钢管节段制作完毕后用洁净粗砂对管内壁进行刷洗,去掉内壁油污和锈斑,保证混凝土与钢管内壁紧密贴实。

7.2.2 对管内混凝土浇灌质量的检测,目前并无很好的检测方法。但可用敲击钢管的方法和超声波检测方法进行检查,敲击法用铁锤(视钢管直径而定)对钢管外壁逐段逐点进行敲击,根据敲击声和手感进行初步判断,不得漏检。声音沉实而且哑,手感无弹性,表明混凝土已充填满;对出现敲击声清脆响亮、振感强烈或有空洞感等情况,初步表明管内混凝土未与钢管内壁紧密贴实。这时则用超声波进一步检测确认。

超声波检测可采用首波声时法(声速)、波形识别法或首波频率法进行检测,即根据超声波的穿透速度及反射速度的变化、波形参量(波形、波幅)的变化、超声波频率的衰减情况等进行判断识别。

7.2.3 对检查出的管内空洞或其他不密实部位,采用钻孔补浆的方法。在下方钻孔作为压浆孔,上方钻孔作为排气孔,按照前述的压浆方法,将相同的混凝土浆压入空洞部位,直至密实后,依次将排气孔和压浆孔封堵补焊牢固。

8 安全技术措施

8.1 施工现场成立安全领导小组,设立专职安全员。

8.2 坚持安全技术交底制度,落实安全技术措施和人身防护用品。

8.3 对进场职工必须进行安全生产教育,贯彻谁施工、谁负责安全生产的原则。

8.4 进入现场必须戴安全帽,高空作业要有安全带,特种作业人员根据工种特点配备安全眼镜,绝缘鞋、绝缘手套、防滑鞋等。

8.5 严格执行安全用电技术措施,认真编制临时用电施工组织设计。

8.6 吊装前进行安全防护设施的检查,以及吊装设备、绳索、卡环等逐项检查,合格后方可吊装。

9 环保措施

9.1 在钢管拱制作过程注意噪声,光线污染。

9.2 废弃的混凝土要进行集中处理,运输到指定的垃圾处理场。

10 资源节约

与钢结构相比,钢管混凝土在保持自重相近和承载力相同的条件下,可节约钢材50%左右,并减少大量焊接工作,提高结构的耐火性动力性及稳定性;特别是在大跨度拱桥中钢管混凝土解决了材料高强度的难题,因而其跨越能力较之钢筋混凝土大许多。为跨越江河、海湾和山谷,建造安全、经济和轻盈美观的大跨桥梁提供一种可靠的形式,很有推广价值。

11 效益分析

与普通钢筋混凝土结构相比,虽然用钢会增加,但施工用钢筋可相应减少,在承载力相近,混凝土和构件自重减少约50%,构件的截面可减少约一半。

由于钢管拱是在加工厂进行加工,然后到现场进行拼装,因而提高了施工速度,钢管混凝土泵送顶升施工综合技术简化了施工工艺,节约人工费,减少了模板的投入,节约了材料,能确保工程质量。

12 应用实例

我公司2004年采用本工法施工了保定市3号桥中承式钢管拱桥,桥梁全长100m,主跨径40m,钢管拱肋安装混凝土灌注采用了此工法,取得了较好的经济和社会效益。

矮塔斜拉桥支架法施工工法

GGG(黑)C3053—2008

陈彦君 常明华 王禹珽 王艳 李兴梅
(龙建路桥股份有限公司)

1 前言

矮塔斜拉桥为新兴的一种桥型,在近几年来得到了迅猛发展,虽然矮塔斜拉桥在我国起步较晚,但由于其兼有斜拉桥及连续梁的特点,刚柔相济的特性,符合结构受力特点,因此具有造型美观、刚度大等优点,具有很大发展潜力。

2 工法特点

在保证质量、工期的前提下,矮塔斜拉桥支架法施工节约了成本,克服了传统的挂篮施工工期长、成本投入大的不利因素。采用本技术可以在工期、技术、安全、造价等多方面取得良好的效益。

3 适用范围

本工法主要只用于地质条件较好、主梁分段施工的斜拉桥及悬浇连续箱梁施工。

4 工法原理

在主梁横隔板位置的钢管支架顶端设置一层四氟板,在四氟板与钢管支架顶端的钢板间涂抹黄油,使支撑点与主梁间保持滑动。待整个主梁施工完成、斜拉索调整结束后,拆除该位置支架,完成体系转换。

5 施工工法

本施工工法主要结合抚顺市和平桥重建工程的实际应用,确定本施工工法。

5.1 工程概况

抚顺市和平桥重建工程为五跨连续矮塔斜拉桥,跨径布置为46m+98m+138m+98m+46m,两边跨无拉索支撑,主跨采用塔梁固结、塔墩分离的结构体系,其中主塔高18m;斜拉索为双面索、单排索,横桥向对称布置在索区,塔上索距为75cm:梁上索距400cm。斜拉索采用环氧涂层填充型钢绞线,单根钢绞线直径为15.2mm,钢绞线标准强度为1860MPa,每束拉索采由43根钢绞线组成,外套乳白色HDPE保护层。钢绞线穿过主塔采用分丝管形式索鞍,斜拉索锚具采用可换索式OVM250AT-43群锚体系。

主要工程数量如下:挖孔桩14座,混凝土量为672m^3;扩大基础10座,混凝土量为2603.4m^3;墩身10座,混凝土量为1894.6m^3;盖梁2座,混凝土量为458.6m^3;主梁34块,混凝土量为9421.8m^3;边跨梁6块,混凝土量为4226.2m^2,桥面铺装777.84m^3;附属结构混凝土量为785m^3,主塔4座,混凝土量为159m^3。总混凝土量为20998m^3。

5.2 支架基础

支架基础是全桥支架系统的根本,其稳固性直接关系到主梁施工的安全。为了避免支架在混凝土浇筑过程中产生沉降,防止河水冲刷对支架基础的影响,项目部将基础坐在坚硬岩石上并浇筑 C25 现浇混凝土作为支架基础临时墩,首先采用围堰的方法,将临时墩基础位置围在堰中,然后用挖掘机将河底覆盖层和岩层上的强风化部分挖除,在混凝土基础的底层设置一层 ϕ12 钢筋网,在上层设置一层 ϕ8 钢筋网,防止基础开裂,并在混凝土顶面预埋 1cm 厚钢板,每个预埋钢板下设置 4 个 U 形钢筋,以保证钢板稳固。临时墩间距为 7.2 ~ 8.0m,位置位于主梁横隔板正下方。详见图 1 ~ 图 4。

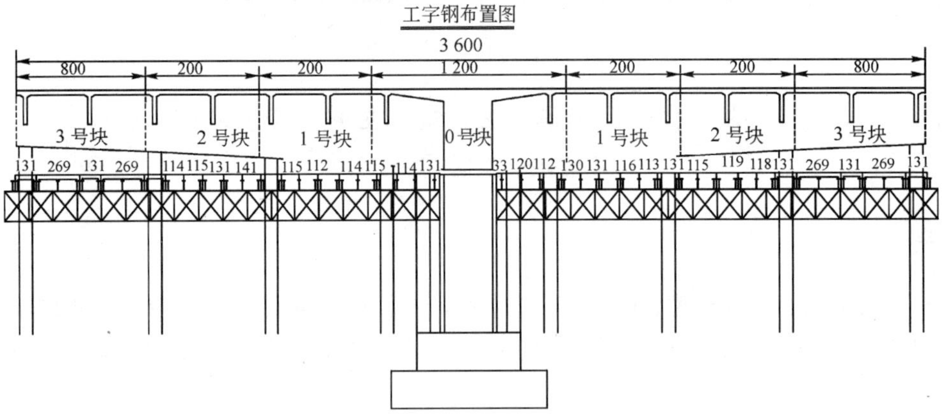

图 1　主梁支架立面图(尺寸单位:cm)

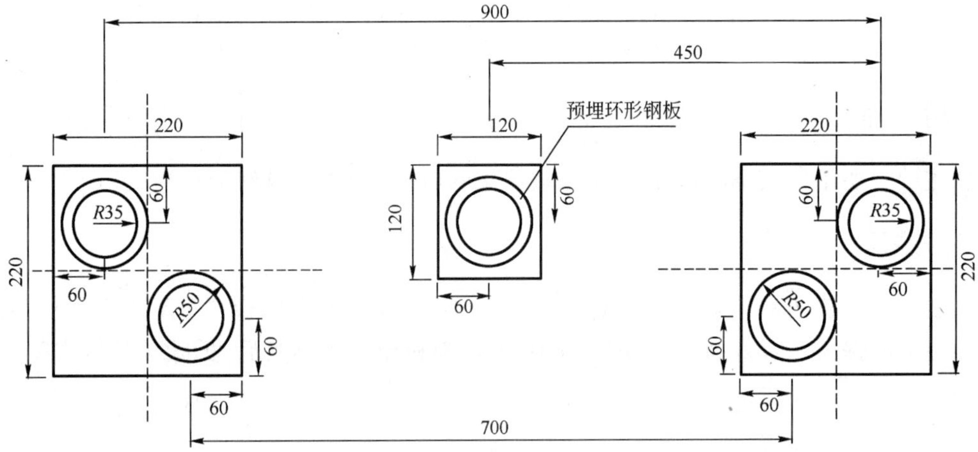

图 2　临时墩基础平面布置图(尺寸单位:cm)

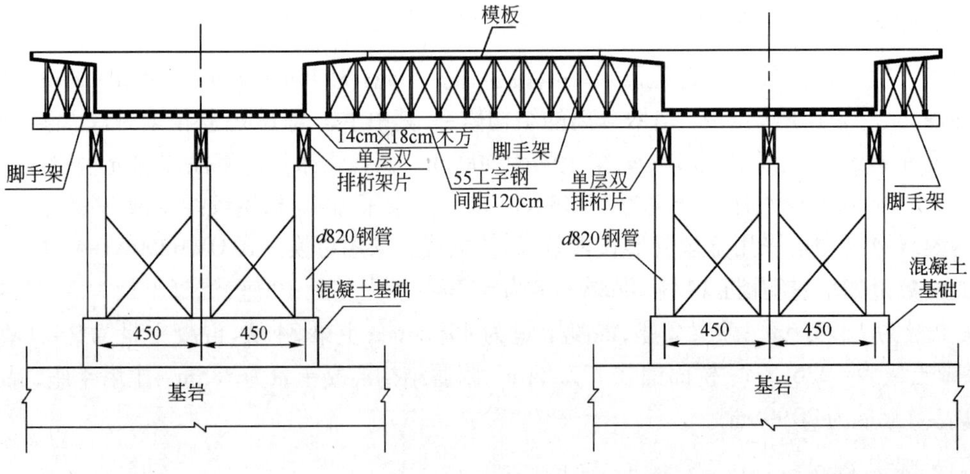

图 3　0 号块支架施工示意图(尺寸单位:cm)

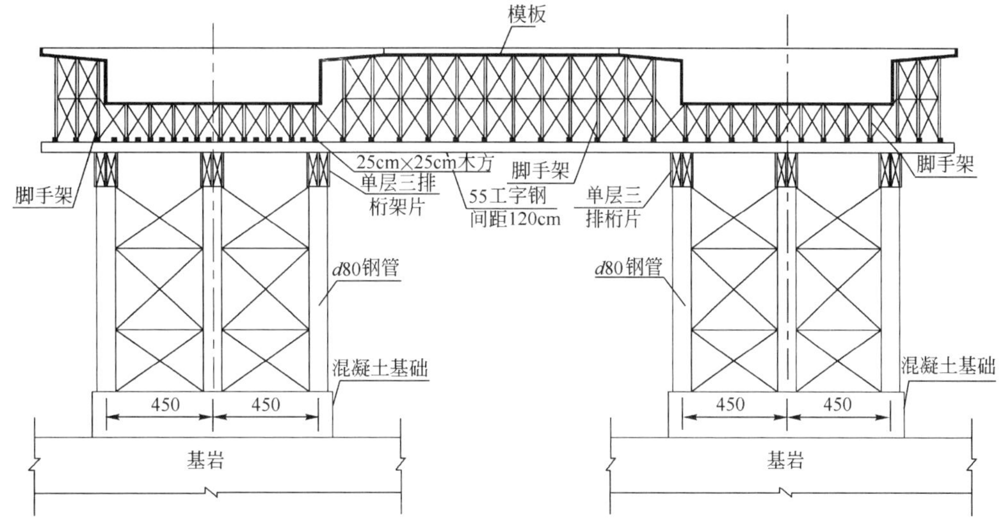

图4　1号块支架断面图(尺寸单位:cm)

5.3　钢管支立

在预埋钢板上焊接 ϕ820 钢管,并在底脚连接三角块加固,保证钢管稳固。在横向相邻钢管间用[16 槽钢焊接作平联。对于钢管焊接质量应由质检部严格把关,要求焊缝饱满平整,达到规范要求。

每个混凝土临时墩基础上设置5根钢管支架,其中三根钢管成一排作为临时支撑,一根钢管待主梁混凝土浇筑完,钢绞线张拉、压浆后拆除。为减小温度应力和变形对主梁的影响,其余两根为永久支撑,待主梁合龙、斜拉索张拉后拆除。永久支撑顶设四氟板滑动支点,并在梁底面预埋2cm钢板,在四氟板与钢管顶钢板间涂抹一层黄油,使支撑点与梁间保持滑动。永久支架高度由梁底高程减掉钢板及四氟板高度确定,临时支撑为全桥统一高程,由最低的0号块底高程减去工字钢、贝雷桁片、木方、模板等高度精确计算确定。

钢管支立时,应先测量基础预埋钢板高程,计算出钢管高度,用吊车将按照高度下好料的钢管垂直起吊,立在预埋钢板上,测量其垂直度,满足要求后,焊接加固。焊接完成后应由质检部进行验收,合格后进行平联。

5.4　钢管顶支架铺设

临时钢管支撑顶部采用贝雷桁片纵向架设,每个钢管顶端设置两排贝雷桁片用支撑架联结,两排桁架片间距为0.45m,横桥向共六组双排桁片,并用型钢将桁片栓接到钢管支架上,在贝雷桁片底设置加强弦杆来增加桁片刚度。在贝雷桁片顶使用55工字钢横向铺设,间距为1.2m,在横隔板位置加密3根,工字钢联结采用夹板螺栓连接的方式,用高强螺栓连接,并用U形卡将工字钢固定到贝雷桁片上,保证悬浇段及横隔梁支架的刚度。两幅中间悬臂段用脚手架支立,并用顶托和底托调整高度,在工字钢上用14cm×18cm木方以间距0.9m纵向平铺然后铺设底模板,并用木楔调平。支架及贝雷桁片支立3个节段后,周转倒运拼拆使用。桁片架立前,测量临时支撑钢管顶高程,用钢板将钢管顶找平。将贝雷桁片及加强弦杆用销子连接好后,用支撑架连接,每个连接点均设置支撑架连接,拼装成组后由吊车放置在调平的钢管顶面上,用角钢作成U形卡具固定在钢管顶钢板上,相临两组间平联,然后上铺55工字钢,每根工字钢长度为40.5m。由于工字钢长、重量大,所以采用分段起吊的方法。吊到桁片上后用螺栓连接,然后调直,用 ϕ16U 形弓卡子将工字钢紧紧固定在贝雷桁片上。

5.5　墩顶设置固结点

由于本桥为塔梁固结,塔墩分离的结构体系,为了保证0号块整体稳定,防止其在体系转换前有位移变化,在主墩两侧设立临时固结点,待斜拉索张拉后拆除。项目部将固结点设置在墩身顶部,用两根 ϕ32 钢筋做骨架,浇筑混凝土临时支撑,在临时支撑中间设置一层3cm的硫磺砂浆层,在中间盘1000W

电阻丝,如图5所示。待主梁张拉合龙后需拆除固结时将电阻丝通电,加热后硫磺砂浆软化,割断 ϕ32 钢筋骨架,凿除混凝土临时支撑即实现了解除固结。

硫磺砂浆配合比采用硫磺:砂:水泥质量比为1:0.7:0.4,将硫磺加热融化后,按比例加入水泥和砂进行拌和,严禁加入水搅拌,然后在冷却前完成浇筑,冷却固结后成型。

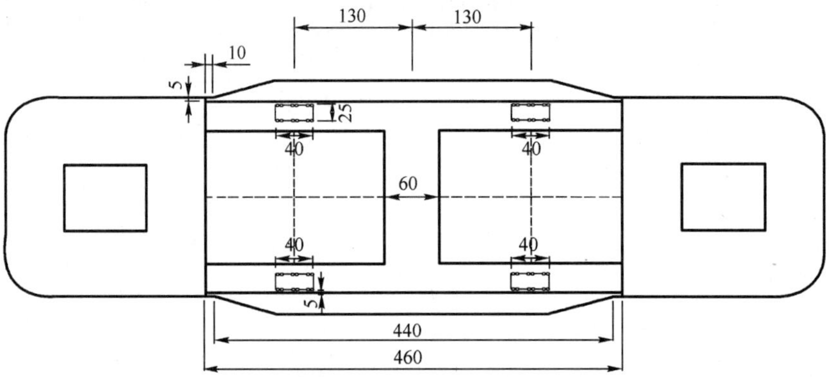

图5 墩顶固结示意图(尺寸单位:cm)

5.6 支架与模板周转

侧模根据梁段长度,采用每个主墩两侧各8m模板,共32m侧模,底模在每个主墩两侧各48m模板,共96m侧模,全桥主梁周转使用,包括支架用的贝雷桁片组等材料随底模配套周转使用。

5.7 落架

在预应力钢绞线张拉压浆结束后,即可拆除临时支架系统,将底模木楔拆除后,底模与支架间就脱离开来,将底模拆除后将工字钢联结螺栓松开,用吊车分段拆落。

5.8 支架预压

由于该支架系统基础座在基岩上,而且浇筑混凝土基础,钢管、桁片压缩量较小,为了降低支架间弹性变形,采用沙袋对支架系统预压。

5.9 钢筋绑扎、模板支立、混凝土浇筑及养生张拉

钢筋绑扎、模板支立、混凝土浇筑及养生张拉等施工同同类其他桥梁,本文不再详述。

5.10 主塔施工

5.10.1 劲性骨架

索塔施工中,在塔柱内用[12槽钢设置劲性钢骨架,以保证分丝管空间定位精度和钢筋骨架的精度,槽钢预埋在主塔混凝土内,保证其稳固性。顺桥向支撑骨架间距为30cm,在两骨架之间每隔75cm设置一道槽钢,用来支撑分丝管,将分丝管固定其上。分丝管上再用槽钢斜联加固,对分丝管进行约束。

5.10.2 分丝管安装

分丝管在主筋安装前就位,安装在纵桥向塔柱劲性骨架的立面上,不能安装于立面主筋之后,否则控制测量不通视。

分丝管采用现场安装,逐根安装于劲性骨架上,索管的安装十分重要,直接关系到索塔与梁的联系及使用效果,稍有不慎会造成索与管道口壁摩擦,影响受力和拉索的使用寿命。分丝管安装采用三维坐标法控制测量。

5.10.3 索导管安装

索导管在主梁浇筑前定位完成,其定位采用[12槽钢劲性骨架上,在精确放样后,将索导管焊接于劲性骨架上,保证索导管位置和角度满足设计要求。

5.11 斜拉索施工

5.11.1 斜拉索施工工艺流程(图6)。

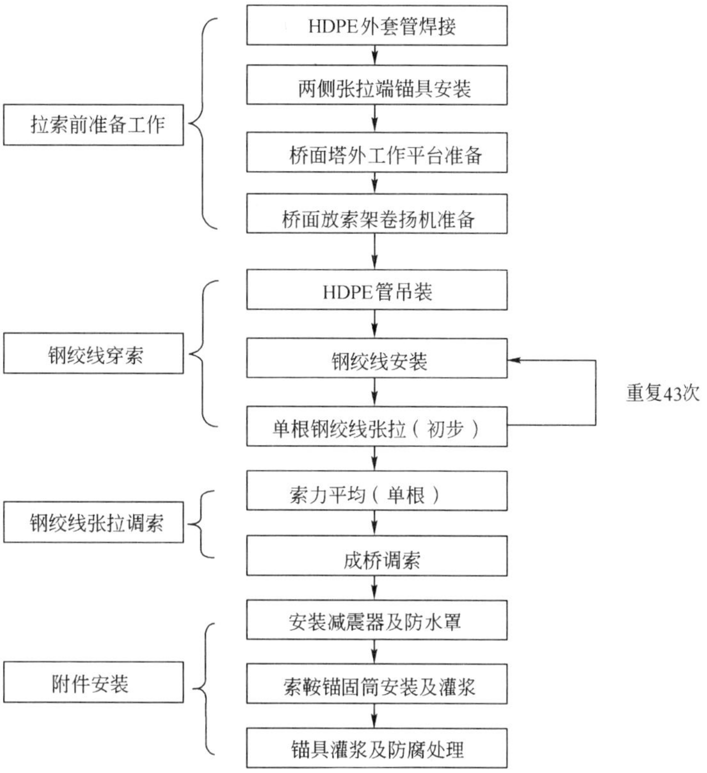

图6　斜拉索施工工艺流程示意图

5.11.2　斜拉索张拉及调索

斜拉索的施工在监控单位的监控下，严格按照规程进行挂索张拉，斜拉索所有钢绞线穿索及初张拉结束后，且在全桥合龙后，整体调索，索力平均张拉，采用单孔千斤顶和多孔反力架进行。

5.12　合龙段施工及体系转换

5.12.1　边跨合龙段施工

在斜拉索初步张拉完并施工完成主梁9号块后，应拆除临时施工支架。边跨合龙段施工之前，必须进行全桥高程测量和合龙口截面测量，并进行一天24h观测；白天每2h，晚上每4h，进行线性测量，以了解悬臂段在各温度下的线性变化规律。测出梁体温度与大气温度的变化规律；观测梁体高程在不同时间及温度的变化情况；观测梁体纵向伸缩量与温度关系，为进行钢骨架的焊接及合龙前索力调整提供充足、全面的数据，并提供精确可靠的施工依据。

纵向变形：由于温度变化使主梁沿长度方向伸长或缩短，合龙段混凝土未达到强度前，会产生拉压裂缝，为避免这种破坏作用，采取了以下措施：

（1）保证临时锁定钢支撑有足够的刚度；

（2）拆除边跨段和次边跨9号、10号段所有纵桥向约束，仅保留永久钢管临时墩和边跨合龙支架的钢管柔性墩，保证主梁纵向自由伸缩；

（3）采用早强型微膨胀混凝土且在低温时迅速灌注完毕，使合龙段在凝固过程中处于升温受压状态，避免出现温度裂缝。

5.12.2　合龙段的临时锁定

合龙段临时锁定采用劲性钢骨架完成。在施工过程中，首先将劲性骨架一端焊于边跨9号段梁端，另在夜间温度相对稳定较长的一段时间内，迅速将劲性骨架另一端与8号块段焊接，完成合龙临时锁定。锁定后亦应在进行一天观测，确定梁体是否能在钢支撑作用下向边墩自由伸缩，同时测量出梁体最低温时及最高温时合龙间距变化及竖向剪切变位，避免发生意外。

5.12.3　边跨合龙段混凝土浇筑

边跨合龙段混凝土采用C50微膨胀混凝土,混凝土中掺适量膨胀剂,同时保证混凝土选用和易性好,早强型混凝土,且初凝时间控制在5~6h之间,保证混凝土在灌注完毕未初凝。另外,在混凝土灌注前一天,将合龙段两侧各15m主梁浇冷水,并在梁面铺设麻袋,以降低梁体温度。

合龙段混凝土浇筑选择凌晨最低温度时进行并迅速灌注,利用缓慢的温升效应使梁体伸长而挤压合龙段,以抵消合龙段混凝土硬化收缩及前期徐变,避免合龙段混凝土在未达到强度前产生裂纹。

5.12.4　中跨合龙段支架的架设及辅助吊挂预拉

根据实际情况,通过在中跨8号块段预留的孔道架设合龙段施工吊架。为保证底、侧模与两侧主梁贴合,合龙段必须预拉一定吨位。考虑到临时锁定前,受温度影响,8号块段上下起落较大,为避免合龙吊架两侧吊杆吊挂力急剧增大,两侧辅助吊杆预拉在合龙段临时锁定后完成。

5.12.5　合龙段预应力的施工及压浆

合龙段预应力束应在混凝土强度达到后,按设计图纸要求顺序进行张拉。张拉应对称进行,采用张拉力和伸长量双控的措施。在预应力施加完后,应立即进行孔道压浆。另外,使用水泥等用料应严格控制,以确保管道压浆饱满及满足强度的要求。

在边跨合龙段施工结束后,张拉合龙段预应力束,拆除支架,完成第一次体系转换。然后安装中跨合龙段挂模,拆除主墩处临时支撑,使结构全部由支座支撑,浇筑中跨合龙段混凝土,完成第二次体系转换,张拉中跨合龙段预应力束,体系转换结束。

6　材料与设备

6.1　主要机械设备及工具

经纬仪、水准仪、搅拌机、预应力张拉设备、汽车式起重机、混凝土搅拌运输车、混凝土泵车等。

6.2　主要材料

ϕ80钢管、贝雷桁片、工字钢、竹胶板、型钢、螺纹钢筋、混凝土、钢绞线、斜拉索等。

7　质量控制

为全面实现业主提出的质量目标,在施工全过程中,我们始终坚持"百年大计,质量第一"的原则,认真依照招标文件所明确的各项施工技术规范、规则和各项质量验收评定标准执行,并建立一套完善的质量管理制度,在施工生产过程中严格执行。

8　安全控制

在安全生产方面主要认真贯彻落实"安全第一、预防为主"的方针及国家有关法规,全面落实安全生产责任制,实行全员、全方位、全过程的安全管理,将安全生产工作抓细、抓实。对特殊工序进行特殊管理,应坚持持证上岗。对于夜间施工,应设置足够的照明措施。安全员应坚持经常性检查,查除各种隐患。

9　环保措施

本工法施工过程中,应保护原有植被,即对合同规定的施工界限内、外的植物、树木等应尽量维持原状。合理布置现场,最大限度地减少临时用地。不得向河流和设计范围外的场地弃土。营造良好环境。在施工现场和生活区设置足够的临时卫生设施,经常进行卫生处理,美化生活环境,工程完工后,应及时进行现场彻底清理,恢复原貌。

10　效益分析

应用一:抚顺和平桥重建工程。

10.1　经济效益分析

由于抚顺和平桥的支架施工方案,避免了挂篮施工工期长、还要加工挂篮的不利因素,这样节约了工期,大大降低了工程成本,经济效益显著。

10.1.1　时间效益

(1)挂篮加工制作周期

与支架法施工相比,挂篮施工工期较长,表现为:

由于本桥为双塔斜拉桥,双塔两侧同时施工,而且桥宽较大,全宽为39m。挂篮施工需要加工制作2套挂篮,每套分2侧,每侧挂篮约重140t左右,两套共需钢材560t左右,加工制作最快要3个月才能就位使用,本工程工期非常紧张,总工期仅为7个半月,消耗3个月制作挂篮,工期难以保证。

(2)施工周期对比

挂篮施工需在一个节段施工完成,张拉、压浆结束后才能行走,进行下一孔主梁施工,施工一个周期至少需10天左右。而支架法施工,可提前将下一孔的支架及模板拼装就位,待混凝土浇筑完成后,即可进行下一孔的钢筋绑扎工作。此外,支架法施工只需将张拉位置留出即可,待张拉压浆结束后将张拉位置钢筋恢复即可进行混凝土浇筑,一个施工周期仅需6天,从而大大节约工期,每侧18个节段,每节段约4天,共节省工期72天,从而保证了施工工期,按期通车。

10.1.2　经济效益

(1)材料成本对比

挂篮施工需约560t挂篮,而支架施工仅需280t钢材,C20混凝土基础约380m^3资金节余约560×7000元/t－280×3500－380×300＝2826000元。

(2)人工费成本对比

主梁施工人员约220人,平均日工资约65元(含食宿)节约工期72天,节约资金1029600元。

(3)管理费成本对比

节约工期72天,节约资金约30万元。

10.2　社会效益分析

使用了支架法施工工法,既满足了业主及设计的要求,又节省了工期,通过运营时间大大提高,同时又节能环保,产生了巨大的社会影响,社会效益显著。

10.2.1　安全生产

在安全生产方面,支架法施工的优势明显,基础稳固受力明确,整体稳定性好。而挂篮施工悬在空中,尤其是挂篮行走过程中,易出现不稳定状况。

10.2.2　社会效益分析

由于支架法施工便捷、速度快、施工工期、质量能够得到保证,给全社会展现出路桥建设的快节奏、高质量、高效益的节约型路桥风采。

应用二:沈彰高速公路第一合同段。

沈彰高速公路路基第一合同段路线起点为K0＋000,终点为K3＋000,全长为3000m,路基宽为26m。特大桥一座,位于BK1＋050.702B,为匝道桥,全长1023.82m,桥宽为10m,下部为钻孔桩基础,桥梁上部为T形钢构、现浇及预制空心板梁;六座大桥其中K0＋741.997处为大转弯高架桥,全长为202.8m,桥宽为26m,下部为钻孔桩基础,柱式墩,上部为预应力空心板梁;K1＋266.5处为分离式立交桥,全长为184.8m,桥宽为26m,下部为钻孔桩基础,上部为预应力空心板梁;AK0＋382.692处为互通式立交桥,全长为772.82m,桥宽为25m,下部为钻孔桩基础,上部为连续箱梁、预应力空心板梁;BHK11＋161.9处为大转弯天桥,全长134.4m,下部为桩基础,上部两边孔20m简支箱梁,中孔为连续箱梁。CK0＋410.89C处为匝道桥,桥长557.485m,上部采用预应力混凝土连续箱梁,下部为花瓶式墩柱,基础为桩基础。DK0＋573.633D处为匝道桥,桥长377.82m,上部采用预应力混凝土连续箱梁,下部为花瓶式墩柱,基础为桩基础。通道桥3道,小桥5座,涵洞14道。

A匝道、B匝道桥梁上部为T形刚构,现浇主梁0~4块采用支架法施工,取得了较好的效果。

由于该项目拆迁没有完成,导致晚开工3个月,由于本工法的运用,使工期得以保证,按期交工通车。

10.3 先进性

由于支架基础与0号块墩身同时施工,所以不占用工期,将3号、2号、1号、0号、1号、2号、3号七个块段共33m,同时用支架法施工,工艺为:首先将支架及底模支立完成,将每个块段腹板预应力以齿块方式引至箱内,待混凝土强度到设计要求时再张拉。

与挂篮施工相比较:

(1)工期

节约了挂篮施工拼装等工序,节约时间约45天,每个阶段施工周期比挂篮施工至少提前24天完成,共计节省工期约69天。

(2)经济效益

由于工期节约69天,导致施工费用节约207万元,使用支架法施工,基础及支架钢管、型钢等增加成本130万元,合计节约施工成本约77万元。

(3)工程质量

由于将每块段腹板预应力束齿块方式引至箱内,保证了施工质量。

10.4 实用性

由于支架法施工工法的运用在工期、质量、经济效益上都能够得到保证,所以本工法应用前景广阔。

水下无封底混凝土套箱施工工法

GGG(鲁)C2054—2008

姜言泉　邵新鹏　侯福金　吴　健　欧阳瑰琳
(山东高速青岛公路有限公司　路桥集团国际建设股份有限公司)

1　前言

青岛海湾大桥海中区非通航孔桥承台底高程位于常低潮位以下,并且水深较深,按照传统的钢吊箱方案进行施工时需要进行水下封底混凝土施工。青岛海湾大桥属国内第三大跨海大桥,海中区非通航孔桥承台众多,工期紧,安全、质量和环保要求极高。在环境恶劣的海上进行众多的钢吊箱的水下封底施工,在质量、安全和环保方面存在许多不利于工程施工的不可预见因素,并且施工速度缓慢,耗时长使海上船机设备的投入极大。另一方面,承台侧面设计有防腐涂装层,钢吊箱的壁板不能直接作为承台的外模,需要投入承台模板;承台拆模后等待进行表面涂装的时间很长,因此为满足工期的要求,钢吊箱的投入巨大。为此,路桥集团国际建设股份有限公司联合山东高速青岛公路有限公司,借鉴东海大桥、杭州湾大桥混凝土套箱的应用经验,研发设计了水下无封底的混凝土套箱施工工法。试验施工后该技术在2007年12月27日通过了青岛市科技局的鉴定。跨过2007年冬季后,路桥集团国际建设股份有限公司承建的第六合同段从2008年4月至7月短短的4个月时间内,安全保质地完成40多个承台的施工,现该工法已经成功应用于青岛海湾大桥海中区非通航孔桥承台施工,充分体现了该工法的先进性。

2　工法特点

2.1　水下无封底混凝土套箱采用了冲水胶囊止水的先进技术,利用连接件对混凝土套箱和钢护筒进行刚性连接以抵抗自重和浮力的合力,避免了进行水下封底混凝土施工,从而避开了水下封底施工,如封底失效、漏水及安全等方面的风险。

2.2　水下无封底混凝土套箱无需进行水下混凝土封底、承台模板安装、钢吊箱拆除等工序,避开了这些工序施工诸多的质量、安全风险,有利于施工的正常开展、控制,确保质量和工期。单个承台的有效施工时间钢吊箱需要21天,而本工法只要8天,因此具有施工快速、大大节省船机费用投入的特点,特别是对大量的海上承台施工有相当大的优势。

2.3　承台混凝土浇筑后,承台混凝土与套箱混凝土结为一体,混凝土套箱相当于承台的保护套,承台混凝土侧表面不需再进行防腐涂装施工,从而节省了涂装施工费用。

2.4　混凝土套箱可采用陆地或平台预制,便于实现工厂化施工和管理,现场施工工序简单,相对于需要进行封底施工、承台模板安装等烦琐工序的方案要简单很多,有利于现场的施工管理,安全、质量控制;混凝土套箱可批量生产,增加投入以加快施工进度的效果较需要水下封底的施工工艺要明显得多。

3　适用范围

3.1　原海(河)床面或进行适当的清淤后,海(河)床面的高程低于混凝土套箱下放到位后的底面高程,并且水深有施工船舶作业的需要。

3.2　桥墩的桩基础应全部为直桩,钻孔桩的钢护筒(或钢管桩)的顶部高程应留置到常低水位以上。

3.3　适用于同类型大批量的大、中、小型承台施工。选择用于少量或巨型承台施工时,需要进行技术、经济等方面的比选。

4　工艺原理

4.1　水下无封底混凝土套箱的结构组成

水下无封底混凝土套箱结构主要包括:钢筋混凝土套箱及其连接件、钢质防浪板、止水胶囊三大部分组成,利用浮吊整体安装,其结构示意图如图1和图2所示。

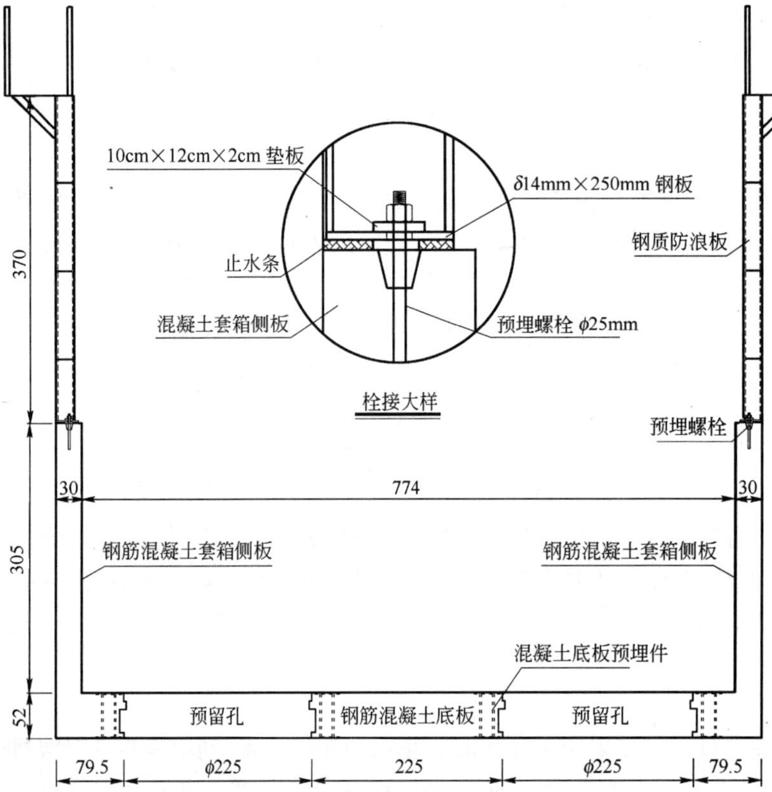

图1　无封底混凝土套箱安装前结构示意图(尺寸单位:cm)

4.2　防浪板的连接方式

防浪板是混凝土套箱接高的围水结构物,以满足套箱安装后承台、墩身施工的挡水需要。防浪板采用螺栓、遇水膨胀止水条与混凝土套箱顶部实施连接并止水,具体设置见图1。

4.3　套箱的止水方式

套箱的止水采用止水胶囊,套箱预制时在底板处设施胶囊的固定槽,胶囊与套箱一同下放后,往胶囊内充水至水压力为0.2~0.35MPa,实现止水后在胶囊的顶部设置速凝砂浆,以保护胶囊并作为止水的又一道屏障,具体设置见图2。

4.4　套箱与钢护筒的连接方式

利用连接板连接套箱的底板和钢护筒,以抵抗自重力、浮力、波浪水流力、施工荷载等的合力,其效果等同于需要封底的套箱中封底混凝土与钢护筒之间的握裹力,具体设置见图2。

4.5　套箱与承台新老混凝土接合面的处理方式

为防止承台混凝土的膨胀造成对套箱侧板的挤压而发生开裂,在套箱内壁设置一层2cm后泡沫板;同时为了防止防浪板拆除后,海水从套箱侧板与承台侧面的缝隙渗入,在套箱侧板内壁顶部设置一圈3cm(高)×2cm(厚)的遇水膨胀止水条,具体设置见图2。

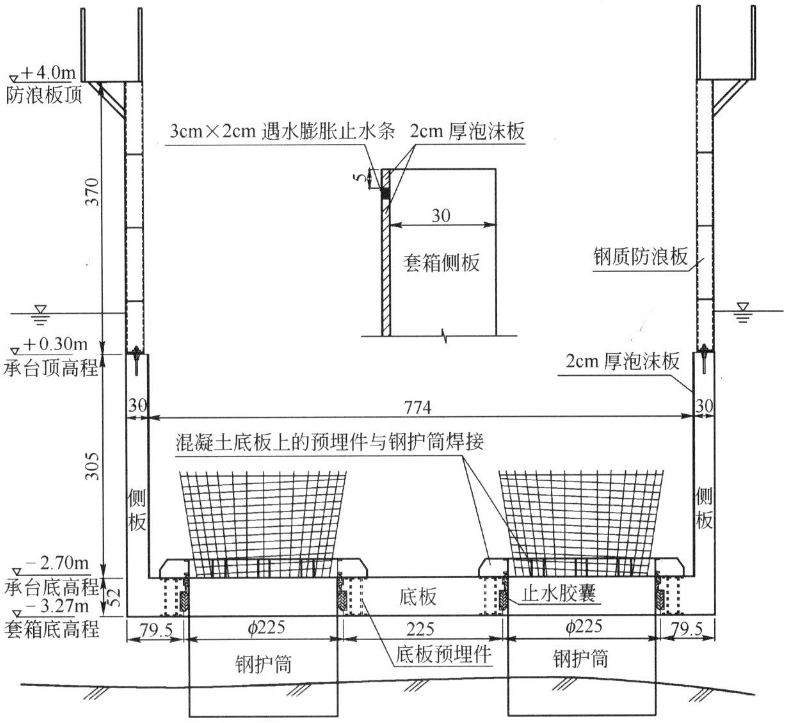

图 2 无封底混凝土套箱安装后结构示意图(尺寸单位:cm)

5 施工工艺流程及操作要点

5.1 施工工艺流程图(图 3)

5.2 施工工艺操作要点

本工法的施工操作要点主要包括:防浪板的制作与安装、钢筋混凝土套箱预制、套箱安装、套箱止水、承台钢筋混凝土施工、防浪板拆除几大部分。

5.2.1 防浪板的制作与安装

1)防浪板的制作

(1)防浪板应根据相应的海况条件和施工需要进行设计。由于为临时挡水结构物,其底部连接板的平整度应满足 ±5mm,以确保止水效果,其他位置的制作精度可适当放宽,满足挡水目的即可。

(2)应严格按照设计图纸进行防浪板底板螺栓孔位的开设,确保开设的孔位与混凝土套箱上预埋的螺栓对应。

(3)防浪板的面板连接缝、面板与底部连接板的连接缝应要求双面满焊,以防止漏水。

2)防浪板的安装

(1)防浪板安装前,应在混凝土套箱顶面粘贴两道 3cm(宽) ×2cm(厚)遇水膨胀止水条,然后利用吊车分块进行安装,螺栓将防浪板紧固在混凝土套箱上,防浪板分块之间的接缝处同样设置两道 3cm(宽) ×2cm(厚)遇水膨胀止水条,以确保密水性,具体的方式详见图 1。

(2)防浪板安装前,应将混凝土套箱侧板顶面打磨平整,不允许有明显的翘曲、凹陷的现象。

(3)防浪板与混凝土套箱侧板栓接后,应仔细检查接缝是否还有间隙,对有间隙的部位应利用混凝土砂浆或玻璃胶,进行封堵。

(4)在安装过程中应注意对单块防浪板进行保护,以防止磕坏而导致接缝不严密而漏水。

5.2.2 钢筋混凝土套箱预制

混凝土套箱的预制可选择在陆地或海中临时平台上进行,尽可能方便出运,台座的处理按照一般预

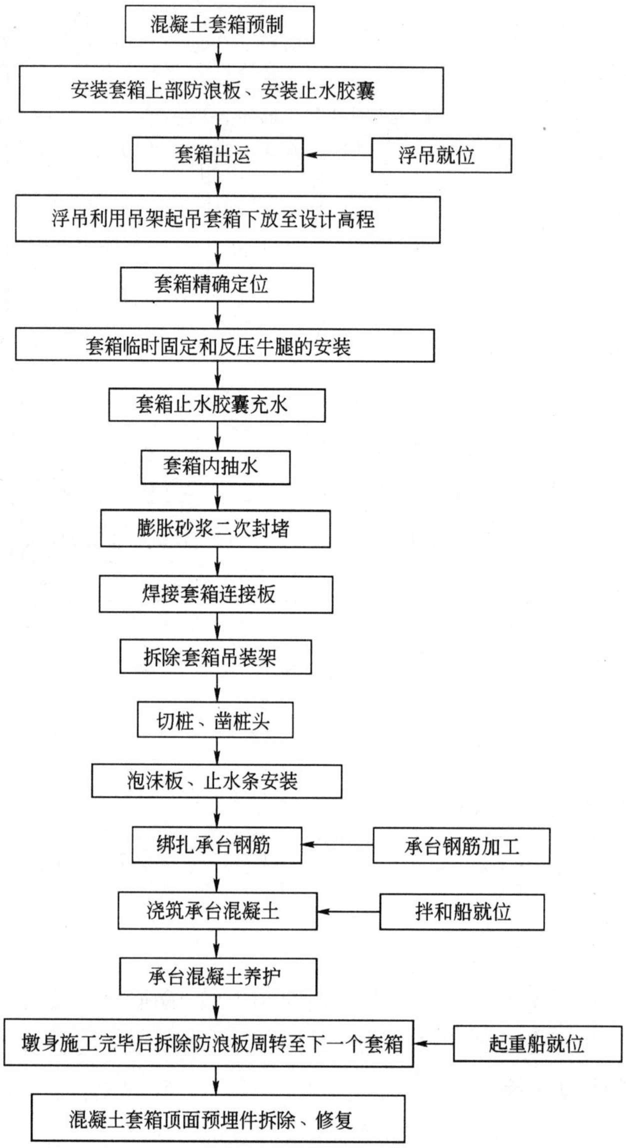

图3　水下无封底混凝土套箱施工承台工艺流程图

制构件的标准进行处理即可。

1)混凝土套箱模板的设计与制作

按照混凝土套箱的外形尺寸进行模板的设计,其强度和刚度应符合混凝土施工的相关标准,制作精度与结构承台的标准一致。混凝土套箱模板由外模、内模、底板预留孔模板组成,如图4和图5所示。

2)混凝土套箱预制

混凝土套箱的预制应按照常规预制构件的工艺进行施工,根据其本身及应用的特点,需要注意以下几点:

(1)套箱底板预留孔的位置应与桩群钢护筒的实际位置一致,预制前时应实测墩位桩群的实际位置,以此来进行预留孔的放样。

(2)在钢筋施工时应注意各种预埋件(如顶部连接螺栓、底板预埋板件)的预埋工作,并确保位置准确、固定牢固。

(3)在模板安装时应严格控制模板的垂直度和顶面高程,在混凝土浇筑完毕后应对套箱的顶面进行抹平收光,顶面的平整度控制在 ±3mm。

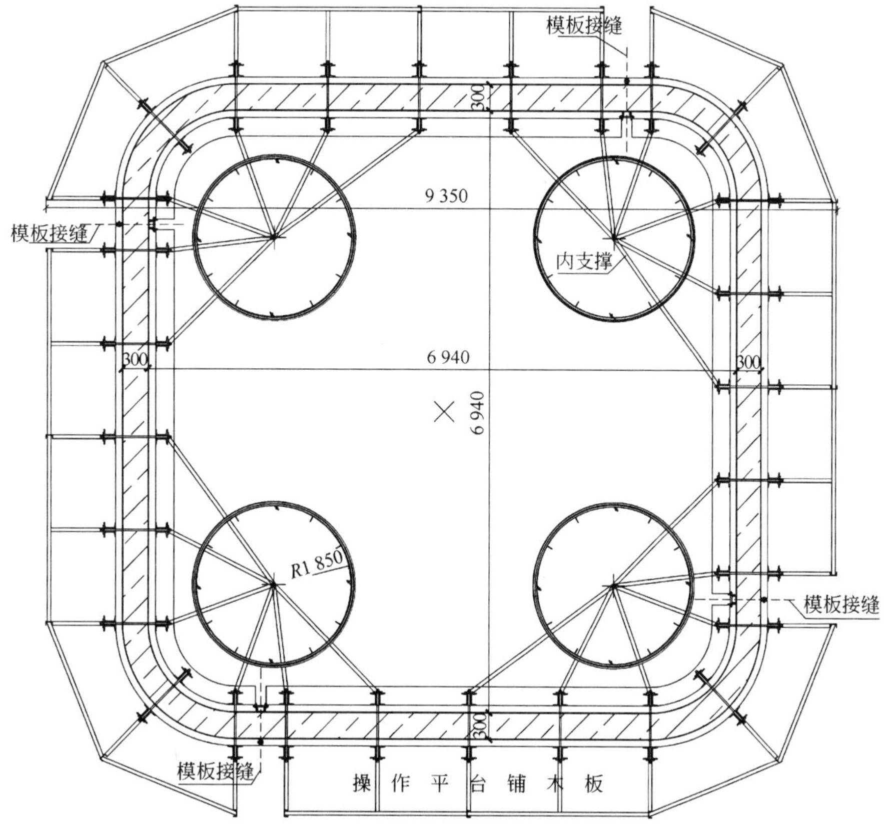

图4 混凝土套箱模板整体平面图(尺寸单位:cm)

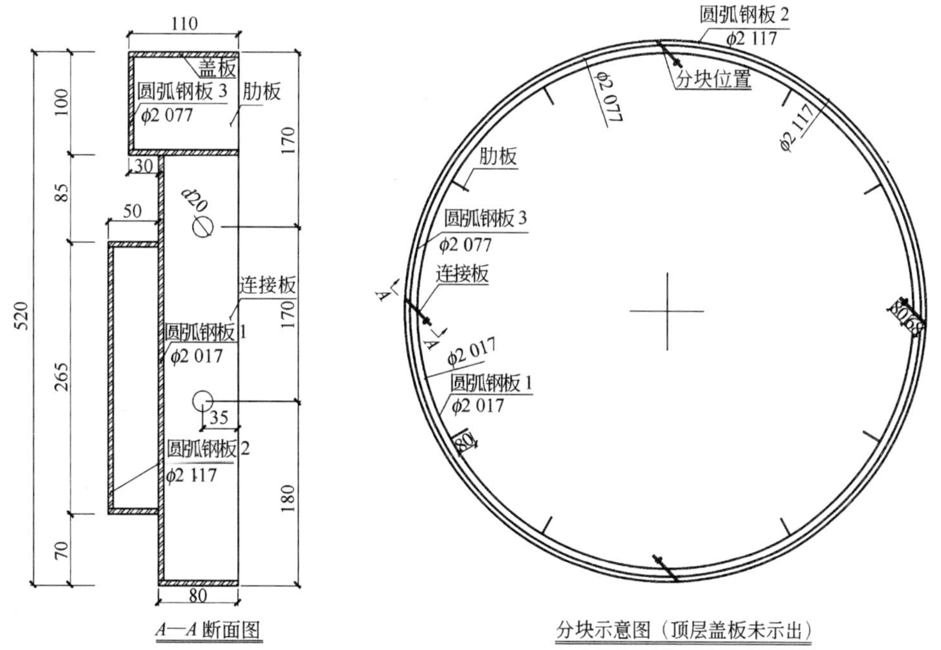

图5 底板预留孔模板(尺寸单位:cm)

(4)应合理选择预留孔模板拆除的时机,避免过早拆除;拆除时应注意预留槽棱边的保护。

(5)应做好混凝土套箱的养护工作,保湿、防风工作应做到位,防止套箱的薄壁结构上出现裂缝,以形成海水的腐蚀通道。同时在现场制作试件,同条件养护,以确定吊装时间。

5.2.3 混凝土套箱安装

1)安装前准备工作

(1)应拆除钻孔平台,割除桩间平联及钢护筒上附着的可能刮伤胶囊的物件,同时派潜水员清除附着在钢护筒上胶囊位置处的海洋生物或其排积物,以确保胶囊的止水效果。

(2)为使吊架水平的放在钢护筒顶上,应减少现场套箱高程调整工作,需将4根钢护筒统一割至+5.0m高程,要求高差在5mm内,此项工作在可在钻孔平台拆除前完成。套箱的吊杆应定长制作,吊杆上应设置套筒螺母,可以微调吊杆的长度,从而调整套箱的高程,可调高度为6cm。

(3)钢套箱下放前,应先在4根钢护筒顶上(+5.0m)用GPS或全站仪测定出套箱吊架支撑在钢护筒顶上的位置,画出吊架主梁底部在钢护筒顶上的支撑线。然后将支撑位置的外边线再向外移(位置放松)2cm,焊接吊架(套箱)下落导向槽钢,具体布置如图6所示。

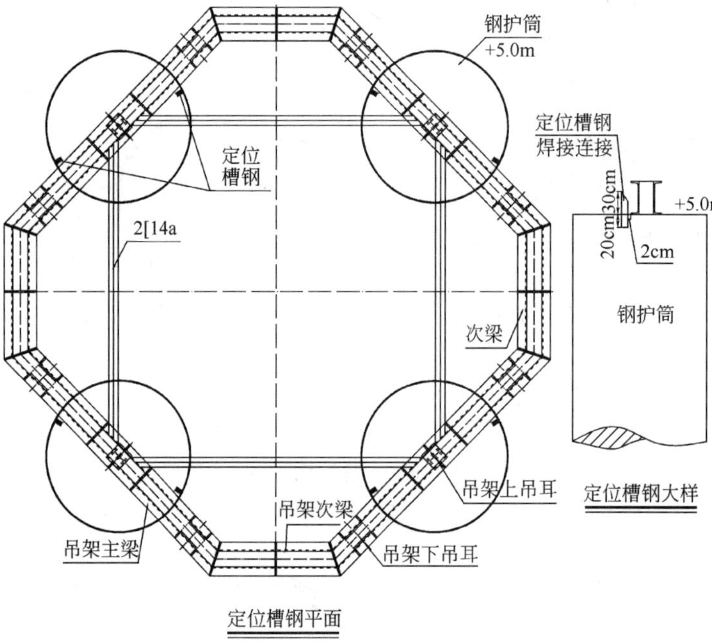

图6 定位、导向槽钢的设置

(4)应在混凝土套箱预制场完成防浪板和止水胶囊的安装。防浪板的安装见上述,胶囊的安装步骤如图7~图9所示。

图7 步骤一:气囊接触周边打磨

图8 步骤二:气囊周边限位钢筋焊接

图9 步骤三:将胶囊安装至限位钢筋内

(5)套箱安装前,应对近3~5天的海上天气预报进行收集,若有台风或不适于吊装作业的天气,应将预定安装时间推后。

(6)应将现场安装所需要的套箱加固、封孔材料,调位千斤顶,连接钢板,气割焊接等小型操作工具及材料,放置在防浪板顶部并做好固定。

2)混凝土套箱的运输

混凝土套箱可由浮吊吊装到运输船上运输到施工现场,若浮吊能满足提吊并自航的要求,也可由浮吊将套箱吊着从预制场运输至施工现场。浮吊利用专用吊架起吊套箱，在混凝土套箱达到吊装强度后，开始安装吊杆和吊架，在安装的过程中应根据实测数据微调吊杆的长度，以确定吊架搁放在钢护筒上后，可以满足混凝土套箱在设计的高程位置。吊架的挂设如图10和图11所示。

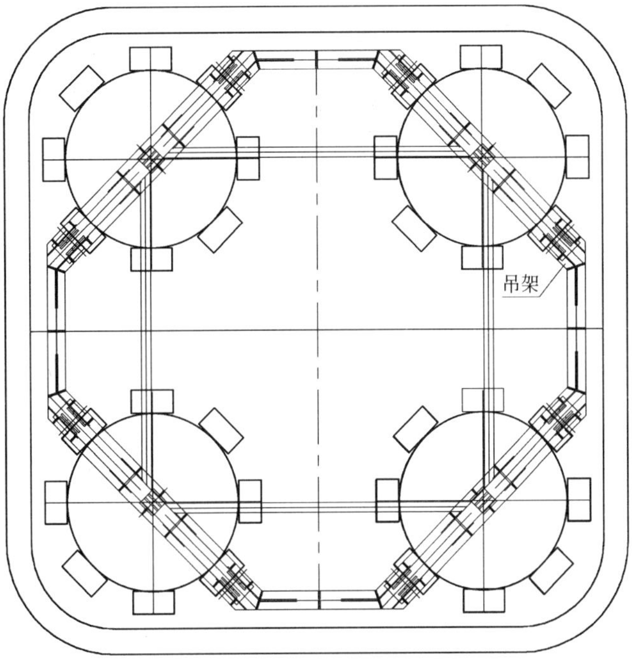

图10 吊架挂设平面图

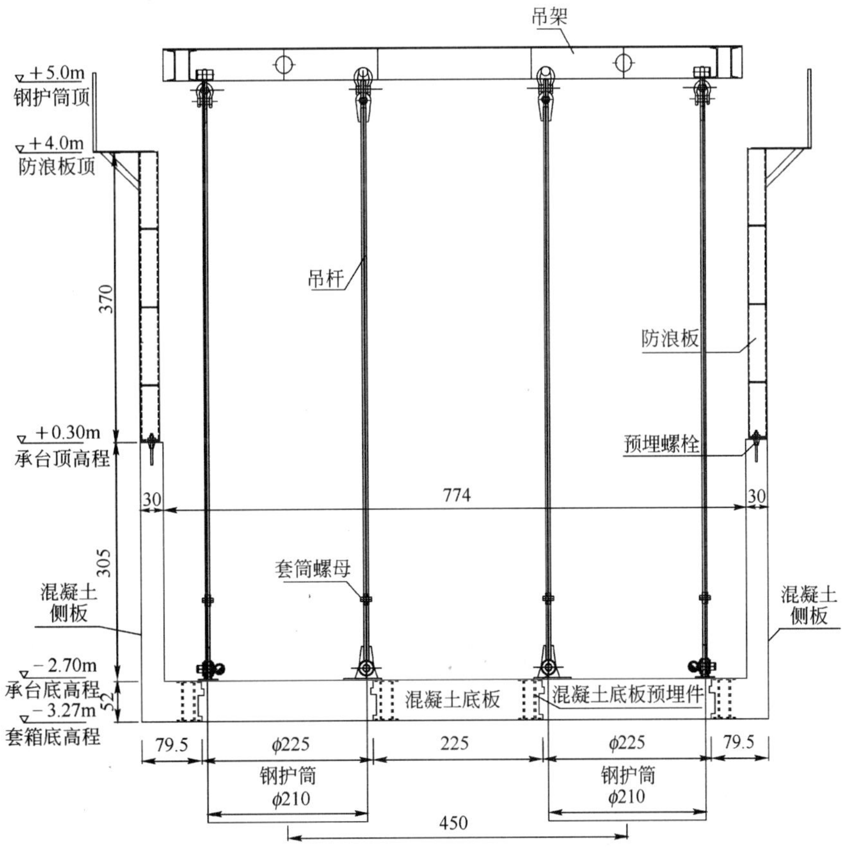

图11 吊架挂设立面图(尺寸单位:cm)

3)混凝土套箱的安装

(1)利用浮吊将钢套箱吊至桩群顶部后应将其下放,如图12所示。

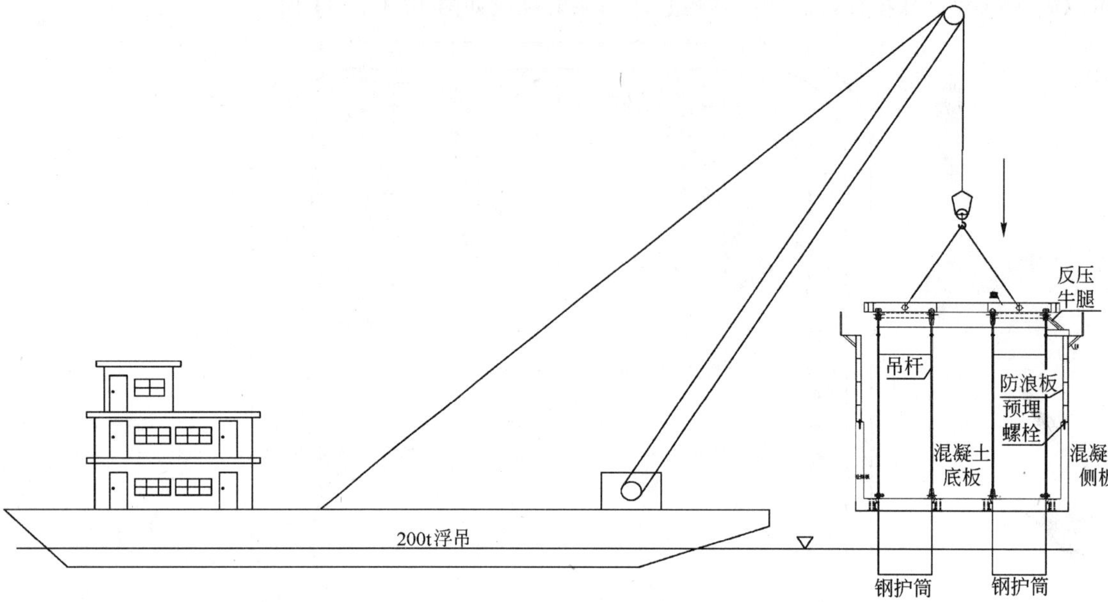

图12 套箱吊装示意图

(2)套箱的精确定位:通过在混凝土套箱与钢护筒之间的调位千斤顶进行,在套箱粗定位完成后,选择潮位低于混凝土套箱顶部1m时进行,安放8个10t的千斤顶进行精确调位,如图13和图14所示。需要说明的是,在套箱下放过程时,通过焊接在钢护筒上的定位、导向槽钢的作用,套箱的轴线平面偏差在允许的规范内(2cm)时,不再进行千斤顶的二次调位。套箱的高程在套箱下放前已经根据钢护筒的实际筒顶高程进行了吊杆长度的调节,下放到位后高程即可满足要求。若超标应在钢护筒与吊架的接触处,进行支垫或割除小部分钢护筒,使高程满足要求。

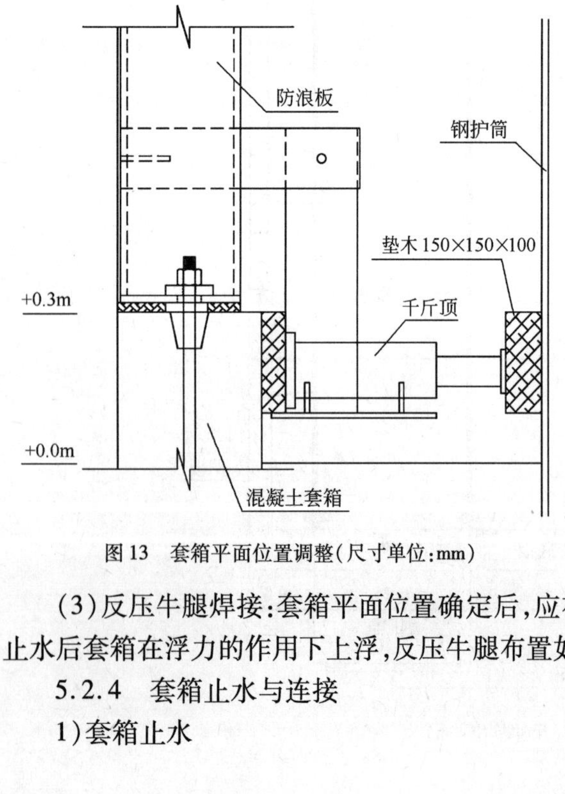

图13 套箱平面位置调整(尺寸单位:mm)

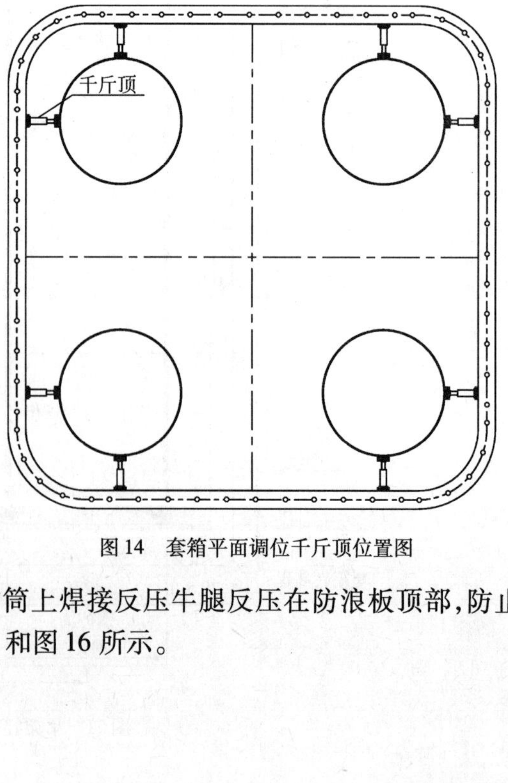

图14 套箱平面调位千斤顶位置图

(3)反压牛腿焊接:套箱平面位置确定后,应在钢护筒上焊接反压牛腿反压在防浪板顶部,防止在止水后套箱在浮力的作用下上浮,反压牛腿布置如图15和图16所示。

5.2.4 套箱止水与连接

1)套箱止水

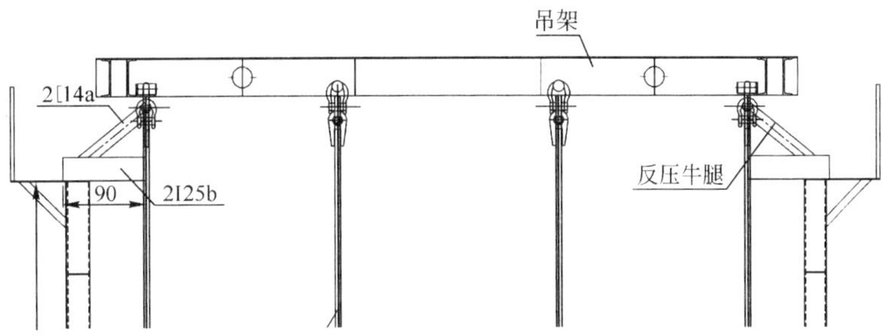

图 15　反压牛腿安装立面图

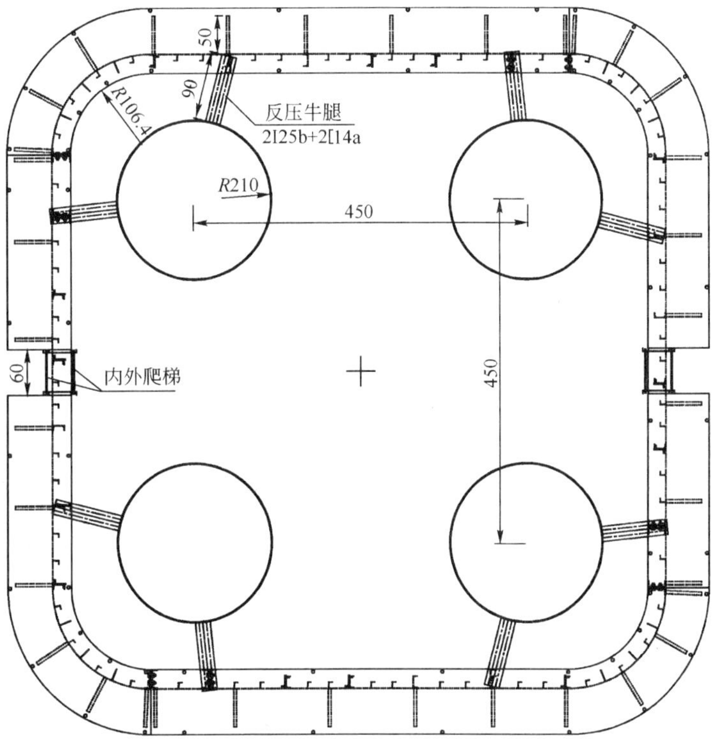

图 16　反压牛腿安装平面图(尺寸单位:cm)

(1)反压牛腿焊接完毕后,应尽量选择在低潮位进行胶囊止水。采用高压清洗机作为充水设备,利用高压管(如气割用的氧气管)连接清洗机与胶囊的气闷管。开动清洗机逐个对胶囊进行充水,充水压力控制在 0.2 ~0.35MPa(图 17)。充水时应设置压力表监控充水压力,以防止充水过多导致胶囊爆裂(图 18)。

图 17　高压清洗机充水

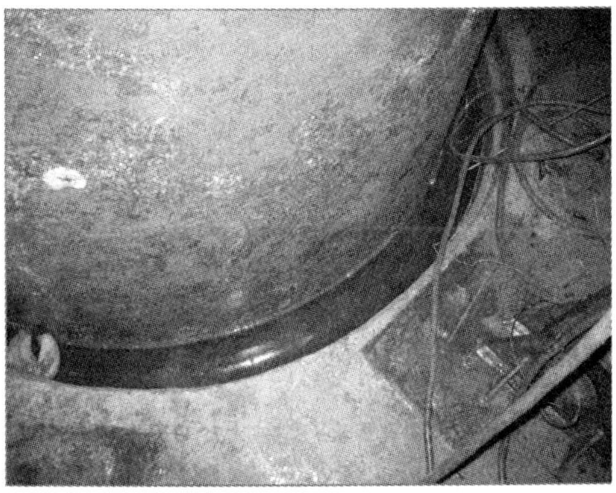

图 18　胶囊充水后效果

(2)套箱内抽水、砂浆二次封堵间隙:在气囊止水完成后,应利用4台抽水泵在1h内将套箱内的水抽干,提供干作业环境。抽水时应选择好时机,在潮水到达最低潮时完成抽水,随后用事先拌制好的膨胀砂浆将钢护筒与底板之间的间隙封堵,确保套箱内不漏水。速凝砂浆设置后状态如图19所示。

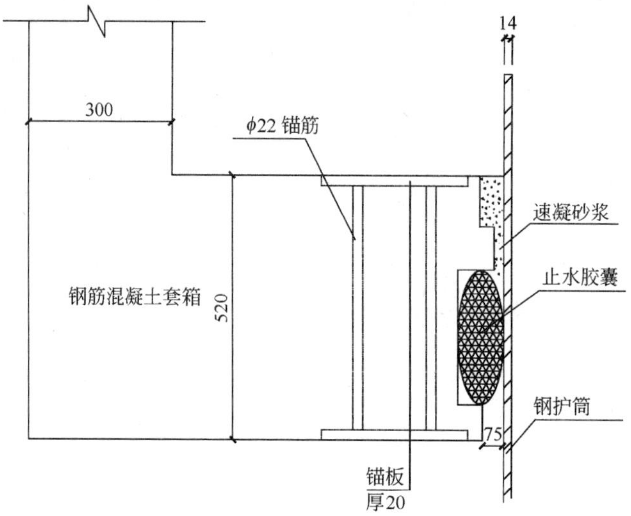

图19 速凝砂浆设置后状态(尺寸单位:mm)

2)套箱底板预埋件与钢护筒焊接

(1)在完成砂浆封堵后,应立即利用预先下料连接钢板将钢护筒与混凝土底部上的预埋件进行焊接连接(图20)。由于连接板的数量较多,需要投入多台焊接机和多名焊工同时进行焊接。焊接过程中严格进行焊缝质量的控制,以确保焊接质量。焊接完成后的状态如图21所示。

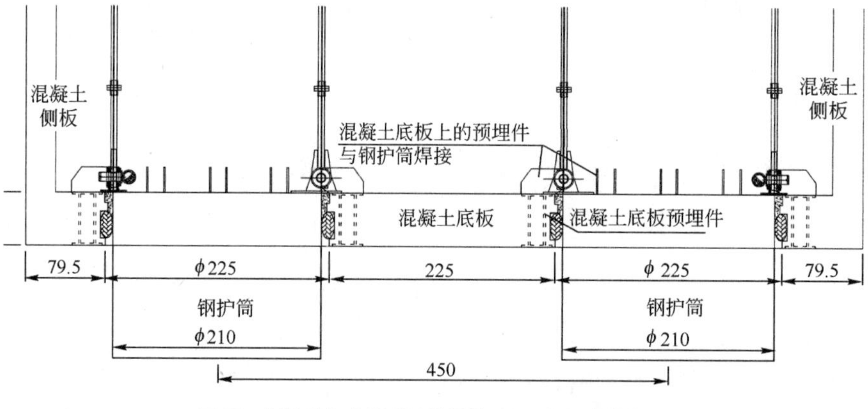

图20 钢护筒与底板预埋件焊接立面图(尺寸单位:cm)

(2)调位千斤顶、吊架拆除:钢护筒与底板预埋件焊接固定后,可拆除平面调位千斤顶、钢护筒顶上的反压牛腿、吊架,套箱的重量由钢护筒与底板的连接钢板传递给钢护筒,完成受力体系转换。

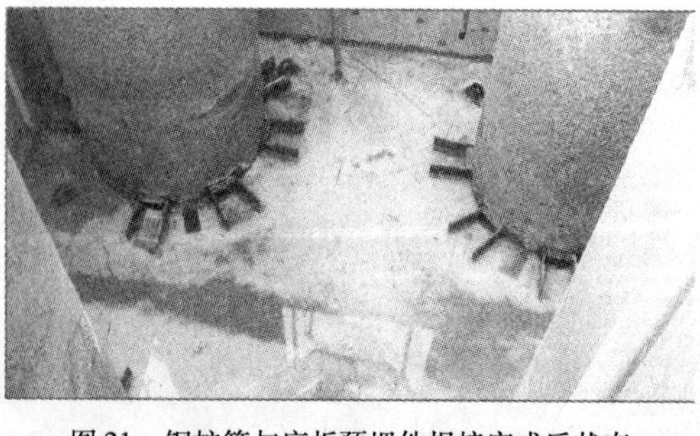

图21 钢护筒与底板预埋件焊接完成后状态

5.2.5 承台钢筋混凝土施工

混凝土套箱安装完毕后,提供了无水的工作条件,承台的钢筋混凝土施工可按照常规工艺进行。其中需要注意的是:为防止混凝土套箱侧板在承台混凝土的侧压力下开裂,应在混凝土套箱侧板内壁粘贴止水条的位置粘贴2cm厚的泡沫板(图22);为防止海水从泡沫板渗入已浇筑的承台混凝土内,应在距套箱侧板顶面5cm位置的内壁四周粘贴3cm×2cm的遇水膨胀止水条。该设施应在承台钢筋绑扎完毕后进行,以防止在钢筋的绑扎过程中被损坏。泡沫板、止水条粘贴完毕后示意图如图23所示。

图22　套箱侧板粘贴泡沫板

图23　泡沫板、止水条粘贴完毕

5.2.6　防浪板拆除及套箱侧板顶部修复

1)防浪板拆除

考虑到承台表面需进行防腐涂装以及墩身施工,防浪板的拆除应安排在首节墩身施工完毕后,不能拆除部分可按整体或分块拆除的方式进行,在拆除的过程中做好成品保护工作。

2)套箱侧板顶部修复

在防浪板拆除后,选择低潮水位,施工人员上到承台顶面,割除防浪板的连接螺杆,对螺杆位置处的混凝土进行表面处理,之后在凿开处回填与承台同强度等级的混凝土砂浆并收抹平整,防止海水腐蚀混凝土套箱钢筋。

6　材料与设备

6.1　材料投入

本工法投入的材料主要包括:钢质防浪板、套箱钢筋和混凝土、各种预埋和连接的钢构件、型钢吊架和吊杆、止水胶囊、遇水膨胀止水条、泡沫板、速凝砂浆等,具体的型号和用量由实际工程确定,冲水胶囊可委托大型橡胶制品厂进行加工。

6.2　设备投入

海上施工时本工法投入的主要船机设备如表1所示。

本工法投入的主要船机设备表　　表1

编　号	机械设备名称	型　号	单　位	数　量	用　途
1	混凝土拌和站(船)	$120m^3/h$	套	1	混凝土供应
2	浮吊	200t	艘	1	套箱下放
3	运输船	800t	艘	3	材料运输
4	多功能作业船	2000t	艘	1	现场施工
5	起锚艇	700HP	艘	2	起抛锚作业
6	交通船	184kW	艘	2	海上交通
7	吊车	25t	辆	1	防浪板安拆
8	龙门吊	30t	台	1	套箱预制场
9	发电机	300kW	台	2	电能供应
10	手摇千斤顶	10t	个	8	平面位置调整
11	电焊机	27kW	台	4	连接板焊接
12	高压清洗机		台	2	胶囊充水

7 质量控制

7.1 防浪板的制作标准可按照临时结构物进行,其强度、刚度应满足施工需要,并应满足完全密封的要求。

7.2 混凝土套箱模板除满足混凝土浇筑时强度和刚度的要求外,其制作精度应与结构承台容许的误差一致,另外还需要满足确保混凝土套箱良好的外观质量。

7.3 混凝土套箱的预制应遵照《公路桥涵施工技术规范》(JTJ 041—2000)执行,混凝土配比应满足《海港工程混凝土结构防腐蚀技术规范》(JTJ 275—2000)。

7.4 连接板的焊缝应满足《建筑钢结构焊接规程》(JGJ 81—2002)的相关要求。

7.5 胶囊的应用为整个工法的关键,胶囊必须进行相关的试压后才能投入使用;胶囊与套箱底板、钢护筒接触位置必须保证平滑;安装前应做好相关的处理。

7.6 套箱顶部侧板与承台之间的遇水膨胀止水条是确保结构物耐久性的关键,除止水条选用大型厂家合格产品外,施工过程应精细。

8 安全措施

8.1 在施工过程中,应严格遵守起重吊装、安全用电、海上施工船舶和人员安全规定等相应的法规、标准、规程,以确保施工安全。

8.2 做好施工天气预警工作,大风(7 级以上)、大雾时应停止相应作业,做好防台预案,合理安排生成。遭遇台风时,在防浪板底部开设连同孔,使套箱内外水头一致,以确保套箱安全。

8.3 抓住有利施工时机,连续快速进行施工,以避开一些不可预见的风险,确保施工的顺利进行。

8.4 做好船舶的管理,防止船撞套箱。

9 环保措施

本工法在实施过程中,主要的污染源在于施工垃圾和施工设备废油的排放。施工垃圾应收集并集中处理,不可直接抛弃在海中;设备废油应设置相应的围堵和收集设施,防止排入海中形成污染。

10 资源节约

本工法的资源主要体现在以下两个方面:

(1)混凝土套箱侧板形成了承台侧边的保护套,避免进行承台侧面的防腐涂装施工,节省了该工序的施工和材料费用。

(2)利用本工法进行海上承台施工的效率较采用常规的钢吊箱方案高很多,节省了大量的船机费用。

11 效益分析

11.1 经济效益分析

青岛海湾大桥第六合同段非通航孔桥承台合计 82 座,承台几何尺寸为:7.7m×7.7m×3.0m,承台顶高程 +0.3m,底高程 -2.7m,海床面高程约 -5.5m,全部采用水下无封底混凝土套箱进行施工。对采用常规的钢吊箱进行海上承台施工和采用水下无封底混凝土套箱进行海上承台施工,经测算,就施工材料费用而言,采用混凝土套箱工艺的投入略比钢吊箱工艺的投入要高,采用混凝土套箱工艺的优势主要体现在施工效率极高,可节省工期,从而节省大量的船机费用,对比分析如下。

11.1.1 采用常规的钢吊箱施工单座承台和墩身的周期(表 2)

常规钢吊箱施工单座承台和墩身的周期表(单位:d)　　表2

混凝土套箱安装	1
平面位置调整	0.5
设置反压	0.5
止水	0.5
焊接底板连接板	1
破桩头、清理	1.5
承台钢筋绑扎	2
混凝土浇筑	1
承台混凝土等强	4
墩身施工	15
承台顶面、墩身防腐涂装	7
防浪板拆除	1
合计	35(不计天气因素)

11.1.2　采用水下无封底混凝土套箱施工单座承台和墩身的周期(表3)

水下无封底混凝土套箱施工单座承台和墩身的周期表(单位:d)　　表3

钢吊箱安装	1
平面位置调整	0.5
水下封底混凝土准备及灌注	2
封底混凝土等强	4
破桩头、清理	1.5
承台模板安装	2
承台钢筋绑扎	2
混凝土浇筑	1
承台混凝土等强	4
墩身施工	15
承台侧面和顶面、墩身防腐涂装	11
钢吊箱拆除	2
合计	46(不计天气因素)

11.1.3　经济效益估算

从表2和表3可看出,单座承台墩身可节省施工时间 $46-35=11$ 天,整个合同段合计承台82座,按照开展10个工作面进行施工,钢吊箱工艺需要:$82\div10\times35=287$ 天,混凝土套箱工艺需要:$82\div10\times46=378$ 天,两者差值:$378-287=91$ 天,节省工期约为3个月。上部60m预制梁整体架设施工单位每月架梁施工船队的设备和油耗需要投入的费用保守估计约600万元,因此可节省将近 $600\times3=1800$ 万元。

另外,节省的涂装费用约:

$7.7\times7.7\times3\times100\times82=1458534$(元)≈146万元。

11.2　社会效益分析

(1)本工法避免了在环境恶劣的海洋环境中进行水下封底混凝土作业,规避了水下封底混凝土失效(如漏水、握裹力不足)等安全风险,同时由于工艺简单,可实现工厂化的标准施工,大大减少了常规工艺所需在海上进行的多项烦琐工序,便于海上施工安全管理,确保施工人员的安全。总的来说本工法在体现科技创新带来生产率大大提高的同时,体现了安全第一,以人为本的理念,对创建和谐社会有较大的贡献。

(2)本工法在青岛海湾大桥成功实施,取得了显著的成果,这将大大缩短海湾大桥的建设工期,有利于大桥早日建成,早日为加快胶州半岛城市群体的发展起极大的促进作用。

12 应用实例

青岛海湾大桥第六合同段自2008年3月开始准备,2008年4月~7月短短4个月时间内安全、优质的完成了40多个承台的施工,施工过程中工法的关键技术“胶囊止水”应用效果很好,施工效率很高,均达到完全止水效果。

青岛海湾大桥第四合同段、青岛海湾大桥第五合同段,应用本工法全面展开青岛海湾大桥海中区非通航孔桥承台的施工,施工效果显著。

水下结构干法防腐涂装施工工法

GGG(鲁)C2055—2008

曾卫兵　王广洋　罗德龙　范效滨　梅佳鸿
(山东高速青岛公路有限公司　山东省路桥集团有限公司)

1　前言

青岛海湾大桥第十合同段承台、墩身均处在浪溅区及其以下区域,进行防腐涂装施工困难,项目部决定采用插打钢板桩或沉设钢套箱围堰,使承台、墩身形成干环境进行养生和防腐涂装施工。该工法施工不仅保证了施工质量,降低了施工成本,还保护了海洋环境。

2　工法特点

2.1　采用钢套箱作为干法施工的挡水结构,止水效果好。

2.2　钢套箱采用整体式设计,上下节连成一体具有安全易操作的特点。

2.3　多层漆层组合,与承台、墩身表面有可靠的黏结力。

2.4　漆层具有可靠抗渗透性,面漆光亮,具有自洁功能。

3　适用范围

本工法在海中沉设钢板桩和钢套箱形成挡水结构,然后进行干法防腐涂装施工,方便施工操作,有利于防腐涂层和混凝土表面的有效结合,可以广泛应用于水中结构的防腐涂装施工。

4　工法原理

本工法采用钢板桩围堰、可循环利用钢套箱围堰,对处于浪溅区及其以下区域的承台、墩身进行围堰施工,确保防腐涂装施工在干环境下进行。

本工法使用钢板桩围堰、可循环利用钢套箱围堰作围水结构,将海水阻挡在围堰外部,使承台、墩身的每道工序施工都在干环境下进行,从而保证了施工质量。

5　施工操作要点及工艺流程

5.1　围堰沉设

考虑第十合同段现场不同地质条件、潮汐影响和工期要求等因素,采用钢板桩围堰、可循环利用钢套箱围堰,对处于浪溅区及其以下区域的承台、墩身进行围堰施工,确保防腐涂装施工在干环境下进行。

5.1.1　钢板桩围堰

钢板桩围堰以承台外轮廓尺寸+100cm为内净尺寸,其平面尺寸为8.45m×8.45m,由钢板桩、八字撑、内围囹三部分组成。

采用35t履带吊、DZ60型振动沉桩机顺时针方向逐根插打钢板桩至设计高程,安装围囹及八字撑将围堰加固成整体后,继续抽水至基坑底。钢板桩插打加固抽水完后,采用人工开挖至承台底高程以下50cm,然后人工清理基底,沿板桩内侧挖集水沟集中排水。基底整平处理完成后,及时进行封底。

5.1.2　可循环利用钢套箱围堰

为满足承台混凝土表面防腐施工要求,项目部已加工制作的可循环利用钢套箱围堰为方形,其长宽尺寸为8.05m×8.05m,每侧预留80cm模板操作空间,高7m。上节可循环利用钢套箱围堰高4.9m,底节可循环利用钢套箱围堰高2.1m。

可循环利用钢套箱围堰下沉采用射水吸泥方式挖除可循环利用钢套箱围堰内淤泥。用大功率泥浆泵(吸砂泵)抽去可循环利用钢套箱围堰中带淤泥的泥水,以达到排土的目的。可循环利用钢套箱围堰施工完后,浇筑封底混凝土,封底混凝土厚度按1.1m控制。承台封底混凝土采用C20水下混凝土,一次性整体浇筑,封底混凝土采用水下导管进行灌注。

5.1.3　近岸侧钢套箱围堰

近岸侧钢套箱,首先要进行基坑开挖,基坑开挖利用退潮间隙时间,采用履带式挖掘机开挖、汽车运土,挖至基底设计高程后,人工对基底进行找平。基坑开挖完毕后,基底整平就可以进行钢套箱围堰的安装。钢套箱围堰面板分片运到施工现场,在现场进行组装、拼接。承台钢套箱围堰施工完后,沉设钢护筒,然后进行封底混凝土的浇筑。承台封底混凝土厚度按1.2m控制。承台封底混凝土采用C20水下混凝土,一次性整体浇筑。

5.2　防腐涂装施工

5.2.1　涂装表面处理

(1)根据标准规范,考虑混凝土结构强度,为确保防腐涂层的附着力和使用寿命,混凝土构件的养护期一般不应少于28天,含水率<6%。

(2)采用专用稀释剂将涂装表面的油污清理干净。

(3)采用高压水或电动打磨工具,彻底清除混凝土构件涂装表面的不牢灰浆、尖角、油污等污染物及其他松散附着物。

(4)清理后的涂装表面,用水冲洗干净,清除裂纹及针孔内的灰尘。

(5)水冲洗后残留在混凝土涂装表面上的水珠、水迹,可用棉布、海绵等吸湿擦干,或用压缩空气吹干,使混凝土涂装表面处于表干状态。

5.2.2　涂装施工

(1)采用辊涂工艺涂刷725-H06-10环氧封闭底漆(不计厚度)。

①涂装工作环境温度应在气温10~35℃,相对湿度85%以下,涂装表面温度应高于露点温度3℃以上;

②将725-H06-10环氧封闭底漆的甲、乙组份按质量比4:1比例混合,搅拌均匀后即可涂装施工,配制好的涂料应在规定的时间内用完;

③涂层表面应均匀、平整,无流挂和漏涂现象。

(2)修补腻子层。725-H06-10环氧封闭底漆施工后,如有可见的气孔、缺陷等,应使用专用环氧腻子修补平整,确保涂层的光滑连续。腻子应与涂层层面结合良好,既能与结构物基面牢固地黏合,又能和涂层很好地相容。

(3)采用辊涂工艺涂刷725-H45-ZF101G重防腐涂料中间漆,具体操作如下:

①辊涂道数为两道,漆膜干膜厚度为270μm;

②环氧封闭底漆涂装后4~36h内,应及时涂刷725-H45-ZF101G重防腐涂料中间漆;若超过36h,应对涂层表面进行粗化处理;

③将725-H45-ZF101G重防腐涂料中间漆甲、乙组份按质量比3:1比例混合,搅拌后均匀即可施工,并在规定的时间内将配制好的材料使用完毕;

④涂层表面应均匀、平整,无流挂和漏涂现象;

⑤第一道725-H45-ZF101G重防腐涂料中间漆涂装后4~48h内涂装第二道;若间隔时间超过48h,应对涂层表面进行粗化处理。

(4)喷涂725-SN99-01丙烯酸聚氨酯面漆两道;具体操作如下:

①喷涂道数为两道,漆膜干膜厚度为80μm;

②最后一道725-H45-ZF101G重防腐涂料中间漆涂装后8~72h内,喷涂725-SN99-01丙烯酸聚氨酯面漆;若超过72h,应对涂层表面进行粗化处理;

③将725-SN99-01丙烯酸聚氨酯面漆甲、乙组份按质量比7.5:1比例混合,搅拌均匀即可施工;

④725-SN99-01丙烯酸聚氨酯面漆涂料稀释剂的添加量不应超过用量的5%;

⑤使用大流量高比率的高压无气喷涂设备,喷出压力和喷嘴孔径应与涂料黏度相适应,确保涂层均匀、平整、光滑;

⑥第一道725-SN99-01丙烯酸聚氨酯面漆涂装后4h,喷涂第二道725-SN99-01丙烯酸聚氨酯面漆。

5.2.3　涂层维护

(1)涂层整体涂装完工7天后方可进行各种安装等操作。

(2)7天的维护中,应保证涂层表面不受损伤或被其他污损物沾染。

6　材料与设备

6.1　水下结构干法防腐涂装施工材料

6.1.1　钢板桩围堰平面尺寸为8.45m×8.45m的方形,围堰由钢板桩、八字撑、内围囹三部分组成。钢板桩为12m长拉森Ⅳ型钢板桩,八字撑和内围囹采用[32a槽钢对扣。

6.1.2　可循环利用钢套箱平面尺寸为8.05m×8.05m的方形,分上下两节。

上节:采用$\delta=5mm$的钢板作面板;I20a工字钢作水平肋,竖向间距为80cm;[8槽钢作竖向肋,间距为30cm;两根I45a工字钢作为竖向支承受力构件。

底节:底节分为8块,里外面板采用5mm钢板,内部采用[8槽钢作竖向肋,间距为35cm。

6.1.3　涂料采用725-H06-10环氧封闭底漆、环氧腻子、725-H45-ZF101G重防腐涂料中间漆、725-SN99-01丙烯酸聚氨酯面漆。

6.2　水下结构干法防腐涂装施工设备(表1)

水下结构干法防腐涂装施工主要设备表　　表1

编　号	类型(种类型号)	额定功率	性　能	数　量
1	履带吊	QUY50	50t	2
2	倒链		15t	6
3	电焊机	BX-500		10
4	驳船		500t	2
5	水泵	PJ150×4	4kW	12
6	砂石泵	BX200	45kW	6
7	DZ60型振动锤	60kW		1
8	DZ90型振动锤	60kW		1
9	沉渣箱	$10m^3$		4
10	空压机	$6m^3$		3
11	滚筒			20
12	刷子			20

7 质量控制

7.1 应对围堰进行防水设计;

7.2 防腐涂装专用漆的配制应符合质量要求;

7.3 涂装底漆、中间漆、面漆应结合良好;

7.4 涂装面漆应具有良好的自洁功能。

8 安全措施及劳动组织

8.1 劳动组织(表2)

劳动组织表 表2

序 号	工 种	数量(人)	主要职责
1	起重工	20	进行围堰的拼装、下沉、拆除
2	力工	20	进行围堰结构的清淤施工
3	混凝土工	10	进行围堰结构的封底施工
4	涂装工	15	进行承台、墩身防腐涂装施工

8.2 安全措施

8.2.1 起重安全。本工法施工用的主要起重设备为轮胎式汽车吊、履带式起重机,施工过程中严格执行起重操作规程,禁止大风超过七级时进行海上作业。

8.2.2 施工中安全。工作前应检查使用的工具是否牢固,扳手等工具必须用绳子系挂在身上,螺栓等小件物品必须放在工具袋内,以防掉落伤人。工作时要思想集中,防止螺栓空中滑落。

9 环保措施

海上施工需保护海域环境,保证海域不受污染,因此围堰内淤泥和防腐涂装废料不可随意排放入海。

可循环利用钢套箱采用射水吸泥方式挖除钢套箱内淤泥,施工时用高压水冲除刃脚下淤泥,用大功率泥浆泵(吸砂泵)抽去钢套箱中带淤泥的泥水,钻孔平台上安装两座沉渣箱,通过沉淀箱将淤泥、砂等沉淀,沉淀后的泥水回流至可循环利用钢套箱内以免污染海水,以达到保护海域的目的。

防腐涂装施工时,配备涂装废料收集桶,将防腐涂装用废料随手放进收集桶里。

10 资源节约

可循环利用钢套箱安拆施工需要 QUY50 履带吊(含驳船)4 台班,DZ60 型振动锤 1 台班,一套钢板桩围堰安拆需要 QUY50 履带吊(含驳船)10 台班,DZ60 型振动锤 4 台班,节省大量机械费用。

一个围堰使用可循环利用钢套箱一套重 35.5t,使用钢板桩围堰一套重 112.64t,节省钢材。

钢套箱上节钢构件间采用角钢法兰盘栓接,底节竖向采用钢管槽连接,其顶部与钢套箱上节采用角钢法兰盘栓接,可以实现可循环利用钢套箱的可循环再利用,节省可循环利用钢套箱投入。另外旧可循环利用钢套箱可回收,降低成本。

11 效益分析

11.1 经济效益

干法防腐涂装可以确保 20 年不脱落,较水下涂装具有明显的经济效益。

11.2 社会效益

11.2.1 防腐涂层可以保持20年不脱落，为建设百年大桥提供有利的保障。

11.2.2 防腐涂层外表光洁明亮，给海湾大桥带来良好的外观形象，对提升公司形象有重要作用。

12 应用实例

12.1 青岛海湾大桥十合同承台施工，自2007年8月到2008年7月期间，全部采用水下结构干法防腐涂装施工，达到预期效果。

12.2 青岛海湾大桥二合同承台施工，自2007年8月到2008年7月期间，全部采用水下结构干法防腐涂装施工，达到预期效果。

可拆除底板式单壁钢吊箱施工工法

GGG(鲁)C1056—2008

傅柏先　赵根生　徐景岩　周茂祥　周焕涛
(山东省路桥集团有限公司　山东鲁桥建设有限公司
山东省公路桥梁建设有限公司)

1　前言

深水施工目前多采用沉井、钢围堰或钢吊箱法。沉井为上下开口的筒形结构物。通常用混凝土或钢筋混凝土制成。沉井下沉工序烦琐,受地质情况影响较大,材料用量大;而钢套箱围堰主要使用于流速较小、覆盖层较薄、透水性好的砂砾或岩石深水河床,埋置不深的水中基础,但对于高桩承台采用钢套箱围堰材料浪费较大。而钢吊箱是在深水桩基完成后,用起吊设备将钢吊箱拼装悬挂在定位桩桩顶然后灌注水下混凝土封底,抽水后浇筑承台混凝土。吊箱的作用就是实现了承台的干施工。传统钢吊箱工艺操作简单,节约工期,材料用量合理并能回收再利用,技术上可行,目前钢吊箱应用逐渐得到推广。

在青岛海湾大桥承台施工时,鉴于吊箱投入数量较大,于是对传统钢吊箱进行了优化设计,成功开发、设计、制造了可拆除底板式单壁钢吊箱,大大降低了施工成本。

2　工法特点

2.1　底板采用两端起吊,底板范围不设置吊点;底板型钢构件分块制作,不设焊接,拆除简便;底板型钢构件可周转使用。

2.2　在封底混凝土内预埋钢带骨架,钢带焊接到护筒上,增加封底混凝土和护筒间的黏结力,大幅减小了封底混凝土厚度。

2.3　底板和侧板两边采用角钢相扣进行连接,两边采用大间距长杆螺栓连接;侧板和侧板水下部分采用型钢扣接,避免了水下操作,施工简便,同时降低了成本。

2.4　分块拼装,单片重量轻,操作简便,不需要大型的机械设备。

3　适用范围

本工法适用范围:铁路、公路桥的圆形、方形深水承台的施工,承台平面尺寸最大为12.4m,潮水水位最低时钢吊箱下节顶部露出水面1~2m,吊箱下放到位后底板距海床最小高度为0.2m。

4　工艺原理

本工法所用钢吊箱包括底板、侧板、内支撑、吊挂系统四大部分。平面形式为正方形。上节侧板高3m,下节侧板高4m。

(1)吊箱上节的作用主要是挡水,钢构件间采用法兰连接。

(2)吊箱竖向连接水上部分(低潮位可以退出来的部分)采用法兰连接,水下部分采用型钢扣接,避免了拆除时的水下操作。

使用该吊箱可完成承台的水下混凝土封底、钢筋绑扎、模板支立、混凝土浇筑、养护、海工混凝土表面防腐及墩身的全部工作,能安全、快速、优质地完成承台施工。

5　施工工艺流程及操作要点

可拆除底板式钢吊箱是为深水承台施工而设计的围护结构，其功能是用于完成承台施工，为墩柱施工提供工作平台，其操作要点主要是板块间的相互连接。

5.1　吊箱结构简介

根据吊箱使用功能，将其分为底板、侧板、内支撑、吊挂系统四大部分。

5.1.1　底板

吊箱底板由面板和纵横梁组成，纵梁为 I10 工字钢，横梁为 4 组 I45a 双肢工字钢，面板为厚度 4mm 的钢板。底板在护筒位置处根据护筒中心坐标、护筒倾斜度及拼装平台高程进行开孔，对于底板和护筒间的空隙采用胶皮结合钢板进行堵漏。面板之间采用焊接连接。底板面板直接铺放在下部型钢框架上，利用和侧板连接时的螺栓孔位及侧板压力进行限位固定。纵梁分块焊接，直接铺放在横梁上；底板吊杆侧采用∠100×10 的角钢进行加强，加强角钢焊接在底板面板上，和侧板角钢相扣，角钢之间加垫 10mm 的橡塑板；非吊杆侧采用 L160×100×10 的角钢加强，在加强角钢上开孔，间距 50cm，将螺母焊接在角钢下面，利用 $\phi28$ 圆钢套丝，采用长螺杆连接底板和侧板，螺杆的拆除在水上进行。

底板拆除时，解除吊杆限位，水上拆除螺杆，则底板纵横梁和面板自动分离，吊出纵横梁分块，供周转使用。

5.1.2　侧板

侧板为单壁结构，分为 4m（下节）、3m（上节）两节，整块制作。[8 槽钢作纵肋，横肋为 I36a 工字钢，外侧竖肋为 I45a 工字钢，在侧板分节的上下两端各设一根 I20a 工字钢进行加强；面板采用 6mm 的钢板，和槽钢采用焊接连接。

吊箱侧板与侧板之间、非吊杆侧侧板与底板之间均采用螺栓连接，缝间设置 10mm 橡塑板以防漏水，吊杆侧侧板和底板连接采用∠100×10 角钢相扣，进行限位。吊箱侧板横向分节及竖向拼缝水上部分均采用螺栓连接，竖向拼缝水下部分通过侧板外侧横肋工字钢进行扣接，避免了模板拆除时水下操作工作。

为了保持吊箱内外水头一致，结合桥位区潮水情况及封堵的实施，在吊箱吊杆侧侧板上对称开 2 个直径为 10cm 的圆孔。开孔位置高程 -1.0m。

钢吊箱下沉入水后受流水力的作用，吊箱会发生漂移，为便于调整吊箱位置，确保顺利下沉，在吊箱侧板内壁与钢护筒之间设三层导向系统，每层 4 个导向。导向系统由导向钢板、定位器（短型钢）及调位千斤顶组成。导向钢板的作用是控制下沉吊箱的平面位置。调位时用调位千斤顶进行。定位主要利用钢护筒的稳定性将下沉到位的钢吊箱通过定位器与钢护筒连成整体达到钢吊箱的定位。

5.1.3　吊箱内支撑

内支撑主要为水平斜撑，共两层，设在吊箱侧板的内侧，高程为 +0.60m 和 +3.0m 处。水平斜撑为双肢 I20a 工字钢八字撑，杆端通过连接板与侧板利用螺栓连接成一体。

5.1.4　吊箱吊挂系统

吊挂系统由贝雷梁、吊杆梁、平台横梁、吊杆及钢护筒组成，吊挂系统的作用是承担吊箱自重及封底混凝土的重量，同时利用吊杆对侧板进行限位，增强模板的整体稳定性。

该吊箱设计共设置 12 根吊杆，4 根作为吊箱拼装下沉时临时支撑，位于吊箱内部；下放到位后，进行拆除，转换到外部 8 根承重吊杆。吊杆下端通过焊接在横梁上的螺母固定到底板横梁上，上端固定到吊挂系统的吊杆梁上。吊杆的作用是将吊箱自重、封底混凝土的重量传给吊杆梁。在施工过程中，对吊杆要充分保护好，禁止碰撞，以免影响施工的安全。

在吊箱入水下放前，在底板上沿护筒一周各焊接 6 根钢带，在封底混凝土达到 90% 以上强度进行抽水后，将钢带焊接到护筒上，增加了封底混凝土和护筒间的黏结力，封底混凝土厚度由 1.6m 减小到 1.0m。

5.2　施工工艺流程(图1)

5.2.1　施工准备

(1)试验室建设情况。吊箱施工前,高标准试验室用房:办公室、混凝土室、耐久性试验室、养护室、水泥室、力学室、土工室、仓库等应搭设完毕,工程所需的主要试验仪器、设备均应安装结束并标定完毕,试验室人员全部到位,试验资质审批完毕,开工前的各项试验工作均须完成(水泥及砂石料等原材试验完毕,满足施工要求,配合比试验已完成,并经监理工程师批准使用)。

(2)工程测量情况。结合工程的实际情况,在桩基施工完毕后用全站仪测出各护筒的中心坐标及护筒垂直度,计算出拼装位置处及下放到位位置处护筒的具体偏位,根据偏位数据进行吊箱底板面板开孔。

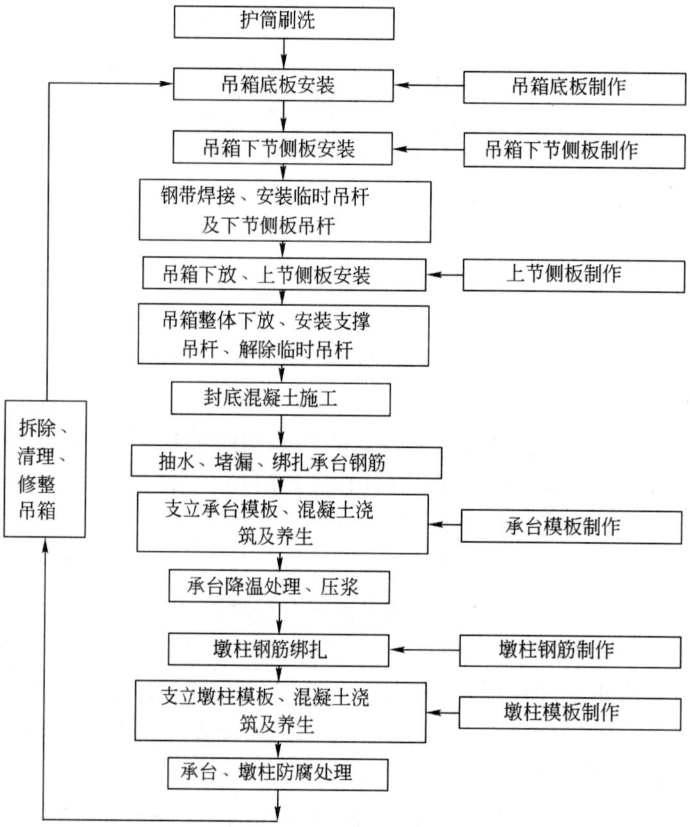

图1　吊箱施工工艺框图

(3)施工现场准备。首先拆除钻孔平台上部结构,割除平台内钢管桩的连接支撑和护筒之间的泥浆连通管,同时清除护筒内泥浆。

用浮吊配合振动锤拔除平台内的钢管桩。拔除时,要先使振动锤急振,使钢管桩周围土层充分液化后再行拔除。

用特制大型筒刷刷洗护筒,筒刷采用16mm钢板卷制,直径比护筒直径大30cm,高度为150cm。用废旧钢丝绳设3排,利用吊机或浮吊吊起筒刷对封底混凝土部位作重点刷除,以确保封底混凝土与护筒之间的黏结效果。

护筒刷洗干净后,在拼装位置处对护筒进行开孔,穿拼装工字钢。

5.2.2　吊箱拼装及下沉

(1)底板:底板在钢构件加工场加工制作试拼合格后,用挂车运输至平台位置。根据现场实测的护筒平面位置,并充分考虑护筒的垂直度情况,开挖底板孔洞,孔洞的直径要大于护筒直径20cm。底板型钢应分块制作,现场拼装。底板拼装完成之后,安装吊挂系统,拼装侧板,安装封堵板,焊接预埋钢带,围堰入水。

(2)侧板:先将侧板下节按顺序提前运至墩位处,利用浮吊结合倒链对称悬挂安装下节侧板(根据扣接工字钢的上下顺序,按照先下后上的原则拼装下节侧板)。在下节侧板拼装的同时,完成临时吊挂系统及外侧下节吊挂系统的安装。吊挂系统就绪后,下放吊箱给上节侧板的拼装提供工作面。拼装完上节侧板后,连接外侧吊杆,转换体系,拆除临时吊杆。侧板安装完成后,全面检查套箱拼装质量和封堵板情况,确认无遗漏后,套箱下放。安装侧板的关键是确保侧板的密封性,拼缝间设置10mm橡塑板以防漏水。每块侧板焊缝均进行煤油渗透试验。封底混凝土具有90%以上强度后,割除护筒,将吊杆固定在下节吊箱侧板横肋的支撑梁上,以保证吊箱的整体稳定性。

(3)内支撑:吊箱侧板拼装完毕尚未下放前,进行内支撑连接,内支撑通过连接板和槽钢栓接在侧板上。

吊箱下沉利用四台60t液压穿心千斤顶,用精轧螺纹螺母来调整各吊点高程,每次升降高度严格控制在150mm以内。沉放时,要有专人指挥,协调一致,以确保吊箱下沉的平稳安全,避免扭曲变形。若吊箱下沉过程中,箱内水面明显低于箱外水面,用两台水泵对称向箱内抽水。

吊箱下沉到位后,利用侧板顶面高程(+3.30m)控制沉放高度。

5.2.3　吊箱定位与堵漏

由于在吊箱侧板设有导向定位装置(该装置是根据护筒的实际偏位设计的),因此,吊箱下沉到位后,其平面位置偏差均在施工规范允许误差范围以内。吊箱下放到位后,用四台千斤顶对8根吊杆进行调整,使其受力均匀,然后用型钢将导向型钢和护筒焊死,确保吊箱在后续的水封施工中不得有平面位移。

护筒开口封堵板用橡胶板,将橡胶板用螺栓固定在圆形压板上,利用橡胶板包紧护筒以达到封堵的目的。套箱下沉到位并精确定位后,由潜水员下水检查,以确保封堵效果。

在灌注封底混凝土前,要及时搭建临时施工平台,以便于施工人员进行施工。

5.2.4　灌注封底混凝土

封底混凝土的作用:一是利用封底混凝土与护筒之间的黏结力作为平衡结构重量的主体;二是防水渗漏;三是抵抗水浮力在吊箱底部形成的弯曲应力;四是作为承台的承重底模。

封底混凝土采用一次封底法,待混凝土达到设计强度的90%以上后,进行箱内抽水。抽水时应限制抽水速度,密切观察套箱状况,以确保安全。抽水后,套箱侧板拼缝处可能会有个别漏水处,要用棉纱或棉絮进行封堵处理。

封底混凝土浇筑是吊箱施工成败的一大关键,主要难点是水下混凝土浇筑面积大,而且水位较深。在吊箱混凝土封底中,采用一根导管进行灌注。为了保证混凝土质量,在施工中拟采取了以下几点措施:

(1)吊箱下沉前,用自行研制的大型圆筒形钢丝刷清除封底混凝土高度范围护筒表面氧化层及附着物,确保封底混凝土与钢护筒间黏结力;吊箱定位后至水封前,每天测量其平面位置,观察吊箱是否稳定。

(2)水封前,潜水员逐一对4根护筒四周进行认真检查,以确保封底时围堰底板不漏混凝土。

(3)提高封底混凝土坍落度,将混凝土坍落度控制在18~20cm,另外掺加粉煤灰和高效缓凝型减水剂,提高混凝土的流动性,延长混凝土的初凝时间。

为保证封底混凝土厚度一致,在导管上设置附着式振动器,测量封底混凝土顶面发现混凝土堆积时开动振动器,找平顶面。振动过程中要控制好振动时间,以确保混凝土良好结合。由于侧板上对称开了两个连通孔,整个浇筑过程中吊箱内外水头一致,底板基本不受扰动,保证了封底混凝土和吊箱的良好黏结。封底混凝土浇筑过程中在混凝土顶面内预留两个30cm的沙桶(对角放置),以便抽水阶段的施工。封底混凝土达到90%以上强度后,即可抽出吊箱内积水,拆除吊挂系统,割除护筒,凿除桩头,焊接钢带骨架,找平顶面,进行承台施工。

5.2.5 承台墩柱施工

(1)封底混凝土达到90%以上强度后,首先抽出吊箱内积水,焊接预埋钢带,然后割除护筒,凿出桩头,进行桩基检测。桩基检测合格后,整平封底混凝土顶面,绑扎承台钢筋、墩身预埋筋及降温管,支立承台模板进行混凝土浇筑及养生。混凝土达到初凝后降温管通水降温,温控完成后,降温管采取压入水泥浆封堵。

(2)在承台混凝土达到5MPa以上强度时,绑扎墩柱钢筋及支座垫石预埋筋,支立墩柱模板,进行混凝土浇筑及养生。拆除墩柱模板,达到龄期及相关要求后进行承台墩柱防腐处理。

5.2.6 吊箱拆除

吊箱拆除时,首先分片拆除上节侧板,然后依次拆除长螺杆及精轧螺纹,抽出底板纵横梁,最后按照下节侧板的扣结顺序依次拆除下节侧板。

吊箱拆除完毕,清理、整修后转入下一墩台进行施工。

6 材料与设备(表1)

钢吊箱施工机械主要设备表

表1

机械、设备名称	型　号	产地国	功率/吨位/容积	单　位	数　量
混凝土拌和站	HSL80		$80m^3/h$	套	1
混凝土拌和站	HSL60		$60m^3/h$	套	1
混凝土搅拌运输车	MR-60S	日本	$8m^3$	辆	10
混凝土拖式泵车	HBT-80		$80m^3/h$	台	2
穿束千斤顶	YDC-1100			台	8
电动油泵	ZB4-50			台	8
履带吊机			50t	台	2
汽车起重机	QY-25			台	2
钢筋弯曲机	GW-40	中国济南		台	4
钢筋切割机	GC-40	中国济南		台	4
交流电焊机	BX1-400			台	10

7 质量控制

可拆除底板式单壁钢吊箱施工工法的质量控制关键在于拼装质量,主要控制要点如下:

(1)拼装过程中要注意拼装顺序及相互间的连接方式,便于使用后的拆除。

(2)拼装完成后,在封底前应检查密封情况,确保封底混凝土不流失。

(3)严格控制封底混凝土性能,严格按照水下混凝土灌注程序进行封底,执行标准为《公路桥涵施工技术规范》(JTJ 041—2000)。

8 安全措施

8.1 起重安全

本工法施工用的主要起重设备为轮胎式汽车吊、履带式起重机,施工过程中严格执行起重操作规程,大风超过七级时禁止进行海上作业。

8.2 用电安全

严格用电管理,钢结构加工场和施工现场的一切电源电路的安装和拆除,必须由持证电工操作,施工用电设备必须严格接地、接零和安装漏电保护器。

9　环保措施

9.1　现场文明施工

9.1.1　加工及拼装时各种材料整齐堆放,并按有关规定进行标示。

9.1.2　施工现场必须做到挂牌施工和管理人员佩戴卡片上岗。

9.1.3　施工便道经常洒水,防止尘土飞扬;海上施工、生活垃圾要定期运回陆上处理,不得污染海域。

9.2　环保体系

9.2.1　根据本工程所处的环境条件和工程特点,施工期间,对环境容易造成污染的主要有:

(1)施工中产生的废水、废气和噪声。

(2)施工机械的废水、废气和噪声。

(3)机械车辆产生的扬尘。

(4)施工现场和施工驻地的垃圾和气体、固体、液体废弃物。

(5)海上工程驳船、浮吊、打桩船等大中型设备产生的废气、废油及其他废弃物。

9.2.2　对于驻地生活污水及施工过程产生的污水,应预先设置污水汇集设施,沉淀处理达到排放标准后再行排放。海上作业时应尽量将污水及其他废弃物集中起来,在上岸时再按标准另行处理。

9.2.3　施工前,对场内钢筋模板加工区、拌和区应进行硬化,对场内主要车辆行走便道进行硬化,防止扬尘;施工过程中,采取洒水降尘措施,控制扬尘。工程船舶在进场前及正常施工中要进行行前检测以达到排污标准。

9.2.4　噪声环境污染源主要为施工期间施工机械、施工活动、运输车辆造成的噪声。施工中采取以下措施:

(1)设备选型时优先考虑低噪声设备。如:装载运输车辆选择较新的,以减少噪声。

(2)采用低噪声的方法。如:车辆不紧急制动、不鸣笛、等候装车时开启小油门或停机等。

(3)加强设备维修和保养,对与施工无关的人员和车辆加以控制,以减少噪声。

10　资源节约

10.1　传统钢吊箱底板不拆除,材料浪费严重,封底混凝土厚度过大,护筒和护筒间的黏结力可控性差,而本项目设计的可拆除底板式钢吊箱每套次节约钢材8.5t、封底混凝土32.8m^3。

10.2　传统钢吊箱分块之间的连接均采用,拆除比较麻烦,而本项目设计的可拆除底板式钢吊箱,采用螺栓连接与型钢扣接相结合,显著减小了水下施工工作量。

10.3　传统钢吊箱吊杆位于吊箱内部,吊杆在封底后需要割除,而该项目套箱设计吊杆位于吊箱外部,沉放时利用临时吊杆,在保证拼装时间的同时不存在吊杆消耗。

11　效益分析(表2)

可拆除底板式钢吊箱与传统钢吊箱成本对比分析表　　表2

项　目	可拆除式	传统型	备　注
模板总重(t)	50	54	
加工费用(万元)	7.5	8.1	1 500元/t
封底厚度(m)	1	1.6	封底面积54.6m^2
封底混凝土费用(万元)	1.86	2.97	340元/m^3
安装拆除费用(万元)	2.35	2.35	含人员机械及小型材料

续上表

项　目	可拆除式	传统型	备　注
底板废弃钢材质量(t)	2.5	11	
浪费钢材费用(万元)	1.5	6.6	6 000 元/t
每套费用合计(万元)	13.21	20.02	
每套费用节省6.8万元,三合同区域共有197座承台,总体节省费用1 340万元			

12　应用实例

12.1　青岛海湾大桥十合同承台施工,自2007年5月迄今共投入了12套可拆除底板式单壁钢吊箱,全部达到预计挡水效果及周转次数。

12.2　青岛海湾大桥二合同承台施工,自2007年11月迄今共投入了4套可拆除底板式单壁钢吊箱,全部达到预计挡水效果及周转次数。

12.3　青岛海湾大桥三合同承台施工,自2007年9月迄今共投入了41套可拆除底板式单壁钢吊箱,全部达到预计挡水效果及周转次数。

可循环利用钢套箱施工工法

GGG(鲁)C1057—2008

范效滨 侯庆敏 孙 萍 焦建国 丛炳刚
(山东省路桥集团有限公司 山东鲁桥建设有限公司
山东省公路桥梁建设有限公司)

1 前言

在青岛海湾大桥承台施工时,鉴于在海水中使用钢板桩围堰受潮汐影响,锁口处于挤压、无压循环周期中,止水效果较差,围堰内抽水受人工控制无规律、水泵故障等因素的影响,造成海水过早与海工混凝土接触,降低了海工混凝土的防腐性能。可循环利用钢套箱施工工法,结合围堰重复利用的优点及混凝土沉井依靠自重下沉的特点,克服了承台在水中且埋深于海(河)床以下的困难,不仅保证了海工混凝土质量,而且大大降低了施工成本。

2 工法特点

2.1 可循环利用钢套箱是国内率先研制的用于桥梁承台施工的先进设施,采用角钢法兰盘夹海绵橡胶进行密封,止水效果好。

2.2 采用整体式设计,将钢套箱上下节连成一体,具有安全易操作的特点。

2.3 可循环利用钢套箱底节采用钢管槽连接方式,止水效果好,是底节可循环利用钢套箱回收、利用的保证。

2.4 采用DZ60型振动锤先下振破坏混凝土粘贴力,液化海泥减小钢构件提拔阻力,后提拔,解决了钢套箱底节内侧与封底混凝土粘贴、外侧埋于海泥中无法重复利用的技术难题。

3 适用范围

3.1 本工法适用范围:承台部分埋深于海床以下,水下封底混凝土埋深不大于3.0m,承台平面尺寸最大为10m,潮水水位最低时可循环利用钢套箱底节顶部完全露出水面。

3.2 适用地层:淤泥质亚黏土层、亚黏土层、黏土层、砂层等地层。

4 工法原理

本工法所用可循环利用钢套箱包括上节、底节,上节高4.9m,底节高2.1m,平面形式为正方形。

使用可循环利用钢套箱可完成承台的水下混凝土封底、钢筋绑扎、模板支立、混凝土浇筑、养护、海工混凝土表面防腐及墩身的全部工作,能安全、快速、优质地完成承台施工。

(1)钢套箱上节的作用主要是挡水。钢构件间采用角钢法兰盘栓接。

(2)钢套箱底节竖向采用钢管槽连接,其顶部与钢套箱上节采用角钢法兰盘栓接,用于钢套箱内射水吸泥时阻止泥土向钢套箱内流动,保证水下混凝土封底成功。竖向钢管槽主要用于钢构件间连接、拆除可循环利用钢套箱时钢构件的抽拔。

(3)拆除钢套箱下节钢构件时,其内侧与封底混凝土粘贴、外侧大部分埋于海泥中,提拔阻力较大。采用专用提拔架与钢构件栓接以免单点提拔应力较大导致钢构件变形。采用DZ60型振动锤先下振破坏混凝土黏结力,液化海泥减小钢构件提拔阻力后再提拔,达到底节钢构件循环利用的目的。

5 可循环利用钢套箱施工操作要点及工艺流程

本工法的操作要点分为钢套箱加工、钢套箱拼装、钢套箱下沉、钢套箱混凝土封底、钢套箱拆除五大部分。

5.1 钢套箱加工

5.1.1 可循环利用钢套箱构件加工前,钢结构加工负责人应首先要核对图纸,如有疑问或改进意见,及时与项目部设计人员联系沟通。

5.1.2 材料:根据图纸要求,应选购合格材料,严禁使用不合格的材料,以防质量事故。

5.1.3 钢套箱加工应严格按设计图纸分块加工,焊缝满足设计和规范要求,同时做好各节段的标识,在各节段按图纸所示位置设置吊点,满足吊装、运输和使用的刚度要求。

5.1.4 钢套箱加工质量注意栓接面应顺直平整,保证与夹缝橡胶密贴;栓孔位置准确,制作精度要求应满足表1要求。

可循环利用钢套箱制作允许偏差 表1

项目			允许偏差(mm)
钢构件制作	外形尺寸	长和高	0, -1
		肋高	±5
	面板端倾斜		≤0.5
	连接配件(螺栓、卡子等)的孔眼	孔中心与板面的间距	±0.3
		板端中心与板端的间距	0, -0.5
		沿板长、宽方向的孔	±0.6
	板面局部不平		1.0
	板面和板侧挠度		±1.0

5.1.5 每片钢套箱加工完毕后,应在加工场内组拼检验合格,分块装车(或装船)运至拼装现场。

5.1.6 吊装、运输及堆放过程中应采取有效的措施,防止钢套箱块件翘曲变形。

5.1.7 可循环利用钢套箱加工过程中注意事项如下:

(1)钢管槽采用 ϕ70mm、壁厚4mm 的无缝钢管进行加工,采用汽割在钢管上开槽时,为防止钢管热胀冷缩变形,钢管固定在水槽内,仅将割除部分露出水面。钢沉井连接插槽如图1所示。

(2)插管采用 ϕ56mm、壁厚4mm 的无缝钢管进行加工,杜绝使用不顺直的钢管进行加工,以免弯曲变形造成插拔困难。

(3)钢管与双扣槽钢进行焊接时,焊缝厚度为3mm。双扣槽钢固定在 I45 工字钢翼缘上,采用跳焊进行加工,以减小加工变形。

图1 钢沉井连接插槽

5.2 钢套箱拼装

5.2.1 可循环利用钢套箱下沉范围内钻孔平台拆除后,在护筒外侧 +2.20m 处焊接三角撑,安放人行道,形成拼装平台。

5.2.2 可循环利用钢套箱安装吊架采用三层贝雷片组装,贝雷片间采用[8mm 槽钢作为剪刀撑以保证结构稳定性。

5.2.3 可循环利用钢套箱底节安装(图2～图4):单侧两片钢构件采用钢管槽形式进行连接,处于铰接状态,为保证钢构件形成整体,在钢加工场采用2根3m长I20工字钢进行临时固定。为防止钢管槽间隙漏水,采用质量比黄油:黏土=1:1的混合油膏在管槽内侧涂抹4mm厚左右,同时在插管底端进行5cm长1:4收坡,保证插管下插时混合油膏在钢管槽内布满。

图2 钢沉井吊架图

图3 底节临时固定图

钢套箱底节安装前在拼装平台上对其平面位置进行放样,以保证位置准确。底节采用吊机进行安装,首先安装横桥向侧底节的同时在其上端安放倒链以保证其竖直度,然后沿钢管槽安放纵桥向侧底节。

5.2.4 可循环利用钢套箱上节安装。从可循环利用钢套箱上节有阴面、阳面之分角度考虑,方便于安装,首先安装横桥向侧上节再安放纵桥向侧上节。构件平缝间粘贴海绵橡胶皮、螺栓拧紧以防止漏水。

5.2.5 钢套箱平面位置固定。为保证可循环利用钢套箱下沉过程中可循环利用钢套箱平面位置,下沉前将钢套箱内侧八字撑安装到位,在其与护筒间塞木楔进行平面位置调整。

图4 插槽连接图

5.3 可循环利用钢套箱下沉

可循环利用钢套箱下沉采用射水吸泥方式挖除钢套箱内淤泥。施工时注意控制刃脚吃土情况,以控制其下沉过程的平衡。用高压水冲除刃脚下淤泥,用大功率泥浆泵(吸砂泵)抽去钢套箱中带淤泥的泥水,以达到排土的目的。

钻孔平台上安装2座沉渣箱,抽出的带淤泥的泥水初步沉淀后回流至可循环利用钢套箱内以免污染海水。

可循环利用钢套箱下沉过程中,要求其平面位置偏差不大于±5cm,倾斜率不大于1%。

5.4 钢套箱混凝土封底(图5)

图5 沉井封底图

钢套箱下沉到位后,浇筑封底混凝土。封底混凝土厚度按1.1m控制。承台封底混凝土采用C20水下混凝土,一次性整体浇筑。封底混凝土采用水下导管进行灌注。封底前,将钢护筒外壁清理干净。

5.5 钢套箱拆除

按照招标文件要求施工,承台、墩身海工混凝土养生28天进行表面防腐后,拆除可循环利用钢套箱。由于螺栓在海水中浸泡70多天,无法拧掉重复作用,所以拆除钢构件时,螺栓采用气割进行割除。

钢套箱上节钢构件拆除时,采用船上履带吊将待拆构件吊紧,确保单片钢构件全部螺栓割除后方可吊起、运至待安部位。拆除至最后一片钢构件时,因其稳定性较差,采用角钢进行螺栓连接临时固定。

拆除钢套箱下节钢构件时,因其内侧与封底混凝土粘贴、外侧大部分埋于海泥中,提拔阻力较大。为减小钢构件提拔阻力,避免单点提拔应力较大导致钢构件变形,采用专用提拔架与钢构件进行栓接,利用最低潮水位采用DZ60型振动锤首先下振破坏混凝土黏结力,液化海泥,然后边振边拔出钢构件。为保证提拔钢构件时钢管槽不变形,两侧阻力均衡,采用隔片提拔的方式进行施工。

5.6 可循环利用钢套箱施工工艺流程(图6)

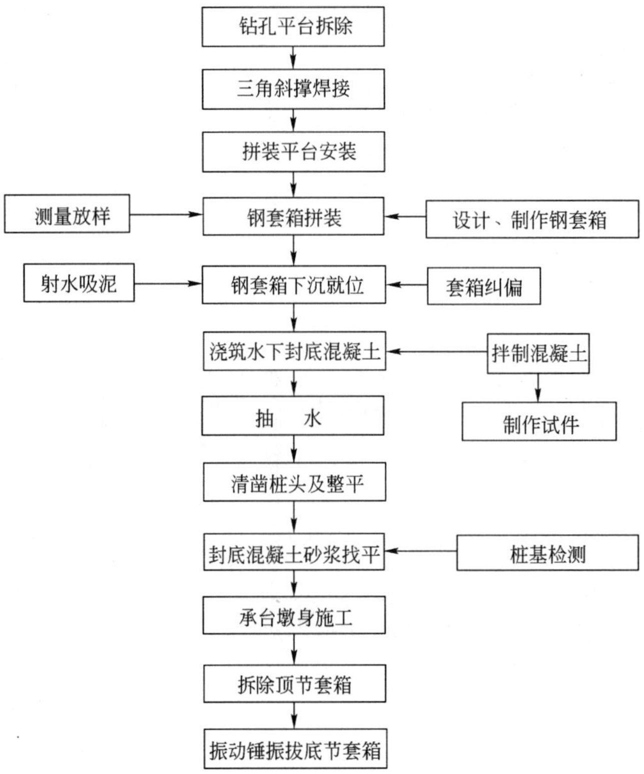

图6　可循环利用钢套箱施工工艺流程示意图

6　材料与设备

6.1 可循环利用钢套箱材料

6.1.1　可循环利用钢套箱上节:采用$\delta = 5$mm的钢板做面板;I20a工字钢做水平肋,竖向间距80cm;[8槽钢做竖向肋,间距30cm;两根I45a工字钢作为竖向支承受力构件。可循环利用钢套箱距底部20cm处,外设桁架以抵抗海水侧压力。可循环利用钢套箱距顶端120cm处,内设八字撑与I45a工字钢相连以抵抗海水侧压力。

6.1.2　可循环利用钢套箱底节:底节分为8块,里外面板采用5mm钢板,内部采用[8槽钢做竖向肋,间距35cm。底节上端13cm范围内未覆盖5mm钢板,保证人工安装法兰盘螺栓有一定空间。可循环利用钢套箱竖向采用钢管槽连接,其顶部与可循环利用钢套箱上节采用角钢法兰盘栓接。为保证底节刚度,在竖向I45工字钢下侧与I20工字钢进行螺栓连接,I20工字钢与底节外面板进行焊接。

6.2 可循环利用钢套箱施工设备(表2)

可循环利用钢套箱施工机械主要设备表 表2

编号	类型(种类型号)	额定功率	性能	数量
1	LQ-50型龙门超重机	7.5kW	50t	1
2	BX3-300-2A	23.4kW/30kV·A		5
3	气割设备			2
4	TL250E轮胎式超重机		25	1
5	驳船		500t	1
6	履带吊	QUY50	50t	1
7	水泵	PJ150×4	4kW	6
8	砂石泵	BX200	45kW	2
9	沉渣箱	$10m^3$		4
10	倒链		15t	6
11	DZ60型振动锤	60kW		1

7 质量控制

7.1 可循环利用钢套箱加工制作必须严格按照设计图纸进行,遵循可循环利用钢套箱加工过程中注意事项(见本工法5.1.7条),保证制作误差在允许范围内(表1)。

7.2 为防止钢管槽间隙漏水,采用质量比黄油:黏土=1:1的混合油膏在管槽内侧涂抹4mm厚左右,同时在插管底端进行5cm长1:4收坡,保证插管下插时混合油膏在钢管槽内布满。

7.3 构件平缝间粘贴海绵橡胶皮,螺栓拧紧以防止漏水。

7.4 可循环利用钢套箱下沉过程中要求其平面位置偏差不大于±5cm,倾斜率不大于1%。

8 安全措施及劳动组织

8.1 劳动组织(表3)

劳动组织表 表3

序号	工种	数量(人)	主要职责
1	电焊工长	1	组织可循环利用钢套箱构件加工
2	电焊工	6	可循环利用钢套箱构件加工
3	起重工长	1	组织可循环利用钢套箱拼装、下沉、拆除
4	起重工	9	可循环利用钢套箱拼装、下沉、拆除
5	混凝土工长	1	组织可循环利用钢套箱水下混凝土封底
6	混凝土工	7	可循环利用钢套箱水下混凝土封底

8.2 安全措施

8.2.1 起重安全。本工法施工用的主要起重设备为轮胎式汽车吊、履带式起重机,施工过程中严格执行起重操作规程,大风超过七级时禁止进行海上作业。

8.2.2 用电安全。严格用电管理,钢结构加工场和施工现场的一切电源电路的安装和拆除,必须由持证电工操作,施工用电设备必须严格接地、接零和安装漏电保护器。

9 环保措施

海上施工需保护海域环境,保证海域不受污染,因此围堰内淤泥不可随意排放入海。

可循环利用钢套箱采用射水吸泥方式挖除钢套箱内淤泥,施工时用高压水冲除刃脚下淤泥,用大功率泥浆泵(吸砂泵)抽去钢套箱中带淤泥的泥水,钻孔平台上安装两座沉渣箱,通过沉淀箱将淤泥、砂等沉淀,沉淀后的泥水回流至可循环利用钢套箱内以免污染海水,以达到保护海域的目的。

10 资源节约

可循环利用钢套箱安拆施工需要 QUY50 履带吊(含驳船)4 台班,DZ60 型振动锤 1 台班,一套钢板桩围堰安拆需要 QUY50 履带吊(含驳船)10 台班,DZ60 型振动锤 4 台班,节省大量机械费用。

一个围堰使用可循环利用钢套箱一套重 35.5t,使用钢板桩围堰一套重 112.64t,节省钢材。

钢套箱上节钢构件间采用角钢法兰盘栓接,底节竖向采用钢管槽连接,其顶部与钢套箱上节采用角钢法兰盘栓接,可以实现可循环利用钢套箱的可循环再利用,节省可循环利用钢套箱投入。另外旧可循环利用钢套箱可回收,降低成本。

11 效益分析

青岛海湾大桥十合同共计 62 座承台采用循环式可循环利用钢套箱进行承台施工。承台底高程为 -2.5m。整个合同段承台底面均位于海床以下,且承台均位于浅水区,最大水深不大于 5m。下面对常规钢板桩围堰施工工艺和可循环利用钢套箱经济效益作分析。

11.1 钢板桩围堰费用计算

11.1.1 钢板桩围堰工程量确定。根据总体施工组织设计及现场地质条件利用 15m 长拉森 IV 型钢板桩。每座钢板桩围堰的工程量为:钢板桩 107.64t,围囹 5t,封底混凝土 C20 混凝土 38.37m^3,清淤方量 61.39m^3。钢板桩围堰使用周期 2.5 个月。

根据钢板桩租赁行情,钢板桩租赁价格为 0.58 元(m·d)。维修费 200 元/t,往返运费 300 元/t,钢板桩打拔费 1 700 元/t,围囹加工费为 500 元/t,围囹安装费为 1 200 元/t,围囹型钢价格为 4 300 元/t,清淤 65 元/m^3,水下封底 C20 混凝土价格为 345 元/m^3。

根据以上数据进行计算,一座承台施工费用 290 752 元。

11.1.2 可循环利用钢套箱费用计算:承台施工过程中共投入 14 套可循环利用钢套箱,每套重 32.08t,清淤方量 90.72m^3,封底混凝土 71.28m^3。

根据十合同项目部与加工厂家签订的协议,可循环利用钢套箱加工费为 1 700 元/t。钢材市场价 4 400元/t,旧可循环利用钢套箱回收费为 2 500 元/t。射水吸泥费为 84 元/m^3,封底混凝土为 340 元/m^3,可循环利用钢套箱安装及拆除费用按实际发生人工费、机械费和小型材料费进行计算为45 605 元/座。

则单座可循环利用钢套箱施工费用为:32.08t × 1 700 元/t + 84 元/m^3 × 90.72m^3 + 340 元/m^3 × 71.28m^3 + 45 605元 + 32.08t/座 × 14/62 座 = 103 534元/座。

11.1.3 两方案相比可循环利用钢套箱施工成本比钢板桩围堰施工成本节约值为:

(290 752 元/座 - 103 534 元/座) × 62 座 = 11 607 520 万元

11.2 社会效益

根据以往施工经验,采用钢板桩围堰进行承台和墩身施工,所使用的钢板桩目前全部从国外进口,一次性投资较大,不但消耗大量外汇,而且对社会就业产生一定影响,最重要的是采用钢板桩进行施工因钢板桩锁口较多,在海水中使用受潮汐影响,锁口处于挤压、无压循环周期中,止水效果差,抽水受人工控制无规律、水泵经常出现故障等因素的影响,承台、墩身养护过程中造成海水过早与海工混凝土接触,降低海工混凝土的防腐性能,影响大桥使用寿命。

可循环利用钢套箱具有以下优点:

(1)可循环利用钢套箱进行水下混凝土封底后,钢套箱内处于干燥状态,承台、墩身养护过程中海水未与海工混凝土过早接触,保证了海工混凝土的防腐性能,对提高大桥使用寿命具有重要意义。

(2)钢材在国内购买、加工,促进了国内钢铁产业的发展,对提高社会就业率起到一定作用。

12 应用实例

12.1 青岛海湾大桥十合同承台施工,自2007年5月到2008年6月投入了12套可循环利用钢套箱,全部达到预计挡水效果。

12.2 青岛海湾大桥二合同承台施工,自2007年7月到2008年6月投入了4套可循环利用钢套箱,全部达到预计挡水效果。

12.3 青岛海湾大桥三合同承台施工,自2007年7月到2008年6月投入了6套可循环利用钢套箱,全部达到预计挡水效果。

透水模板布施工工法

GGG(鲁)C2058—2008

傅柏先　赵根生　徐景岩　周茂祥　周焕涛
(山东省路桥集团有限公司　山东鲁桥建设有限公司
山东省公路桥梁建设有限公司)

1　前言

近年来,我国的桥梁建设不断发展,海上桥梁逐年增多。相对内陆桥梁,海上桥梁地处复杂的海洋环境,海水中富含氯盐,对混凝土结构物具有较强腐蚀作用,特别是桥梁墩身同时处于海洋大气区、浪溅区和水位变化区,受氯盐腐蚀更为严重。海上桥梁的设计寿命一般为100年,即在100年内钢筋不因氯离子侵蚀而发生锈蚀。如何采取措施满足大桥100年的设计基准期要求,便成为当前桥梁耐久性研究的主题。

目前,内陆桥梁施工对混凝土耐久性重视不够,多数仅仅强调混凝土表面美观,混凝土表面美观主要依赖于振捣工人的熟练程度、模板的光洁度、混凝土的工作性能等。而海上桥梁由于地处复杂的海洋环境,其耐久性要求较高,在混凝土内实外美的基础上,还须对混凝土表面采取涂装等处理措施。目前海上桥梁施工在采用高性能混凝土的同时,主要通过粘贴透水模板布来改善混凝土的表面密实度,提高表面抗渗性能。

2　工法特点

本工法透水模板布附着在模板内侧,通过将浇筑的混凝土表面多余的空气和水分排出,降低混凝土表面的水灰比,从而提高了混凝土表层的密实度、强度和耐磨性能。

3　适用范围

本工法适用于海上混凝土工程以及对混凝土表面抗渗或外观有精致要求的结构体。

4　工艺原理

任何一种混凝土结构的寿命,都取决于混凝土覆盖层对侵蚀性物质的抵抗能力,因为这些侵蚀性物质会破坏钢筋及混凝土的结构。致密、坚实又均匀的混凝土表面抑制了无机盐、氧气、潮气和二氧化碳的渗透,因此大大延长了混凝土结构的寿命。

透水模板布是一种非纺织的纤维,由精细的聚丙烯纤维组成。该纤维组织的一面形成了一个过滤层,而另一面则充当了排水层。过滤层使得水能通过,而水泥的颗粒却被留住。它能把刚刚浇筑好的混凝土表面多余的水和空气排出,降低表面水灰比,提高混凝土的强度和耐磨力。同时在养护期间,透水模板布能保持一定的湿度,把裂缝风险和微小裂缝减到最少。

5　施工工艺流程及操作要点

模板布施工工艺:钢模板清理→模板布裁剪→胶水喷涂→粘贴→拼接→四周补胶。具体工艺如下:

(1)在施工之前,先清洁干净模板,确保模板表面没有脱模剂(图1)。

图1 模板清洁

（注意：如模板表面有油或不平整，会影响胶水的黏力和模板布的平整度。）

(2)均匀地将胶水薄薄地涂在模板表面及四侧(图2)。

图2 模板表面涂胶水

（注意：胶水不宜涂得太厚，会堵塞排水层的孔而影响浇筑出来混凝土的效果。）

(3)待几分钟胶水颜色变透明后才可粘贴模板布，同时也可以按照模板的尺寸，裁剪好模板布，每边预留约5cm，作排水用途(图3)。

图3 粘贴模板布

（注意：胶水颜色变透明的时间视乎天气而定。）

(4)拉紧模板布,羊毛状的一边粘贴模板,固定位置后,用手由中心推向两边,确保模板布牢牢粘贴在表面及四边(图4),如有皱褶可即时揭起再铺,短时间内揭起再铺不会影响胶水的黏力。

(5)如用木模板,可用钉子在四边加固(图5)。

图4 贴牢模板布

图5 模板布四边加固

(6)拼接位置先将两张模板布重叠约5cm,在重叠中间处切断,把切下来的多余两片拿走,小心地沿连接处往下压,涂多一点胶水,确保两边平整相接,避免浇筑时混凝土渗入中间(图6)。

图6 模板布拼接缝处理

(注意:取走多余部分时,千万不要用力扯,避免模板布变形。)

(7)在需要的地方开孔,在孔的四周涂多一点胶水,避免浇筑时混凝土渗入模板布和模板之间(图7)。

(8)施工完毕,模板布与模板连成一体,确保表面没有皱褶或气泡(图8)。

图7 模板布开孔

图8 模板布最后检查

6 材料与设备

6.1 透水模板布施工机械主要设备见表1。

透水模板布施工机械主要设备表 表1

机械、设备名称	型号产地国	功率/吨位/容积	单 位	数 量
汽车起重机	QY-25	25t	台	1

6.2 透水模板布施工劳动组织见表2。

劳动组织表 表2

工 种	单 位	数 量	职 责
模板粘贴工人	名	6	胶水刷涂、模板布粘贴
起重指挥	名	1	指挥吊运模板
技术员	名	1	现场技术、质量管理
起重机驾驶员	名	1	驾驶吊机

7 质量控制

7.1 模板布质量标准

7.1.1 模板布必须包含过滤层和排水层。若模板布仅由一张过滤层所组成，则其内部的水分将很快达到饱和，因为没有排水层所以其中的水分不能被排除掉。当过滤层浸泡在水中时，模板布将不能把混凝土里多余的水分排掉，这样结果就导致表面上虽不存在砂眼，但混凝土的耐用性没有得到大的提高。

7.1.2 过滤层的平均孔径必须小于35μm，才能保证将水泥细粒滤除掉且不会堵塞排水层。

7.1.3 模板布的排水能力必须能达到$3L/m^2$，才能保证过滤层不会过于密集，从而可以保证水能自由通过。

7.1.4 模板布的保水能力至少应为$0.45L/m^2$，才能给混凝土提供潮湿的环境，从而减少混凝土微小裂缝的产生。

7.2 透水模板布粘贴质量验收标准

7.2.1 在施工之前，必须先清洁干净模板，确保模板表面没有脱模剂（注意：如模板表面有油或不平整，会影响胶水的黏力和模板布的平整度）。

7.2.2 模板布拼接位置处两张模板布先重叠约5cm，在重叠中间处切断，把切下来的多余两片拿走，小心地沿连接处往下压，多涂胶水，确保两边平整相接，避免浇筑时混凝土渗入中间（注意：取走多余部分时，千万不要用力扯，避免模板布变形）。

7.2.3 在需要的地方开孔，在孔的四周涂多一点胶水，避免浇筑时混凝土渗入模板布和模板之间。

7.2.4 粘贴完毕，模板布与模板连成一体，确保表面没有皱褶或气泡。

8 安全措施

8.1 起重安全

本工法施工用的主要起重设备为轮胎式汽车吊，施工过程中严格执行起重操作规程，禁止大风超过七级时进行作业。

8.2 用电安全

严格用电管理,施工现场的一切电源电路的安装和拆除,必须由持证电工操作,施工用电设备必须严格接地、接零和安装漏电保护器。

9 环保措施

9.1 现场文明施工

9.1.1 粘贴及拼装时各种材料应整齐堆放,并按有关规定进行标示。

9.1.2 施工现场必须做到挂牌施工和管理人员佩卡上岗。

9.1.3 施工便道应经常洒水,防止尘土飞扬;海上施工、生活垃圾要定期运回陆上处理,不得污染海域。

9.2 环保体系

9.2.1 根据本工程所处的环境条件和工程特点,施工期间,对环境容易造成污染的主要有:

(1)施工中产生的废水、废气和噪声。

(2)施工机械的废水、废气和噪声。

(3)机械车辆产生的扬尘。

(4)施工现场和施工驻地的垃圾和气体、固体、液体废弃物。

(5)海上工程驳船、浮吊等大中型设备产生的废气、废油及其他废弃物。

9.2.2 对于驻地生活污水及施工过程产生的污水,应预先设置污水汇集设施,沉淀处理达到排放标准后再行排放。海上作业时应尽量将污水及其他废弃物集中起来,在上岸时再按标准另行处理。

9.2.3 施工前,应对场地进行硬化,对场内主要车辆行走便道进行硬化,防止扬尘;施工过程中,应采取洒水降尘措施,控制扬尘。工程船舶在进场前及正常施工中要进行行前检测以达到排污标准。

9.2.4 噪声环境污染源主要为施工期间施工机械、施工活动、运输车辆造成的噪声。施工中应采取以下措施:

(1)设备选型时应优先考虑低噪声设备。如:装载运输车辆选择较新的,以减少噪声。

(2)采用低噪声的方法。如:车辆不紧急制动、不鸣笛、等候装车时开启小油门或停机等。

(3)加强设备维修和保养,以减少噪声。

10 资源节约

施工快捷简单,产品可重复使用,并且不需要脱模剂,方便脱模;使用模板布后模板因不需直接接触混凝土,故对模板的要求降低,周转使用次数也会相对增加,整体成本减低,后续维修保养的费用也大幅降低。

11 效益分析

11.1 极大地减少混凝土表面的砂眼和裂纹,节省修补砂眼和裂纹的费用。

11.2 提高了混凝土表层密度,使表层致密、坚实、均匀,明显改善了混凝土结构的耐磨性、耐冲蚀性能;抑制了无机盐、氧气、潮气和二氧化碳的渗透及氯离子的扩散,延长了混凝土结构的使用寿命。同时致密的表层结构减少了微生物滋生的机会,即减少了污染。

11.3 透水模板布增加了表面张力,确保表面涂料更能黏附在混凝土表面。在涂料施工前,不必做打沙工序,是表面处理时最理想的载体。

11.4 施工快捷简单,产品可重复使用,并且不需要脱模剂,方便脱模;使用模板布后模板因不需直接接触混凝土,故对模板的要求降低,周转使用次数也会相对增加,整体成本降低,后续维修保养的费用也大幅降低。

12 应用实例

12.1 青岛海湾大桥十合同自2007年5月开始使用透水模板布进行结构物的浇筑,外观及质量全部达到预计效果。

12.2 青岛海湾大桥三合同自2007年10月开始使用透水模板布进行结构物的浇筑,外观及质量全部达到预计效果。

12.3 青岛海湾大桥二合同自2007年11月开始使用透水模板布进行结构物的浇筑,外观及质量全部达到预计效果。

钢筋直螺纹连接施工工法

GGG(鲁)C4059—2008

杨荣泉　闫宗山　万雨帆　张光桥
(山东省路桥集团有限公司　山东省公路桥梁建设有限公司)

1　前言

随着建筑业的发展,高层建筑、大跨度、特种结构日益增多,建筑钢筋的应用正在向大直径、密集布置、高强度方向发展,单纯采用传统的钢筋连接工艺,如搭接绑扎、搭接电弧焊、闪光对焊、气压焊等方式已难以满足需要。20 世纪 80 年代末,我国开始推广使用钢筋机械连接技术,并制定了相应的行业标准。常用的机械连接接头通常分为以下几种:挤压套筒接头、锥螺纹套筒接头、直螺纹套筒接头(镦粗直螺纹、滚轧直螺纹等)等。本工法着重于介绍镦粗直螺纹、滚轧直螺纹的施工工艺的控制及注意事项。

2　工法特点

2.1　接头强度高:接头强度大于母材强度,强度达到行业标准《钢筋机械连接通用技术规程》(JGJ 107—96)中 A 级接头性能要求;抗疲劳性能好。

2.2　质量稳定:接头性能不受拧紧力矩影响,少拧 1 ~ 2 扣,均不会对接头造成明显损害。省去了用力矩扳手检测这一道工序,对劳动者素质及检测工具的依赖性明显减少。

2.3　施工速度快:直螺纹连接套筒比锥螺纹短 40% 左右,且丝扣螺距大,不必使用力矩扳手,方便施工。与电弧搭接焊、套筒冷挤压、锥螺纹连接相比,直螺纹连接降低了钢筋绑扎的劳动强度,大幅提高施工速度,降低工程人工费。

2.4　应用范围广:适用于直径为 16 ~ 40mm 的 HRB335、HRB400 牌号带肋钢筋任意方向和位置的同异径连接;对弯折钢筋、固定钢筋、钢筋笼等不能转动钢筋的场合,正反丝扣型接头用途非常广。

2.5　经济效益好:直螺纹接头比套筒挤压省钢 70% 左右,比锥螺纹接头省钢 35% 左右。与冷挤压连接相比,按连接 10 000 只 ϕ28 直螺纹接头计算,节约钢材 8t。

2.6　节约能源:设备功率仅为 3 ~ 4kW。与电弧搭接焊相比,按连接 10 000 只 ϕ28 直螺纹接头计算,节电 30 000kW · h。

2.7　有利于环境保护:直螺纹连接无噪声污染、无油污污染、无烟尘和弧光污染,有利于保护劳动者身体健康和施工现场的文明整洁。

综上所述:直螺纹连接技术以其技术先进、加工工序少、连接强度高、施工方便、连接质量可靠等诸多优点,在工程施工中通过严格的工序控制,必将得到进一步广泛、规范的应用。

3　适用范围

本工法适用于直径为 16 ~ 40mm 的 HRB335、HRB400 牌号带肋钢筋的接长施工,尤其适用于要求充分发挥钢筋强度和延性的重要结构。

4　施工工艺原理及流程

4.1　镦粗直螺纹工艺

镦粗直螺纹是将需要连接钢筋,先用镦粗机将端头镦粗,再用套丝机将镦粗的端头套出螺纹,然后将两端用套筒螺旋紧固，利用螺纹的机械咬合力传递拉力将两根钢筋结合为一体的钢筋连接技术（图1）。

施工控制重点是钢筋镦头长度、套丝及现场连接质量。

4.1.1　主要机械设备（或工具）有：镦粗机，套丝机等。连接螺母由厂家直接供货。现场使用的主要工具是普通活口扳手。

4.1.2　加工工艺为：钢筋原料→切头→镦粗→套丝加保护套→机械加工→套筒加保护套→工地连接。丝头的加工（包括切头、镦粗和套丝）和套筒的制作均在加工场制作完成，施工现场仅需用套筒将丝头连接。

（1）钢筋下料切头。冷镦粗钢筋采用HRB335或HRB400热轧带肋钢筋，其材料性能应符合《钢筋混凝土用热轧带肋钢筋》（GB 1499—98）要求。下料时，必须保证钢筋端头切口与钢筋轴线垂直，不允许有马蹄形或挠曲，端头部分不直应调直后下料。

（2）钢筋接头的镦粗套丝及技术工艺要求。采用钢筋镦粗机将钢筋端头镦粗，镦粗段与钢筋轴线同心度≤4°，且镦粗后外观不得有明显的裂纹、凹陷和影响钢筋强度的其他缺陷。如图2所示，镦粗头的基圆直径D应大于丝头螺纹外径，长度L应大于1/2套筒长度，过渡段坡度应≤1∶3。钢筋镦粗套丝后应加塑料保护套防止损坏丝口。

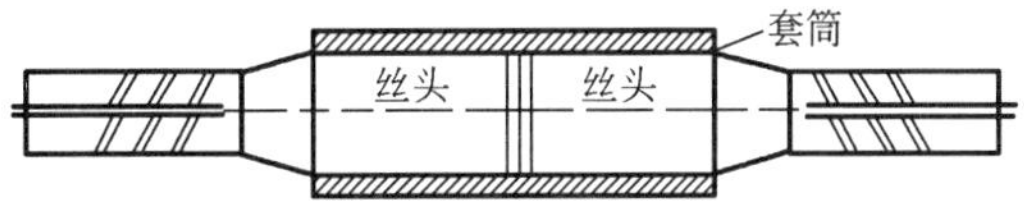

图1　镦粗直螺纹工艺示意图

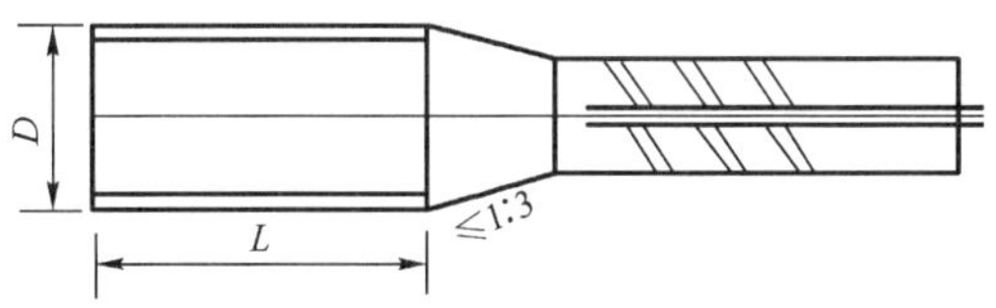

图2　镦粗头外形示意图

不合格的镦粗头，应切去后重新镦粗，不得对镦粗头作二次镦粗；加工钢筋丝头时应采用水溶性切削润滑液，当气温低于0℃时应有防冻措施，不得在无润滑液的情况下套丝。钢筋丝头的螺纹应与连接套筒的螺纹相匹配，公差应符合《普通螺纹　公差》（GB/T 197—2003）的要求。

要求套筒内螺纹的公差应符合《普通螺纹　公差》（GB/T 197—2003）；其表面应进行防锈处理；套筒材料、尺寸、螺纹规格、公差带精度等级应符合产品设计图纸的要求。

4.1.3　施工工艺

对于被连接的两根钢筋都不能转动的情况，镦粗直螺纹有着它的优越性，如钢筋笼连接，在加工时，需要至少要有一根钢筋的套丝长度不能小于套筒长度，在连接时先把套筒旋到和钢筋顶端面平齐，再把需要连接的钢筋和被连接钢筋顶紧，保持轴线顺直，然后用扳手把连接套筒旋回即可（图3）。

需要强调的是，对于钢筋笼对接连接这种施工工艺，因为被连接的两根钢筋都不能转动，为了保证对接面上的接头质量，我们采取了两种措施来保证，一是在后场加工钢筋笼节段的时候，通过加工平台来保证同一个断面接头都在垂直于钢筋笼轴线的平面上；二是在施工现场，如发现个别接缝宽度超过规范要求，就换用加长的套管。

对于被连接钢筋有一端可以转动的情况，如墩柱或箱梁钢筋的连接，钢筋的套丝长度只要满足大于1/2套筒长度就可以了，连接时套筒固定，转动被连接钢筋到位即可。

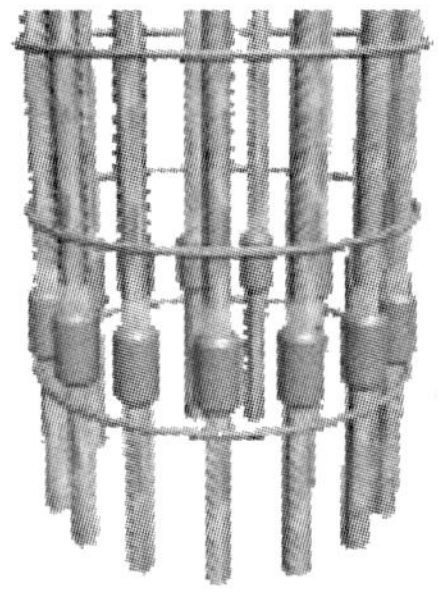
图3　钢筋笼连接示意图

4.2　滚轧直螺纹

滚轧直螺纹钢筋接头是一种等强型接头，其强度高于连接的钢筋母材强度，是集高强、快速于一身的新型钢筋接头，是继冷挤压、锥螺纹、镦粗直螺纹之后的又一新的钢筋连接方法（图4）。该技术在桥梁及高层建筑应用中很受欢迎，通过施工实践看到，它具有其他方法无法比拟的优势，给施工带来了很大方便，创造了很好的经济效益和社会效益。

该技术是利用直螺纹滚压机把钢筋端部滚压成直螺纹,然后用直螺纹套筒将两根待对接的钢筋连在一起。由于钢筋端部经滚压成形,钢筋材质经冷作处理,螺纹及钢筋强度都有所提高,弥补了螺纹底径小于钢筋母材基圆直径对强度削弱带来的影响,实现了钢筋等强度连接。该项技术的特点是加工工序少、连接强度高、施工方便。该工艺的使用,大大提高了工效,节约了投入,保证了钢筋连接的质量。

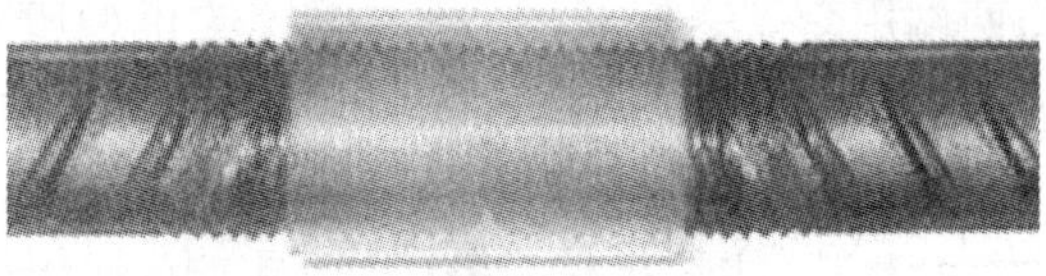
图4 滚轧直螺纹接头示意图

滚轧直螺纹和镦粗直螺纹的加工工艺相比,主要是省略了镦粗这一工序,节省了人力物力,提高了加工速度。

滚轧直螺纹和镦粗直螺纹的施工工艺基本相同。在本工程中主要运用于墩柱主筋的接长,该技术的采用,大大加快了墩柱钢筋连接速度,保证了连接质量。

5 机具设备(表1)

钢筋直螺纹连接施工机具设备表 表1

序 号	名 称	单 位	数 量	备 注
1	套丝机	套	1	
2	滚丝机	套	1	
3	砂轮切割机	台	2	钢筋端面加工
4	切断机	台	1	钢筋加工
5	弯曲机	台	1	钢筋加工
6	丝头检验工具	套	2	加工质量检验
本表只列出加工机械,现场施工机具主要是管钳				

6 质量标准及质量控制

6.1 质量标准

依据原建设部颁布的钢筋机械连接的行业标准,其中包括《钢筋机械连接通用技术规程》(JGJ 107—96)和《滚轧直螺纹钢筋连接接头》(JG 163—2004)。

6.2 质量检验

6.2.1 入库检验内容如下:

(1)检查出厂合格证件是否齐全、有效。

(2)中心试验室以500个作为一个验收批。现场连续检验10个验收批,全部单向拉伸试验一次抽样均合格,验收批接头数量可扩大一倍。

(3)拉伸强度试验时,对接头的每一验收批,必须在工程结构中随机截取3个试件进行。

(4)所有的套筒和套丝都必须经过塞规和环规的检验(图5)。用螺纹通、止规检查丝头,通规能旋入,止规不能旋入或不能完全旋入为合格或用连接套筒直接检测。环通规检验通过,环止规不能超过3P。

6.2.2 现场抽检主要包括以下内容:

(1)丝头。牙形饱满,牙顶宽度超过0.6mm,秃牙部分累计长度不应超过一个螺纹周长。外形尺寸含螺纹直径及丝头长度应满足图纸要求。

(2)套筒。套筒表面无裂纹和其他缺陷。外形尺寸包括套筒内螺纹直径及套筒长度应满足产品设计要求。套筒两端应加塑料保护塞。

(3)经目测检验合格:连接螺母在两条标记线中间;连接钢筋顺直;无遗漏。在现场实际操作中,我

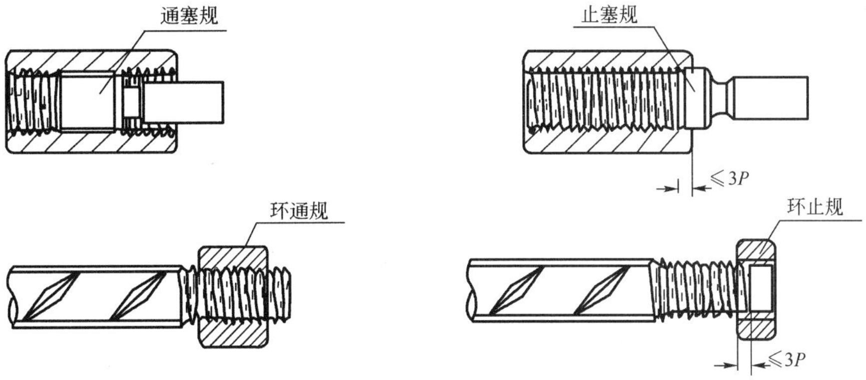

图5 环、塞规检验示意图

们为了严格控制施工质量，通常是只要发现没有油漆标记的钢筋接头，就视为不合格。

(4)以一个工作面的数量多少为据，随机截取1～3组(每组3根)进行力学性能试验。

工程实践表明，送样或在车间抽样和在工程中随机抽样两种方法的接头抗拉试验结果和合格率具有差异。机械连接接头的质量在很大程度上有赖于现场的管理及操作水平，特别是在钻孔灌注桩中，墩粗直螺纹连接接头的质量更是依赖于现场操作人员。因此必须制定严格可行的现场操作规程和检查检验制度，并坚持在工程中随机抽样检查。以期可以大大促进施工人员操作的责任心，提高接头质量。

7 安全措施

对于钢筋机械连接来说，应正确使用机械，以防止加工现场出现加工机械的物理伤害；在钢筋连接现场，主要是注意吊装作业的安全。

8 环保措施

该工法直螺纹连接无噪声污染，无油污污染、无烟尘和弧光污染、有利于保护劳动者身体健康和施工现场的文明整洁。

9 资源节约

使用该工法施工所用设备功率仅为3～4kW。与电弧搭接焊相比，按连接10 000只ϕ28直螺纹接头计算，节电30 000kW·h。

10 效益分析

镦粗直螺纹和滚轧直螺纹施工工艺和其他施工工艺的简要对比如表2所示。

施工工艺比较 表2

项目 类别	镦粗直螺纹工艺	挤压套筒工艺	焊接或搭接工艺	备注
工效	高	高	一般	机械连接工艺优点多，可操作性强。 挤压套筒的成本要比镦粗直螺纹稍高一点
所需设备	后台设备稍多 前台设备少	前台设备稍多 后台设备少	设备少	
适用性	好	好	差	
工艺成本	稍高	稍高	低	
工艺质量	高	高	低	

从上表可以看出，机械连接工艺优点多，可操作性强。但机械连接的成本相对还是高，主要是目前生产厂家比较少，工艺还没有推广开的原因。

11 工程实例

青银高速济南黄河大桥B合同工程和济宁梁济运河大桥工程中,桩基、承台钢筋均为需要做大量连接工作。以钻孔灌注桩为例,对于本工程这种120m的深桩,如采用传统的焊接工艺,至少需要10多个小时的时间才能完成1根桩的钢筋笼的连接下放工作,且由于各方面的影响因素,焊缝的合格率很难保证能达到100%。况且按计划每天要完成两根桩,因此必须要选用施工方便、快捷、成功率高的施工方法和工艺。根据工程特点,我们在钻孔灌注桩施工中,采用了镦粗直螺纹连接工艺(因为滚轧直螺纹不能把套筒完全旋到和套丝顶面平齐,不适宜于被连接的两根钢筋都不能转动的情况,所以没有采用)。在墩柱施工中,采用了滚轧直螺纹连接工艺。这两种直螺纹连接工艺的运用,提高了作业效率,保证了施工质量。

直螺纹连接无论从技术上,质量上或经济效益上考虑,均具有一定的优势,它把接头的可靠性、经济性和施工便捷性三者很好地结合在一起,是很实用的一套新技术、新工艺,随着该工艺的不断发展,完善、提高,其在桥梁施工或民用建筑等方面将会越来越得到广泛的应用。

黄河中下游超长深桩施工工法

GGG(鲁)C1060—2008

刘深远 杨荣泉 闫宗山 万雨帆 刘本立
(山东省路桥集团有限公司 山东省公路桥梁建设有限公司)

1 前言

黄河中下游主河道内以亚砂土、粉砂土、亚黏土、黏土为主,亚黏土、黏土含钙质胶结物,干密度大,为坚硬状态,具有较高的承载力。

近年来,黄河中下游上的大型桥梁的普遍采用超百米深桩作为基础,桩径在 1.50 ~ 2.0m 之间,并且基础一般为群桩加承台的结构形式。对超百米深桩的施工要求,设计文件一般都规定垂直度≤1/300、沉渣厚度≤30cm 作为硬性指标,而这两项指标都比现行规范的要求高很多,因此,有必要对黄河中下游百米深桩的施工特点进行总结。

2 工法特点

2.1 本工法适宜于在黄河中下游超百米深桩大施工。

2.2 为加快钢筋笼的沉放速度,钢筋笼的连接采用镦粗直螺纹连接技术。

2.3 为了满足沉渣厚度≤30cm 的要求,本工法采用二次清孔技术。

2.4 为了满足垂直度≤1/300 的要求,本工法从多方面着手,提出来比较系统的解决方案。

2.5 本工法采用正循环钻进、反循环清孔的施工工艺,具有施工方便、施工速度快、经济效益好等特点。

3 适用范围

3.1 本工法适用范围:1 500mm≤孔径≤2 800mm,孔深 130m 以内的孔径、垂直度要求较高的水上(陆地)钻孔灌注桩的施工。

3.2 适用地层:黏土层、砂层、砾石层、卵石层、岩层等地层。

3.3 本工法以陆上钻孔灌注作业为例,水上作业需搭设水上作业平台。

4 施工工艺

4.1 钻机选型

1)钻机选择

钻机类型及型号要根据工程实际情况选用,基本原则是性能先进,动力匹配,以能够胜任而又不浪费为选择标准。

2)钻具及其他

大直径钻孔混凝土灌注桩是在泥浆护壁下,利用旋转台盘带动底部装有钻头的钻杆旋转进行挖土钻进的,所以,根据土层的地质情况选择合适的钻头是非常重要的。如果钻头选择不当,就可能无法顺利进行挖掘,从而影响工程的进度。

对于黄河中下游地质特点,可以采用双腰带梳齿钻头,另外配备 3 个滚刀钻头。梳齿钻头适用于粉砂层、砂层、亚黏土及黏土层钻进;滚刀钻头更适合于黏土砾石夹层和硬砂层钻进。

为处理钻孔中可能出现的钻具等金属构件掉入孔中,另配备打捞抓和30kW电磁打捞器各一套。

对于下入孔内的钻具,须记录钻头、配重、钻杆及钻杆的编号和实际长度。

3)钻孔工艺选择

钻孔采用正循环工艺。对于超过80m的深桩,终孔后利用钻机气举反循环清孔;对于小于80m的桩,直接用正循环清孔,但是灌注前都用反循环二次清孔。

正循环采用的泥浆泵型号型号:3PNL

气举反循环情况采用空压机性能:风压≥0.6MPa,风量≥14m^3/min

4.2 钻孔顺序的制定

采用纸上推演定孔,根据施工具体情况,动态调整的方式,主要是要保证中间隔一孔。本工程钻机多,再加之每一个孔的成孔时间不一定,协调难度大,所以,在此只给出一个大致的参考原则,实际情况应由现场确定。

4.3 钻孔桩护筒施工

护筒直径宜大于钻孔直径30cm,用10mm钢板卷制。

在护筒定位后应及时复核护筒的平面位置,严格控制护筒中心与桩位中心线偏差不大于50mm,并认真检查回填土是否密实,以防钻孔过程中发生漏浆的现象。

护筒沉设可根据实际情况采用人工或者振动锤沉设。

4.4 钻孔灌注桩施工

4.4.1 成孔施工作业流程:钻机就位 $\xrightarrow{\text{检查就位精度}}$ 护筒内造浆 $\xrightarrow{\text{检查泥浆指标}}$ 钻进 $\xrightarrow{\text{检查垂直度、孔深、孔径}}$ 清孔 $\xrightarrow{\text{检查泥浆指标}}$ 终孔。

成孔施工采用隔孔施工。隔孔施工是防止坍孔和串孔的一项稳妥的技术措施,也为每台钻机提供足够的施工空间,防止互相干扰。

成孔施工的重点是保证垂直度,防止发生塌孔、缩径、扩孔等病害。着重从就位控制、垂直度控制、钻进控制、泥浆控制和孔深及孔径控制等方面着手。

由于开孔的导向性很强,若在开孔时垂直度偏差大,则继续钻进时,偏差就会越来越大。为此,在钻孔的前期,采用在钻头上加配重的方法来强制钻杆铅垂,从而保证井孔的垂直度。每台钻机配配重不小于1.5t。由于钻机的钻杆每节重达0.5t(3m长),所以在30m深以后就可以拆除配重,利用钻杆的自重来保持钻杆的铅垂。

1)就位控制

由全站仪放出桩的中心位置,并用护桩引到护筒上和平台上,以作就位和复核之用。钻机就位前由技术人员对原定桩位进行复核,桩位偏差要求小于10mm,并用“+字线”定位。

钻机就位:要求钻机支垫牢固,钻尖对中(偏差小于20mm),钻杆垂直,采用相应精度的水平尺测量。为保证钻孔垂直度,场地需平整,机架滑车中心,磨盘中心、桩位中心三点必须成一直线,磨盘一定水平,钻进随时校验,确保钻机垂直。钻机安装就位后,要对钻机进行加固和限位,保证钻机在钻进过程中不产生位移。底座和顶端应平稳、牢固,在钻进过程中不致产生倾斜位移。钻机顶部的起吊滑轮转盘中心与钻孔中心应保持在同一铅垂线上,钻进过程中经常检查,如有问题应及时纠正。

钻桩就位后应打捞护筒内掉落的杂物铁件,以防开钻故障。

2)成孔垂直度控制

这是灌注桩顺利施工的一个重要条件,否则钢筋笼和导管将无法沉放。为了保证成孔垂直精度满足设计要求,应采取扩大钻机支承面积,加强锚固等措施,使钻机稳固;经常校核钻架;经常检查磨盘是否水平,钻杆是否垂直。

原则上，每次交接班时都要检查钻机是否移位、锚固是否稳靠；每次接钻杆后都要检查磨盘是否水平，并做记录。

每钻进30m左右，要由工程技术人员用JJC-1型测斜仪检查一次垂直度；对于不符合要求的孔，要及时停止钻进，提钻到一定高度进行扫孔作业。

3）泥浆控制

泥浆的作用就是护壁、排渣作用。一般情况下，在黏土地钻孔泥浆相对密度在1.05~1.2之间。在粗砂层、砂礓层和砾石层，泥浆相对密度为1.15~1.2左右泥浆的排渣效果较好。反之，很难排出钻渣，还可能引起塌孔，严重影响钻进速度。

开孔时，制浆采用直接在护筒内钻锥搅拌的方法。用正循环回转钻进时，对泥浆的质量要求很高，要严格控制。

泥浆系统采用就地挖泥浆池的方法进行施工。钻进施工时，泥浆的相对密度、黏度应根据地质变化及时作相应调整并满足规范要求。

根据孔位地质的柱状图，确定在不同土层中钻进应采用的泥浆性能指标，并通过试验孔分析泥浆性能的适应情况，确定泥浆使用方案作为施工依据。

泥浆指标控制坚持分地层控制的原则，在钻孔过程中要经常捞取钻孔中土样，和设计部门的地质资料相比照，根据不同的地层，采用不同的泥浆指标（表1）。

钻进泥浆性能指标要求 表1

性 质	地 层			
	砂性土层		黏土层	
	新造泥浆	循环利用泥浆	新造泥浆	循环利用泥浆
相对密度	1.1~1.15	1.15~1.2	≤1.1	≤1.2
黏度（Pa·s）	22~25	20~22	18~20	18~20
含砂量（%）	≤3.0	4~8	≤3.0	≤4.0
pH值	8~10	8~10	8~10	8~10

砂性土层：①砂性土层中钻进时，相对密度应控制在1.15~1.2，黏度为20~22Pa·s，含砂量为4%~8%，以加强护壁效果，提高排渣能力；②如果其附件的孔位正在黏土层中钻进时可向其借浆，以保持泥浆的排渣能力；③泥浆池中的沉渣要及时清理。

黏土层：在黏土层中正常钻进时，相对密度应控制在1.05~1.20，黏度为18~20Pa·s，含砂量为1%~3%，以加速钻进效果。

加强检验频度：每两小时检测一次泥浆指标，发现不合格情况应立即调整。

4）钻进控制

刚开钻时，进尺一定要慢，操作手要控制好钻压，采用小钻压钻进。钻进的前30m是控制成孔垂直度的关键，操作人员和技术人员要格外重视，要加强检测和控制。在同一地层中正常钻进时，要坚持减压钻进、勤放绳少放绳的原则，规范要求，孔底压力不能超过钻具总重扣除浮力的80%，根据本工程的地质情况，孔底压力不宜超过50%，这就需要操作手在钻进过程中，一定要吊打。

钻进控制遵循分地层控制原则，针对不同的地层，采用不同的钻进方法。

（1）在砂性土层中钻进时，钻进速度要慢，让泥浆有充分的固壁时间。在砂类土或软土层钻进时易坍孔，要控制进尺，轻压，低挡，慢速，小泵量，稠泥浆钻进。

（2）在黏土层中钻进时，要坚持吊打原则，控制钻压。在黏土质中钻进，由于泥浆黏性大，钻进所受阻力也大，易糊钻，要大泵量、中速钻速、稀泥浆钻进。

（3）如果低液限黏土或卵、砾石夹层中钻进时，因土层太硬，会引起钻锥跳动、憋车、钻杆摆动加大和钻锥偏斜等现象，易使钻机超负荷而损坏。宜采用低挡慢速，优质泥浆，大泵量的方法钻进。如果还无法克服进尺困难时,应换用牙轮钻头。

(4)在地层变换时,尤其是从软弱地层进入较硬地层时,要慢速钻进,上下来回扫孔,以防出现斜孔。

5)孔深、孔径控制

各种成孔检查项目的检测方法、数值、频率都必须满足现行技术规范要求及其他法定标准的要求。

所有的检测项目都要同时采用JJC-1型钻孔灌注桩检测系统检测,检测数据和采用常规手段检测的数据相比照。

6)成孔检测、清孔

成孔后,提升钻头距孔底10~20cm,空转钻头,以相对密度较低(1.1~1.15)的低含砂率优质泥浆从钻杆内注入,将钻孔内的悬浮钻渣和相对密度较大的泥浆换出,清孔时要保持孔内水头,防止塌孔。

清孔后泥浆指标应符合表2的要求。

清孔后泥浆性能指标一览表 表2

相对密度	黏度(Pa·s)	含砂率(%)	胶体率(%)	失水率(mL/30min)	泥皮厚(mm/30min)
1.1~1.15	17~20	≤2	≥98	≤20	≤1.5

复测井深、井径、垂直度、沉渣厚度、泥浆等指标,并经监理工程师确认。

4.4.2 成桩施工作业流程:下放钢筋笼 $\xrightarrow{\text{检查就位精度}}$ 沉放导管 $\xrightarrow{\text{检查泥浆指标}}$ 导管内下放二次清孔设备→清孔 $\xrightarrow{\text{检查泥浆指标}}$ 灌注混凝土。

1)准备工作

(1)钢筋笼制作和运输

钢筋笼制作要点:钢筋笼制作前首先要检查钢材的质保资料,检查合格后再按设计和施工规范要求验收钢筋的直径、长度、规格、数量和制作质量。

钢筋笼和检测管先行分节制作,制作在加工场地进行。标准节段钢筋笼每节长12m,钢筋笼的尺寸在首节找齐。钢筋笼采用镦粗直螺纹连接技术。钢筋笼在加工厂利用胎架加工,在相邻两节对拼连接并编号标识后,才可以对钢筋焊接固定。钢筋笼制作时,先在制作好的加劲箍内加焊"△"支撑(支撑采用Ⅱ级钢筋ϕ28),然后在底胎模上按设计间距进行布置,并在底胎模及施工脚手架上加以固定。在固定主筋时,应保证每根主筋纵向顺直,避免出现蛇形或波浪形弯曲现象。每个断面的接头总数不超过50%,相邻主筋应错开1.5m。在施工现场,钢筋笼对接时,必须按照编号一一对应施工。

钢筋骨架的运输:钢筋骨架运输采用平板车运输,直接从钢筋加工厂运输到施工现场。

为保证钢筋现场连接的顺利进行,钢筋的镦粗丝头要用塑料帽加以保护。

(2)导管

导管应进行水密、承压和接头抗拉试验。不同套导管之间不能混用。

(3)混凝土

与普通钻孔灌注桩相比,大直径和超长深桩要求有更好的和易性、较小的泌水性。混凝土原材料进场质量检验:原材料要和试验时的厂家和要求一致,坍落度宜为18~22cm。

2)钢筋笼运输和吊放

用平板车将分节钢筋笼运至现场,在现场利用吊机吊装。首先下放第一节钢筋笼,随即下放第二节钢筋笼,并组织专业钢筋工进行上下两节钢筋笼的镦粗直螺纹连接,时间控制在1h左右。连接完成后,继续下放钢筋笼,并用型钢临时固定。以后钢筋笼的安装重复以上程序。

在钢筋笼吊放过程中,应逐节验收钢筋笼的连接缝质量,对质量不符合规范要求的要采取措施纠正。同时,要注意钢筋笼能否顺利下放,沉放时不能碰撞孔壁;当吊放受阻时,不能加压强行下放,因为这将会造成坍孔、钢筋笼变形等现象,此时应停止吊放并寻找原因,如因钢筋笼没有垂直吊放而造成的,应提出后重新垂直吊放。钢筋笼接长时要加快连接速度,尽可能缩短沉放时间。

施工中要注意上下钢筋笼的位置正确,轴线一致,防止笼身弯折,以避免上提导管时钩挂钢筋笼,造成施工困难。施工时,要严防支撑钢筋、施工扳手等物件掉落井中,采取在施工扳手和支撑钢筋上系绳的办法来预防。另外,所有连接接头应按规范错开布置,施工时控制时间在8h以内,以免操作时间过长造成坍孔。

3)下导管

(1)导管可预先分段拼装,在吊放时再逐段拼装。导管要仔细检查,变形的和磨损严重的不得使用。现场拼接时要保持密封圈无破损,接头严密。导管吊放时,应使位置居孔中、轴线顺直,稳步沉放,防止卡住钢筋骨架和碰撞孔壁。

(2)用汽车吊机下放导管,灌注混凝土时用钻机提升、人工拆卸导管。

(3)每节导管的沉放和拆卸要有明确的记录,责任到人。

4)二次清孔

灌注混凝土前,复测孔内沉淀厚度,如果沉淀厚度不超过30cm,则直接灌注水下混凝土;反之,则利用导管进行二次清孔。清孔后,对孔底沉淀层厚度、泥浆指标进行检测,达到要求后,立即灌注水下混凝土。

清孔完成后,孔底沉渣应严格控制在30cm以内,泥浆指标合格(泥浆相对密度为1.10~1.15;黏度为17~20Pa·s;含砂率为<2%),并应立即进行检查验收。检查验收合格后,应立即灌注水下混凝土,以免渣土重新沉淀,造成沉渣过厚而影响桩的承载力。

5)灌注水下混凝土

(1)混凝土由拌和站集中拌制。为保证连续灌注,要有备用站。

(2)首盘混凝土控制:首盘混凝土的方量必须保证能埋住导管2m左右为准则。开导管采用拔球法,用塑料编织袋团成导管内径大小,堵在导管上口,其上用比导管直径稍大一点的钢板盖住。开始灌注前,用转运料斗把蓄料斗蓄满混凝土,通过串料筒连接到灌注漏斗上部,调节混凝土的下落速度,待漏斗快满时,把盖在导管口的钢板用钻机抽掉,让混凝土自由下落。这时候要调节蓄料斗的下料速度,不能让漏斗空料。为确保首盘混凝土灌注成功,在漏斗旁,再准备一辆满载6m^{3}混凝土罐车,和蓄料斗配合,连续灌注。

(3)测量孔内混凝土的灌注高度采用测锤法,以检测导管埋深情况,便于拆导管。需由技术人员用两个测锤测深并相互对照,防止误测。

(4)导管埋入混凝土中的深度一般控制在2~6m范围之内。每次拆卸导管后,导管埋入混凝土的深度应不小于2m。

刚开盘时,埋深适当加大,但不宜超过8m。

(5)混凝土应连续灌注,直至灌注的混凝土顶面高出图纸规定或监理工程师确定的截断高度才可停止浇筑,以保证截断面以下的全部混凝土均达到强度标准。

后续混凝土灌注中,当出现非连续性灌注时,漏斗中的混凝土下落后,应当牵动导管,并观察孔口返浆情况,直至孔口不再返浆,再向漏斗中加入混凝土。

灌注的桩顶高程应比设计高出一定高度,一般为0.5~1.0m,以保证混凝土强度,多余部分应在承台施工前凿除,桩头应无松散层。

终灌后应解除钢筋笼的孔口吊点,防止初凝过程中钢筋参与混凝土受力而影响二者之间的握裹力。

(6)其他应注意的灌注要点:

①在最后灌注时,要核对混凝土的灌注量,适当提高灌注漏斗的高度,使混凝土产生较大的冲击力,以增加混凝土的压力,提高混凝土密实性。为了保证桩头混凝土质量,最后灌注时导管在1~2m范围内上下移动,桩顶超灌1m左右的混凝土。

②为了减少后期桩头破除的难度,混凝土灌注桩灌注完成后,应及时进行超灌混凝土的挖除,但注

意桩顶以上50cm内混凝土不得扰动。

③为防止发生断桩、夹泥、堵管等现象,在混凝土灌注时应加强对混凝土搅拌时间和混凝土坍落度的控制。因为混凝土搅拌时间不足会直接影响混凝土的强度,混凝土坍落度采用18~22cm,并随时了解混凝土面的高程和导管的埋入深度,严防把导管底端提出混凝土面。在施工过程中,要控制好灌注工艺和操作,抽动导管使混凝土面上升的力度要适中,保证有程序的拔管和连续灌注,升降的幅度不能过大,如大幅度抽拔导管则容易造成混凝土体冲刷孔壁,导致孔壁下坠或坍落,桩身夹泥,这种现象尤其在砂层厚的地方比较容易发生。在灌注过程中必须每灌注$6m^3$左右测一次混凝土面上升的高度,确定每段桩体的充盈系数,桩身混凝土的充盈系数必须大于1。同时要认真进行记录,作为对日后发现有问题的桩或评价桩的质量最直接的证据和依据。

4.5 成桩检测

当桩混凝土达到一定强度后,即可进行混凝土灌注桩超声波检测,确定混凝土灌注桩质量。

由于主桥墩桩位排列较密,万一灌注桩发生质量事故,很难采取补救措施。因此要求施工中必须谨慎,强化管理,加强对各个施工环节的控制,保证各个环节均达到规范和质量标准要求,确保成桩质量全部合格。

5 机具设备(表3)

钻孔灌注桩施工机具设备表 表3

序号	设备名称	数量	型号	用途
1	钻机	1台		成孔
2	灌桩机	1台		灌注
3	空压机	1台		气举反循环钻进及二次清孔用
4	电焊机	6台		制、下笼
5	导管	1套		灌注
6	料斗	1只		灌注
7	储料斗	1台		灌注
8	电磁铁	1台		孔内清除异物
9	泥浆泵	2台	3PNL	泥浆循环
10		2台	86排污泵	排污
11	泥浆旋流器	1台	FXJ-300	渣浆分离 改善泥浆性能
12	沉淀筒	1只		
13	泥浆检测仪	1套		钻孔过程及终孔时泥浆指标测量控制

6 质量标准及质量控制

6.1 钻孔灌注桩施工质量要求(表4)

钻孔灌注桩检查项目及允许偏差 表4

项次	检查项目	规定值或允许偏差	检查方法和频率
1	混凝土强度(MPa)	在合格标准内	按JTG F80/1—2004附录D检查
2	孔的中心位置(mm)	100	用经纬仪检查纵、横方向
3	孔径	不小于设计桩径	查灌注前记录
4	倾斜度	1/300	查灌注前记录
5	孔深	符合图纸要求	查灌注前记录

续上表

项 次	检 查 项 目		规定值或允许偏差	检查方法和频率
6	沉淀厚度(mm)		≤300	查灌注前记录
7	清孔后泥浆指标	相对密度	1.1~1.15	查清孔资料
		黏度(Pa·s)	17~20	
		含砂率(%)	<2	
		胶体率(%)	>98	

6.2 防止钻孔灌注桩施工质量缺陷的措施

6.2.1 防止出现斜孔、扩孔、塌孔措施如下：

(1)钻机底座应牢固可靠，钻机不得产生水平位移和沉降。同时钻进的过程中经常性地进行钻机基座检测调平。

(2)应采用减压钻进(钻压小于钻具重量的80%)、中低速钻进，严禁大钻压、高速钻进，以保证钻孔垂直度。

(3)钻进过程应根据不同的地层控制钻压和钻进速度，尤其在土层变换位置应采用低压慢转施工。

(4)钻孔的垂直度偏差控制在1/300之内，发现孔斜后应及时进行修孔。

(5)钻孔施工中应加强对泥浆指标的检测，根据地层地质状况动态对泥浆指标进行调整，使泥浆指标始终在容许范围内，控制钻进速度，使孔壁泥皮得以牢固形成，以保持孔壁的稳定。

(6)在施工过程中，应根据不同的地层情况，选择合理的钻进参数。同时注意观察孔内泥浆液面的变化情况，孔内水头高度不应小于2m。

(7)在钢筋笼下放的过程中，要派专人观察孔内泥浆面的变化；应及时补浆，防止水头过低造成塌孔。

6.2.2 防止孔缩径的措施如下：

(1)使用与钻孔直径相匹配的钻头成孔，采用高质量泥浆清渣护壁，遇到软弱层时可以适当加大钻头直径。

(2)在软塑状亚黏土层采用小钻压、中等转速钻进成孔，并控制进尺。

(3)当发现钻孔缩径时，可通过提高泥浆性能指标，降低泥浆的失水率，以稳定孔壁。同时在缩径孔段注意多次扫孔，以确保成孔直径。

6.2.3 防止掉钻措施如下：

掉钻的主要原因是因为钻杆与钻杆或钻杆与钻头之间的连接承受不了扭矩或自重，使接头脱落、断裂或钻杆断裂所至。防止掉钻措施为：加强接头连接质量检查，加强钻杆质量检查，对焊接部位进行超声波检测，每使用一次就全面仔细检查保养一次，避免有裂纹或质量不过关的钻具用于施工中，同时钻进施工时要中低压中低速钻进，严禁大钻压、高速钻进，减小扭矩。

如果不慎发生掉钻事故，根据以往施工经验，采用偏心钩打捞，其速度快，成功率高。打捞要及时，不可耽搁，以免孔壁不牢，出现塌孔，故现场需备用好偏心钩等打捞设备，以防万一。

6.2.4 防止沉渣过厚或清孔过深措施如下：

从地址资料知，本工程的钻孔灌注桩大多在距孔底高程20m左右时，就全部是黏土层了，所以，钻进在这个高程范围时就应该开始逐步清理沉渣，以增加沉渣效果；再采用优质泥浆开始清孔循环，对泥浆进行全部净化。在临近终孔时，技术人员要通过各种检测手段来确定钻孔深度，防止超钻。通过以上工艺来保证孔不会超钻，不会清孔过深，导致出现沉渣少的假象。

6.2.5 防止声测管孔底堵塞、超声波检测不到位的措施如下：

声测管在每一节焊接完后，孔内要灌清水。声测管施工时接头焊接要牢固，不得漏浆，顶、底口封闭严实，声测管与钢筋笼用钢筋箍连接。

在孔内下部没有竖向钢筋的部分,增加支撑钢筋和箍筋,防止在下放过程中损坏,确保声测管根根能够检测到底。

6.2.6 防止钻孔桩混凝土浇筑时出现堵管、断桩现象的措施如下:

(1)堵管现象主要分为两种,一种是气堵,当混凝土满管下落时,导管内混凝土(或泥浆)面至导管口的空气被压缩,当导管外泥浆压力和混凝土压力处于平衡状态时就出现气堵现象。解决气堵现象的措施有:采用外径小于导管内径的插入式轻型小料斗,使空气能从其连接处排出,不至于形成气堵;另外一种堵管现象为物堵,混凝土施工性能不好,石子较多,或混凝土原材料内有杂物等,在混凝土垂直下落时,石子或杂物在导管内形成拱塞,导致堵管。物堵现象的控制为:由于孔深达120多米,混凝土自由落至孔底时速度较大,易形成拱塞,要求混凝土有较好的流动性、不离析性能和丰富的胶凝材料,同时加强现场物资管理,使混凝土原材料中不含有任何杂物,并在浇筑现场层层把关。另外,在小料斗上面放置一个用钢筋焊成的篦子,防止大的石头或其他异物落入导管,确保混凝土浇筑顺利。

(2)断桩主要是导管埋置深度不够,导管拔出了混凝土面(或导管拔断),形成了泥浆隔层。防止措施为:对导管埋深进行记录,除了用搅拌站浇筑方量校核外,现场要用双测深锤测得混凝土面高程,以互相校核,始终保持导管埋深在2m以上。

对每套导管都要进行试压,并舍弃使用时间长或壁厚较薄的导管,确保导管有一定的强度。在沉放导管的过程中,现场操作人员要严格把关,以确保导管沉放顺序和导管连接质量,杜绝因导管而出现的质量事故。导管沉放时要填写"导管沉放记录表",施工员和技术员都要在记录表上签字,责任到人。

(3)确保搅拌站的生产能力,采用两台拌和站同时施工,互为备用,同时要联系商品混凝土站,必要时能确保混凝土供应。

施工现场和拌和站都要配备好发电机,确保钻孔桩混凝土浇筑连续。

6.2.7 防止钻孔桩出现接桩的措施如下:

按规范要求钻孔桩应超浇0.5~1m^3左右的混凝土,目的是用来保证桩头混凝土质量,避免导管拔出时泥浆混进桩体内,而实际操作时易错将泥浆内的凝结面当作混凝土面,使得混凝土少浇,导致桩体要接长。在终灌时,用一混凝土取样器在孔内取样,确认浇筑的高度是否正确,确保桩头质量。

7 安全措施

7.1 护筒、泥浆池等设施,四周应设栏杆,夜间应有足够的照明设施。

7.2 加强与当地水文、气象部门的联系,及时掌握水文、气象动态,合理安排生产,确保施工安全。

7.3 经常检查钻机钻杆、钻头以及泥浆指标,防止掉钻、埋钻、塌孔。

7.4 在起吊中应严格执行安全操作规程,指挥起吊时,信号必须统一,手势明显,哨音清晰,不得含糊。

7.5 严格用电管理,施工现场的一切电源电路的安装和拆除,必须由持证电工操作,电器必须严格接地、接零和漏电保护器,场地电缆应架空,严禁拖地和埋压土中。

7.6 严禁酒后操作机械和上岗工作。

8 环保措施

8.1 施工机械注意保养,维修时防止油料洒落污染河水。

8.2 废弃混凝土,清洗罐车、导管的废水必须集中处理。

8.3 经常对施工机械进行保养,尽量减少噪声污染。

8.4 施工过程中的废弃物、边角料、包装袋等应及时收集、清理,集中处理。

9 效益分析

以青银高速济南黄河大桥B合同段55号墩的钻孔灌注桩为例。该墩共有钻孔灌注桩49根,桩径

2.0m,桩长120m。如采用气举反循环钻机,采用反循环施工,每米的钻孔成本在1 000元以上,全部的成本为:49×120×1 000=5 880 000元;采用本工法施工的成本在550元左右,全部的成本为:49×120×550=3 234 000元;仅该项费用就节约5 880 000-3 234 000=2 646 000元。由此可见,经济效益显著。

工程实践证明,严格按照本工法施工,可以有效的把钻孔垂直度和孔底沉渣的厚度控制在设计要求的指标以内,社会效益良好。

10 工程实例

10.1 国道205线滨州黄河大桥主塔承台共50根钻孔灌注桩,桩径1.5m,设计桩长115m。采用正循环钻进,反循环清孔工艺进行施工,平均每孔的施工周期为6天左右。经超声波检测,全部为I类桩。

10.2 青银高速济南黄河大桥B合同段有337根钻孔灌注桩,共计约3万延米。采用正循环钻进,反循环清孔工艺进行施工,平均每孔的施工周期为6天左右。经超声波检测,全部为I类桩。

牵索式挂篮施工工法

GGG(鲁)C3061—2008

杨荣泉　侯福金　万雨帆　闫宗山　孙建全
(山东省路桥集团有限公司　山东省公路桥梁建设有限公司)

1　前言

牵索挂篮是施工大跨径斜拉桥混凝土主梁的主要工具,目前国内使用的牵索挂篮形式主要有桁架式和钢箱式。目前,箱梁的宽度和单节段浇筑长度都比较大,滨州黄河大桥主梁宽度更是达到了32.8m,单节段浇筑长度为7.5m。为提高挂篮的整体刚度,挂篮采用钢箱式主桁结构,目的是保证主梁的浇筑质量及控制浇筑时间,使挂篮的刚度及强度满足一次浇筑完毕整个梁段的要求。

该工法利用永久性斜拉索作为施工挂篮前支点,以简支体系受力改变了传统平衡压重式挂篮的单悬臂受力,增加了浇筑节段长度。牵索式挂篮具有刚度大、比同类挂篮自重轻、行走及操作方便的特点,能优质、安全、快速地完成斜拉桥混凝土主梁悬浇施工任务,施工操作简便宜行,普通工人稍加学习便可灵活掌握操作要领,施工工艺安全可靠。这种挂篮于先后在利津黄河大桥和滨州黄河大桥应用,取得较好效果,且具有技术性和经济性的综合效果,达到国内先进水平。

2　工法特点

2.1　利用斜拉桥特有的永久性斜拉索作为施工挂篮前支点,结合桥面锚固系统构成无压重挂篮,挂篮中端悬吊在已浇好的梁段上,将传统挂篮的单悬臂受力状态改变为简支正弯矩受力状态,从而大大提高了挂篮承载力,又减轻挂篮自重,一次浇筑长度达7.5m,一个浇筑施工周期为7d,工效提高30%～50%。

2.2　利用钢箱作为挂篮的纵、横向主桁结构,从而大大提高了挂篮的整体刚度,变形量小,保证了施工质量。

2.3　挂篮采用液压驱动,减轻了工作强度,提高了工作效率。

2.4　结构简洁紧凑,受力明确,使用较为方便。

3　适用范围

本工法适用于悬臂浇筑的大跨度预应力钢筋混凝土斜拉桥。

4　工艺原理

斜拉索水平分力与水平反力平衡。斜拉索竖向分力与中支点反力形成简支梁的两个支点,承载待浇混凝土箱梁重量。

挂篮前鼻梁设计:通过四根反力杆完成斜拉索牵引、张拉、锚固及挂篮下落等几个转换过程。

顶模整体落架设计:通过设在已浇梁段上的后吊杆和设在前横梁侧面的支撑杆,实现了顶底模的整体上升和下降,提高了施工速度。

挂篮行走系统设计:挂篮行走靠大行程千斤顶驱动,后滑靴升降及滑行设计。

5 施工工艺和操作要点

5.1 牵索挂篮简介

5.1.1 挂篮组成

牵索挂篮共有五部分组成:主桁系统、模板系统、牵索系统、行走系统、工作平台系统。

(1)主桁系统:采用整体焊接钢箱,主桁包括两道纵梁、两道横梁,为提高前横梁刚度,在前横梁下端设置了三角桁架。为调节立模高程和保持挂篮平衡,在挂篮后端设置了调节杆。在后横梁处的纵梁上设置悬挂C形梁。

(2)模板系统:边箱底板及顶板底板采用钢桁架,面板用3mm钢板,边箱内模用木模,用木胶合板做面板,横隔梁模板采用木模,面板用进口维莎板。

(3)牵索系统:该系统由前鼻梁、牵引杆、反力架、千斤顶及斜拉杆组成。张拉斜拉索的水平分力由板力杆平衡。

(4)行走系统:该系统由滑靴、滑道、牵引钢绞线及千斤顶组成。其主要作用是当挂篮施工完一段后,将其转移到下一段。

(5)工作平台:主要用于完成斜拉索张拉、模板支立、挂篮行走等。

5.1.2 挂篮安装

挂篮安装采用整体吊装方案,先在地面上将主桁系统整体拼装后,用千斤顶提升就位,详见图1。

图1 挂篮提升图

提升就位后安装吊杆、模板、工作平台、悬挂C形梁等附属部件。

5.1.3 挂篮预压

(1)预压重量:为施工荷载总和。总重量约为主梁自重的1.1倍,预压配重用砂袋,根据主梁的受力模式进行加载,分级进行预压,预压分为10级,每级压重均为施工荷载重量的10%。

(2)预压顺序:加载顺序按照混凝土浇筑顺序进行,首先在两边箱前端加载,由前向后进行,边箱及横隔梁加载完毕后再从两端开始沿由前向后,先两边后中间的顺序对称加载,操作顺序:挂篮安装就位→调整模板→测量高程并做好记录→第一次张拉→加施工荷载重量的10%→测量高程→……分十级加载至施工荷载总重→测量挂篮变形及模板高程→第二次张拉斜拉索→测量挂篮变形及模板高程→分级卸载。

(3)注意事项如下:

①严格按照正确的施工顺序施加荷载。

②预压用砂袋要严格称量,做好记录。

③加载过程中注意观察挂篮变形情况,如有异常应立即停止加载,分析原因,必要时对挂篮进行改进和加固。

(4)预压观测及调整:每施加一级荷载均进行变形观测并记录,并对重点受力部位进行严密观察。

(5)斜拉索第二次张拉:当预压荷载全部施加完成后,按照设计要求对斜拉索进行第二次张拉,并对张拉后的挂篮及模板进行变形观测。

(6)卸载:预压及张拉过程全部完成并且变形稳定后,即可进行卸载,卸载的过程与加载的过程相反,并做好观测记录。

(7)成果分析:待整个预压及卸载过程全部完成后,将观测结果绘成图表,对观测成果进行分析,成果分析的主要目的是:

①检验挂篮的强度、刚度和稳定性。

②消除非弹性变形,确定荷载—变形关系曲线。

③确定正式进行挂篮浇筑时的立模高程。

④将预压结果报设计、监理及施工监控单位,必要时对斜拉索的初次张拉力进行调整,以满足设计及施工需要。

5.2 挂篮施工

挂篮预压并卸载完成,按按监控部门提供的施工高程调整模板高度,第一次张拉斜拉索后进行钢筋绑扎(图2)、预应力及模板安装。

挂篮施工顺序:挂篮安装、预压、卸载→底模调整→斜拉索安装→第一次张拉斜拉索→钢筋绑扎及预应力管道安装→安装内模及侧模→混凝土浇筑→混凝土养护→拆除顶板底模及横隔梁侧模→第二次张拉斜拉索→主梁横隔梁预应力张拉→拆除内模→剪断小拉索→挂篮下落、前移、就位→主梁预应力封锚、压浆→底模调整(重复以上步骤,进入下一节段施工)→挂篮拆除。

图2 挂篮钢筋绑扎图

5.2.1 钢筋绑扎及模板安装顺序:横隔梁钢筋→预应力钢束及波纹管→定位斜拉索锚固套管→绑扎锚固区钢筋→绑扎底板、斜腹板第一层钢筋→定位及防崩筋钢→斜腹板预应力钢束及波纹管→绑扎底板、斜腹板第二层钢筋→横隔梁模板(边箱内模安装并加固)→绑扎顶板钢筋→放置护栏底座,泄水管预埋件→顶板预应力穿束及定位→支立顶板侧模及两端模板。

5.2.2 钢筋垫块:顶板等钢筋较轻的部位用塑料垫块。横隔梁及斜腹板下部钢筋较重的部位用大理石垫块。

5.2.3 预应力管道安装时应严格按图纸尺寸定位并每隔1m加一道定位钢筋,管道定位后应仔细检查,保证密封,以确保预应力钢束不被水泥浆液固结。

5.2.4 混凝土浇筑:混凝土浇筑采用拖式泵配合布料杆进行,布料杆长18m,置于箱梁横轴线上,布料范围可覆盖整个现浇段。混凝土浇筑顺序按照由前向后,先两边后中间的顺序进行,横向浇筑顺序为:边箱底板→斜腹板→直腹板→横隔梁→横隔梁顶板→边箱顶板。

5.2.5 混凝土抹平及养生:为使桥面平整度达到设计要求,沿箱梁横桥向每3m设置一道∠50×50mm角钢,角钢顶面与混凝土面齐平,与桥面钢筋焊接成一体,顶板混凝土浇筑后用木刮杆将混凝土刮平后,将角钢拆除,再用泥板将混凝土表面抹平。混凝土初凝前,用泥板进行二次碾压以使混凝土表面进一步平整和防止收缩裂缝。二次抹平的同时用麻面片覆盖混凝土表面并及时洒水养生。混凝土表面应覆盖严密,并将覆盖物压牢系紧。洒水应连续、均匀,以保持混凝土表面湿润为准。二次抹平后混凝土达到设计强度50%前严禁踩踏。

5.2.6 沉降观测:混凝土浇筑前在前端模板上设置沉降观测点,沿桥横桥向共设置5个观测点。混凝土浇筑前观测并记录各点的高程,混凝土浇筑过程中随时观测各点的沉降量,当发现沉降量过大或不规律变化时应查出原因并及时处理。

5.2.7 施工预埋件、预留孔的设置:主要包括高程观测点、挂篮预留孔、下灰点等。

5.2.8 注意事项如下：

(1)混凝土浇筑时，均匀、慢速，分30cm一层振捣。

(2)斜腹板混凝土振捣时，要特别注意振捣位置，避开波纹管，以免损坏波纹管。对于不易振捣的地方，应用橡皮锤或木榔击打斜腹板模板，使内部混凝土密实。

(3)横隔梁马蹄处混凝土振捣时，振捣工要手提振动棒，使其悬浮振动，以避免卡棒或戳穿底部波纹管。

(4)斜拉索锚固套筒和锚头处，由于钢筋密集，要加长振捣时间至40s。

(5)浇筑顶板混凝土时，边浇筑边抹平覆盖，防止水分散失过快。

5.3 挂篮操作步骤

模板调整→安装、第一次张拉斜拉索→混凝土浇筑→第二次张拉、体系转换→挂篮下落→前移→提升(图3)→锚固→挂篮拆除。

5.3.1 模板调整：挂篮提升就位后，将前吊杆锚固，调节后支撑点使挂篮主桁保持水平后即可进行模板调整，可分两个步骤完成，第一步将挂篮根据图纸给出的标准段几何尺寸，调整斜腹板、顶板及横隔梁底板的相对高程；第二步：底板相对高程准确后，用千斤顶调节挂篮后端的调节后座，使模板高程达到立模高程的要求。调节完毕，将中、后吊杆锚固，即可张拉斜拉索。

图3 挂篮提升图

5.3.2 安装、第一次张拉斜拉索：挂篮底模按施工高程调整后，将弧形垫板及反力架调到与斜拉索对应位置，先通过软牵引将与锚杯连接的ϕ148mm丝杆带出千斤顶，再按照设计及监控部门提供的张拉力或高程张拉斜拉索。

5.3.3 混凝土浇筑：浇筑过程中随时观测挂篮沉降，发现异常情况时应及时查找原因，当设计和监控部门有要求时，在混凝土浇筑过程中或浇筑完成后再一次张拉斜拉索。

5.3.4 第二次张拉斜拉索、体系转换：混凝土强度达到张拉要求后，先将横隔梁侧模、周圈侧模及斜拉索锚块模板拆除，把斜拉索锚垫板周围清理干净，将锚圈紧固在锚垫板上，千斤顶回油，将与反力架连接的四根拉杆解除后，千斤顶进油带动反力架与锚垫板贴紧，用高强螺栓将反力架固定在锚垫板上。反力架位置应安放准确，中心线与锚垫板重合，否则锚杯引出时容易刮丝。

反力架与锚垫板固紧后，千斤顶进油，第二次张拉斜拉索至设计要求，在千斤顶出顶的同时，将锚圈旋紧。二次张拉开始，挂篮与主箱分离，斜拉索力转换至主箱，体系转换完成。

5.3.5 挂篮下落、前移、提升与锚固。二次张拉完成后，连接器与锚杯分离，反力架、千斤顶与引出杆下落并固定在挂篮上。挂篮下落分模板下落与挂篮下落两个步骤完成。

(1)模板下落：首先落顶板底模，共分六个单元，横隔梁内侧分两个单元，前端为两根支撑立杆，一个立杆用两个2t导链，导链挂在立杆下端下落；后端为两根吊杆，先用千斤顶将吊杆松开，在吊杆上端加一连接器，与钢丝绳相连，上接3t导链，导链挂在桥面三角架上，前后端同时下落。横隔梁内侧顶底模下落完成后，将内侧横隔梁侧模旋转放在底模上，同时将直腹板拐角处模板拆除也放在顶板底模上。横隔梁外侧顶板底模通过旋转顶杆螺旋下落10～20cm后，用导链辅助与横隔梁外侧模板一起整体外移。边箱内模拆除后，转移至桥面上重新加工。

(2)挂篮下落：顶板底板及横隔梁侧模拆除后，先将外侧中吊杆解除，将外侧锚梁翻转后放在滑道位置；在挂篮内侧中杆处安装千斤顶、反力架，在前端中吊杆预留孔处安放180t千斤顶、反力架及丝杆，与挂篮前鼻梁处的吊鼻连接。解除后吊杆及反力杆后，挂篮用四台千斤顶下落。挂篮落距为1m，下落到指定位置时，悬挂C形梁滑靴落在滑道上，再将后支撑杆升起，支撑杆顶端滑靴与主箱翼缘底板顶紧后，将下落使用的千斤顶及丝杆拆除。

(3)挂篮前移:挂篮下落后,解除挂篮与主箱之间的全部约束,使挂篮主桁保持水平,只有悬挂C形梁与后支撑杆与主箱接触,调节中吊杆处悬挂C形梁与后支撑杆上的定位轮与主箱侧面混凝土保持5mm距离。在桥面上施工出挂篮行走轨道控制线,将行走轨道准确定位,并将轨道下的桥面整平,安放25t牵引千斤顶与固定销,用油泵带动千斤顶驱动挂篮前移,千斤顶每一行程结束回油时,由人工辅助千斤顶后座向前移动并插拔固定销。两侧千斤顶必须保持同步顶升,最大行程误差小于5cm。挂篮行走如图4所示,行走过程中应有专人随时检查各部位,保证挂无任何障碍挂靠、行走直顺、挂篮各部件使用安全,无异常现象。

(4)挂篮提升:挂篮行走到位后,安装中吊杆的内侧吊杆与提升千斤顶,在后端支撑座上各安放两个50t手动千斤顶及厚5cm的支撑垫块,先用手动千斤顶将后支撑杆解除,然后提升中吊杆,中吊杆千斤顶由油泵驱动,每次提升5cm,中吊杆提升后,用后端两个50t手动千斤顶交替使用将支撑垫块逐块拆除。挂篮提升到位后,将滑道翻转作反力杆锚梁,安装外侧中吊杆。

图4　挂篮行走图

(5)挂篮锚固:中吊杆安装完毕后,根据设计及监控部门提供的立模高程调节斜腹板及横隔梁底模高度,高程调整通过后支撑座上的手动千斤顶完成,模板高程达到设计要求后,安装后吊杆及反力杆。挂篮操作完成。

5.4　第一次张拉斜拉索

挂篮锚固后,立即进行斜拉索安装:先用软索将斜拉索前端的引出杆带出张拉千斤顶后,将斜拉索张拉至设计要求,并将斜拉索锚定在挂篮前鼻梁上。第一次张拉完成后,再调整斜拉索套并固定。

5.5　钢筋绑扎及模板安装

第一次张拉完成后,安装并绑扎横隔梁及斜腹板钢筋,横隔梁钢筋先预制成三片,用吊机安装就位后,再绑扎成整体。斜腹板钢筋应现场绑扎。

钢筋绑扎顺序为:绑扎横隔梁筋→穿预应力钢束及波纹管→定位斜拉索锚固套管,绑扎锚固区钢筋→绑扎底板、斜腹板第一层钢筋→绑扎防崩钢筋→绑扎底板、斜腹板第二层钢筋→绑扎腹板钢筋。

横隔梁及斜腹板下层钢筋绑扎完成后,立横隔梁侧模,顶升顶板底板,模板顶升由导链完成。顶升后顶板后端固定在已浇筑混凝土面上,前端支撑杆加横向连接杆加固,顶板模板的高程根据斜腹板相对高程确定。顶板模板安装并加固后,绑扎主梁顶层钢筋并安装顶板预应力束及管道,然后立侧模,放置护栏底座、泄水管预埋件,并安放施工预留孔及预埋件。

5.6　混凝土浇筑

5.6.1　浇筑前准备:混凝土供应由拌和站集中拌和,罐车运输,拖式混凝土泵输送,用布料杆辅助混凝土入模,布料杆工作半径为18m,安放在主箱已浇混凝土面前端,可覆盖整个待浇筑段。准备好木板,待斜腹板拐角处浇筑完毕后铺上木板,防止翻浆。预埋测温管、沉降观测点,设置好下灰点。

5.6.2　混凝土浇筑总体顺序为由前向后,先两边后中间。从悬臂端边箱开始,向后向中间对称浇筑,具体顺序为:边箱底板→斜腹板→直腹板→横隔梁→横隔梁顶板→顶板。

5.6.3　抹平及养生:为控制梁体表面平整度达到不超过7mm的要求,从箱梁纵轴线开始向两侧每3.5m设置一道L30mm×30mm角钢作为高程控制线,角钢安装时用水准仪精确定位。浇筑后用刮杆沿角钢顶面将混凝土表面整平,用泥板抹平压实。混凝土初凝前把角钢撤掉后,再用泥板进行二次碾压以使混凝土表面进一步平整和防止收缩裂缝。二次抹平的同时用麻面片覆盖混凝土表面并及时洒水养生。混凝土表面应覆盖严密,并将覆盖物压牢系紧。养护用水的温度不低于30℃,洒水应连续、均匀,以保持混凝土表面湿润为准。二次抹平后混凝土强度达到27.5MPa前应严禁踩踏。

5.7 预应力束施工

5.7.1 挂篮施工预应力钢束包括以连接器连接的纵向钢束及合拢束、横隔梁及边箱斜腹板预应力束,合拢束在主箱合龙后一次穿束锚固。

5.7.2 预应力施工顺序为:横隔梁管道在横隔梁钢筋安装后安放,每隔1m设置一道定位筋,接口用塑料焊机焊接或用标准塑料接头连接,接口处应平齐,不破裂,不变形,接口处用胶布缠裹后再加缠一层透明胶带。混凝土浇筑完成后穿预应力钢束。斜腹板钢束一端轧花,在上端口张拉锚固,在底层钢筋绑扎完成后安装,除每米一道定位筋外,在底端拐角处应设置防崩钢筋。

纵向束通过在斜腹板下层绑扎钢筋完成安装,钢束固定端为挤压锚,安装在连接体上,钢束安装时应注意与连接体结合紧密。安装后将喇叭管固定在锚垫板上,锚垫板与喇叭管之间填塞橡胶垫,以防露浆,然后将波纹管、约束环及螺旋筋从钢束张拉端分别安装就位。

顶板束安装步骤与纵向束基本相同,在顶板底层钢筋绑扎完毕后安装。

5.7.3 预应力张拉:在斜拉索第二次张拉完成后,挂篮移动之前张拉预应力束。张拉顺序为先纵向束,后横向束。纵向束张拉先从主箱刚度最大位置开始,左右对称张拉;横向束同步张拉。

5.7.4 预应力压浆:张拉完成后,立即割索、封锚,压浆在挂篮前移并锚固后进行。

5.8 挂篮施工注意事项

5.8.1 挂篮的立模高程严格按照设计规定及施工监控单位的要求调整。

5.8.2 施工中各梁段立模高程的确定和主梁高程测量以及索力的测量依据施工监控部门的要求进行。

5.8.3 预留孔位应准确,不得使吊杆及拉杆受弯。

5.8.4 主梁施工过程中,一定注意预埋所有附属工程的预埋件;注意预埋用于应力监控的应变片以及测量高程的控制点预埋件等。

5.8.5 挂篮行走时,两侧行走轮要同步平稳前移;如有偏移要及时调整。

5.8.6 悬臂浇筑混凝土时,应从挂篮的前端分层向后浇筑,横向应先浇筑两侧边箱梁,然后从两侧向中间浇筑桥面板及横梁。

5.8.7 认真保养和及时校定千斤顶,确保张拉力准确,并配备备用千斤顶。

5.8.8 行走系统要经常进行润滑保护。

5.8.9 中塔主梁悬臂浇筑最大长度可达到201.5m;浇筑混凝土时应注意天气情况,浇筑期间桥面处10min最大平均风速不得大于15m/s。

6 材料与设备

牵索挂篮钢箱及主受力构件采用16Mn钢材,其他部分采用普通Q235钢材,张拉杆及反力杆采用40CR机加工件。

主梁混凝土一般采用C50以上,钢筋及预应力材料均应满足公路工程试验检测要求。

使用的主要机械、设备见表1。

使用机械、设备表 表1

机械、设备名称	型号产地国	功率/吨位/容积	单 位	数 量
混凝土拌和站	HLS60	$60m^3/h$	套	2
混凝土搅拌运输车	MR-60S、日本	$6m^3$	辆	4
混凝土拖式泵车	HBT-80、日本	$80m^3/h$	台	3
牵索挂篮	自制、济南		套	4

续上表

机械、设备名称	型号产地国	功率/吨位/容积	单　位	数　量
空压机	VFY1017-C、济南	$6m^3/min$	台	8
张拉设备	YC-600、开封	60t	套	8
张拉设备	YCD400、四平	500t	套	16
交流电焊机	BX3-300-2A、济南	14kW	台	16
发电机组	200GF、上海	200kW	台	2
对焊机	NP1-101、济南	84kW	台	2
塔吊	中升	120t·m	台	2
钢筋弯曲机	GW-40、济南		台	4
钢筋切割机	GC-40、济南		台	4
电梯	SCQ-100 上海	1t	台	2
起重机	NK-5000	40t	台	2
起重机	QY25、上海	25t	台	2
水泥浆搅拌机	济南	$2m^3/h$	台	4

7 质量控制

质量控制是施工的重点,控制好施工质量是工程成败的关键。质量控制目标见表2。

质量控制目标　　表2

检 查 项 目		控 制 目 标
挂篮	强度	大于施工实际应用强度,安全系数大于1.3
	最大挠度(mm)	≤19
混凝土强度(MPa)		在合格标准内
梁段长度(mm)		+5,-10
轴线偏位(mm)	L≤100mm	10
	L>100mm	L/10 000
顶面高程(mm)	L≤100mm	±20
	L>100mm	±L/5 000
	相邻节段差	10

8 安全措施

8.1 应进行安全教育,建立健全各项规章制度,加强岗位责任制。严格施工纪律,严格按规程操作。

8.2 参加高空作业(特别是塔吊)的施工人员必须有特别作业证书,严禁带病上岗。高空作业必须设置安全网,工人穿戴安全帽、施工鞋、安全带。

8.3 应设立施工作业警示区,严禁非施工人员及车辆进入施工现场。

8.4 遇有大风、暴雨天气应停止施工,注意保护电源,防止漏电。

8.5 严禁乱抛掷杂物。

8.6 塔吊操作人员要经培训考核,持证上岗;应定期检查各种限位开关,起重机钢丝绳、卡环如有损坏及时更换。

8.7 塔吊应设专人指挥,禁止超负荷起吊。

8.8 高处作业应遵守以下规定:

(1)悬空高处作业设有可靠的安全防护措施。从事高处作业人员要定期体检,发现不适病症,不得从事高处作业,严禁酒后高空作业。

(2)高处作业所用的梯子不得缺档和垫高,同一架梯子不得二人同时上下,在通道(或平台)使用梯子应设置围栏。

(3)高处作业与地面联系,应有专人负责,或配有通信设备。

(4)运送人员和物件应有可靠的安全装置,严禁人员乘坐运送物件的吊篮。

9 环保措施

在实施过程中,应遵照现行的国家和地方(行业)有关环境保护法规中所要求的环保指标,加强文明施工管理。

挂篮施工中,液压设备要加强保养,不能污染梁体和施工场地的水体和山体等。

施工过程中产生的垃圾应该分类处理,不能随意丢弃。

10 效益分析

10.1 按箱梁结构计算,本挂篮结构简单,轻巧,节省了大量材料,使成本降低了20万元/套。

10.2 挂篮的功能全面,行走方便,可以方便大型斜拉索安装。

10.3 工作平台空间大,操作方便。

11 工程应用实例

11.1 利津黄河公路大桥主桥结构形式为40m + 120m + 310m + 120m + 40m五跨连续PC箱梁双塔双索面斜拉桥,悬浇梁段采用牵索挂篮悬浇施工,混凝土总数量为26 054m^3。

11.2 国道205线滨州黄河公路大桥主桥结构形式为2 × 42m + 2 × 300m + 2 × 42m六跨连续PC箱梁三塔双索面斜拉桥,标准断面宽32.8m,主梁采用双边箱梁预应力混凝土主梁,主梁全长767.1m,梁高3m,主梁在中塔处与中塔固结,边塔处半飘浮支承。采取落地支架现浇与牵索挂篮悬臂浇筑相结合,其中CB0、SB0、SB0′及SB1梁段为支架现浇段,SB2至SB11及CB1至CB25梁段采用牵索挂篮悬浇施工,混凝土总数量为20 036m^3,斜拉索采用半平行钢丝斜拉索,中塔斜拉索104根,边塔共有96对。

索塔钢锚箱安装施工工法

GGG(鲁)C4062—2008

杨荣泉　张光桥　万雨帆　贯志坚　王培光
(山东省路桥集团有限公司·山东省公路桥梁建设有限公司)

1　前言

目前钢锚箱正广泛应用于索塔塔柱建设施工中。钢锚箱的安装工艺比较普遍的做法就是先浇筑好混凝土垫石,然后利用塔吊吊装钢锚箱调整就位。这种情况下,施工的重点就是对垫石顶面的平整度和高程控制,这加大了施工控制的难度。采用通过在垫石上预埋可调节螺母进行钢锚箱底座的控制和新型吊装工艺的应用,能大大提高钢锚箱安装控制的精度和可操作性。相比之下,该施工工艺具有以下明显的优点:第一是操作简便,可调节性能良好;第二是能够满足施工精度的要求;第三是定位快捷,无需大型设备,用普通千斤顶即可进行轴线控制。

在钢锚箱塔柱施工中能够做到优质、高效、经济、快速、安全的完成索塔施工是施工企业的最高追求。钢锚箱的精确吊装、快速定位、安全操作关系着索塔结构施工的整体质量。

针对济南黄河三桥塔柱钢锚箱的结构特点(C 类锚箱重达 44t),作者单位采用了自行设计的新型吊装工艺和可调节螺母进行钢锚箱定位的施工工艺,该工艺的成功使用,大大提高了钢锚箱的吊装效率,为塔柱施工的顺利进行争取了宝贵的时间。

2　施工工艺和操作要点

该钢锚箱吊装、安装定位体系分成吊装系统、安装调节系统、施工工艺编制三个模块,满足索塔钢锚箱的施工。

2.1　吊装系统

2.1.1　吊装设备

采用沈阳建机的 S650H24 塔吊作为吊装设备,采用 4 倍率钢丝绳吊装。S650H24 采用 LVF 变频起升机构,实现控制起升速度的无级调速,制动单元零速制动,使得吊装作业时没有冲击惯性,吊装作业过程运行平稳,就位准确。

额定起重力矩 6 500kN·m,最大起重量 24t(27m 范围内),最大工作幅度 50m,最大自由工作高度 57.9m。S650H24 塔吊的主要参数如表 1 ~ 表 3 所示。

主要性能参数表　　表 1

最大起重量(t)	最大工作幅度(m)	最大工作幅度时起重量(t)	标准节段尺寸(m)	顶升方式
24	50	10.2	2.5×2.5×6	双油缸中心顶升

吊重特性表　　表 2

倍　率	2			4		
起升速度(m/min)	0 ~ 102	0 ~ 80	0 ~ 52	0 ~ 52	0 ~ 40	0 ~ 26
起重量(t)	6	9	12	12	18	24
功率(kW)	132					

基本参数表 表3

最大起重力矩(kN·m)	最大倾覆力矩(kN·m)	最大起重量(t)/工作幅度(m)	安全工作风压(Pa)	最大非工作状态风压(Pa)	钢丝绳直径(mm)
6 500	9 150	24/27	250	1 300	ϕ24

2.1.2　吊具设计

根据锚箱设计图，考虑锚箱吊耳设置在锚箱顺桥向两侧，横桥向吊耳间距为256cm，顺桥向吊耳间距420～480cm不等，吊耳至锚箱顶部高度为75～85cm不等。锚箱吊耳与吊具吊耳采用钢丝绳、卡环连接。顺桥向吊点间距设计为可调节式(图1)。

按最大吊重24t进行钢丝绳、卡环的选择，经计算单根钢丝绳选用直径ϕ26mm的钢丝绳及100kN卡环。

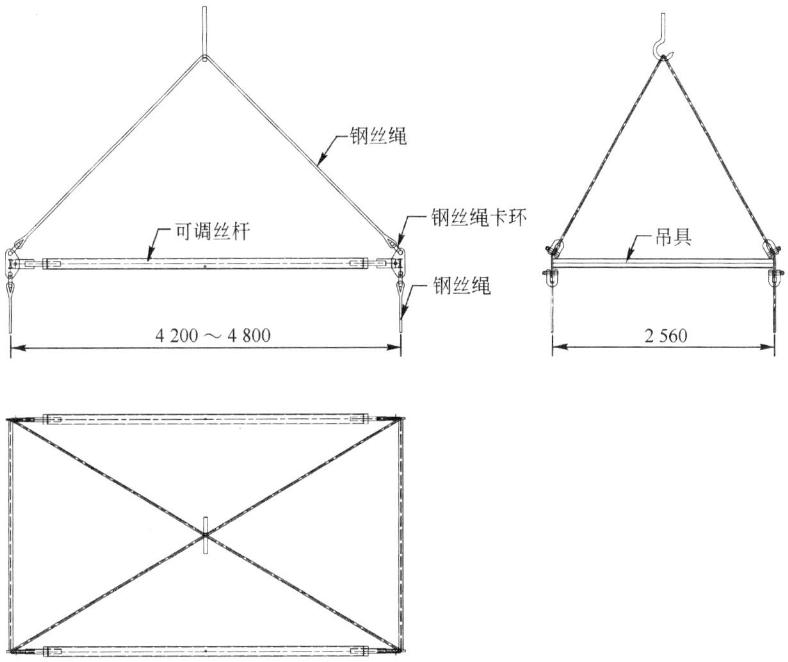

图1　钢锚箱吊具结构图(尺寸单位:mm)

2.2　安装调节系统

安装调节系统主要是针对首节C类钢锚箱而言，其余锚箱均以C类锚箱为基础。

2.2.1　C类钢锚箱安装

C类钢锚箱是钢锚箱基础段，其安装精度直接影响钢锚箱整体精度，因此，要采取合适的施工工艺确保C类锚箱的安装精度。

C类钢锚箱安装的重点是控制其顶面的平整度和高程。

1)步骤一

塔柱第35节段混凝土浇筑时，在C类锚箱底板位置处预埋水平限位预埋件、竖向调节螺栓(采用M36高强螺栓)、C类钢锚箱拼装支架预埋件、C类钢锚箱调整托架预埋精轧螺纹钢等(图2和图3)。

62)步骤二

安装C类钢锚箱拼装支架，并在其上安装千斤顶调节系统，竖向千斤顶下设置滑板，通过旁边的水平千斤顶，可以实现水平移动(图4)。安装C类钢锚箱调整托架，并安装千斤顶调节系统，竖向千斤顶下设置滑板，通过旁边的水平千斤顶，和C类钢锚箱拼装支架一样可以实现水平移动(图5)。

安装钢锚箱水平限位装置包括限位螺栓和调整千斤顶。

调整竖向调节螺栓和C类钢锚箱拼装支架上的千斤顶的顶面高程，调整时根据中下塔柱混凝土实际的压缩变形和基础沉降量的综合数据，按设计及监控提供的数据，设置一定的预抬量。

3)步骤三

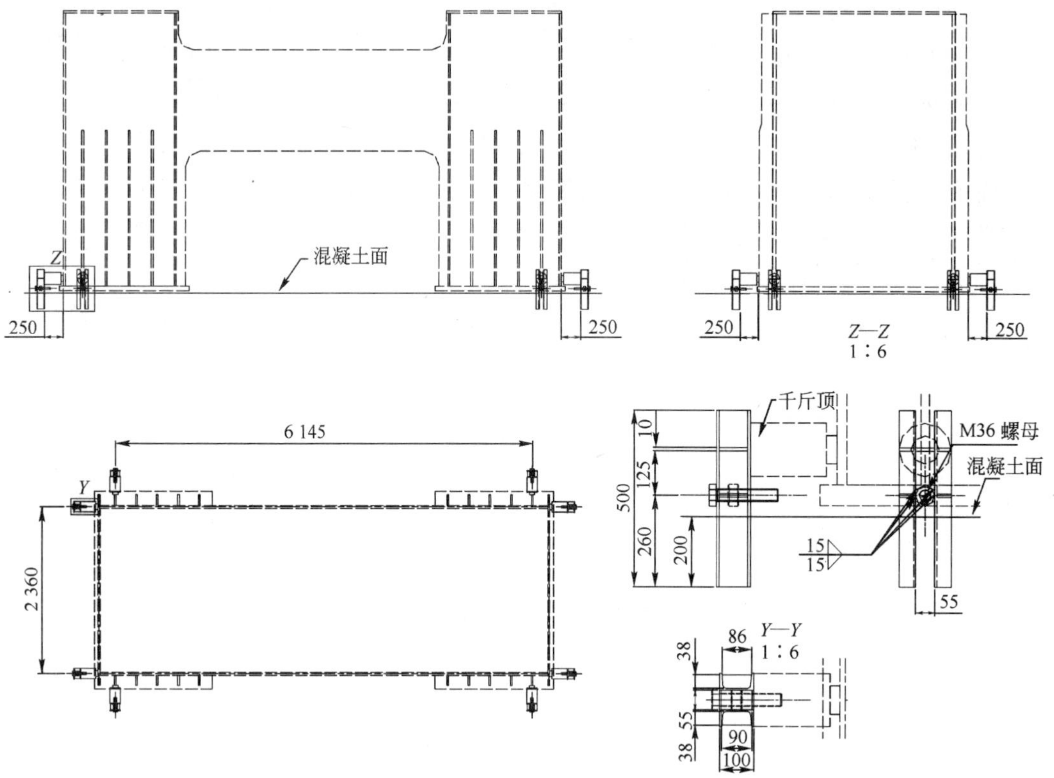

图2　C类钢锚箱水平限位、调整装置(尺寸单位:mm)

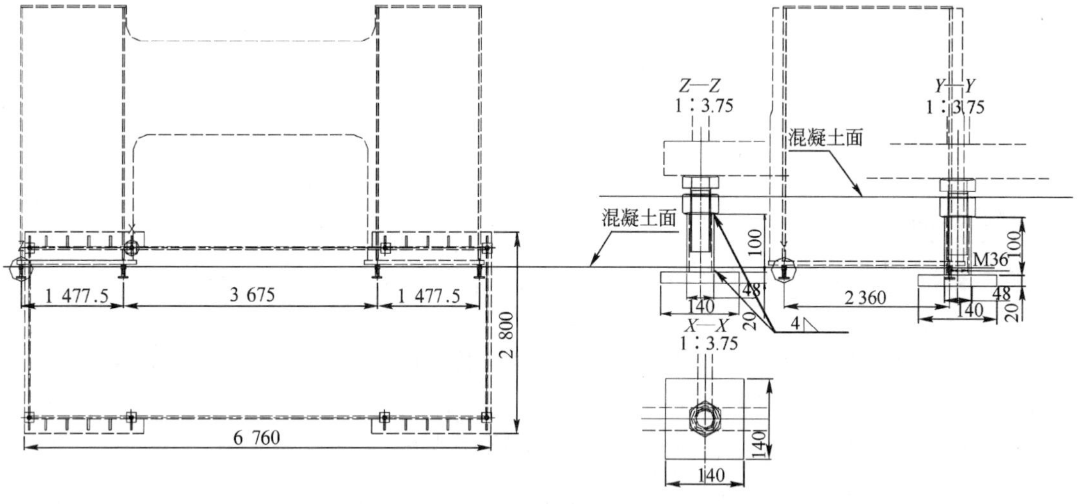

图3　C类钢锚箱竖向限位、调整装置(尺寸单位:mm)

选择温度较低、风力小的时间段在混凝土垫块上放样,精确放出钢锚箱边线和轴线的位置,并在钢锚箱四角的水平限位上设置临时导向装置。当风速小于10m/s时,采用四点法起吊一片C类钢锚箱,沿导向限位装置缓慢下落到拼装支架上面并初定位,然后再起吊另一片C类钢锚箱,沿导向限位装置缓慢下落到拼装支架上面并初定位。反复调整几个千斤顶的位置和高程,把两片钢锚箱的拼接口精确对准,打入定位冲钉,穿入高强螺栓临时连接。如图6所示。

4)步骤四

吊装B类钢锚箱的第一个节段,调整B类钢锚箱的位置,使上下两节钢锚箱相对应的位置精确对准(图7)。

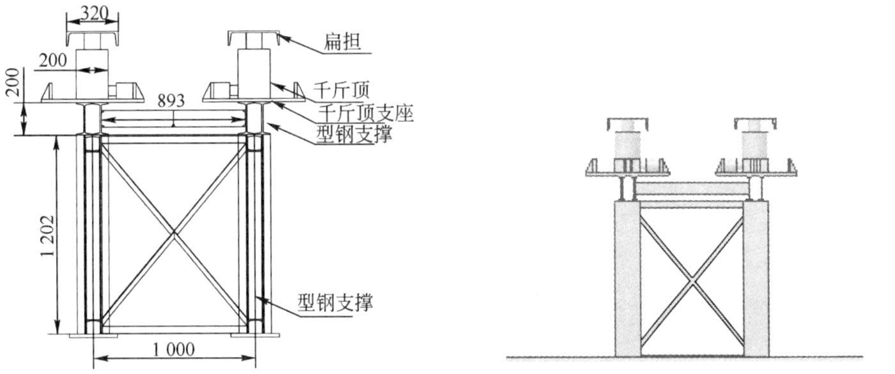

图4　C类钢锚箱安装支架示意图(尺寸单位:mm)

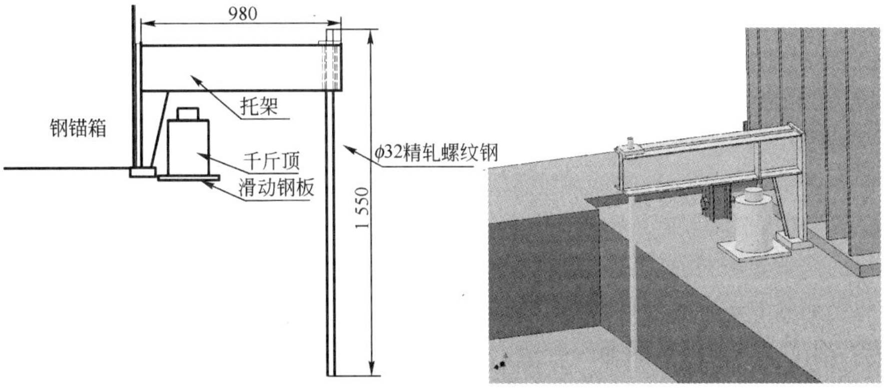

图5　C类钢锚箱安装调整托架示意图(尺寸单位:mm)

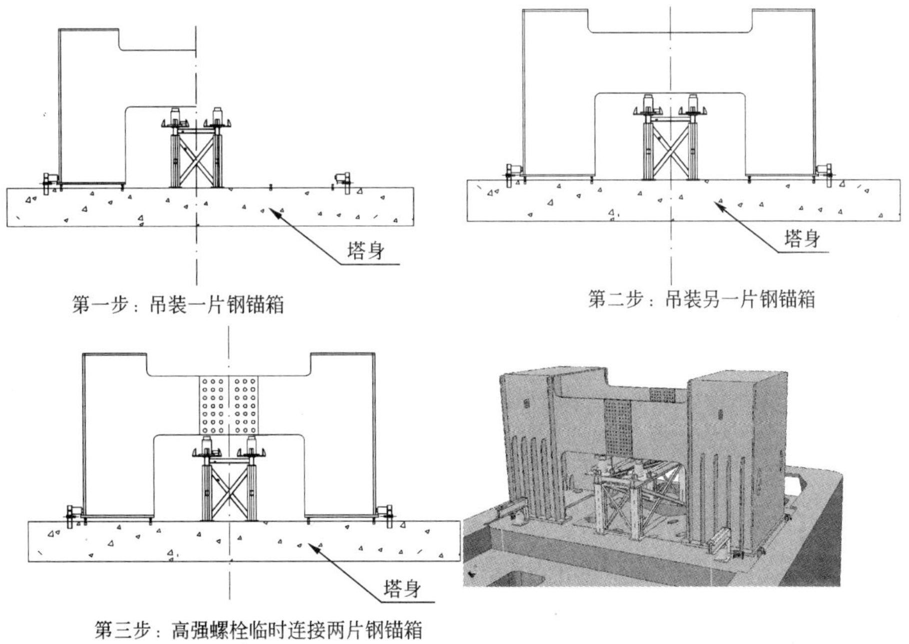

图6　C类钢锚箱吊装初定位

第一步:先用冲钉分散打入水平连接板的高强螺栓孔,按照程序把两节钢锚箱的水平连接板的所有高强螺栓施拧到位。高强螺栓的施工程序和步骤见后续介绍。

第二步:施拧左右两片C类钢锚箱的高强螺栓。

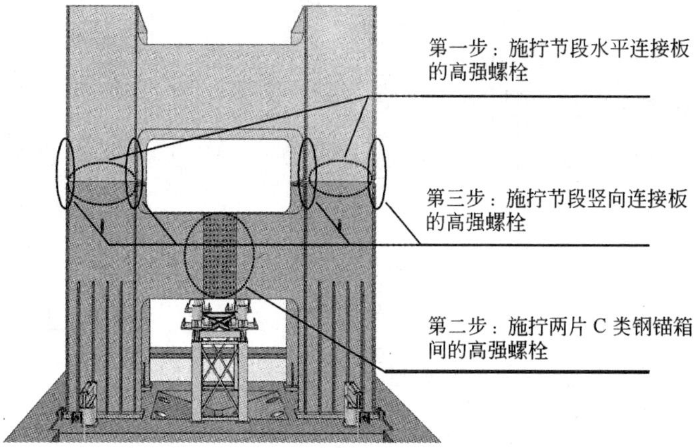

图7　C类钢锚箱吊装定位

第三步:施拧上下两节钢锚箱竖向连接高强螺栓。

5)步骤五

反复调整4个调节托架下千斤顶的位置和高程,精确测量两节钢锚箱的顶面高程和轴线偏差,直至符合要求,顶紧竖向和水平调节高强螺栓,拆除各种临时构件,完成首次钢锚箱安装。

要求钢锚箱轴线偏差相对于索塔定位轴线不大于1mm、倾斜度不大于$H/3\ 000$,且不大于1mm。

考虑以下几种测量方案配合使用:

第一种方案:精密水准仪配合铟钢尺测量钢锚箱顶面高程。

在横桥向边缘位置用型钢搭设一个稳固的观测平台,其上架设精密水准仪(DS1型,观测精度达0.3mm,最小显示0.01mm),观测水平面高于钢锚箱顶面约10cm左右,用配套的铟钢尺代替普通塔尺进行观测。

要求钢锚箱4个角的最大高程误差在1mm以内。

第二种方案:精密经纬仪配合钢尺测量钢锚箱轴线的垂直度。

该方案的基本思路是:通过精密经纬仪(J2型,精度±2″,长水准器精度20″/2mm)观测钢锚箱的纵横轴线偏离索塔理论轴线的情况来测量钢锚箱的垂直度(图8)。

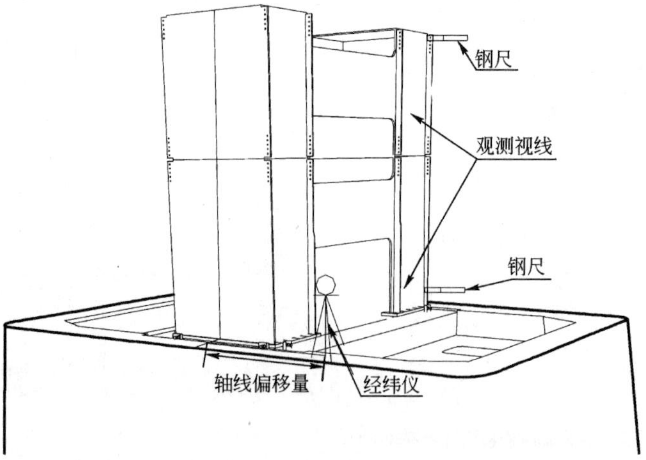

图8　经纬仪测量钢锚箱垂直度示意图

要求钢锚箱的纵横轴线偏差不超过1mm。这里面要求一是C类钢锚箱底部轴线和索塔轴线相差不超过1mm,二是第二节钢锚箱顶部中线和C类钢锚箱底部中线偏差不超过1mm。

第三种方案:精密水平尺测量钢锚箱顶面的水平状态。

第三种测量方案作为一种辅助测量手段,采用高精度水平尺(精度:+/-0.3 气泡分位)测量钢锚箱顶部的平整度,其测量精度受钢锚箱端面的加工精度影响较大。

6)步骤六

符合钢锚箱的顶面高程无误后,封堵C类钢锚箱承重钢板和C类钢锚箱混凝土垫块间的空隙,灌注无收缩高强混凝土灌浆料,完成首次钢锚箱施工(图9)。

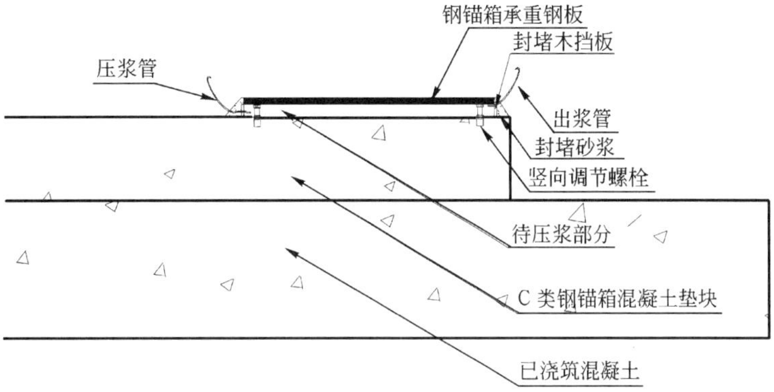

图9 C类钢锚箱底压浆示意图

灌浆料主要指标如下:

(1)灌浆料砂浆配合比(每立方米用量,单位kg)如表4所示。

砂浆配合比 表4

水泥	砂	水	外加剂	膨胀剂	水胶比
948	6 210	338	16.7	94.8	0.325

(2)水泥采用P.O.42.5普通硅酸盐水泥,由山东水泥厂生产;砂采用汶河砂,经过筛处理,粒径小于2.36mm;水采用饮用水,合格;外加剂采用青岛即墨科力达公司TOP403;膨胀剂采用山东省建筑科学研究院生产的PNC-1型混凝土膨胀剂。泌水率为1.9%,膨胀率为0.8%,稠度为240s,28d强度为58MPa。

灌浆施工注意事项:

(1)压浆管和出浆管都采用ϕ30mm的透明PE管,出浆管沿C类钢锚箱承重钢板周围每50cm设置一根,出浆管高于压浆面不小于50cm。

(2)出浆管紧贴C类钢锚箱承重钢板底面设置,深入钢板内不大于5cm。

(3)C类钢锚箱承重钢板周围的封堵混凝土施工时封堵要严密,养护要及时,不能出现裂缝。为防止封堵砂浆进入钢板内,在封堵砂浆和钢板间设置一道0.5cm厚的木挡板,木挡板可以用小直径膨胀螺栓和胶水定位。

(4)压浆时压力不能超过0.1MPa,依次关闭冒出和进浆口一样浓度浆体的出浆管,待全部的出浆管都冒出和进浆管一样浓度的浆体后,就可以关闭所有的进出浆管,完成压浆作业。

2.2.2 钢锚箱吊装

1)吊装流程

吊装流程如图10所示。

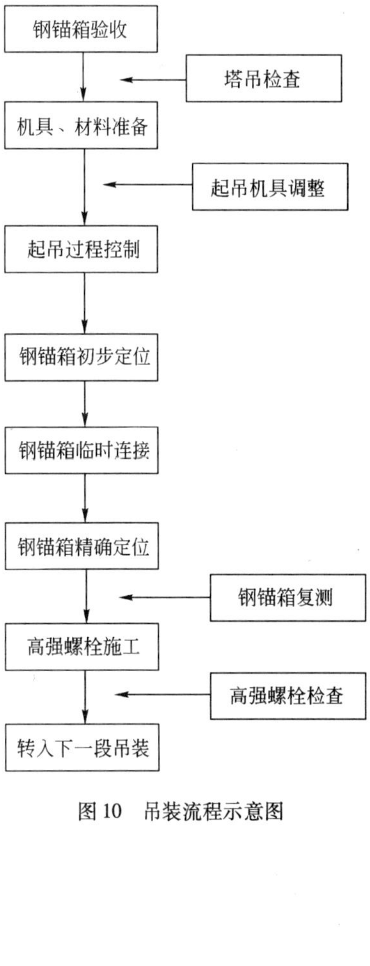

图10 吊装流程示意图

2)锚箱吊装

(1)钢锚箱进场验收及存放

①进场验收。钢锚箱运抵现场后,质检部门联合监理工程师进行安装前最后检查验收,内容应主要包括:钢锚箱出厂合格证书、相关制造和工厂验收技术资料齐全;钢锚箱外观检查,如焊缝、涂装等;重要部位如吊点的检查等;外形尺寸复查。

②存放。运至施工场地的钢锚箱存放在索塔岸侧靠近塔吊的位置,利用塔吊作为卸载设备。

钢锚箱存放区域要经过整平夯实处理,钢锚箱下面用方木垫平。现场钢锚箱存放数量在5节左右(图11)。

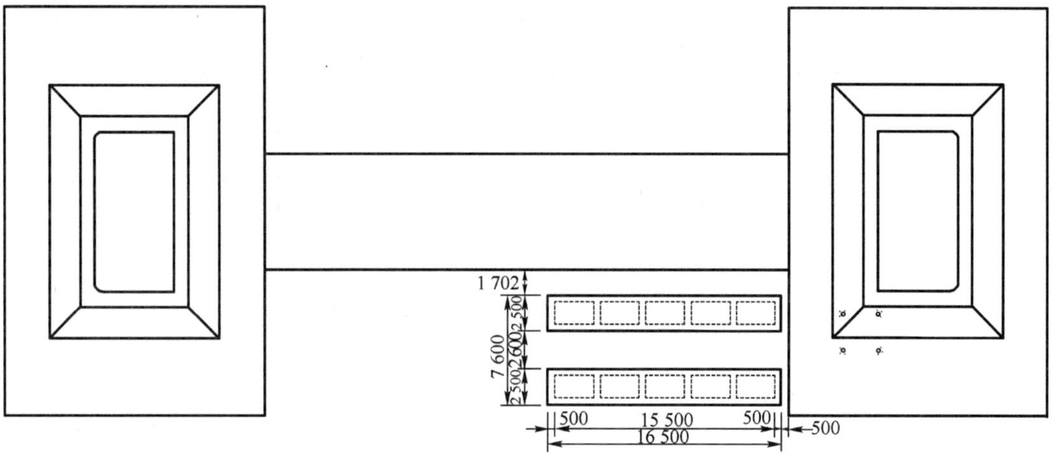

图11　钢锚箱存放示意图(尺寸单位:mm)

③钢锚箱节段质量统计如表5所示。表中数据包含钢锚箱、横隔板和剪力钉的质量,不含套筒、连接板及高强螺栓的质量。

钢锚箱质量统计表　　表5

锚箱	质量(kg)	锚箱	质量(kg)	锚箱	质量(kg)
C	42 051.9	B11	21 355.4	B18	21 818.0
B5	24 000.7	B12	21 341.6	B19	21 813.9
B6	22 824.6	B13	21 333.9	B20	21 809.7
B7	22 247.4	B14	21 327.6	B21	21 806.9
B8	22 225.1	B15	21 834.2	B22	21 803.2
B9	21 644.6	B16	21 828.4	B23	21 800.0
B10	21 629.6	B17	21 823.7	A	21 973.9

(2)钢锚箱吊装前的准备

①塔吊例行检查调整,特别是制动系统调整。

②吊具例行检查,重点检查钢丝绳和卡环以及吊耳。

③气象情况的了解,由于风、雨、雾等恶劣天气影响吊装,必须随时掌握天气趋势和现状;吊装工作应选择作业点风速10m/s(6级风以下)以下,无雨雾天气且温差变化较小的时段内进行。

④工料机具准备:主要是指用于定位调节的葫芦、千斤顶,以及高强螺栓、高强螺栓施拧(检查)工具的校正等工作。

(3)锚箱吊装

①钢锚箱吊装选择在白天、无雨雾时进行,且风速应小于10m/s。锚箱位置测量、调整应选择温差变化较小的时段进行。钢锚箱总体吊装进度应与锚箱制作进度匹配,以便于锚箱的施工控制。

②为减少塔吊的变幅动作，钢锚箱起吊位置应选择在靠近塔柱且距离塔吊中心不超过10m的位置，待起吊到安装高度时，再把钢锚箱运至距离塔吊中心23.75m的安装位置。

③节段吊至拼装位置后，将导引绳与已安装在钢锚箱上的手拉葫芦连接，配合塔吊的操作，将节段导入连接位置上方。

④节段缓慢下放，确认节段倾斜度，在两个节段的端面快要接触时，在钢锚箱的四周，用圆锥头撬杆插入对应的高强螺栓孔内来导引钢锚箱缓慢就位，同时拆除手拉葫芦。节段就位后，立即在四周水平连接板上分散打入部分冲钉（冲钉直径比螺栓孔小0.3mm）。

⑤如果无法顺利调整，则应利用塔吊起吊节段，完全脱离已安装节段，然后重新进行调整。

(4)临时施拧

取出冲钉，安装拼接板，将临时安装用螺栓拧上，在必要的位置（导孔、预拼装时打入冲钉的地方）打入冲钉，然后塔吊松钩，完成吊装施工。

3)钢锚箱安装定位

(1)钢锚箱定位控制主要项目

①钢锚箱平面位置：依靠圆锥头撬杆，冲钉进行调节和控制。

②高程：受钢锚箱底座安装高程、钢锚箱工厂制作精度控制，必要时通过调整节段进行调节。

③轴线偏差（倾斜度）：受锚箱端面、轴线垂直度、端面加工平整度精度控制，必要时可以通过楔形块进行调整。

(2)钢锚箱倾斜度调整

钢锚箱安装过程一般不能调节倾斜度。在目前锚箱连接方式下，可以通过设置楔形块的方式进行调整，建议设置1～2个楔形调整块，调整楔形块应根据实际安装倾斜度的偏移情况进行加工。工厂也可以通过对已经加工好的钢锚箱的端面机进行机加工，来调整端面的倾斜度等措施来达到调整的目的。

2.2.3 高强螺栓连接施工

1)钢锚箱定位和连接施工流程（图12）

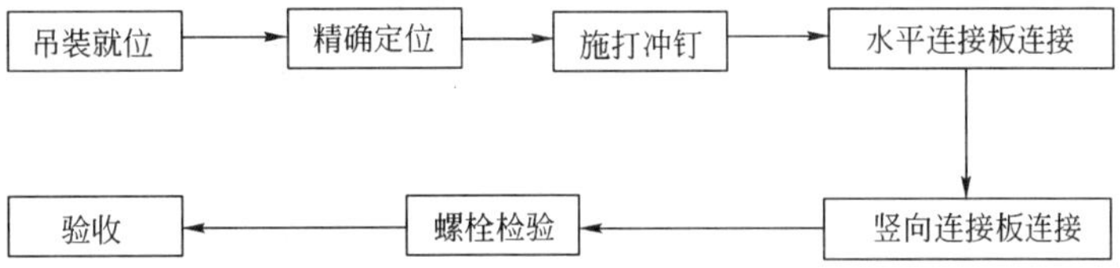

图12 钢锚箱定位和连接施工流程图

(1)准备不低于接缝螺栓总数20%数量的施工冲钉，施工冲钉直径比螺栓孔直径小0.3mm，高强度螺栓、施拧工具等准备就位。

(2)吊钢锚箱至拼装位上方，用导引绳、手拉葫芦等拉钢锚箱对位，缓慢下落，实行粗略定位。

(3)用圆锥头撬杆插入连接面对应的螺栓孔内导引钢锚箱就位，使接口完全对正，立即分散打入部分冲钉，注意冲钉不应强行打入。

(4)先对称施拧钢锚箱水平连接高强螺栓，然后施拧其余高强螺栓，最后用高强螺栓置换冲钉，并完成全部的螺栓施拧。

(5)安装斜拉索套筒接长段。

(6)测量钢锚箱倾斜度和平面位置，并进行统计计算。每安装4～6个节段后进行整体安装倾斜度分析，结合工厂下组4～6节段预拼结果计算轴线偏移值，如果精度不满足要求，需对该组预拼钢锚箱进行修正。

2)钢锚箱节段间高强螺栓施工

(1)技术规范

钢锚箱施工的高强度螺栓选材、加工制作及出厂技术条件必须符合《钢结构用高强度垫圈》（GB/T

1230—2006)、《钢结构用扭剪型高强度连接副》(GB/T 3632—1995)、《钢结构用扭剪型高强度连接副技术条件》(GB/T 3633—1995)规定、《钢结构用高强度大六角头螺栓、大六角螺母、垫圈技术条件》(GB/T 1231—2006)、《钢结构用高强度大六角头螺栓》(GB/T 1229—2006)。制造商必须按批次提供高强螺栓材质书、抽样试验检测报告、产品合格证书等技术资料。同时施工单位协同监理工程师对每批次高强度螺栓、连接副进行抽样试验。

(2)高强度螺栓工艺试验

运抵工地的高强度螺栓连接副应及时进行工艺检验。同批高强度螺栓抽样检查数量应不低于5套。试验检查结果必须符合《钢结构用扭剪型高强度连接副技术条件》(GB/T 3633—1995)的规定。

(3)高强螺栓的搬运、储存管理

①工厂对高强度螺栓、螺母、垫圈入库时应清点检查、分批号、分规格存放,要做好防潮、防尘工作,下面应以木板垫通风,防止锈蚀和表面状况改变,入库后建立明细库存表、发放登记表,由专人进行管理。

②每套高强螺栓组成:1个10.9S高强度螺栓、1个10H高强度螺母、2个HRC35-45高强度垫圈。

③高强度螺栓连接副应按包装箱上注明的批号、规格分类保管,室内架空存放,堆放不超过5层。保管期内不得任意开箱,防止生锈和沾染污物。

④领用高强螺栓必须严格按施工图上注明的规格、数量领取,一般不得以短代长。每次发放高强螺栓填写发料单,螺栓要轻拿轻放,防止损坏螺纹。

⑤安装前应按每班实际需要量领取高强度螺栓连接副,安装剩余的连接副必须按批号装箱妥善保管,不得乱扔乱放。

⑥在安装过程中,不得碰伤螺纹及沾染赃物,以防止扭矩系数发生变化。

(4)施拧机具

高强螺栓施工施拧机具见表6。

高强螺栓施工施拧机具 表6

名称		型号、规格	配置数量
1	套筒扳手	M24	4套
2	手动扭矩扳手	1000N·m	2把
3	专用梅花扳手		4把

(5)高强度螺栓安装

大六角高强度螺栓连接副的施拧分为初拧和终拧两个步骤。

①安装的有关规定如下:

a.安装前,栓接面应平整、无焊接飞溅物、无油污,孔边、板边应无飞边、毛刺等,摩擦面应保持干燥、整洁、不得在栓接面上做任何标记、不得在雨中作业。

b.钢锚箱安装时应使板层密贴,使用不少于螺栓孔总数20%的冲钉定位,同时使用不少于螺栓孔总数的20%的螺栓紧固。

c.安装时,螺栓穿入方向应以施拧及维修方便为准,但方向宜一致。高强螺栓、螺母及垫圈必须按生产厂提供的批号配套使用,不得改变其出厂状态。高强螺栓连接副组装时,螺栓头下垫圈有倒角的一侧应朝向螺栓头。

d.不得用高强螺栓代替临时螺栓,以防损伤螺纹引起扭矩系数变化。

e.高强螺栓应自由穿入孔内,严禁用锤子将高强螺栓强行打入孔内。

②高强螺栓初拧。初拧扭矩为$T_c/2$,采用扭矩扳手进行施工。扭矩法每批高强螺栓副的施工终拧扭矩应按下式计算确定:

$$T_c = K \cdot P_c \cdot d \tag{1}$$

式中：T_c——施工终拧扭矩值（N·m）；

K——扭矩系数，平均值在0.110～0.150之间，由厂家给出；

P_c——高强度螺栓的施工预紧拉力，10.9级的M24的高强螺栓的施工预紧力取250kN；

d——高强度螺栓公称直径（mm）。

在扭矩检验台上标定扭矩扳手，试验用螺栓必须是该扳手施拧的同批号、同规格螺栓，标定扭矩值误差为使用扭矩的±5%，检查扳手为±3%。班前对扳手进行标定，班后进行检验。初拧应注意以下事项：

a.高强螺栓的拧紧顺序，应从螺栓群中间向外侧进行拧紧。施拧时，不能采用冲击拧紧和间断拧紧。

b.高强螺栓连接副的拧紧应在螺母上施拧。

c.初拧完成后用油漆做标识。

③高强度螺栓的终拧要求如下：

a.终拧时，施加力矩必须连续、平稳，螺栓、垫圈不得与螺母一起转动；如果垫圈发生转动，应更换高强螺栓连接副，按操作程序重新进行初拧和终拧。

b.扭剪型高强螺栓用专用梅花扳手进行终拧，直至拧掉尾部的梅花头。

c.终拧完成后立即在已终拧螺栓头上做终拧标识。

d.对于个别不能用专用扳手进行终拧的螺栓，可按照公式（1）规定的方法进行终拧，扭矩系数取0.13。

④高强度螺栓检查。高强螺栓施工所用的扭矩扳手，班前必须校正，其扭矩误差不得大于5%，合格后方准使用。校正用的扭矩扳手，其扭矩误差不得大于3%。

a.初拧检查。采用重约0.3kg的小锤对初拧后的全部高强螺栓连接进行敲击法检查，以防漏拧。

b.高强螺栓连接副终拧紧检查应在终拧完成4h后、24h以内完成扭矩值检查。

c.扭剪型高强螺栓终拧检查以目测螺栓尾部梅花头拧断为合格。对于不能用专用扳手拧紧的螺栓，应按照大六角高强螺栓检查的方法处理。

d.摩擦型高强螺栓终拧检查用检查扳手进行，每批高强度螺栓连接副的检查扭矩值应按下述公式进行计算：

$$T_{ch} = K \cdot P_e \cdot d \tag{2}$$

式中：T_{ch}——检查扭矩（N·m）；

K——扭矩系数，取0.13；

P_e——高强度螺栓的设计预拉力；

d——高强度螺栓公称直径（mm）。

e.采用检查扳手时的检查方法：

采用松扣、回扣法检查时，先在螺栓与螺母上画一细线做标记，然后将螺母退回30°，用检查扭矩扳手把螺母重新拧至原来位置测定扭矩，该值应在（0.9～1.1）T_{ch}范围内为合格。

采用紧扣法检查时，用检查扭矩扳手拧紧螺母，测得螺母与螺栓刚发生微小相对转角的扭矩，该值应在（0.9～1.1）T_{ch}范围内。紧扣检查扭矩由试验确定，并在测定紧扣检查扭矩时，应确认高强螺栓的预拉力的误差在设计预拉力的±2%范围内。

对每个节点螺栓数的10%，但不少于1个进行扭矩检查。若发现有不符合规定的，应再扩大检查10%，如仍有不合格，则整个节点的高强螺栓应重新进行处理。根据检查扭矩分超拧或欠拧，若欠拧则该节点所有高强螺栓进行重新终拧。若超拧，必须全部更换高强螺栓按上述程序重新施工，直至检查合格为止。经过检查的螺栓，其不合格者不得超过抽验总数的20%，若超过此值，应继续抽验，直至累计总数的80%合格为止，且检查合格的螺栓应在外露部分做检查合格标志。

2.3 塔柱施工及其他注意事项

2.3.1 钢筋工程

1)钢筋配料、制作

普通钢筋的堆放、加工制作、焊接、现场绑扎成型等施工工艺、施工控制标准及要求应严格按照现行规范施工。按照图纸,合理配料,下料制作。钢筋应在钢筋棚或钢筋加工区内进行加工制作,严格按照图纸要求的形状、尺寸进行制作,复杂的细部尺寸放大样进行。加工成半成品的钢筋应按施工部位、型号、规格等做好编号并挂牌标识,分类堆放。用运输船转运至墩位处,由塔吊吊入施工面内进行钢筋的安装绑扎。

2)钢筋的连接和绑扎

索塔受力主筋 $\phi32$ 和 $\phi28$ 钢筋,采用机械连接接头,其搭接接缝应交错布置,并满足不超过50%接头率的要求;箍筋搭接接头采用绑扎连接,箍筋与主筋交叉点处采用扎丝绑扎,尽量避免点焊作业。钢筋接头各项指标都必须满足现行国家标准的要求。

钢筋连接完成后,利用临时劲性骨架将其主筋进行临时位置调整,严格按照图纸要求将各号钢筋按一定施工顺序进行绑扎定位,然后利用测量放样点进行钢筋尺寸或空间位置的调整,并挂上保护层垫块。通过自检合格后,请监理验收签证后,即可进行下一道模板工序施工。

钢筋绑扎施工过程中,因 N4、N8 钢筋与斜拉索的套筒位置交叉,钢筋需在套筒处做截断处理,截断后的钢筋与套筒上的水平钢筋锚固钢板焊接,焊接长度不小于 8cm。N1a、N3a、N5 钢筋若与套筒冲突,则在套筒处截断,并弯成弯钩直接与套筒焊接,弯钩长度不小于 15cm。

2.3.2 模板工程

(1)外模:外模采用大面积木模,爬模系统已包括此部分。第 35 节索塔混凝土挂索面的宽度为 1 280cm,模板的初始宽度为 1 200cm,不足部分的模板现场拼接。

(2)内模:内模部分因上塔柱内腔尺寸只在横桥向方向变化,因此内模采用定型模板,横桥向方向做收分处理,周转使用。

(3)模板采用对拉螺栓进行加固,内模内设置可调解支撑。

(4)测量放样:模板放样采用 GPS 放样,全站仪复核的方式进行。测量时由施工队的技术人员先依据钢锚箱位置粗略定位,再由测量组技术人员精确调整。

2.3.3 混凝土工程

索塔采用 C50 混凝土。混凝土施工采用集中拌和,混凝土罐车运输,混凝土泵一次泵送到位的入模方案。混凝土施工包括混凝土配合比设计、生产、运输、浇筑、养护及施工缝处理等工序。

1)混凝土配合比的设计

索塔混凝土泵送高度近 200m,索塔混凝土强度要求高,要求混凝土具有良好的可泵性,保证混凝土能够一次泵送到位。

在施工过程中,要严格控制原材料的质量,以确保混凝土的质量要求。做到材料检测不合格不进场,严格按技术规范要求做好混凝土控制。

2)混凝土生产

混凝土生产要求严格按现行国家标准进行。拌和站有试验员和熟练的试验工持证上岗,并按有关规程、规范对原材料取样试验,试验原始记录应经监理工程师签字。在拌和混凝土前,按规定检查水泥、砂、石料、粉煤灰、外加剂等材料的规格质量。拌和过程中应严格掌握水灰比,严格材料计量和拌和时间。及时做混凝土试件并测试其坍落度及温度。详细记录好当天混凝土施工情况,并经监理工程师签字。

3)混凝土运输

混凝土水平运输采用 $6m^3$ 的混凝土罐车运输;竖向运输采用混凝土泵泵送,利用 HBT80 型输送泵一次泵送到位,该输送泵最大泵送高度可达 250m,完全能够满足塔柱施工要求。竖向运输必要时可以采用塔吊配合灰斗来完成。输送泵管沿着塔柱内部由下往上接高。

4)混凝土浇筑

混凝土浇筑分层进行施工,每分层一次摊料厚度不大于30cm,混凝土入料必须采用平行多点串筒入模布料的施工工艺,以确保混凝土浇筑质量。

混凝土浇筑采用软轴插入式振捣器进行振捣施工,要求结合结构的空间尺寸,配备不同规格的振捣棒。

振捣时要特别注意斜拉索套筒下面的混凝土的振捣,防止漏振。

2.3.4　混凝土养护

为防止混凝土表面出现表面裂纹,在混凝土初凝前,用木搓板连续揉两遍。

混凝土顶面用透水土工布覆盖洒水养生。养生用水采用饮用水,洒水量以湿润土工布但不形成表面积水为宜。

在混凝土没有凝固之前,严禁踩踏。

混凝土浇筑层顶面按施工缝的要求进行凿毛,待混凝土表面强度大于2.5MPa以后,及时凿毛,以凿出新鲜石子为宜,然后用高压气吹干净。

2.3.5　塔柱施工工艺流程(图13)

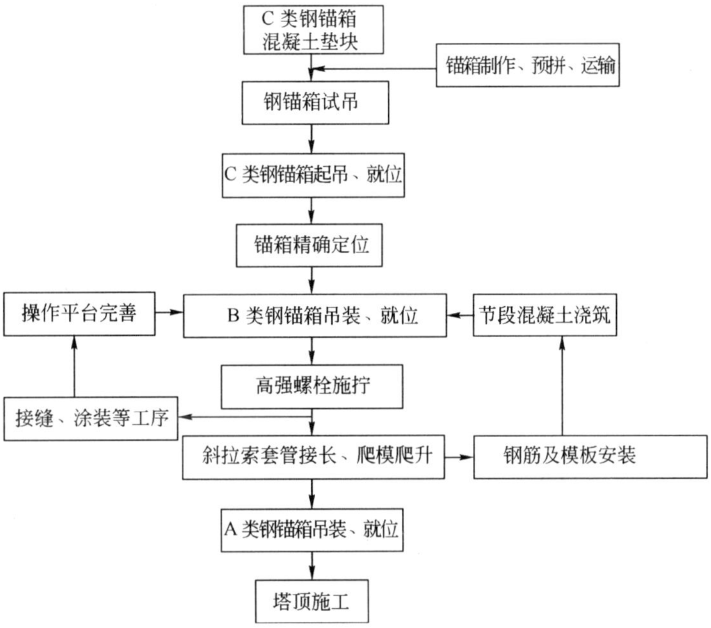

图13　塔柱施工工艺流程图

3　机具配备

索塔钢锚箱施工用机械、设备见表7。

使用机械、设备表　　表7

序　号	名　称	单　位	数　量	备　注
1	塔吊	台	1	钢锚箱吊装
2	电焊机	台	8	
3	砂轮切割机	台	2	
4	切断机	台	1	钢筋加工
5	弯曲机	台	1	钢筋加工
6	振动棒	台	12	

续上表

序　号	名　称	单　位	数　量	备　注
7	25t 以上吊机	台	1	
8	30t 千斤顶	台	2	横行索张拉
9	500t 千斤顶	台	6	纵向索张拉
10	油泵	台	12	
11	灰浆搅拌机	台	1	压浆
12	压浆机	台	1	压浆
13	真空吸浆泵	台	1	压浆
14	水泵	台	2	养生
15	挤压机	台	2	钢绞线加工
16	混凝土拌和站	台	2	
17	混凝土运输车	台	4～6	
18	混凝土输送泵	台	2	

4　质量标准及控制

4.1　选定塔柱混凝土配合比时，除混凝土强度必须达到设计强度外，其弹性模量及最大水泥用量必须满足现行规范要求。

4.2　钢筋、水泥、地材、钢绞线、锚具等原材料的检验与试验，均应按现行规范有关规定执行。

4.3　塔吊的选购应按照工程实际情况实行公开招投标，选择有实力的生产厂家。

4.4　各连接、调节螺栓均应符合国家标准要求。

4.5　塔柱钢筋工程如钢筋加工、钢筋连接、钢筋网绑扎等质量检查和质量标准按《公路桥涵施工技术规范》(JTJ 041—2000)中钢筋工程有关规定执行。

4.6　塔柱线形及断面尺寸标准按《公路桥涵施工技术规范》(JTJ 041—2000)执行。

5　安全措施

5.1　进行安全教育。应建立健全各项规章制度，加强岗位责任制。严格施工纪律，严格按规程操作。

5.2　参加高空作业(特别是塔吊)人员必须有特别作业证书，严禁带病上岗。高空作业必须设置安全网，工人穿戴安全帽、施工鞋、安全带。

5.3　应设立施工作业警示区，严禁非施工人员及车辆进入施工现场。

5.4　遇有大风、暴雨天气应停止施工，注意保护电源，防止漏电。

5.5　严禁乱抛掷杂物。

5.6　塔吊操作人员应经培训考核，持证上岗；应定期检查各种限位开关，起重机钢丝绳、卡环如有损坏及时更换。

5.7　塔吊应设专人指挥，禁止超负荷起吊。

5.8　高处作业应遵守以下规定：

(1)悬空高处作业应设有可靠的安全防护措施。从事高处作业人员要定期体检，发现不适病症，不得从事高处作业。严禁酒后高空作业。

(2)高处作业所用的梯子不得缺档和垫高，同一架梯子不得二人同时上下，在通道(或平台)使用梯子应设置围栏。

(3)高处作业与地面联系，应有专人负责，或配有通信设备。

(4)运送人员和物件应有可靠的安全装置。严禁人员乘坐运送物件的吊篮。

6 经济效益

以济南黄河三桥索塔钢锚箱吊装施工为例,黄河三桥各节段钢锚箱重量除首节C类锚箱为42t以外,其余锚箱重量都在22t左右,吊装时我部就结合实际施工情况经过与业主、设计、监理协商后,将C类锚箱分成两半进行两次吊装,这样只需选择一个吊重24t的塔吊就能满足施工要求,从而减少了施工成本。

7 工法实例

济南黄河三桥索塔钢锚箱吊装施工即采用了该工艺,2007年9月,吊装首节C类锚箱开始到首次安装定位完毕仅用了2天时间,这其中首节锚箱是分成两次吊装并在塔柱上进行现场螺栓连接,其轴线高程控制均达到施工规范要求。

济宁梁济运河大桥主塔上塔柱内设有14节钢锚箱,钢锚箱与塔柱混凝土组成组合结构,共同受力。该工艺的使用,大大提高了钢锚箱的安装速度与安装精度,其轴线高程控制均达到施工规范要求。

液压爬模施工工法

GGG(鲁)C2063—2008

刘深远　杨荣泉　侯福金　闫宗山　万雨帆
(山东省路桥集团有限公司　山东省公路桥梁建设有限公司)

1　前言

索塔是斜拉桥、悬索桥工程的重要组成部分,其构造材料主要有钢结构、钢筋混凝土结构、预应力混凝土结构等。索塔的建造方法也有预制吊装和现场浇筑两种形式,而现场浇筑又可分为支架施工和无支架裸塔施工两种。混凝土裸塔现浇施工目前一般采用翻模、滑模、爬模三种主要工法。爬模施工技术是在滑模及翻模的基础上发展起来的一项新工艺,兼备滑模和翻模的优势,质量可靠,操作方便,其构造图如图1所示。

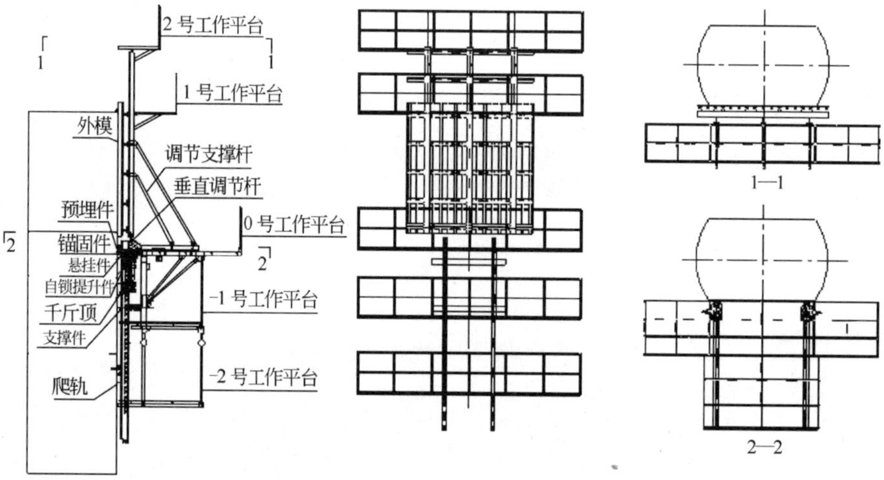

图1　爬模构造图

2　工法特点

2.1　自动爬升。爬模由液压系统驱动,可沿导轨上下交替爬升,能整体快速到位,故无需再用塔吊。

2.2　加工简单,机械化程度高,劳动强度低,安全系数大,施工速度快,墩身外观质量好。

2.3　施工技术容易掌握,工人稍加培训就可以熟练上岗。

2.4　采用附壁爬靴支座爬升,无需再设置爬升预埋件,故能节省钢材。

2.5　施工质量好。采用爬模施工,随时可进行水平、垂直、扭转精度观测,混凝土灌注质量也易于控制。

2.6　爬模施工的主要工序都实现了机械化作业,操作简便,易于管理。

2.7　综合效益高。爬模施工周期短,省劳力,不需要其他起吊设备,故比滑模和组合模使用的机械少,钢材消耗也小,故大大降低了工程造价。

2.8　通用性好,爬架稍加改造就可以适应不同的墩柱的形式,可以大大节约施工成本。

3 适用范围

本工法适用于铁路、公路桥的圆形、圆端形变坡变曲率墩和顶帽，以及烟囱、筒仓、水塔等高建筑的施工。

4 工艺原理

爬模是以钢筋混凝土墩壁作为承力结构，以导轨为导向，以其上的液压油缸作动力使模板上升。油缸带有液压锁定装置，它能自动锁闭油缸。模板系统采用双曲可调大模板及支撑系统。

5 施工工艺和操作要点

液压爬模是为索塔施工而设计的模板及工作平台体系，其功能是用于完成索塔施工，为索塔施工提供模板和工作平台。

5.1 爬模结构简介

5.1.1 构造形式选择

根据爬模的使用功能，将其分为模板系统、工作平台系统和爬升系统三大部分，其中模板系统用于混凝土浇筑，爬升系统用于爬模体系的转移爬升，工作平台系统为施工人员提供安全的操作平台，也用于索塔小型施工机具的摆放场所，如图 2 所示。

5.1.2 液压爬升系统

爬升系统包括爬架、预埋件、锚固件、悬挂件、自锁提升件、爬升导轨、支撑轮、液压设备等。预埋件采用预埋套筒连接；导轨用 H250 × 150 型钢；爬升千斤顶最大行程为 60cm，最大顶升力为 25t，每套爬模配置 8 台千斤顶，两台油泵，一个操作控制箱。

5.1.3 模板系统

模板分直面模板和圆弧面模板两种，面板均采用芬兰产 18mm 维莎板，背面用 20cm × 8cm 木工字梁，以减轻自重，增大模板刚度。直面模板木工字梁外横向用 2[25a 槽钢作背带，每侧模板共设置 5 道，竖向用 5 根 H25 型钢连成一体，其中两根 H 型钢坐落于 0 号工作平台的水平滑轨上，模板可在 0 号平台的滑轨上做水平移动，每个侧面的模板均由四根可调螺旋杆支撑，调节此四根杆可使模板沿下支撑点旋转；模板下端由两根可调螺杆支撑，旋转此杆可以竖向调节模板（图 3）。

图 2 爬模工作平台系统

图 3 模板竖向支撑图

5.1.4 工作平台

本系统共设置五层工作平台，自上而下分别为 2 号、1 号、0 号、-1 号、-2 号，平台除内侧面外均在边沿设置钢护栏，外侧悬挂安全网，高 1.5m，上、下平台之间设置安全爬梯（图 4）。

图4　工作平台

2号平台为半封闭式，只在直面设置，高于模板顶端2.5m，由三根[16槽钢作支撑，底板用[10槽钢焊接桁架，上铺4cm木板，平台外及左右两个侧面安装钢护栏，用ϕ48mm钢管焊接而成，护栏外侧悬挂安全网。2号平面用于钢筋绑扎和混凝土导管的架设。结构示意图如图2所示。

1号平台与外侧模顶端齐平，结构形式与2号平台相同，在塔柱的四个侧面均设置为全封闭式，用于钢筋绑扎、预应力、内模安装及混凝土浇筑时的操作平台。

0号平台为主工作台，用于外侧模的安装、调整和主要施工机具的摆放等，因模板支撑及外移需要的空间较大，所以0号平台的中间部位比其他几层平台较大，向外延伸1.5m。

-1号平台为爬升操作的主平台，用于安放液压设备，为全封闭式，平台与塔柱混凝土表面的距离为5cm。

-2号平台为活动平台，用于塔柱环向预应力的张拉、压浆和混凝土的养护等工作。距-1号平台间的距离可以调节，每个平台用四根最大链长为15m的导链悬持，另加四根保险钢丝绳，相邻平台之间用绳索连接，外侧为全封闭钢护栏，外挂安全网，因此层平台上放置千斤顶、油泵等张拉设备，承载较重，故本层平台做了加强，平台纵向为两根[20槽钢，横向用[10槽钢相连。

5.2　施工工艺流程

索塔施工内容包括：爬模安装、行走与拆除、钢筋绑扎、预应力管道、劲性骨架及斜拉索套筒安装，模板支立与拆除、混凝土浇筑与养护、预应力张拉、压浆等。施工工艺流程见图5。

5.2.1　爬模安装

现以中塔为例介绍爬模的安装过程，用爬模施工的为横梁以上的即上塔柱部分，共分23个节段，前21个节段每段施工高度为4.5m，最后两个节段施工高度分别为2.65m和4.26m(图6)。在下塔柱及横梁施工完成后，即进行爬模安装工作。

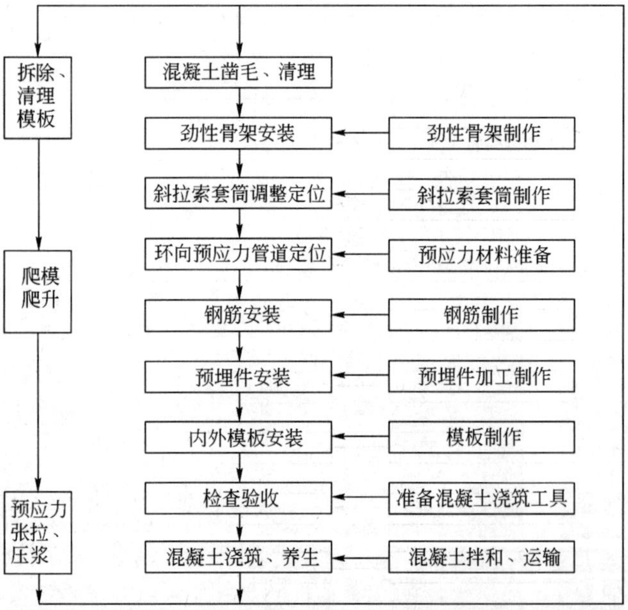

图5　索塔施工工艺流程图

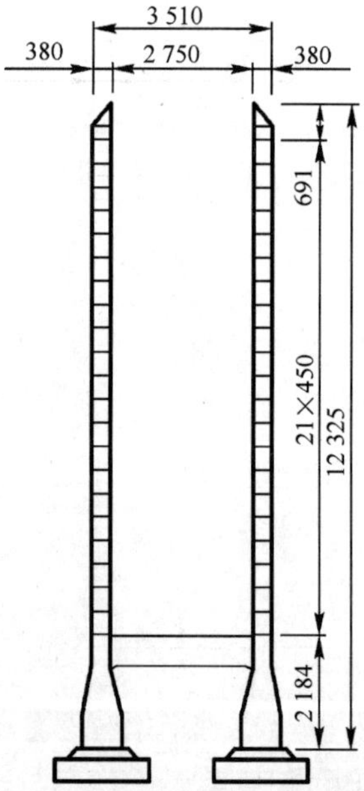

图6　中塔示意图(尺寸单位：cm)

(1)在横梁施工完成后，在横梁顶面即塔柱内侧面安装外侧模板及1号工作平台，外侧面及两圆弧面安装外侧板、1号、0号及-1号工作平台。

(2)直面内侧模板用塔吊提升到下一节段安装，在外侧平面及两圆弧面安装爬轨及液压设备，用千斤顶驱动爬架上升到第二节段,就位后安装 -2 号平台。

(3)上塔柱第二节段混凝土浇筑完成后,安装内侧平面的爬轨及液压设备,模板爬升到第三段后,安装 -2 号及 2 号工作平台。爬模即全部安装完毕。

5.2.2　爬模爬升操作

爬升步骤及操作详见图 7 和图 8。

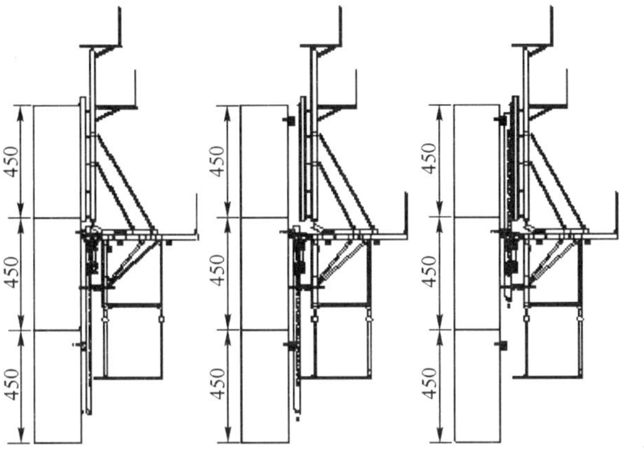

图 7　爬模爬升示意图 1(尺寸单位:cm)

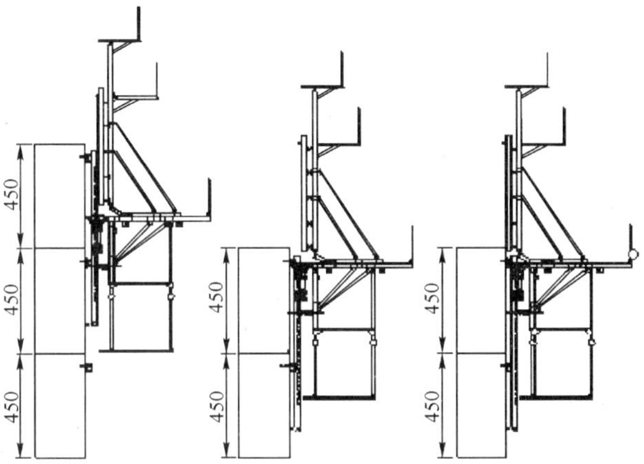

图 8　爬模爬升示意图 2(尺寸单位:cm)

在用于爬模施工的第一节塔柱钢筋绑扎完成后,安装锚固件、爬架、工作平台及模板。第一节段混凝土浇筑完成后,按如下步骤操作,逐段完成塔柱施工。

1)模板外移

混凝土强度达到标准强度的 40% 或 20MPa 后,即可将模板对拉螺杆松开,将内模拆除。将外模支撑杆放松,拖动外模向外滑移 50cm 左右,并将外模清扫干净并涂刷脱模剂。

2)导轨爬升

(1)导轨爬升前应做好以下工作:

①安装上部锚固件并及时检查其实际位置与理论位置是否一致,不符合要求的应进行相应的调整。锚固件件安装好后,派专人检查锚固螺栓是否完全到位。

②用棉纱清洁导轨,并在导轨表面涂上润滑油。

③改变上下自锁提升件的转向开关,使其一致转向上位。

④由专人操作液压油泵,其他操作人员各司其职,各就各位。

⑤确认混凝土强度已达到 20MPa 以上。

⑥上一节段的钢筋、预应力管道及预埋件已安装完成。

(2)经确认爬升准备工作完全符合要求后,启动液压油泵的进油阀门、千斤顶持力后,拆除导轨顶部插销,开始导轨的爬升。

(3)导轨爬升时,在爬架 -1 号、0 号平台上分别配置专人与油泵操作手联络,保证通信畅通,发现问题及时叫停。

(4)千斤顶每次出顶在轨道上顶升两个格,由专人负责观察,确认自锁提升件的卡锁到位后,才可开始下一格顶升。

(5)将导轨顶升至接近上端锚固件高度时,检查导轨与锚固件的柄口的位置是否一致,若不一致,调节导轨上方位置,使导轨能够顺利通过锚固件的导轨槽口。

(6)当导轨顶升到位后,插上固定销。

(7)关闭液压油泵阀门、切断电源,导轨爬升完成。

(8)卸下下层锚固件,取出混凝土内的预埋锥形螺母。

3)爬架爬升

(1)爬架爬升应做好以下准备工作:

①爬升前清除爬架上不必要的活动荷载。

②将爬升导轨底部支撑脚垂直顶塔身混凝土上,并旋转与表面顶紧。

③将爬架下方的支撑杆松开,使支撑轮与爬升导轨紧密接触。

④将自锁提升件的转达向开关转向下位。

⑤检查爬架与其他固定物是否有挂靠。

⑥检查液压油泵的电缆长度是否足够。

⑦爬架爬升时,液压油泵由专人操作,其他人员负责观察。

(2)经确认爬架爬升准备工作已完全符合要求后,启动液压油泵,千斤顶施力后,开始爬架的爬升。

(3)爬架爬升时,爬架 -1 号、0 号平台各安排 1 人观察。

(4)千斤顶每一个行程在轨道顶升两个格,观察人员确认自锁提升件的卡锁与爬升导轨锁紧后,才可进行下步操作。

(5)当爬架顶升到位后,及时插上安全销,与锚固件锁紧。

(6)关闭液压油泵阀门、切断电源,完成爬架的顶升工作。

(7)旋转爬架下方的支撑杆与混凝土面顶紧。

4)模板就位

爬架爬升到位后,将外模内移,底部与前一节段混凝土面贴紧,上部用全站仪精确定位后,将模板临时固定。安装内模后,穿对拉螺杆并将内外模连成整体,用全站仪再次复核定位后,用对拉螺杆将内外模加固成整体,并将外模支撑杆旋紧。

5.2.3 爬模拆除

塔柱施工完成后即可将爬模拆除,用塔吊辅助,拆除顺序为:施工机具及设备→内模→2 号平台→外侧模及 1 号平台→ -2 号平台→爬升导轨、千斤顶及自锁提升件→0 号及 -1 号平台→锚固件及预埋套筒。

5.2.4 施工工艺

1)劲性骨架

(1)加工:劲性骨架按“劲性骨架设计图”在加工场分节加工,场地上用型钢焊出定位框,防止骨架焊接时变形。

(2)安装:骨架加工完毕,用油漆在四个侧面的上、下横撑上标记出中心点。骨架用平板车运至现场,由塔吊吊装就位。

2)斜拉索锚管安装

锚管套筒采用壁厚 10mm 的无缝钢管,现场加工。安装前先按预定位置将锚管安装于劲性骨架上,预留一定调节空间,随劲性骨架一起吊装就位。劲性骨架焊接牢稳后,在骨架上定出锚管附着点位置,用导链辅助调整锚管精确就位,位置准确后用钢板将锚管与劲性骨架焊接牢靠。

锚管安装完毕后,用全站仪进行复测,保证斜拉索锚固中心点高程偏差不超过 ±10mm,轴线偏差不超过 ±5mm。

3)钢筋

钢筋在加工场下料制作,现场绑扎成型。主筋采用镦粗直螺纹接长,每根长 4.5m,相邻钢筋接头错开 1m,其他钢筋用铁丝绑扎。

4)预应力安装

为平衡斜拉索产生的水平分力,在上塔柱斜拉索锚固区设置环向预应力钢束(图 8),采用极限拉应力为 1 860MPa 的高强钢绞线。环向预应力包括 1 号束 $\phi^{j}15-12$ 和 2 号束 $\phi^{j}15-4$ 钢束,1 号束采用 15-19 塑料管道,2 号束采用 15-7 金属波纹管。

预应力管道采用后穿束方式施工，管道附着在劲性骨架上一起吊装就位，安装时应严格按照设计图纸给定的坐标尺寸定位，在直线段一般每延米设置一个定位架，曲线段适当加密，施工中严禁踩压、电焊灼伤波纹管，杜绝因漏浆造成管道堵塞。

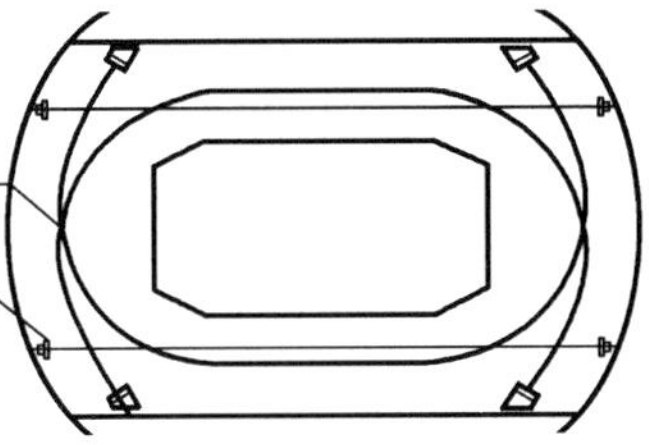

图 8 环向预应力钢束布置图

5）混凝土浇筑及养生

模板安装就位后，浇筑本节段混凝土，混凝土由拌和站集中拌和，罐车运输，HBC－80 型拖式泵输送到位。输送泵管附着在塔吊上，上接三通管，通过塔吊上悬挂的移动人行通道引向左右两塔，前端接胶皮软管，与串筒连接。混凝土浇筑时间控制在 3～4h 左右。

混凝土洒水养护，混凝土浇筑完成养护两天后拆模，拆模后再继续洒水养护四天，养护采用喷雾器洒水，喷水应均匀，不产生水流，以免污染塔身。

6）预应力张拉及压浆

混凝土强度达到要求后，即可进行预应力张拉，先张拉 1 号束，后拉 2 号束。1 号束采用两端张拉，在塔桩两侧面对称进行；2 号束为直线索可在一端左右对称张拉。环向钢束先用穿心斤逐根预紧，张拉至控制张拉力的 15%，再用大吨位千斤顶整体张拉。ϕ^j15-12 钢束用 250t 千斤顶张拉，ϕ^j15-9 钢束用 200t 千斤顶张拉。

张拉在爬模的最下层工作平台上进行，该平台工作高度可以调节，范围为 1～5m，可保证下一节段的预应力束完全得到张拉。

在预应力张拉完成后，用与塔柱同强度等级的水泥砂浆封锚，预留出压浆孔道，砂浆强度达到要求后即进行压浆。1 号束采用真空辅助压浆技术施工，2 号束采用普通压浆工艺。压浆设备放置在塔吊附着上，随塔吊附着上升，保证最大压浆高差不超过 30m。

6 材料与设备

爬升及主要钢结构件用 16Mn 钢材；模板面板采用进口维莎板，木工字梁，工作平台用 4cm 厚木板；机加工件采用 40 铬；其他辅助结构采用 Q235 钢材。

使用的机械设备见表 1。

机械、设备表 表 1

机械、设备名称	型号产地国	功率/吨位/容积	单　位	数　量
混凝土拌和站	HSL80	$80m^3/h$	套	2
混凝土搅拌运输车	MR－60S、日本	$6m^3$	辆	4
混凝土拖式泵车	HBT－80、日本	$80m^3/h$	台	2
液压爬模	自制、济南		套	2
塔吊	ZS5024	120t · m	台	1
钢筋弯曲机	GW－40、济南		台	4
钢筋切割机	GC－40、济南		台	4
电梯	上海宝达		台	2

7 质量控制

质量控制是施工的重点,控制好施工质量是工程成败的关键,应按表2所列控制目标控制质量。

质量控制目标　表2

检查项目	控制目标
混凝土强度(MPa)	在合格标准内
塔柱底偏位(mm)	10
塔柱倾斜度(mm)	1/3 000,且不大于30
外轮廓尺寸(mm)	±20
壁厚(mm)	±5
锚固点高程(mm)	±10
孔道位置(mm)	10,且两端同向
预埋件位置(mm)	5

8 安全措施

8.1 应进行安全教育,建立、健全各项规章制度,加强岗位责任制。严格施工纪律,严格按规程操作。

8.2 参加高空作业人员必须有特别作业证书,严禁带病上岗。高空作业必须设置安全网,工人穿戴安全帽、施工鞋、安全带。

8.3 应设立施工作业警示区,严禁非施工人员及车辆进入施工现场。

8.4 遇有大风、暴雨天气应停止施工,注意保护电源,防止漏电。

8.5 严禁乱抛掷杂物。

8.6 塔吊操作人员要经培训考核,持证上岗;应定期检查各种限位开关,起重机钢丝绳、卡环如有损坏应及时更换。

8.7 塔吊应设专人指挥,禁止超负荷起吊。

8.8 高处作业应遵守以下规定:

(1)悬空高处作业设有可靠的安全防护措施。从事高处作业人员要定期体检,发现不适病症,不得从事高处作业,严禁酒后高空作业。

(2)高处作业所用的梯子不得缺档和垫高,同一架梯子不得二人同时上下,在通道(或平台)使用梯子应设置围栏。

(3)高处作业与地面联系,应有专人负责,或配有通信设备。

(4)运送人员和物件应有可靠的安全装置,严禁人员乘坐运送物件的吊篮。

9 环保措施

在实施过程中,应遵照执行的国家和地方(行业)有关环境保护法规中所要求的环保指标,加强文明施工管理。

爬模施工中,液压设备应加强保养,不能污染梁体和施工场地的水体和山体等。

施工过程中产生的垃圾应分类处理,不能随意丢弃。

10 效益分析(表3)

主要经济技术指标对比表 表3

主要对比指标	滨州黄河大桥(本项目)	润扬长江大桥	国外情况
塔身截面尺寸(m×m)	(8.0~5.5)×3.8	(12.54~9.5)×6.0	国内未见国外有类似产品的资料报道(暂无国外资料)
浇筑高度(m)	4.5	4.0	
自重(t)	43	68	
爬模总高度(m)	16.75	16	
爬升方式	液压顶升	液压顶升	
功能	劲性骨架、斜拉索套筒安装,钢筋绑扎,混凝土浇筑、养护,预应力安装、张拉、压浆	劲性骨架安装,钢筋绑扎,混凝土浇筑、养护	
平台形式	共分5层,全封闭式	共分5层,全封闭式	
质量指标	优良级	优良级	
经济指标	每套成本60万元	每套成本450万元	
安全指标	无一例安全事故发生	不详	
成果来源	自行研制、加工、使用	全套国外进口	

本项目是目前国内首家自行研制的用于桥梁高塔施工的设备,首次在国道205线滨州黄河公路大桥上成功应用,打破了国外产品一枝独秀的局面,为国内施工企业自行研制用于桥梁高塔施工的全自动液压爬模提供了设计、加工、施工经验,对推动该行业的技术进步起到了示范和促进作用。

11 应用实例

11.1 我公司施工的国道205线滨州黄河公路大桥主桥长768m(2×42m+2×300m+2×42m),标准断面宽32.8m,为六跨连续PC箱梁三塔双索面斜拉桥,大桥采用双柱式索塔,上塔柱采用等截面圆端形截面,下塔柱逐渐过渡成圆形截面,为平衡斜拉索的水平分力,上塔柱斜拉索锚固区设置环向预应力。中塔总高125.25m,断面尺寸为8~5.5m(长)×3.8m(宽),长边壁厚1.2m,短边壁厚1.5m,如图9所示;边塔总高74.778m,断面尺寸为5.0m(长)×3.0m(宽)。

中塔共分26个节段,边塔分13个节段浇筑,采用自液压爬模施工,从而掌握了爬模施工经验和有关技术数据。该工程于2005年被评为山东省优质工程"泰山杯"奖。

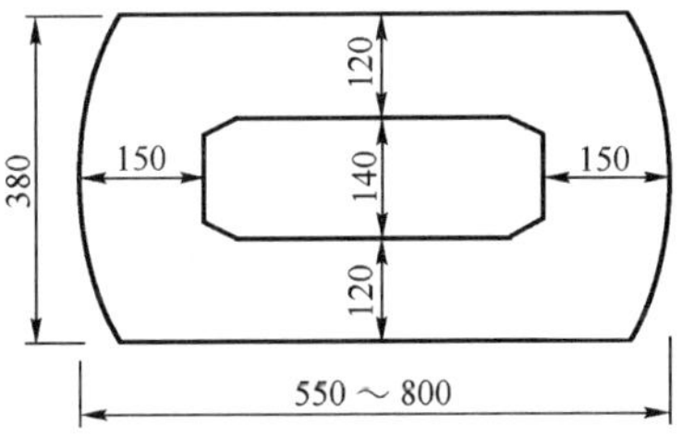

图9 中塔横断面图(尺寸单位:cm)

11.2 山东省利津黄河大桥全桥长3 171m,主桥为630m的五跨PC连续双塔双斜索面斜拉桥,跨径组合为40m+120m+310m+120m+40m,主梁采用带悬臂双边主梁的开口断面形式,墩塔固结,全飘浮体系。双向四车道,桥梁全宽19m。索塔采用爬模施工,于2001年通车。

11.3 青银高速公路济南黄河大桥主桥为独塔双索面钢箱梁斜拉桥,索塔采用倒Y形,总高197m,包括上塔柱、中塔柱、下塔柱和下横梁,采用C50混凝土。塔柱及横梁均采用箱形断面,下横梁内设置预应力钢束,上塔柱内设置钢锚箱以锚固斜拉索。

索塔采用爬模施工,首节节段的施工高度为4.2m,末段施工高度为2.6m,标准段施工高度为4.0m。共分49个节段施工,根据施工需要和主塔的结构情况共分四个阶段:下塔柱施工阶段(高程27.000~50.000m),包括塔座、下横梁施工阶段(横梁高6.0m)、中塔柱施工阶段(高程50.000~159.370m)、上塔柱施工阶段(高程159.370~224.000m)。

预应力管道真空辅助压浆施工工法

GGG(鲁)C3064—2008

杨荣泉　闫宗山　齐继忠　王培光　刘本立
(山东省路桥集团有限公司　山东省公路桥梁建设有限公司)

1　前言

在后张法预应力混凝土结构中,孔道压浆主要目的是防止预应力筋的腐蚀及实现预应力筋与结构混凝土之间提供有效的黏结;孔道压浆的密实性是孔道压浆成功与否的首要技术要点。传统的在混凝土内预埋金属波纹管、用压浆机直接压入水泥浆的施工工艺,普遍存在着压过的管道内浆体不密实、不饱满、容易产生离析、干硬收缩、泌水等质量通病,导致预应力筋受到锈蚀,使得桥梁倒塌、重建或加固。

鉴于上述情况,预应力结构的耐久性和预应力孔道压浆的质量得到了社会的普遍关注。孔道的浆体作为空隙的填充料,提供预应力系统和结构的黏结以及预应力筋的防腐作用,其质量直接影响到结构的耐久性。

2　工法特点

预应力管道真空辅助压浆施工工法具有以下特点:

(1)可以消除普通压浆法引起的气泡,同时,孔道中残留的水珠在接近真空的情况下被汽化,随同空气一起被抽出,增强了浆体的密实度。

(2)可以消除混在浆体中的气泡。这样就避免了有害水积聚在预应力筋附近的可能性,防止预应力筋的腐蚀。

(3)浆体中的微沫浆及稀浆在真空负压下率先流入负压容器,待稠浆流出后,孔道中浆体的稠度即能保持一致,使浆体密实度和强度得到保证。

(4)孔道在真空状态下,减小了由于孔道高低弯曲而使浆体自身形成的压头差,便于浆体充盈整个孔道,尤其是便于浆体充满一些异形关键部位。对于弯形、U 形孔道,竖向预应力筋更能体现真空灌浆的优越性。

(5)作为一种全面的技术,真空辅助压浆要求施工现场具有高水平的质量管理,包括高水平的管理人员和操作队伍。这样,由于这种方法本身的性质决定了它具有高水平的质量控制。

使用此项技术的前提条件是采用配套的预应力锚具组装件、成孔性能良好的塑料波纹管,使用专用设备、外加剂、标准化的施工规程以及专业施工人员,这些都是保证此项技术得以正确实施必不可少的条件。

3　适用范围

本工法适用于所有后张预应力混凝土结构预应力管道的压浆,尤其是曲线束和长线束。

4　工艺原理

桥梁预应力孔道压浆施工是一个重要工序环节,为了保证工程质量,要在预应力孔道压浆施工中,精心设计水泥浆的配合比及选择最优的材料。预应力孔道施工预先通过 1∶1 模型试验,得到精确数据后，做好工期安排，选好灌浆时间。

真空辅助压浆工艺是先将塑料波纹管将孔道系统密封；一端用抽真空机将孔道内80%以上的空气抽出，并保证孔道真空度在60%以上，同时压浆端压入水灰比为0.29～0.35的水泥浆。当水泥浆从真空端流出且稠度与压浆端基本相同，再经过特定位置的排浆（排水及微末浆）、保压以保证孔道内水泥浆体饱满。

真空辅助压浆系统主要由标准压浆设备（压浆机、高压喉管、隔离式压力表、密封球阀、水泥浆测试用具等）和抽真空设备（真空泵、负压容器、一个三通连接管、密封球阀、加固透明喉管等）两大部分组成（图1）。为确保真空辅助压浆在整个孔道内填实达到最佳效果，在进浆端与出浆端锚座上安装金属管盖帽，利于设备安装。金属管盖帽既能保证孔道的密封，又能保证孔道封锚与灌浆一次完成。

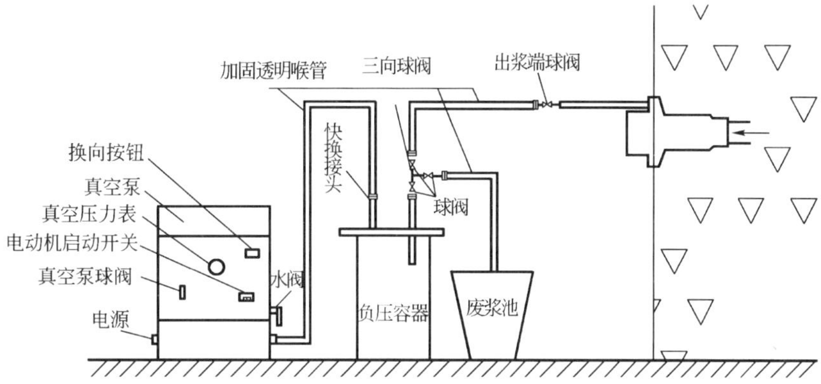

图1 真空辅助压浆系统示意图

5 施工工艺流程及操作要点

5.1 准备工作

5.1.1 压浆前的准备工作

割切锚外钢丝：应砂轮切割机切割露头锚具外部多余的预应力筋割切。当采用气割时，切割同时在锚环根部浇水降温，以免预应力筋和锚具过热而产生滑丝现象。严禁采用电弧焊切割。预应力筋割切后的余留长度不得小于30mm。

封锚：封锚混凝土的配合比必须经过试验，以无收缩混凝土为配制目标，以防混凝土收缩产生裂缝，导致密封不严而漏水、漏气、露浆。外露面的封锚混凝土的外观颜色和主梁的外观颜色一致。封锚时应留排气孔。推荐采用图2的压浆盖帽作为封锚工具。

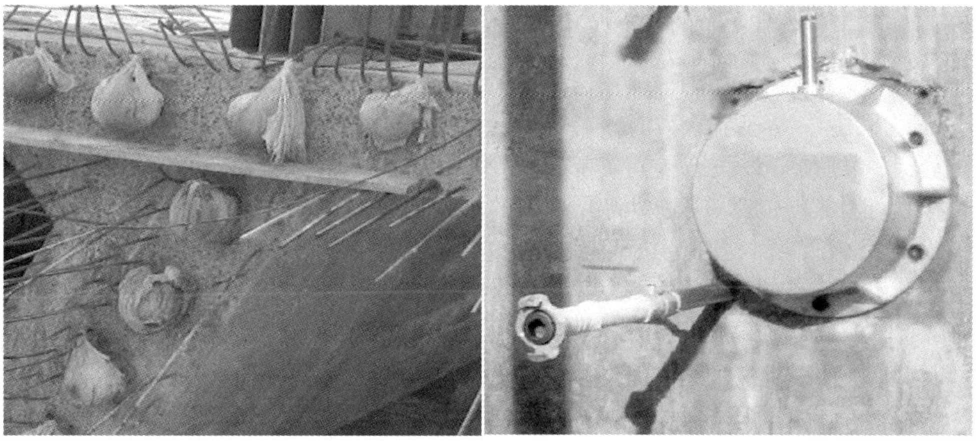

图2 普通封锚方式和压浆盖帽方式的比较图

其与使用传统压浆工艺的锚垫板略有不同,真空压浆工艺的锚垫板上预留固定压浆盖帽的螺栓孔,其上有安装密封圈的凹槽,保证与锚垫板的密贴和密封。使用密封盖帽的好处是可反复使用,并且可以节约等待封锚混凝土凝固的时间。

冲洗管道:孔道在压浆前应用压力水冲洗,以排除孔内粉渣等杂物,保证孔道畅通。冲洗后用空压机吹去孔内积水,但要保持孔道湿润,从而使水泥浆与孔壁结合良好。在冲洗过程中,如发现有冒水、漏水现象,则应及时堵塞漏洞。

5.1.2 灌浆准备

(1)检查确认材料数量,种类是否齐备,品质是否保证。

(2)检查机具是否齐备、完好。

(3)检查供水、供电是否齐全、方便。

(4)按配方秤量浆体材料,外加剂首先溶于一部分水,待用。

(5)按图1所示连接装好各部件。

5.1.3 水泥浆的拌制

先下水再下水泥,拌和时间不少于1min,灰浆过筛后存放于储浆桶内。此时桶内灰浆仍要低速搅拌,并经常保持足够的数量以保证每根管道的压浆能一次连续完成。水泥浆自调制到压入管道的时间间隔不得超过40min。对于因延迟使用所致的流动度降低的水泥浆,不得通过加水来增加其流动度。

有条件的情况下,最好采用高速灰浆搅拌机(转速在1 700r/min以上)(图3)。

图3 普通灰浆搅拌机和高速搅拌机的比较图

5.1.4 真空泵的准备

按照图1的示意,接好真空泵的管路,如图4所示。

图4 真空泵

5.2 压浆工艺

5.2.1 工艺概述

(1)孔道压浆顺序是先下后上,要将集中在一处的孔一次压完。若中间因故停歇时,应立即将孔道内的水泥浆冲洗干净,以便重新压浆时,孔道畅通无阻。对曲线孔道和竖向孔道应从最低点的压浆孔压入,由最高点的排气孔排气和泌水。

(2)关闭与真空泵相连接的所有通风孔,启动真空泵,从导管中排除空气。孔道真空度达到60%~90%(即真空度维持在-0.06~-0.09MPa),并且能稳定在该区间一个值附近时,表明导管密封良好,没有裂缝,方可压浆。如果不能满足上述情况时,应查明原因,将管道密封后再进行压浆。

(3)压浆应缓慢，均匀的进行，不得中断，并应将所有最高点的排气孔依次一一放开和关闭，使孔道内排气通畅。较集中和临近的孔道，宜尽量先连续压浆完成，不能连续压浆时，后压浆的孔道应在压浆前用压力水冲洗通畅。

(4)当压浆管路长度超过30m时，应提高压力100～200kPa。每个压浆孔道两端的夹片进、出浆口均应安装一节带阀门的短管，以备压注完毕时封闭，保持孔道中的水泥浆在有压状态下凝固。整个压注系统及胶管各阀门处内径不得小于10mm，以防堵塞。

(5)压浆完毕后，用清水连续冲洗灌浆设备，直至出水口流出清水，如有必要应该拆开设备进行清洗；拆下灌浆胶管，清洗灌浆泵、搅拌机、阀门以及黏有灰浆的工具。

5.2.2　工艺流程(图5)

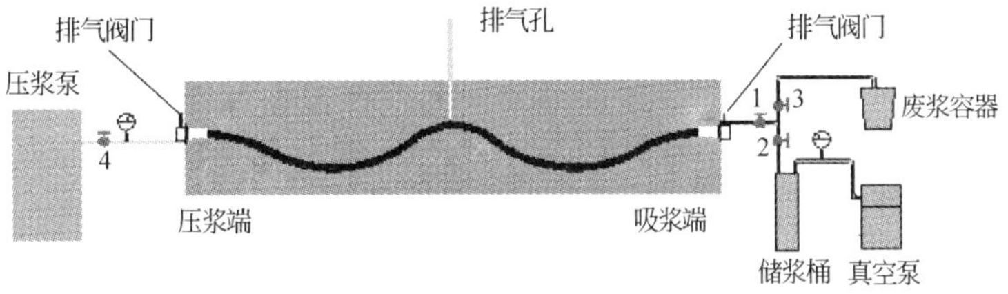

图5　真空辅助压浆工艺示意图

1、2、3、4-阀门

(1)关闭阀门1、3和排气孔，打开阀门2和4，启动真空泵，当真空度达到并维持在负压0.08MPa左右时，打开阀门1，启动压浆泵，开始压浆。

(2)当浆体经过透明高压管并准备到达三通接头时，关闭阀门1，并打开阀门3，关闭真空泵。

(3)压浆过程应连续直至水泥浆从出浆端接往负压容器的透明喉管压出时止，排浆直到流出合格的水泥浆时，并关闭压浆泵，关闭阀门2。

(4)马上打开排气孔，启动压浆泵，观察排气孔处的出浆情况，当出浆流畅、稳定且稠度与盛浆桶浆体基本一致时，关闭排气孔，以0.4～0.6MPa的压力继续压浆2～3min，最后关掉压浆泵，关闭阀门1，压浆完成。

(5)拆除阀门1、2外的设备，并清洗，即完成压浆工作。

5.2.3　注意事项

(1)严格掌握材料配合比，未经试验室允许不得随意调整。

(2)灌浆管应选用牢固结实的高强橡胶管，保证有压力时不易破裂。

(3)灰浆进入灌浆泵之前应通过1cm的筛子。

(4)真空泵放置应低于整条管道，启动时先将连接的真空泵的水阀打开，然后开泵；关泵时先关水阀，后停泵。

(5)灌浆工作宜在灰浆流动性没有下降的40min内连续进行，并且在灌浆过程中随时搅拌。

5.3　施工工艺必备要素

5.3.1　真空吸浆的工艺规范必须确保下列目标的实现

(1)在管道内正确完成和营造真空。

(2)在导管和大气之间或导管和导管之间无裂缝。

(3)浆体中无空气。

(4)管道内无水。

为达到以上目的，必须有正确的成孔材料、浆体设计和设备。在真空辅助压浆开始前，应制定标准、特定的工艺规范，由有经验的受过操作训练的人员正确执行。

5.3.2　设备及辅具必须具备下列条件

除了通常的灌浆设备以外,还需以下设备:

(1)真空泵,有真空压力表和刻度盘。

(2)压力容器,作为一个屏障,阻止浆体进入真空泵损坏它。

(3)加筋的干净软管,能承受负压。

(4)进口、出口、排气口的截止阀。

(5)预应力的压浆盖帽(在不采用常规封锚的情况下)。

5.4 压浆浆体的配比设计

5.4.1 浆体的组成

浆体由水泥、水、专用助剂组成,其混合体应达到下列指标:

(1)水灰比为:0.29~0.35,一般控制在0.32左右。

(2)浆体泌水率:水泥在拌和3h后,其泌水率应小于2%,且泌水应在24h内被浆体完全吸收。

(3)浆体温度:水泥浆搅拌及压浆时浆体温度应小于35℃。

(4)稠度:13~18s;在45min内,浆体的稠度变化不应大于2s。

(5)缓凝时间:其初凝时间应不小于3h,终凝时间应大于17h。

(6)膨胀率:小于5%。

(7)密度:不小于2.0g/cm^3。

(8)抗压强度:在标准养护下,其7天龄期的强度应不小于25MPa,满足以上浆体性能的压浆浆体,才为合格的压浆浆体。

5.4.2 浆体的外加剂

为了使浆体的性能能达到上列指标,必须在配合比中掺加品质优良的外加剂。

5.5 压浆时应注意事项

(1)孔道宜在预应力完成3天内压浆。

(2)水泥浆终凝后,方可卸拔压浆阀门。

(3)压浆气温最高不可大于35℃,且压浆完成48h内温度不得低于5℃。

(4)压浆因故不能连续压满时,应立即用压力水冲洗干净。

5.6 真空辅助压浆施工流程(图6)

6 质量标准及质量控制

质量标准除了保证浆体的质量外,主要控制以下两点:一是压浆过程应连续直至水泥浆从出浆端流出合格的水泥浆为止;二是观察排气孔处的出浆情况,保证出浆流畅、稳定且稠度与盛浆桶浆体基本一致。

质量控制方面除了满足上文提到的要求外,还需要注意以下几点:

(1)压浆盖帽在浆体初凝后可拆除,及时清理,以备再用。

(2)在压浆前使用空压机先行将残留在管道中的水分或脏物排除,确保真空辅助压浆工作能够顺利进行。

(3)整个连通管路的气密性必须认真检查,合格后方能进入下一道工序。

(4)浆体搅拌时,水、水泥和外加剂的用量都必须严格控制。

(5)必须严格控制用水量,对未及时使用而降低了流动性的水泥浆,严禁采用增加水的办法来增加其流动性。

(6)搅拌机内搅拌好的浆体每次应全部倒尽,在浆体全部倒出之前,不得投入未拌和的材料,更不能采取边出料边进料的方法。

(7)向搅拌机送入外加剂,需在浆体搅拌一定时间后送入。

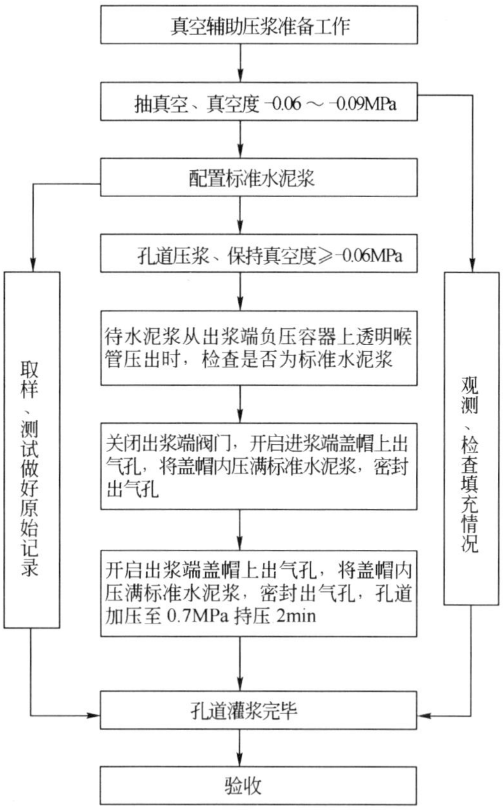

图 6　真空辅助压浆施工流程

(8)安装在压浆端及出浆端的阀门和接头,应在灌浆后 1h 内拆除并清洗干净。

7　机具设备

7.1　灰浆搅拌机:拌制浆体,可采用普通的拌浆机,但必须保证浆体搅拌均匀,能准确控制用水量。

7.2　真空灌浆组件:包括真空泵、真空表、连接阀门。

7.3　压浆组件:包括压浆泵及压力表。

7.4　高压管(含真空回浆观测透明管):高压管应保证能承受压浆过程中的压力要求,特别是透明管,不仅要满足压力要求,还要满足能对浆体进行观察的要求,防止浆体进入真空泵。

7.5　球阀:能保证管道的密封性能。

7.6　三通接头。

8　环保措施

8.1　施工机械注意保养,维修时防止油料洒落污染河水。

8.2　废弃混凝土,清洗罐车、导管的废水必须集中处理。

8.3　经常对施工机械进行保养,尽量减少噪声污染。

8.4　施工过程中的废弃物、边角料、包装袋等及时收集、清理、集中处理。

9　效益分析

真空辅助压浆工艺的效益主要体现在其社会效益上,对于施工单位而言,虽然增加了投入,但采用真空辅助压浆工艺是提高后张预应力混凝土结构安全度和耐久性的有效措施。

10 工程实例

10.1 滨州黄河二桥为三塔式混凝土 PC 斜拉桥,桥塔内设置环向预应力,如采用普通的压浆工艺,很难保证工程质量,从而危及结构的安全。经反复试验后,采用真空辅助压浆工艺进行施工,效果良好。

该桥于2004 年建成通车,目前运营两年,经检测,预应力部分工作性能良好。

10.2 济南黄河三桥主桥为单塔斜拉索钢箱梁桥,引桥为预应力混凝土连续箱梁,单跨跨径为 45(46)m。因管道较长(最长索为 46m + 8m),如采用普通压浆工艺,不仅压浆时间长,压浆效果也难以保证,全部采用真空辅助压浆工艺,工程质量优良。

钻孔灌注桩反循环二次清孔工法

GGG(鲁)C1065—2008

刘深远　杨荣泉　闫宗山　万雨帆　张光桥
(山东省路桥集团有限公司　山东省公路桥梁建设有限公司)

1　前言

钻孔灌注桩因孔底沉渣过厚往往会导致承载力折减,根据以往工程对地下桩超声波检测结果分析,在桩基混凝土灌注正常情况下,桩基混凝土边缘部位有缺陷,多数是混凝土内局部有夹块造成的。经分析认为:夹块由两部分组成,即泥浆中的砂砾沉淀物以及钢筋笼下放过程从井壁上刮落的黏泥块过厚,在灌注桩时,沉淀物随着混凝土上升,因有钢筋笼或井壁阻隔,使沉淀物停滞在局部范围内,并最终造成成桩中局部缺陷。

在黄河中下游的钻孔灌注桩的设计文件中,通常明确要求沉渣厚度小于30cm,比现行规范要求高许多,且工程地质条件复杂,主要穿越地层为分砂层、亚砂层、黏土层,其间交替夹杂有胶结砾岩薄层,因此沉渣厚度控制是成孔质量控制的难点和重点。因为从提钻到灌注混凝土,对于百米深桩来说通常需要12h以上,在这个过程中,因为泥浆静置时间过长,会产生一部分的沉淀,钢筋笼下放过程中也会从井壁上挂落部分泥块,这些就构成沉渣,可能会超过设计要求,如果不采取措施就灌注,容易引发各种质量事故。因此,需要在灌注前二次清孔。

2　工法特点

2.1　清孔彻底:能满足孔底沉淀厚度≤30cm的要求。

2.2　清孔速度快:从黄河三桥的实践情况看,如果正循环清孔情况比较好的话,一般采用气举反循环清孔50min左右就可以达到要求。

2.3　转换迅速:可以在10min内,由清孔状态转换到混凝土灌注状态。

2.4　经济便捷:本工法需用的机械设备少,材料用量少,制作简单,方便灵活。

3　适用范围

3.1　本工法适用范围:孔深150m以内的孔径、对沉渣厚度要求较高,水上(陆地)钻孔灌注桩的施工。

3.2　适用地层:黏土层、砂层、砾石层、卵石层、岩层等地层。

4　施工工艺

4.1　清孔的意义

钻孔深度达到设计要求并符合终孔条件后,应进行清孔。清孔的主要目的是清除孔底沉渣,而孔底沉渣则是影响灌注桩承载能力的主要因素之一。清孔则是利用泥浆在流动时所具有的动能冲击桩孔底部的沉渣,使沉渣中的岩粒、砂粒等处于悬浮状态,再利用泥浆胶体的黏结力使悬浮着的沉渣随着泥浆的循环流动被带出桩孔,最终将桩孔内的沉渣清干净,这就是泥浆的排渣和清孔作用。

钻孔灌注桩灌注前,由于从提钻到导管陈放完毕这个过程很长,对于钻孔灌注桩来说,必然会使第一次清孔后的沉渣增加,如果不采取措施,沉渣过多,容易引起灌注事故,直接影响桩基的承载力,危及结构安全。因此,必须高度重视灌注前的二次清孔工作。

4.2 清孔方式选择的理论依据

沉淀物主要由泥块和沉淀砂砾组成。泥块主要是由钢筋笼下放刮落的井壁泥皮造成的;而砂砾沉淀物主要由泥浆中的悬浮颗粒造成的。

确定沉渣颗粒在泥浆处于悬浮状态的临界沉降速度 v_0 的思路是:假定颗粒为球形,其重力为 G,颗粒在液体中的浮力为 P,球形颗粒在液体中的沉降阻力为 R。当 $G>P$ 时,岩屑下降,速度逐渐增大,R 值也随之增大。当 R 值达到足以使作用在岩屑上的三种力保持平衡时,即 $R=G-P$ 时,岩屑将以恒速 v_0 下降。通过推导可得出沉降速度(即雷廷格尔公式)为:

$$v_0=\sqrt{\frac{4g}{3c}\frac{\delta(\rho_s-\rho)}{\rho}}=k\sqrt{\frac{\delta(\rho_s-\rho)}{\rho}}$$

式中:δ——球形颗粒的直径(m);

ρ_s——颗粒的密度(kg/m^3);

ρ——泥浆的密度(kg/m^3);

k——颗粒的形状系数,圆形颗粒 k 为 4~4.5,不规则形状的颗粒 k 为 2.5~4。

泥质孔的颗粒的最大尺寸与钻具和地质条件有关。根据最大颗粒直径可求出 v_0,从而求得泥浆流量。

假设球形颗粒的直径 $\delta=0.01m$,颗粒的密度 $\rho_s=2.3\times10^3kg/m^3$,泥浆的密度 $\rho=1.1\times10^3kg/m^3$,颗粒形状系数 $k=4$,求得 $v_0=0.29m/s$。

4.3 传统正循环清孔法的弊端

正循环清孔是泥浆由钻杆或导管注入孔底,带动沉淀物上浮,在重力作用下泥浆中砂砾等沉淀物有下沉的趋势,如果泥浆泵流量偏小,将出现大颗粒砂砾悬浮在一定高度以下;如果想把大的沉渣颗粒排出孔外,一方面是加大泥浆的循环速度,另一方面是加大泥浆的密度,但是,受现有泥浆泵排量的限制,泥浆的循环速度不可能提高很多,加大泥浆相对密度的方法也不可行。另外因为井壁处泥浆比井中心部位流速慢,造成泥浆含砂率不均匀,最终不能将泥浆中大颗粒砂砾完全置换到井外去,因此本工法不采用这种方法。

如果用正循环清孔,$\phi2.0m$ 的孔的断面积为 $3.14m^2$,常用 6PNL 砂石泵额定排量为 $280m^3/h$,假定采用 2 台并联送水,泥浆携带钻渣后进入钻杆与孔壁形成的环闭空间后上返速度是很低的,满排量时浆液的上返速度仅达到 $0.05m/s$。根据上述公式可见正循环钻进只有依靠高浓度、高密度泥浆来悬浮钻渣,最终端沉渣厚度不能保证符合设计要求,从而容易引发质量隐患。

钻孔用泥浆泵的主要性能见表 1。

钻孔用泥浆泵的主要性能 表 1

名 称	钻进方式	型 号	泵流量(m^3/h)	泵压(MPa)	功率(kW)
泥浆泵	正循环	6PNL	230~320	0.275~0.245	30
砂石泵	反循环	8BS	400	0.370~0.355	75

4.4 反循环清孔

4.4.1 反循环清孔通常采用两种方式,一种是泵吸反循环,另一种是气举反循环。泵吸反循环是通过砂石泵的抽吸作用,在钻杆内腔形成负压,在孔内液柱和大气压的作用下,孔壁与环状空间的泥浆流向孔底,将沉渣带进钻杆(导管)内腔,再经过砂石泵排至地面沉淀池内;钻渣沉淀后,泥浆流向孔内,形成反循环。

采用泵吸反循环法进行二次清孔,目前常用 8BS 砂石泵,其额定排量为 $400m^3/h$,假定采用 $\phi0.3m$

的导管进行清孔，满负荷时泥浆上返流速可以达到1.58m/s，可以看出该速度远大于钻渣上返所需流速0.29m/s的要求，因此进入导管内的钻渣能够被有效的抽吸上来。

由于现有的离心泵的泵压较小，无法满足直径2m、深达120多米的钻孔灌注桩清孔的需要，因此，本工法推荐对于直径1.8m、设计深度90m以下的桩，采用泵吸反循环法进行二次清孔；对于直径2.0m、设计深度120m的桩采用气举反循环法进行二次清孔。

4.4.2　气举反循环

1）气举反循环的原理

气举反循环的原理是：压缩空气经风管向导管（排渣管）内送风，风管内的空气与泥浆混合物密度（约为$0.6\times10^3kg/m^3$）小于导管（排渣管）内泥浆密度（约为$1.1\times10^3kg/m^3$），从而形成负压区，在大气压的作用下，汽水混合物排出管外；孔底泥浆及沉淀物的混合物沿着导管上升，补充到负压区；为防止孔中泥浆水头过小，应及时用泥浆泵将优质泥浆（含砂率低）补充到孔内，并形成循环系统。

2）气举反循环的设备

气举反循环的设备非常简单，主要的构造如图1和图2所示。除了风管、排渣金属管、排渣软管、法兰盘接头外，现场只需要一台9～$20m^3/h$空压机就可完成整套施工工艺。

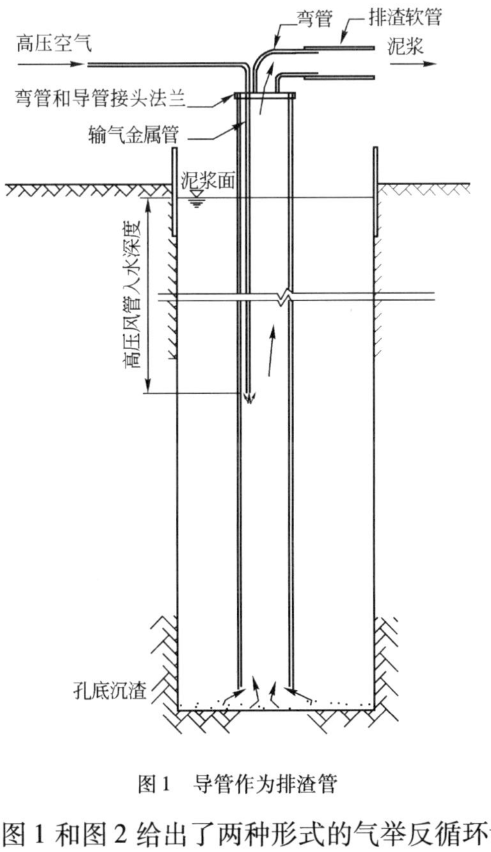

图1　导管作为排渣管

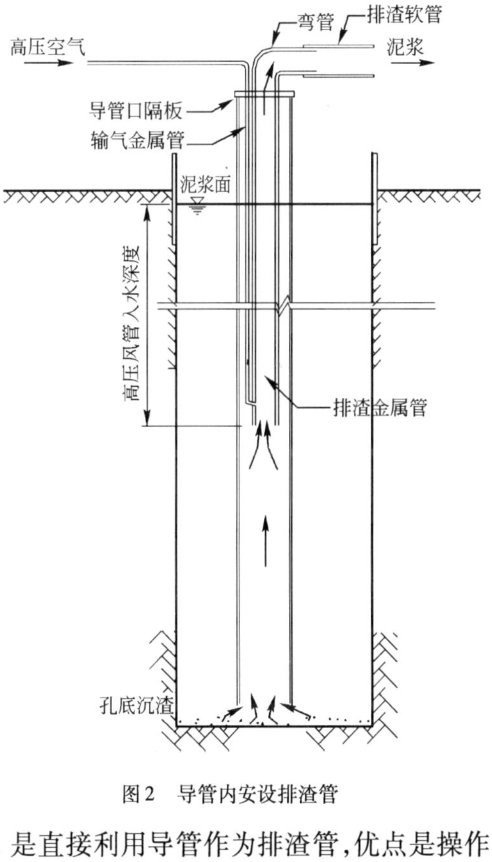

图2　导管内安设排渣管

图1和图2给出了两种形式的气举反循环设备。图1是直接利用导管作为排渣管，优点是操作简便、工序转换速度快，现场只要沉放风管即可，缺点是需要的风量较大，需要大型的空压机。图2是在导管内增加了一根金属排渣管，其缺点是现场操作量比图1复杂，优点是现场需要一个较小的空压机就可实现。

由理论计算和工程实践，以120m钻孔灌注桩为例，在此给出气举反循环系统的几个参考数据：风管的入水深度在30～40m，要求制作的风管长度为36m，分为3节，每节12m，中间用法兰盘连接；风压（MPa）可按公式$H/100+0.05$计算，H为风管口入水深度（m），考虑到风管接头密实性等因素，需要0.6～0.8MPa的风压；风量可以根据《公路施工手册——桥涵》（上册）（人民交通出版社，1999）空气吸泥机一章的有关公式计算。

5 质量标准及质量控制

清孔完成后,孔底沉渣应严格控制在30cm以内,泥浆指标合格(泥浆相对密度:1.03~1.10;黏度:17~20Pa·s;含沙率:<2%),并应立即进行检查验收。检查验收合格后,应立即灌注水下混凝土,以免渣土重新沉淀,造成沉渣过厚而影响桩的承载力。

因为泵吸反循环比较简单,运用较多,在此只提出气举反循环的操作注意事项:

(1)出浆管底口距离井口深度不宜小于30m,以形成足够的备压,但也不能小于5m,否则不能形成有效的反循环体系。

(2)出浆管及高压进气管的法兰盘连接紧密,确保不漏气。

(3)气举反循环过程中,保证有足够的优质泥浆补充到井孔内,并且要在开启反循环前先送浆,时刻观察护筒内泥浆面的变化情况,防止泥浆补充不足,水头下降过大造成塌孔。

(4)为防止孔内沉淀物堵塞出浆管,在气举反循环前,要把导管提离孔底一段距离,待反循环形成后,视出浆清孔逐步下沉导管。

(5)由于桩孔较大,要左、右移动导管及前后移动平台,使清孔比较彻底。

6 机具设备

6.1 泵吸反循环清孔设备:排渣软管、8BS砂石泵。

6.2 气举反循环清孔设备:除了风管、排渣金属管、排渣软管、法兰盘接头外,现场只需要一台9~20m^3/h空压机就可完成整套施工工艺。

7 安全措施

7.1 起重安全:本工法用到的主要的施工机械是汽车吊,因此要注意起重安全,严格执行起重操作规程,不能因为起重点重量不大而掉以轻心。

7.2 用电安全:严格用电管理,施工现场的一切电源电路的安装和拆除,必须由持证电工操作,电器必须严格接地、接零和安设漏电保护器,场地电缆应架空,严禁拖地和埋压土中。

8 环保措施

8.1 施工机械注意保养,维修时防止油料洒落污染河水。

8.2 废弃混凝土,清洗罐车、导管的废水必须集中处理。

8.3 经常对施工机械进行保养,尽量减少噪声污染。

8.4 施工过程中的废弃物、边角料、包装袋等及时收集、清理、集中处理。

9 效益分析

9.1 反循环法二次清孔技术带来的第一个效益就是质量安全:灌注混凝土是保证成桩质量的关键工序,"断桩"、"夹泥"、"堵管"等常见的灌注质量事故都与孔内混凝土上部压力过大有一定关系。正循环为了有效地排渣,选用的泥浆密度高、浓度大,势必造成孔内压力大,这样混凝土导管排出混凝土的阻力增大,浇筑困难;另外正循环钻孔过程中因泥浆浓度高、密度大所形成的孔底沉渣,很难从孔中完全清除,所以其中一部分在混凝土浇筑过程中被卷入泥浆中,更加加大了混凝土抬升的阻力,这种阻力在灌注临近结束时更加明显(可以观察此时孔内排出的泥浆密度、浓度明显加大,流淌缓慢,偶尔有大块的絮状泥块出现),若处理不当,很容易使临近桩顶10m左右混凝土质量差、强度低,而该部分又是桩受力的关键位置。反循环二次清孔技术的运用使钻渣清理较为彻底,因此灌注较为顺畅,桩顶沉渣少,桩身混凝土质量明显提高。

9.2 反循环法二次清孔技术大大缩短了百米深桩的清孔时间,提高了成孔效率。通常,对于百米深桩而言,采用正循环法进行清孔,要达到沉渣厚度小于 30cm 的要求,大约需要 10h 的时间,而采用反循环法进行二次清孔,一般只要 1h 就可以达到浇筑状态。

9.3 经济效益明显。对于黄河中下游这种地质条件而言,如采用反循环法成孔,一个设计钻深 120m、直径 2.0m 的钻孔灌注桩的成孔时间大约为 5 天;采用正循环法成孔、反循环清孔的工艺,成孔时间在 7 天左右;但是反循环施工工艺的设备功率大约是正循环工艺设备的 2 倍,这样算下来,每一个孔大约可以节约 30% 的费用。

综上所述,反循环本身所具有的特点,给提高成孔效率、成桩质量和综合经济效益等方面带来一系列的好处。

10 工程实例

从施工经济性、安全性来看,济南黄河三桥项目对全部的钻孔灌注桩工程采用正循环钻孔、反循环清孔的施工方案,成功地把沉渣厚度控制在设计要求以内,取得了满意的效果。

黄河三桥钻孔灌注桩施工从 2005 年 3 月 20 日开始,到 2005 年 12 月 16 日结束,直径为 1.8 ~ 2.0 m,孔深为 80 ~ 120m,共完成 337 根桩,全部采用反循环清孔法进行灌注前二次清孔,保证了沉渣厚度控制设计文件中不大于 30cm 的要求,经超声波检测表明全部达到 I 类桩标准。

滨州黄河大桥主塔桩基,直径 1.5m,孔深 115m,从 2002 年 10 开始,到 2006 年 1 月结束,共完成 50 根桩,全部采用反循环清孔法进行灌注前二次清孔,保证了沉渣厚度控制设计文件中不大于 30cm 的要求,经超声波检测表明,全部的达到 I 类桩标准。

下行式移动模架施工工法

GGG(鲁)C3066—2008

杨荣泉　闫宗山　万雨帆　贯志坚　刘本立
(山东省路桥集团有限公司)
蒋光全　王玉文　邱学良　何泽刚　黄翼
(中铁二局股份有限公司)

1　前言

预应力混凝土连续箱梁已广泛应用于城市高架桥和大型桥梁的引桥建设中。而混凝土连续箱梁的施工方法,在国内也由基本局限于采用满堂支架现浇。目前,混凝土连续箱梁的施工方法正在向各种施工方法转变,尤其是移动模架的使用,更拓展了预应力混凝土连续箱梁的施工空间。相比之下,移动模架法施工具有以下明显的优点:第一是工序简单,施工周期相对较短;第二是移动模架逐孔施工,具有明显的经济效益;第三是不需进行基础的处理,适用范围广;第四是移动模架对于高墩桥梁,尤其是城市高架桥,具有显著的安全性,同时可不影响桥下的交通要求。

常用的移动模架通常分为:下行式移动模架和支承牛腿自行式移动模架,以下将介绍两种形式的移动模架施工工法。

2　工法特点

2.1　节省成本:本工法使用的移动模架造桥机结构简单,周转次数多,使用辅助设备少。

2.2　施工周期短:一孔梁段施工完成后移动模架整体行走至下一孔,无需多次拼装模板及预压,且所需人员少。

2.3　通用性好:整套设备材料实际应力有储备,可适用荷载适当增加。横梁穿过主梁支撑在主梁上,当桥宽及墩宽发生变化时,只需改变横梁支点位置即可。曲线桥调整只要分组移动横梁就可调整出所需要的曲线。

2.4　结构受力明确:理论计算结果与实际发生情况极为吻合,结构安全可靠,而且有利于箱梁的施工控制,保证良好的线形。

2.5　本工法跨中无任何支撑,因此跨间地基不需处理,同时在施工时不影响交通,具有显著的社会经济效益。

2.6　高程调整方便:预拱度设置时,每组横梁只需调整两个支点位置高程即可实现全断面高程的调整,无需调整每一根模板支撑。

3　适用范围

本工法适用于50m以下跨径预应力混凝土连续箱梁逐孔现浇施工。特别是墩身超过一定高度以至搭设支架有困难时,或施工现场地基软弱或桥下有通车通航要求时,采用移动模架造桥机施工具有很大的优越性。本工法主要以陆上施工为主,水中施工时应根据现场情况作适当变动。

4　施工工艺原理、流程及操作要点

4.1　下行式移动模架工艺

4.1.1　构造

移动支撑系统(MSS)主要由牛腿、主梁、横梁、后横梁、外模、内模及导梁组成。每一部分都配有相应的液压或机械系统。各组成部分结构功能简介如下:

(1)牛腿:牛腿为三角形结构,附着在墩身上并(或者)支撑在承台顶面上。牛腿共有三对,它的主要作用是支撑主梁,将施加在主梁上的荷载通过牛腿传递到墩身和承台上。每个牛腿顶部滑面上安装有推进平车,并配有一对横向自动移动液压千斤顶、一对竖向自动液压千斤顶和一个纵向移动液压千斤顶。主梁支撑在推进平车上。推进平车上表面安有聚四氟乙烯滑板,通过三向液压系统使主梁在横桥向、顺桥向及高程上正确就位。

(2)主梁:移动支撑系统主梁为一对钢箱梁。钢箱梁分节制作。节间用高强螺栓连接。主梁两端设有导梁,起到支架向下一孔移动时的引导和承重作用。

(3)横梁:横梁为H型钢,同一断面上每对横梁间为销连接,横梁上设有销孔,以安置外模支架。横梁通过液压系统进行竖向和横向调整。

(4)后横梁:后横梁为一根钢箱梁,主要功能为在浇筑每一联的第二孔及以后各孔时,通过吊杆将MSS移动模架系统后端吊起,与已浇筑完毕的箱梁混凝土锁紧在一起,防止新旧混凝土接缝处出现错台。

(5)外模:外模由底板、腹板、肋板及翼缘板组成。底板分块直接铺设在横梁上,并与横梁相对应。每对底板沿横梁销接方向由普通螺栓连接。腹板、肋板及翼缘板也与横梁相对应,并通过在横梁设置的模板支架及支撑来安装。

(6)内模:移动支撑系统的内模系统包括模板、内模梁及内模支撑。模板的运输及安装通过塔吊或者吊机来完成。

(7)导梁:导梁为桁架结构,通过高强螺栓与纵梁连接。主要作用为在纵梁前移时提前将纵梁自重传到下一牛腿上,从而减少纵梁的前端弯矩,确保前移轻松、安全。

(8)后横梁及后吊杆:后横梁为箱形钢箱梁,横跨施工桥面,用于每联第二孔以后各孔,将主梁悬挂在混凝土箱梁的悬臂端,后横梁作用是浇筑每联的第一孔以后的各孔时,通过两个自锁液压顶和吊杆把支撑系统的后部悬吊在连续箱梁的悬臂端,使浇筑成型的箱梁线形连续和避免横接缝错台。

(9)液压系统:MSS移动支架系统配有四套液压系统:三套推进(滑移)小车液压系统和一套后横梁液压系统。每套液压系统由液压站、液压缸、液压管路和电气控制系统组成。

MSS滑移模架系统组成示意图见图1。

4.1.2　技术参数(表1)

技术参数表　　表1

系统最小曲率半径(m)	1 000
施工状态下整体最大净挠度	≤跨径的1/450
纵向顶推能力	500kN×6台
系统纵移速度(m/h)	20
系统适应桥梁最大纵坡(%)	≤3.5
系统横移速度(m/min)	0.5
系统适应桥梁最大横坡(%)	≤2
适合施工桥宽(m)	≤20.0
单孔施工跨径(m)	≤50+8(悬臂)
最大承重施工荷载(kN)	28 000
施工时适合的净高(梁底到承台)(m)	>7.8

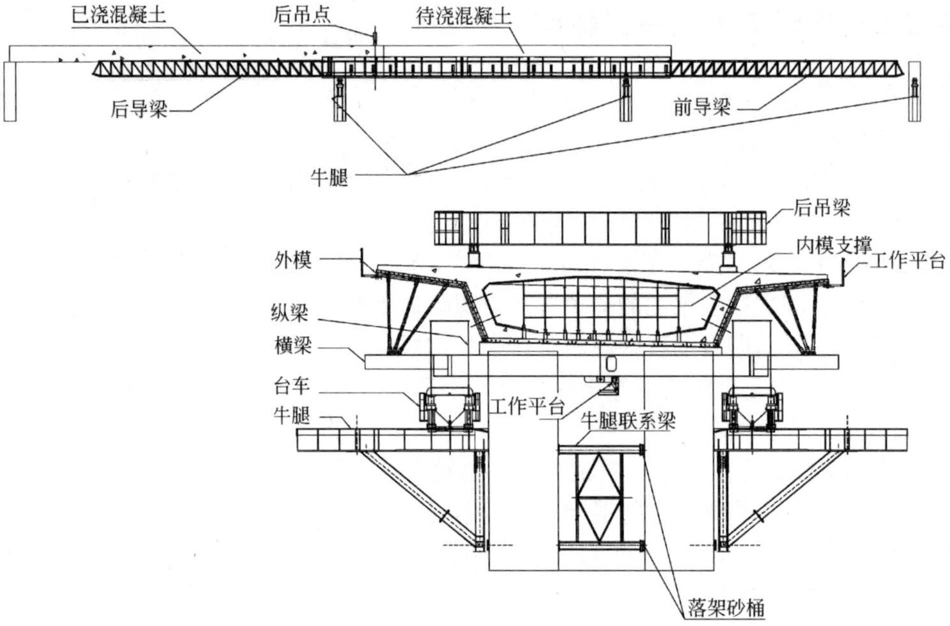

图1　滑移模架整体布置图

4.1.3　工作原理

(1)模板的调整:移动支撑系统预拱度的调整是施工中的重点,移动支撑系统挠度值的影响因素要考虑周全,挠度值的计算要尽量结合实际情况。

(2)移动支撑系统工作程序:每孔桥上部箱梁浇筑完混凝土并张拉预应力钢束后,将第三对牛腿预先用吊机、拖车倒运安置在下一孔的桥墩上,然后通过液压缸使主梁下移并向外横移带动外模脱离桥身,用液压缸顶推纵移模板至下一孔,然后再向内横移带动外模合龙,连接横梁连接销,调好位置后,用吊杆将主梁悬挂在后横梁的悬臂端上,然后安设底板及腹板钢筋、预应力钢束、安装内模板,用前一孔的内模移至下一孔安装就位,顺即安设顶板钢筋及预应力钢束,全部工序验收合格后浇筑箱梁混凝土。箱梁混凝土整孔一次浇筑完成,由悬臂端向已浇梁段推进。

4.1.4　移动支撑系统的组装

(1)移动支撑系统按如下工序进行拼装:牛腿的组装、主梁的组装及有关施工设备、机具的就位→牛腿的安装→梁吊装就位→横梁安装→铺设底板、安装模板支架→安装外腹板及翼缘板、底板→内模安装(在绑扎钢筋完成后)。移动支撑系统组装完成后的示意图如图2所示。

(2)场地平整:本方案拟对滑模纵梁进行整体吊装,需在墩柱附近进行拼装和吊装,故需对拼装场地进行平整。拼装区间的立柱浇筑完毕后即对承台等基坑进行回填,确保墩柱两侧8m以内场地平整无杂物。

(3)主梁安装:主梁在桥下组装。先在桥下将纵梁拼成一个整体,然后通过墩顶设置的贝雷桁架将两片纵梁整体吊起。

主梁的连接采用高强螺栓,具体要求如下:

①高强螺栓应由制造厂按批套供货,必须有出厂质保书,在使用时必须按同批配套使用。

②主梁栓接时应对摩擦面采用钢丝刷除锈处理,并在晴朗天气下进行栓接,以增大摩擦系数。

③螺栓的拧紧分为初拧和终拧,初拧采用普通扳手,终拧采用扭矩测力器拧紧,避免人为因素影响。终拧完成后,以油漆标记,防止漏拧。

④高强螺栓连接完成后,用小锤(0.3kg)敲击法对高强螺栓进行普查,以防漏拧,查验合格后,连接板缝应及时用腻子封闭,连接处用防锈油漆进行涂刷。

(4)牛腿的组装:牛腿呈三角形且有一定高度,拼装时应先做一支架支撑在牛腿外缘,防止歪倒。须在

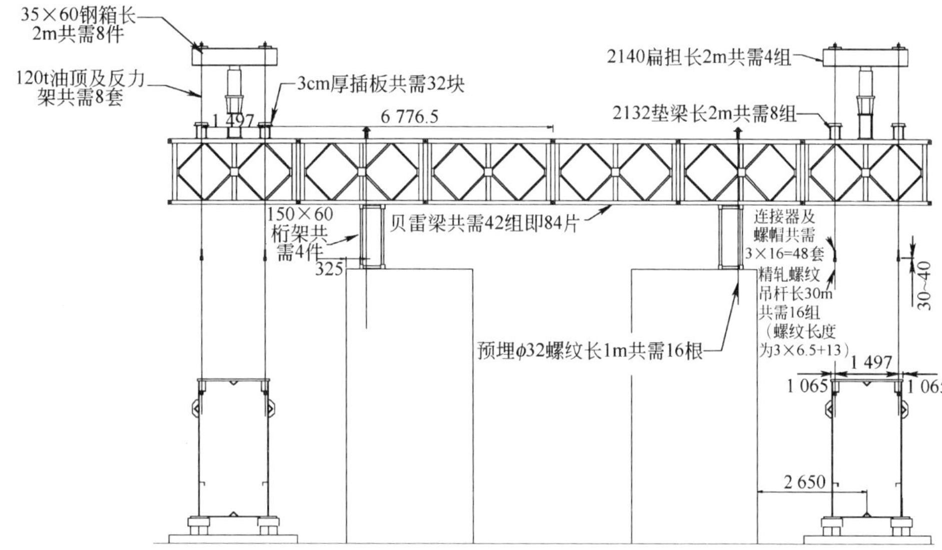

图2 移动支撑系统示意图(尺寸单位:mm)

纵梁吊装前拼装完毕。待纵梁提升一定高度(约7.5m)后,通过纵梁上的扁担把牛腿(包括平车)提起并拉紧在纵梁底下。整体提升到设计位置时,与下面的牛腿落地支架用螺栓连接上,并通过精轧螺纹对拉在墩身上。张拉前,在牛腿顶面用水准仪抄平然后再拉紧定位,以便使推进平车在牛腿顶面上顺利滑移。

牛腿定位后即可松开纵梁上的吊杆、安装纵梁及平车的推进装置并调节纵梁至设计位置,最后拆除墩顶贝雷桁架。

(5)横梁的安装:本套滑模共有横梁15根,每根间距3.6m,同一根横梁又分为左右两节分别穿过墩柱两侧的纵梁,中间用销子连接。吊装时可以通过塔吊和吊机配合完成安装。

(6)配重、模板、导梁的安装:横梁安装完毕后,用全站仪定出桥轴线,调节横梁的左右位置,确保其接头中心在桥轴线上。以上工作完成后,即可进行配重、模板、导梁的安装。

(7)横梁的调节(初设预拱度):滑模所有配件拼装完后,所有自重荷载产生挠度随即完成。此时可根据箱梁自重挠度通过调节横梁高度来初设纵向预拱度。

(8)系统拼装时要求各部件之间连接可靠,拼装完后要认真地全面检查,确认安全、可靠后方可用作上部施工。

(9)加载试验。为了试验滑模的承载力及检验预拱度的合理性,需要对滑模进行预压。本工程考虑箱梁自重太大,约2 200t,故采用吊装成捆钢筋结合沙袋的方式加载。纵桥向以10m为一段,分段加载。观测点设置上,纵桥向设置7道,横桥向每道横梁设置一排,共计105个观测点。荷载每加完一段即进行一次观测,加载全部完成后开始每2h观测一次,直至纵梁不再产生明显变形(约24h)。

(10)设置预拱度。预压完成后,即可逐步拆除压重。根据预压数据调整预拱度并投入使用。

移动支撑系统预拱度的调整是施工中的重点,其挠度值的来源要考虑周全,挠度值的计算要尽量结合实际情况。

4.1.5 滑移模架动支撑系统的施工原理及工艺流程

1)滑移模架施工

滑移模架施工分首跨、标准跨、末跨三个状态。首跨的施工长度为标准跨长度(45m/46m)+8m,标准跨的施工长度为45m/46m,末跨的施工长度为(45m/46m)-8m。首跨在滑移模架拼装完成并预压后,根据预压结构调整部分模板高程到位,就可以进行钢筋绑扎,内模安装,混凝土浇筑、养生,预应力张拉等工序;标准跨和末跨的施工过程和首跨相比,除了不需要预压过程和施工长度不同外,其他施工过程基本相同。

2)滑移模架的移孔过孔过程(图3~图8)

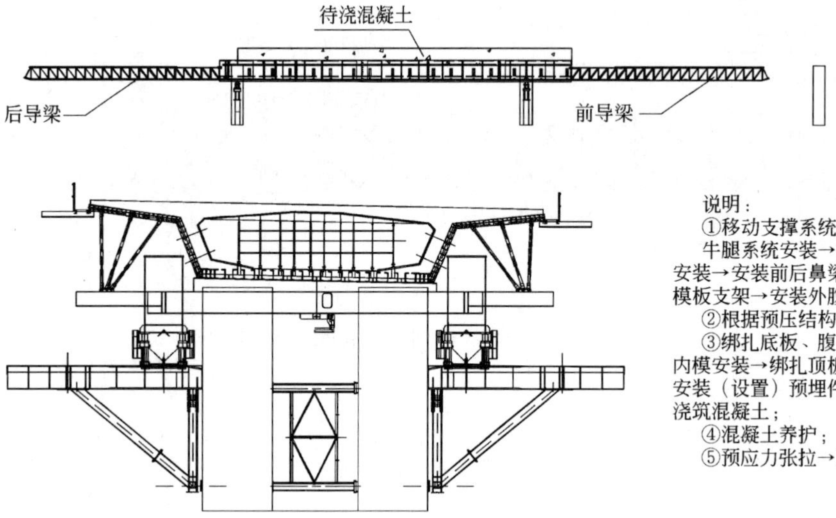

说明：
①移动支撑系统拼装：
牛腿系统安装→纵梁吊装就位→横梁安装→安装前后鼻梁→铺设底板、安装模板支架→安装外腹板及翼缘板→预压；
②根据预压结构调整模板高程；
③绑扎底板、腹板钢筋（预应力）→内模安装→绑扎顶板钢筋（预应力）→安装（设置）预埋件→安装堵头模板→浇筑混凝土；
④混凝土养护；
⑤预应力张拉→预应力管道压浆。

图3　首跨施工浇筑状态

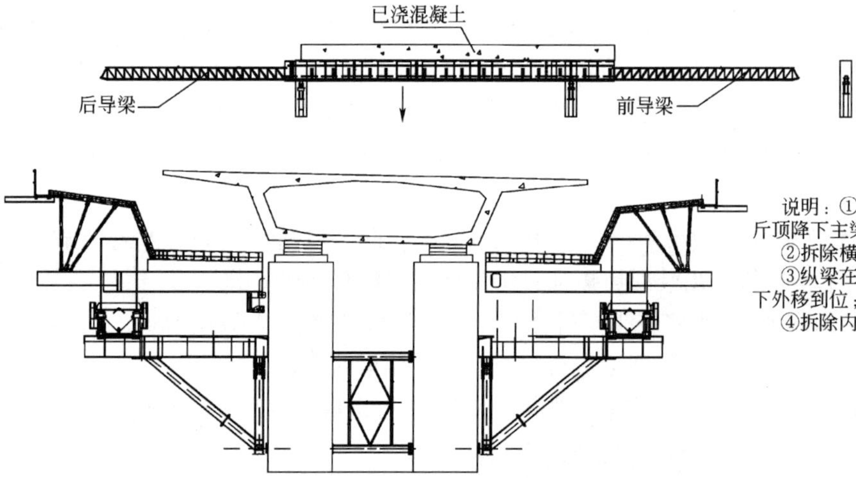

说明：①利用前后台车上的主千斤顶降下主梁；
②拆除横梁的连接螺栓；
③纵梁在台车上横向千斤顶的牵引下外移到位；
④拆除内模。

图4　首跨施工拆模状态

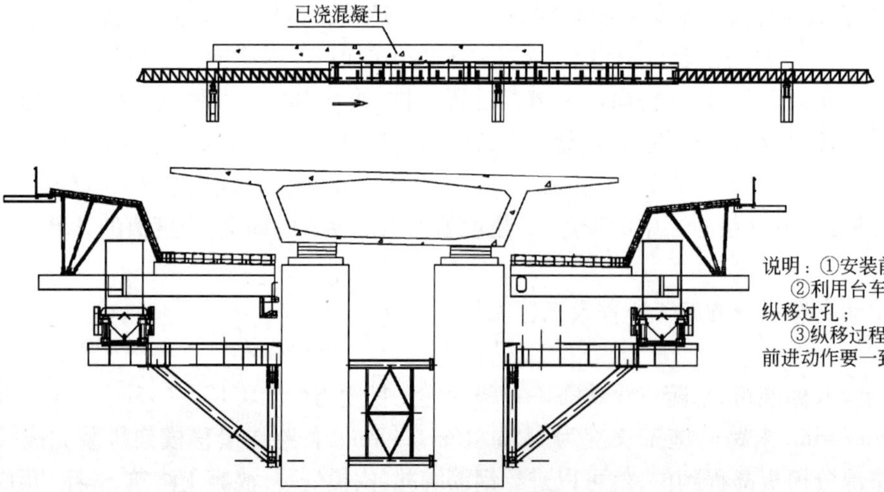

说明：①安装前一墩台的牛腿系统；
②利用台车上面的纵移千斤顶，纵移过孔；
③纵移过程中，注意两条纵梁前进动作要一致，同步过孔。

图5　标准跨施工行走状态

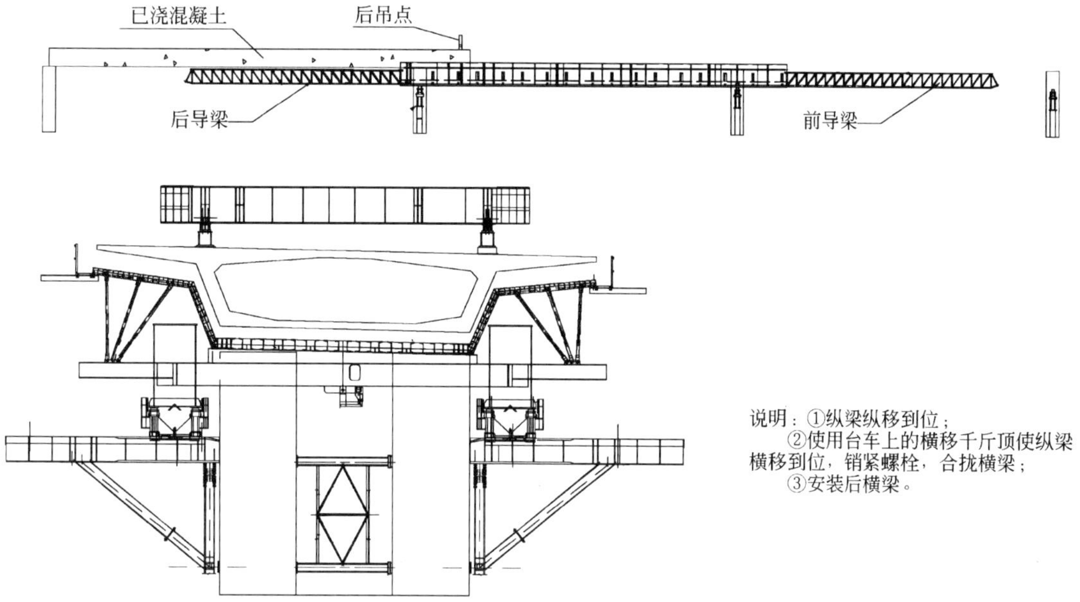

图6 标准跨施工合模状态

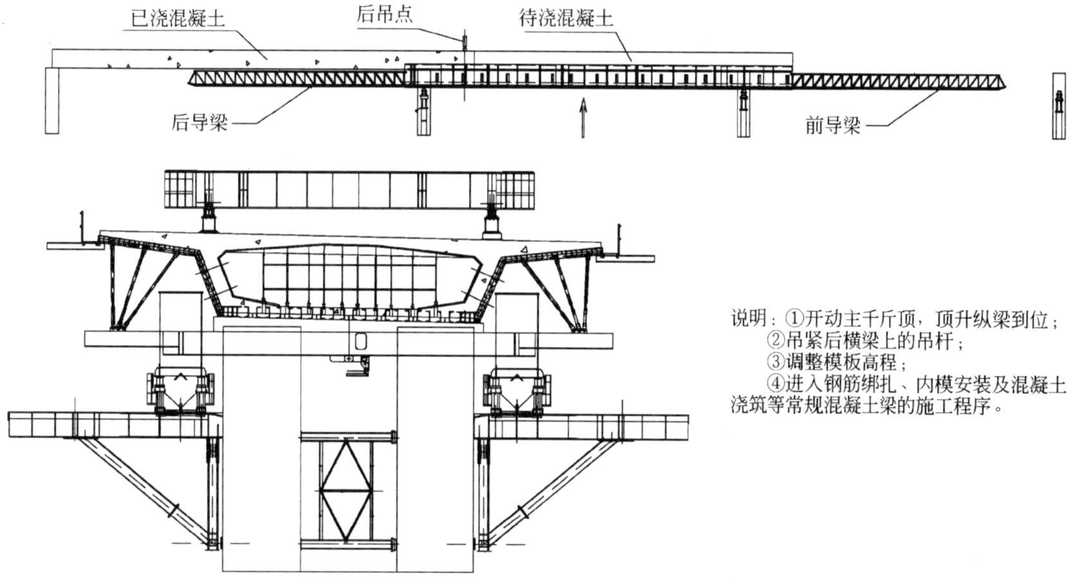

图7 标准跨施工浇筑状态

4.2 牛腿自行式移动模架工艺

4.2.1 构造

MSS移动模板系统主要由牛腿、主梁、横梁、C形梁、后横梁、前支撑横梁、外模及内模(选配)组成，如图9所示。

其中，主梁外形尺寸长51.2m(长)×2.8m(高)×1.8m(宽)；端鼻梁长约为34.5m，分为三节，起到支架向下一孔移动时的引导和承重作用，并作为牛腿移位时的支撑纵梁。牛腿主要作用是支撑主梁。C形梁主要作用为悬吊MSS移动模架系统并带动主梁系统向前移动。吊点横梁有行走牛腿和防止新旧混凝土接缝处出现错台两个功能。前支撑横梁主要作用为MSS移动模架系统牛腿纵移时，通过千斤顶将鼻梁端顶起，起到支撑横梁的作用。

4.2.2 牛腿支撑

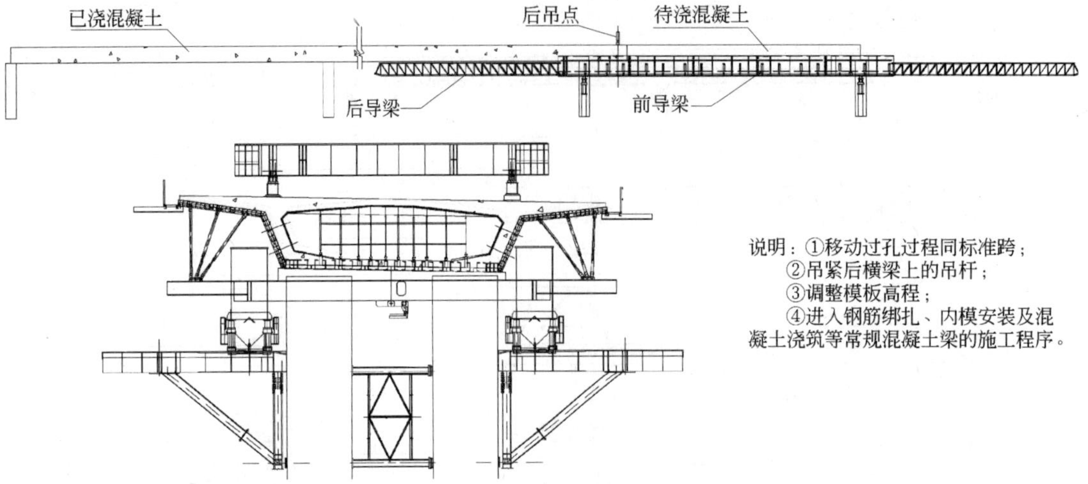

说明：①移动过孔过程同标准跨；
②吊紧后横梁上的吊杆；
③调整模板高程；
④进入钢筋绑扎、内模安装及混凝土浇筑等常规混凝土梁的施工程序。

图8　末跨施工浇筑状态

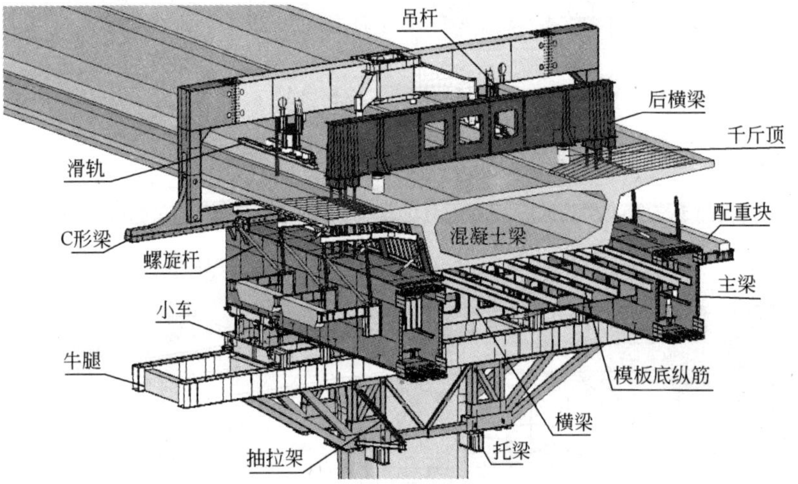

图9　移动模架构造图

牛腿放在支撑托梁上，支撑托梁穿于墩身预留孔中，牛腿主要作用是支撑主梁，并将梁体和模架重量传递至墩身。将小车挂架挂在主梁上，伸出挂架上的四个油缸，吊起小车和牛腿，抽出支撑托梁，通过小车上的横移油缸将牛腿从墩中移出，推动小车上的纵移油缸，小车带着牛腿在主梁上纵移。当两组牛腿移到下一桥墩时，小车横移油缸顶推将牛腿插入墩中两侧牛腿插入预留孔后，在墩身预留孔中安装牛腿支撑横梁。

4.2.3　工作原理

利用移动模架作承重结构和外模板结构进行一跨箱梁的钢筋绑扎和混凝土浇筑，混凝土养护达到规定强度后，张拉梁体纵向预应力束，通过C形梁、吊点横梁、前支撑横梁悬吊主梁和鼻梁，牛腿悬挂于主梁和鼻梁上自行至下一跨，移动模架由桥轴线分离横移，避开墩身前行至下一跨施工位置合龙，同时完成上一跨箱梁预应力索压浆，完成一个循环周期。

4.3　滑移模架的梁段施工过程

4.3.1　钢筋施工

普通钢筋的堆放、加工制作、焊接、现场绑扎成型等施工工艺、施工控制标准及要求应严格按照现行规范施工。当预应力钢束与普通钢筋位置发生干扰时，可适当调整钢筋位置，并取得监理工程师的认可。

4.3.2　预应力施工

下料使用切割机或砂轮片，不得使用电弧焊或气割，并使切割面与轴线垂直，以便张拉时检查断丝。

波纹管的连接采用套管连接，接口处用胶布缠裹后再加缠一层透明胶带。在钢束曲线的最高处应设排气孔道。

锚垫板与波纹管连接采用内穿式，接口处用胶布缠绕。

应严格按照规范和设计要求定位，直线段每 30cm 设置一个定位架，曲线段适当加密并按图纸增设防崩钢筋。确保钢束平、纵曲线位置符合要求及钢束的平顺。

4.3.3 模板

底模、侧模采用大面积钢模，滑移模架系统已包括此部分，为保证混凝土浇筑的外观质量，在底模和侧模上粘贴规格为 0.8mm 厚的不锈钢板。

内模采用木模，用碗扣支架体系支撑。顶板的重量通过碗扣支架传递到方木上，再通过钢筋制作的马凳传递到底板模板上。制作马凳的钢筋下端采用电镀或者套塑料帽处理，以防止钢筋头外露锈蚀。

4.3.4 混凝土施工

按照从前向后（从悬臂端到固定端）的顺序浇筑，采用两台 80 型混凝土托式泵。浇筑按底板、腹板、顶板、翼缘板的顺序对称于横断面的中心，由中心开始向腹板侧对称浇筑。一次浇筑水平分层。顶板的底模上留下料口，混凝土通过下料口进入底板。

混凝土采用输送泵泵送入模，灌注混凝土时顶板处预留天窗，天窗处架设接灰漏斗，漏斗下接锥形串筒，当施工到天窗高度时关闭天窗。浇筑时注意两侧腹板浇筑的对称性，对腹板应进行分层振捣。特别应注意对腹板下层与底板接触处的振捣，保证底板倒角处混凝土的密实。分层浇筑厚度不超过 30cm，在振捣上层时应插入下层 10cm，每一振捣点要掌握振捣时间，不宜少振或过振，同时注意点的密度，以及间距不大于振动作用半径。

混凝土振捣时应特别注意振动棒不得触及预应力管道，以免造成被振变形或者管道移位。同时，特别注意锚具部位混凝土的振捣应密实。

顶板混凝土浇筑应注意桥面的平整度及高程，高程通过现场测量控制，以方钢管做成的长抹板刮平。

为节约钢筋和消除残留钢筋头在混凝土表面造成的危害，支撑钢筋应分为两段，用螺母连接，上面的一段在混凝土找平后，连同连接螺母一同拆除。

4.3.5 混凝土养生

为防止混凝土表面出现表面裂纹，在混凝土初凝前，用木搓板连续揉两遍。

混凝土用透水土工布覆盖洒水养生，养生用水采用饮用水，洒水量以湿润土工布但不形成表面积水为宜。在混凝土没有凝固之前，应严禁踩踏。

4.3.6 预应力张拉

（1）张拉程序如下：

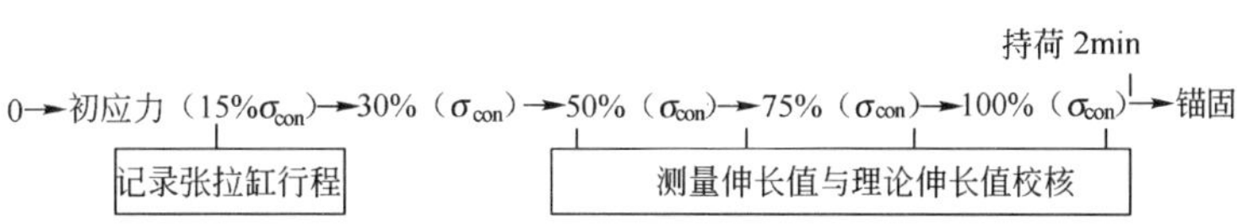

（2）混凝土强度达到设计强度的 100% 后，进行张拉工作。张拉顺序：先纵向后横向，先中间后两边；纵向束的张拉顺序为先张拉腹板束再张拉顶板束，最后张拉底板束。顶、底板束先中间后两边，张拉时应以箱梁中心线为准对称张拉。

（3）张拉注意事项：

①应采用单端张拉；张拉时应由专人指挥，规定操作程序联络信号，行动统一，操作规范，达到对称平衡张拉的要求。

②达到初应力后应停拉,记录张拉缸行程作为测算实际伸长值的起点值。

③张拉缸继续进油,分级张拉,达到张拉力后持荷2min,核对伸长值与理论伸长值,当在±6%范围内即符合规范要求,否则应停止张拉分析原因,采取措施后再张拉。

④当钢束的伸长值大于千斤顶行程时,须分次张拉;当接近千斤顶行程时即进行锚固,重复前述张拉步骤,直至达到张拉力后锚固。

⑤张拉缸全部回零卸工具锚,千斤顶全部回油缸卸除千斤顶,检查回缩值,并画线作标志。填写施工原始记录。

4.3.7 压浆

压浆采用真空辅助压浆工艺。真空辅助压浆系统示意图同"预应力管道真空辅助压浆施工工法"中图1。为确保真空辅助压浆在整个孔道内填实达到最佳效果,在进浆端与出浆端锚座上安装金属管盖帽,以利于设备安装。金属管盖帽既能保证孔道的密封,又能保证孔道封锚与灌浆一次完成。

5 质量标准及质量控制

5.1 选定梁体混凝土配合比时,除混凝土强度必须达到设计强度外,其弹性模量及最大水泥用量必须满足现行规范要求。

5.2 钢筋、水泥、地材、钢绞线、锚具等原材料的检验与试验,均应按现行规范有关规定执行。

5.3 千斤顶的标定应委托有资质的单位进行,标定的频率按现行规范及设计图纸有关规定执行。

5.4 梁体预应力工程,如预应力材料的保护、预应力材料的下料、预应力管道定位、预应力筋张拉、预应力孔道压浆等的质量检查和质量标准,应按《公路桥涵施工技术规范》(JTJ 041—2000)中预应力混凝土工程有关规定执行。

5.5 梁体钢筋工程,如钢筋加工、钢筋连接、钢筋网绑扎等的质量检查和质量标准,应按《公路桥涵施工技术规范》(JTJ 041—2000)中钢筋工程有关规定执行。

5.6 为防止施工缝位置出现错台现象,模板包裹上跨箱梁长度不宜过长。混凝土浇筑前应在施工缝位置设置后锚点,张拉锚固模板,使模板紧贴梁体。

5.7 移动模架地操作应遵守相关机械操作规范及模架设计公司的要求执行。

6 机具设备(表2)

移动模架施工机具设备表 表2

序号	名称	单位	数量	备注
1	移动模架	套	1	
2	电焊机	台	8	
3	砂轮切割机	台	2	
4	切断机	台	1	钢筋加工
5	弯曲机	台	1	钢筋加工
6	振动棒	台	12	
7	25t以上吊机	台	1	
8	30t千斤顶	台	2	横行索张拉
9	500t千斤顶	台	6	纵向索张拉
10	油泵	台	12	

续上表

序 号	名 称	单 位	数 量	备 注
11	灰浆搅拌机	台	1	压浆
12	压浆机	台	1	压浆
13	真空吸浆泵	台	1	压浆
14	水泵	台	2	养生
15	挤压机	台	2	钢绞线加工
16	混凝土拌和站	台	2	
17	混凝土运输车	台	4~6	
18	混凝土输送泵	台	2	

7 安全措施

移动模架施工均是高空作业，危险性很大，在施工中除严格遵守桥梁施工安全技术规程的有关规定外，还应注意以下几点：

(1)牛腿上的操作平台边缘要加焊栏杆，用于主梁行走的小型机具及构件要安放牢固，安装精轧螺纹钢的工作篮要坚固并挂好安全网。

(2)移动模架中的施工用动力、照明线路必须由专业人员敷设，并经常清理检查，以消除漏电、短路隐患。

(3)移动模架上应在梁端、栏杆断开处及上下人行梯挂好安全网。同时应配备消防器材，以防止电焊作业等原因可能引燃防雨遮晒篷布、安全网等易燃物而出现的火灾。

(4)浇筑混凝土施工过程中，必须安排专人经常检查移动模架的螺栓、砂筒、支撑托架及外模架关键杆件的受力状态。

(5)施工人员上移动模架前，必须经过培训。工作时间不得推搡打闹；严禁酒后上桥作业。

(6)每浇完一跨箱梁，需对主梁支点处和跨中段连接螺栓进行检查，发现异常应及时处理。

8 环保措施

8.1 施工机械注意保养，维修时防止油料洒落污染。

8.2 废弃混凝土，清洗罐车、泵管的废水必须集中处理。

8.3 经常对施工机械进行保养，尽量减少噪声污染。

8.4 施工过程中的废弃物、边角料、包装袋等及时收集、清理、集中处理。

9 效益分析

一套新的Y50/2500移动模架用钢量800t，加上液压系统总计需投入约600万元，折旧费用在200万元左右。以济南黄河三桥引桥箱梁施工为例，若要达到与移动模架施工相似的进度，至少需投入两跨半满堂支架和两套模板，软弱地基的处理及施工完毕后复耕也需耗费大量的人力物力，总投入远远超过200万元，而且满堂支架的施工损耗较大，而移动模架几乎没有损耗。

10 工程实例

10.1 济南黄河三桥河滩引桥上部结构形式为等高度现浇预应力连续箱梁，其中南侧为12×45m，6孔一联；北侧为10×46m，5孔一联。标准断面梁高为3.00m，全断面宽19.55m，标准梁段重约为1 820t，首跨约2 200t。采用移动模架支撑系统进行施工,考虑到预应力张拉有龄期要求(至少7天),每孔施工周期计划为18~20天。

10.2 青岛海湾大桥十合同由山东省路桥集团有限公司承建。本合同段位于青岛市黄岛岸侧,起讫点桩号为:K30+650.00~K33+200.00。上部构造采用跨径为50m的预应力混凝土等截面连续箱梁,结构形式为9联4×50m+3联5×50m。利用移动模架支撑系统进行施工,提高了施工效率,缩短了施工工期,保证了施工质量。

10.3 广州凫洲大桥南引桥工程起讫里程为K2+079~K3+459,长1 380m,桥梁最大纵坡为1.841%,最小竖曲线半径为28 000m,平曲线半径为2 000m。其上部结构主要为两联5×30m、六联4×40m和一联3×40m箱梁。

自2006年5月到2007年5月,中铁二局五公司使用MSS40-1350型移动模架系统逐跨现浇完成了广州凫洲大桥南引桥64跨曲线连续箱梁,每跨的循环时间平均为10天,成梁速度快,线性好,并且取得了较好的经济效益。

三角轻型挂篮施工工法

GGG(粤)C3067—2008

李金胜　马　力　李之国
(汕头市达濠市政建设有限公司)

1　前言

预应力混凝土桥梁分段施工法自20世纪50年代诞生以来,逐步演化为挂篮悬臂浇筑施工，在使用初期,挂篮多为桁架式拼装结构,由万能杆件、贝雷片或公路钢桁组合而成,经历了平行式、弓形式、菱形式、组合梁式等挂篮桁架组合形式,随着技术的不断进步,逐步发展成为技术先进的斜拉式挂篮,其中,三角轻型挂篮以其结构简单轻巧、受力明确、走行快捷安全、拆装方便等诸多优点成为斜拉式挂篮的典范。

挂篮施工不受桥下通航、通车及河道水位变化的影响,技术先进、安全可靠、经济节约,挂篮悬臂浇筑技术是悬浇梁桥的一项关键技术,通过二广国家高速公路湖南邵阳至永州段资江大桥、二广国家高速公路湖南邵阳至永州段湘江大桥三角轻型挂篮的应用,充分显示了三角轻型挂篮在悬浇梁桥先进可靠的施工技术,故有明显的社会效益和经济效益。

2　工法特点

2.1　三角轻型挂篮外表呈三角形状,结构简单,杆件受力明确,轻巧美观,走行快捷安全。受力杆件的组合均为型钢简捷连接而成,简化了组合桁架大量的加工制作的繁杂工序,承力三角桁架总重量不超过10t,运输存放方便,计算模型与实际结构受力有较好的吻合性。

2.2　后锚固系统利用精轧螺纹粗钢筋、连接器、高强锚具螺栓通过在梁体顶板预留孔洞将挂篮与主梁锚固,成为一种无平衡重自锚系统。由于挂篮行走时其行走小车卡在锚固在主梁上的行走轨道内,所以在行走过程中,省去了精轧螺纹粗钢筋的锚固。通过外力拽拉使挂篮前移,操作安全、方便简单、支架模板安装迅速,因此具有广泛的适应性。

2.3　由于0号块场地受限,在1号块施工时采用的是联体挂篮。联体挂篮完成1号块施工后,将联体挂篮从中间解体,同时将挂篮主纵梁接长,形成两个独体挂篮后进行对称施工,不再重新组装直接利用。内、外模及支架同挂篮同时向前前行。挂篮一次滑行整体就位,减少二次滑移,省时省力,快捷方便,施工效率高,有利于缩短工程施工工期。

2.4　整个挂篮及模板同步滑移,一次整体就位,安全可靠,挂篮走行3h到位,可以达到绑扎钢筋的条件,平均施工周期为7天,达到国内先进水平。

2.5　三角轻型挂篮各个杆件充分利用了型钢的受压强度高的工程特性,使得挂篮结构稳定,自重较轻,变形符合规范要求。

3　适用范围

适用于预应力混凝土变截面连续箱梁、悬臂浇筑梁桥以及斜拉桥的上部结构施工,箱梁截面可为单箱单室或单箱双室,箱梁宽度及桥面宽度不受限制。

4 工艺原理

三角轻型挂篮主要由主梁、立柱及前后斜拉带构成两个承力三角桁架,作为挂篮的主要受力部件,通过前后、上下横梁及吊杆悬挂底模系统来承受梁体浇筑时的混凝土重量。三角桁架中的主梁、立柱为受压杆件,斜拉带为受拉杆件,尽可能避免型钢受弯,充分利用了型钢的受力特性,减小了截面高度,减轻了挂篮的重量。

由型钢构成的受力构件拼接而成的三角轻型挂篮附着在已浇筑混凝土梁体上,挂篮后端上侧通过竖向高强精轧螺纹钢筋锚固在梁体顶面上,挂篮后端下侧通过箱梁内预留孔洞用高强精轧螺纹钢筋锚固,三角架主纵梁前端作为悬臂梁挑出,通过其上的承重梁吊杆来承受前端重量。利用结构力学及材料力学理论以及钢结构计算对挂篮进行校核计算。联体挂篮完成1号块施工后,将联体挂篮从中间解体,两侧对称接长主梁各3m,斜拉带采用全长拼接,形成两个独立后锚点挂篮(独体挂篮)后进行对称施工,不需重新组装而直接利用。整个挂篮施工过程安全可靠,省时省力,快捷方便,施工效率高,有利于缩短工程施工工期。

5 施工工艺流程及操作要点

5.1 挂篮构造类型

综合考虑0号块长度,挂篮采取两阶段施工:

5.1.1 第一阶段:悬浇1号梁段采用联体挂篮施工(即采取相应的措施,将两侧挂篮联体)。联体挂篮立面图见图1,平面图见图2,侧面图见图3 。

5.1.2 第二阶段:悬浇其他梁段采用独立后锚点挂篮(将联体挂篮从中间解体,形成两个独体挂篮后进行对称施工),独体挂篮立面图见图4,平面图见图5和图6,侧面图见图7。

5.2 挂篮组成和结构

5.2.1 挂篮的组成

挂篮由承力三角桁架(由主梁、立柱及前后斜拉带构成)、吊带、前后横梁、承重桁架、模板系统、内外导梁、支撑钢腿、前后滚轮脚架、行走轨道和小车、工作平台、千斤顶、锚固系统等组成。

5.2.2 挂篮结构

挂篮结构详见表1。

挂 篮 结 构 表 表1

结构编号	分部结构名称		图 号
	联体挂篮	独立挂篮	
(1)	主承重梁及行走小车	主承重梁及行走小车	
(2)	立柱	立柱	
(3)	上中行走承重桁架	上中行走承重桁架	
(4)	上前承重桁架	上前承重桁架	
(5)	后斜拉带	后斜拉带	
(6)	前斜拉带	前斜拉带	
(7)	上前承重桁架稳定平联	上前承重桁架稳定平联	
(8)	立柱顶部销钉加强	立柱顶部销钉加强	
(9)	立柱顶部拉杆	—	
(10)	后锚固	后锚固	
(11)	底桁架后行走吊点	底桁架后行走吊点	
(12)	主承重支点	主承重支点	
(13)	行走轨道	行走轨道	

续上表

结构编号	分部结构名称		图号
	联体挂篮	独立挂篮	
(14)	翼板后锚固	翼板后锚固	
(15)	后下行走桁架吊带	后下行走桁架吊带	
(16)	翼板前承重吊带	翼板前承重吊带	
(17)	底板前承重吊带	底板前承重吊带	
(18)	翼板、腹板整体模板	翼板、腹板整体模板	
(19)	前下承重梁	前下承重梁	
(20)	底板承重桁架	底板承重桁架	
(21)	后下行走横梁	后下行走横梁	
(22)	底板后锚固	底板后锚固	
(23)	顶板承重桁架	顶板承重桁架	
(24)	主承重梁稳定联系	主承重梁稳定联系	
(25)	翼板前吊点	翼板前吊点	

5.3 施工工艺流程(图8)

5.4 操作要点

5.4.1 挂篮制作要点

(1)主梁杆件与节点板之间的焊接采用埋弧自动焊,加劲板及补强板的焊接可采用手工电弧焊。型钢焊接前进行磨边打坡口,连接处的焊缝不得出现咬边、烧伤、裂纹、夹渣现象,焊缝饱满,焊缝高度及长度符合设计要求,焊接过程采取间断焊、夹具校正等措施防止局部温度过高发生扭、翘曲变形。

(2)加工件所有孔眼采用钻床钻(镗)孔,不得现场冲孔,孔径及光洁度满足设计要求,相邻螺栓孔间距允许误差为±0.25mm,端孔边距的允许误差为±0.5mm。

(3)连接钢板的加工要确保设计尺寸,不准采用手工切割,其切割边距要满足设计要求,并要消除热影响区对钢材力学性能的不良影响。重要的受力部件,如高强精轧螺纹粗钢筋、后锚件、主梁杆件端部、立柱底部支座及各吊点部位的焊缝等,应做超声波探伤检测,无任何缺陷后方可使用。

(4)滑道底板上平面应刨平,滑道槽内及不锈钢滑板,加工后不喷涂油漆,并包装防护好,以防损坏其光洁度。

(5)各构件加工焊接完毕后,底模平台及主桁部分要求进行试拼,试拼合格后进行喷涂油漆运至现场。

5.4.2 挂篮组拼安装

0号段施工完成并拆除墩旁托架后,利用起重设备在0号块上拼装挂篮。考虑0号块空间长度不能满足挂篮对称式主梁的安装要求,主梁须分两次安装。首次安装将挂篮两侧主梁拼合成整体(形成联体挂篮),总长18m,受力形式为两端伸臂梁。1号块浇筑完成后,将联体挂篮从中间解体,两侧对称接长主梁各3m,并将两侧主梁分开;斜拉带采用全长拼接,形成两个独立后锚点挂篮(独体挂篮),主梁受力形式为悬臂梁,可完成其他块段施工。

(1)在主墩0号块安装挂篮行走轨道,将主承重支点定位。

(2)在地面将左右两侧主承重梁、立柱、前后斜拉带组拼完成;检查系统配合安装误差≤0.5mm之后,利用起重设备吊至0号块挂篮行走轨道主承重支点上,安装挂篮后锚固,并采取相应的辅助措施将该结构稳固。

(3)将上行走桁架分为前后两片,在地面完成组拼;检查焊接误差符合要求之后,利用起重设备将前后两片桁架分别吊装就位,并在0号块上将两片桁架与立柱焊接为整体。

(4)组拼上行走桁架同时,在地面将上前承重桁架组拼完成;检查焊接误差符合要求之后,利用起重设备将前承重桁架吊装就位,并采取临时措施将其稳固。

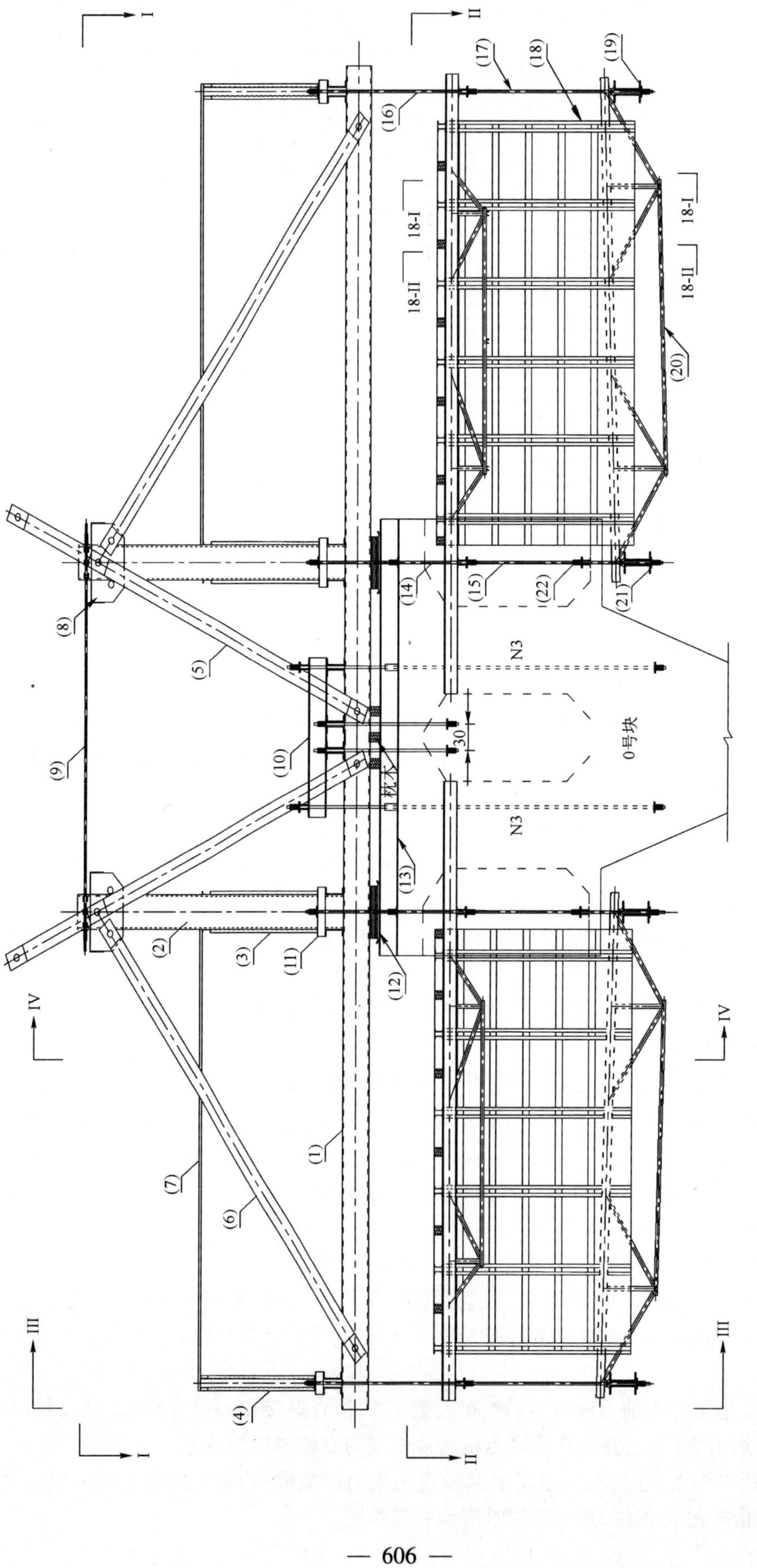
I
II
III
IV
(1)
(2)
(3)
(4)
(5)
(6)
(7)
(8)
(9)
(10)
(11)
(12)
(13)
(14)
(15)
(16)
(17)
(18)
(19)
(20)
(21)
(22)
18-I
18-II
N3
0号块
枕木
30

图1　联体挂篮立面图

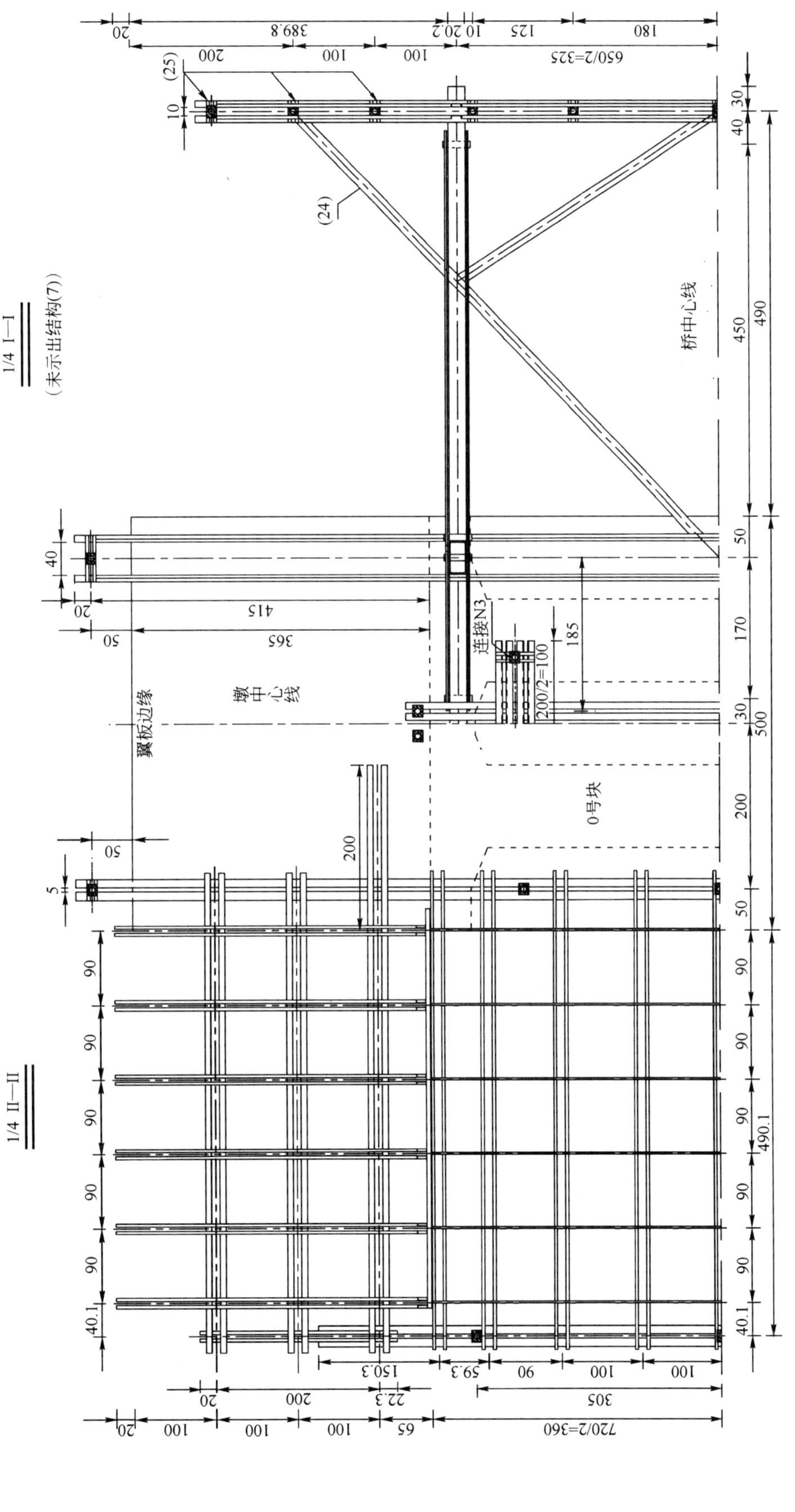

图2 联体挂篮平面图（尺寸单位：cm）

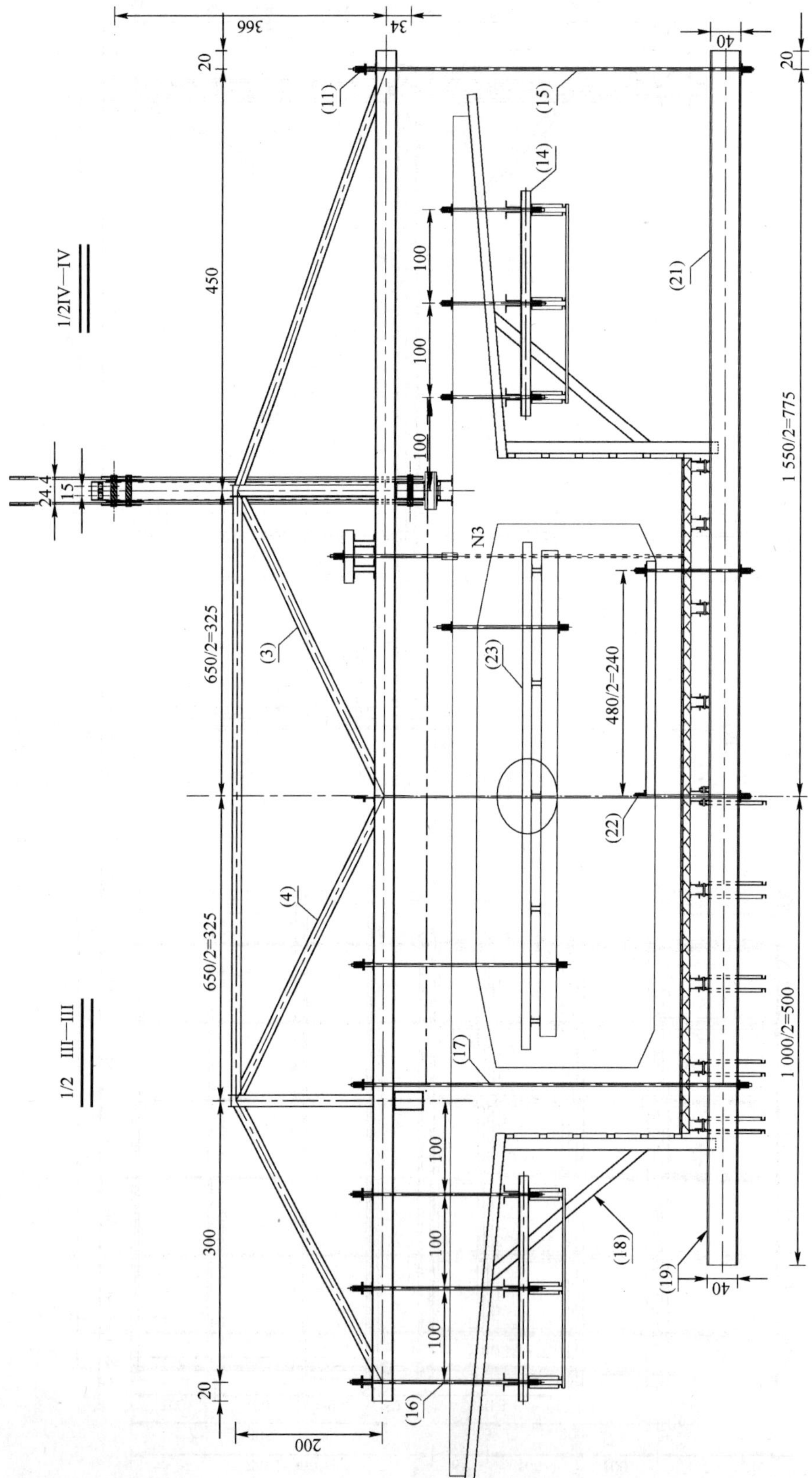

图3 联体挂篮侧面图(尺寸单位:cm)

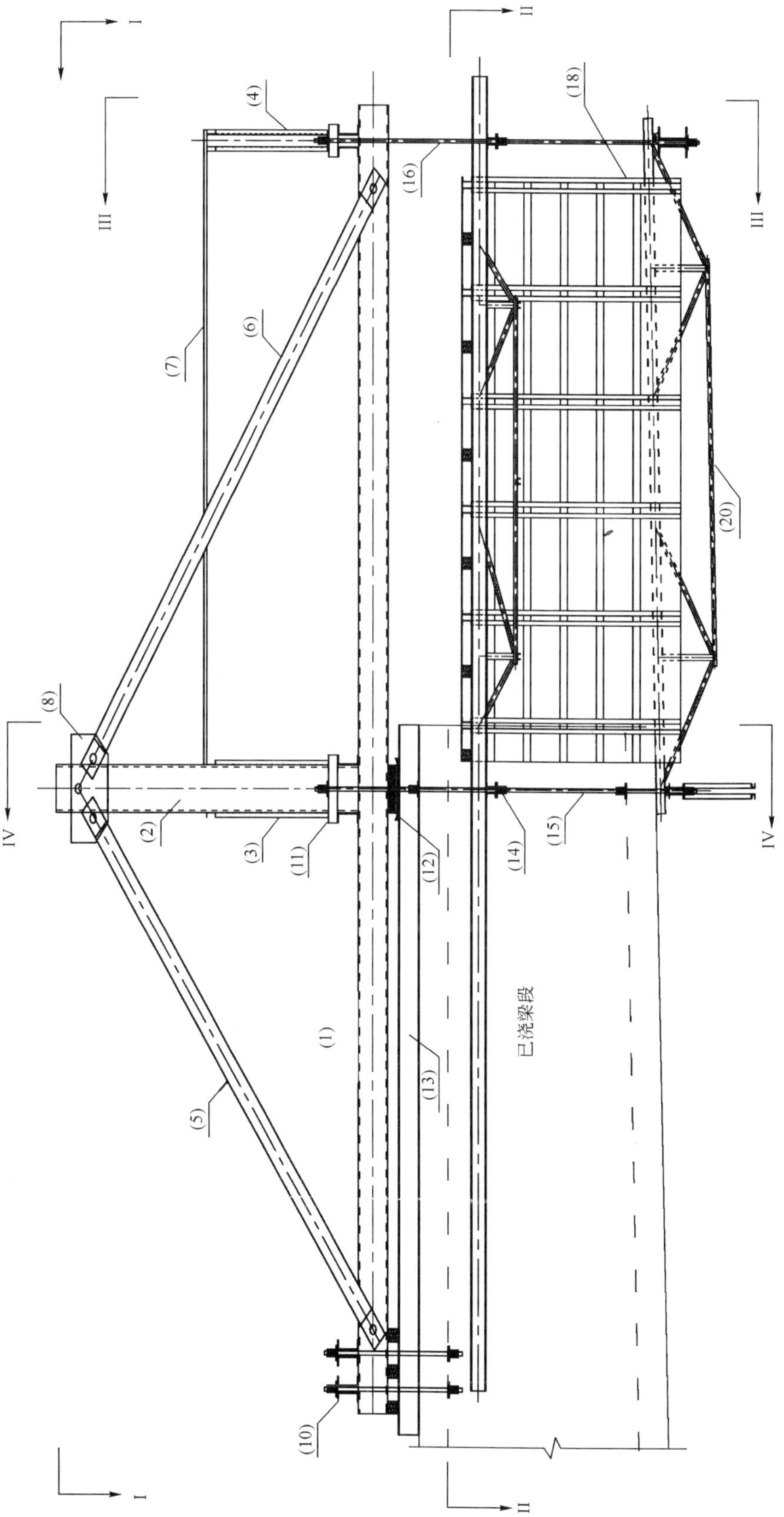

图4 独体挂篮立面图

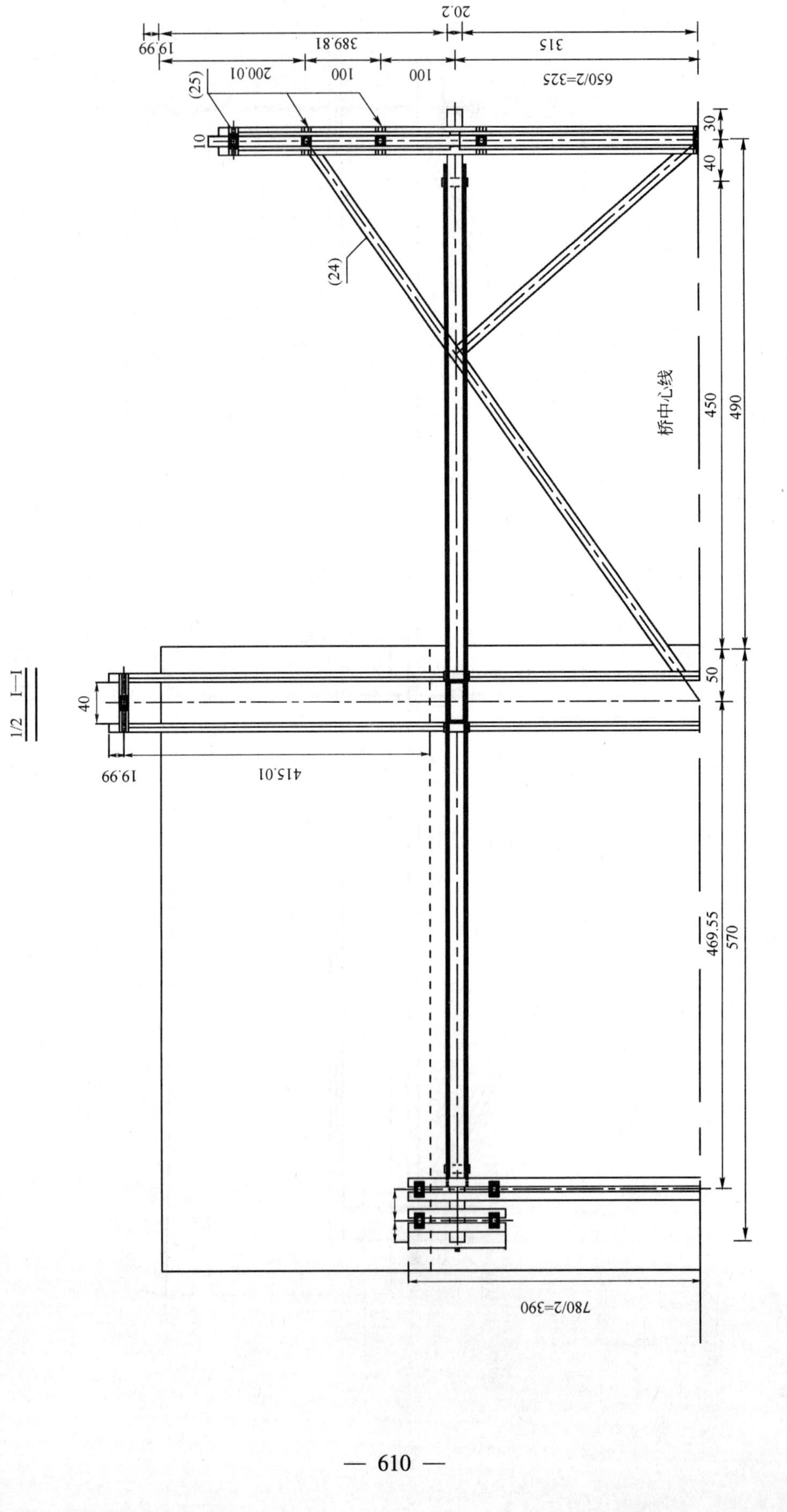

图5 独体挂篮平面一(尺寸单位:cm)

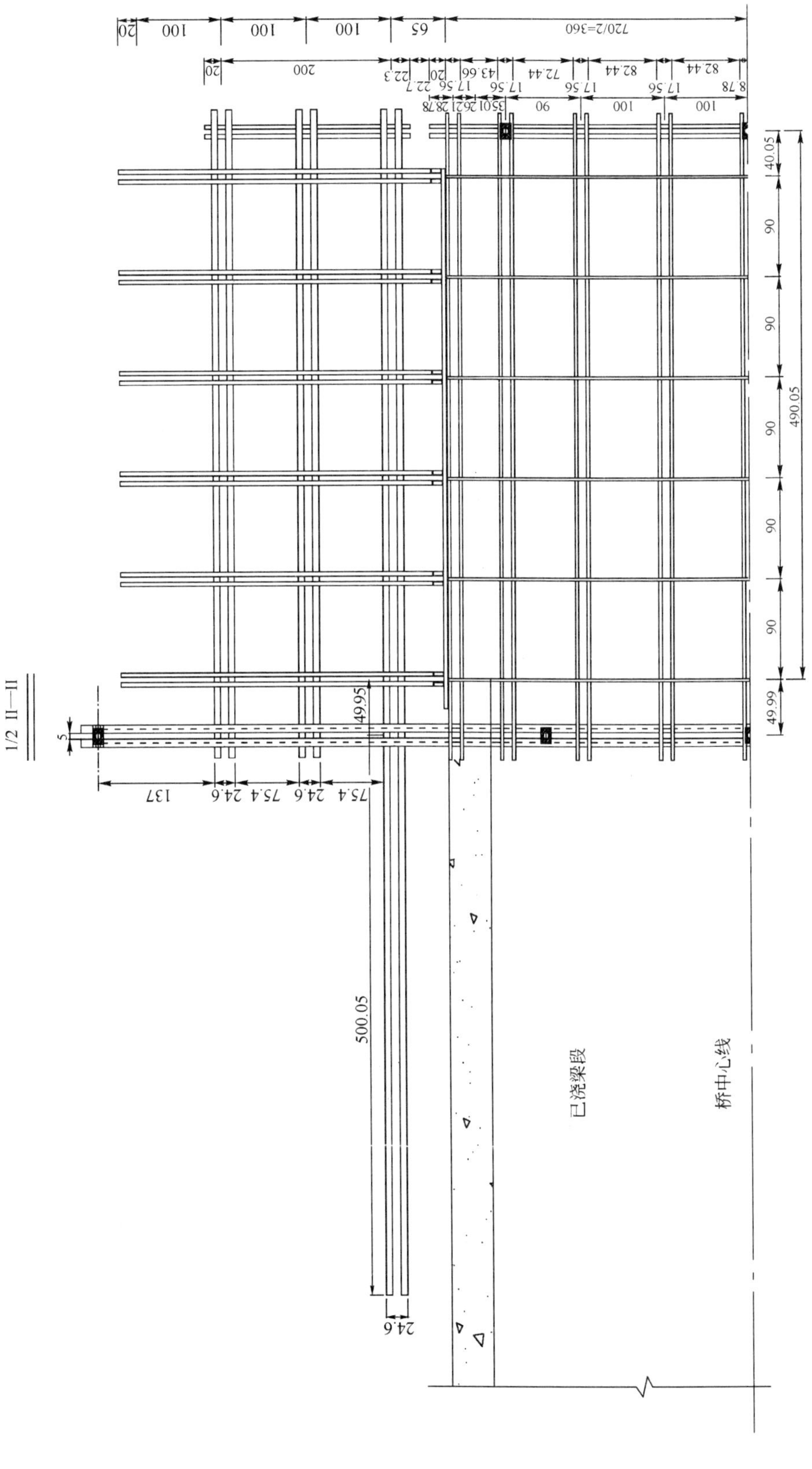

图 6 独体挂篮平面图二（尺寸单位：cm）

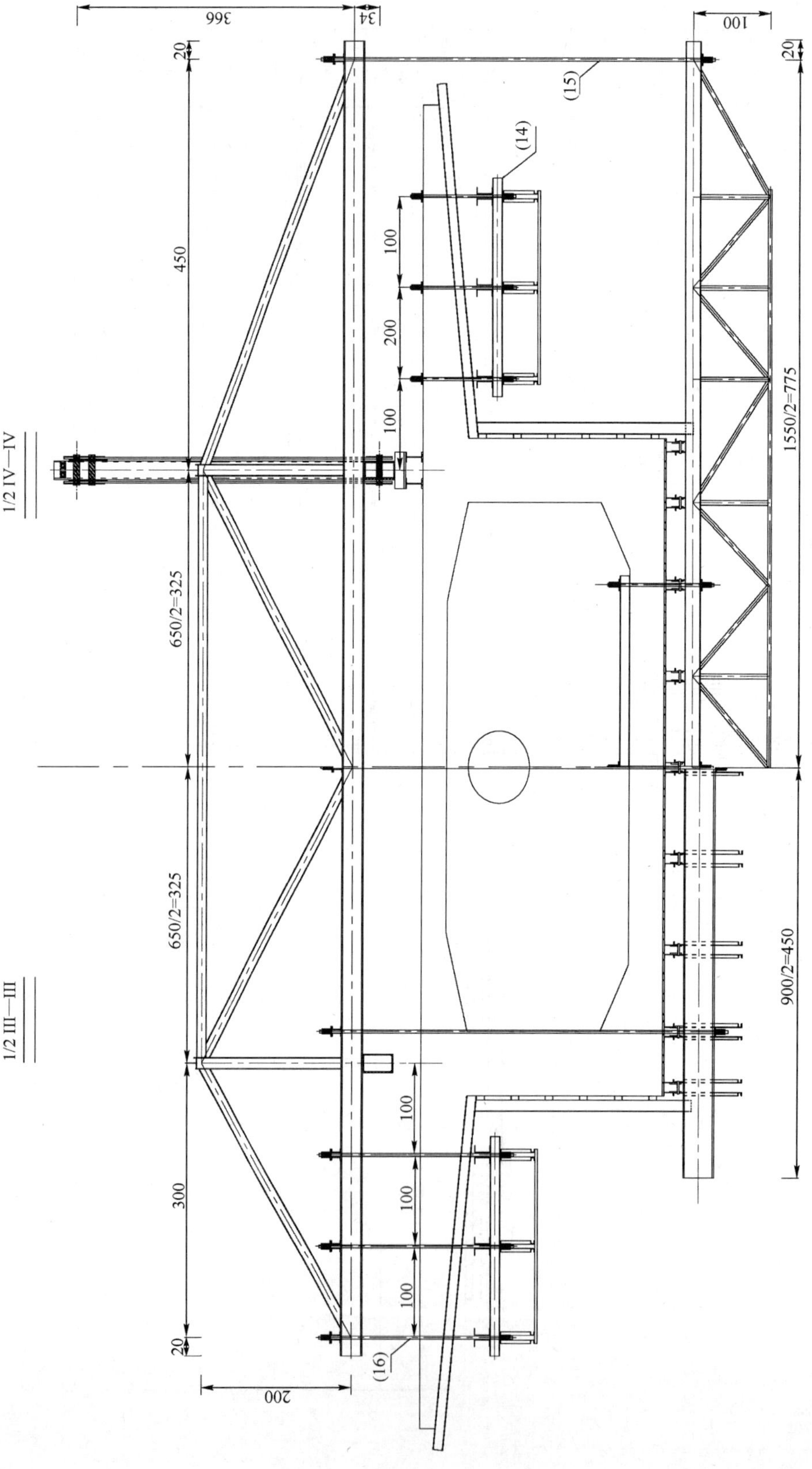

1/2 IV—IV
1/2 III—III
366
34
100
20
450
650/2=325
650/2=325
300
200
100
200
100
100
100
100
1550/2=775
900/2=450
(14)
(15)
(16)

图7 独体挂篮侧面图

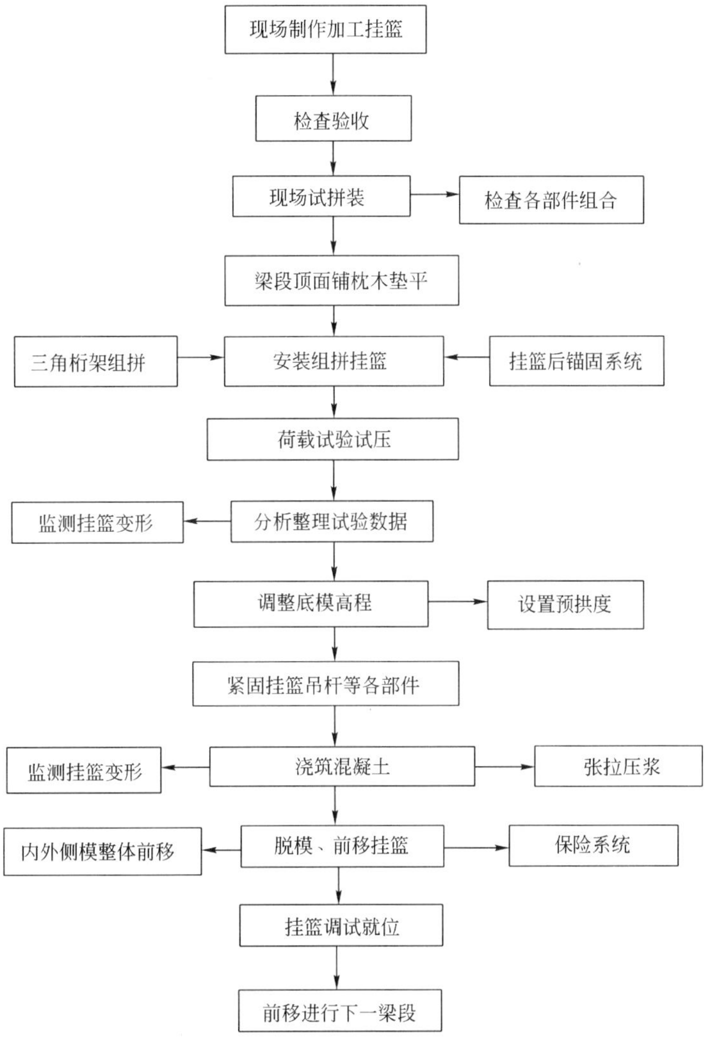

图 8 挂篮施工工艺流程图

(5)焊接前承重桁架的稳定联系。

至此,完成挂篮上部主承重结构的安装。

(6)在焊接、安装上部主承重结构同时,在地面加工腹板侧模、翼板承重桁架以及底板模板。

(7)在 0 号块上两侧分别安装两个 5t 卷扬机,将腹板侧模及翼板承重桁架吊装就位,并采用预先设置的精轧螺纹钢进行锚固。

(8)利用 0 号块上现有的卷扬机,将前下承重横梁、后下行走横梁及底板模板整体提升就位,并采用预先设置的精轧螺纹钢进行锚固。

(9)在挂篮平台上组拼顶板内托架,并安装锚固。

(10)对拉立柱顶部精轧螺纹钢。

至此,整个联体挂篮拼装完成。

(11)联体挂篮完成 1 号块施工后,将联体挂篮从中间解体,两侧对称接长主梁各 3m,斜拉带采用全长拼接,形成两个独立后锚点挂篮(独体挂篮)。

5.4.3 挂篮预压试验

1)挂篮荷载

挂篮荷载计算选取了右幅(因右幅桥宽较大)同一梁长中最重梁段计算。即选取了 1 号、3 号梁段作为控制计算依据。

(1)计算荷载类型如下:

①主桥混凝土自重荷载。

②混凝土振捣荷载。

③人工、机具荷载。

④模板荷载。

其中：②、③荷载统称为施工活载，①、④荷载统称为施工恒载。

(2)分项荷载计算如下：

①主桥混凝土自重荷载。新浇混凝土及内部钢筋重量全部由支架体系承担。在计算中，考虑钢筋混凝土重度为26kN/m^3，按面荷载记入。该桥截面形式为单箱单室，两侧带悬臂板，且设置有2%的横坡，根据其不同部位，荷载具体计算如下：

a. 两侧翼板考虑悬臂外端(厚度为0.15 m)自重荷载为3.9kN/m^2，悬臂根部(厚度为0.55m)自重荷载为14.3kN/m^2。

b. 腹板一：1号梁段高度为3.17m，自重荷载为82.4kN/m^2；

3号梁段高度为2.49m，自重荷载为64.74kN/m^2。

腹板二：1号梁段高度为3.03m，自重荷载为78.78kN/m^2；

3号梁段高度为2.35m，自重荷载为61.1kN/m^2。

c. 底板厚度均考虑为0.45m，自重荷载为11.7kN/m^2。

d. 顶板厚度均考虑为0.28m，自重荷载为7.28kN/m^2。

②混凝土振捣荷载考虑2.0kN/m^2。

③人工、机具荷载考虑1.0kN/m^2。

④模板考虑1kN/m^2。

(3)荷载组合：

荷载组合 $P = 1.2 \times$ 施工恒载 $+ 1.4 \times$ 施工活载

(4)梁断面荷载示意图见图9。

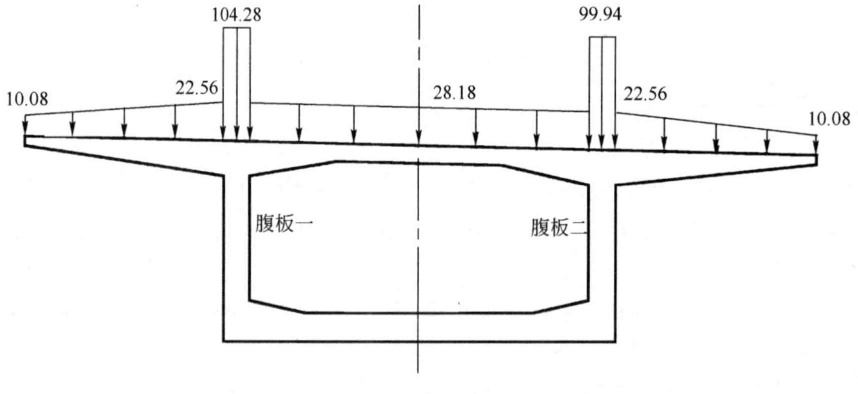

图9 梁断面荷载示意图(单位:kN/m)

2)挂篮预压试验

(1)试验目的

资江大桥14号~17号墩为跨径50m的连续刚构。设计施工采用挂篮进行悬浇施工，为了保证施工质量，应验证挂篮的变形计算，以便指导今后的挂篮施工。同时验证挂篮的安全性和可靠性，计划在16号墩右幅进行挂篮的预压试验(具体形式见图10)，预压采用千斤顶张拉钢绞线等效代替混凝土所产生的荷载。观测挂篮分级预压不同阶段各控制点的变形。通过比较试验数据与理论计算数据，确定挂篮施工时的高程调整数值。

通过以上张拉试验达到以下目的：

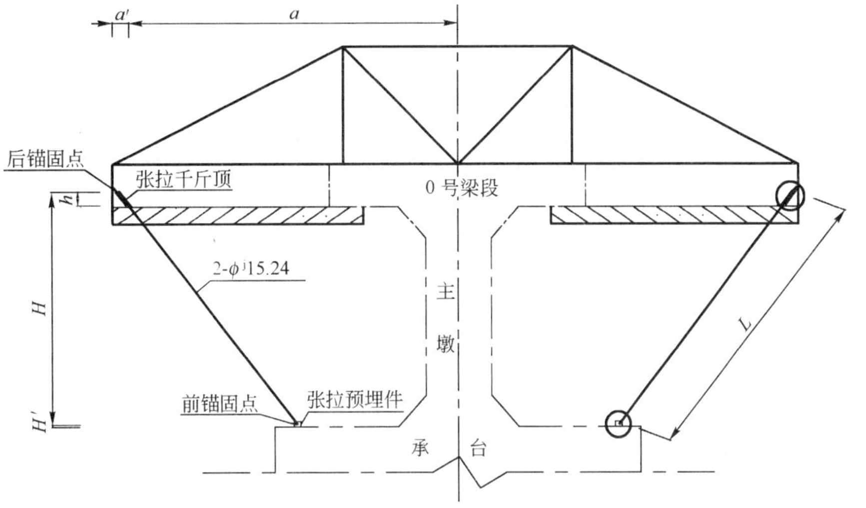

图10 张拉示意图

①检验挂篮设计的安全性;

②检验挂篮的实际受力特征以及受力变形情况与理论计算的符合程度;

③消除安装误差对挂篮系统变形的影响;

④根据得到的数据以及设计所给预抛值计算出现浇1号~5号梁段时的总预抛高值ΔH。

(2)试验准备

在施工16号墩右幅承台时,根据挂篮的设计提前预埋了挂篮试验所需的6个底端张拉锚固端构件。在16号墩右幅1号段挂篮安装调整完毕后,在挂篮承重底板的前端安装6个与底端张拉锚固端构件对应的千斤顶张拉端构件。设计挂篮张拉采用6台100t液压穿心式千斤顶和2台26t液压前卡式千斤顶,16根(每根长度17m)ϕ^j15.24钢绞线,6套YMB-3锚具(锚固端)、6套YM15-4锚具(张拉端)。

(3)试验检测内容

在挂篮加载和卸载过程中,需要对挂篮的关键受力点,关键区域的形变、位移进行监测,通过对试验数据的分析以便对挂篮施工进行指导。

变形观测点:具体加载(卸载)变形观测点位置见图11。

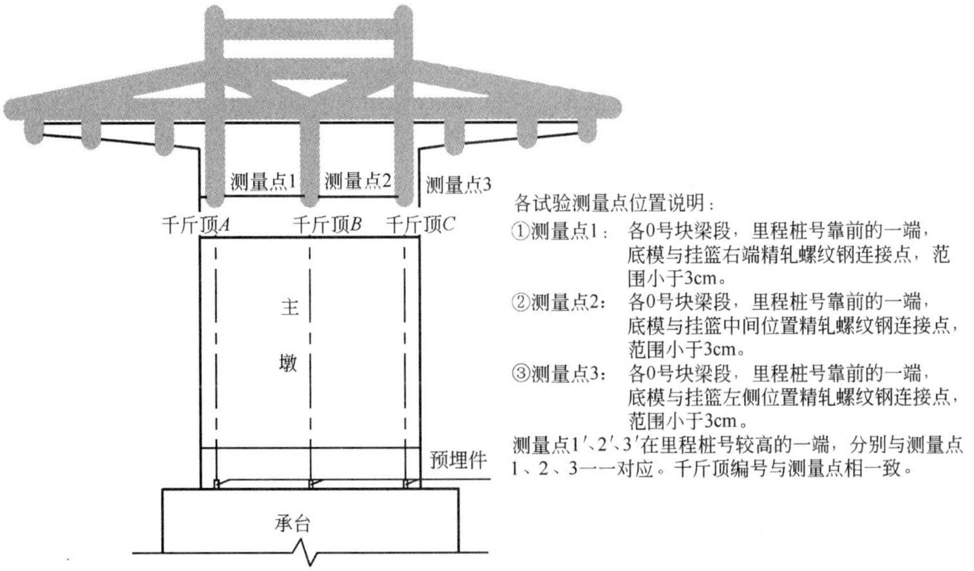

图11 加载(卸载)变形观测点位置图

观测记录:变形需记录试验各阶段各监测点的坐标及高程,记录时间分别为每一加载等级的初始状态、持荷结束两种时刻。

根据挂篮设计及施工特点,挂篮试验分两步进行:①联体挂篮阶段;②分体挂篮阶段。

为进一步验证挂篮在正常施工状态下的安全性以及对挂篮底模的理论预抛值进行复核,采用千斤顶+反力架进行模拟态加载,加载过程基本接近实际受力状态。加载挂篮安装就位后,按照最大块段的1.2倍进行极限加载,加载分6级(加载步骤详见后续加载操作步骤)。由于施工中采用的挂篮为两种不同结构形式(联体式和分离式),因此拟采用两次加载。第一次加载为联体状态,按1号梁段重量,分6级加载。第二次加载为挂篮正常工作状态,按3号梁段(2号~6号梁段中重量最大)重量,分6级加载。

试验装置的安装步骤及要点:

挂篮安装就位后,在挂篮及承台预埋件上制作并安装张拉构件(必须使张拉面与钢绞线垂直),制作安装张拉构件。安装试验用钢绞线及锚具。测量初始状态监测点的坐标及高程。

测量数据:张拉点(钢绞线与底模交点)到墩柱中心线距离 a(cm),垂直距离 h(cm),后锚点至前锚点垂直距离 H(cm),钢绞线的试验长度 L(cm)。前锚点与承台顶面的垂直距离 H'(cm)。

试验装置安装完毕。

试验装置安装要点如下:

①挂篮上的锚垫块现场加工,安装位置尽量接近于前承重横梁吊点,锚垫块双腿宽度与挂篮双槽钢间距一致,并与双槽钢面焊接固定,保证在受力状态下不发生相对偏移。

②承台预埋件2[28 腹板以2cm钢板加强,焊接块抗剪焊缝长度不少于25cm,并且焊接块内空不与穿孔钢绞线相接触。

③千斤顶应做好临时固定。

④预紧力度不能过大,以确保钢绞线成直线即可。

试验操作及注意事项如下:

本次试验利用预埋在承台上的预埋件及挂篮桁架,采用下端锚固上端张拉的作业方式。基于试验条件有限,张拉端采用6台YDC型100t穿心式千斤顶、2台YDQ500型26t前卡式千斤顶。张拉油泵为6台VLM公司生产的2YBZ-80型高压电动油泵(千斤顶与油压表已校核)。张拉人员均为张拉经验相当丰富的且有相关证件的工人,P锚、夹片、锚具均采用OVM公司提供的合格产品,张拉试验中使用的临时构件均采用预先模拟加载(按荷载实际情况的120%)。挂篮各个关键点安排专人进行监管。

(4)试验方案

①第一次加载操作步骤如下。

第一级加载(10%):千斤顶 B、B'同步加载至30.7kN,稳定一段时间后,同时将千斤顶 A、C、A'、C'同步加载40.4kN的拉力。测量加载初始时刻各个监测点的位移,待挂篮系统稳定后(30~50min),对各监测点进行测量,记录测量数据。

第二级加载(20%):对千斤顶 B、B'同步加载至61.3kN,稳定一段时间后,同时千斤顶 A、C、A'、C'同步加载80.9kN的拉力。测量加载初始时刻各个监测点的位移,待挂篮系统稳定后(20~30min),对各监测点进行测量,记录测量数据。

第三级加载(50%):对千斤顶 B、B'同步加载至153.4kN,稳定一段时间后,同时将千斤顶 A、C、A'、C'同步加载202.2kN的拉力。测量加载初始时刻各个监测点位移,待挂篮系统稳定后(10~20min),对各监测点进行测量,记录测量数据。

第四级加载(80%):首先对千斤顶 B、B'同步加载至235kN,稳定一段时间后,将千斤顶 A、C、A'、C'同步加载310kN的拉力。其次对千斤顶 A、C、A'、C'进一步同步加载至预定拉力323.5kN,将千斤顶 B、B'同步加载至预定拉力245.4kN。测量加载初始时刻各个监测点位移,待挂篮系统稳定后(10~20min),对各监测点进行测量,记录测量数据。

第五级加载(100%):首先对千斤顶 B、B'同步加载至 290kN,稳定一段时间后,将千斤顶 A、C、A'、C'同步加载 390kN 的拉力。其次对千斤顶 A、C、A'、C'进一步同步加载至预定拉力 404.4kN,将千斤顶 B、B'同步加载至预定拉力 306.7kN。测量加载初始时刻各个监测点位移,待挂篮系统稳定后(10~20min),对各监测点进行测量,记录测量数据。

第六级加载(120%):首先对千斤顶 B、B'同步加载至 350kN 的拉力,稳定一段时间后,将千斤顶 A、C、A'、C'同步加载 460kN。其次对千斤顶 A、C、A'、C'进一步同步加载至预定拉力 485.3kN,将千斤顶 B、B'同步加载至预定拉力 368.1kN。测量加载初始时刻各个监测点位移,待挂篮系统稳定后(10~20min),对各监测点再进行测量,记录测量数据。

卸载,首先同步放张千斤顶 A、C、A'、C'(放张相同位置的钢绞线),其次再放张千斤顶 B、B',待挂篮系统稳定后(0.5~1h),对各监测点再进行测量,记录测量数据。

②第二次加载操作步骤如下。

第一级加载(10%):千斤顶 B、B'同步加载至 18.1kN,稳定一段时间后,同时将千斤顶 A、C、A'、C'同步加载 42.1kN 的拉力。测量加载初始时刻各个监测点位移,待挂篮系统稳定后(30~50min),对各监测点进行测量,记录测量数据。

第二级加载(20%):对千斤顶 B、B'同步加载至 36.2kN,稳定一段时间后,同时千斤顶 A、C、A'、C'同步加载 84.2kN 的拉力。测量加载初始时刻各个监测点位移,待挂篮系统稳定后(20~30min),对各监测点进行测量,记录测量数据。

第三级加载(50%):对千斤顶 B、B'同步加载至 90.5kN,稳定一段时间后,同时将千斤顶 A、C、A'、C'同步加载 210.5kN 的拉力。测量加载初始时刻各个监测点位移,待挂篮系统稳定后(10~20min),对各监测点进行测量,记录测量数据。

第四级加载(80%):对千斤顶 B、B'同步加载至 144.8kN,稳定一段时间后,将千斤顶 A、C、A'、C'同步加载 336.7kN 的拉力。测量加载初始时刻各个监测点位移,待挂篮系统稳定后(10~20min),对各监测点进行测量,记录测量数据。

第五级加载(100%):首先对千斤顶 B、B'同步加载至 181.0kN,稳定一段时间后,将千斤顶 A、C、A'、C'同步加载 420.9kN 的拉力。测量加载初始时刻各个监测点位移,待挂篮系统稳定后(10~20min),对各监测点进行测量,记录测量数据。

第六级加载(120%):首先对千斤顶 B、B'同步加载至 200kN 的拉力,稳定一段时间后,将千斤顶 A、C、A'、C'同步加载 500kN。其次对千斤顶 A、C、A'、C'进一步同步加载至预定拉力 505.1kN,将千斤顶 B、B'同步加载至预定拉力 217.3kN。测量加载初始时刻各个监测点位移,待挂篮系统稳定后(10~20min),对各监测点再进行测量,记录测量数据。

卸载,首先同步放张千斤顶 A、C、A'、C'(放张相同位置的钢绞线),其次再放张千斤顶 B、B',待挂篮系统稳定后(0.5~1h),对各监测点再进行测量,记录测量数据。

加载要点如下:

①测量仪器应尽量保持温度一致,避免温度升高对测量值的影响。严禁将测量仪器一起放于太阳下暴晒。

②测量仪器的安置应尽量选择空旷、安全地带,避免在试验过程中出现不必要的麻烦。

③同步加载过程应尽量保持各千斤顶步调一致,油压差值不大于 1MPa。

④避免千斤顶油压高过加载值,在接近于加载值油压时进行微调。

(5)结论

通过试验可知,挂篮设计安全可靠。同时基于试验所测得的数据,与理论计算值相比较,通过对位移变形值的比较来判断挂篮的实际受力是与理论相一致的。

由于试验中 0~10% 荷载下的变形值影响因素较多,精度难以控制,因此采用 10% 荷载作为分析基点,计算出 10%~20% 荷载、10%~50% 荷载、10%~80% 荷载、10%~100% 荷载、10%~120% 荷载中的变形值,并与理论计算值比较,绝对误差均在 1mm 左右,相对误差基本小于 10%,且荷载越大,误差越小。据此绘制出基于 10% 荷载的试验变形曲线、理论变形曲线图。

对数据的分析结果,可以判断实际结果与理论计算结果是吻合的,可以将理论的计算直接用来指导施工。

5.4.4　紧固挂篮

(1)安装挂篮后锚固,并采用千斤顶预紧 10t/根;

(2)安装底板后锚固,并采用千斤顶预紧 10t/根;

(3)安装翼板后锚固,并采用扳手预紧 5t/根;

(4)对拉立柱顶部精轧螺纹钢,采用扳手预紧 5t/根。

5.4.5　调整主箱底板高程

(1)调整方式:

该挂篮采用千斤顶,调节前下承重横梁的三根吊带,来实现底板高程的调整。

(2)立模高程(H)的组成:

$$H = h + f + \Delta$$

式中:H——立模高程(即模板实际高程);

h——梁段前端设计高程;

f——当前梁段挂篮变形值;

Δ——设计提供的预拱度值。

5.4.6　主梁梁段挂篮悬臂浇筑混凝土

(1)安装端头模板;绑扎各部位钢筋,安装顺序为"梁体底板→顶板";定位、安装预应力管道并做好下一阶段的管道、孔洞(包括通气孔、吊点预留孔、模板拉杆孔)预埋。

(2)确认钢筋、预应力管道均安装好,并交监理验收之后,浇筑混凝土(钢筋、预应力管道较密部位、倒角位置应考虑适当调整混凝土坍落度)。

(3)混凝土养生(3 天后即可拆除端头模板及内模)。

(4)待混凝土达到设计要求强度之后,按照设计院要求的顺序张拉预应力。

(5)进行预应力管道真空辅助压浆。

5.4.7　挂篮前行滑移

(1)梁段张拉压浆完成后,放松前后吊杆系统,脱底模、内模及外侧模,挂篮吊杆同时对称松动,保持受力一致,保险系统处于工作状态。

(2)主梁后锚固松动后,使行走轮受力,前移时始终保持行走轨道被 3 组竖向精轧螺纹筋锚固,确保不发生倾覆。由于挂篮自重较轻,挂篮前移采用手拉葫芦牵引,手拉葫芦挂在三角桁架底部,同时拉住后端,以增加行走时的安全性,前端拉后端松,使得挂篮走行平稳安全。挂篮移动时同步进行,每前进 50cm,观察一次,防止行走轨道扭转变形。

(3)挂篮前移到位后,锚固主梁后端,安装箱内后吊杆,调整底模高程,同步均衡收紧吊带。绑扎钢筋,安装预应力管道,安放吊杆预留孔,预留孔道必须定位准确牢固,不得变形。

6　材料与设备

6.1　挂篮部分主要材料

(1)承重主梁:2[40 槽钢;

(2)立柱:2[40 槽钢;

(3)中行走桁架下弦杆:2[28 槽钢;

(4)中行走桁架上弦杆、腹杆:2[12.6 槽钢;

(5)上前承重桁架下弦杆:2[28 槽钢;

(6)上前承重桁架上弦杆、腹杆:2[12.6 槽钢;

(7)下行走横梁:2[40 槽钢;

(8)前下承重横梁:2[40 槽钢;

(9)前、后斜拉带:16Mn 钢($\delta=20$mm);

(10)翼板纵向承重梁:2[20 槽钢;

(11)行走轨道:2I22 工字钢;

(12)底板纵向承重桁架上弦杆:2[12.6 槽钢;

(13)翼板纵向承重梁加劲杆:2[5 槽钢;

(14)底板纵向承重桁架加劲杆:2[5 槽钢;

(15)顶板内支撑:2[12.6 槽钢;

(16)悬吊系统:抗拉强度为 785MPa 的 ϕ32 精轧螺纹钢。

6.2　挂篮机具设备

三角轻型挂篮使用机具设备较少,主要为起吊顶升设备、挂篮移动、预压试验设备及一些小型工具,采用的主要设备机具见表2。

机具设备表　　表2

序　号	设备名称	规格型号	单　位	数　量	备　注
1	螺旋千斤顶	32[L]	台	6	顶升主梁
2	手动倒链	10t	台	4	升降底篮,保险
3	手动倒链	3t	台	4	提升外侧模及支架
4	滚筒卷扬机	5t	台	4	侧模及桁架吊装
5	油泵	2YBZ-80 型	台	6	挂篮加载试验
6	穿心式千斤顶	YDC 型 100t	台	6	挂篮加载试验
7	前卡式千斤顶	YDQ500 型 26t	台	2	挂篮加载试验
8	锚具	YMB-3	套	6	挂篮加载试验
9	锚具	YM15-4	套	6	挂篮加载试验
10	手拉葫芦	10t	台	4	挂篮前移

7　质量控制

7.1　挂篮加工制作严格执行《建筑钢结构焊接规程》(JGJ 81—91)、《钢结构工程施工及验收规范》(GB 50205—95)及《钢结构工程质量检验评定标准》(GB 50211—95)。挂篮的悬浇施工严格执行《公路桥涵施工技术规范》(JTJ 041—2000),挂篮的焊接、制作、安装、涂漆等每道工序必须经过质量检查验收。

7.2　为确保挂篮轨道位置的准确性,竖向预应力筋安装时,横向与纵向偏差不得大于 3mm;挂篮拼装、前移就位后,其中线应与桥梁中线重合,偏差不得大于 5mm。

7.3　施工前制订施工控制设计方案,给出各节点的立模高程,提供各节点在安装挂篮、浇筑梁段,张拉预应力束及挂篮前移至合拢等施工步骤时的计算挠度和箱梁顶面中点高程,便于施工中控制。

7.4　为了提高水平测量的准确度,减少实测数据的离散性,设于各梁段端部腹板正上方的用于线形控制测量的观测点应做明显标记,并在施工中加以妥善保护,同时,各梁段混凝土灌筑前后以及预应力筋张拉前后的水平测量应尽可能安排在早晨或晚上无风无雨的时间进行。

7.5　边跨平衡段与相邻 T 构悬臂端部以及 T 构中跨之间的合龙精度不大于 15mm;体系转换结束后,梁顶高程误差为 ±10mm。

7.6　主梁 ϕ80 销钉开孔、立柱顶部加强板销钉开孔的直径误差为: +0.2mm, -0.1mm;前、后斜拉带与主梁 ϕ80 销钉、立柱顶部加强板销钉孔配合安装误差应≤0.5mm;其他桁架结构焊接放样、精轧螺纹钢吊杆定位误差应≤5mm。

7.7 每次灌注混凝土前或施工过程中需要质检部门检查的项目,经检查合格并办理签证手续后,方能进行下一道工序。

7.8 混凝土灌注过程中,应注意观察挂篮及模板的变形情况,以便进行及时调整和处理,防止混凝土出现裂缝、台阶及漏浆。

8 安全措施

8.1 位于同一T构上的两幅挂篮的移动必须同步对称进行,位移差不得大于40cm;移动时,挂篮后部应设置保险系统,挂篮移动速度不超过10cm/min。

8.2 挂篮安装移动、混凝土灌注以及拆除挂篮必须均衡作业,确保T构两侧偏载不得大于待浇节段的1/2底板重。

8.3 松前吊杆时,四根前吊杆宜左右交替对称松动,不得从左至右或从右向左逐个松动。脱外侧膜时,除以吊轮作为吊杆外,尚需在后端增加一根保险吊杆,每根吊杆端头螺母松动间隙不得大于5cm。

8.4 在前上横梁、后下横梁两端设置四幅10t倒链,挂篮在空载、走行、受力过程中均保持有效的工作状态,作为前后吊杆的安全保险系统,安全可靠。

8.5 挂篮前移时,速度宜缓慢、平稳,并设专人指挥,所有操作人员必须持证上岗,听从指挥,不得蛮干或酒后作业。挂篮前移时,除采用倒挂轮克服倾翻外,尚需在主梁后端增加保险锚杆,每根主梁保险锚杆数量不得少于4根。

8.6 悬灌施工过程中,必须安排专人经常检查挂篮锚固螺杆、前后吊带杆等受力杆件的使用情况,加强起重用千斤顶、倒链、钢丝绳等机具设备的维修养护,发现问题应及时处理。

8.7 挂篮中的施工用动力、照明电线必须经常检查,以消除漏电、短路隐患,每套挂篮应配备消防器材,以防止电焊作业等原因可能引燃防雨遮晒篷布、安全网等易燃物而出现的火灾。

8.8 挂篮周围设置安全网,随着悬臂的伸长,箱体内应及时安装通风、降温、照明设备(夏季施工时要特别注意)。

8.9 在吊装施工时,应由专人指挥,统一信号,钢丝绳、卡具等吊具使用前要进行检查验收,符合要求时才能使用。夜间施工必须有充足的照明,遇有暴雨、大风、地面下沉等情况时,应停止施工。

8.10 挂篮安装及滑移过程中,应严格按工艺要求及步骤操作,外模吊挂梁以及底模架后横梁吊挂系统在装拆作业时,应设置安全可靠的吊架和爬梯。

8.11 长大钢绞线穿束时,应制作可靠的夹持工具,未穿入孔道部分应保证有平缓稳妥的承托设施,以防溜滑造成人身事故。

8.12 梁体悬臂束张拉时,同时张拉的两束应严格按对称同步的规定分级加载,并注意千斤顶与锚垫板支承稳妥,倒顶及最终锚固时应注意夹片飞出伤人。

8.13 任何情况下,不得让精轧螺纹钢受剪(即不承受横向荷载)。

9 环保措施

9.1 施工中要严格按国家和地方有关环境保护的法律和法规执行,并采取必要措施防止施工中的燃料、油、沥青、化学物质、污水废料和垃圾等有害物质对环境的污染,防止扬尘、噪声和汽油等物质对大气的污染,并且应采取科学和规范化的施工方法,把施工对环境的影响减少到最低程度。

9.2 对全体施工人员进行环境保护的思想教育,并利用宣传栏、标志牌大力宣传文明施工和环境保护的重要性,使全体职工都知道如何做好环境保护工作。

9.3 定期对施工现场环境保护进行检查,并按考评标准进行检查评分,填写评分记录表,并作为工地安全生产、文明施工考评的一项主要指标。

9.4 施工所用的各种临时设施及场地,设计布置要科学合理,堆料场、加工厂及现场食堂均要按照环保的要求,统一安排、合理布局。

10 效益分析

10.1 三角轻型挂篮单根杆件由原来的菱形桁架改变为整根型钢材料,焊接切割工作量大为减少;挂篮加工投入设备简单,切割、焊接、打孔、喷漆等设备不需要投入大型设备,人员以高级钳工、焊工为主,加工费用大大节约。现场加工生产、拼装方便,节省了运输成本。

10.2 传统挂篮在走行滑移上分两步完成,首先是主桁前移,其次是内外模架系统前移,需要半天甚至一天才能达到绑扎钢筋的条件。三角轻型挂篮由于挂篮自重较轻,挂篮前移采用手拉葫芦牵引,包括主梁系统、内外模系统的整个三角轻型挂篮所有部件,整体进行同步滑移,一次滑移到位,挂篮滑移快速、高效、安全,仅需要2~3h可达到绑扎钢筋的条件,比传统挂篮提高施工工效近2~3倍以上。

10.3 三角轻型挂篮与平行式、弓形式、菱形式、组合梁式等桁架组合形式挂篮相比,施工更加安全、稳定、快速、优质。每块梁段平均施工周期为7天,达到了国内先进水平。在工程应用中表明,这种挂篮技术上先进、成本上节约、施工上可行,能够缩短工期,取得良好的社会、经济效益。

11 应用实例

11.1 工程实例一

11.1.1 工程概述

(1)工程项目名称:二广国家高速公路湖南邵阳至永州段资江大桥。

(2)工程地点:二广国家高速公路湖南邵阳至永州段K4+396大埠头。

(3)结构形式:主桥为预应力混凝土变截面连续刚构箱梁结构。

(4)开竣工日期:该桥自2006年5月开工,自2008年4月竣工。

(5)实物工程量:资江大桥箱梁其跨径布置:30m+3×50m+30m,预应力混凝土变截面(单箱单室箱形截面)悬浇刚构箱梁。箱梁梁高,底板厚度均按二次抛物线变化,箱梁根部中心线处梁高为310cm,跨中中心线处梁高为210cm,左幅箱梁顶宽1 275cm,右幅箱梁顶宽1 450cm,厚度为28cm,设有2%的双向横坡。底板宽度为720cm,厚度为60~26cm。腹板厚度除0号段为70cm外,其他梁段分别为50cm及40cm。箱梁在薄壁墩墩顶处设两个厚度为100cm的厚横隔板,在边墩墩顶梁端处设置110cm厚横隔板,在中跨合龙段设30cm厚横隔板。

箱梁单“T”共分5段悬臂浇筑,0号梁段长500cm,其余1号梁段至5号梁段分别为2×400cm+3×450cm,中跨合龙段长200cm,边跨现浇段与合龙段合并,段长600cm。最大梁段自重为117.9t,最大梁段长度4.5m。

主桥按照14号~17号墩共4对“T”对称悬臂现浇施工。除0号梁段采用搭设托架浇筑混凝土完成外,其余梁段均采用挂篮悬浇。悬浇最重梁段左半幅为1 095kN,右半幅为1 155kN。两边跨600cm现浇段采用搭设吊架浇筑。

11.1.2 施工情况

三角轻型挂篮悬臂浇筑施工,挂篮现场制作加工,每幅独体挂篮设计质量35t。施工时采用8幅独体挂篮,施工顺序为先施工右副箱梁后施工左副箱梁,对4对“T”构40段对称梁段进行悬浇施工。在施工期间,经历了50年一遇的资江大水上涨洪涝灾害,对三角挂篮施工没有造成任何影响。

11.1.3 应用效果

资江大桥三角轻型挂篮的应用,每块梁段平均施工周期为7天,施工效率高;桥梁施工外形美观,合龙精度高,达到设计要求;施工中未发生任何安全事故;取得了明显的实施效果。

11.2 工程实例二

11.2.1 工程概述

(1)工程项目名称:二广国家高速公路湖南邵阳至永州段湘江大桥。

(2)工程地点:二广国家高速公路湖南邵阳至永州段 K91 +619 七里坪。

(3)结构形式:主桥为预应力混凝土变截面连续刚构箱梁结构。

(4)开竣工日期:该桥自 2006 年 5 月开工,自 2008 年 6 月竣工。

(5)实物工程量:湘江大桥箱梁其跨径布置:42m + 3 × 75m + 42m,单箱单室箱形截面。箱梁梁高,底板厚度均按二次抛物线变化,箱梁根部中心线处梁高为 420cm,跨中中心线处梁高为 240cm,左幅箱梁顶宽 1 275cm,右幅箱梁顶宽 1 450cm,厚度为 28cm,设有 2% 的横坡。底板宽度为 650cm,厚度为 50 ~ 26cm。腹板厚度分别为 55cm 及 45cm。箱梁在薄壁墩墩顶处设两个厚度为 90cm 的厚横隔板,在边墩墩顶梁端处设置 80cm 厚横隔板,在中跨合龙段设 40cm 厚横隔板。

箱梁单"T"共分 10 段浇筑,0 号梁段长 500cm,1 号梁段至 4 号梁段为 450cm,5 号梁段至 9 号梁段为 400cm,中跨合龙段长 200cm,边跨现浇段与合龙段合并,段长 550cm。

主桥按照 20 号 ~ 23 号墩共 4 对"T"对称悬臂现浇施工。除 0 号梁段采用搭设托架浇筑混凝土完成外,其余梁段均采用挂篮悬浇。悬浇最重梁段为 1 050kN。两边跨 550cm 段采用搭设吊架浇筑。

11.2.2 施工情况

三角轻型挂篮悬臂浇筑施工,挂篮现场制作加工,每幅独体挂篮质量为 35t。施工时采用 8 幅独体挂篮,施工顺序为先施工右副箱梁后施工左副箱梁,对 4 对"T"构 40 段对称梁段进行悬浇施工。在施工期间,经历了 50 年一遇的湘江大水上涨洪涝灾害,对三角挂篮施工没有造成任何影响。

11.2.3 应用效果

湘江大桥三角轻型挂篮的应用,每块梁段平均施工周期为 7 天,施工效率高;桥梁施工外形美观,合龙精度高,达到设计要求;施工中未发生任何安全事故;取得了明显的实施效果。

桥梁深水岩层基础异形双壁钢围堰施工工法

GGG(津)C1068—2008

贾明浩　刘云清　孟新奇　钱林玉　田永灵
(天津第三市政公路工程有限公司)

1　前言

深水桥梁的基础施工是大型桥梁施工中的一项关键技术,国内外目前多使用可提高抗土层压力且施工方便的圆形双壁钢围堰和能有效增强围堰的剪切强度、改善围堰的安全性及可靠性的双钢板桩型围堰及锚锭装置;并且其施工地质条件多为土层。在安徽省怀远县荆涂淮河大桥施工中,我们探索了在桥梁深水基础施工中,在强度高达150MPa的坚硬花岗岩层基坑中开展圆弧形和矩形相结合的异形双壁钢围堰的施工方法,在施工中,我们不断优化,形成了比较成熟的施工方法,为了更好的推广该施工方法,编制本工法。

2　工法特点

2.1　采用圆弧形及矩形相结合的异形双壁钢围堰的设计理念。

2.2　深水岩层采取水下爆破成槽的施工方法。

2.3　钢围堰旱地整体焊接成型,浮运就位的施工工艺。

2.4　水上测量精确定位。

2.5　减少高空焊接作业工作量,降低安全风险。

3　适用范围

本工法适用于各类大型深水桥梁的基础施工,尤其是桥梁深水岩层基础施工。

4　工艺原理

采用深水爆破成槽的施工工艺,按设计异形钢围堰外形尺寸确定成槽尺寸,在水下爆破施工的同时,可进行钢围堰的加工制作工作;先将异形双壁钢围堰在旱地滑道上加工焊接拼装成型,后用高压油泵和千斤顶顶推入水,浮运就位,然后在水上用浮箱搭设施工平台,进行加高焊接,同时灌水下沉;在水上焊接加高施工中,通过确定围堰焊接骨架的主要结构尺寸,保证加工精度,确保围堰加高的垂直度;最后经过精确测量下沉就位,浇筑封底混凝土。

5　施工工艺流程及操作要点

5.1　水下大面积岩层基坑成槽施工

5.1.1　水下基坑爆破施工方案的确定

(1)爆破参数如下:

孔径:主炮采用 $\phi=110$mm;

孔距:主炮孔 $a\times b=1.64\text{m}\times1.47\text{m}$,边炮孔:$c=0.7\sim0.9$m;

炮孔深度:$L=1.2h$(h 为基坑深度);

炮孔眼距：$a=1.1\times w$（w 为最小抵抗线 1.64m）；

炮孔排距：$b=1\times w$；

药卷直径：$D=90\text{mm}$；

装药量：$Q=k_w\times a\times b\times L$（$k_w$ 为炸药单位消耗量）；

注：深水中爆破效率低，实际装药量较计算装药量增加 0.076 系数，采用炮孔全长装药，具体如下：

$Q_s = Q\times(1+0.076)$（Q_s 为实际装药量）；

$q = Q_s/(a\times b\times L)$（$q$ 为炸药实际单位消耗量）。

周边眼采用隔眼装药，最后一段单独起爆。

(2)爆破地震作用对建筑物影响的安全距离计算如下：

$$R_c = K_c a Q^{1/3} \tag{1}$$

式中：R_c——爆破点距建筑物的距离；

K_c——依所保护的建筑物地基土而定的系数，按坚硬有裂隙岩石取 5.0；

a——依爆破作用而定的系数，取爆破指数 $n=1$，则 a 取 1；

Q——一次起爆的炸药总重量。

(3)爆破振速对建筑物影响：

$$v = k(Q^{1/3}/R)^a \tag{2}$$

式中：v——建筑物质点垂直振动速度(mm/s)；

Q——一次爆破炸药重量；

R——爆破源到被保护建筑物的距离；

k——与岩石性质、地势高低、爆破方法和爆破条件有关的系数；

a——爆破地震波随距离衰减的系数。

根据建筑物、构筑物爆破振动速度允许界限和质量差的古、旧房屋振速临界值，确定爆破对建筑物是否有危害。

5.1.2 水下深水岩槽爆破施工过程

(1)组拼水上钻孔爆破施工作业平台

根据深水作业条件及水中爆破施工技术工艺要求，采用爆破施工水上浮箱作业平台。

(2)水上钻孔爆破作业浮平台测量定位

首先根据基坑爆破布孔网络设计图及钻孔作业浮平台的几何尺寸，结合墩位放线的里程桩号、轴线及现场测量的导线点等，计算每爆破段定位时浮箱平台的位置坐标、控制距离等参数；选择较好天气及作业条件的时机进行水上钻孔浮平台的测量定位工作，具体利用全站仪或经纬仪结合使用，给出浮平台上距岸边导线点最近及最远的两排边炮孔的位置坐标和距离后，然后利用钻孔轨道与爆破炮孔间的相对位置定位其余的炮孔位置等；测量定位准确后利用缆绳锚机将浮箱平台缆锚牢固，防止发生偏移或移位使钻孔位置不准等。

(3)下设水下爆破钻孔套管

钻孔平台测量定位准确后，即可将钻机沿滑动轨道移动到指定钻孔位置，开始定位下设钻孔套管。

(4)水下炮眼钻孔

套管下设牢固并检查垂直后，即可以下设钻头及钻杆开始钻孔作业，裂隙不发育的钻孔可采用潜孔钻 XU－300－2A 型钻机，在套管内钻进。裂隙发育的复杂软硬岩互层，可采用 YG－60 钻机钻进，套管跟到终孔位置，然后利用管靴将钻杆提出，留套管护壁，待装完炸药后，拔除套管爆破。

(5)爆破装药、连线

当一次定位钻孔平台内的炮孔全部钻成并清孔后，移开钻机，开始逐个炮眼内安装炸药及雷管作业。水下爆破炸药采用乳化水胶炸药（筒状 ϕ90mm×300mm），雷管采用非电毫秒雷管，配导爆索管进行网络连接爆破。

(6)清渣

当爆破完成几个段落后,抓渣船(浮平台)有抓渣工作作业面时就可以开展水下基坑岩渣清抓施工。水下爆破基坑清渣施工方法,依据岩渣状况和块粒大小分别采用不同机具的"抓"、"吸"、"捞"等水下清渣工艺方法。

5.2 异形双壁钢围堰的设计

5.2.1 设计参数

(1)设计荷载取值:根据实际施工水域条件确定。

(2)设计荷载组合:水平荷载为静水压力;竖直荷载为钢围堰自重+配重+封底混凝土自重+浮力+嵌岩桩抗拔力。

(3)设计工况:封底混凝土达到设计强度时抽取围堰内水,完成即将进行承台施工时,计算围堰在静水压力下钢围堰各个杆件的内力。

5.2.2 钢围堰计算方法及模式

由于钢围堰结构为环形封闭结构,在环向、径向水压力作用下,结构变形使结构内力产生二次分配,常规的平面计算偏于安全,因为该方法忽略了径向结构力的传递作用。

计算模型分析:将钢围堰面板所承受的水压力转化为节点力,节点力方向垂直于各杆件,对钢围堰整体进行计算,分析环向受力、内支撑等。

约束条件:从安全性考虑将封底混凝土完成后钢围堰底假定为铰接,水平环向杆件节点为固结,水平斜杆端头为铰接,内支撑两端为铰接。

5.2.3 双壁钢围堰结构布置

(1)高度选择:根据墩位处河床高程、围堰下沉深度及施工常水位、洪水位高程等因素确定。

(2)厚度选择:一般双壁钢围堰内外壁板间距(设计壁厚)为1.2~1.4m,根据工程实际围堰下沉需克服的水的浮力及围堰结构受力要求,确定双壁围堰间壁厚。

(3)平面外形尺寸选择:根据工程桥墩承台的平面几何,考虑围堰下沉时的平面偏差和竖直倾斜误差确定。同时考虑上下游水流条件,将宽度方向做成一段圆弧,为了使围堰内封底混凝土的面积较小,选择较大的圆弧半径。

(4)双壁钢围堰结构形式:根据平面几何尺寸及围堰受力构造特点确定内外壁板厚度,井壁内采用型钢杆件组成平行弦桁架结构骨架,水平与竖向双向布置,将内外壁组合成整体。

在双壁钢围堰的内、外壁间设有竖向的隔舱板,在平面上将井壁内分设成对角的横向互不通水的隔水舱,如图1所示。

5.3 异形双壁钢围堰的加工

5.3.1 双壁钢围堰加工节段划分

依据在工地现场自主焊接加工围堰的施工工艺及起重设备条件确定。

5.3.2 双壁钢围堰的加工方法

双壁钢围堰加工采用分节分块分片进行,焊接拼装,为降低施工成本,采用水中悬浮组拼的施工工艺。围堰的组拼焊接除首节在岸边陆地上进行拼焊外,以后均在围堰处于水中悬浮状态下进行,边加工,边下沉。

组装成型后应对围堰尺寸、高度、倾斜度以及焊接质量进行全面检查验收和水密试验,合格后方可进行灌水下沉及拼装接高。

5.3.3 双壁钢围堰加工、下水工艺

根据工地现场施工条件,在靠近围堰下沉水域的岸边搭建双壁钢围堰首节焊接加工及下滑轨道工字钢平台;在旱地上拼装、焊接加工围堰首节,然后利用千斤顶、钢绞线埋设地锚等将其整体推滑入水中并漂浮,完成首节双壁钢围堰旱地加工和整体推滑入水中漂浮施工;整个施工过程简捷、快速、安全、顺利。

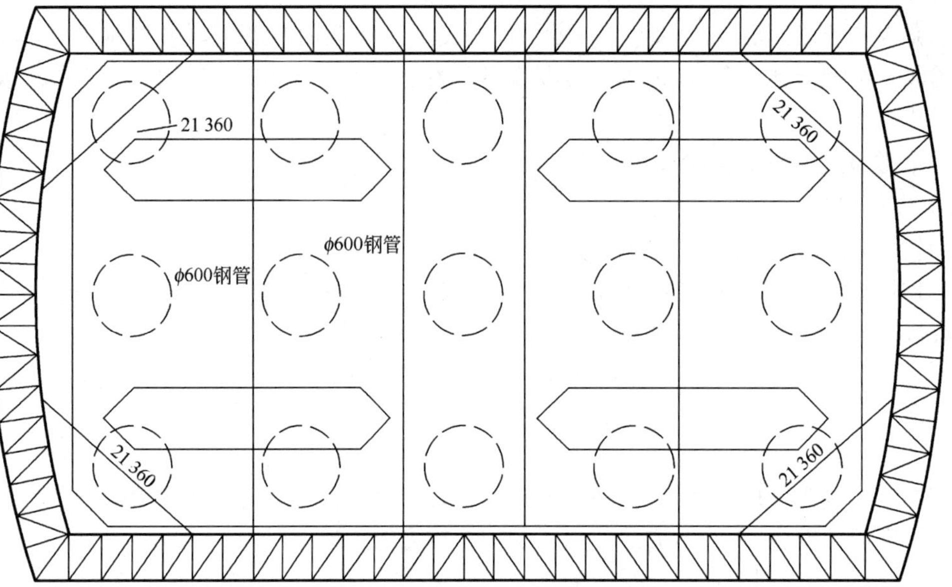

图1　围堰结构及内支撑布置平面图(尺寸单位:mm)

根据施工研究,首节双壁钢围堰岸边加工、整体推移下滑法总的施工技术工艺流程图如图2～图7所示。

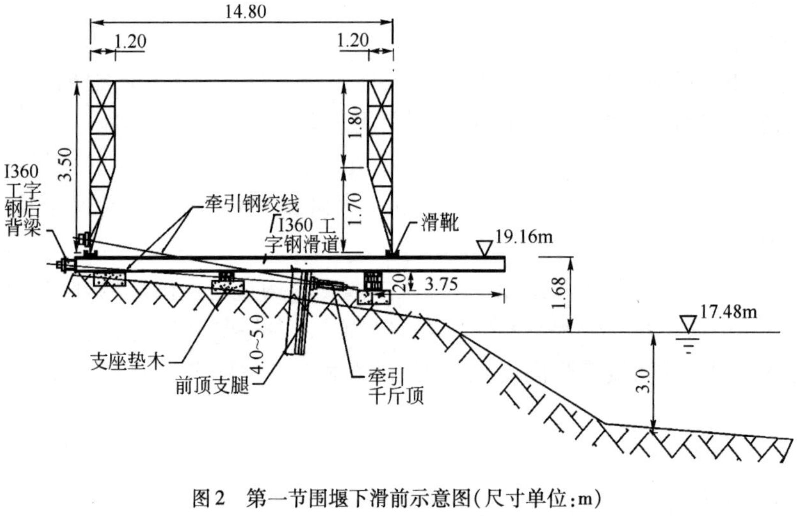

图2　第一节围堰下滑前示意图(尺寸单位:m)

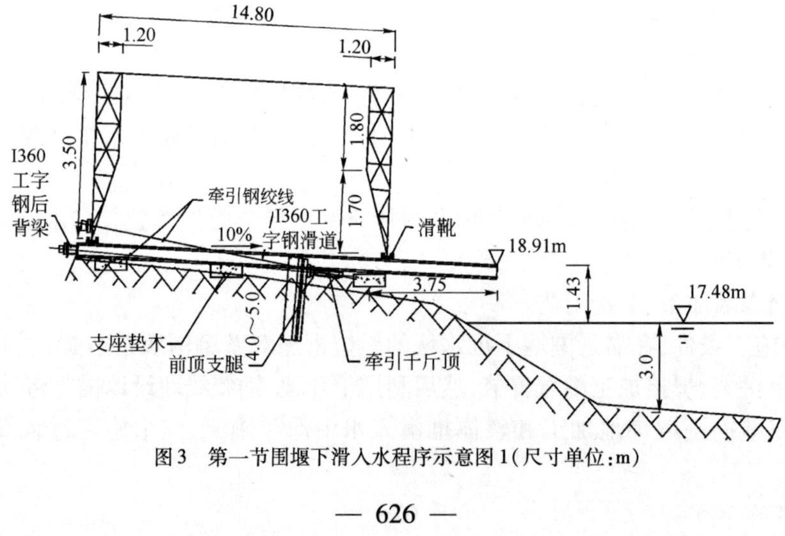

图3　第一节围堰下滑入水程序示意图1(尺寸单位:m)

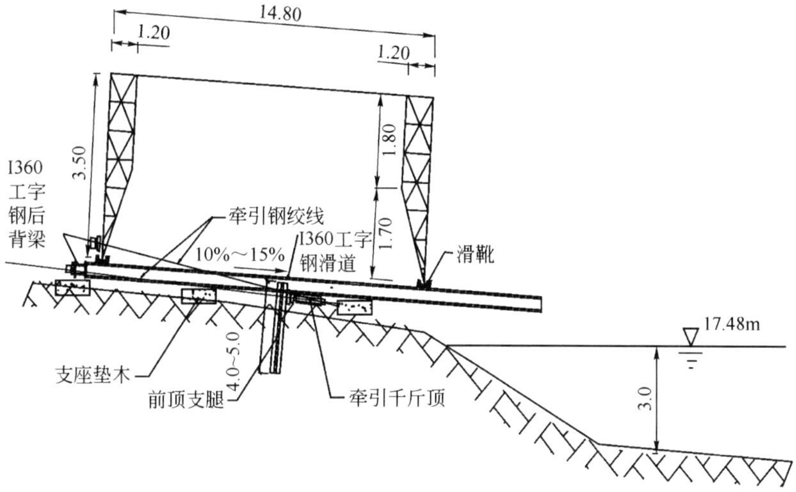

图4 第一节围堰下滑入水程序示意图2(尺寸单位:m)

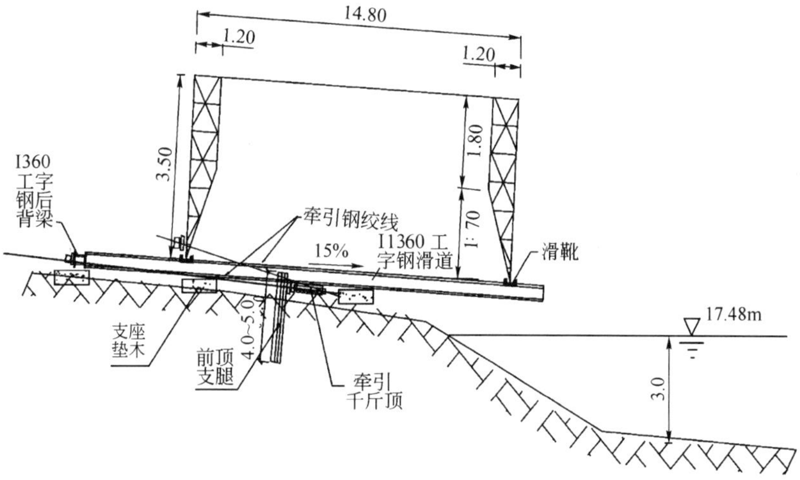

图5 第一节围堰下滑入水程序示意图3(尺寸单位:m)

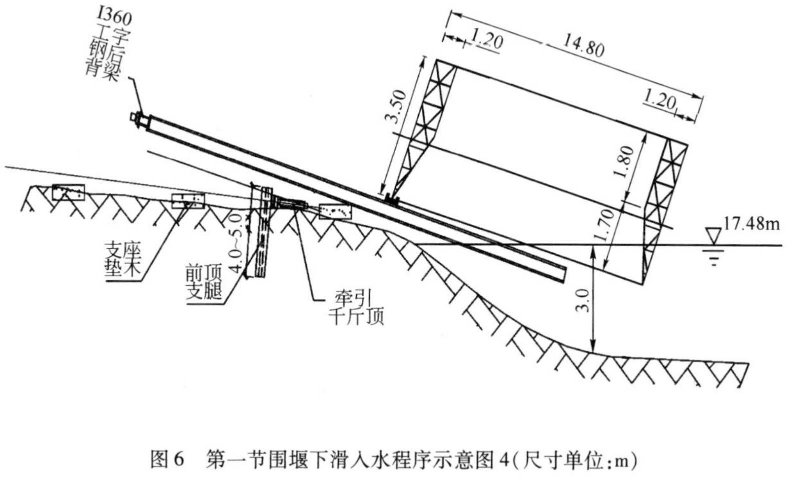

图6 第一节围堰下滑入水程序示意图4(尺寸单位:m)

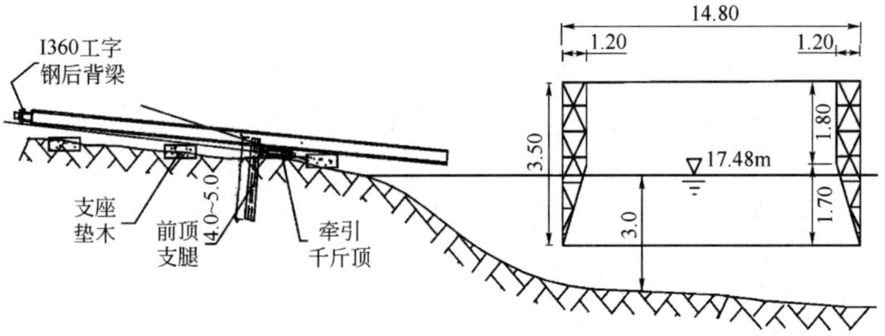

图7　第一节围堰下滑入水程序示意图5(尺寸单位:m)

5.4　岩石层上双壁钢围堰的下沉定位

5.4.1　双壁钢围堰水中测量定位

首先根据双壁钢围堰测量定位的八字形揽锚固定系统需要,在距离围堰定位下沉水域上、下游和主航道及岸边侧附近四个方向设置4个定位锚锭。利用围堰外围的导向框上的四台卷扬锚机放松或揽紧进行调节围堰的准确位置,同时对围堰进行临时锚固、定位控制及下沉。

5.4.2　定位双壁钢围堰外围导向框(粗定位)

双壁钢围堰水中的测量定位,采用三点交汇法进行测量控制,测量定位仪器为全站仪、经纬仪及水准仪、线锥和50m钢尺等。

5.4.3　精确定位测量双壁钢围堰位置(细定位)

水中围堰精确定位是直接测量、调整和控制双壁钢围堰本身,使其位置符合设计位置,偏差在规范允许范围之内。施工时应进行准确的测量定位,可采用精度高的测量仪器,提前选好站点。围堰着床前,用测绳或探测仪控制围堰下沉的深度,在刃脚距河床30~50cm左右时停止下沉,用全站仪复核双壁钢围堰的精确位置无误后,立即开动向围堰各隔舱内对称灌水的水泵,同时,均匀、对称、快速地将双壁钢围堰注水配重下沉,直至着床。

5.5　围堰封底混凝土的施工

5.5.1　围堰封底厚度的确定

基本参数:

封底混凝土强度等级:C25水下混凝土:$\gamma_c = 24.0\text{kN/m}^3$;$f_c = 11.9\text{N/mm}^2$;$f_t = 1.27\text{N/mm}^2$;$E_c = 2.80\times10^4\text{N/mm}^2$。

计算荷载:即施工常水位水面高程与围堰封底刃脚底间的水头高度差减去封底混凝土的自重作为封底素混凝土所受荷载。

考虑桥梁嵌岩桩的抗拔力与封底混凝土自重共同抵抗水压力的计算模式来确定封底混凝土的厚度:

$$H = \sqrt{\frac{3.5km}{bf_t}} \tag{3}$$

式中:m——板的最大弯矩;

k——安全系数;

b——板宽;

f_t——混凝土抗拉强度。

考虑水下封底混凝土可能与井底泥土或岩渣掺混及可能出现的封底表面浮浆松散层或凸凹不平折减等需增加的厚度,封底混凝土厚度在上式计算的结果上一般增加300~500mm;

5.5.2　封底混凝土施工配合比选择

封底混凝土可采用水下不分散NDC特殊混凝土,该混凝土具有水下不分散、自流平、自密实等特点。

5.5.3　封底混凝土浇筑及施工控制

水下封底混凝土浇筑采用整体斜面法，沿围堰长度方向从下游开始，横向全断面整体逐步推移，向前浇筑。

封底混凝土必须连续进行施工，不得间断，要保证储料和混凝土的充足供应。

6　材料与设备

本工法所需材料为：

3.5mm 钢板：作为围堰外面板。

14a 槽钢：作为围堰内骨架。

14 角钢：作为围堰内桁架。

50a 工字钢：作为围堰滑行平台。

水下不分散混凝土：用作封底混凝土。

本工法使用设备见表 1。

设　备　表　　表 1

名　称	数　量	名　称	数　量
机动舟	1 艘	潜孔锤	1 个
高架浮吊	1 台	潜水设备	2 套
钻孔平台	1 个	挖泥船	1 艘
浮平台	1 个	运输船	2 艘
潜孔钻	2 台	电焊机	10 台
全液压跟管钻机	1 台	油泵	2 台
空压机	2 台	千斤顶	6 台

7　质量控制

围堰焊接骨架的主要结构尺寸：围堰内外直径偏差为 $+D/500$，围堰壁的垂直度不大于 $h/1\,000$（h 为高度），垂直度的检查可以采用最低节上基准面选点随接高把基准面上移的办法检验；同一平面相互垂直的直径偏差不大于 20mm。所有的内外壁板及隔舱板焊缝，必须做煤油渗透试验检验，不合格的焊缝必须进行修补焊，直到合格为止。组装成型后，应对围堰尺寸、高度、倾斜度以及焊接质量进行全面检查验收和水密试验，合格后方可进行灌水下沉及拼装接高。

围堰基槽水下爆破、清渣完成后，必须下潜水员触探爆破基岩槽底平整情况及检查岩渣清理是否干净，基槽四壁边坡有无影响钢围堰下沉的凸出孤石等障碍。

8　安全措施

劳动组织情况见表 2。

劳 动 组 织　　表 2

工　种	数　量	工　种	数　量
分项工程负责人	1 人	起重工	5 人
技术质量员	1 人	电焊工	15 人
测量员	1 人	配合工	10 人

安全管理应执行国家及地方强制性标准，施工中还应注意如下事项：

(1)高空作业时,应设置专职安全监护人员;

(2)电气焊作业时,应加强用电管理;

(3)遇有6级大风应禁止任何高空作业;

(4)阴雨天应加强用电保护,严禁露天焊接施工作业。

9 环保措施

施工时,爆破产生的渣土及时用清渣船打捞并按河道管理局的要求集中弃运,不得随意抛洒,严禁污染河道;夜间严禁进行爆破施工,不得扰民;可回收材料及时进行回收,不得随意堆放;施工过程中产生的垃圾,要按照有关环保要求进行集中处理,保护好施工现场的环境。

10 资源节约

采用异形双壁钢围堰施工工艺大大节省围堰的用钢量及加工费用,可以缩小水下爆破面积,减少生态环境的破坏,大大减少水下岩石的爆破工作量,能够节省更多得人力资源。

11 效益分析

在施工中我们应用本工法,同采用常规的圆形结构双壁钢围堰施工相比,采用异形双壁钢围堰施工工艺大大节省围堰的用钢量及加工费用,加上节省水下岩石的爆破工作量,累计节省施工费用达120万元。

通过创新利用桥梁嵌岩桩抗拔能力同封底混凝土共同作用抵抗深水围堰产生的浮力,大大减少封底混凝土厚度及岩石基坑爆破施工;通过该技术研究直接节约施工成本95万元。

综上所述,通过桥梁深水基础异形双壁钢围堰施工技术的研究节约施工造价达215万元。

12 应用实例

我公司于2002~2004年,承建了安徽省怀远县荆涂淮河大桥工程,该工程主桥设计为三跨预应力混凝土变高度直腹板连续箱形刚构,其跨度布置为:95m+160m+95m,其中主跨160m是目前安徽省同类型桥跨之最。主桥两个水中墩分别位于淮河过往航道东西两侧,下部结构设计为双薄壁钢筋混凝土流线型实体墩;基础为低桩承台,桩基为15根ϕ2.0m的钻孔灌注桩(群桩基础),嵌岩桩设计,由于桥位处于淮河的三大峡口之一的荆山与涂山之间,水深流急,为减少桥墩的阻水断面,承台位于河床基岩底以下4m深处,承台底面高程为3.865m,设计尺寸为20.8m×12m×4m(矩形)。两个主墩分别采用双壁钢围堰施工技术工艺方案进行深水基础施工。

公路工程混凝土桥梁桥面抛丸处理工法

GGG(浙)C4069—2008

单光炎　卢先荣　范厚彬　郑克如　张晓斌
（浙江省交通工程建设集团有限公司）

1　前言

为提高桥面使用寿命减少维护保养,应在黏结层上设置防水层。桥梁混凝土桥面铺装中使用防水层,有效控制了混凝土桥梁渗水,延长桥梁的使用寿命。但随着交通流量的增加,相关的病害也随着出现:防水层与桥面黏结强度不足而产生推移;渗水造成混凝土疏松、脱落。这类病害造成了较大的维修成本,缩短了桥面铺装层的寿命,影响了路面防水层的投资效果。

据调查,产生这类病害的主要原因是由于采用了传统的混凝土面层处理工艺,面层处理不够,没有完全去除表面残留物质,露骨率、表面粗糙度、平整度、干燥程度等指标达不到要求,从而降低了防水层和桥面底层的黏结强度。

传统的混凝土面层处理,一般采用铣刨或者凿毛(人工或机械)的方法,有以下缺点:

(1)对混凝土基面产生一定的破坏,会造成细微的裂纹、小凹陷的地方清理不到、本来结实的骨料会被打的松动,须配套使用喷砂进行弥补。

(2)环境影响大,产生大量粉尘,也需要大量的清洗用水。

(3)露骨率低,不能制造出均匀粗糙的表面。

(4)施工效率低。

采用桥面抛丸处理工法,能够克服传统处理方法的缺点,提高桥面铺装层施工质量。通过几个项目的实施,取得了较好的效果,并总结编制成本工法。

2　工法特点

2.1　本工法可以最大程度地去除表面浮浆和起砂层,提高混凝土面层的露骨率和粗糙度,增加界面抗剪效果,提前暴露混凝土缺陷,完全打开混凝土表面的毛细孔,使封闭剂或黏结剂完全渗入混凝土。

2.2　本工法不会对混凝土面层产生破坏性影响,不会造成密实骨料的松动。

2.3　高效、环保,丸料可循环使用。与传统工艺相比,本工法无粉尘污染,施工人员健康有保障。

3　适用范围

本工法适用于桥面防水层施工前混凝土面层处理,也适用于沥青路面养护和水泥路面防滑处理。

4　工艺原理

通过抛丸轮产生的离心力将钢丸料以很高的速度和一定的角度抛射到工作表面上,让钢丸以巨大的冲击能量高速打击工作表面,达到处理工作表面上的杂质、附着物以及其他需要清理的物质的一种表面处理的方法。钢丸和灰尘、杂质一起经过反弹室至储料斗上方的分离装置将钢丸与灰尘分离,钢丸进入储料斗继续循环使用,灰尘则通过连接管进入除尘器,通过滤芯的分离,停留在储灰斗中和滤芯的表面,再通过自动反吹除尘器反吹空气自动间隔清理每一个滤芯(图1)。

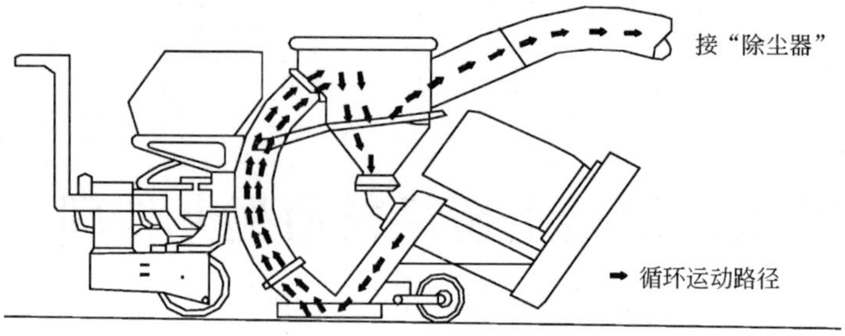

图1　抛丸机工艺原理示意图

5　施工工艺流程及操作要点

5.1　施工工艺流程(图2)。

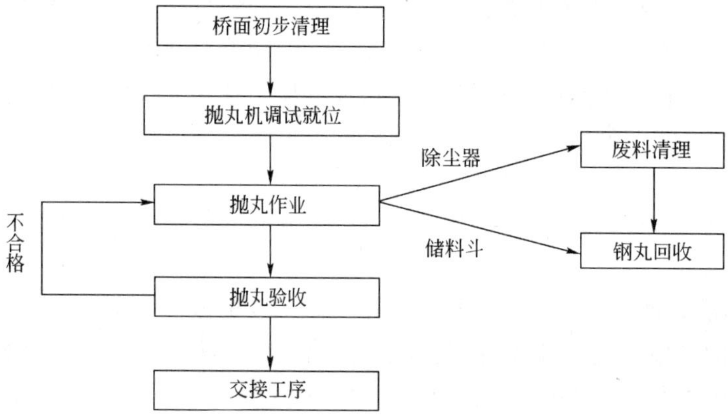

图2　施工工艺流程图

5.2　操作要点

5.2.1　桥面初步清理

用人工清扫和吹风机吹风等方法对桥面进行初步清理,为抛丸施工提供一个清洁的工作面。

5.2.2　抛丸机的调试就位

抛丸机(图3)现场进行试抛施工,同时检测露骨率和表面粗糙度,根据结果,合理调整以下三个关键施工参数:钢丸的大小和形状;设备的行走速度;钢丸的抛射流量。

5.2.3　抛丸作业

正式进行桥面的抛丸作业(图4),及时回收抛丸机抛头处溢出的钢丸,作业中需注意下列几点:

图3　抛丸机

图4　抛丸作业

(1)每天检查易损件磨损情况;

(2)在两次抛丸接缝处设置一定的搭接长度,保证抛丸面达到100%覆盖;

(3)发电机正常供电。

5.2.4 废料清理

在回收粉尘时,注意及时清理除尘器内灰斗积灰,回收的粉尘应集中运到卸料点处理。

5.2.5 钢丸回收

安排专人紧跟抛丸机回收钢丸,重复利用(图5)。

图5 钢丸回收

5.2.6 抛丸验收

根据施工经验,通过肉眼观察,及时对抛丸效果进行验收。

5.2.7 工序交接

抛丸处理施工结束后,应及时进行下一道工序施工,避免干净的混凝土表面外露时间过长造成二次污染。

6 工程材料与机械设备

(1)工程材料。本工法仅需直径0.5~1.5mm的钢丸。

(2)工程所用机械设备如表1所示。

桥面抛丸处理主要施工机械设备 表1

设备名称	单位	型号	数量
载重汽车	辆	东风3t	2
抛丸机	台	1-10DS GBL	1
吸尘器	台	自动反吹655DC吸尘器	1
发电机	台	30kV·A	1
翻斗车	台		2
车载起重机	台	自制	1

7 劳动力组织(表2)

劳动力组织表 表2

序号	工程	人数	责任范围
1	项目副经理	1人	施工现场总负责
2	技术负责人	1人	施工技术、质量等现场总负责
3	专职质检员	1人	负责现场质量控制检查、施工记录、数据整理等
4	抛丸机操作工	3人	负责抛丸机操作
5	钢丸回收员	1人	负责现场钢丸回收
6	除尘器操作工	2人	负责除尘设备操作和移动
7	汽车驾驶员	2人	负责装载发电机货车驾驶、废料回收车驾驶
8	废料回收员	2人	负责废料回收
9	清扫员	4人	负责抛丸前桥面清扫、吹风

8 质量要求及控制

8.1 质量控制要求

因目前国内尚无相关的质量检验标准,根据施工经验,通过肉眼观察,按以下几个方面检验抛丸处理施工质量:

(1)满足防水层露骨率的要求。

(2)满足表面粗糙度的要求。

(3)保证抛丸处理100%覆盖面。

8.2 质量控制措施

8.2.1 露骨率与粗糙度的控制

合理调整抛丸机运行参数,施工过程中通过肉眼观察表面浮浆和起砂情况,通过手摸判断抛丸露骨率和粗糙度(图6)。

8.2.2 参数的控制

根据需处理表面的情况,通过试抛,设定抛丸机三个参数,参数选定后不得随意更改。

8.2.3 覆盖面的保证

抛丸中,应在搭接处设置搭缝,以保证抛丸面100%覆盖桥面。

图6 抛丸后露骨效果显著

9 安全措施

9.1 抛丸机操作人员必须佩戴护目镜,以防钢丸弹射伤人。

9.2 在半通车路段,桥梁两头设置醒目车辆禁止通行标志。

9.3 载重汽车由专人指挥,指挥信号明确、清晰。

9.4 工人上岗前,进行三级安全交底,安全责任落实到人。

10 环保措施

10.1 设置固定的机修点,确保无废油污染。

10.2 设置固定的废弃物堆放点,工程废料集中处理。

11 资源节约

本工法采用机械化施工,最大的特点是提高功效,节约人力。

12 效益分析

与传统的桥面处理工艺相比,本工法在质量、进度、环保以及成本等方面都有相当大的优势(表3)。

"抛丸"工法进度、质量、经济效益分析对照表 表3

工艺名称		适用规模	进度	成本	质量	环境评价	施工效果
抛丸		大、中、小	快	高	好	好	好
传统工艺	人工凿毛	小	慢	低	差	好	一般
	机械凿毛	大、中	快	中	中	差	一般
	高压水	中、小	中	低	差	差	差

(1)质量方面。采用铣刨工艺进行桥面处理工艺露骨率、粗糙度较差,还会对桥面产生一定程度的破坏;采用人工凿毛,则处理质量更差。而本工法可以在混凝土桥面上形成非常均匀美观的糙面,露骨率高,易于发现桥面混凝土在浇筑及硬化过程中存在的收缩裂纹等缺陷(图7),以便及时采取修补措施,避免隐患扩大,而且不会对桥面带来任何损坏。

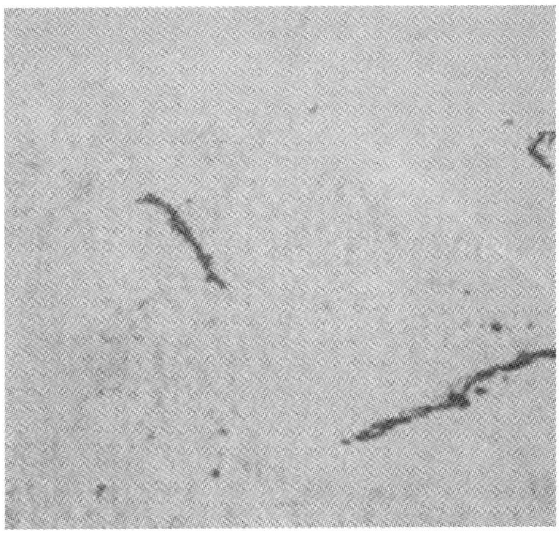

图7 抛丸后桥面缺陷能及时发现

(2)进度方面。一般路面施工工期较紧,传统的桥面混凝土处理工艺劳动强度大,工作效率低,往往带来较大的工期压力。本工法采用的抛丸机设备小巧,操作简便,劳动强度低。如果工程需要,可组织多台设备同时施工,适用于各种规模的工程施工中。抛丸机经过的地方,桥面就被全面地处理过,效率高,进度快,适应路面施工要求。

(3)环保方面。传统的桥面处理工艺,粉尘大,冲洗耗水量大,环境污染大,对居民生活带来较大的影响。本工法产生粉尘极少,不需要冲洗用水,噪声低(图8)。

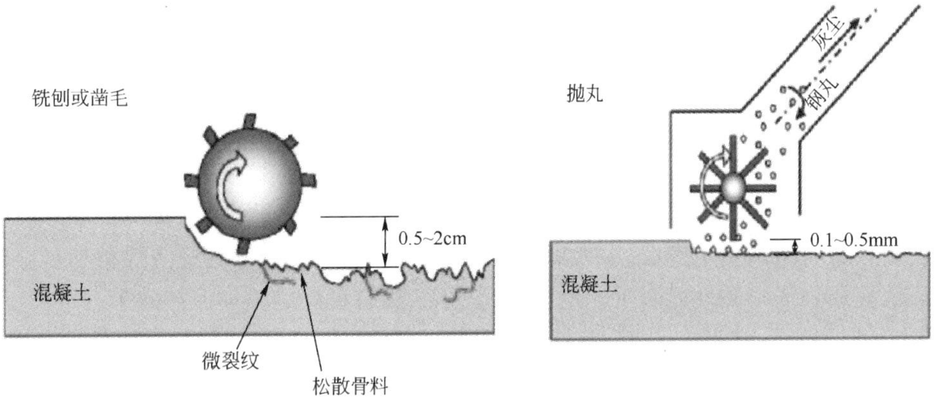

图8 传统工艺与抛丸处理工艺对比图

(4)成本方面。本工法混凝土桥面处理成本约11~12元/m^2,与传统的桥面处理工艺成本基本相当,但是效益显著。由于其桥面处理质量好,有效提高了铺装层的使用寿命,降低了公路运营和养护成本,方便和车辆通行,社会效益显著;由于施工进度快,节能环保,大大提高了机械设备的使用率,降低了施工成本。

13 应用实例

13.1 龙丽龙高速公路云和段路面工程于2006年1月17日开工,2006年12月29日完工。合同段所属桥梁单幅35座,抛丸面积89 589m^2。该路段通车至今,桥面铺装完好率达到100%,无破损维修记录。

13.2 申嘉湖高速公路嘉兴段第J12合同段于2006年7月1日开工,2007年11月29日完工。合同段所属桥梁单幅29座,桥面抛丸面积约110 000m^2,该路段通车后虽经严重冰冻考验,桥面铺装层未有一处损坏,桥面铺装完好率100%。

13.3 杭浦高速公路路面一标于2006年1月1日开工,2007年12月31日完工。合同段所属主线桥梁单幅88座,桥面抛丸面积约355 629m^2,经抗剪试验,工程质量优良。

海洋环境中桥梁墩身环氧涂层钢筋施工工法

GGG(浙)C2070—2008

吴墀忠　李云龙　范厚彬　程毅旌　杜豪磊
(浙江省交通工程建设集团有限公司)

1　前言

海洋环境中,空气咸湿,海水有大量的氯盐和氯离子,氯离子半径小,活性大,具有很强的穿透能力,易渗入混凝土并达到钢筋表面,因而,海洋环境中的墩身钢筋容易被腐蚀,甚至造成墩身结构破坏。

浙江省交通工程建设集团有限公司在杭州湾跨海大桥Ⅰ合同工程、舟山大陆连岛工程金塘大桥Ⅴ合同工程中,采用环氧涂层钢筋,加强桥梁墩身环氧涂层钢筋加工、制作、绑扎和保护等施工环节的管理,形成了本工法。该工法是解决海洋环境中墩身钢筋腐蚀问题的切实有效的工法。

2　工法特点

按本工法,海洋环境中桥梁墩身采用环氧涂层钢筋施工,由于环氧涂层与钢筋间黏着力高、延性大、干缩小,能有效阻隔化学物质的侵蚀,具有以下特点:

(1)延长桥梁墩身结构使用寿命,大大降低桥梁维修成本,具有较好的经济效益和社会效益。

(2)如环氧涂层钢筋与高性能海工混凝土联合使用,具有更好的叠加保护效果。

3　适用范围

该工法适用于海洋环境中混凝土结构环氧涂层钢筋施工。

4　工艺原理

海洋环境中桥梁墩身采用环氧涂层钢筋施工。环氧涂层钢筋采用环氧树脂粉末以静电喷涂方法制作,其涂层不与酸、碱等物质反应,具有极高的化学稳定性,涂层延性大、干缩小,与金属表面形成了阻隔钢筋与外界电流接触的化学电离子防腐屏障,可大大延长墩身的使用寿命。

5　施工工艺流程及操作要点

5.1　工艺流程

本工法的工艺流程见图1。

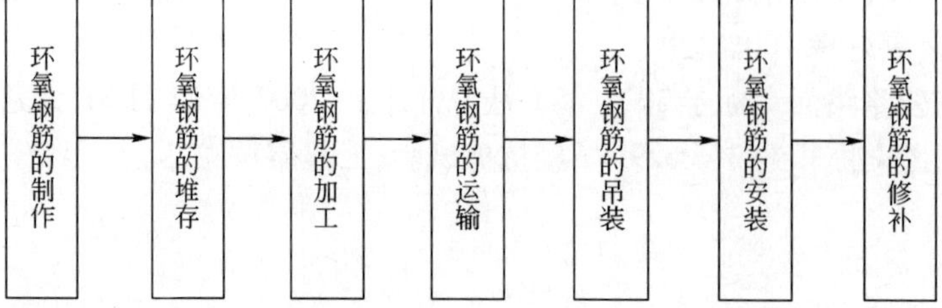

图1　工艺流程

5.2　操作要点

5.2.1　环氧钢筋的制作

环氧涂层钢筋由专业厂家生产，是采用特殊的表面处理技术和高压静电喷涂方法，在钢筋表面上形成均匀的、有一定厚度的环氧树脂保护层。环氧涂层钢筋具有优良的物理特性和化学稳定性，也具有防腐蚀耐酸、耐碱、耐盐、耐温、绝缘等特点，是一种新型高效的建筑防腐材料。

施工中，环氧涂层容易被损坏，从而影响其防腐效果，要充分重视涂层保护。

5.2.2　环氧钢筋的堆存（图2）

图2　环氧涂层钢筋堆放现场

（1）环氧涂层钢筋在施工现场的储存期应尽量缩短，一般不宜超过6个月。

（2）若钢筋堆存在户外超过2～3周，环氧涂层钢筋应采用不透光的黑色塑料布包裹，避免紫外线照射引起涂层的褪色和老化。环氧涂层钢筋应用柔性的非金属材料捆扎。

（3）环氧涂层钢筋存放场地设置50cm高、间距为3m的保护性支撑。不同规格钢筋分别堆放整齐，并设置标识牌，标明规格、使用部位、产地和生产日期，每批钢筋堆放不超过5层。

（4）为减少二次搬运，有效保护涂层，环氧涂层钢筋进场堆存和成品堆放应进行合理安排。

5.2.3　环氧涂层钢筋的加工

（1）弯曲加工。环境温度宜不低于5℃；钢筋弯曲机的芯轴应套以专用套管，平板表面应铺以布毡垫层，避免环氧涂层与金属物直接接触挤压；环氧涂层钢筋的弯曲直径，$d \leq 20$mm的钢筋，不宜小于$4d$；$d > 20$mm的钢筋，不宜小于$6d$，且弯曲速率不宜高于8r/min。

（2）切断加工。应采用砂轮锯或钢筋切断机对涂层钢筋进行，在直接接触涂层钢筋的部位，应垫以缓冲材料；严禁采用气割方法切断涂层钢筋；切断头应以修补涂料进行修补。

5.2.4　环氧涂层钢筋的运输

（1）涂层钢筋应以水平方式搬运，搬运过程中，严禁拖拉、抛拽涂层钢筋。

（2）使用汽车或运输台车将墩身环氧涂层钢筋分批、分型号运抵现场。装车时应按环氧涂层钢筋堆存的要求，加强环氧涂层钢筋的保护。

5.2.5　环氧涂层钢筋的吊装（图3）

（1）应采用高强度的非金属纤维带，如尼龙带为吊索，不得使用钢丝绳吊装涂层钢筋，避免吊索与钢筋之间因挤压、摩擦造成涂层破损。

（2）对长度超过6m的涂层钢筋应采用多支点吊装，避免钢筋两端因过大垂落造成钢筋之间的摩擦与碰撞，损坏涂层。

5.2.6　环氧涂层钢筋的安装

墩身环氧涂层钢筋的安装，包括钢筋吊装就位、钢筋定位、钢筋接长，应加强各施工过程中环氧涂层的保护。

图3　环氧涂层钢筋吊装保护措施

1)钢筋吊装就位

钢筋吊装由吊机配合,吊机一次吊两根主筋,起吊位置由两名工人负责保护,缓缓吊至墩身位置后,由三名工人负责接应绑扎,两名在钢筋顶端,一名在钢筋底端。

2)钢筋定位

墩身环氧涂层钢筋采用临时钢管支架定位。绑扎前,先安装主筋定位箍。定位箍分上、下两个,固定在钢筋安装临时支架上,定位箍或采用塑料制作,或在临时钢管上包裹柔性保护层。

墩身浪溅区、水位变动区的主筋、箍筋均采用环氧涂层钢筋。主筋与箍筋、箍筋本身之间采用专用的包胶铅丝绑扎,严禁采用焊接定位,以保护环氧涂层(图4)。绑扎时包胶铅丝弯向墩身内侧,不可伸进钢筋保护层。对十字交叉钢筋,应采用"X"形绑扣。

图4　环氧涂层钢筋绑扎部位用胶带包裹

3)钢筋接长

环氧涂层钢筋的连接可根据设计要求,采用绑扎连接、机械连接、焊接连接方法。

(1)直径小于20mm的环氧涂层钢筋,采用绑扎连接方法。在墩身环氧涂层钢筋施工中,该方法主要用于箍筋连接。涂层钢筋的绑扎搭接长度应符合相关要求。绑扎用胶铅丝如图5所示。

(2)直径大于20mm的环氧涂层钢筋,采用机械连接方法。在墩身环氧涂层钢筋施工中,该方法主要用于受力主筋连接,接头形式主要是镦粗直螺纹接头。宜采用涂装过的专用套筒、螺母,并根据专用修补材料的使用要求,将接口处受损涂层修补好;当采用未经过涂装的套筒、螺母进行涂层钢筋的机械连接时,尚应在连接后根据专业修补材料的使用要求,将套筒、螺母等连接件涂刷涂层。环氧涂层钢筋与普通钢筋机械接头如图6所示。

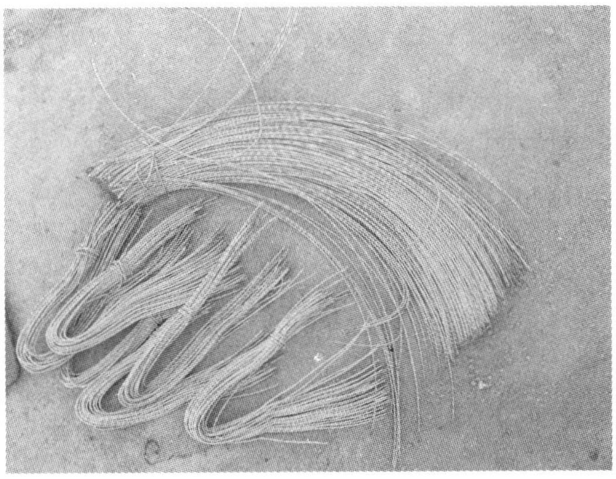

图5 环氧涂层钢筋绑扎用胶铅丝

图6 环氧涂层钢筋与普通钢筋机械接头

(3)墩身环氧涂层钢筋受力主筋采用焊接连接方法,焊接采用闪光对焊。对焊前,应先将焊接部位的涂层剔除干净;焊接后,应将焊接部位附近受影响的涂层剔除干净,并根据专用修补材料的使用要求,将焊接部位及其影响区域的涂层修补好。

4)环氧涂层钢筋允许与非涂层钢筋联合使用,比如墩身浪溅区以上部位,但要防止两者间形成电连接。墩身环氧涂层钢筋安装如图7所示。

图7 墩身环氧涂层钢筋安装

5.2.7 环氧涂层钢筋的修补

环境涂层钢筋的运输、堆存、搬运、固定以及混凝土浇筑过程中的保护,都非常重要。尤为重要的是,任何损伤应及时清理并修复(图8)。

(1)在环氧涂层的任一点上,当涂层脱开、剥离或损伤到下列程度时,不得修补和使用:

①一点上的面积大于25mm^2,或长度大于50mm,其中不包括钢筋剪切端头的修补面积;

②1m长度内有3个点以上,即使每个点的面积小于25mm^2,或长度小于50mm;

③环氧涂层钢筋切下并弯曲的一段上,涂层有6个以上的损伤。

(2)环氧涂层钢筋在搬运、加工、焊接、安装过程中造成的涂层损伤应按下列规定进行修补:

①加工过程中受到剪切、锯割或工具切断时的切断头,与焊接烧伤及热影响区,均应在切断或损伤

图8　环氧涂层钢筋修补

后2h内及时修补；

②修补应采用环氧涂层钢筋生产厂家提供的修补材料；

③修补前，应除尽未黏着的涂层和修补处的锈迹；

④当修补时的环境相对湿度大于85%时，应以电热吹风器适当加热除湿；

⑤修补时，应使修补材料与已有牢固涂层搭接的范围适当，不宜使已有的牢固涂层过量增厚；

⑥修补涂层厚度不得少于180μm。

5.3　混凝土的浇筑

(1) 混凝土浇筑应待涂层修补材料完全固化后进行，涂层修补材料的固化时间可根据修补材料的说明书确定。

(2) 采用插入式振捣器振捣混凝土时，应在金属振捣棒外套以橡胶套或采用非金属振捣棒，并尽量避免振捣棒与钢筋的直接碰撞。

6　材料与设备

6.1　墩身环氧涂层钢筋施工主材、耗材、辅材表见表1。

墩身环氧涂层钢筋施工主材、耗材、辅材表　　表1

序　号	名　称	序　号	名　称
1	环氧涂层钢筋(主筋)	6	钢管及扣件——支架用
2	环氧涂层钢筋(箍筋)	7	脚手板
3	包胶铅丝	8	安全网
4	直螺纹套筒	9	非金属吊索吊具
5	专用涂层修补材料	10	垫木

6.2　墩身环氧涂层钢筋施工主要施工机械设备表见表2。

墩身环氧涂层钢筋施工主要施工机械设备表　　表2

序　号	设备名称	规格或型号	数　量	备　注
1	钢筋弯曲机		1台	钢筋加工
2	钢筋切断机		1台	钢筋加工
3	直螺纹套丝机		1台	钢筋加工
4	闪光对焊机		1台	钢筋加工
5	砂轮切割机		2台	钢筋加工
6	运输平板车	挂车	1台	钢筋运输
7	吊机	16t	1台	钢筋装卸和吊装

7　质量要求及控制措施

7.1　环氧涂层钢筋的质量（涂层厚度、连续性、柔韧性）应符合现行行业标准《海港工程混凝土结构防腐蚀技术规范》（JTJ 275—2000）的有关规定。

7.2　环氧涂层钢筋验收、存放、修改、加工、焊接、架立、浇筑等符合 JTJ 275 有关规定。

7.3　环氧涂层钢筋制作所用材料、加工工艺、检验方法应符合现行行业标准《环氧树脂涂层钢筋》（JG 3042—1997）的有关规定。

7.4　墩身环氧涂层钢筋施工计算验算的相关规定：环氧涂层钢筋与混凝土的黏结强度宜取无涂层钢筋的 80%，锚固长度应为无涂层钢筋的 1.25 倍；承载力、裂缝宽度和刚度计算方法与无涂层钢筋构件相同，但裂缝宽度计算值应为无涂层钢筋的 1.2 倍，刚度计算应为无涂层钢筋的 0.9 倍。

7.5　钢筋绑扎连接长度应符合设计要求。无特殊要求时，对受拉钢筋，不得小于有关设计规范规定的相同等级和规格的无涂层钢筋锚固长度的 1.5 倍，且不小于 375mm；对受压钢筋，不得小于有关设计规范规定的相同等级和规格的无涂层钢筋锚固长度的 1.0 倍，且不小于 250mm。

7.6　环氧涂层钢筋进行剪切、冷弯时，所有接触涂层钢筋的机具接触面应有尼龙套管筒或衬垫，防止损伤涂层。

7.7　架立环氧涂层钢筋时，不得采用无涂层钢筋。绑扎环氧涂层钢筋应采用尼龙、环氧塑料或其他柔软材料包裹。同一构件中，环氧涂层钢筋与无涂层钢筋不得有电连接（防雷接地钢筋应另外布置）。

7.8　环氧涂层钢筋架立安装之后，不宜在其上行走，应防止工具或重物跌落其上，并应规定可移动设备的位置，以免损伤环氧涂层钢筋。

7.9　整个施工过程中应随时检查，严格限制环氧涂层钢筋缺陷，及时修补涂层缺陷，待修补材料固化后，方可浇筑混凝土。

7.10　浇筑混凝土时，当采用插入式振动棒振动，则应用塑料或橡胶包裹振动器，防止振捣混凝土过程中损伤环氧涂层。

8　安全措施

8.1　钢筋吊装应遵守起重作业操作规程，应有专人指挥。为保护环氧涂层，方便施工，环氧涂层钢筋采用非金属吊具吊装，应经常检查吊具，吊扣应有保险系数，对操作工人进行专项培训，不得随意更换操作人员。

8.2　支架在环氧涂层钢筋施工中，主要起施工平台、人员垂直交通等作用。支架的材料选用、搭设和安全防护设施应符合相关规范要求。为避免支架受施工荷载或风力等因素失稳，支架的四角用缆绳拉紧。支架的拆除要自上而下逐层拆除。

8.3　相关施工人员要进行交底培训，班组要保持稳定。施工人员要正确佩戴劳动防护用品，遵守操作规程和劳动纪律。

9　环保措施

9.1　应加强原材料和半成品的管理，保护环氧涂层，避免大量现场修补或材料报废。

9.2　应合理下料，充分利用原材料，回收废料，减小损耗，节约能源。

10　资源节约

本工法采用环氧钢筋，需要多耗用资源，但通过本工法使结构使用寿命大大延长，从长远看，对节约资源起到了较好的作用。

11 效益分析

11.1 各类防腐措施经济效益比较

提高海洋环境中的钢筋混凝土结构寿命,有环氧涂层钢筋、阻锈剂、镀锌和阴极保护等方法。无论哪种方法,都在一定程度上提高工程造价,而其效果却不尽相同,性价比有较大的差异。

(1)环氧涂层钢筋——美国在20世纪70年代就将其用于桥面板,约有27 000座桥面板采用了环氧涂层钢筋。1993年对14个州使用ECR,暴露于冻融循环条件,时间为18 ~20年桥面板的调查结果表明:采用环氧涂层钢筋,有效地保证了腐蚀介质与钢筋的隔离,延缓和防止了钢筋的锈蚀,只需少量或基本无需维护工作,使用环氧涂层钢筋的数千座桥梁中只有10座出现腐蚀老化的迹象。

随着制造工艺的不断完善,质量和使用量不断提高,国内涂层钢筋的成本一般比普通钢筋增加2 000元/t,对于桥梁工程来说,增加的费用占桥梁工程总费用的2%左右。而有选择地使用环氧涂层钢筋,比如仅仅在浪溅区和水位变动区使用环氧涂层钢筋,水下区域和大气影响区域采用普通钢筋,增加的费用可以控制到1%以内。

使用环氧涂层钢筋可以有效延长桥梁结构的使用年限。环氧涂层钢筋和高性能海工混凝土联合使用,可以极大地提高结构使用寿命,大量减少结构维护费用,其经济和社会效益非常显著。

(2)阻锈剂——掺有2%亚硝酸钙,将氯离子浓度的阈值提高到足以防止钢筋锈蚀的水平,阻止阳极反应。亚硝酸根离子相对接近钢材表面的氯离子量决定其是否能达到保护钢筋免于锈蚀的关键,达到使钢筋不锈蚀的氯/亚硝酸盐之比要小于1.5。

在结构物混凝土中掺加2%亚硝酸钙,据统计,将使桥梁工程增加约1.5%的费用。但亚硝酸阻锈剂的缺点是在氯离子浓度大到一定程度时会产生局部腐蚀和加速腐蚀,被称作“危险性”阻锈剂,另外,这类阻锈剂还有致癌、引起碱—骨料反应、影响坍落度等弱点。

(3)钢筋混凝土的阴极保护——阴极保护技术包括在相反方向外加电流和牺牲阳极来抑制电池电流。

该方法费用最高,在结构使用过程中,需要进行经常性地维护,性价比较低。

(4)镀锌——运用表面涂锌保护钢筋免于锈蚀的做法,因锌具有自我耗损性、传导性和污染性,其有效性长期以来受到疑义。

四类结构防腐方法相比,从性价比、社会效益、结构维护等综合分析,采用环氧涂层钢筋是最佳的方法。

11.2 采用环氧涂层钢筋与裸钢筋的效益比较

采用涂层钢筋可大大提高结构的耐久性,同时也不可避免地要增加一些工程造价,但从成本效益分析来看,是十分值得的。

如前文所述,采用环氧涂层钢筋,增加的费用占桥梁工程总费用的2%左右,局部采用也可以控制到1%以内。但由于涂层有效地保证了腐蚀介质与钢筋的隔离,延缓和防止了钢筋的锈蚀,可以减少桥梁结构使用期间的维修费用,保证结构的设计使用条件,并延长结构使用寿命,使工程的使用年限大大提高,产生较好的社会效益。

可见,在处于腐蚀环境的结构中采用环氧涂层钢筋,其经济效益和社会效益是十分巨大的。

12 应用实例

12.1 工程实例一

杭州湾跨海大桥Ⅰ合同工程。本项目位于浙江海盐,于2003年10月28日开工,2007年5月28日完成主体工程施工。本项目地处杭州湾海洋环境中,全长2 579m,滩涂区长1 600m,有60个墩身,均为矩形截面,宽6m,浅滩区厚2m,深水区厚2.5m,最大高度32m。A27 ~ A41墩身采用C30海工混凝土,

A42 ~ A56 墩身采用 C35 海工混凝土。受风、浪、潮、流等因素综合影响,墩身高程 + 11m 以下为浪溅区。为确保结构耐久性,墩身浪溅区以下部分设计采用环氧涂层钢筋施工(图 9)。

图 9 杭州湾大桥

12.2 工程实例二

金塘大桥 V 合同段工程位于浙江宁波镇海区,全长 2 302m,桥面宽度 26m,施工内容有 524 根钻孔灌注桩、130 个承台、130 个墩身、2 302m 现浇预应力连续箱梁,开工时间为 2007 年 3 月 26 日,完工时间为 2008 年 9 月 25 日,本工程由浙江省交通工程建设集团有限公司中标承建。

本工程滩涂区长 550m,有 20 个墩身,墩形为矩形,周边倒以圆角,交接墩墩顶截面长 6.3m,宽 2.8m,墩底截面长 6.3m,宽 1.7m;中间墩墩顶、墩底截面长 6.3m,宽 1.7m。H10 ~ H01 墩身采用 C40 海工混凝土。为确保结构耐久性,设计确定墩身采用环氧涂层钢筋施工。

浙江省交通工程建设集团有限公司在本项目施工中采用海洋环境中墩身环氧涂层钢筋施工工法,本工程的应用证明,该工法操作简便,技术先进,对工程质量、进度、安全、文明及环保节能均起到了较好的促进作用。

通车状态下高速公路拓宽桥梁工程新老空心梁板拼接施工工法

GGG(浙)C3071—2008

单光炎　高金康　沈文纲　童斌华　范厚彬
(浙江省交通工程建设集团有限公司)

1　前言

随着我国经汽车行业的迅速增加,部分建于20世纪90年代的高速公路已逐渐显得拥堵。为了适应我国未来经济发展的需求,对这类高速公路进行直接拓宽是解决上述问题的一种好办法。高速公路拓宽工程中往往遇到在保证中断原有高速公路交通条件下进行新、老空心板梁拼接施工技术难题。我公司和相关单位成立了《沪杭甬高速公路拓宽工程通车状态下新老桥梁板拼接研究》课题小组,该课题被立为2005年浙江省交通厅科技计划项目,编号为2005H001(浙交[2005]115号),2006年9月成果通过了省厅鉴定,鉴定文号为浙交鉴字[2006]27号,鉴定成果为国内领先。其研究成果通过多个工程实践,取得了良好的经济效益和社会效益,现将研究成果编制为工法。

2　工法特点

2.1　该工法使新老空心板湿接缝混凝土浇筑工艺要求降低,可节约施工成本。

2.2　该工法实施空间小,不中断原有高速公路的交通。

2.3　该工法使老梁板上的汽车活载通过具有足够强度和刚度的夹具传到新梁板上,保证新老梁板间浇筑的混凝土在夹具拆除之前不受汽车活载的影响,从而可提高拼接施工质量。

2.4　该工法所用夹具材料仅为普通型钢、螺栓、钢板,容易加工,且方便拆装。

2.5　该工法由于不受原有高速公路交通情况限制,可平行作业。

3　适用范围

该工法适用于通车状态下的高速公路拓宽工程新、老空心板梁桥拼接施工。

4　工艺原理

在新老桥空心板梁间设置纵向湿接头,宽25~75cm不等,厚一般为15cm;在老桥边板上(带悬臂的边板先凿除悬臂部分)种植螺栓,安装已焊接横向连接钢筋的钢板,钢板与老桥边板外侧通过螺栓和环氧树脂紧密牢固地连接在一起,新梁板的预埋钢筋和老梁板上已安装的横向钢筋通过焊接连接。为加强空心板之间的连接,在新老空心板梁上横向65cm宽范围内的桥面铺装混凝土与湿接头混凝土采用一次性浇筑,并对此处的桥面铺装钢筋网进行加强(图1、图2)。为保证现浇湿接头施工时桥上车辆通行,在施工中采用了在新老梁板设置临时型钢连接夹具(图3),使新老桥在车辆荷载作用下共同受力,新老空心梁板的变形连续协调,保证新老梁板接缝混凝土在强度形成过程中不受汽车活载影响,保证接缝混凝土浇筑和养生质量符合规定要求。

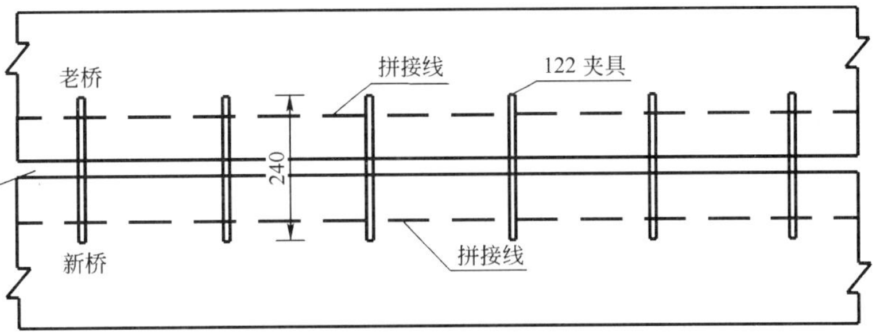

图1 空心板与空心板拼接设计平面图(尺寸单位:mm)

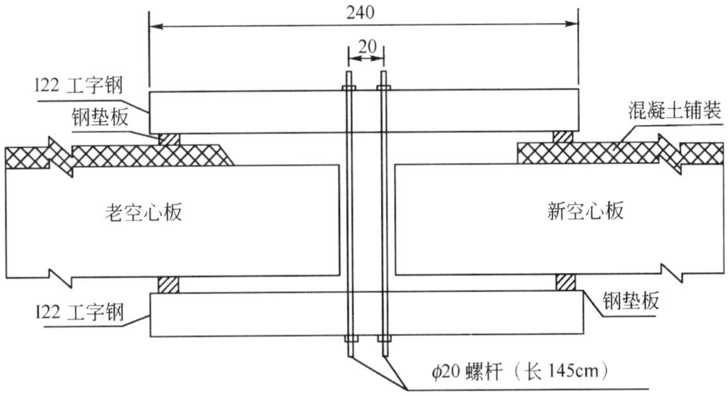

图2 空心板与空心板拼接设计立面图(尺寸单位:mm)

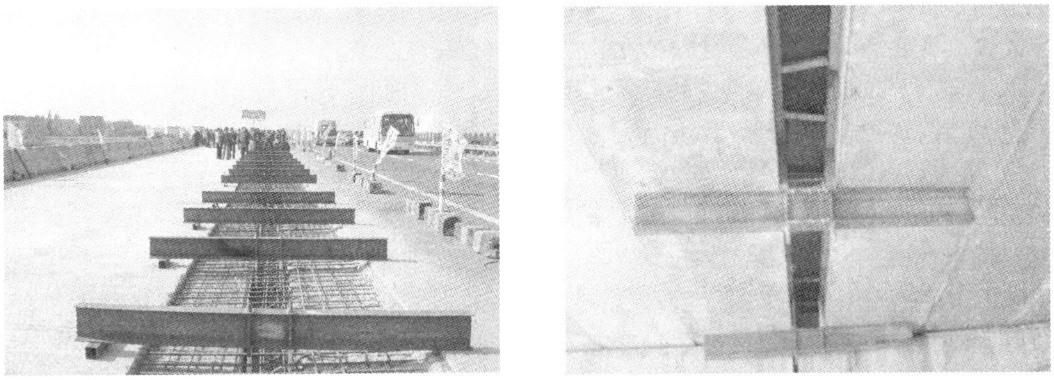

图3 空心板与空心板拼接施工夹具实物结构图

5 工艺流程和操作要点

5.1 工艺流程

图4所示为空心板与空心板的拼接流程图。

5.2 操作要点

各工序的操作要点如下:

(1)加工夹具:首先设计出合适的夹具,主要由型钢、螺栓、钢板等组成,对其强度和刚度进行验算,满足要求后,加工型钢夹具。

(2)新桥护栏浇筑:绑扎钢筋,立护栏模板,检查钢筋和模板支撑等,满足要求后,浇筑新桥护栏混凝土。

(3)老梁板植筋和粘贴钢板。①种植钢筋,型号为M10螺栓,间距15cm,植入深度为8cm,施工时

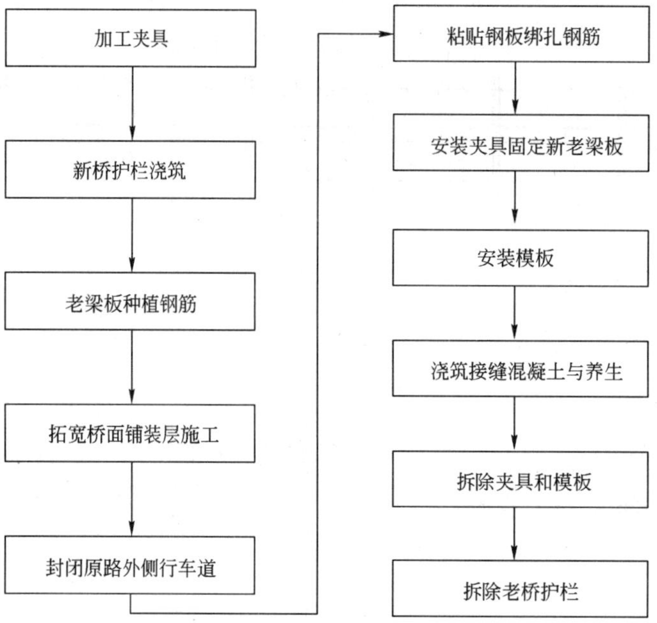

图4　空心板与空心板的拼接流程图

按设计间距打直径12mm的孔,为不损伤梁板主筋及预应力钢筋,植筋位置可上下移动不超过3cm;清孔采用高压空气和清孔刷配合,经四吹三刷,将孔内粉尘清除干净;钢筋表面锈渍清除干净。注意钢筋表面不得有油渍;植筋胶采用慧鱼强力植筋胶进行植筋,将注射器插入孔底,由里向外均匀地把胶液注入孔内,胶料注入量以插入钢筋后孔内饱满,孔口略有溢出为准,注入胶料后,按顺时针轻轻旋转将钢筋插入孔中,直到孔底。保持钢筋稳定,不受外力作用,直至胶料凝结。

(4)拼宽部分桥面铺装层施工:拼宽部分桥面铺装层施工时,靠老桥侧纵向预留宽度62.5cm,且混凝土接缝留直茬;老桥防护栏拆除后,凿除宽度60cm的老铺装层混凝土,凿除时保留铺装层钢筋,接缝按1:1坡比凿成斜面;老桥防护栏拆除时预留其中竖向三排主筋。

按照正常施工纵缝拼接在新桥梁的桥面铺装层和新护栏浇筑完成后并达到规范及设计强度要求后,方可拆除老护栏。

(5)封闭原路外侧行车道:由于老桥侧始终有车辆通行,为了保证施工安全,封闭靠老桥护栏一侧的车道,留靠中间分隔带的车道通行汽车。

(6)老桥防护栏拆除:老护栏拆除采用空压机配合风镐作业,将老护栏凿除到梁板顶面位置时,注意不要破坏老桥的梁板。

(7)粘贴钢板及焊接绑扎钢筋。为防止因焊接钢筋钢板温度过高引起环氧树脂失效,在钢板上焊接钢筋后再将钢板粘贴在混凝土上的施工方法;粘贴钢板采用A3钢板80mm×10mm,钢板纵桥段长度控制在5m以内;粘贴钢板钻孔时,按每跨梁板长度配好长度,根据螺栓位置,提前在钢板上打ϕ12的孔;在每块钢板上确定出需和钢板焊接的拼接缝钢筋位置,将加工好的钢筋采用双面焊缝焊接在钢板上;梁板植筋的侧表面要用水浇或高压空气清理干净,与钢板紧贴表面必须凿除打磨平整,以便钢板与混凝土表面密贴;粘贴采用XH130A/B=3:1环氧树脂,均匀涂刷在混凝土及钢板表面,然后扭紧螺栓。

钢筋绑扎焊接。钢板粘贴好后,绑扎好拼接缝内其他钢筋及拼接缝施工预留的铺装层宽度内的ϕ16钢筋网片(除梁端桥面连续缝范围),并将新老铺装层内的钢筋与ϕ16钢筋网片进行绑扎;将老桥防护栏预留钢筋弯下与拼缝钢筋焊接或绑扎;将梁端连续缝范围内的预留的铺装层内的ϕ16钢筋网片提前绑扎好,以便施工该处铺装层混凝土时能及时连续浇筑。

(8)安装夹具固定新老梁板。新老梁板加固采用I22型钢上下对口加固,每根型钢长2.5m,上下用ϕ20圆钢制作螺杆进行连接;加固时工字钢上下各一根组成一组,6~10m跨径的梁板间距按2.5m一道考虑,13～16m 跨径的梁板间距按 2.0m 一道考虑。上下型钢用 ϕ20 螺杆连接,用加长扳手将 M20 螺母加力扭紧。为保证型钢传力,型钢与梁板的接触点要采取单点或多点刚性支撑,在接触点加垫钢板或型钢,型钢与梁板其他空档垫软木楔;ϕ20 螺杆外套 ϕ22 的 PVC 管,使螺杆与混凝土隔离。

(9)模板的安装。拼缝底模采用竹胶板按拼缝要求制作,必须具有良好强度和刚度,要确保模板的稳定和牢固,模板与混凝土空心板应拼接严密,尽量减少漏浆的产生;拼缝底模采用吊模法,按间距 1m,两侧对称用铁丝将底模吊住,铁丝绑扎在铺装层钢筋上;底模与钢筋间夹塑料垫块,确保钢筋保护层厚度为 4cm。

(10)混凝土浇筑及养生。拼缝用普通钢纤维混凝土,适量添加早强剂,混凝土配合比设计应符合要求。根据试验结果混凝土在拌和站集中拌和,混凝土罐车运送到施工现场;浇筑混凝土时,先浇筑“T”形部分的下部,再浇筑铺装层范围内混凝土。“T”形部分的混凝土采用插入式振动棒振捣密实,铺装层混凝土用平板振动器振捣密实。拼缝混凝土表面应与两侧铺装层顺接;在施工梁端连续范围内的拼接缝时,“T”形部分的混凝土应在梁端缝处断开,现场施工加厚度 4cm 的苯板。浇筑混凝土时,待“T”形部分的混凝土浇筑完再铺设上部连续缝内的橡胶板和钢筋网片及加木条,后浇连续缝混凝土。为防止湿混凝土与橡胶板黏结,在湿混凝土表面铺设一层塑料薄膜后再铺橡胶板;拼缝混凝土为普通钢纤维混凝土,施工表面多次收浆且横向拉毛,浇筑完后应立即进行覆盖且连续洒水养生,洒水养生应不小于 7 天,待混凝土强度达到设计强度后即可拆除工字钢和底模。

6 材料与设备

6.1 主要材料(表 1)

桥梁纵缝拼接主要材料、规格、主要技术指标　　表 1

序号	名称	规格	主要技术指标	备注
1	混凝土	C50	坍落度为 50～70mm	
2	铣削型钢纤维	AMi04－32－600 长径比:35～40	抗拉强度:≥700MPa	上海哈瑞克斯
3	外加剂	高效减水剂	减水率≥18%	萘系

6.2 主要设备(表 2)

桥梁纵缝拼接主要机具　　表 2

序号	名称	规格	单位	数量
1	空压机	2.5m^3/min	台	根据需要
2	风镐	DY120	台	根据需要
3	电钻		个	3
4	电焊机	BX1－250	台	4
5	发电机	30kW	台	2
6	插入式振捣器		台	3
7	平板振捣器		台	3
8	工字钢	I22(长 2.4m)	根	平均每 2.5 延米 2 根
9	螺杆	ϕ20(长 145cm)	根	平均每 2.5 延米 4 根
10	镐头机	W40	台	根据需要
11	挂篮	自制	个	根据需要
12	梯子	可升降式	个	根据需要

7 质量标准与控制措施

7.1 质量标准

(1)《普通混凝土配合比设计规程》(JGJ 55—2000)。

(2)《金属材料弯曲试验方法》(GB/T 232—1999)。

(3)《混凝土结构工程施工质量验收规范》(GB 50204—2002)。

7.2 质量控制措施

(1)建立健全质量管理体系,严格执行三检制和工序交接制。

(2)钢板与梁板侧面黏结时,要严格控制梁板侧面的平整度和钢板与梁板贴面密实度。

(3)钢筋施工要保证上下面的钢筋保护层,控制好钢筋间距。尤其是老防护栏钢筋坚决不许用锤砸弯,必须用套管搬弯。弯角处应为圆弧形。

(4)各种材料必须符合设计要求,混凝土搅拌时应保证钢纤维均匀。

(5)准备工作充分,在浇筑混凝土前,当天需施工的纵缝钢筋模板应全部完成,不允许在施工期间再进行钢筋模板的工作。

(6)人员必须到位,责任到人,混凝土一旦开始浇筑即不能停顿直至一座桥完成。

(7)混凝土拌和要保证搅拌时间,运输时间尽量缩短,同时要避免混凝土离析。

(8)混凝土施工前,要将拼缝范围内混凝土表面清理干净,并用浇水湿润混凝土表面。施工时收面应及时,尤其要处理好与新老铺装层混凝土的接缝。

(9)混凝土施工完后为克服混凝土出现的干缩裂纹,必须连续洒水覆盖养生。

(10)施工时,必须在混凝土强度达到设计强度的80%以上时方可施工车辆通过湿接缝。

8 安全措施

通车状态下施工,合理交通组织是安全措施的重点。6m、8m、10m、13m、16m的空心板以及20mT形梁,在施工拼接混凝土浇筑时,只封闭硬路肩防车辆行车安全和防止车辆闯入已浇筑好的拼接混凝土;但对于严重桥头跳车的桥、大于等于20m的空心板梁以及大于20m的T形梁,在拼接混凝土浇筑时,为防止车辆闯入,应加强防护,即采用半幅单车道保持通车。

(1)拼接缝混凝土浇筑前(纵缝拼接准备施工过程中),采取封闭硬路肩,宽70cm,两块水泥诱导隔离块叠起为一组,组与组之间相隔3m,每组诱导隔离块中设一根PVC视线诱导标,高度为80cm,诱导隔离块渐变线长度为150m。

(2)拼接缝进行混凝土浇筑时,采取封闭行车道、硬路肩的方法进行交通管制,封闭行车道为确保施工人员和设备安全,等到混凝土到一定的强度后,撤除占道施工,再进行封闭硬路肩。

(3)在施工地点前依次设置《道路交通标志和标线》(GB 5768—1999)中规定的明示标牌,并在施工区域全程内每隔15m设一反光警示桩。

(4)夜间在施工区域前方设置警示灯,并根据天气情况增设警示灯。

(5)确定专职交通协管员维护交通秩序及安全设施,24h专人值班看护,坚决杜绝安全设施不到位而对高速公路的运行带来影响。

(6)一般在施工完24h后可开放交通,开放前应先将所有影响行车安全的施工设备撤离后再拆除安全设施。

(7)强化全员安全意识,施工前对所有施工人员进行高速公路作业安全知识培训。

(8)必要的安全设施摆放齐全后才可进入施工现场,施工期间现场安全由专职安全员全程统一指挥、检查、监督。

(9)施工机具及人员严禁进入营运车道或横穿高速公路。

(10)所有参与施工人员必须提高个人安全意识,上路作业要穿防护服、戴安全帽,涉及高空作业的必须系好安全带。

9　环保措施

9.1　实行清洁生产,混凝土集中拌和,现场拌和站设在远离居民区的场地,搅拌机上加设防尘罩,并设置洒水喷头除尘。搅拌机前二级沉淀池,做到排水通畅。

9.2　用罐装水泥,采取措施防止扬灰,用泵车送至施工现场,减少材料分运带来的环境污染。

9.3　提高施工组织水平,安排白天施工,减少施工噪声影响周边居民。

10　资源节约

本工法使老梁板上的汽车活载通过具有足够强度和刚度的夹具传到新梁板上,保证了新老梁板间浇筑的混凝土在夹具拆除之前不受汽车活载的影响,从而可提高施工质量,质量效益显著。由于不受原有高速公路交通情况限制,可平行作业,与分段封闭交通12h常规施工方法相比,施工进度快。

11　效益分析

本工法在不封闭原有高速公路公路交通情况下,对新老空心梁板进行纵向拼接,与分段封闭交通12h常规施工方法相比,湿接缝所浇筑的水泥混凝土要求可降低,这样每方混凝土就可减少费用300元,按每米纵缝混凝土0.25m^3计算,每米可减少费用75元。

本高速公路已经成为人们长途出行首选的情况下,中断某一区段交通将是一个痛苦的过程,它将造成地方道路交通极度混乱,对人们商务活动、旅行、货物运输等都有极大的影响,对整个社会的经济活动也产生极其不利的影响。本工法可解决上述这些问题,因此,社会效益也十分显著。

12　工程实例

12.1　实例一:沪杭甬高速公路拓宽一期工程第三合同段由我公司承建,工程开工于2000年10月,结束于2003年12月底,高速公路通车状态下新老桥梁板的拼接工法试验阶段始于该合同段,合同内桥梁板纵向拼接缝总长1 830m,采用了本工法,其中拼接作业时间为5个月,达到了良好的效果,受到业主、监理、设计单位好评。

12.2　实例二:沪杭甬高速公路拓宽工程二期201合同和204－1合同均为我公司团承建,整个工程2003年8月开始2005年12月底结束,两个合同总计各类拼接长度为2 860m ,均采用本工法,其中拼接实际作业时间为3个月,质量进度效益良好,受到业主肯定。

12.3　实例三:沪杭甬高速公路拓宽工程三期,我公司承建了302和304合同,目前已经完成桥梁板的拼接工程,总的工程将于2007年12月底结束,该两个合同段各类桥梁达到78座之多,各类梁板接缝总长大到7 382m,由于前面三个合同的成功经验积累,施工速度快,共投入230副夹具,实际施工时间为5个月,达到了平均每月完成纵向拼接缝1 800多米,大大缩短了施工工期,得到了广泛的赞誉。

预应力混凝土连续梁桥管道真空辅助压浆施工工法

GGG(浙)C3072—2008

单光炎　范厚彬　翁奇波　李云龙　叶仁亦
(浙江省交通工程建设集团有限公司)

1　前言

预应力孔道压浆主要目的是防止预应力筋的腐蚀,为预应力筋与混凝土之间提供有效的黏结力。许多预应力混凝土连续梁桥,由于孔道压浆不饱满、不密实,不能提供有效的握裹力,从而使预应力筋受到锈蚀,影响结构使用寿命。预应力压浆不密实的问题在2001年已被我国交通部列为公路桥梁建设中的十大顽疾之一。

浙江省交通工程建设集团有限公司采用的真空辅助压浆工艺,在杭州湾跨海大桥Ⅰ合同工程、舟山大陆连岛工程金塘大桥Ⅴ合同工程中的实践和应用,有效地解决了预应力管道压浆不饱满、不密实等问题,从而大大提高结构的耐久性,尤其对长预应力孔道、竖直孔道、大曲率孔道等效果尤为明显。

2　工法特点

2.1　本工法工艺简便、易操作,对环境污染小。

2.2　压浆可连续快速进行,可有效地避免堵管现象,降低质量风险。

2.3　本工法适用性强,对于长孔道、弯形、U形、竖向预应力管道更能体现其优越性。

2.4　本工法压浆过程中,管道处于真空状态下,减小了由于管道高低弯曲而使浆体自身形成的压力差,便于浆体充盈整个管道,尤其是一些异形关键部位。

2.5　本工法对水泥浆的性能要求高,更利于压浆质量保证,特别是水泥浆体的提高,可减少混凝土的收缩和泌水。

3　适用范围

本工法适用于预应力混凝土连续梁桥预应力管道压浆,以及其他预应力混凝土结构管道压浆。

4　工艺原理

预应力管道封闭处理后,采用真空泵抽吸预应力管道中的空气,使管道内达到-0.08MPa左右的真空度,然后在管道的另一端用压浆机以不小于0.7MPa的正压力将水泥浆连续均衡地压入预应力管道。由于水泥浆浆体中的气泡、稀浆在负压的作用下会先进入压力容器中,从而大大提高了管道压浆的饱满度和密实度,其工艺原理见图1。

5　施工工艺流程和操作要点

5.1　施工工艺流程

本工法施工工艺流程见图2。

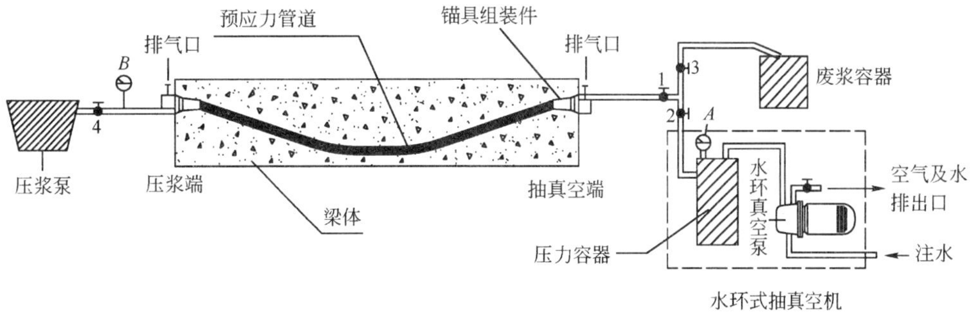

图1 真空辅助压浆工艺原理图

注:1-接抽真空端排气口阀门;2-接抽真空气机阀门;3-止回排气阀;4-压浆端阀门

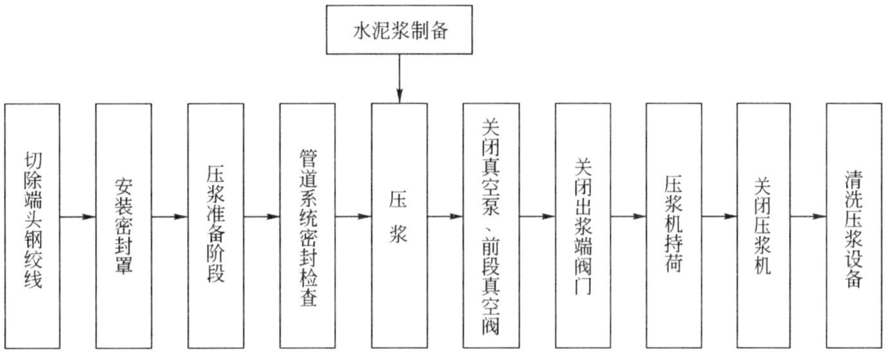

图2 真空辅助压浆工艺流程

5.2 操作要点

5.2.1 切除端头钢绞线

钢绞线束张拉完毕后复查,确认无滑丝、断丝后,采用砂轮切割机,将锚具端头外的钢绞线割除,切割后锚头钢绞线预留长度从锚环算起控制在30mm为宜。

5.2.2 安装密封罩

将密封罩安装在锚垫板上进行封锚,密封罩在灌浆后3h内拆除并清洗。安装时检查橡胶密封圈是否破损断裂,将密封罩与锚垫板上的安装孔对正,用扳手将螺栓拧紧,排气口朝正上方(图3、图4)。

图3 安装好的密封罩

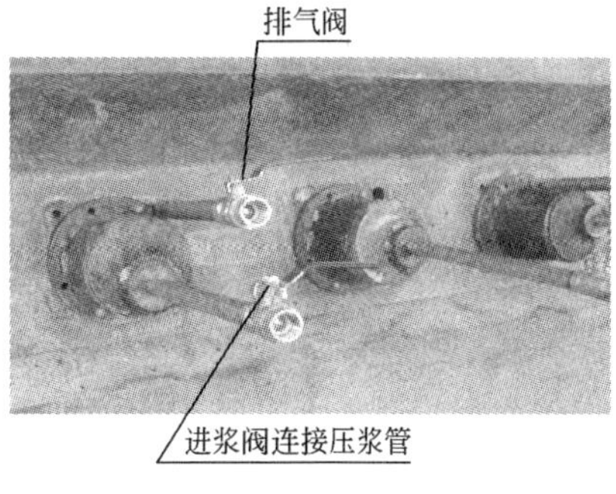

图4 密封罩及阀门连接

5.2.3 压浆准备阶段

(1)技术准备。进行真空辅助压浆配合比设计,完善配合比控制措施,确保浆体质量符合规范要求;对真空辅助压浆各操作工人进行操作培训,明确各项操作规程,组织技术交底。

(2)材料准备。根据需要组织原材料进场;加强现场原材料堆放和保管,如水泥、添加剂等材料;按规范进行原材料试验检测工作。

(3)机具准备。机具性能符合施工要求,通过监理工程师检查。

(4)压浆系统安装。在压浆孔道出口及入口处安上密封阀门;在抽真空端以串联的方式将真空泵、三向阀门和出浆孔连接起来,其中出浆孔和阀门之间用带筋透明塑料管连接;在压浆端,压浆泵通过压浆管与连接阀和密封罩连接;压浆系统的各连接阀能正常打开和关闭(图4)。

5.2.4　管道系统密封检查

关闭图5中所有排气阀门并打开 A 阀门,启动真空泵抽取管道中的空气,如果图5中 A 压力表显示出真空负压力值达到 -0.08MPa,停泵1min,如压力表仍维持在 -0.08MPa,则表明管道密封性完好,可进行压浆施工;否则,说明管道或抽真空系统等未能达到完全密封,需要进行检查和更正,直到满足要求。

图5　管道系统密封性检查

5.2.5　水泥浆制备

(1)搅拌水泥浆之前,搅拌机加水空转数分钟,将积水倒净,使搅拌机内壁充分湿润。

(2)按照设计配合比,称量好水(扣除用于溶化减水剂的那部分水)、水泥、膨胀剂、粉煤灰、掺和剂量等,并将其倒入搅拌机,搅拌2min。

(3)将溶于水的减水剂倒入搅拌机,搅拌3min出料,搅拌好的灰浆要做到基本卸尽。在全部灰浆出料之前不得再投入未拌和的材料,更不能采取边出料边进料的方法。

(4)浆液从拌浆机进入储浆罐之前应通过筛子,以过滤水泥块等颗粒及其他杂物。拌制的浆液宜尽快泵送,超过15min后应进行人工复搅,防止浆液沉淀(图6)。

(5)必须严格控制用水量,否则多加的水全部泌出,易造成管道顶端有空隙;对未及时使用而降低了流动性的水泥浆,严禁采用增加水的办法来增加流动性。

(6)水泥浆制备后,即进行泌水率和稠度(流动度)测试,强度测试试件每台班不少于3组,试验人员及时进行记录(图7)。各项指标必须符合有关技术规范和现场可泵性要求,否则应重新拌制。

(7)启动压浆机,灌浆泵高压橡胶管出口打出浆体,待这些浆体浓度与灌浆泵中的浓度一样时,关掉灌浆泵,将高压橡胶管此端接到孔道的灌浆管上,连接牢固。

图6　水泥浆过筛

图7　水泥浆性能试验检测

5.2.6 压浆

打开灌浆阀,启动灌浆泵,开始灌浆,真空泵保持连续工作。初始压浆时,须使用慢速挡,发现压力无异常时,可立即换快速挡进行压浆。压浆工作在一次作业中应连续进行不得停顿,直到排浆液稠度与压注的浆稠度相同(图8),孔道压浆顺序自下而上(图9)。

图8 压浆准备过程

图9 压浆过程示意

5.2.7 关闭真空泵前段的真空阀

待抽真空端的带筋透明塑料管内有浆体出现时,关闭真空机前端的真空阀,关闭真空机,水泥浆会自动从"止回排气阀"中顺畅流出,通过回流管接到废浆筒中。

5.2.8 关闭出浆端阀门

当出浆稠度与灌入的浆体相当时,关闭出浆端的阀门。

5.2.9 压浆机持荷

灌浆泵继续工作,压力达到0.7MPa时,持压2min完成排气泌水。

5.2.10 关闭压浆机

持压2min完成排气泌水后,孔道内浆体密实饱满,完成灌浆,关闭灌浆泵及灌浆阀门。在压浆后浆液初凝前所有的阀门应保持关闭状态。

5.2.11 清洗压浆设备

压浆结束后,拆卸外接管路,清洗真空机的空气滤清器及管路阀门,清洗灌浆泵、搅拌机及所有粘有水泥浆的附件。

6 材料与设备

6.1 工程材料

本工法主要工程材料:袋装水泥、膨胀剂、粉煤灰、掺和剂、水、阻锈剂、带筋透明塑料管、密封罩、密封橡胶圈等。

6.2 机具设备

主要机具设备见表1。

主要机具设备表 表1

序 号	机 械 名 称	规 格 型 号	单 位	数 量
1	高速净浆搅拌机	ZJ-400A	台	1
2	压浆机	3SNS	台	1
3	真空机	SK-1.5	台	1
4	真空辅助压浆连接附件(压浆管、抽真空管、快换接头、阀门、压浆短管)	自行配置	套	1
5	计量器具(量杯、漏斗、秒表、温度计)		套	1
6	水泥净浆稠度仪	STCT-1	台	1

7 质量控制

7.1 质量技术要求

(1)预应力混凝土连续梁桥管道真空辅助压浆施工工法须按照《公路桥涵施工技术规范》(JTJ 041—2000)的要求进行。

(2)水泥浆的性能要求见表2。

水泥浆的性能指标要求 表2

水泥浆性能	指标要求	备注
水灰比	0.3~0.35	
泌水率	<2%	泌水应在24h内被浆体吸收
流动性	14~18s	
浆体膨胀率	<5%	
浆体凝结时间	初凝时间>3h;终凝时间<24h	
压浆时浆体温度	<35℃	
试件强度	符合设计及规范要求	

(3)真空辅助压浆技术要求如下:

①管内真空度达到-0.1~-0.08MPa,并能持荷1min以上。

②压浆压力达到0.7 MPa,并持荷2min以上,完成排气泌水。

7.2 质量控制措施

(1)对操作人员进行教育培训和技术交底,定人定岗,维护班组稳定。

(2)锚头一定要密封好,宜在张拉完成后24h内开始灌浆。

(3)压浆管应选用牢固结实的高强橡胶管,抗压能力大于等于1MPa,压浆时不能破裂;压浆管路连接要牢固,不得脱管。

(4)严格掌握水泥浆配合比,严格材料计量,确保浆体质量。

(5)灌浆工作宜在灰浆流动性没有下降的30~45min内进行,压浆工作在一次作业中应连续进行,直到排浆液稠度与压注的浆液稠度相同。

8 安全措施

8.1 正确佩戴安全防护用品。压浆人员要佩戴防护眼镜,以防止泥浆喷出伤人;制浆人员要佩戴口罩、手套等防护用品;高空临边作业时,作业人员要配备安全带,防止高空坠落。

8.2 高处作业中的安全标志、工具、仪表、电气设施和各种设备,必须在施工前加以检查,确认其完好方能投入使用。

8.3 遇有6级以上大风、雷电、暴雨、大雾等恶劣天气而影响视觉和听觉的条件下或对人身安全无保证时,不允许进行压浆作业。

9 环保措施

9.1 对机械设备应经常检查和维修保养,保证设备始终处于良好状态,防止机械漏油。

9.2 压浆管路要接头牢固,防止脱落,避免漏浆污染环境。

9.3 压浆废液统一排放在指定容器内,并及时清除。

9.4 水泥等材料堆放点设置挡风板,防止配料时产生扬尘。

10　资源节约

本工法改进了预应力压浆质量，资源消耗方面与传统压浆方法相同。

11　效益分析

灌浆不密实已成为我国公路桥梁建设中的十大顽疾之一，这是传统的预应力压浆施工无法根本解决的问题，特别是在弯形、U形和长束预应力管道压浆。

从施工成本看，采用真空辅助压浆，仅仅是增加了抽真空机和少量的人工，施工成本增加非常少。但从施工质量看，该工法可以有效地解决预应力管道压浆不饱满、不密实的问题，可以从根本上解决上述的质量顽疾，提高预应力混凝土结构的耐久性，有效地延长工程使用寿命，具有较好的社会效益和长远的综合经济效益，有广阔的推广应用前景。

12　应用实例

12.1　工程实例一

杭州湾跨海大桥Ⅰ合同工程。本工程位于海盐县，于2003年10月28日开工，2007年5月28日完成主体工程施工，本工程全长2 579m，其中桥梁工程长2 560m，上部结构均为预应力现浇混凝土连续箱梁，配跨形式为2×(7×30m)+(30m+9×50m)+(50m+3×60m+50m)+(50m+80m+50m)+3×(8×50m)；本工程箱梁预应力管道布置密集，预应力孔道压浆采用真空辅助压浆施工工艺，提高了压浆施工质量，效果良好(图10)。

图10　压浆后锚头外观

12.2　工程实例二

舟山大陆连岛工程金塘大桥Ⅴ合同工程。本工程位于宁波镇海，包括浅滩区引桥及镇海侧引桥，起点桩号K47+675，终点桩号K49+977，全长2 302m，本工程上部结构全部为预应力连续箱梁。浅滩区引桥配跨形式为5×50m+6×50m，镇海侧引桥配跨形式为(45m+72m+45m)+8×(4×30m)+(3×30m)+(30m+2×45m+30m)+2×(4×30m)+5×30m，该工程现浇箱梁预应力管道采用了真空辅助压浆施工工艺，提高了压浆施工质量，效果良好。

在陡坡地形上桥梁钻孔灌注桩施工工法

GGG(浙)C1073—2008

韩小华　王玉富　蔡益郎　斯纪平　徐发容
(浙江省交通工程建设集团有限公司)

1　前言

在崇山峻岭之间建设桥梁,有时需要在陡坡上进行钻孔灌注桩施工,陡坡上的钻孔灌注桩施工与普通平顺陆地上的钻孔灌注桩施工相比,既有相似点又有不同点,陡坡上进行桩基施工存在着更多质量和安全隐患。我公司通过两个实际工程的实践,形成了陡坡上钻孔灌注桩施工工法,使用效果较好,得到了业主和监理的好评。

2　工法特点

2.1　该工法结合现场陡坡地质、山坡上地形情况,采用必要安全防护设施与措施,可确保陡坡上钻孔灌注桩的施工质量及安全。

2.2　该工法改变了以往对岩石破碎、松散的陡坡地形在桥梁桩基施工前,需先进行锚桩加固处理的常规做法,节约了大量时间,确保了工期。

2.3　用钢板挡块、防护网及混凝土护坡替代耗物、耗财的锚桩处理方法对易滑坡、塌方的坡面进行处理,节约了工程施工成本。

3　适用范围

本工法适用于自然坡率为40°~55°的山坡桩基施工,桩基直径控制在2.2m以内。

4　工艺原理

该工法根据地质、地形条件,对不同程度的岩石破碎、松散的陡峭坡面,按其松散覆盖层的厚度和深度,结合桥梁桩基不同的桩径与入土深度,分段、分节对坡面进行受力验算,根据计算结果,在斜坡上设置钢板支护、混凝土挡墙支护和挂网防护的方法,有效地预防了山体坡面的坍塌、滑坡和碎石的滚落,确保陡坡桥梁桩基的施工安全,保证桩基施工质量(图1)。

5　施工工艺流程及操作要点

5.1　施工工艺流程图(图2)

5.2　操作要点

5.2.1　平整场地

首先清除地表杂物,开挖工作平台,在山坡一侧按1:0.5放坡,并在顶部放出1.2m宽平台,深度挖至系梁底高程处,宽度为4m左右工作平台,在槽口顶部设置隔离截水沟,然后利用设计提供的导线点用坐标法放出桩位。

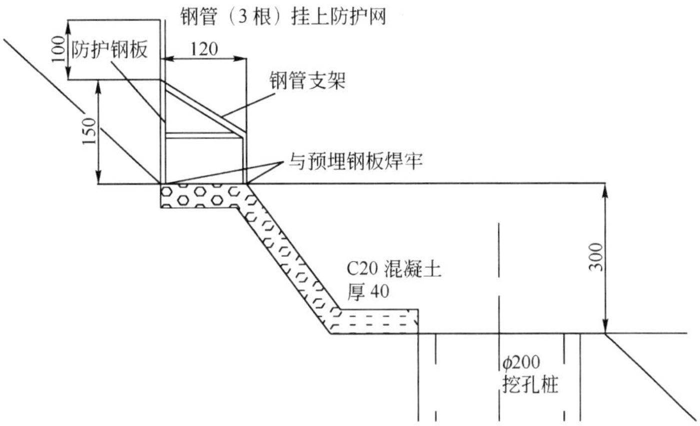

图 1　钢板挡块、防护挂网与混凝土护坡(尺寸单位:cm)

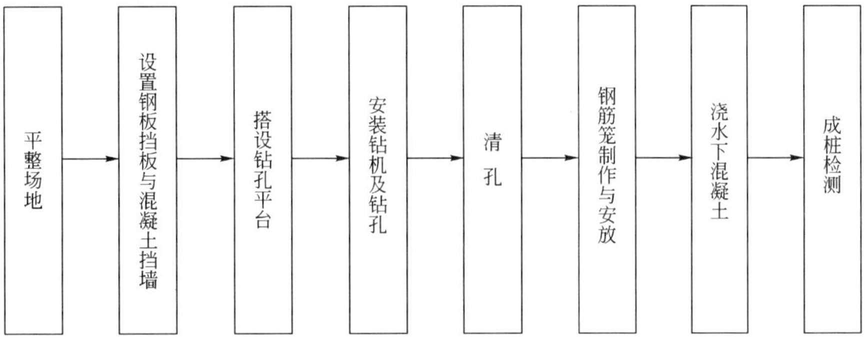

图 2　施工工艺流程图

5.2.2　设置钢板挡板及混凝土挡墙

(1)用脚手架钢管结合毛竹片作为支撑屏障,防护宽度为 4 ~ 6m,上端打锚杆用于固定脚手架。若坡面较为破碎,可进行喷浆加固,确保施工安全。

(2)立模浇筑 40cm 厚 C20 混凝土作护坡挡墙,挡土墙形状如图 3 所示,并在顶面预埋钢管与钢板,作固定防护钢板及支架用。在浇筑混凝土前,插入一定数量的短钢筋,入土 20cm,外露 10cm,以增加摩擦系数,提高挡墙抗滑能力。

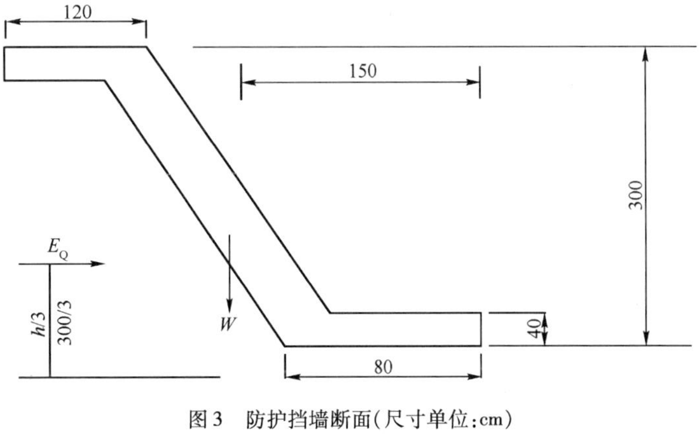

图 3　防护挡墙断面(尺寸单位:cm)

(3)用 1.5m × 2.0m 组合钢模板 2 块拼成 4m × 1.5m 防护钢板,其底部用预埋钢板焊牢。

(4)用钢管连接成防护钢板的支撑架(如图所示),底部与预埋钢管连接,与防护钢板接触处顶紧并焊牢,作防护钢板支撑桁架。

(5)在钢支撑顶,接长 3 根钢管,高度 1m,拉上防护网,同时在周边修建进水沟。

5.2.3 搭设钻孔平台、埋设护筒(图4)

1)工作平台

对于某些陡坡地形,如山体坡度大,山顶和山坡上危岩发育,完全开挖钻孔机工作平台有困难,故采用砌筑挡土墙、回填土层结合形成工作平台。

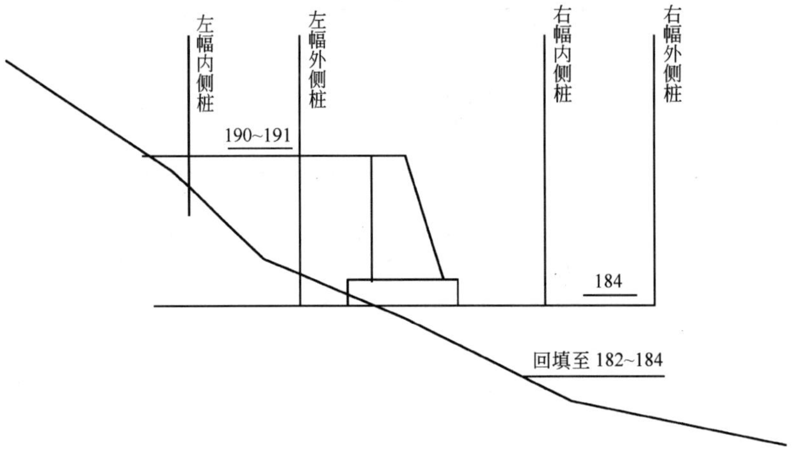

图4 钻孔平台

2)埋设护筒

根据桩穿过的地质情况,选择用全站仪准确地放出桩位,制作和埋置护筒、制备泥浆。

护筒采用可拆式钢护筒,直径比设计桩径大20~40cm,入土埋深1~3m,高出地面0.3m,护筒就位时要求平面位置偏差小于5cm,倾斜度偏差小于1%,并要求稳固,以利导向钻头,保持水头,防止坍孔。

3)备制泥浆

泥浆具有排除钻渣、稳固孔壁和冷却钻具的作用。

制备泥浆的黏土,应选择水化快、造浆能力强、黏度大的膨润土,经野外鉴定,具有下列特征的土:

(1)自然风干后,用手不易掰开捏碎。

(2)干土破碎时,断面有坚硬的尖锐棱角。

(3)用刀切开时,切面光滑,颜色较深。

(4)水浸湿后有黏滑感;加水和成泥膏后,容易搓成直径1mm的细长条,用手揉捻,感觉砂粒不多,浸水后能大量膨胀。

(5)胶体率不低于95%。

(6)含砂率不大于4%。

(7)制浆能力不低于2.5L/kg。

符合上述要求,可作为泥浆的原料。

5.2.4 安装钻机及钻孔

(1)选择用全站仪准确地放出桩位,钻机定位时,钻头中心与桩位中心在同一垂线上,偏差小于2cm,钻机安放应平稳、牢固。

(2)钻机就位,摆平对中,支垫牢固,泥浆输入道孔内一定数量后,方可开始钻孔,钻孔时要根据地质层次控制钻进速度、泥浆相对密度及孔内水位,做好详细的钻孔记录。钻孔时应对桩位、孔径、深度、倾斜度等随时进行检测,到设计高程后,经监理工程师验收合格后进行清孔。钻孔过程中,护筒内的泥浆定面,应始终高出地下水位至少1m以上。

5.2.5 清孔

清孔采用抽浆法进行,在清孔过程中必须始终保持孔内原有水头高度,清孔必须彻底,严禁用加深孔底深度的方法代替清孔,其各项性能指标均需符合设计规范要求。清孔完毕后,自行用检孔器检测孔径和检查沉淀的厚度，然后请监理工程师验收合格后，立即进行钢筋笼及导管安放和水下混凝土浇筑。

5.2.6 钢筋笼制作、运输、安放

钢筋笼必须按设计图纸制作，符合技术规范要求。钢筋笼定位准确后固定，严格控制钢筋笼高程。钢筋笼按加劲筋成型法制作。当钢筋骨架长度在6m以内时，采用两部平车直接固定、运输，用装卸车牵引；超过6m时，在两部平车上加托架，在骨架内加支撑，确保钢筋骨架不变形，装卸车牵引时要平稳；钢筋骨架采用吊机起吊、就位，起吊时要保证骨架不变形（第一点骨架的下部，第二点骨架长度的中点到上三分点之间）。就位时要徐徐下放，严禁摆动碰撞孔壁，钢筋骨架安放好后，严格控制骨架的中心位置，钢筋骨架的高程与设计高程相符，偏差不得大于5cm，并牢固定位。

5.2.7 水下混凝土拌和、运输、浇筑

待钢筋笼放好后，接着立即进行水下混凝土灌注工作。混凝土宜由混凝土集中拌和场提供。砂、石料采用自动计量系统，计量准确；混凝土用搅拌车运输，搅拌车数量应满足混凝土灌注速度要求。为保证混凝土灌注质量，应严格控制混凝土和易性和坍落度，坍落度宜控制为18～20cm。

(1)首批混凝土的灌注应满足导管(管径0.25m)埋深(≥1m)。

(2)在灌注过程中，导管的埋置深度宜控制为2～6m。

(3)在灌注过程中，应经常测探孔内混凝土面的位置，及时调整导管埋深。水下混凝土灌注时，必须连续进行，尽量减少拆导管的时间。

(4)灌注的桩顶高程比设计高程高出0.5m以上，以便凿除桩头弱混凝土，保证桩的质量。凿除时，必须防止损坏桩身。

(5)灌注过程中注意事项：

①导管下入孔前一定要检查其密封性等质量情况，连接法兰安放密封圈，螺栓紧固牢靠。

②漏水或变形严重的不合格导管不得使用。

③按规定取料、做试块、测定坍落度。

④随时检测孔内混凝土面高程，掌握埋管情况。

⑤当埋管达到一定长度时，应起管拆管，起管后应保持导管的埋置深度不少于2m。

⑥当灌注到接近桩顶高程时，应立即通知搅拌人员，控制混凝土搅拌数量，并准确测定混凝土面高程，计算所需混凝土数量。

⑦当混凝土达到一定强度时开挖基坑，凿除桩头进行桩基检测，检测率和方法满足设计要求。

⑧施工中使用的仪器、设备均配齐，并事先检修和及时校验，导管做好泌水试验，防止施工过程中发生机械故障和意外事故，影响工程质量。

⑨对常见的事故以预防为主，并准备一切应急措施所需的设备等。

5.2.8 成桩检测

(1)成桩检测的内容主要包括：检验桩长、混凝土强度；检测桩身缺陷、位置，判定完整性类别；检验灌注桩桩底沉渣、桩端岩土性状；检测桩基的承载能力。

(2)检测方法主要有钻孔取芯法、埋管式声波透射法、高低应变动力检测法和桩基静载试验。

6 机具设备

机具设备情况见表1。

机具设备情况 表1

序 号	设备名称	型 号	单 位	数 量	用 途
1	钻机	HJS系列	台	3	钻孔
2	吊机	25t	台	1	吊装
3	空压机	红五环7/7	台	1	清理桩头
4	电焊机	AXT-300	台	3	制备、下钢筋笼

续上表

序号	设备名称	型号	单位	数量	用途
5	钢筋截断机	CQ40	台	1	制钢筋孔
6	泥浆泵	3PNL	台	1	泥浆循环
7	拌和机	HZS75	台	1	混凝土浇筑
8	全站仪	Topcon	台	1	桩位确定

7 质量控制与标准

7.1 质量标准

(1)《普通混凝土配合比设计规程》(JGJ 55—2000)。

(2)《公路桥涵施工技术规范》(JTJ 041—2000)。

(3)《公路工程技术标准》(JTG B01—2003)。

(4)《公路工程质量检验评定标准》(JTG F80/1—2004)。

(5)《公路工程基桩动测技术规程》(JTG/T F81-01—2004)。

7.2 质量控制措施

(1)护筒埋设质量要求主要控制护筒尺寸、平面位置和埋设垂直度3项指标,并对护筒采取陡坡防滑措施。

(2)钻孔过程中应合理控制钻进参数及泥浆指标。

(3)成孔检测采用超声波成孔检测技术,以缩短检孔时间,减少侧向孔壁坍塌风险。

(4)钢筋笼制作要符合设计和规范要求;下放与安装易采取直螺纹机械连接,以保证质量、缩短时间。

(5)水下混凝土应由搅拌站集中搅拌,泵送灌注;灌注过程要求连续,不得中断;灌注过程中,质检员全程旁站,避免人为原因造成质量问题。

8 安全措施

8.1 陡坡施工,施工人员必须配有安全绳;工作平台周围应有防岩体崩落、石块滚落措施。

8.2 施工人员应认真贯彻执行安全生产规程中的各项规定,加强现场安全教育工作,增强职工的安全意识,建立安全生产交底制度,要针对施工内容进行交底,并作书面记录。

8.3 工程施工中,当班的项目管理人员、各工序责任人,应定期和不定期对施工的机械设备、测量、计量仪器的维护、磨损、连接和状态偏离等状况进行检查和技术复核,及时对机械设备进行保养、维修。

8.4 起重吊装设备使用前,均应按程序进行检查和试运转验收,确认合格后报监理签认批准再投入使用。

8.5 施工员、起重工要对投入的起重吊装设备新旧程度、起重能力及驾驶员的熟练程度有所了解,严格遵守"十不吊"规定。

8.6 起重吊装设备旋转范围内严禁站人;平台上施工时,沿吊车行走路线铺设路基板。

8.7 孔口用钢筋网片或木板铺盖,防止人和物掉入其中。对现场危险区、泥浆池周围设立防护栏,作为泥浆循环用的护筒周围拉上三角旗予以警示。

8.8 灌桩结束后若要求填埋的,则对桩孔用规定填料四周对称回填,回填时将溢出的泥浆引至泥浆池中,直至桩孔回填物高出地面,并作好醒目标志。

8.9 应制定施工现场用电安全措施,安装、维修或拆除临时用电设施必须是有证专业电工进行。

8.10 施工现场所有电器设施都应做好接地保护。施工现场所有电线、电缆均应与平台做好绝缘保护。

8.11 电器安装全部完成后应试运转,对双电源的切换试验成功后才能正式使用。

8.12 施工用安全设施、设备，包括安全帽、安全带等劳动防护用品须经检查，验收通过准予使用。

9 环境保护措施

建立环境保护责任制度，采取有效措施，防止生产建设过程中产生废水、废渣、噪声等对环境产生的污染和危害。

9.1 建立环境保护机构，有项目部派专人负责。

9.2 建立学习教育制度，组织学习《中华人民共和国环境保护法》。

9.3 结合桩基施工工程的特点，采取具体措施：

(1)弃土、弃渣按规定地点堆放。

(2)避免破坏农田排灌系统。

(3)泥浆、废水等处理要妥当，经检验符合标准后再排放。

(4)施工时尽量降低噪声，噪声较大的施工机械避免夜间作业。

10 资源节约

该工法改变了以往对岩石破碎、松散的陡坡地形在桥梁桩基施工前，需先用锚桩对坡面进行加固处理，而且工期较长的缺点；采用该工法施工后，节约了大量时间，加快了工程施工进度，确保了工期。

采用钢板挡块、混凝土护坡及挂设防护网替代耗物、耗财的锚桩处理方法对易滑坡、塌方陡坡坡面进行处理，节约了材料和人工费用。

11 效益分析

该工法改变了以往对岩石破碎、松散的陡坡地形在桥梁桩基施工前，需先用锚桩对坡面进行加固处理，而且工期较长，采用该工法施工后，节约了大量时间，加快了施工进度，发挥了较好的进度效益。

采用钢板挡块、混凝土护坡及挂设防护网替代耗物、耗财的锚桩处理方法对易滑坡、塌方陡坡坡面进行处理，节约了工程施工成本，取得了较好的社会效益和经济效益。

12 工程实例

12.1 工程实例一

黄衢南高速公路A5合同江山峡口大桥由浙江交工路桥建设有限公司承建，采用本工法施工。

峡口大桥位于江山市峡口镇东侧，在K135 +047 ~ K136 +020之间跨越江山港。峡口大桥全长左、右幅平均约960m，桥梁宽度25.5m，合同造价约7 000万；设计荷载公路—I级，设计洪水频率1/100。桥梁结构为左幅15 ×30m +12 ×40m，右幅16 ×30m +12 ×40m，其中40m跨采用预应力混凝土先简支后刚构T梁，30m跨采用预应力混凝土先简支后连续T梁；下部为106根直径1.8m和2.0m的柱式墩，墩柱高度25 ~30m；基础为106根直径为2.0m和2.2m桩基础。该桥1 ~9号左幅桥墩位于K135 +050 ~ K135 +450段山体边坡，线路横坡较陡，自然坡率37° ~51°。根据地质勘察资料要求，施工时尽量不扰动，因地质状态随时间、气候的影响而变化，可能产生山体滑塌对桩柱剪切破坏，山坡崩落石块对桩柱的撞击破坏，以及滑落或滚落石块对桥面及行车产生影响，避免发生损害主体结构安全及施工安全的事故发生。

峡口大桥陡坡大直径桩基施工中，根据本工法并结合地形采用陡坡钻孔灌注桩施工方法，重点采取了安全防护措施，圆满地完成了任务。

12.2 工程实例二

黄衢南高速公路B6合同渊底大桥等桥梁工程共有墩台身262座、ϕ1.2 ~2.5m桩基581根，大部分在坡率为35° ~55°的山坡上，且山坡表面岩石破碎、松散，覆盖层厚，桥梁桩基采用本工法施工，取得了较好的进度效益、经济效益和社会效益，该工程由浙江省交通建设集团有限公司承建。

桥梁墩身海工耐久混凝土钢模板加贴 TJ80-MQ 模板布施工工法

GGG(浙)C2074—2008

单光炎　高金康　范厚彬　罗海亮　王燕飞
(浙江省交通工程建设集团有限公司　杭州银江科技有限公司)

1　前言

在海洋环境中修建桥梁,往往采用海工耐久混凝土。海工耐久混凝土具有黏聚性好、抗氯离子渗透能力强等优点,但也存在工作性能差、含气量较大、极易产生气泡等缺陷,影响清水混凝土外观质量。通过改善脱模剂或坍落度等传统方法,也难以避免混凝土色差、气泡和砂眼等外观质量问题。

浙江省交通工程建设集团有限公司与杭州银江科技有限公司共同合作,采用杭州银江科技有限公司的国家专利(专利申请号:200620101576.8),在舟山大陆连岛工程金塘大桥Ⅴ合同、Ⅵ合同墩身施工中,采用钢模板加贴 TJ80-MQ 模板布,在很大程度上克服墩身混凝土的这一缺陷,并能增强海工耐久性抗氯化物渗透、碳化能力,总结并编制成该工法。

2　工法特点

2.1　有效提高墩身混凝土外观质量,提高混凝土养生质量。色差、气泡、砂眼以及裂缝等问题得到有效控制,混凝土外观质量明显提高。

2.2　延长海工耐久性混凝土的使用寿命。该工法能提高混凝土表层的致密程度,提高混凝土对氯化物渗透、碳化作用,减少表层混凝土的冻融循环,提高混凝土的耐久性,延长墩身的使用寿命。

3　适用范围

该工法适用于海工耐久混凝土结构物及外观质量要求高的清水混凝土结构物的施工。

4　工艺原理

本工法先将墩身钢模板进行表面处理,然后将 TJ80-MQ 模板布的毛面层用 OK-100 喷胶粘贴、拉伸、固定在钢模板上。由于模板布有较强的吸附性能,混凝土中的部分水分、气泡穿过模板布的过滤层进入垫料层,气泡在垫料层中逸出,大大降低墩身混凝土表面的气泡、砂眼等质量缺陷;一部分水分涵养在垫料层中,有利于墩身混凝土养护,控制混凝土表面裂缝;多余的水分沿模板布排出,降低表层混凝土的水灰比,使混凝土表层致密、坚实。

TJ80-MQ 模板布具有复合的二层功能,表层(称过滤层)光洁、致密具有微细小孔,平均孔径为 30 ~ 35μm,与混凝土接触,能透过水和空气而阻止水泥颗粒通过;毛面层(称垫料层)与钢模板接触,厚度约 1 ~ 1.5mm,具有保水透气的性能,保水能力大于 0.45L/m^2,使混凝土处于潮湿的环境当中,排水能力大于 3L/m^2,使多余的水分和气体渗透出钢模板外。模板布及其工作原理见图 1 ~ 图 3。

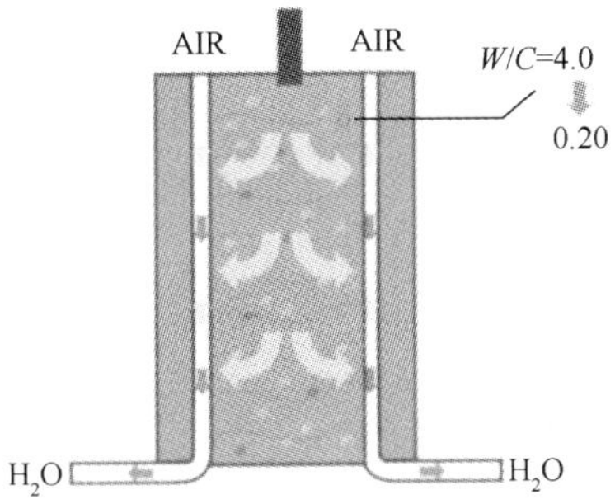

图1 TJ80-MQ 工艺原理图

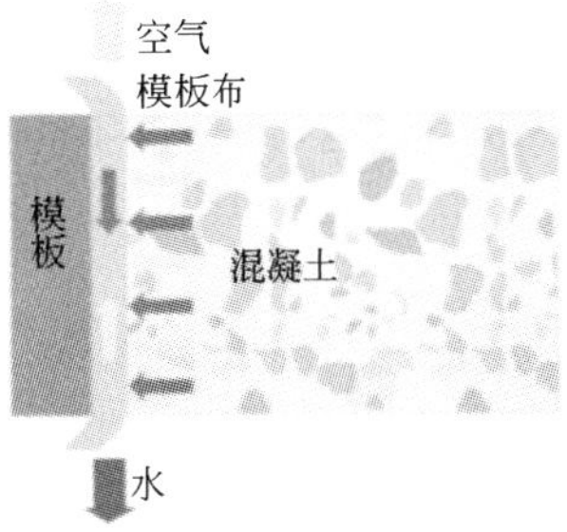

图2 TJ80-MQ 排水功能示意图

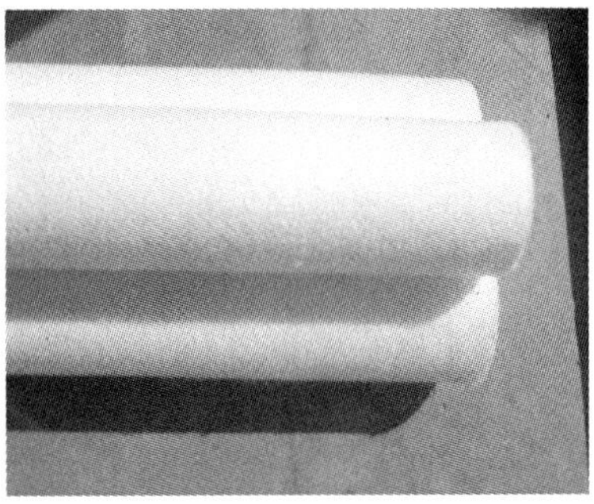

图3 TJ80-MQ 模板布样品

5 工艺流程及操作要点

5.1 工艺流程

主要工艺流程见图4。

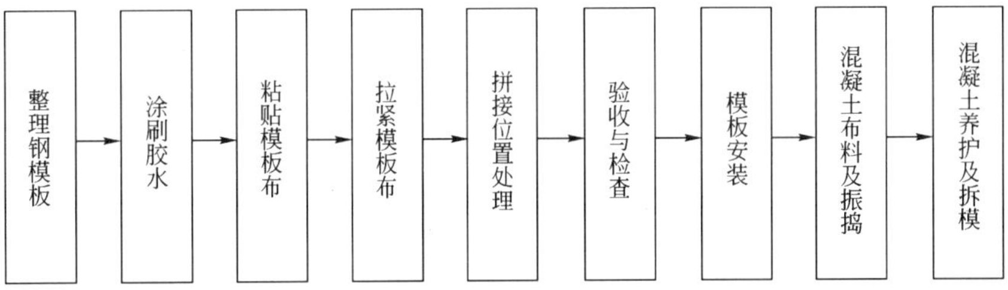

图4 工艺流程图

5.2 操作要点工艺流程

5.2.1 整理钢模板

涂胶水前必须确保模板表面平整、洁净。先用钢丝刷对模板进行除锈,用水冲洗干净,再用干净的毛巾将模板表面擦拭一遍,确保模板表面没有脱模剂及其他杂物;检查模板的平整度,对不平整的部分进行校正,如模板不平整,会影响胶水的粘力和模板布的平整度(图5)。

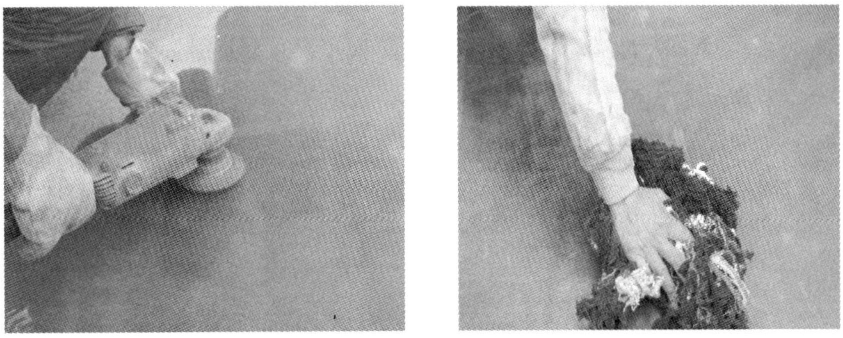

图5 整理钢模板

5.2.2 涂刷胶水

在清理干净的钢模板上,喷涂 OK-100 胶,要求均匀地将胶水喷在模板表面及四周,胶水用量为 50 ~ 200g/m^2,需要穿孔的地方适当多涂(图6)。喷涂压缩空气压力大于0.4MPa。

5.2.3 粘贴模板布

喷涂完约10min后,待胶中溶剂适当挥发后,再铺模板布。按照模板的尺寸,用剪刀裁剪好模板布,每边预留约5cm,以利于排水和排气。

5.2.4 拉紧模板布

把羊毛状的一面粘贴在钢模板上,位置固定后,用手由中心推向两边,确保模板布牢牢粘贴在模板表面及四周,如有皱褶可即时揭起再铺,短时间内揭起再铺不会影响胶水的粘力,粘贴完成的模板布如图7所示。

图6 涂刷胶水示意图

图7 粘贴完成的模板布

5.2.5 拼接位置处理

拼接前先将两张模板布重叠约5cm,在重叠中间处将透水模板布切断,轻轻将切下来的模板布拿走,小心地沿连接处往下压。在拼接位置多喷涂一点胶水,确保两边平整相接,避免浇筑时混凝土从中间渗入。如有需要,可以在模板布上开孔,在孔的四周多涂点胶水,避免浇筑时混凝土渗入模板布和模板之间。

5.2.6 验收与检查

仔细检查模板布与模板是否紧密连成一体,确保表面没有皱褶或气泡。

5.2.7 模板安装

钢模板加贴TJ80-MQ模板布完成后,用吊机进行模板安装,如图8所示,除按照正常墩身施工步骤进行外,还需注意以下几点:

(1)保护层垫块采用特制专用塑料保护垫块。

(2)模板安装前钢筋应调直,保证钢筋保护层厚度,否则垫块容易在模板布上留下痕迹,也容易在模板吊装时挤挂模板布,产生褶皱。

(3)模板安装时底口宜一次到位,多次调整底口,模板布容易起褶皱。

图8 模板安装

5.2.8 混凝土布料及振捣

混凝土通过溜筒入仓,混凝土下料振捣与常规墩身混凝土施工基本一致,但由于贴模板布后墩身表面气泡容易排除,混凝土达到密实即可停止振捣,不要过振,同时严禁振捣棒接触模板布,破坏模板布,影响外观质量。

5.2.9　混凝土养护、模板拆除

采用钢模板加贴模板布施工的墩身混凝土外观不存在质量问题，不需要进行修饰，拆模后及时喷洒养护剂进行保湿养护。

6　材料与设备

6.1　工程材料

除正常采用钢模板进行墩身施工所需工程材料外，还需要的工程材料有：

(1)TJ80-MQ 多功能模板布。

(2)OK-100 喷胶。

(3)混凝土养护剂量。

(4)工业清洁剂。

(5)特制专用保护层塑料垫块等。

6.2　机具设备

除采用钢模板直接施工墩身所需机具设备外，本工法还需要以下主要机具设备：剪刀、纸板刀、1m 直钢尺、模板除锈钢丝刷、抹布等。

7　质量控制

7.1　对操作工人进行教育培训和技术交底，定人定岗，稳定班组；粘贴模板布的速度须控制在 0.2m/min 以内。

7.2　粘贴模板布应选择在比较干燥的天气，温度一般在 10～40℃之间；胶水不宜喷得太厚，否则会堵塞排水孔而影响其效果。

7.3　TJ80-MQ 模板布一般可以周转 5～6 次，但最佳效果是周转 3～4 次；重复使用时，要仔细检查其颜色，如果水泥浆已经堵塞了排水层，则衬料不能再次使用。

7.4　施工过程中要特别注意模板布的保护，模板布一旦破损，要及时将破损部分割除，并将此处模板清除干净，用喷枪涂上黏膜，然后采用拼接方法补上新的模板布。

7.5　TJ80-MQ 模板布如需要重复使用，每使用完毕后，要及时清洗。清洗采用工业清洁剂，利用滚轴或者喷头持续清洗 3～5min，再用水喷头清洗模板。

8　安全措施

8.1　喷涂胶水时，现场严禁烟火，以免造成喷胶筒爆炸发生安全事故。

8.2　根据现场情况，对墩身施工支架、垂直交通和操作平台及安全防护设施等，要进行专门的设计，确保外模在架立和混凝土浇筑过程中的抗风安全。

8.3　模板安装与拆除施工均是高空起重作业，按高空作业和起重作业的相关规定执行。

9　环保措施

9.1　加强模板布的保护，提高模板布利用率，降低损耗。

9.2　废弃的模板布、边脚料以及喷胶废弃物统一收集和处理，保护环境。

10　资源节约

相对于传统的施工工艺，本工法增加了模板布的使用，主要作用是提高了海工混凝土桥梁墩身的外观质量。

11 效益分析

与传统的施工方法相比,桥梁墩身海工混凝土施工采用钢模板加贴 TJ80-MQ 模板布施工成本有所增加,模板处理费用约提高 20 元/m^2,但采用该工法施工的墩身混凝土表层更致密、坚实,提高了其抗冻融循环和抗氯离子渗透能力,在一定程度上提高结构使用寿命;同时,墩身表面常见的色差、砂眼、水线、气泡、漏浆等质量问题得到有效控制。该工法具有较好的社会效益,有广阔的推广应用价值。

12 工程实例

12.1 工程实例一

浙江省舟山大陆连岛工程金塘大桥 V 合同段,长 2 302m,有 132 个墩身,采用海工耐久性混凝土。墩身采用钢模板加贴 TJ80-MQ 模板布工法施工,混凝土表面光洁平整,无色差,气泡得到有效控制,外观质量明显优于普通钢模板施工,效果较好。

12.2 工程实例二

浙江省舟山大陆连岛工程金塘大桥 VI-B 合同段位于舟山,其中的桥梁工程长 606m,墩身混凝土采用海工耐久混凝土,墩柱采用钢模板加贴 TJ80-MQ 模板布工法施工,混凝土表面光洁平整,砂眼、气泡得到有效控制,效果显著(图 9)。

图 9 海中墩身模板布使用效果图

钻孔灌注桩钢薄壁声测管钳压式连接安装工法

GGG(浙)C1075—2008

单光炎　范厚彬　罗海亮　程毅旌　王燕飞
(浙江省交通工程建设集团有限公司　杭州银江科技有限公司)

1　前言

为检验长钻孔灌注桩的施工质量,往往采用整桩范围内预埋钢壁声测管,用跨孔法超声波仪检测桩身混凝土质量。在现场预埋钢壁声测管时,钢壁声测管的连接一般使用管套在现场焊接。长期以来,这种方法得到了较为广泛的应用,但略有以下不足:①施工难度大,特别是两个钢筋笼之间的现场焊接,操作非常困难;②现场焊接,密封不能完全保证;③电焊连接要使用壁厚大的钢管,生产成本高。

浙江省交通工程建设集团有限公司与杭州银江科技有限公司合作,以杭州银江科技有限公司实用新型专利(专利申请号:200620139983.8)为核心技术,采用钳压式连接,把电焊连接转化为机械连接,接头小、连接牢固、密封性好、操作简便、成本大大降低,通过舟山大陆连岛工程金塘大桥V合同、VI合同的实际使用,效果良好,编制成本工法。

2　工法特点

2.1　该工法采用钳压式连接钢壁声测管,连接强度高,抗震性好。将连接部位一次性做“死”,避免了“活接头”在振捣、导管碰撞等影响下发生松动的可能性,连接可靠、安全。

2.2　该工法接头“凸节”最小,凸节最大处小于5mm,且呈圆弧连接,最大限度减少混凝土的流动阻力,而且更有效地避免声测管与混凝土导管、振动器等的碰撞。

2.3　该工法避免了现场焊接、套丝或滚槽作业,只需采用专用的液压工具,即可轻松完成,省时、省力、省费用,而且一次安装成功。

3　适用范围

该工法用于公路桥梁工程中钻孔灌注桩钢壁声测管钳压式连接安装等。

4　工艺原理

钳压式连接的声测管(图1),其端部的U形槽内装有特制的橡胶密封圈,安装时将声测管的插口端,插入承口端至标线位置,用专用的液压钳对U形槽和U形槽一侧部位同时进行挤压。橡胶密封圈受挤压后起密封作用,钳压部位插口端和承插口端的管材同时收缩变形(剖面形成六角形状)起定位固定作用,从而有效地实现了声测管的连接,接头的主要原理如下。

(1)密封原理:橡胶O形圈径向收缩抱紧。

(2)抗拔原理:钳压部位变形,中间小两头大。

(3)抗旋转原理:钳压成六角形,不能旋转。

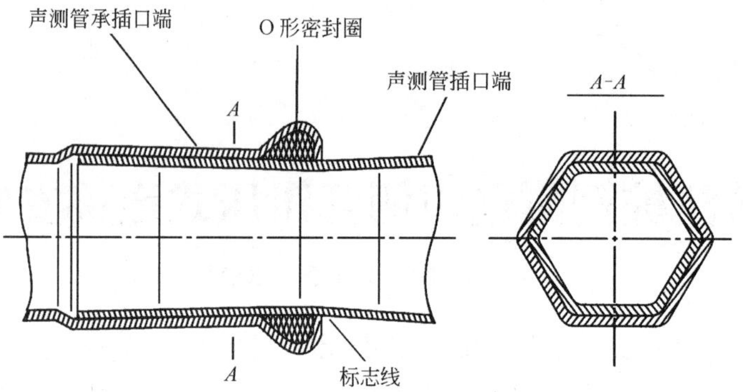

图1　钳压式连接原理示意图

5　施工工艺流程及操作要点

5.1　工艺流程

钳压式连接安装主要工艺流程见图2。

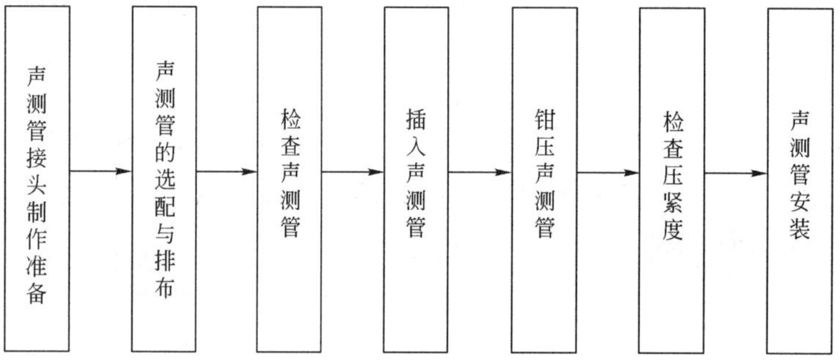

图2　工艺流程图

5.2　操作要点

5.2.1　声测管接头制作准备

钳压式连接，需要将声测管的一端用专用机器扩口定形，扩口部内径比原管材外径大0.2～0.5mm，以利插接，扩口长度约6～8cm。将已加工好的声测管端部定形出一U形槽，U形槽内装有橡胶密封圈。

5.2.2　声测管的选配与排布

根据钢筋笼的长度，确定声测管长度。如长度不符时，可根据需要用切割机裁切，但要将切口打磨、去毛刺。排布根据桩径与检测需要，均匀、对称排布到钢筋笼上，如图3、图4所示。

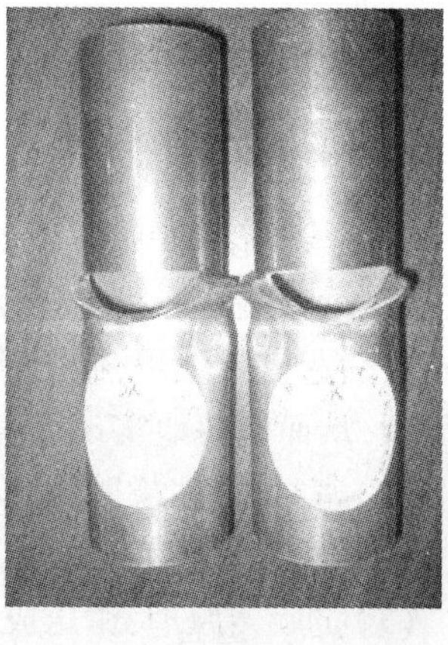

图3　接头剖开试验照片

5.2.3　检查声测管

确认声测管承插口端密封圈完好无损，插入端内外无毛刺，以免安装插管时割伤密封圈，并有明显插入标志线。

5.2.4　插入声测管

将声测管垂直插入管件内，注意不要碰伤橡胶圈，并确认管件端部与插入端标志线位置相距3mm以内。

5.2.5　钳压声测管

把专用液压钳模头的环状凹部对准承插口(或接头)端部内装有橡胶圈的环状凸部，将对接部位管材同时压紧至六边形状。

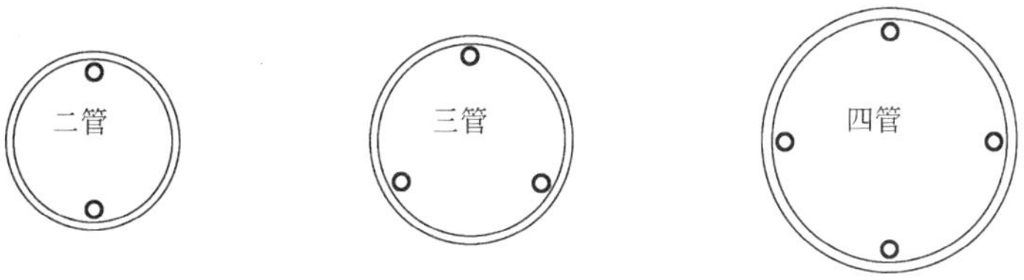

图4　声测管的选配、排布

5.2.6　检查压紧度

先目测声测管上有明显的六角压痕，后用量规确认尺寸是否正确，量规可完全卡入六边形部位（量规两边距61mm），即表示压紧已经到位（图5）。

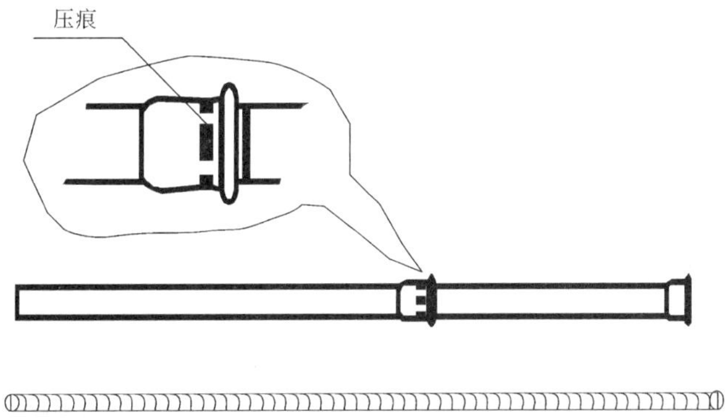

图5　声测管六角压痕

5.2.7　声测管安装

（1）底管的安装，用铁丝（直径最少为1.5mm）把工厂预先制作好的底节声测管固定在钢筋笼的主筋上，2m设一个绑点，其中声测管的底端和接头部位宜增设绑点。对于桩头无钢筋笼主筋的部位，宜增加钢筋支架加以固定。

（2）铁丝的绑法：先把铁丝在声测管上缠绕两圈，然后以编辫子的方法编至30～50mm长，再把铁丝叉开捆在钢筋骨架上，然后拧紧铁丝。

（3）对接安装：声测管一般随钢筋笼分段安装，钢筋笼放入桩孔时应防止扭曲，声测管对接时应注意上下管顺直无错位、插入到位、钳压到位；每埋设一节均应向声测管内加注清水（图6）。

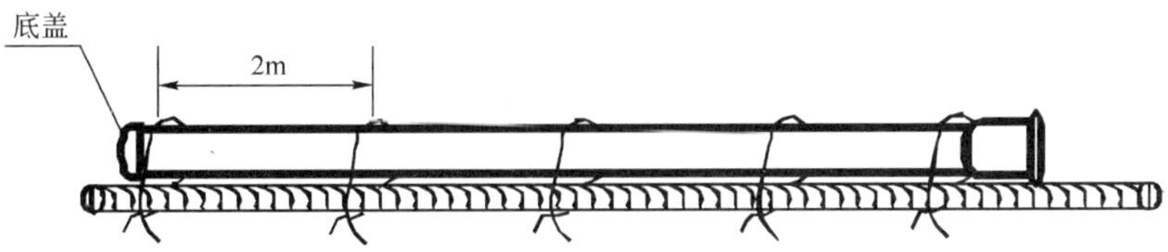

图6　声测管的固定示意图

6　材料与设备

6.1　工程材料

该工法工程材料主要有：钢壁声测管、橡胶密封圈、铁丝等。

6.2　机具设备

钳压式连接的声测管及连接接头的加工通过专业工厂加工，现场主要机具见表1。

施工机具表　　表1

序　号	名　称	单　位	数　量	备　注
1	专用液压嵌	把	2	用于压紧接头
2	量规	把	2	检查压紧度
3	卷尺	把	1	用于测量声测管长度
4	切割机	把	1	用于声测管的切割
5	钳子	把	1	用于安装声测管、切断铁丝等

7　质量要求及质量控制措施

7.1　应遵循中华人民共和国交通行业标准《混凝土灌注桩用钢薄壁声测管及使用要求》(JT/T 705—2007)的相关规定。

7.2　声测管安装完毕后应将上口封闭,以免浇灌混凝土时落入异物堵塞孔道。

7.3　声测管埋设深度应在灌注桩的底部以上50~150mm,声测管的上端应高于灌注桩顶面300~500mm,同一根桩的声测管外露高度宜相同。

7.4　在灌注水下混凝土之前,应检查声测管内的水位,确保管内灌满水。

7.5　焊接钢筋时,应避免焊液流溅到声测管管体上或接头上。

7.6　相关操作人员应进行培训,组织技术交底,维持人员稳定,定人定岗。

8　安全措施

8.1　操作人必须经培训,持证上岗,正确佩戴劳动防护用品。

8.2　应经常检查切割机接地漏电保护装置。

8.3　做好桩基孔口安全防护设施,避免人员和机具落入桩孔。

9　环保措施

保持现场文明,切割后的管道余料集中堆放。

10　资源节约

本工法使用薄壁钢管,采用机械挤压接头,免除现场焊接施工,节约钢材,节约用电,节约人工,节约电焊条。

11　效益分析

声测管钳压式连接方法,效益显著。

11.1　省材料

因无需烧焊和套丝连接,可使用薄壁管,与同等内径无缝管相比可节约材料成本50%,对大型桥梁项目来说,可节约较大的材料成本。从全国范围看,每年可节约几十万吨钢材,有利于节能降耗,保护环境,经济效益、社会效益显著;另外,因无需烧焊和套丝连接,也节约用电、焊条和套丝连接件。

11.2　效率高,省人工

现场只需两人即可快速操作,液压钳很快就可以将接头挤压成型,比传统套管焊接或套丝连接提高工效10倍。

12 工程实例

12.1 工程实例一

浙江省舟山大陆连岛工程金塘大桥V合同由浙江省交通工程建设集团承建,开工时间为2007年3月26日,完工时间为2008年9月25日。全合同段共524根钻孔灌注桩,其中ϕ1.5m桩基124根、ϕ1.2m桩基400根,每根桩沿着钢筋笼内侧主筋固定3根内径ϕ50mm、壁厚1.5mm的EN50T15Q钳压式声测管,采用了该项技术后,没有出现声测管变形、堵管等情况,连接可靠安全。本工法在该工程实践应用中,在工程质量、施工进度、安全、文明施工、环保及节能等方面均取得了很好的效果。

12.2 工程实例二

舟山大陆连岛工程金塘大桥VI-B合同由浙江省交通工程建设集团有限公司承建,开工时间为2007年3月26日,完工时间为2008年9月25日。全桥均采用直径为ϕ1.2m钻孔灌注桩桩基础,共112根。沿钢筋笼内侧主筋均匀固定3根内径ϕ50mm、壁厚3.5mm的钳压式声测管,桩基检测采用钻孔灌注桩钢壁声测管钳压式连接安装工法,没有发生接头连接部位松动、声测管变形,堵管等现象,体现了该工法连接简单、安全可靠、节省时间,为桩基正常检测,提供了有效的保证,在施工过程中发挥了重要的功效,符合国家环保节能的建设理念。

基于计算机实时控制液压同步提升技术的移动模架整体落架工法

GGG(浙)C3076—2008

吴墀忠　单光炎　范厚彬　卞永明　宋文杰
(浙江省交通工程建设集团有限公司　上海同新机电控制技术有限公司)

1　前言

移动模架是先进的造桥设备,适用于跨越山谷、软弱地基、河道、海上滩涂以及高墩区现浇连续梁桥施工。近年来移动模架广泛用于跨海桥梁滩涂区连续梁桥施工,完成连续梁桥施工后,往往处于海中高墩区。由于设备自重较大,单套50m自行式移动模架自重近800t,这种条件下拆卸移动模架的关键,是如何安全、快速地将设备整体落架到拆卸平台上,这是技术难度高、风险大的操作。

为解决该技术难题,浙江省交通工程建设集团有限公司与上海同新机电技术控制有限公司开展了技术攻关,采用基于计算机实时控制的液压同步提升技术进行50m自行式移动模架的整体落架施工,成功实现了移动模架安全拆卸。该技术在舟山大陆连岛工程金塘大桥V合同工程得到成功应用,经过两个项目的成功实施,总结编写成本工法。

2　工法特点

本工法自动化程度高,避免了传统施工方法的诸多不足之处,安全、经济、高效。

2.1　技术先进

本工法采用基于计算机实时液压同步提升技术,通过计算机实时控制系统实现液压油缸的多点同步控制,技术含量较高。

2.2　安全可靠

首先,本工法考虑了操作过程中各种可能的情况并采取了有效的预防技术措施,在材料和设备的选用方面有较大的保险系数;其次,该工法在正式落架时只需要少数观测和计算机操作人员,劳动强度低,现场文明情况好,有利于安全管理。

2.3　环保高效

本工法不需要数台大型吊机和大型临时平台,免去大量的周转材料和施工费用,主要准备工作是安装液压设备和计算机控制系统,准备周期短,正常落架可达到4m/h,效率高。

2.4　费用低廉

该工法可节约大量的人、机、料费用,只需要成套的设备和少量的周转材料即可进行设备整体落架。

3　适用范围

本工法适用于移动模架的整体提升、整体落架,也适用于同类工程大型构件的整体提升或整体下放工程施工。

设备重量较大、提升或落架高度较高,如超过100t重的大型设备需要提升或落架12m以上,采用传统的起重作业不经济、不安全时,适宜采用该工法。

4 工艺原理

移动模架整体落架时,设备的梁体、底模连成整体,保持工作状态,通过4个吊点悬吊于整体提升系统上,如图1所示,每个吊点设两个提升油缸,置于已完成的箱梁上,预应力钢绞线穿过提升油缸和箱梁预留孔,与固定在移动模架主梁上的4个转换器锚接,形成4个对称的吊点。

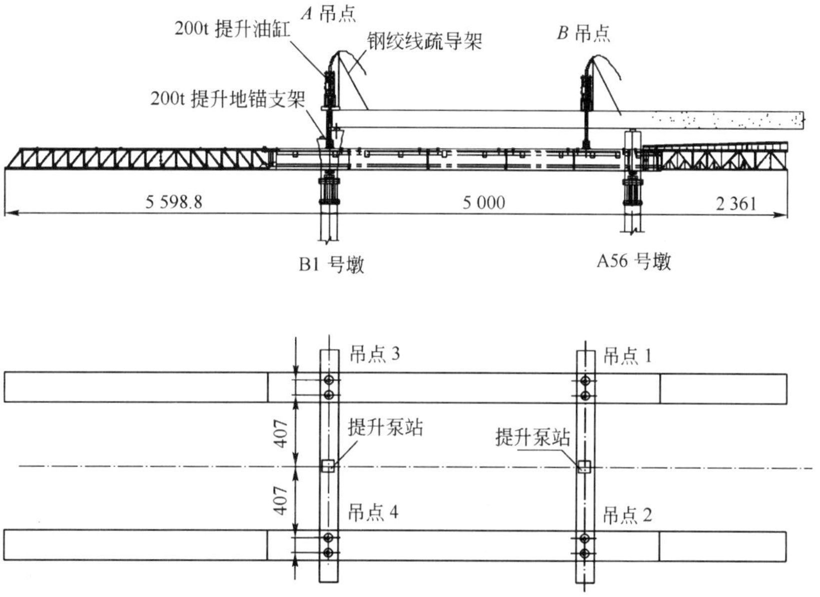

图1 移动模架整体落架吊点布置图(尺寸单位:cm)

液压同步提升设备由提升油缸、液压泵站和计算机实时控制系统3部分组成。计算机实时控制系统包括主控计算机、分散在现场各处的智能节点以及将它们连成一体的传输线路,以控制提升油缸的操作。主控计算机通过智能节点采集现场信息、控制液压泵站,自动实现对提升油缸的组合动作同步控制,采用间歇式的作业方式,以4m/h的速度将设备整体下放到拆卸平台上。同步控制的目标是:位置载荷均衡控制和同步控制。

4.1 载荷均衡控制

由于1、2和3、4提升吊点相距较远,为保证结构安全,整体下放时,要求各点实际载荷与理论计算载荷基本符合。在每个提升吊点布置1个压力传感器,主控计算机通过它实时采集各个提升吊点的载荷,掌握各个提升吊点的载荷分配,从而根据理想的载荷分配比例进行实时调整,保证下降载荷分配的正确性。

4.2 位置同步控制

控制系统必须调整好移动模架的空中姿态。空中姿态可以通过“绝对”加“相对”的测量方法来确定,在距离测量系统中,使用激光测距仪进行长距离的测量,以获取“大”的绝对位移,而使用实时性能较好的行程传感器来获取“小”的相对位移。

4.3 下放系统提升油缸的动作同步控制

整体下放时,控制系统必须有效、有序地控制提升油缸的动作。主控计算机通过实时控制系统收集各个吊点提升油缸的状态信息(锚具和主油缸),根据控制逻辑顺序控制电磁换向阀,从而控制提升油缸的锚具和主油缸动作。

5 施工工艺流程及操作要点

5.1 工艺流程

本工法工艺流程见图2。

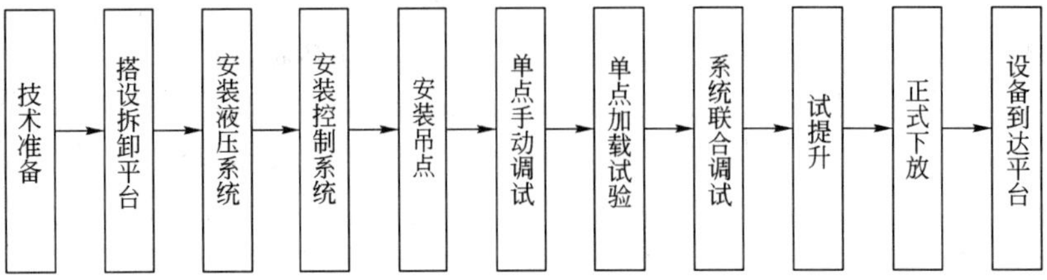

图2　工艺流程图

5.2 操作要点

5.2.1 技术准备

技术准备阶段最主要的工作是编制方案、进行相关安全性计算、确定相关临时设施、辅助设备材料和组织技术交底培训等。

相关材料设备进场后,要及时进行材料试验检测和设备安全性检查。

5.2.2 搭设拆卸平台

移动模架拆卸平台包括两部分,一是移动模架整体落架到位后的支撑塔架,塔架安装在承台顶面,在墩身的左右两侧对称布置,并用对拉螺杆对拉;二是设备拆卸平台,利用桩基、下部结构施工平台,进行加固和维护保养,拆卸平台实景见图3。

图3　移动模架整体落架至平台

5.2.3 安装液压系统

液压系统包括提升油缸、液压泵站以及相关的辅助支撑材料和临时设施。如图1所示,每个吊点设两个200t提升油缸,共有8个提升油缸,每个液压泵站连接4个提升油缸,共有两台液压泵站;提升油缸安装在加工好的型钢支架上,安装完成的液压系统如图4所示。

为便于安装和移动模架整体下放操作,在液压系统安装前,先拆除移动模架的腹板和翼板模板,以方便系统安装,降低结构自重。

5.2.4 安装实时控制系统

将压力传感器、智能传感器、油缸锚具传感器等安装在各液压泵站和提升油缸相应位置上,并通过导线与主控计算机连接,形成计算机实时控制系统,用以收集各智能节点的数据信息并传输泵站和提升油缸操作的控制指令。各类传感器见图5~图8。

5.2.5 安装吊点

移动模架整体落架,两根主梁各对称设两个吊点,共设4个吊点,吊绳采用钢绞线。每个提升油缸各夹19根钢绞线,其长度通过计算确定,要有富余量。上吊点通过提升油缸内的锚具夹住钢绞线形成,下吊点通过安装在移动模架主梁上的转换器形成(表1)。转换器下端通过精轧螺纹钢吊杆吊住移动模架主梁,并锚固在主梁上,上端通过P锚夹紧从提升油缸中穿下来的钢绞线,将移动模架和提升油缸连接起来,实现荷载传递。转换器是移动模架整体落架重要的受力部件,其设计和加工必需经过严格的计算和检查。转换器实景见图9。

图4　安装完成的液压系统

图5　主控计算机

图6　行程传感器(测量行程)

图7　长距离传感器(精度:0.25mm)

图8　油压传感器(精度:0.5%)

移动模架下放吊点载荷分布表　　表1

吊　点	1	2	3	4
吊点载荷计算值(t)	230	230	190	190
油缸额定载荷(t)	200+200	200+200	200+200	200+200

续上表

吊　点	1	2	3	4
钢绞线数量(根)	19+19	19+19	19+19	19+19
钢绞线安全系数	4.30	4.30	5.20	5.20
油缸储备系数	1.74	1.74	2.11	2.11

注:钢绞线安全系数=26t/钢绞线每根最大受力。

图9　转换器实景

系统安装完成后,移动模架整体落架前的实景见图10。

图10　移动模架吊点安装完成,整体落架前实景图

5.2.6　单点手动调试

在提升油缸、液压泵站等设备安装完毕后,即可进行泵站和提升油缸的单点手动调试。单点手动调试是对吊点逐个进行人工调试,包含以下操作:

(1)给液压泵站供电,检查正反转。

(2)启动液压泵站,检查锚具压力和系统压力。

(3)手动控制提升油缸的空缸伸缩缸动作。

(4)检查截止阀动作是否正常。

(5)检查液压泵站和提升油缸的泄漏等是否正常。

(6)调试比例阀控制伸缩缸速度。

(7)调定安全阀等的压力设定。

(8)检查压力表读数是否正常。

(9)完成其他相关调试工作。

5.2.7　单点加载试验

单点手动调试合格后,对吊点逐个进行单点加载试验,需要测量人员配合,包含以下操作:

(1)从理论计算负载的20%、40%、60%、80%、100%、115%进行加载试验。

(2)加载的时间和间隔期按照方案要求进行。

(3)加载试验完成后,对该点进行卸载。

5.2.8　系统联合调试

在各点手动调试和计算机控制系统安装完成后,进行系统联合调试,包含以下操作:

(1)通过计算机手动控制各点锚具油缸动作,检查锚具传感器是否正常。

(2)通过计算机手动控制各点伸缸、缩缸动作,检查油缸行程传感器是否正常。

(3)检查截止阀工作是否正常。

(4)检查压力传感器是否正常。

(5)检查比例阀输出设定是否正常。

(6)检查控制系统工作是否正常。

5.2.9　试提升

在系统联调和其他结构检查结束并且正常的情况下,进行试提升,包含以下操作:

(1)检查各种备件、通信工具是否完备。

(2)检查设备和传感器等是否正常。

(3)按照理论负载的20%、40%、60%、80%、100%对各点进行逐级加载。

(4)检查结构的脱架情况。

(5)在确定结构完全脱架的情况下,将结构提升20cm左右。

(6)在试提升过程中和试提升完成后,需对结构等进行观察。

5.2.10　正式下放

经过试提升观察,结构和吊点无任何异常后,进入正式整体落架阶段,具体过程见图11。

图11　移动模架整体落架现场实景图

(1)检查各种备件、通信工具是否完备。

(2)检查设备和传感器等是否正常。

(3)提升移动模架,使设备置于悬吊状态,将移动模架的托架从墩身预留孔中拔出,解除托架对拉螺杆,解除移动模架整体落架的一切约束。

(4)进入计算机自动控制程序,进行正式下放。

(5)在正式下放过程中,记录各点压力和高度。

(6)各点进行设备监控,如有异常,应及时反映情况或紧急停机。

(7)对压力、高差等数据进行比较,若有数据偏差,应认真分析。

(8)根据分析的结果,决策下一步操作。

5.2.11 设备到达平台

在计算机自动控制程序的控制下,液压系统采用间歇式的作业方式,以 4m/h 的速度匀速下降。在降到吊机和人工可操作的高度时,先拆除移动模架托架的下半部分,保留上节导轨,然后匀速降到支撑塔架上,即可进行设备的拆卸,拆卸时先拆除底模及横梁系统,两根独立的主梁分别在各自的支撑塔架上边纵向移动边分段拆除。移动模架整体落架至平台见图 3。

6 材料与设备

6.1 移动模架整体落架主要耗材及周转材料

移动模架整体落架主要材料有以下几项,其数量根据方案及设计确定。

(1)钢绞线,用于承担移动模架整体落架的吊绳,数量为 144 根,长度根据现场计算确定。

(2)门式支架,用于搭设钢绞线梳理支架。

(3)H 型钢,用于搭设提升油缸支承支架和底座。

(4)钢管、型钢、钢板,用于搭设移动模架拆卸平台,其型号根据平台设计确定。

6.2 移动模架整体落架主要设备及配件(表 2)。

移动模架整体落架主要设备配件表 表 2

序号	名称	数量	序号	名称	数量
1	200t 提升油缸	10 只(2 只备用)	6	油缸锚具传感器	16 套
2	液压泵站	2 台	7	电线、油管	若干
3	计算机控制柜	1 台	8	手持式通讯设备	若干
4	压力传感器	4 只	9	50t 吊机	1 台
5	智能传感器	8 只	10	电焊机	2 台

7 质量控制

7.1 钢绞线进场后要进行抽检,钢绞线的下料长度符合设计要求,安装完成后要求所有钢绞线松紧程度基本一致,所有的夹具要经过检查,合格后方能使用。

7.2 临时钢结构的设计要经过验算,焊接和安装要满足质量要求,转换器焊缝要经过探伤检测。

8 安全措施

移动模架单套自重大,50m 自行式移动模架自重近 800t,整体落架施工均是高空作业和起重作业。本工法从以下几个方面制订了切实有效的措施和方案,确保施工安全。

8.1 应急措施

8.1.1 外界因素应急措施主要内容

现场停电、电磁干扰、电缆断线、误操作、强制紧停、雷电天、大雨天和大风天等应急措施。

8.1.2 提升工况应急措施主要内容

位置超差、负载超差、结构干涉、提升结构倾斜、支撑结构变形、被提升结构变形、实际载荷与理论载荷相差较大等应急措施。

8.1.3 提升设备故障应急措施主要内容

提升油缸主油缸漏油、锚具油缸漏油、钢绞线窝进油缸、上锚锚具故障、液压锁失效、接头漏油、节流阀失效、溢流阀失效、压力传感器、泵站漏油、比例阀失效、换向阀失效、液压泵故障、电机故障、油缸行程传感器故障、锚具传感器故障、通信中断。

8.2 下放安全保障

8.2.1 设备试验保障

参照实际工况,对所有的设备进行全面的设备性能考核。

8.2.2 油缸试验

油缸试验分空载试验、负载试验及应急试验。

8.2.3 可靠的机电液保障

1)提升油缸

采用模块设计,一旦使用中出现故障,能够及时更换;采用新型的锚片结构,提高了锚具系统工作的可靠性;装有液压锁,防止失速下降,即使油管破裂,重物也不会下坠;在钢绞线承重系统中增设了多道锚具,如安全锚、天锚等。

2)液压泵站

设置安全阀,限制各点的最高负载,确保结构安全;液压和电控系统采用联锁设计,避免由于误操作造成的不良后果。

3)控制系统

具有异常自动停机、断电保护等功能;采用容错设计,具有较强抗干扰能力。

8.2.4 锚具安全保障

钢绞线底端必须用P型锚具,严禁采用夹片式锚具。钢绞线上端锚具采用工具锚,不得采用工作锚具,特别是工作锚夹片。

8.2.5 指挥通信保障

现场人员均配备移动式手持通信器材,发现情况,能立即传达到各点位人员。

8.3 安全管理

(1)人员管理。做好技术交底和安全培训,尤其注意起重作业、高空作业安全教育。

(2)严格执行高空作业的相关规定,确保高空作业安全。

(3)严格执行起重作业的相关规定,确保起重作业安全。

(4)严格进行方案的审查、复核与验算,确保方案可靠。

9 环保措施

液压系统大量使用液压油,施工现场做好设备维修保养,防止漏油污染桥面和附近区域。

根据设计进行临时设施型钢采购、下料,避免材料浪费,节能降耗。

10 资源节约

如采用传统的施工方法进行高墩区移动模架拆除,需要搭设大型型钢平台,动用大量大型起重设备,耗用大量燃油;采用本工法,只需要搭设小型拆除平台,制作4个转换器,节约了大量钢材。

11 效益分析

采用该工法,要进行系统的相关技术、设备的开发与引进,初期一次性投入较大,系统的投资约200万元,但系统利用率较高。本工法不仅适用于移动模架的整体落架,也适用于移动模架的整体提升;另外,其他类似工程的大型构件的整体提升、下降也可采用该工法,从而将大量的高空作业转化为地面作业,大大降低临时设施投入,降低安全风险,具有非常好的社会效益和推广价值。

单套移动模架整体落架,采用该工法施工,将高空移动模架拆卸解体,变成平台上作业,施工工效高,现场简洁文明,劳动强度低,各吊点的荷载均衡,位置同步控制方便,操作安全。

12 应用实例

12.1 工程实例一

杭州湾跨海大桥I合同工程。本项目位于浙江海盐,于2003年10月28日开工,2007年5月28日完成主体工程施工。本项目全长2 579m,桥梁工程上部结构均为预应力连续箱梁,有1 680m箱梁采用50m自行式移动模架施工,其中50m箱梁有33跨。移动模架在完成最后一跨箱梁施工时,正处在滩涂区,墩身高度达32m。项目部采用基于计算机实时控制的液压同步提升技术进行移动模架的整体落架施工,取得了成功(图12)。单套移动模架落架准备工作历时8d,正式下放时间均只花了10h。

图12 移动模架整体落架图

12.2 工程实例二

金塘大桥V合同段由浙江省交通工程建设集团有限公司承建,项目主要包括浅滩区引桥及镇海侧引桥,起点桩号K47 +675,终点桩号K49 +977,全长2 302m。

本工程有11跨50m预应力现浇箱梁采用50m自行式移动模架施工,50m移动模架施工顺序为从陆地区到滩涂区,完成箱梁施工后,设备处在海中H01高墩区,项目部采用了计算机实时网络控制的液压提升技术进行移动模架整体落架,安全、高效地实现移动模架拆卸。

钻孔灌注桩钢筋笼滚焊制作工法

GGG(浙)C1077—2008

吴塀忠　单光炎　范厚彬　张谷旭　王运顺
(浙江省交通工程建设集团有限公司　厦门连环钢材加工有限公司)

1　前言

钻孔灌注桩因其对各种土层的适应性强、无挤土效应、无振害、低噪声、承载能力强等优点,在基础施工中得到广泛应用;钻孔桩钢筋笼由主筋和箍筋焊接或绑扎而成。目前,国内桩基钢筋笼主要靠人工生产,产量低、材料损耗大、质量不稳定。

浙江省交通工程建设集团有限公司与厦门连环钢材加工有限公司共同合作,利用厦门连环钢材加工有限公司已申请的国家专利(专利号为:ZL2006 2 006068.1)为关键技术,进行钢筋笼滚焊施工,通过多个工程的应用,形成本工法。本工法很好地解决人工加工存在的问题,工效高、质量稳定、节约成本,施工完成的钢筋笼整体性好、不易变形、拼接精度高、顺直度好、易控制保护层厚度。

2　工法特点

2.1　该工法机械化程度高,施工效率高

主筋在圆周上均匀分布,多个钢筋笼搭接时很方便,可提高钢筋笼吊装施工时的效率。

2.2　质量稳定

采用机械化作业,主筋、箍筋的间距均匀,箍筋螺旋成形时, 支撑稳固, 能保证钢筋笼的同心度和直径误差,产品质量非常稳定。

2.3　节约成本

箍筋不需搭接,较之手工作业节省材料1%,大大节约人工。

2.4　节约工时

由于主筋在其圆周上分布均匀,多个钢筋笼搭接时很方便,节省了吊装时间。

3　适用范围

本工法适用于钻孔灌注桩钢筋笼制作。

4　工艺原理

该工法的主要工艺原理为:将钢筋笼的主筋穿过固定旋转盘模板圆孔,在移动旋转盘圆孔中固定后,箍筋端头先在主筋上焊2~3圈(图1、图2);同步转动旋转盘,移动盘边旋转边后移,主筋同时在纵向和圆周两个方向运动,拖动盘筋在主筋上缠绕,形成螺旋箍筋,人工在固定的平台上对箍筋进行点焊定位,从而形成钢筋笼。

图3为钢筋笼滚焊机结构及工艺原理图。

图1　固定盘与移动盘

图2　固定盘后的主筋支架

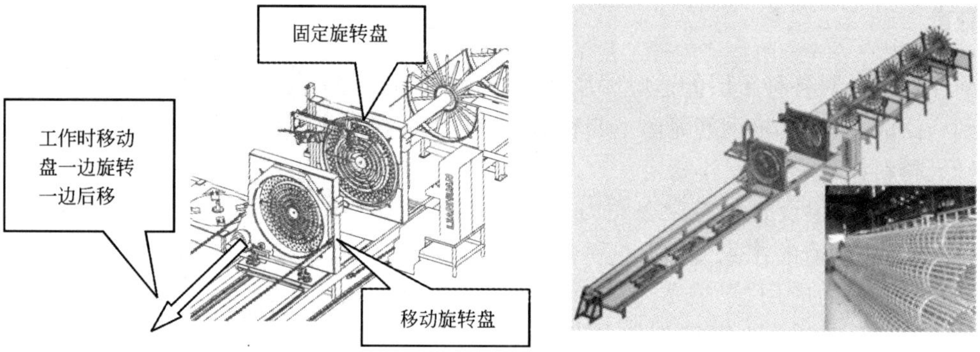

图3　钢筋笼滚焊机结构及工艺原理

5　施工工艺流程及操作要点

5.1　工艺流程

该工法工艺流程见图4。

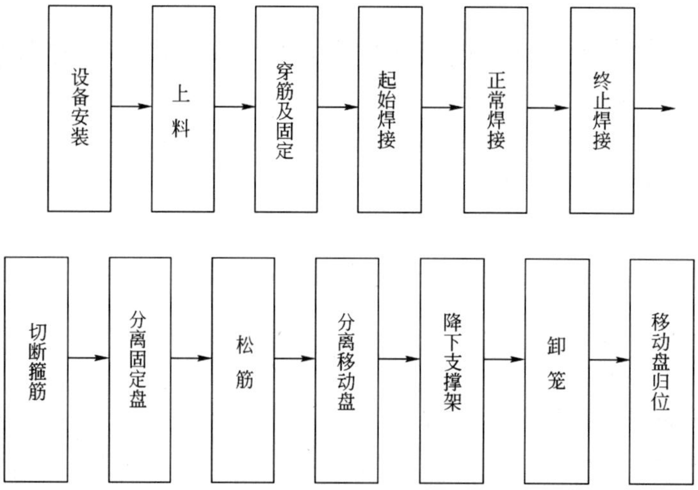

图4　工艺流程

5.2　操作要点

5.2.1　设备安装

1)生产场地布置

钢筋笼滚焊施工生产区域的划分要充分考虑各种原材料及成品的移动及存储，主要有4个部分，箍筋存放区（*A* 区）、主筋原料区（*B* 区）、钢筋笼卸笼区（*C* 区）以及设备区。生产场地布置见图 5，设备安装要注意如下几点：

(1)*A* 区是箍筋存放区，该区域的宽度至少要 3m，并有道路相通，以便于箍筋进料和施工操作。

(2)*B* 区为主筋原料区，要充分考虑主筋上料、储存的空间。

(3)*C* 区为钢筋笼卸笼区，主要用于成品钢筋笼卸笼、验收及补焊施工。

(4)设备和生产区边界相距要在 2～3m 以上。

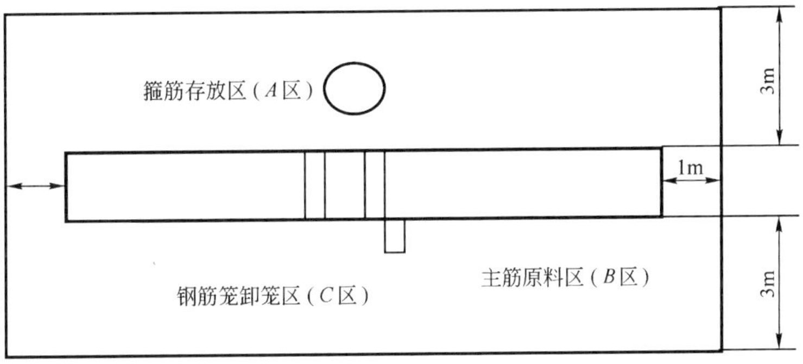

图 5　生产场地布置平面图

2)设备安装

(1)根据设备自重、施工荷载、地基等情况，先进行设备安装基础的设计与施工。

(2)设备安装要确保平整度，安装稳固，以保证施工质量和设备寿命（图 6）。

(3)设备检查及调试，根据钢筋笼设计数据调整设备运行参数（图 7）。

图 6　安装完成的设备（正面为移动盘）

图 7　设备近景

5.2.2　上料（图 8）

图 8　钢筋上料

(1)主筋放在主筋料架。主筋已经加工完成，其长度、顺直度符合设计要求，端头处理满足连接要求。要做好首节、标准节、末节钢筋笼主筋的标志，避免生产过程中混放。

(2)盘筋放在箍筋料架。

5.2.3 穿筋及固定

将主筋穿过固定盘到移动盘,并在移动盘通过螺栓进行固定。起始节钢筋笼端头齐平,标准节和末节钢筋笼要按设计尺寸错开端头(图9)。箍筋穿过夹具连接到主筋上,如图10所示。

图9 穿主筋

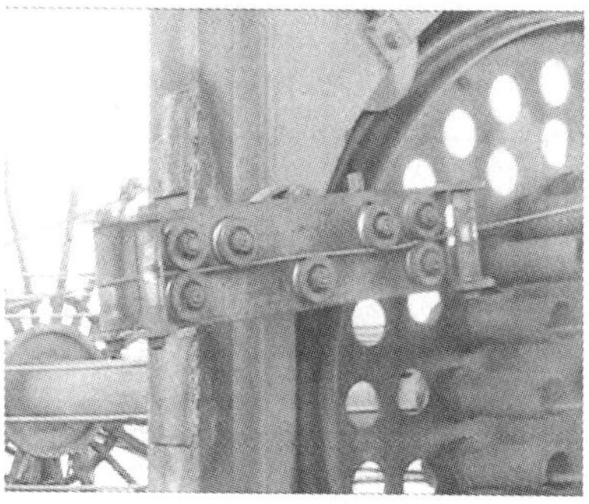

图10 穿箍筋

5.2.4 起始焊接

把箍筋通过调直机在主筋上并排连续绕两圈,并与主筋焊接牢固。焊接也可采用二氧化碳保护焊,焊丝可采用1mm镀铜焊丝。

5.2.5 正常焊接

固定盘、移动盘同步旋转,移动盘边旋转边后移,主筋同时做纵向和圆周两个方向运动,拖动盘筋在主筋上缠绕,形成螺旋箍筋,人工在固定的平台上对箍筋进行点焊定位,从而形成钢筋笼,如图11所示。

图11 正常焊接

5.2.6 终止焊接

固定盘后的主筋长度达到预定长度时,将箍筋在主筋上并排连续绕两圈,焊接牢固,固定盘和移动盘停止旋转。

5.2.7 切断箍筋

用人工点焊切断箍筋,完成一节钢筋笼的制作,如图12所示。

5.2.8 固定盘分离

抬升支撑架,托住钢筋笼,移动盘继续后退,拖动主筋与固定盘分离,如图13所示。

5.2.9 松筋

将固定主筋和移动盘的螺栓松开,如图14所示。

5.2.10 分离移动盘

抬升其他支撑架,托住钢筋笼,移动盘继续后退,直到与钢筋笼分离,如图15所示。

5.2.11 降下支撑架

支撑架托住钢筋笼并降下归位到钢筋笼支撑平台,如图16所示。

5.2.12 卸笼

把加工好的钢筋笼移离支撑平台,如图 17 所示。

图 12 切断箍筋

图 13 分离固定盘

图 14 松筋

图 15 钢筋笼支撑状态

图 16 分离移动盘

图 17 钢筋笼准备卸笼

5.2.13 移动盘归位

移动盘前进归位,准备生产下一节钢筋笼。状态与设备刚安装完成时一样,如图 18 所示。

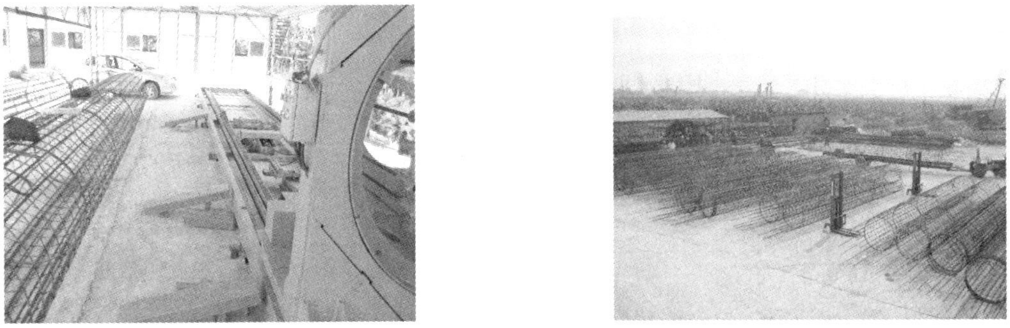

图 18 完成的钢筋笼

6 材料与设备

6.1 工程材料

钢筋笼滚焊施工主要材料有钢筋笼主筋、盘筋,耗材可采用1mm镀铜焊丝。

6.2 机械设备

钢筋笼滚焊施工主要施工机械设备见表1。

钢筋笼滚焊施工主要施工机械设备表 表1

序号	设备名称	规格或型号	数量(台)	备注
1	钢筋切断机	TYC-HD42A	1	主筋加工
2	闪光对焊机	UN1-125	1	主筋接长
3	钢筋笼滚焊机	LHL-1500A	1	用于钢筋笼制作
4	CO_2 保护焊电焊机	意大利戴卡5180	1	箍筋焊接

7 质量控制

7.1 设备的水平状态会直接影响设备的使用状况及寿命,因此,设备基础施工质量要符合设计要求,要确保水平,安装牢固。

7.2 设备要通过调试验收才能使用,设备参数设定要符合钢筋笼设计要求。

7.3 主筋和盘筋原材料按规范要求抽检,确保原材料质量。

7.4 主筋加工,根据钢筋笼起始节、标准节和末节的节段长度下料,根据钢筋笼的接长方式进行端头加工,要确保主筋尺寸、端头加工质量、主筋顺直,加工好的主筋要做好标识。

7.5 固定操作人员,组织学习培训。

7.6 落实首件工程检查总结,加强质量检查,在钢筋笼卸笼时及时验收并补焊。

7.7 按规定进行设备的维护保养,确保设备正常运行。

8 安全措施

8.1 设备使用前,要检查相关电源的接通情况;漏电保护器、地线要安装正确,确保其运行安全。

8.2 设备运行过程中,严禁遮盖电器部分,要保持散热顺畅;要注意检查马达是否过热。

8.3 定期对各类接线端子、螺栓、螺帽进行检查,在电源切断的情况下重新紧固;对减速机、液压站油量进行定期检查,如有不足,要进行添加,如有漏油现象,要进行及时修理。

8.4 定期对所有润滑油嘴打黄油;清除电气柜中的灰尘,保持电气柜内清洁。

8.5 设备操作人员须经操作培训考核合格,充分掌握操作规程,严禁非操作人员操作设备。

8.6 严禁用水或压缩空气对电器设备进行冲洗或吹灰;严禁用湿布或潮湿刷子对电气柜中的电气器件进行清灰作业。

8.7 生产结束后,移动盘归位,关闭控制电源开关和油泵开关,关闭总电源、焊机电源开关。如果设备长时间不用,应把控制柜内各低压断路器全部关闭。

8.8 操作人员要正确使用劳动防护用品,不能穿过于肥大、有丝带或易被卷入设备的服装进行生产作业,防止衣服、手臂被卷入设备中,长发者须把头发盘起并固定在安全帽内。

9 环保措施

9.1 加强设备液压油路的检查维修,防止漏油污染。

9.2 加强用电管理,节约施工用电。

10 资源节约

采用本工法，箍筋可节约1%，提高了工效，节约了人工。

11 效益分析

11.1 进度

采用本工法施工，每个钢筋笼的成型只需45～60min，劳动强度低。正常情况下备料及滚焊4人一班，分两班作业，8个人一天就可以加工出240m长成品的钢筋笼，可以满足现场需要。而人工生产效率低，劳动强度高，一个24人的钢筋班组，一天可生产120m长钢筋笼。滚焊施工的工效可达到人工施工的6倍以上。

11.2 质量

采用本工法施工的钢筋笼，主筋、箍筋的间距均匀，能保证钢筋笼的同心度和直径误差，制作质量明显优于人工加工，可一次通过验收，没有返工现象，也方便现场连接。

11.3 成本

钢筋笼滚焊制作生产成本低，除滚焊机一次性成本投入之外，钢筋加工成本在40元/t以内。而人工生产，按目前的市场行情，人工费在220元/t左右，对于大型桥梁项目来说，经济效益更为显著。

12 应用实例

12.1 工程实例一

杭州湾跨海大桥Ⅰ合同工程，本项目位于浙江海盐，于2003年10月28日开工，2007年5月28日完成主体工程施工。本项目桥梁工程全长2 560m，上部结构为预应力现浇连续箱梁，基础采用群桩基础，共有526根钻孔灌注桩，其中ϕ1.2m桩基14根，桩长65m，ϕ1.5m桩基484根，桩长89m，ϕ2.0m桩基28根，桩长82.5m。该工程ϕ1.5m桩基钢筋笼采用滚焊工艺制作，提高了钢筋笼生产效率和质量，加快了工程进度，给下部结构施工和上部箱梁施工营造了良好的施工条件。

12.2 工程实例二

杭州湾跨海大桥北岸连接线Ⅴ合同项目位于杭州湾北岸，海盐县西塘镇境内的海盐县经济开发区，是杭州湾跨海大桥通道的重要组成部分，主线全长3.28km，桥梁全长2.22km，含大型互通1处，桥梁主要施工内容有559根钻孔灌注桩、138个系梁承台、439个立柱。由浙江省交通工程建设集团有限公司中标承建。本工程559根钻孔灌注桩全部为ϕ1.5m桩基，平均桩长60m，桩基钢筋笼采用滚焊工法进行生产。该工法对工程施工质量、进度、安全、文明及环保节能均起到了较好的促进作用。

连续刚构桥无压重自锚式挂篮施工工法

GGG(中企)C3078—2008

刘　雄　严泽洪　邓迪文　李德强
(葛洲坝集团第五工程有限公司)

1　前言

挂篮悬臂浇筑法施工,从20世纪60年代由前联邦德国首先使用以来,发展至今,已成为一种有效的桥梁施工手段。挂篮作为连续刚构桥悬臂灌注施工的主要设备已有多种类型。按行走方式可以分为滑动式和滚动式;按平衡方式可分为全压重、半压重和无压重自锚式;按构造形式可分为菱形挂篮、三角形挂篮、斜拉式挂篮、制式杆件拼组的桁架式挂篮。有些国家如日本、法国等已有定型的系列化产品,我国从20世纪80年代开始使用这种技术以来,也已取得了巨大的成就,无压重自锚式挂篮具有技术、经济的综合效果,达到了国际先进水平。

2　工法特点

2.1　挂篮自重轻,由此带来在加工、运输、拼装、移动、拆除等方面的方便,进而达到节省资金的目的。它是一个能沿箱梁顶滑动或滚动的承重构架,其锚固悬挂在已施工的前端梁段上,在挂篮上可以进行下一梁段的模板、钢筋、预应力管道的安设,混凝土灌注、预应力张拉和灌浆诸作业。

2.2　挂篮浇筑和行走时均无平衡压重,中端支撑在已浇好的梁段前沿上,浇筑混凝土时后端锚固在已浇好的梁段后部,行走时中端点可以滚动或滑动,后端通过反扣轮或后钩板也可以滚动或滑动。

2.3　挂篮轨道为无须接长的整体轨道,先行移动轨道后行走挂篮,轨道通过重复使用精轧螺纹钢连接在已浇好的梁段的竖向预应力精轧螺纹钢筋上,或预埋精轧螺纹钢上。

2.4　挂篮轨道行走时主桁加一根安全锚固横梁,增加了行走的安全性。

2.5　挂篮完成一个节段循环后,即可前移并固定,进行下一节段的悬灌,如此循环直至悬臂灌注完成。

2.6　挂篮预压采用在0号块上做反力架对底篮预压,特别适合于高墩大跨连续刚构施工。

3　适用范围

本工法广泛适用于连续刚构桥或连续梁桥的分段悬臂灌注施工。

4　工艺原理

通过挂篮中部向上的支点力 F 和后部向下的后锚力 P 与悬臂浇筑混凝土的重力平衡(图1)。

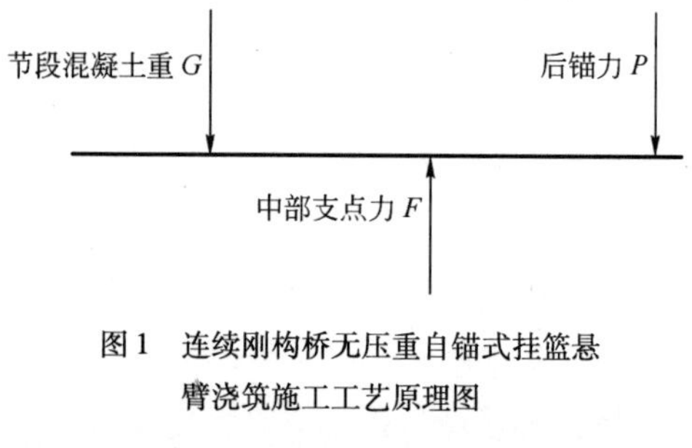

图1　连续刚构桥无压重自锚式挂篮悬臂浇筑施工工艺原理图

5　施工工艺流程及操作要点

5.1　施工工艺流程

总体施工工艺流程为:0号段拼装挂篮试压→测量、模板定位、悬灌、养护→测量、预应力束张拉压浆→挂篮行走→下一循环→挂篮拆除。

5.1.1 拼装工艺

(1)拼装准备。在工厂将主构架的桁片拼装成形,拼装后运至现场吊装,编写拼装工艺,准备好拼装工具及各种连接螺栓销轴,培训拼装工人。

(2)铺枕。用1∶2水泥砂浆找平梁顶面铺枕部位,铺设钢枕用于安装轨道。

(3)安装轨道。从0号段中心向两侧安装整体长轨各一节,尾部焊接在一起,各轨道尾部均通过安装一锚固梁来固定,锚固梁通过重复使用精轧螺纹钢锚固在已浇好的箱梁顶板竖向预应力精轧螺纹钢筋或预埋的精轧螺纹钢筋上,抄平轨道顶面,量测轨道中心距无误后,把轨道锁定牢固。

(4)安装前后支座。先从轨道前端穿入后支座,后支座就位后安放前支座。

(5)吊装主构架。主构架拆成散件后运至现场吊装,先安装立杆旋紧连接螺栓或销轴,再安装其他连接部件,为防止倾倒,用脚手架临时支撑。

(6)安装主构架之间的连接系。

(7)用长螺杆(ϕ32 精轧螺纹钢)和扁担架将主构架后端锚固在已成梁段上,中部支点处应用钢枕将挂篮顶起。

(8)吊装前上横梁。将前上横梁上的千斤顶,上、下垫梁及钢吊带,一起组装好后,整体起吊安装。

(9)安装后吊带。在梁段底板预留孔内,安装后吊带,先安放垫块,千斤顶和上垫梁,后吊带从底板穿出,以便与底摸架连接。

(10)吊装底模架及底模板。

(11)吊装内模架走行梁,并安装好前后吊杆。

(12)安装外侧模板。

5.1.2 预压施工工艺

挂篮预压在0号块横隔板上设置反力梁,用穿心式千斤顶进行预压。荷载采取主墩悬浇的最不利箱梁施工总荷载的110%,以对前支点产生的弯矩进行等效代替计算的张拉力。对挂篮前上横梁设观测点观测其竖向位移,找出挂篮变形规律作为底模调整高程的依据。

5.1.3 悬臂灌注施工工艺

每个T构从1号或2号段开始(0号段长度不够拼挂篮时先用托架架浇1号块,然后在0号和1号顶面拼装挂篮),对称拼装好挂篮后即可进行悬臂灌注施工。

(1)分片吊装底板及腹板构造钢筋并安放预应力管道。

(2)安装内模。

(3)根据梁段的高度调整下部模板。

(4)在顶板和腹板安装下料串筒位置处留洞,在腹板的捣固位置预留位置进行捣固。

(5)安装端模板,并与内外模板连接。

(6)绑扎顶板钢筋。

(7)安放预应力管道、锚板等。

(8)对称灌注混凝土。

(9)混凝土养护。

(10)预应力筋张拉。

(11)压浆。

(12)挂篮行走。找平梁顶面并铺设钢(木)枕及轨道;放松底模架前后吊带;底模架后横梁两侧的吊耳与外侧模走行梁之间安装10t倒链,即底摸架悬挂在走行梁上;拆除后吊带与底模架的连接;解除挂篮后端锚固螺杆;轨道顶面安装两个5t倒链(每套挂篮)并标计好前支座的位置(支座中心距梁端50cm);倒链牵引前支座使挂篮、底摸架、外侧模一起向前移动;移动时挂篮后部应设10t保险倒链;安装后吊带,将底模架吊起;在待浇梁段上安装外侧模行走梁后吊梁,先解除一个后吊架,移至已浇节段,再解除另一个后吊杆移至已浇节段;拉出内模,挂篮走行完毕。

5.1.4 挂篮的拆除

待合龙段施工前,便可拆除挂篮,拆除顺序如下:

(1)合龙段需要使用的内外模用倒链先将滑梁拉至合龙安装部位,再用倒链将内外模就位,底模挂在滑梁上就位。

(2)合龙段完成后在梁顶面安装卷扬机,吊着外侧模前后吊杆(底模架吊在滑梁上)徐徐下放,落至地面,或先放底模架,后放外侧模。

(3)合龙段不用的内模、行走梁,在合龙段施工前拆除,余者可从两端梁的出口拆除。

(4)主构架可移至塔吊可吊范围内,分片拆卸。

(5)拆除轨道及钢(木)枕。

5.2 操作要点

(1)挂篮完成后应进行试压,以消除残留的塑性变形量,并验证挂篮设计时确定的各项技术指标。

(2)测量高程应尽可能在清晨太阳出来前进行测量。

(3)挂篮高程定位时,前端高程应考虑预拱度(包括挂篮非弹性变形值)。

(4)挂篮行走时要满足桥轴线要求。

(5)梁体预应力筋必须在梁体混凝土弹模和强度达到设计要求后张拉。

5.3 劳动力组织(表1)

劳动力组织情况表 表1

序号	单项工程	所需人数	备注
1	管理人员	3	
2	技术人员	6	
3	钢筋模板工	16	
4	起重工	8	移动挂篮
5	张拉灌浆工	8	对称张拉
6	养护	2	

6 材料与设备

本工法没有特别需要说明的材料,本工法采用的主要机具、设备详见表2。

机具设备表 表2

序号	设备名称	设备型号	单位	数量	用途	备注
1	倒链		个	8	模板定位,挂篮行走	
2	千斤顶	30t机械	个	30	提升吊带	
3	挂篮		个	2		单墩
4	穿心千斤顶	400t	台	4	张拉	对称张拉
5	真空泵		台	2	真空辅助吸浆	
6	灰浆搅拌机	JW180	台	1	拌制水泥浆	

续上表

序　　号	设备名称	设备型号	单　　位	数　　量	用　　途	备　　注
7	灰浆泵	MBV80 型	台	2	灌浆	
8	水泵		台	2	养护	
9	卷扬机		台	2		
10	水准仪		台	1		
11	全站仪		台	1		

7　质量控制

7.1　工程质量控制标准

施工总体质量执行《公路桥涵施工技术规范》(JTJ 041—2000)或《铁路桥涵施工技术规范》(TB 10203—2002),梁体各高程测量允许误差为 ±5mm,梁体轴线允许偏差值为 ±10mm。

7.2　质量保证措施

(1)T 构两端悬臂灌注混凝土做到对称平衡施工。

(2)分层浇筑混凝土结合面应仔细凿毛,清洗干净,使水平施工缝符合规范要求。浇筑分层厚度 30cm,在初凝之前将次层混凝土浇筑完毕,保证无层间冷缝,墩身肢外悬臂端由外向里方向浇筑,肢间由中间向两边浇筑。

(3)当钢筋和预应力管道在空间发生干扰时,适当移动普通钢筋的位置,以保证预应力管道位置的准确。钢束锚固处的普通钢筋如影响预应力施工时,适当弯折,但待预应力施工完毕后及时复原。在钢筋施工过程中发生钢筋空间位置冲突,适当调整其布置,但要确保钢筋的根数和净保护层厚度。如因浇筑或振捣混凝土需要,应对钢筋间距作适当调整。

(4)锚下螺旋筋与分布筋相干扰时,可适当移动分布钢筋或调整分布钢筋的间距。

(5)混凝土达到设计要求的强度和弹模时拆模。

8　安全措施

8.1　遵守国家发布的《中华人民共和国安全生产法》,遵守建设部、中华全国总工会、劳动人事部联合发布的《建筑安装工人安全技术操作规程》。

8.2　桥梁施工中高处作业必须设置防护措施,并符合《建筑施工高处作业安全技术规范》(JBJ 80—91)的要求,按照《高处作业分级标准》(GB/T 3608—93)实行分级管理。

8.3　各工种进行上下立体交叉作业时,不得在同一垂直方向操作,操作人员必须严守各自岗位职责,并应防止铁件工具掉落等。

8.4　脚手架的搭设必须符合安全技术规程的规定。立杆间距、杆件联系、剪刀撑安设要按规定执行,立杆底设垫块并设置安全网、栏杆挡板,并经有关技术人员检验合格后方可投入使用,脚手架拆除时,下方不得有其他人员。

8.5　箱梁 0 号节段施工完毕,及时安装两侧的安全护围,保证操作人员的安全。

8.6　雨天和冬天进行作业时,必须采取可靠的防滑、防寒和防冻措施;设置避雷设施,接地电阻 $\leqslant 4\Omega$;强风、浓雾等恶劣气候不得从事高处作业;强风暴雨后,对高处作业设施逐一进行检查,发现有松动、变形、损坏等现象,立即修理完善。

8.7　夜间上桥施工保证具有足够的照明强度,危险区悬挂警告标志,施工人员上桥前应集合经安全员教育和检查,任何人员未经批准,不得擅自进入作业现场。

8.8　安装前制定安装技术措施,挂篮组拼后,要进行全面检查,并做静载试验。

8.9 在墩上进行0号块施工并以托架做施工平台时,在平台边缘处,应设安全防护措施。墩两侧斜拉托架平台之间搭设人行道板,并连接牢固。

8.10 使用的机具设备(如千斤顶、滑车、手拉葫芦、钢丝绳等),应进行检查,不符合安全规定的严禁使用。

8.11 挂篮拼装及悬臂组装中,应根据作业点的具体情况设置安全防护设施。

8.12 挂篮使用时,后压锚、张拉平台的保险绳等应经常检查。底模高程调整时,应设专人统一指挥,作业人员应站在铺设稳固的脚手板上。

8.13 挂篮移动前,要对吊带、滑移支座锚固等进行全面检查,遇大风时停止挂篮移动,确保挂篮的行走安全;挂篮行走时,要缓慢进行,速度应控制在0.1m/min以内,以保安全。滑道要顺直、不得偏移。挂篮桁架行走和浇筑混凝土时,其稳定系数应符合《公路桥涵施工技术规范》(JTJ 041—2000)的规定。

8.14 已灌梁顶和挂篮四周设栏杆并挂安全网,且安全网网绳不破损,并生根牢固、绷紧、圈牢、拼接严密。

8.15 吊机工作时,设专人指挥吊机;吊机开始提升和下降时,指挥人员均要鸣哨。

8.16 搭设稳固的扶梯,人员上下桥面走扶梯,不攀爬支架。

9 环保措施

9.1 遵守国家和地方政府下发的有关环境保护的法律、法规和规章。

9.2 落实环保责任制,与责任人的经济利益挂钩,形成责、权、利相结合的制约奖惩机制。

9.3 按环保体系的要求来管理工地的工程材料、设备、施工废水、生活垃圾,并定期进行检查。

10 效益分析

大小跨度预应力连续刚构桥采用悬臂施工可以不影响交通,这是该桥型的一个主要施工方法,采用本工法后,可大大加快施工进度,节约投资,社会效益和经济效益显著。

11 应用实例

11.1 湖北沪蓉西高速公路双河口特大桥和关口垭3号桥

11.1.1 工程概况

双河口特大桥左5号墩高162.7m,墩高在同类桥型中居世界第三亚洲第二。双河口特大桥左右幅主桥上部结构形式为:90m+2×170m+90m四跨预应力混凝土连续刚构变截面箱梁。全桥箱梁累计6个0号块,每个0号块混凝土工程量为:C53混凝土557.6m^3,箱梁采用单箱单室截面分离式设计,箱梁顶宽12.5m,箱梁底宽6.5m,两侧悬臂长度3.0m。箱梁0号块梁高10.0m;悬臂板端部厚15cm,根部厚65cm;箱梁底板根部厚100cm,腹板厚70cm,隔板厚40cm,箱梁顶板厚度28cm,箱梁顶部设有2%的横坡。箱梁按全预应力混凝土设计,采用三向预应力,纵向、横向及部分竖向预应力采用美国ASTM-A416-97A标准270级高强度低松弛钢绞线。

关口垭3号桥全桥左幅桥跨布置为82m+150m+82m=314m,右幅桥跨布置为82m+150m+82m=314m,为预应力混凝土连续刚构桥。全桥共分为一联即82m+150m+82m。箱梁采用分离式双箱,每幅桥为预应力混凝土单箱单室截面,箱梁顶宽12.5m,箱梁底宽6.5m,两侧悬臂长度3.0m;箱梁根部梁高9.0m,跨中及端部梁高2.8m,悬臂板端部厚15cm,根部厚70cm;箱梁根部底板厚100cm,跨中底板厚30cm,梁高及底板厚从根部到跨中采用1.8次抛物线变化,腹板根部厚70cm,跨中厚40cm,利用三个箱梁节段直线变化,箱梁顶板厚度28cm;箱梁顶设有2%的超高横坡。上部构造按全预应力混凝土设计,采用三向预应力,纵向采用大吨位群锚体系,最多每束达22根钢绞线。图2为挂篮总装示意图和图3为挂篮预压示意图。

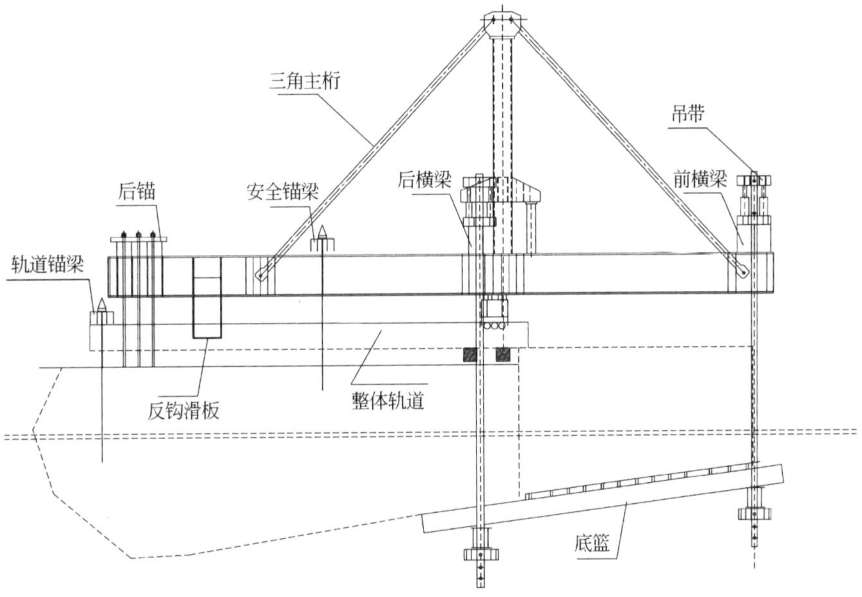

图2 挂篮总装示意图

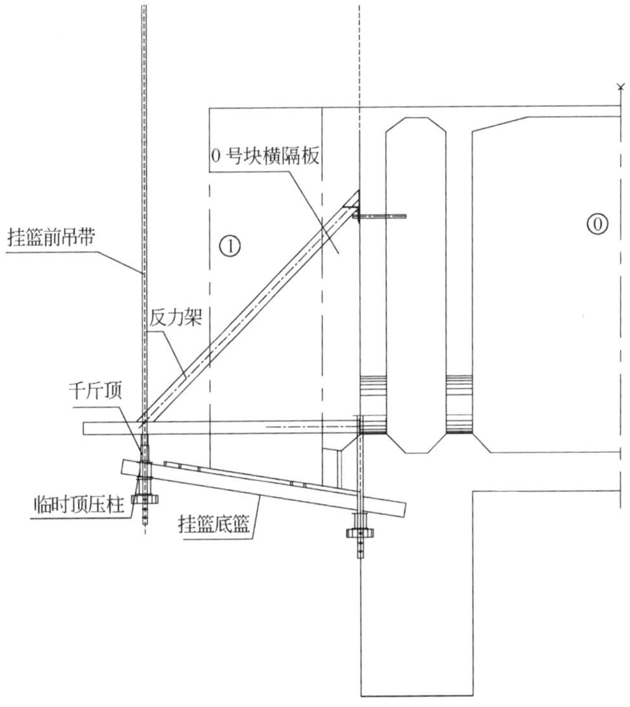

图3 挂篮预压示意图

11.1.2 施工情况

双河口特大桥6个墩中有4个墩采用菱形挂篮,2个墩采用三角挂篮;关口垭3号桥采用菱形挂篮。以上挂篮全部设计为无压重自锚式挂篮。

两个桥在施工过程中,没有出现施工质量问题和施工安全问题,取得了很好的经济效益和社会效益。

11.1.3 结果评价

双河口特大桥6个墩和关口垭3号桥4个墩成功运用了该施工工法,取得了很好效果。挂篮全部由现场自制和旧挂篮改制,重量极大减轻,20肢挂篮共计节约资金500万元,经济效益显著。同时,施工质量达到设计要求,受到业主、设计、监理的好评。

11.2 云南元磨高速公路

11.2.1 工程概况

云南元江—磨黑高速公路第13合同段是国道213线云南境内的一段,是国家道路网“九纵九横”的重要组成部分,位于云南省墨江县境内,全长10.768 48km,起讫桩号为K303+420—K314-188.82,主要由4座3跨连续刚构特大桥、2座连拱隧道、单幅2座分离式隧道、单幅29座大桥、单幅9座中桥等组成。

11.2.2 施工情况

云南元磨高速公路连续刚构桥高墩均采用菱形无压重自锚式挂篮施工。利用墩顶0号块安装挂篮,挂篮上部结构为菱形,前部伸出两伸臂小梁,作为挂篮底模平台和侧模前移的滑道,菱形结构后端锚固于箱梁顶板上。用手动葫芦将底模平台吊在外侧模行走梁上,解除后吊带,将其落于滑梁上,松开菱形桁架上的上锚固,使其后支座反扣在轨道上缘,用千斤顶顶推主桁并带动侧模及底模平台沿滑道前行到位,将内模落于内行走梁上,用手动葫芦牵引就位。分别向两侧依次对称地分段浇筑主梁至合龙段,待合龙段施工前,便拆除挂篮。施工过程中安全和质量均得到可靠保证,加快了施工进度。

11.2.3 结果评价

云南元磨高速公路3跨连续刚构桥采用无压重自锚式挂篮施工,具有结构简单,受力合理和一次移动到位的特点,使结构整体性好,安全可靠,质量得到了保证,节约成本,产生的效益约计460万元,经济效益和社会效益显著。

大跨度悬索桥缆索吊装施工工法

GGG(中企)C3079—2008

王崇旭　庄值政　潘永祥　廖盛荣
(路桥华南工程有限公司)

1 前言

缆索吊最初被称为无支架吊装,是我国20世纪70年代在大江大河上安装拱桥节段时独创的一种架设方法。由于在江河中不需搭设支架,后来得以广泛应用。20世纪90年代末及21世纪初,随着大跨径悬索桥在我国大量兴起,缆索吊应用到悬索桥加劲梁的吊装中。缆索吊高强度的索塔则成为缆索吊塔架设计的理想依托;缆索吊起吊重物后可以沿中跨全跨范围内进行移动,起吊点位置不受限制,其架设速度快、成本低。

21世纪以来,伴随我国经济的稳步增长,统筹区域均衡发展成为可持续发展的战略要求,因此连通山区的桥梁的勘察设计,特别是大跨越能力的桥型——悬索桥将大范围修建。针对西部山区地形地质条件复杂、施工场地狭小、交通不便、大件运输极为困难的特点;现有的缆载吊机架设法和桥面架桥机架设法无法适应工程建设需要;缆载吊机架设法因缆载吊机不能带载在主缆上行走,只能定点进行垂直起吊,因此不适合山区梁段;桥面架桥机架设法采用从两塔位置向跨中的顺序进行架设钢梁,使得线形不易控制,对主体线形影响较大,因架桥机吊重限制,不能整体吊装梁段,梁段只能分拆成杆件或单元,施工难度极大且效率极底,同样不能满足工程建设需要。

针对西部山区的特点,因地制宜地提出采用岩锚+锚墙作为缆索吊地锚结构,塔架采用塔上矮塔方案,利用主体结构索塔作为缆索吊塔架基础,可以大大节约施工成本。采用大跨度缆索吊来进行吊装山区悬索桥桁架梁的施工方法成为首选方案。

本工法着重从缆索吊承重索的连接方式、地锚系统构造等方面进行阐述,说明大跨度缆索吊的设计选型、工艺特点、适用范围、施工工艺等。

路桥华南工程有限公司针对四渡河特大桥大跨度缆索吊技术的特点,对施工中的关键技术进行认真的研究和总结,使大跨度缆索吊技术向大跨度发展,更加具体、可行。

2 工法特点

缆索吊作为一项比较成熟的吊装工艺,在拱桥和跨径比较小的悬索桥和斜拉桥中有所应用。本工法在以前成熟工艺基础上,着重研究缆索吊承重索的连接方式、跑马系统以及地锚系统构造等关键技术,使缆索吊技术向大跨度方向发展,更加具体、可行。

四渡河特大桥缆索吊机设计起吊能力为160t,吊装跨度900m。该缆索吊系统宜昌岸采用独立岩锚+锚墙作为地锚结构,这一结构相对于重力式地锚锚碇结构大大缩减了混凝土方量,从而极大地缩减投资。塔架采用塔上矮塔方案,利用主体结构强大的主塔作为缆索吊塔架基础,在主塔顶上方采用4根钢管拼装成塔架,塔架高13.2m。钢管与塔顶门架连接,以增加塔架整体的稳定性,极大地节省了投资。

(1)因地制宜地采用岩锚+混凝土锚墙作为地锚的后锚结构,岩锚+混凝土锚墙结构为重力式地锚构造成本的1/4左右,极大地缩减了地锚成本。

(2)塔架可以直接利用强大的主体索塔结构作为塔架的基础,不需设置庞大的塔架结构,极大地节约了施工成本,使得缆索吊在大跨度悬索桥中成为可能。

(3)为了节约成本,提高粗径钢丝绳的重复使用率,减少一次性投入,采用开闭销接式热铸锚进行接长,使得旧钢丝绳的重复使用更加可行。

(4)缆索吊承重绳地锚后锚位置,通过转向轮来实现各根钢丝绳之间的串联,实现承重绳自行调节到基本一致的高程,承重绳受力基本均衡。

(5)跑马系统可以在全跨径范围内无障碍快速移动,既可以垂直起吊又可以纵向移动,克服了缆载吊机架设法不能带载在主缆上行走,只能定点进行垂直起吊,而不能纵向移动的难题;也解决了桥面架桥机架设法施工速度过慢的问题,成为山区大跨径悬索桥桁架梁吊装的首选方案。

(6)采取岩锚+混凝土锚墙的地锚构造、利用主塔作为塔架基础、重复利用旧钢绳,极大地缩减了施工成本,使得大跨度缆索吊可以应用到1 200m跨径范围的悬索桥中,既经济又安全高效。

3 工法适用范围

本工法适用于1 200m跨径范围内的悬索桥桁架式加劲梁的吊装施工,特别是山区悬索桥的施工。

4 工法工艺原理

缆索吊由承重绳、跑马系统、起吊系统、牵引系统、地锚及塔架几大部分组成(图1)。起吊重物通过承重绳把巨大拉力传递地锚结构,地锚结构作为最主要的承载结构,为缆索吊系统成败的关键,其中重力式地锚依靠其巨大的自重及其与地基之间的摩擦力和嵌固力来平衡承重绳的巨大拉力,预应力锚索+锚墙结构地锚充分利用锚索与其周围岩体的共同作用,锚固承重索。

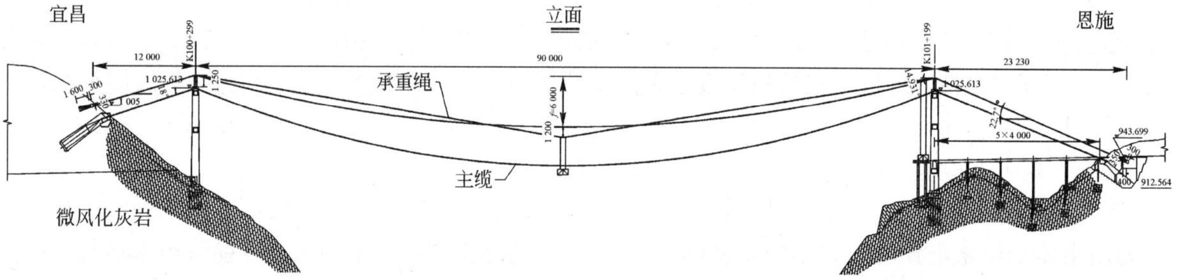

图1 缆索吊总体布置图(尺寸单位:mm)

悬索桥的结构特征是具有刚强的索塔、强有力的主缆,缆索吊虽不能利用主缆这一特点,而高强度的索塔则成为缆索吊设计的理想依托,加之山区两岸一般具有良好的基岩,更加简化了锚固系统的设计,再加上缆索吊可移动的灵活性,则成为缆索吊设计的合理构思。

缆索吊设计高程依据大桥裸缆矢高,并根据承重索自重及集中荷载作用在跨中引起的最大垂度,决定其塔架的高度。在力求夹角尽可能接近0°的状态下,并根据具体的地形及地物确定边跨长度和高程;结合两岸地形,考虑猫道影响及塔顶宽度限制,东西岸锚碇设置在锚洞口附近,在主塔塔顶两外侧设置缆索吊机塔架;缆索吊机主跨900m,宜昌岸边跨120m,恩施岸边跨232.3m。地锚结构采用预应力岩锚+混凝土锚墙,塔架采用钢管拼装。

预应力岩锚+锚墙复合结构是一种主动承载体系,能充分调动深层岩体的自承能力,同时也对围岩体起到了预加固作用,改善了岩体的力学性质。该种承载结构具有造价低、施工方便、对周围环境影响小、承载可靠等特点,充分发挥了预应力岩锚轴向刚度的优势。

每个地锚设置23束拉压分散型岩锚,对称分布在锚墙后端围岩上。单根岩锚的锚索为采用环氧树脂全喷涂无黏结钢绞线组成的钢束,分为锚固段和自由段,锚固段长8m,自由段长12m。在锚固段设有一个承载体,承载体以挤压套固定,形成压力型锚索;锚固段钢绞线的环氧树脂全部剥除,使其与水泥浆产生黏结力,形成拉力型锚索;每束岩锚的所有钢绞线按组分为四级进行张拉,使荷载分散作用于整个锚固段长度上,应力分布趋于均匀。

5 施工工艺流程及操作要点

5.1 工艺流程(图2)

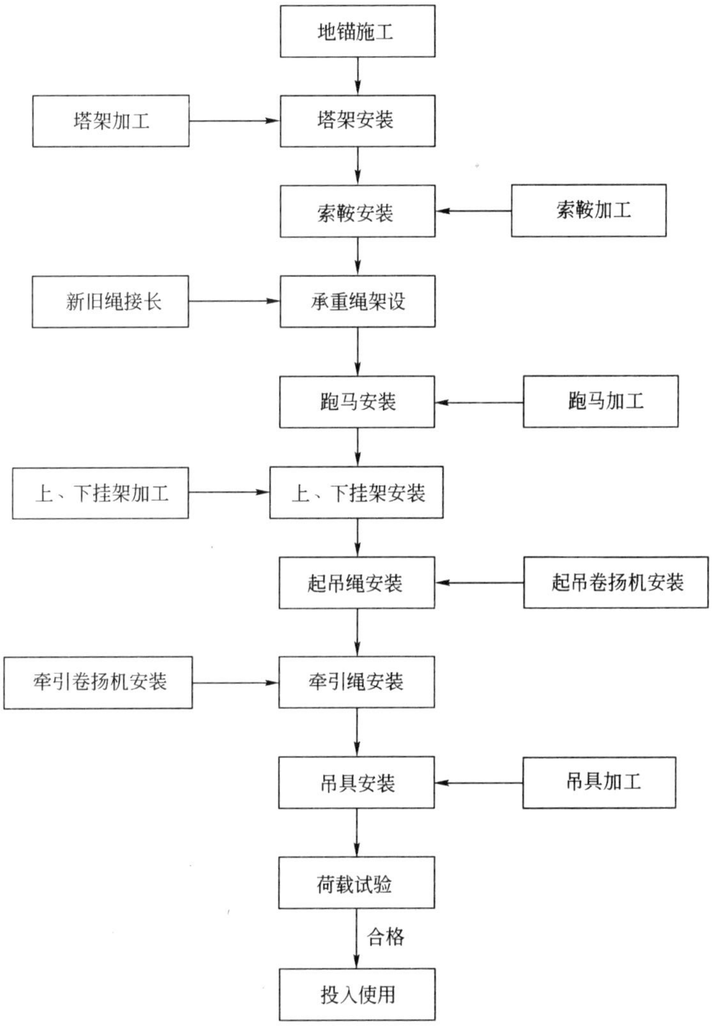

图2 施工流程图

5.2 施工工艺操作要点

5.2.1 地锚

1)锚墙

为了保证预应力岩锚的成孔精度,采取先浇筑锚墙再进行预应力岩锚的施工(图3)。先根据测量放样出来的岩锚中心位置,再拉线把锚墙位置放样出来,进行清表,把锚墙的后坡面开挖出来,绑扎钢筋,分层浇筑锚墙混凝土。在锚墙混凝土浇筑前,进行定位钢支架的安装,按承重绳对应坐标把岩锚孔道预留出来,预埋管道为ϕ107mm×3mm的钢管。在浇筑锚墙混凝土时按大体积混凝土施工进行控制,混凝土中添加适量的粉煤灰以降低水泥用量。

2)拉带施工

宜昌岸缆索吊地锚采用拉带锚固承重索,每个地锚预埋8根拉带,拉带之间的净空为26cm,每个大导轮配两根拉带,每根拉带为宽35cm、厚5cm的Q345钢板,埋深2.3m。拉带安装前先安装定位钢支架,再按承重绳对应坐标把拉带安装在支架。

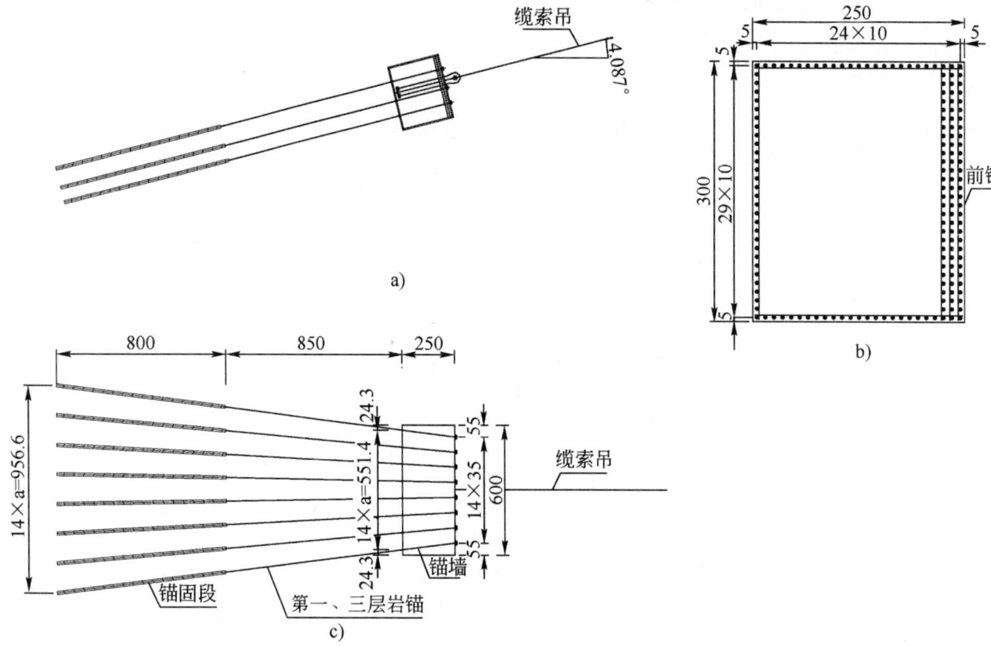

图3　岩锚+混凝土锚墙地锚结构(尺寸单位:cm)

a)预应力锚索立面图;b)锚墙钢筋图;c)预应力锚索平面图

3)岩锚成孔

在锚墙混凝土达到设计强度的85%以上时,进行岩锚成孔施工,直接按照锚墙上的预留孔道位置钻进,确保了钻孔施工有很高的精度;孔径为 ϕ130mm,孔深19m(含2.5m厚锚墙段),钻孔过程视围岩情况的好坏适当加深锚孔。当钻孔达到设计深度后,应及时用高压风清理孔道,将钻渣清理干净,在锚索安装前应再次清孔,并检测钻孔深度。

4)锚索的制作及安装

锚索的制作应按照设计要求进行,锚索采用 ϕ^{j}15-6 的钢绞线编束。在锚索制作过程中,应严格控制质量。钢绞线下料长度要准确,下料时宜用砂轮切割,以免钢绞线损伤,降低抗拉强度。锚索自由段应进行防腐处理,并套上塑料管等,使其与灌浆体隔离开。锚索安放时应保证进浆和回浆管路畅通,保证锚索在孔中位于对中位置,确保锚索的锚固质量,钢绞线尾端、自由段和锚固段分界处设置挤压套;锚索自由段每隔1m设置一个收缩定中环;锚固段每隔77cm交替设置收缩和扩张定中环。

5)岩锚的压浆

锚索放置就位后应及时进行压浆施工。锚索压浆应质量可靠,锚索应位于锚孔中央,四周均被砂浆包裹,注浆饱满度应达到95%以上,并采用止浆袋防止浆液溢出。注浆液可以是1:0.4左右的纯水泥浆;注浆压力为0.8~1.0MPa。

6)锚索张拉

当岩锚孔中压浆浆体的强度达设计张拉强度后,即可进行岩锚的张拉工作。在进行岩锚张拉之前,应首先确定张拉工艺,通常采用分级加荷,每级加荷持续时间2min以上,中间过程不卸载,最后一级应持荷5min后锁定。张拉施工完成后,即可对自由段灌浆或封孔灌浆,使锚索与空气和水隔离,起到防腐蚀的作用。

5.2.2　塔架拼装

每个塔架采用4根 ϕ460mm×14mm 的无缝钢管作为立柱,塔架高12.5m,顺桥向钢管间距为3m,横桥向钢管间距为1.5m,布置在塔顶门架外侧。塔架的平联采用 ϕ200mm×12mm 的无缝钢管,斜撑为 ϕ160mm×12mm 的无缝钢管,共设3道平联,平联之间的间距为2.75m,通过塔吊吊装安装到位。

先对塔顶预埋钢板表面进行清理,清除表面的杂物和粉尘,进行塔脚系统施工,先安装4排2I56工字钢承重梁及其牛腿斜撑，铺设2排4I45工字钢分配梁，施工时注意各焊缝尺寸和施焊顺序满足《钢结构设计规范》(GB 50017—2003)和图纸要求。

塔架顶部设置两道横向2I56工字钢承重梁(I56工字钢两侧翼缘板焊接一块1cm厚钢板使I56工字钢承重梁成一个闭口箱)，两道工钢间距为3m；承重梁顶面满铺I45工字钢作为索鞍的支撑平台。塔架安装完后采用2[20a与塔顶门架联结成一个整体，以增加塔架整体的稳定性。

5.2.3 承重绳的接长

悬索桥施工过程中，为了提高粗径钢丝绳的重复使用率，减少浪费，节约成本，钢丝绳的接长成为必然的选择。旧钢绳使用前，必须安排专人对其外观质量进行排查，检查钢丝绳的磨损程度、断丝情况、润滑情况、变形情况以判断钢丝绳的合用度。旧钢绳作为承重绳，使用前需要选取弯折最严重情况下(最不利情况)的钢丝绳进行整拉试验，验证最小破断拉力和抗拉强度是否满足国标要求，可否用于实际工程。

新旧钢丝绳接长采用销接式热铸锚接长，锚头采取现场浇铸，浇铸完毕后全部按国标进行顶压试验。顶压荷载为1.25倍设计荷载，顶压后索体最大外移量小于国标要求的5mm。

5.2.4 地锚转向轮安装

缆索吊承重绳一般由多根钢绳组成，吊物通过跑马系统分配作用在承重绳上，承重绳上受力存在不一致，必然引起承重绳的垂度不一致，影响跑马结构的运行，从而对缆索吊系统产生不利的影响。

为了克服缆索吊承重绳受力不均衡引起的垂度不一致，本缆索吊系统做了如下的设置：在地锚处设置多组转向轮，承重绳绕过转向轮后绳与绳之间对接起来，所有承重绳形成一个串联结构，承重绳的不均衡力通过转向轮转动使垂度不一致的承重绳调整成高程基本一致，承重绳受力基本均衡。

宜昌岸每个地锚设置4个转向轮，每两根拉带配一个转向轮，每根拉带设两块夹板，夹板和拉带之间采用销轴相连，夹板通过销轴和转向轮相连。为保证每个转向轮销孔都均匀受力，4个转向轮高度必须保持一致。

考虑承重绳锚头布置在恩施岸，恩施岸每个地锚设置5个转向轮，每根拉带配一个转向轮，每根拉带设两块连接夹板，夹板和拉带之间采用销轴相连，夹板通过销轴和转向轮相连(图4)。

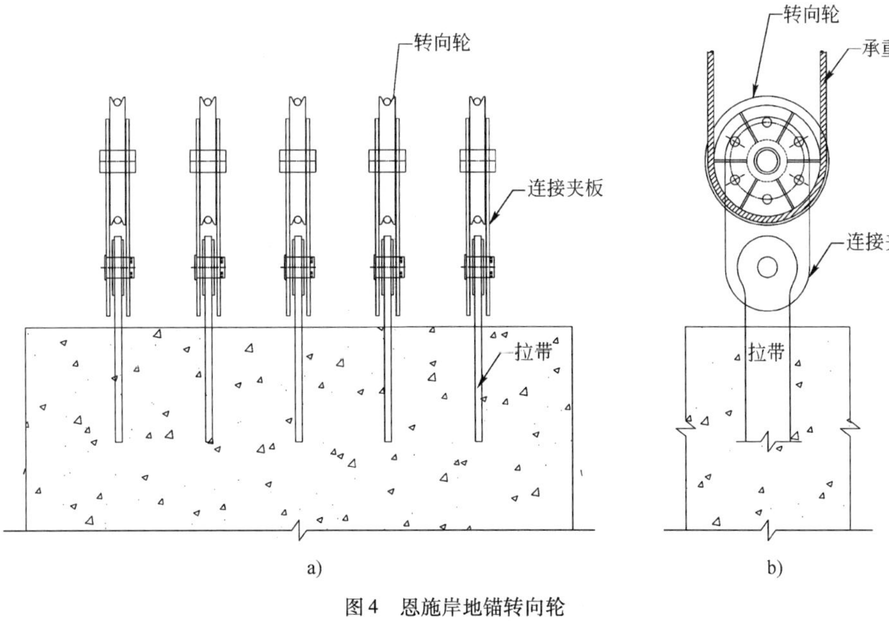

图4 恩施岸地锚转向轮

a)正面图；b)侧面图

5.2.5 索鞍安装

塔架拼装完成后，进行索鞍的安装，索鞍底座焊接在塔架顶的钢箱上，除了底座的平焊缝外，还需要焊接劲板，以抵抗承重索在塔顶产生的水平推力。

5.2.6　承重索架设

1)承重绳架设顺序

承重索的牵拉按由外向内的顺序进行,牵拉顺序如图5所示。

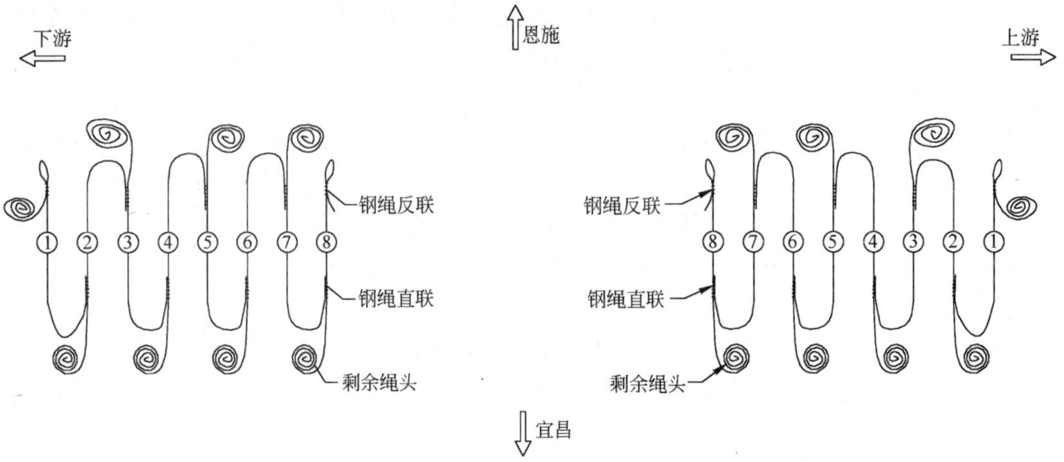

图5　缆索吊承重索牵拉顺序及连接示意图

2)承重索的牵引

承重绳锚头布置在恩施岸,即外侧两根承重绳反锚、中部6根对接;宜昌岸处承重绳均为对接接头。

缆索吊承重索的牵引利用主缆架设的牵引系统进行。承重索从放索架索盘松出,利用卷扬机牵拉至重力锚上方小门架处,然后连接拽拉器,拽拉器牵拉至2号索塔,利用塔顶卷扬机及塔吊配合翻过2号索塔,再连接拽拉器牵引至1号索塔,用同样的方法翻过1号索塔,再利用拽拉器牵拉至宜昌地锚处。为了保证牵引过程的顺利进行,在1、2号塔顶门架上承重索牵拉位置需布设托滚,每15m布置一个,中间采用在猫道横梁上绑上木条支垫。

3)承重索的入鞍

承重索牵拉就位后,利用索塔顶门架上卷扬机,将塔顶范围内承重索提升,再利用塔吊提升将承重索入鞍。

4)承重索调整

承重索入鞍后,进行承重索的垂度调整,承重索垂度调整的施工步骤如下:

(1)利用宜昌地锚顶和宜昌岸1号索塔塔顶靠岸侧卷扬机将宜昌边跨承重索提空。

(2)将承重索穿过宜昌岸地锚转向轮后,用绳卡将承重索反向卡死。

(3)启动1、2号塔塔顶靠中跨侧卷扬机将中跨承重绳提空。

(4)利用重力锚和恩施岸2号索塔塔顶靠岸侧卷扬机将恩施岸边跨承重索提空。

(5)利用恩施岸重力锚卷扬机与承重索相连,连接方式为ϕ36mm钢丝绳双线与承重索卡紧。

(6)松开并拆除塔顶及地锚各点卷扬机与承重索的连接。

(7)缓慢启动卷扬机对承重索垂度进行调整。

(8)重力锚转向轮位置钢绳反卡锚固。

(9)松开20t卷扬机钢绳与承重索的连接,拆除绳卡。

5)其他承重索架设

进行下一根承重索的牵拉架设,步骤与第一根承重索架设方法相同,不同的是在两个边跨锚固时注意与前一牵拉的承重索对接,两根承重绳对接接头绳卡数量不少于20个。

5.2.7　跑马系统的安装

承重索架设完毕后,在两岸索塔工作平台上拼装跑马滑车,跑马滑车分片安装在承重索上,再用组合轴将8排跑马联成整体,组装完成后安装运载梁、分配梁、上挂架。在1、2号塔顶门架平台上安装支索器，支索器每隔50m一道，每个塔顶安装9个。

5.2.8 起吊绳的安装

ϕ32mm的起重索先从布置在恩施岸重力锚的起吊卷扬机上牵拉出来，经布置在重力锚C20混凝土上方的托轮，再从底座上方的压轮下穿过。利用拽拉器将起吊绳牵拉至2号索塔穿过索鞍和制索器，再穿过跑马上挂架和下挂架、1号索塔，锚固于宜昌岸散索鞍门架上，完成起吊绳的安装。起吊绳的锚固点处接头绳卡不少于8个，每个绳卡间距为25cm，绳卡将钢绳压扁1/3左右。

5.2.9 牵引绳的安装

跑马系统形成、起吊绳架设完成后，将原主缆牵引系统拆除，每台18t卷扬机重新盘上ϕ36mm钢丝绳作为牵引绳。

牵引绳先从牵引卷扬机处牵拉出来，经过地锚上方的压轮，再翻过塔顶塔架上的索鞍，ϕ36mm钢丝绳穿过跑车索引装置导轮，拉回跨过塔顶索鞍锚固在地锚上，形成双线牵引系统。牵引绳的锚固点处接头绳卡不少于8个，每个绳卡间距为25cm，绳卡将钢绳压扁1/3左右。

全桥两岸共设置4套牵引系统。

5.2.10 吊架安装

跑马下挂架下连接三角吊架作为起吊工具，三角吊架为等边三角形，三角吊架底下设一根2I56工字钢承重作为不同梁段的吊点分配，吊架安装通过销子直接与缆索吊下挂架连接，至此，整个缆索吊机系统形成。

5.2.11 缆索吊机拼装验收及试吊

缆索吊机全部拼装完成后，组织进行全面的检查验收，重点检查各部构件连接，钢绳的连接是否紧固可靠，跑车、滑轮组和动力设备是否操作灵活有效，并进行整机试运转，确认整机机构稳妥后方可实施吊装作业。

1)空载试验

空载试验目的主要是检验设备安装情况以及各项性能情况是否能满足图纸要求、安装是否正确，具体如下：

(1)重点检查各部构件连接，钢绳的连接是否紧固可靠，跑车、滑轮组和动力设备是否操作灵活有效。

(2)分别开动牵引卷扬机和起吊卷扬机，运行跑马系统检查各部件的可靠性，起吊系统有无出现卡绳、提升速度是否同步及各配套的机具设备是否运营良好等。

(3)用全站仪观测承重索在空载情况下的跨中位置处变形情况。

(4)开动起吊卷扬机全程上下3次，要求两副起吊系统同步动作、速度一致。

(5)开动牵引机全程行走3次，要求两副跑马系统同步动作、速度一致。

2)荷载试验

通过比较，利用桥面预制板作为缆索吊单边的试吊荷载，目的是通过试吊来检验缆索系统的计算、设备是否完好。

(1)加载步骤

分别按吊重的50%、70%、100%、110%逐步加载，检查系统各受力部位。

(2)试吊步骤

索塔跟前起吊试吊物离地面，静止→检查各受力部位→运行试吊物至跨中，静止→检查各受力数据，观测承重索垂度等→运行试吊物至对岸索塔跟前，静止→检查各受力数据，观测承重索垂度等→返回起点位置卸载。

(3)试吊试验

①采用工况一：跑马起吊试吊物运行至中跨跨中位置，检查承重索跨中挠度、塔架变形、地锚拉带变形以及承重绳接头锚固情况，其结果是否跟设计结果相一致等。

②采用工况二：跑马起吊试吊物运行至靠塔架中心20m位置，检查牵引卷扬机受力、刹车，牵引绳

受力,牵引绳锚固情况,其结果是否符合设计要求。

③跑马起吊试吊物运行至中跨跨中位置和运行至靠塔架中心20m位置,试吊物起吊至桥面高程,卷扬机停车静止检查起吊卷扬机的刹车,起吊绳的受力和锚固情况。

(4)试吊时主要观测要点

①承重索:对承重索各点的受力状况、垂度等进行测量观察。

②塔架:在塔架处安装应变片,以测试塔架的变形和应力情况;在塔架顶上设定标志点,用全站仪在横桥向和桥轴线两个方向上观测塔顶位移;在塔脚斜撑上安装应变片以观测斜撑变形和应力情况。

③地锚:在地锚拉带上设定标志点,起吊后用全站仪观察无位移变形,并且在拉带上安装应变片以观测预埋拉带受力情况。

④导向轮、索鞍:对缆索吊导向轮、索鞍鞍座等部位的钢板、焊缝等注意观察。

⑤起吊绳和牵引绳:检查其受力和锚固情况。

⑥起吊和牵引卷扬机:主要检查其受力和刹车情况。

6 材料与设备

大跨度缆索吊施工过程需要投入的材料和设备如表1、表2所示。

缆索吊系统主要材料与设备 表1

序号	名称	规格	数量	安装部位
1	承重索	$8\times\phi56$mm	1组×2	上下游外侧
2	起吊索	$1\times\phi32$mm	2 800m×2	恩施岸起吊卷扬机
3	牵引索	$1\times\phi36$mm	2 700m×4	两岸牵引卷扬机
4	起吊卷扬机	20t	1台×2	恩施岸
5	牵引卷扬机	18t	2台×2	两岸
6	跑马	轮径45cm	32个×2	承重索上
7	上挂架		1个×2	跑马下方
8	下挂架		1个×2	
9	索引装置		2个×2	跑马前后
10	索鞍		2个×2	塔架顶
11	导轮		3个×4	塔架顶
12	转向轮		9个×2	地锚前面
13	压轮		6个	卷扬机前方
14	临时吊架		1个×2	下挂架下方
15	M56绳卡		340个	平衡轮前面
16	M36绳卡		64个	地锚处
17	M32绳卡		32个	宜昌岸散索鞍处

缆索吊安装施工设备 表2

序号	名称	型号	数量	用途
1	塔吊		2	绳索提升
2	8t挂车		2	材料设备运输
3	吊车	25t	4	材料设备转运
4	卷扬机	10t	4	承重索架设
5	卷扬机	6t	8	承重索架设

续上表

序号	名称	型号	数量	用途
6	拽拉器		2	承重索架设用
7	绳盘架		2	放置承重绳盘
8	滑车	32t	24	承重索提升、调整用
9	钢绳	ϕ21.5	300m×2	承重索调整用
10	千斤头	ϕ36	18m×2	承重索调整
11	千斤头	ϕ28	16m×12	承重索提升
12	绳卡	M56	120个	承重索提升
13	绳卡	M36	60个	
1	绳卡	M32	30个	

7 质量控制

大跨度缆索吊吊装加劲桁架梁是高难度、高风险的施工，缆索吊的施工质量牵涉到加劲梁的吊装施工安全，要严格控制每一道工序的施工质量，包括：

(1)地锚混凝土浇筑质量，地锚岩锚张拉质量，地锚拉带的加工质量，地锚转向轮加工质量。

(2)塔架预埋件埋设质量，塔架拼装质量，塔架焊接质量，索鞍质量，索鞍鞍座安装质量，索鞍安装质量，索鞍加固质量。

(3)承重绳质量，承重绳连接质量，承重绳调整质量。

(4)跑马滑车质量，跑马滑车安装质量，上、下挂架加工安装质量。

(5)牵引系统卷扬机安装质量，起重系统卷扬机安装质量，卷扬机钢绳质量。

(6)加劲梁吊具加工质量，加劲梁吊具安装质量。

(7)承重绳的热铸锚头现场浇铸质量。锚头浇铸完毕后全部按国标进行顶压试验，顶压荷载为1.25倍设计荷载，顶压后索体最大外移量必须符合国标中要求小于5mm的指标。

建立严格的组织管理制度，进行严密的现场组织管理，充分反映施工组织设计意图，细化每一个工序的操作内容，经过反复比较，确定合理施工方式，以此来保证整个缆索吊架设工作顺利进行，并使其质量得到很好的控制(表3)。

缆索吊运行过程控制表 表3

序号	部位	系统	具体检查情况
1	恩施岸	承重绳后锚	预埋拉带旁弯
2			拉带前的转向轮
3			承重绳绳卡
4		牵引系统	牵引卷扬机刹车情况
5			牵引卷扬机前压轮磨绳情况
6			牵引卷扬机前转向轮磨绳情况
7			牵引绳后锚绳卡紧固情况
8			压轮和转向轮锚固情况
9			牵引卷扬机副机的排绳情况
10		起吊系统	起吊卷扬机刹车情况
11			起吊卷扬机前压轮磨绳情况
12			压轮的锚固情况
13			起吊卷扬机副机的排绳情况

续上表

序　号	部　位	系　统	具体检查情况
14	恩施岸	塔架	斜撑支腿焊缝
15			检查钢管立柱底下的2I56 承重梁和4I45 分配梁变形情况
16			塔架顶部的I56 工钢承重梁旁弯和变形
17			塔架立柱的平联焊缝
18			索鞍基架焊缝和变形情况
19			牵引绳基架焊缝和受力变形情况
20			索鞍绳轮磨绳情况
21			钢管立柱基础混凝土是否存在裂纹
22	宜昌岸	承重绳后锚	预埋拉带
23			拉带前的转向轮
24			承重绳绳卡
25		牵引系统	牵引卷扬机刹车情况
26			牵引卷扬机前压轮磨绳情况
27			牵引卷扬机前转向轮磨绳情况
28			牵引绳后锚绳卡紧固情况
29			压轮和转向轮锚固情况
30			牵引卷扬机副机的排绳情况
31		起吊系统	起吊绳后锚绳卡紧固情况
35		塔架	斜撑支腿焊缝
36			检查钢管立柱底下的2I56 承重梁和4I45 分配梁变形情况
37			塔架顶部的I56 工钢承重梁旁弯和变形
38			塔架立柱的平联焊缝
39			索鞍基架焊缝和变形情况
40			牵引绳基架焊缝和受力变形情况
41			索鞍绳轮磨绳情况
42			钢管立柱基础混凝土是否存在裂纹
43	全桥	跑马系统	跑马轮
44			上下挂架的运行
45		吊具	吊架的变形情况
46			吊架的焊缝情况

8　安全措施

大跨度缆索吊吊装加劲桁架梁是一项高难度、高风险的施工，为了保证缆索吊安装和运营过程中的安全，从以下各方面进行控制。

8.1　制定完善的安全制度

(1)建立、健全安全组织机构，全面负责整个架设过程中的安全组织管理，对所有参加施工的职工进行安全教育。在每一个工作小组内设置一名兼职安全员，负责本小组安全监督与管理。每个工作面设一专职安全员，负责整个工作面安全管理，项目经理部设安全管理领导小组，对缆索吊施工安全统筹管理。

(2)整个缆索吊架设施工工作，大部分属于高空作业，在施工过程中，尤其注意高空作业的安全保护工作。

(3)建立定期安全检查制度,规定每个月检查的频率,尤其对高空作业环境进行全面检查,及时发现安全隐患。

(4)对周围环境进行详细调查,对存在安全隐患的地段制定防护措施。

(5)创造良好的工作空间,方便工人进行安全技术操作。

(6)成立突发情况救护组,负责缆索吊架设期间各个工作面的检查。

(7)在危险地段设置安全警示牌,在容易引起高空坠落事故的作业面周围设置安全护栏、安全网等安全防护措施。

8.2 排查清楚危险源

从施工的环境、气候条件及施工流程方面来看,主要影响到缆索吊施工的安全因素有:气候、结构安全、高空作业、机械设备安全等几个方面。

1)气候方面

缆索吊从安装到吊装桁架梁过程,跨越时间段较长,很有可能处于冬季,低温、大风天气不利于工程施工;在冬天,穿的衣服较厚,手脚不灵活,同时风也比较大,攀爬及高空作业都存在着较大的危险性。

2)设备方面

缆索吊的施工离不开卷扬机和塔吊,塔吊用来转运结构用材等物资,卷扬机用来牵引钢丝绳,这两个设备都属于特殊设备,要定期进行安全检查。

根据项目施工的特点,进行了详细的危险源分析并确定了预控的重点及应该采取的预控措施(表4)。

施工现场危险点分析及预控措施 表4

预控项目	预控重点	预控措施
一般规定	人员	人员体检,项目部统一发高空作业许可证; 全员安全教育,安全用品规范穿戴,特殊工种持证上岗
	环境	天气预报送达现场,5级以上大风严禁作业; 周围设护栏和安全警戒线; 施工通信联络采用对讲机; 施工用"三相四线"制,保证起码的接零。一部分使用"三相五线"制,设置规范的接零和接地
	过程	起重作业坚持"十不吊",合理选择吊点、索具,指挥信号规范、统一; 工具传递严禁抛掷,氧气、乙炔瓶用框吊运提升; 按安全检查"三单"(整改通知单、催办通知单、查封通知单)制度整改事故隐患
主要机械(卷扬机、跑马系统、挂架、转向轮等)	荷载	缆索吊系统的吊重有安全系数; 卷扬机到最大负重留有安全系数
	作业过程	控制缆索吊拼装、起吊、行走全过程; 控制挂架的落钩、起吊旋转的全过程; 每月定期检查卷扬机、跑马系统的安全性
重叠作业	防高空坠物打击; 防上下层相互碰撞	做好脚手架临边防护,脚手架作业设计和安全设计; 施工现场禁止闲人入内,施工人员通行设安全通道棚,材料堆放有秩序; 重选作业设分隔棚

续上表

预 控 项 目	预 控 重 点	预 控 措 施
机械作业	防机械设备事故	严格操作规程操作； 严格保养制度保养
用电操作	防漏电； 放电器伤人	现场电路要有作业设计、平面设计，电器拉线、设闸要规范，按照方案操作； 用电器要有漏电保险装置，逐一保险； 大风或雨后启用电器前，要由专业人员检查，电路电闸要严格防潮防雨
冬季作业	人员	注意用火、取暖安全，严禁擅自燃火取暖、使用电炉、私接电线等； 尽量避开夜间操作，作业人员由项目部统一发防寒服； 医务室备足防寒抗冻药品
	机械设备	油料内掺入防冻剂； 车辆轮胎安装防滑铁链

8.3 缆索吊施工过程中采取的具体安全措施

(1)缆索吊系统安装过程必须严格按照方案进行,安装好后进行全面详细的检查。

(2)缆索吊安装好后在正式投入运营前,必须经过动静载试验检验,合格后方可投入使用。

(3)投入吊梁前再次检查卷扬机的刹车与线路的完好情况。

(4)缆索吊在起吊桁架梁之前,应分别细致检查起吊系统、牵引系统及锚固系统,确保缆索吊处于安全工作状态后才准许缓慢起吊。

(5)桁架梁起吊过程中,必须保证4个吊点高度尽量相同,保持桁架梁顶面基本水平。

(6)桁架梁吊装就位与吊索连接完成后,应缓慢下放,待吊索全部受力,才能松掉起重卷扬机。

(7)风力超过5级时,停止一切吊装作业。

(8)雷雨天气或者有雾的天气,停止一切吊装作业。

(9)操作工人应加强自我保护意识,在高空施工时应正确佩戴好防护用品,避免高空坠落事故发生。

(10)充分发挥监控功能,随时对施工过程进行监控,以便及时发现问题。

(11)加强工人的培训管理,组织进行详细的安全交底,确保各项操作符合要求。

9 环保措施

大跨度缆索吊系统,主要为钢构件,涉及环境的工序有地锚施工和绳索系统,为做好环境保护应从以下几方面控制。

9.1 岩锚施工的环保措施

采取措施控制施工现场的各种粉尘、废水、废气、废泥浆、废渣等对环境的污染和危害。环境保护坚持"预防为主、防治结合"的方针,努力实现可持续发展。

1)大气环境保护

(1)使用散装水泥时,要将散装水泥及粉煤灰存放在筒仓内,防止飞扬。

(2)钻孔的柴油机废气的排放按国家排放标准控制。

2)地面环境保护

(1)施工现场垃圾渣土及时清理出现场,运到指定区域。

(2)建筑垃圾固定地点堆放,及时清理。

3)水环境保护

(1)生产污水以及生活垃圾必须集中处理,不得直接排入沟底河中。

(2)油料和化学品不得堆放在民用水井、河流、湖泊附近,且用帆布覆盖,防止暴雨冲刷进入河、湖水中。

(3)岩锚压浆后,设备清洗后的污水不能随意排放,必须经过污水沉淀池处理。

9.2 缆索吊的绳索系统环保措施

(1)缆索吊施工,大多都是采用各种绳索和机械设备,故控制油渍污染作为环保工作的重点。

(2)绳盘必须设置基架,在基架底下铺设彩条布或者废旧土工布,防止钢绳的油污污染环境。

(3)钢绳从绳盘放出的时候,需要从放索盘沿着放绳方向在结构顶面铺设,设彩条布或者废旧土工布,防止油渍污染结构物。

(4)避免油污的玷污措施:缆索吊施工时,各种绳索的油渍较多,采取在猫道上铺设麻袋或者彩条布,遮挡油渍往下掉。

(5)缆索吊的承重索高出主缆一定距离,为了防止油渍污染主缆,在主缆上敷设覆盖彩条布进行遮盖。

10 资源节约

大跨度缆索吊系统涉及到需要耗费能量的只有卷扬机,缆索吊系统在设计之初,就进行能耗方面的考虑,在方案选型过程中,就要向最低能耗靠拢,具体做法如下:

牵引卷扬机要满足离塔中心8m的边段梁(1号梁)的牵引,需要配备25t的牵引卷扬机;如果只牵引到离塔中心20m的2号梁,边梁段通过移位器人工移位,只需配备18t型号的牵引卷扬机即可。通过优化比选,选择18t卷扬机作为牵引动力,按低速8m/min相同速度运行,18t卷扬机功率在45kJ左右,25t卷扬机功率在55kJ左右,平均每段梁纵向移动时间为60min,全桥4台牵引卷扬机吊完71段,18t卷扬机较25t卷扬机节省电量:$(55-45)\times4\times71=2\,840$度。

起吊卷扬机和塔顶门架上的卷扬机均按满足工作需要的最低功率进行选择,确保把能耗降到最低。

11 效益分析

大跨度缆索吊的技术指标:跨度900m,大致垂跨比1/12,最大吊装质量160t,解决了缆载吊机吊装不能沿纵桥向移动的难题。

通过技术调研,加劲梁吊装方案有缆载吊机、桥面架桥机及缆索吊3种。对于缆载吊机因不能沿纵桥向移动,故不适用于本桥;对于桥面架桥机,我公司曾与南京中升建机进行了技术讨论,适合该桥的桥面架桥机重量不少于100t,施工周期长,严重制约整个施工工期,提高了施工成本,故也未采用该方案,下面就桥面架桥机与缆索吊进行分析比较(表5)。

桥面架桥机与缆索吊费用分析　　表5

项　目	费 用 比 较
桥面架桥机 (全桥两台)	①架桥机(含加工费) A. 架桥机钢结构:100t×0.85万/t=85万 B. 液压传动系统:50万 C. 10t起吊卷扬机:2台×12万/台=24万元 D. 滑车组:2套×5万/套=10万元 E. 滑移平车:2台×6万/台=12万元 F. 架桥机前移系统:2套×6万/套=12万元 两台共:188×2=376万元

续上表

项　　目	费 用 比 较
桥面架桥机 (全桥两台)	②恩施岸提梁龙门(含加工费) A. 钢管:120×1.2=144万 B. 横移轨道(采用2I45a):30t×0.8万/t=24万 C. 滑移平车:2台×6万/台=12万 D. 平移横梁:50t×0.8万/t=40万元 E. 卷扬机:2台×12万/台=24万 F. 滑车组:2套×5万/套=10万 合计:254万元 ③宜昌岸目前拼装场地费用(承台前陡坡上建场地) A. 钢管及平联:100t×1.2万/t=120万 B. 承重梁(采用2I45a):16t×0.8万/t=12.8万 C. 分配梁(采用I20a):43t×0.8万/t=34.4万 D. 面板(δ5mm钢板):18t×0.8万/t=14.4万 合计:181.6万元 ④加劲梁上运梁轨道 A. 轨道(P43重轨):155t×0.85万/t=131.75万 B. 运梁平车:8台×6万/台=48万 C. 轨道调节设备:2套×10万/套=20万 合计:199.75万元。 ⑤端部拼装支架:钢结构100t×0.8万/t=80万元 ⑥安装小型机具:2套共计30万元 ⑦临时吊索:8套共计30万元 ⑧临时索夹:4套共计10万元 ⑨增加临时连接:70万元 ①~⑨项合计:　　1 231.35万元
缆索吊	①钢丝绳的成本:ϕ56mm钢丝绳305t×1.1万/t=335.5万元 ϕ36mm钢丝绳62t×1.1万/t=68.2万元 ϕ32mm钢丝绳28t×1.1万/t=30.8万元 ②塔架结构钢材:160t×0.8万/t=128万 ③跑马系统钢材:42t×1.6万/t=67.2万 ④吊具:　20t×0.8万/t=16万 ⑤索鞍及基座:　50t×1.5万/t=90万 ⑥锚碇用锚索:　8t×1.5万/t=12万 ⑦锚碇混凝土:　200m^3×0.06万/m^3=1.2万 ⑧18t以上卷扬机:6.0台×25万元/台=150万 ⑨导轮组:　28个×1.5万/个=42万 ⑩其他钢材(地锚预埋钢材):100t×0.8万/t=80万 缆索吊安装费用:30.0万元 合计:　　1 050.9万元
间接费用	缆索吊施工有效工期为71d(速度非常快,可满足每天一段梁的吊装速度);而桥面架桥机施工工期为(71÷2×3)=106.5d,则缆索吊节约工期35.5d,项目每天的施工成本按3.9万元计,从而节约施工成本:3.9×35.5=138.45万元

通过比较,本课题所采用的大跨度缆索吊相对桥面架桥机共节支1 231.35+138.45-1 050.9=318.9万元。

12 应用实例

12.1 重庆万州长江二桥

万州长江二桥位于重庆市万州区聚鱼坨，是一座主跨为580m的钢桁架加劲梁悬索桥，2001年10月31日开工，2004年9月28日通车。万州长江二桥主跨采用钢桁架加劲梁，一共31节段，最大吊装质量为70t，采用缆索吊进行吊装，一个月就吊装完成，施工速度极快。

12.2 湖北沪蓉西四渡河特大桥

湖北沪蓉西四渡河特大桥，其跨径布置为：900m + 5 × 40m，主跨为900m的单跨双铰钢桁架悬索桥，其中主桥宜昌岸锚碇为隧道式锚碇，恩施岸锚碇为重力式锚碇，两岸索塔为门架式。引桥采用5 × 40mT梁，先简支后刚构，桥面宽24.5m，桥面设2.41%单向坡，从塔顶至桥面处高差达560m，被誉为世界第一高桥。四渡河特大桥钢桁梁由主桁架、上下平联、横向桁架组成，主桁架采用华伦式，桁高6.5m，桁宽26.0m，吊装节段长度12.8m，单片加劲梁最大重为92t。四渡河特大桥开工日期为2004年8月20日，计划竣工时间为2009年6月。

牵索挂篮高空拼装施工工法

GGG(中企)C3080—2008

卜令涛　张会昌　刁先觉　常树芳　凌云锋
(路桥华南工程有限公司)

1　前言

国家重点公路杭州至兰州线重庆奉节至云阳高速公路 B5 合同段起止里程桩号为 K76 +945.8m ~ K77 +770m,全长 824.2m。该标段主桥采用双塔双索面 PC 梁斜拉桥,结构为半漂浮体系,主跨 386m,塔高 193m,主梁离地面高度 80m,索塔为 H 形塔,主梁为 π 形梁,梁宽 27.5m ,肋板标准宽 2.0m,加宽段肋宽 3.5m,0 号块长 23m,主梁采用牵索挂篮施工,挂篮重 110t,模板系统 50t,合计 160t;主墩位于山谷坡脚,山坡陡峭。

因施工场地陡峭,主梁离地面高,若采用传统挂篮拼装工艺,则需要在索塔下横梁处设置笨重的三脚架,在主梁 0 号块施工完成后拆除,才能开始平整场地用于拼装挂篮,然后利用卷扬机等设备提升挂篮。突出的问题是搭设能浇筑 23m 长的 0 号块需要耗用相当数量的钢材,非常费料;又因高空交叉作业需拆除 0 号块支架后才能开始拼装挂篮,非常费时;在陡峭山脚要平整至少 $800m^2$ 的场地用于拼装挂篮,非常费工;再通过提吊设备提升 110t 的挂篮到 80m 高度,存在安全隐患大、突发事件无法处理。因而采用在高空平台拼装挂篮,即将挂篮分两次拼装,第一次拼装后用于施工主梁 0 ~2 号块。

2　工法特点

利用 0 号块施工托架,主要用于挂篮的拼装,根据 0 号块长、重以及设有 1 号斜拉索的特点将挂篮分成两部分拼装,0 号块分成两次浇筑,第一部分挂篮用于主梁 0 ~2 号的施工,然后将该部分挂篮在托架上向前推移,最后拼装剩余挂篮,形成整体挂篮。与传统的施工方法比较,不仅可以节省 0 号块支架投入、场地平整和购买起吊设备的费用,且能够绕过拆除 0 号块支架而直接安装挂篮,节约工期,更避免了整体提吊 80m 高所带来的安全隐患。

3　使用范围

本工法适用于高山峡谷、地形条件差,场地平整困难,或主梁离地面高的桥墩施工。

4　工艺原理

4.1　挂篮分两次拼装原理

利用索塔下横梁和 3 号索孔设计一托架,在托架上先完成主梁 0 号和 1 号块浇筑,然后在托架上拼装前部分挂篮,利用该部分挂篮悬挂 1 号索并浇筑主梁 0 ~2 号块混凝土,接着挂篮下落至托架上并前移,最后拼装尾部挂篮,形成整体挂篮。

4.2　托架设计原理

0 号块挂篮托架设计利用索塔下横梁预埋件作基座,基座下端采用预埋牛腿主要承受托架的竖向剪力,上端采用 JL32 精轧螺纹钢来承受托架对基座带来的拉力,前端采用钢绞线做临时索提吊托架前端,整个托架均以贝雷为主,其上铺设 I20a 作为分配梁;横向采用自制花架连接保证稳定性。在挂篮纵梁位置下方的主要受力贝雷设置为加强型，详细构造见图 1 ~ 图 3。

托架主要承受主梁 0、1 号块混凝土荷载、挂篮整体荷载。

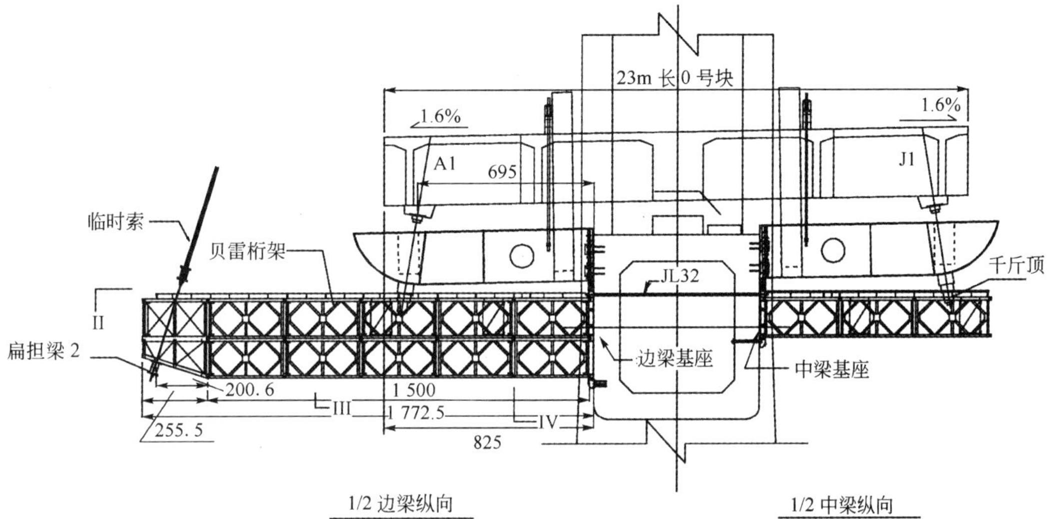

图 1 托架设计纵面图(尺寸单位:cm)

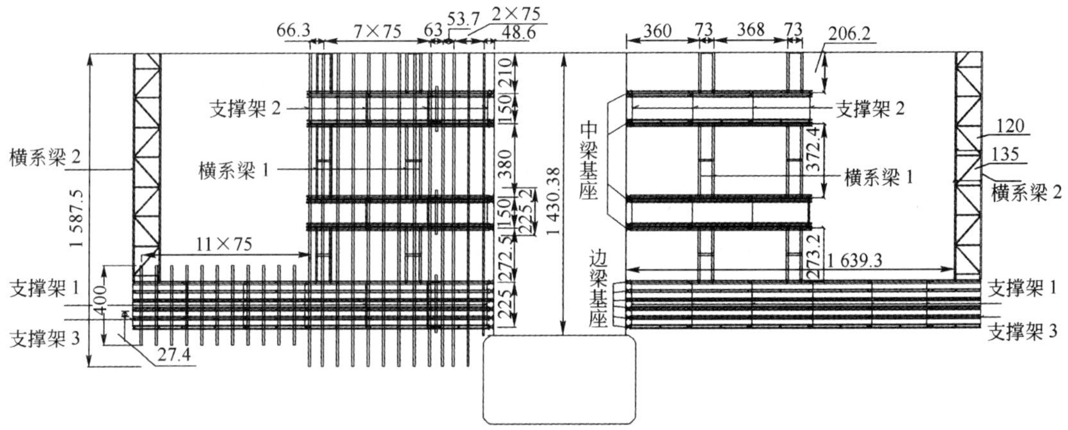

图 2 托架设计平面图(尺寸单位:cm)

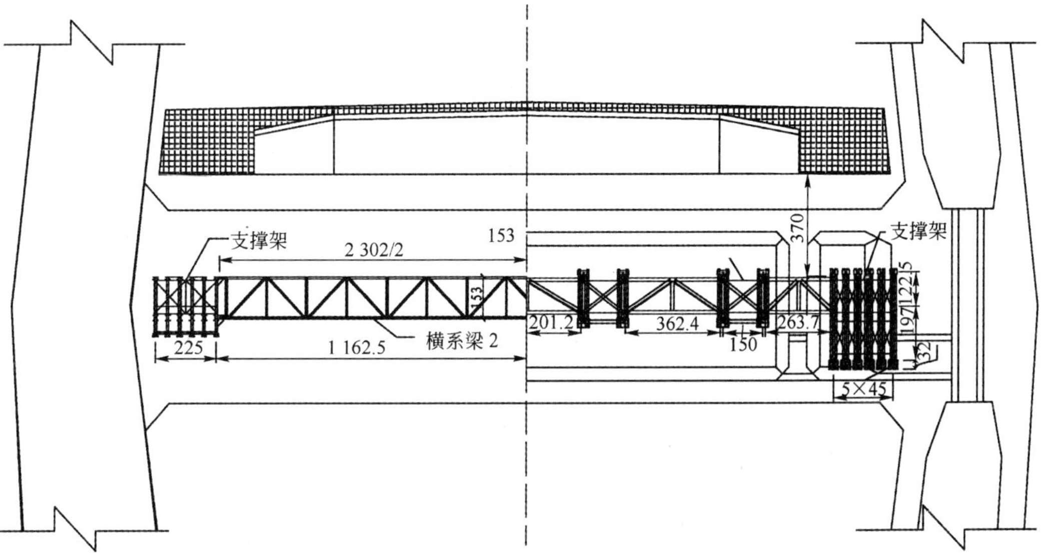

图 3 托架设计立面图(尺寸单位:cm)

托架基座中的JL32按照最大受力进行预紧,以保证托架在最不利工况下基座始终贴紧混凝土面,不产生非弹性变形。临时索的张拉索力则根据不同工况进行调整,保证贝雷抗弯和抗剪不超过容许值,以及基座下端受拉时不超过预埋牛腿的最大抗拉力。

4.3 挂篮使用原理

挂篮组成类似于传统牵索挂篮,分为弧形梁、纵梁、前横梁、中横梁、后横梁、C形梁、止推器等。根据塔吊提吊的最大限重,将各构件再行分成若干块,每块的重量低于且靠近塔吊提吊吨位,以尽量减少构件块数。挂篮设计以及挂篮分块详见图4~图6。

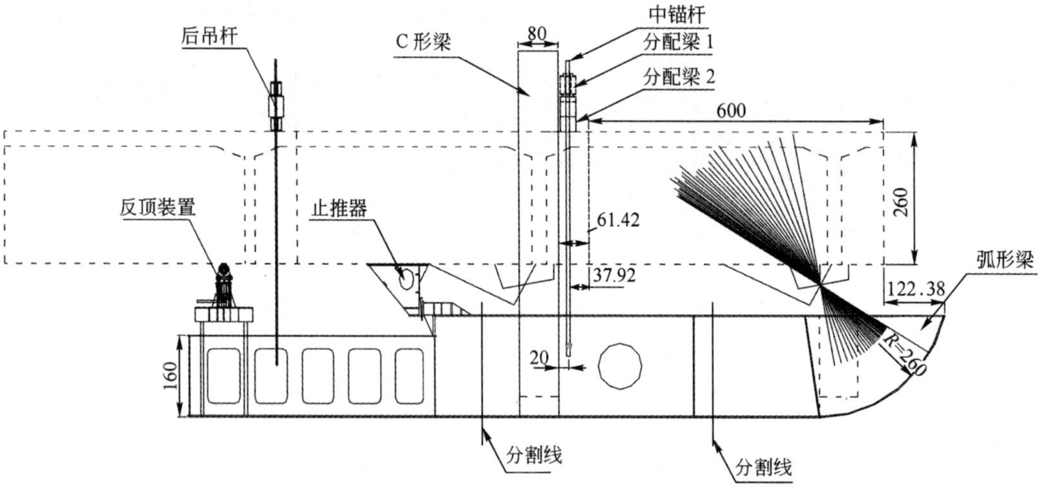

图4 挂篮纵面图(尺寸单位:cm)

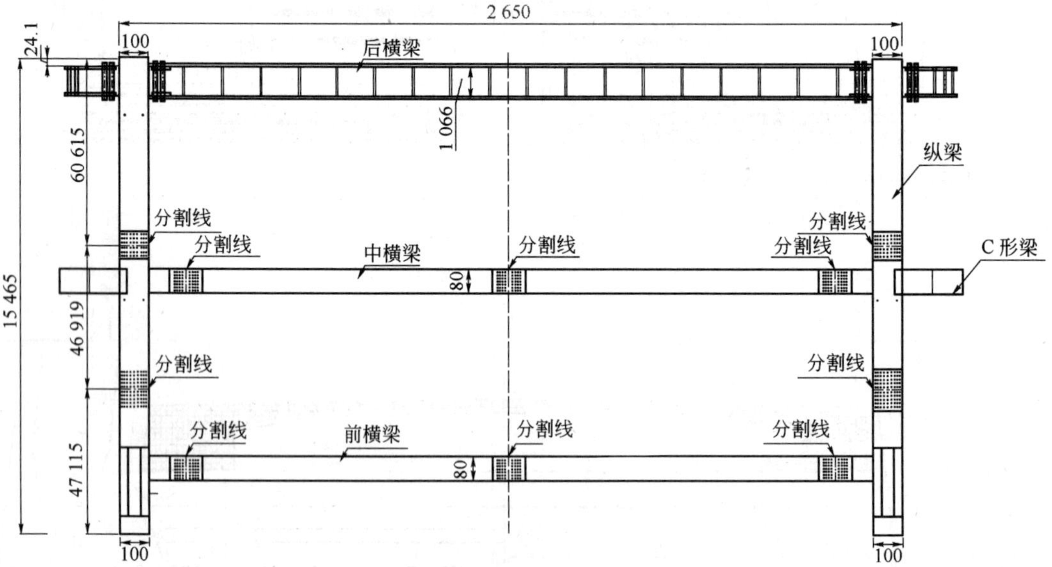

图5 挂篮平面图(尺寸单位:cm)

因考虑到弧形梁与纵梁的焊接质量要求极高,其焊接工艺在厂家完成,其他构件均为分体式,且按图4~图6进行切割。

挂篮第一次主要拼装前纵梁前两节、前横梁、中横梁、C形梁下半节,第二次拼装主要完成纵梁第三节、后横梁和C形梁以及反顶轮等。第一次拼装后即可使用于浇筑主梁0~2号块混凝土。

5 施工工艺流程及操作要点

5.1 托架施工

5.1.1 准备工作

(1)基座预埋件的埋设。

(2)基座加工、贝雷、各材料的进场。

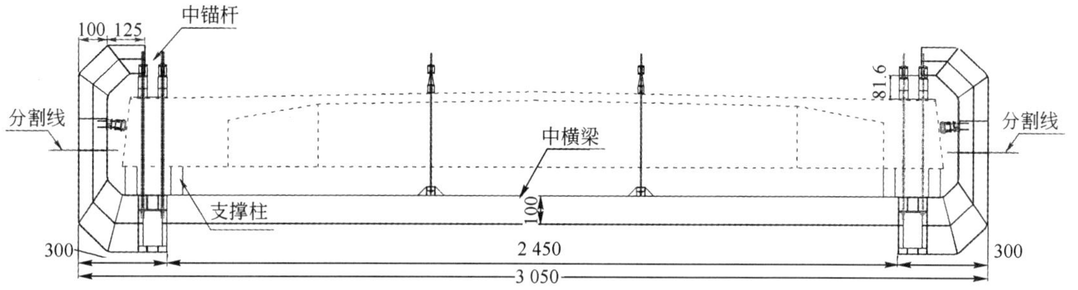

图6 挂篮立面图(尺寸单位:cm)

5.1.2 托架安装

(1)基座安装后,将 JL32 进行预紧,预紧力按最大受力的 1.2 倍。

(2)事先将贝雷 3 片拼装在一起,然后再提吊安装在基座上。

(3)安装贝雷支撑架、花架。

(4)铺设分配梁 1。

(5)边梁贝雷铺设分配梁 2 和钢板,中梁贝雷铺设木板。

(6)四边搭设安全栏杆,挂设密目安全网。

(7)对所有工况下最大受力的贝雷进行预压。

5.2 挂篮第一次拼装

5.2.1 挂篮提吊

(1)托架上杂物清理。

(2)清理挂篮各分块编号,确定摆放位置。

(3)每块加焊两个吊钩,吊钩焊接点必须符合技术要求。

(4)检查起重设备和钢丝绳。

(5)检验提吊设备。提吊最重一块挂篮脱离地面 5 ~ 10cm,静止 30min;检查起重设备、钢丝绳、吊钩、吊环等主受力件有无损坏、变形;卸除荷载。

(6)挂篮提吊按由远至近,由里而外的顺序。

5.2.2 挂篮第一次拼装

(1)测量定位控制。

(2)纵梁拼装,保证顶面水平,临时固定。

(3)前横梁、中横梁拼装,保证顶面水平,临时固定。

(4)纵梁和横梁对接以及纵梁和 C 形梁对接,临时固定。

(5)测量检查挂篮尺寸、安装精度。

(6)将各构件加固牢固。

(7)检查连接处质量,栓接全部用扭矩扳手操作,焊接部分则由有资质的专业检测单位检测焊缝。

5.3 浇筑主梁 0 ~2 号块混凝土

(1)挂篮提升,在托架上采用 8 台 50t 千斤顶同时顶升,每道纵梁 4 台,内外侧各两道,缓慢顶升。

(2)挂篮锚固,安装中锚杆并预紧,安装中吊杆并预紧。

(3)调整底模。

(4)安装临时后锚点,利用下横梁预埋件将挂篮纵梁尾端固定于混凝土梁体上,以抵消斜拉索和混凝土荷载对其产生的反作用力。

(5)挂1号索并一张。

(6)浇筑混凝土一半。

(7)斜拉索二张。

(8)浇筑剩余混凝土。

(9)等待龄期,张拉预应力束。

(10)斜拉索三张。

(11)卸除挂篮,下放到托架上。

5.4 挂篮推移

5.4.1 准备工作

(1)检查滑板,涂抹黄油,铺设销棒。

(2)安装顶推杆件,每道纵梁设置一台千斤顶顶推。

(3)测量放样定位。

5.4.2 挂篮推移

(1)统一指挥,保持协调和平衡。

(2)确定每次千斤顶行程一致,同时调整千斤顶位置。

(3)挂篮行走时必须在纵梁后部设置一个5t的手拉葫芦作限位葫芦,控制挂篮行程,采取边行走边松弛的办法,确保安全。

5.5 挂篮第二次拼装

5.5.1 挂篮提吊

(1)由于剩余挂篮的安装位置均在梁底,塔吊不能直接提吊到位,因此采用挂篮提吊至托架侧面,由侧面牵引梁底就位。

(2)挂篮底部放置ϕ48mm小钢管,采用手拉葫芦缓慢拉入。

(3)先牵引后横梁,再牵引尾纵梁。

5.5.2 挂篮拼装

(1)拼装尾纵梁,保证尾纵梁与前部分纵梁在一条直线上。

(2)拼装后横梁。

(3)检查挂篮尾部尺寸。

(4)检查纵梁栓接质量。

(5)安装C形梁、中锚杆、反顶轮。

(6)依靠中锚杆和反顶轮提升挂篮。

(7)安装止推器。

5.5.3 挂篮预压试验

加载预压的目的首先是消除结构非弹性变形,然后是检验挂篮的强度、刚度,同时还要确定挂篮整体变形实际数据,以检测实际结构内力状态及变形与设计是否吻合,为正式施工提供立模数据依据。

(1)预压载荷为最大荷载的1.1倍,采取分级施加的方式,荷载可采取模拟等代的方式施加,应尽量与箱梁的实际重力作用相吻合。

(2)关键及重要受力部位变形和应力的监测。

5.6 挂篮高空拼装施工工艺

5.6.1 挂篮高空拼装施工工艺流程(图7)

5.6.2 主要施工工艺控制要点

1)托架临时索力控制

托架临时索力的调整可以使托架基座处于良好的受力状况。

(1)第一次拼装挂篮(不含模板系统),基座处于允许应力状况内,不需要施加临时索力。

(2)挂篮提升锚固后用于浇筑0~2号块混凝土时,托架不承受任何外界荷载,挂篮上的模板系统可以在此刻安装,挂篮及模板的荷载则由挂篮中锚杆和前支点1号斜拉索共同承受。

(3)浇筑0~2号混凝土后准备下放挂篮前,需要调整临时索力至20t(单点,一个托架设两道临时索),因挂篮和模板的重量超出了基座极限。

(4)挂篮准备推移前,临时索力调整至60t。

(5)挂篮准备提升前,将中锚杆拧紧,反顶轮顶住混凝土面时,放张临时索,让挂篮的重量由托架上转移至主梁上,然后再提升挂篮。

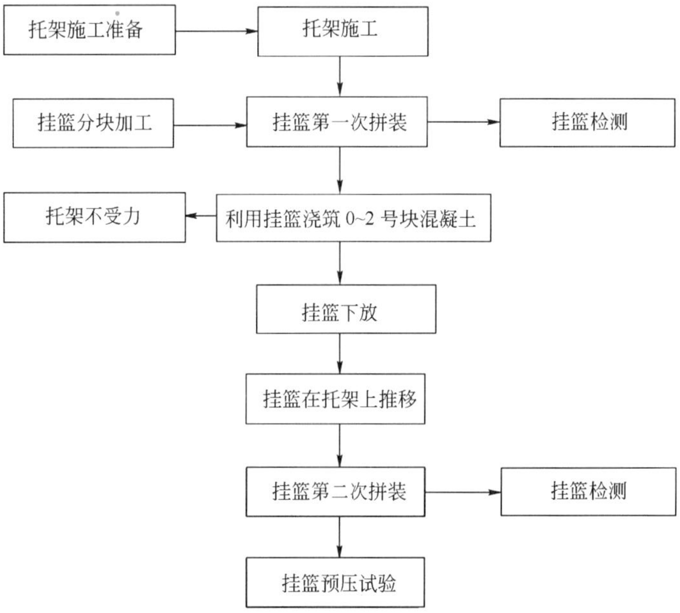

图7 挂篮高空拼装流程图

2)挂篮拼装控制

(1)挂篮在托架上的平面位置由全站仪放样。

(2)托架上每增加一定的荷载都会使托架产生不同的挠度,挂篮拼装过程中需要在每次改变荷载的情况下观测纵梁高程,并利用纵梁下方的千斤顶调整水平,一旦水平则用楔块塞死。

(3)挂篮对接前必须检查纵梁和横梁的垂直度,测量4个对角线,确定无扭曲。

(4)保证两纵梁的中距与斜拉索的索距相同。

3)挂篮浇筑0~2号块混凝土控制

(1)后锚点控制。因挂篮未拼装完整,反顶轮和后锚杆未安装,挂篮受力为简支结构,为达到原设计挂篮状况,需要对挂篮尾部增加一固结设施,用于抵消斜拉索和混凝土荷载对其产生的反作用力。

(2)挂篮必须脱离托架,使托架不承受任何的荷载,因挂篮前端仍有下沉量,至少得保证挂篮脱离托架5cm。

(3)斜拉索一张、二张以高程控制为主,索力控制为辅。

4)挂篮推移控制

(1)检查滑板平整、洁净、光滑。

(2)测量放样定位。

(3)检查铺设的销棒数量以及销棒和挂篮纵梁的接触情况,保证销棒和行走方向垂直。

(4)统一指挥,保持协调和平衡。

(5)平稳顶推,确保挂篮两纵梁同时移动,每次行程一致,同时调整千斤顶位置。

(6)挂篮行走时必须在纵梁后部设置一个5t的受拉葫芦作限位葫芦,控制挂篮行程,采取边行走边松弛的办法,确保安全。

5)挂篮连接处控制

(1)栓接处必须保证每颗螺栓均采用扭矩扳手预紧。

(2)焊接处尽量减少仰焊,拟仰焊焊缝可以以等强原则改设在内箱,提高焊接质量。

(3)一级焊缝、二级焊缝必须按照设计图纸进行检测,检测单位必须具有相应资质。

(4)纵梁内箱、横梁内箱和C形梁内箱因接缝而断开的内劲板必须等强加焊。

6 材料与设备

本工法所需材料与设备详见表1。

材料与设备统计表 表1

序号	材料设备名称	型号	数量	用途
1	贝雷	—	336	托架材料
2	型钢及钢材	不等	80t	托架材料
3	木板	4cm厚	15m^3	托架材料
4	挂篮(含模板)	320t	一对	混凝土浇筑
5	轮胎式起重机	QY-25	1台	材料周转
6	塔吊	QTZ160	1台	材料吊运
7	电梯	SCD100	1台	人员通道
8	混凝土拌和站	60m^3/h	1座	混凝土浇筑
9	混凝土拌和机	L750	2台	混凝土浇筑
10	混凝土输送泵	HBT80	2台	混凝土浇筑
11	空压机	0.9m^3	1台	挂篮施工
12	装载机	ZL40	1台	材料转运
13	柴油发电机	300kW	1台	备用
14	交通船	40t	1艘	人员通行
15	穿心式千斤顶	YG-70	8台	挂篮施工预应力张拉
16	穿心式千斤顶	150t	4台	
17	穿心式千斤顶	350t	4台	
18	螺旋千斤顶	50t	16台	挂篮施工
19	高压油泵	50MPa	16台	预应力张拉
20	压浆机	0.3~3MPa	1台	预应力压浆
21	真空泵	20kW	1台	预应力压浆
22	电焊机	BX-500	12台	挂篮施工
23	磨光机	125角向	4台	挂篮施工
24	氧气乙炔设备	—	16套	挂篮施工
25	高压水泵	200m	1台	混凝土养生

续上表

序　号	材料设备名称	型　号	数　量	用　途
26	潜水泵	30m	1台	混凝土养生
27	振捣棒	50型	10套	混凝土浇筑
28	照明设备	1 000W	10套	夜间照明
29	手拉葫芦	5t	8个	挂篮施工
30	砂轮机	CQ400	2台	切割预应力束
31	单筒慢速卷扬机	5t	4台	挂篮施工
32	ϕ50销棒	120cm	40根	挂篮推移
33	黄油	—	若干	挂篮推移

7　质量控制

7.1　执行的质量标准

(1)《公路桥涵施工技术规范》(JTJ 041—2000)。

(2)《公路工程质量检验评定标准》(JTJ F80/1—2004)。

(2)《钢结构工程施工质量验收规范》(GB 50205—2001)。

7.2　质量控制的技术措施及管理措施

7.2.1　技术措施

(1)为保证托架施工的安全性,根据不同工况下的受力状况调整临时索力大小。

(2)为保证挂篮尺寸在托架上放样定位挂篮位置,并用仪器检查整体尺寸。

(3)为保证挂篮拼装质量,在拼装过程中时刻观测纵梁和横梁顶面高程,并采用螺旋千斤顶进行调整。

(4)为保证0~2号块混凝土浇筑时托架的安全性,挂篮与托架必须脱离,脱离高度不少于5cm。

(5)为保证浇筑0~2号块混凝土时挂篮的整体性,在尾部设置后锚点,将挂篮锚固在索塔下横梁处。

(6)为保证0~2号块混凝土的线形,以高程控制为主,索力控制为辅。

(7)为保证挂篮推移的平稳性,采用两台千斤顶同时顶推挂篮,相同行程后同时停止,并调整千斤顶位置。

(8)在提升整体挂篮时,为保证托架基座的安全性,采用挂篮稍紧固于主梁上,然后放张临时索,使挂篮的重量由托架转移至主梁上,再提升挂篮。

(9)为防止斜拉索张拉过程中挂篮偏位或索塔偏位,4根索同时张拉,并按20t分级张拉。

7.2.2　管理措施

(1)编制详细的施工组织设计、作业指导书,并组织安全技术交底,落实各工序应控制的技术要点和质量要求,并建立工序交验制度。

(2)编制质检计划,定期和不定期组织进行质量检查,质检工程师每周组织召开质量例会,针对工程中出现的质量隐患、质量事故制订预防和纠正措施,并对其完成情况进行跟踪验证,建立质量奖罚制度,实行质量一票否决制。

(3)编制测量方案,制定导线、水准复核计划和测量仪器检校计划,并加强对控制桩和水准点的保护,在施工过程中,测量数据多次复核,测量放样坚持两人测量两人复核的原则,确保施工放样准确。

(4)编制试验计划,按规定及时进行原材料的自检、送检工作,制定试验计量设备的检校计划,在施工过程中加强对拌和站计量设备的校准工作,监督拌和站的投料工作和拌和时间,严格按配合比执行,确保混凝土的质量。

8 安全措施

(1)挂篮提吊前必须对起重设备进行统一检查,消除安全隐患,并对挂篮进行试提,静止一段时间,再检查起重设备性能,做到万无一失,确保起吊过程中不发生坠落事故。

(2)临时索为托架的主要受力点之一,采用 $\phi^j 15.2$ 钢绞线,材料转运时严格控制、不能碰撞临时索,在托架上端2m范围采用波纹管防护,防止电焊等物烧伤。

(3)托架四周铺设安全网,托架上满铺木板或薄钢板。

(4)浇筑主梁0~2号块混凝土时必须随时检查后锚点以及中锚杆的受力状况,发现问题及时处理。

(5)挂篮推移时必须有专人统一指挥。

(6)挂篮推移前必须有现场技术员和作业队负责人协同检查挂篮以及托架的主受力件,确保安全。

(7)挂篮行走时必须在行走桁架后部设置一个5t的手拉葫芦作限位葫芦,控制挂篮行程,采取边行走边松弛的办法,确保安全。

(8)挂篮提升时必须保证8台千斤顶同时顶升,防止挂篮倾覆。

(9)风速大于6级或暴雨中停止吊运工作,并停止高空作业,将未加固好的挂篮临时固定于托架上。

(10)高处作业必须有安全防护措施(栏杆、安全网等),在无安全防护设施的地方,必须系安全带、戴安全帽(必须正确佩戴),禁止在未固定的构件上行走、作业或休息,严禁酒后作业。

(11)尽量避免夜间作业,若必须夜间作业时必须设置足够的照明,灯光布置要有一定的能见度,且在围栏四周挂警示灯。

9 环保措施

(1)密切与当地政府联系,并取得工作上的支持,加强对使用的乡村道路及施工便道的养护,及时洒水养护,对易飞扬的粉尘材料在运输和堆放时进行覆盖,减少粉尘对环境和周围居民生活的影响。

(2)注意保护自然资源。生活污水、生活垃圾按规定进行排放或堆放,粪便集中处理,防止污染水源。生活用锅炉采取消烟除尘措施,减少烟尘排放,并做好绿化工作。

(3)对噪声、振动超过国家标准的机械设备,采取降噪或防振措施。

(4)加强施工现场管理,保持施工现场整洁,做到材料堆放整齐,机械设备停放有序,特殊施工地段有明显标志。

(5)对有害的化学物品,必须设专柜或专库存放,指定专人管理,建立严格的收发登记制度。

(6)所有临时工程、临时设施都要在工程全部完工后清除并恢复原貌。

(7)建立相应机构及规章制度,专人专项随时检查和定期组织大检查,环境保护工作与项目经理部及各作业队效益挂钩,奖优罚劣。

(8)开展环境保护知识的宣传教育,提高全体员工的环境意识。

10 效益分析

(1)奉云路B5标0号块混凝土施工从托架安装到挂篮预压完成共使用时间75d,与传统工艺相比,减少了拆除0号块混凝土支架、平整场地等繁多工序约20d,避免了0号块混凝土支架材料的大量投入,消除了挂篮提升80m高所带来的不利因素,综合比较,节省工期约20d,节省了人工工资、机械租赁及管理费用38万,减少机械设备的投入10万,减少0号块混凝土支架材料投入40万,减少场地开挖、平整、硬化处理等费用15万,因工期、质量、安全保证得到业主季度奖励17万,总共节省施工投入120万,经济效益良好。

(2)通过对该桥梁施工技术的开发,为今后山区高桥墩挂篮的拼装提供了更多的技术保障。

11 应用实例

11.1 工程概况

重庆奉云高速公路 B5 合同段起止里程桩号为 K76 +945.8m ~ K77 +770m,全长 824.2m,主桥为双塔双索面 PC 梁斜拉桥,结构为半漂浮体系,主跨 386m,塔高 193m,主梁离地面高度为 80m,0 号块长 23m,设有 1 号索,索型号采用 PES7-91,主梁宽 27.5m,梁高 2.6m,肋板宽 3.5m,顶板厚度 0.3m,混凝土方量为 730m^3。

11.2 施工情况

因主梁高度大,山体陡峭,0 号块方量大,1 号索设在 0 号块上。采用挂篮在高空拼装方法施工,首先在索塔下横梁处设一托架,托架前端采用钢绞线做临时索,在托架和下横梁上浇筑 0 号、1 号块混凝土,然后再在托架上拼装前部分挂篮,并利用该部分挂篮和 1 号斜拉索浇筑 0 ~2 号块混凝土,之后在托架上设置滑板推移该部分挂篮,接着将挂篮拼装完成,整个过程中临时索的张拉力根据不同工况进行适当调整。总施工工期 75d,其中托架安装 15d,0 号和 1 号块混凝土浇筑 20d,挂篮第一次拼装 10d,0 ~2 号块混凝土浇筑 15d,挂篮推移、第二次拼装 10d,挂篮预压试验 5d 天。

11.3 工程结果评价

整个过程处于安全、稳定、快速、优质的可控状态,23m 长 0 号块混凝土做两次浇筑,未出现任何裂缝,结构尺寸符合规范要求,高程满足监控单位(交通部公路科学研究院)的线形要求,挂篮预压弹性变形数据均在 2cm 以内,与设计效果相符,得到了业主、监理和质监站的一致好评。

无底钢套箱围堰施工工法

GGG(中企)C1081—2008

应　虹　肖建忠　李　勇　王俊伟　项春江
(路桥建设第六工程处)

1　前言

随着桥梁建设事业的飞速发展,桥梁跨径也在不断增大,水上大跨径桥梁修建加大了下部构施工的难度。鉴于普通土石围堰施工的各种局限性(如土石围堰抗冲刷能力较低,且占地面积大,抗渗性能差,施工周期长,围堰内的河床处理繁琐不易保证施工质量)。桥梁施工领域纷纷开发研究更简便、更实用、更经济的水中承台施工方法,其中单双壁结合无底钢套箱围堰施工工艺就是其中一种较为成功的工艺。南昌市洪都大桥等都采用了单双壁结合无底钢套箱施工。

2　工法特点

2.1　单双壁无底钢套箱采用工厂集中分段加工,便于管理和保证质量。

2.2　可利用原有平台材料加工,节约材料,减少浪费。

2.3　钢套箱尺寸按承台模板尺寸加工可省去承台模板费用,节约成本。

2.4　钢套箱现场分段、分节拼装,节约大型构件吊装费用,并且降低了安全风险。

2.5　单双壁结合更能节省材料,减轻吊装重量。

3　适用范围

单双壁无底钢套箱围堰施工工艺主要适用于各类桥梁水中承台的施工;这里强调一点,此工艺适用于河床高程较大,承台顶面距河床距离相对较小的桥梁。

4　工艺原理

无底套箱即为确保水中承台正常进行施工而加工的一种围堰,可将承台与外界水域隔开,然后通过对无底套箱封底,使水中施工变为陆地施工。它的技术核心就是按照承台尺寸及形状用钢材分段、分节加工成承台模板,然后现场拼装再通过现场吊装系统将其预先安装在桥梁承台的设计位置,抽去套箱内的水使操作人员可以进入套箱进行承台施工。

5　套箱施工工艺流程及操作要点

5.1　套箱施工工艺流程(图1)

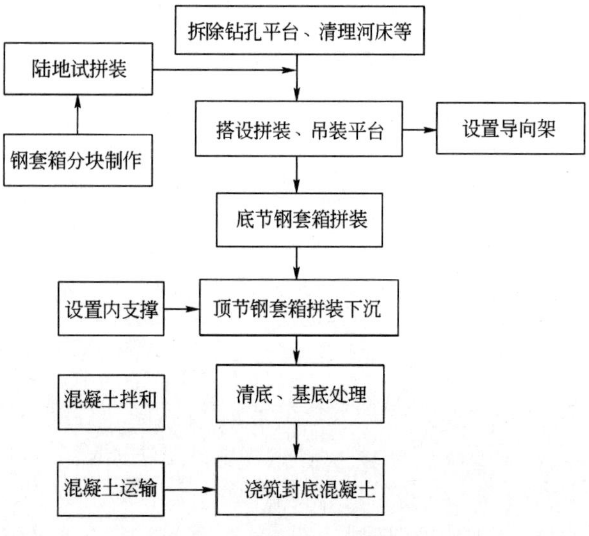

图1　套箱施工工艺流程

5.2　钢套箱加工及验收

钢套箱按照竖向分段,水平分节的方法加工

（图2）。箱体与内支撑分别单独加工，然后在现场进行组拼成整体。

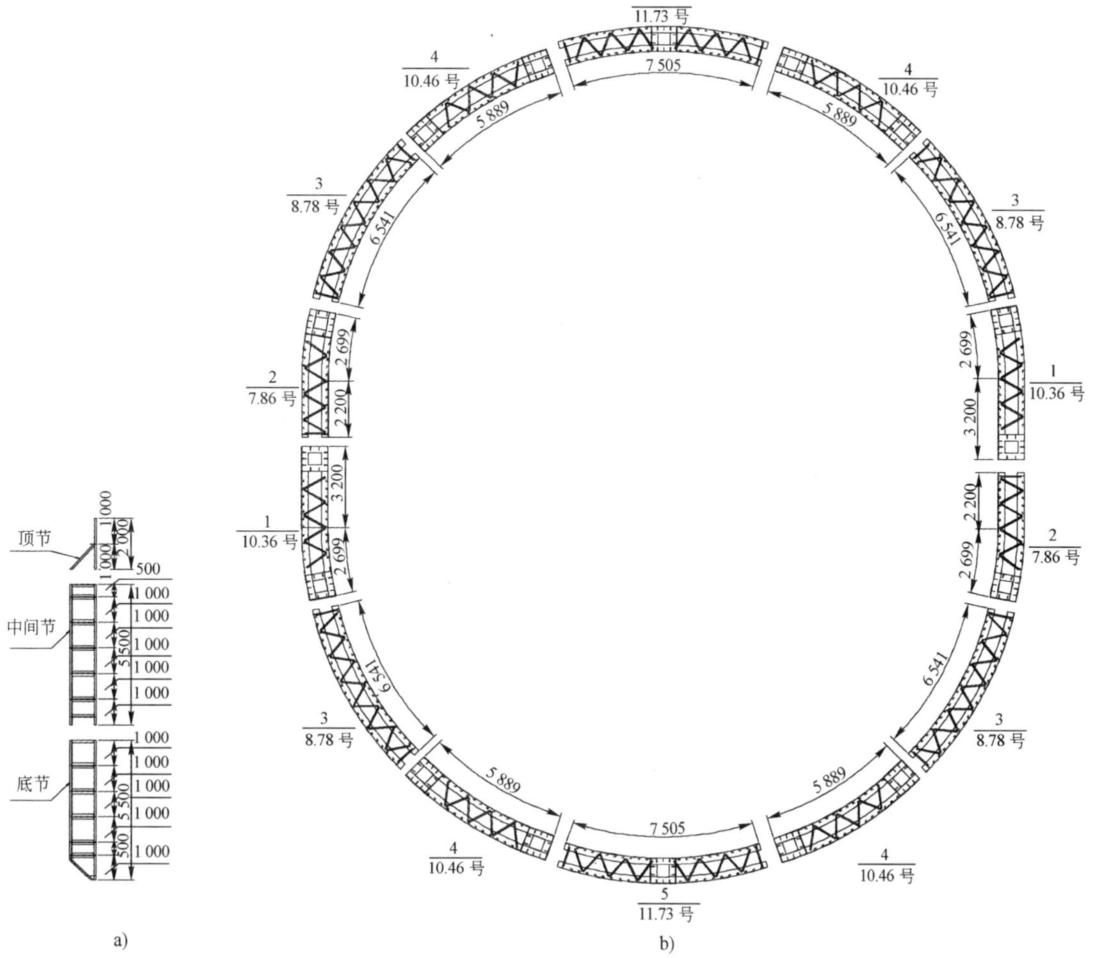

图2 套箱分块加工图（尺寸单位：mm）
a）竖向分节示意图；b）平面分块示意图

5.2.1 钢套箱箱体加工

（1）钢套箱设计时按照起吊设备的吊装能力将钢套箱竖向分段，水平分节，使单个块段总量满足吊装要求。根据无底套箱设计图纸给出的每个块段的具体尺寸进行套箱加工，每层套箱体分成块段加工后再在现场拼装平台上焊接成型，同时将内骨架分单元加工完成后在胎架上组拼然后焊接面板。

（2）加工完毕后，组织有关人员进行验收。根据设计图纸，在加工场地对每一类型，每块钢套箱的面板结构尺寸（包括边长和对角尺寸），连接型钢尺寸进行详细测量检验；对钢套箱内外面板的平整度，边线垂直度，以及套箱边缘因吊装、挤压变形部位进行详细检验，变形过大的需进行校正和加固。焊缝质量验收，焊缝检验包括外观质量、焊缝长度、厚度需满足设计要求；焊缝不得有焊瘤、气孔、夹沙、空洞及漏焊等（图3）。钢套箱壁板上的所有焊缝必须使用煤油100%检查无漏焊孔洞；焊缝厚度和长度必须达到图纸设计要求，否则不予验收。

5.2.2 钢套箱内撑加工

钢套箱内撑在加工厂分单元加工，原则上分为4大块，钢管之间的连接采用焊接。若钢管连接缝隙较宽无法直接焊接即采用外加钢板焊接，钢管与套箱壁板连接也采用焊接，钢管顶口加焊4块40cm×40cm×10mm三角加劲板，内撑分块见图4。

5.2.3 钢套箱吊点设置

钢套箱整体下放的吊点根据设置在钢套箱底节上，吊点中心距离钢套箱刃脚底口4.0mm；平面定位根据主护筒上起吊架的位置，在套箱内箱上焊接吊耳。

吊耳采用 $\delta = 25mm$ 厚钢板 1.0m×0.5m 穿过钢箱,内外各留 50cm 采用 $\delta = 10mm$ 厚钢板两边焊接加劲牛腿,吊点位置外围壁板上贴焊 $\delta = 10mm$ 钢板 10cm×150cm 6 块焊接在套箱壁板上加强,钢箱内斜拉 3 根角钢 L90mm×56mm×7mm,形成整体受力。图 5 为 P90 号墩钢套箱吊点布置图。

图 3 套箱焊缝渗漏检验

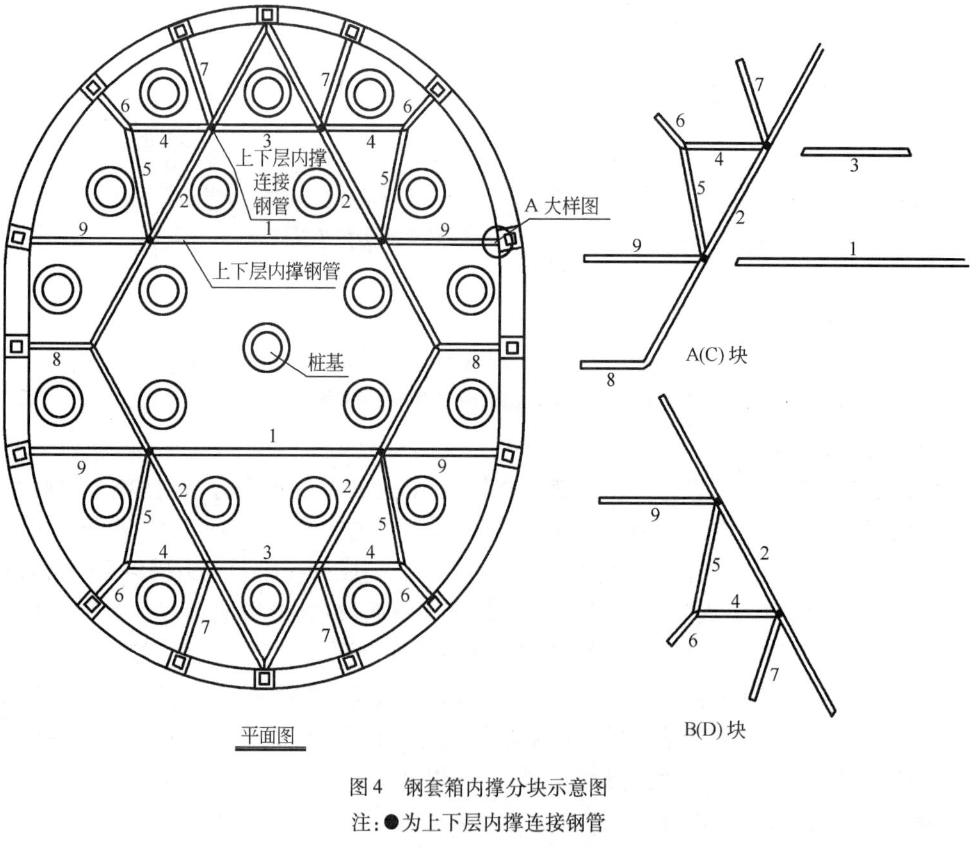

图 4 钢套箱内撑分块示意图

注:●为上下层内撑连接钢管

5.2.4 钢套箱试拼

试拼时用废旧型钢临时支撑定位各竖向套箱块段,重点检查相邻两块钢套箱的接缝是否平整,缝隙的宽度、钢套箱整体的尺寸、各面板的平整度等是否满足要求。全部通过检验后方可运至现场。

5.3 钢套箱运输

钢套箱运输时,利用 50t 吊车,4 点平稳起吊各块段钢套箱(图 6)。装车用方木垫平钢套箱,确保钢套箱与平板汽车各接触点牢固不变形。

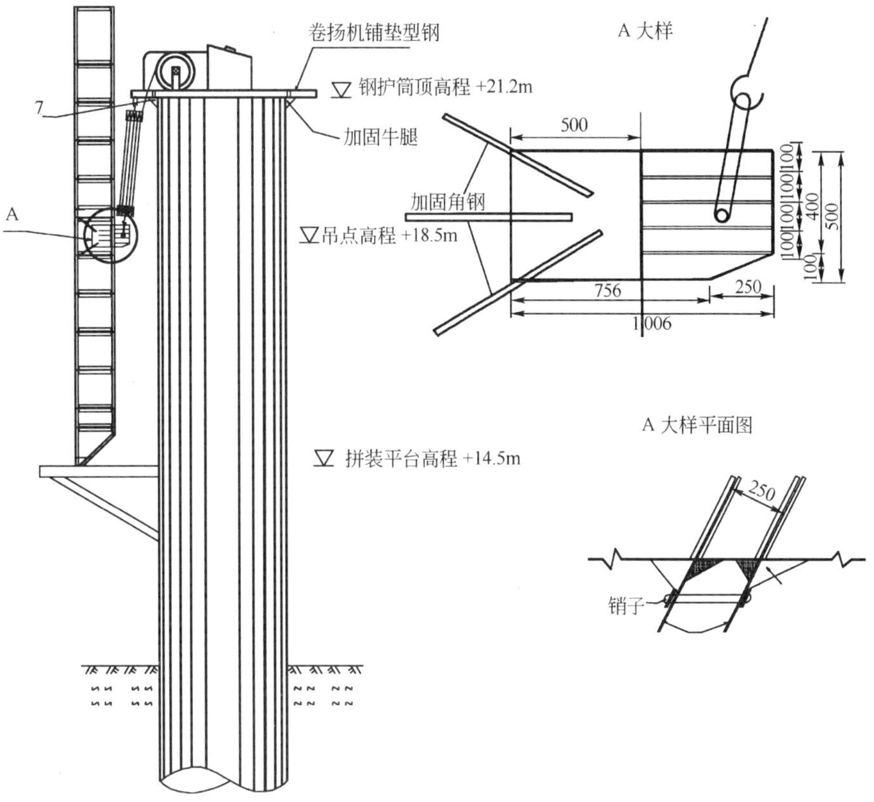

图5　P90 号墩钢套箱吊点布置图(尺寸单位:cm)

5.4　钢套箱起吊系统安装

在基桩护筒(ϕ2.2m)上按照“P90 号墩钢套箱吊点布置图”焊接型钢(图5),布设卷扬机和滑车组。卷扬机选用5t 卷扬机,配ϕ19.5mm 的钢丝;滑车组采用6 门滑车,绕12 线,每个吊点最大起吊重量约50t,8 个吊点最大能起吊400t。钢套箱吊装总重约115t,各工作吊点承受平均重量约15t,安全系数约为3.3 倍。考虑到卷扬机下放不同步的情况,下放时要严格检查各吊点钢丝绳松紧情况,避免不均匀受力。

图6　钢套箱块段运输

主护筒上铺垫的型钢和悬挂滑轮组的型钢全部采用双肢 I45a 工字钢(利用拆除平台的双工字钢)。在主护筒上由测量组放样出型钢铺设的高程,将已连接的 I45a 双肢工字钢在指定位置进行焊接,工字钢间距为75cm,长4.5m,工字钢距离钢套箱内面板最小距离20cm。施工时各接触面、牛腿连接板均需加劲满焊。卷扬机布置在铺垫型钢的适当距离,辊筒钢丝绳可以直接下放,将卷扬机与铺设型钢焊接牢固。

5.5　套箱拼装

5.5.1　清换护筒内泥浆、沉渣并整平钢套箱范围内河床

(1)拆除钻孔平台以前,清除护筒内泥浆、钻渣等桩顶残余物。

(2)潜水员下水,摸清钢套箱下沉范围内河床情况,清除河床上的平台搭设、钻孔或灌孔残留物、整平河床。

(3)潜水员对承台周围河床进行全面检查,特别是对于河床的冲刷情况,应进行记录。

5.5.2　拆除平台

根据P90号墩桩基施工平台的设计图纸,将靠近钢套箱与主护筒范围内型钢和钢板拆除;拆除平台采用50t履带吊进行;型钢拆除时,尽量保持每根型钢的完整,以便于后续型钢再次利用。

5.5.3　钢套箱拼装平台搭设

1)平台放样

钢套箱拼装平台搭设在高程+14.5m位置(施工时可根据当时水位适当下降),首先由测量组对平台主护筒和周围辅桩统一在+14.5m位置放出高程,做明标记,作为平台型钢、牛腿高程的控制点。操作人员根据高程,焊接型钢牛腿,牛腿采用25mm×25mm×12cm三角板配合30mm×30mm×12cm盖板焊接而成,两三角板间距按15cm布置,对于钢护筒上的牛腿根据实际情况加焊三角板。将I28a型钢搭接在主护筒和辅桩牛腿上,再焊接牢固。型钢铺设时,技术员检查型钢顶面高程,进行局部调整,确保高程一致。

P90号墩拼装平台的搭设如图7所示。

I28a工字钢承重梁铺设好后,进行操作平台的定位型钢铺设。在承重梁安装过程中,现场技术员对每一道承重梁的牛腿焊缝进行检查,测量组对承重梁顶面高程进行放样,在定位型钢上对套箱刃脚内外面板边缘线弹出墨线,焊好限位板便于套箱拼装定位。

2)拼装平台检测项目

(1)检测平台的焊接是否牢固。

(2)平台顶面高程是否一致,若不一致则进行局部调平。

(3)在平台面铺设木板,焊接护栏,方便工人操作。

(4)钢套箱刃脚的内外面板边缘线,尤其是转角点位置必须正确。

(5)在导向架顶端设测量控制点,用以校核钢套箱垂直度和平面位置。

5.5.4　底节钢套箱拼装

首先按拼装顺序将底层钢套箱运输到P90号墩平台,利用50t履带吊下放至拼装平台已做好限位装置的墨线内,用2~5t葫芦调整钢套箱平面位置和垂直度,葫芦一端挂在套箱面板的吊耳或者顶面型钢桁架上,另一端固定在主墩平台上,将套箱调节到位并用型钢临时支撑在基桩护筒上,必须对钢套箱刃脚部位进行限位和支撑。

(1)拼装顺序为1号、2号、……、14号,见图8。

(2)重复上述步骤,并将相邻块段固定好。

(3)底节钢套箱全部拼完合龙,重新调整位置,核对套箱平面位置和垂直度,符合设计要求后,方可进行全面焊接,即焊接相邻分块竖向、水平拼接缝。焊接时挂安全梯,配合单人吊兰施工,焊缝需饱满,无砂眼、孔洞等,确保面板不渗水。

5.5.5　导向架的安装

1)导向架的制作

如图9所示,导向架由28a工字钢和[20a槽钢加工而成,导向架在底节套箱拼装完成后,由技术员现场测量主钢护筒距套箱板的距离,确定实际尺寸,然后进行加工制作。

同时主护筒内也采用28a工字钢(或者别的废旧钢材)设内支撑2m/道。

导向架设置在河床高程+18.5m~+9.5m位置,水下部分由潜水工负责焊接。

2)导向架的安装

由测量组配合现场技术员对主护筒垂直于钢套箱面板方向放样。导向架焊接前在拼装平台顶面,由测量组放出承台边线,作为导向架外侧控制边线,导向架距离钢套箱内面板2cm。将I28a工字钢用型钢支撑从高程+9.5m,每隔1.5m焊接在基桩护筒上。导向架安装完毕后对各接触面焊缝以及导向架尺寸进行详细检查验收。

导向架高程施工时可根据水位情况适当增减。

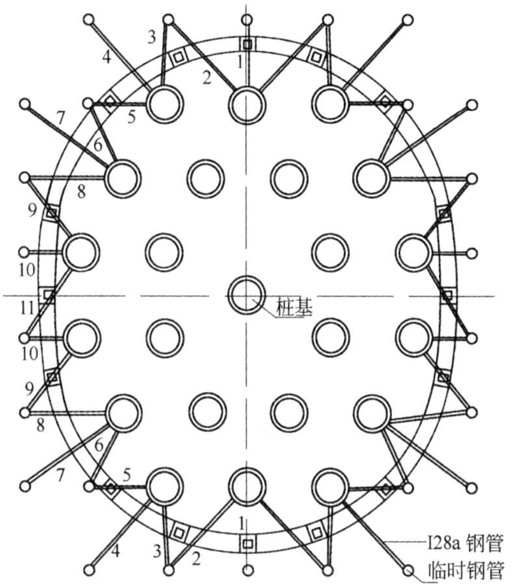

图7 钢套箱拼装平台平面图

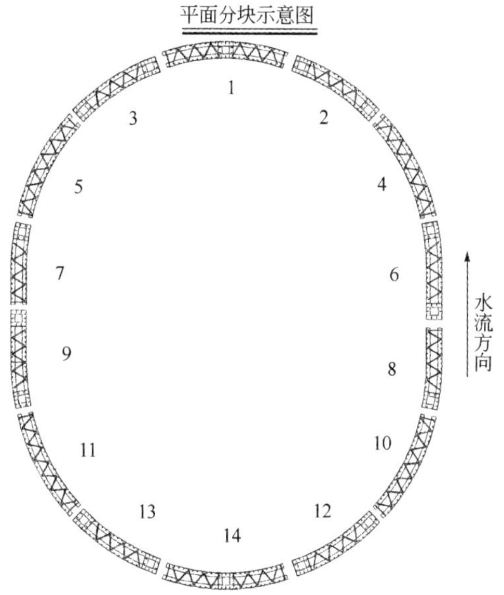

图8 底节钢套箱拼装顺序

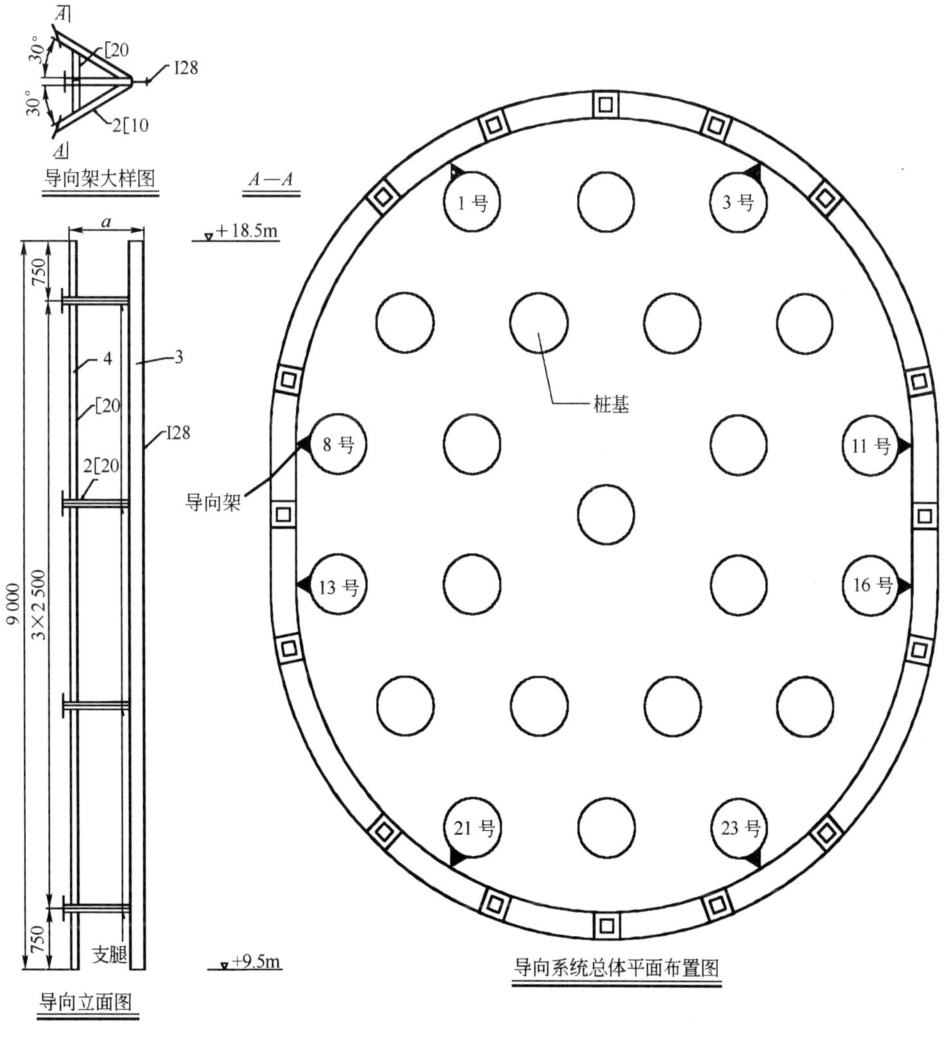

图9 导向架的示意图(尺寸单位:mm)

5.6 钢套箱拼装下沉

P90 号墩钢套箱底节拼装完成后合计重量为 135.84t,单件最大吊重 11.37t。底节拼装完成拆除拼装平台,下沉底节套箱(下沉高度根据水位高程确定,底节顶比水位高出 1.0m),底节套箱下沉完成固定套箱,然后拼装中间节套箱下沉到位,固定后再拼装顶节套箱。

5.6.1 底节钢套箱拼接与下沉

1)人员分工

人员分工:吊装指挥 1 人(统一指挥套箱下放),技术员 2 人(负责套箱下放技术指导,处理技术问题,及时向上级反映问题)、卷扬机操作手 8 人,电工 1 人,套箱吊点检查人员 8 人(每人负责 1 个点),吊车司机 1 人,潜水工 4 人,修理工 1 人。

2)下放机具

5t 卷扬机 8 台(配 1 150mϕ19.5 钢丝绳)、6 门滑车 12 个、钢丝绳卡 100 个,吸沙泵 6 台、高压水枪 4 台、水泵(扬程 30m)4 台、潜水设备两套、电焊机 4 台,氧气乙炔 4 套。

3)套箱下沉

下沉时采用各吊点同步下放原则:在平台面或导向架上用红色油漆,在统一高程位置作标记,对应的套箱内面板上,每 10cm 向上画一道刻度线,至少画 2m 高(图 10)。套箱下放时,准确读取下沉读数,发现不同步就暂停卷扬机调整一次各吊点高度,随后调节卷扬机下放速度,力求使各吊点同步下放(图 11)。

图 10 起吊系统现场施工图

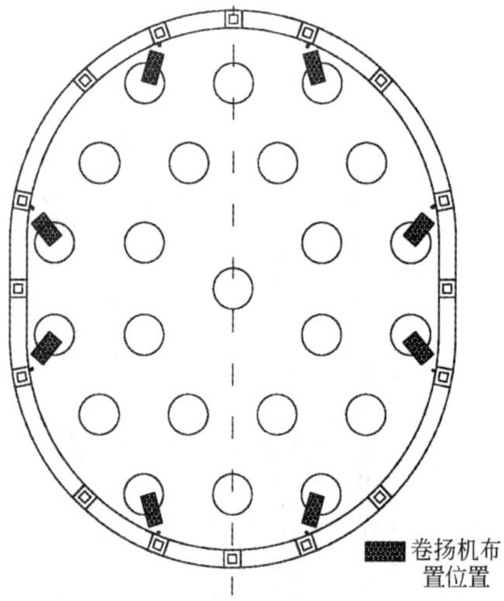

图 11 卷扬机平面布置图

下放步骤:首先,8 台卷扬机全部收紧达到吃力,在检查各点没有问题后,由总指挥发出口令,全部卷扬机同时提升 5cm,使钢套箱整体悬空,检查各吊点受力情况;如果经技术员和作业班长检查都正常,就开始割除拼装平台牛腿,拆掉拼装平台;检查套箱下放没有障碍后,在吊装指挥的统一指挥下,每次下放 20cm 检查各点受力(卷扬机钢丝绳松紧受力是否相同、各型钢焊缝受力情况、型钢变形情况等)、偏位(平面位置、高程)等情况,并及时进行调整;套箱入水前技术员注意检查内支撑及其他牛腿的连接情况和变形情况等,必要时进行加固;套箱入水后及时用水泵往套箱内注水,以增加配重,克服浮力。

底节套箱下沉高度根据实际水位高度确定,要求套箱顶距离水面 1m,下沉到位后,利用 I28a 工字钢将套箱与护筒分 8 处连接,对套箱进行固定。钢护筒选择卷扬机下的护筒,由于这 8 个护筒距离套箱最近,可使连接杆件尽可能垂直受拉。

5.6.2 第二层钢套箱拼装

第二节钢套箱拼装时,采用上下游对称拼装。先拼装下游 1 号块,再拼装上游 14 号块,然后以这两个分块为基础分别顺时针安装其他套箱分块,同时保证两边进度相同来实现对称。分块拼装时,先进行临时点焊连接,调整垂直度,复测平面位置,均满足要求后,再将分块焊接牢固。为防止钢套箱高出平台而造成钢套箱的不稳定,将钢套箱与平台型钢用钢管或型钢临时支撑牢固。

5.6.3　内支撑安装

待第一节与第二节钢套箱焊接检查并合格,进行内撑焊接。内撑在加工场地分块加工,吊装到现场由履带吊吊装直接焊接,两道内撑高程分别为 +11.0m 和 +14.0m,现场技术员和作业人员根据底节套箱引线定出内撑位置进行焊接,每个内撑钢管与套箱壁板焊接4个三角加劲板,加劲板均匀分布在钢管四周。上、下内撑之间在节点处采用 ϕ630mm 钢管焊接竖向支撑(图12)。

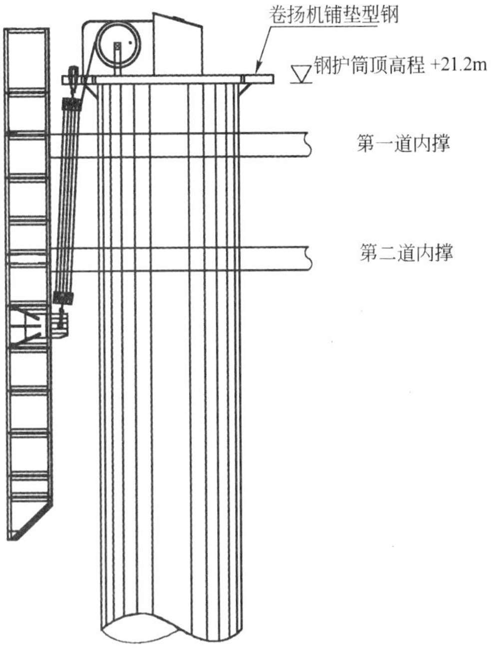

图12　内支撑安装示意图

5.6.4　钢套箱下沉

内撑焊接完毕,对滑轮组、卷扬机等进行认真检查,并对人员、设备、组织情况进行检查,下沉与底节套箱下沉相同。第二次套箱下沉前必须先对河床高程进行仔细测量,发现有与设计高程不符的应及时清理、整平,使河床地貌基本与设计相符。下沉过程中随时测量套箱底口距河床的距离,还应观测套箱着床时水流对河床的冲刷,并做好记录。

若前两节下沉着床且卷扬机放松套箱不能下沉到位,则采用吸沙机具在局部受阻地段进行吸沙,以利套箱顺利下沉,吸沙应防止超深。

钢套箱到位后,注意先固定套箱,采用 I28a 工字钢与临时钢管桩和钢护筒连接。安排潜水员下去清除钢套箱刃脚部位和钢护筒上的泥污,确保清理干净,以及摸清封底混凝土范围内的河床平整情况并整平。技术员检测封底混凝土范围和套箱内壁刃脚处的河床高程,并做好记录。

经检测套箱内各点的河床高程、套箱偏位、泥污处理等满足设计要求后,对套箱内、外侧回填沙袋,潜水员对沙袋整平(图13)。套箱内侧顶面高程不超过 +5.5m。套箱外侧沙袋高度和宽度以能抵抗封底混凝土反穿压力和河床冲刷为准(图14)。

图13　抛填沙袋

图14　套箱下沉远景

5.6.5　第三节钢套箱拼接

(1)顶节钢套箱为单壁钢套箱在底节和中间节双壁钢套箱下沉固定好,并进行拼装。

(2)拼装顺序同第二节。

(3)搭设套箱平台与栈桥连接的临时通道,以便于人员和机械通过;在临时通道上焊接护栏绑扎安全网等设施。

5.7 封底混凝土浇筑

混凝土封底前,派潜水员下水再次检查套箱四周的封堵情况,达到要求后进行封底混凝土施工,套箱封底采用C20素混凝土,封底混凝土采用水下灌注法浇筑(图15)。

5.8 钢套箱拆除

5.8.1 起重平台搭设

枯水期主墩承台是露出水面的,在承台上采用型钢搭设吊装平台安装卷扬机对套箱块段进行吊装。

5.8.2 钢套箱切割

钢套箱回收采用水下切割的方式将钢套箱分块段切开。

5.8.3 钢套箱剥离承台

先将起重设备挂在要起吊的钢套箱块段上,然后进行水下切割,当切割完成后开动卷扬机起吊钢套箱块直至与混凝土承台脱离。

5.8.4 回收钢套箱

利用浮吊将剥离的钢套箱块拖至桥梁范围以外,然后起吊装船运往码头,以此类推完成所有套箱板的回收工作。

图15 封底完成后的钢套箱

6 工法所需机械、材料

以洪都大桥主墩承台钢套箱施工为例,钢套箱吊装总重约336t。

(1)布置钢套箱起吊系统所需机械材料如表1、表2所示。

钢套箱材料数量表 表1

项　目	材料机械类型	数　量	备　注
1	钢板	221.706t	
2	角钢	54.839t	
3	ϕ630mm 钢管	59.847t	

起吊系统材料机械数量表 表2

项　目	材料机械类型	数　量	备　注
1	5t卷扬机	8台	
2	6门滑车组	16个	
3	ϕ19.5mm 钢丝绳	140m/卷扬机	共8台卷扬机
4	配套绳夹	15个/卷扬机	共8台卷扬机
5	吊点钢板 $\delta=10$mm	793.1kg	
6	吊点钢板 $\delta=20$mm	313kg	
7	吊点钢板 $\delta=25$mm	745.8kg	
8	2I45a 型钢	63.2m	

(2)搭设钢套箱安装拼装平台所需材料数量如表3所示。

拼装 P90 号墩钢套箱所需机械 表3

序号	机械名称	数量(台)	备注
1	50t履带吊	1	
2	30t拖车	1	
3	25t汽车吊	1	
4	电焊机	10	

(3)搭设钢套箱安装拼装平台所需材料数量如表4所示。

搭设 P90 号墩钢套箱拼装平台所需材料数量表 表4

序号	材料类型	数量	单位重(kg/m)	重量(kg)
1	I28a	175.5m	43.492	7 632.85
2	牛腿钢板 $\delta=10$mm	8.6m²	78.5	675.1

(4)导向架材料数量如表5所示。

P90 钢套箱全部导向架数量表 表5

序号	材料类型	数量(m)	单位重量(kg/m)	重量(kg)
1	I28a型钢	72	43.49	3 131.42
2	$\delta=10$mm钢板	10.56m²	78.5	828.96

(5)钢套箱下放所需机械设备数量如表6、表7所示。

钢套箱下放所需机械设备表 表6

序号	材料类型	数量	备注
1	吸泥设备	2套	根据施工需要增加
2	高压水枪	4套	根据施工需要增加
3	潜水装置	2套	根据施工需要增加
4	[10mm槽钢	72	重量为720.5kg

钢套箱封底所需机械设备表 表7

序号	材料类型	数量	备注
1	汽车泵	2台	
2	浮吊	1台	根据施工需要增加
3	潜水装置	2套	根据施工需要增加
4	混凝土罐车	8台	每台混凝土罐车容量为8m³

7 质量控制

首先建立质量管理机构,将责任落实到人;其次遵循相关规范要求。套箱的制作安装必须遵守两个规范:第一,套箱设计按照《钢结构设计手册》中的相关规定设计;第二,套箱制作安装按照《公路桥涵施工技术规范》(JTJ 041—2000)中的要求施工,质量管理机构如图16所示。

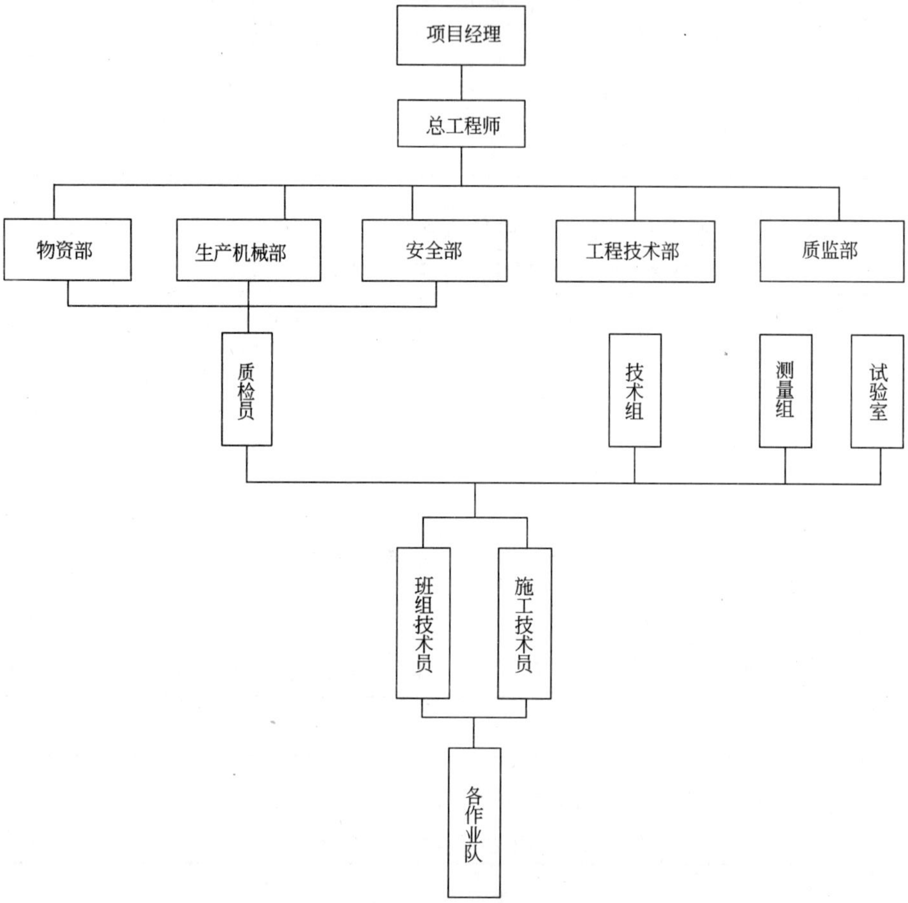

图16 质量管理机构示意图

质量管理组织机构采用定期和不定期相结合的工作方式开展质量检查工作。项目部质量管理组织机构每15d组织一次质量检查和评比活动,每分项工程施工完毕召开一次质量分析会;作业班组实行上、下工序交接检查制度。

7.1 监控测量体系

首先由测量组加密施工控制网,在监理工程师的协助下对控制网进行全面复测。

现场操作人员熟悉钢套箱施工相关资料,采用一种方法放样,多种方法复核,确保测量结果满足设计要求。

施工测量严格按照规范操作,定期检校仪器,保证仪器良好,做好施工观测记录,确保施工测量程序有效进行,保证工程质量。

7.2 质检体系

施工过程中每完成一道工序,现场施工技术人员必须填写相关记录表格,尤其对钢套箱的结构尺寸、加工情况等必须做好详细的记录,对于加工不符合设计要求的钢套箱一律不允许进场(表8、表9)。作业班组实行上下工序交接检查制度,并对关键工序实行跟踪检查,做到预防为主。

钢套箱拼装成整体后的允许误差

表8

检查项目		允许误差	检查方法
整体套箱尺寸	长(mm)	±10 (要求长、宽方向的两条边误差方向相同)	用钢尺直接丈量
	宽(mm)	±10	
	高(mm)	±50	
	对角线(mm)	±10	
侧板平整度	(内侧)(mm)	5	2m 靠尺量测
	(外侧)(mm)	5	
接缝		2	量测

分块加工的允许误差

表9

检查项目		允许误差	检查方法
分块套箱尺寸	长(mm)	±3 (要求长、宽方向的两条边误差方向相同)	用钢尺直接丈量
	宽(mm)	0, -3	
	高(mm)	±25	
	对角线(mm)	±3	
侧板平整度	(内侧)(mm)	5	2m 靠尺量测
	(外侧)(mm)	5	

8 安全措施

安全生产是我国生产建设的一贯方针,是保护劳动者的职业安全和健康,促进社会生产力发展的基本保证。在施工中应始终贯彻执行“安全第一,预防为主”和坚持“管生产必须管安全”的原则,并根据工程施工安全技术规程结合实际施工情况,制定出相应的安全生产制度和预防措施。

8.1 建立健全的组织机构和规章制度

工程施工过程中,为保证工程的顺利实施,必须确保安全生产,加强作业人员的劳动保护意识,加强安全生产法规教育,制定切实可行的规章制度,认真贯彻执行国家有关安全生产的方针、政策、法令、法规。

8.1.1 安全生产体系

安全生产,预防为主。针对本工程,项目部成立了以项目经理为第一安全责任人,设置主管安全的副经理、总工程师的保障体系,同时配备专、兼职安全员,充分发挥各级领导、各职能部门的安全监督和监管职能。施工中严格执行“管生产必须管安全”、“谁主管谁负责”的安全生产管理原则,确保安全生产,工程保质保量的实施。

8.1.2 安全生产管理机构

建立包括项目正、副经理、总工、专职安全员、各职能部门、现场技术员、施工作业队等在内的安全生产组织机构,与工作标准挂钩的安全生产责任制和检查监督制度,健全经理部上下配套的安全生产管理网络。

项目部由项目经理、项目总工、生产部和各职能部门负责人,组成项目部安全生产领导小组,在项目经理的领导下,行使对安全生产的研究、计划、布置、指导、协调、总结、评比、奖罚,并组织大型的安全活动,建立健全的安全生产保证体系,如图 17 所示。

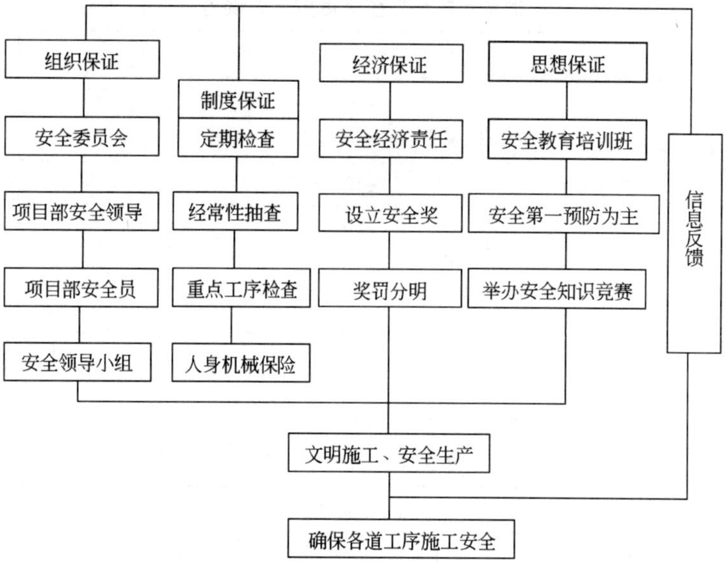

图17　安全生产保证体系

8.2　安全生产措施

(1)健全安全组织,强化安全检查机构

设置以项目经理为第一安全责任人的安全生产保障机构,成立安全生产委员会并配备专职的安全管理人员;各作业队也选配责任心强的专职安全员,随时随地在现场检查,充分发挥监督作用,把事故苗头消灭在萌芽状态。

(2)贯彻(GB/T 28001—2001)职业健康安全管理标准的管理体系文件,实施标准化管理,建立安全管理手册。

(3)操作人员必须严格遵守安全操作规程,严禁赤脚、穿拖鞋或高跟鞋进入施工现场,施工人员必须佩戴安全帽和穿救生衣以及系安全带。

(4)模板施工时注意吊物下不得站人,同时吊装前要进行起吊机具、钢绳的检查。

(5)模板吊装时必须设置后锚绳,避免模板随意摆动。

(6)模板组拼时,不允许上下同时有人操作,应及时设置工作平台。

(7)水上大型设备的停靠、使用必须有专人进行指挥。

(8)模板安装完成后,必须及时对模板支撑进行焊接,确保模板的整体稳定性。

(9)定期进行安全生产检查工作,对检查出的不安全因素和隐患应立即整改,整改不力的悬挂警告黄牌,直至整改完毕。

(10)夜间施工安装足够的照明设备,确保安全施工。

(11)成立防洪抢险小组,成员:项目经理、副经理、总工、各施工队队长、部门主要人员及其他有关人员组成。领导小组负责防洪抢险工作中的领导、指挥、组织及气象预报等工作,制定有关实施办法和管理制度,明确分工、责任到人。出现紧急情况时,从各作业队抽调人员组成抢险突击队。

(12)与当地气象台加强联系,配备气象警报接收机,随时与作业队通报消息。在暴雨、洪水来临前及时做好机械设备转移或固定工作。

(13)接到预报,防洪抢险领导小组要立即开展工作,统一布置,全体人员进入应急状态,现场暂停施工。

(14)遵守我部《安全手册》、《安全技术操作规程》,认真执行安全生产"五同时"和"三要"规定,进行现场管理,杜绝"三违"现象。

(15)坚持经常性安全教育,坚持"三级安全教育",坚持上岗前安全教育和特种作业人员培(复)训教育。

(16)定期召开安全例会、生产协调会、班组工前安全交底会。

(17)定期进行安全检查,根据安全管理工作需要进行经常性、专业性、季节性、节假日、班组岗前等安全检查,对不安全因素严格整改,对违章违纪严肃处理。

(18)加强安全用电知识培训,了解和掌握安全用电知识,定期检查和维修电器设备及线路,确保用电安全。

8.3 水上施工的安全措施

水上施工船舶的安全:本合同桥址处水域为通航主航道靠,由于本桥址通航船只多,船只通航对水上施工存在很大的威胁。因此我部充分考虑各种因素,并结合施工实际采取相应的预防和应急处理措施:一方面建立安全领导小组,设立专兼职安全员,同时加强与航道部门的沟通与合作,发布航行通告,协助做好本桥位处航道的航行管理,从而确保航道畅通和施工安全;另一方面我部在相关水上施工设备和船舶上按航道部门的要求设置警示灯。对我部的浮吊、运输船、拖轮以及临时租用的水上设备进入施工现场后及时到河道部门登记,并按河道的要求设置通航和相关设施。

8.4 季节性施工安全

8.4.1 汛期施工

要做好防汛工作,经常检查施工现场,发现问题及时处理,材料、机具不得堆(停)放在低洼地区和洪水以下滩地上。水上和水边作业,要制定应急措施,作好防洪抢险的组织和物资准备工作。暴雨台风后,要检查工地临时设施,机电设备,电源路线,发现问题及时排除。对机电设备的电气开关,要有防雨防潮设施。

长时间在雨季进行作业的工程,需根据现场条件搭设防雨棚,遇有暴雨时停止施工。现场道路应硬化并加强排水等维护,斜道、行人走板、脚手板应有防滑措施。

8.4.2 夜间施工

现场施工必须有符合操作要求的夜间照明设备。夜间作业船只或在通航江河上长期停置的锚船、码头等需按照港航监督部门规定,配置齐全的夜航、停泊标志灯,船只停靠码头要设照明灯。

9 环保措施

按照《中华人民共和国环境保护法》以及地方法规和行业企业要求,采取措施控制施工现场的各种粉尘、废水、废气、废渣等对环境的污染和危害。环境保护坚持“预防为主、防治结合”的方针,努力实现可持续发展战略。

(1)实行环境目标责任制。经理部、生产安全部门负责施工现场环境的管理工作,督促指导施工队伍在施工过程中的环境保护工作。

(2)加强检查和监控工作。经理部定期每月组织一次安全环境大检查,对施工中的各项环境保护措施的落实情况和施工现场的环境状况进行全面检查,发现问题进行通报,责令改正。

(3)保护和改善施工现场的环境,进行综合治理。与当地环卫局等部门联系,确定环保配套设施,对施工现场环境进行综合治理。

10 效益分析

以南昌市洪都大桥为例进行效益分析:

(1)工期效益如表10所示。

工 期 分 析 表10

序号	单壁钢套箱施工		双壁钢套箱施工		单双壁结合钢套箱施工		土石围堰施工		
	项目	作业天数(d)	项目	作业天数(d)	项目	作业天数(d)	项目	作业天数(d)	备注
1	拆除平台、清理河床等	2	拆除平台、清理河床等	2	拆除平台、清理河床等	2	围堰填筑	18	
2	搭设拼装平台转运钢套箱	2	搭设拼装平台转运钢套箱	2	搭设拼装平台转运钢套箱	2	围堰内抽水清理	4	
3	钢套箱拼装	8	钢套箱拼装	12	钢套箱拼装	12	承台范围河床处理	15	
4	设置内支撑、导向架等,安装下沉系统	4	设置内支撑、导向架,安装下沉系统等	3	设置内支撑、导向架,安装下沉系统等	3	承台模板拼装加固	10	
5	套箱下沉固定,拼装顶节套箱	2	套箱下沉固定,拼装顶节套箱	3	套箱下沉固定,拼装顶节套箱	2	绑扎第一次承台钢筋	4	
6	套箱内清底及基地处理	2	套箱内清底及基地处理	2	套箱内清底及基地处理	2	浇筑第一次承台混凝土等强度	1.5	
7	封底等强度、抽水、切除钢护筒及破桩头	7	封底等强度,抽水、切除钢护筒及破桩头	7	封底等强度,抽水、切除钢护筒及破桩头	7	养生凿毛切割下部内支撑	2	
8	绑扎第一次承台钢筋	4	绑扎第一次承台钢筋	4	绑扎第一次承台钢筋	4	绑扎第二次钢筋	5	
9	浇筑第一次承台混凝土等强度	1.5	浇筑第一次承台混凝土等强度	1.5	浇筑第一次承台混凝土等强度	1.5	浇筑第二次混凝土等强度	1.5	
10	养生凿毛切割下部两道内支撑	2	养生凿毛切割下部内支撑	2	养生凿毛切割下部内支撑	2	混凝土养护、承台冷却通水	7	
11	绑扎第二次钢筋	4	绑扎第二次钢筋	5	绑扎第二次钢筋	5			
12	浇筑第二次混凝土等强度	1.5	浇筑第二次混凝土等强度	1.5	浇筑第二次混凝土等强度	1.5			
13	混凝土养护、承台冷却通水	7	混凝土养护、承台冷却通水	7	混凝土养护、承台冷却通水	7			
合计		47	合计	52	合计	51	合计	68	

(2)经济效益分析如表11所示。

成本及性能分析 表11

序号	工法名称	材料	单位 t/m^3	时间(d)	材料及加工(运输)费用(万元)	评述	备注
1	土石围堰	土石	32 382m^3	59	259.06	费时、费料、污染严重不易操作	单价按当地价格计算
		钢材	44		27.5		加工承台模板用钢材
2	单壁无底钢套箱	钢材	368	47	230	省时、省料、稳定性差	侧板约238t、内支撑约130t
3	双壁无底钢套箱	钢材	392	52	245	省时、费料、稳定性好	侧板约332t、内支撑约60t
4	单双壁结合无底钢套箱	钢材	336	51	210	省时、省料、稳定性好	侧板约260t、内支撑约60t

(3)社会效益:本工法操作简便,对环境污染小,结构安全,可广泛应用与其他类似工程的施工,为社会创造更大的利益。

11　应用实例

江西省南昌市洪都大桥Ⅲ标 P90 号主墩承台施工采用单双壁结合无底钢套箱施工工艺,具体情况如下:

南昌市洪都大桥Ⅲ标 P90 号主墩承台为近似椭圆形的独立承台,承台横桥向长度为 29.4m,纵桥向长度为 24.0m,承台高度为 5.0m,顶高程为 +13.0m(承台在赣江常水位以下),底高程为 +8.0m,混凝土方量约为 2 910m^3。我们采用单壁、双壁相结合的无底钢套箱,内净空尺寸每边比承台外形尺寸大 2cm,内壁平面尺寸为 29.44m×24.04m,外平面尺寸为 31.44m×26.04m,壁厚 1.0m,刃脚高为 0.8m。钢套箱竖向分为 3 节,顶节高度为 2m,采用单壁套箱,中间节及底节高度为 5.5m,采用双壁套箱;套箱平面按结构形式分为 5 种类型,平面每节划分为 14 块,块间设有钢箱或竖向加劲桁片,共设置两层水平桁架支撑;单块最大尺寸为 5.5m×7.5m,单块套箱最重为 11.37t,套箱吊装总重约 320t(包括内撑牛腿等)。

套箱加工时采用分块分层加工,先加工底节,后加工中间节,再加工顶节。组拼时,分层转运至 P90 号墩安装平台,利用履带吊以及卷扬机进行拼装和下放钢套箱,以完成整个套箱施工。套箱整体布置如图 18 所示。

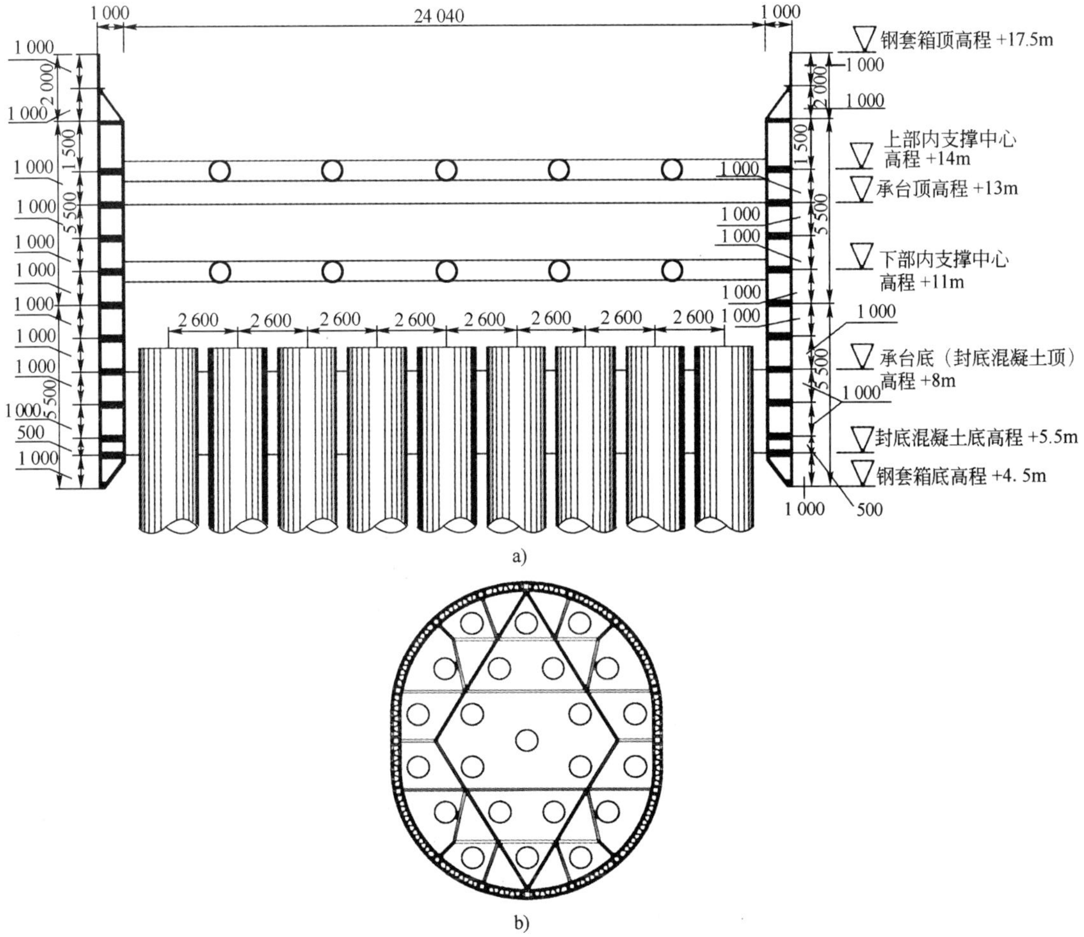

图 18　90 号墩承台套箱布置图(尺寸单位:mm)

a)90 号墩承台套箱立面图;b)90 号墩承台套箱平面图

以上工程开工时间为 2007 年 2 月 20 日,竣工时间为 3 月 24 日。

大跨度拱桥大节段水上提升安装工法

GGG(贵)C3082—2008

杨贵平　吴　飞　胡云江　潘胜烈　杨　俊
(贵州省桥梁工程总公司)
白　昭　徐升桥　覃　杰　何志军　任为东
(中国中铁股份有限公司　中铁工程设计咨询集团有限公司)

1　前言

跨越大江大河的拱桥施工,由于主拱圈自重大、空间体积庞大,其安装一直是拱桥施工的难点和重点,目前常用的方法主要有缆索吊机安装、转体法及悬臂吊机逐段安装等方法。这三种施工方法各有优缺点和适合的施工条件:缆索吊机安装法需设置吊、扣塔体系及庞大的锚锭体系,在地质条件较差的沿海地区实施较困难,且主拱圈悬臂时间长,潜在的风险大,拱圈线形及合龙精度不易保证;转体法施工需要庞大的配重体系及转体机构,且在拱座处于水中的条件下几乎无法实施;悬臂吊机逐段拼装,同样需要斜扣及锚锭体系,且由于悬臂施工工艺的特点,拱圈线形及合龙精度不易保证,跨度越大,难度越大。

广州新光快速路工程新光大桥主桥为177m+428m+177m三跨连续刚架飞雁式钢桁系杆拱桥,大桥跨越珠江主航道,大桥主拱肋的安装不仅需要考虑工程本体的施工安全、工程造价问题,还需考虑拱桥施工对航道造成的影响问题,尽量缩短水上作业工期。

为此,贵州省桥梁工程总公司联合中铁工程设计咨询集团和大专院校开展了科技创新,研究设计并成功实施了大跨度拱桥大节段水上提升成套技术,它是转体法、缆索吊装法后大跨度拱桥的又一新的施工方法,被提升的主拱中段的外形尺寸为172m(长)×30.1m(宽)×27.48m(高),滑移距离近200m,提升高度85m,提升重量3 078t,其滑移、浮运、提升规模等综合指标居世界首位。该项成果已于2007年8月28日在北京组织国内知名专家进行科研成果鉴定,达到国际领先水平,此项工法成功解决了大跨度拱桥施工的难题,可多工作面开展施工,缩短工期,降低了对航道的影响,有明显的社会效益和经济效益。

2　工法特点

(1)无需大型水上起重设备,利用小型机具安装大节段拱肋;改变了散件或小节段拼装拱桥的传统工艺,大幅度提高了成桥品质。

(2)对处于浅水区的两边跨拱肋采用低架拼装、原位整体提升,对处于繁忙通航的中孔采用大节段异地拼装、整体滑移浮运、水上提升;多工作面开展施工,缩短工期并减少高空作业量。

(3)拱肋提升采用计算机控制同步液压提升系统,使构件在有涨潮落潮变化的河面上,提升各吊点的空间位置同步、负载分配同步、设备动作同步,使构件不受破坏,安全就位。

(4)拱肋大节段曲梁合龙方法,为今后大跨度拱桥的施工提供了一种新的思路。

(5)将施工过程中对河道运输的影响降到最低点,有着显著的经济效益。

3　适用范围

此项施工方法是转体法、缆索吊法后大跨度拱桥的又一新的施工方法,它适用于跨越河流或海洋的桥梁施工,提升节段划分可根据具体桥位处运输条件及通航要求确定。

4　工艺原理

对处于浅水区的两边跨拱肋采用低架拼装、原位整体提升，对处于繁忙通航的中孔采用大节段异地拼装、整体滑移浮运、水上提升。中孔分为三大节段分别拼装，然后滑移上船浮运，应用计算机控制同步液压提升系统提升就位，安装合龙段，完成拱肋安装。拱肋中段拼装完成后支架卸除，拱肋由滑移支架支撑，通过由拼装场、栈桥及驳船（在船舱内注排水，保证船体平衡，并适应拖拉过程中的朝夕水位变化）连成的滑道，滑移上船浮运，浮运就位挂索后，拱肋船上脱架，整体同步提升，与两侧边段合龙；卸除提升索，拆除主拱中段的临时系杆，利用砂箱卸除拱肋支撑，完成体系转换。

5　施工工艺流程及操作要点

5.1　施工工艺流程（图1～图3）

5.2　操作要点

5.2.1　拱肋提升操作要点

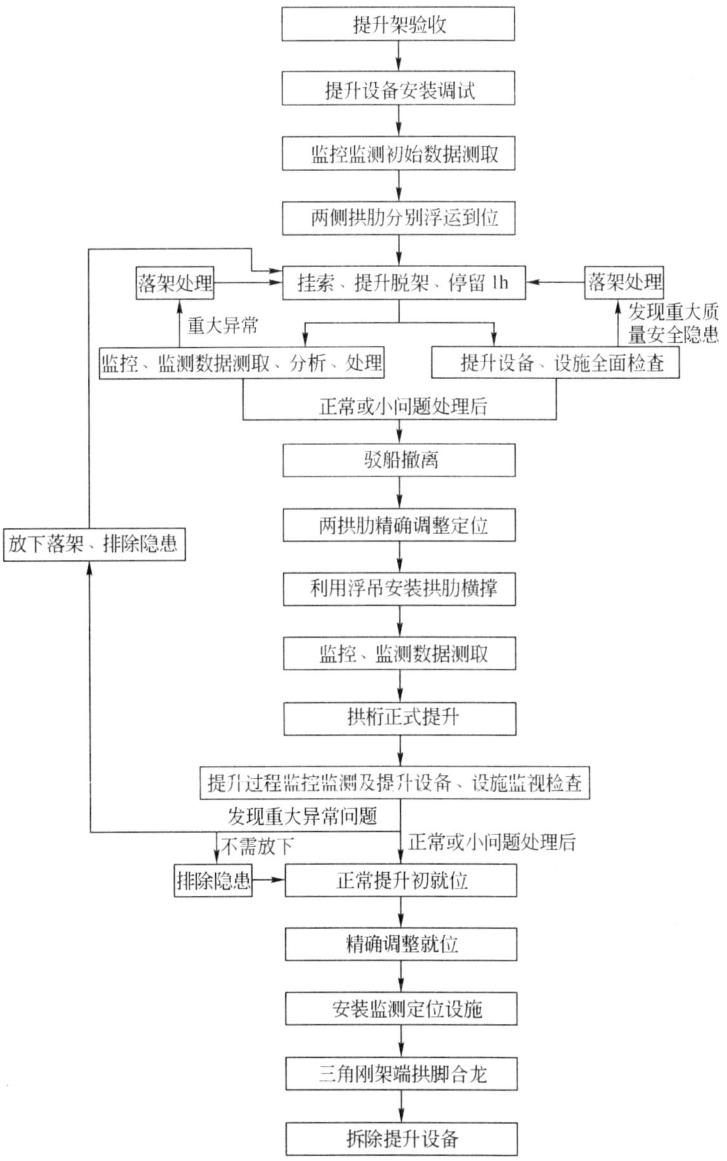

图1　主拱边段提升工序流程图

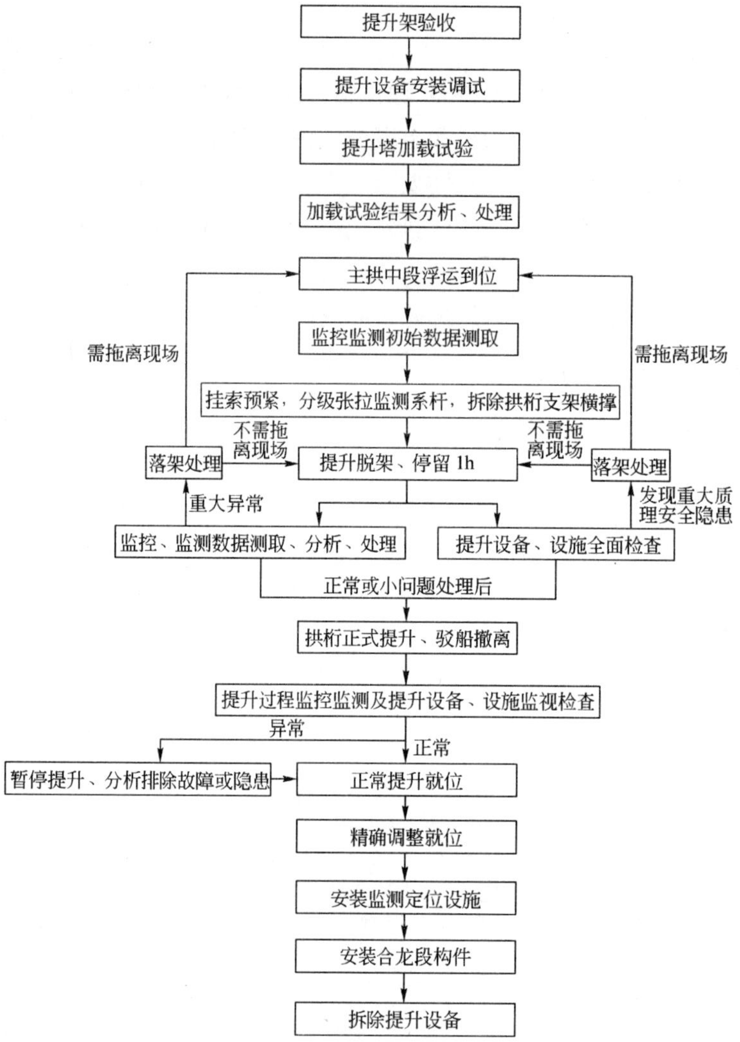

图2　主拱中段提升工序流程图

(1)长168m、宽30.2m、高25m的空间桁架结构，横向刚度较弱，从拼装场移运至船上后，将横撑及下提升横梁安装就位，同时安装临时系杆，为提升脱架体系转换做好准备。

(2)提升脱架是一个体系转换过程，主拱中段由双悬臂钢桁梁转换为简支系杆拱结构。通过吊索预紧(是保证组成吊索的各根钢绞线受力均匀的关键)初试张拉吊索，然后启动提升油缸，支撑架上的反力逐渐转换于吊索上，随着吊索力的增加，分三次张拉临时系杆，直至完成脱架过程。

(3)提升设备由16台350t连续千斤顶组成，分成4组分别布置于4个吊点，16台千斤顶由计算机液压同步控制系统控制，其行程控制精度为1mm，而主拱中段的结构对4个吊点的同步要求是10mm，保证了提升过程中拱肋的结构安全。

(4)提升过程中，吊索与提升塔的夹角逐步变大，提升到预计的最大高程，是提升过程中的控制工况；通过适时调整背索索力，平衡吊索对提升塔产生的水平力，同时提升塔的纵桥向位移也得到很好地控制。

(5)合龙过程主要需控制好边段、合龙段及中段的纵

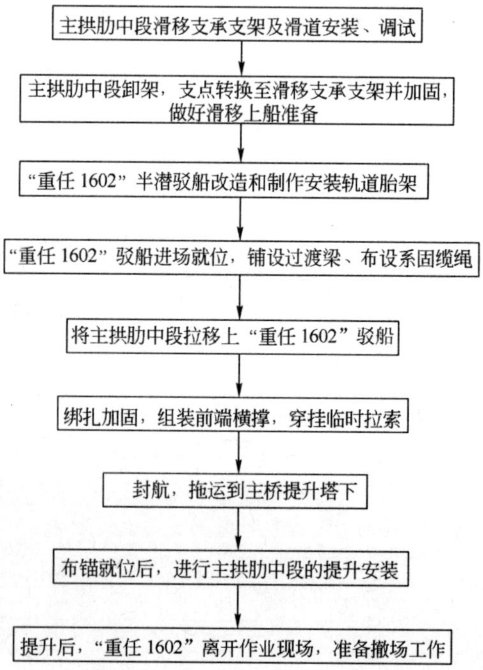

图3　中段上船浮运施工工艺流程

桥向位移的协调,合龙采用先腹杆后上、下弦的方式,能有效地降低合龙过程拱肋的次应力。

(6)采用计算机控制同步液压提升系统的全套设备,使构件在有涨潮落潮变化的河面上,提升各吊点的空间位置同步,负载分配同步,设备动作同步;使构件不受破坏,安全就位。

(7)为保证拱肋在提升过程中提升塔架的整体安全,保证大桥的顺利施工,在拱肋提升期间对提升塔架进行内力和位移监控。

5.2.2 拱肋滑移上船技术要点

(1)驳船进场、抛锚定位,并铺设滑道。

(2)主拱肋中段卸架于滑移支撑架。

(3)启动牵引系统。

(4)滑移上驳船。

(5)对拱肋节段加固,并安装前端横撑和临时索。

(6)封航、浮运到两提升塔间水面上。

(7)布锚就位后,进行主拱肋中段提升安装前期作业。

6 材料与设备

6.1 材料(表1)

主要材料表 表1

提升塔架	数量	钢材(t)	混凝土(m^3)	备注
三角刚架上主拱边段提升架	4	316.84	0	—
主提升塔	2	2 837.96	3 958.60	安装扒杆2套

6.2 主拱提升安装施工主要设备、仪器配置(表2)

主拱提升安装施工主要设备、仪器配置表 表2

序号	设备、仪器名称	型号	单位	数量
1	汽车吊	50t	辆	2
2	汽车吊	25t	辆	2
3	浮吊	50t	艘	2
4	装载机	ZL50	台	2
5	卷扬机	5t	台	2
6	拱肋提升液压千斤顶	TX-350-J	套	16
7	拱肋提升液压泵站	TX-40-P	套	8
8	背索及压塔索张拉设备(千斤顶、油泵等)		套	8
9	临时系杆张拉设备(千斤顶、油泵等)		套	4
10	电焊机	50kVA	台	4
11	电焊机	23kVA	台	4
12	电焊机	BX1-500	台	8
13	电焊机	ZX5-500	台	8
14	电焊机	BX1-315	台	8
15	塔吊		台	4
16	柴油发电机组	250kW	台	4
17	气割设备		套	8
18	全站仪	宾得 PTS-V2	套	2
19	全站仪	宾得 PTS-602	套	1
20	对讲机		台	8
21	拱肋提升监控、监测仪器		套	2
22	拱肋提升同步控制仪器		套	2
23	资料分析设备(电脑、打印机)		套	2
24	监视设备(摄像头、显示器)		套	2
25	摄像头		台	2

6.3 主拱中段上船浮运施工船舶及设备(表3)

主拱中段上船浮运施工船舶及设备表 表3

序号	名称	规格及型号	数量	单位	备注
1	重任1 602	15 000t 半潜驳	1	艘	
2	穗救拖204	2 640BHP	1	艘	
3	重任103	40t 起重能力	1	艘	
4	穗救拖30	980BHP	1	艘	
5	抛锚艇	—	1	艘	
6	液压连续千斤顶及配套油泵	350t	2	套	
7	发电机	250kW	2	台	
8	拉力机	50kN	4	台	用于拉移就位
9	眼板	100kN	20	个	用于软加固
10	软加固钢丝绳	ϕ26mm×L60m	20	条	用于软加固
11	花兰螺丝	90kN	10	个	用于软加固
12	焊机		2	台	
13	割具		2	套	
14	氧气		10	瓶	
15	乙炔气		4	瓶	
16	打磨砂轮机		3	台	
17	砂轮片		200	片	
18	锚	5t	4	个	用于重任1602
19	绞移船舶定位钢丝绳	ϕ26~28mm,L300m以上	6	条	
20	五轮滑车组	500kN	2	套	留尾
21	滑轮组钢丝绳	ϕ24~26mm,L500m以上	4	条	留尾
22	其他短钢丝绳		20	条	
23	卸扣	1 500kN	8	个	
24	卸扣	550kN	8	个	
25	卸扣	120~160kN	20	个	
26	卸扣	50kN	10	个	
27	滑车	100kN单轮滑车	6	个	
28	焊条	ϕ3.2mm	100	kg	
29	链带		4	条	
30	单头链		4	条	
31	锚头缆	ϕ28mm×L30m	4	条	
32	锚头浮标		4	个	
33	浮标钢丝绳	ϕ22mm×L10m	4	条	
34	轨道胎架	每排长度约为100m	2	排	

7 质量控制

7.1 一般要求

(1)加强测量的精度控制并能及时反馈信息以指导施工。

(2)严格执行合同文件有关规定和施工规范要求。

(3)严格执行材料、设备进场的复核验收工作程序,确保进场材料、设备合格。

(4)严格每一道工序开工前和结束后的检查验收制度,坚持执行班组自检,质检部门检查合格,报请监理工程师检验的工作程序,重要工序请监理旁站监督检查。

(5)严格控制拱肋的安装精度和焊接质量,保证满足设计及相关规范要求。

7.2 施工工序过程控制

7.2.1 提升塔结构的设计、制造及安装过程控制

保证提升塔结构受力构件设计合理,制造及安装质量满足设计及施工规范要求。提升塔的设计采用大型结构软件进行模拟计算,在施工中严格控制提升塔安装质量满足规范要求,并采用超声波检测结构焊接焊缝质量。

7.2.2 提升设施安装的过程控制

提升设施包括提升油缸、液压泵站、液压油管、电缆线及提升用钢绞线、锚具等,保证提升设施布局设置合理且配套配置,质量满足施工要求。

7.2.3 拱肋提升施工的过程控制

拱肋提升过程中采用基于实时控制网络的液压同步提升技术,在每个吊点处安装激光测距仪和长行程传感器,确保拱肋提升过程中,拱肋大节段各吊点高程可精确地测量和控制,拱肋结构每吊点处安装压力传感器测量各点的负载压力,以确保拱肋在提升过程中受力合理。

7.2.4 拱肋平面位置、高程、线形精调的过程控制

建立全桥测量控制网并报监理工程师批准,在拱肋结构上布设测量控制点,通过全站仪精确测量,精调拱肋的平面位置和安装高程符合设计和规范要求。

主拱中段通过调整临时系杆张拉力,使拱肋线形符合设计及规范要求。

7.2.5 拱肋合龙段安装的过程控制

(1)拱肋合龙控制应充分考虑温差影响,选择最佳瞬时合龙时间,通过采取有效手段和措施确保拱肋成拱质量满足设计及规范要求。

(2)在主拱边段及中段提升施工前,在提升塔架上布置测点,观测提升塔架受气温影响下的变形规律,特别是横向位移变化规律,在一天中温差较小的时段精确放样提升吊点安装位置,同时拱肋提升就位后,也应继续观测,掌握提升塔架的位移变化规律,以有利于控制拱肋的合龙质量符合设计及规范要求。

7.3 执行标准

(1)《新光大桥液压同步提升实施细则》

(2)《广州市新光大桥—提升塔钢结构制造及验收技术规程》

7.4 工艺质量标准(表4)

工艺质量标准 表4

项目		允许偏差
提升塔	构件尺寸	±2mm
	塔底水平偏位	10mm
	倾斜度	塔高的1/3 000,且不大于30mm
	焊缝	一次检验合格率85%,二次检验合格率100%
提升同步控制		10mm
临时系杆张拉力		5%
拱肋应力		符合设计要求
拱肋轴线偏位		±5mm
合龙高程		±10mm

8 安全措施

8.1 提升塔设施保障措施

(1)针对各种施工工况,采用多种有限元计算程序对提升塔结构进行受力和变形计算,确保结构受力合理。

(2)严格执行材料出厂证明、进场复检制度,控制原材料质量。

(3)在施工中严格按设计图中安装提升塔,按照设计要求严格控制提升塔的安装质量。

(4)所有提升用吊具设计合理,制造、加工的质量需满足提升施工要求。

8.2 提升设备保障措施

8.2.1 设备试验保障

为确保新光大桥主拱肋大节段整体提升工程的顺利实施,在设备正式启用之前,参照实际工况,在试验台上进行全面的设备性能考核,在确认设备正常以后才能进场安装就位。所有的进场设备都要经过试验,并做好记录备查。

试验内容参照我国液压缸出厂试验标准(JB/JQ20302—88),具体的试验项目、试验方法、试验要求详见《新光大桥液压提升实施细则》第五章。

8.2.2 提升设备可靠的机电液保障

为了确保提升工程的顺利实施,在整套提升设备中机、电、液三方面设计多道安全保障措施。

1)提升油缸保障

(1)在钢绞线承重系统中增设了多道锚具。

(2)提升油缸采用模块设计,一旦使用中出现故障,能够及时更换。

(3)提升油缸采用新型的锚片结构,提高了锚具系统工作的可靠性。

(4)每台提升油缸上装有液压锁,防止失速下降;即使油管破裂,重物也不会下坠。

(5)每台提升油缸安装限压和限速装置,防止负载超限和失速下降。

2)液压泵站保障

(1)液压泵站中设置安全阀,限制各点的最高负载,确保结构安全。

(2)主要液压元件使用进口元件,可靠性高。

3)控制系统保障

(1)液压和电控系统采用联锁设计,以保证提升系统不会出现由于误操作带来的不良后果。

(2)控制系统具有异常自动停机、断电保护等功能。

(3)控制系统采用容错设计,具有较强抗干扰能力。

9 文明施工与环保措施

9.1 文明施工措施

9.1.1 文明施工组织管理机构

成立由项目经理为组长的文明施工小组,全面开展文明工地活动,创造良好的施工环境和氛围,保证工程顺利完成。

9.1.2 文明施工保证措施

(1)对进场施工队伍签订文明协议,建立、健全岗位责任制,把文明施工落实到实处,提高全体施工人员自觉性和责任心。

(2)采取有效措施处理生产生活废水,不得超标排放,并保证施工现场无积水现象。在多雨季节应配备应急的抽水设备和突击人员。

(3)现场布置合理,材料、物品、机具、土方堆放符合要求。

(4)施工现场、办公室内按要求布置图表,及时反映现场及工程进度状况。

(5)施工期间,经常对施工机械车辆道路进行维修,确保晴雨畅通。

(6)施工现场各种标志、标志牌布置合理。

9.2　环境保护措施

9.2.1　水环境保护措施

(1)施工废水、生活污水按有关要求处理,不得直接排入河流。

(2)施工的废油,采取隔油池等有效措施加以处理,不得超标排放。

(3)对于施工中废弃的零碎配件、边角料、包装袋、包装箱等及时收集清理并做好现场卫生,以保护自然与景观不受破坏。

9.2.2　大气环境及粉尘的防治措施

(1)施工现场和运输道路经常洒水,减少灰尘对人的危害和对环境的污染。

(2)对油料物品设立专门库房,采取严密可靠的存放措施。

9.2.3　降低噪声措施

(1)对使用的工程机械和运输车辆安装消声器,降低噪声。

(2)在比较固定的机械设备附近设置临时隔声屏障,减少噪声传播。

(3)适当控制噪声叠加,尽量避免噪声机械集中作业。

10　效益分析

新光大桥的拱肋施工,对处于浅水区的两边跨拱肋采用低架拼装、原位整体提升,对处于繁忙通航的中跨采用大节段异地拼装、水上提升,比原缆索吊装施工方式节省直接费用510万元,且主桥施工可多工作面开展,大大缩短工期并减少高空作业量,避开了沿海地区桥梁施工受台风的影响,极大地提高了施工的安全性,降低了对珠江主航道的影响,取得了良好的经济和社会效益;合龙误差仅2mm,大幅度地提高了大跨度拱桥的成桥品质,其提升构件尺寸、重量、高度综合指标居世界同类桥梁的前例,有较高的推广应用价值。

11　应用实例

广州市新光大桥跨越南珠江沥滘水道(主航道),全桥长1 083.2m,主桥为177m + 428m + 177m三跨连续刚架飞雁式钢桁系杆拱桥,引桥为3 × 50m的预应力混凝土连续箱梁(图4)。

钢桁拱的安装方法如下:

(1)边拱肋的施工采用低位支架拼装,整体同步液压提升进行安装,就位后合龙拱脚段,完成边拱肋安装。

(2)中孔分三大段,两边大节段(简称边段)长度为85m,提升重量约1 164t,中间大节段(简称中段)长度为172.0m,提升重量约3 078t。安装顺序为先主拱边段,后主拱中段。

边段单肋在码头支架拼装完成后,拖拉上船并浮运,浮运就位后脱架,安装横向联结杆件,拱脚段合龙。

拱肋中段,拼装完成后支架卸除,拱肋由滑移支架支撑,拖拉上船浮运,浮运就位挂索后,拱肋船上脱架,整体同步提升,与两侧边段合龙,卸除提升索,拆除主拱中段的临时系杆,利用沙箱卸出拱肋支撑,完成体系转换。

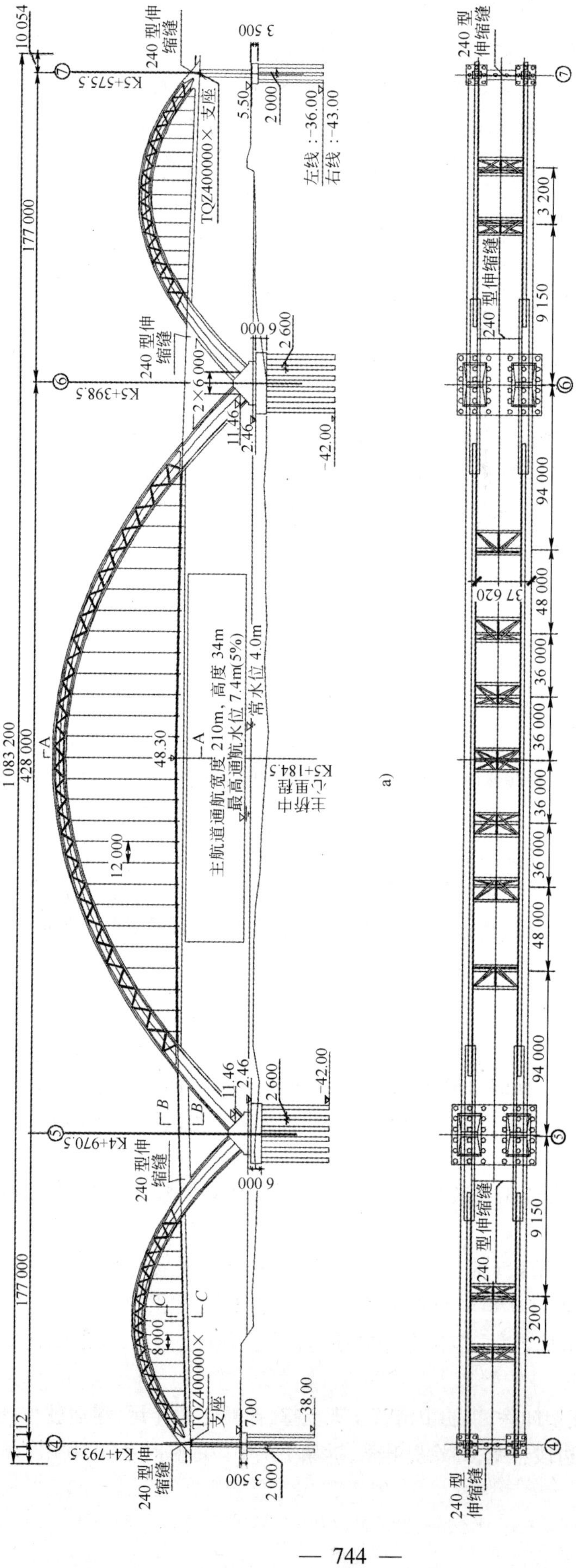

图 4　广州市新光大桥构造示意图（尺寸单位：mm）
a) 立面图；b) 平面图

转体桥梁重心称重工法

GGG（中企）C4083—2008

张　翰　徐升桥　刘永锋　彭岚平　周恒武
（中国中铁股份有限公司　中铁工程设计咨询集团有限公司　中铁六局集团有限公司）

1　前言

桥梁平转施工时，在施工支架完全拆除后的转体过程中，转动体的自平衡或配重平衡对施工过程的安全起着重要的作用，对于曲线桥梁尤为关键。高架桥转体部分施工完成后，为确定是否需要配重，需进行桥梁转体结构部分的称重测试，对转动体系顺桥向、横桥向偏心距和静摩擦系数等进行测试。

2　工法特点

称重施工工法是为了保证桥梁转动体转体过程的顺利进行和形成整体后拆架过程的安全，及时为大桥转体阶段的指挥和决策提供依据。

转体施工的关键构件是承载整个转动体重量的转动球铰，而转动球铰摩擦系数的大小直接影响着转体时所需牵引力矩的大小。在转体前通过对转动体进行称重试验，可以确定复杂转动体部分的顺桥向、横桥向的偏心距和静摩擦系数。

3　适用范围

本工法适用于平转转体法施工的高架桥（包括曲线桥）转体前的称重测试。

4　工艺原理

通过在转盘两侧千斤顶顶升和落顶，利用百分表记录各级顶力下的顶升或下落位移，绘出顶力与位移的关系曲线，根据曲线确定出转动启动时的临界顶升力，根据桥梁转动体的力学静力平衡条件，转动体球铰摩阻力矩 M_Z、转动体不平衡力矩 M_G 与千斤顶顶升或落顶力矩应平衡，为求得转动体球铰摩阻力矩 M_Z、转动体不平衡力矩 M_G 两个未知数，当 $M_Z \geqslant M_G$ 时采用转盘两侧分别顶升，当 $M_Z < M_G$ 时采用转盘偏重侧分别顶升、落顶，从而得到两个平衡方程。

已知转动体的重量 G 和转动体不平衡力矩 M_G，则偏心距为 $e = M_G/G$。

已知转动体的重量 G、球铰半径 R 和球铰摩阻力矩 M_Z，则球铰摩擦系数为 $\mu = M_Z/(G \times R)$。

5　施工工艺流程及操作要点

5.1　测试方法及分析

理想的桥梁转动体系必须具备易于转动和安全稳定这两个基本条件，随着转动体部分施工支架的拆除，转动体的不平衡力矩和球铰的摩阻力矩将逐渐发挥作用，参与转动体的平衡体系。施工支架拆除后，转动体的平衡体系将出现下列两种情况中的一种：转动体球铰摩阻力矩小于转动体不平衡力矩的情况；转动体球铰摩阻力矩大于转动体不平衡力矩的情况。

当转动体球铰摩阻力矩小于转动体不平衡力矩时，意味着支架拆除后，转动体部分在自身的不平衡力矩作用下即发生转动。此时进行不平衡称重试验，转动体偏重侧支点落顶，使转动体在沿梁轴线的竖平面内发生顺时针方向微小转动,同时偏轻侧支反力为零,然后偏重侧支点升顶,发生逆时针方向微小转动,同时偏轻侧支反力为零。记录转动过程中荷重传感器示值和百分表读数。

当转动体球铰摩阻力矩大于转动体不平衡力矩时,意味着支架拆除后,转动体部分在自身的不平衡力矩作用下不能发生转动。此时进行不平衡称重试验,分别从转动体两侧支点顶梁,使转动体在沿梁轴线的竖平面内发生逆时针、顺时针方向微小转动,记录转动过程中荷重传感器示值和百分表读数。

下面就以横桥向转动体不平衡力矩和转动球铰摩阻力矩测试为例说明该工法的工艺原理。

利用对称安装在转动球铰两边(横桥向)的百分表判断拆架过程中转体部分是否发生横桥向转动。横桥向不平衡力矩测试百分表和千斤顶荷载传感器布置见图1。

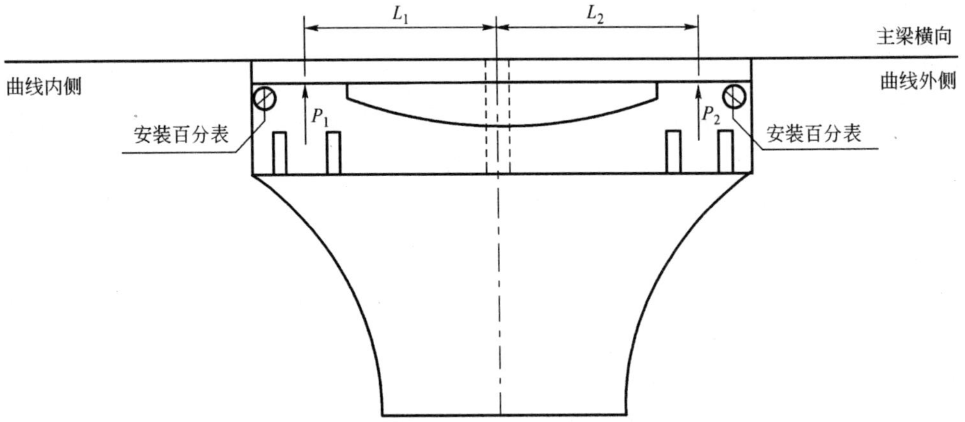

图1 横桥向不平衡力矩测试千斤顶及位移测点布置图

5.1.1 工况1——转动球铰摩阻力矩很小

当转动球铰摩阻力矩较小时,意味着落架后,转体部分在自身的不平衡力矩作用下即发生转动(图2),此时进行顶升(逆时针转动)和落顶(顺时针转动)试验,其转体部分不平衡力矩和转动球铰摩阻力矩用下式计算:

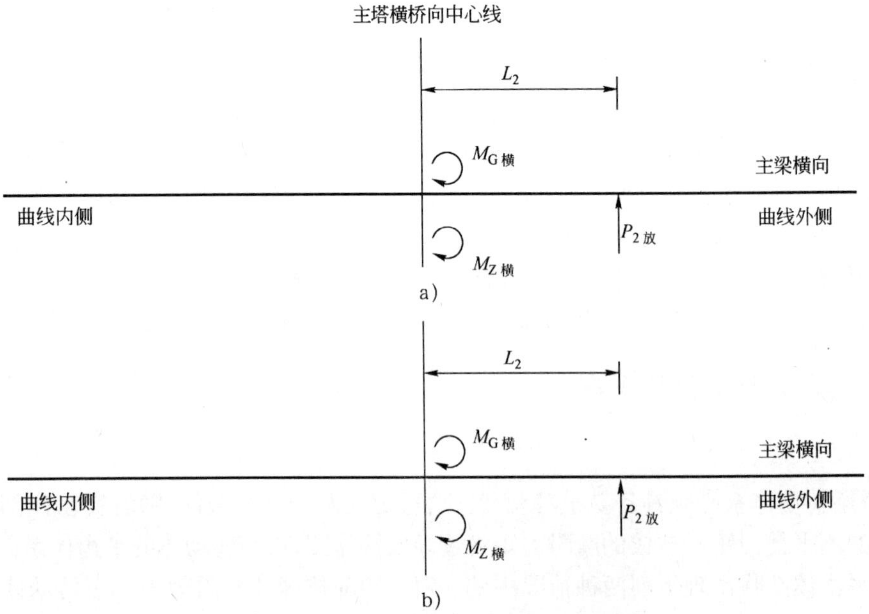

图2 转动球铰摩阻力矩较小时的顶升及落顶试验

a)曲线外侧顶升;b)曲线外侧落顶

$$M_{G横} = \frac{(P_{2顶} + P_{2放}) \times L_2}{2} \tag{1}$$

$$M_{Z横} = \frac{(P_{2顶} - P_{2放}) \times L_2}{2} \tag{2}$$

式中：$M_{G横}$——转动体横桥向不平衡力矩（t·m）；

$M_{Z横}$——转动球铰横桥向摩阻力矩（t·m）；

$P_{2顶}$——使梁体横向逆时针转动时千斤顶顶力（t）；

$P_{2放}$——使梁体横向顺时针转动时千斤顶顶力（t）；

L_2——千斤顶顶落点距转动球铰几何中心的距离（m）。

5.1.2 工况2——转动球铰摩阻力矩很大

当转动球铰摩阻力矩较大时，意味着落架后，转体部分在自身的不平衡力矩作用下未能发生转动，此时需要靠曲线内侧和曲线外侧的千斤顶施加顶力方能使转体部分转动（图3）。此时转体不平衡力矩和转动球铰摩阻力矩用下式计算：

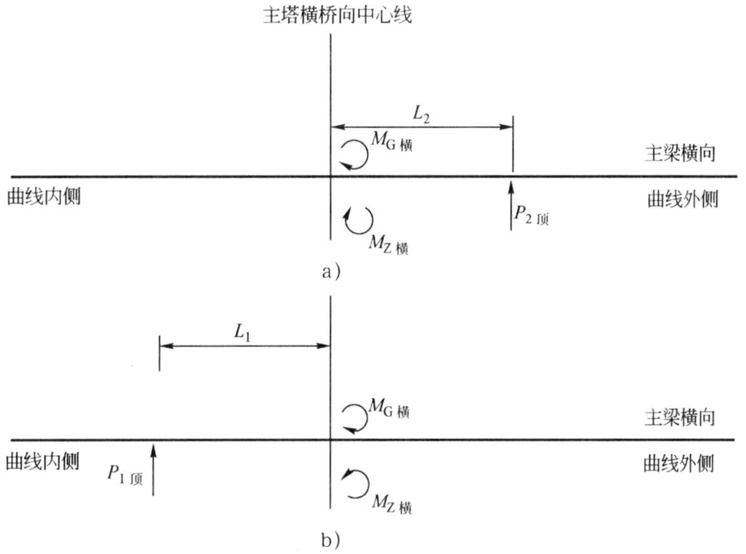

图3 转动球铰摩阻力矩较大时的顶升试验
a）曲线外侧顶升；b）曲线内侧顶升

$$M_{G横} = \frac{P_{2顶} \times L_2 - P_{1顶} \times L_1}{2} \tag{3}$$

$$M_{Z横} = \frac{P_{2顶} \times L_2 + P_{1顶} \times L_1}{2} \tag{4}$$

式中：$M_{G横}$——转动体横桥向不平衡力矩（t·m）；

$M_{Z横}$——转动球铰摩阻力矩（t·m）；

$P_{1顶}$——使梁体横向顺时针转动时的千斤顶顶力（t）；

$P_{2顶}$——使梁体横向逆时针转动时的千斤顶顶力（t）；

L_1、L_2——千斤顶顶力点距转动球铰几何中心的距离（m）。

5.2 转动体球铰静摩擦系数的分析计算

称重试验时，转动体球铰在沿梁轴线的竖平面内发生逆时针、顺时针方向微小转动，即微小角度的竖转。摩阻力矩为摩擦面每个微面积上的摩擦力对球铰中心竖转法线的力矩之和（图4）。

$$dM_Z = R\cos\theta dF \tag{5}$$

$$dF=\mu_0\sigma dA,dA=2\pi rds,r=R\sin\theta,ds=Rd\theta\sigma=\sigma_{竖}\cos\theta,\sigma_{竖}=\frac{N}{\pi R^2\sin^2\alpha} \tag{6}$$

则

$$dM_Z=2\pi R^3\mu_0\sigma_{竖}\sin\theta\cos^2 d\theta \tag{7}$$

$$M_Z=\int_0^{\alpha}dM_Z=\frac{2(1-\cos^3\alpha)}{3\sin^2\alpha}\mu_0 N \tag{8}$$

$$\mu_0=\frac{M_Z}{\frac{2(1-\cos^3\alpha)}{3\sin^2\alpha}NR} \tag{9}$$

将球铰参数($r=1.9$m,$R=8$m)代入上式得:

$$\mu_0=\frac{M_Z}{0.985NR} \tag{10}$$

摩擦面按平面计算时:

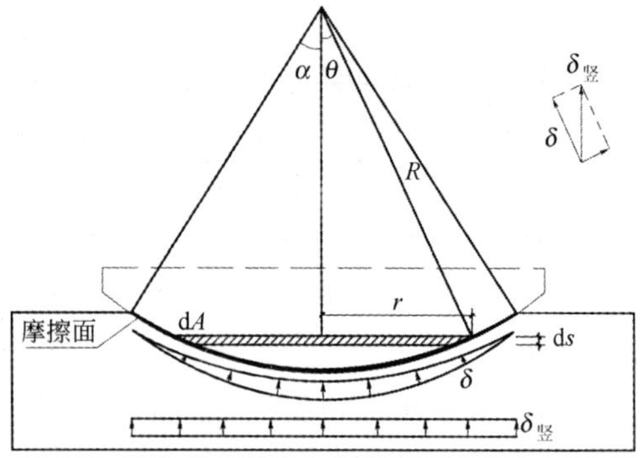

图4 转动体球铰静摩擦系数计算示意图

$$\mu_0=\frac{M_Z}{NR} \tag{11}$$

由此可知,两者计算结果相差小于2%,故当球铰球面半径较大而矢高较小时,可将摩擦面近似按平面来计算μ_0。

5.3 工艺流程

转体桥梁重心称重施工工艺流程如图5所示。

(1)在平转环道的顺桥向、横桥向分别布置称重用千斤顶。

(2)在每台千斤顶上设置荷重传感器,测试试验过程中的反力值。

(3)在球铰上转盘四周布置百分表,用以判断转动体在称重试验过程中是否发生转动。

(4)拆除转动体部分施工支架。

(5)进行不平衡称重试验,记录转动过程中荷重传感器示值和百分表读数。

(6)根据测试结果计算不平衡力矩、偏心距、摩阻力矩及静摩擦系数。

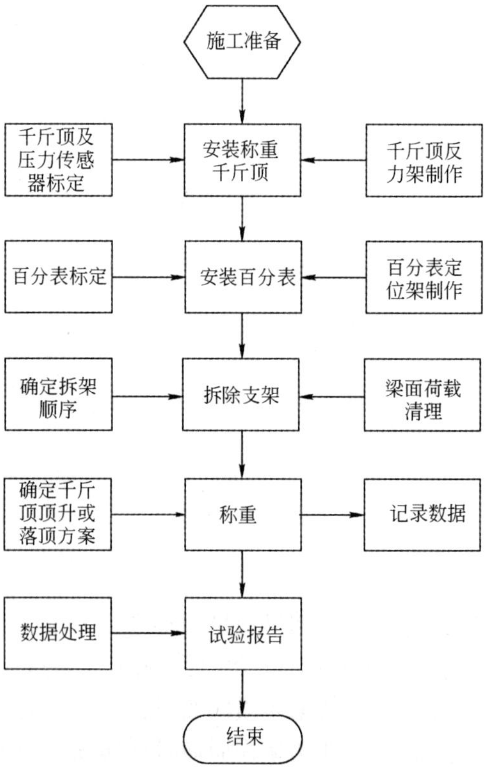

图5 称重施工工艺流程图

5.4 操作要点

5.4.1 称重反力架安装

在平转环道处设置称重反力架,布置称重千斤顶与传感器,称重千斤顶应左右前后对称布置,称重反力架应能满足支承处局部应力的要求。

5.4.2 安装百分表

在上转盘与下转盘间沿顺桥向、横桥向对称设高灵敏度的位移计,用以判断转动体支架拆除及在称重试验过程中是否发生转动。

5.4.3 支架拆除与体系转换

(1)拆除主梁支架,并对梁面荷载进行清理,以减轻转体重量。

(2)拆除转体墩上下转盘之间的沙箱。

(3)由转体墩根部向梁端方向逐节段拆除全部主梁底面支架,将主梁转体段由排架支撑转换到由球铰支撑的自平衡体系。当有临时墩时,支架拆除后主梁转体段由排架支撑转换到由球铰及临时墩支撑的平衡体系，最后释放悬臂端临时墩支承，主梁转体段转换到由球铰支撑的自平衡体系。

5.4.4　自平衡体称重

拆除支架时，观察四个方向百分表的读数有无变化，判断转动体球铰摩阻力矩与转动体不平衡力矩的大小，从而根据5.1中的原则选择合适的称重方法。

顺桥向称重：分别在转体环道主跨侧、边跨侧的称重反力架上顶升箱梁，从位移计上判断斜拉桥自平衡体系的整个刚体是否发生位移，按500kN每级进行加载，当加载至顶升位移2mm时结束，记录转动过程中荷重传感器示值和百分表读数。

横桥向称重：分别在转体环道主梁曲线内侧、外侧的称重反力架上顶升箱梁，从位移计上判断斜拉桥自平衡体系的整个刚体是否发生位移，按500kN每级进行加载，当加载至顶升位移2mm时结束，记录转动过程中荷重传感器示值和百分表读数。

根据顶梁转动时球铰位移—顶力曲线推出梁体发生转动时的顶升力。

利用顶升力矩、自平衡体系的自重平衡力矩、球铰的摩阻力矩三者静力力矩平衡的原理，推算出整个转动刚体的重力偏心矩、球铰的摩阻系数等参数，从而确定转体时的牵引力、助推力等参数。

5.5　劳动力组织

劳动组织情况见表1。

劳动力组织情况表　　表1

序　号	单项工程	所需人数	备　注
1	管理人员	1	
2	技术人员	3	
3	称重施工	8	
4	杂工	3	
	合计	15人	

6　材料与设备

本工法无需特别说明的材料，采用的机具设备见表2。

机具设备表　　表2

序　号	设备名称	设备型号	单　位	数　量	用　途
1	千斤顶	按计算取	台	4	顶升称重
2	传感器	与千斤顶配套	台	4	称重测反力
3	百分表		套	4	称重测变位
4	电脑		台	1	结果分析
5	对讲机		台	2	通知读数

7　质量控制

7.1　一般要求

(1)严格执行施工规范要求。

(2)每一步施工程序都要制定相应的施工实施细则指导施工。

(3)严格执行材料、设备进场的复核验收工作程序,确保进场材料、设备合格。

(4)严格开工前和结束后每一道工序的检查验收制度,坚持执行班组自检,质检部门检查合格,报请监理工程师检验的工作程序,重要工序请监理旁站监督检查。

7.2 称重施工质量控制措施

(1)称重试验测点布置时应设置校核测点,以确保检测结果准确无误。

(2)每次称重试验应重复三次,测试过程中,如果两次试验的结果相差悬殊,应重新进行试验,直到两次试验结果接近。

8 安全措施

8.1 针对各种施工工况,采用多种有限元计算程序对称重时各相关结构进行受力和变形计算,确保结构受力安全。

8.2 严格执行材料出厂证明、进场复检制度,控制原材料质量。

8.3 为确保称重试验的顺利实施,在称重各设备正式启用之前进行全面的设备性能考核。在确认设备正常以后才能进场安装就位,所有的进场设备都要经过试验,并做好记录备查,千斤顶、传感器、百分表应分别多备1台。

9 环保措施

9.1 在工程施工过程中严格遵守国家和地方政府下发的有关环境保护的法律、法规和规章,加强对工程材料、设备、生产生活垃圾的控制和治理,遵守有关防火及废弃物处理的规章制度,随时接受相关单位的监督检查。

9.2 解除沙箱支撑时,集中收放沙子,防止尘土飞扬,污染周围环境。

9.3 避免夜间施工,采取消声措施降低施工噪声到允许值以下。

10 资源节约

本工法中使用的千斤顶、荷载传感器、百分表均为反复利用的仪器,提高了材料周转次数。

11 效益分析

桥梁转体施工技术,既能有效地避免中断铁路、公路或航道的运营,确保大桥施工与桥下交通互不干扰,又能节省工程投资,还为大型跨线、跨河桥的建设提供了一套能取得较好经济效益、社会效益的新技术、新工艺。该称重施工工法就是为了保证桥梁转动体形成整体后拆架过程中的安全和转体过程的顺利进行,及时为大桥转体阶段的指挥和决策提供依据。

转体桥梁重心称重工法在北京市五环路(曲线桥单铰转体14 000t)、北京市西六环路(单铰墩顶转体15 000t)、北京市通州区东六环西辅路(双幅同步单铰转体4 800t)等工程中得到了全面应用,上述桥梁的平转施工均在铁路管理部门规定的时间内完成了转体施工,使桥梁施工对铁路运输和周边环境的影响降到了最低,共减少运营损失费1 500万元(五环路960万、西六环路360万、东六环西辅路180万),取得了良好的经济和社会效益。

12 应用实例

本工法已成功应用于多座桥梁,包括北京市五环路石景山南站高架桥(平曲线半径1 900m、转体质量 14 000t)、北京市通州区东六环西侧路高架桥以及北京市六环路丰沙铁路分离式立交主桥(平曲线半径 950m、转体质量 15 000t)的转体结构重心的测试施工。

12.1 工程概况

北京市六环路丰沙铁路分离式立交主桥是北京市六环路(良乡—寨口段)工程的一部分,位于六环路的西环,是六环路的控制工程之一,跨越高路堤电气化铁路线丰沙铁路,客、货运交通十分繁忙。为了快速、安全地在卵石土地区的高路堤电气化铁路上架起高架桥,又能不干扰或尽量少干扰正常的铁路运输,本桥采用墩顶转体法施工 56m + 100m + 70m + 37m 四跨连续子母塔单索面预应力混凝土曲线斜拉桥,桥梁外缘间总宽 30.5m,采用墩顶大吨位单铰转体施工工艺,转体墩高 21.5m,转体总长 182m,平曲线半径 950m,单铰平转质量 15 000t,转体角度 40°(图 5)。

大桥于 2008 年 1 月 10 日开始基础施工,2008 年 7 月 13 日进行称重施工,2008 年 7 月 16 日完成转体。

12.2 施工情况

在丰沙铁路北侧支架浇筑转体部分主梁,总长 182m,质量 15 000t。

在平转环道处布置称重千斤顶与传感器,纵向布置 4 个 650t 千斤顶,横向布置 4 个 250t 千斤顶,每个千斤顶上布置压力传感器,传感器与上转盘设压力分配梁,降低支承处的混凝土局部应力。

对梁面荷载进行清理,尽量减小转体重量。拆除转体墩上、下转盘之间的 6 组支承钢箱。拆除主梁支架,由转体墩根部向梁端方向逐节段拆除全部主梁底面支架,将主梁转体段由排架支撑转换到由球铰支撑和悬臂端临时墩支承的体系。在上转盘与下转盘间顺桥向、横桥向两侧共设 4 个高灵敏度的百分表。

释放悬臂端临时墩支承,观察 4 个方向百分表的读数有无变化,当转动体球铰摩阻力矩小于转动体不平衡力矩时,意味着支架拆除后,转动体部分在自身的不平衡力矩作用下即发生转动。当转动体球铰摩阻力矩大于转动体不平衡力矩时,意味着支架拆除后,转动体部分在自身的不平衡力矩作用下不能发生转动。经观察两个方向百分表读数均无变化,说明转动体球铰摩阻力矩大于转动体不平衡力矩,此时进行不平衡称重试验,分别从转动体两侧支点顶梁,使转动体在沿梁轴线的竖平面内发生逆时针、顺时针方向微小转动,记录转动过程中荷重传感器示值和百分表读数。

顺桥向称重:分别在转体环道主跨侧、边跨侧的称重反力架上顶升箱梁,从位移计上判断斜拉桥自平衡体系的整个刚体是否发生位移,按 500kN 每级进行加载,当加载至顶升位移 2mm 时结束,记录转动过程中荷重传感器示值和百分表读数。

横桥向称重:分别在转体环道主梁曲线内、外侧的称重反力架上顶升箱梁,从位移计上判断斜拉桥自平衡体系的整个刚体是否发生位移,按 500kN 每级进行加载,当加载至顶升位移 2mm 时结束,记录转动过程中荷重传感器示值和百分表读数。

根据顶梁转动时球铰位移—顶力曲线推出梁体刚发生转动时的顶升力。

利用顶升力矩、自平衡体系的自重平衡力矩、球铰的摩阻力矩三者静力力矩平衡的原理,推算出整个转动刚体的重力偏心矩、球铰的摩阻系数等参数,从而确定转体时的牵引力、助推力等参数。

横桥向不平衡力矩测试百分表和千斤顶荷载传感器布置见图 7。

纵桥向不平衡力矩测试百分表和千斤顶荷载传感器布置见图 8。

12.3 施工完成情况评价

北京市六环路丰沙铁路分离式立交主桥转体称重施工,仅用 2h 就完成了 15 000t 转动体的称重,转动体部分纵桥向不平衡弯矩和摩阻力矩分别为 823.3 kN·m、9 775.2 kN·m,实测转动体纵桥向重心偏向主跨侧 5.8mm,球铰摩擦系数为 0.008 54;转动体部分横桥向不平衡弯矩和摩阻力矩分别为

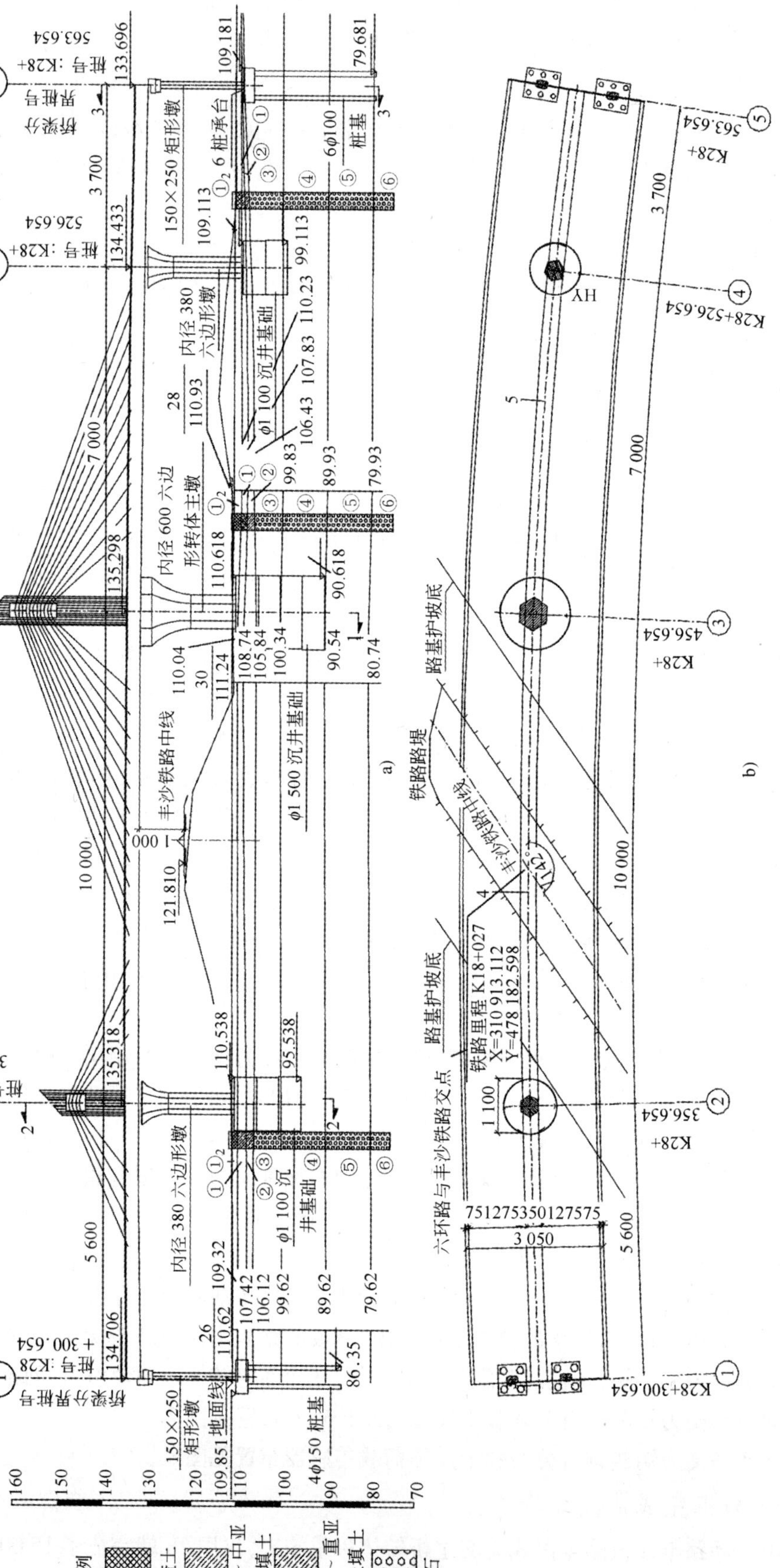

图 6 全桥布置图（尺寸单位：cm, 高程单位：m）

a) 立面图；b) 平面图

偏向主跨侧 5.8mm，球铰摩擦系数为 0.008 54；转动体部分横桥向不平衡弯矩和摩阻力矩分别为 660.0kN·m、9 717.6 kN·m，实测转动体横桥向重心偏向曲线外侧 4.6mm，球铰摩擦系数为 0.008 49；纵桥向和横桥向的实测摩阻力矩较为接近，相对误差仅为 5.9%。转体前转动体部分的偏心距较小，所以转体状态下需在边跨侧 80m 处配重 20t，保证转体重心偏向边跨侧 100mm，确保在 8 级风作用下转体结构始终处于球铰及边跨侧两撑脚三点稳定支撑下。

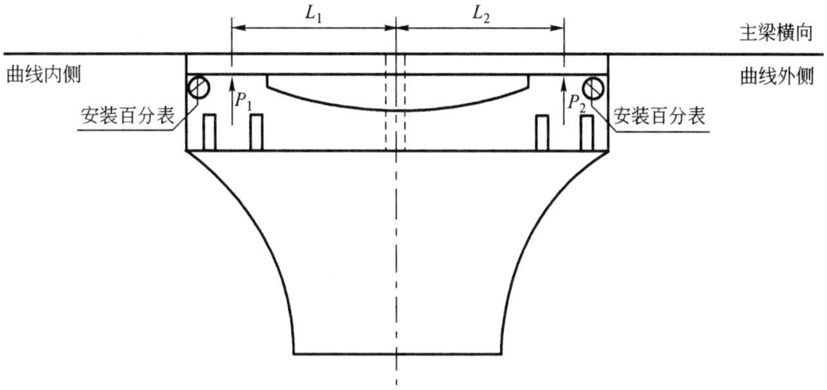

图 7 横桥向不平衡力矩测试千斤顶及位移测点布置图

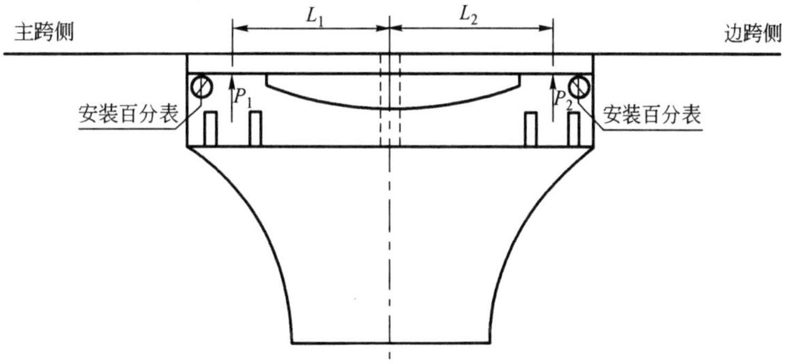

图 8 纵桥向不平衡力矩测试千斤顶及测点布置图

根据实测的球铰摩擦系数计算出需牵引力 46t，远小于牵引能力 200t，故不需要辅助千斤顶助推。

通过称重施工，大大提高了施工的安全性和可靠性，2007 年 7 月 16 日，仅用 40min 桥梁转体成功就位。

斜拉桥索塔施工工法

GGG(中企)C4084—2008

田克平　黄天贵　阳华国
(中交第一公路工程局有限公司　中交一公局第三工程有限公司)

1　前言

随着高速公路的迅猛发展,公路等级的不断提高,斜拉桥、悬索桥等具有高墩、大跨径特点的桥梁被广泛应用到工程实际,同时也发挥了越来越重要的作用。索塔作为斜拉桥、悬索桥一个十分重要的组成部分,造价高昂、施工周期长,如何科学地组织施工,优质高效地完成施工任务,具有十分重要的意义。本工法依托江苏省连盐高速公路灌河特大桥索塔施工工程实例,全面系统地阐述了索塔施工技术和工艺特点。已建成的索塔成品倾斜度、空间尺寸以及外观质量均满足规范要求,处于良好的受控状态,施工进度科学合理。该工法已被证明是一项行之有效的施工工法,代表了目前索塔施工的先进水平。

2　工法特点

2.1　本工法工艺简练,操作性强,施工易于实现。在合理设计模板、支架和爬架系统的基础上,可以实现高度较大的索塔施工。

2.2　本工法施工结构设计合理,力学模型明确,设计计算量不大,易于被工程技术人员掌握。

2.3　质量易于控制,通过采用相对基准极坐标法进行测量控制,以及模板支撑体系的优化,结构物实体质量和外观质量优良。

2.4　本工法投入的大型机械设备相对较少,施工成本较低,循环施工周期较短,具备较高的投入产出比。

3　适用范围

本工法具有施工快捷、结构合理、经济实惠等特点,可以被广泛应用到斜拉桥、悬索桥的索塔施工中,尤其适合于索塔截面比较规则,塔柱高为100~200m的中小型钢筋混凝土索塔。通过对模板系统以及爬架提升装置的改进和优化,也可以应用到变截面及高度较大的索塔施工中。

4　工艺原理

本工法是索塔施工的一种非常有效的工艺方法,其原理是:在塔柱内预先安装劲性骨架作为钢筋模板安装定位的依托,纵向主钢筋采用机械连接,下塔柱采用钢管支架模板体系、中上塔柱采用内翻外爬附爬架的分节段爬模施工模式,混凝土采用拖泵泵管输送,在中塔柱上设置横向临时撑架,防止塔柱根部产生拉应力,斜拉索和索塔的锚固形式采用钢锚梁锚固体系,直接传递给索塔,横梁采用钢管落地支架支撑体系,通过合理布设塔吊、电梯、泵管、水电等设施以及进行预埋件的埋设,并运用塔吊以及吊车进行施工材料垂直运输的一种高效的索塔施工工艺。

根据索塔形式、高度以及所采用的施工工艺、方法、设备性能和具备的施工能力,索塔分节长度不尽相同,一般分节长度为4.0~5.0m。

5　施工工艺流程及操作要点

5.1　工艺流程

(1)塔柱施工工艺流程见图1。

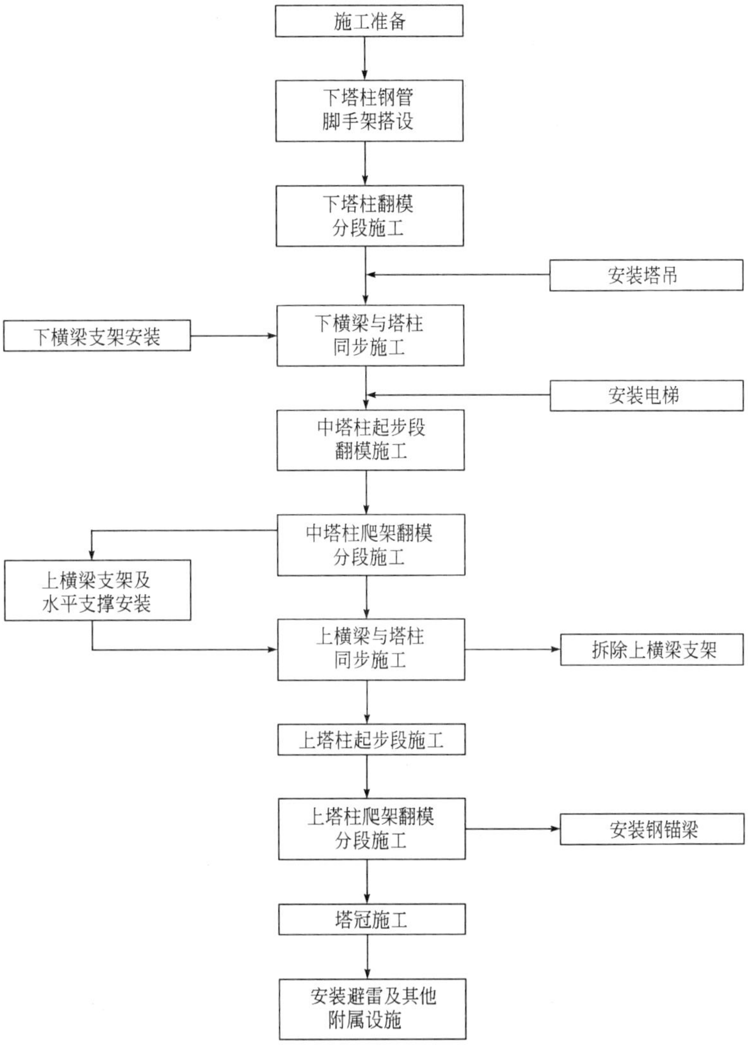

图1　塔柱施工工艺流程图

(2)塔柱节段循环施工工艺流程图2。

(3)横梁施工工艺流程图3。

5.2　操作要点

5.2.1　钢筋工程

为加快进度,降低高空作业风险,塔柱内竖向主筋宜采用镦粗直螺纹套筒或挤压套筒等机械连接,其余钢筋采用焊接或绑扎连接。

半成品的钢筋按型号、规格、用途等进行编号挂牌,分别堆放,由运输车运至施工现场;主筋连接后,箍筋由下而上焊接或绑扎,绑扎高度以每次混凝土浇筑高度为准。

5.2.2　劲性骨架

为了便于钢筋空间定位并固定模板,索塔塔壁内部一般设置劲性骨架,劲性骨架应单独进行结构设计,一般采用∟100×100及∟80×80角钢焊接拼装成桁架,在地面上单片制作、塔上整体拼装焊接定位而成。劲性骨架制作安装的总体布局是:在条件允许情况下,尽量在地面将工作做好,减少塔上工作量。单块骨架的高度同混凝土分节高度,框架形式按结构设计要求确定。

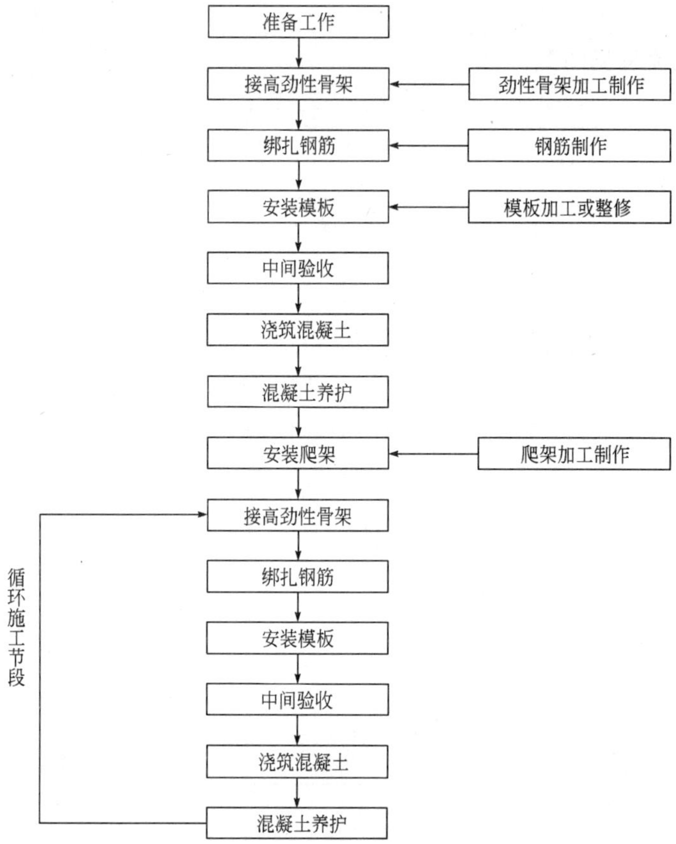

图2　塔柱节段循环施工工艺流程图

5.2.3　混凝土工程

索塔高度一般较大,混凝土强度等级较高,混凝土宜采用泵送方式输送,通过采用多台输送泵接力的方式,可以把混凝土输送到理想的高度。每个索塔下方设置一台固定拖泵,通过泵管将混凝土直接泵送至作业面。

混凝土应具有良好的工作性和可泵性。混凝土浇筑从低处开始逐层扩展升高,并保持水平分层。振捣时使用插入式振动器,其分层厚度约为30cm;振捣密实标准为:混凝土停止下沉,无显著气泡上升,表面平坦,呈现薄层水泥浆时为止。

下塔柱塔基部分设计一般为实心段,应按大体积混凝土施工考虑。内部设置降温水管,混凝土浇筑后,通水冷却,降低内部温度,同时对模板外部进行保温,防止混凝土产生温度应力裂缝。

5.2.4　模板支撑体系

为确保索塔外观质量,外模一般采用大面积定型钢模板,内模采用组合钢模板或木模板。

1)模板的基本结构

塔柱模板由外模板和内模板组成。外模板均为大面积钢模板,内模板以大模板为主,部分采用组合钢模和木模。外模、内模、角模或平模板,其结构形式基本相同,主要由横肋、竖肋、劲板和面板组成。

2)下塔柱模板体系

下塔柱一般设计成变截面形式,并有一定的斜率。为加快工期,充分利用底部承台工作面,下塔柱模板一般采用翻转式。根据下塔柱的高度,每个塔柱应加工2~3节定型钢模板,高度为3~4m,施工中根据实际进行循环利用,并进行适当的改装。模板外侧搭设钢管脚手架,作为操作平台及模板临时支承点,并设置对拉螺杆。

3)中、上塔柱模板系统

中、上塔柱采用内滑外翻的模板体系,每肢塔柱加工 3 节模板,高度为 2 ~2.5m。为保证混凝土分段部位接缝严密,应保留一节基准模板不拆,施工时始终固定顶部一节作为上一节段施工的模具和支撑平台,而将下部两节拆除后上翻,提升模板设备采用倒链和塔吊。

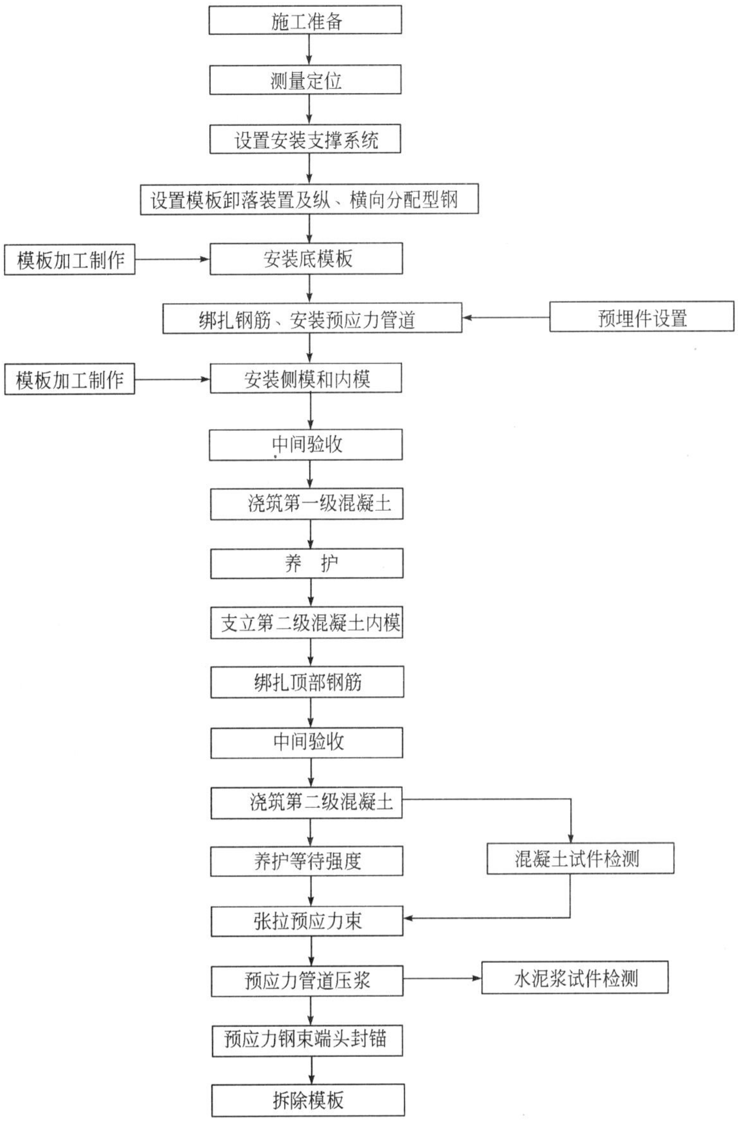

图 3 横梁施工工艺流程图

5.2.5 爬升系统

爬升系统主要包括塔身预埋件、爬架、附墙架、工作平台以及塔吊和倒链提升设备等。功能集爬架爬升、模板支立、钢筋绑扎、混凝土浇筑、预应力张拉、孔道压浆以及施工平台于一体,工作平台整体随塔柱施工逐步上升,为施工人员提供一个封闭的操作空间,施工安全、便捷。爬模系统和爬模循环施工操作流程分别如图 4、图 5 所示。

5.2.6 横向临时撑架系统

根据索塔形式的不同,为防止索塔根部产生拉应力,一般设计要求采用水平临时撑架,以抵抗塔柱向内倾所产生的水平力。

水平撑架设置:在规定高度,于塔柱内侧埋设预埋件并焊接牛腿,用钢管作支撑,采用油压千斤顶施加对撑力。

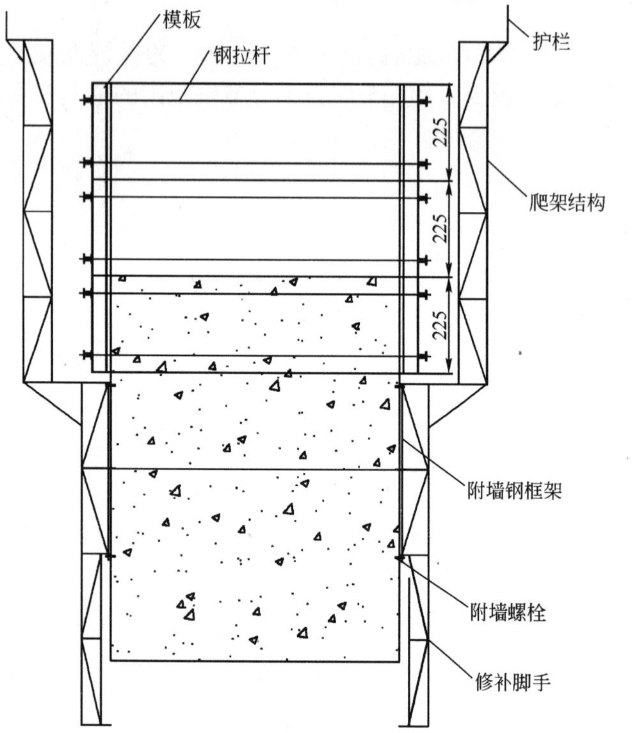

图4　爬模系统示意图(尺寸单位:cm)

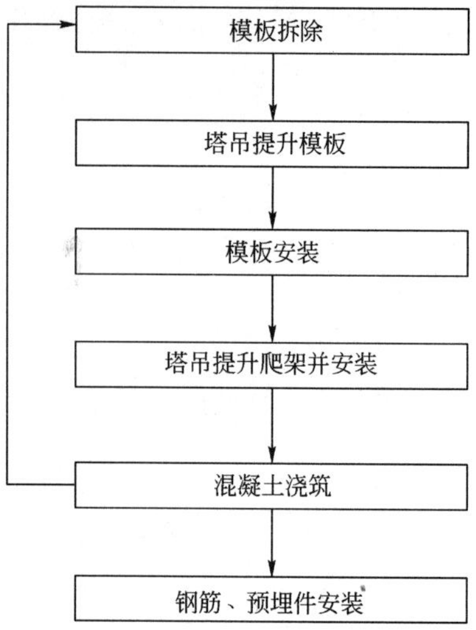

图5　爬模循环施工操作流程图

5.2.7　索塔施工测量

索塔施工测量的重点是确保结构的位置正确,塔柱各部分满足倾斜度、垂直度、几何尺寸和空间位置的要求,斜拉索锚管上、下口位置及其空间倾角准确。

由于精度要求高,测量作业场地狭小,平面位置可采用相对基准极坐标法定位或相对时间法原理定位,尽量消除索塔因日照、温度变化的影响;高程采用差分三角高程法定位,以确保定位精度。

5.2.8　拉索导管定位

拉索导管定位是上塔柱施工的关键,安装精度的高低直接影响到斜拉索的安装及使用寿命。

(1)拉索导管定位精度要求:锚固点空间位置三维允许偏差 ±10mm,导管轴线与斜拉索轴线的相对允许偏差 ±5mm。

(2)拉索导管空间定位如图6所示。

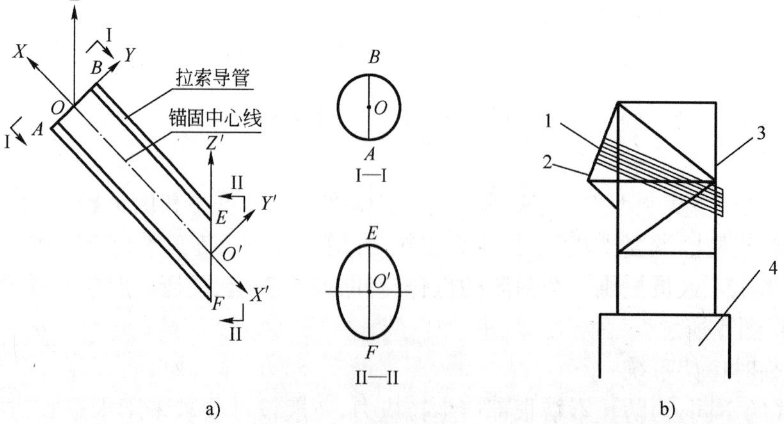

1-拉索导管;2-固定架;
3-劲性骨架;4-已浇索塔

图6　拉索导管空间定位示意图

5.2.9　钢锚梁安装

(1)搭设平台,平台上铺设钢板或组合钢模。由于安装空间狭小,塔壁内模一般采用钢管临时支撑。

(2)平台搭设完毕,焊接钢锚梁水平方向的限位钢板,埋设锚固螺栓,浇筑小石子混凝土垫层,再安装支承钢板。

(3)起吊钢锚梁,使钢锚梁尽量水平,将钢锚梁临时放置在平台上,下垫枕板;安装另一块钢锚梁,精确调整钢锚梁位置,用高强螺栓将钢锚梁连接,连接后对钢锚梁的位置进行复测。

5.2.10　横梁施工

横梁与相应的塔柱节段同步施工,采用落地钢管支架施工的方法。根据结构设计计算,确定支撑及模板系统,一般由钢管、贝雷桁片和型钢等组成,具体视现场材料情况而定,横梁钢筋、混凝土施工与塔柱基本相同,下面重点介绍预应力体系部分。

1)预应力筋张拉规定

张拉机具采用满足最大张拉吨位的千斤顶,张拉前,对高压油泵、液压千斤顶和压力表进行配套标定校验,确定千斤顶与油泵压力表的回归曲线。

混凝土强度达到设计要求时,进行预应力筋的张拉。先对称张拉腹板束,再张拉顶、底板束。预应力钢束均为两端同时张拉,张拉以拉力与引伸量进行双控,钢束的伸长值误差控制在 ±6% 以内。

张拉程序为:0 →初应力→分级张拉至 σ_{con}(持荷 2min 锚固)。

2)压浆及封锚

张拉后,采用砂轮切割机切割多余钢绞线,压浆采用活塞式真空压浆泵,压力控制在 0.5 ~ 0.7MPa,压浆后,立模浇筑封锚混凝土。

5.2.11　防雷装置及其他附属设施安装

索塔上的附属设施主要包括塔顶防雷装置、航空障碍灯、塔内爬梯、横梁上的栏杆、照明设施等。塔内爬梯在索塔封顶之前安装,防雷装置和航空障碍灯在塔冠施工完成后安装,横梁上的栏杆要在 0 号梁段支架拆除后方可进行,照明设施在全桥主体工程基本结束后安装。

5.2.12　塔吊、电梯、泵管、水电等临时设施的布设以及预埋件埋设

索塔施工主要临时设施包括塔吊、施工电梯、拖泵及泵管、供电及供水 5 个部分。

1)塔吊

根据施工现场范围以及施工材料的重量,合理选用塔吊型号,一般选用 80t · m 型号以上,布置在承台两边塔柱旁靠河侧,使得整个索塔均处于吊装范围内,两台塔吊安装高度应错开布置。为确保安全稳固,沿塔柱高度方向每 20m 设置附臂。

2)施工电梯

为了保证工期,便于搭载人员上下通行,一般每个塔肢均应设置一台载货载人施工电梯,安装位置为承台两边塔柱外靠岸侧。

3)混凝土垂直输送

塔柱混凝土的垂直输送,宜选用 80C 型以上的拖泵,一次泵送至塔柱模板内。泵管采用 Ω 形卡固定在专用架上,并间隔用钢丝绳吊挂于塔柱的原模板对拉螺栓上。

4)水

一般宜采用两台高压多级水泵,分别布设在塔柱迎河面左侧,设置水箱用于混凝土养生及其他。

5)供电系统

承台顶面上设置低压配电箱,分别输送给塔吊、施工电梯、高压水泵的电机专用配电箱,动力电缆随塔柱垂直布置,施工作业面上设置小型配电箱。

6)预埋件

索塔上的预埋件种类较多,主要包括为满足设计和施工要求两部分,对各种预埋件应统一绘图,并

汇总成册,便于指导施工。

6 材料与设备

本工法仅列出了一个索塔所需要的机械设备和主要材料需求量,实际施工时,可根据具体情况适当调整。钢筋加工和混凝土拌和设备可以与其他工程施工交叉使用,机械设备及主要施工材料详见表1。

机械设备及主要施工材料 表1

序号	机械名称	型号规格	数量(台套)	工作内容
1	履带吊	50t/55t	2	起重吊装
2	轮胎吊	16t	1	起重吊装
3	电焊机	BX3-500-2	6	焊接
4	钢筋弯曲机	GW40-1	1	钢筋弯折
5	钢筋切段机	CQ40-2	2	切割钢筋
6	钢筋镦粗机具		2	镦粗
7	直螺纹加工机具		2	滚丝
8	装载机	50/30	2	上料及工地运输
9	电动磨光机		4	模板打磨等其他
10	混凝土拌和站	50/75	2	混凝土拌和
11	混凝土拖泵	60C/80C	2	混凝土输送
12	塔吊	80t·m	2	垂直起重
13	电梯	CD100	1~2	输送人员上下
14	千斤顶	450t 以上	4	张拉预应力
15	高压油泵	ZB500	4	和千斤顶配套使用
16	压浆机		1	灌注压浆
17	空压机	$3\sim6m^3/min$	2	打压及清理
18	高压水泵	IS50-120	2	抽水养护
19	发电机	150/200kW	1	备用电源
20	竹胶板	244cm×122cm	$300m^2$	横梁外模
21	组合钢模	150cm×30cm	$400m^2$	横梁及塔柱内膜
22	爬模	自制或定购	2套	施工人员及设备平台
23	型钢和贝雷片		200t	搭设支架及其他
24	钢管支架		400t	搭设支架

由于各索塔之间相距较远,并隔河或跨江,一般每个索塔投入一个队伍,独立组织施工,实际施工时,可酌情增减;下面以一个索塔为单位配置劳动力如表2所示。

劳动力配置情况 表2

序号	工种	人数	工作内容	备注
1	施工负责人	1	负责现场指挥总协调调度	
2	质检员	1	负责现场质量检查及报验	
3	技术员	2	负责现场技术指导和质量控制	
4	起重工	2	负责起重设备信号指挥	
5	塔吊驾驶员	4	负责操作塔吊	
6	机械工	4	负责随机操作机械	

续上表

序号	工种	人数	工作内容	备注
7	安全员	1	负责安全工作实施及检查	
8	高强螺栓施拧人员	8	负责高强螺栓施拧	塔柱钢锚梁
9	钢筋工	20	负责钢筋加工及安装	
10	模板工	16	负责模板安装及支架支设工作	
11	混凝土工	12	负责混凝土浇筑及振捣等相关工作	
12	电焊工	6	负责各种焊接工作	
13	张拉工	6	负责预应力体系的张拉及压浆工作	横梁
14	电工	2	负责安装、检查电力设施及线路	
15	修理工	2	负责修理机械设备	
16	普工	10～20	辅助各工种人员做好剩余工作	
17	汇总	97～107	完成索塔施工	

7 质量控制

索塔的施工难度较大，质量要求高，施工时应严格要求，精细施工，严把质量关，严格遵循《公路桥涵施工技术规范》（JTJ 041—2000）和《公路工程质量检验评定标准》（JTG F80/1—2004）的相关要求，并从模板、混凝土和施工工艺等方面进行重点控制。

（1）塔柱和横梁的外模板采用大面积钢模，除强度应满足浇筑混凝土的各项要求外，为保证其表面平整度，设计时主要以刚度控制。

（2）对模板的拼接缝，力求做到设计合理，加工制作精细，减少或避免漏浆现象发生。

（3）尽量减少对拉螺杆数量，以减少塔身混凝土上的孔洞，并对塔身施工完成后留下的孔洞及时封堵修补，采用与塔身相同强度的水泥浆进行，力求做到与塔身混凝土颜色一致，并安排专人负责。

（4）对塔身混凝土配合比进行优化选择，混凝土搅拌均匀，保证其工作性能，确保塔身混凝土在整体上色泽一致。

（5）对模板的准确安装定位，混凝土的搅拌、泵送入模、振捣、养护等工艺过程采取有效措施，加强控制。对现场管理人员和操作工人进行质量意识教育，做好每个关键工序的技术交底，通过保证各个工艺环节的工作质量来确保工程的质量。

（6）塔身的施工放样测量，除采取正确合理的测量方法外，严格执行两人复测制度，复核必须采用不同的方法进行，以确保塔身放样准确，防止因测量误差过大而导致塔身混凝土线条不平顺。

（7）索塔塔柱及横梁施工的实测项目见表3、表4。

塔柱实测项目 表3

项次	检查项目	规定值或允许偏差
1	混凝土强度（MPa）	在合格标准内
2	塔柱底偏位（mm）	±10
3	倾斜度（mm）	塔高的1/3 000，且不大于30
4	断面尺寸（mm）	±20
5	壁厚（mm）	±5
6	锚固点高程（mm）	±10
7	孔道位置（mm）	10，且两端同向
8	预埋件位置（mm）	不大于5

横梁实测项目 表4

项次	检查项目	规定值或允许偏差
1	混凝土强度(MPa)	在合格标准内
2	轴线偏位(mm)	10
3	外轮廓尺寸(mm)	±10
4	壁厚(mm)	5
5	顶面高程(mm)	±10

8 安全措施

8.1 进行安全施工应知应会教育。

8.2 成立以项目经理为首的安全生产领导小组。

8.3 建立健全生产组织机构,设置专职或兼职安全员。

8.4 制定安全管理制度,定期进行安全检查,严格实行安全生产岗位责任制,奖惩分明。

8.5 制定主要分项工程的安全操作规程,作业前认真进行安全技术交底。

8.6 进行常规安全操作教育。

8.7 建立健全安全检查制度,定期召开安全会议,及时采取措施消除事故隐患。

9 环保措施

环境保护是我国的一项基本国策,保护施工环境是保证施工人员身体健康和消除外部干扰,保证施工顺利进行的需要。

(1)成立以项目经理为组长的文明施工领导小组,设置施工环境巡查员,由项目综合办公室负责,对施工造成的环境影响情况及时掌握,及时处理。

(2)环境保护领导小组组长:项目经理;副组长:现场总负责人;成员:工区负责人、部门负责人。

(3)配置足够的资源,使空气质量、水质、噪声、废物处理、化学物品、人文自然等在施工中符合相关法规和合同要求。

(4)按月进行环境检测及审核,并做好记录和备案。

(5)对施工管理人员和施工人员进行环境管理培训,使其清楚了解当地环境法律和合同条款中规定的相关要求,参加培训人员的记录和培训内容要备案在综合办公室,以便相关部门检查和审核。

10 资源节约

使用本工法施工,可以在以下方面节约资源:

(1)用粉煤灰代替水泥,大大节约了水泥用量。

(2)采用长距离泵送混凝土等工艺,减少了机械设备的使用量,从而节约了燃油的消耗。

11 效益分析

索塔施工时,在施工方法和施工工艺上采取了一些新的措施,项目部充分采用承台围堰钢管等周转材料用于支撑结构,进行了高强度混凝土配合比优化设计,掺加了粉煤灰,减少了水泥用量,采用了长距离泵送混凝土工艺等"四新技术",节省了大量的机械设备,大大降低了工程成本,累计节约工程成本费用合计200多万元,并且项目部连续三季度获优质优价奖励,取得了良好的经济效益。同时,工程质量实现了工程合格率和优良率的目标,工程进度屡创新高,提前完成目标计划,得到了业主、监理的认可和信任,使企业的信誉度得以增强和提高,取得了良好的社会效益。

12 应用实例

灌河特大桥是江苏省连云港至盐城高速公路上的一座特大型桥梁，全长 1.819km，全桥宽度为 36.6m，主桥为双塔双索面钢—混凝土组合梁斜拉桥。索塔采用为 H 形，C50 混凝土，高度 119.629m，其中上塔柱高 42.0m，中塔柱高 61.8m，下塔柱高 15.829m，中下塔柱设置有斜率，塔柱采用空心箱形断面，单箱单室，塔壁厚度渐变，上塔柱内设牛腿，中间设钢锚梁，下塔柱底部设 2m 实心板。为确保塔柱垂直度与索导管安装精度，与武汉测绘大学联合进行测量监控，塔柱成品验收实测垂直度为 1/7 200，高于规范 1/3 000 的标准，索导管安装定位，消除了温度及日照的影响，误差在 5mm 之内，高于图纸要求精度。模板、支架、爬架等临时结构设计新颖，操作便捷。结构物内实外美，受到业主的好评，并荣获 2005 年度江苏省高速公路建设项目质量排序“前十”通报表扬。施工进度快，中塔柱平均每天 1.14m，比计划快 0.44m，第 16、17 节段施工周期仅为 2d11h，创造了平均每天 1.83m 的最高纪录，南岸塔柱比预定计划提前约半个月完成，为下一步钢梁安装奠定了坚实的基础。

双壁有底钢套箱施工工法

GGG(中企)C4085—2008

檀兴华　樊俊丽　郭利明　徐　峰　尚力强
(中交路桥北方工程有限公司)

1　前言

钢套箱施工是指在水环境条件下,为进行承台(系梁)结构物的钢筋、混凝土施工而设置的隔水设施,将有水环境转换为无水环境的施工工艺。双壁有底钢套箱设置内、外两层壁板,底板开孔,套过桩基钢护筒,实现承台的"有底"。通过在钢套箱内浇筑封底混凝土,将钢套箱锚固于桩基上,在水中形成一个封闭的施工环境,从而实现承台的"无水"施工。

本桥根据主墩位的水文、地质条件采用双壁有底钢套箱,并将钢套箱分块加工制作,在施工现场拼装成型,整体下放到位。此种工法成功地应用于威海长会口斜拉桥海上承台的施工,并在海洋、湖泊、河流等环境下的桥梁基础建设得到应用。

2　工艺特点

2.1　本套箱与传统的大双壁套箱相比,自重较小,并且采用分块加工拼装,减少了大型吊装设备的投入,同时钢套箱作为永久结构提高了承台防撞、防腐能力。

2.2　套箱采用精轧螺纹钢进行下放和锚固,与传统的卷扬机下放和其他锚固方式相比,提高了套箱下放的安全可靠性,并且通过精轧螺纹钢把封底的荷载转化到钢护筒上,确保锚固安全。

2.3　钢套箱封底厚度1.5m,满足了钢套箱与桩基间的黏结锚固及套箱自身的抗浮要求。通过钢套箱侧壁上设置的连通管实现了套箱内外水压的平衡。

3　适用范围

本工法适用于河床水位较深的高桩承台的施工。

4　工艺原理

4.1　双壁有底钢套箱的工作原理

双壁有底钢套箱承台施工首先进行钢套箱的加工制作,桩基施工完毕后,首先在护筒上焊接下承重梁牛腿,安装下承重梁,在其上安装底板和侧板,拼装上承重梁和悬吊系统;通过机械千斤顶整体下放,浇筑封底混凝土,实现钢套箱与桩基间的黏结固定,拆除套箱的悬吊系统抽水后进行承台的钢筋绑扎及混凝土浇筑施工。

4.2　双壁有底钢套箱的构造

双壁有底钢套箱系统包括底板、侧板、下承重构造、上承重构造、悬吊系统、围囹、内撑、导向装置、下放设备组成(图1、图2)。

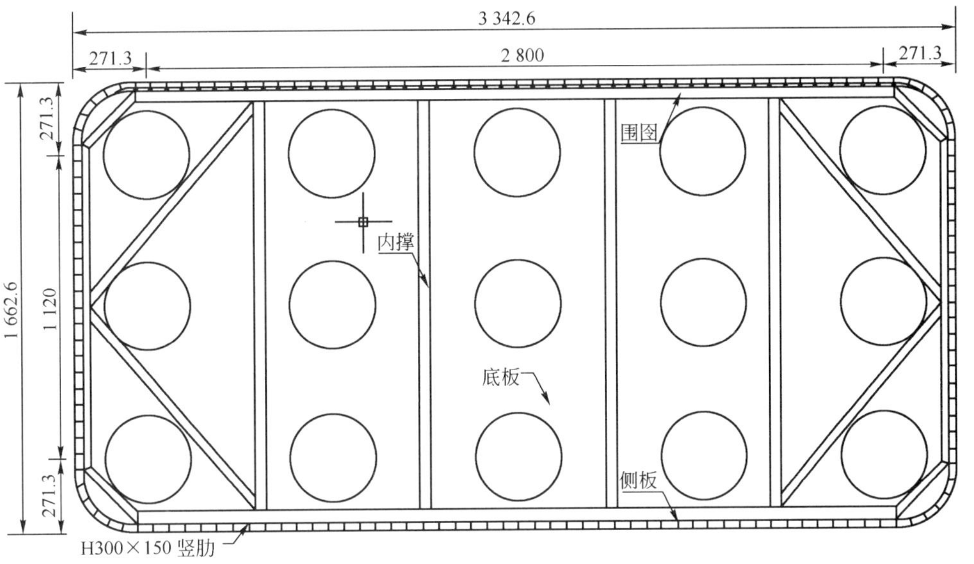

图1　套箱总体平面图(尺寸单位:cm)

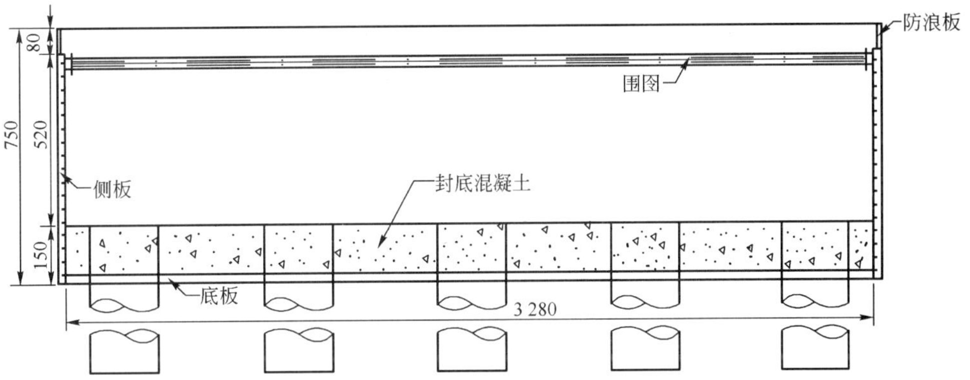

图2　套箱立面图(尺寸单位:cm)

5　施工工艺流程及操作要点

钢套箱施工工艺流程如图3所示。

承台双壁钢套箱施工包括:施工准备,钢套箱底板、侧板分块加工制作,钢套箱防腐,现场拼装下放,封底混凝土浇筑,承台施工。

5.1　钢套箱加工制作

钢套箱加工场地的选择应满足吊车支放、加工平台、成品堆放的要求,同时还应考虑板块要方便倒运。钢套箱加工前对加工场地进行硬化处理,同时搭设操作平台、样架,设置一套3t龙门吊用于板块的掉转。

单块套箱板在套箱加工场现场制作,主要控制平整度,平面尺寸,焊接变形的校正,焊缝的质量检查。

5.2　钢套箱拼装下放

钢套箱加工完毕,运输至施工现场进行拼装下放施工,其施工如下:

(1)承台范围内平台拆除、清除障碍物。

(2)牛腿、底承重梁的安装、底板拼装。

(3)贝雷、上承重梁、吊杆、千斤顶安装。

(4)安装侧板。

(5)提起套箱,割除牛腿。

(6)下放套箱到设计高程。

(7)安装围囹和内支撑,调整套箱平面位置及各吊杆受力,然后对其进行固定。

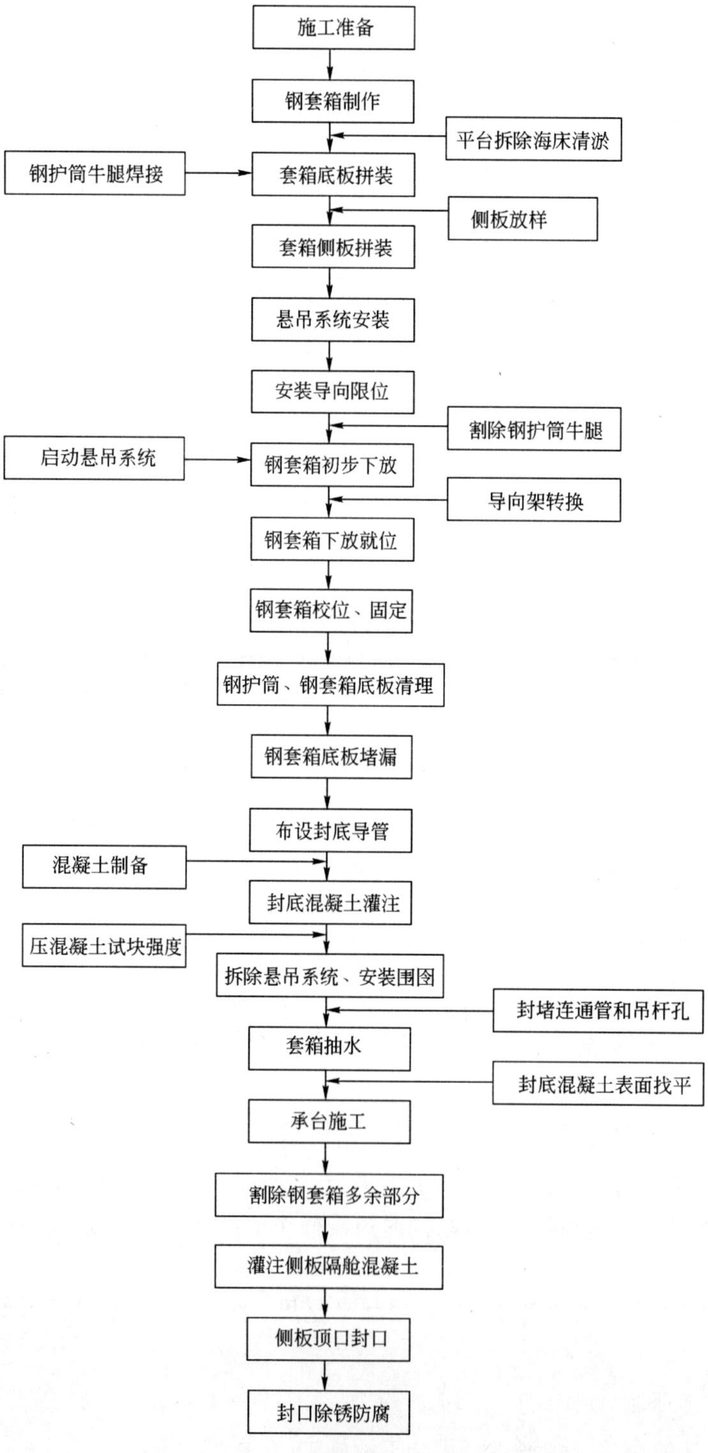

图3　钢套箱施工工艺流程

5.2.1 平台拆除及障碍物清除

(1)平台上部结构拆除:在平台上用履带吊从南向北,倒向便桥方向拆除套箱范围内平台上部结构,从上向下依次拆除。

(2)平台下部结构拆除:平台上部结构拆除完成后,进行钢护筒倒挂牛腿焊接,根据牛腿焊接进展情况,再逐步拆除平台下部结构。下部结构拆除顺序为:割除上下平联和斜撑(拔出钢管桩);若钢管桩无法拔出,在河床面附近水下切除。

5.2.2 牛腿、底承重梁的安装、底板拼装

1)焊接牛腿

在横桥向两侧两排钢护筒上设置牛腿,一个钢护筒上横桥向对称设置两个牛腿,所有牛腿承重面板顶面需在同一个平面内,牛腿承重面板顶面高程误差控制在2mm之内,见图4。

2)底承重梁的安装

底承重梁采用2I32a工字钢,双工字钢之间间隙控制在10cm左右,以利于穿吊杆;承重梁与钢护筒壁间隙设计时预留7cm,防止钢护筒偏位造成无法就位,留出承重梁就位时的调整空间。

3)底板拼装

底承重梁安装完毕后,在承重梁下方利用钢护筒搭设临时操作平台,然后用履带吊分块吊装套箱底板,进行底板拼装施工,并将面板满焊连接。

5.2.3 安装侧板

侧板和侧板、下层侧板和底板之间采用焊接连接,防浪板与侧板间采用满焊连接。

下层侧板安装完毕后,检验侧板垂直度和顶口尺寸,满足要求后,进行后续工序施工,见图5。

图4 焊接承重梁牛腿

图5 拼装底板和侧板

5.2.4 贝雷、上承重梁、吊杆、千斤顶安装

由横桥向护筒上设置三组贝雷梁,每组两排贝雷,贝雷梁长度要比套箱围囹焊接完毕后的尺寸小,以方便套箱下放。贝雷与钢护筒接触处设加劲立杆,加劲立杆采用[10号槽钢,焊在贝雷片的外侧,每侧各焊一根。

上承重梁采用2H400×200H型钢,两根H型钢之间间隙10cm,用于穿吊杆,上承重梁中心与下承重梁中心控制在同一竖直面内,见图6。

5.2.5 套箱下放及导向架安装

套箱下放利用精轧螺纹钢进行下放施工,吊点选择每组上承重梁两端的吊点。

1)提升套箱、割除牛腿

2)套箱采用机械千斤顶下放(图7)

牛腿割除彻底后,开始下放套箱,套箱下放采用机械式手动千斤顶下放到位。

3)导向架安装通过安装导向装置控制套箱的位置

5.2.6　安装围囹及内支撑、套箱平面位置调整及固定

围囹采用双H型钢,内支撑采用ϕ426mm钢管,套箱下放就位后,测量出套箱侧板顶高程和套箱平面位置,根据测量结果精确调整套箱高程和平面位置,使之符合规范和设计要求。套箱精确就位后,安放所有千斤顶和锚具,使所有吊杆共同参与受力,同时设置水平限位装置,固定套箱位置。

图6　上承重系统安装

图7　套箱的下放

5.3　封底混凝土施工

5.3.1　底板堵漏、钢护筒和底板清理

(1)底板堵漏:为方便套箱顺利下放,在底板加工时将护筒预留孔位比护筒实测位置加大了一定尺寸,即底板与钢护筒间留有一定缝隙,并在封堵板安装就位后,用细袋装砂或水泥砂浆塞入封堵板与钢护筒之间的小缝隙中,防止漏浆。

(2)钢护筒和底板清理:在浇筑封底混凝土前,将钢护筒上的积聚物和锈斑用钢丝刷刷除干净,同时将底板上的沉积物用钢刷清理干净,用水枪将沉积物冲散。

5.3.2　封底混凝土浇筑

封底混凝土强度等级为C25,高1.5m。封底混凝土浇筑采用刚性导管、泵送混凝土法施工,综合考虑钢护筒布置影响,按照每个布料点作用半径3.0~4.0m布置混凝土导管。

(1)由于混凝土一次连续浇筑方量大,连续浇筑时间长,为满足封底混凝土布料要求,配制封底混凝土坍落度控制在16~18cm,初凝时间控制在20h以上。

(2)混凝土首灌:混凝土灌注采用储料斗法,多导管分期分批开灌,一次浇筑完成。

(3)混凝土正常浇筑:各导管完成首灌后,按顺序逐根灌注。

(4)封底混凝土高程控制:施工时高程测量控制按每10m^2一个测点,用测绳检测,并配以钢卷尺校核。正常浇筑时每小时测一次,并绘制测点高程图以指导施工下料,不致造成混凝土顶面高差过大。根据所测结果有针对性地进行各导管混凝土灌注,力求混凝土面均匀平整(图8)。当测点达到设计高程后,终止该处混凝土浇筑,上拔导管、冲洗收集,见图9。

5.3.3　封底后处理

(1)拆除悬吊系统:待封底混凝土达到设计强度后拆除悬吊系统,拆除顺序依次为:上扁担梁→千斤顶→下扁担梁→吊杆→上承重梁→贝雷梁。拆除吊杆时,在承重梁上方用扳手旋转吊杆的办法来拆除吊杆。

(2)封堵吊杆孔隙及连通孔:在低潮时,潜水员下入水中,用棉絮塞堵吊杆孔,将连通孔垫上橡胶垫块,安装盖板,拧紧螺栓。

(3)抽水,处理封底混凝土表面:吊箱抽水时限的实际控制以水下混凝土同条件养护试件强度为准,采用水泵将水抽出。封底混凝土表面起伏情况按设计高程人工找平,高于设计高程处用风镐或人工凿除,低于设计高程处砂浆填补。

(4)钢护筒割除,桩头凿除:用气割将钢护筒割除至设计桩顶高程,吊移走割除掉的钢护筒后,将桩头钢筋剥除,然后采用风镐或人工破除桩头达到设计高程,同时要求达到混凝土新鲜面,见图8、图9。

图8 套箱封底施工

图9 套箱抽水、破桩头

5.4 承台施工

承台为大体积混凝土施工时，为减少因水泥水化热导致混凝土内外温差过大产生温度收缩裂缝，对承台施工必须采取措施进行控制，主要可以从以下几个方面进行处理：减少一次浇筑的体积，设置冷却管，降低水泥水化热，控制浇筑温度，养护保温减少温差等。

5.4.1 承台钢筋施工

钢筋在钢筋加工区提前加工制作成型，在施工现场进行钢筋绑扎工作。主筋接长采用镦粗直螺纹套筒接长，大大提高了钢筋连接的效率。

5.4.2 承台冷却管安装

为降低承台混凝土的水化热，在承台内需要设置冷却水管，冷却管采用热传导性能好并有一定强度的铁管，公称直径42.3mm；冷却管分层布置，分层间距1m。

5.4.3 大体积混凝土浇筑

承台混凝土采用高性能海工混凝土，这种混凝土由于掺加了矿粉，从而减少混凝土配合比中的水泥用量，降低混凝土的水化热升温，控制最终水化热。大体积承台混凝土分两次浇筑，减小构件断面尺寸。上下浇筑层的龄期差不宜超过15d。混凝土浇筑时，水平分层呈阶梯状浇筑，每层浇筑厚度控制在30cm左右。

5.4.4 混凝土养生

承台混凝土浇筑完毕后，待混凝土终凝后立即在上表面蓄淡水养护，蓄水深度控制在30cm左右，以推迟混凝土表面温度的迅速散失，控制混凝土表面温度与内部中心温度或外界气温的差值，防止混凝土表面开裂。混凝土养护时间要以混凝土内外温度测试为准，但最少不少于7d。

6 机械设备及人员组织（表1、表2）

机械设备一览表 表1

序号	设备名称	数量	序号	设备名称	数量
1	装载机	2	8	水泵	2
2	20t汽车吊	1	9	空气压缩机	1
3	50t履带吊	2	10	钢筋成型机	1
4	32t机械千斤顶	50	11	钢筋切断机	1
5	发电机	1	12	混凝土拌和站	2
6	电焊机	8	13	混凝土罐车	5
7	手拉葫芦	4	14	混凝土泵车	1

作业人员组织表　　表2

工　种	人　数	工 作 范 围	工　种	人　数	工 作 范 围
技术员	2	施工放样,资料整理,其他技术工作	电焊工	15	套箱加工、制作、钢筋焊接
钢筋工	25	钢筋加工、运输、绑扎成型	起重工	10	套箱运输、拼装
普工	40	套箱下放及其他工作	机械工	3	拌和站、泵车操作
混凝土工	15	浇筑混凝土,振捣、养生			

7　质量控制

7.1　质量标准

(1)《钢结构工程施工质量验收规范》(GB 50205—2001)。

(2)《公路桥涵施工技术规范》(JTJ 041—2000)。

(3)《公路工程质量检验评定标准》(JTJ F80/1—2004)。

7.2　技术管理措施

(1)编制详细的施工组织设计、作业指导书,并组织技术交底,落实各工序应控制的技术要点和质量要求。

(2)套箱的设计方案除按规定报批外,还必须得到设计、监控单位的复核确认。

(3)组织技术人员对套箱进行验收,并对现场安装的每一部位进行详细的检查,发现问题及时整改。

(4)对参与套箱下放的人员进行专业培训,使他们熟悉操作工艺。

(5)在套箱下放时成立现场指挥小组,由专人指挥,保证行动一致,确保安全。

(6)测量人员对套箱下放全过程进行监控测量,保证套箱水平和位置准确。

(7)套箱到位后及时测量底板的高程,确保底板达到设计的位置。

(8)在浇筑封底混凝土前,仔细检查各精轧螺纹钢吊杆,可用千斤顶调整吊杆初始力,保证受力均匀。

(9)在浇筑封底混凝土时,测量人员及时检测封底厚度,保证设计厚度。

(10)在抽水前,潜水员下去封堵连通管和吊杆孔,封堵要牢固,保证不漏水。

(11)浇筑承台混凝土前,要检查混凝土的均匀性和坍落度,严格按照设计强度配制搅拌混凝土。

(12)混凝土振捣时,应避免碰撞模板、钢筋及预埋件,浇筑混凝土期间,应设专人检查模板钢筋、预埋件等稳固情况,当发现有松动、变形、移位时,应及时处理。

8　安全措施

8.1　严格按照施工现场用电规程规范接线用电,设置配电装置,切实做到一机一闸一保护。电工必须持证上岗,严禁其他人员乱接线用电。

8.2　对套箱下放的各种设备进行检查、保养,确保设备完好。

8.3　在施工过程中,要保护好精轧螺纹钢吊杆,避免电焊打火,损伤吊杆,引起事故。

8.4　下放套箱前,组织安全、技术及相关部门进行套箱整体验收,对上下承重部位要仔细检查,对存在的隐患进行整改。

8.5　操作人员必须经专门培训方可上岗。

8.6　套箱吊装下放过程设有专人指挥,确保行动一致,保证安全。

8.7　千斤顶的安装要严格控制,其中心线对准扁担梁中心,防止偏心引发事故。

8.8　下放过程中,每一部位设专人值班,发现异常情况及时报告并进行处理。

8.9　履带吊和汽车吊严格按其使用操作规程操作，使用前应检查各部件性能状况，严禁带故障运行。

8.10　建立安全值班制度，确定值班人员并制定值班责任制。

8.11　操作人员进入现场时必须佩戴安全帽和穿着救生衣，高空作业佩带安全带。

8.12　对工地上设置的消防器材要定期维护和检查，严禁挪作他用。

8.13　在套箱四周设置警示灯，防止夜间船只撞击套箱发生事故。

9　环保措施

9.1　建立健全环保管理组织机构，由组织机构成员加大对各施工面上的环保监察力度，减少施工对环境的影响。

9.2　在施工海域设置环保安全区域，隔离污染物。

9.3　所有施工垃圾、废料集中堆放，统一回收处理；对有害的化学物品，必须专柜或专库存放，指定专人管理，建立严格的收发登记制度。

9.4　减少施工油污的遗漏，对机械漏油采取维修后使用，特别是施工使用的千斤顶数量很多，在使用前要逐个检查，避免将油污洒落海中。

9.5　密切与当地政府的联系，并取得工作上的支持，加强对使用的乡村道路及施工便道的养护，及时洒水养护，对易飞扬的粉尘材料在运输和堆放时进行覆盖，减少粉尘对环境和生活的影响。

9.6　对临时设施都要在工程全部完工后清除并恢复原貌。

9.7　对全体人员进行环境保护知识宣传教育，提高环保意识。

9.8　加强文明施工管理，合理布置施工场地，合理放置各种施工设施。

10　资源节约

长会口大桥主墩承台钢套箱采用的小双壁有底钢套箱替代了通常采用的大双臂钢套箱，不仅重量轻、节省钢材而且方便了施工操作控制，使结构质量、外形尺寸得以保证；同时，钢套箱设计了防腐涂装层，采用防腐涂装工艺延长了结构使用的年限，提高了结构的耐久性要求。

11　效益分析

通过实施此施工工法，减少了大型吊装设备的投入，节省钢材投入200t，直接节省材料投入费用100万元。钢套箱的加工防腐都采取在陆地厂内完成，避免了套箱施工对海水的污染。套箱防腐外层采用橙黄色，结构使用后即可对过往船只起到警示防撞作用又可成为海域一道亮丽的风景线，工程与环境完美结合。

12　工法应用情况

12.1　工程概况

威海长会口大桥全长2 020m，主桥为跨径117m+230m+117m的三预应力混凝土双塔双索面斜拉桥，桥塔采用H形索塔，塔高106.414m；主桥21号、22号墩承台长32.8m、宽16m、高4.5m，四角设半径为2m的圆倒角。承台顶高程+2.0m，底高程-2.5m，承台顶设有台座，台座高2m；承台混凝土采用C40海工混凝土，单墩承台共2 346.15m^3，承台底位于河床面以上。

该工程于2006年5月开工，预计于2008年底主体工程完工。

12.2　施工情况

威海长会口大桥在进行海中承台施工时，采用了此施工工法，从实际应用情况看，解决了海中承台施工的难点，为承台大体积混凝土的质量控制提供了必要的保障，工程实体质量优良。

大跨度钢—混凝土组合结构连续箱梁预制施工工法

GGG(中企)C3086—2008

陈理平　秦顺全　梁　辉　胡　勇　殷秀凯
(中铁大桥局股份有限公司)

1　前言

钢—混凝土组合梁是在钢结构和混凝土结构基础上发展起来的一种新型梁结构,通常采用钢梁与混凝土板,以抗剪连接件连接形成整体而共同受弯的一种结构构件。钢—混凝土组合梁具有结构高度小、自重轻、承载力高、刚度大、节省支模工序和模板、减少现场作业量、施工速度快、综合效益好等显著优点。上海长江隧桥105m钢—混凝土组合结构连续箱梁桥是设计、施工、计算分析与试验研究等多方面的一次全新实践,其采用的箱梁是世界上最大的等高度组合箱梁,是我国最大的预制梁,整孔预制的施工方法也是同类桥梁国内首次应用,现将其编制成施工工法。

2　工法特点

2.1　组合梁采用梁场整孔预制、浮运架设的先进施工技术。

2.2　组合梁由预制桥面板与槽形钢梁组成,结构尺寸大、技术含量高,箱梁长度超过100m,重量超过2300t,箱梁断面形式如图1、图2所示。

2.3　桥面板及现浇缝分别采用5~8cm低坍落度C60混凝土及掺高聚物纤维C60高性能混凝土。

2.4　组合梁的线形控制复杂,其线形设计在平面内包括了直线段和不同曲率半径的曲线段,立面设计了纵坡。

2.5　采用"孔+1"长线法预制钢梁节段及整孔槽形钢梁,确保钢梁质量及线形。

2.6　采用整体活动叠合支架满足不同曲线、不同跨度的组合梁叠合需要。

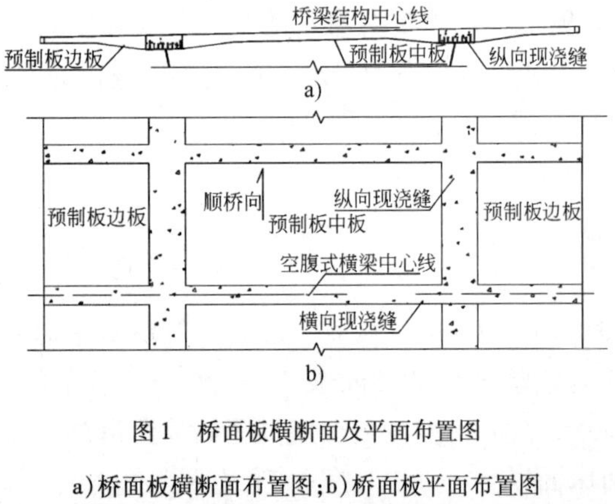

图1　桥面板横断面及平面布置图

a)桥面板横断面布置图;b)桥面板平面布置图

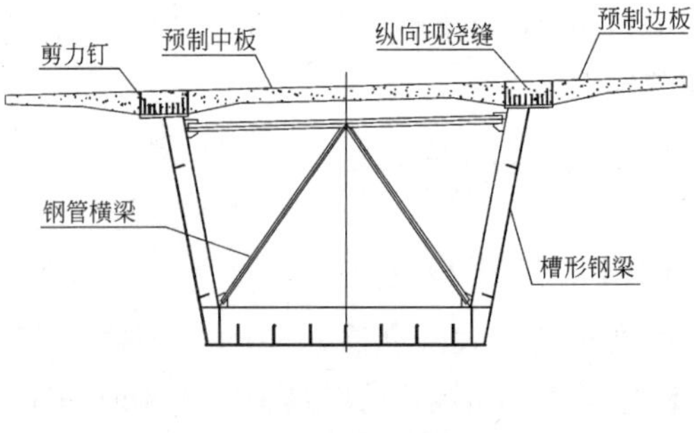

图2　组合梁典型横断面图

3　适应范围

整孔预制大跨度钢—混凝土组合结构箱梁,适用于海洋环境或大江大河入海口的开阔水域,便于大型运输船舶的运输或浮运的跨江跨海大桥。

4 工艺原理

桥梁工程位于外海海洋环境或大江大河入海口的开阔水域，便于大型运输船舶的运输。根据跨海大桥工厂化、预制化、大型化、标准化的建设思想，整孔预制已经成为跨海大桥的经典施工方法之一，在预制场内最大限度地完成施工，易于保证施工质量与安全并加快施工进度；就组合梁受力而言，单跨简支状态可以充分发挥组合梁混凝土顶板受压、钢底板受拉的受力性能优势。所以，对于采取组合梁形式的大跨度跨江跨海大桥，采用整孔预制的施工方法，受力明确，施工简便，而且具有技术经济的合理性。

5 施工工艺流程及操作要点

5.1 施工工艺流程

组合箱梁由槽形钢梁与预制混凝土桥面板通过剪力钉及现浇缝混凝土结合在一起。桥面板采用C60高性能混凝土，预制完需存放6个月后方可投入使用。钢板在工厂预处理下料，完成板单元制造后，先进行10m分节段的拼装、涂装，然后进行整孔吊装段的总拼、涂装，预制场内布置龙门吊及运梁台车配合作业。组合梁采用钢梁总拼胎架与钢—混凝土叠合台座分开方式进行，即槽形钢梁在总拼胎架上施工完成后，通过两条滑道顶升并向外横移至叠合台座，在叠合台座上采取4个断面支撑，进行槽形钢梁与混凝土桥面板叠合，完成钢—混凝土第一次结合。第一次结合时除两端10m范围内桥面板用临时扁担固定在钢梁上，其余桥面板均通过现浇缝混凝土、剪力钉及横向预应力与钢梁结合。待现浇缝混凝土强度及弹性模量达到设计要求后，张拉横向预应力束，再用水平千斤顶顶推横移台车使组合梁整体沿横移滑道滑移至存梁区存放，在存梁台座进行模拟架梁，为墩顶钢梁精确合龙做好准备（工艺流程见图3）。

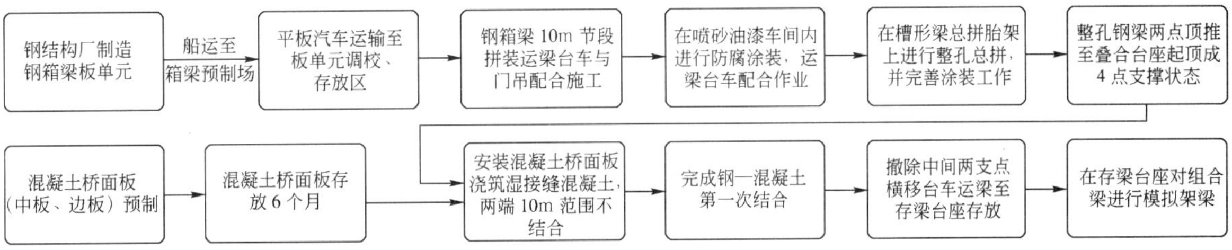

图3 施工工艺流程图

5.2 操作要点

5.2.1 桥面板预制

面板的预制均采用低坍落度的C60高性能混凝土，混凝土采用梁场混凝土工厂厂拌。混凝土运输采用货车上放有吊斗进行混凝土的运输，混凝土浇筑施工采用预制场内龙门吊吊起吊斗进行。

1）预制台座

桥面板预制台座：原场地地基经清理后整平，并用普通钢筋混凝土板硬化，厚度为20cm。在桥面板台座施工区域安装钢筋网片，然后浇筑混凝土。地坪之上施工条形基础，桥面板底模直接安装在此条形基础上，条形基础间距2m，顶面预埋钢板，钢板与底模横肋焊接相连，不得脱空。

2）模板的设计制造与安装

为保证桥面板平整度，底模、侧模均采用刚度较大的钢模。确保了模板安拆方便、坚固耐用、接缝密贴、尺寸准确。每块底模制造完毕并经检查合格后，整体吊放到台座上，与台座预埋件焊接成整体，侧模分段吊装与底模组装成整体。侧模采用普通单层面板结构，为保证钢筋位置精确，侧板上开有圆形钢筋槽口。由于桥面板尺寸较大，侧模均分成若干块，然后再组拼。

3)钢筋绑扎

桥面板板型较多,钢筋绑扎难度大,为便于制作及提高生产效率、保证质量,根据设计图纸,提出下料单,工班据此下料、加工。钢筋成型、弯曲在钢筋车间专门制作的模具上进行。热轧光面钢筋和螺纹钢筋用闪光对焊方法焊接,其接头熔接良好,完全焊透,且不得有钢筋烧伤及裂缝等现象。焊接接头按规定验收,分批抽取试件作冷弯和抗拉试验,合格后方可使用。钢筋绑扎在钢筋绑扎台座上直接成型。由龙门吊吊装到底模上,然后再安装侧模(图4、图5),为保证桥面板钢筋保护层厚度及耐久性,采用精细制造的钢模预制出高一级别的混凝土垫块,保证保护层厚度误差符合规范要求。

图4　整体钢筋起吊入模

图5　钢筋精确定位

4)混凝土浇筑

为了保证混凝土密实度,防止施工时对钢梁污染,采用5~8cm的低坍落度C60高性能混凝土。混凝土的运输采用平板车车载吊斗(吊斗方量$2m^3$),混凝土灌注采用门吊悬挂吊斗边放料边移动方式连续灌注(图6)。每块预制板浇筑时,一次完成,中间不设施工缝。混凝土斜向分层由一边向另一边推进浇筑,每层厚度≤25cm,采用插入式振捣棒振捣。为保证混凝土振捣质量,常规部位采用ϕ50mm或ϕ70mm棒振捣,但对预应力槽口等钢筋密集处采用ϕ30mm棒振捣。对每次浇筑的混凝土严格控制坍落度,并进行检测。桥面板浇筑完成后,及时对桥面板顶面修整、抹平,待定浆后进行第二遍抹平(脱模后桥面板见图7)。

图6　浇筑混凝土

图7　拆模后的桥面板

5)桥面板养护及存放

当桥面板混凝土灌注完毕,板面上覆盖土工布,初凝后,对桥面进行洒水养护。桥面板养护用水与拌制桥面板混凝土用水相同。洒水次数以混凝土表面湿润状态为度,一般白天以1~2h一次、晚上4h一次。对预应力混凝土板,待其预应力张拉完毕,对非预应力预制板的实际强度达到40MPa后,进行起吊移位。在预制板上按设计要求预埋吊钩,预制板的起吊采用4点均匀起吊。桥面板存放按6层考虑,由龙门吊起吊至存板台座上存放。

5.2.2　钢槽形梁预制

钢梁断面为槽形,钢梁板单元在工厂下料后板单元运输到预制场组拼成10m节段,之后再总拼为整孔钢梁。在满足相关工艺文件的前提下,综合考虑运输及批量生产等因素,将标准梁段的结构形式划分各单元件;如图 8 所示;10m 节段钢梁主要划分为顶腹板单元、底板单元(3 块)、横隔板单元(包括实腹式及空腹式)等单元件,单元件在钢结构工厂制造后运输到预制场进行钢槽形梁预制。

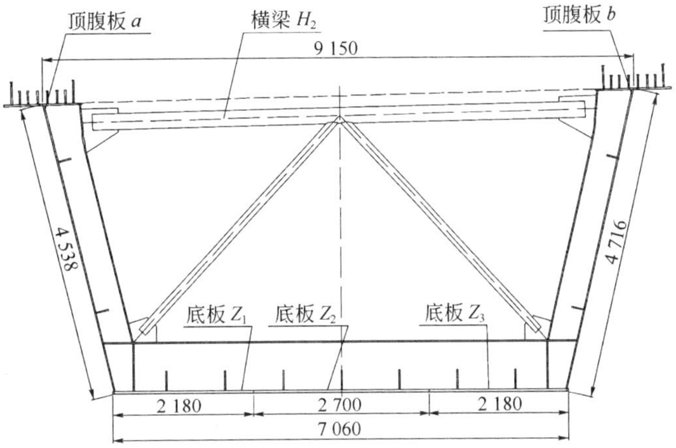

图 8 横断面各单元件示意图(尺寸单位:mm)

1)工装胎架

工装胎架的制造方式和精度是用来保证节段拼装外形及尺寸的很重要的一个措施。10m 节段拼装胎架:胎架全长 115m,宽 12m,单个胎架按"孔 +1"的长度来设计(图 9 所示)。为保证整桥平面线形及预拱度,我们在节段拼装胎架上先将平面线形及预拱值设置好,节段拼装均以一端为基准线进行拼装,另一端再根据线形进行配切。整孔梁拼装胎架,胎架全长 105m,宽 9m(图 10)。为保证整孔梁平面线形及预拱度,我们在整孔拼装胎架及地面上先将平面线形及预拱值设置好,将节段依次与地面上的基准对线进行拼装,并至少检查 3 个节段的线形后再进行环缝的焊接。

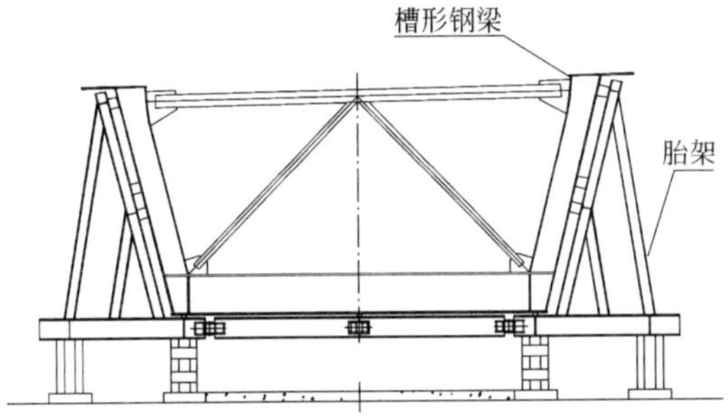

图 9 10m 节段拼装胎架

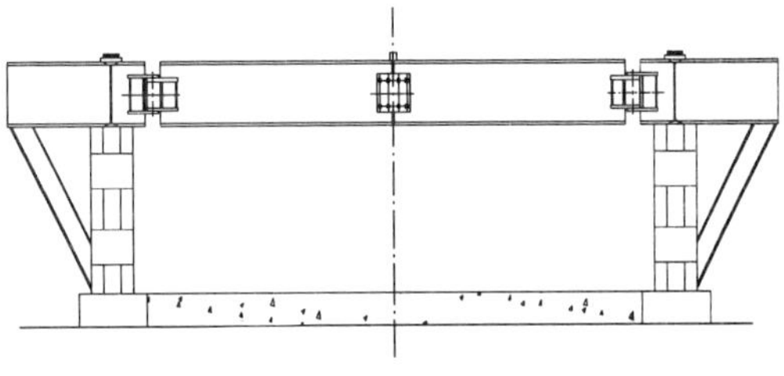

图 10 总拼胎架结构断面图

2)10m 节段拼装

10m 节段拼装按照"孔 +1"的方案进行,每次预拼装合格后,标记梁段号,将最后一个梁段留下,与下一孔梁段匹配制作。在节段制造中,按钢梁底板(3 块)→两侧顶腹板→空腹式横梁等的顺序来进行组装和焊接。组装时,以胎架为外胎,横梁为内胎,重点控制桥梁的线形、梁段几何形状和尺寸精度、相邻接口的精确匹配等。

(1)拼焊底板。先进行中间底板的定位,在中间底板宽度方向画好中心线,该中心线对准胎架中心线,由于单元件制造时在长度方向一端留有余量,因此对位时以没有余量的一端为基准,并对准胎架上的基准线,检查无误后再将底板与胎架用码板钢性固定;中间底板定好位后,再安装两侧的底板,两侧的底板长度方向也以一端为基准,横向则以加劲肋的间距为基准进行拼装。焊接采用陶质衬垫单面焊双面成型的工艺,打底采用 CO_2 气体保护焊(图 11、图 12)。

图11　埋弧填充

图12　火焰矫正

(2)拼装顶腹板单元。纵向将顶腹板单元的坡口端与底板单元的坡口端对齐拼装,并测量其端口的平齐度,横向则以底板上已经画好的腹板边缘拼装线对线拼装,同时检查钢梁的整体高度以及对角线误差,检查无误后将腹板与底板定位,并将腹板与胎架进行刚性固定,定好位后暂不焊接。

(3)空腹式横梁拼装。实腹式横梁焊接完成后,再进行空腹式横梁K形支架的定位,重点测量K形支架的间距、垂直度、高度尺寸及其系统线的偏移量。

(4)梁段焊接。焊接时先进行空腹式横梁的焊接,以减小顶腹板组合单元的焊接变形,空腹式横梁的焊接均采用CO_2气体保护焊。空腹式横梁焊接完成后再进行腹板与底板的熔透角接焊,焊接采用CO_2气体保护焊,先焊接内侧焊缝,然后反面气刨清根再焊接外侧焊缝,最后进行实腹式横梁的焊接:实腹式横梁与顶、底、腹板均为熔透角焊缝,焊接采用CO_2气体保护焊,先焊接一侧,另一侧气刨清根后再进行焊接。由于有部分加劲肋需磨光顶紧,在实腹式横梁与顶底腹板焊接完成并检测完后再进行需磨光顶紧加劲肋的装配和焊接。

3)整孔总拼

整孔分为若干个节段,且钢梁整体设有预拱,根据不同的预拱值在胎架上设置牙板来调节各个节段。节段定位时,依次与胎架上的基准线对线定位拼装,每一条环缝焊接前,需检查各个节段的尺寸、平面曲线及预拱值是否符合要求,然后才能开始焊接,且在下一条环缝焊接前需将前一道环缝焊接所产生的误差尽量消除,以满足整体尺寸的要求。环缝焊接完成并经无损检测合格后,安装底板及腹板的纵肋嵌补段(图13、图14)。

图13　腹板环缝焊接

图14　整孔钢梁总拼

4)组合梁桥面板与钢槽形梁叠合

桥面板与钢槽形梁叠合的主要工序为:横移槽形钢梁→降低钢梁高度同时调整竖曲线至设计线形→中板位置放样→安装中板→复测钢梁线形→边板支架进位并整体起顶定位→按线形对边板高程放样→安装底模→复测底模高程及线形→边板方位放样→安装边板→复测边板高程→边板安装高程调整及定位→安装钢筋及其他系统→浇筑湿接缝混凝土(梁两端10m范围内不浇筑混凝土)→组合梁湿接缝混凝土养护→横移至存梁台座并进行模拟架梁(表1)。

钢—混凝土组合梁叠合步骤　　　　表1

<table>
<tr><th>工　序</th><th>说　　明</th><th>示　意　图</th></tr>
<tr><td>一</td><td>在预设拱度的钢梁总拼台座上进行整孔钢梁节段的预拼装。</td><td>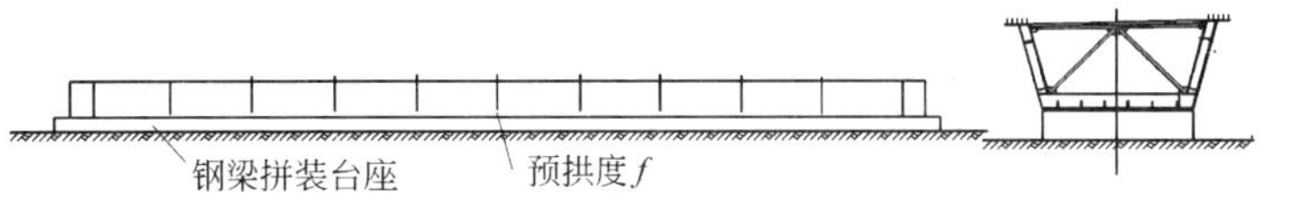
</td></tr>
<tr><td>二</td><td>钢梁拼装完成后由滑道两点顶推至混凝土板组装台座，形成4点支撑体系；
同时各支撑应设置为可以顶升的活动点，各点顶升到设计要求值</td><td>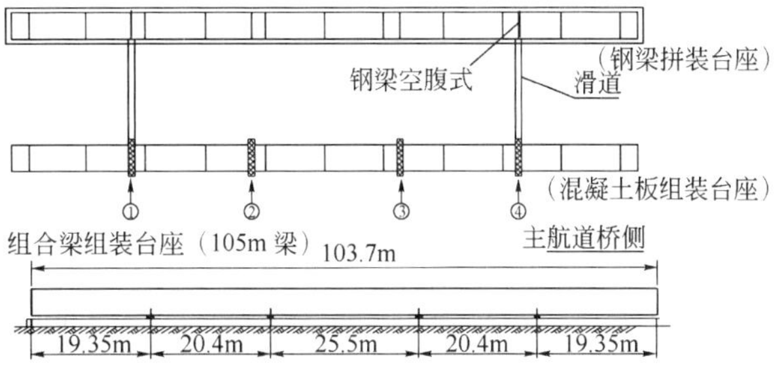
</td></tr>
<tr><td>三</td><td>从中间往两边安装中板、边板，并浇筑湿接缝混凝土，待混凝土强度达到85%以上时张拉横向预应力束；
梁两端各10m范围内湿接缝不浇筑混凝土，由钢扁担梁对桥面板进行固定</td><td>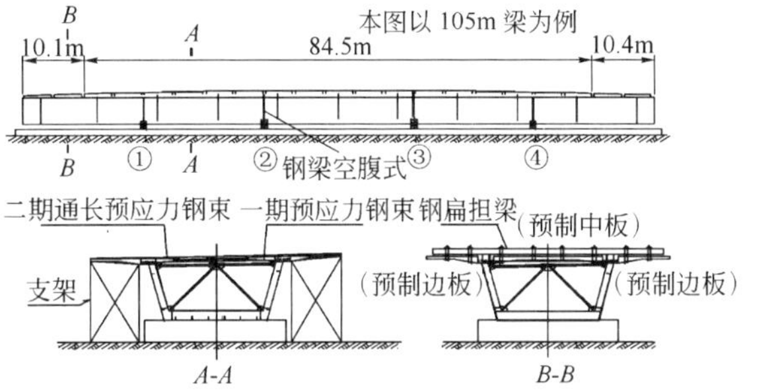
</td></tr>
</table>

桥面板与槽形钢梁结合过程中采用整体拖拉式活动支架以控制混凝土桥面板边板安装的线形，并在浇筑湿接缝的过程中起到支撑作用。组合箱梁叠合活动式支架（整体轮轨式可滑移钢结构支架）分为5个独立分部，由地面向上依次为：支架基础、滑移台车、支架桁架、底模托架、底模。为适应组合梁不同平面和竖向线形，基础以上4个分部相对独立，为装配式构件，其中滑移台车与支架桁架可做横向相对滑动，适应组合梁平曲线需要；底模托架与支架桁架采用栓接结构，适应组合梁横坡变化需要；底模与底模托架采用栓接结构，并用短槽钢做钢凳以适应组合梁竖向线形变化需要（图15、图16）。

图15　边板安装活动式支架

图16　钢—混凝土组合梁叠合

5）梁场模拟架梁

组合梁预制完毕后，横移至存梁台座，进行模拟架梁，其目的是测量成品梁的线形，对墩顶合龙需要切割的钢梁余量进行画线，存梁台座的中心距离与桥墩一致，以达到模拟效果。

6　主要机具设备和材料(表2、表3)

主要设备投入一览表　　表2

序　号	设 备 名 称	单　位	数　量	功　能
1	180t/120t 运梁台车	台	1/1	钢梁10m段的倒运
2	40t/15t 龙门吊	台	3/3	桥面板的倒运和组合梁的叠合
3	25t 龙门吊	台	3	钢梁10m段的拼装和钢梁总拼
4	25t 汽车吊	台	3	桥面板的倒运、钢梁总拼等
5	半挂汽车	辆	4	桥面板、板单元的倒运
6	100t 履带吊	台	1	钢梁板单元的卸船
7	横移台车	套	7	移梁、顶梁和叠合台座
8	1 000t/800t 千斤顶	台	16/12	顶落梁、移梁、叠合台座
9	涂装车间	栋	2	钢梁10m段的涂装

主要材料投入一览表　　表3

序　号	材 料 名 称	规　格	数　量	备　注
1	混凝土	C60	16 700 m^3	5~8cm的低坍落度高性能混凝土
2	钢材	Q370qD	7 115 t	主要用于槽形钢梁的拼焊
3	钢材	Q345qD	10 061 t	
4	钢绞线	1×7-15.20-1 860	471 t	主要用于桥面板的预制及桥面湿接缝
5	钢筋	HRB335/Q235	5 366 t	
6	预应力锚具	夹片式张拉端锚具	13 276 套	

7　质量控制

7.1　质量控制依据的规范

(1)《公路工程质量检验评定标准》(JTG F80/1—2004)。
(2)《铁路钢桥制造规范》(TB 10212—98)。
(3)《铁路桥涵工程质量检验评定标准》(TB 10415—98)。
(4)《钢熔化焊对接接头射线照相和质量分级》(GB 3323—87)。
(5)《钢焊缝手工超声波探伤方法和探伤结果的分级》(GB 11345—89)。
(6)《气焊、手工电弧焊及气体保护焊焊缝坡口的基本形式与尺寸》(GB 985—88)。
(7)《埋弧焊焊缝坡口的基本形式和尺寸》(GB 986—88)。
(8)《涂装前钢材表面锈蚀等级和除锈等级》(GB 8923—98)。
(9)《铁路钢桥保护涂装》(TB 1527—99)。
(10)《表面粗糙度参数及其数值》(GB 1031—95)。
(11)《焊缝磁粉检验方法和缺陷磁痕的分级》(JB/T 6061—92)。

7.2　质量控制措施及标准

7.2.1　桥面板预制

桥面板预制相关项目和标准见表4~表6。

钢筋安装检查项目及控制标准表　　表4

项　次	检 查 项 目		规定值或允许偏差(mm)	检 查 方 法
1	受力钢筋间距		±10	每构件抽查2个断面,用尺量
2	箍筋间距		0,-20	每构件抽查5~10个间距
3	钢筋骨架尺寸	长	±10	按骨架总数30%抽查
		高、宽	±5	
4	弯起钢筋位置		±20	每骨架抽查30%
5	保护层厚度		+5,-0	沿模板周边检查8处

预应力管道位置的允许偏差　　表5

项　次	检 查 项 目		允许偏差(mm)	检 查 方 法
1	坐标	梁长方向	30	用尺量
		梁高方向	10	
2	间距	同排	10	用尺量
		上下层	10	

混凝土结构工艺标准表　　表6

项　次	检 查 项 目	允许偏差(mm)	项　次	检 查 项 目	允 许 偏 差(mm)
1	板厚	±3mm	5	管道中心	2mm
2	边长	5mm	6	外露钢筋	2mm
3	对角线	±6mm	7	强度	不小于设计值
4	顶面平整度	5mm			

7.2.2　钢槽形梁预制

钢结构主要要求保证结构的线形、尺寸和焊缝质量,我们主要是通过工艺、设备、焊接材料来达到这些要求。

1)钢梁线形

钢梁线形主要是保证整孔钢梁的平面曲线及预拱度的线形,整孔钢梁生产时,我们对每一节段焊接前和焊接后都进行线形的测量和监控,以便随时掌握线形的变化情况并及时做出调整。

2)外观

外观主要包括焊缝的外观成形和钢梁的平面度。对于焊接后的焊缝有表面缺陷的,均采取气刨或打磨的方式来提高焊缝的美观度。环缝焊接时,局部位置会产生一定的角变形,焊后主要采取火焰矫正的方法来控制其变形。

3)工艺

环缝焊接时,最主要是要减小焊接所产生的变形,以保证钢梁的平面线形和预拱度符合要求。我们在环缝焊接时,首先采取合理的焊接工艺参数,尽量采用较小的线能量输入,小电流、快速焊,多层多道焊,严格控制层温,减小热输入产生的内部拘束应力和焊接变形;其次,采用合理的焊接顺序,先焊接焊接量较小的腹板,并采取从中间向两边,由下向上的焊接顺序,然后再焊接底板。焊接完毕采取相应的措施,例如后热、焊后保温、锤击等,以减小应力集中,防止裂纹及焊接变形的产生。

8　安全措施

8.1　成立了以项目经理为组长的安全生产领导小组,建立纵向到底、横向到边的安全管理网络,建立安全保障体系。

8.2　针对本工程的特点,编制了“临时用电施组”、“门吊装拆安全专项方案”、“生产安全事故应急救援预案”(其中包含九类高危作业应急预案)。

8.3　召开定期或不定期的安全会议,每周进行一次安全检查。各类机械设备按规定定期进行检查,并做好记录。机械设备操作人员按规定定期对机械设备进行维护保养,维护、保养记录齐全。

8.4　对各作业队进行进场安全总交底,分部及分项工程开工前的安全技术交底,专项安全方案等的安全技术交底,并有交底双方签字记录。

8.5　进场的安全防护用具、机械设备、施工机具等按规定由安全员、材料员、机管员等进行了验收,并设专人管理,定期进行检查、维护和保养,各类记录齐全。

8.6　在施工现场醒目处张挂危险作业每日告知牌。通过危险源告知牌使每个施工人员明确每天各个岗位上存在的危险源以及相应的防范措施,保证每位员工真正做到心中有数。

9　环保保护

9.1　环境保护是新世纪重要的话题,现代社会呼吁文明施工;保护脆弱的生态环境不仅是施工企业适应现代化建设市场的客观要求,也是自身整体施工管理水平的重要体现。

9.2　认真学习环境保护相关法规,并执行当地环保部门的有关规定,接受环保部门的监督指导,教育督促员工自觉做好环境保护工作。

9.3　保护周围的环境。对施工过程中产生的垃圾及各种废弃物及时清理,不随意丢弃,污染上部结构及周围环境。

9.4　工程竣工后,及时全面清理施工现场,并在指定地点集中进行废弃物和垃圾的处理。

10　效益分析和资源节约

上海长江隧桥大跨度钢—混凝土组合结构连续箱梁采用的梁场整孔预制的施工方法,整个生产流水线中各工序衔接紧凑,大大地加快了工期,保证了28片85~105 m钢—混凝土组合梁预制的顺利完成,比同类型桥梁的其他施工方法节约成本800万~1 000万,工期节约了5个月,带来了巨大经济效益和社会效益。

本工法做好了节能减排。合理规划预制梁场,设置了3条生产流水线,工序紧凑,充分利用了资源,节约了成本,加快了工期。在不影响结构性能的前提下,大量临时设施的混凝土采用海沙作为原材料。桥面板C60高性能混凝土采用大掺量“海工1号”掺和料,其材料组成为磨细的高炉矿渣中掺入粉煤灰,经过特殊的生产工艺复配而成。经过反复试验论证,在混凝土配合比中,每立方米混凝土中,掺和料(294kg):水泥(196kg)=1.5:1,更好地满足了结构混凝土使用性能,并且具有很强的经济性。

11　应用实例

上海长江隧桥工程是目前世界上最大的桥隧结合工程。B4标段位于主通航孔两侧,跨径组合均为(接70 m梁)85m+5×105m+90m(接主航道桥)=700m。该桥采用了钢—混凝土组合结构连续箱梁的结构形式,两联双幅共28孔。桥面近期按双向6车道+紧急停车带布置,远期按双向4车道+紧急停车带+轨道交通布置,桥宽2×17.15m,两幅桥间距由5.85m变化到10m。本项目合同工期为2006年11月份~2008年9月底,合同总价4.097亿元。中国中铁大桥局对该项目的施工采用了整孔预制的施工方法,保证了技术经济的合理性。

大跨度钢—混凝土组合结构连续箱梁运输和架设及体系转换施工工法

GGG(中企)C3087—2008

陈理平　秦顺全　朱志虎　蒋稳齐　张树国
(中铁大桥局股份有限公司)

1　前言

钢—混凝土组合梁是在钢结构和混凝土结构基础上发展起来的一种新型梁结构。上海长江隧桥105m钢—混凝土组合结构连续箱梁桥是设计、施工、计算分析与试验研究等多方面的一次全新实践,其采用的箱梁是世界上最大的等高度组合箱梁,是我国最大的预制梁。梁场预制、大型浮吊整孔吊装的施工方法也是同类桥梁国内首次应用,现将本施工工法简述如下。

2　工法特点

2.1　组合梁采用整孔预制,大型浮吊运输架设的钢—混凝土二次结合先进施工技术。

2.2　组合箱梁长度超过100m,质量超过2 300t,采用了"天一号"吊船运输、架设(图1、图2),海上长距离运输85海里(1海里=1.853km),最大架设高度超过50m。

2.3　受海洋气候影响,组合梁架设难度大,墩顶合龙精度要求高。

2.4　简支变连续体系转换工艺先进,组合梁架设完毕后,简支变连续时,采用支点顶落梁法完成组合梁支点双结合段底板及顶板湿接缝钢—混凝土第二次结合,给支点处负弯矩区混凝土桥面板施加纵向预应力,从而改善结构受力条件,防止混凝土开裂,确保结构耐久性。

图1　组合梁海上长距离运输

图2　组合梁墩位处架设

3　适应范围

适用于满足大型运输船舶运输条件的跨江跨海大桥,尤其是长连续结构的钢连续梁桥或大跨度钢—混凝土组合结构连续梁桥。

4 工艺原理

钢—混凝土组合结构连续箱梁桥采用整孔预制、浮运架设的二次结合技术是桥梁建设发展趋于越江跨海、新颖大跨的新形势下研究产生的,该方法变恶劣的海上施工为工厂化制造,有效地保证了安全、质量和进度的要求,它减少了现场施工对桥梁周边带来的环境污染和建筑垃圾的排放,满足现代结构对“轻型大跨”、“预制装配”和“快速施工”的要求。组合梁运输、架设的工艺原理为:预制好的组合梁在梁场实现纵横移,存梁台座横移到纵移滑道→纵移到出海栈桥→横移到取梁分栈桥;选择适合航行的天气采用大型运输船舶在合适的潮位取梁,取完梁后退出码头进行组合梁临时绑扎固定,之后进行海上长途运输;运输船到达桥位后,候潮到位,抛设工作锚,进入桥墩完成初步定位和精确定位,按精度要求落梁于桥墩,再退出桥墩收回工作锚,完成组合梁的架设。组合梁体系转换的工艺原理为:连续组合梁结构中间墩附近受负弯矩影响,顶板混凝土受拉,由于连续组合梁不设纵向预应力筋,为改善负弯矩区结构受力条件,施工中先连续后组合梁采用支点升降法给混凝土顶板施加一定预应力。整孔预制时,除中支点两端各约 10m 范围内的混凝土桥面板与钢梁先不结合,其余完成钢—混凝土第一次结合。架梁高程比设计永久高程要低一定值,通过顶梁落梁工艺后落梁于设计高程,完成体系转换,待整联钢梁架设好并将所有槽形钢梁焊接完毕后,依顺序顶升中支点,完成支点处双结合段底板及顶板湿接缝钢—混凝土第二次结合,回落中支点,从而实现给支点处负弯矩区混凝土桥面板施加纵向预应力目的,确保了结构耐久性。

5 施工工艺流程及操作要点

5.1 施工工艺流程

钢—混凝土组合梁是在钢结构和混凝土结构基础上发展起来的一种新型梁结构,组合箱梁由槽形钢梁与混凝土桥面板通过剪力钉及现浇缝混凝土结合在一起,双结合组合梁其支点左右各 10m 范围内采用双结合的结构形式,即底板也采用钢—混凝土组合的结构形式。槽形钢梁在总拼胎架上施工完成后,通过两条滑道顶推横移至叠合台座并起顶成 4 点支撑状态,在叠合台座上进行槽形钢梁与混凝土桥面板叠合,完成钢—混凝土第一次结合,第一次结合时除两端各 10m 范围内桥面板用临时扁担固定在钢梁上,其余桥面板均通过现浇缝混凝土、剪力钉及横向预应力筋与钢梁结合。

预制好的组合梁在梁场实现纵横移至取梁码头,利用 3 000t 运架一体船“天一号”海上长距离运输 85 海里(1 海里 = 1.853km)至墩位处架设。组合梁在预制台座上预制完成→横移至存梁台座,进行模拟架梁并观测线形,进行梁端切割余量画线→横移至纵移滑道上→纵移至出海栈桥→横移至取梁分栈桥→由 3 000t“天一号”起重船起吊梁体→起重船退出码头,将组合梁下落并与船体临时固定→起重船自航至待架桥跨位置→抛锚定位,将组合梁提升至需要的高度,通过绞锚精确定位→将组合梁落于墩顶临时支座上,松钩→吊船退出桥位,起锚返航。

组合梁一联架设完毕后,通过墩顶三向微调千斤顶调整平面及高程位置,达到规范要求后进行槽形钢梁焊接形成连续结构,之后采用顶落梁工艺实现钢—混凝土第二次结合,即在连续梁墩顶实施支点升降操作,目的是给支点墩顶处负弯矩区桥面板施加纵向预应力,从而改善梁体结构受力状态。体系转换工序为:一联中间两墩进行底板双结合段混凝土灌注(20m 范围内厚 0.5mC40 混凝土)→两墩同步起顶组合梁,灌注顶板湿接缝混凝土(20m 范围)→落梁到设计高程→支座压浆→按同样工艺对称完成两侧墩施工→体系转换结束(运输架设及体系转换工艺流程图见图 3)。

5.2 操作要点

5.2.1 槽形钢梁横移

槽形钢梁焊接完成后,待两台横移台车都定位准确后,同时缓慢向 4 台竖向千斤顶油缸内进油,在钢箱梁抬空总拼胎架顶面 30mm 左右时停止进油,并锁定竖向千斤顶。横移时需在横移滑道钢板上刻画标尺，以便南北两端横移台车保持相对位置，要求南北横移台车前后错开不得超过 20mm。为防止千斤顶承受水平力，需将千斤顶上的顶塞导向装置与千斤顶外侧的筒体之间的缝隙塞实。

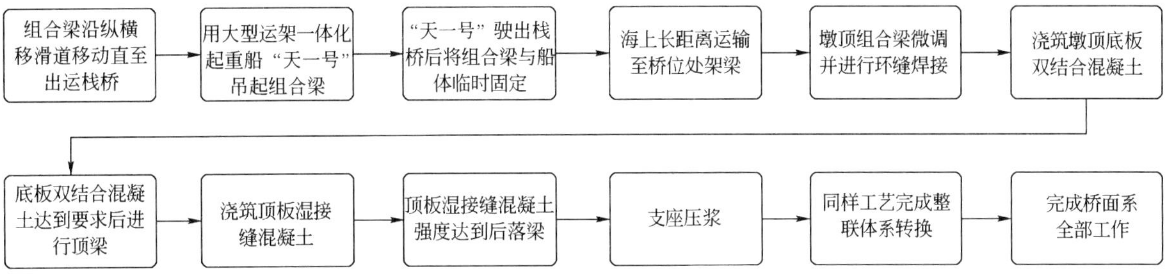

图 3　施工工艺流程图

5.2.2　组合梁横移

组合梁在叠合台座上养护完成后进行横移，首先在横移滑道钢板上刻画标尺，以便南北两端横移台车保持相对位置，横移时要求南北横移台车前后错开不得超过 20mm。在组合梁横移过程中，竖向千斤顶的配套油泵跟随台车移动；水平顶推千斤顶的配套油泵置于横移范围的中部，在移梁时油泵站保持不动。

5.2.3　组合梁纵移

组合梁横移到纵移滑道时，调整纵移台车位置，使其对准各自的横移滑道（偏差不得大于 2mm），旋出顶紧螺杆，顶升纵移台车下的支撑装置，铺上纵移台车与横移滑道连接处的梯形搭接钢板。开动前端 25t 牵引卷扬机，放开后端 10t 回拉卷扬机，组合梁自北向南在纵移滑道上滑移（组合梁纵横移状态见图 4、图 5）。

图 4　组合梁横移上纵移滑道

图 5　组合梁横移上出海分栈桥

5.2.4　组合梁海上长距离运输

海上工程施工条件恶劣，受天气影响大，有效作业时间短，工期紧，采用大型起重船整孔架设预制的大跨度钢—混凝土组合箱梁的方案，可以充分利用陆地良好条件快速施工，减少在水上施工的工序和作业时间，减少施工风险。

1）吊梁扁担和吊点设置

组合梁采用大型浮吊“天一号”进行海上长距离运输架设。“天一号”起重船船体为单体箱形船，形长 88.2m，形宽 40.0m，船高 7.0m，设计吃水 3.5m，最大起重能力 3 000t，能适应 8 级风及相应波浪条件下近海载梁航行。吊梁扁担设置了 8 个吊点的新颖结构，上部吊点（动滑轮组）间距为 28m，与起重架定滑轮组相对应，吊梁扁担在原主桁架两侧增设两组分配小扁担，支点间距 60m 为铰接结构，有效地防止了箱梁扭曲难题，组合梁吊点间距分别为 45.9 m 和 74.1m（图 6）。大、小扁担采用 Q345 优质结构钢，定滑轮组以下结构总重 700 t。

2）安全运输保障系统

组合梁预制基地在浙江沈家湾岛，箱梁架设在长江出海口崇明岛，两处单程航距为 85 海里（1 海里

=1.853km)。由于受长江口水流和外海涌浪以及风力的共同作用,长江口入海口周围海域水流紊乱无规则,产生"横浪、横涌、横风"的极不利于"天一号"航行的"三横"现象。运输要通过长江入海口,在此区域内约有26海里的涌浪区使得"天一号"横摇摆角度较大,风险高。

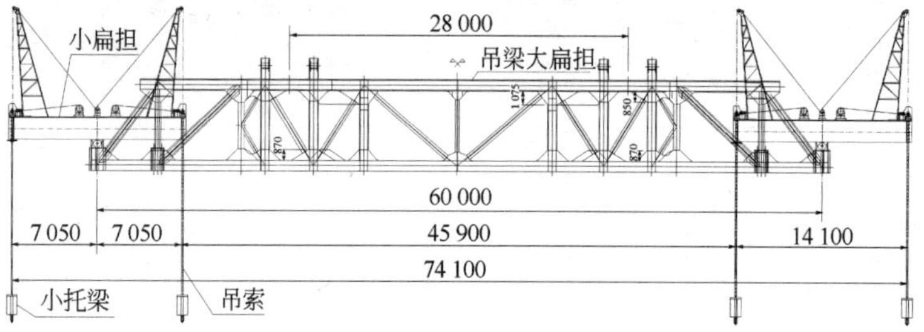

图6 吊梁扁担结构示意图(尺寸单位:mm)

组合梁运输过程中的安全定义为:船体发生横摇时组合梁与船体之间不发生相对滑移,吊梁扁担与组合梁不发生相对滑移,横摇时组合梁两端最低点不得与水面接触。为确保组合梁在运输过程中的安全,主要采取了以下措施。

(1)辅助夹持装置

运输中组合梁呈半吊半支状态,起吊装置承重2 200t,支撑装置承重800t。辅助夹持装置包括临时支撑与机械顶夹持器,共设4处,按竖向承载力800t、水平夹持力600t设置,组合梁体与橡胶垫之间的摩擦系数按0.4计,则静摩擦力可达到655t,满足抗横移要求。

(2)预应力拉索保险体系

"天一号"运输过程中不可预见因素多,为防止船体摇摆超出预期值,造成灾难性后果,特设置了临时预应力保险索体系。临时拉索体系按提供梁体在不稳定极限状态时抗水平滑移力600t设计,在梁体横向中心线两侧对称设置2×(2×24)=96根钢绞线,采用组焊件和钢绞线相结合的形式组成。为保证"天一号"运输架设组合梁的过程中,吊梁扁担与组合梁不发生相对位移,架设斜坡梁时抵抗水平力,在组合梁两端、桥梁结构中心线两侧各6.35m的横向现浇缝处,挂设斜坡索,并采用预制成型的橡胶保护套保护吊点孔周围的混凝土和吊索(图7、图8)。

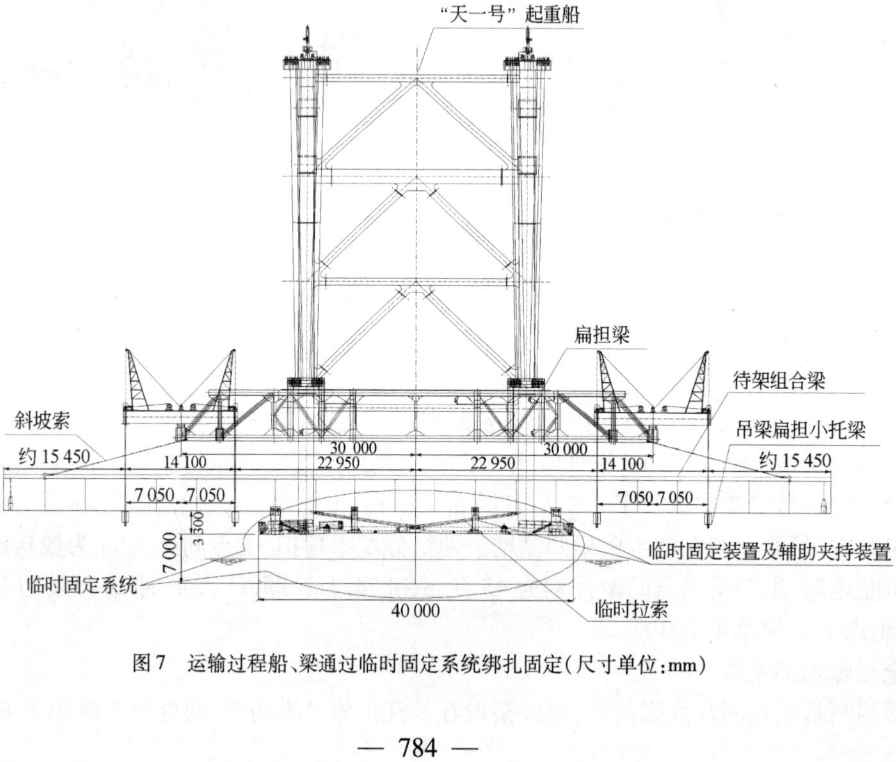

图7 运输过程船、梁通过临时固定系统绑扎固定(尺寸单位:mm)

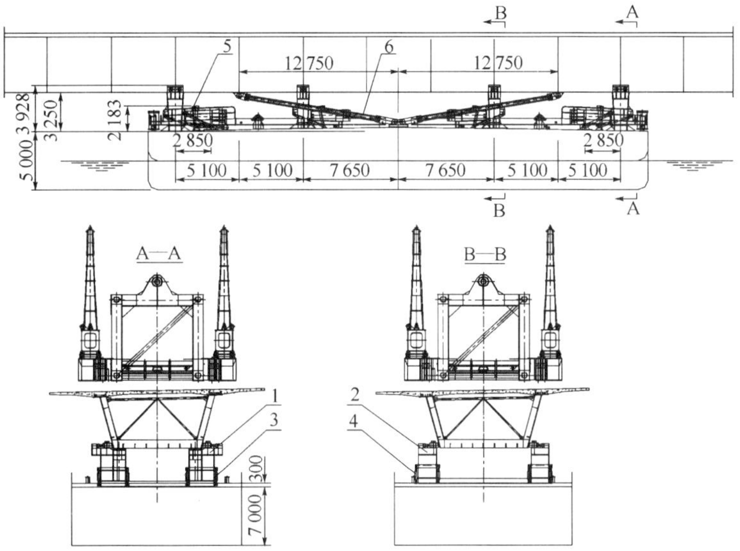

图 8 临时绑扎固定系统(尺寸单位:mm)

注:1-夹持装置①;2-夹持装置②;3-放倒装置①;4-放倒装置②;5-撑杆;6-预应力索。

5.2.5 组合梁架设

"天一号"到达桥区后,候潮到位,抛设工作锚,进入桥墩后完成初步定位和精确定位,落梁于桥墩,再退出桥墩收回工作锚,完成架设。箱梁架设精度要求:为保证架设后箱梁在墩顶3向千斤顶可调范围内,实现槽形钢梁的顺利合龙,组合梁的落梁精度要求梁体支座中心线与垫石中心线偏差为:纵向≤15cm,横向≤5 cm,竖向≤5 cm。

1)墩顶布置

梁体顺利对接的关键在于墩顶布置的3向可调装置,采用了支座后装方案,墩顶布置方案设计为:一端采用临时千斤顶(滑移副 A)可进行3向调整,另一端则在支撑垫石上设置纵横滑移副(滑移副 M)可进行双向调整(图9)。临时千斤顶还用于在梁体合龙后进行顶落梁施工、配合支座安装和支撑垫石预留孔压浆。滑移副在水平力作用下与梁体一起移动,采用MGB板作为滑移面,该材料具有良好的抗压承载力(25~30MPa)和抗剪力(730MPa),不会因阻力作用产生卷曲变形,其摩擦系数小(0.04~0.05),满足梁体纵横向调整。

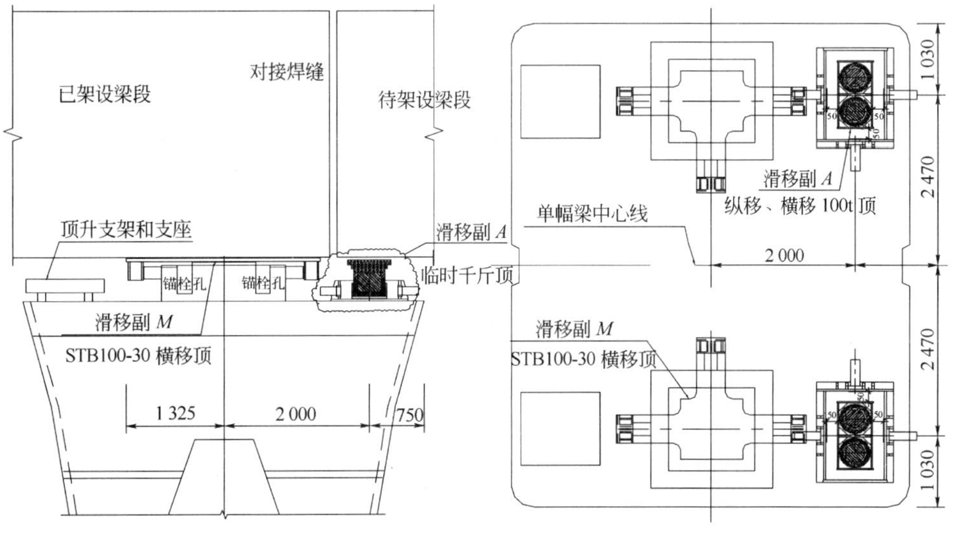

图 9 墩顶布置方案(尺寸单位:mm)

2)组合梁落梁

“天一号”抛锚定位,“天一号”航行至桥梁中线下游,距待架桥孔约50m时,起重船抛设临时自救锚,提升组合梁至架设需要的高度,利用抛锚船抛设工作锚定位;工作锚抛设完毕后,起重船通过绞锚定位,进行精确定位后落梁(图10);退离桥墩作业时,按照与抛锚顺序相反的顺序起锚。

组合梁落梁,在组合梁下落距墩顶约50cm时,须再次对船体定位,以进一步调整组合梁的平面位置,并收紧所有锚索,待梁体平稳即可落梁(图11)。

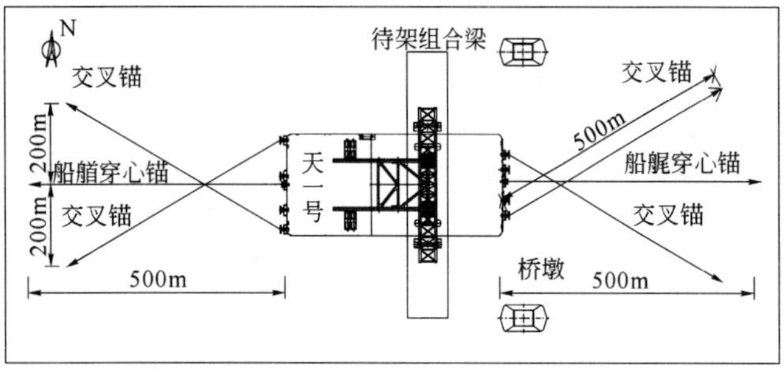

图10 “天一号”起重船桥位处抛锚定位

图11 “天一号”架设105m组合梁

5.2.6 组合梁墩顶合龙及体系转换

墩顶合龙精度要求高,根据工艺,板厚$t<25$mm,对接高低允许偏差为0.5mm;板厚$t\geq 25$mm,对接高低允许偏差为1.0mm;对接间隙允许偏差1.0mm;节段对接焊缝采用开Y形坡口、CO_2气体保护焊打底焊接工艺,焊缝间隙允许值7~10mm。合龙采用的工艺如下:组合梁架设→相邻孔通过墩顶滑移副粗调→梁端对接处模拟画线修正→利用自动爬坡切割机切割余量→精调→焊缝码板安装→环缝焊接。在两孔梁线形、高程、横向调整到位后,进行环缝切割,之后进行精调,然后进行环缝的焊接,环缝焊接要求保证两对接端口达到允许偏差要求,并采用码板将两对接端口刚性固定。焊接前检查各相对应的对接坡口的平整度及焊接间隙,调整好平整度及间隙后依次进行腹板、底板、顶板的对接焊接。环缝的对接焊均采用反面贴陶质衬垫,CO_2单面焊双面成形的焊接工艺(图12、图13)。

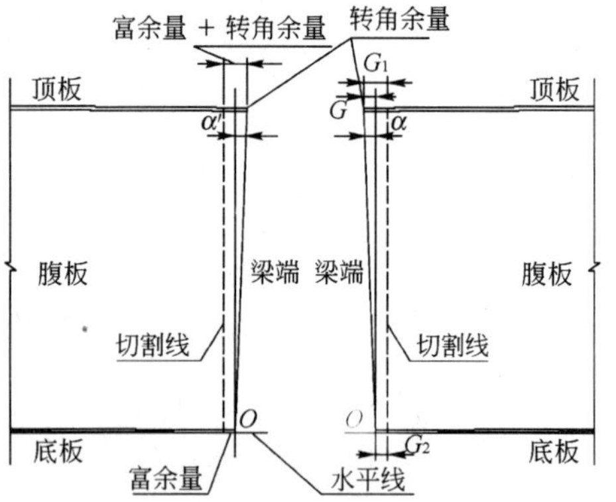

图12 梁端对接控制示意图

图13 两孔梁端头精确对位

为实现钢—混凝土第二次结合,完成整联组合梁的体系转换,工程中采用较为特殊的工艺:墩顶顶落梁工艺,即在连续梁墩顶实施支点升降操作,目的是给支点墩顶处负弯矩区桥面板施加预应力,从而改善梁体结构受力状态。体系转换工序为:4号、5号墩底板双结合段混凝土灌注(C40混凝土,长20m,厚0.5m)→同步起顶4号、5号墩组合梁,灌注顶板湿接缝混凝土(20m范围)→落梁4号、5号墩到设计高程→支座压浆→按同样工艺完成3号、6号墩施工→完成2号、7号墩施工→体系转换结束(体系转换见图14、表1)。

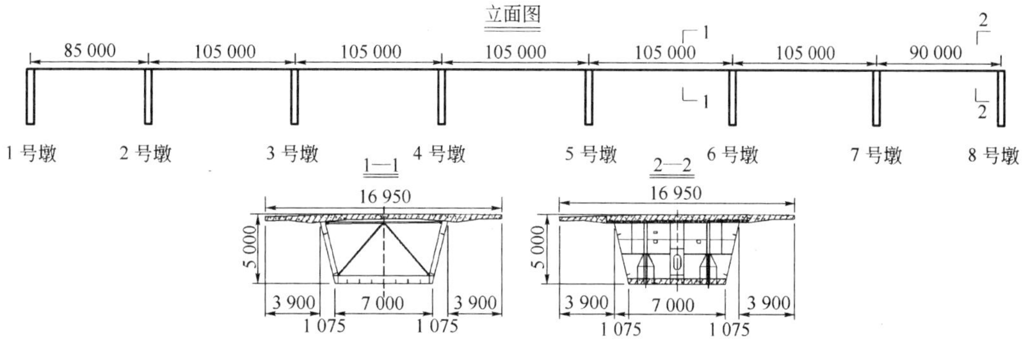

图 14 一联组合梁立面图(尺寸单位:mm)

体系转换相关参数表 表 1

墩 位	2 号	3 号	4 号	5 号	6 号	7 号
架梁相对高程(cm)	-5	-15	-10	-10	-15	-5
顶升量(cm)	25	35	60	60	35	25
回落量(cm)	20	20	50	50	20	20
临时支座反力(t)	2 390	2 660	2 460	2 460	2 660	2 390
顶升力增量(t)	310	420	190	190	420	310

6 主要机具设备和材料(表 2)

主要设备和材料投入一览表 表 2

序 号	设 备 名 称	单 位	数 量	功 能
1	横移台车	套	7	移梁、顶梁和叠合台座
2	纵移台车	套	1	组合梁的纵移
3	滑移副	套	42	组合梁墩顶调梁和体系转换
4	1 000t/800t 千斤顶	台	16/12	顶落梁、移梁、叠合台座
5	3 000t 运架船“天一号”	艘	1	组合梁的运输及架设
6	抛锚艇	艘	2	“天一号”的抛锚等
7	600t 千斤顶	个	56	体系转换
8	Q345 优质结构钢	t	700	主要用于大小扁担的预制

7 质量控制

7.1 质量控制依据的规范

(1)《公路工程质量检验评定标准》(JTG F80/1—2004)。

(2)《铁路钢桥制造规范》(B 10212—98)。

(3)《钢熔化焊对接接头射线照相和质量分级》(GB 3323—87)。

(4)《钢焊缝手工超声波探伤方法和探伤结果的分级》(GB 11345—89)。

(5)《气焊、手工电弧焊及气体保护焊焊缝坡口的基本形式与尺寸》(GB 985—88)。

(6)《埋弧焊焊缝坡口的基本形式和尺寸》(GB 986—88)。

(7)《涂装前钢材表面锈蚀等级和除锈等级》(GB 8923—98)。

(8)《铁路钢桥保护涂装》(TB 1527—99)。

(9)《焊缝磁粉检验方法和缺陷磁痕的分级》(JB/T 6061—92)。

7.2 质量控制措施及标准

7.2.1 组合梁的海上长距离运输

为保证"天一号"运输组合梁的过程中,组合梁与运输船、吊梁扁担与组合梁不发生相对位移,确保运输过程安全和组合梁的质量,在技术措施上严格按照预先编制的方案认真执行各项操作规程,在确保万无一失的前提下才进行航行;在管理上,船上工作人员随时向项目部及上级领导汇报船所在位置及航行情况,确保组合梁在海上长距离运输的每一个环节处于受控状态。

7.2.2 顶落梁技术要求

当墩顶底板双结合段混凝土强度、弹模达到设计值的85%时,边墩支座压浆达到设计强度,将钢梁落于永久支座上后,可开始钢梁的顶升工作。在顶梁过程中,钢梁会发生转角位移,因此,在钢梁顶升前,所有墩顶滑移副 M 上方(图9)均应垫上橡胶板,同时将各墩顶滑移副 M 纵横向进行临时锁定;固定墩处高低墩侧均须超垫,并保证无位移;活动墩处则在低墩侧超垫。

在顶梁时每个墩顶的油顶应同步顶升,防止钢梁受扭,同一断面钢梁底板两侧高差在顶升落梁过程中必须控制在5mm以内,即确保钢梁不受扭,此项工作是顶落梁工序的关键所在,必须严格执行。顶落梁工序中钢梁底板两侧应安装刻度装置,派两人专门读取数据,确保同步顶落梁,同时应观测两个油泵的油压表读数,进行油压与刻度双控措施。

在顶落梁工序中千斤顶起顶以5cm为一级数,在一个级数内及时地进行千斤顶保险和滑移副 M 抄垫,顶落梁工序应缓慢、安全、有序地进行,相邻两个墩的顶升(落梁)量控制在一个级数内(即5cm)。当油顶活塞达到规定级数后,在滑移副 M 上方堆码钢板作为倒顶支点;抄垫到位后,松顶回油,并在油顶上加高钢板继续顶升钢梁。如此循环,直至钢梁达到设计顶升高度,落梁于滑移副 M 上,并将上滑移副进行临时锁定。

7.2.3 组合梁的合龙

为保证架设后箱梁在墩顶3向千斤顶可调范围内,实现钢槽形梁的顺利合龙,严格控制组合梁的落梁精度,落梁后经过粗调、端头余量切割、精调,确保环缝间隙控制在7~10mm以内,严格控制焊缝质量,墩顶合龙处环缝无损检测均按规范的要求双倍执行,以确保环缝的焊接质量。

8 安全措施

8.1 起重船安全措施

"天一号"起重船航行时,严格遵守有关管理规章和航行规则。航行中需控制航速,且注意瞭望,确保航行安全,随时收取收听气象信息,在下列情况下,船长将决定抛锚以确保船舶的安全:

(1)当海面风力达6级以上,且横风或顶风时。

(2)长江口附近浪高达2.5m及以上时。

(3)海上能见度小于1 000m时。

(4)船舶横摇角度过大,影响组合梁或扁担的稳固时。

8.2 墩顶进行架梁和体系转换的安全措施

(1)每周进行一次安全检查。各类机械设备按规定定期进行检查,并做好记录;机械设备操作人员按规定定期进行维护保养,维护、保养记录齐全。

(2)对各作业队进行进场安全交底,并有交底双方签字记录。

(3)进场的安全防护用具、机械设备、施工机具等按规定由安全员、材料员、机管员等进行验收,并设专人管理,定期进行检查、维护和保养,各类记录齐全。

(4)在施工现场醒目处张挂危险作业每日告知牌。通过危险源告知牌使每个施工人员明确每天各个岗位上存在的危险源以及相应的防范措施,保证每位员工真正做到心中有数。

9　环保保护

环境保护是新世纪重要的话题，现代社会呼吁文明施工，保护脆弱的生态环境不仅是施工企业适应现代化建设市场的客观要求，也是企业自身整体施工管理水平的重要体现。

9.1　认真学习环境保护法，并执行当地环保部门的有关规定，接受环保部门的监督指导，教育督促员工自觉做好环境保护工作。

9.2　保护周围的环境。对施工过程中产生的垃圾及各种废弃物及时清理，不随意丢弃，污染上部结构及周围环境。

9.3　工程竣工后，及时全面清理施工现场，并在指定地点集中进行废弃物和垃圾的处理。

10　效益分析和资源节约

上海长江隧桥 B4 标 28 片 85 ~ 105 m 钢—混凝土组合梁采用的整孔吊装、先简支后连续的施工方法，提前 85d 完成了架梁任务，节约成本 1 200 万，体系转换墩顶顶落梁工艺给墩顶负弯矩区桥面板施加预压力，效果良好，该施工工法创造了明显的经济效益和社会效益。

(1)本工法中组合梁在梁场的纵横移为滑动移动，均采用经济实用的 MGB 板，节约了资源，提高了经济效益。

(2)优化存梁台座使用功能，使组合梁在台座上可进行模拟架梁，对组合箱梁线形及端头转角进行测量，为墩顶钢梁精确合龙做好准备工作，减少了墩顶合龙工作量。

(3)首次设计了大型超长(85 ~ 105m)超重(2 300t)组合箱梁单侧 4 吊点的吊装装置，采用在旧的 70m 箱梁吊梁扁担主桁架两端设置铰接吊点分配梁，并利用吊点分配梁实现对大型超长箱梁吊装，可有效缩短扁担主桁架的长度和高度，满足箱梁的架设高度，并减少制造成本，改造速度快，结构新颖，安装上吊点分配梁则满足跨径 85 ~ 105m 箱梁的吊装，拆除吊点分配梁则满足跨径 70m 以内的箱梁吊装，该项创新加快了工期，节约了成本。

(4)改进传统墩顶布置，采用梁体一端纵横竖 3 向可调整，另一端仅纵横滑移的措施，减少投入 20 个 600t 千斤顶，减少了工作量，节约成本约 100 万元整。梁体顺利对接的关键在于墩顶布置的 3 向可调装置，采用了支座后装方案，墩顶布置方案设计为：一端采用临时千斤顶可进行 3 向调整，另一端则在支撑垫石上设置纵横滑移副可进行双向调整。

11　工程实例

上海长江隧桥工程是目前世界上最大的桥隧结合工程。B4 标段位于主通航孔两侧，跨径组合均为(接 70m 梁)85m + 5 × 105m + 90m(接主航道桥) = 700m。该桥采用了钢—混凝土组合结构连续箱梁的结构形式，两联双幅共 28 孔，桥面近期按双向 6 车道 + 紧急停车带布置，远期按双向 4 车道 + 紧急停车带 + 轨道交通布置，桥宽 2 × 17.15m。两幅桥间距由 5.85m 变化到 10m。本项目合同工期：2006 年 11 月份 ~ 2008 年 9 月底，合同总价 4.097 亿元。中国中铁大桥局对该项目的施工即采用了整孔预制、吊装，先简支后连续的施工方法，保证了技术经济的合理性。

斜拉桥钢桁梁整节段安装施工工法

GGG(中企)C3088—2008

胡汉舟　潘东发　王跃年　高培成　刘　灿
(中铁大桥局股份有限公司)

1　前言

国家经济的高速发展和科技的不断进步,促进了世界一流桥梁的建设进程。对于三主桁钢桁梁桥的建设,结合其结构特点和现场的实际情况,采用"工厂组拼+现场整体安装"的方法,在提高桥梁施工质量和施工安全的同时,也加快了桥梁建设的步伐。

武汉天兴洲公铁两用长江大桥是武广客运专线的过江通道,下层设4线时速为200km的快速铁路,上层布置时速80km的双向6线城市机动车道,其中正桥为98m+196m+504m+196m+98m双塔三索面三主桁斜拉桥,全桥共78个钢梁桁段,整节段吊装架设其中的52个桁段,现场散拼26个节段(墩、塔顶散拼14个,边、中跨合龙杆件各1个,岸上散拼10个)。在此基础上,对其施工方法加以总结,形成了本工法。

2　工法特点

整节段钢桁梁架设是将单根杆件现场拼装转变为工厂节段组拼,现场整节段架设的一种方法,它降低了现场劳动强度,提高了施工质量,加快了工程进度,也保障了施工作业的安全。

3　适用范围

本工法适用于通航水域或大吨位整节段钢桁梁的安装,特别是结构上采用三片主桁的钢桁梁,使用整节段钢梁架设的方式,具有多方面的优势。

4　工艺原理

整节段钢桁梁在工厂内完成组拼后脱胎转运,利用船舶运抵架设水域,通过设于已架钢桁梁上的架梁起重机进行现场整体起吊、安装,在钢梁高强度螺栓施拧、焊接完成后,架梁起重机前行一个节间后固定,进行下一个节段的架设。

5　施工工艺流程及施工要点

5.1　施工流程图(图1)

5.2　700t架梁起重机情况介绍

700t架梁起重机是整节段钢桁梁起吊安装的主要设备,它通过安全准确的提升装置,依靠吊点纵横移机构及吊具调平装置的配合进行对位和安装。该起重机创新的地方在于边、中桁三点同时起吊,三吊点所用卷扬机控制系统相互独立,随着排绳模式的转变,三组卷扬机可以联动,也可以单动。通过计算机集中控制系统,三个吊点的实际负荷值始终被控制在设定的额定值内,当其中某吊点负荷超过额定值时,暂停该点的起升,在单动模式下微调另外两吊点,使起重机平稳提升整节段钢梁。

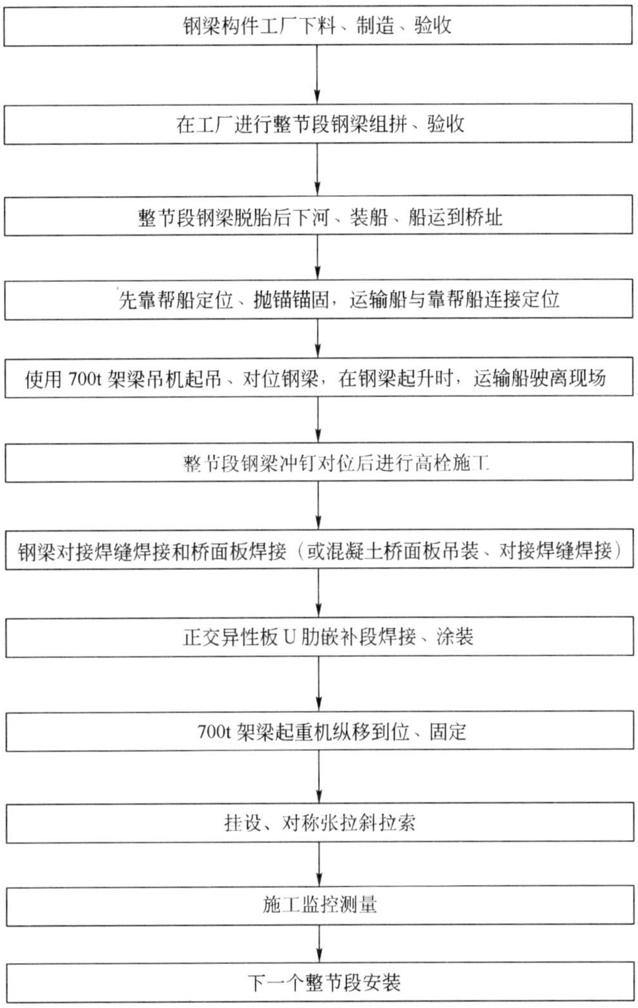

图1 施工流程图

5.2.1 起重机的主要参数

额定起重量:700t(不含吊具)

起升速度:0~1.0m/min

吊点纵横移速度:0~0.5 m/min

起重高度:桥面下45m,桥面上0.5m

空载爬坡能力:4%

整机装机容量:350kW

整机总重:366t

单个前支点的最大反力:652t

工作幅度:R_{min}=10.9m,R_{max}=14m

后锚固距前螺旋顶距离:23.1m

5.2.2 起重机的主要构造和系统

1)结构系统

结构系统是起重机的主体受力结构,它包括机架结构和锚固系统两个部分,机架结构又分为底盘结构和菱形结构架,其他的系统都是与它的连接下展开工作的,起重机驾驶室、卷扬机等装置布置在底盘结构上,而吊点纵横移系统位于菱形结构架的顶部(图2)。

锚固系统为整个起重机的受力支撑，它分为4部分：前部螺旋顶，后部拉锚，前、后液压支顶及滑靴滑道。在架梁起重机固定时，前、后液压支顶未与钢梁接触，滑靴也与滑道托空，受力支撑为前部螺旋顶和后部拉锚；而在走行过程中，起重机所用支撑有两种情况：一是单独移动滑道时，滑靴和滑道脱离，此时前后液压支顶受力，另外一种情况是当滑靴在滑道上滑动时，收缩液压支顶，此时起重机重量由滑靴承受，走行到位后，利用前后液压支顶使滑道和滑靴脱离，然后再将支撑转换为固定时的状态。

图2 700t架梁起重机实景图

2)起升系统

起重机主要起升设备为3组共6台卷扬机，每台卷扬机由1台45kW变频电机拖动，采用变频器—涡流制动器组合调速控制方式，保证在重载条件下能进行下放和二次起升等安全操作，每组卷扬机在结构上相对独立，可以联动，也可以单动。

吊具由动滑轮组、主梁、扁担梁、调平油缸等组成，其可转动式主梁(主梁的中部同动滑轮组铰接)通过油缸的伸缩来改变主梁同动滑轮组的相对角度，调平扁担梁，扁担梁两端设有铰接式吊耳(图3)。

钢丝绳直径为ϕ36mm，总倍率$m=20$，单绳拉力为195kN。

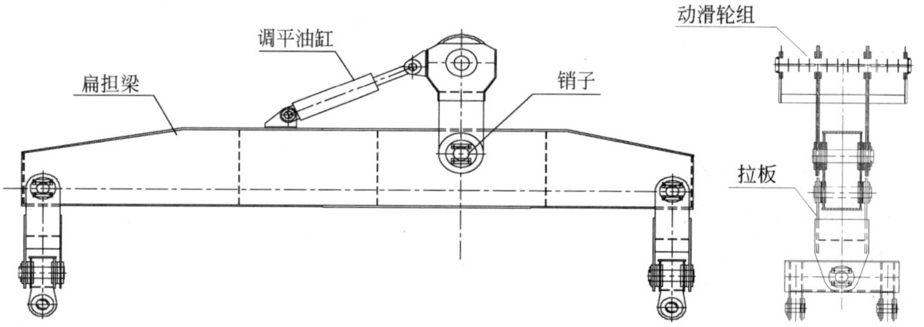

图3 吊具结构图

3)纵横移系统

架梁起重机有两套独立的纵横移系统，一套是整机前移机构，包括滑道、支撑滑靴、走行油缸几个部分，油缸的尾部同机架结构铰接，活塞杆头部通过连接座同轨道梁铰接，依靠油缸伸缩使支撑滑靴在轨道上滑动来实现整机的移动；一套是吊点纵横移机构，它通过油缸推动可移动的支座在轨道上滑动来实现起重机在吊装过程中整节段钢梁纵横向微动，其中，顺桥向可调距离为3m，横桥向可调距离为±50mm。

4)电气系统

700t架梁起重机电气系统主要由主起升动力拖动，计算机集中控制管理系统、吊具调整控制、吊点纵横移控制、机架步履式走行控制等部分组成。

电气系统采用的是380V/50Hz三向4线制供电方式，整机供电容量为350kW，计算机集中控制系统对起吊过程中钢丝绳位移量、电机转速、载荷等信号采集并进行处理分析，当需要调整时适时输出控制信号。

根据施工实际状况，吊具调整控制、吊点纵横移控制、机架步履式走行控制等电器设备相互独立，由专人现场操作。

5）液压系统

在液压回路中，液压泵从油箱吸入液压油后，输出到各执行机构，各执行机构直接回油到油箱，构造简单，散热和滤油条件好。本机有三套互相独立的液压系统：底盘液压系统、吊点纵横移液压系统和吊具调平液压系统，其中底盘液压系统安装在机架底盘上，它为前支顶、后支顶、走行油缸及横移油缸提供动力。

5.3　整节段钢桁梁运输

整节段钢桁梁在大桥局七公司场内胎座上完成组拼后，通过转运台车运抵下河码头，倒运到整节段钢桁梁运输船上，整节段钢梁的重量通过6个钢性支墩和6个柔性支墩支撑并固定在船体上（图4）。

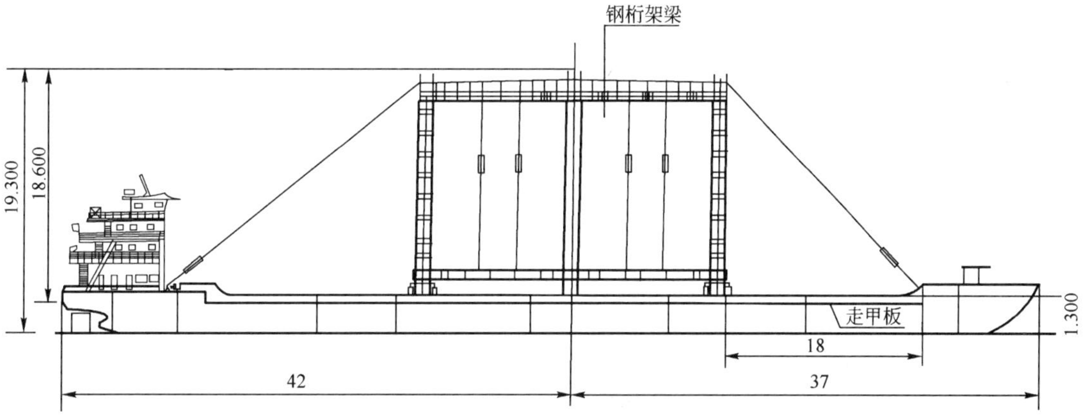

图4　整节段钢桁梁位于运输船体上侧面示意图（尺寸单位：m）

刚性支墩根据不同位置分 A、B 两类，左舷侧为 A 类支点，靠近船舶纵隔舱，加固方法为将刚性支点直接与纵隔舱焊固即可；右舷侧为 B 类支点，介于船舶两个纵隔舱之间，加固方法为在两个纵隔舱壁加固后再用分配梁来分配支撑；柔性支撑介于两个刚性支撑之间，用枕木搭设而成，柔性支撑可适当减小刚性荷载，并扩散船舶甲板荷载。

整节段钢桁梁与船体的固接采用刚性连接和柔性连接相结合的方式连接固定。

横向刚性固定：采用在各刚性支墩上焊接钢结构牛腿，牛腿应能承受船舶9°横倾时引起的水平荷载，限制整节段钢梁在横向发生位移。

竖向刚性固定：采用在各刚性支墩上焊接压板的方案，将整节段钢梁扣压在刚性支墩上。

柔性固定：采用在船舶前后左右四边作地耳，用8～10mm钢丝绳，2t级花篮螺丝绞紧。

5.4　整节段钢桁梁架设过程

5.4.1　钢梁整节段定位、锚定

整节段钢梁由船运到架设水域，采用定位船辅助定位，即先根据架设时整节段钢梁垂直投影位置定位好靠帮船后抛锚固定；在整节段钢梁到达现场时，通过锚绳将运输船连接在靠帮船上，实现定位。

在定位船的顺水方向抛设两个6t的霍尔锚，另抛设两个6t边锚以抗侧向风力和波浪力。

5.4.2　整节段钢梁起升

700t架梁起重机纵移到位后锚固，根据待架节段重心位置调整好吊具，使整节段钢梁重心与吊点中心在同一条铅垂线上，整节段钢梁定位完成后，下放吊具、插销，调节调平油缸，解开钢梁与船体约束后，开始起吊钢梁。

钢梁起升分每桁50t、100t、150t、200t、起升脱离船体5步来操作，当钢梁起升到脱离船体1m后暂停起升，做两次刹车制动，运梁船即可返航，此时起重机继续起升钢梁，直到待架钢梁下弦杆与已架钢梁下

弦杆平齐时停止起升。

5.4.3　整节段钢梁对位

钢梁起升到位后,调整700t架梁起重机顶部纵移油缸使其处于同一刻度位置,按20cm/级分步纵向移动钢桁梁,纵移过程中,通过在已架弦杆上设置的刻度线来观察钢梁纵移是否同步。当两边桁纵移相差超过2cm时,暂停纵移,检查待架钢梁节点板是否与已架钢梁相碰,在纵移过程中逐步将待架梁段整体提升5cm,当至正交异性板贴近(仅差5cm)后停止纵向移动,此时斜杆贴近已架下弦,下弦之间都相差5cm。

斜杆的插入是在两台10t的手动螺旋千斤顶辅助下完成的,整节段吊装前,画好需要布顶的位置并标好布顶的先后顺序,在斜杆插入的过程中,使用手动螺旋顶将节点板撑开3mm,通过不断改变螺旋顶的位置,分步骤地使斜杆插入到位。

斜杆进入整体节点后,在公路面布设4×10t倒链作为钢梁纵向移动的动力,缓慢地牵引钢梁上弦杆对位,而下弦杆插入则利用布置在铁路面上的3台张拉单索顶为动力,向内牵引。

5.4.4　整节段钢梁冲钉对位和高栓施拧

整节段钢桁梁纵移到位后,调整上弦杆底部高程,开始打入上弦杆和斜杆的冲钉,打冲钉的步骤为:①通过两到三颗尖冲钉过孔;②在4个角上穿好并拧紧工作螺栓,以避免打冲钉时拼接板张开而导致高强度螺栓无法拧紧;③通过尖冲钉和普通冲钉来打定位冲钉,定位冲钉孔一般选第二排,而不是板面最顶部或最底部,以防冲钉无法退出;④按梅花形打入25%的冲钉。

上弦杆、斜杆冲钉完成后,进行高强度螺栓施拧。在下弦杆的腹板或顶底板打入6~10颗冲钉,开始解除临时竖杆与下弦杆的连接,调整好下弦杆的位置,对其进行高强度螺栓施拧,至此,700t架梁起重机完全松钩,解除吊具与钢梁的连接,拼接下平联及正交异性板的纵梁,在高强度螺栓全部施拧完成后,开始上弦杆及桥面板的焊接。

5.4.5　钢梁现场焊接

整节段钢梁现场安装中,主要的焊接工作有:

(1)铁路横梁面板与下弦杆横梁接头板的对接焊缝。

(2)上弦杆的对接焊缝。

(3)桥面板与上弦杆的焊接。

(4)桥面板焊接。

(5)U肋嵌补段焊接。

其中(1)、(2)、(3)、(4)项采用的是平位反面贴陶质衬垫CO_2气体保护焊打底,埋弧自动焊填充盖面单面焊双面成型的焊接工艺,焊接的顺序为先焊上弦杆的对接焊缝,然后进行桥面板与上弦杆的焊接和桥面板焊接,最后进行铁路横梁面板与下弦杆横梁接头板的对接焊缝,而(5)采用了反面贴钢衬垫手工电弧焊、仰焊单面焊双面成型的焊接工艺。

5.4.6　架梁起重机走行

在全部高强度螺栓终拧和焊缝施焊完成后,起重机即可前行一个节间。起重机走行前先以钢梁上弦杆中轴线为依据放线,将滑道梁前移到放线位置后,托空前螺旋顶,解开后锚,前后调平油缸同时顶起,使整个700t架梁吊机重量由6个调平油缸承受,吊机前螺旋顶脱空不承载,旋转收缩前螺旋顶,操纵水平横移油缸,将螺旋顶向两侧移动0.65m,让开轨道梁位置。检查并调整前、后轨道梁的方向位置,将前、后调平油缸回油,使前、后的滑靴支座均贴近于前、后轨道梁上(不受力,起保险作用),在走行油缸的作用下将前轨道梁前移6m,再调整前轨道梁的方向和位置,安装前、后轨道梁之间的连杆(图5)。

前、后轨道梁在走行油缸的作用下前移3m,观察走形过程中前后轨道梁是否偏位。将前、后调平油缸回油,使前、后滑靴均支撑于前、后轨道梁上,此时整个700t架梁起重机重量由前后滑靴支座承担,将前、后调平油缸回缩。前、后滑靴支座落在前、后轨道梁上,同步操纵走行油缸,使700t架梁吊机整体在三桁的走行油缸作用下步履式前移7m(图6)。

将前后调平油缸同时顶起，使得前后滑靴稍微脱离轨道梁(起保险作用)，此时整个700t架梁吊机重量由6个调平油缸承受。在走行油缸的作用下，将前、后轨道梁一起前移7m。将前后调平油缸回油，使得前、后滑靴支座落在前、后轨道梁上，将前、后调平油缸回缩。同步操纵走行油缸，使700t架梁起重机整体在三桁的走行油缸作用下步履式前移7m。

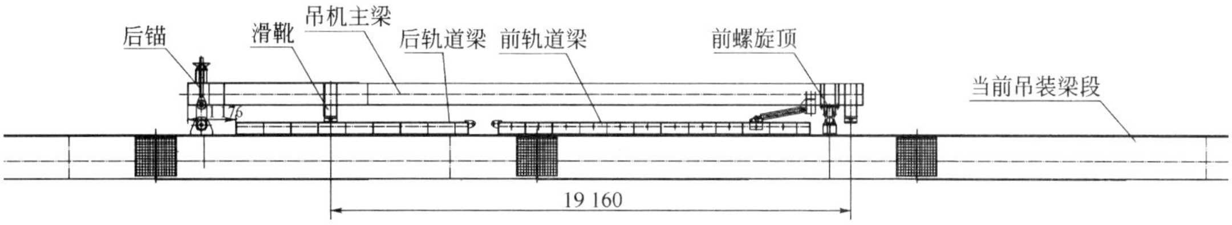

图5 架梁起重机走行前结构图(尺寸单位:mm)

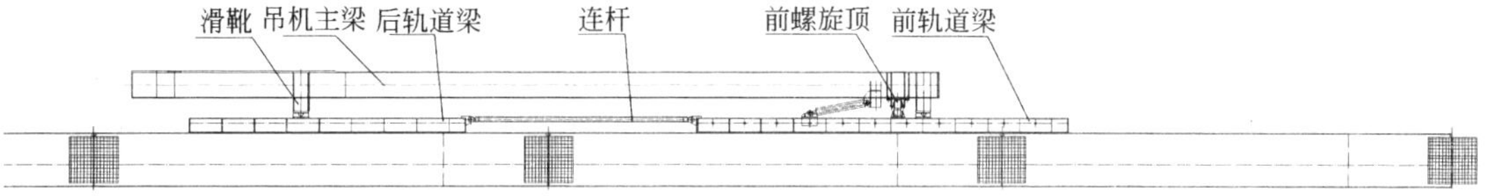

图6 架梁起重机走行时结构图

前、后调平油缸顶起，使得前后滑靴稍微脱离轨道梁(起保险作用)，此时整个700t架梁吊机重量由6个调平油缸承受。在走行油缸的作用下，将前、后轨道梁一起前移4m，使后轨道梁让开后锚位置，拆掉连杆。在走行油缸的作用下，将前轨道梁后退6m，让开前螺旋顶位置。测量三片主桁前支点、后锚处高程，通过调平进行调整。操纵前螺旋顶水平横移油缸，将吊机前螺旋顶回位，旋紧前螺旋顶。将前、后调平油缸回油，使得前螺旋顶和后滑靴支座分别受力，将前、后调平油缸回缩。安装后锚装置，将后锚与钢梁段锚固，在斜拉索施工完成后，即可开始下个节段梁的吊装。

6 材料和设备

整节段钢桁梁吊装包括运输船定位、节段起升及纵横移、杆件对位及打入冲钉、高强度螺栓施拧、焊接工作、吊机走行及固定，完成这些工作要用到的机具设备如表1所示。

整节段钢桁梁吊装设备资源表 表1

序 号	设备名称	数 量	用 途
1	JQJ型700t架梁起重机	4	整节段钢梁起吊及对位
2	整节段运输船	4	运输整节段钢梁
3	800t定位船	4	靠帮定位钢桁梁运输船
4	抛锚船	2	抛设霍尔铁锚
5	霍尔铁锚	16	锚固定位船
6	定扭矩扳手	98	高强度螺栓施拧
7	表盘扳手	40	高强度螺栓检测
8	扭矩测量仪	2	扭矩扳手的标定
9	电焊机	12	现场焊接
10	倒链葫芦	20	辅助对点
11	水准仪	5	对位时测量
12	手动螺旋顶	12	辅助斜杆对位
13	单束张拉千斤顶	24	牵引下弦杆就位
14	其他一些辅助设备	若干	

武汉天兴洲公铁两用长江大桥采用了4条运输船将整节段钢梁从工厂运抵现场,运输船尺寸如表2所示。

整节段钢桁梁运输船尺寸表　　表2

船　号	尺寸(长×宽×吃水深度)	船　号	尺寸(长×宽×吃水深度)
江航118	86.8m×15m×3.4m	悦江1001(1002)	84.7m×14m×3.5m
渝多806	86.5m×14.2m×4.2m		

整节段运输船通过800t定位船实现定位,800t定位船为普通驳船。

7　质量控制

7.1　安装质量应满足以下标准。

(1)《铁路桥涵施工规范》(TB 10203—2002)。

(2)《铁路桥涵工程施工质量验收标准》(TB 10415—2003)。

(3)《客运专线铁路桥涵工程施工质量验收暂行标准》。

(4)《铁路钢桥保护涂装》(TB/T 1527—2004)。

(5)《铁路钢桥高强度螺栓连接施工规定》(TBJ 214—92)。

7.2　整节段钢桁梁吊装人员主要包括管理人员、技术人员和协作队伍。特殊工种作业人员必须持有与作业工种相对应的专业上岗证书方可上岗,其他作业人员则要经过专门培训合格后才能到现场进行相关操作,管理人员要有丰富的现场指挥经验,技术人员要熟悉掌握整节段钢桁梁吊装工艺和工作程序。

7.3　在架设过程中,测量组对整节段钢梁进行跟踪测量,以便于现场指挥员根据测量结果对架设质量进行分析、处理。

7.4　在工地焊接区域设置临时挡风板,减小大风对焊缝质量的影响,在环境温度低于5℃或遇到大雨天气时,停止施工;此外,环境相对湿度不宜高于80%,否则采用火焰烘烤或其他必要的工艺措施除湿后才能开始焊接。

7.5　工地搭设存放高强螺栓的临时库房,下雨、下雪天时停止高强度螺栓施工,以免螺栓受潮。严格按照工艺要求对高强度螺栓进行复检,对欠拧的高强度螺栓进行补拧,对超拧的高强度螺栓进行更换,在高强度螺栓施拧的每班前、后电动扳手各校验一次,电动扳手的每次校验均应作好记录、签证工作,对于班后电动扳手标定值超差的,应立即对该扳手所施拧的螺栓再次检查。

7.6　切割上弦杆吊耳时,切割剩下2cm后,用打磨机磨平,不损坏主桁母材。

8　安全措施

8.1　施工人员安全管理措施

(1)建立健全的安全责任制度及安全管理制度,对每个作业点设置安全负责人和督导队员,督导队员常驻现场,直接对安全问题进行监督、处罚和勒令整改。

(2)在整节段钢梁吊装之前对现场操作人员进行专门的安全培训,提高现场人员安全防范意识和自我保护能力,对高空作业人员进行严格的身体检查,只有在检查合格后才能进入现场进行操作。

(3)施工现场的所有人员必须戴好安全帽,在钢梁面操作的作业人员必须穿好救生衣,高空作业时必须系好安全带。

(4)特殊工种作业人员(司机、电工、起重工等)持特殊工种执业证书上岗。

8.2　700t架梁起重机安全措施

(1)起重机上装有载荷限位器,驾驶室内显示屏可直接显示起重机各吊具的起升重量、起升高度,另外,当起重机起重力矩超过94%额定力矩时预警,在超过104%额定力矩时自动限动。

(2)司机室内安装有系统运行及故障监控系统、视频监视系统,可以对吊点及吊点周围情况进行观测。

(3)吊具设有高度限位装置,保证起重机起升高度不会超过限定值。

(4)在卷扬机上装有棘轮棘爪制动器,出现如停电等异常情况时,吊机能瞬间锁定,达到制动的效果。

(5)为预防大风,在起重机顶部装有大风警报器,当风速超过13.8m/s时报警,运用防风锚定装置固定。

(6)吊机立柱顶部装有避雷设备。

8.3 整节段钢桁梁吊装安全

(1)起重机吊装前,对各项起吊准备工作进行专门的检查,由检查人员、负责人确认无误后签证确认。

(2)整节段钢梁吊装前将其需要占用航道的位置和时间与海事部门沟通,海事部门根据我部提供的情况调整航道及设置航标灯,并提供专门船只为钢梁运输船护航。

(3)在吊装过程中,有专人负责观察墩旁船只过往情况,遇到紧急情况,通知施工人员停止作业,待桥下船只安全通过后才能恢复施工。

(4)起吊过程中,现场总指挥对各个工点作业人员进行调配,起重机司机密切注意起重重量及其他预警装置。

(5)铁路面、公路面各种高空作业平台按规范安装栏杆,平台下装好安全防护网。

(6)在起重机起升过程中,将整节段钢桁梁提升1m后对其进行调试,并多次调试制动系统,在确认无异常情况时,船体才能离开现场返航。

(7)起升过程中,有专人负责对后锚点、前支点、墩旁托架进行监测,如发现有异常情况,立即通知现场指挥人员,由指挥员统一协调,找出异常原因后才能继续架设。

(8)施工水域风力大于6级时,现场必须停止一切吊装作业。

9 环保措施

9.1 重点调整午间、夜间及中、高考期间的施工作业时间,分区段进行高噪声的作业,以免给周边居民带来影响,给工程施工造成不必要的麻烦。

9.2 保持施工现场的整洁,建筑材料合理堆放,施工过程产生的废渣、废料必须袋装下桥,不允许将废料直接扫入河道中。

9.3 设置房间,专门保管对水体有污染的物品,如油漆等,不允许其污染河道。

10 资源节约

10.1 运用整节段安装施工工法,通过合理的安排和调配,现场施工人员的劳动强度降低,所需劳动力数量也有所下降。

10.2 钢梁杆件在工厂内完成拼装,而现场不需重新设置大型场地,免除了工地预拼、场内转运、杆件存放、倒运等工作。在天兴洲长江大桥的修建中,天兴洲岸存梁空间有限,使用整节段钢桁梁安装的方法,成功地解决了这个问题。

10.3 整节段钢桁梁安装过程中,由于使用的辅助设备较散拼时有所下降,大部分设施可以循环利用,节省了大量的钢材和设备。

10.4 由于合理的组织和技术的革新,总体工期缩短,节省了大量的人力、物力,带来了明显的经济效益。

11 效益分析

武汉天兴洲公铁两用长江大桥采用的是双塔三主桁三索面结构,大桥共78个节间,重量为430~680t不等,由于该大桥结构形式新颖,工作任务量比较大,而且该大桥处于长江航运最发达的河段之一,为了解决上述问题,提高大桥安全性、经济性,同时也保证航道正常运行,故采用了700t架梁起重机吊装整节段钢桁梁代替了常规的钢梁散拼安装,该大桥从2008年3月开始整节段架设来看,该方法发挥了其特有的优势,取得了明显的效益,具体有如下几个方面。

(1)部分现场工作转到工厂完成,提高了钢桁梁安装施工质量。尽量使工作在条件较好的工厂完成;相应地减少工地工作量,是提高钢桁梁安装质量较为有效的途径之一,采用整节段工厂组拼较现场散拼在提高质量上有明显的优势。整节段钢桁梁吊装时,工厂完成的工作量与现场工作量对比如下。

①桁段在工地完成的对接焊缝减少,采用整节段钢桁梁吊装时,工地焊接工作量约为51%,其他49%的焊接工作量都在工厂完成。

②桁段的高栓施拧量减少,本桥在架设一个整节段时,在工厂施拧完成全部高栓的58%。

③免除了工地预拼、场内转运、杆件存放、倒运等工作。

(2)桁段按短线法(本桥为三个桁段)在工厂组拼,并在桁段上加设临时杆件,使之成为一个稳固的整体。桁段经过工厂组拼、整体脱胎、运输,整体安装与散件拼装相比,更易保证工地钉孔重合率和钢桁梁预设拱度的精度。

(3)当钢梁节段采用散拼时,水上高空作业范围较大,安全网需通常拉设,本桥散拼时,安全网拉设不方便,而整节段拼装时,作业面较小,几个主要工作点都装有护栏的平台,安全网铁路面脚手板形成稳固的系统,安全性明显提高。

(4)桁段安装时间明显缩短,架梁安全性有所增加。根据本桥钢桁梁安装实际进度,一个桁段安装时间:散件拼装为12~15d,而整节段钢桁梁吊装为6~8d。

由于本桥是在通航河流上架设钢桁梁,架设工期的短缩对桥下船只通航安全有积极意义,而对于双向大伸臂的梁塔而言,施工期间发生抖振的可能性也有所下降,这对全桥的安全性是有所帮助的。

12 工程实例

武汉天兴洲公铁两用长江大桥整节段钢桁梁运用了本工法施工,在施工过程中,现场整节段实际架设时间为6~8d/节间,缩短了架设时间,完全满足了天兴洲大桥施工进度要求,且安全无事故,施工质量较散拼架设有明显的提高。

大跨径连续箱梁 MZS62.5 上行式移动模架施工工法

GGG(中企)C3089—2008

艾占祥 杜官民 尹本文 杨 凌 廖云沼
(中铁大桥局集团第三工程有限公司)

1 前言

大跨径连续箱梁桥采用移动模架建造,方便、快捷。目前,发达国家移动模架造桥技术应用已很普遍,国内随着社会、经济的不断进步、发展,开始逐步推广应用该建桥施工技术。随着上行式 MZS62.5 成套大型机具设备的应用,在为建桥企业获得大型现代化造桥设备的同时,也将带动国内移动模架建桥技术的推广应用,对促进移动模架建桥技术向大跨径方向发展具有重要作用。

MZS62.5 上行式移动模架具有结构合理、受力明确、施工工艺标准化、周期化,占用施工场地少、受外界因素干扰少,采用移动模架施工桥梁上部结构具有在施工期间便于工程管理,又能提高工程质量,加快施工进度,后期经济效益明显等优势。中铁大桥局集团依托广州珠江黄埔大桥北汊引桥大跨径(62.5m)连续箱梁工程,研究 MZS62.5 上行式移动模架建造大跨径连续箱梁施工技术,不但取得了工艺技术方面的突破,而且取得了良好的经济和社会效益。经过广大工程技术人员的工艺技术研究、攻关,并通过一年多的工程实践验证,其工艺技术已经成熟并形成工法,可以在类似工程中推广应用。

大跨径连续箱梁 MZS62.5 上行式移动模架施工工艺技术成果,已获得中铁大桥局集团科技进步奖,并处于国内领先水平、国外先进水平;类似技术将在国内其他桥梁建设中得到推广应用。

2 工法特点

2.1 大跨径连续箱梁移动模架施工技术较适用于桥位软基路段多、桥下障碍物多、干扰因素多的桥梁工程。采用 MZS62.5 上行式移动模架施工,移动模架标准跨径为 45 ~ 62.5m,现浇施工连续箱梁跨径处于世界先进水平。

2.2 MZS62.5 上行式移动模架具有结构合理、受力明确、施工工艺标准化、周期化,占用施工场地少、受外界因素干扰少;具有在施工期间既便于工程管理,又能提高工程质量,加快施工进度,后期经济效益明显等优势。

2.3 MZS62.5 上行式移动模架自重达 1 400t,解决了高空安装、高墩使用移动模架的难题。

2.4 MZS62.5 上行式移动模架最大浇筑联长 75m,连续箱梁自重 2 650t,解决了大跨、长联、薄壁预应力混凝土箱梁施工、线形控制及混凝土裂缝控制技术。

2.5 MZS62.5 上行式移动模架成套技术含量高,施工难度大,对促进国内建桥技术的发展、推动建桥企业科技进步具有重要作用。

2.6 工序衔接紧凑,责任划分明确,管理规范化,实现了大跨径连续箱梁 MZS62.5 上行式移动模架有节奏的流水线全天候作业;能有效缩短施工工期,节省劳动力。

2.7 MZS62.5 上行式移动模架施工工艺技术对工程质量、安全、工期及环保(控制粉尘、噪声、弃渣等)易于控制,不但顺利实现了大跨径连续箱梁原位逐孔浇筑施工,而且取得了较好的技术经济效果。

3 适用范围

本工法适用于利于 MZS62.5 上行式移动模架施工的标准跨径为 45m、62.5m 的连续梁桥上部结构。成套 MZS62.5 上行式移动模架经过局部改装后也可利用本工法而适用于不大于 62.5m 其他跨径连续梁施工。

4 工艺原理

4.1 移动模架施工技术

移动模架施工技术是利用移动模架进行预应力混凝土连续箱梁原位逐孔现浇的一种较为成熟的施工方法,它是一种借助液压设备的动力实现自身移动的支架系统。移动模架在现代桥梁建设中逐步得到广泛应用和发展,特别适用于桥位软土地基路段较多、桥下施工条件复杂等施工特点的桥梁。

4.2 MZS62.5 上行式移动模架工作原理

MZS62.5 上行式移动模架由主梁框架系统、支承系统、吊架及梯子平台、模板系统、起吊装置、液压系统、电气系统等组成。

MZS62.5 上行式移动模架工作时,整个模床由前后两个支承机构支承,通过支承立柱把模架支撑在墩上,临时支承机构支承在已浇桥面上,可保证浇筑的混凝土与已浇筑好的梁断面有效对接;使用起吊装置和前支腿,可有效、快速地实现立柱和支承机构的转运和安装;液压系统和电气系统,可实现模床调整、脱模、开合模、整机纵移过孔的机械化。

4.3 MZS62.5 上行式移动模架主要性能参数及施工工况

4.3.1 主要性能参数(表1)。

MZS62.5 上行式移动模架主要性能参数 表1

	项　目	性 能 参 数
参数状态	施工方法	现场原位浇筑混凝土梁
	使用范围	≤62.5m
	现浇 PC 箱梁的最大联长	75m
	一次浇筑 PC 箱梁的最大重量	2 650t
	现浇 PC 箱梁最小弯曲半径	2 000m
	允许现浇 PC 箱梁纵向最大坡度	≤4.0%
	允许现浇 PC 箱梁横坡	≤2.5%
	整机纵向移位速度	0.8m/min
	整机横向移位速度	0.8m/min
	驱动方式	电液控制驱动方式
	动力条件	AC380V;50Hz
	设计施工周期	14d/孔
浇筑状态	允许风速	≤16m/s
	挠跨比	主梁系统:≤1/700;模板系统:≤1/600
移位状态	允许最大风速	≤28m/s
	整机抗倾覆稳定系数	不小于1.3(在最不利荷载组合工况下)
非工作状态	允许最大风速	≤43.0m/s
模架主材		

4.3.2　主要施工工况

(1)浇筑混凝土工况:混凝土重量由模板→吊架→主梁→立柱,最后通过立柱传力到桥墩墩顶,模板闭合形成混凝土浇筑空间。

(2)开合模工况:整个模床在楔块及垂直油顶的作用下,整体下降20～25cm,拆除底模中间缝及横向缝的螺栓连接,利用液压油缸推动底模和侧翼模分别向两边打开(水平打开),让出过桥墩空间。

(3)移动走行过桥孔:当模床完全打开后,即可利用水平油顶推动模架向前移动,使其到达下一跨浇筑位置,模板合龙并调整模床高程和位置,完成整机过孔工作。

4.3.3　施工作业特殊工况

MZS62.5上行式移动模架在施工过程中有以下几种特殊工况:45m跨径的施工,62.5m跨径首跨施工,每联中跨和末跨施工,模架前移过孔最大悬臂状态,后主支承转运至超前墩后、临时支承机构支承在已浇筑桥面上的状态。

1)45m跨径的施工(图1)

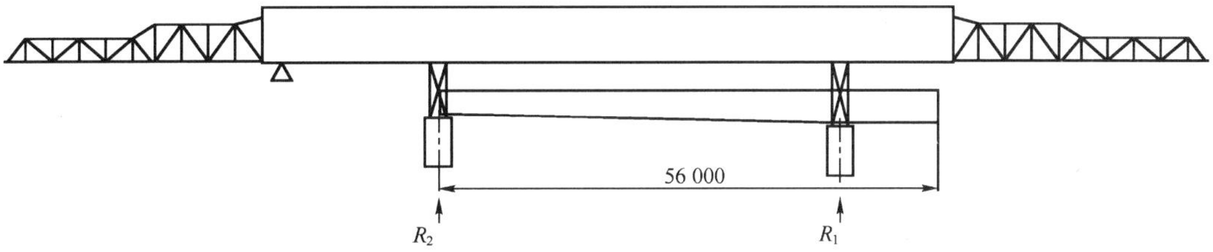

图1　45m跨径的施工图(尺寸单位:mm)

图中,R_1 =1 695t,R_2 =1 265t

2)62.5m跨径首跨施工(图2)

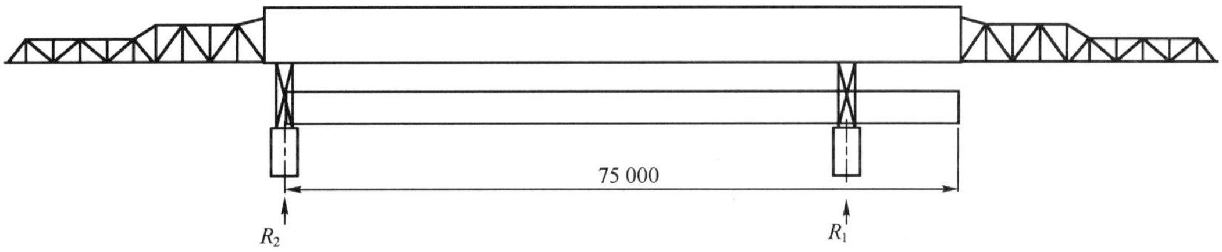

图2　62.5m跨径的施工图(尺寸单位:mm)

图中,R_1 =2 325t,R_2 =1 585t

3)每联中跨施工

中跨施工长度最长64m,标准各联中跨施工长度均为62.5m,梁高为3m,桥梁悬臂均为12.5m。在这种工况中需要在桥梁悬臂端安装临时支承,其支顶力按800t,支承在悬臂端10m处(64m中跨为9.2m),并需要把尾部模板与已浇梁连接起来。图3是施工长度64m中跨时模架支承状态。

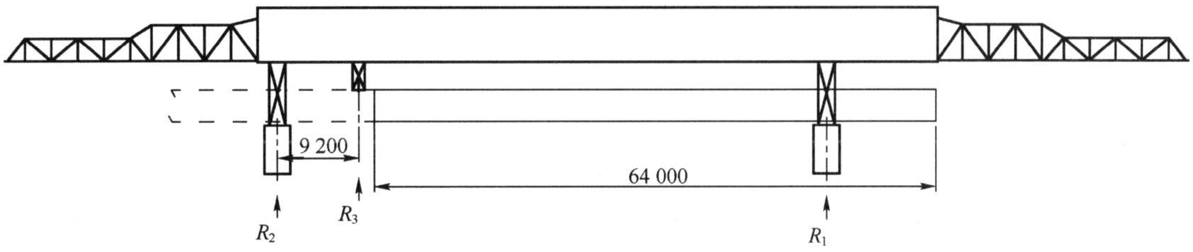

图3　施工长度64m中跨时模架支承状态图(尺寸单位:mm)

图中,按R_3 =800t,则R_1 =2 120t,R_2 =540t

4)每联末跨施工

每联末跨梁长为50m,此工况是模架施工载荷最小状态,为保证现浇梁与已浇梁的有效对接,在这种工况中也需要在桥梁悬臂端安装临时支承,其支顶力按800t,支承在悬臂端10m处,并需要把尾部模板与已浇梁连接起来,具体支承状态见图4。

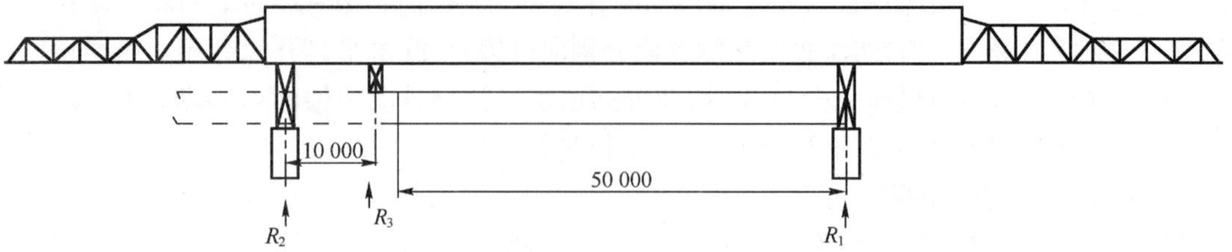

图4 支承状态图(尺寸单位:mm)

图中,按 $R_3=800t$,则 $R_1=1\,655t$,$R_2=555t$

5)模架前移过孔最大悬臂状态

移动模架每施工完一跨后需向前移动一跨进行下跨桥梁的施工,在移位过程中,当前支腿到达前方桥墩上方时,伸长支腿支在桥墩上,起吊装置运送承重支承至前墩安装,此时移动模架处在最大悬臂处,最大悬臂处的理论挠度为200mm(图5)。

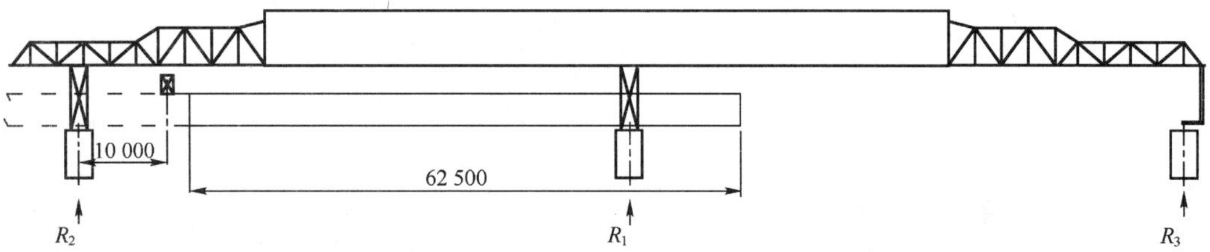

图5 模架前移过孔最大悬臂状态图(尺寸单位:mm)

图中,$R_1=1\,095t$,$R_2=105t$

6)后主支承转运至超前墩后、临时支承机构支承在已浇桥面状态

模架纵向移动,前支腿支顶在前方桥墩上后,临时支承机构顶起模架,使后主支承腾空,起吊并转运至前支腿处,安装锚固后,顶起模架,收起前支腿,此时临时支腿支顶在已浇桥面上(图6)。

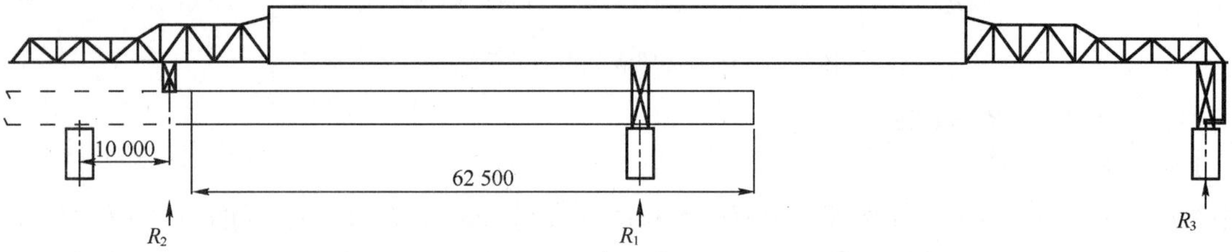

图6 后主支承转运至超前墩后、临时支承机构支承在已浇桥面状态图(尺寸单位:mm)

图中,$R_1=960t$,$R_2=143t$,$R_3=(60+50)t$

5 施工工艺流程及操作要点

5.1 MZS62.5上行式移动模架施工大跨径连续箱梁主要工艺流程(图7)

5.2 关键技术与操作要点

5.2.1 关键技术

1)移动模架自配置起吊设备

为了解决材料、设备等物品的吊装与转运,移动模架自配置两台15t一台5t共三套起吊设备,其中15t起吊装置是由4t起升卷扬机组、起吊小车和3t牵引卷扬机组三部分组成;起升卷扬机组安装在造桥

机尾部导梁上,牵引卷扬机组设置在中部挑梁上,在吊架挑梁下安装工字钢供起吊小车沿桥向行走,在钢丝绳通过处安装有导向滑轮及托滚。左右吊架挑梁下各安装一套,主要用来辅助安装腹板、翼板钢筋及起吊桥下物品,其起升高度为65m,其工作范围为135m,同时在造桥机纵移过孔时运送支承机构和支承立柱。5t起吊装置是一台标准5t电动葫芦,安装在主梁横联下面,主要用来辅助安装底板钢筋、内模等,其工作范围为78m。

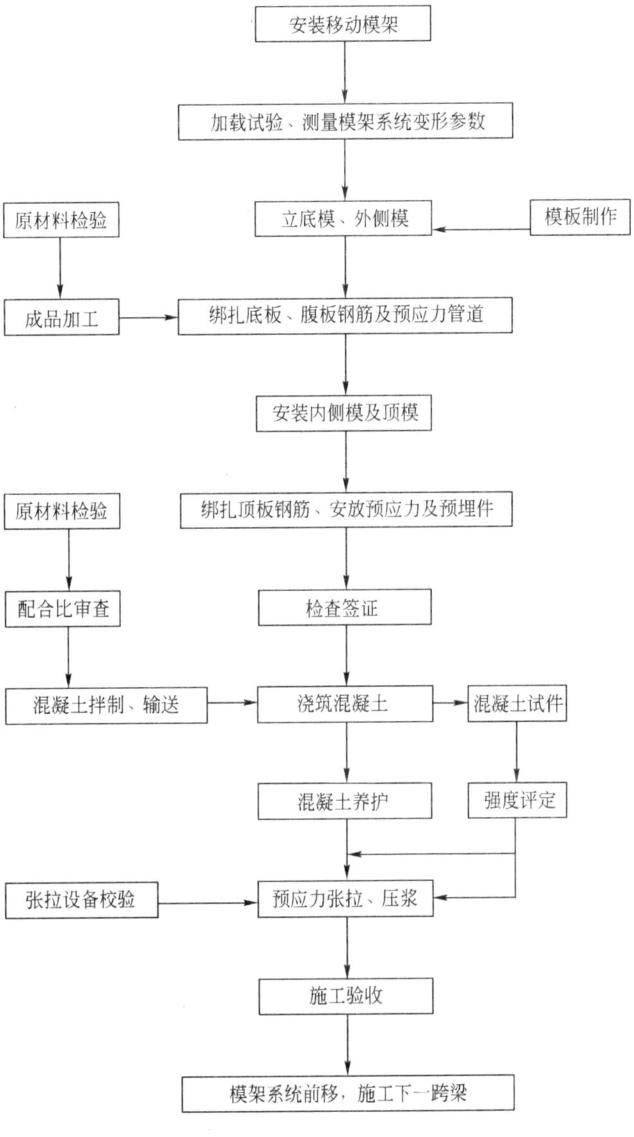

图7 MZS62.5上行式移动模架施工工艺流程框图

2)移动模架底模开合

开模:解除底模纵向缝、横向缝及侧模与底模的连接螺栓,启动水平千斤顶油缸,从而推动底模分别向两边打开3 800mm,底模打开到位后,可利用油缸拖动侧翼模分别向两边打开约100mm,或者拧动吊架上调节支撑螺杆,使模板分别向外旋转约1°,此时模板全部脱离了混凝土梁并避开了桥墩。合模:模架纵移到位后,启动水平千斤顶油缸,使两组模板向中靠拢合模,当接近合龙时,底模桁架等各连接点应有人检查,并安装吊杆,时刻注意各处对位情况,合龙后连接底桁连接销及底模、侧模各接缝螺栓。

3)移动模架整机纵移过孔

纵移过孔主要由三付主支承、一付前支腿、液压系统和主梁下底板滑道与纵移轨道实现;主承架与支承立柱固接,并用高强度精轧螺纹钢筋与墩顶锚固在一起形成一个稳定的支承座,在模架过孔前、浇筑箱梁混凝土的过程中始终为静止状态;支承台车上设有滑块和挡块,以使模架在滑块上纵移,其挡块可防止模架纵移时产生横向偏位;前支腿设有液压顶和螺杆顶,以保证能安装前主支承。在模架过孔准备工作完毕后,即可起动后主支承与中主支承的水平千斤顶,推动模架整机纵移过孔。大跨径移动模架在高墩身整机前移时,必须做好监控及预防措施;模架纵移前,在模架主梁与导梁、墩顶等作好监控监测点,在纵移过程中随时控制各点纵向水平千斤顶的顶力并监测主梁与导梁的位置、挠度、应力和墩顶偏位,保证模架安全顺利纵移过孔到位。

4)大跨、长联、薄壁预应力混凝土箱梁施工、线形控制及混凝土裂缝控制技术

(1)MZS62.5上行式移动模架施工箱梁具有大跨(标准跨径62.5m)、长联(最大联长75m)、薄壁(底板厚26cm、腹板厚48cm)、浇筑方量大(1 000m^3)等特点,为了降低水化热,避免出现温度裂纹,同时保证混凝土泵送性能、使混凝土的早期强度和早期弹性模量满足设计要求,在混凝土配合比设计时,经过多次试配与比选,在混凝土中掺入适量的优质磨细矿渣粉,掺聚羧酸型外加剂在施工中取得较好的效果。

(2)对于现浇箱梁,其线形调整主要是通设置合理的预拱度来实现,移动模架现浇箱梁预拱度的设置重点考虑以下几个方面:设计预拱度、模架主梁变形、模架挂架吊杆系统变形、模架外模板变形、模架内模系统变形、温度效应引起的模架变形。根据设计提供的和施工监测的数据分析结果来看,其中模架主梁的变形是最主要的,模架挂架吊杆系统的变形位居第二,而设计预拱度值一般不超过2cm,只占整个预拱度中的一小部分。因此,要控制好主梁的线形,关键是要通过理论分析和经验累积来取得模架多变形的客观值,移动模架系统变形的准确测量是箱梁线形控制的关键。

(3)设计为了兼顾成桥后结构受力,将施工缝设在距桥墩$L/5$跨度附近,此处恒载弯矩接近于零,而在施工中就形成了箱梁悬臂段。悬臂段主要承受以下施工荷载:模架后吊点的巨大支反力、梁体预应力、底模的锚点反力及该梁段梁体自重,同时还承受温度应力荷载。如在施工过程中不采取措施,此处的梁体顶板和底板会产生横向拉应力,拉应力过大时会导致梁体底板开裂。在箱梁的施工过程中采取了将底模板锚点力转移和模架后吊点转移及加强混凝土浇筑过程的质量、工序控制等措施,保证了该处施工缝的连接平顺、无裂缝。

5)移动模架后退、横移变幅

在第一幅桥施工完最后一跨梁后,就地下放模板系统至地面,同时利用油缸及垫块受力体系的倒换,使总框架(主箱桁框架、导梁、三角挑梁三大部件的合称)落至桥面已安装好的重物移位器或滑板上,再在动力牵引下,使总框架后退至起始跨,再次通过油缸及垫块受力体系的倒换,顶升总框架以安装支承横梁及横移梁,由横移油缸推动主框架移至另一幅已安装好的主支承梁上,再安装模板体系。

5.2.2 操作要点

1)主要施工步骤:MZS62.5上行式移动模架的主要施工步骤、设计周期及劳动力组织按它施工完一片梁后,至下一跨梁施工完成整个过程作为一个标准作业循环设计。MZS62.5上行式移动模架施工步骤如图8~图11所示。

(1)脱模前的准备工作:前一跨现场浇筑、养护及张拉完成后,拆除吊杆、端模及内模;检查、清理造桥机;各液压站的工作人员就位并检查液压站是否正常;各支承处人员就位并检查支承台车位置是否正确;解除所有影响竖向移动的约束;水平横移及纵移油缸处于自由状态。

(2)脱模:启动垂直油缸,以解除各楔块支承机构,然后垂直油缸徐徐下落模床,其同步错位不大于20mm;在箱梁下面轨道接触到支承台车时,各支承处人员再次检查台车位置是否正确;这时竖直油缸使整个模架基本同步落至各台车滑道上,此时脱模完成。

(3)开模:解除底模纵向中间缝及侧模与底模的连接螺栓,同时可适当解除每块模板的横向连接螺栓;检查开模液压元件;开模油缸充油,从而推动底模分别向两边打开3 800mm,此动作应基本同步进行,底模打开到位后,可利用油缸拖动侧翼模分别向两边打开约100mm,或者拧动吊架上调节支撑螺杆,使模板分别向外旋转约1°,此时模板全部脱离了混凝土梁并避开了桥墩,做好准备。

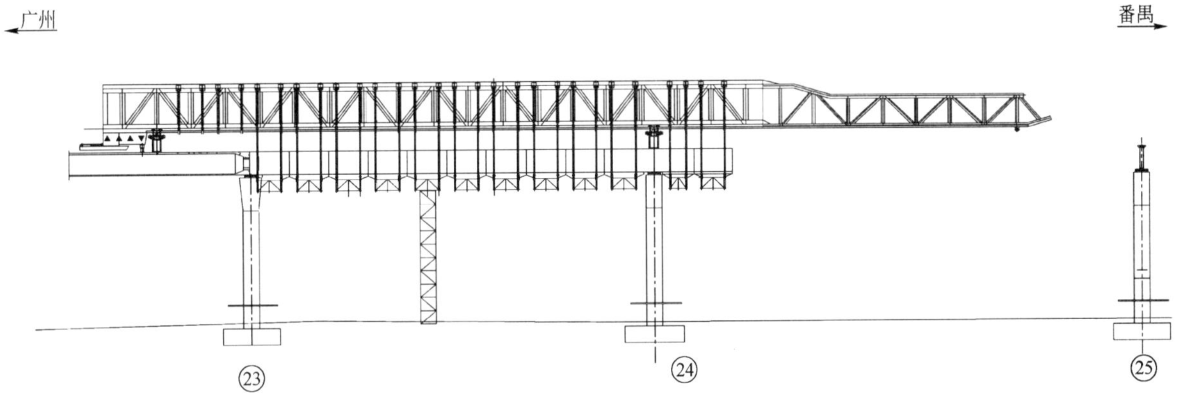

图 8　MZS62.5 上行式移动模架施工步骤一

注：

①分别在第一跨的 23 号墩和 24 号墩的墩帽〔墩帽顶部预埋铁板〕上立支架；

②将前支腿、中支腿分别安装在 23 号墩和 24 号墩的支架上，并用螺栓固定；

③在中搭设万能杆件支架，后支腿搁在支架上；先在地面分段拼装上、下弦杆框架；

④然后将拼装好的下弦杆框架吊装在搭设的支架及后支腿和前、中支腿上；下弦杆框架连接成整片框架，然后分别拼装腹杆和上弦杆框架形成主桁梁，分段连接导梁，主桁梁与后支腿用螺栓连接；

⑤在拼装完的主桁梁的两侧安装挑梁，连接吊架及外模、底模及桁架；

⑥整个模架造桥机安装就位后，合龙外模及底模，并用螺栓将底模及桁架在中部连接；

⑦启动前、中支腿的顶升油缸，将主梁及模板顶升至制梁高程，锁紧油缸；墩身处的底模及外模板采用散模板拼装；

⑧检查制梁相关尺寸，扎制底板和腹板的钢筋笼，布置波纹管；铺设内模小车轨道及垫块；

⑨安装内模板，扎制顶板钢筋笼，吊装端模板，张拉悬挂钢绞索调整模板预拱度；

⑩浇筑混凝土、混凝土养生、张拉、压浆。

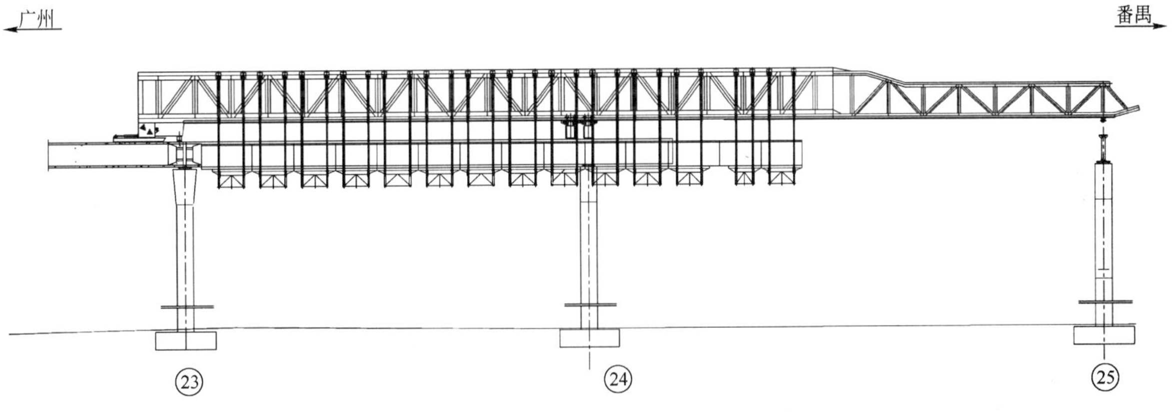

图 9　MZS62.5 上行式移动模架施工步骤二

注：

①第一跨梁制好后，进行脱模，松开前、中支腿的顶升油缸，将主梁落于支腿的走行轮上；

②松开底模桁架中部连接螺栓及悬挂钢绞索，分别启动吊架和底模桁架油缸，将侧模及底模打开；

③将中支腿的走行轮销轴插入，启动前、后支腿的顶升油顶将主桁梁及模架顶升同时也将中支腿挂起；

④启动卷扬机，将中支腿拖行至前支腿近旁，拆除 23 号墩的支架并运往前方 25 号墩安装；

⑤松开前、中支腿的顶升油顶，使主桁梁落于走行轮上；启动后支腿的滑移油缸，推动模架向前移动 16.5m；

⑥启动中支腿的顶升油顶并将前支腿提起，并由卷扬机将前支腿向前移动 2m，至已制好的混凝土梁面上；

⑦松开中、后支腿的顶升油缸，将主梁落于支腿的滚轮上，并将中支腿的走行轮插销插入；

⑧启动前、后支腿的顶升油缸将主梁再次顶起 150mm 左右，并由卷扬机将中支腿牵引至原前支腿的支架上并连接；

⑨松开前、后支腿的顶升油顶，主桁梁落于前支腿的滚轮上，并插入前支腿走行轮的销轴。

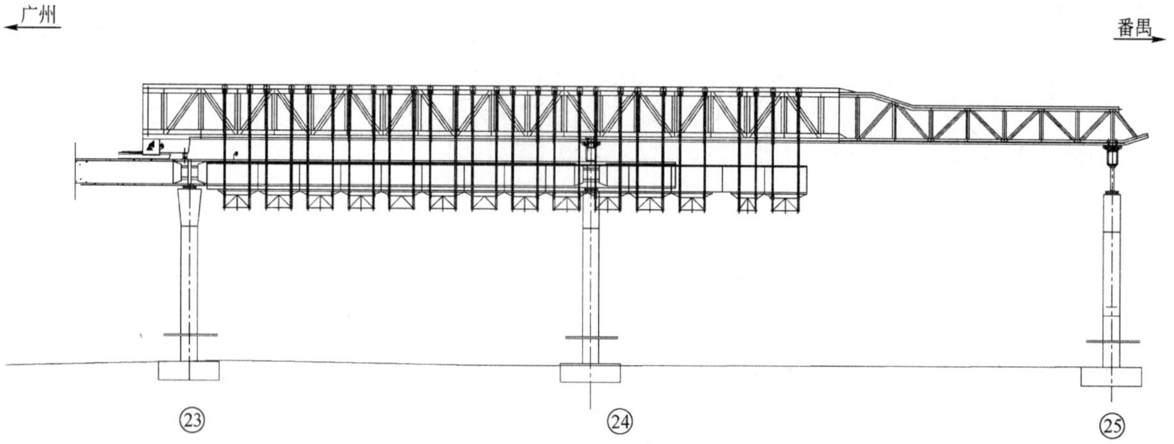

图10 MZS62.5上行式移动模架施工步骤三

注:

①将前支腿的走行轮的插销插入,启动中、后支腿顶升油缸,将主桁梁及模架顶升,将前支腿悬挂起;

②开动卷扬机,将前支腿牵引至导梁前端的25号墩处;

③松开中、后支腿的顶升油顶,使前支腿落于25号墩的支架上,并用螺栓固定;

④将中支腿的走行轮插销插入,启动前、后支腿的顶升油顶将主桁梁及模架顶升,并将中支腿悬挂起;

⑤由卷扬机将中支腿向前牵引至1号墩支架处,松开前、后支腿顶升油顶,使中支腿落于支架上,并固定;

⑥松开前、后支腿的顶升油顶,使主桁梁落于前、中支腿的滚轮上,后支腿落于滑靴上。

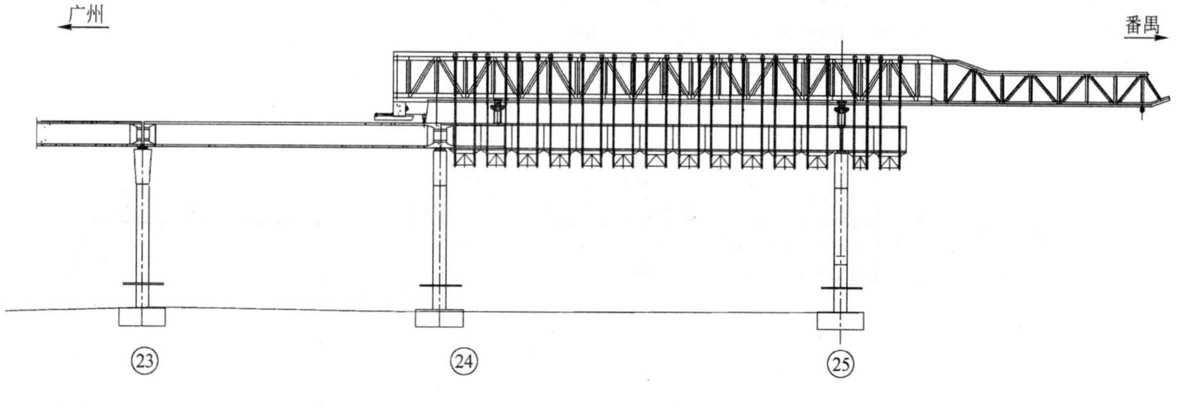

图11 MZS62.5上行式移动模架施工步骤四

注:

①启动滑靴上的步履油缸,顶推主桁梁及模架向前移动;

②每滑移一步后,须再次顶升后支腿,由滑移油缸将滑靴收拢,然后松开顶升油顶,后支腿落于滑靴上;

③滑靴上的滑移油缸推动主桁梁及模架,向前滑移,如此一步一步向前移动模架;

④主桁梁及模架步履式逐步向前移动,第二次移位46m,直至新的制梁位;

⑤启动前、后支腿顶升油顶,将主桁梁顶起并同时将中支腿悬挂起,由卷扬机牵引中支腿至已浇筑的混凝土梁前端;

⑥松开前、后支腿的顶升油顶,中支腿落于混凝土梁上,拆卸中支腿走行轮销轴;

⑦同时启动前、中、后支腿的顶升油顶,将主桁梁及模架顶升至新的制梁高程;

⑧收拢吊架油缸和底模桁架油缸,使模板合龙,并连接底模桁架及底模的连接螺栓;

⑨由模板设置的螺杆,分别调整模板的预拱度及坡度,根据制梁情况的要求来调节中、后支腿油顶受力状态;

⑩检查模板安装质量和定位精度,保证制梁质量;

⑪重复前面所述的制梁工序,每联的第一跨浇筑混凝土梁长为72.5m、第二跨、第三跨分别均为62.5m,最后一跨梁长为52.5m。

(4)纵向移位:检查纵移机构是否固定可靠;解除所有影响其纵向移动的约束,推动模架纵移,同时倒运立柱及支承至前桥墩安装,并检查支承的安全性,每次纵移距离小于等于1 000mm。

(5)合模:模架纵向移动到位后,驱动开模油缸,使两组模板向中靠拢合模,此动作应基本同步进行,前后错位不大于30mm。当接近合龙时,底模桁架等各连接点处应有人检查,并安装吊杆,时刻注意各处对位情况;合龙后连接各处螺栓及底桁连接销。检查造桥机到位情况及各模板的支承情况;各垂直油缸充油,同时同步顶升主框架;检查模板高程;再次顶升主框架到位;找正中心线后,锁紧各支承机构,关闭液压站,精确微调模板,检查各处支承和连接情况。

(6)现浇箱梁混凝土施工:采用泵送混凝土,按底板→腹板→顶板的顺序,从一端向另一端浇筑。

(7)移动模架的退回:

①通过卷扬机机构将底桁架、底模、侧模等落放到地面。

②起顶辅助支撑,拆除后支腿与钢立柱锚固,向后移动模架,拆除钢立柱系统。

③移动辅助支撑距离中支撑10m左右,起顶辅助支撑,拆除中支撑与钢立柱锚固,向后移动模架,拆除钢立柱系统。

④拆除后的前后支撑及辅助支撑下均应设置滑道。

⑤前后调整辅助支撑位置并起顶,逐个后移前后支撑,并操作液压系统后移动模架,直至退回起始墩。

(8)移动模架换幅:

①移动模架退回至起始墩位。

②在起始墩与临近墩墩顶设置钢立柱系统及支撑系统,并连接ϕ32mm抗风预应力钢筋。

③连接横移变幅结构。

④检验调试结构,连接液压及电器系统。

⑤起始墩与临近墩处前后支撑液压横移系统同步工作,完成移动模架的横移工作。

2)MZS62.5上行式移动模架安装及拆除

(1)移动模架基本安装顺序:用25t起重机将主梁按左右两组分别将小构件组拼,墩处安装两组门架及液压爬升器,对两组主梁进行提升安装,每组重量约320t。两组主梁就位后,利用卷扬机进行其横联的安装及吊架、模板的安装。MZS62.5上行式移动模架安装场景见图12、图13。

图12 MZS62.5上行式移动模架安装场景(一)

图13 MZS62.5上行式移动模架安装场景(二)

①安装立柱并锚固,安装支承架锚固。

②安装支承台车及各种油缸、液压站。

③在地面上拼装两组主框架。

④起升安装主框架。

⑤用起吊装置安装主框架横联。

⑥用起吊装置安装模板用其吊挂。

⑦电动起吊设备和电器设备。

⑧接线、试通。

⑨检查、调整,并锚固、待试。

(2)移动模架拆除:当移动模架退回至起始墩后实施,其基本顺序为上述安装的逆顺序。

5.3 劳动力组织

5.3.1 施工管理人员

施工生产负责:2人,施工技术负责:2人,技术、试验人员:6人,测量人员:6人,专职质检人员:2人,专职安全人员:2人,工程技术部:14人,技术工人:8人,电力机械人员:4人,共计:46人。

5.3.2 劳动力组织

钢筋专业班:50人,混凝土班(含预应力施工):30人,移动模架操作(兼模板、维护)班组:32人,电工班:4人,杂工班:8人,保卫:2人,共计:126人。

6.材料与设备

6.1 MZS62.5上行式移动模架组成

MZS62.5上行式移动模架组成参见图14、图15,即MZS62.5上行式移动模架总图(一)、总图(二)。

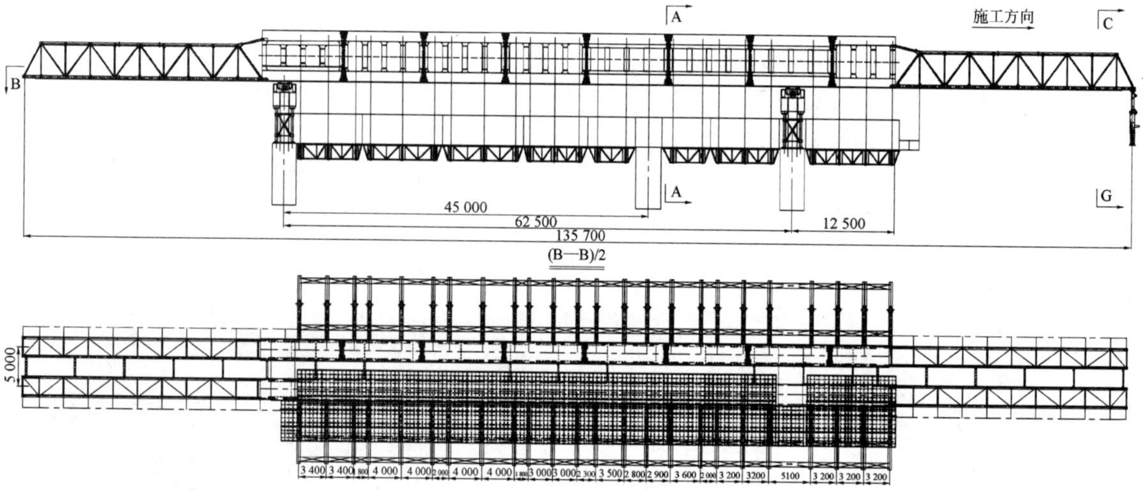

图14 MZS62.5上行式移动模架总图(一)(尺寸单位:mm)

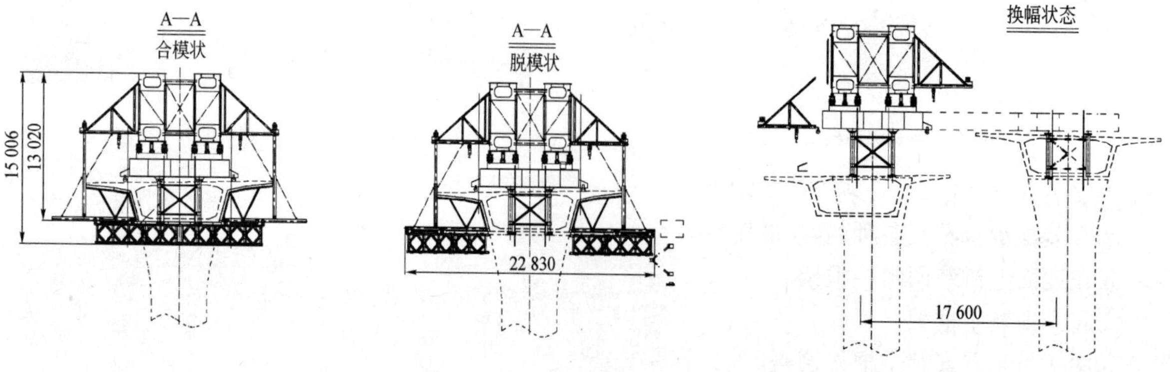

图15 MZS62.5上行式移动模架总图(二)(尺寸单位:mm)

其主要结构材料构件见表2。

MZS62.5上行式移动模架主要结构材料构件表　　表2

序号	名　　称	件　数	重量(t)	序号	名　　称	件　数	重量(t)
1	主梁框架	1	537	11	前支腿	1	4
2	导梁	2	93.2	12	15t起吊装置	2	24
3	吊架挑梁及梯子平台	1	165	13	横移变幅机构	2	30
4	支承机构	2	72	14	内模系统	1	60
5	侧翼模	1	110	15	5t电动葫芦	1	1
6	支承立柱(含埋件)	2	24+(20)	16	辅助支承	1	13
7	底模及底桁架	1	160	17	抹灰小车	1	5
8	液压系统	1	12	18	防风锚固系统	1	2
9	电气系统	1	1	19	倒退吊具	1	1
10	施工平台	1	1	20	其他		3
备注	设计参考标准:《起重设计规范》(GB/T 3811—2008)、《钢结构设计规范》(GB 50017—2003)及《公路桥涵施工技术规范》(JTJ 041—2000)。						

6.2　其他主要机械设备(表3)

其他主要机械设备　　表3

序号	机械名称	规格、型号	单位	数量	序号	机械名称	规格、型号	单位	数量
1	装载机	ZL-50A:153kW 3.2m^3	台	1	10	变压器	800kVA、500kVA	台	2
2	载重汽车	EQ-144:8t	台	1	11	发电机	DF250GF:250kW	台	
3	混凝土搅拌运输车	HTM604:6m^3	台	4	12	预应力张拉千斤顶	YCW-30/600 YC-60	台	6 6
4	混凝土搅拌站	HZS75:75m^3/h,150kW	套	2	13	电动油泵	ZB4-500	台	10
5	水泥储存罐	100t/罐	个	2	14	砂浆搅拌机	HJ-325:6 m^3/h	台	2
6	混凝土输送泵	HBT80C-2118:80 m^3/h,扬程320m	台	2	15	压浆机	D144:15kW	台	2
7	汽车起重机	KH180-2:50t TL-250E:25t	台	1 1	16	高压水泵	80D12 6级: 22~40m^3/h	台	4
8	塔式吊机	QTZ210:210t·m	台	2	17	储水罐	5m^3/个	个	3
9	空压机	V6/8:0.9 m^3/h	台	4	18	卷扬机	5t、10t	台	8
19	其他	钢筋加工机械、木工机械、试验仪器、测量仪器						套	各1

7　质量控制

7.1　工程质量控制标准

质量控制要求执行国内相关行业规范标准,主要包括现行最新《公路桥涵施工技术规范》(JTJ 041—2000)、《公路工程质量检验评定标准》(JTG F80/1—2004)等。

7.2　移动模架现浇连续箱梁质量检验

7.2.1　质量检查项目及方法(表4)

移动模架现浇箱梁检查项目　　表4

项　次	检 查 项 目		规定值或允许偏差	检 查 方 法
1	混凝土强度(MPa)		在合格标准内	按(JTG F80/1—2004)附录C检查
2	轴线偏位(mm)		10	用全站仪或经纬仪,每孔测量3~5处
3	顶面高程(mm)		±10	用水准仪检查每孔5处
4	断面尺寸(mm)	高度	+5,-10	每孔用尺量3~5个断面
		顶、底板宽	±30	
		顶、底、腹板及翼缘板厚	+10,-0	
		翼缘长	+5,-10	用尺量
5	总长度(mm)		+0,-10	用尺量
6	平整度(mm)		6	用2m直尺检查
7	支座板平面高差(mm)		2	查浇筑前记录
8	横坡(%)		±0.15	用水准仪每孔测量3~5处
9	预埋件位置(mm)		5	用尺量

7.2.2　外观鉴定

线形平顺,无明显折变,色泽一致;棱角分明,混凝土无露筋、孔洞、蜂窝、夹杂物、局部疏松现象,宽度在0.1mm及以上的裂缝已作处理,麻面的面积不超过该面面积的0.5%,箱室内的建筑垃圾清理干净。

8　安全措施

8.1　MZS62.5上行式移动模架施工连续箱梁必须贯彻“安全第一、预防为主”的方针,执行《中华人民共和国安全生产法》及各项安全规章制度,确保万无一失。

8.2　针对MZS62.5上行式移动模架施工的特点,除做好本质安全外,应着重消除和防止如下安全隐患:防高处坠落,防起重伤害,防触电电击,防机械伤害,防火灾,防交通事故,MZS62.5上行式移动模架防风安全等。

8.3　移动模架施工属高空作业,危险性很大,在施工中除严格遵守桥梁施工安全技术规程的有关规定外,还应注意以下几点。

(1)移动模板均为大块钢模,面积大,自重大,利用起吊设备安装时要注意吊机的位置,起吊高度,防止出现倾覆事故;同时必须加强现场指挥工作,现场施工人员必须佩戴安全带,采用对讲机统一指挥,协调运作。

(2)移动模架牛腿上的操作平台边缘要加焊栏杆,用于主梁行走的小型机具及构件要安放牢固,应在梁端、栏杆断开处及上下人行梯挂好安全网。安全网内设置一层密网,能够保证不发生物件坠落。同时应配备消防器材,以防止电焊作业等原因可能引燃防雨遮晒篷布、安全网等易燃物而出现的火灾。

(3)吊带蹬筋与墩顶抗风蹬筋应有防电焊损伤的保护措施。

(4)移动模架中的施工用动力、照明线路必须由专业人员敷设,并经常清理检查,以消除漏电、短路隐患。

(5)浇筑混凝土施工过程中,必须安排专人经常检查移动模架螺栓、支撑托架及外模架关键受力杆件的状态。

(6)加强起重用千斤顶、链条滑车、钢丝绳等机具设备的维修养护,发现问题,及时处理。

(7)施工人员在上移动模架工作前,必须经过专业培训。工作时间不得推搡打闹,酒后严禁上桥作业。

(8)随着箱梁的伸长,特别在夏季,箱体内应及时安装通风、降温、照明设备,以改善施工人员的工作环境。

(9)每浇完一跨箱梁,需对移动模架主梁的支点处和跨中连接螺栓进行检查,发现异常及时补强。

(10)防电、防风、防滑(雨天)、防雷:各施工用电线路及开关均要统一规划好,并有良好的接地保护措施;在大风时(6级以上)应有防风措施,如拉设缆风绳、埋设抗风件等;在雨天,各上、下人梯及施工平台均要有防滑措施。施工过程中的防雷措施应与主体结构防雷措施相结合。

(11)防摔、防高空坠物伤人:操作平台以下水平面挂设疏、密网眼两种安全网,侧面用密网围护,并有阻挡坠落物的平台。钢绞线在梁顶穿索时,严防人员及钢绞线坠落事故。

(12)其他安全措施(略)。

8.4　MZS62.5上行式移动模架设备安全(防风)措施

(1)防风机构:该设备的安全措施在机械上有纵、横向定位机构和防风机构;在电液上有溢流阀、油压表、液压锁、大风报警仪、扩音对讲系统、拉力传感器、行程开关和急停开关等。除造桥机本身的机械和电液安全措施外,防风措施是本设计时必须考虑到而且也是很重要的部分之一。因此,本造桥机对环境风力要求设计为:

①风速≤16m/min时,可进行所有作业,包括造桥机移位、过孔。

②风速≤28m/min时,可进行造桥机非移位、过孔的其他作业。

③风速>28m/min时,应停止一切作业,并根据造桥机所处的工况阶段,使用所有紧固措施。

经计算:风速在28m/s(即10级风)以上时,造桥机受到的横向风力达80t以上,此时应停止浇灌混凝土,采取防风措施。本造桥机的生存风速设计为≤43m/min。

风速在16~28m/s(即7~9级风)时,造桥机受到的横向风力为24~60t,此时禁止进行造桥机的移位、过孔作业,采取防风措施。

风速在16m/s(即7级风)以下时,造桥机自身可维持稳定。

(2)具体的防风措施有:立柱及支承是通过高强度精轧螺纹钢筋与桥墩预埋杆拉紧锁定,模板及底模桁架与主梁等已联成一个横向刚度足够大的刚性体,并与桥墩侧面顶紧。主梁在支承处与桥墩已浇梁及支承之间拉杆,以防止造桥机的纵、横向位移,将移动模架后导梁与已浇梁通过钢丝绳连接等。

(3)不便采取抗风措施的几种特殊作业情况:

①当移动模架进行钢筋绑扎、混凝土浇筑过程时遇强风。

②移动模架安装拆除时遇强风。

③移动模架退回起始墩及横移换幅时与强风。

对于以上情况,应及时联系气象部门,提前2~3d甚至更长时间掌握天气的变化趋势,不在气象条件不好的情况下实施以上特殊作业情况。

9　环保措施

9.1　应贯彻落实国家关于环境保护的专项法律法规,有针对性地制定专项环保方案,加强宣传教育,切实执行环保措施。

9.2　建立健全针对性的环保工作体系,落实责任制,配备专人进行管理。

9.3　执行公司的《职业健康安全和环境保护体系》。

9.4　施工环保、水土保持目标如下:

(1)施工用水和生活用水做到达标排放;施工噪声符合环保要求。

(2)确保施工区域内无重大管线事故。

(3)严格控制地面变形量,确保建筑物、堤坝等的安全。

(4)搞好水土保持,防止水土流失。

9.5　施工环保方案

(1)对施工现场生产、生活用水的排放进行控制,建好生产区和生活区排水沟等设施;分块设置过滤池和沉淀池,所有生活用水和生产用水均经过过滤、沉淀后方可达标排放。

(2)加强机械管理,执行《建筑施工场界噪声限值》(GB 12523—90)标准,减少施工过程中的噪声。

(3)采取有效措施妥善保护施工及生活区域外的绿化草地、植物、花木及道路等公共设施,避免泥浆、油污、生活垃圾、有毒及化学物质对其造成污染,严禁随意攀折树木、花草,踩踏草地,违者将按有关规定对其进行处罚。

(4)加强职工的环保知识教育,树立全员环保意识。

10 资源节约

10.1 在 MZS62.5 上行式移动模架施工工法形成过程中,严格贯彻国家建筑节能工程的有关要求,通过 MZS62.5 上行式移动模架的优化设计及在施工中的循环应用,节约了大量能源。

10.2 移动模架可看作是一个移动的混凝土制梁工厂,它实现了将桥梁上部结构的预制变为在桥墩原位现浇并循环施工,节约了能源;同时,它也减少了混凝土梁预制需要大批场地及预制梁架设部分的能源消耗,具有客观的节能意义。

11 效益分析

11.1 大跨径移动模架施工需要一整套设备及配件、大量钢材,初期一次性投资较大;可立足于移动模架的再利用,主要构件采用装配式,方便运用于不同跨径、不同桥宽和不同形状的桥梁,扩大了使用面,在后期同类桥型建造中将取得可预见的经济效益。

11.2 移动模架具有节约施工用材、施工周期化、工艺标准化等优点,以及一次浇筑联长较大,减少施工缝,使工程质量得到很好的控制,工期也得到有效控制。

11.3 移动模架施工安全、速度快、占用施工场地少,在跨线、跨构造物、狭窄场地使用,可以减少征地拆迁的工作和投入,具有良好的经济和社会效益。

11.4 移动模架施工固定在桥位处全天候有节奏地重复流水线作业,可有效地压缩施工工期;同时,在有通航要求的水道施工,也可尽量减小对正常通航的影响;采用多点连续顶推,施工过程连续、平稳、均匀,噪声较小,安全、环保。

11.5 MZS62.5 上行式移动模架前期的设计、制造和使用,可采取业主与施工方联合投资的办法,既降低了风险,又节约了施工支出,是较为可行的推广应用该项施工技术的方法。在获得 MZS62.5 上行式移动模架设备后,为投入类似工程施工中创造可预见的经济效益。

12 应用实例

12.1 工程概况

广州珠江黄埔大桥北汊引桥全长 902m,跨径组成为 45m + 2 × 62.5m + 2 × 62.5m + 5 × 62.5m + 5 × 62.5m,四段连续预应力混凝土箱梁分左右两幅各宽 16.7m,桥梁全宽 34.5m,该桥成功地采用了 MZS62.5 上行式移动模架施工工艺和技术。

12.2 本工法应用效果

(1)大跨径连续箱梁移动模架施工技术较适用于桥位软基路段多、桥下障碍物多、干扰因素多、上部结构跨度大的桥梁工程。这一桥梁建造技术在西方发达国家应用较为普遍。在国内处于发展阶段,随着广州珠江黄埔大桥北引桥大跨径连续箱梁 MZS62.5 上行式移动模架施工技术的成功开发应用,将促进国内移动模架造桥技术的发展。

(2)MZS62.5 上行式移动模架前期的设计、制造和使用,采取业主与施工方联合投资的办法,既降低了风险,又节约了施工支出。据估算,联合投资施工方仅投入 1 600 多万元,而如采用挂篮悬浇法或预制拼装法施工则需投入超过 2 000 万元,可见采用联合投资的方法使移动模架法施工成本大为降低。

(3)MZS62.5 上行式移动模架从 2006 年 3 月初正式投入使用开始,已于 2007 年 9 月下旬完成连续箱梁施工。从已制造的大跨径连续箱梁来看,施工质量完全满足设计及规范要求;施工周期为 22d/孔,最快时达 17d/孔,基本符合 MZS62.5 上行式移动模架设计性能要求。

大型(70m)箱梁整体预制及架设工法

GGG(中企)C3090—2008

吴丹桂　刘　俊
(中铁大桥局集团第四工程有限公司)

1　前言

70m(大型)箱梁现场预制、架设的施工技术,首先在东海大桥施工中形成,该项技术在杭州湾大桥又得以成功的推广应用。目前,中铁大桥局集团第四工程有限公司承担上海崇明越江通道长江大桥B3标段70m箱梁预制、架设的施工任务,并且采用原东海大桥70m箱梁海岛预制场预制、滑移运输至海边栈桥端,而后由承载力3 000t的"天一号"起重船起吊箱梁并自航至墩位架设。因此,结合相关实践,形成70m箱梁预制、架设工法,编制成文,以利同类大型构件的推广和应用。

2　工法特点

2.1　70m箱梁预制施工采用高位台座预制法施工,其优点是:内模拼装、外模就位、钢筋制作成型作业,三大工序可平行施工;梁体外模整体滑移,内模逐节拆除滑移吊运;同时,梁体钢筋采用整体吊装就位,大大缩短每片箱梁预制周期。

2.2　箱梁梁体结构尺寸大、自重大,因受现场施工场地限制,对箱梁的出运采用起顶滑移法,取消大型起吊设备的使用,大大降低了生产成本。

2.3　箱梁利用大型起重船起吊并自航架设、施工方法简单易于操作,安装可靠,质量可保证。

3　适用范围

本工法适用于公路、铁路、港口、码头等各类工序复杂的大、中、小型构件预制、运输、架设施工。

4　工艺原理

70m箱梁在预制台座上预制、张拉完成纵向钢绞线后,横移至存梁台座上进行剩余钢绞线的张拉及孔道压浆、封端;继续滑移至纵移滑道上,然后移至箱梁出海栈桥主桥的前端,再从主栈桥横移至分栈桥前端,最后由承载力3 000t的"天一号"起重船起吊箱梁。起重船退出码头,将箱梁下落并与船体临时固定(主要由起重装备承重),起重船自航至待架桥跨位置,抛锚定位,将箱梁提升至需要高度,通过绞锚初步定位,将箱梁落于墩顶支座(临时或正式)上,松钩,起重船退出桥位,起锚返航。

5　施工工艺流程及操作要点

5.1　施工工艺框图(图1)

5.2　操作要点

5.2.1　箱梁预制

1)箱梁模板

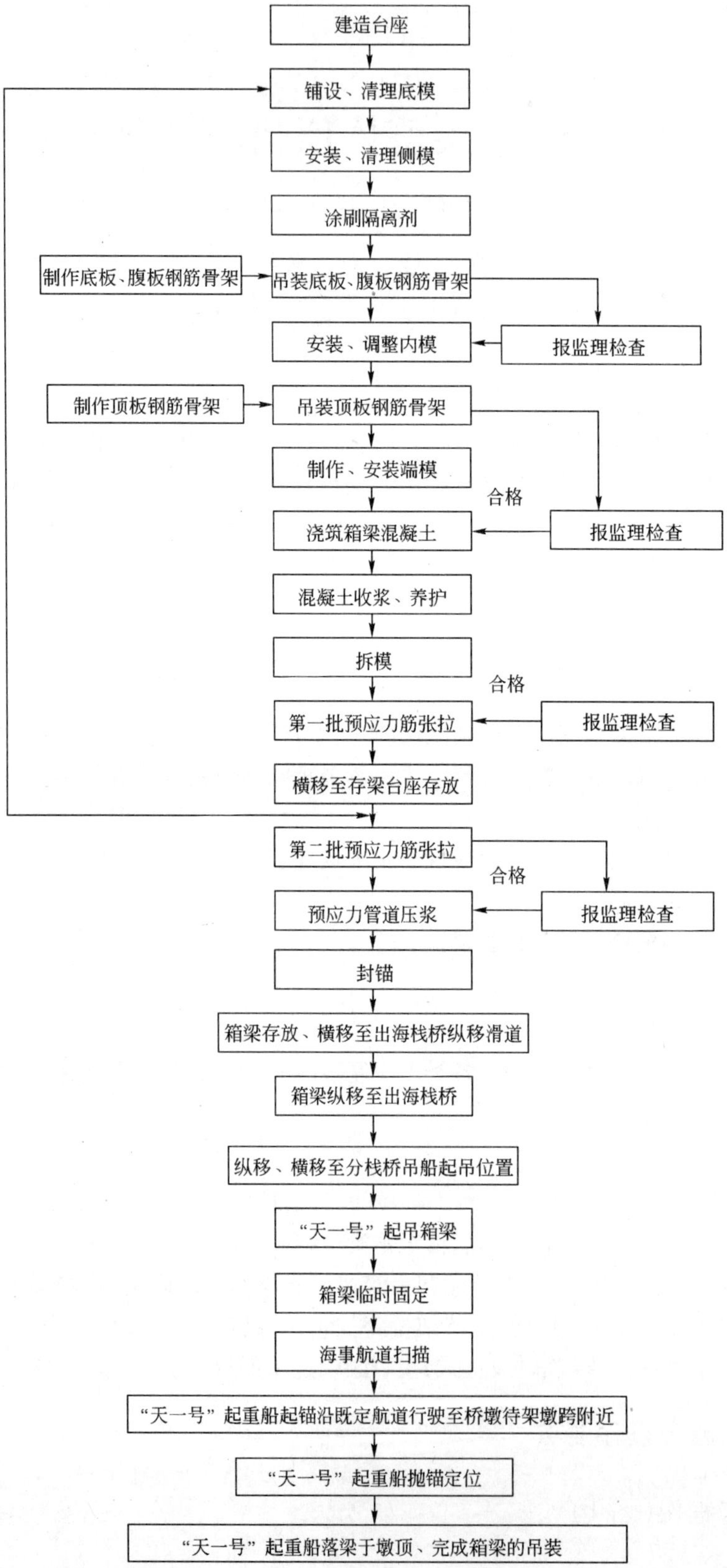
建造台座
铺设、清理底模
安装、清理侧模
涂刷隔离剂
制作底板、腹板钢筋骨架
吊装底板、腹板钢筋骨架
安装、调整内模
报监理检查
制作顶板钢筋骨架
吊装顶板钢筋骨架
制作、安装端模
合格
浇筑箱梁混凝土
报监理检查
混凝土收浆、养护
拆模
合格
第一批预应力筋张拉
报监理检查
横移至存梁台座存放
第二批预应力筋张拉
合格
预应力管道压浆
报监理检查
封锚
箱梁存放、横移至出海栈桥纵移滑道
箱梁纵移至出海栈桥
纵移、横移至分栈桥吊船起吊位置
“天一号”起吊箱梁
箱梁临时固定
海事航道扫描
“天一号”起重船起锚沿既定航道行驶至桥墩待架墩跨附近
“天一号”起重船抛锚定位
“天一号”起重船落梁于墩顶、完成箱梁的吊装

图1　施工工艺框架

(1)箱梁底模由 $A+B+C+B+A$ 五部分组成(图2)。A 模板在混凝土浇筑完成并达强度后,拆除底模活动支架,可向外移出,以便从后横移台车移到梁下将梁移走;B 模板内侧与 C 模板用铰相连,外侧安装可调节模板高度的螺旋千斤顶,B 模板下装有临时支座,混凝土浇筑完成并达到强度后,用千斤顶将 B 模板绕铰转动,使其与梁底脱开一定距离,使箱梁预应力张拉完成后,梁体重量完全支承在临时支座上,C 模板为固定不动部分。

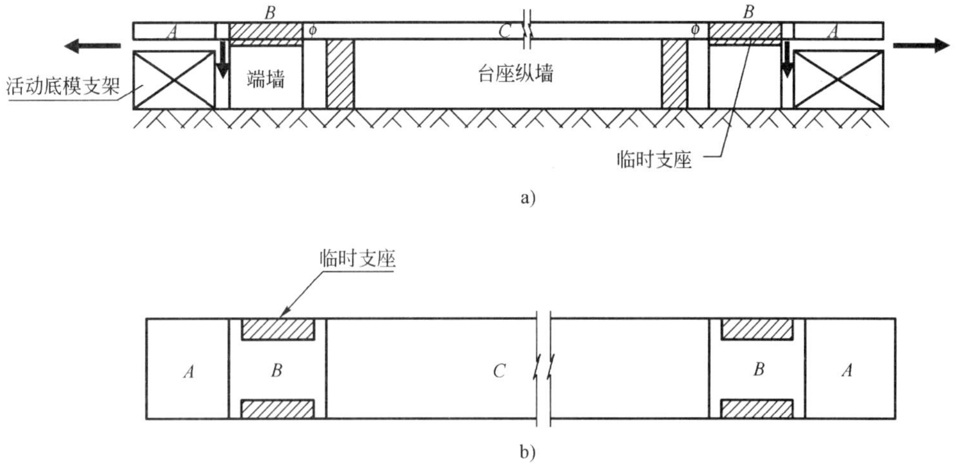

图2 箱梁底模组成示意图

a)立面图;b)平面图

(2)箱梁侧模分块制造,在预制场内拼装完成后就不再拆开,侧模支架底下设横梁,整个侧模完全支撑在横梁上,侧模支架与横梁之间设滑板结构(即横梁下的滑轮与轨道)用千斤顶顶推侧模横向移动,以利拆除和安装模板。

(3)箱梁内模全部采用液压千斤顶来拆除和安装模板,内模在内模拼装台座上拼装成型,然后吊装到台座上浇筑混凝土,整个内模通过钢管支腿支承在底模上,混凝土达到强度后,将带有轮子的活动支腿落下,使整个内模完全支承在活动支腿上,分段将内模移出。

2)钢筋管道安装

(1)梁体钢筋在预先设置的绑扎台座上绑扎成型,采用两台龙门吊机联合作整体起吊,安装于预制台座上。内模安装后,桥面和梁体腹板钢筋分成两块绑扎成形,整体起吊安装;为了保证尺寸准确,桥面钢筋网、梁体腹板、底板钢筋网及制孔位置的定位网分别在特制的模具和台位上绑扎成型,然后,整体吊装于制梁台座上安装绑扎成整体。

(2)预应力管道安装前应进行仔细的外观检查,位置应准确、圆顺,纵横和竖向预应力所选用的管材应符合设计和规范的要求,质量有保证,所有接头和连接处应牢固可靠,防止灌注混凝土时产生漏浆。

(3)混凝土保护层垫块采用硬塑料制品,强度与梁体设计强度相同,确保钢筋绑扎和吊装时不松动、不移动,垫块与模板采用点接触,防止灌注混凝土后影响梁体外观。

3)混凝土施工

(1)梁体混凝土数量大,且为高性能混凝土,高性能混凝土具体配合比和搅拌工艺由试验确定。

(2)混凝土采用混凝土输送泵管道运输,采用布料机输送入模。

(3)根据每片混凝土灌注总时间及每片梁混凝土总方量,设置的搅拌站有4台额定产量为 $80m^3/h$ 的搅拌机,搅拌站每小时生产量为 $200m^3$,为了缩短灌注时间,分别采用4台混凝土输送泵和4台布料机浇筑梁体混凝土(图3)。

(4)梁体混凝土浇筑顺序为:先灌注底板混凝土,再灌注腹板混凝土,两侧腹板对称灌注混凝土,最后灌注顶板混凝土。

两腹板对称灌注混凝土时,防止两边混凝土面高低悬殊,造成内模偏移或其他后果。

桥面混凝土从腹板两侧及箱梁顶板中间开始,对称向腹板灌注,在腹板处合龙。

4 台输送泵(布料机)的混凝土管分别从梁的两端和跨中 3 点相向浇筑,在箱梁 1/4 截面处合龙。混凝土灌注方式采用纵向分段、斜向分层连续浇筑,灌注坡度为 1∶4 ~ 1∶5,每层灌注厚度不得大于 30cm。

振捣以侧振为主,插入式振捣为辅。

桥面混凝土应确保密实、平整,要进行两次收浆抹平,以防裂纹和不平整。

每片梁体混凝土灌注总时间控制在 6h 以内。

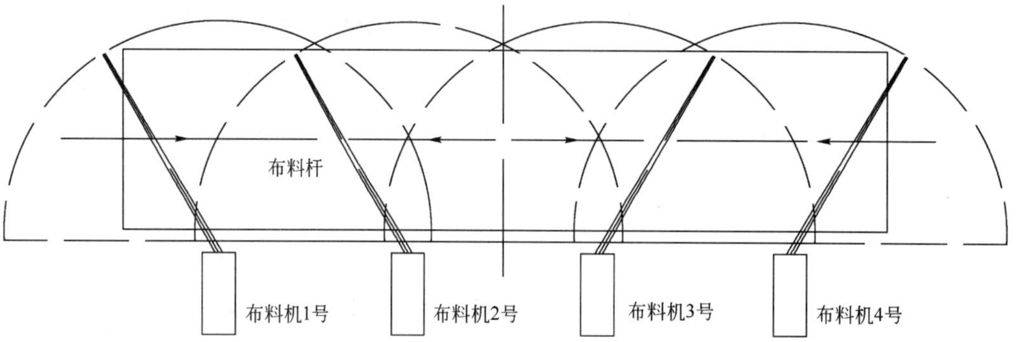

图 3　布料机布料区域示意图

(5)混凝土养护可采用洒水自然养护式或养护液养护,洒水以保持混凝土表面充分潮湿,连续洒水养护时间 7 ~ 14h;当天气进入秋冬季气温较低时,梁体混凝土应采用蒸汽养护,并按冬季施工有关规定施工。

4)张拉、压浆、封锚

(1)为了缩短预制台座的使用周期,梁体张拉分两批进行,梁体混凝土灌注后达到设计要求的强度后,张拉第一批预应力筋,然后将箱梁移到存梁台座上存放,在存梁台座上进行第二批预应力筋的张拉压浆和封锚施工。

(2)预应力筋张拉完毕后,经检查签字后才能进行压浆,其间隔时间不宜超过 48h,压浆采用真空辅助压浆。

(3)管道压浆完成,水泥浆达到设计强度后,拆除封端锚杯,安装封端钢筋网片与预埋钢筋连接;安装模板,进行封锚混凝土灌注。

封锚混凝土用微胀混凝土,封端工序为:锚穴周边混凝土凿毛→清洁并湿润→微胀混凝土填塞→抹平表面。

5.2.2　箱梁架设

1)箱梁出运设施

(1)箱梁从预制场到出海码头起吊点间移动采用运梁小车抬移,箱梁出运采用横移、纵移的施工程序(图 4)。

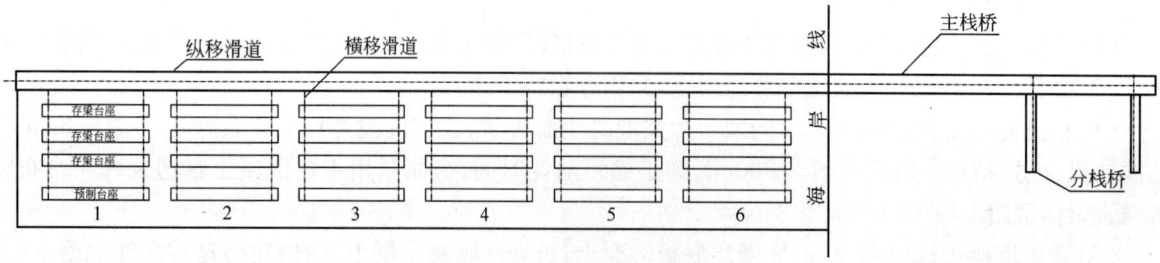

图 4　台座和滑道布置示意图

(2)移梁台车采用平板摩擦滑动,台车分横移台车和纵移台车两种,纵移台车分前纵移台车和后纵移台车两种类型。台车有上部钢结构与下部 MGB 高位摩擦材料的滑靴组成,总体摩擦系数≤5%,箱梁的移动方向有两个 90°转弯,转弯由纵、横台车的叠置来实现。所有滑道均为水平不设纵坡,滑道结构由下部钢筋混凝土滑道梁和上部的滑道钢板组成,在滑道钢板铺设镜面不锈钢板作为与 MGB 摩擦材料接触的摩擦面。

(3)移梁台车的动力由 4 部分组成:从预制台座横移至存梁台座采用 2 台 100t 带止推钩的水平千斤顶提供滑移动力。在纵移滑道上纵移由两台 25t 卷扬机提供牵引力,纵移台车空车返回时由 1 台 10t 卷扬机(起)牵引;出海码头分栈桥采用 4 台 50t 连续抽杆千斤顶牵引。

2)箱梁出运(图 5)

(1)横移:箱梁在预制台座上完成预制,张拉检查合格后,拆除端部活动底模、临时支架,内模纵移支架及侧模轨道,将台车置于预制上台座梁端底部,4 台 1 000t 千斤顶同时起顶,使梁体脱离制梁台座,将梁体重量完全布于横移台车上,箱梁两端台车 100t 水平千斤顶采用止推钩钩于横移滑道上的钩槽内,为千斤顶提供顶推反力同步顶推,将梁体横移至存梁台座上,继续完成预应力筋的张拉压浆封锚工序,并取得出厂合格证后,再由横移台车载梁横移至纵移轨道上。

(2)纵移:纵移台车顶面与横移滑道位于同一高程,横移台车载梁直接横移至纵移台车上,纵移台车纵移时,载着横移台车和箱梁一起纵移,启动两台 25t 卷扬机进行箱梁纵移。

(3)分栈桥横移:箱梁纵移至出海栈桥前端时,改用 4 台 50t 连续千斤顶,使纵移台车与栈桥上横移滑道精确对位,利用这几辆台车连续抽拉千斤顶,作为水平牵引动力,逐级倒运直至横移至分栈桥预定位置。

3)吊船架设

(1)码头取梁

“天一号”吊船进入分栈桥外指定位置抛锚,吊船将吊梁扁担吊起所需的施工高度等候平潮或涨潮时进港,充分利用平潮时间将吊船绞锚定位。

吊船在箱梁出海码头准确对位后,吊机松钩,使扁担梁吊杆对准箱梁预留吊点孔,然后安装吊杆和吊梁下扁担,吊船收紧吊点,检查无误后,缓慢提升吊梁扁担起梁。

吊船取梁退出栈桥后,箱梁下落至指定高度,而吊船上的活动承托升起,顶紧箱梁底面,利用液压绑扎托架夹紧箱梁,将箱梁临时水平固定(图 6)。

(2)箱梁水运

按照预制场的相对位置和水上航线航道特点,综合专家的意见选定箱梁的运输路线。

在水上临时设置 3 座灯浮,以确保“天一号”海上运架专用起重船等施工船舶安全航行。

为确保航道满足航行,由机动船利用测深仪和 GPS 等仪器对水道和桥区的河床进行实地勘测,其最低水位满足“天一号”起重船满载航行所需水深。

“天一号”起重船首次运架箱梁请引水员协助,选择白天施工,为确保正常架设速度,“天一号”航行时由一艘 3 200 匹(1 匹 =735.499W)的拖轮牵引护航。

(3)箱梁就位

采用一升二落三定位施工方法。

吊船航行至桥中线一侧,距待架桥孔所需的位置抛锚定位,将箱梁提升至架设需要高度,船舶利用绞锚机将吊机绞进桥孔位置。

墩顶施工人员指挥起吊,船的作业人员使绞锚大致对位,然后下落箱梁至墩顶 20cm 时停止。

对船体再次精确定位,进一步调整箱梁平面位置,并收紧所有锚绳,待梁平稳后即可落梁。

吊船退出桥孔位置,按照与抛锚顺序相反的顺序起锚,吊船沿航线返回箱梁出海码头(图 7)。

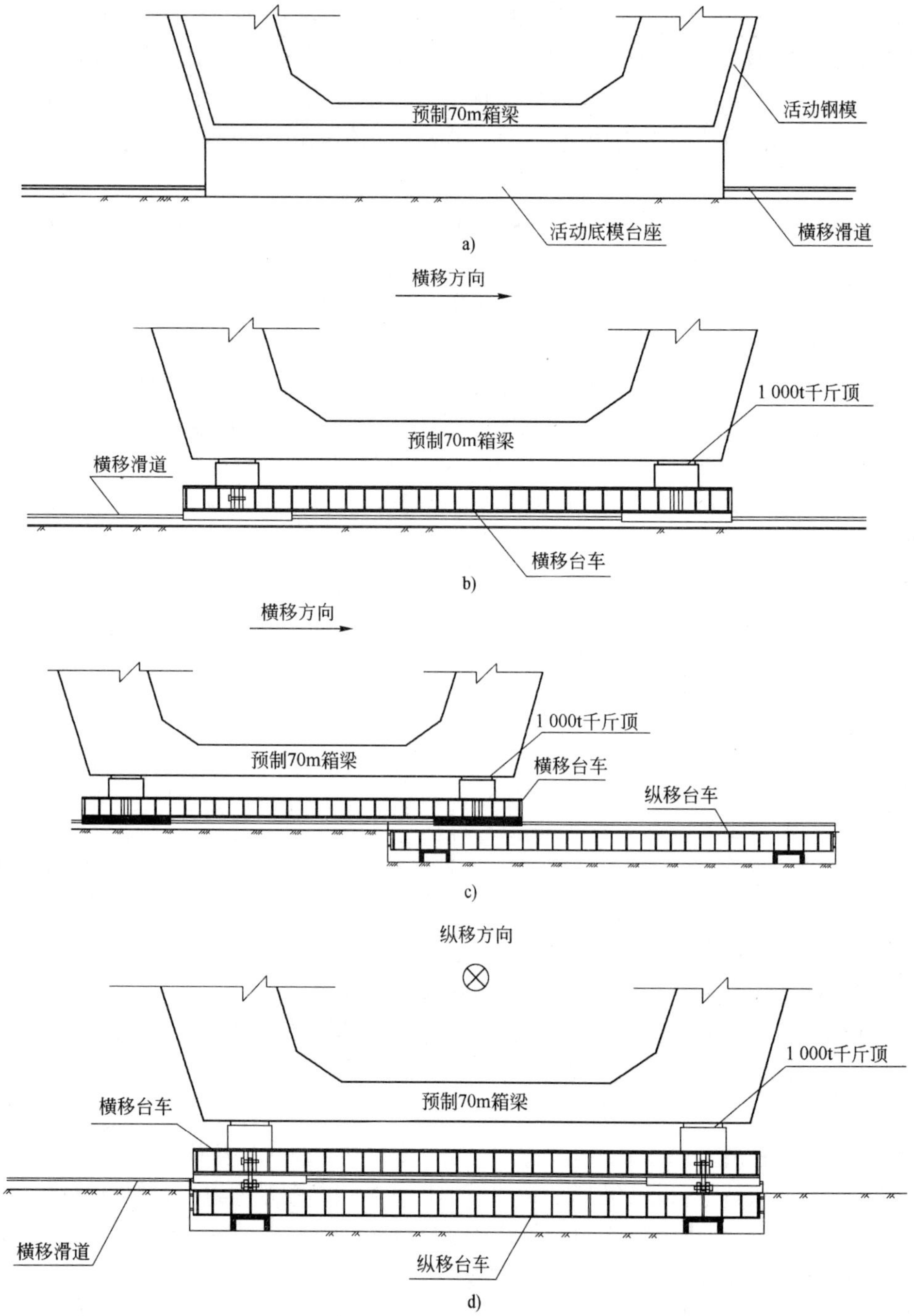

图5　70m 箱梁滑移步骤示意图

a):①70m 箱梁在预制台座上完成全部预制工作;

②箱梁通过检查合格,并完成第一批预应力张拉,再进行下一步施工;

b):①在预制台座下摆放横移台车系统;

②4 台 1 000t 千斤顶同时从两端起顶箱梁,使箱梁完全落于横移台车上;

③横移至存梁合座,进行第二批预应力筋张拉、压浆、封端,获取箱梁出厂合格证;

④待下一个存梁台座空出,将箱梁进行逐一倒运,最后至纵移台车;

c):①纵移台车就位于横移滑道与纵移滑道接口,连接道口活动钢板,旋出顶螺栓;

②将横移台车移至纵移台车上;

③检查设备和结构的可靠性,经检查签证后进行纵移工序。

d):①借助 2 台 25 卷扬机行箱梁纵移;

②纵移至“天一号”吊船吊梁位置,完成箱梁滑移工作,等待箱梁出海架设。

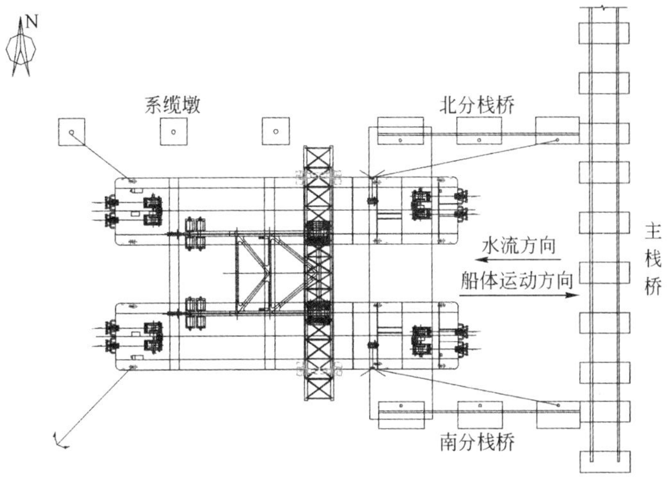

a)

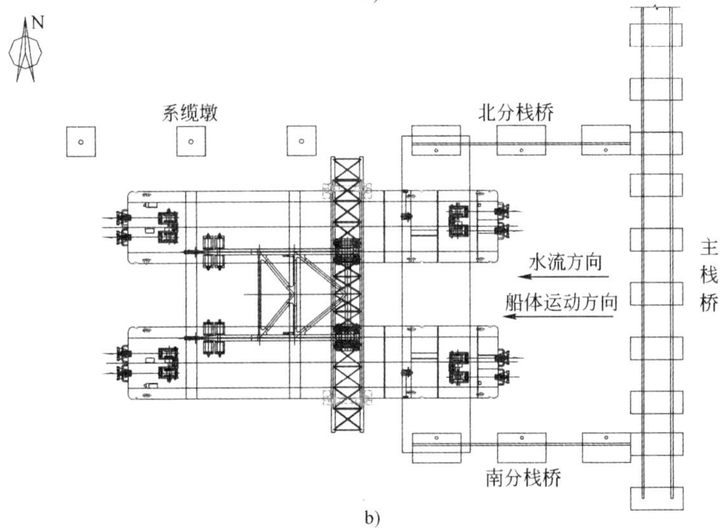

b)

图6 “天一号”码头取梁示意图

a)涨潮驶入(逆水行船,通过绞锚绳准确定位。);b)涨潮驶出(直接利用动力退出栈桥码头。)

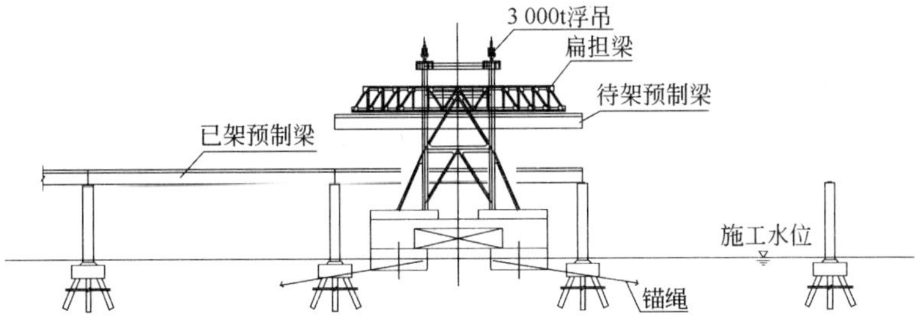

a)

步骤一:

①待水中基础完毕,在墩顶安装墩顶围栏及支座;

②利用3 000t吊运一体专用浮吊整孔吊装,就位后,70m梁成简支状态

步骤二:

1.重复步骤一逐孔安装完水中各墩70m梁

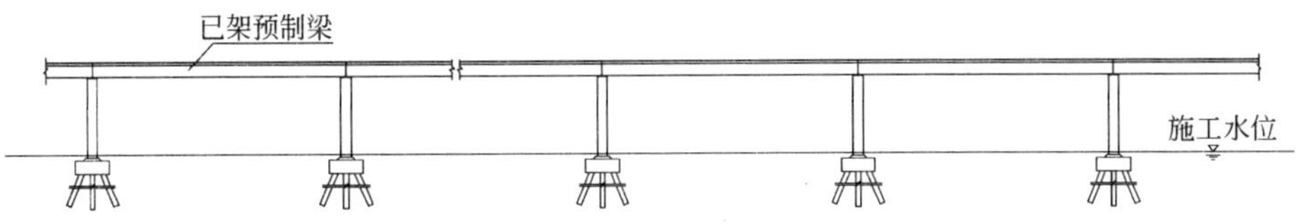

b)

图7 70m箱梁架设步骤示意图

6 材料与设备

6.1 材料

主要材料表见表1。

主 要 材 料 表 表1

序号	名 称	规 格	主要技术指标	备 注
1	水泥	52.5PI 硅酸盐	28d 抗压强度≥52.5MPa	高性能混凝土
2	钢筋	$\phi8$\ $\phi10\sim\phi32$	Q235/HRB335	梁体结构钢筋
3	钢绞线	$\phi^{j}15.20$	$R_y^b=1\,860$MPa	预应力钢筋
4	钢绞线	$\phi^{j}15.20$	$R_y^b=1\,770$MPa	外包 PE 注油性镀锌
5	粗钢筋	$\phi32$	$R_y^b=750$MPa	预应力钢筋
6	波纹管	$\phi75$ $\phi100$、$\phi90$(内径) 72mm×22mm(内径)	$\delta=0.3$mm 钢带卷制	制孔
7	高频管	$\phi45$	壁厚 $\delta=1.5$mm	制孔
8	锚具	OVMM15-12B OVMM15-15B OVMM15-19B OVMM15-27B STBM15-4B	OVM 夹片式	
9	钢板	$\delta=32$mm	Q235	滑道
10	不锈钢板	$\delta=3$mm	镜面	滑道摩擦面
11	MGB	$\delta=20$mm	高分子摩擦材料	滑道摩擦面

6.2 机具

主要施工机具表见表2。

主要施工机具表 表2

序 号	名 称	型 号	性能、能耗	单 位	数 量	备 注
1	混凝土搅拌站	HLS80	140kW,80m^3/h	台	4	
2	混凝土输送泵	HBT80	110kW,80m^3/h	台	5	
3	混凝土布料机	HG28	30kW,80m^3/h	台	5	
4	轮式装载机	ZLM50	186kW,5t,2.5m^3	台	3	
5	轮式装载机	ZLM30	3t,1.5m^3	台	1	
6	龙门吊机	80t	44kW	台	3	
7	箱梁横移台车		2 200t	台	4	
8	箱梁纵移台车		2 200t	台	2	
9	卷扬机	JM25D	200kW,25t,三滚筒	台	2	
10	卷扬机	ZJK10	30kW,10t	台	1	
11	液压泵站	ZB4-500	50MPa	台	8	
12	张拉千斤顶	YCW500	500t	台	6	
13	张拉千斤顶	YCW350	350t	台	6	
14	备用柴油发电机组	VP505	250kW,300kW	台	2	
15	汽车吊机	QY25	25t	台	1	

续上表

序 号	名 称	型 号	性能、能耗	单 位	数 量	备 注
16	履带吊机	KH180-2	50t	台	1	
17	顶推千斤顶	ZLD100	100t	台	8	
18	载重汽车	EQI-452	10t,20t,加长	台	2	
19	灰浆搅拌机	JW180	180L	台	4	
20	顶梁千斤顶		800t	台	8	
21	空压机			台		
22	真空压浆机			套	4	
23	70m 箱梁预制模板			套	外2 内2	
24	70m 箱梁预制底板			套	6	
25	散装水泥运输车			台	2	
26	钢筋机械			台	2	
27	木工机械			套	2	
28	振动桥			台	1	
29	波纹管机械			台	1	
30	专用架梁浮吊及配套船舶	“天一号”	3 000t	艘	1	
31	拖轮		4 000HP	艘	1	
32	起重船		25t	艘	1	
33	交通船		载 25 人左右	艘	1	
34	锅炉	DZL-2、DZL-4	1.5P	台	1	
35	急救船(巡逻艇)		载 10 人左右	艘	1	

7 质量控制

本工法必须遵守《公路桥涵施工技术规范》(JTG 041—2000)、《公路工程质量检验评定标准》(JTG F80/1—2004)、《上海长江大桥工程招标文件、技术规范》、《公路桥涵设计通用规范》(JTG D60—2004)、《公路钢筋混凝土及预应力混凝土桥涵设计规范》(JTG D61—2005)、其他相关现行国家标准规范、规程,以及本标段工程 70m 梁上部结构施工图等有关规定外还应执行如下的规定:

(1)箱梁预制开始前,应编写详细的施工操作作业指导书,对参加施工的全体人员进行技术交底,认真执行经业主及监理工程师批准的施工工艺和设计图纸,对工艺、图纸的修改应取得监理工程师的认可。

(2)对所有参加施工的人员,应分工种进行岗前培训,经考核合格后发给上岗证,持证上岗。

(3)所有设备应定期进行检查、维修、保养和试运转,以保证施工顺利进行。

(4)所有箱梁预制的材料应符合要求,材料应进行有效标志,材料的装卸、运输、储存、制作、安装不应影响材料的性能。

(5)制定严格的质量管理责任制,将责任落实到人,并制定奖罚措施。

(6)所有分项工程均按照竣工文件编制要求及贯标的要求做好各种质量记录表格,并及时签证,所有质量记录应完整,有效标志并保存。

8 安全措施

箱梁的预制、架设施工系先岸上后水上多工种联合作业,安全工作必须遵照《公路工程施工安全技术规程》相关规定,并严格遵守《长江上海段船舶由定线制规定》、《上海港长江口水域交通管理规则》、《长江口船舶客线制》、《上海深水港区及其附近水域通航安全管理规定》和《1972 年国际海—避碰规

则》等有关管理规章和航行规则外,还应执行行如下规定:

(1)施工前,对参加作业的所有人员进行安全交底及安全培训,让他们了解预制作业、水上作业、高空作业及大型构件吊装作业的安全注意事项,严格施工纪律,防止违章作业。

(2)特殊工种人员(船舶操作人员、司机、电工、起重工等)进行岗前培训,合格后持证上岗。

(3)所有作业人员应穿救生衣、戴安全帽,高空作业员还应系好安全带。

(4)机构性能良好、不漏电;用电安全、消防安全必须按有关规定贯彻执行。

(5)张拉作业安全注意事项应得到落实,所有压力作业应有效防范压力设备失效时可能产生的事故。

(6)大型设备及材料等起吊、运输、存放应平稳、牢固、可靠、防止倾覆。

(7)必要的陆地、水上交通工具、医疗设备和人员应能及时处理人身安全事故。

(8)作业现场应设置安全生产警示牌和详细的安全生产细则。

(9)严格执行船队制定的防风、防污染、防突发事件的措施和应急预案。

(10)施工船舶必须按规定配备合格船员、航行、通讯、消防、救生、防洪等各类设备必须安全存放。

(11)水上施工与海事监督部门取得联系,制定有关通航、海上施工作业安全事宜。

(12)选择合适的锚泊避风港,确保船舶的安全。

(13)夜间施工时,现场必须有符合操作要求的照明设备。

9 环保措施

桥梁工程均为室外施工,与土地、河流等大自然打交道,使用水泥、砂、石材料以及大型机械设备,必然产生扬尘、建筑生活垃圾和噪声,对环境造成污染。为落实环保措施,施工中除应遵守国家现行环保法律、法规及地方环保的各项规定外,还应执行如下规定。

(1)施工废弃物和生活垃圾要集中收集,在指定地点处理。

(2)施工过程中和船船的油污、废水经分离装置收集后集中处理,严禁直接排放附近水域,以免污染水源。

(3)水上施工时,严禁将混凝土、水泥浆及废弃物直接抛弃到附近水中。

(4)对灰尘较多的地段定时洒水,保持施工现场干清、整洁,避免扬尘污染。

(5)噪声控制:对于来自施工机械和运输车辆的施工噪声,为保护施工人员和周边居民的健康,应遵守《中华人民共和国环境噪声污染防治法》,并依据《工业企业噪声生产标准》合理安排工作人员轮流操作机械,减少接触高噪声的时间或穿插安排高噪声的工作,缩短劳动时间,尽量安排在白天施工;同时注意对机械的经常性保养,尽量使其噪声降低的最低水平。

(6)养护锅炉由厂家进行设计、运输、安装、验收;锅炉除尘采用多管式除尘器。

10 资源节约

10.1 本工法从箱梁预制到架设均采用滑移法,与从前老的吊运方法相比,最少减少两套即4台龙门吊机的大型设备。按照预制吊移和下河吊运上船的工序,每片箱梁使用两套龙门吊机各0.25台班计,每片梁节约电能约2 000kW,本工法生产的梁片64片,共节约电能128 000kW。

10.2 最后,选定MGB高分子摩擦材料与镜面不锈钢板摩擦面滑移运输方案,与青铜基表面和聚四氟乙烯板作为承压摩擦材料相比,既有较高的承载力,又有较好的塑性,安全可靠,使用寿命长,大大节约其材料资源。

11 效益分析

2 000余吨的70m跨箱梁采用高位台座预制法在预制场整体预制,一次浇筑混凝土760余立方米,箱梁预制场不设大型起吊设备,箱梁采用滑移运输方法出运,海上大型起重船整体起吊、自航运输、安装。

箱梁预制采用整体钢模，外侧模位于预制台座两侧，采用轮轨式小车运输，液压千顶调整安装到位，内模采用门式吊机起吊，分3次安装入模。

箱梁采用C50高性能混凝土浇筑，梁体钢筋整体吊装入模，混凝土采用蒸汽养护，纵向预应力筋采用两次张拉，加快台座周转，预应力孔道压浆采用真空辅助压浆工艺。

箱梁滑移运输采用高分子摩擦材料与镜面不锈钢板作摩擦面，其承载力大，摩擦系数小，单台座箱梁预制周期最短7、8d，最多1d可出运箱梁4片，为上海长江大桥建成奠定了基础，且确保了箱梁的施工质量。

此工法工艺先进，设备简单，节约投资，成本低廉，环保可控，经济效益良好，社会效益显著。

12　应用实例

12.1　大型箱梁整体预制及架设实例

东海大桥III标PM288～PM451之间的70m箱梁，浙江省县洋山填沈家湾预制梁场制梁，箱梁施工时间为2003年7月18日至2005年5月20日，完成70m箱310片预应力混凝土箱梁预制架设，创造出月生产23片的优异成绩，并且创出月58片的最高滑移纪录。

12.2　本工法应用

上海崇明越江通道长江大桥B3标段位于主通航孔两侧，长兴岛侧设计里程从桩号K12+248至桩号K13+858，其跨径全长为5×70m+3+(6×70m)混凝土连续箱梁；崇明岛侧从桩号K16+688至桩号K17+318，跨径组合全长为5×70m+4×70m混凝土连续箱梁，使用浙江省嵊泗县洋山镇沈家湾预制梁场制梁，2005年10月1日开工，将完成64片70m预应力混凝土。

13　工程照片(照片1～照片11)

照片1　底腹板钢筋整体绑扎

照片2　底板、腹板钢筋整体吊装入模

照片3　顶板钢筋整体吊装

照片4　底板混凝土浇筑

照片5　顶板混凝土浇筑

照片6　内侧钢模收缩、纵移出模

照片7　箱梁混凝土养护

照片8　箱梁横移至存梁场

照片9　箱梁纵移至分栈桥

照片10　“天一号”专用起重船架梁(一)

照片11　“天一号”专用起重船架梁(二)

桥涵基础施工垂直铺塑止水帷幕施工工法

GGG(中企)C1091—2008

谢守杰 周 刚 杜贵和 田大千 胡亚峰
(中铁大桥局集团第五工程有限公司)

1 前言

厦门集美大桥C1标海中筑岛后开挖施工的地下通道工程的基坑开挖地段为填筑土,成分较为复杂,存在"土沸"、"泉涌"等渗透变形隐患。基坑外侧5m范围设置垂直铺塑止水帷幕(以下均简称为"垂直铺塑")。

垂直铺塑在厦门集美大桥地下通道施工中,在基坑开挖工程中应用本工艺,不但取得了工艺技术方面的突破,而且取得了良好的经济和社会效益。

经过广大工程技术人员的工艺技术研究、攻关,并通过一年多的工程实践验证,其工艺技术已经成熟并形成工法,可以在类似工程中推广应用。

2 工法特点

2.1 垂直铺塑工艺充分利用了塑膜的良好防水性,在基坑外铺塑后,浸润线和下游出逸坡降明显降低和减少,防渗效果较其他一些截渗措施更为明显。

2.2 以往以各种工艺建造的地下截渗墙,由于受机具和幕体材料的限制,总要有交叉、重复,存在着衔接问题。本工艺采用的开沟造槽机械以及反循环系统,将开沟、铺塑、回填沟槽常常融为一体,进行连续作业,形成的塑料薄膜防渗帷幕具有连续、均质、整体性好和适应变形等特点。

2.3 垂直铺塑工艺具有成墙过程简单、施工速度快、机具简易、造价低等特点。

2.4 垂直铺塑防渗主要技术环节是开沟造槽。三种不同形式的开沟造槽机,可根据不同地质情况选用不同机型。刮板式、旋转式开沟造槽机均适用于砂砾石地层,前者开沟深度为16m,后者为8m;往复式开沟造槽机既适用于土层又适用于砂砾石地层,最大开沟深度16m。

2.5 在砂砾石地层上开沟造槽,按常规需用泥浆固壁。根据我们的试验和工程实践,采用本工艺施工,由于开沟、铺塑同步进行,在砂砾石层较密实且地下水埋深大于1.2m时,可用清水固壁。这不仅减少了工序,且降低了工程造价。

3 适用范围

3.1 垂直铺塑适于软土地基,包括黏性土、粉质土、淤泥、砂性土和含有少量小粒径的砂砾土层,堤(坝)基下有相对不透水下卧层,将塑膜伸到相对不透水的下卧土层,形成基下水平向与垂直向连续防渗体。对地基下有基岩,垂直铺塑与基岩的衔接困难,一般不宜采用。

3.2 垂直铺塑比较适用于透水层较薄的地基,与地基防渗体相连,形成封闭式垂直防渗系统,可基本截断渗漏通道,渗透破坏可以得到根治。对于透水层很厚、隔水层很深的双层基础,采用封闭式垂直防渗施工难度大且造价高。

4 工艺原理

4.1 垂直铺塑机理

垂直铺塑是利用专门的开槽机械,在设计防渗线上开出一定宽度(0.25~0.40m)、一定深度

(≤20m)的沟槽,采用泥浆保护槽壁,在槽内用人工分幅置入或人工辅助机械连续置入土工膜后再用砂土回填沟槽,形成以防渗膜为主体、泥浆为辅助体的防渗体。

4.2 垂直铺塑的防渗机理

塑膜防渗是以土层为支撑骨架,与塑膜构成防渗复合体,塑膜的渗透系数达 $K<1\times10^{-13}$cm/s,理论上是不透水的,考虑由于塑膜自身缺欠及搭接等因素的影响,通常采用 $K<1\times10^{-10}$cm/s,拉伸屈服应力大于12MPa,伸长率大于500%,其抗渗性能非常好。

4.3 垂直铺塑的设计

4.3.1 塑膜材质选择

总的原则是选择对水质无污染、抗老化、满足防水性、抗变形能力强及耐久性强的土工膜。目前多选用PE防渗膜,主要原料为聚乙烯及六七种其他材料,密度为923kg/m³。PE膜具有强度高、变形伸长率大、渗透系数小等良好的性能,其主要性能指标为:渗透系数小于 10^{-10}cm/s,拉伸屈伸应力大于12MPa,断裂伸长率>500%,刺破试验大于128N,使用温度范围±60℃等。在实际工程中用的薄膜厚度不宜小于0.16mm,这是因为在施工过程中,薄膜还要承受人为的机械作用,如薄膜太薄,有可能撕裂。

4.3.2 铺塑深度及防渗形式

目前尚未有可依据的计算公式,一般根据坝基地层构造、各土层的渗透,结合铺塑机械的开槽深度能力,以满足渗透稳定、防止土壤盐碱化为基准,可设计成悬挂式和封闭式两种防渗体系。

(1)当坝基相对不透水层埋深较大,受铺塑机造槽深度的限制,可设计成悬挂式塑膜防渗帷幕,但必须慎重地做渗流试验稳定分析。

(2)当不透水层埋深浅时,采用封闭式防渗体系,塑膜插入不透水层的深度以0.5~2m为宜。

5 施工工艺流程及操作要点

5.1 垂直铺塑施工工艺流程(图1)

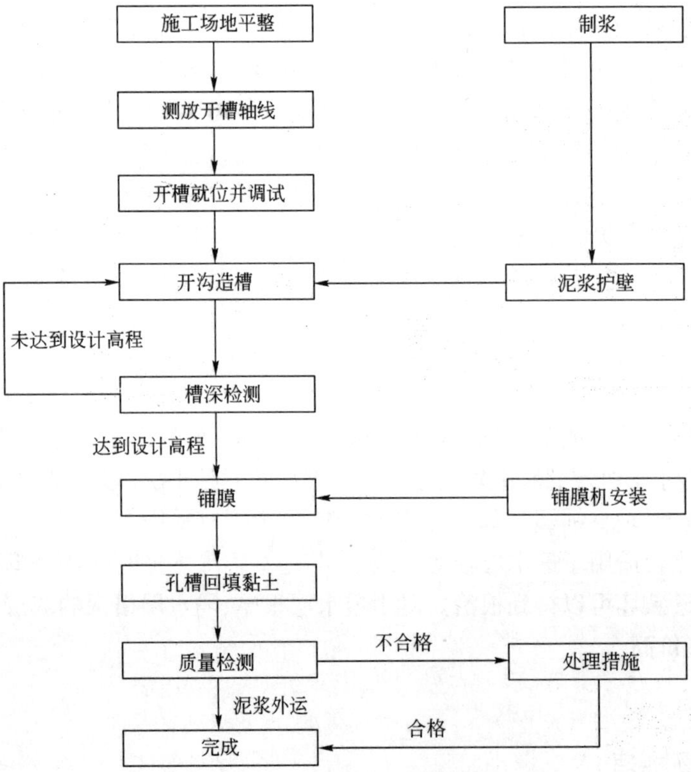

图1 垂直铺塑施工工艺流程框图

5.2　施工步骤

5.2.1　场地平整及测量放线

采用装载机和挖机配合作业进行场地平整，基本平整后，测量人员对铺塑的轴线、边线、转向点的平面位置和高程进行准确定位，并用钢管埋设固定标志。本工程采用往复式锯槽机进行开槽，主机行走宽度大于4.5m，以铺塑轴线为中心5m范围，采用黏土及废渣铺设底面。

5.2.2　开沟造槽

机具就位前，在每个区域的交叉点处，利用搅拌设备对交叉点进行搅拌，形成一个T字或十字搅拌密封墙。设备就位后，启动开槽机，对准密封墙的中心轴线，松动提动锯杆的钢丝绳，放下锯杆开槽，锯杆副杆刮板上焊有锯牙，对土层、土工编织袋等杂物进行切割，同时通过副杆的往复运动，副杆上的割板的切削作用，破坏地层表面，加上主杆的重力作用，锯杆倾斜向下挖深，同时向杆内注浆护壁，通过反循环的作用，把槽内的泥沙等杂物携带到地面。成槽宽度为0.40m，成槽过程中，根据试验确定泥浆浓度，确保槽壁不塌，若出现塌方则迅速采取相应措施进行处理，如小范围则进行人工清理，大范围则采用深层搅拌机进行连接。正式施工前进行铺塑试验，以确定最佳铺塑施工工艺。

锯槽机作业示意图如图2所示：

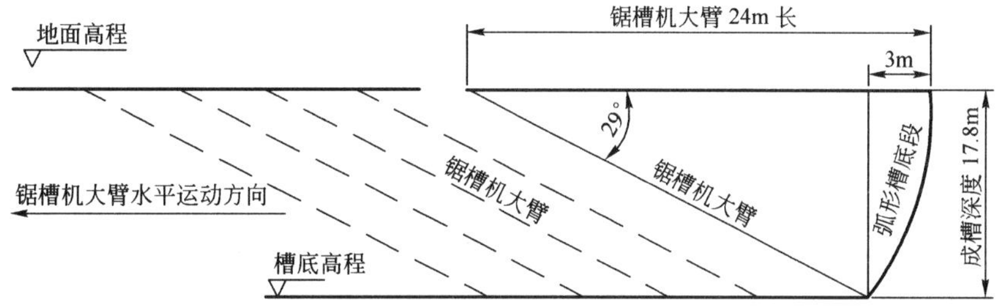

图2　锯槽机作业示意图

由于锯槽机大臂下降过程中，锯槽机静止不动，大臂端头运动轨迹为弧形，槽因此起始段的前3m左右的槽壁为弧形，第一槽段的起点位置为起始端的约3m以后。

5.2.3　泥浆护壁

为维持槽壁稳定，采用泥浆护壁，护壁泥浆采用搅拌机拌制膨润土制作，泥浆浓度控制在1.2～1.3，浓度应以控制沟槽不坍塌为准。为了保证槽孔的稳定性，垂直铺塑施工过程中泥浆护壁工艺非常关键。

1）泥浆材料选择

护壁泥浆要求相对密度小，黏度适当，稳定性好，过滤水量少，泥皮形成时间短且薄，表面有韧性。具体施工时，要操作方便、成本低，因垂直铺塑防渗施工槽孔停留时间短，而且对槽内浆液浓度无严格限制，因此对于一般土层地质情况，只用膨润土和黏土即可满足要求。

（1）膨润土：膨润土是制备泥浆的主要原料，它对掺入物的要求低，重复使用次数多，且泥皮薄，韧性大，防渗性好，槽壁稳定，挖槽效率高。

（2）黏土：采用黏土时，应进行物理化学试验和矿物鉴定，其黏粒含量应大于50%，塑性指数大于20，含砂量小于5%，二氧化硅和三氧化二铝含量的比值宜为3:4。

（3）外加剂：常用的是纯碱（Na_2CO_3），它能使土粒充分水化，充分膨胀，增强泥浆的吸附能力；同时，能转换钙离子，把钙质土变为钠质土，加速黏土的分散，提高黏土的造浆率。

（4）增黏剂：常用高黏钠梭甲基纤维素（即化学糨糊，代号CMC），它可以提高泥浆黏度、降低过滤水量、改善泥皮性能，使泥浆具有良好的稳定性，并降低泥浆的胶凝作用，增强泥浆的固壁效果。

（5）硝基腐殖酸碱剂（简称硝腐碱）：硝基腐殖酸碱剂系由硝基腐殖酸铵、烧碱和水组成。硝腐碱在泥浆中有稀释、降失水、抗盐钙等污染的作用，特别显著的是用硝腐碱处理的泥浆，泥饼薄且坚韧，失水少，应用范围广。

(6)铁铬本质素磺酸盐(FCLS):简称铁铬盐,为稀释剂,有应用范围较广的特点,其抗盐、抗钙和抗温的能力,比一般稀释剂强。

(7)水:一般清洁水,pH 值 5.4 左右。

2)泥浆的制造

泥浆的制造设有一条泥浆拌和系统联动线,其中包括泥浆拌和机、储料斗、储有各种性能材料的桶或斗、木箱等几部分组成,确定好泥浆材料配合比后进行泥浆搅拌。

首先加水至搅拌筒 1/3,开动搅拌机,在定量水箱不断加水的同时,加入膨润土纯碱液搅拌 3min 左右,再加入其他掺和物,搅拌时间控制在 3min 以内,如果泥浆搅拌后直接使用,搅拌时间再延长 2 ~ 3min。一般情况下,泥浆搅拌后若储存 24h 以上应加分散剂,使膨润土或黏土充分水化后方可使用。

3)泥浆处理

通过沟槽循环而排出的泥浆,由于膨润土和增黏剂等主要成分的消耗以及土渣和电解质离子的混入,其质量降低,失去原有的性质,因此必须净化处理后,才能继续循环使用。泥浆处理方法可采用沉淀池沉淀,一般在工程中均采用上溢式重力沉淀池处理法。泥浆池一般由沉淀池、储浆池及循环池三部分组成,泥浆池的尺寸大小及容积应根据施工时泥浆的需求量进行设计;为加强泥浆沉淀效果,泥浆在沉淀池循环路线呈“S”形变向前进。

5.2.4　成槽深度检测

设计铺塑深度为进入不透水层下 2m,采用基槽清淤验槽数据以控制铺塑底高程。

5.2.5　泥浆及废渣处理

泥浆及废渣采用汽车外运至指定地方进行集中处理。

5.3　塑料膜铺设及焊接

5.3.1　塑料膜铺设

(1)本工程采用通过实验应满足设计要求 0.3mm 厚聚氯乙烯塑料膜。

(2)把塑料膜加工到设计长度(根据槽的深度确定),采用布塑机下膜,利用长钢管将 PE 膜顶到设计深度,塑料膜应紧贴墙壁一侧铺设。为防止塑膜滑入槽内,铺设塑膜时,在沟槽顶部预留的塑膜应卷好放置在地面上,用黏土或沙袋压住,完成铺膜程序(参见图 3 布塑机正在布塑);

(3)搭接:要求纵向两副塑膜间搭接长度不小于 1m,每幅膜搭接应平顺、紧密、呈鱼鳞状;深度方向必须保证整体性,不允许接长使用。

图 3　布塑机正在布塑

(4)沟槽回填:当一段沟槽铺塑完毕并距离锯槽机 5m 后,为防止槽壁塌方将塑膜滑入槽内,及时回填黏土,浓度根据现场试验确定;同时为了防止回填料沉淤于前方未铺塑的沟槽,应设置隔离桩。

(5)预留膜:沟槽顶部预留的塑料膜至少要 1m 长,同时做好保护。

5.3.2　塑膜的连接有焊接和缝合两种形式。

1)焊接

(1)焊接要求

塑膜可采用焊接形式达到成幅的目的,焊接质量直接影响防渗效果的好坏,焊接时根据环境度、风力大小而调节焊接机的温度。焊接场地要求平整,风力在 3 级以下,焊接机行走时需专用板垫铺。焊接技术关键在于温度的掌握,天气寒冷,风力大,温度要求高;否则,温度要求低。

(2)焊接步骤

①用干净纱布擦拭焊缝搭接处,做到无水、无尘、无垢;塑膜应平行对正,适量搭接,一般各边焊宽 10 ~ 12cm。

②根据当时当地气候条件,设备调至最佳工作状态。

③在调节好的工作状态下,做小样焊接试验,试焊接1m长的PE膜样品。

④采用现场撕拉检验试样,焊缝不被撕拉破坏、母材料被撕裂认为合格。

⑤现场撕拉试验合格后,用已调节好工作状态的热合机逐幅焊接。

⑥用挤压焊接机进行T字疤和特殊结点的焊接。

(3)现场连接规定

①根据气温和材料性能,随时调整和控制焊机工作温度、速度,焊机工作温度应为180~200℃。

②焊缝处塑膜应熔结为一个整体,不得出现虚焊、漏焊或超量焊。

③出现虚焊、漏焊时,必须切开焊缝,使用热熔挤压机对切开损伤部位用大于破损直径一倍以上的母材补焊。

(4)焊接质量检测

①检测方法应采用充气法,即双焊缝加压检测法;真空罐法,即真空压力检漏法;也可采用火花试验或超声波探测法。

②检测设备应采用气压式检测仪及真空检测仪。

③对双缝充气长度30~60m,双焊缝间充气压力达到0.15~0.2MPa,保持1~5min,耐压力无明显下降即为合格。

④对单焊缝和T形结点及修补应采取50cm×50cm方格进行真空压力检测。真空压力大于或等于0.005MPa,保持0.5min,肥皂液或洗涤灵不起泡即合格。

⑤采用火花试验检测,金属刷之间不发生火花即为合格。

⑥室内试验,焊缝抗拉强度应大于母材强度。

⑦检测完毕,应立即对检测时所做的充气打压穿孔全部用挤压焊接法补堵。

2)缝合

两捆塑膜连接还可采用缝接,要求:双线缝合,两捆塑膜首尾并接,折叠重合宽度不小于20cm,缝合的针距适中,缝线连续、无断线,以保证接缝处结合牢固、可靠。两捆膜缝合之前进行试缝,即在两块样品膜上按设计要求折叠后双线缝合,调整针距并观察是否有断线、抽线,试缝合合格后再进行正式缝合。经工程实践应用,采用缝合法连接的塑膜卷防渗效果能够达到设计要求,且简便、直观,易于现场操作。在所实施的工程中,基本都采用缝合法。

5.4　孔槽回填黏土

(1)回填的土料选用干净的粉质土。

(2)回填土要及时,当塑膜铺入后及时先回填1m左右,以固定塑膜下端,防止塑膜上浮。

(3)应逐步用干净的粉质土自然落槽,不得振捣。

5.5　施工中常见问题及处理方法

针对本工程,施工可能遇到石块等地下障碍物、槽壁坍塌事故和转角,应根据不同的情况采取相应的对策。

5.5.1　清除地下障碍物

地下障碍物对作业影响进度很大,有时会成为挡土层中局部含有少量不成层状分布的砾石或个别较大的块石时,作业影响较小,此时适当放慢速度,注意观察,以防意外。

5.5.2　塌壁

塌壁为常见事故,塌壁会将主杆埋入地下,常须用人工或机械开挖,牵引起吊等方法将主杆拉起,有时因工期、设备条件等原因不得已将主杆切断,重新组装主杆。为防止塌壁,应对土层的组成及地下水位变化等有充分分析,做好泥浆护壁工作。

5.5.3　二次铺膜处理

塌槽的主要原因是由于潮起潮落,槽中水位骤降所致。据观察两处冒水孔均位于工作平台(高程约12.0m)以下3m左右,孔径为20~30cm,从孔内喷出的水柱高达1m。

从确保工程质量的角度考虑,本着减少难工、降低工程造价的原则,我们提出:重新建造密实平台,实施二次铺膜处理。由于施工工艺所限,短时间内在原铺膜轴线上开槽铺膜施工工艺无法实施,因此必须营造新的施工平台。这一方案虽然使恢复地基的工程量大大增加,但却是处理难工段最经济实用的方案,因此我们提出二次铺膜,得到工程处、监理处一致赞同。两段二次铺膜之前,均将冒水孔进行了填土夯实处理,使二次铺膜顺利通过。

5.5.4 弯道及端部

当轴线与弯道切线夹角小于等于5°时,主机行走可满行逐步调整;当夹角较大时可作"端部"即折线处理。端部是指一段防渗工程的首尾结合部分。

弯道的折线点和封闭圈首尾端的连接常采用以下方法:当槽内土体固结,两侧土体稳定时,可在编织袋内装黏土固定始末端,并使两编织袋结合,此法一般能达到防渗要求;当土体稳定性较差、有可能引起塌壁时,应预留5~10m,并用黏土灌浆或水泥灌浆。

5.6 施工监测

为了验证垂直铺塑的实际防渗效果,对施工质量进行有效的检测,运行管理时对堤身检测,对垂直铺塑防渗墙前后水位进行观测。

5.6.1 观测点设置

在塑料膜外侧3.0m处均匀埋设6个水位仪,塑料膜内侧相对应位置埋设3个水位仪。

5.6.2 观测频率及控制标准

铺塑施工期间1次/2d,主体施工开始时1次/1d,施工期间当观测值接近控制标准时应每天加测2~3次,并告知建设、设计及监理单位。

5.7 劳动力组织(表1)

劳动力组织情况表 表1

序号	岗位或部门		人数	工作职责
1	项目经理		1	行政总负责
2	总工程师		1	技术总负责
3	技术部		8	技术指导、放样、材料试验
4	安全质量部		3	质量、安全检查
5	物资机械部		4	材料、机械管理
6	计划财务部		4	计量、财务管理
7	铺塑施工	施工场地布置	20	按施工设计图纸进行
8		开沟造槽	30	按施工设计图纸进行
9		塑膜铺设	30	执行关键工序要求
10		沟槽回填	30	执行关键工序要求
11		监测监控	10	由专门单位负责

备注:上述人员组织安排仅指出各类作业施工所需基本人员,根据作业先后可酌减。

6 材料与设备

6.1 造槽机在工程实践中,根据土质地质条件及施工条件的不同,目前创造发明两种造槽机。两种机械的共同特点都是泥浆固槽壁,都是开槽与铺塑同步作业;不同的是切割地层的机具不同,一种叫往复式水冲锯割铺塑机,另一种是链条式循环刮刀铺塑机。

6.1.1 往复锯刀铺塑机

靠开槽机杆臂的往复运动、利用水力冲割和刀具切割破坏土体成槽，通过联动装置卷帘铺塑，这种机械使用于粉体、粉质壤土，效率高、施工快。遇黏性土困难，铺塑深度一般在10m以下，造槽宽为18～40cm，机械动力为90～120kW。

6.1.2 链条循环刮刀式铺塑机

靠链条循环运动带动几排刮刀切割土体成槽，专制土体液护壁，槽宽为30cm，通过联动装置卷帘铺塑。目前，最大铺塑深度在15m以内，适用于不含较大石块及树根的任何土层，但槽口外移土方量大，人工劳动强度大，机械动力需120～160kW。

6.2 设备配备

设备按照"配套、适用并略有富余"的原则进行配备，设备配备详见表2。

主要机具设备 表2

序 号	机 具 名 称	规 格 型 号	数 量	用 途
1	汽车起重机	QY25	1	施工场地布置
2	装载机	LW420F	1	施工场地布置
3	往复式锯槽机	WJC	5	开沟造槽
4	铺塑机	WJ100	5	铺PE膜
5	泥浆泵	XJ-100	1	造浆
6	自卸式汽车		1	施工场地布置
7	泥浆搅拌机	自制	1	造浆
8	挖机	大宇225	1	施工场地布置
9	全站仪	TC2003	一台	施工放样及测量监控
10	电子水准仪	DNA03	两台	施工放样及测量监控
11	监测监控设备	由专业单位提供		施工监测监控

6.3 工程材料

本工程的材料采用通过实验满足设计要求的0.3mm厚聚氯乙烯塑料膜。

6.3.1 塑膜材质选择

选择对水质无污染、抗老化、满足防水性、抗变形能力强及耐久性强的土工膜，一般用PVC（聚氯乙烯），其力学性能见表3。

塑膜力学性能 表3

薄膜厚度(mm)	抗拉强度(kN/m)	极限延伸率(%)	撕裂强度(N)	渗透系数(m/s)
0.18	1.70	125	53	1×10^{-11}
0.3	4.50	412	18～30	7×10^{-15}

6.3.2 塑膜厚度

目前国家无规范公式，一般根据其承压水头按经验公式或薄膜理论计算确定，但考虑施工工程机械作用，考虑到施工的人为不利因素，确保安全可靠，其厚度应不小于0.16mm，一般采用0.2～0.3mm，集美大桥地下通道使用的膜厚厚度为0.3mm。

6.4 泥浆

为维持槽壁稳定，采用泥浆护壁，护壁泥浆采用搅拌机拌制膨润土制作，泥浆浓度控制在1.2～

1.3m^3/t,浓度应控制在沟槽不坍塌为准。为了保证槽孔的稳定性,垂直铺塑施工过程中泥浆护壁工艺非常关键。

护壁泥浆要求相对密度小,黏度适当,稳定性好,过滤水量少,泥皮形成时间短且薄,表面有韧性。具体施工时,要操作方便、成本低。因垂直铺塑防渗施工槽孔停留时间短,而且对槽内浆液浓度无严格限制,因此对于一般土层地质情况,只用膨润土和黏土即可满足要求。

1)膨润土

膨润土是制备泥浆的主要原料,它对掺入物的要求低,重复使用次数多,且泥皮薄,韧性大,防渗性好,槽壁稳定,挖槽效率高。

2)黏土

采用黏土时,应进行物理化学试验和矿物鉴定,其黏粒含量应大于50%,塑性指数大于20,含砂量小于5%,二氧化硅和三氧化二铝含量的比值宜为3:4。

3)外加剂

常用的是纯碱(Na_2CO_3),它能使土粒充分水化,充分膨胀,增强泥浆的吸附能力;同时,能转换钙离子,把钙质土变为钠质土,加速黏土的分散,提高黏土的造浆率。

4)增黏剂

常用高黏钠梭甲基纤维素(即化学糨糊、代号CMC),它可以提高泥浆黏度、降低过滤水量、改善泥皮性能,使泥浆具有良好的稳定性,并降低泥浆的胶凝作用,增强泥浆的固壁效果。

5)硝基腐殖酸碱剂(简称硝腐碱)

硝基腐殖酸碱剂系由硝基腐殖酸铵、烧碱和水组成。硝腐碱在泥浆中有稀释、降失水、抗盐钙等污染的作用,特别显著的是用硝腐碱处理的泥浆,泥饼薄且坚韧,失水少,应用范围广。

6)铁铬本质素磺酸盐(FCLS)

铁铬本质素磺酸盐简称铁铬盐,为稀释剂,应用范围较广,其抗盐、抗钙和抗温等的能力比一般稀释剂强。

7)水

一般清洁水,pH值5.4左右。

7 质量控制

7.1 工程质量控制标准

(1)质量控制要求执行国内相关行业规范标准,主要包括现行最新《公路桥涵施工技术规范》(JTJ 041—2000)及《公路工程质量检验评定标准》(JTG F80/1—2004)等。

(2)测量控制依据的技术标准、规范包括设计图;《精密工程测量规范》(GB/T 15314—94);国内行业标准规范。

7.2 质量保证措施

(1)严格执行垂直铺塑的相关规范和标准,塑料膜规格和性能符合相关技术规范的要求,施工时对防渗膜的质量室内检验与控制标准为《土工合成材料测试规程》(SL/T 235—1999)。

(2)各种机械、材料到达工地必须进行验收,投入使用前必须按规范进行试验。

(3)认真进行技术交底,每道工序开始前进行详细的技术交底,交清设计要求、规范要求、质量要求和操作工艺标准,作业人员严格按照技术交底要求和标准施作。

(4)开槽前对铺塑轴线位置进行准确测量放样并设置标杆,确保铺塑位置的准确性。

(5)严格执行施工过程中的"三检"制度,确保工程质量。机械开槽垂直铺膜施工属于隐蔽工程,质量自检控制尤为重要,该工程建立了以项目经理为首的质量监督和监测机构,质量检查工作责任落实到人,层层把关。质量自检工作落实到每一工序、每一单元、每一分部工程。自检的主要内容有:开槽深度、铺膜深度、土工膜物理力学性能指标(如:厚度、密度、纵横向抗拉强度、伸长率)、土工膜的幅宽、土工膜卷连接、回填土质量等项目。

(6)加强对铺塑的施工监测,确保铺塑达到防渗要求。

8 安全措施

8.1 垂直铺塑施工必须贯彻"安全第一、预防为主"的方针,执行《中华人民共和国安全生产法》及各项安全规章制度,确保万无一失。

8.2 建立、建全防潮水灾害,防雨季雷电灾害,防台风等应急措施及专项技术交底,除做好本质安全外,应着重消除和防止如下安全隐患:机械伤害,触电,台风,火灾及洪涝,高空坠落,溺水。

8.3 应设置专门的安全管理机构,建立安全生产责任制及教育培训制度,制定专项应急预案,切实落实安全生产"五要素",即安全文化、安全法制、安全责任、安全科技和安全投入。

8.4 工程安全监控目标是实现"三无"(即无重大伤亡事故、无中毒事故、无倒塌事故),一般轻伤事故率控制在1%以内。

8.5 应成立一个由本工程总负责人任组长的安全生产领导小组,设置两名专职安全员,顶推施工流水线设置两名兼职安全员,定期组织开展安全检查。

8.6 执行安全教育制度和安全生产定期检查规定,未经安全教育或教育时间不足48h的人员不准上岗作业。

8.7 特殊工种(如电工、焊工、司机、机械工等)必须持证上岗。

8.8 严格执行各项安全措施,如作业人员规范着装,正确佩戴安全帽,必须穿防滑鞋,特殊地段应挂安全网等。

8.9 对施工用电、钢筋加工机械、锯槽机等各种施工机械、施工设备临时用电,使用前必须按照国家建设部颁发的《施工现场临时用电安全技术规程》(JGJ 46—2005)的标准进行检验,经检验确认合格后方能使用。

8.10 坚持一机一闸一漏电保护器,三相五线制和保护零线重复接地。总配电箱或分箱,一律设门加锁添置防雨罩,施工临时电路必须按规程要求加设。

8.11 夜间作业必须要有足够的照明。

8.12 管理人员采用对讲机指挥,以保证指挥正确和操作安全。

8.13 防火责任人必须认真负责,按规定位置安放好有效的消防器材,易燃物品要有专人看管。

8.14 机械设备进场进行严格检验,使用过程中定期检修,确保机械无带病作业情况。

9 环保措施

9.1 应贯彻落实国家关于环境保护的专项法律法规,有针对性地制定专项环保方案,加强宣传教育,切实执行。

9.2 建立、健全针对性的环保工作体系,落实责任制,配备专人进行管理。

9.3 执行公司的《职业健康安全和环境保护体系》。

9.4 施工环保、水土保持目标。

(1)施工用水和生活用水做到达标排放;施工噪声符合环保要求。

(2)确保施工区域内无重大管线事故。

(3)严格控制地面变形量,确保建筑物、堤坝等的安全。

(4)搞好水土保持,防止水土流失。

9.5 施工环保方案

(1)对施工现场生产、生活用水的排放进行控制,建好生产区和生活区排水沟等设施;分块设置过滤池和沉淀池,所有生活用水和生产用水均经过过滤、沉淀后方可达标排放。

(2)加强机械管理,执行《建筑施工场界噪声限值》(GB 12523—90)标准,减少施工过程中的噪声。

(3)采取有效措施妥善保护施工及生活区域外的绿化草地、植物、花木及道路等公共设施,避免泥浆、油污、生活垃圾、有毒及化学物质对其造成污染;严禁随意攀折树木、花草,踩踏草地,违者将按有关规定对其进行处罚。

(4)加强职工的环保知识教育,树立全员环保意识。

10 资源节约

10.1 聚氯乙烯塑料膜尽可能采用焊接,这样可以节约聚氯乙烯塑料膜的搭接长度,减少材料的投入。

10.2 泥浆循环使用:通过沟槽循环而排出的泥浆,由于膨润土和增黏剂等主要成分的消耗以及土渣和电解质离子的混入,其质量降低,失去原有的性质,因此必须净化处理后,才能继续循环使用。泥浆净化处理方法可采用沉淀池沉淀,一般在工程中均采用上溢式重力沉淀池处理法。泥浆池一般由沉淀池、储浆池及循环池3部分组成,泥浆池的尺寸大小及容积应根据施工时泥浆的需求量进行设计。为加强泥浆沉淀效果,泥浆在沉淀池循环路线呈“S”形变向前进。

11 效益分析

11.1 该项技术虽然已应用了10多年,但目前各地尚无较为准确的单价,差异也较大,主要原因是施工条件影响较大。施工费用主要包括人工费、机械台班费、税金、计划利润、建设费(三通一平、生活、运输等)。

11.2 施工费用与工程地质条件有关,在土体粒径小、分布均匀、固壁条件较好的地段,一般造价较低;当土层含有块石等,工效较低,有时需停机处理,相对造价较高;当在易发生坍塌等事故的土层施工时,因事故处理很长时间,其风险较大,造价相对要高。

11.3 垂直铺塑在各种垂直防渗技术中造价最低,约为混凝土板墙(≤0.5m)的1/6,高压摆喷混凝土板墙的1/4,窄抓斗成槽混凝土板墙的1/4,多头小直径深层搅拌墙的1/2~1,超薄防渗墙的1/4。

11.4 对于截渗深度要求较浅的地基,采用本工艺进行防渗处理,较其他防渗措施如碱、黏土、高压喷射灌浆防渗墙等,具有造价低廉的突出优点,粗估其他截渗方法的造价为80~300元/m^2,垂直铺塑为30~60元/m^2,仅是它们的1/10~1/5,显然,用塑料薄膜防渗帷幕来替代砼、黏土和高压喷射灌浆截渗具有较大的经济效益。

12 应用实例

垂直铺塑防渗技术在我国是一项刚刚兴起的新工艺、新技术。在土质地层的平原水库、湖泊、江河堤防渗中得到了广泛应用。人们通过目测及观测设备提供数据分析,都证实其防渗效果很好。胜利油田最早在1990年从山东省水利科学研究院引进垂直铺塑技术;垂直铺塑在厦门集美大桥地下通道施工中,作为中铁大桥局集团在基坑开挖工程中首次应用本工艺。

12.1 厦门集美大桥地下通道实例。

厦门集美大桥地下通道全长341.3m,采用矩形箱涵式和U形槽式结构,净跨12.3m,基坑开挖最大深度约7.6m。深基坑开挖采用垂直铺塑止水围幕施工,基坑放坡开挖,基坑排水采取汇水井法。垂直铺塑底高程为-14.0m;为防止垂直铺塑止水不完善,坡脚使用土工布进行防护;同时基坑里要抽水,整个施工期间做好抽水准备,通道两侧做好汇水井及汇水沟,开挖过程中注意通道两侧做好汇水井及汇水沟排水。

根据钻探资料揭示(图4),通道区域上部主要为$①_1$填砂、$②_2$淤泥质土、$④_1$中粗砂,这几层属强透水层，在垂直铺塑施工时应穿过这几层，到达⑥$_1$ 全风化花岗岩或⑦$_1$ 强风化花岗岩层，这两层属相对隔水层。

另据现场地质调查，通道中段与临时栈桥相交段，以及局部地段（ZK2 孔南侧），见有块石、碎石等堆填物，影响垂直铺塑的施工，施工时应考虑多种工艺相结合的施工方案。

施工阶段通道垂直铺塑勘察外业工作自 2007 年 3 月 19 日始至同年 3 月 26 日止。

12.2 垂直铺塑防渗技术应用效果

厦门集美大桥下穿机场隧道工程全长 1.4km，分三洞八车道，左右跨度 40m。隧道建设的位置原为海边滩涂，应用本工法止水非常成功。“垂直铺塑”防渗新工艺，设备、工艺简单易行，施工速度快，造价低，以其截渗效果好，经久耐用寿命长，柔性材料适用土基变形能力强为特征。通过实例证明垂直铺塑运用于桥涵基础的截渗，实用性强，具有推广价值和很强的生命力。

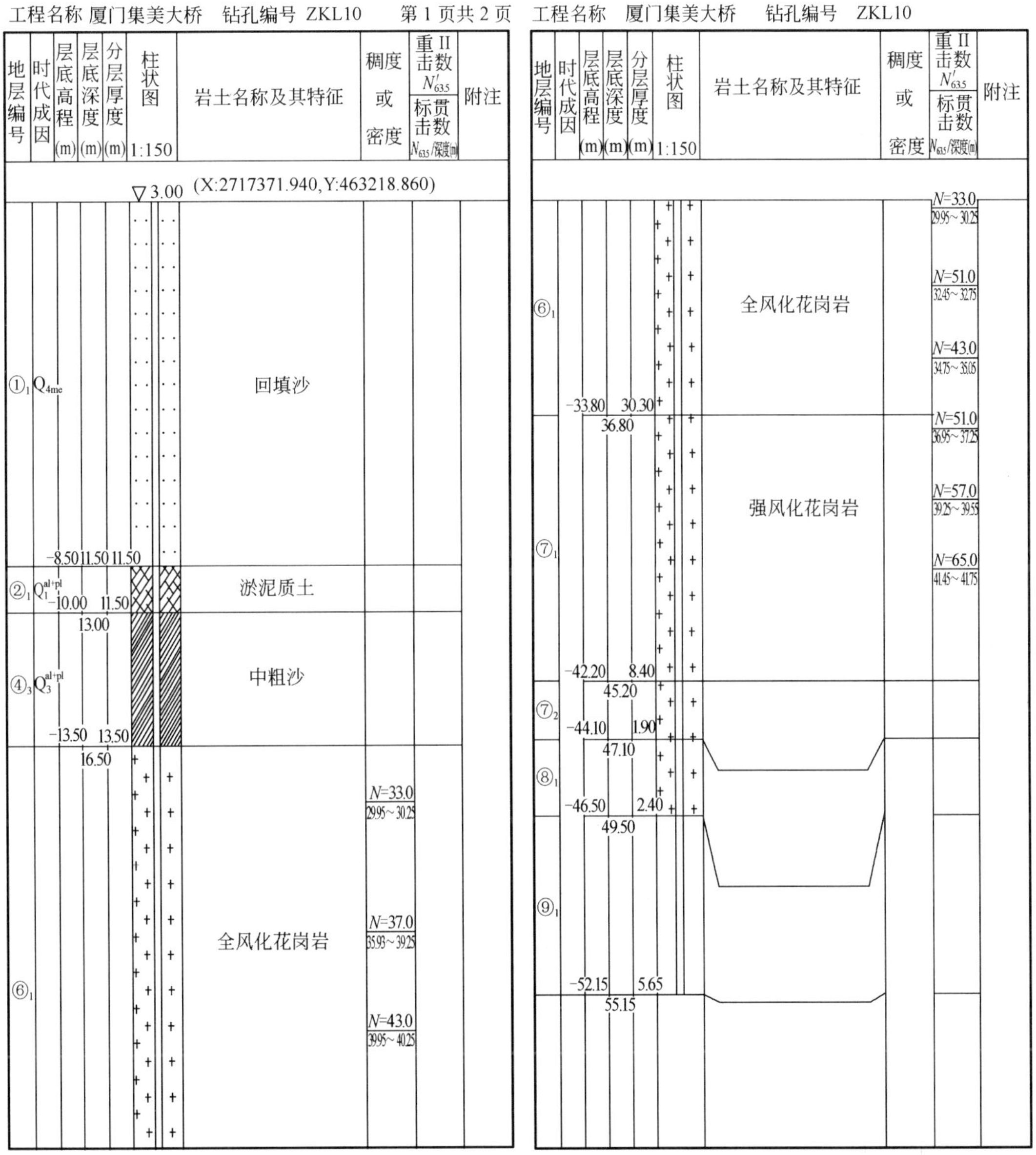

图 4 钻孔地质图

轻型吊箱钢围堰施工深水高桩承台工法

GGG(中企)C1092—2008

于建军　周文明　王兆威　陶　帅　夏志华
(中铁九局集团有限公司)

1　前言

随着国内外桥梁施工技术的日益发展,深水中高桩承台得到了广泛应用。轻型吊箱钢围堰施工深水高桩承台是一种较新的深水桥基施工方法(图1)。通过施工便桥运输作业、吊箱定位系统定位、水上导向平台施工深水高桩承台。中铁九局集团有限公司结合已竣工的辽宁省盘海高速公路大辽河特大桥、在建的沈阳市南阳湖斜拉桥和青岛海湾大桥等工程水中墩承台的施工,并且应用大型通用有限元软件ALGOR,对施工结构进行静力、稳定性分析,总结形成轻型吊箱钢围堰施工深水高桩承台工法。轻型吊箱钢围堰悬吊系统、内撑系统及下沉系统的应用,为不用大型水上作业船只、不用水上作业浮吊施工深水高桩承台提供了范例。

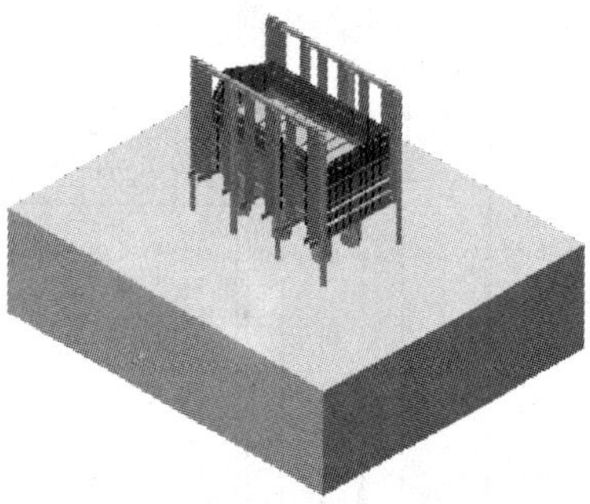
图1　吊箱钢围堰施工承台模型

2　工法特点

2.1　避免了在深水中施工沉井、钢套箱围堰下沉困难的问题,降低了施工难度,其施工简便易行,加快了工程进度,且定位较为精确。

2.2　避免了大型设备的运输和使用,减少了环境污染,确保工程安全。

2.3　大幅度节约材料,缩短工期,节约工程成本。

3　适用范围

本工法适用于不用大型水上作业船只、不用水上作业浮吊的深水高桩承台施工。

4　工艺原理

根据材料、设备、设计图纸等情况,进行吊箱钢围堰的施工设计;对高桩承台吊箱钢围堰的施工进行分析,找出施工全过程中的最不利荷载组合,应用计算理论以及大型通用有限元软件建立计算模型,并对各工况进行静力和稳定性分析;针对分析结果,对结构进行优化改进,对吊箱钢围堰施工承台各环节进行有效控制。

5　施工工艺流程及操作要点

5.1　工艺流程

轻型吊箱钢围堰在加工场地按高度分节、分块制作,用平板车通过施工便桥运送至桥位组拼。钢围堰沿高度方向分为三节,每节分为4块。底板采用8mm厚钢板,用10cm×10cm槽钢作肋;侧板采用10mm厚钢板,用[10槽钢、I25工字钢作肋;内支撑采用[14a槽钢对扣,端头封口后与板面栓接(图2)。

吊箱下沉及悬吊系统底承重梁由8根工字钢梁组成，吊杆采用直径32mm精轧螺纹钢，吊箱上吊点设于平台工字钢梁上。通过调节下沉及悬吊系统，吊箱钢围堰可整节拆除。利用水上平台组拼吊箱钢围堰的定位、导向、下沉系统，钢围堰封底混凝土，应用两根导管同时连续灌注，其工艺流程见图3。

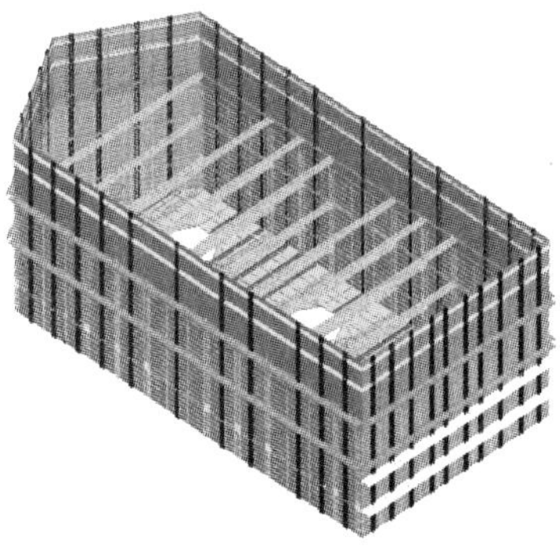

图2 吊箱钢围堰板面结构图

5.2 施工要点

5.2.1 吊箱加工

(1)钢材材质方面，钢板采用Q235，工字钢采用Q345，钢材要求无疲劳损失。

(2)焊缝执行国家标准《焊缝符号表示法》(GB 324—88)，并用油浸试验检查。

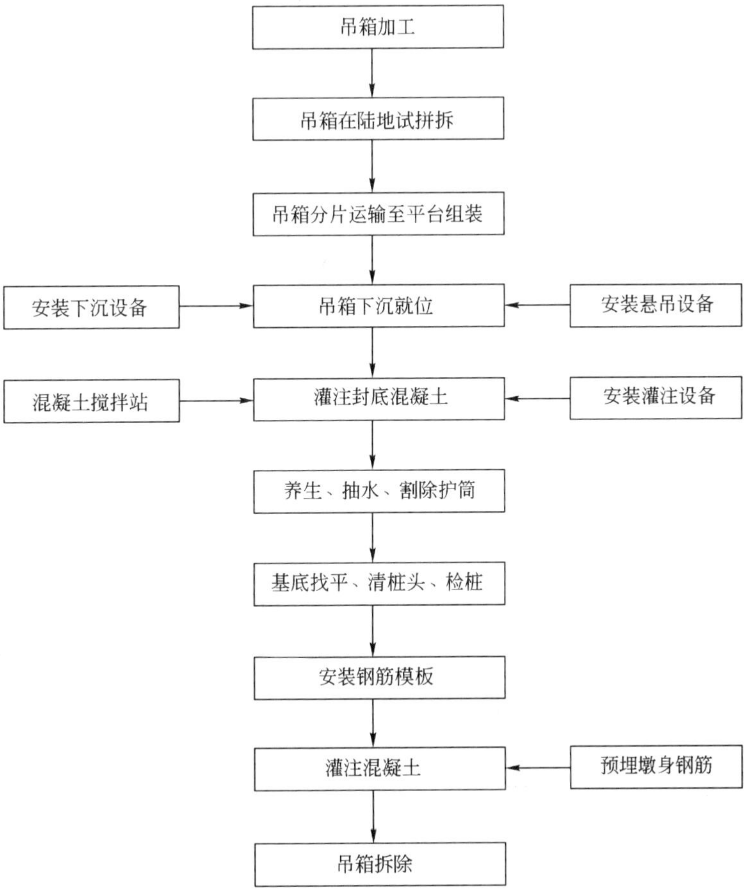

图3 工艺流程图

(3)钢围堰板面加工平台要求平整牢固，有足够大的空间。围堰悬吊吊杆按施工设计要求在厂家定制。吊箱内支撑工字钢要求无变形、无焊接损伤，且与板面接触的端口刨平抛光。

(4)钢围堰加工完毕后，在陆地进行试拼装，按制作精度和水密试验进行验收，合格后在板面上标示出编号，然后拆卸、移位存放。

(5)精度要求

①要求栓接面顺直平整，栓孔眼对齐，误差不大于2.0mm。

②钢围堰板面骨架及其内支撑必须保持施工设计位置，误差不大于5.0mm。

③钢围堰全结构的螺栓孔一律要求钻孔，严禁切割，相邻孔位误差不大于3.0mm，累计误差不大于

5.0mm。

5.2.2 吊箱拼装

将试拼合格的吊箱按编号运输至平台顶,每组吊箱分上、中、下三节和一个底板,每节吊箱及底板又分为4片,每组吊箱共有16片;每两节之间及底板与底节之间均用0.2m间距的螺栓进行连接,长螺杆100根,短螺栓100个。

吊箱的拼装按步骤在钻孔平台完成,先后安装下沉吊箱吊杆及底梁,逐块拼装底板、底节吊箱、中节吊箱和上节吊箱。整个吊箱按节段分三次拼装,每一节拼装完成后,先下沉至平台顶面以下,再进行下一节的拼接,最后一次性下沉到位。安装吊杆时,穿过平台顶工字钢梁,用吊车下放底梁,然后连接吊杆及底梁。底板组装前,应对护筒进行定位,并根据护筒尺寸及实际位置,在底板上切割出6个钻孔桩孔位,在吊箱底板与钢护筒间制作一个堵漏钢板,以保证灌注封底混凝土的质量。吊箱节与节之间,侧板与侧板之间,侧板与底板之间均要求用捻船麻絮、腻子嵌缝堵漏。

5.2.3 吊箱下沉

对组拼好的吊箱进行全面检查、调整。吊箱下沉系统共设16个起吊点,下沉时,由指挥人员统一下令指挥,操作人员每次下落5cm,指挥人员随时观察吊箱顶部是否水平及底部有无障碍情况。若发现吊箱下沉不均匀或倾斜时,应及时找出问题,调整水平后方可继续下沉。吊箱下沉速度为2m/h,全部下沉到位后进行高程精确调整。

5.2.4 吊箱定位、堵漏

吊箱下沉至设计高程后,固定吊杆,并将吊箱局部点焊接固定于四周的钢管桩上。吊箱底板与钢护筒之间缝隙采用大范围水下混凝土封底和小范围止水相结合的方法进行堵漏。小范围止水可采用堵漏钢板进行堵漏,详见图4。

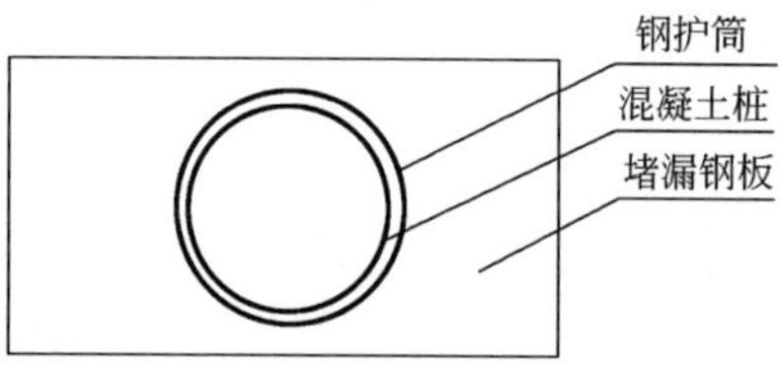

图4 堵漏钢板示意图

5.2.5 封底混凝土灌注

封底混凝土灌注是吊箱施工成败的关键。首先是水下混凝土的性能,即用怎样的材料和配合比问题。目前所用的还限于一般材料的混凝土,陷度一般为18~20cm;其次,在施工方法上,由于受混凝土性能和设备能力的限制,采用单根导管法封底施工,质量难于控制。导管填充的混凝土流动一段距离后相互接合,易形成浮浆沟槽等薄弱点。针对这些问题,应采取以下几点措施。

(1)普通水泥中适当掺用水下不分散混凝土絮凝剂,并提高封底混凝土级别,按C40配制;水下絮凝混凝土具有很强的抗分散性和一定的流动性,可实现水下混凝土的自流平和自密实。混凝土按水泥:水:砂:石:外加剂 = 1:0.480:2.184:2.645:0.025配制,其7d混凝土抗压强度陆上成型为25.2MPa,水中成型为16.8MPa。

(2)提高混凝土陷度,将其控制在18cm。

(3)采用直升导管法,先周围后中间,快速连续灌注。

(4)控制导管插入混凝土面20~30cm,减少混凝土由导管自由落下的距离。

混凝土封底4d后,试压同条件养生的试块,合格后,抽干吊箱内积水。如有漏水处,用水泵将水抽出,同时采用腻子麻絮堵塞。

封底混凝土灌注顺序见图5,灌注顺序为:①→②→③→④→⑤→⑥。

5.2.6 封底混凝土找平层灌注

封底混凝土达到设计强度,抽水后即可割除吊箱内钢护筒;清理桩头、检桩合格后,灌筑封底混凝土找平层。

5.2.7 承台及破冰体混凝土灌注

绑扎破冰体及承台钢筋,预埋墩身钢筋,支立侧模板,灌注破冰体及承台混凝土。

5.2.8 吊箱拆除

基础工程全部施工完成后,进行吊杆及吊箱拆除工序,将一侧吊杆一端切断,底梁及吊杆即可从平台另一侧抽出。吊箱拆除前,箱内应无任何人员、材料及设备。吊箱底节与中节之间采用长、短螺杆间隔连结,在解除前,应先将全部长螺栓松动后再拧紧,先解除短螺栓,此时吊箱内将会少量进水,可用水泵抽水,待全部短螺杆解除后,施工人员可在吊箱顶部拆除长螺杆,用汽车吊将顶节和中节吊箱提出平台,在平台顶拆卸整修并移至下一平台周转使用。

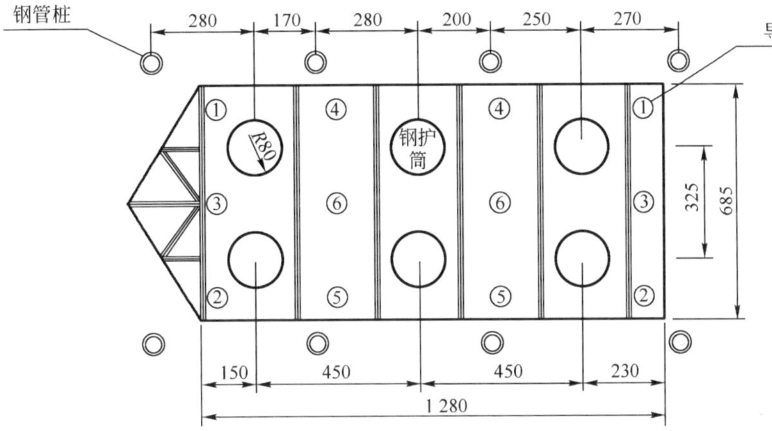

图5 封底混凝土灌注顺序图(尺寸单位:mm)

5.3 施工检算分析

通过对吊箱钢围堰施工高桩承台全过程进行分析,得出主要有3种施工工况:灌注封底混凝土、抽除吊箱内河水、承台破冰体施工。对吊箱钢围堰全结构在各工况下进行静力、稳定性分析,分析结果如下。

5.3.1 计算理论及结构静力分析

1)计算理论

封底混凝土的作用不仅在于阻水,而且还能平衡吊箱抽水后受到的浮力。另外,封底混凝土与护筒之间的黏结力可抵消一部分浮力,待封底混凝土强度达到一定要求时,抽水,拆除悬吊系统,此时应满足以下平衡条件:

$$F - (W_1 + 0.5W_2 + G) \leqslant \pi D[\tau]T \tag{1}$$

$$F = K\gamma_w V \tag{2}$$

式中:F——每个吊箱所受浮力;

K——安全系数,取1.1;

γ_w——$10kN/m^3$;

V——单个吊箱入水体积;

W_1——每个吊箱的重量;

W_2——预制系梁水中的重量;

G——封底混凝土的重量;

D——护筒的直径;

$[\tau]$——钢护筒与封底混凝土之间的容许摩阻力(kPa)。

在接头处混凝土浇筑完毕时,尚应满足以下条件:

$$K(W_1 + W_3 + 0.5W_2 + G) \leqslant \gamma_w V + \pi D[\tau]T \tag{3}$$

式中:W_3——系梁端部后浇筑混凝土的重量。

采用上式计算出最大T值作为封底混凝土厚度的控制值。

2)结构静力分析(图6)

图6 吊箱钢围堰静力分析模型三维视图

结构静力分析模型见图6,分析结果见表1~表3。

吊箱结构各部分的最大变形及最不利工况(尺寸单位:cm) 表1

项目	工况 I			工况 II			工况 III			最不利工况		
部位	X	Y	Z	X	Y	Z	X	Y	Z	X	Y	Z
吊杆	0.06	0.26	0.51	0.06	0.24	0.48	0.09	0.37	0.69	III	III	III
顶梁	0.02	0.26	0.51	0.02	0.24	0.48	0.03	0.36	0.69	III	III	III
底梁	0.04	0.01	0.48	0.04	0.01	0.45	0.07	0.02	0.65	III	III	III
板面	0.08	0.30	0.48	19.5	23.8	0.44	19.5	23.8	0.66	III	III	III
内支撑	0.01	0.01	0.82	0.36	0.08	2.04	0.32	0.08	2.25	II	III	III

吊箱结构各部分的最大应力及最不利工况(单位:MPa) 表2

项目	工况 I			工况 II			工况 III			最不利工况		
部位	X	Y	Z	X	Y	Z	X	Y	Z	X	Y	Z
吊杆	0.26	0.16	26.3	0.25	0.16	24.9	0.36	0.23	39.5	III	III	III
顶梁	16.4	37.4	10.1	15.5	35.1	9.6	24.3	53.7	14.6	III	III	III
底梁	3.66	14.6	1.9	3.28	11.8	1.6	5.16	20.6	2.7	III	III	III
板面	13.3	3.6	12.2	285	189	286	286	188	286	III	II	III
内支撑	20.2	33.2	4.8	157	263	30.3	157	264	30.9	III	III	III

计算最大变形与施工实测最大变形的比较(尺寸单位:cm) 表3

项　目	长 板 面			短 板 面			尖 头 板 面		
部位	1/4	2/4	3/4	1/4	2/4	3/4	1/4	2/4	3/4
计算变形	14.3	23.8	14.3	10.5	19.5	10.5	2.3	0	2.3
施工变形	12.5	24.5	12.8	8.5	21.0	9.0	2.0	1.0	2.0

5.3.2　稳定性分析

桥梁结构的稳定性是关系其安全与经济的主要问题之一,它与强度问题有同等重要的意义;因此,吊箱钢围堰的稳定性研究结果具有一定的实际应用价值。

1)吊箱稳定性验算

吊箱所能承受的临界荷载为:

$$Q_c = 24EI/D^3 \tag{4}$$

式中:Q_c——吊箱所能承受的临界荷载;

E——钢材弹性模量,取2.06×10^5MPa;

I——1m高度竖向截面的组合惯性矩(m^4);

D——吊箱直径(m)。

内外水头最大荷载:

$$Q_w = \gamma_w hL \tag{5}$$

式中:γ_w——水的容重;

h——内外水头高差;

L——取1.0m。

二者必须满足公式:

$$Q_c > KQ_w \tag{6}$$

式中:K——安全系数,取2.0。

2)吊箱钢围堰的稳定性分析结果

吊箱钢围堰的稳定性分析结果见图7和表4。

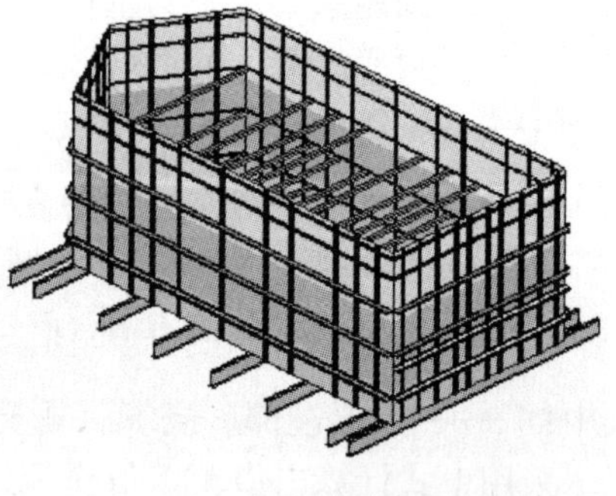

图7　吊箱钢围堰屈曲模型三维视图

吊箱围堰屈曲模态及屈曲倍数

表4

工况 I				工况 II			工况 III			最不利工况
方向	X	Y	Z	X	Y	Z	X	Y	Z	—
形态	0.08	0.30	0.82	19.5	23.8	2.04	19.5	23.8	2.25	III
倍数		15.82			2.41			2.38		III

从以上分析数据可以得出，最不利变形情况发生在第三工况，根据检算结果，对应力集中处进行加固，使其最后满足要求。

6 材料与设备

本工法无需特别说明的材料，各工序所需设备如下：

(1)钢围堰制作机械及设备(表5)。

钢围堰制作机械及设备

表5

序 号	机械及设备名称	规 格 型 号	单 位	数 量	附 注
1	汽车吊	8t	台	2	
2	导链滑车	5t	台	6	
3	等离子切割机	11×2 500mm	台	1	
4	电焊机	500A	台	8	
5	砂轮机	M3040A	台	2	

(2)钢围堰定位、悬吊系统所用设备、机具(表6)。

钢围堰定位、悬吊系统所用设备、机具

表6

序 号	机械及设备名称	规 格 型 号	单 位	数 量	附 注
1	汽车吊	16t	台	2	
2	导链滑车	10t	台	12	
3	电焊机	500A	台	2	
4	千斤顶	5t	台	6	
5	精轧螺纹及锚具	12m	根	16	
6	小型驳船		支	2	
7	氧气瓶		个	4	
8	乙炔瓶		个	4	

(3)其他机械及设备(表7)。

其他机械及设备

表7

序 号	机械及设备名称	规 格 型 号	单 位	数 量	附 注
1	混凝土拌和机	$50.0m^3/h$	台	1	
2	混凝土运输车	$6m^3$	台	2	
3	封底混凝土导管	$\phi300$	套	2	
4	空气压缩机	$10m^3$	台	1	
5	水泵	8BA-12	台	6	
6	凿岩机	YN27C	台	2	

7 劳动组织

本工法按流水作业考虑,劳动力按工序、工种配备,见表8。

劳动组织 表8

序号	作业项目	工种	人数	附注
1	总体	总指挥	1	
2	钢围堰加工、接高、组拼	电焊工	20	含指挥1人
3	悬吊结构安装、吊箱定位	起重工	12	含指挥1人
4	封底混凝土灌注	混凝土工	10	含指挥1人
5	安设施工电缆	电工	2	
6	钢围堰运输安装就位等	普工	20	

8 质量控制

8.1 质量检验标准

(1)《城镇道路桥梁施工规范》(汇编)。

(2)《公路桥涵施工技术规范》(JTJ 041—2000)。

(3)《建筑钢结构焊接技术规程》(JGJ 81—2002)。

(4)《钢结构工程施工质量验收规范》(GB 50205—2001)。

(5)《混凝土结构工程施工质量验收规范》(GB 50204—2002)。

(6)《公路工程质量检验评定标准》(JTG F80/1—2004)。

8.2 质量保证措施

(1)建立质量责任制度,将质量与效益挂钩,健全质量管理机构和质量保证体系,加强专业技能培训,人员必须经考核合格后持证上岗。

(2)构件钢料、焊条、焊丝、焊剂等主要材料必须符合设计文件和现行表准要求并有出厂合格证。围堰钢构件的焊接、焊缝检查必须满足规范要求,焊缝处应做水密检查。不合格应复焊,直至合格后方可使用。

(3)拼装好的钢围堰外形尺寸应与设计相符,每节直径允许误差:顶面为 ±20mm,底面为 -20mm,井箱宽度允许误差为 ±1mm。

(4)吊箱下沉过程中要严格控制一次下沉高度和下沉速度,保证吊箱精确就位。

(5)围堰下沉至设计高程后其位置的允许偏差应满足以下要求:倾斜率不大于1%,底面和顶面中心在桥墩纵、横向的偏差不得大于 $H/100+0.25$m,其中,H 为围堰高度。

(6)对河床变化的跟踪观测:墩位处河床受水流冲刷、局部冲刷以及堰内吹砂影响,其地形随时发生变化。钢围堰从着床开始,在覆盖土层中下沉,其稳定和安全状况、平面位置以及倾斜度均受到河床地形变化的影响,因此,随时掌握堰内外河床变化情况是将钢围堰控制在理想状况的必要条件。钢围堰施工要建立一套人员、装备齐全的钢围堰观测体系,在钢围堰着床过程中,对水深、河床地形状况、水流速度、着床坐标、深度进行仔细观测;在围堰下沉过程中,跟踪施工进行堰内外即时观测;在围堰着床后,每周对河床进行观测,为钢围堰准确、安全着床,防止钢围堰下沉过程中的倾斜,控制钢围堰着床精度,掌握钢围堰着床后的冲刷状况提供了详细而准确的依据。

(7)灌注封底混凝土时,应同时采用两根直升导管,按照先周围后中间的施工顺序,快速连续灌注。为保证一次封底成功,要加强封底过程中的测量工作。

(8)封底混凝土及承台施工前应与当地气象部门密切联系,及时了解天气情况。封底必须按作业指导书和安全操作规程施工，做到围堰吊装准确，封底混凝土质量有保证。

9 安全措施

9.1 执行标准

（1）《建筑施工安全检查标准》（JGJ 59—99）。

（2）《建筑机械使用安全技术规程》（JGJ 33—2001）。

（3）《施工现场临时用电安全技术规程》（JGJ 46—2005）。

（4）《建筑安装工人安全技术操作规程》。

（5）《公路桥涵施工技术规范》（JTJ 041—2000）。

9.2 安全控制措施

（1）吊箱钢围堰施工深水高桩承台应针对水上作业、焊接作业、吊装作业以及其他施工作业分别制订操作细则，防止高空坠落、物体打击、溺水、触电、灼伤等意外事故的发生。

（2）施工过程中，应对从事各工种的施工人员进行安全技术培训，考核合格方可上岗；严格执行安全岗位责任制，岗位之间互相监督。

（3）吊箱钢围堰在组拼、吊装、下沉、封底等全过程中，应统一指挥、协调一致。

（4）进入施工现场的人员必须佩戴安全帽，高空作业人员系好安全带，水上作业人员穿好救生衣，电焊作业人员戴好防护镜和手套。

（5）各种机械设备严格按照有关规程操纵，严禁违章和超负荷运转。

10 环保措施

10.1 整个施工过程中，全面运行ISO14001环境保护体系标准，系统地采用和实施一系列环境保护管理措施。

10.2 固体废弃物按不同性质和类别分开存放，主要分为危险、不可回收利用固体废弃物、可回收利用固体废弃物、生活和办公垃圾等。

10.3 对容易产生噪声的设备采取合理布局，加强设备润滑和维护保养工作，并严格执行相应作业指导书和设备检验规程，以减轻噪声对周围生活环境的影响。

10.4 控制泥浆、水泥浆排放，严禁直接排放到附近河流中。

10.5 交通船舶、施工机械产生的废油料及润滑油等，必须集中收集运至岸上业主指定的弃土场深埋，生产用油料必须严格保管，防止泄漏，污染河水。

11 效益分析

11.1 采用轻型吊箱钢围堰施工深水高桩承台，从施工生产方面，它工序简单、易操作，分节分片装卸方便，大大提高了生产质量和效率。此外，以大型通用有限元软件ALGOR作为技术支撑，对施工结构进行静力、稳定性分析，使结构进一步优化，工法具有一定的先进性和创新性。

11.2 轻型吊箱钢围堰施工深水高桩承台与同等条件下的其他吊箱相比，节约钢材一半以上；同时，吊箱的下沉及悬吊系统仅用16根精轧螺纹钢，代替了水上施工中常用的大型吊装设备。本工法在保证质量的前提下降低了成本，具有很好的经济效益。

12 应用实例

12.1 辽宁省盘海高速公路大辽河特大桥

12.1.1 工程概况

大辽河特大桥为辽宁省“九五”期间重点基础设施建设项目，位于盘锦至海城高速公路上。桥位处于大辽河下游,桥位处平潮时水面净宽280m,涨落潮差2.5m,水最深处达11.0m。大辽河特大桥桥梁全长1 688.39m,桥跨布置为40×30m + 12×40m。桥梁基础为钻孔灌注桩,肋板式桥台,桥墩为三柱式结构,大辽河特大桥水中墩共计9个。深水基础采用轻型吊箱钢围堰施工,主桥深水基础施工见图8。

图8　主桥深水基础施工照片

12.1.2　施工情况及结果评价

吊装设备主要采用16t吊车。吊箱钢围堰沿高度方向分为3节,分别为1.3m(底节)、2.8m(中节)、2.8m(顶节),其中,每节又分为4块,螺栓连接成一体。吊箱下沉及悬吊结构底承重梁由8根工字钢梁组成,吊点设在吊箱外,吊杆采用直径32mm精轧螺纹钢,吊箱上吊点设于平台工字钢梁上。灌注封底混凝土,同时采用两根直升导管,封底混凝土厚度应比设计高出0.5m。

2002年7月16日,大辽河特大桥主桥深水部分等主体结构全部完成。吊箱钢围堰法施工承台取得了成功,突破了控制全桥的关键工程,确保了整个盘海线的按期竣工以及与沈山高速公路的顺利连通。

12.2　沈阳市南阳湖斜拉桥

12.2.1　工程概况

沈阳市南阳湖斜拉桥为三塔四跨双索面预应力混凝土矮塔斜拉桥,大桥全长1 377.7m,其中主桥384m,引桥561m,引道432.7m。17号墩是南阳湖桥主塔墩之一,是主桥主跨墩。基础共有承台2个,平面尺寸为顺桥向15.5m,横桥向20m,厚5m,承台顶面高程30.948m,承台底面高程25.948m;墩柱高10m,墩为带装饰条的矩形墩;每个承台下有桩基12根,桩长58m,桩径2m,桩间距5.5m。该墩身处水深11m属于深水施工,采用轻型吊箱钢围堰施工。南阳湖斜拉桥效果图如图9所示。

图9　南阳湖斜拉桥效果图

12.2.2　施工情况及结果评价

钢围堰下沉到设计高程后位置偏差情况如下。

(1)围堰顶面和围堰底面中心纵、横向的偏差:最大者为顶面中心偏下游0.14m小于$H/100+0.25=0.37$m的规定。

(2)围堰倾斜率为:0.43%,小于1%的规定。

(3)围堰水平断面轴线扭角为反时针40′小于1°的规定。

在水深、流急、覆盖厚的水文地质条件下,修建大型桥梁深水基础,采用轻型吊箱钢围堰的防水结构工艺先进,可以确保工程质量,工程进展速度快,为工程项目赢得了工期和经济效益,受到了建设单位、监理单位以及相关监测单位的一致好评。

深水桩承台锁口钢管桩围堰施工工法

GGG(中企)C4093—2008

周文明　于建军　陶　帅　李东炜　夏志华
(中铁九局集团有限公司)

1　前言

锁口管桩于20世纪50年代中期在我国做过应用试验,并曾应用于水库大坝防渗墙基础中,达到了防渗要求。受混凝土抗拉性能差、制造工艺要求高和当时国家钢材缺乏等因素限制,此技术的推广受到一定制约。随着我国科学技术水平的进步以及经济的迅猛发展,该技术将得到广泛的应用和推广。

沈阳市南阳湖斜拉桥工程,根据施工现场水文、地质、气候及周边环境,通过技术攻关确定部分深水基础采用锁口钢管桩围堰施工,解决了深水施工的技术难题并形成工法。实践证明,工法具有很好的实用性、先进性和科学性。

2　工法特点

2.1　施工速度快,制作、加工、安装下沉方便灵活,工艺简单,所需设备少。

2.2　截面强度、刚度大,支撑简单方便,具有可靠的结构稳定性和作业方便性。

2.3　设备式投入,可重复利用,经济、实用。

3　适用范围

本工法适用于各种复杂地质、地层,比如水下地层有障碍、密集孤石、片石堆积等深水基础的施工。

4　工艺原理

锁口钢管桩围堰的主要结构是支护钢管桩、锁口、水平支撑和封底混凝土。围堰主要是靠精密加工的锁口和在锁口处灌注一定稠度的石油泥浆达到止水效果。通过锁口钢管安装下沉、混凝土封底、抽水、承台施工4个阶段来实现大型桥梁深水桩基承台等作业的无水施工。

5　施工工艺

5.1　工艺流程

深水桩承台锁口钢管桩围堰施工工艺流程见图1。

5.2　锁口钢管桩围堰布置

(1)围堰结构平面布置要与钻孔桩护筒及管柱的布置相配合,以围堰施工简单化为原则。

(2)围堰结构立面布置根据河水水位确定,围堰顶面高程应高出计算最高水位1m。

围堰结构布置见图2。

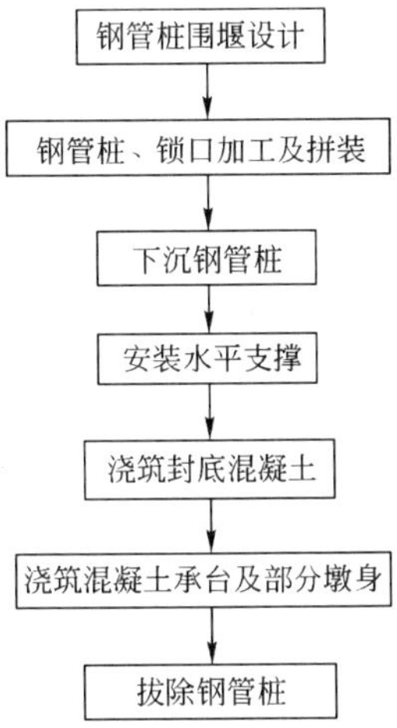

图1 施工工艺流程图

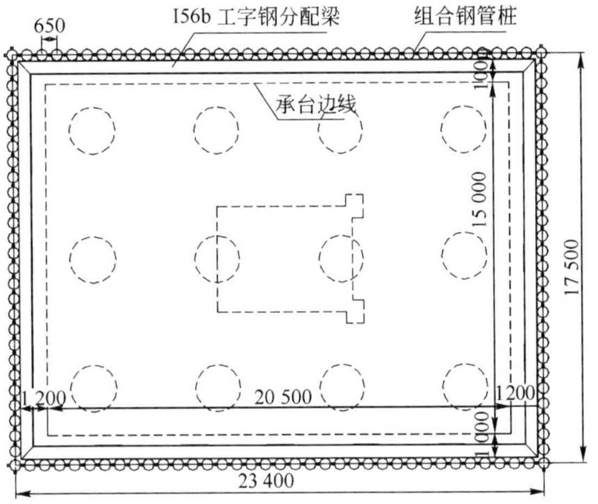

图2 围堰结构布置图(尺寸单位:mm)

5.3 锁口钢管桩围堰结构计算内容及构件选用

5.3.1 围堰设计程序

(1)设计资料收集,如气象、水文、地质等资料,以及加工制造、运输、吊装、桩锤等有关数据。

(2)资料中的围堰设计参数计算,如风力、水流、波浪、土压力系数。

(3)确定合理施工顺序,明确围堰结构计算的条件。

(4)绘出围堰总图,拟定钢管桩直径、锁口形式。

(5)围堰侧压力计算,进一步求出每米宽围堰的弯矩和支撑反力。

(6)按以锁口中心宽度换算成每根管桩的弯矩和支撑反力,检算桩的应力,检算水平支撑。

(7)按锤击沉桩的锤击力及允许的施工误差设计锁口。

(8)计算作用在围堰的风力、水流力、波浪力,检算围堰抗倾覆的稳定性。

5.3.2 构件选用

根据计算结果,支护选择 ϕ529mm × 6mm, L = 14m 钢管桩支护,并在管桩相连处进行锁口处理;锁口样式打破传统上的钢轨与槽钢的接口形式,锁口阴阳头分别采用10号槽钢和10号工字钢的新样式;支护结构标准桩间距为纵桥向0.67m,横桥向0.675m;钢管需接长时,宜采用等强度对接。水平设置两道分别为 ϕ800mm × 6mm 钢管和 ϕ800mm × 10mm 钢管内支撑,水平支撑与钢管桩之间采用2I56b 工字钢作为分配梁连接。

锁口构造见图3。

结构所有钢构件均采用Q235 (A3)钢材,原材料质量应符合国家相关规范,焊条均采用E43型。

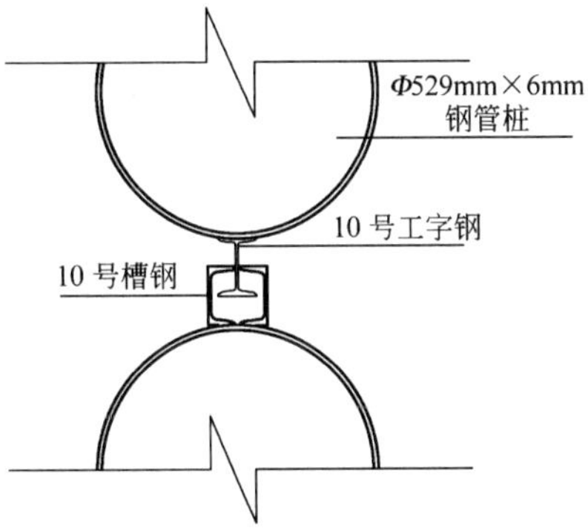

图3 锁口构造图

5.4 施工控制要点

5.4.1 围堰拼装

钢管桩和锁口所用钢材必须满足设计要求,符合相关规定。锁口处构件必须严格按设计尺寸下料,焊接需满焊。

5.4.2 围堰下沉

在钻孔灌注桩施工平台周边安装导向架,设上、下两层,严格控制钢管桩的倾斜度。在导向架上按理论尺寸放线定出各桩的位置,用振动打桩机下沉至设计高程。如遇到沉船、孤石、片石等地段,用吊机将柴油锤套在桩顶,将桩锤击到位。

5.4.3 围堰内支撑

围堰水平需要设置内支撑,根据计算结果确定支撑位置,支撑一般采用钢管。水平支撑与钢管桩之间可采用工字钢作为分配梁连接,钢支撑安装时应用钢楔形块顶紧,并固定牢靠,防止钢支撑脱落。支撑布置见图4。

图4 支撑布置图

5.4.4 锁口封水

锁口内射水冲洗后灌注石油泥浆。防止碎石和硬土进入锁口,在管桩下插前于锁口槽口下端先焊坡度1:6的挡板。施工过程中,严格控制泥浆稠度,使围堰达到最佳止水效果。

5.4.5 清底

围堰内开挖,泥土用抓斗冲抓或射水吸泥,孤石由潜水工水下作业消除。

5.4.6 水下混凝土封底

混凝土封底时应根据封底面积和水下混凝土的流动坡度确定多点布设封底导管位。灌注混凝土时,必须协调统一,使混凝土在围堰内的增长高度要基本一致。封底混凝土的测量要及时、准确,防止混凝土洗澡或局部未灌注到混凝土以致达不到止水效果。

5.4.7 承台混凝土浇筑

待封底混凝土强度达到90%设计强度以上方可抽除围堰内积水,割除钻孔桩护筒,凿除桩头,检测合格后灌注承台钢筋混凝土。承台混凝土可分次浇筑,每浇一层拆除相应内支撑。

5.4.8 钢管桩拔除

用振动打桩机振松锁口的浆体后,再将钢管桩拔出。

6 材料与设备

本工法无需特别说明的材料,所需主要机械设备见表1。

主要机械设备 表1

序号	名称	规格	数量	单位	备注
1	履带吊	50t	1	台	
2	汽车吊	12t	1	台	
3	挖掘机	$0.8m^3$	1	台	
4	空气压缩机	$10m^3$	2	台	
5	振动打桩机	ZJ90型	2	台	
6	柴油发电机	50kW	1	台	

续上表

序 号	名 称	规 格	数 量	单 位	备 注
7	水泵	8BA-12	3	台	
8	水泵	4BA-6	2	台	
9	电焊机	500A	12	台	
10	简板机	11×2 500mm	1	台	
11	吸泥机	ϕ250mm	2	台	
12	全站仪	TCR 1201	1	台	

7 劳动组织

施工需要配备专门施工人员，并建立健全各工种的岗位责任制度，使各项工作在每个岗位上得到落实，以提高工作功效，保证施工质量和安全，劳动组织见表2。

劳 动 组 织 表2

序 号	工 种	职 称	定员/人	工 作 内 容
1	工长	持证	1	负责现场施工、指挥
2	装吊工	持证	20	负责开吊车
3	电焊工	持证	15	负责焊接
4	铆工	持证	10	负责拼接
5	电工	持 证	5	负责现场用电
6	木工	持证	4	
7	潜水工	持证	7	负责配合下沉管桩
8	测工	持证	3	负责测量高程、记录、检查
9	普工	—	2	
10	安全员	持 证	1	负责施工现场安全

8 质量控制

8.1 质量检验标准

(1)《城镇道路桥梁施工规范》(汇编)。

(2)《公路桥涵施工技术规范》(JTJ 041—2000)。

(3)《建筑钢结构焊接技术规程》(JGJ 81—2002)。

(4)《钢结构工程施工质量验收规范》(GB 50205—2001)。

(5)《混凝土结构工程施工质量验收规范》(GB 50204—2002)。

8.2 质量保证措施

(1)建立质量责任制度，将质量与效益挂钩，健全质量管理机构和质量保证体系，加强专业技能培训，人员必须经考核合格后持证上岗。

(2)构件钢料、焊条、焊丝、焊剂等主要材料必须符合设计文件和现行标准要求并有出厂合格证，必要时应作力学、化学及可焊性试验。围堰钢构件的焊接要求、焊缝检查必须满足规范要求，焊缝处应做水密检查，不合格应复焊，直至合格后方可使用。

(3)为保证插桩顺利合龙，要求桩身垂直，并且围堰周边的桩数要均分。为保证桩身垂直，于第一组桩设固定于围堰支撑上的导向架，顺导向架下插，使第一组桩桩身垂直。在施工中加强测量工作，发现倾斜,及时调整,使每组桩在顺围堰周边方向及其垂直方向的倾斜度均不大于5‰。

(4)在使用拼接接长的钢管桩时,钢管桩的拼接接头不能在围堰的同一断面上,相邻桩的接头上下错开至少2m。在组拼钢管桩时要预先配桩;在运输、存放时,按插桩顺利堆码,插桩时按规定的顺序吊插。

(5)对围堰内开挖要全过程监控支护结构的变形,变形超限时停止开挖,待查明原因并处理后方可继续开挖。

(6)围堰内降水要随开挖进行,开挖应始终保持在微渗水状态下进行。开挖严格按照工况进行,严禁超挖,开挖至底后,及时进行封底。

(7)承台施工前要与当地气象部门密切联系,及时了解天气情况。封底必须按作业指导书和安全操作规程施工,做到围堰吊装准确,封底混凝土质量有保证。

(8)混凝土施工采用薄层浇筑,合理分层,层厚30cm左右,适当控制混凝土的灌注速度,尽量减小新老混凝土的温差。加强保温、保湿养护,延缓降温速率,防止混凝土表面干裂。

9 安全措施

9.1 执行标准

(1)《建筑施工安全检查标准》(JGJ 59—99)。

(2)《建筑机械使用安全技术规程》(JGJ 33—2001)。

(3)《建筑安装工人安全技术操作规程》。

(4)《施工现场临时用电安全技术规程》(JGJ 46—2005)。

9.2 安全控制措施

(1)所有进入施工现场的人员,必须佩戴安全帽,禁止非施工人员进入施工现场。

(2)水上作业操作人员必须穿救生衣、系安全带,采取重罚措施杜绝出现违归操作,确保施工安全。

(3)围堰施工前,应制定详细的施工方案和安全操作细则,并向全体施工人员进行安全技术交底。

(4)设专人负责日常检查和养护工作,在施工过程中设专人指挥,避免人多时乱指挥,出现安全事故。

(5)项目安质部相关负责人员在围堰施工过程中要与技术部门紧密配合,必须做到24h监控。

(6)拔桩时要先振动1~2min,再慢慢启动振动桩锤拔桩,在有松动后再边振边拔,防止蛮干。

10 环保措施

10.1 严格遵守国家和地方政府部门颁发的环境管理法律、法规和有关规定,对产生噪声的设备采取合理布局,加强设备润滑和维护保养工作,并严格执行相应作业指导书和设备检点规程,以减轻噪声对周围生活环境的影响,同时尽可能避免夜间施工。

10.2 整个施工过程中,全面运行ISO 14001环境保护体系标准,系统地采用和实施一系列环境保护管理手段。

10.3 将施工场地和作业限制在工程建设允许范围内,合理布置、规范围挡,做到标牌清楚、齐全,各种标志醒目,施工场地整洁文明。

10.4 固体废弃物按不同性质和类别分开存放,主要分为危险、不可回收利用固体废弃物、可回收利用固体废弃物、生活和办公垃圾等。

10.5 施工所产生的钻渣和废弃泥浆送到指定的位置,防止对周围环境进行破坏和污染。水泥、膨润土等掺和料,应安全堆放,妥善遮盖,不得掉入江中。混凝土水上拌和站的废水,采取集中装运至岸上基地,经净化处理后进行排放。

10.6 交通船舶、施工机械产生的废油料及润滑油等,必须集中收集运至岸上业主指定的弃土场深埋,生产用油料必须严格保管,防止泄漏,污染河水。

11 效益分析

11.1 本工法采用工字钢与槽钢相结合的新型锁口样式,使用石油泥浆灌注锁口封水的新工艺,在保证质量的同时提高了施工效率,实现了节能减排。工法通过本工程的成功实施,为同类工程施工提供了丰富的施工经验和技术指标。新颖的工法推动了深水施工的技术进步,取得了很好的社会效益和环保效益。

11.2 工法所采用施工方法简便易行,有利于缩短工期;设备式投入,可重复利用;锁口样式由工字钢代替钢轨降低了工程成本,工法具有很好的经济效益。

12 应用实例

沈阳市南阳湖斜拉桥工程深水桩承台施工。

12.1 工程概况

沈阳市南阳湖斜拉桥为三塔四跨双索面预应力混凝土矮塔斜拉桥,大桥全长 1 377.7m,其中主桥 384m,引桥 561m,引道 432.7m。大桥的主桥体宽度为 43m,双向 8 车道。该桥跨越浑河,是连接沈阳市于洪区和苏家屯区的重要交通通道,并且也将成为通往桃仙机场的辅助干线。

12.2 施工情况及结果评价

采用锁口钢管桩围堰施工了该桥部分水中基础,通过技术攻关,采用工字钢与槽钢相结合的新型锁口样式和石油泥浆灌注锁口封水的施工工艺,取得很好的效果,大大加快施工进度,为整个工程如期交付提供有利的保证。该项技术在北方地区的首次成功实施,推动了深水施工的技术进步,具有深远的意义,为同类工程施工,特别在我国北方地区提供了丰富的施工经验;同时也提高了企业知名度,树立了良好的社会形象,为振兴东北老工业基地、繁荣沈阳经济做出了重要贡献。

钢绞线索斜拉桥逐根挂索施工工法

GGG(中企)C3094—2008

杨延超　陈　思　丁业华　陈　彬　丁喜成
(中铁七局集团有限公司)

1　前言

斜拉桥自20世纪70年代在中国开始修建以来,20多年来得到了迅速发展,它桥型美观,梁内力分布均匀合理,主梁的建筑高度小,比梁式桥的跨越能力更大,是大跨度桥梁采用的最主要桥型之一。斜拉桥桥索安装一般都采用一次整束挂索到位的工艺进行施工,机械、人力投放较大。恩施市施州大桥斜拉索施工中,采用逐根挂索施工工艺,减少了机械和人工的投入,降低了施工中的不安全隐患,提高了现场工作人员的劳动效率。结合工程开展研究的科技项目《变截面高塔柱悬臂爬模施工技术》于2007年12月进行了鉴定,并总结形成本工法。

2　工法特点

2.1　将钢绞线索由一次性整束挂索到位改进为逐根吊装循环作业,降低高空作业中吊装索体的重量,极大地提高作业的安全可靠性、减少对机械的需求,降低成本。

2.2　钢绞线索在逐根吊装到位的同时进行逐根张拉,待整束安装完毕后,根据监控整束张拉索力的数据进行整体张拉,有效地保证斜拉索的施工质量。

2.3　在挂索施工过程中,钢绞线索、锚头、夹片采用防腐油脂和环氧砂浆等防护措施,可以确保钢索达到设计规定的使用年限。

3　适用范围

本工法适用于斜拉桥不同长度的钢绞线索的挂设和张拉。

4　工艺原理

4.1　塔顶张拉端和箱梁锚固端之间设置三角形循环钢丝绳,循环钢丝绳逐根将钢绞线索的一端传送到塔顶张拉端,另一端安装于箱梁锚固端,有效地减轻高空挂设重量,保证作业安全(图1)。

4.2　为满足规范要求,单根张拉过程中,使用传感器测试出整束斜拉索中第三根挂索的钢绞线的索力变化值,其后根据索力值变化调整下一根斜拉索钢绞线的张拉值,保证斜拉索中所有单根钢绞线的应力处于相同大小。

4.3　本桥按规范要求配套YDCS5500千斤顶(最大张拉力为550t)进行索体整体张拉。

5　施工工艺流程及操作要点

5.1　施工工艺流程(图2)

5.2　操作要点

5.2.1　循环牵引动力系统安装

(1)设置导向并将卷扬机移动到位。

(2)从塔外将循环钢丝绳穿过 HDPE(高密度聚乙烯材料)套管,护管放到桥面。

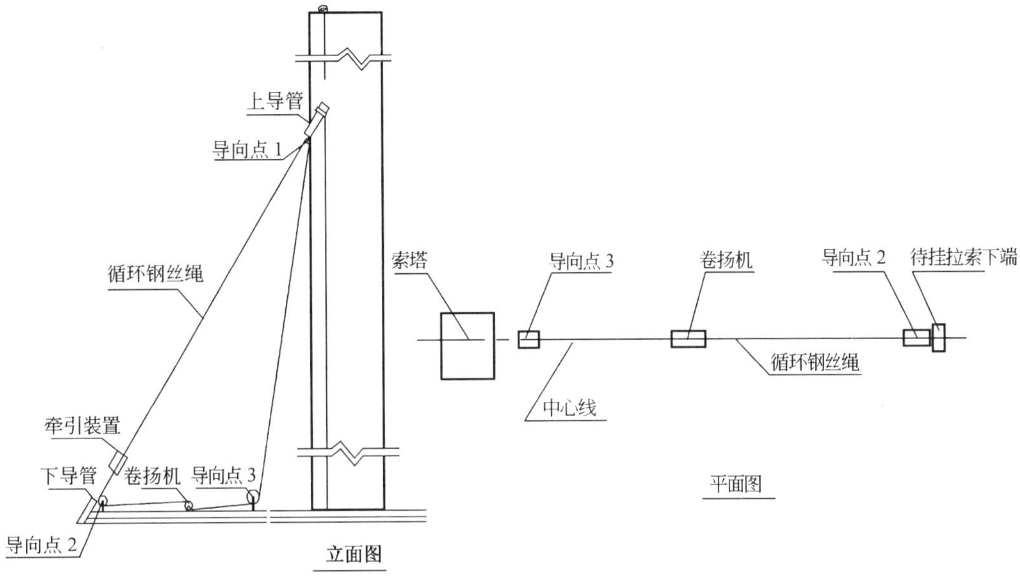

图 1 循环牵引动力大样

(3)桥面人员将它与牵引器连接。

(4)另一端通过塔外导向后,沿索塔向放到桥面。

(5)在桥面将它通过桥面导向后,引入卷扬机。

(6)从卷扬机引出循环钢丝绳,通过挂索点导向后与专用牵引器另一端连接。

(7)在桥面导向处用 2t 葫芦对循环钢丝绳进行预紧。

(8)操作卷扬机进行试循环(图 1)。

5.2.2 HDPE 护套安装

(1)在护管内穿入一根已计算好长度的钢绞线,同时在 HDPE 护管两端安装抱箍。

(2)利用卷扬机等起吊设备将钢绞线(钢绞线吊点前预留一定长度,用以穿入塔上锚具)和圆管一起吊起,到达预定高度后将钢绞线穿入塔上锚具并固定,利用千斤绳和葫芦将护管吊挂在塔外管口相应位置。

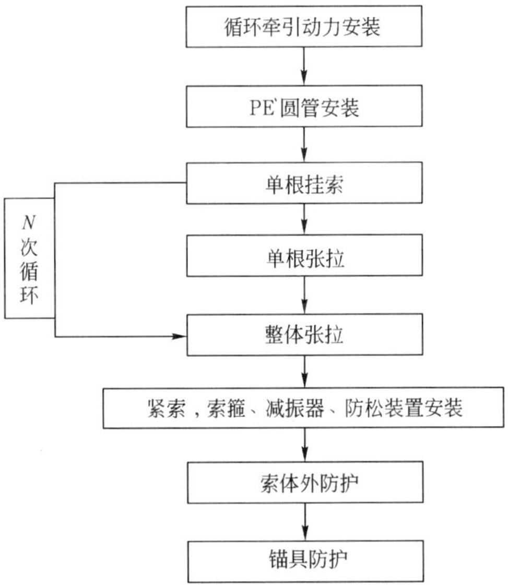

图 2 钢绞线索施工工艺流程

(3)护管下端牵引至下端预埋管口,先将钢绞线穿入下端锚具并固定。

(4)通过张拉钢绞线使外护管挺直抬起达到设计的角度,以方便下一步挂索工作的进行。

5.2.3 单根挂索过程(图 3)

(1)钢绞线运输到施工现场后,将索盘吊装于放线架上,因挂索时从 PE 管下端向上牵引,将放线方向朝向梁端预埋管处,放线架与预埋管之间应设铺垫及导向,以防钢绞线 PE 损伤。

(2)将盘好的钢绞线放盘打开张拉端与循环钢丝绳上的专用牵引装置连接,启动循环系统将钢绞线顺着 HDPE 护管牵引至上端管口,然后将钢绞线和从锚具孔穿过的牵引索连接,解除循环系统上的牵引装置,通过塔柱内的葫芦等工具将钢绞线拉出锚板孔,塔内作业人员相应辅助直到满足单根张拉所需的工作长度,安装临时夹片,拆除穿束器,准备牵引下一根钢绞线。

(3)将已牵引出的钢绞线从盘上全部放出,与穿过下端锚具的牵引索连接,用人工穿过锚孔,安装夹片,打紧并顶压。

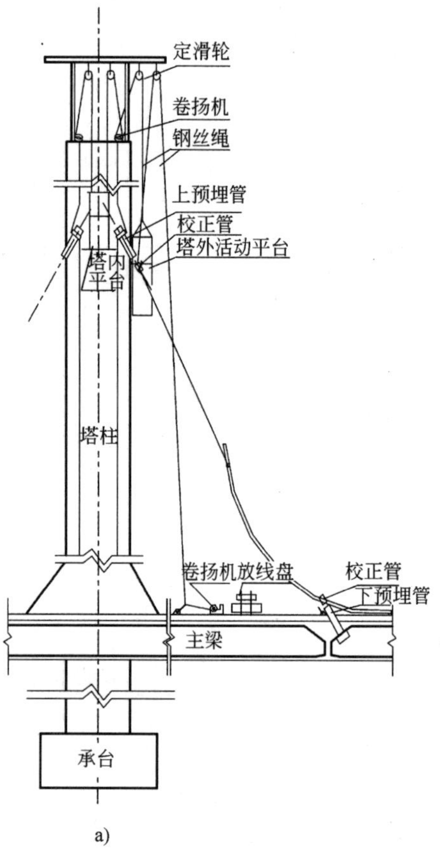

图3 挂索工艺示意

a)斜拉索挂索工艺示意图之一;b)斜拉索挂索工艺示意图之二

注:①在挂索前,先吊挂 HDPE 圆护管;②用连接器将下端绞线与牵引索连好,往下锚头推送直至绞线穿出锚孔,装夹片打紧;③利用卷扬机牵引穿上端钢绞线,并单根张拉;④重复牵引钢绞线穿索,塔端张拉,完成挂索。

5.2.4 单根张拉

(1)每束斜拉索中的钢绞线单根穿挂后,随即用 YDCS160—150 型千斤顶进行单根张拉。

(2)为使每根索中各钢绞线索力均匀,采用等张拉值法进行张拉控制,即每根绞线的拉力以控制压力表读数为准,根据传感器读数进行监测。张拉时严格按工艺控制进行。

(3)单根张拉过程采用振弦式传感器控制,该传感器使用时安装在第三根钢绞线上,通过单孔锚具临时锚固,待该整束斜拉索安装完成之后拆除。其中传感器通过导线与显示仪相连,压力变化值从显示仪中读取。

(4)第一、第二根:为减少 HDPE 外套管对单根张拉力造成过大的非线性影响,第一、第二根钢绞线用来承受 HDPE 外管的自重,所以张拉力由该管的垂度确定。

(5)第三根:先取整束拉索索力的平均单根索力,然后考虑锚固点间位移、拉索垂度及夹片回缩等预应力损失,进行索力修正,要求安装完成之后的索力值与设计接近。

(6)第 i 根索力 T_i:$T_i = T_{i-1} - \Delta i$,式中 Δ_i——第 i 根安装时传感器变化值。

(7)第一、第二根补拉时按 $T_i = T_{i-1} - \Delta_i$ 控制方法确定。

单根张拉示意如图4所示。

5.2.5 整体张拉

(1)整体张拉时,选择合适的千斤顶,并配套张拉连接套、张拉杆和张拉撑脚,其安装工艺如图5所示。

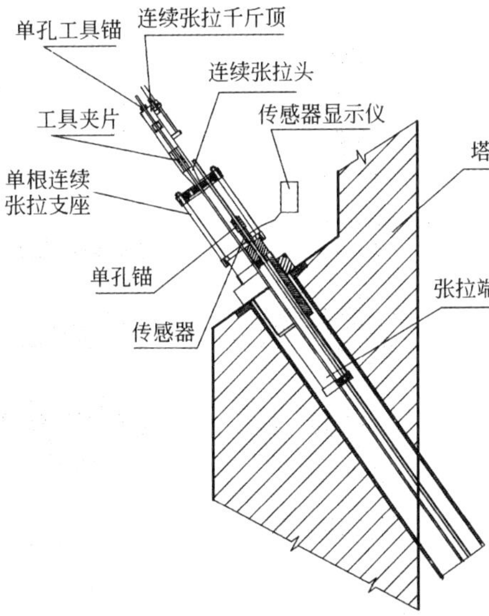

图4 单根挂索、张拉示意图

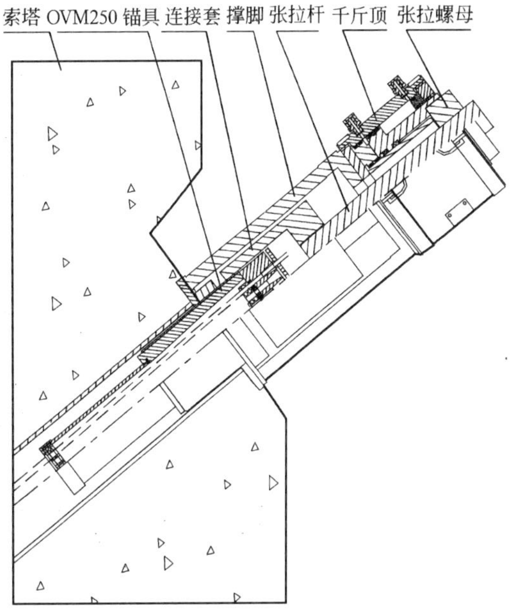

图5 整体张拉工艺

(2)为保证张拉时克服张拉部件的变形量对有效应力的影响,张拉到控制应力之后,超张拉2%然后拧紧锁紧螺母,锚固卸压。

(3)整体张拉时两个工作点进行同步分级张拉,各点同级索力相对误差控制在5%之内,拉索最终索力误差控制在控制索力的3%以内。

5.2.6 斜拉索防护

(1)索体材料采用带PE环氧涂层钢绞线,PE层与钢绞线间涂专用油脂,如在下料、挂索等过程中发现PE有破损处,立即用焊枪修补。

(2)索体外用HDPE圆管防护,成桥调索结束,并将减振器固定后,固定已预先套在管外的防水罩,与两端预埋管连接,可有效防止水分进入PE管内,并隔绝了紫外线照射,进而起到保护索体的作用。

5.2.7 锚头内防腐

锚头内钢绞线由于挂索、张拉需要,两端PE保护层需剥除,剥除段钢绞线必须进行有效防护,需在锚具内灌注环氧砂浆,注浆设备采用OVM专用注浆泵,待调索结束后,用该泵把砂浆压进锚具内。

5.2.8 锚头端面、夹片、外露钢绞线的防腐

(1)整体张拉后,支承筒外露部分、锚板、夹片等都涂上防腐油脂,而且支承筒外露部分锚板用封箱带缠绕密封。

(2)调索结束后,锚具外安装保护罩,内注油对裸露钢绞线、夹片、锚板等进行防护。

(3)上、下锚箱内必须预设防水、防潮措施,下端锚垫板应设有排水槽。

5.3 劳动组织(表1)

现场作业人员需求表 表1

序　号	项　目	单　位	数　量	备　注
1	作业队长		1	总体负责
2	现场技术负责		1	全面技术监控
3	现场安全负责		1	安全隐患排查
4	技术员		1	张拉索力值观测
5	挂索工		10	
6	张拉工		8	
7	电工		1	
8	焊工		2	
9	卷扬机操作工		2	
10	杂工		若干	

6 材料与设备

(1)使用材料如表2所示。

施工所用材料统计表 表2

序　号	项　目	单　位	数　量	备　注
1	龙门架	个	3	
2	放盘支架	套	2	
3	塔内平台	个	1	
4	塔外平台	个	2	
5	梁底平台	个	2	
6	塔顶钢支架	套	1	
7	ϕ15 钢丝绳	m	2 000	
8	ϕ9.3 钢丝绳	m	2 000	

注:本表所列设备为完成1个索塔上挂索所需施工设备。

(2)主要机具设备如表3所示。

施工所用机具设备统计表 表3

序　号	设备名称	规　格	单　位	数　量
1	卷扬机	50kN/11	台	2
2	卷扬机	15kN/22	台	4
3	电动油泵	ZB4-500	台	4
4	千斤顶	YDCS160	套	2
5	千斤顶	YDCS5500	套	2
6	PE 焊机		台	1
7	挤压机	YC20	套	1
8	镦头器		台	1

续上表

序 号	设备名称	规 格	单 位	数 量
9	顶压器	D15	套	4
10	传感器	ZX300	套	4
11	电焊机	BX1-315	台	3
12	电焊机	BX1-250	台	1
13	张拉专用小型设备		套	2
14	小型起重设备		套	4
15	其他小型设备		套	4
16	弦式测力仪		套	2

注:本表所列设备为完成1个索塔上挂索所需施工设备。

7 质量控制

7.1 按照公路工程相关规范对一般项目进行检查。

7.2 单根张拉涉及临时锚固,全部在连续张拉装置内完成,工作夹片只一次性咬合锚固,不允许出现多次工作夹片锚固的情况。

7.3 单根钢绞线顶压:在低应力状态下锚固的拉索,还须利用OVM拉索专用的顶压设备,对锚固夹片进行顶压,以确保有效的夹持效果,杜绝钢绞线滑丝现象。

7.4 防松装置:安装夹片防松装置,用专用扳手将各空心螺栓旋紧,空心螺栓与夹片间垫有四片蝶簧,以随时保持对夹片的压紧力。

7.5 索箍和减振器按设计位置进行安装,拧紧索箍紧固螺栓,并将减振装置最后固定。

7.6 环氧树脂涂料性能:附着完好,表面无气泡,耐冲击性500g×50cm,耐弯曲性:弯曲半径5mm时不出现裂纹。

7.7 采用等张法对斜拉桥索索力进行控制,同一束斜拉桥索各钢绞线应力差不大于3%。

8 安全措施

8.1 千斤顶操作时前方不许站人,设备安装要求端部平整对中。

8.2 油泵操作时需缓慢、均速加压和卸压,严禁超压和快速加压。

8.3 锚具起吊、安装时要求起落平稳,注意对锚具的保护。

8.4 挂索时确保牵引连接可靠,注意信号配合,索下不许站人。

8.5 严禁非专业人员擅自操作机械。

8.6 高空作业时不得随意向地面抛掷物品。

9 环保措施

9.1 HDPE护套在现场加工过程中如不控制,会产生白色污染;施工中应远离火源,加工后的边角料集中收集,统一按所在地区环保部门意见处理。

9.2 防腐用的防腐油脂和环氧砂浆在施工中如有剩余,严禁向河中倾倒,由项目部统一收集,按所在地区环保部门指定的地点进行深埋处理。

9.3 合理安排施工时间,尽量避免夜间作业,降低施工噪声,满足当地环保部门要求。

10 节省资源

改变原来一次整束挂索到位为多次逐根流水作业,不需要大型机械辅助,仅需要卷扬机配合便可,减少大型机械配套临时工程带来的资源浪费。

11 效益分析

11.1 经济效益好(与一次整束挂索到位方法对比)如表4所示。

效 益 对 比 表4

项 目	一次整束挂索施工方法	逐根吊装施工方法
人工费(元)	1 800	1 200
机械费(元)	30 000	2 000
安全费(元)	5 000	2 000
合计(元)	36 800	5 200

11.2 安全性强:降低挂索的风险,由原来一次整束挂索到位分解为逐根循环挂设,大大降低高空作业中挂索的重量,避免安全隐患并节省大量安全辅助费用。

12 应用实例

施州大桥是恩施市规划中的城市主干道重点控制工程,跨越清江,建成后将作为该城市主要标志之一。斜拉索形式为用扇形,横桥向同平面,共14对斜拉索,在索塔上的标准索距为1.8m,在主梁上的标准索距为8.05m,边跨BS10~BS14的索距为4.25m。索长最大为150m,全桥共14对56根斜拉索,重量总计270t,挂索从2007年4月开始施工第一对斜拉索,至2008年3月施工最后一对。整个施工过程安全可靠,现场操作方便快捷,经监控方现场测试并经设计方认可索力张拉值准确,质量可靠。受到监理、业主、当地政府和人民好评。

恩施市施州大桥斜拉索采用OVM250系列环氧涂层高强度低松弛钢绞线斜拉索体系。钢绞线标准强度为1 860MPa,弹性模量为1.95×10^5MPa。

施州大桥钢绞线索安装施工工法较传统的整束吊装钢绞线索施工更安全、方便、节省人力物力。改变原来一次整束挂索到位为多次逐根流水作业,减少了机械和人员的投入,降低了施工中的安全隐患,提高了现场工作人员的劳动效率,具有较高的社会、经济、技术效益。

变截面高塔柱悬臂爬模施工工法

GGG(中企)C3095—2008

罗建平　王建军　陈　思　刘　萍　陈大江
(中铁七局集团有限公司)
刘　雄　严泽洪　邓迪文　李德强　张海艳
(葛洲坝集团第五工程有限公司)

1　前言

随着科学技术的迅速发展和工程设计水平、施工技术的不断提高,出现了一大批诸如电视塔、悬索桥索塔、斜拉桥等高耸结构物。在高耸结构物混凝土施工方面,国内外开发了许多先进的模板技术,如爬模技术、滑模和悬臂爬模技术、液压升降台模技术、悬架式台模技术、立柱式台模技术、内升外挂高层整体模板提升施工技术等。

2005 年 1 月到 2007 年 3 月由葛洲坝集团第五工程有限公司施工的沪蓉西高速公路双河口特大桥左桥 4 号、5 号、6 号和右桥 5 号、6 号、7 号均为三面收坡的变截面高墩,其中 5 号墩高 162.7m,墩高在同类桥型中居世界第三亚洲第二。该桥高墩施工季节采用了悬臂爬模施工方法,它结构简单,施工安全可靠,施工质量达到设计要求,节约资金约 600 万元,受到业主、设计、监理的好评。

云南元江至磨黑(简称元磨)高速公路第十三合同段有三跨连续刚构特大桥 4 座,该桥高墩均采用悬臂爬模施工方法,工艺简单,安全可靠,并缩短了工期,取得了非常好的经济效益和社会效益。

2007 年 1 月至 2008 年 5 月,中铁七局集团有限公司在湖北恩施施州大桥施工中,针对人字形变截面索塔施工问题,在吸收借鉴滑模和翻模的基础上,研制出一套适合变截面高塔的悬臂爬模技术,采用此施工工艺解决了一般模板无法处理的变截面问题,并在施工过程中有操作简便、质量及安全稳定、易改装、可调节性强、省工省料等优点。结合工程开展研究的科技项目《变截面高塔柱悬臂爬模施工技术》于 2007 年 7 月由中铁七局集团有限公司进行了鉴定,并总结形成本工法。

2　工法特点

2.1　采用可分离式支架和模板,对模板进行改装后可适合不同弧度变化的截面。

2.2　悬臂支架设有斜撑,可方便地调整模板的垂直度,后倾最大角度能达到 30°;借助调节螺杆机构,模板可相对支架作上下调节,使用中斜度角度控制灵活。

2.3　支架、模板及施工荷载全部由预埋件承担,不需另搭脚手架,适于高空作业。抗风系统将爬模固定在高墩上,抵抗高墩的风荷载,极大提高了爬模施工安全性。

2.4　爬模直接挂在埋件系统承力楔块上,方便塔吊提升,缩短了爬模的提升时间。

2.5　一次提升仅需要预埋一层不可周转的埋件板和高强螺杆,预埋数量少;其余构件如爬锥、受力螺栓可周转使用,节省材料。

3　适用范围

本工法适用于各种变截面形式的悬索桥索塔、斜拉桥索塔、高桥墩、电视塔、大坝、混凝土挡土墙的混凝土衬砌等结构的模板施工。

4 工艺原理

4.1 支承系统:利用爬锥、受力螺栓、高强螺杆、埋件板构成埋件系统,将爬模桁片及模板固定在高墩上,以塔吊作为提升装置将支架安装于支承系统装置上,同时设有抗风系统保证高墩施工的安全性。

4.2 外模的调整和加固原理:两片桁片由钢管连成一整体由塔吊提升或由葫芦提升,在桁片上设有横向背楞,可以作为多面收坡使用。调节面板到需要的倾斜度,锁定斜撑和面板的支点,将后移装置和面板的螺栓拧牢固,以此保证混凝土浇筑中不会发生变形。

4.3 圆弧面模板的处理:对于圆弧面的不同弧度要求,将面板中的方木横带设置不同高度,通过高度的不同变化调整近似为圆弧。

4.4 提升系统:埋件系统承力楔块设计为外挂架,取出安全销后可以直接提升和安装。待爬模提升后人到装修平台即可拆卸重复使用的爬锥和高强螺栓及承力楔块。

5 施工工艺流程及操作要点

5.1 施工工艺流程

施工工艺流程见图1。

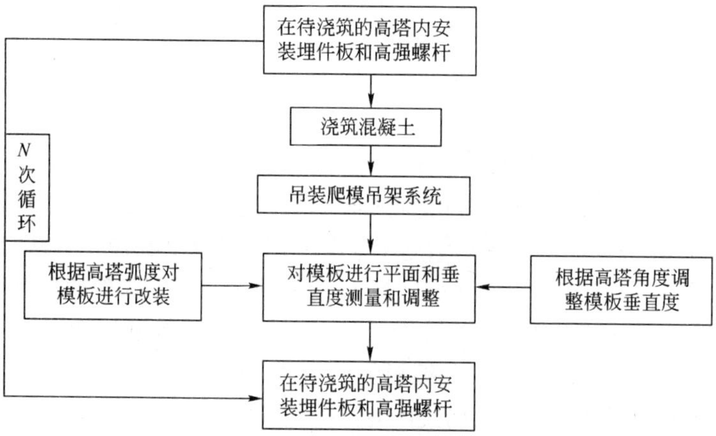

图1 施工工艺流程

5.2 操作要点

5.2.1 预埋件安装(表1)

预 埋 件 安 装 表1

步 骤	示 意 图	说 明
第一步:埋件固定于模板	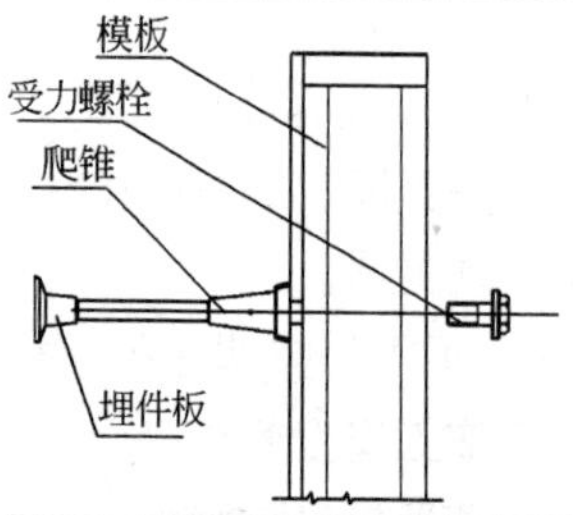 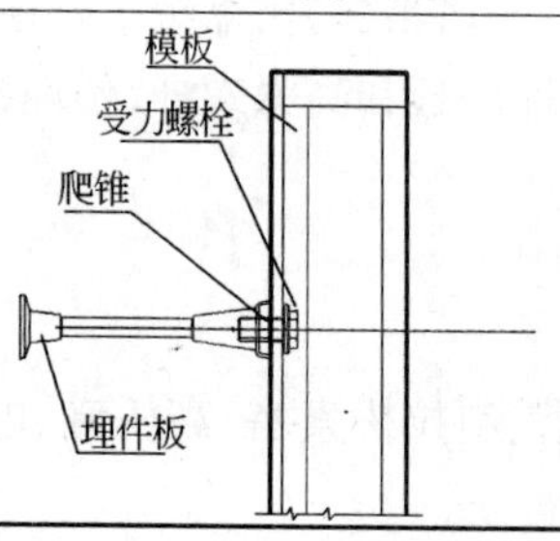	在模板就位前,通过模板面板上的孔,将埋件用M36×60的螺栓固定在模板上,对特殊定位尺寸,埋件通过定位螺栓与面板固定在一起,随模板一起吊装

续上表

步 骤	示 意 图	说 明
第二步：受力螺栓的安装	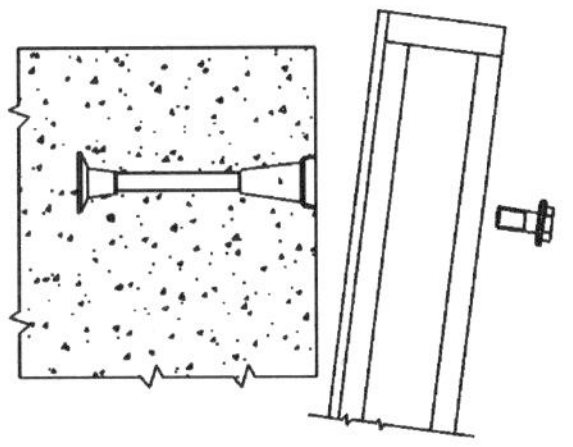 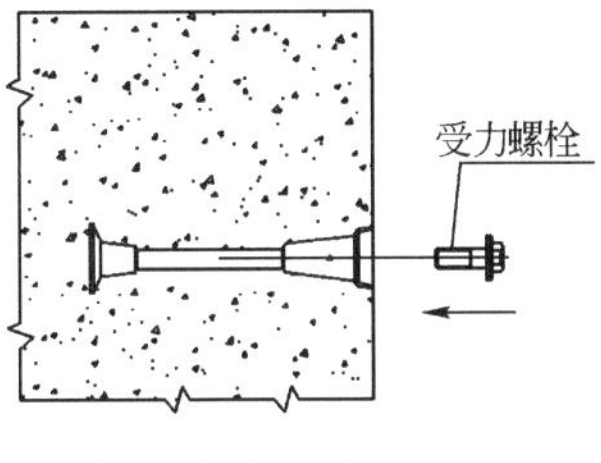	混凝土浇筑后，卸下 M36×60 螺栓，模板后移，将受力螺栓安装在爬锥上
第三步：模板支架就位	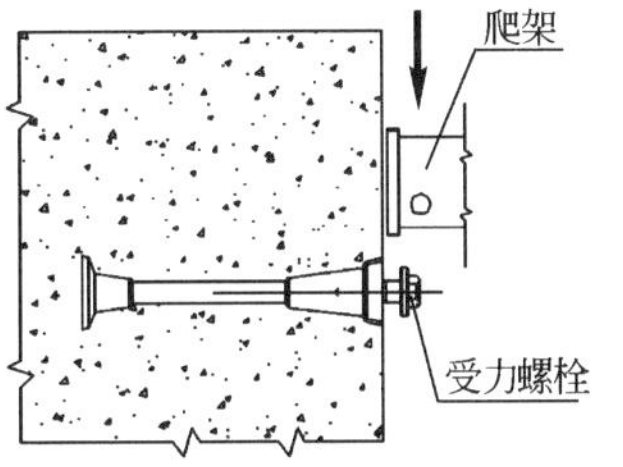 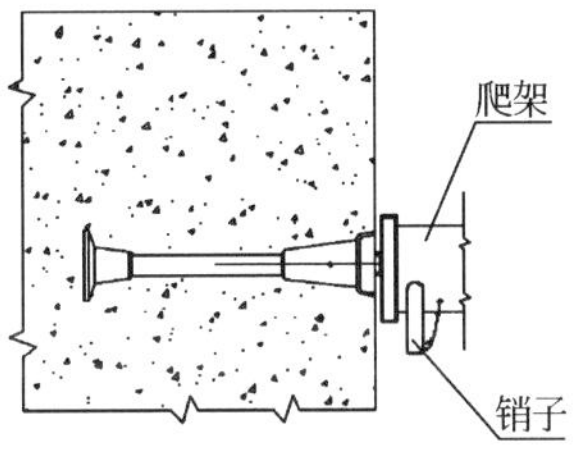	将模板吊装就位，支架卡在受力螺栓上，插上销子
第四步：埋件的取出	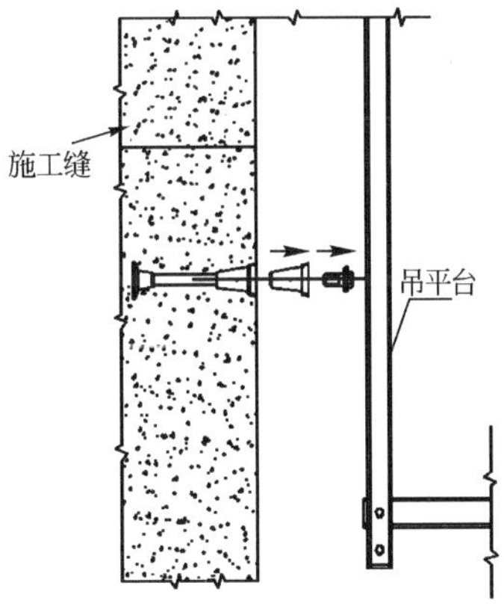	人在吊平台上用套筒扳手和爬锥取出器将受力螺栓和爬锥取出，以便重复利用，同时用砂浆抹好由爬锥留下的孔

5.2.2　混凝土浇筑（图 2）

（1）合模板前，检查预埋件是否安装就位，预埋件是否与建筑钢筋冲突，模板表面是否清理且抹上了脱模剂。

（2）通过后移装置将模板贴近混凝土上沿表面，调整模板的垂直度和平整度。

（3）插好镀锌拉杆的插销。

5.2.3　模板提升步骤循环（表 2）

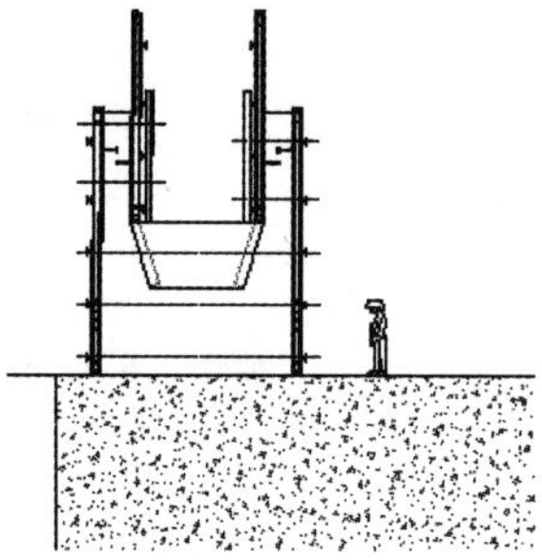

首次浇筑混凝土模板架设图

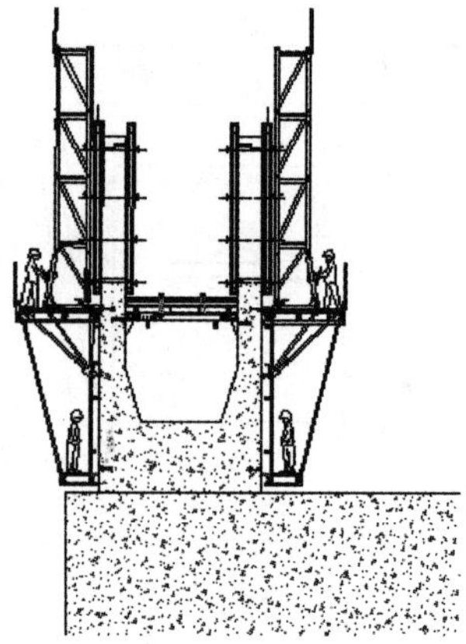

第二次浇筑混凝土模板架设图

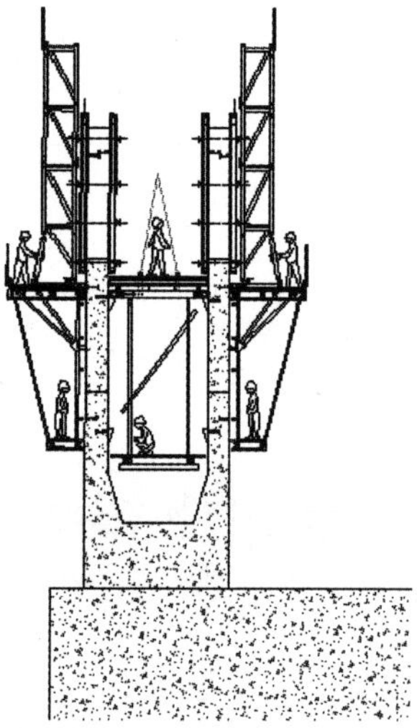

第三次浇筑混凝土模板架设图

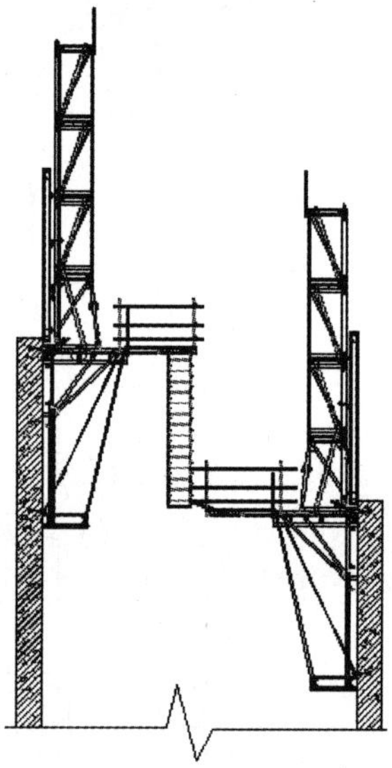

整体布局立面图

图2　混凝土浇筑

模板提升过程　　表2

步　骤	示 意 图	说　明
第一次爬升	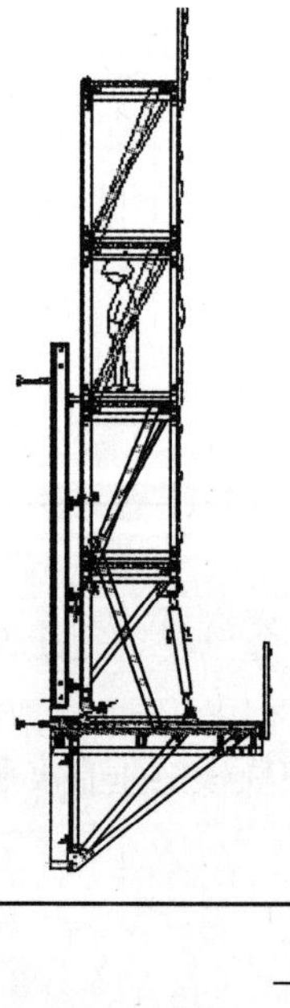	①第一次混凝土浇筑完后，拆除模板及支架；清理模板表面杂物； ②吊装爬架，按设计图纸将爬架挂在相应的埋件点上； ③通过可调斜撑调整模板的垂直度，通过锚固装置将模板下沿与上次浇筑完的混凝土结构表面顶紧，确保不漏浆和不错台

续上表

步　骤	示 意 图	说　明
第二次和第二次以上提升	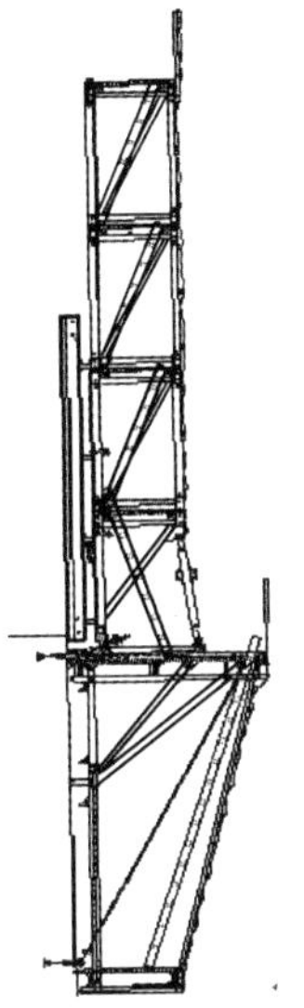	①在第一次爬升的爬架下安装吊平台以便拆除可周转的埋件； ②清除模板表面杂物； ③按设计图纸把爬架吊装就位； ④拆除前一次可周转的预埋件，以备用

5.2.4　悬臂爬模模板的倾斜度调整（图3）

（1）面板几字钢梁、后移装置、斜撑组成可调节三角形，连接角使用活动螺栓。

（2）后移装置与锚固设备保持固定，斜撑与面板几字钢梁的活动螺栓做上下移动调整模板的倾斜度，调节后倾的角度的范围在30°以内。

（3）调整角度到位后，将所有活动螺栓，即"垫圈＋弹簧垫圈＋双螺母"进行安装。螺母紧固扭矩为100～150N·m，安装完成后螺栓必须高出螺母3扣以上。

（4）用芯带销插入横肋和可做上下移动的斜撑支点共同的固结孔中，以保证模板在浇筑过程中倾斜度稳定。

（5）面板几字钢梁两边对穿ϕ22mm拉筋，纵向布置间距为1m，横向布置间距为0.6m，增强模板刚度。

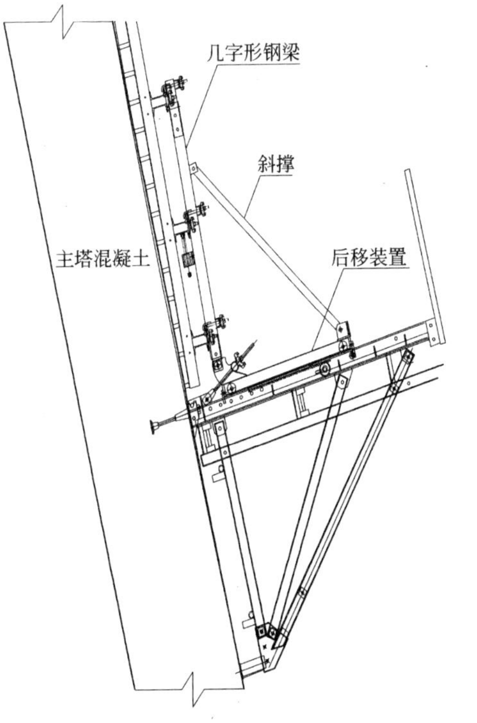

图3　变截面模板大样

5.2.5　悬臂爬模模板的弧度改装（图4）

（1）将需要改装的爬模模板的面板、方木横带、几字形工字钢拆除分离。

（2）根据圆弧不同的弧度依次调整方木横带的高度，根据弧度变化顺序安装不同高度的方木横带于几字形工字钢上，方木横带之间的间距保持在20cm。

（3）将面板（进口维萨板，柔韧性强，耐磨耐弯）逐一钉于方木横带上，方木横带的折线型渐变为面板的圆弧弧度。

5.2.6　爬模模板倒角设置

（1）阳角模板采用斜拉座及斜拉杆进行连接，45°斜向受拉，使阳角模板咬合严实。

（2）高塔圆弧度区域里横向宽度在缩短，为了截面的角部操作方便起见，将已经显得较长的模板削减到适合操作的程度。

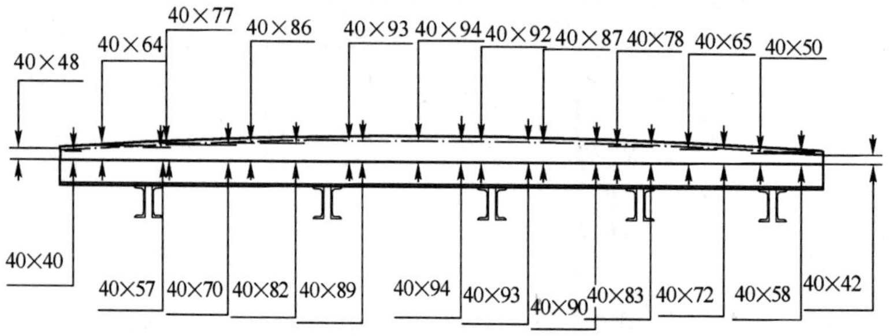

图4 模板圆弧调整大样(尺寸单位:cm)

5.2.7 测量控制

施工高塔过程中,复核模板主要用全站仪进行垂直度、平面位置、高程控制,每一阶段复核两次,分别为模板拼装完毕和浇筑混凝土前。如有偏差及时纠正,保证混凝土形体变形在2cm以内。纠偏办法:通过手拉葫芦一端挂于劲性骨架将存在偏差模板调整到位。

5.2.8 后移模板

(1)混凝土浇筑完后并达到一定强度,经相关管理人员同意,可松动模板,但不拆模。

(2)待上层钢筋绑扎完后,经检查,上层平台无危险易坠物,方可拆模板。

(3)拆模板之前,应将模板上所有的受力螺栓拧下,确保模板与混凝土无连接。

(4)先通过斜撑,将模板调为略向后倾2°左右,使模板与混凝土面脱离。

(5)通过后移装置,将模板后移50~60cm,然后插镀锌拉杆的插销。

5.3 劳动力组织(表3)

劳动力组织情况表 表3

序 号	单项工程	所需人数	备 注
1	管理人员	3	
2	技术人员	6	
3	架子工	8	
4	模板工	8	
5	起重工	10	
6	杂工	4	

6 材料与设备

(1)悬臂爬模材料(以施州大桥高塔为例)如表4所示。

悬臂爬模材料 表4

材料名称	规格型号	单 位	数 量	备 注
工字钢	I 14a	kg	730	
槽钢	[20a	kg	5 500	
钢梁	宽度为10cm几字形	kg	4 850	
面板	$\delta=21$mm 维萨板	m^2	150	
方木		m^3	10	
辅助材料		kg	3 450	

(2)机具设备如表5所示。

机　具　设　备　　　表5

序　号	设备名称	设备型号	单　位	数　量	用　途	备　注
1	导链	3t	个	6	提升模架	
2	塔吊	MC110	台	1		
3	手拉葫芦	5t	台	6		
4	千斤顶	10t穿心式	台	8		浇筑第一阶段调模使用
5	钢管	ϕ48×3mm	吨	6	连接桁片	拓宽施工平台
6	爬模桁片		个	12		
7	埋件系统		个	12		
8	抗风系统		个	12		
9	互通天桥		个	1		
10	麻绳	ϕ30mm	台	2	横向辅助牵引	长2m
11	木板	30cm	m^2	200	施工平台	
12	安全网		m^2	100		

7　质量控制

7.1　工程质量控制标准

(1)施工总体质量执行《公路桥涵施工技术规范》(JTJ 041—2000)。

(2)高塔的一般尺寸允许偏差符合表6的规定。

高塔的尺寸允许偏差　　　表6

项　　目	规定值或允许偏差(mm)
地面处水平偏位	10
倾斜度	塔高的1/3 000,且不大于30或设计要求
断面尺寸	±20

7.2　质量保证措施

(1)质量目标:用模板浇筑出来的混凝土表面平整光滑,线条顺直,几何尺寸准确,色泽一致,无蜂窝、麻面、露筋、夹渣和明显的气泡,模板拼缝痕迹有规律性,结构阳角方正且无损伤。

(2)模板在灌注混凝土前务必保护处理好板面,模板表面除锈,涂刷色拉油(或60%的机油与40%的柴油掺和),防止模板与混凝土不脱现象出现,涂色拉油时,色拉油要涂抹均匀,达到模板表面油光但无油痕为准,不得漏涂。模板开始使用后每次混凝土浇筑完毕必须对模板面进行清理,先用磨光机将模板表面的灰浆清理下来,再用纱布将模板擦干净,并采用洗衣粉对水清洗一遍。在模板就位前认真涂刷色拉油。(绝不允许在模板就位后刷涂刷色拉油,防止污染钢筋与混凝土的接触面)。

(3)为防止阳角模板漏浆,阳角交接处,应贴双面胶条,然后将阳角合紧。

(4)混凝土吊斗严禁冲击顶模,以防造成模板几何尺寸不准、变形。

(5)用专用量具量取L值或取钢条横在爬锥孔外的墙面上,伸进卷尺量取值L;要求$L \leq 104$mm(检算得),凡L值大于规定值的必须采取措施加固埋件总成。

(6)受力螺栓拧到支座与爬锥相抵,要求螺栓拧入爬锥的深度应不少于70mm,保证受力螺栓和爬锥间力的传递。

8 安全措施

8.1 高处作业必须设置防护,并符合《建筑施工高处作业安全技术规范》(JGJ 80—91)的要求。

8.2 排除模架吊升过程中任何有碍吊升的障碍物,确认已全部解除拉结及清除障碍后方可进入模架的吊升阶段。

8.3 悬臂模板模架下方外围十米为警戒区,警戒区有明显标记并有专人维持,严禁人员出入。吊升过程要有人盯位,严禁操作人员在模架上行走。

8.4 悬臂模板模架吊升到位并且固定后,必须通过以下项目检查。

(1)模架已按使用状态下的设计要求固定完毕,所有螺栓连接已拧紧,各承力件预紧程序应一致。

(2)扣件接头无松动

(3)所有安全防护已齐备

8.5 悬臂模板模架的使用必须遵守设计性能指标的要求,不得随意扩大使用范围,架体上的施工荷载必须符合设计规定,严禁超载,严禁放置影响局部构件安全的集中荷载,并及时清理架体,设备及其他构件上的建筑垃圾和杂物。外筒上不允许堆料。注意钢筋不能一次性吊装到位,要按照施工顺序,分批吊装。

8.6 悬臂模板模架使用过程中按规定每月进行一次全面的安全检查,不合格部件立即改正。

8.7 悬臂模板模架的拆除工作必须按专项施工组织设计及安全操作规程的要求进行,拆除工程前应对施工人员进行安全技术交底,拆除时应有可靠的防止人员和物料坠落的技术措施,禁止抛扔物料。

8.8 遇五级以上(含五级)大风、大雨、大雪、浓雾和雷雨等恶劣天气时禁止进行模架顶升和拆除作业,并应预先对架体采取加固措施。

8.9 模架吊升时操作人员应配戴安全带,安全带应妥善系牢在不动架上,各平台上的所有物品应妥善放置,不得滚动或掉落。

8.10 浇筑混凝土前必须检查支撑是否可靠、扣件是否松动。浇筑混凝土时必须由模板支设班组设专人看模护模,随时检查支撑是否变形、松动。混凝土浇筑养护后退模,模板一经后移,立即在模板上口和下口墙面与模板间满拉大眼安全网,一直维持到合模为止。

9 环保措施

9.1 抓好环保教育,提高全员环保意识。

9.2 合理安排模板改装过程中多余面板的处理,现场施工中产生的建筑垃圾运送至当地政府部门指定位置填埋,防止污染河水。

9.3 所有施工机械、动力设备应经地方环保部门的检测,噪声、废气排放等指标达标后才能使用。

10 资源节约

10.1 采用可分离式支架和模板,对模板进行改装后可适合不同弧度变化的截面,模板制作量少。

10.2 本工法与翻模施工方法比较,可以节约如木材等不可再生资源。

10.3 每一次提升仅需要预埋一层不可周转的埋件板和高强螺杆,预埋数量少;其余构件如爬锥、受力螺栓可周转使用,节省材料。

11 效益分析

11.1 经济效益

本工法的爬模总重轻、设计轻便、投入较小,舍弃了20世纪80年代的整体钢管桁片老式施工方法,经济效益显著,也为以后持续发展为液压爬模提供了可靠的决策依据和技术指标保证。悬臂爬模加上液压系统、导轨就变为液压爬模,该工法极大促进了高墩施工技术的进步(以恩施市施州大桥为例,爬模和翻模对比）。

11.1.1 节省工期

用翻模和爬模对比，仅模板拼装，翻模每次需要24h，爬模为一体吊装，仅需4～6h。以66m高塔为例，按每次浇筑高度4.5m为准，需要拼装模板15次，正常施工下爬模比翻模少用12d时间。

11.1.2 节约人工

每天投入人力50人计算，60元/工日，混凝土泵机月租35 000元，装载机月租12 000元；按节余12d算，人工费节省36 000元，机械费节省18 800元；共节约成本54 800元。

11.1.3 节约材料

（1）爬模一次性购买费用为260 000元；如采用翻模初步计算需要钢材80t，如外委加工制作，每吨为6 500元，共计520 000元，同比爬模较翻模节约成本260 000元。

（2）爬模不需要脚手架，而翻模需要搭设脚手架，共需要脚手架钢管70t，租费为8元/t/d，施工时间为120d，合计租费为67 200元。

以上总计节约382 000元。

11.2 社会效益

本工法与其他模板对比，大大减少材料的用量；减少对机械的使用，降低对环境的污染；避免塔身施工缝和模板缝的出现，提高了混凝土表观质量；得到了业主、设计及监理单位的好评。

12 应用实例

12.1 湖北沪蓉西高速公路双河口特大桥

双河口特大桥左5号墩高162.7m，墩高在同类桥型中居世界第三亚洲第二。左桥4号、5号、6号和右桥5号、6号、7号均为三面收坡的高墩，其中左桥5号、6号和右桥6号、7号为超高墩，均在120m以上。高墩为双肢形式，内档净距为8m，每60m设一道系梁。墩柱分层浇筑高度4.5m，为保证墩柱钢模板在墩柱施工完后可用于箱梁挂篮模板，箱梁最长截段为4.5m，墩柱模板配置高度4.65m。见施工示意图5。

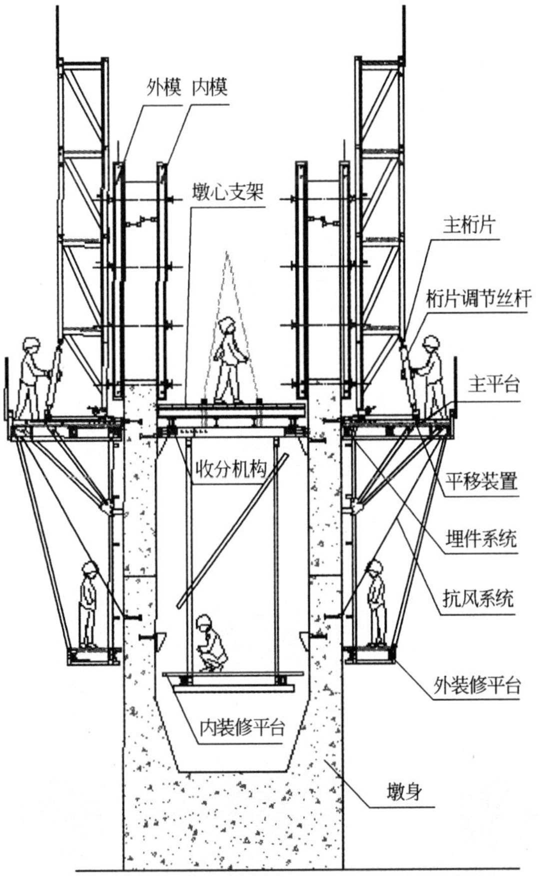

图5 双河口特大桥高墩悬臂爬模施工示意图

该桥高墩施工季节由2005年1月到2007年3月，采用了悬臂爬模施工方法，工程施工时原设计侧面桁片3片（准备收分一段时间后取掉1片），后修改为2片。三面收坡开始使用木模板，后改为钢模板直接收分效果更好。

该桥高墩成功地运用了悬臂爬模施工工法，取得了很好效果。它结构简单，施工安全可靠，施工质量达到设计要求，受到业主、设计、监理的好评。由于施工设备重量轻，节约资金约600万元，经济效益和社会效益显著。

12.2 云南省元磨高速公路

云南元江至磨黑（简称元磨）高速公路是国道213线云南境内的一段，其中第十三合同段位于云南省墨江县境内，全长10.768 48km，起讫桩号为K303+420～K314+188.82，主要由三跨连续刚构特大桥4座,连拱隧道两座,分离式隧道单幅两座,大桥单幅29座,中桥单幅9座组成。

该桥高墩均采用悬臂爬模施工方法。将爬模桁片及模板固定在高墩上，两片桁片由钢管连成一整体由塔吊提升或由葫芦提升,在桁片上设有横向背楞,作为多面收坡使用。埋件系统承力楔块设计为外挂架,取出安全销后可以直接提升和安装。待爬模提升后,人到装修平台拆卸重复使用的爬锥和高强螺栓及承力楔块。施工过程中的安全和质量得到可靠保证。

该桥高墩采用悬臂爬模施工工法效果非常好。它工艺简单,安全可靠,质量优良,缩短工期。使用该工法施工,为该项目节约投资约500万元,取得了非常好的经济效益和社会效益。

12.3 恩施市施州大桥

恩施市施州大桥为独塔单索面斜拉桥,主塔高66.35m,双肢人字形构造。上塔柱截面为660cm×400cm长方形,四周设20cm×20cm倒角,为斜拉索锚固区域。下塔柱在纵桥向渐变成人字形,其中下塔柱的双肢在塔底处内侧间距为4.868m,并沿着高度方向以82°的斜率向内收缩;下塔柱的双肢在塔底处外侧先以75°的斜率向内收缩,后以R50m的圆弧过渡转为垂直向上。

该塔2006年8月开始施工第一节,2006年12月施工完毕。整个施工过程无任何安全事故,混凝土表面呈镜面效果,曲线线形优美大气,受到监理、业主和当地市民一致好评。

连续梁菱形挂篮施工工法

GGG(中企)C3096—2008

陈 思 肖炳忠 苟祖宽 张振强 周远杰
(中铁七局集团有限公司 中铁五局(集团)有限公司)

1 前言

近年来,科学技术的发展大大推动了桥梁设计与施工技术的进步,其中预应力混凝土连续梁桥、刚构桥是采用较多的桥梁形式。预应力混凝土连续梁桥、连续刚构桥一般跨度大而且跨江河、河谷,所以主要采用悬臂浇筑法施工。以往挂篮一般采用万能杆件、贝雷桁架、军便梁组拼而成,往往结构复杂、质量大、操作不方便;现在的连续梁、连续刚构桥箱梁截面多采用单箱双室或单箱多室截面,桥面宽度大,节段重量较重,要求每个节段全断面一次浇筑,对悬臂浇筑法施工提出了更高的要求,为满足施工需要,出现了各种新的悬臂浇筑法施工方法,其中菱形挂篮悬臂浇筑施工方法具有设备结构简单、节点少、变形小、操作方便等优点,得到了较快的发展。

2001~2003 年,中铁五局(集团)有限公司在贵阳市中心环北线小关水库特大桥施工中,在充分总结以往连续梁、连续刚构悬臂浇筑施工经验的基础上,针对该桥单箱双室宽幅(桥面宽 21.5m)箱梁悬臂浇筑施工技术难点,进一步优化挂篮结构设计及其施工工艺,成功研制了适用于宽幅箱梁悬臂施工且仅用两片主桁架的菱形挂篮。

2007 年 1 月至 2008 年 5 月,中铁七局集团有限公司施工的湖北恩施施州大桥主桥为独塔单索面斜拉桥,刚构体系,墩塔梁固结。主跨 145m,边跨 100m,主桥刚构体系采用菱形挂蓝悬臂现浇施工,为解决平衡问题,100m 边跨在箱室内填充铁砂混凝土压重。挂蓝结构施工安全、方便,移动快速,并有效地控制了成桥线形。

2007 年 8 月至 2008 年 8 月,中铁七局集团有限公司在和平至左岭高速公路武东特大桥主桥(63m + 115m + 63m 预应力混凝土连续梁)施工中。根据混凝土悬臂浇筑工艺及对挂篮设计的技术要求,采用菱形挂篮施工,走行方式为无平衡重走行方式,使桁架走行时的稳定系数大于 2.0,满足规范要求,同时满足挂篮下通车净高不小于 8.5m 的要求。

2006 年,结合工程开展研究的科技项目《贵阳小关水库特大桥施工技术研究》通过贵州省科技成果鉴定,专家评价连续梁菱形挂篮施工技术达到国内先进水平。通过在几个工程项目的实践,逐步完善形成本工法。

2 工法特点

2.1 在单箱双室(或单箱多室)宽幅箱梁的悬臂浇筑施工中,挂篮结构简单,主桁架杆件受力合理。混凝土应力及挠度变化稳定,节段施工横向稳定性好、抗风能力强,节段施工高程调整方便准确,易于控制桥梁线形。

2.2 箱梁采用菱形挂篮悬臂浇筑施工,底篮及模板系统垂直悬吊在主桁悬臂端,挂篮行走时,底篮、外模板、内模滑梁升降同步就位,从而减少工序,缩短作业时间。

2.3 模板和内外作业平台一次安装形成封闭整体,施工作业防护设施齐全,安全可靠。

2.4　菱形挂篮施工悬臂浇筑箱梁,施工作业空间宽敞,并在挂篮主桁上方设置遮阳雨棚,改善工人作业环境。

3　适用范围

本工法适用于预应力混凝土连续梁、连续刚构桥悬臂浇筑施工,尤其是单箱双室或单箱多室的宽幅箱形连续梁、连续刚构桥悬臂浇筑施工。

4　工艺原理

4.1　菱形挂篮的工艺原理

4.1.1　菱形挂篮的安装

在墩身预埋件、临时支墩上安装三角托架形成工作平台施工0号梁段。0号梁段达到强度后在0号梁段顶面纵向对称安装菱形挂篮;挂篮前端悬吊形成的平台上进行下一个梁段的钢筋、模板、混凝土、预应力张拉、压浆施工。

4.1.2　挂篮的移动

挂篮底部设有滑道,使挂篮能够沿桥梁纵向移动,滑道由精轧螺纹钢锚固在已浇筑梁段;挂篮静止时后端由精轧螺纹钢锚固在已浇筑梁段,移动时后端锚固在滑道上。完成一个梁段的施工后,挂篮后锚由锚固在已浇筑梁段变为锚固在滑道上,对称将挂篮移动至下一个梁段直至循环完成所有悬臂节段的施工。

4.1.3　合龙段施工

利用挂篮作吊架,在刚性锁定装置安装完毕后,拆除临时支墩释放梁体内部应力,两悬臂端平衡配重,夜间低温、无风的条件下进行合龙段混凝土浇筑,完成全桥梁体施工。

4.2　挂篮设计

挂篮主要由菱形主桁架系统、走行及锚固系统、提吊系统、底篮及模板系统、操作平台等五大部分组成,挂篮纵断面和挂篮横断面图见图1、图2。

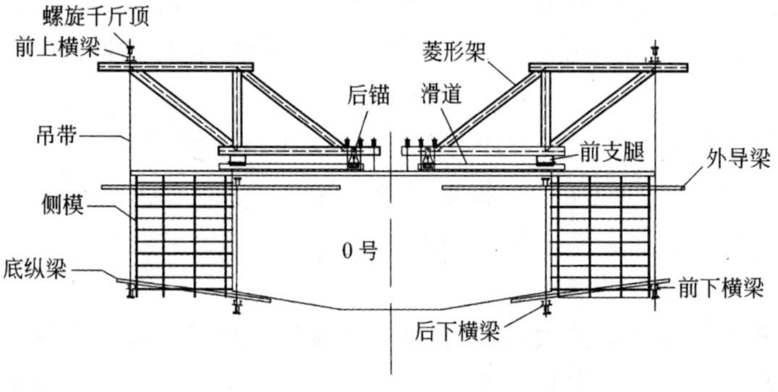

图1　挂篮纵断面图

1)主桁架系统

挂篮主桁采用外形呈菱形的桁架,在其横向设置前、后横梁组成一空间桁架,并在前、后横梁桁片上设置上下两层平面联结杆件。

2)走行及锚固系统

菱形组合梁走行系统:在每片梁前端设滑动点,后部设平衡导向滑轮,箱梁顶面上设滑道,向前滑移。挂篮行走时,通过后锚千斤顶将后锚反力转换为后锚小车承受,锚固小车可在工字钢轨道上翼缘底面滚动前移,轨道通过锚梁与箱梁竖向预应力筋连接而锚固。挂篮就位后,再将后锚小车上的力转换给后锚杆。

锚固系统作用是将挂篮承受的荷载传至箱梁上，防止挂篮倾覆。

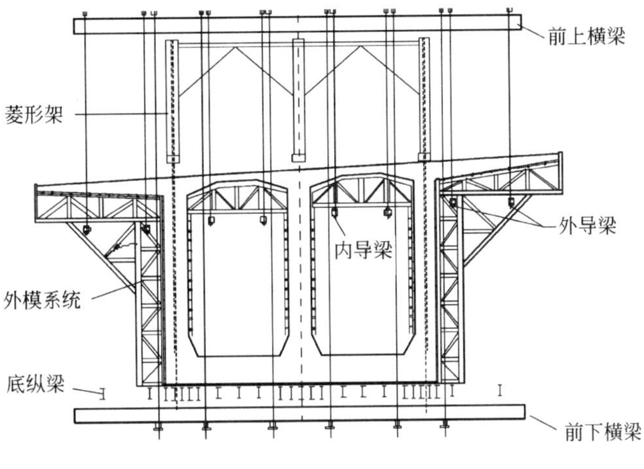

图2　挂篮横断面图

3）提吊系统

为了便于操作，在前后横梁下方悬吊分配梁，通过吊杆悬挂底篮及内外模板。前吊杆是底模平台前吊点，吊杆之间采用销轴连接，以适应不同梁高的变化。底篮后横梁采用锚杆锚固在前段已完梁段上，锚杆上方设置千斤顶，进行锚固力的转换并可调整挂篮悬臂端挠度。

4）底篮及模板系统

底篮由前下横梁、后下横梁、纵梁及分配梁组成。底篮前横梁通过吊杆悬吊在主桁的分配梁上，底篮后横梁在挂篮前移时悬吊在主桁的分配梁上，挂篮就位后转换到底篮后锚杆锚固于箱梁底板。模板包括底模、外模、内模。

5）操作平台

操作平台设计应满足堆放施工机具及工人作业空间的要求，平台可用手动葫芦调整其高度。

5　施工工艺流程及操作要点

5.1　工艺流程

施工工艺流程见图3。

5.2　操作要点

5.2.1　0号梁段施工

1）支座安装和定位

在支座安装前，首先是在支座垫石上确定支座安装中心线，根据中心线和需要安装的支座型号和规格、外形几何尺寸在支座垫石上放大样。

2）活动支座安装完毕后对0号梁段予以临时锁定

5.2.2　悬臂现浇施工部分

1）挂篮拼装

（1）挂篮加工完毕，在工厂检查各杆件尺寸、连接，重要焊缝采用超声波探伤检查，检测合格后在加工现场进行预拼装，经试验满足设计和施工要求后运达施工现场。

（2）在施工现场拼装时，根据吊装设备的起吊能力将挂篮分块拼装，减少在梁顶高空拼装时间和工作强度。

（3）挂篮拼装要注意各杆件的拼装顺序。先拼装走行系统、主桁结构及主桁后锚部分，然后拼装吊带及底模平台部分，再拼装挂篮模板及工作平台。

2)挂篮静载试验

挂篮试验加载按照最不利荷载模拟加载,检验挂篮的稳定性及整体安全,实测出挂篮的变形。挂篮预压采用堆码砂袋的方法进行,也可以利用千斤顶反压加载,千斤顶加载时由承台锚固钢筋提供反力,中间通过钢绞线及分配梁连接。

数据分析整理。通过预压测量出挂篮不可恢复变形和弹性变形,弹性变形与挂篮设计值比较,检验是否满足设计和规范要求要求;绘制出荷载与挂篮弹性变形关系曲线,为线形控制提供依据。

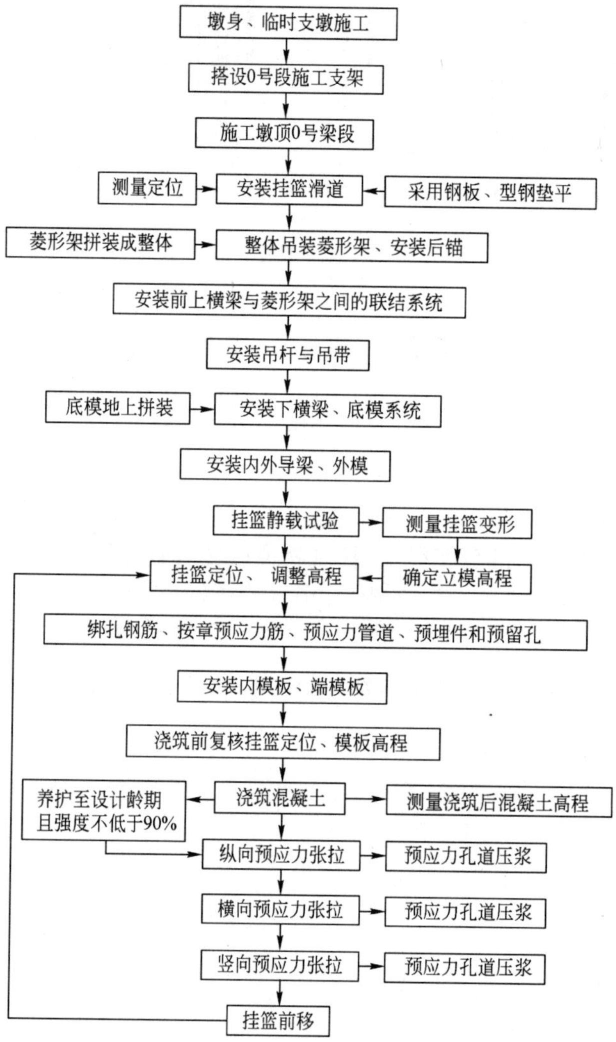

图3　施工工艺流程图

3)挂篮锚固和移动(图4)

挂篮静止时后锚由精轧螺纹钢锚固在已浇筑梁段顶板,锚固精轧螺纹钢尽可能利用梁体竖向精轧螺纹钢,以减少用钢数量。每施工完一个节段,悬臂两端挂篮均要对称前移至施工下一个节段。

(1)在前方梁段顶面测量好滑道位置,找平、铺设滑道并固定。

(2)将承重的各吊杆慢慢松开,后下横梁吊点用精轧螺纹钢和倒链转移至外导梁上。此时,模板系统与混凝土脱离,挂篮处于空载状态。

(3)将菱形梁后锚松开,人工采用倒链将主梁拖拉到位,主梁的前移带动外导梁、底模及内导梁整体滑移到位。

(4)挂篮移动到位后,把底模重新固定在各吊杆上,将内、外导梁和上一梁段预留吊杆及前吊带固定好。高程调整采用螺旋千斤顶调节吊带,可以精确地达到施工要求。

4)节段循环施工(图5)

图4 挂篮前移施工

图5 节段循环施工

(1)钢筋施工。先绑扎底板钢筋;腹板钢筋主要为箍筋,与底板钢筋一起安装并将腹板筋下端固定在底板钢筋上,形成腹板钢筋骨架;安装腹板钢筋水平联系筋;绑扎顶板钢筋。

(2)预应力施工。在钢筋施工时穿插进行预应力筋和预应力管道安装,将其固定在钢筋网上,预应力管道每隔50cm安装定位网固定;预应力管道内临时穿塑料衬管,防止管道变形、漏浆。

(3)混凝土浇筑施工。浇筑顺序为底板→腹板→顶板。通过腹板浇筑底板混凝土,合理控制各腹板浇筑顺序、浇筑强度,在内箱倒角处安装部分底板内模,避免底板浇筑完毕腹板混凝土仍然往箱梁内翻浆。

(4)预应力张拉。养生混凝土7d,且同条件混凝土抗压试块强度和弹性模量达到90%,进行纵向预应力筋张拉,然后张拉横向预应力筋,竖向预应力筋滞后2个节段张拉。钢绞线预应力管道通过管道摩阻试验测定实际管道摩阻损失。

5)线形控制

影响箱梁悬臂端产生挠度的主要因素有:梁体结构自重、施工荷载、施加预应力、混凝土徐变、挂篮弹性变形 、使用荷载。挠度计算公式如下:

$$H_m = H_s + \sum f_l + \sum f_y + f_1 + f_2 + f_3 + f_4$$

式中:H_s——梁段设计高程;

$\sum f_l$——各梁段自重在本梁段产生的挠度总和;

$\sum f_y$——各梁段预应力张拉在本梁段产生的挠度总和;

f_1——混凝土收缩、徐变在本梁段产生的挠度;

f_2——施工临时荷载在本梁段产生的挠度;

f_3——使用荷载在本梁段产生的挠度;

f_4——挂篮变形值。

(1)测定混凝土重度,按照混凝土试验方法测定。

(2)挂篮变形值由静载试验确定的荷载与挂篮弹性变形关系曲线得出。

(3)临时荷载中挂篮自重已知,人员和机具荷载按2.5kPa/m^{2}考虑。

(4)制作试块测定混凝土7号、28号、60号、90号弹性模量,绘制E-t曲线。

(5)应力测试和温度测试。应力测试采用钢弦式应变计在全桥8个断面共设96个测点;温度测试:环境温度的测量采用电子温度计,全桥共设置2个温度、湿度监测站,主梁温度场的测量采用数字式测温传感器进行。

(6)偏位测量。采用全站仪用坐标法测量,测量基点设在桥梁两端稳定的地方。

(7)主梁高程测量。每节段施工完成后,测量该节段的高程及相邻3个节段的高程变化,在3个工况进行测量:混凝土浇筑前、混凝土浇筑后、张拉预应力后。

(8)成桥线形测量。成桥后(合龙后,二期恒载铺装前)测量全桥线形,每5m布置两个测点(上下游各一个),测量主梁成桥线形。

6)悬臂浇筑施工平衡控制

桥墩两端梁段悬臂施工进度应对称、平衡,实际最大不平衡偏差不得超过设计要求值。

(1)挂篮推移平衡控制

两端挂篮每一个主桁片配置一个顶推千斤顶。顶推挂篮时,四台液压千斤顶同时顶推,保证挂篮四片主桁匀速、平行、同步前移。挂篮的内模骨架、外模骨架通过倒链葫芦拖拉,使其与主桁同步前进。

(2)钢筋安装不平衡重控制

各种材料均堆放在0号段顶部,并且前后、左右对称堆放,不得堆放在悬臂部位。在各个节段钢筋施工过程中,计算出每个节段钢筋及工作面需要的材料总重量,对称进行钢筋的绑扎和运输。

(3)浇筑混凝土不平衡重控制

浇筑混凝土前,两悬臂端钢筋及模板均已安装完毕,基本处于对称平衡状态。混凝土浇筑时两悬臂端对称平衡地进行,严格控制两悬臂端混凝土的不平衡重,避免不平衡重超过设计允许值。

(4)预应力施工控制

悬臂浇筑箱梁节段预应力张拉,严格按照先纵向、后横向、再竖向顺序进行;纵向预应力张拉从上到下、左右对称同时张拉,若出现意外情况不对称张拉最多只能一束,防止箱梁横向偏压失稳或翘曲;横向预应力左右同时对称跳槽张拉。

5.3 合龙段施工及体系转换

5.3.1 合龙段施工

(1)合龙施工顺序先边跨,后中跨,边跨合龙时临时支墩不能拆除。

(2)合龙前,测量箱梁顶面高程和轴线,连续测试温度影响偏移值,观测合龙段在温度影响下梁体长度及竖向的变化。

(3)合龙前,应在两悬臂端预加与需要承担的合龙段混凝土重量相等的配重。加配重时要按中轴线对称加载,并在浇筑混凝土过程中逐级卸载,使悬臂端挠度保持稳定。

(4)合龙宜在设计温度范围内合龙,若设计无要求,合龙段混凝土浇筑时间应在日气温较低、温度变化幅度小时施工,凌晨以后,日出之前最佳。

5.3.2 连续梁体系转换过程

在两悬臂端平衡配重;焊接锁定临时劲性骨架;拆除临时支墩,解除活动支座锁定边浇注混凝土边同重量卸除平衡配重;混凝土养护到设计强度和龄期时,张拉纵、横、竖向预应力筋并压浆。

6 材料与设备

6.1 所使用的主要材料(表1)

主要工程材料表 表1

序号	材料名称	规格	主要技术指标
1	普通钢筋	Ⅰ级钢筋 Ⅱ级钢筋	具体见设计及规范要求
2	预应力钢绞线	1860级	具体见设计及规范要求
3	高强精轧螺纹粗钢筋	$\phi^{L}32$	具体见设计及规范要求
4	混凝土	C50	具体见设计及规范要求

6.2 悬臂浇筑施工主要机械设备(表2)

主要机械设备表　　表2

序号	名称	型号规格	单位	数量	备注
1	搅拌站	HLS50	套	1	
2	塔吊	QTZ100	台	1	
3	混凝土地泵	HTB90	台	1	
4	混凝土运输车		台	3	
5	挂篮		套	2	
6	液压千斤顶	350t	套	4	纵向张拉
7	液压千斤顶	60t	套	2	竖向张拉
8	液压千斤顶	24t	套	2	横向张拉
9	挤压机		台	1	预应力挤压锚安装
10	压浆机		台	1	
11	螺旋千斤顶	32t	套	48	挂篮使用
12	手拉葫芦	2t、5t、20t	套	24	挂篮使用
13	电焊机	GQH40	台	8	
14	钢筋切断机	GQ40-1	台	1	
15	钢筋调直机	GT4-14	台	1	
16	钢筋弯曲机	GWJ40-A	台	1	
17	插入式振捣棒	ϕ50	台	12	
18	全站仪	莱卡1201	套	1	
19	水准仪	精度1mm	套	1	
20	发电机	200千瓦	台	1	备用

注:本表所列设备为1个T构施工设备。

7 质量控制

7.1 混凝土浇筑质量控制标准

(1)施工质量符合《公路桥梁施工技术规范》(JTJ 041—2000)、《公路工程质量检验评定标准》(JTG F80/1—2004)。

(2)每节段混凝土浇筑完后及时养护。

(3)每节段施工前模板进行打磨处理,并均匀涂刷脱模剂,不得涂漏;混凝土不得离析,严格控制混凝土的坍落度;必须捣固密实,表面不得有蜂窝麻面,不得有跑模现象,外观美观。

(4)合理组织,注意钢筋安装与预应力安装顺序,焊接作业时对相邻预应力管道采取防护措施。

(5)在悬臂浇筑箱梁施工中,为了保证线形控制良好,必须成立专门的监控小组,加强观测每个节段施工中混凝土浇筑前后、预应力张拉前后四种工况下悬臂的挠度变化。每节段施工后,整理出挠度曲线进行分析,及时调整施工中发生的偏差值,准确地控制线形。

7.2 挂篮及模板质量控制标准按表3规定执行

挂篮及模板质量控制标准　　表3

序号	检查项目		容许偏差(mm)	检查部位
1	挂篮及模板加工	长度	+0　-1.0	中间及两边
2	挂篮及模板加工	宽度	+0　-1.0	中间及两端
3		高度	±1.0	中间及两端
4		模板挠曲	<2.0	长、宽方向
5		边肋孔距	±1.0	任意两孔间距
6		端肋孔距	±1.0	任意两孔间距
7		焊缝长	+5.0　-0	所有焊缝
8		焊缝高	+1.0　-0	所有焊缝
9		倒角模角度	<1.0	内模倒角
10	挂篮模板拼装	模板间拼接缝	<1.5	1.5塞尺不通过
11		相邻模板面错台	<2.0	检查拼接缝
12		相邻模板上口高差	<1.5	检查拼接缝

8　安全措施

除遵守建设部、中华全国总工会、劳动人事部联合发布的《建筑安装工人安全技术操作规程》外,还要注意下列事项。

(1)建立完善的施工安全保证体系,加强施工过程中的安全检查和控制,确保作业标准化、规范化。

(2)针对菱形挂篮悬臂施工的特点,制定切实可行的高空悬臂浇筑施工安全措施,建立健全各项安全规章制度,加强岗位责任制,并在施工过程中认真执行和总结完善。

(3)对参与施工的全体员工进行岗前培训和安全教育,贯彻安全第一的思想,作业时必须佩戴安全帽、穿施工鞋、系安全绳。

(4)工作面周边挂安全网,墩下通道搭设防护棚。

(5)遇到大风、暴雨及雷电而停止施工时,注意要切断电源,保护好各种设备。

(6)塔式起重机和电梯的司机要经培训考核,持证上岗,定期检查各种限位开关、起重钢丝绳、卡环、附着杆,如有损坏及时更换。

(7)对已施工完的节段,桥面上必须将杂物清理干净,对继续使用的机械设备,要做好放置工作,严禁乱丢乱放。

(8)挂篮行走安全措施。

①挂篮移动时必须专人指挥,在准备工作就绪后方可开始走行,走行过程中,施工人员必须相互配合,听从指挥,使挂篮顺利快速前移到位。

②挂篮每次走行时,连接部位螺栓、千斤顶、吊带及倒链等部位必须经过检查方可进行走行施工,确保走行安全。

③挂篮移动过程中,锚固滑道的精轧螺纹必须拧紧,滑道与滑道之间连接必须保证水平。滑移过程中,侧模板要保证平稳,必要时可与底模暂时连接。

④在挂篮推移、节段施工过程中,严格控制两悬臂端的不平衡偏差,不得超过设计允许值,两端、左右对称平行作业,并安排专人检查。

⑤挂篮移动时,在其挂篮尾部设置后缆安全绳并随主桁前移逐渐放松。挂篮移动过程中,如有构件移动不同步,则先查明原因,解决问题后,然后利用千斤顶或倒链葫芦拉推就位,再继续前移。挂篮就位后,须在滑船前后设置楔档止动块,以确保挂篮前移及浇筑箱梁混凝土过程中的安全。

(9)纵向预应力筋张拉,必须严格按照设计顺序进行,并且左右两侧对称张拉。若在张拉过程中出现异常情况,必须找到原因、处理后,两侧才能继续对称进行下一步作业。

(10)如果悬臂浇筑为跨线施工,应用角钢和铁皮对挂篮全封闭防护,确保施工杂物掉落砸到车辆或行人。

9　环保措施

9.1　施工场地统筹部署,规范整洁,施工使用的机具、设备要集中停放,材料要分别堆码标志,灰、砂、石等大堆料有防风防雨设施,特别是有毒和危险物品,实行专人专项管理,严格保管制度。

9.2　挂篮构件的临时堆放及地面预拼时,尽量利用原承台基坑开挖范围或下部结构施工场地,以减少施工临时用地。

9.3　每个节段浇筑完毕后,清洗泵管的污水集中回收处理,严禁直接由施工节段排放至地面,避免污染环境。

9.4　悬臂施工跨线部分,在已浇注完成梁顶外侧砌筑纵向临时挡水块,将雨水和施工产生废水引到所跨线路外侧再引排至桥下。

9.5　施工现场临时道路采用混凝土路面,随时洒水、清扫,避免扬尘。

10　资源节约

10.1　与分幅箱梁设计及施工相比,本工法所采用的整体设计及施工宽幅箱梁混凝土方量及钢筋用量都明显减少,有效节约了主体工程的资源消耗。以和平至左岭高速公路武东特大桥主桥施工为例,菱形挂篮自重与最重节段混凝土重量之比仅为0.32,和以往挂篮相比节约了大量钢材。

10.2　本工法采用的挂篮通用性好,同类工程的施工可循环利用,有效节约了工程施工临时结构的材料消耗。本工法所采用的挂篮在设计时,主桁架可按一定的承载能力范围进行设计,只要箱梁悬臂浇筑的分段重量在此范围内,均可循环利用挂篮,仅需根据箱梁的设计参数调整主桁间距及模板尺寸,即可满足箱梁施工要求。

11　效益分析

11.1　采用悬臂挂篮施工方法施工大跨度预应力混凝土连续梁或刚构梁,除挂篮安装、拆除需要使用大型吊装设备外,循环节段施工时不需要其他大型机具设备,达到减少工程投资的目的。

11.2　悬臂挂篮法施工实现了无支架施工,可以方便的跨越大河、深谷施工,推动了预应力混凝土桥梁向高墩、大跨发展。

11.3　挂篮按标准化设计,在本桥施工完毕后可以在小幅度改装后投入到其他类似桥梁的施工中,提高了挂篮的周转率。

11.4　以武汉市和平至左岭高速公路武东特大桥为例。通过优化设计,节约了大量钢材,减少了施工成本16.64万元。走行系统、模板系统的优化设计每节段缩短工期0.5天,共14个循环,缩短总工期7d,节约综合施工成本10万元。

12　应用实例

12.1　小关水库特大桥

小关水库特大桥是贵阳市中心环北线的重点控制工程,全桥长1 040.30m。主桥为69m + 125m + 2 × 160m + 112m三向预应力混凝土连续刚构。该桥为双向4车道城市桥梁,整幅箱梁采用单箱双室截面,箱梁顶宽21.5m,底宽12.5m,悬臂板长4.5m;边腹板厚0.4 ~ 1.0m、中腹板厚0.4 ~ 0.6m;顶板厚0.28 ~ 0.5m,箱梁根部高10.5m,跨中及边跨支架现浇段梁高3.0m,底板厚0.32 ~ 1.5m,箱梁底板下缘按圆曲线变化。箱梁采用悬臂浇筑法施工,每个T构共分20对梁段,分段长度为5 × 3.0m、5 × 3.5m、

10×4.0m,最大梁段重力约为2 700kN。该桥结构设计要求挂篮自重及全部施工荷载≤1 700kN,承载力3 000kN,挂篮的设计和施工难度较大。

在该桥施工中,充分总结以往连续梁、连续刚构悬臂浇筑施工经验的,针对该桥单箱双室宽幅(桥面宽21.5m)箱梁悬臂浇筑施工技术难点,进一步优化挂篮结构设计及其施工工艺,成功研制了适用于宽幅箱梁悬臂施工且仅用两片主桁架的菱形挂篮。该挂篮既能保证挂篮承载能力,又能满足桥梁设计要求的挂篮自重限值,且挂篮结构简单,操作方便,有效加快了宽幅箱梁的施工进度,同时也保证了宽幅箱梁施工质量。

该桥于2001年9月开工,2003年12月竣工通车,质量优良,结构内实外美,桥梁实测线形与理论线形吻合较好,目前运营状况良好。

12.2 施州大桥

湖北省恩施施州大桥位于恩施市城区,起点接施州大道,向西北斜跨清江,主桥上跨规划滨江路,与原红江桥东岸桥头相接,经引道接新区南北方向主干道凤凰大道。路线全长765.614m。施州大桥全长365m,其中主桥长245m,引桥长120m。

斜拉桥主梁为预应力混凝土结构,采用C50混凝土,封闭箱形断面。梁高2.6m,顶宽21.5m,底宽8m,单箱3室,外侧为斜腹板。主桥刚构体系采用菱形挂篮悬臂现浇施工,为解决平衡问题,在100m边跨在箱室内填充铁砂混凝土压重,根据计算各箱室压重不等,最大压重重量为240t,最小30t,设计铁砂混凝土重度40kN/m^3。采用挂篮结构施工安全、方便,移动快速,并有效地控制了成桥线形。

12.3 和左高速公路武东跨铁特大桥

武东特大桥主桥位于武汉市青山区龚家岭与武汉重工锻炼公司(471厂)之间,跨越青化路、铁路编组站、武钢专用线、武汉重工锻炼公司、铁路专线武东中站和471厂铁路专线,属特大型桥梁。武东特大桥主桥全长241m,主跨115m,边跨63m,为变高度预应力混凝土连续梁桥。桥面全宽33.5m,双向6车道,上下行分幅设置,全桥位于R=1 000m的圆曲线上。设计时速度为100km/h。桥下净高不小于8.5m。桥墩均采用钢筋混凝土实体墩,矩形截面。其中11号墩与箱梁固接。梁部为后张法预应力混凝土箱梁。梁高3.5~7m不等,梁底按抛物线变化,箱梁顶面设5%横向坡度。箱梁截面为单箱双室直腹板。每幅箱梁顶宽16.5m,底宽8.5m,顶板厚25cm。腹板厚分别为45cm、60cm、70cm。全梁采用悬臂挂篮施工,三向预应力体系。根据混凝土悬臂浇筑工艺及对挂篮设计的技术要求,综合各种形式的挂篮施工特点、用钢量、钢材种类、操作工艺等研究比选后,决定采用菱形挂篮施工,走行方式为无平衡重走行方式,使桁架走行时的稳定系数大于2.0,满足规范要求,满足挂篮下通车净高不小于8.5m的要求。

山区大跨大吨位无塔缆索起重机施工工法

GGG(中企)C3097—2008

袁长春 王学哲 王成双 刘 志 李长武
(中铁十三局集团有限公司)

1 前言

支井河特大桥桥梁全长545.54m,主桥为430m上承式钢管混凝土拱桥,横跨支井河峡谷,均为陡峭的悬崖峭壁,地形位于不对称"V"字形河谷岸坡,地形复杂,施工场地狭小,施工和交通运输条件极为困难。为了实现钢管拱肋安装需要,设计了WJLQ3000kN型无塔缆索起重机(图1)。此缆索起重机具有结构简单、施工快捷、操作简便等特点,经总结形成本工法。中国铁道建筑总公司组织专家对《山区大跨、大吨位无塔缆索起重机施工技术》进行了评审,专家一致认为这种山区大跨、大吨位无塔缆索起重机在国内达到领先水平。

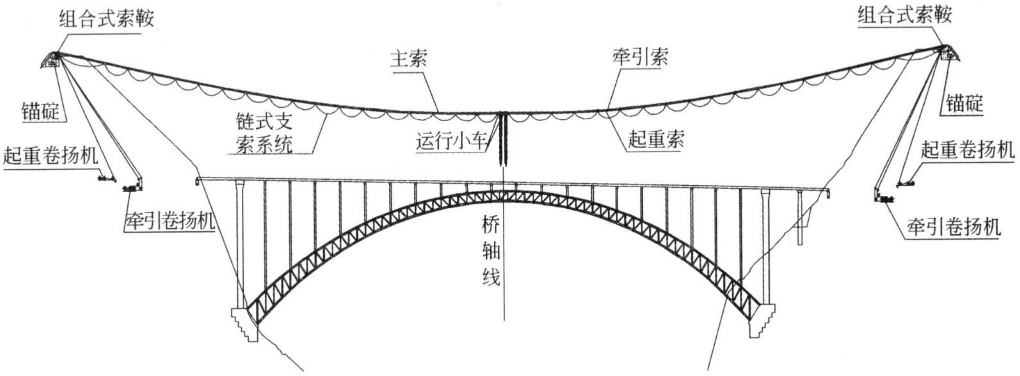

图1 无塔缆索起重机总体布置图

2 工法特点

2.1 取消传统缆索起重机塔架,可节约工期和节省造价。

2.2 采用"一种稳定的板单元"结构,该结构节能、节材、环保、可靠。

2.3 采用"双向双筒螺旋摩擦卷扬机",解决了传统缆索起重机牵引设备功能单一、投入设备较多、运行不同步、不稳定、操作不便、能源损耗较大、成本高等问题。

2.4 采用"增力式自调平衡运行小车",其能够在承重索上运行自调平衡,与双向双筒螺旋摩擦卷扬机作为运行和起升机构,成功解决了传统缆索起重机运行机构和起升机构运行不稳定的问题。

2.5 采用"多股自控半自行链式支索器"解决了牵引、起重索在施工过程中容易产生缠绞现象,严重影响缆索起重机的正常使用的问题;同时改变传统支索器结构,使走行轮和支轮系统由刚性连接变为铰接,极大改善了支索系统的灵活性,使其作用能得到充分的发挥。

2.6 索鞍和后锚采用"特殊结构的综合重力式锚固"。

3　适用范围

本工法适用于在地形为"V"字形,施工场地狭小,施工和交通运输条件极为困难的山区条件下的缆索起重机。

4　工艺原理

以悬挂于两支点间的钢索作为承重结构,利用载重运行小车在钢索上的往返移动,进行构件吊装作业的一种起重机系统。系统主要由组合式索鞍、主索(承重索)导挠系统、牵引索导挠系统、起重索导挠系统、增力式自调平衡运行小车、定滑轮和动滑轮组、双钩回转吊钩系、悬链式支索机构、动力源(10t 快速单筒卷扬机 4 台、28t 双筒慢速卷扬机 4 台),电控柜、防雷系统和重力式地锚 11 个子系统组成单跨双索制;采用电控空间调速运动技术,在跨度范围内作空间运行。

5　施工工艺流程与操作要点

5.1　施工工艺流程(图 2)

5.2　操作要点

5.2.1　荷载计算

缆索起重机是露天工作,作用在缆索起重机上主要荷载有自荷重载、起升荷载、水平荷载、惯性荷载、冲击荷载、风荷载、斜向拉力荷载、碰撞荷载、安装荷载、试验荷载、工艺荷载和温度荷载等。冰雪荷载和地震荷载不考虑。主要的荷载和参数选取如下。

自重荷载:包括主索自重、牵引索自重、起重索自重、运行小车及滑轮组重、链式支索系统自重、索鞍自重、动力源自重。

起升荷载:包括最大吊重、吊具自重。

各种系数:起升冲击系数 $\Psi_1 = 1.0$,动荷载系数 $\Psi_2 = 1.3$,风力系数 $C = 1$,风压高度变化系数 $k_h = 2.025$,突然卸载冲击系数 $\Psi_3 = -0.5873$,运行冲击系数 $\Psi_4 = 1.162\,265\,1$。

水平荷载:包括运行惯性力 P_h 和水平侧向力 P_s。

碰撞荷载 P_b:每一组索道上两台起重小车同时运行,设计上已设置缓冲器;但刚体分析法对重量分布和缓冲弹性特性同缓冲力相平衡,所产生的力和水平惯性力乘以系数 Ψ_7 等于碰撞载荷 $\Psi_7 = 1.2\xi(0 \leqslant \xi \leqslant 0.5)$。

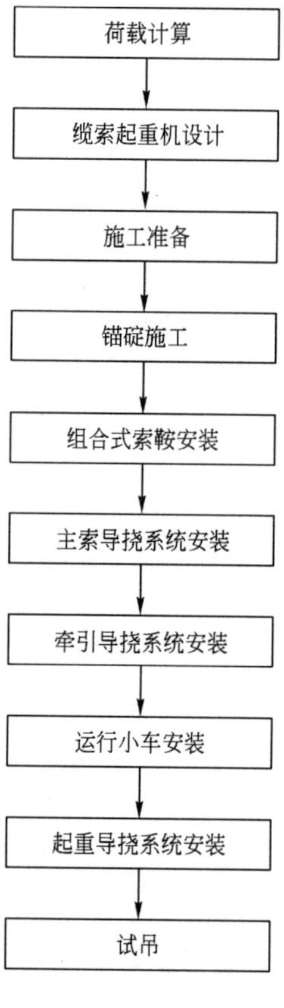

图 2　施工工艺流程图

5.2.2　锚碇与组合式索鞍

本缆索起重机索鞍台基础设计为重力式锚碇,依靠其自重和特殊的结构适型来平衡缆索起重机的最大张力。主要对锚碇进行倾覆稳定性、抗拔力、抗滑稳定性验算,为确保锚碇的抗滑稳定性,在锚碇与地基间增设了一部分锚杆,这样锚碇的实际抗滑稳定性系数比计算要大,可增强缆索起重机的安全储备。索鞍采用组合式,将主索、牵引索、起重索的锚固和转向集于一体,简化了构造形式。在锚碇内埋设板单元结构钢构件,使其与组合式索鞍相连接,由此实现将主索拉力传递到锚碇上(图 3),并通过主索可调装置对主索的标高和一致性进行调节。

锚碇根据现场地质条件可视围岩变化情况适时调整坡比并采取防护加固措施,地势险要处开挖均以人力为主进行。为便于出渣,同时保留跨内方向的山体以提供抗滑阻力,开挖采用掏槽式、横桥向由一端向另一端分层推进的方法进行,基底按设计位置及数量施打锚杆。锚碇 C25 混凝土方量较大,属于大体积混凝土施工,施工时应严格按照大体积混凝土施工的温度控制技术和要求进行。

在加工件和非加工件验收合格后，即可进行组合式索鞍安装。索鞍安装调整好后，组装牵引转换轮组、轮座、卧式牵引导向轮组、工作索滑轮组、承力轴、水平承力梁、主索调紧装置、主索索鞍和其他的设备和零部件。当全部构件安装完毕后要对其连接部位进行全面检查，尤其对螺栓的拧紧度进行检查。

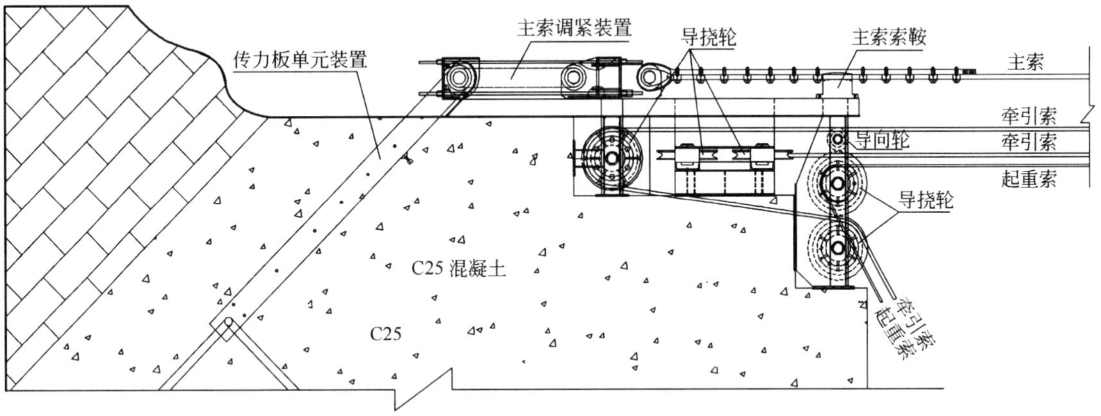

图3　锚碇及组合式索鞍图

5.2.3　增力式自调平衡运行小车

由车身、定滑轮、动滑轮三大部分组成(图4)，大量采用了板单元结构，运行过程中能够在承重索上运行自调平衡，可与双向双筒螺旋摩擦卷扬机作为运行和起升机构，解决了缆索起重机运行机构和起升机构运行不稳定的问题。按照设计要求的加工精度完成制作后，抽出行走轮轴后，利用安装架把运行小车吊在主索上，然后用绳留住，再使动滑轮和运行小车通过行走轮轴连成一个整体且保持垂直，最后按照设计图纸要求穿绕起重索。运行系统组装完毕后，先在原装配地点做上、下空载运行，检查钢丝绳缠绕方法的正确性和运行小车组装的精度。

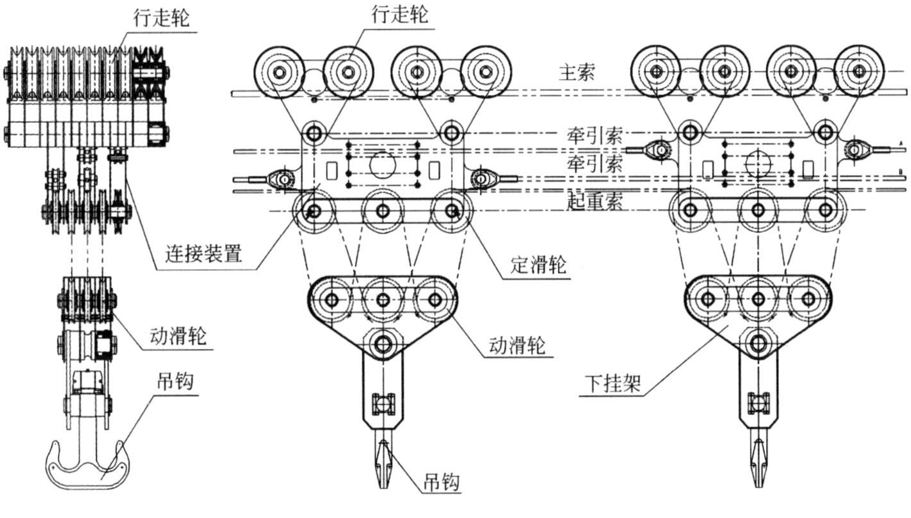

图4　运行小车图

5.2.4　牵引和起重导挠系统

牵引导挠系统(图5)的牵引索是“一进一出双绳制”。在电控系统指令下，接收系统启动电控柜和牵引卷扬机，绕入卷筒的牵引索经过一系列导挠后，在索鞍导向滑轮组牵引悬挂式运行小车和起升机构，直到需要的位置。回空时在电控系统的控制下，回空牵引索牵引运行小车，经导挠卷入回空卷筒。传统缆索起重机牵引形成较多，但牵引设备的功能单一，投入设备较多、运行同步、不稳定、操作不便，能源损耗较大，施工成本加等问题较多。为了解决上述问题，采用“双向双筒螺旋摩擦卷扬机”(图6)。

起重导挠系统(图7)的起重索采用一线制。在电控器的控制下,起重索从10t卷扬机卷筒出绳(绳头固定在对岸索鞍台车上)经导向轮、定滑轮、吊钩的动滑轮导挠后减速、增力,吊钩向下运动。为了避免定、动滑轮组在下降时产生自销现象,采用“顺绕法”,(局部“花绕法”)。在机构设计中定滑轮组上增设四个平衡轮,改善滑轮组中钢丝绳的受力关系,克服动滑轮自销和歪斜现象。

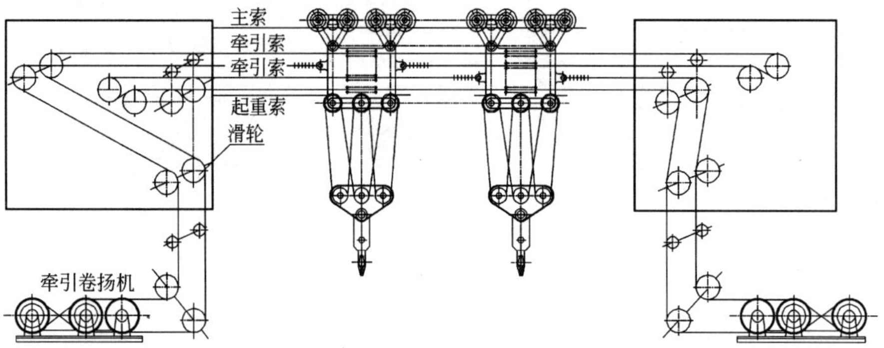

图5　牵引导挠系统示意图

5.2.5　多股自控半自行链式支索器

对于大跨度、大吨位缆索起重机而言,因其牵引、起重索的绳径和绳长都很大,施工过程中,在风荷载和外力作用下极容易产生缠绞现象,严重影响缆索起重机的正常使用;同时由于起重索绳径、绳长很大,起重索的自重很大,这样导致施工中要大大增加吊具的配重来平衡其自重。对于上述问题,一般都是通过支索器来解决。传统的支索器,其走行轮和支轮系统是刚性连接的,是一个整体,极大地制约了其灵活性和作用的发挥。针对这个通病,在支索器走行轮和支轮系统间增设了一根吊轴,使走行轮和支轮系统由传统的刚性连接变为铰接,能灵活自由活动。极大改善了支索系统的灵活性,使其作用能得到充分的发挥(图8、图9)。

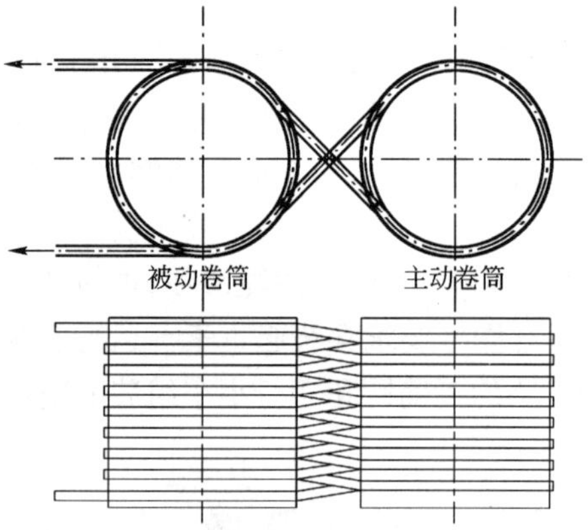

图6　双向双筒螺旋摩擦卷扬机示意图

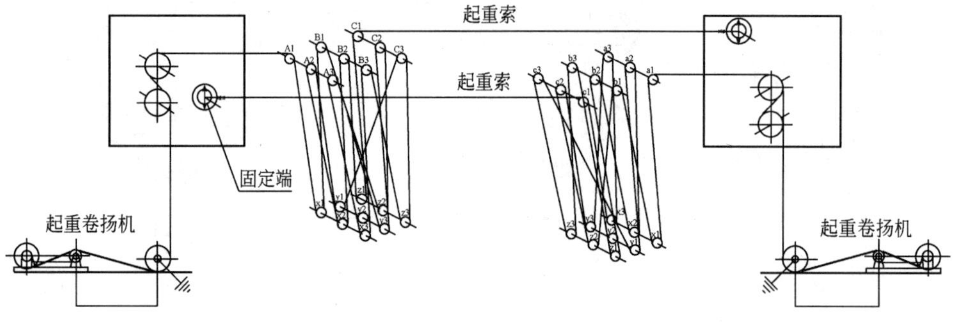

图7　起重导挠系统示意图

5.2.6　主索安装

1)主索牵引索安装

施工现场位于V字形峡谷,现场地势险要,施工场地狭小,因此主索架设采用“小索(主索牵引索)代主索在索道上拖拉架设法”的安装工艺。

(1)主索一级牵引索安装

在桥头两端各安装两台10t卷扬机,卷扬机连线分别对应主桥上下游拱肋中心线。把2根ϕ11mm牵引钢丝绳一端头分别安装在两岸下游卷扬机上,另一端头利用人工放到河底,连接牢固后(一岸绳头留出 15m),收紧另一岸卷扬机,调紧后形成第一级牵引索。

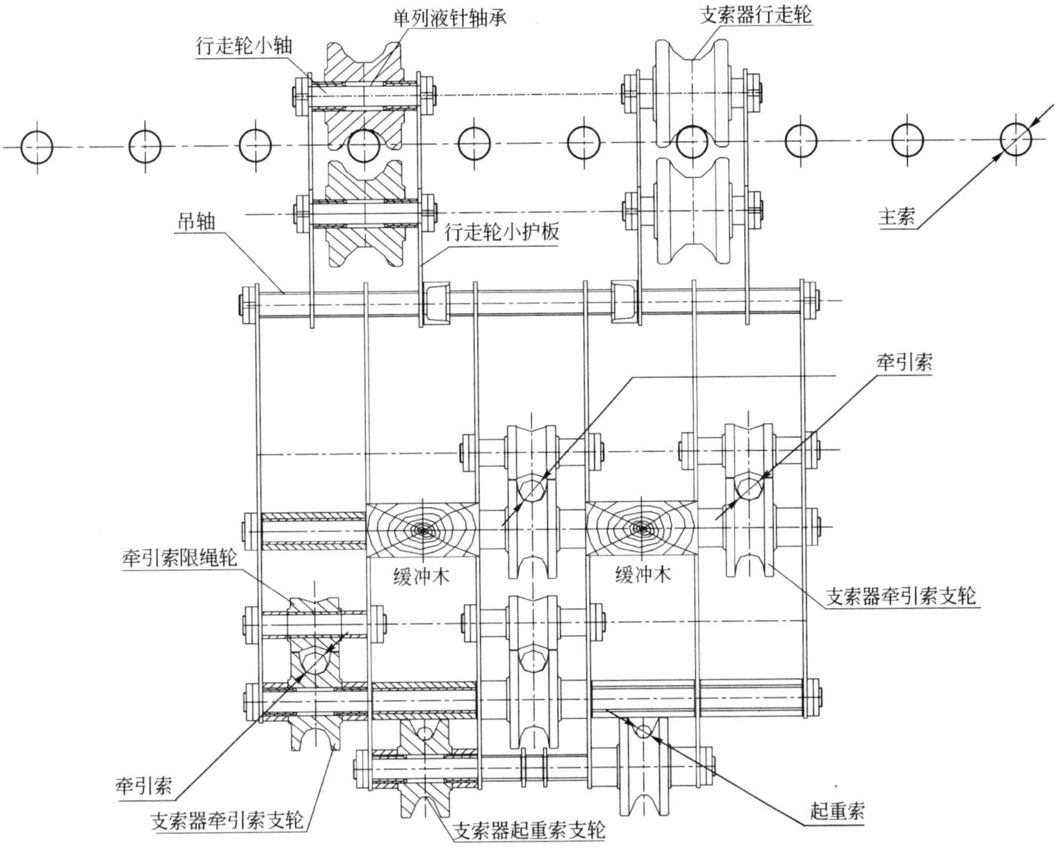

图8 支索器剖面图

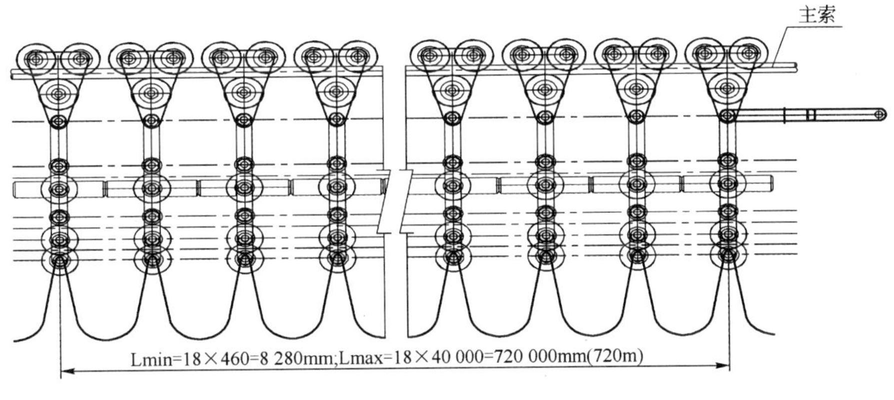

图9 链式支索器组装图

(2)主索二级牵引索安装

将一根 6×36SW+IWR 型、公称直径为 ϕ16mm 的钢丝绳卷入一岸上游卷扬机上,活端头固结在一级牵引索上(绳头留出 15m),启动卷扬机,将 ϕ16mm 的钢丝绳拖拉安装到另岸上游卷扬机上,形成二级牵引索。

(3)主索三级牵引索安装

拆除一级牵引索,将一根 6×36SW+IWR 型、公称直径为 ϕ26mm 的钢丝绳卷入一岸下游卷扬机上,活端头固结在二级牵引索上(绳头留出 15m),启动卷扬机,将 ϕ26mm 的钢丝绳拖拉安装到另岸下游卷扬机上,形成三级牵引索。拆除二级牵引索。

2)主索滑道索安装

滑道索采用两根 6×36SW+IWR 型、公称直径为 ϕ42mm 的钢丝绳，利用三级牵引索拖拉安装，方法同上，最后将滑道索两端分别固定在两岸安装台架上，垂度控制在 60m，双索间距与牵引天车行走轮距匹配。

3）主索安装

在滑道索上安装一个自制的天车，天车上安装 4 个行走轮，2 个为一组，下面安装 2 个定滑轮，将主索一端头用小绳固定在天车后定滑轮上，且端头伸出 15m 左右。牵引索采用 ϕ26mm 钢丝绳，将其一端固定在一岸锚点上，另一端利用三级牵引索牵引至另岸，通过天车定滑轮后，转向牵引安装在一岸上游 10t 卷扬机上。然后开始牵引，将主索牵引过河，按图纸要求固定在调紧装置上。为了防止牵引过头，在主索后头设置预留卷扬机。利用三级牵引索将天车拉回另岸，同理牵引安装剩余主索。所有主索固定在调紧装置后，利用拉力传感器逐一进行调整，并用仪器观测其挠度，将其挠度调整控制到设计值。

5.2.7　牵引索安装

牵引索的安装方法基本上和主缆索相同。安装前，先在两岸各安装两台 28t 摩擦式卷扬机。安装时，借助于工作绳和主索做依托，把牵引索一端通过 28t 摩擦式卷扬机。牵引索在卷扬机上缠绕可采用小绳径拖带的方法安装，当牵引索通过卷扬机后，按图纸要求，安装成一个闭合的线路，死头采用导链收紧，然后固定在运行小车上。

5.2.8　试吊

1）静载试验

首先用全站仪测定两岸索鞍架横、纵向垂直线作为检验索鞍架的刚度测量基准线。吊物按 0.75、1.0、1.1、1.25 倍额定载荷分级配重，起升重物至离地 100～200mm 处停悬 10min，测量索鞍垂直轴线位移情况和地基稳定性，做好记录。经 10min 后慢慢卸载，检查弹性变形和非弹性变形，做好记录。如此反复三次，并记录永久变形量。确认无异常现象时，两岸吊钩进入跨中央（$L/2$）同时起升 1.25 倍额定荷载，停悬 10min，检测方法同上。

2）动载试验

静载试验通过后，进入动载试验。动载试验吊物按 0.5、0.75、1.0、1.1 倍额定载荷分级配重，并分别进行单钩、同索双钩、异索双钩及四钩同时起吊试验。试验中按工作级别规定的时间做复查、启动、运转、停车、正转反转等动作，累计时间达到一小时。如果各机构动作灵敏，工作平稳可靠，各项性能达到设计要求，各限位开关及安全保护联锁装置的动作准确可靠，各部零部件和结构无损伤现象，电器系统和电机无过热现象，所有指标经有资质的检测单位签字认可，则可以进入使用阶段。

6　材料与设备（表 1）

主要材料及机具设备表　　表 1

序　号	名　　称	规　　格	单　　位	数　　量	备　　注
1	运行小车		套	4	双索道
2	链式支索器		套	148	双索道
3	索鞍		套	4	双索道
4	钢丝绳	CFRC8×41SW－62	m	15 560	双索道主索
5	钢丝绳	6×36SW+IWR－42	m	8 208	双索道牵引索
6	钢丝绳	4V×39S+5FC－26	m	10 224	双索道起重索
7	钢丝绳	ϕ16mm	m	2 000	辅助牵索
8	钢丝绳	ϕ11mm	m	2 000	辅助牵索
9	卷扬机	2JM28F	台	4	牵引
10	卷扬机	JK10F26160	台	4	起重

续上表

序　号	名　　称	规　　格	单　　位	数　　量	备　　注
11	卷扬机	50kN	台	4	辅助安装
12	滑车	6 门 50t	个	4	安装主索
13	滑车	4 门 40t	个	10	安装用
14	滑车	双门 20t	个	10	安装用
15	滑车	单门 10t	个	10	安装用
16	倒链滑车	$SH_1$30kN	个	12	安装用
17	倒链滑车	$SH_1$50kN	个	18	安装用
18	混凝土	C25	m^3	2 580	锚碇
19	机加工件		t	176	
20	对讲机	5km	台	16	指挥、联系
21	输送泵	HBT60C	台	1	混凝土浇筑
22	全站仪	徕卡 702	台	1	测量定位

7　质量控制

缆索起重机安装前，对起重小车、各种工作索、索鞍设备、电控系统、地基等按照设计全面复查技术参数和性能，不符合者不得安装。索鞍地基基础不平度不得大于 2mm，栓连形位差不得大于 ±1.26mm，索鞍基础纵、横垂直度偏差不得大于 2mm，南北索鞍对称中心线与桥中心线共线。其余各阶段质量控制、验收按照如下规范、标准进行控制：

(1)《公路工程技术标准》(JTG B01—2003)。

(2)《公路桥涵设计通用规范》(JTG D60—2004)。

(3)《公路钢筋混凝土及预应力混凝土桥涵设计规范》(JTG D62—2004)。

(4)《公路桥涵地基与基础设计规范》(JTG D63—2007)。

(5)《起重机设计规范》(GB 3811—1983)。

(6)《钢结构设计规范》(GB 50017—2003)。

(7)《优质钢丝绳标准》(GB 8918—1996)。

(8)《起重机用铸造滑轮标准》(GB/T 9005—1999)。

(9)《建筑卷扬机标准》(GB/T 1955—2002)。

8　安全措施

8.1　缆索吊安装是一项组织纪律严密、操作技术要求高的工作，必须建立明确的岗位操作责任制，统一指挥，统一行动。除指定的现场指挥人员外，其他任何人不得发号施令。

8.2　高空作业人员必须先经身体检查合格，不合适高空作业的人员不得勉强进行高空作业。高空作业时，不仅要戴安全帽，穿防滑鞋，设置安全网，还应检查是否有系安全带、有安全的位置。

8.3　遇有下列情况之一时，不得进行吊安装作业：作业人员看不清、听不清指挥信号；大中雨、严寒冰雪和五级以上大风天气；夜间照明不良。

8.4　高空作业的下方设明显的警告标志，在此危险区域内，无关人员严禁进入。

9　环保措施

9.1　重视环境保护工作，强化环保意识，学习环保知识，建立环境保护小组。

9.2　修建临时排水渠道，并与永久性排水设施相连接，随时清理，防止淤积和冲刷。

9.3 施工机械防止严重漏油,禁止机械在运转中产生的油污水未经处理就直接排放,或维修施工机械时油污水直接排放。

9.4 采用爆破控制技术,尽量减少对植被的破坏,破坏处及早进行恢复。

10 效益分析

10.1 利用本缆索起重机无需设置塔架,可节省资金。

10.2 缆索起重机的设计、安装可与拱肋加工制作同时进行,这样可加快工程进度,缩短工期,减少了工程管理费用,还可进行引桥其他预制梁板的吊装。

10.3 较传统缆索起重机减轻了结构重量,提高其可靠性、耐久性及平衡运行,减小了运行中的各种磨损,充分发挥机械效率,具有节能、节材、环保、稳定的优势。

11 工程实例

支井河特大桥桥梁全长545.54m,主桥为430m上承式钢管混凝土拱桥,横跨支井河峡谷,两侧紧接隧道出口,均为陡峭的悬崖峭壁,山顶高程1 415m,河床高差660m,相对高差755m,谷底宽30m,地形位于不对称“V”字形河谷岸坡,地形复杂,施工场地狭小,施工和交通运输条件极为困难。该桥施工总起运量(跨中)为32 680t,单节段最大起重量为$Q_{max}=280t/$节。WJLQ3000kN型无塔缆索起重机设计跨径756m,单钩起吊能力75t,额定起重量为$4\times75t=300t$,同等跨度下额定起重量位居国内首位。主索由20根ϕ62.5mm钢丝绳组成“单跨双索制”,通过稳定的板单元结构锚固于重力式锚碇处。采用先进的“螺旋式摩擦卷扬机”和“增力式自调平衡运行小车”作为运行和起升机构,解决了缆索起重机运行机构和起升机构运行不稳定的问题。从运行结果看,缆索起重机系统各部位在过程中无异常现象,各系统结构稳定、运行平稳、工况良好、各项试验结果一切正常,达到缆索起重机设计和起重机设计规范各种技术参数和要求,效果良好。本缆索起重机较有塔更为适合,经济效益显著。为企业赢得了良好的社会声誉,提升了企业的核心竞争力。在施作时注重环境保护,使对环境破坏降到了最低,为类似工程施工借鉴。

台风区域深海陡坡裸岩平台施工工法

GGG(中企)C1098—2008

于 铮 王金权 郭 崇 宋长伟 刘胜斌
(中铁十三局集团有限公司)

1 前言

随着跨海、江、河大型桥梁的不断兴建,地质环境条件越来越复杂,施工难度也越来越大。陡坡裸岩基础施工也成为国内外桥梁施工界的一个新难题。因其坡度大岩石裸露,没有覆盖层,无法按照常规平台搭设方法施工,传统做法是采用围堰将桩位处封闭,以达到无水作业,然后在内部爆破平坦,进行钻孔施工作业。

三门口跨海大桥南门桥突破传统施工工艺,应用空间三角网格连接法和水下铰接剪刀撑施工技术,成功在陡坡裸岩处搭设了作业平台。其施工工艺在国内同类施工中尚属首次采用,属于领先技术,取得了良好的社会效益和经济效益。为了便于推广应用,对施工工艺进行总结归纳,形成了本工法。

2 工法特点

本工法的平台搭设施工与传统的围堰施工相比,具有如下优点:

(1)施工所需场地小,平台所需构件均可提前预制,节省施工时间,加快施工进度。

(2)施工工艺简单,空间三角网格联结安全可靠,方法先进,可操作性强,水下铰接剪刀撑无需潜水员帮助,简单易行;具体操作方便精度要求不高,质量易控制,施工速度快,设备人力投入小,安全性强,成本大大地降低。

(3)钢护筒在平台上施工精度高,施工安全方便;平台整体性好。

(4)平台搭设法对环境没有任何污染,噪声小。

(5)无需增加投入,耗费材料少,且材料可周转利用,利用率高,经济性强,工作量小;平台拆除方便,可完全回收,更显其优越性。

3 适用范围

本工法适用于深水中陡坡裸岩条件下的作业平台搭设施工。

4 工艺原理

陡坡裸岩的地形地质情况决定了平台的特殊性,采取有效的施工方案成为重中之重,平台的稳定性和自身的整体性尤为重要,在设计和计算中对这两方面进行了深入的研究。墩位处的基岩裸露,质地坚硬,裂隙发育,钢管桩无法打入其中,只能立在岩石表面,平台和基岩是分离的结构,因此只能使其受到竖直力,水平力给予抵消。

这对平台自身的整体稳定性和刚度的要求非常高,即平台在受到水平外力的情况下,自身整体结构不会发生变化。本工法在岸边预先埋设三根定位桩作为无水区水平承力系统,利用三角形稳定性原理在每三根平台钢管桩之间用型钢联结成空间三角网格,使整个平台形成一个自身稳定的“板凳”,即水中平台系统,并将其浮放在裸岩上,用型钢作为传力杆件把靠近岸边的平台钢管桩与无水区水平承力系统桩联结形成空间三角网格,将水中平台系统受到的水平力传递给岸边的无水区承力系统桩,使其只受竖直力,成功解决了平台的整体稳定性问题;又设置了水下铰接剪刀撑加强了平台水下钢管桩的刚度,完成平台的搭设。平台系统整体平面图如图1所示。

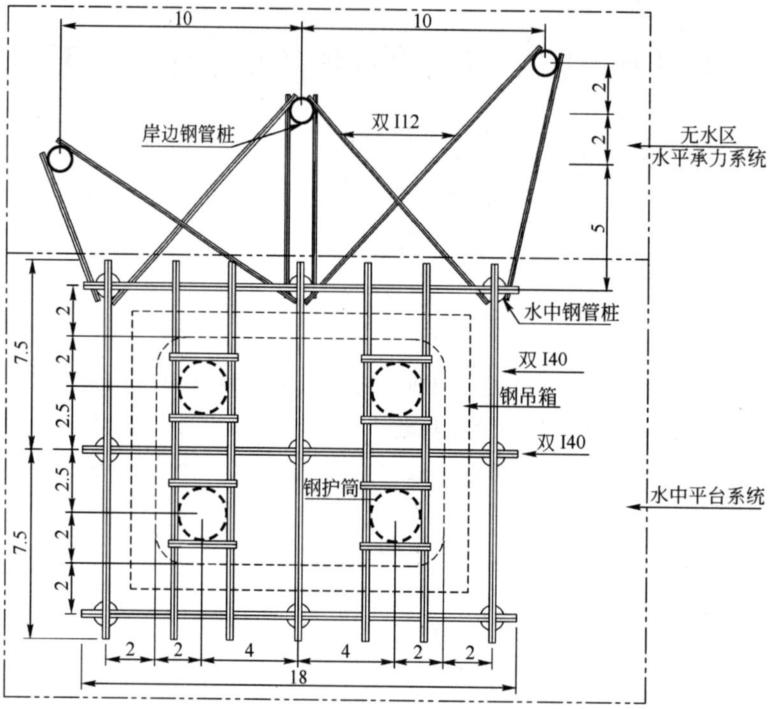

图1 平台系统整体平面图

注:①图中单位为m;点划线区域为无水区,双点划线区域为水中区;

②粗实圆代表岸边钢管桩,细实圆代表水中钢管桩,粗虚线代表钢护筒,虚线代表钢吊箱。

4.1 关键技术

4.1.1 无水区水平承力系统

无水区水平承力系统包括岸边预埋的承力钢管桩和型钢制作的传力杆件。利用电脑软件建立三维模型,根据现场实际情况输入外力,进行参数设置。根据计算结果确定所采用的钢管装规格和预埋深度固定情况,型钢传力杆件的规格型号,连接形式及强度。

施工中钢管桩所处的结构位置非常重要,为平台搭设初期和使用期的主要支撑点,全部的水中平台桩均以它们固定连接。模拟计算平台最大受力部位也位于这几根钢管桩联结的剪刀撑上,所以永久桩的牢固性成为施工关键。施工时在岸边钻爆三个深度足可以稳固钢管桩的孔,直径应大于桩直径以利于调整竖直度和加固,管桩就位套住孔内预设锚筋,内外浇筑混凝土使管桩和岩石结合成整体,形成固定的承力装置;加强型钢与管桩焊接,对焊口位置做加强处理,完成水平承力系统。

4.1.2 空间三角网格联结

空间三角网格联结,亦在岸边已经埋设好的永久性固定桩作为依托,钢管桩内设锚筋,混凝土填充。水中平台钢管桩提前配置水下剪刀撑,沉放第一根平台钢管桩。三角网格联结第一根钢管桩,用水下剪刀撑同岸边靠近的两根钢管桩连接,形成三角固定,再进行桩身上部平联,亦形成三角固定,完成空间三角网格联结,固定好后再进行下一根钢管桩施工。按此工序施工形成平台,最后对钢管桩平台整体连接加固。模拟图如图2所示。

4.1.3 水下铰接剪刀撑

一般平台剪刀撑的位置只能焊接在水面上方,因本水中平台钢管桩底部支立在岩石上,侧向不能固定。为加强本平台的整体性,通过大量的研究试验决定提前把剪刀撑型钢一端(水下部分)用销子铰接在钢管桩上,在钢管桩下沉到位后联结剪刀撑另一端(水上部分)焊牢。水下铰接剪刀撑给平台加了一道保护屏障,使整体性增加。水下铰接剪刀撑示意图如图3所示。

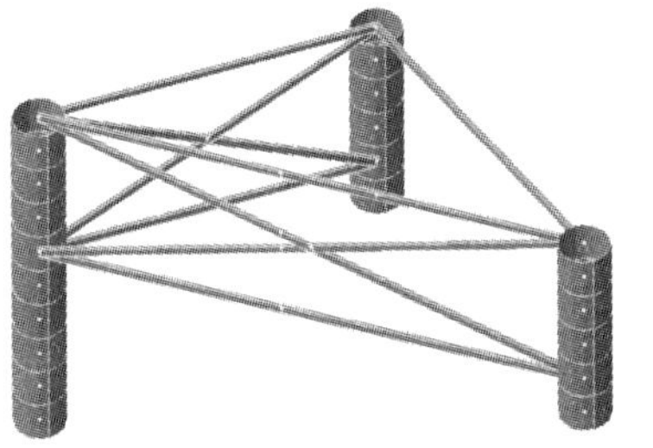

图2 模拟空间三角网格

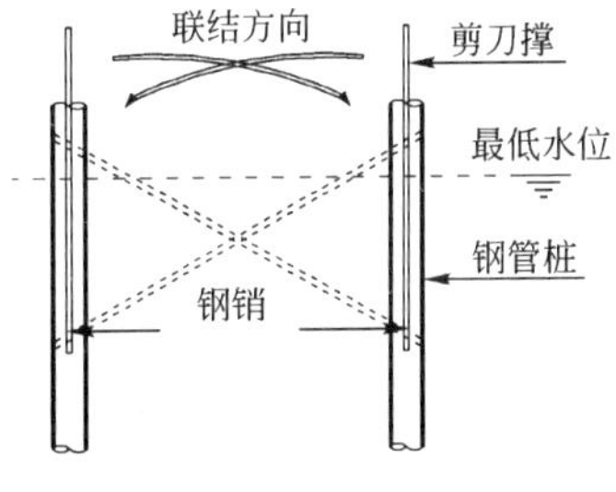

图3 水下铰接剪刀撑示意图

4.2 整体检算

利用Midas有限元分析程序建立三维模型,对无水区水平承力系统和水中钢管桩平台进行整体检算,内容包括无水区水平承力系统的预埋钢管桩和型钢传力杆件受到的应力、剪力以及变形,水中平台钢管桩、水上剪刀撑和水下铰接剪刀撑受到的应力、剪力以及变形,水中平台钢管桩的上下型钢平联和顶部横纵梁所受到的应力、剪力以及变形,还有水中平台的位移量。

4.2.1 检算模型与假定

以平台顶面横桥向为 x 轴,顺桥向为 y 轴,钢管桩轴向为 z 轴,建立直角三维坐标系;外力为水流力、风压力和波浪力;钢管桩采用 ϕ1 200mm,$\delta=12$mm Q235螺旋钢管。假定所有钢管桩和上下平联、剪刀撑和顶梁均为固接,无水区水平承力系统钢管桩与基岩固结,水中钢管桩底向下约束;钢管桩取钢材弹性模量 2.1×10^8kN/m,钢泊松比0.33,钢重度78.5kN/m^3。整体模型图如图4所示。

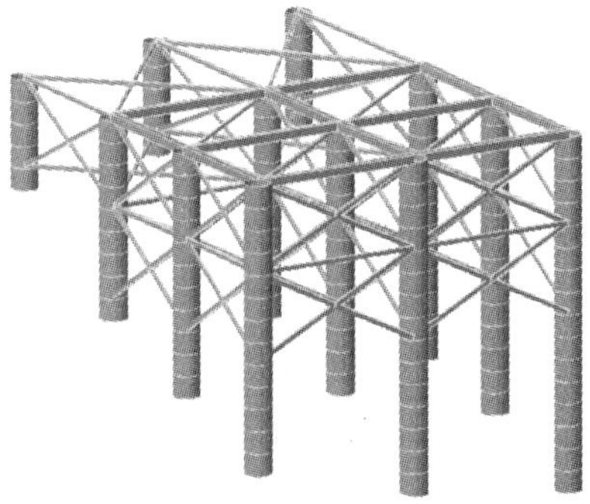

图4 整体模型图

4.2.2 施工荷载组合

荷载一:水流力、波浪力、风压、平台自重。

荷载二:平台施工荷载:钻机自重×所用台数,施工用片石黏土,其他施工荷载取2.5kN/m^2。

荷载三:提钻锤拉力(本桥钻孔采用冲击钻)。

4.2.3 各工况检算

1)工况一:水中平台形成阶段

水中平台形成阶段荷载包括水流力、波浪力、风压和平台自重,对其进行检算,结果显示平台最外排桩发生整体位移,但数值在允许范围之内,其他依次减小;最大剪力发生在无水区水平承力系统的岸边预埋桩底;最大应力发生在岸边预埋钢管桩和平台桩的空间三角网格剪刀撑上。

2)工况二:钻孔阶段

钻孔阶段水中平台荷载组合为水流力、波浪力、风压、平台自重、平台施工荷载和提钻拉力,通过检算平台的位移和工况一基本相似,应力增大较多,但仍处于允许范围之内,亦出现在无水区水平承力系统钢管桩和水中平台桩的空间三角网格水上剪刀撑上,其他构件的应力比此处小的多。

5 施工工艺流程与操作要点

5.1 工艺流程(图5)

5.2 主要施工方法及操作要点

水中钢管桩施工平台由支承桩、平联、剪刀撑、顶面横、纵梁及平台顶面铺装等构成。其中平台面为小型钢或钢筋和木板,铺设在顶面横纵梁之上;顶面横纵梁支承在钢管桩上,作为主要承载梁;钢管桩与钢管桩之间用型钢水平连接,剪刀撑斜向联结,以保证平台的整体稳定和抗扭。水中平台对自身要求很高,各具体施工环节均应按设计严格施工,否则平台的安全性会大打折扣,因此对各施工人员都进行工前技术培训,安全技术交底。

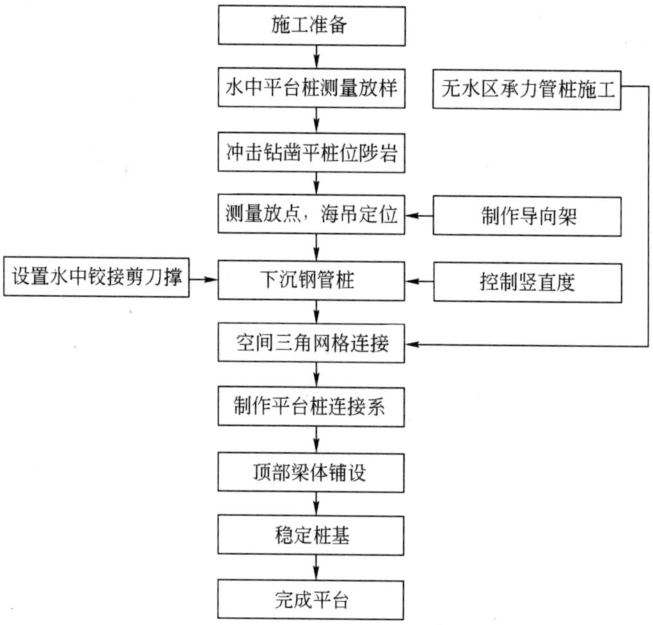

图5　陡坡裸岩平台搭设流程图

5.2.1　凿平钢管桩基础

用型钢将两艘小型施工运输船相连,船体之间预留钻孔位置,搭设水中临时浮动平台。由施工船组成的浮动平台初步锚固在平台位置,测量人员准确放样平台桩位,确定水中平台钢管桩的位置,将浮动平台进行微调,锚固,锁死。在上面固定一台5t冲击钻机,按桩位对陡岩进行冲击。因为墩位处在深水海域,且潮差极大,达到6.63m,最大水流速度2.16m/s,水下凿平陡岩一定要保证位置的准确性。测量人员随时监测控制钻锤所打桩位(通过钻绳测定),确保钻绳不因为潮汐发生偏移,及时对施工船进行位置调整,通过在浮动平台四角设置的10t卷扬机来进行。刚开始时钻锤呈现倒锤现象,施工时要注意不能让钻锤完全落在基岩上,那样对浮动平台的锚固有很大影响,应该在钻绳出现倾斜时即停止下落。在持续的冲击后,钻锤可逐步完全落地,当钻绳不再倾斜时,说明桩位已被打平,达到了设计施工要求。在钻平后测定钻绳坐标作为平台桩的最终位置,做好标记。要注意保证平台桩不要向内偏位,以免影响套箱下沉。

5.2.2　无水区水平承力系统的施工

最低潮位时,在岸边靠近墩位平台的基岩上钻孔爆破三个2m深,直径1.5m的孔,孔内预埋锚筋;清除孔内石渣,支立钢管桩,使预埋锚筋插入桩内,四周做好导向固定,保证竖直度;在钢管桩内外浇筑混凝土,使钢管桩和锚筋合为一体,称为固定受力体系。将型钢制作的传力杆件进行加强,以满足受力要求。

5.2.3　水下铰接剪刀撑设置

平台钢管桩支立前,测量并确定每根桩桩位处水深,计算出桩位处钢管桩长度;再测量桩位与无水区水平承力系统的岸边预埋钢管桩的距离,依此计算出水下剪刀撑(型钢)的长度。按设计长度将钢管桩和水下剪刀撑接长,在钢管桩上标出具体位置,预设水下铰接剪刀撑。利用钢销铰接剪刀撑型钢水下一端,上端临时点焊在钢管桩上。水下剪刀撑的铰接钢销要有足够的强度,铰接处钢管桩应焊钢板加厚,保证强度,防止钢板变形甚至撕裂。根据钢管桩在平台中所处位置,在不同标高设置2~4根水下铰接剪刀撑,以便实现所有水下剪刀撑联结,增加整体稳定性。平台剪力撑正面示意图如图6所示。

5.2.4　空间三角网格支立水中钢管桩

低潮位时高压水泵清除水中桩位处石渣，测量放样，海吊就位，用型钢制作导向架，复测精确定位。海吊主钩起吊带水下铰接剪刀撑的钢管桩，摆正水下剪刀撑的方向，以方便联结，在导向架内下沉钢管桩。钢管桩在下沉之前要在底部20cm范围内用钢板抱箍加强，防止变形。钢管桩下沉到位后，垂直两个方向用全站仪监控调整其竖直度，解开水下铰接剪刀撑上端的临时联结，利用海吊的辅助吊钩慢慢将其放倒，同岸边一根永久钢管桩联结，采用三角网格联结法与岸边其他两根钢管桩进行空间三角联结，以保证其位置稳定。水下剪刀撑施工完成后，即进行水上剪刀撑和平面三角网格联结，形成空间双层网格。空间三角网格连接要保证连接强度，严格按照设计强度施工。因水下铰接剪刀撑位置的特殊性，选择在水位较低时施工，这样可以使剪刀撑的水平位置下移，平台的整体刚度得到进一步加强。

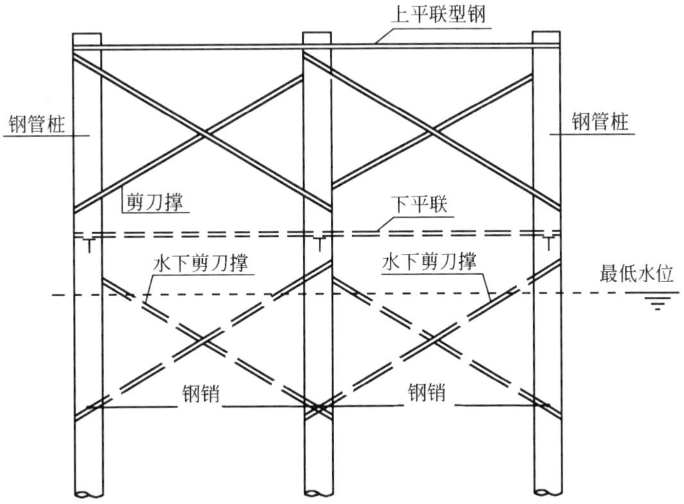

图6　平台剪刀撑正面图

5.2.5　水中平台搭设

按上述施工工序进行平台其他钢管桩的施工，在进行下根施工时要监控以前的钢管桩是否受到水流和风力等外部因素影响，如有偏移马上分析原因并进行校正加固，超过两根时进行平台桩上下水平联结。靠近岸边的水中平台桩均与岸边三根永久桩进行空间三角网格联结，以保证平台的整体强度。施工船只严禁靠近已下沉的钢管桩，避免出现偏移。

5.2.6　平台联结系

全部平台钢管桩下沉到位，水上剪刀撑和水下铰接剪刀撑进行空间三角网格联结完成后，完成平台桩基联结系。

5.2.7　顶横纵梁施工

桩基联结系施工完毕后按设计进行平台顶部横纵梁的铺设工作，测量人员准确对钻孔桩位放样，焊接设置型钢上下层钢护筒限位，两层之间距离为4m，限位型钢间距比钢护筒直径大4cm，这样可以保证钢护筒的倾斜率在1%之内。两层限位型钢在平台上部和中部形成平面网格约束，完成板凳构造，加强整体稳定。

5.2.8　稳定基础

钢管桩平台顶部重底部轻，所以平台顶部施工完成后马上在钢管桩内浇注1.5m高混凝土，予以配重稳定桩基，使平台底部扎根，加强其稳定性，减少水流和风对其影响。

5.2.9　完成平台

铺设平台面板，完成围栏，进行安全防护，制作钻孔平台顶面其他附属设施。

5.2.10　钻孔施工

平台搭设完成后马上进行钢护筒沉放施工，然后即开始钻孔作业。施工过程中随时监测平台的位置变化,各剪刀撑和平联型钢的变形及焊口牢固性。钻孔桩钢护筒位置稳定后和平台连接,增加平台整体稳定性。在台风来临之前要完成至少两根钻孔灌注桩的施工,避免不必要损失。

6 主要材料和机械设备

主要材料和机械设备分别见表1、表2。

主要施工周转材料表 表1

名称	规格	计量单位	数量	备注
钢管桩	ϕ1 200mm,δ=12mm	m	128	从其他平台周转
工字钢	I40a	m	350	从其他平台周转
工字钢	I12a	m	765	从其他平台周转
木板	δ=50mm	m^2	240	从其他平台周转
安全网	机编网	m^2	70	
围栏立柱	ϕ32mm 钢筋	m	40	

主要机具设备表 表2

序号	机械设备名称	规格型号	数量	产地	额定功率(kW)	备注
1	内燃空压机	VY-12/7	2台	上海	15	
2	风镐	JE350	4台	浙江	1.5	
3	回转式海吊	100t	1	日本		
4	发电机	D13-06611	2台	上海	150	
5	电焊机	BX-500	6台	宁波	28.0	
6	气割设备	CR-30	3套	宁波		
7	冲击钻钻机	JK-5型	1台	洛阳		
8	高压水泵	QY6-25/1.1	4台	上海	5.0	
9	全站仪	TCCR702	2台	瑞士		
10	混凝土导管	ϕ300	20m	洛阳		
11	施工船		2	宁波		

7 安全措施

针对该工程的规模和特点,以项目经理为首,由副经理、专职安全员、专业工程师及相关的管理人员组成安全保证体系。认真贯彻执行安全责任制和各项规章制度,坚持经常性的施工安全教育、检查及监督指导。

安全目标:施工期内达到无重大伤亡事故、无灾害工地,轻伤频率控制在3‰之内。

消防目标:杜绝火灾发生,预防为主,防消结合。

保卫目标:严防治安灾害事故的发生,确保工程顺利进行。

(1)根据海中平台施工的特殊性执行相应的安全技术规程,对施工班组进行交底、培训,并签订安全责任状,制定奖罚措施,责任到人。

(2)设立专职安全员进行跟班监控,发现隐患及时进行改正,并做好记录。

(3)平台施工人员必须穿救生衣、戴安全帽,高处施工佩带安全带。

(4)平台临边、预留口应随时做好防护栏,防止发生坠海事件。

(5)严格用电操作规程,发现隐患及时处理,供电系统必须达到三级配电,二级保护。现场所有机械棚要搭设严密，防止漏雨；机电设备要采取防雨、防淹措施；漏电接地保护装置应灵敏有效；定期、定人检查临时用电设施的绝缘状况，电源线是否有破损现象，发现问题做到及时处理。配电箱内必须安装合格的漏电保护器，随时关好电箱门。施工现场的机电设备做好零线及漏电断电包换装置。施工临电所用电缆和电线要架空敷设，其绝缘保护层经常检查是否破损漏电。

(6)海吊有专人指挥，吊装前应对吊具进行检查，重点检查钢丝绳、吊钩是否磨损、变形达到报废标准，如有问题及时更换。

(7)严禁起重吊臂回旋半径内站人，物下站人或人员通行。

(8)现场配备灭火器、救生衣、救生圈等，以便应急处理。

(9)雷雨、大雾、五级以上大风应停止吊装和电焊作业，氧气、乙炔瓶存放距离应大于10m。

(10)特种工人应持证上岗。专业工长必须进行分项施工前的技术交底和安全交底，并在日常施工中时时提醒，经常强调，以提高和加强施工人员的安全及自我防护意识。

(11)加强对施工人员的安全教育，做到安全三级交底，切实交底到人，不能只走形式，定期开展安全班组活动，并做好记录。

8 质量标准

8.1 为了保证施工船只交叉作业，平台的搭设要进行统一组织安排。

8.2 严格三检制度，换班或工序交接均按程序填写工序交接记录。

8.3 对重点结构部位(如钢管桩的竖直度、平面位置)要多次测量复核，发现有超标的坚决不予沉放。

8.4 钢护筒限位要严格按照标准制作，以满足倾斜率在1%之内。

8.5 加强对潮汐变化的观测，并及时反馈计算，及时进行防护和补强处理。

8.6 经常对钢管桩、剪刀撑和平联进行检查，如有变形，应及时更换，并分析原因，便于下步施工。

9 环保措施及文明施工

9.1 环境保护及水土保持措施

施工中的环境保护和水土保持工作至关重要，我们将严格按照《中华人民共和国环境保护法》和《中华人民共和国水土保持法》的要求，积极维护当地自然环境居民清洁适意的生活、劳动环境，最大限度地减少施工对自然生态的破坏，保护环境，防止水土流失，争创文明施工标准化工地，造福于千秋万代。为此，制定如下措施。

9.1.1 环境保护及水土保持管理体系

项目经理部由综合办公室分管施工环境保护工作。进场后与地方政府环境保护机构联系，了解地方环保法规和对土建施工环境保护的具体要求，签订有关协议、制定报审具体办法。施工中严格履行合同中对取弃土、排污等施工环境保护方面的承诺，任何时候都接受监理工程师、业主及地方政府环保机构工作人员的检查，执行其对环保工作的要求。

9.1.2 环境保护及水土保持措施

设专人与业主及政府环保部门联系，结合施工的实际情况及国家和政府有关环境方面的法令法规制定环保与文明施工措施，不断提高全体参加人员的环保意识。环境保护管理体系图如图7所示。

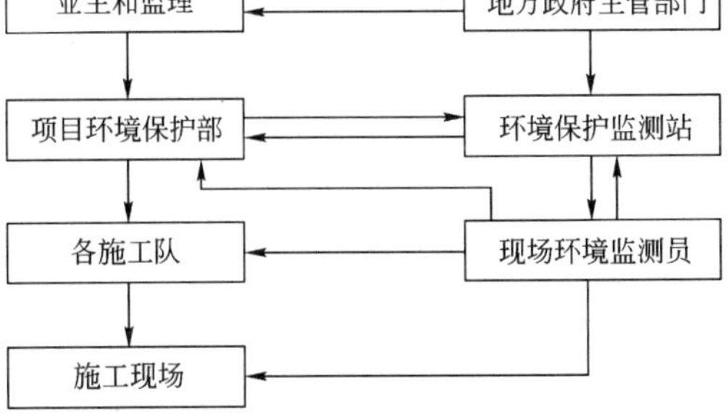

图7 环境保护管理体系图

9.1.3 具体操作

(1)项目部及施工队生活废水经下水道排放到挖好的污水窖中。

(2)为降低噪声对周边居民的影响，本项目在居民区内产生噪声较大的工作安排在白天6点到18点进行。

(3)海上施工严禁往水里抛弃任何废弃物,钻孔施工泥浆排放前,与海洋环境监测部门联系,由海洋环境监测部门指定泥浆排放位置,进行定点排渣,以减少钻孔施工对海洋环境的影响。

9.2 文明施工、场容场貌及生活卫生措施

(1)文明施工是在建工程综合素质考核的指标之一。确定文明施工的目标,进行“创一流”的宣传教育,举办“双文明达标”活动。

(2)建立文明施工组织机构,明确各部门人员的职责。

(3)编制详尽的文明施工考核、管理办法和奖惩制度。

(4)经常性检查,定期评比,奖惩分明,层层落实。

(5)制定工地规则,包含安全防卫、工程安全、工地出入制度、环境卫生、防火措施、周围及近邻环境保护的附加规则;施工现场按章作业,布置有序,重要或特殊位置安装护栏、警告标志。

(6)设备机具:择优选购,按需配备;登记造册,定期检修;坏的封修,缺件补齐;妥善保管,正确使用;规矩摆置,标志清楚。

(7)材料堆放场所:设备机具整洁;材料分类摆放;危险品按安全要求存放并专人管理登记。

(8)住宿场所及食堂:整洁清新,雅致舒适,饮食卫生,饭菜可口。

(9)对使用的工程机械和运输车辆安装消声器并加强维修保养,降低噪声。夜间施工避免安排噪声很大的机械,以免影响附近居民的休息。

(10)管理人员、施工人员:着装规范、团结默契;行为文明,作风严谨;树立良好的形象。

10 效益分析

采用本工法施工较其他传统沉箱围堰或者筑岛围堰施工方便快捷,省去单独制作沉箱围堰或者筑岛围堰的费用约75万元;减少2/3的施工工期,节省设备租赁费用50万元;机具设备和施工人员需要的少,质量又有保证,无需潜水员帮助,节省施工费用约15万元,为项目部直接节约资金投入140万元。施工平台所用钢管桩均为其他平台拆下的周转材料,无需另外投入,且可以完全回收,实现平台“零造价”,经济效益非常显著。

平台搭设方案新颖简单,施工工期短,工艺易于掌握;环保好、无污染,无海内回填物,不破坏环境,有利于环境保护,具有极大推广价值,赢得了宁波市交通部门领导和业主、监理的一致好评,杭州湾大桥指挥部的专家也给予认可;在施工过程中宁波电视台、宁波日报、象山电视台、象山日报等多家媒体都对本桥进行了报道,取得了良好的社会效益。本工法成功地解决了陡坡裸岩平台施工难题,为同类地质条件施工积累了宝贵经验,同时也增强了企业在桥梁施工领域的竞争能力,为承揽任务奠定了坚实基础。

11 应用实例

三门口跨海大桥南门桥桥位处施工环境恶劣,水文、地形、地质、气象条件复杂,河床为南缓北陡的不对称“V”形谷,高程为-1.5~-42m。大桥19号墩位于南门水域陡坡裸岩处,距万金山南岸15~20m,水下地形为北高南低的陡坡,坡度超过45°,地面高程为-7.5~-23.5m,水深从6.5m到22.5m渐变。靠岸边基岩裸露,基岩为含角砾晶玻屑凝灰岩,岩石倾向与坡向一致,微风化基岩裂隙分布,岩石完整性差,强度高,是国内外少有的深海陡坡裸岩桩基础。因桩位处坡度太大,基岩裸露,常规平台无法搭设;且筑岛围堰或沉箱围堰工程量巨大,需要投入大量资金,工期延长。

本工法利用水下铰接剪刀撑和空间三角网格联结法成功的将水中平台受到的水平力通过传力杆件传递给无水区水平承力系统,抵消了和基岩处于分离结构的水中平台受到的水平力,解决陡坡裸岩平台施工技术难题。用Midas有限元分析程序建立三维模型,分两种工况进行检算:一是平台完成施工工况,计算结果显示平台最外排桩发生整体位移4.9cm,其他依次减小,最大剪力为250.4kN,发生在无水

区预埋桩底,最大应力33MPa,发生在预埋桩和平台桩的三角网格剪刀撑上;二是钻孔施工工况,通过计算平台的位移和上一工况基本相似,应力增大较多,为101MPa,亦出现在预埋桩和平台桩的三角网格剪刀撑上,其他构件的应力比此处小的多。检算结果表明各构件的受力强度应变和应力均满足要求,水中平台的位移量也在规范范围之内。在实际施工时把型钢传力杆件和钢管桩相连处进行了加强,并对平台各受力构件进行连续观测,水中平台最外侧位移为3cm,为弹性变性位移;各受力构件变形均为弹性变性,固结的焊口牢固,无开焊现象,水中平台安全可靠。

水中平台达到了预期平台搭设效果,很好的满足了桩基钻孔和承台施工作业,丰富了深水陡坡裸岩施工经验,为类似地质条件施工提供了很高的借鉴价值,可以推广应用。

桥梁深水基础钢—混凝土组合式套箱围堰施工工法

GGG(中企)C1099—2008

刘树爱　张　华
(中铁十四局集团第四工程有限公司)

1　前言

近年来,由于桥梁建设步伐不断加快,跨江跨河的桥梁工程越来越多,而基础施工中传统采用的钢板桩围堰(钢围堰)钻孔桩基础和沉井至基层的基础,都存着影响工程施工的薄弱环节:钢板桩围堰钻孔桩基础一般强度较小,适用于水深有限、易漏水的情况,且其围堰不能兼作钻孔平台;而钢围堰则存在着回收工序施工时间长,且不能全部回收需大量消耗钢材的不足;至于沉井至基层的沉井基础嵌入岩层清除风化岩的清基工作非常费工费时,特别是在深水激流中工程进度直接制约着整个基础的安全度洪。相比而言,钢混凝土组合式套箱围堰下部采用钢围堰,上部采用混凝土套箱,该结构吸收了上述传统围堰的施工优点,在很大程度上克服了传统围堰的局限性,它实质上就是由混凝土围堰和钢围堰结合起来的施工结构,能够承受较大的向内或向外的水压力,一般情况下基础施工工序的安排不受外界水位季节变化的影响。该成果由中铁十四局集团第四工程有限公司在江苏如皋长青沙大桥施工中首次开发成功,2007 年获中铁十四局集团公司科技进步二等奖,在此基础上我们总结形成本工法。

2　工法特点

(1)在深水激流中可在较短的时间内修建一个桥墩。钢—混组合式套箱围堰能够承受较大的水压力,施工工序的安排不受外界水位季节变化的影响,从而使基础的各个施工工序能够紧密衔接,加快施工进度。

(2)围堰结构简单,设计快,制造、拼装简便,工序单一。

(3)施工安全可靠,便于浮运就位又能承受较大的水压力,而且由于下沉深度较浅,围堰下沉就位时间短,还可以克服底部翻砂的弊病,施工安全。

(4)上部围堰施工可结合低潮水位期间进行,施工方便。

(5)围堰为钢混组合结构,抗船舶冲击力强。

(6)围堰可兼做施工平台。

3　适用范围

特别适用于近海受潮汐影响水位变化的水域施工,以及砂黏土及卵石土底层施工,同时也适用于江河湖海的深水基础施工作业。

4　工艺原理

对于深水基础施工采用先下沉双壁钢套箱,钢套箱两板壁之间为空腔,底部以环形刃角封闭,使其具有自浮能力,可通过浮运至墩位,然后在套箱的基础上浇筑混凝土,形成沉井基础。钢套箱采用在空腔内注水进行第一次下沉,继而通过在沉井内浇筑混凝土进行二次下沉,然后通过接高混凝土沉井进行第三次下沉,最后通过吸泥进行第四次下沉就位,通过灌注水下封底混凝土使其保持稳定。此沉井基础作为桩机施工平台和承台外模支撑结构。

5 施工工艺流程及操作要点

5.1 工艺流程(详见图1)

5.2 施工操作要点

5.2.1 钢套箱与混凝土沉井设计(以长青沙大桥为例)

长青沙大桥单侧水中墩基础共计 8 个,其中 7 号、8 号、9 号墩位于主航道,4～5 月份施工最低潮位时水深在 7.5m 左右,其他各墩水深 3.5m 左右。因此制作的第一节钢套箱制作的高度标准为钢套箱下沉到河床底时,在最低潮时应露出水面,以方便混凝土接长施工。因此根据此标准各墩第一节钢套箱的长度分别为:

2 号套箱高 2.5m;3 号、4 号、5 号、6 号套箱高度均为 4.0m;7 号、8 号套箱高度为 8.0m;9 号套箱高度为 6m。

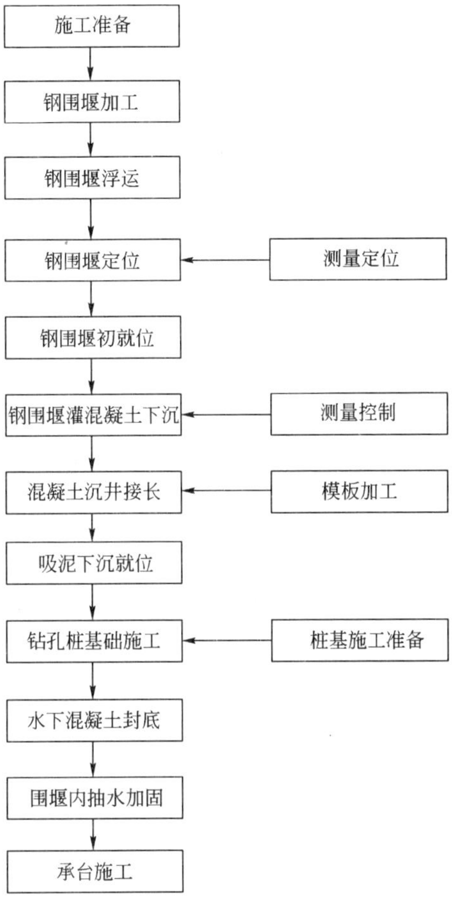

图1 工艺流程

1)钢套箱结构尺寸拟定

双壁钢套箱的平面尺寸根据各个承台的具体尺寸具体制作,制作内尺寸比承台实际尺寸每边大 10cm,壁厚0.5m,内填充混凝土,然后在此基础上进行接长围堰,接长混凝土强度等级为 C25,接长混凝土顶高程高出最高潮水位1.0m,接长混凝土全部采用配筋处理,壁厚 50cm,配筋纵横布置,取 ϕ12@225,设计 C30 封底混凝土厚 2.5m。

双壁钢围堰由横向桁架、竖向桁架、内外 3mm 钢面板、刃脚等构件组成,钢号均为 Q235B,采用 E43 型焊条。所有角焊缝均要满足三级检验质量标准,所有对接焊缝均要满足二级检验质量标准。(见图2)

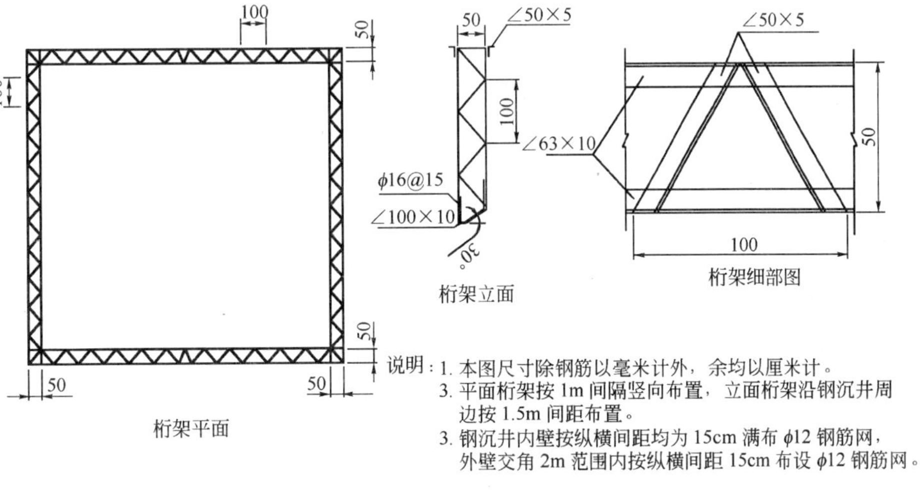

图2 钢套箱桁架平面布置示意图

2)计算依据

(1)最不利工况

承台底高程:-8.7m

承台顶高程：-5.7m

第一道支撑点高程：-5.4m

第二道支撑点高程：-2.4m

第三道支撑点高程:0.5m

第四道支撑点高程:3.0m

最高潮水位高程:4.0m

封底厚度:2.5m

桩基础:8 根 160cm 钻孔桩

套箱外尺寸:13m×11.3m

(2)工程地质情况(见表1)

各地基土设计参数推荐值表 表1

层号	土　名	极限摩擦力 τ_i (kPa)	容许承载力[σ_0] (kPa)	压缩模量 E_s (MPa)	液化折减系数 a
①	亚砂土夹淤泥质亚黏土	20	70	3.0	0
②	亚砂土、粉砂夹淤泥质亚黏土	20	80	5.0	1/3

3)钢套箱及混凝土沉井设计检算

(1)浮运过程受力检算

钢围堰为无底套箱，壁内为空，围堰下水后，利用其自身浮力悬浮在水面上，其在水中的受力状态如图3所示。

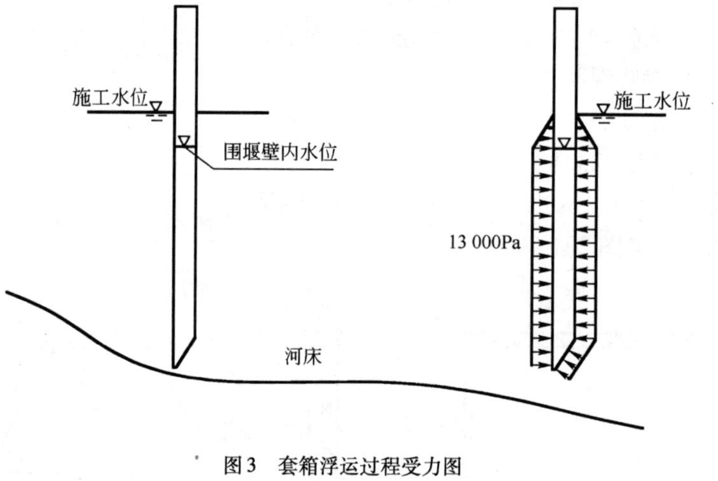

图3　套箱浮运过程受力图

围堰悬浮于水中时，围堰壁内水面以下受水的均布压力，内外壁上的压强 $P=13\ 000\text{Pa}$。

平面 L63 角钢所受两侧面板水压力，压力 $F=PS=1.3\times10^4\times1\times1.5=19.5\text{kN}$，如图4所示。

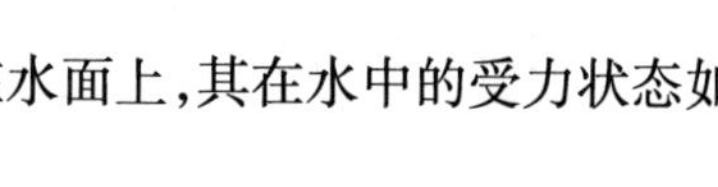

图4　套箱浮运过程受力图

$q=F/L=19.5/1.5=13\text{kN/m}$

跨中弯矩为 $W=3.66\text{kN/m}$

$$\sigma=\frac{w}{w_x}=\frac{3.66\times10^3}{21\ 290\times10^{-9}}=164\text{MPa}<215\text{MPa}$$，满足要求。

(2)套箱混凝土浇筑时受力检算

混凝土侧压力

$$F=0.22\gamma_c t_0\beta_1\beta_2\sqrt{V}=65\text{kN/m}^2$$

式中：γ_c——新浇混凝土在水中的重度；

t_0——浇注温度；

β_1——外加剂影响修正系数；

β_2——坍落度影响修正系数；

V——混凝土浇注速度(m/h)，取1.2。

又 $F=\gamma_c H=15\times4=60\text{kN/m}^2$(夹壁混凝土每次按4m高度进行浇注)按规范取其中的较小值 60kN/m^2，由此可计算出每个框架单元上混凝土的侧压力，并确定焊缝长度以满足受力要求。

(3)钢套箱混凝土沉井抽干水阶段

最大潮水位时，围堰处的水深是12.5m，围堰外淤泥层平均厚度为9.0m，浮重度为 6.89kN/m^3，则箱底以上高度 Z 处压力为：

水压力 $P_w=12.5\times10-10Z$

土压力 $P_s=6.89\times9-6.89Z$

利用SAP2000建立图5所示模型，计算知，钢围堰结构的环向应力比(外力作用/承载能力，容许应力法)小于1，满足要求。图6、图7分别为作用在围堰上的荷载与围堰结构变形图，图8为围堰结构钢桁架的应力比。

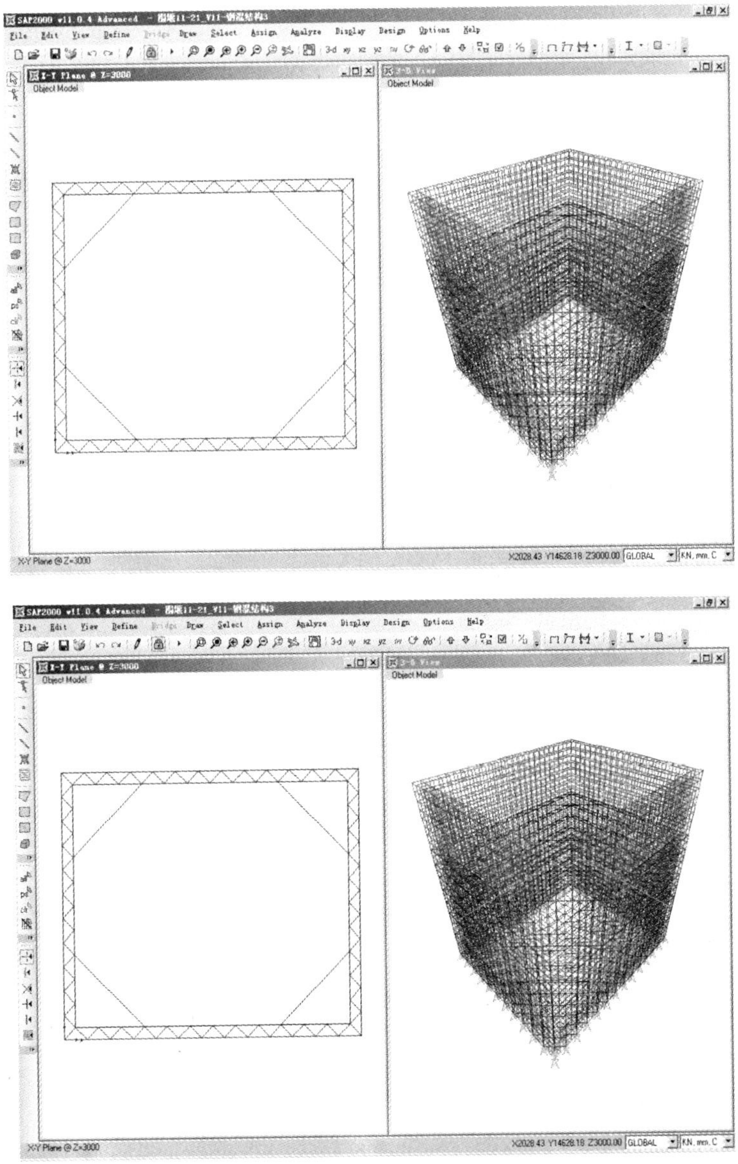

图5　套箱围堰受力计算模型

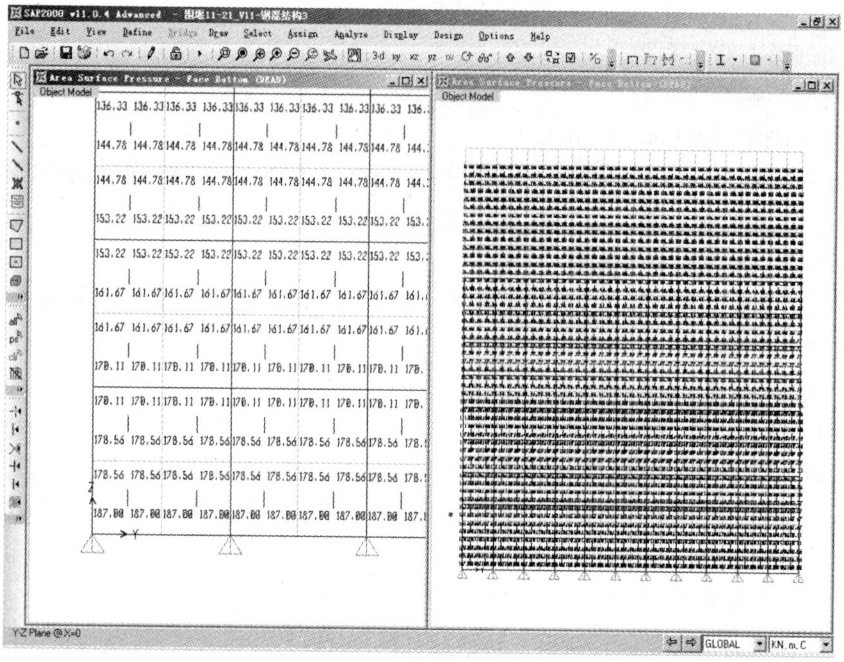

图6　作用在围堰上的荷载

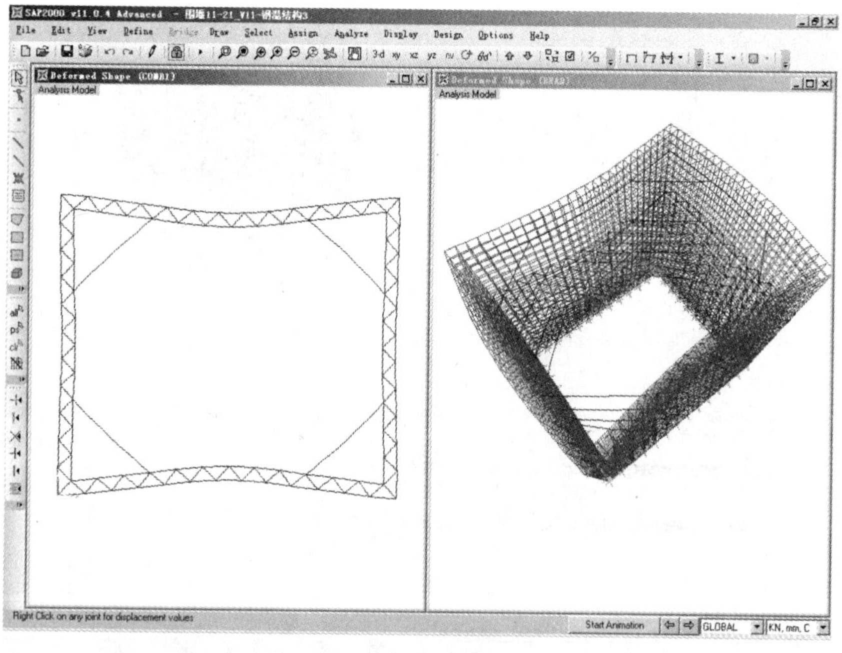

图7　围堰结构变形

(4)夹壁混凝土应力计算

夹壁混凝土利用SAP2000建立图9所示计算模型,计算知,混凝土围堰最大位移为2.4mm。最大压应力为12.84MPa,最大拉应力为0.86MPa,小于C30混凝土的容许值($R_l=2.1$MPa,$R_a=21$MPa),满足要求。图10为夹壁混凝土结构应力。

(5)混凝土封底计算

封底抗浮计算:

浮力为:$F_f=\gamma hA=10\times15\times13\times11=21\,450$kN

封底自重:$12\times10\times2.5\times24=7\,200$kN

钢结构重:269kN

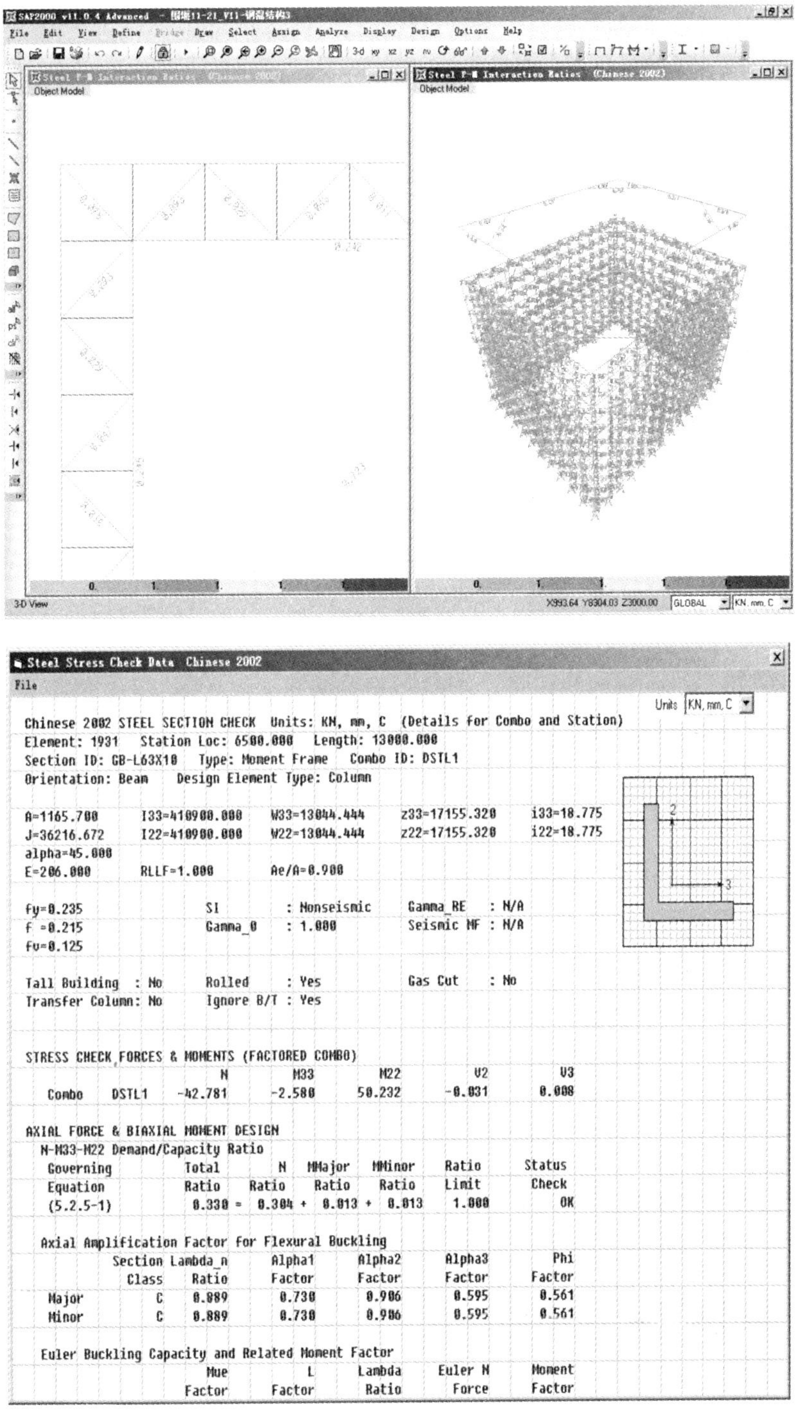

图 8　围堰结构钢桁架的应力比

夹壁混凝土重：$(13 \times 1 + 10 \times 1) \times 15 \times 24 = 8\ 280$kN

井壁摩阻力：$(13 + 11) \times 2 \times 9 \times 20$（土的摩擦系数）$= 8\ 640$kN

抗浮稳定系数为：

$(7\ 200 + 269 + 8\ 280 + 8\ 640)/21\ 450 = 1.137 > 1.05$，满足要求。

封底混凝土应力计算：

封底自重压强：$P_h = 24 \times 2.5 = 60$kPa

浮力压强：$P_f = \gamma h = 10 \times 15 = 150$kPa

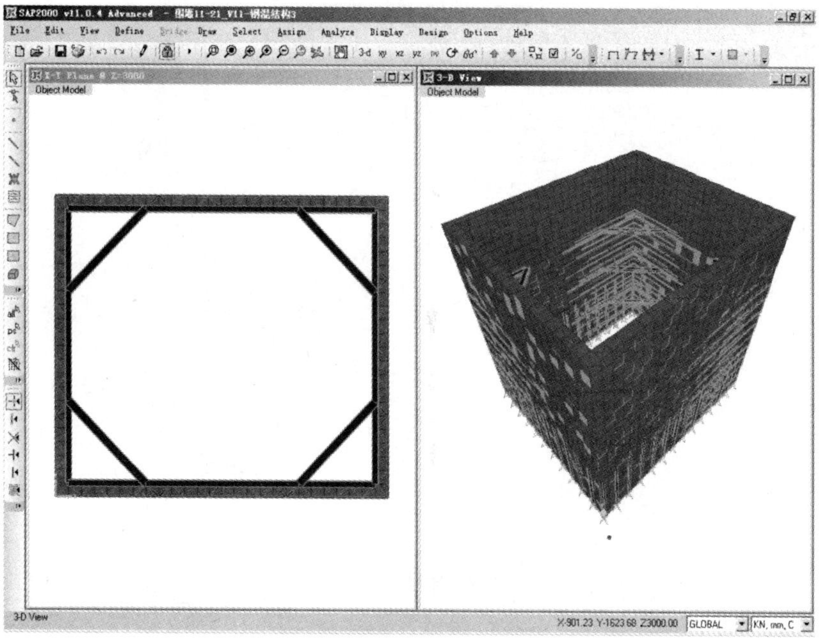

图9　夹壁混凝土计算模型

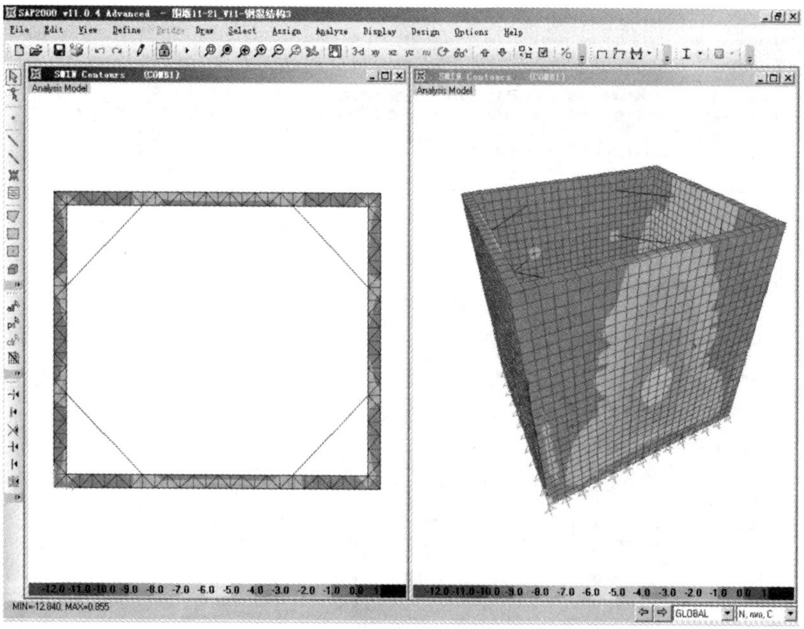

图10　夹壁混凝土结构应力

封底混凝土压强差为90kPa。

抗弯曲计算可按周边简支板建立图11所示模型,计算可知封底混凝土的最大位移为0.66mm。封底混凝土的最大压应力为1.36MPa,最大拉应力为1.21MPa,小于C30混凝土的容许值(R_1 = 2.1MPa,R_a = 21MPa),满足要求。图12所示为封底混凝土模型及所受荷载,图13所示为封底混凝土的结构变形及结构应力。

(6)沉井壁截面配筋

井壁是沉井的主要结构,它是沉井的主要受力部分,应有足够的刚度和强度,井壁的外侧做成直线表面,以利于施工,易于控制垂直下沉而不致产生过大的倾斜。

矩形截面板高 h = 500mm,宽 b = 1 000mm,每米宽弯矩设计值 M = 1.46kN·m,混凝土强度等级C30,

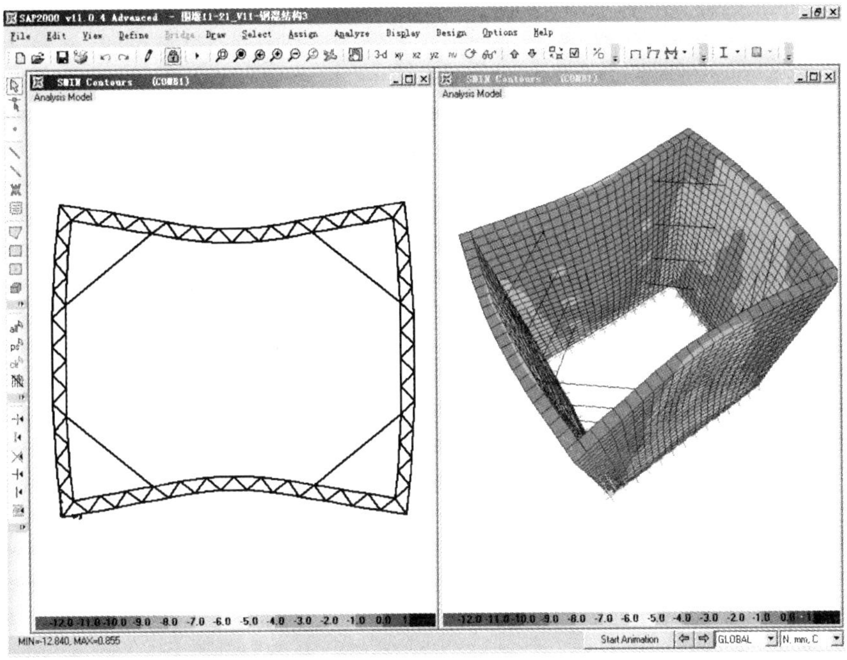

图 11 夹壁混凝土结构变形

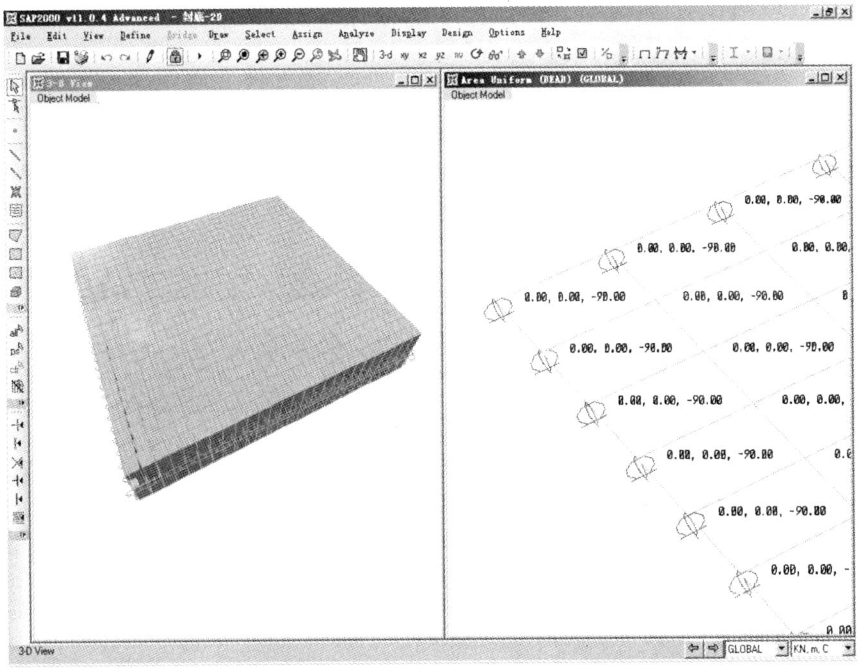

图 12 封底混凝土模型及所受荷载

按 HRB335 钢筋配筋为 5ϕ12mm 计算，计算知受力满足要求。图 14 为井壁环向配筋图。

5.2.2 钢围堰加工

为控制施工质量，加快施工进度，钢套箱由专业造船厂进行加工。

5.2.3 沉井就位

钢套箱由造船厂加工制作完成后，通过水运运至现场进行灌水下沉，灌水下沉之前，对承台范围内河床进行粗平，钢套箱宜于平潮时下沉，边下放边向套箱内注水，通过钢套箱自重进行下沉，下沉之前，用全站仪精确测设钢套箱 4 个内角，然后在钢套箱 4 角内侧位置打设定位桩，通过定位桩进行精确定位。

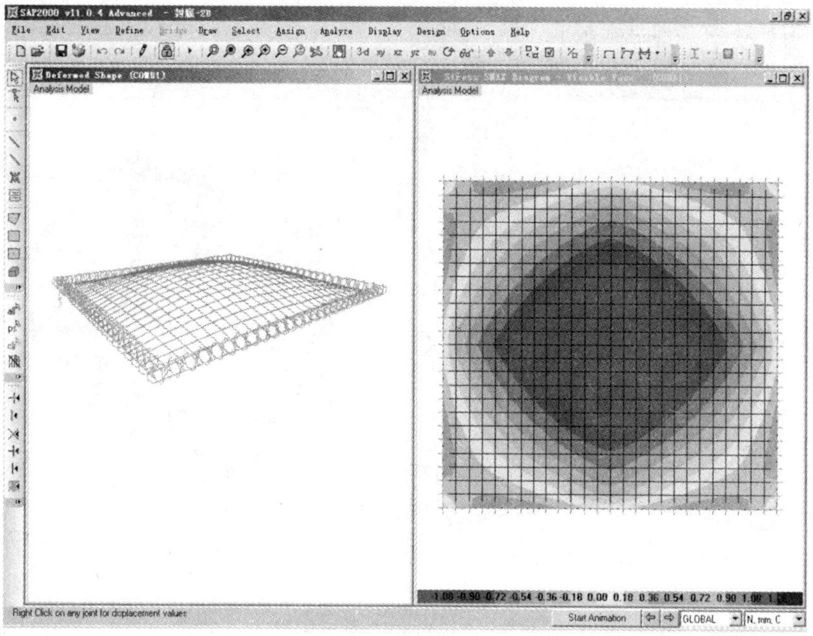

图 13　封底混凝土的结构变形及结构应力

5.2.4　浇注沉井混凝土并下沉

浇注混凝土过程应均匀对称浇注,如果在浇注过程中出现不均匀下沉应及时进行纠正,沉井内混凝土未初凝前,应保证钢套箱面出露水面,初凝后,应保证钢套箱顶面高出最低潮水位以上 40cm。如果在浇注过程中由于未连续施工致使钢套箱被潮水淹没,在第二次浇注混凝土时应对混凝土面进行清洗。沉井第一次下沉结束后,马上在沉井的上下迎水面围护沙袋,沙袋高 1.2m,按斜坡布置。

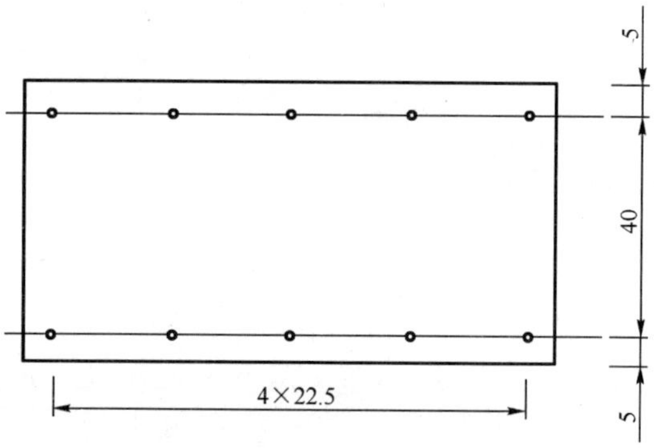

图 14　井壁环向配筋图(尺寸单位:cm)

大桥施工中,通过我们测量发现,沉井从下沉开始至承台施工完成,最大的冲刷深度达到 5.5m 之多,可见沉井的围护对沉井施工的成败起着至关重要的作用。同时沉井的下沉深度在满足承台及封底的要求下,下沉深度一定要超过一般冲刷线。

5.2.5　接长沉井并成型

沉箱第一次下沉后,马上进行模板拼装作业,模板接高按 1.2m 控制,钢筋接长及模板安装完成,浇注混凝土,浇注完成混凝土 8h 后,即混凝土有初期强度后,进行淘沙下沉沉井至设计高程(封底以下并超过一般冲刷线),如果沉井过长,可暂时不下沉至设计高程。沉井下沉稳定后,进行接长钢筋和模板,然后接长混凝土,接长混凝土顶高程控制按最高潮水位上 1m 控制。

在长青沙特有桥位地质条件下,在沉井下沉过程中发现,由于夹砂淤泥质黏土极易冲刷,在沉井抽沙下沉的过程中,由于沉井内外有水头差,极易翻沙,使沉井外的河床面随着沉井的下沉而下沉,根据这种情况,我们有针对性地在沉井壁上安装一 ϕ600mm 的钢管作通水孔,并在钢管内侧漏出沉井,预留法兰接头,待沉井封底结束,进行抽水支撑时,通过潜水员用盖板进行封堵。安装的这一通水孔,对沉井封底的成功与否也至关重要,因为在没有通水孔的情况下,沉井封底极易因为沉井内外的水头差造成穿孔。

5.2.6　打设钢护筒

每个水中桩均设有钢护筒,钢护筒直径 1.70m,2、3、4、5 号采用 δ = 6mm,6、7、8、9 号采用 δ = 8mm 厚钢板卷制。长度以封底以下 4.5m,最高潮水位上 1.5m 即 4.0m 控制,根据设计情况确定。钢护筒刃角用箍圈加强，并加焊吊点四个。为加强沉井的抗浮力，钢护筒加工时，外侧封底混凝土范围内用 ϕ12mm 钢筋 $a=20$cm 围焊，钢护筒加工精度要符合规范要求。

钢护筒埋设工艺：首先，在下沉到位并接长完成的混凝土沉井上对钻孔桩位进行测量放样，按规范要求定位安装导向框架。再用浮吊配合，将钢护筒从导向框架内徐徐下放到河床上，随即在钢护筒顶部安装好打设装置，然后，用浮吊、振动锤等设备将钢护筒打设到设计高程。在该过程中，要用测量仪器进行全程监控，以防钢护筒偏位、倾斜等，控制其值符合规范要求。

5.2.7 钻机钻孔

1）泥浆循环

因桩基平台面积较小，施工区江面航运较繁忙，不方便使用驳船设泥浆沉淀池，故采用湖北宜昌生产的黑旋风泥浆处理器和护筒进行泥浆循环，泥浆净化布置见图15。每台钻机按反循环泥浆流量配置2～3套泥浆泵和1台泥浆处理器，钻机从孔内抽出的泥浆经泥浆处理器除渣后直接注入护筒进行进一步的沉淀后重新流入钻孔内。另外专门配一名工人把滤出的钻渣清理运走，以防污染长江。泥浆检测由试验室控制，每2h一次检测钻机进出浆口的泥浆，检测泥浆的相对密度、黏度、含沙率和pH值，根据地质情况及时对泥浆性能进行调整。在正式进行钻孔之前，试验室根据实际工程地质情况，对泥浆配合比进行了针对性的设计，泥浆配合比见表2。

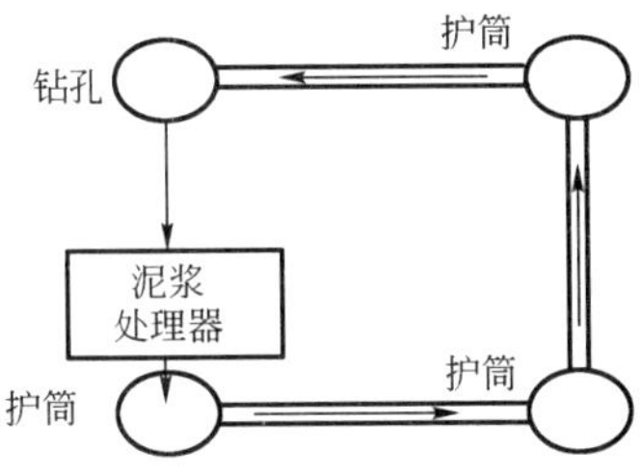

图15 泥浆循环布置

反循环钻孔桩泥浆配合比参考表

表2

序号	水(kg)	黏土(kg)	膨润土(kg)	纯碱(kg)	丙烯酰胺(kg)	相对密度	黏度(Pa·s)	pH值
1	10	2.0	1.5	0.05	0.0	1.14	17.4	9
2	10	2.0	2.0	0.05	0.0	1.17	17.9	9
3	10	0.0	1.0	0.03	0.11	1.02	19.7	9
4	10	0.0	1.5	0.03	0.11	1.06	29.9	9

2）钻孔

根据地质情况、性能、费用等方面情况，选取了反循环钻机进行钻孔施工，反循环分泵吸反循环和气举反循环两种，每台泵吸反循环钻机配备37kW抽砂泵一台，每台气举反循环钻机配一台20m^3/min的空气压缩机。因均为砂层、黏土层及粗砾砂层，故选用刮刀钻进行施工。为尽量减少坍孔的可能和防止钢护筒底口卷刃，钢护筒都插打过河床底以下4m。钻进过程中根据不同的地质层采取了不同的钻进方式。

（1）在淤泥亚黏土层采用低速钻进，进尺速度不超过1m/h；

（2）钻进至粗砾砂层顶面时，要减小护筒内外水头差防止钻孔内泥浆压力太大，同时调制泥浆相对密度至1.15左右，黏度18～22Pa·s，低速钻进控制在0.2～0.5m/h，粗砾砂层泥浆损失较大，应及时进行补浆。

终孔后，采用笼式钢筋检孔器检查成孔质量，如成孔质量符合规范要求，则把钻头提离孔底20～30cm，继续进行泥浆循环，用泥浆处理器进行第一次清孔。当孔内泥浆指标达到规范要求，孔底沉渣厚度小于20cm时可结束清孔工作。

5.2.8 钢筋笼制作安装

主墩桩基钢筋笼长72～75m，最大质量7.2t，加工时每节为18～21m，采用浮吊进行安装，为使钢筋笼在加工和运输安装过程中不变形，在钢筋笼内每隔2m设一道内十字撑。钢筋笼安装时，浮吊起吊后，对准孔口扶正后徐徐下放，严禁摆动碰撞孔壁，同时拆除加劲内撑。当最后一道加劲箍筋接近孔口时，将骨架通过工字钢支承在沉井型钢上，再吊起第二节钢筋笼，使它们在同一竖直轴线上对齐焊接，先焊接直径方向相对的4根主筋接头，然后用吊机稍稍提起，以使上下两节钢筋笼在自重作用下基本顺直，此后便可进行接头焊接。接头焊好后，上好接头箍筋，再稍稍吊起钢筋笼，抽出支承工字钢，下放钢筋笼。如此循环，使钢筋笼下放至设计高程为止。最后用吊筋把钢筋笼吊挂固定牢靠，并把钢筋笼放正于孔位中心,钢筋笼安放后的顶面和底面高程应符合设计要求。

5.2.9　混凝土灌注

钢筋笼下放结束后,用钻机下放导管,并进行二次清孔,清孔泥浆指标及沉淀达到设计及规范要求,即可进行混凝土灌注工作。混凝土灌注时采用生产能力 $50m^3/h$ 的混凝土搅拌站按水下混凝土灌注方法组织施工。为保证浇注一气呵成,要求混凝土的初凝时间不能过早而且混凝土和易性、流动性好,坍落度 20 ~ 22cm。灌注水下混凝土时应注意以下几点。

(1)灌注混凝土过程中,浮吊应在停留在孔位边,以防在灌注过程中钻机发生故障。

(2)灌注漏斗内的首批混凝土前,应先注入一盘砂浆,灌注时起润滑导管作用。灌注首批混凝土时,保证其数量能使导管埋管达到 1.0m 以上,导管埋入混凝土 4 ~ 6m 范围内开始提管拆管,如此循环。

(3)灌注中在下放导管前,应提前进行承压及闭水试验,并对导管进行编号,检查密封胶垫是否完好,有无老化、穿孔等现象。导管下放后须位于孔位中心,混凝土灌注过程提升降落导管时,动作要慢,以免挂住钢筋笼或提空导管。

(4)灌注水下混凝土时,机修人员要全过程值班,并准备好备用发电机。前台测量人员必须认真细致记录好浇注过程中的混凝土顶面高程和导管长度,以计算埋管深度,一般要求每浇注完成一罐车混凝土测量一次,每次沿桩周均匀测三点,最低点处的埋管深度须满足规范要求。

5.2.10　浇注封底水下混凝土

桩基施工完成并经检测合格后,对沉井内进行清理,清理内容包括桩身四周及沉井内的河床,河床清理至封底高程为止,要求河床面的高差不超过 20cm。

清理完成后,进行封底前的准备工作。安装漏斗及导管,布置导管的根数按导管的辐射范围布置,导管混凝土的流动范围按 1:7的坡比估算。为防止混凝土第一斗料翻起淤泥而导致封底存在夹层,在导管底口提前预铺 10cm 的碎石。

准备工作完成后,进行混凝土封底,封底的顺序从上游开始,至下游结束,封底过程中加强封底混凝土的高程测量,确保封底厚度满足设计要求。封底施工与灌注桩施工工艺相同。

5.2.11　抽除沉井内积水并逐层支撑

封底混凝土达到一定强度后,抽除沉井内积水,边抽水边进行支撑,支撑采用 2[32 型钢,第一层支撑布置在最低潮水位以上 1.5m,其他支撑间距控制在 3.5m 以内。支撑的平面位置内布置边支撑 4 根,斜支撑 4 根,斜支撑与边支撑成 45°交角,为节省材料,边支撑可省掉两端的 2m 负弯矩段。

沉井内积水抽干后,按照承台底高程进行找平,桩头松散混凝土及浮泥应凿除并清洗干净,松散混凝土清出沉井外。凿除完毕,铺浇找平层,按常规进行承台施工。

沉井内积水抽干后,按照承台底高程进行找平,桩头松散混凝土及浮泥应凿除并清洗干净,松散混凝土清出沉井外。

5.2.12　承台施工

1)施工准备

封底及桩头清理完毕后,准备好施工承台所需的机具、材料等。基坑排水采用在基坑四周设集水坑、集水沟,抽水泵抽至沉井外侧。防止因积水造成承台混凝土离析。

2)测量放样

放样前先行对放设的导线点进行复核,复核无误后,才能进行承台放样,以免造成因放样失误而引发的质量事故。承台十字线桩放设完后,同时要引出每边不少于 3 个护桩,为墩身施工创造条件。

3)清理基底并铺设垫层

承台底设 C15 混凝土垫层,垫层厚度为 10cm。承台钢筋绑扎前铺设垫层。

4)钢筋绑扎

钢筋在钢筋加工场内集中加工,加工完成后运至施工现场。首先由测量队在 C15 混凝土垫层上放设钢筋位置平面线,钢筋工班根据放设的平面位置进行钢筋绑扎,确保钢筋位置的准确性。

墩身伸入到承台部分的钢筋绑扎时要固定牢固，采用定型架约束，伸出承台部分的钢筋通过沉井壁进行固定。

5）模板加工及架设

模板采用厚度为15mm的竹胶板进行拼装，用5×10cm的方木作竖向肋，间距30cm。用双ϕ48mm钢管作横向加固带，间距60cm，ϕ12mm对拉螺栓，横向间距80cm。钢筋绑扎完毕后架设模板并加固，模板与钢筋之间加设混凝土垫块，垫块的密度以间距1m左右，以防漏筋。

6）浇筑混凝土

所用混凝土均采用商品混凝土，混凝土由搅拌运输车运到施工现场后，泵送到承台内，浇筑过程采取分层浇筑的施工方法，同时保证下层混凝土初凝之前浇筑上层混凝土，避免出现施工缝，影响混凝土施工质量。

7）拆模及养护

待养生2d以后，即可以拆除模板，拆模过程中注意边角混凝土不能碰落。混凝土浇筑完成收浆后即可用草袋进行覆盖养生，养生过程中保持草袋湿润至设计要求的养生时间或施工规范要求的时间。

6 材料与设备

每个施工作业流水线（套箱）所需材料及机具设备见表3。

所需机具设备及材料表 表3

编 号	名 称	规 格 型 号	单 位	数 量	作业性质及备注
1	拖轮		艘	1	主拖船
2	工作船		艘	2	办公、供电
3	交通船		艘	2	水上交通
4	浮吊	50t	艘	1	起重作业
5	甲板驳	400t	艘	1	定位船、作业船
6	螺杆空压机	英格索兰 20m^3	台	1	吸泥机动力源
7	吸泥机	15kW	套	2	吸围堰内泥沙
8	发电机	上海 120kW	台	2	供电
9	电焊机	ZXE1-500/35kVA	台	10	焊接
10	装载机	柳工 ZL50C/3m^3	台	1	拌和站装料
11	混凝土输送泵	HBT60C/75kW	台	2	泵送混凝土
12	拌和机	山东 JS500	台	2	拌制混凝土
13	卷扬机	JM-5/11kW	台	4	装定位船
14	卷板机	2m×6mm/5.5kW	台	1	加工厂
15	汽车吊	25t	台	1	加工厂
16	台式钻床	自贡 Z4016	台	1	加工厂
17	气割机		台	4	加工厂
18	回旋钻机	GW250	台	1	钻孔桩成孔
20	钢板	3mm	t	25.1	钢围堰
21	角钢	∠50～100	t	21.2	钢围堰
22	I级钢筋		t	8.3	混凝土围堰
23	混凝土	C30	m^3	282.5/300	套箱混凝土/封底

7 劳动力组织(表4)

劳动力组织 表4

序号	工种	人数	备注
1	指挥	1	现场组织指挥
2	技术指导	2	施工设计、技术指导
3	测量工	5	定位测量
4	船员	18	船舶操作人员
5	安全员	3	现场施工安全管理人员
6	电工	2	电力供应
7	电焊工	16	围堰、钢筋焊接
8	吊车、机械司机	19	起重机、拌和机、加工机械操作人员
9	起重工	12	吊装、接高及吸泥下沉
10	普工	48	参加施工

8 质量控制

8.1 质量标准

(1)套箱围堰底面、顶面平均高程符合设计要求。

(2)围堰最大倾斜度不得大于围堰高度的1/50。

(3)围堰顶、底面中心与设计中心在平面纵横向的位移均不得大于围堰高度的1/50。

8.2 质量控制

(1)钢围堰加工质量的检验按照国家有关标准组织验收,所有焊缝进行水密试验。

(2)钢围堰的着床就位质量直接关系到下沉速度,要准确定位。

(3)事先对围堰底部的地质情况进行探测,如有孤石等障碍物要及时通过水下爆破等措施进行排除,封底混凝土灌注前,派潜水员将掉入围堰内的铁件捞出,以方便钻孔桩施工。

(4)围堰设计要有一定的安全储备,施工过程中要注意测量观察,及时纠偏,及时调整各部位受力情况。

9 安全措施

(1)成立以大桥建设指挥部和当地政府为首的有航道、航务、建设、施工单位参加的大桥安全领导小组,负责施工区域内岸线、水域的外界干扰问题的处理,组织制定和实施紧急情况下的应急措施。

(2)成立以项目经理为组长各有关职能部门负责人为成员的项目部安全领导小组,小组设专职安全管理人员1人,负责检查安全制度,监督各种安全制度的执行。

(3)水上施工人员配备必要的安全设备,水上施工设施要有一定的安全储备,确保施工正常使用。

(4)确保水上施工通信联络畅通,发现施工隐患及时报告项目部领导,果断处置。

(5)所有施工人员严格按照安全操作规程进行施工,杜绝违章施工。

(6)事先制定好各种安全救援应急预案,做到有备无患。

10 环保措施

(1)围堰吸泥及钻孔桩泥浆等施工废弃物集中处置,确保不污染河道。

(2)项目部实行标准化管理,所有临时设施及施工生活设施实行达标制度,做到文明施工。

(3)混凝土采用拌和站集中拌和,拌和机设置二级粉尘回收装置,防止污染大气。

(4)砂石料等施工运输车辆设盖布覆盖,施工便道及时养护施工区域及时清扫。

(5)工程完工后对施工临时用地进行复耕或植被恢复。

11　资源节约

本工法采用钢结构和混凝土结构相结合的组合式套箱围堰进行施工,能够最大限度地减少钢材消耗,与钢围堰相比可节约钢材40%以上,利于贯彻国家节能工程的有关要求,从而实现节约稀缺资源、提高经济效益的目的。

12　效益分析

在长青沙大桥施工中,采用本工法进行了9个基础承台施工,经测算,与普通钢围堰相比,节约钢材410t,工期方面缩短35d,降低工程成本180万元,取得了良好的经济效益和社会效益。

13　应用实例(2个)

13.1　长青沙大桥

长青沙大桥位于如皋市疏港I级公路上,跨于长江北汊,全桥长608.28m,桥面车行道为双向四车道,桥梁总宽度25.5m。

主桥上部结构采用50m+2×60m+70m+2×80m+70m+60m预应力混凝土连续箱梁,下部主墩采用实体桥墩,交接墩采用双柱式桥墩;引桥上部结构采用35m跨径PC组合箱梁,采用先简支后连续结构,下部结构采用肋板式台、桩柱式墩、钻孔灌注桩基础。

全桥共有10个桥墩,其中2号、3号、4号、5号、6号、7号、8号、9号墩位于江中,7号、8号和9号墩位于航道中心,水中承台均为低桩承台。施工中,采用本工法进行了9个水中基础承台施工,自2005年5月至2006年7月完成了水中基础承台施工,实践证明围堰下沉到位后,各项指标符合规范要求,围堰施工时间短,施工方便。

13.2　青岛海湾大桥

青岛胶州湾跨海大桥,是我国北方海域首座(国内第三座)跨海特大桥,全长25.880km。该桥位于胶州湾深水区,地质情况复杂,技术工艺要求高。我单位承担了土建工程第四合同段的全部内容:起止桩号为左幅K16+010~K19+130,长度为3 120m;右幅K15+830~K19+130,长度为3 300m。施工内容为准跨度的主线非通航孔桥下部桩基、承台、墩身,墩号范围:左幅130~180号墩,右幅127~180号墩,其中6.9m×6.9m×3.0m钢筋混凝土高庄承台105个。

工程2007年3月进场开工后,就开始着手进行钢—混凝土组合式套箱围堰在承台施工中的应用研究,计划50%的承台利用本工法施工。2008年3月成功地采用本工法进行了第一个高桩承台施工,目前正顺利地按照每月每套施工流水线1个承台的速度进行施工。

机制砂高强高性能混凝土泵送施工工法

GGG(中企)C4100—2008

陈跃龙　吴建军　蔡维刚　卢映琨
(中铁五局(集团)有限公司)

1　前言

贵州省缺少河砂,在混凝土工程施工中,如选用河砂配制混凝土,则河砂只能到四川、广西、湖南等地远运,成本非常高。为了降低混凝土施工成本,从20世纪60年代起,贵州地区相关单位就致力于机制砂拌制混凝土的研究和应用,并取得了较好的效果,并于1978年制定了贵州省地方标准,1995年经重新修订后发布了《山砂混凝土技术规程》(DBJ 22-16—1995),多年来使用机制砂配制混凝土取得了良好的社会、技术及经济效益。但由于机制砂粉末含量高,主要用于强度等级较低的混凝土工程,配制高强度等级的混凝土有关技术指标不能满足要求。

贵阳市小关水库特大桥是贵阳市中心环北线的重点工程,其中的主桥箱梁混凝土强度等级设计为C50,最大墩高110m。在大桥的施工中,通过大量的研究和试验,通过水洗机制砂的工艺改善了机制砂的粉末含量等技术指标,最后采用水洗机制砂成功配制了C50高强混凝土,混凝土相关指标满足设计及施工要求,并成功实施了110m高泵送施工。该桥取得的科技成果于2006年11月通过了贵州省科技成果鉴定,经总结水洗机制砂配制高强度等级混凝土的施工工艺及方法,形成本工法。

2　工法特点

2.1　利用水洗的方法可以清除砂中多余的石粉,可以扩大机制砂的应用范围,克服机制砂不能用于配制高强度等级混凝土的限制。

2.2　按照本工法施工的山砂混凝土可以保证混凝土的和易性、流动性、可泵性,最高强度可达C60,其徐变性能与河砂配制的混凝土相比,没有根本性差别。

2.3　各种施工工艺条件与河砂配制的混凝土相比,没有特殊要求。

2.4　根据本工法提供的混凝土配合比设计原则及施工质量控制措施,可实现机制砂配制高强度等级混凝土并实施大高程泵送施工。

3　适用范围

本工法适用于贵州、云南等缺少河砂的地区公路、铁路预应力高强度等级混凝土、大高程泵送施工混凝土施工。

4　工艺原理

机制砂的粉末含量高,且泥粉和石粉区分不开,无单独的检测方法标准,统一以0.08mm颗粒含量为准,而强度等级大于C30的混凝土要求0.08mm颗粒含量不大于10%。所以,未经处理的机制砂不能满足高强度混凝土配制的技术要求,用来配制高强混凝土往往由于粉末含量高导致强度偏低并且混凝土开裂的可能性增大,难以配制出满足施工工艺性能和硬化后的力学性能、耐久性能的混凝土。

采用水洗机制砂工艺，首先将经机械破碎的坚硬碳酸盐岩石机制砂中大于5mm的颗粒筛除，让小于5mm的颗粒进入棒磨洗砂机，洗去小于或等于0.08mm颗粒制得的水洗机制砂，其颗粒坚硬，棱角多、增大了与胶凝材料的机械咬合力，配制的混凝土强度更高。并且，与河砂比较，其软弱颗粒含量小，不存在云母、贝壳和有机物等有害物质，且可以调整颗粒级配。所以，采用机制砂，恰当地应用减水剂技术和粉煤灰混凝土技术，适当调整混凝土配合比，在相对较低的水灰比条件下，可以配制出和易性好、坍落度损失小、泵送性好、强度高和耐久性高的混凝土，不但能满足混凝土的强度及耐久性等设计要求，而且也能满足混凝土的大高程泵送等施工工艺要求。

5 施工工艺流程及操作要点

5.1 施工工艺流程

施工工艺流程见图1。

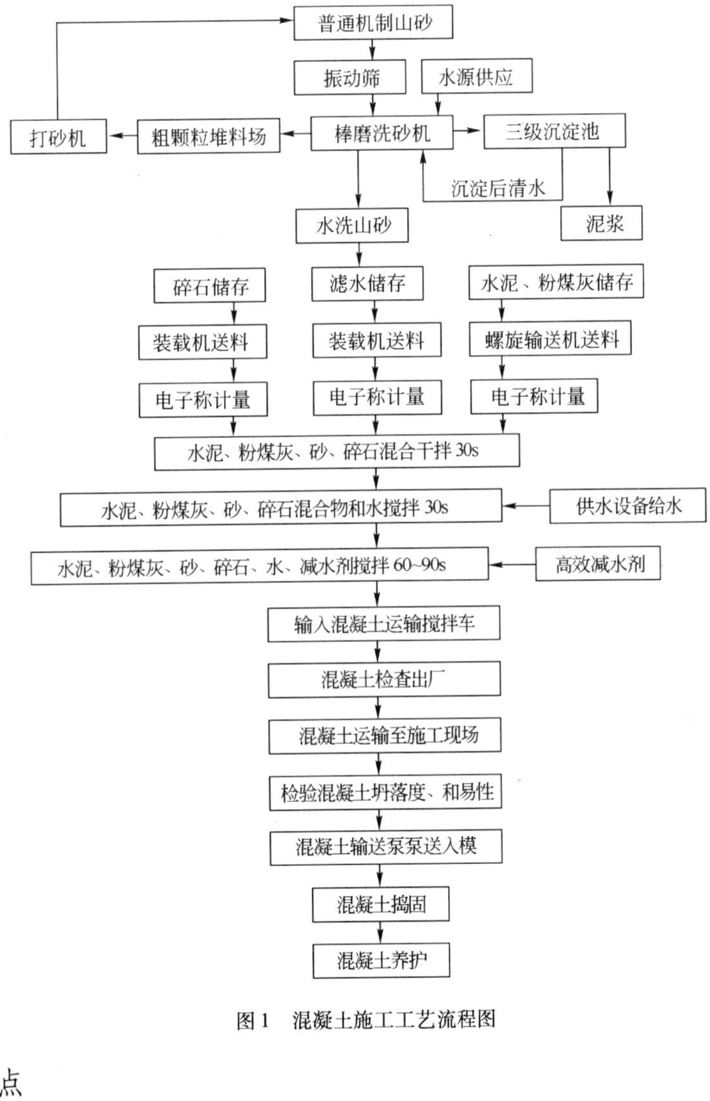

图1 混凝土施工工艺流程图

5.2 操作要点

5.2.1 混凝土原材料的技术要求

(1)水泥应选用质量稳定、旋窑生产的普通硅酸盐水泥，其强度富余系数应大于1.15，水泥的初凝时间应不小于45min，终凝时间应不大于10h。若水泥刚出厂并带有一定热量，则需存放1～2d，但存放期不宜超过10d，其技术指标应符合现行国家标准《通用硅酸盐水泥、普通硅酸盐水泥》(GB 175—2007)。

(2)机制砂采用母岩抗压强度大于混凝土设计强度的1.15倍、相对密度约2.7的岩石破碎加工。细度模数控制在3.0~3.3,颗粒级配应在级配区Ⅰ区内;压碎指标小于10%,小于0.08mm颗粒含量1%~2%,含泥量小于2%;堆积密度1.63,空隙率40%。机制砂的坚固性试验经硫酸钠溶液浸泡循环5次后总重量损失率应≤8.0%。其他指标应符合《普通混凝土用砂、石质量及检验方法标准》(JGJ 52—2006)和《建筑用砂》(GB/T 14684—2001)的规定。

(3)粗集料选用母岩抗压强度大于混凝土设计强度且大于75MPa的质地坚硬、级配良好的碳酸岩碎石,碎石粒径为10~31.5mm,含泥量小于0.5%,碎石的坚固性试验经硫酸钠溶液浸泡循环5次后总质量损失率应≤8.0%。其他技术指标应符合《普通混凝土用砂、石质量及检验方法标准》(JGJ 52—2006)。

(4)粉煤灰的主要成分为活性氧化硅、活性氧化铝等,能在混凝土中发生"二次反应"(水泥水化后生成的氢氧化钙与粉煤灰反应),从而填充混凝土的空隙,增大了混凝土的密实性、抗渗能力和耐久性,故混凝土尤其是高强混凝土应加入粉煤灰。粉煤灰质量指标应符合《用于水泥和混凝土中的粉煤灰》(GB 1596—2005)中Ⅰ、Ⅱ级灰要求,掺量由试验确定。

(5)泵送剂是减水型与缓凝剂和引气剂复合而成的,其中的缓凝成分应视气温高低而定,冬季不宜加入缓凝成分,而夏季宜保证混凝土在施工现场的实际初凝时间为10h左右,不宜太大,太大时难以控制,稍有不慎则会造成混凝土不凝结硬化。泵送剂的技术指标应符合《混凝土泵送剂》(JC 473—92)和《混凝土减水剂质量标准和试验方法》(JGJ 56—84)的规定。在采购泵送剂时应与生产厂家具体洽商技术指标,专项配制。

5.2.2 水洗筛选机制砂工艺要求

(1)水洗机制砂采用母岩强度满足要求的筛分碎石为原材料,经加工成七眼砂筛分后用净水淘洗而成。

(2)机制砂经过棒磨水洗过程中,水流量要恰当,既要将≤0.08mm颗粒和粉尘淘洗干净,又要保证水洗机制砂的级配连续和细度模数,使其达到河砂的标准。

(3)水洗机制砂过程中,试验人员每天至少取样一次,检测砂的细度模数及粉泥含量,每洗完同一批机制砂,均要检测砂的压碎指标和坚固性试验。

5.2.3 混凝土配合比设计原则

(1)混凝土配合比设计应符合《普通混凝土配合比设计规程》(JGJ 55—2000)的规定。

(2)混凝土配制强度按照下式计算

$$f_{cu,0} \geq f_{cu,k} + 1.645\delta$$

式中:$f_{cu,0}$——混凝土配制强度(MPa);

$f_{cu,k}$——混凝土立方体抗压强度标准值(MPa);

δ——混凝土强度标准差(MPa),应以同配合比试件不少于30组统计资料为准;若无准确统计标准差时可尝试选择6.0的标准差。

(3)混凝土水胶比不宜大于0.38,一般在0.33~0.35之间;用水量小于190kg/m^3;胶凝材料总量小于550kg/m^3。

(4)大高程泵送混凝土入泵时的坍落度宜为(18±2)cm。

(5)大高程程泵送混凝土砂率应根据试配确定,以保证混凝土不离析、不泌水,具有可泵性为原则。

5.2.4 混凝土配制

(1)混凝土搅拌站必须储备足够的材料数量。

(2)拌制混凝土前,试验人员必须实测砂、石的含水率,按照实测的数据将理论配合比换算为施工配合比,混凝土搅拌站必须严格按照试验室配合比按规定的投料顺序投料,配制混凝土;在混凝土拌制过程中,试验人员要不定期检测砂石的含水率,以便及时调整混凝土配合比。

5.2.5 混凝土的运输

(1)混凝土采用搅拌运输车运输,在装料前要检查清洗干净搅拌筒。

(2)混凝土泵送采用两台高压泵,每台输送泵配备混凝土搅拌运输车2~3台,以保证混凝土的连续泵送。

(3)混凝土搅拌运输车在运输途中,拌筒以1~3转/min速度不停地进行搅动,运到现场卸料前应使拌筒搅拌1~2min后再卸料。

5.2.6 混凝土的泵送

(1)混凝土输送管铺设要直、短、平,输送泵出口水平管不少于5m,输送管每隔3m采用支架或抱箍固定,但不得固定在模板上,避免泵送混凝土致使模板跑位;夏季施工时,输送管必须采用麻袋覆盖并浇水降温。

(2)混凝土输送泵每次在泵送混凝土前,泵机先试运行,保证正常后先泵送清水湿润管壁,再泵送水泥砂浆润滑管壁,水泥砂浆不得泵入浇注混凝土仓面,最后泵送拌制的混凝土。

(3)混凝土的泵送初始时,应慢速泵送,待泵送顺利时,再用正常速度泵送;混凝土泵送速度要均匀连续,必要时可降低混凝土的泵送速度,若停泵时间过长,应每隔15min反泵一次,防止料斗内的混凝土沉淀离析,若预计等待时间过长,应将管中混凝土清除,用水清洗管道,等待重新泵送。

(4)混凝土必须在初凝之前泵送并密实成型完毕。

(5)混凝土泵送施工完毕后,要及时清洗搅拌车、输送泵机、输送泵管、串筒等。

6 材料及设备

6.1 施工所用主要材料(见表1)

表1

序号	材料名称	规格	主要技术指标
1	水泥	52.5级	详见本工法5.2.1
2	水洗机制砂		
3	粗集料		
4	粉煤灰		
5	泵送剂		
6	水		

6.2 施工所用机具设备表(见表2)

表2

序号	名称	型号	数量	用途
1	洗砂机		1套	水洗机制砂
2	振动筛		1套	
3	皮带机		1套	
4	水源用水泵		1套	
5	循环水用水泵		1套	
6	泥浆泵		1套	
7	洗砂及堆料设施		1套	
8	水泥储存罐	200t	1套	储存原材料
9	粉煤灰储存罐	50t	1套	
10	碎石堆料场	$800m^3$	1套	
11	外加剂储存设施		1套	

续上表

序　号	名　　称	型　　号	数　　量	用　　途
12	装载机	ZL40	1台	混凝土搅拌
13	搅拌站	500L	1套	
14	混凝土输送泵及泵管	SANY60C	2套	泵送混凝土
15	混凝土输送搅拌车		4台	运输混凝土
16	通信联络设施		1套	
17	塔吊	1 000kN·m	1台	吊运机具
18	电梯		1台	人员垂直运输
19	插入式振捣器	ϕ50插入式	12台	混凝土捣固
20	抽水机	扬程100m	1台	供水养护
21	装载机		1台	装运砂石料

7　质量控制

7.1　原材料质量控制

(1)水、粗细集料必须有试验检测报告,经检测满足规范标准要求后才能进场使用。

(2)水泥、粉煤灰、外加剂必须有出厂合格证,进场后试验人员要复检,满足规范要求后才能使用。

(3)水泥在出厂前,要进行水泥与外加剂的相容性试验,只有相容性试验合格的水泥才能出厂。

7.2　混凝土质量控制

(1)混凝土搅拌站控制系统即自动计量系统要定期进行标定,每班在使用前要检查一次,确保计量准确,计量最大偏差不得超过:水泥、粉煤灰、水为±1%,粗细集料±2%,减水剂±0.5%。

(2)混凝土在出站前,必须检查混凝土的和易性和坍落度,检查合格后才能签发出站,并且搅拌站随机取样5组试件,分别检测混凝土的3d、7d、14d、28d的抗压强度,其中1组试件备用。

(3)混凝土运输到施工现场卸料前,必须检测混凝土的和易性和坍落度是否满足要求,若不能满足要求,则该车混凝土退回搅拌站。搅拌站可以通过加入同水胶比的净浆或加入一定量的减水剂,调整混凝土达到设计要求后方可出站;若经过调整仍然达不到要求,则应该将该车混凝土报废。严禁在施工现场或混凝土的运输过程中加水。

7.3　引用标准

(1)《山砂混凝土技术规程》(DBJ 22-16—1995)

(2)《混凝土泵送剂》(JC 473—92)

(3)《混凝土减水剂质量标准和试验方法》(JGJ 56—84)

(4)《建筑用砂》(GB/T 14684—2001)

(5)《建筑用碎石、卵石》(GB/T 14685—2001)

(6)《普通混凝土用砂、石质量及检验方法标准》(JGJ 52—2006)

(7)《用于水泥和混凝土中的粉煤灰》(GB 1596—2005)

(8)《通用硅酸盐水泥、普通硅酸盐水泥》(GB 175—2007)。

(9)《公路工程水泥及水泥混凝土试验规程》(JTG E30—2005)

(10)《公路桥涵施工技术规范》(JTJ 041—2000)

(11)《普通混凝土配合比设计规程》(JGJ 55—2000)

(12)《混凝土泵送施工技术规程》(JGJ 10—95)

8　安全措施

8.1　本工法执行国家、行业及地方有关安全技术规范、规程。

8.2 施工现场的安全设施、施工人员的安全培训和现场安全技术交底均应遵守《建筑安装工程安全技术规程》。

8.3 建立完善的施工安全保证体系，加强施工过程中的安全检查和控制，确保安全生产。

8.4 拌和设备、泵送设备、运输设备在使用前均应检查其性能是否可靠，确保设备运行安全。

8.5 施工现场内的一切电源、电线路的安装与拆除，必须由专职持证电工作业，电器严格接地、接零和使用漏电保护开关。

8.6 拌和设备、泵送设备、运输设备、起重设备的操作人员必须经过培训考核，持证上岗。

9 环保措施

9.1 机制砂加工场地应远离城镇人口密集区，选择在居民稀少的城郊或农村，减少机制砂加工的噪声对周边居民的影响。

9.2 机制砂加工时，接一根小直径的水管至碎石机进料口，加工过程中始终保持小流量的进水，保证砂石处于湿润状态，避免加工场内空气中产生较大的粉尘而造成环境污染。

9.3 水洗机制砂时，设置三级沉淀池，从棒磨洗砂机出来的污水经过三级沉淀池沉淀，将清水回收循环利用，留下的泥浆运至弃土场集中处理，避免造成环境污染。

10 资源节约

由于贵州省严重缺乏河砂资源，以往省内工程配制高强混凝土采用的河砂，需经过汽车、火车的多次转运，在转运过程中需耗费大量的能源。采用本工法后，配制高强混凝土采用水洗机制砂，可就地取材，大幅减少运输距离，避免多次转运，可节约大量的能耗。

11 效益分析

贵阳市小关水库特大桥主桥设计为 69m + 125m + 2 × 160m + 112m 为五跨三向预应力混凝土连续刚构，主桥箱梁 C50 混凝土设计为 17 755m^3（其中：0 号段混凝土为 4 400m^3，悬灌段混凝土为 13 355m^3），采用悬臂浇注施工，需用砂约 8 877.5m^3。普通机制砂由于泥粉含量高，而《山砂混凝土技术规程》（DBJ 22-016—95）对粉末含量限制太宽，混凝土的后期收缩大，对连续刚构三向预应力混凝土造成的预应力损失较大，可能引起跨中下挠，从而带来耐久性问题。在以往的连续刚构悬灌施工中均采用河砂拌制混凝土，贵州地区没有河砂，为了保证大桥的质量，往往从四川或广西运进河砂，混凝土的施工成本过高。0 号段混凝土（砂子为乌江渡机制砂、洪家渡机制砂，两种砂子平均价格为 245 元/m^3）比用四川简阳河砂节约成本 20.45 万元；悬灌段混凝土（砂子为恒建水洗机制砂，砂子价格为 130.9 元/m^3）比用四川简阳河砂节约成本 138.26 万元，全桥混凝土共节约成本 158.71 万元。既保证了连续刚构悬灌施工的质量，又节约了施工成本，效益十分显著。从技术角度讲，棒磨水洗机制砂无论在原材料技术性能方面，还是在混凝土力学性能方面与河砂相比都无多大差异，同时也解决了百米高墩连续刚构悬灌混凝土施工问题。

12 应用实例

贵阳市小关水库特大桥 2001 年 9 月开工，于 2003 年 12 月竣工，主桥预应力混凝土连续刚构悬灌箱梁采用水洗山砂混凝土，泵送施工过程中，没有发生堵管，从混凝土拌制到捣固和易性很好，不泌水，不离析。在悬灌浇注过程中，悬灌箱梁的挠度和应力监控结果表明，各施工节段的各种工况挠度和应力符合设计要求，混凝土的各项力学性能均满足设计和规范要求，为高墩大跨连续刚构的悬灌混凝土施工积累了施工经验，推广应用前景广阔。

隧 道 篇

长大隧道塌方透水灾害实时监测预报工法

GGG(京)D7101—2008

祁 鹏 柴金存 夏孝畬 张满儒 张东江
(安通建设有限公司 四川武通路桥工程局)

1 前言

由于隧道施工中塌方、透水灾害的发生具有瞬间性、危害性大、预测困难等特点,往往会给工程项目造成巨大损害。特别是对于长大隧道,由于隧道埋深较大,跨越地区较广,地质条件复杂多变,塌方、透水灾害发生的可能性更大。因此,对塌方、透水灾害发生要素、地质预报方法和预警标准等方面进行分析研究,开发出一套有效的预测预警系统,为施工现场提供可靠的预报信息,减少和避免灾害造成人员伤亡和国家财产损失,保障施工安全顺利,是十分必要和急需的。四川武通路桥工程局根据多年隧道施工经验和对隧道围岩稳定性、隔水岩板厚度等要素的理论分析,得出控制灾害发生的主控要素,并对易导致灾害发生的四类主控要素进行评价,利用 Microsoft visual basic 6.0 和 Microsoft SQL sever 2000 制作了分析预报系统软件,能够对灾害发生进行一定程度的预报,取得了良好的效果。

1.1 塌方事故及其危害

塌方系指围岩失稳而造成的突发性坍塌、堆塌、崩塌等破坏性地质灾害,常发生于断层破碎带、膨胀岩(土)第四系松散岩层,不整合接触面,侵入岩接触带及岩体结构面不利组合地段。如日本 1897 ~ 1984 年,隧道施工死亡共 220 人中崩塌占 26%,意大利瑞士间勒奇山隧道(全长 14.6km),因坍塌死亡 25 人。在我国也有很多塌方案例。笔者曾经参加的国道 317 线鹧鸪山隧道(见图 1)、浙江金丽温高速公路黄坞垅隧道在建设过程中就多次出现塌方灾害。塌方事故的危害表现在:阻塞坑道、掩埋机具、坍塌沉降、人员伤亡等几个方面。

a)

b)

图 1 鹧鸪山隧道塌方实例

a)鹧鸪山隧道平导塌方;b)鹧鸪山隧道主洞塌方

1.2 透水事故及其危害

透水包含涌水、突水,涌水是隧道施工中常见的地质灾害,而突水是涌水的特例,它具有更大的破坏性,容易造成严重不良后果,常出现于断裂构造带、松散岩体或岩溶通道等地段。如日本旧丹那隧道(全长 7.804km),1918 年开工后曾 6 次遇及大的突水,水压高达 14 ~ 42MPa,最大一次大断层突水达 $28.8\times10^4m^3/d$,贯通时总涌水量达 $14.515\,2\times10^4m^3/d$,致使直至 1934 年历时 16 年才予建成。青函隧道(全长53.850km)曾4次遇及达11.52×$10^4m^3/d$的突水,前后共牺牲34人,伤残1 300余人,经5个月才加以控制,总工期较计划推迟10年之久。瑞士意大利间辛普伦1号隧道(全长19.800km)为控制山体压力及地下水花费原计划6倍资金及1.5年时间。日本中山隧道(全长14.830km)因突水使竖井两次被淹。我国1988年已建成的隧道中有80%在施工中遇及突水灾害,涌水量达1×$10^4m^3/d$以上者有31座,另据统计运营隧道中尚有1 300余座有渗水漏水病害,占隧道总座数的30%左右。

透水事故的危害主要表现在:诱发工程灾害和人员伤亡、引起地面塌陷和地表沉降、造成水资源减少或枯竭、导致水质污染等方面。图2所示为透水灾害影响图。

a)

b)

c)

d)

e)

f)

图2　透水灾害影响

a)圆梁山隧道突泥淹没坑道;b)马鹿箐隧道突水冲毁机具;c)歌乐山隧道地表塌陷;d)大伙房输水工程地表塌陷;e)武隆隧道造成水资源减少;f)水质污染

1.3　长大隧道灾害预警预报工法的应用意义

近年来,随着我国国民经济的飞速发展,现代长大隧道的修建,不断为现代隧道技术提出新的挑战,除了向更长、更大、断面多形式的方向发展外,还逐步深入到以前的"地质禁区",甚至是在河底、海底修建。在如此复杂地质条件下修建长大隧道,遇到的隧道工程地质问题也会越来越复杂。另外,隧道工程设计的基本依据是地质勘察资料,而隧道施工的依据主要是设计文件,大量的隧道工程建设实践表明,在隧道埋深较深或地质条件复杂的情况下,这些资料会受方法和成本的限制,在勘察精度方面欠详尽,不可能反映一些较细的地质情况,所以根据地质勘察资料做出的设计与实际不符的情况屡有发生,且往往与实际情况差异很大。这在很大程度上,会给项目施工和工程维护带来不利,甚至是安全隐患。其次,复杂长大隧道中,不断变化的地质、水文条件,对隧道施工方法和工期有决定性的影响。相反,人为扰动(施工开挖)引起的地质条件变化也是不可预见的。

鉴于以上三方面的因素，在隧道施工期间，施工单位采用自行掌握的技术手段和方法对隧道地质条件（情况）进行实时准确的分析，为下一步调整支护结构方案，优化施工组织设计都是十分急需和必要的。本工法的产生溯源也基于此。

2 工法的特点

本工法集施工、监测于一身，能够在不干扰施工生产的同时完成项目监测任务。本工法具有较强的综合性、系统性、未知性、实用性、客观性和时效性。

2.1 综合性

本工法基本理论源于隧道专业学科课程和地质专业课程，分析过程采用数学、物理学、化学、概率论、计算机科学等相关学科理论。预报过程在理论分析的基础上引入了专家系统和神经网络的知识。

2.2 系统性

本工法判断预报的对象是非常复杂的隧道地质体，它包含软弱夹层、断层破碎带、煤系地层、岩溶及其填充物、废弃矿巷及其填充物以及地下水等，需要对其宏观分布、微观性质、产生条件、灾害特征等进行全面系统的研究，才能准确判别其稳定性和危害性。

2.3 未知性

本工法判断的部位是掌子面前方或隧道其他需探测部位地质体，这些在开挖前都是未知的，需要用科学合理的方法和手段，对其未知段进行预测分析，这也是本工法的价值所在。

2.4 指导性

本工法能够直接为隧道施工建设服务，预报和分析的合理性决定了隧道施工的工艺、进度、投资以及安全等诸多方面，对工程建设有很强的指导意义。

2.5 客观性

本工法采用的方法、依据的标准都是经过理论计算和实践经验反复验证过的，所以其预报结果在一定程度上具有客观性。

2.6 时效性

本工法是一种实时预报，它能够第一时间将预测的信息反馈给施工单位，争取了处理时间，有利于对灾害进行及时的预防和治理，间接减少了造成的损失。

3 适用范围

此工法适用于公路、铁路、客运专线中长大隧道施工。

4 工艺原理

工法开发依据对工程灾害调查得出的结论，主要取决于以下几个方面的结论。

4.1 隧道围岩分级与塌方的关系

围岩级别与洞室的自稳能力之间有良好的对应关系，据对 48 项地下工程、416 个区段、总长度 12 000m 洞室的修正后工程岩体质量指标[BQ]值和塌方破坏关系的统计，[BQ] >550 的 52 段无一处塌方，其中最大跨度为 18 ~22m 无支护，至今已稳定了 20 多年。表 1 所列为隧道围岩分类，其他调查情况见表 2。值得注意的是，表中所列[BQ] <351 的地段，所发生的塌方多数是没有按要求及时支护，若长期不支护，可能有 100% 的地段发生塌方。

隧道围岩分类

表1

围岩级别	围岩主要工程地质条件		围岩开挖后的稳定状态	围岩弹性纵波速度 v_p(km/s)
	主要工程地质条件	结构特征和完整状态		
I	极硬岩(单轴饱和抗压强度 $R_c > 60$MPa):受地质构造影响轻微,节理不发育,无软弱面(或夹层);层状岩层为巨厚层或厚层,层间结合良好,岩体完整	呈巨块状整体结构	围岩稳定,无坍塌,可能产生岩爆	>4.5
II	硬质岩($R_c > 30$MPa):受地质构造影响较重,节理较发育,有少量软弱面(或夹层)和贯通微张节理,但其产状及组合关系不致产生滑动;层状岩层为中厚层或厚层,层间结合一般,很少有分离现象,或为硬质岩石偶夹软质岩石	呈巨块或大块状结构	暴露时间长,可能会出现局部小坍塌;侧壁稳定;层间结合差的平缓岩层,顶板易塌落	3.5~4.5
III	硬质岩($R_c > 30$MPa):受地质构造影响严重,节理发育,有层状软弱面(或夹层),但其产状及组合关系尚不致产生滑动;层状岩层为薄层或中层,层间结合差,多有分离现象;硬、软质岩石互层	呈块(石)碎(石)状镶嵌结构	拱部无支护时可产生小坍塌,侧壁基本稳定,爆破震动过大易塌	2.5~4.0
	较软岩($R_c = 15 \sim 30$MPa):受地质构造影响较重,节理较发育;层状岩层为薄层、中厚层或厚层,层间结合一般	呈大块状结构		
IV	硬质岩($R_c > 30$MPa):受地质构造影响极严重,节理很发育;层状软弱面(或夹层)已基本破坏	呈碎石状压碎结构	拱部无支护时,可产生较大的坍塌,侧壁有时失去稳定	1.5~3.0
	软质岩($R_c \approx 5 \sim 30$MPa):受地质构造影响严重,节理发育	呈块(石)碎(石)状镶嵌结构		
	土体:1.具压密或成岩作用的黏性土、粉土及砂类土;2.黄土(Q_1、Q_2);3.一般钙质、铁质胶结的碎石土、卵石土、大块石土	1和2呈大块状压密结构,3呈巨块状整体结构		
V	岩体:软岩,岩体破碎至极破碎;全部极软岩及全部极破碎岩(包括受构造影响严重的破碎带)	呈角砾碎石状松散结构	围岩易坍塌,处理不当会出现大坍塌,侧壁经常小坍塌;浅埋时易出现地表下沉(陷)或塌至地表	1.0~2.0
	土体:一般第四系坚硬、硬塑黏性土,稍密及以上、稍湿或潮湿的碎石土、卵石土、圆砾土、角砾土、粉土及黄土(Q_3、Q_4)	非黏性土呈松散结构,黏性土及黄土呈松软结构		
VI	岩体:受构造影响严重呈碎石、角砾及粉末、泥土状的断层带	黏性土呈易蠕动的松软结构,砂性土呈潮湿松散结构	围岩极易坍塌变形,有水时土砂常与水一起涌出;浅埋时易塌至地表	<1.0(饱和状态的土<1.5)
	土体:软塑状黏性土、饱和的粉土、砂类土等			

工程岩体分级与塌方事故关系表

表2

项　目	工程岩体分级				
	I	II	III	IV	V
段数	52	80	81	108	95
发生塌方段数	0	10	14	39	59
塌方段占总段数比	0	12.5%	17.3%	36.1%	62.1%
最大塌方高度(m)	0	2	3	10	65(通天)

4.2 灾害发生的地质构造分析

4.2.1 构造遇水几率分析

长大隧道灾害发生的地段由于构造应力的强烈的作用,形成了各种复杂的构造,如岩溶洞、溶穴、溶沟、溶槽以及断层破碎带等地质构造等。这些构造带因为孔隙率较大,质地疏松,渗透性能较原岩更强,常为地下水的良好通道,或其本身又是地下水的储存空间,因此当隧道穿过这些构造或者构造影响带时,势必要受到影响,形成灾害。而不同的构造其含水的概率也有很大的区别,经对国内多座隧道灾害进行调查分析,认为隧道遇水的几率按断层、向斜、背斜、单斜的顺序排列。其中断层破碎带及受其影响的裂隙密集带、向斜构造的轴部、背斜构造的两翼(岩层倾角 >10°)是地下水的富集地带,在这些构造部位隧道遭遇塌方、透水灾害的几率非常高。

4.2.2 断层类型分析

不同断层带,其断层岩的结构特征和物理力学性能不同,具有不同的富水性。

1)压性断层

因压性断层受强烈的挤压应力作用,其宽度一般较宽,次级结构面延伸较远,岩体破碎,断层岩多以角砾岩、碎裂岩和断层泥等为主,且比较发育;上盘岩体较下盘更为破碎,破碎带范围更大,因而具有良好的储水条件。压性断层破碎带中常含有一定规模的透水性极弱的断层泥和糜棱岩。

上盘破碎岩体中含水量相对较丰富且水位相对较高,由此产生的水压全部由其下伏透水性较弱的断层泥或糜棱岩承担,一旦施工从下盘开挖至该不透水层时,由于该层被开挖破坏或由于水压使其破坏,携带大量泥沙的水体将从破坏处涌入隧道,发生涌水突泥,大瑶山隧道因 F_9 断层而发生的涌水突泥灾害即属此类。

2)扭性断层

由于扭性断裂带受剪应力的作用,既有岩石的糜棱化,也存在次一级的构造裂隙。断裂面多陡倾或直立,延伸较深较远,有利于岩溶水向纵深活动,因此在岩溶地区,其作用的深度较深。在梅花山隧道南端施工中,平行导洞均近至 1 238m 附近,导洞埋深已大于 300m,在石炭系威宁灰岩掌子面上突然发生高压射流现象,射程达 13 ~18m,含泥沙量达到34%,坑道涌水量亦由射流发生前的每昼夜 13 000t 增至 25 000t。这是由于预报一个发育于高角度扭性断裂带内的垂直溶蚀裂隙管道流所致。此带还在岩溶作用过程中发生了剧烈的塌方,形成了一些规模较大的溶洞、廊道。

3)张性断层

张性断层,是因受张拉应力形成的破裂带,破裂带的宽度一般不大,上盘岩体较为破碎,节理裂隙较为发育,下盘岩体完整性较好,故上盘岩体富水性较好,易造成涌水现象,而下盘发生涌水的可能性相对小得多。尤其值得注意的是,对于断层破碎带,动水压力会对断裂破碎带产生潜蚀或劈裂作用,使涌水量有所增大,疏干难度大,给隧道施工和运营带来极大困难。

4)断层破碎带分析

在对诸多隧道灾害研究中,发现断层破碎带的存在也是导致灾害发生的原因所在。断层破碎带是由于断层两侧的相对滑动而使紧靠断层两侧的岩石被错断磨碎,形成一个长条状的地带。在断层破碎带中,有的岩石碎块被压碎成松散物,有的经胶结而呈坚硬的构造岩。这些经二次胶合构造岩的抗压、抗剪的能力很弱,具有较好的渗透性,容易受水的侵蚀,导致围岩失稳,造成塌方。如果存在较高的水头压力,则易被剪切或被压裂破坏,从而形成地下水向隧道输送的渠道,导致透水灾害的发生。

因此,在隧道施工过程中,如遇到岩溶地带或断层破碎带时要十分小心,充分分析构造类型、岩性、断层和破裂带的走向,切忌盲目施工。若揭露有一定规模的高压水岩溶管道或断层,则会造成大面积的涌水突泥灾害。另外,和煤田矿井岩溶突水类似,在隧道施工完毕后,如果在承压含水层和隧道之间存在隔水岩板,该岩体承受水压的作用类似于简支梁或四周嵌固的板承受的均布水压作用。当人为破坏或控制性力学参数超过临界值后,岩梁或岩板局部被剪断,也会如前述马鹿箐隧道一样发生灾害。国内外部分隧道的涌水量与地质构造的关系见表3。

国内外部分隧道的涌水量与地质构造的关系　　表3

隧道名称	国别	岩性特征	地质构造特征	隧道涌水量特征
大瑶山隧道	中国	砂岩、板岩、灰岩	F_9 断层(碎屑岩和灰岩的岩性接触带)、向斜轴部	上盘最大涌水量 50 000m³/d,水压 6.0MPa,下盘最大涌水量 14 000m³/d
关角隧道	中国	灰岩、炭质页岩	F_1 和 F_2 断层破碎带	瞬时突水量达 10 000m³/d
青函隧道	日本	火山角砾岩、凝灰岩	F_{15},F_{14} 和 F_{10} 等断裂带	最大涌水量 100 800m³/d,水压2.6MPa,流出土石 1 000m³
黑部4号隧道	日本	花岗岩	断层、节理密集带(宽80m)	涌水量 57 024m³/d,水压4.2MPa,塌方
旧丹那隧道	日本	火山岩、断层角砾岩	断层破碎带	最大涌水量 288 000m³/d,水压 1.4~4.2MPa
北穆隧道	前苏联	花岗岩	贝加尔断裂带	涌水量 11 952~16 848m³/d,最大涌水量 599 040m³/d
阿瓦利隧道	黎巴嫩	灰岩、砂岩	Alps 褶皱复合体,灰岩与砂岩接触带,断层破碎带	最大涌水量 615 600m³/d,水压7.3MPa,7d 涌沙量达 97 500m³,淹埋隧道3.0km
格兰萨索隧道	意大利	灰岩、白云岩、泥灰岩	瓦勒雷达断层	最大涌水量 6 480m³/d,水压 6.0MPa,掌子面塌落,塌落堵塞隧道约 100m

4.3　灾害发生的人为扰动分析

人类在修建隧道的过程中,对隧道开挖的过程,破坏了山体原有地质结构稳定和平衡的状态,先是利用开挖变形后的隧道围岩自稳,后来又采用初期支护和二次衬砌对围岩进行支护,然后是使应力进行重新分布。由此可见,人类修建隧道的过程,就是人类对山体扰动激活的过程。科学正常的扰动不会造成灾害的发生,但是过度和盲目的扰动就会带来塌方、透水等灾害,造成人员的伤亡和财产损失。

爆破破坏是人为扰动破坏的代表,也是在对隧道进行调研时,出现问题最多的。除了上面所说的隧道爆破直接击穿相对隔水层,揭露出地下水体产生突发性灾害以外。隧道围岩第一次应力重分布的结果也在很大程度上取决于隧道的施工爆破,如果爆破对围岩的振动很大,有可能增加、增大围岩的节理,致使承载力和岩块咬合关系发生变化造成塌方,另一方面,由于爆破效果不佳,造成隧道开挖断面超欠挖严重,破坏或减弱了断面的承载能力,会造成隧道的塌方。

4.4　灾害发生与水文关系分析

地下水源的产生条件是多元化的,在这里不再赘述。主要论述塌方、透水灾害发生和地下水的水压、水量、水质,补给方式和连通性等因素的关系。

4.4.1　塌方、透水灾害与水压关系

隧道施工过程中涌突水能否发生,取决于水压大小与相对隔水层的厚度以及隧道开挖方式对围岩稳定的影响程度。前面已经对隔水岩板的厚度进行了理论分析,可以看出单位厚度岩体承受的水压也随岩体种类不同而异。根据相关研究资料,如砂岩为0.1MPa、砂质页岩为0.07MPa、黏土质页岩为0.05MPa、断层角砾岩约为0.035MPa。厚层且完整的岩体往往能承受较大水压力,而薄层岩体和破碎岩体所能承受的水压力相对要小得多,抗涌水和突水的能力较低。许多已有的经验表明,真正能够致灾的是具有较高的水头(水势能)的地下水体,因而在大型溶洞和大型的破碎带附近进行深埋隧道施工发生大规模的突水、突泥的可能性极高。

4.4.2　塌方、透水灾害与水量关系

根据相关研究资料,不同类型围岩被涌水突破所需的最小突水量差别较大,见表4。

围岩被冲溃所需的最小突水量　表4

围岩类别	喀斯特化石灰岩	碎屑岩	变质岩	黏土岩
最小突水量/(m^3/h)	100～200	125～300	150～200	10～40

从目前发生的对安全施工造成严重影响的塌方、透水灾害的涌水量看，远远大于上述标准。从目前隧道发生塌方、透水灾害的情况看，一般在 $1\times10^4 m^3/d$ 以上的涌水才会造成严重危害。

4.4.3　塌方、透水灾害与水质关系

隧道涌水中如果含有泥沙，随着时间的持续，原有的出水通道会逐渐变大，甚至出现新的出水通道，造成涌水量的增加。通过对出水水质的观测，包括水的浑浊度、含沙量等，可以对灾害是否发生作出预测。一般来说，涌水清澈则危险性不大；但涌水浑浊时，需要注意安全监测。

4.4.4　塌方、透水与降雨量的关系（如图3）

在隧道施工过程中，若涌水量不受地表降雨影响，证明岩体裂隙未连通，处于稳定状态。

若地表降雨量对涌水产生了一定的影响，当地表降雨量大时，隧道内涌水量有所反映，当地表降雨量小时，隧道内涌水量没有反映，证明岩体裂隙未完全连通，应继续观察或进行注浆。

若地表降雨量对涌水量影响十分明显，降雨后在较长一段时间内洞内仍保持较大涌水量（如图4），或地表降雨时涌水量反映明显，降雨完成后在短时间内洞内就基本无水，证明岩体裂隙已经贯通，应加强注浆支护。

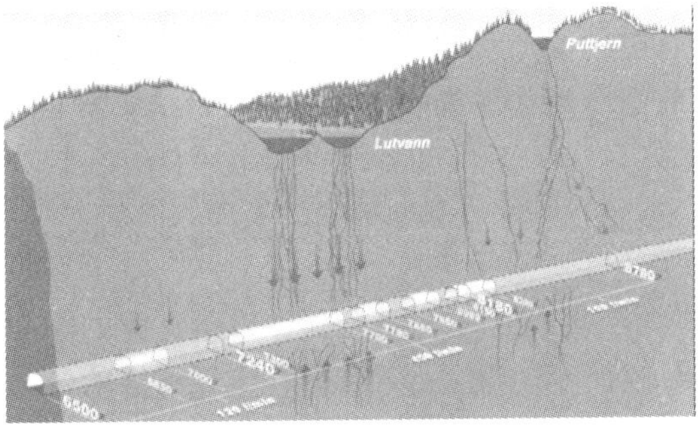

图3　降雨量与塌方、透水关系示意图

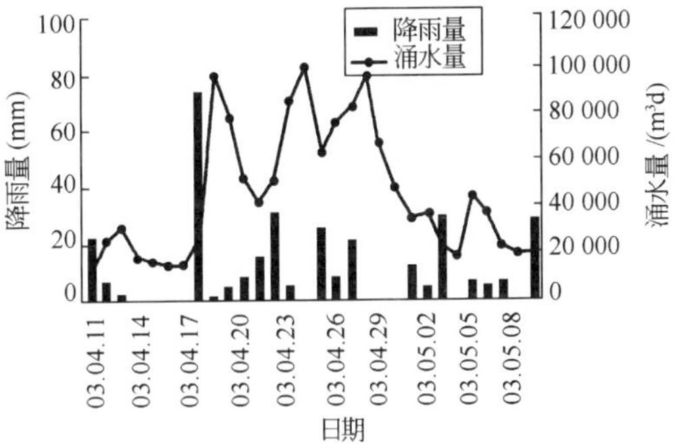

图4　圆梁山隧道某时期降雨量—涌水量对比曲线

4.5　灾害发生与填充物的关系

岩体中的裂隙充满着岩石的颗粒或者泥状物，这些充填物来自于断层拉伸、挤压，碎裂的岩体，即断层的破碎带。在断裂过程中或以后经过化学胶结、重结晶、重胶结作用而形成的糜棱岩、断层角砾岩、片状的断层泥岩，其稳定性较差。若有丰富的地下水体，在长期的水化学侵蚀作用下形成泥状物，这种泥状物在一定渗流（水流）速度下，会与水流混合成为一种黏性较大的流体——泥浆，其物理性质与其中小于某一粒径的固体颗粒物的含量有关——若其中泥土粉末含量越高，这种流体黏性越大，越趋近于塑性体；反之若颗粒大于2mm的含量越高，其黏性越小，越趋近于涌沙。表5反映了圆梁山灾害突发频度与填充介质的关系。

圆梁山灾害突发频度与填充介质关系　表5

突发类型	高发型	中发型	低发型
突发频度（次）	≥10	3～10	≤3
填充介质	粉细砂	泥沙	硬—软塑状黏性土
危害性	极大	大	极大
施工难度	极大	较大	前期易爆喷，之后施工难度不大

根据工程经验，一般填充物主要分布在：

(1)可溶岩与非可溶岩的交接带；

(2)泥质、白云质灰岩中发育的溶洞;

(3)构造破碎带;

(4)沿风化裂隙发育的洞穴;

(5)早期暗河通道及漏斗状落水洞。

4.6 工法采用的预报原理

4.6.1 地质灾害发生先兆现象预报法

由于长大隧道突发性地质灾害预警预报系统的分析,一部分是通过专家系统库进行分析的。专家系统库资料的建立,基本上是通过业界专家多年现场经验,对地质灾害发生地质构造的描述和先兆现象的总结,以及国内外学术期刊论文对灾害发生地质条件描述三方面的资料建立起来的,用以作为系统判别灾害的一个依据。其中地质灾害发生先兆现象预报非常重要。下面是通过调研,总结出的发生塌方、透水灾害的主要不良地质的前兆标志。

(1)断层破碎带前兆标志。节理组数急剧增加,多达10~12组;岩层牵引褶曲、牵引褶皱或砥柱水平的小型帚状构造和反倾节理的出现;岩石强度的明显降低和压裂岩、压碎岩的出现等。

(2)溶洞、暗河和淤泥带的前兆标志。主要是锈染裂隙或有水、无水小溶洞的频繁出现。对于大溶洞来说,还常常出现夹泥裂缝或小溶洞;对于暗河来说,小溶洞还常常含有河沙,钻孔中的涌水量剧增且夹有泥沙和小砾石;对于稀释的淤泥带来说,钻孔中的涌水量剧增且浑浊,常常夹有大量泥沙和棱角尖锐的小碎石。

(3)岩溶陷落柱的前兆标志。非断层破碎带但出现岩层内倾牵引现象或内倾小断层;导水岩溶陷落柱可使周围岩层潮湿或泥化,周围岩层常常发生疏松、变暗等氧化现象。

(4)高压涌水突泥前兆标志。通过超前钻探,探到前方有水从探孔喷出,水量、水压持续在较高状态,并且水中夹带泥沙,水质浑浊。

4.6.2 *S-t* 曲线变化趋势判断法

长大隧道突发性地质灾害预警预报系统,开发目的是为了实现对长大隧道预计发生灾害的断面进行实时监测,因此选择了*S-t*曲线变化趋势预测方法,实时监控变化量,从变化量上确定预报的各项指标。体现在以下几个方面:

1)水量、水压—时间曲线变化趋势判断法

长大隧道突发性地质灾害预警预报系统利用探孔埋设渗压计的方法,获取隧道水量、水压与时间的关系。隧道涌水量由静储量和动储量两部分组成。前者为隧道围岩内空隙中所赋存的地下水,其大小取决于含水围岩的规模、储水能力和给水能力;后者以地下径流形式出现于含水围岩中,它与地表水体或其他地下水体有直接的水力联系,其大小取决于含水围岩的规模、补给条件、径流条件和排泄条件。

对根据水压、水量变化趋势对灾害进行预报,可以综合前面隔水岩板的厚度计算、不同单位岩板承压能力以及下面的方法综合分析确定。

(1)对于贯通性裂隙含水围岩和孤立溶洞,若初期涌水量很大,表现为突水,随着时间的推移,涌水量不断衰减,最后仅为滴水或渗水。

判断结果:隧道涌水量以静储量为主。这类涌水衰减快速,对隧道施工影响很大,对运营影响相对较小。

(2)若发生隧道涌水时,涌水量由小到大地变化,然后趋于稳定值(稳定值不为零)。

判断结果:是动储量为主的含水围岩,有稳定的补给源。此类涌水衰减困难,不易采用排水的施工措施,对施工影响很大,运营时也好及时观察。

(3)若水量突然增大,或水压突然增大,并持续较长时间。

判断结果:有可能动水压力对断裂破碎带产生了劈裂效应,使涌水量有所增大,疏干难度大,给隧道施工和运营带来极大困难。要采取紧急预案措施。

(4)根据一些工程现场调研和施工经验，可以采用以下经验判断隧道涌水量的大小：

独孔喷射距≤5m，相当于涌水量小于$100m^3/h$，为较小型涌水；

独孔喷射距5~9m，相当于涌水量为100~$300m^3/h$，为小型突水；

独孔喷射距9~12m，相当于涌水量为300~$400m^3/h$，为中型突水；

独孔喷射距>12m，相当于涌水量大于$400m^3/h$，为大型、特大型涌水。

2)变形—时间曲线变化趋势判断法

长大隧道突发性地质灾害预警预报系统，利用在钢拱架内缘埋设应变计，测量钢拱架受力，判断围岩变形稳定情况。另外，通过在隧道径向钻孔埋设位移计，测量隧道位移与时间的关系，判断围岩稳定性。具体判别标准在下一章内论述。

5 施工工艺流程及操作要点

在隧道施工中，由于地质条件复杂，有很多潜在的、无法预知的地质因素，如地层破碎带、断层、溶洞、富水岩层等。若不能预先了解隧道掌子面前方的不良地质情况，则可能在隧道掘进过程中出现塌方、透水等地质灾害，导致人身伤亡、工期延误、造成巨大的经济损失。因此，在隧道开挖过程中，进行地质超前预报就显得尤为重要。通过地质超前预报，不但可以掌握掌子面前方的不良地质情况以及围岩的完整性等，提前采取有效措施，避免地质灾害的发生，确保隧道施工的安全，而且还可以避免盲目性施工，使施工方案和技术措施更科学、更合理，合理规避施工风险，确保隧道安全快速掘进。

5.1 系统操作流程图(图5)

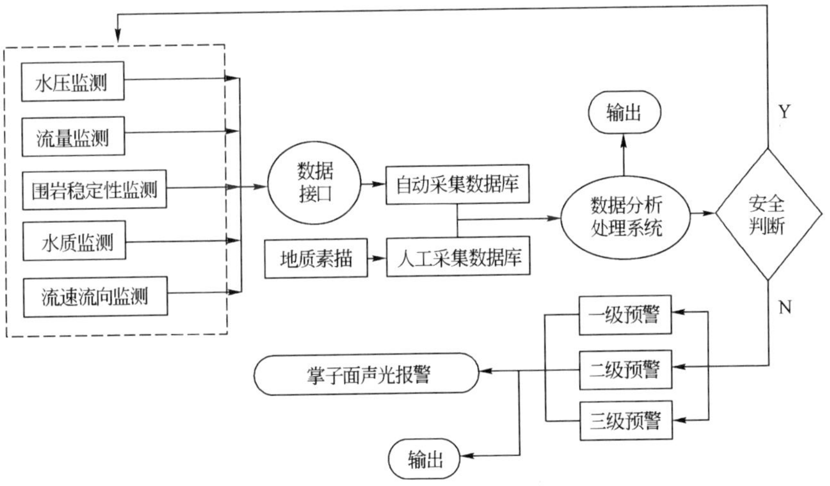

图5 系统操作流程图

5.2 操作要点说明

系统实现过程及界面

系统启动后由用户输入用户ID名称和密码后登录系统界面(如图6)，如果是执行新任务，可以直接点击“新建”调用“新建文件选项”，如图7所示在该窗口输入需要预警预报工程项目的名称、监测点的里程桩号、监测单位的基本信息、监测要素的类型、该桩号的围岩级别，同时输入监测配备传感器的编码。

通过用户的输入结果，系统根据监测要素名称调用不同的数据输入窗口，如图8所示，窗口主要输入各要素监测“测点”或“探孔”的基本数据，选择传感器编号与其相对应的位置，避免由于错误录入传感器编号而使系统采集不到有效数据的情况发生，并根据调控报警值，对各测点位置进行描述，并记录该桩号的地质素描结果，以便下一步专家系统库判别使用。

当“测点”或“探孔”的基本数据输入完毕后，系统根据监测要素名称，出现带有选项卡的主界面，如图9所示，主界面有中包括常用工具栏、状态栏、监测要素选项卡、预警指示灯、预警次数、监测时间等内容。

图6　系统启动界面

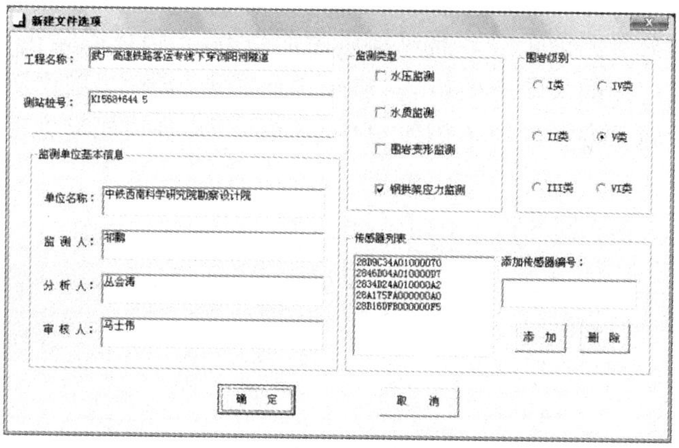

图7　“新建文件选项”窗口

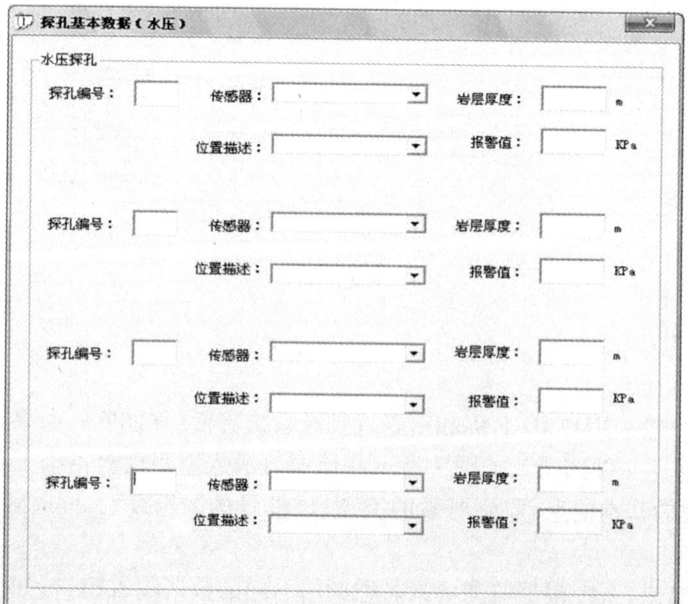

图8　“探孔基本数据”窗口

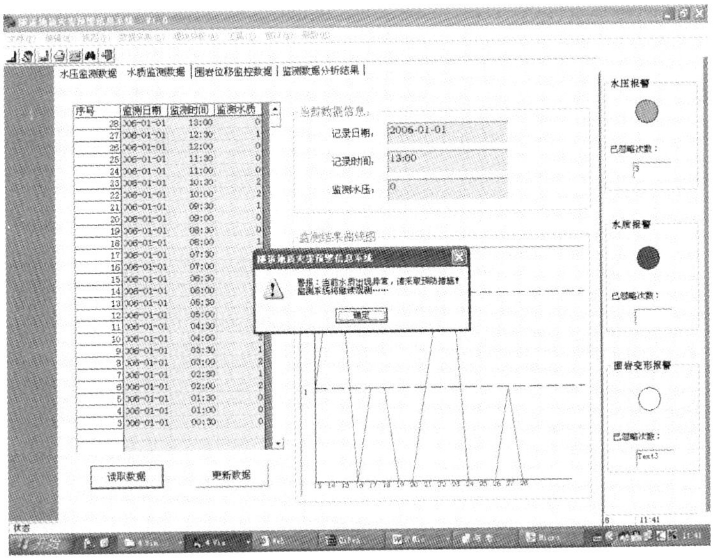

图9　系统主界面——要素报警状态

(1)工具栏

工具栏内容包括“新建文件”、“打开文件”、“数据存盘”、“报表打印”、“监测情况分析”、“数据查找”、“退出”7项。其中,“新建文件”主要是在监测新测点的时候使用,点击“新建文件”,系统会根据用户自定义的名称,利用microsoft SQL Server 2000生成新的数据库,存储项目的所有基本信息和监测数据。“打开文件”主要是打开原来监测的数据库,调用后可以修改报警评定信息,系统会根据修订的预警评定信息给出新的情况预报,这样便于多方案比较,为施工现场制定灾害防治措施提供指导。“数据存盘”是保存现有数据库的全部资料,系统在生成数据库和添加监测数据的同时带有自动存盘的功能,这是为了防止工地突然断电等突发事件对数据采集的影响。“数据存盘”的另外一个功能就是将多个数据列表压缩打包,保证在数据处理完毕后报表和数据的一致性,并减少磁盘和内存的占用空间,降低内存消耗。“报表打印”主要是打印:“基本信息表”,包括监测单位、监测人员、审核人员、监测时间、监测工程项目名称、围岩级别、测点桩号、监测要素及相应传感器编号、测点及探孔地质素描等内容;“监测数据分析报表”,包括监测时间、监测数据、预警标准、预警段监测图形、预警次数、专家分析意见及专家系统库给出的工程防治措施建议等内容。“监测情况分析”,是对当前测点当天数据,或者连续几天的数据进行一元回归分析,并在专家系统库中查找相应的施工建议。“数据查找”功能是为了方便查找某一时刻的预警值或某一时刻的监测值。“退出”,点击后系统会询问“是否保存现有数据并退出系统?”,无论选择“是”、“否”,系统都将自动停止监测,如果选择“是”,系统将保存数据库并打包压缩,如果选择“否”,系统将暂停监测,等待下一步用户指令。

(2)状态栏

状态栏显示系统当前运行状态,包括系统时间和后台运行状态。

(3)监测要素选项卡

监测要素选项卡,用来切换不同监测要素信息。当在“新建文件选项卡”中选择多个监测要素的时候,系统将根据选择调用有选项卡,用户在监测过程中,可以随时切换不同选项卡,查看当前其他监测要素监测值和系统分析的数据。这主要考虑了软件界面布置的均衡性和要素监测独立性而设计的。各要素选项卡中,基本配置有监测时间、监测数据和实时监测曲线。监测数据和实时监测曲线会根据系统设定的采样频率进行更新,每次采样的数据都会自动保存到数据库,但监测曲线不会直接保存到数据库,用户在打印曲线的时候,可以选择生成曲线的数据范围。

(4)报警信息

在采集数据的同时,系统会根据不同要素的分析模块对要素进行分析评判,并结合输入的预警值给予预报,如果系统分析认为没有发生地质灾害的可能,主界面右侧将出现“绿灯”,表示安全。如果系统分析认为有一定的发生可能,但是灾害要素监测值体现不明显,在主界面的右侧系统会出现“黄灯”,提醒注意,要求提高监测频率。如果系统分析认为有发生灾害的极大可能,在主界面的右侧系统会出现“红灯”预警,并且发送计算机信号给隧道前方的声光报警设备——警灯、警报器,要求施工人员迅速撤离现场,待技术人员进行险情排查和制定防治措施后方可进场施工。

5.3 系统专家系统库的建立

5.3.1 专家系统的基本原理

目前,工程地质领域对专家系统人工智能技术已有较多成功应用,专家系统是一种具有专门知识与经验的智能程序系统,它能运用专家多年积累的经验和专门知识,模拟专家的思维过程,解决该领域中需要专家才能解决的复杂问题。

典型专家系统由下列几部分组成:①知识库,用于存储某领域专家的知识。为建立知识库,需要解决知识获取和知识表示问题,知识获取涉及知识工程师如何从专家那里获得专门知识的问题,知识表示则要解决如何表达需要求解的问题和存储知识的问题。②综合数据库,又称全局数据库或总数据库,它用于存放问题的初始数据信息和推理过程中的中间数据信息。③推理机,推理机采用规则和控制策略,使专家系统能够以符合逻辑的方式协调地工作,进行推理和导出结论,而不是简单地搜索现成的答案。④人机接口、解释及咨询机制,人机接口又称界面,它能够使系统与用户进行信息交流,使用户能够输入必要的数据、提出问题和了解推理过程及推理结果等,解释机制能够向用户解释专家系统的诊断结果,咨询机制通过人机接口,要求用户回答提出的问题,便于系统进一步诊断推理。专家系统的推理机是整个系统的最基本部分,主要任务是在问题求解过程中适时地决定知识的选择和运用,推理机的控制策略确定知识的选择,推理机的推理方式确定具体知识的运用。在本预测专家系统建立过程中,运用了演绎推理(精确推理)、归纳推理(不精确推理)两种推理方法(图10)。

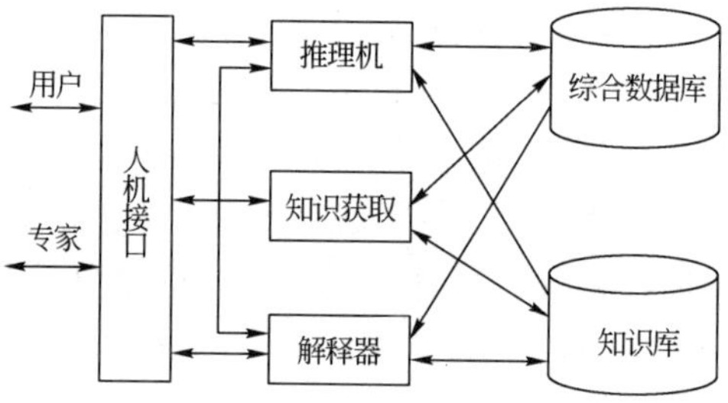

图10 专家系统的组成示意图

5.3.2 专家系统库的建立

专家系统由三个子数据库组成综合数据库,第一个子数据库是监测点灾害预警信息判别数据库,主要采集现场监测点地质参数、隧道结构与路线参数、施工支护参数、地面信息。第二个子数据库是以往隧道突发性地质灾害发生现场的相关信息和专家处理信息,以及专家对灾害的理论和实践分析结果。第三个子数据库就是专家根据灾害发生要素,而制定的防治对策数据库。数据库采集信息部分内容与查询显示方式如表6所示。

数据库内容及查询显示方式 表6

数据库内容	查询显示方式	数据库内容	查询显示方式
地形地貌	文字	竖曲线	图形、数值
岩土层特征,地层编号	文字	断面几何尺寸	图形、数值
岩性描述	文字	设计埋深情况	数值
围岩级别	数值	小导管注浆	文字、数值
岩层的物理力学参数	数值	管棚	文字、数值
地表水	文字、数值	喷射混凝土	文字、数值
地下水	文字、数值	钢筋网	文字、数值

续上表

数据库内容	查询显示方式	数据库内容	查询显示方式
岩层渗透性评价	文字、数值	钢拱架或格栅拱	文字、数值
掌子面节理发育情况	文字、数值	施工方法	文字、数值
填充物、软弱夹层情况	文字	外加剂和新技术使用情况	文字、数值
公路或铁路等级	文字、数值	已监测数值	文字、数值
平曲线	图形、数值	超前挖情况	文字、数值

区域地质环境条件和区域影响因素是预测的基础，在查明这些基本信息的前提下，根据主要控制因素，选择关键指标，建立预测评价指标体系，进行定量评价预测。按照隧道施工地质工作方法和工作程序，通过野外地质调查和隧道施工现场地质情况与灾害调查，获取具体隧道工程预报段内地质环境条件和已有施工地质灾害的发育及分布特点，分析预报段隧道地质灾害与地质环境条件的相互关系，找出主控因素和诱发因素，筛选出评价因素，构建评价指标体系，建立评价预测专家系统，进行灾害评价与预测，并对评价预测结果进行分析和验证，如图11所示。

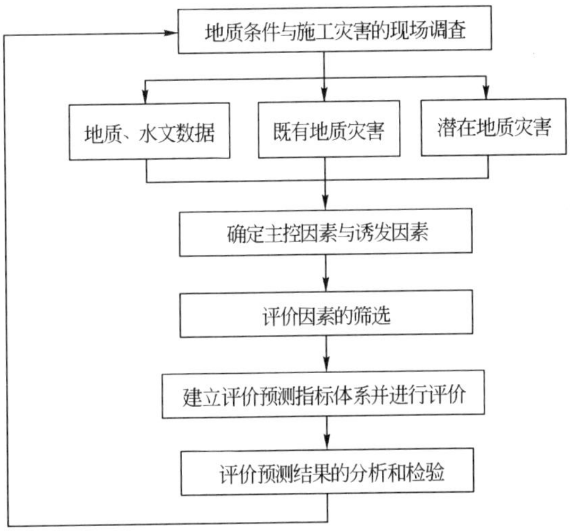

图11 指标体系建立的工作步骤流程图

5.4 系统预警评判要素和灾害等级划分

5.4.1 预警要素评判指标

1)围岩稳定性的综合判别

根据量测结果按下列指标进行。

(1)根据位移变化速度判别。净空变化速度持续大于1.0mm/d时，围岩处于急剧变形状态，应加强初期支护系统；净空变化速度小于0.2mm/d时，围岩达到基本稳定。

(2)在浅埋特别是特浅埋地段，以及膨胀性和挤压性围岩等情况下，应采用其他指标判别。根据位移时态曲线的形态来判别当围岩位移速度率不断下降时($du^2/d^2t<0$)，围岩趋于稳定状态；

当围岩位移速度率保持不变时($du^2/d^2t=0$)，围岩不稳定状态，应加强支护；

当围岩位移速度率不断上升时($du^2/d^2t>0$)，围岩进入危险状态，必须立即停止掘进，加强支护；

采用在隧道预埋收敛计，监测收敛计数据的方法，确定围岩的稳定性。

2)透水灾害水压、水量、流速评判指标

在水压、水量、流速三者中，对单个钻孔而言，水量、流速都与水压有关，是水压的外在表现形式。因此，在三者监测中，取水压作为主要监测目标。水压的监测方法，可以在探孔中预埋渗压计，通过对渗压计的监测，获取水压数据。水量的数据，可以通过整平隧道路段和清理隧道沟渠，量测沟渠水量即可，但此方法适用范围窄，数据受施工环境影响，波动性大。流速监测，可以选择现在较为先进的流速流向计对此进行观测。

水压监测预警标准采用两种方式。

(1)水压力监测预警标准。超前探孔揭露前方含水不良地质时有高压水涌出，马上测试水压力大小。绘制水压—时间变化曲线。根据不同的地质情况，确定隔水层所能承担的水压力，并给出预警值。

参考国内外研究成果，不同单位厚度的岩体能承担的水压情况见表7。

不同单位厚度的岩体能承担的水压情况 表7

围岩类别	单位厚度承担水压 p(MPa)	围岩类别	单位厚度承担水压 p(MPa)
砂岩	0.1	黏土质页岩	0.05
砂质页岩	0.07	断层角砾岩	0.035

根据上表,警戒水压 $P=p\times l$,其中 l 为探孔深度,单位为 m。

当测试水压 $0.5P<P_{测}<P$ 时,增加监测频率;

当测试水压 $P_{测}>P$ 时,监测系统给出警告信息。

(2)水压力变化速率监测预警标准。塌方、透水灾害除与水压大小密切相关外,水压力变化速率也反应了隧道施工前方水文地质变化情况。水压力突然持续变大,预示有高压水产生,可能冲溃隔水岩层,造成灾害。

当水压力变化量 $\Delta p>0$ 且持续增加(在 8 个监测段内,监测频率 1 次/15min),水压力属于持续增加状态,监测系统给出警告信息。

当水压力变化量 $\Delta p=0$,水压力属于稳定状态,继续监测。

当水压力变化量 $\Delta p>0$,水压力属于减小状态,可以继续施工。

综合以上两种方法,系统采用评价指标为:

当测试水压 $0.5P<P_{测}<P$,水压力变化量 $\Delta p>0$ 时,监测系统给出警告信息,参数代码 WP=1;

当水压力变化量 $\Delta p=0$,水压力属于稳定状态,加强监测,并做好施工预案,参数代码 WP=2;

当水压力变化量 $\Delta p<0$,水压力属于稳定状态,继续监测,参数代码 WP=3。

塌方、透水灾害水压监测预警标准见表8。

水压监测预警标准 表8

水压变化情况	预警措施	处理措施	监测频率	参数代码值
$0.5P<P_{测}<P$,水压力变化量 $\Delta p>0$	报警	停止施工,注浆堵水	1次/10min	WP=1
水压力变化量 $\Delta p=0$	加强监测,并做好施工预案	准备施工方案	1次/20min	WP=2
水压力变化量 $\Delta p<0$	正常	正常施工	1~2次/1h	WP=3

3)水质预警评判标准

水质的监测方法主要是通过水压探孔中收集的水,利用侧向龙头排出部分,用量筒观测泥沙含量来确定,根据不同地质条件和围岩状况,泥沙含量和判别标准不同。大体上,监测预警标准见表9。

水质监测预警标准 表9

水质变化情况	预警措施	处理措施	监测频率	参数代码值
持续浑浊,并携带泥沙	报警	停止施工,注浆堵水	1~2次/1h	WQ=1
清水—浑浊,并携带泥沙	发出警告信息加强监测	准备施工方案	1次/2h	WQ=2
清水,无变化	正常	正常施工	1次/6h	WQ=3

4)钢拱架预警评判标准

当初期支护(钢拱架)应力大于钢材设计抗拉压强度时,必须立即停止掘进,加强支护,参数代码 SR=1;

当初期支护(钢拱架)应力力小于钢材设计抗拉压强度而大于 2/3 倍钢材设计抗拉压强度时,应加强支护,参数代码为 SR=2;

当初期支护(钢拱架)应力力小于 2/3 倍钢材设计抗拉压强度时,参数代码 SR=3。

钢拱架主要是通过焊接表面应变计,通过应变转化成钢拱架应力,与钢材的设计抗拉强度相比较的方法进行评判。钢拱架监测预警标准见表10。

钢拱架监测预警标准

表 10

应力变化情况	预警措施	处理措施	监测频率	参数代码值
$\sigma < p$	报警	停止施工,采取措施加固围岩	1 次/20min	SR = 1
$\frac{2}{3}\sigma \leqslant p \leqslant \sigma$	发出警告信息加强监测	准备施工方案	1 次/1h	SR = 2
$p < \frac{2}{3}\sigma$	正常	正常施工	1 次/1d	SR = 3

注:p-钢拱架内力;σ-钢材设计抗拉压强度。

5)预警等级和标准的划分

根据上述评判条件,将突发性地质灾害预警等级划分如表 11。

预警等级和标准表

表 11

预警等级	预警参数值				备注
	WP	WQ	AR	SR	
I(红色预警)	1	1	1	1	四项监测项目持续有一项及以上为 1 时
II(黄色预警)	2	2	2	2	四项监测项目持续有一项及以上为 2 且不等于 1 时
III(绿色预警)	3	3	3	3	都等于 3

5.5 长大隧道地质灾害分级监测与施工对策建议

长大隧道地质灾害可根据发生情况和规模的不同,选择不同的监测方式和防治措施,如表 12 所示。

长大隧道地质灾害分级监测与施工对策建议

表 12

灾害等级	地质构造特征		工程对策			监测措施		
	断层大小与分布	溶洞大小与分布	基本原则	地质超前预报	施工方案	地下水	围岩稳定	支护结构
I	以张性断层为主,断层两侧为脆性岩石或可溶岩,破碎带极发育,断层宽度 >1.5m,胶结差,空隙导水性强,断层内富水,与地表贯通性好	强岩溶层段,大型地下河系发育,补给面积 >10km²。区域漏斗、落水洞、暗河系统普遍,容腔内为泥塑状物质或承压水充填。洞身发育强岩溶并有岩溶结构面通过,溶洞直径 >80cm,溶隙宽度 >60cm	设计原则上以避开为主,留足防水岩板厚度;若必须穿过,要坚持先探后掘;要有预案;隧道开挖工作面接近和穿越断层或溶洞一定距离内,都要对围岩稳定性和地下水运动情况进行专门监测	采取两种以上地质超前预报措施;15 ~ 20m 短距离采用掌子面钻机超前水平钻孔,50m 中等距离采用地质雷达预测技术,100 ~ 200m 长距离采用 TSP 预报技术	超前帷幕注浆,循环长度 30 ~ 50m,加固圈范围 8 ~ 10m,掘进时必须保留止水岩盘厚度,该厚度为隧道毛洞直径的 0.5 ~ 1 倍;大管棚或双层小导管施工;对特大型溶洞采用架桥、加固基础、迂回绕避通过	结合超前探孔,进行水压监测、水量监测、出水携带物监测;对已经通过岩溶或断层地段,进行水压、渗流量、出水携带物监测	隧道净空收敛监测;大变形灾害必须进行地中位移监测	变形监测;钢架受力监测;二次衬砌应力监测

续上表

灾害等级	地质构造特征		工程对策			监测措施		
	断层大小与分布	溶洞大小与分布	基本原则	地质超前预报	施工方案	地下水	围岩稳定	支护结构
Ⅰ	断层以张性断层和扭性断层为主,断层两侧为坚硬脆性岩石或可溶岩,断层破碎带发育,胶结差,空隙发育,导水性强,断层内富存地下水	属区域中等~强岩溶层段,中型管道状岩溶,补给面积5~10km^2。岩溶发育,存在暗河系统,容腔内为泥塑状物质或承压水充填。洞身发育强岩溶并有岩溶结构面通过,溶洞直径<80cm,溶隙宽度<60cm	首次揭露该断层或溶洞时,要坚持"先探后掘";隧道开挖工作面接近和穿越断层或溶洞一定距离内,都要对围岩稳定性和地下水运动情况进行专门监测	采取多种地质超前预报措施;15~20m短距离采用掌子面钻机超前水平钻孔,50m中等距离采用地质雷达预测技术,100~200m长距离采用TSP预报技术	超前帷幕注浆,循环长度20~30m,加固圈范围5~8m;大管棚或双层小导管施工;对大型溶洞采用加固基础、迂回绕避通过	结合超前探孔,进行水压监测、水量监测、出水携带物监测;对已经通过岩溶或断层地段,进行水压、渗流量、出水携带物监测	隧道净空收敛监测;大变形灾害必须进行地中位移监测	变形监测;钢架受力监测
Ⅱ	以压性断层为主,破碎带中等发育,断层两侧为软塑状岩层,部分内富存地下水,导水较差,未贯通	属弱岩溶层及层间岩溶层段。岩溶基本不发育,岩溶水系统属岩溶泉域	首次揭露该断层或溶洞时,要先探后掘;隧道开挖工作面接近和穿越断层或溶洞一定距离内,都要对围岩稳定性和地下水运动情况进行专门监测	采取地质超前预报措施	结合超前注浆,采用管棚或双层小导管施工	进行水量监测、出水携带物监测;对已经通过岩溶或断层地段,进行渗流量、出水携带物监测	隧道净空收敛监测	变形监测
Ⅲ	断层破碎带不发育	岩溶不发育	涌水量少,施工影响小	根据需要采取预报措施	一般施工方法	水量监测	净空收敛监测	变形监测

6 材料与设备

测试设备有485总线、传感器、采集箱、数据处理器、掌子面警灯、警报器。

6.1 485总线

为防止隧道涌水、孔隙水、裂隙水等恶劣环境对总线的影响,系统选用了六芯防水、带信号屏蔽电缆作为485总线。根据监测点距计算机中心的距离,选择总线的粗细。系统传感器及声光报警设备信号接收器可直接并联到总线上面,这样避免了多线路成本的浪费,也方便了对总线的及时维护。

6.2 传感器

全部选有振弦式传感器,其基本原理是由钢弦内应力的变化转变为钢弦的振动频率的变化。根据《数学物理方程》中有关弦振动的微分方程,可推导出钢弦应力与振动频率的如下关系:

$$f = \frac{1}{2L}\sqrt{\frac{\sigma}{\rho}}$$

式中：f——钢弦振动频率；

L——钢弦长度；

ρ——钢弦的密度；

σ——钢弦所受的张拉应力。

其中对表面应变计的原理和安装作一介绍：钢弦式表面应变计是利用钢弦的频率特性制成的应变传感器，构造如图12所示，它采用薄壁圆管式，适用于钻孔内埋设使用。表面应变计用调弦螺母、螺杆和固弦销调节和固定，钢弦的频率选择1 000～3 000Hz为宜。每个钻孔中可由几个表面应变计用连接杆连接在一起，导线从杆内引出。表面应变计连成一个测杆后，用砂浆锚固在钻孔中，可测得不同点围岩的变形，也可单个埋在混凝土中观测混凝土的内应变。

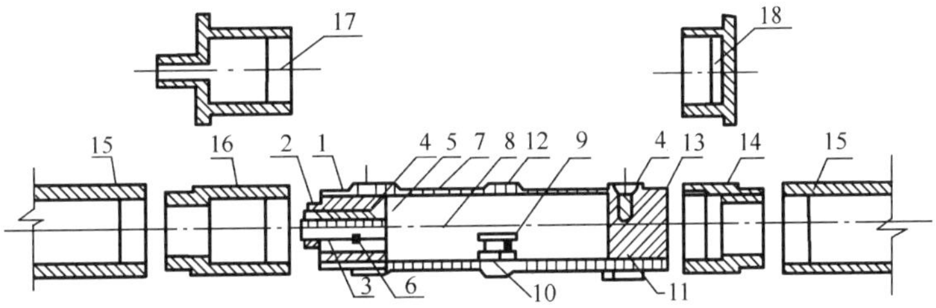

图12 钢弦式表面应变计

1-接头甲；2-调弦螺母；3-调弦螺杆；4-固定螺钉；5-固弦销甲；6-止螺旋丝；7-外壳；8-钢弦；9-线圈；10-线圈铁芯；11-接头乙；12-固封螺丝；13-固弦销乙；14-连接套乙；15-连接杆；16 连接套甲；17-端头甲；18-端头乙

6.3 采集箱

采集箱如图13所示，由电源控制电路、微处理器控制电路、时钟电路、通信接口等部分组成，设有蓄电池接口和外部电源接口（DC12V），可由蓄电池供电或直接由交流AC220V市电经电源模块转换后供电。采集箱实现了工业485串口数据向计算机232串口数据的双向传递，并为前端传感器工作提供了电源。

图13 第一代自动采集箱

6.4 数据处理器

数据处理器位于掌子面前端，与传感器紧密相连，数据处理器的功能主要有两点，第一是将传感器采集到的钢弦频率自动转换成为用户需要的数值，不需要二次计算就可直接应用，第二，是循环保存前方传感器采集到的1 600条数据，目的是为了防止总线被无意破坏后造成有效数据的丢失。

6.5 传感器使用前评定

传感器由生产厂家提供相应的标定表和合格证。由于长大隧道安全工作的重要性，在传感器使用前还要进行室内二次评定。对于表面应变计，首先将其焊接在工字钢上，通过对工字钢施加不同压力，监测压力值是否等于应变计测试数值。另外采用数理统计理论，对单因素试验进行方差分析，并进行一元线性回归分析，如图14所示。

查看试验曲线与回归曲线的相关性，相关性越接近1，表明传感器准确，可以投入现场使用。对位移计的量测主要是将位移计的测杆进行抽动，利用游标卡尺对移动的距离进行测量，看是否与传感器测量数据相吻合，如果吻合，表明传感器准确，可以投入使用。对渗压计的评定是将渗压计至于长管底部，将长管灌满水，在将水放出过程中，查看降低的水头与监测水压变化的关系。从而进行传感器准确性判断。具体内容不再展开论述。

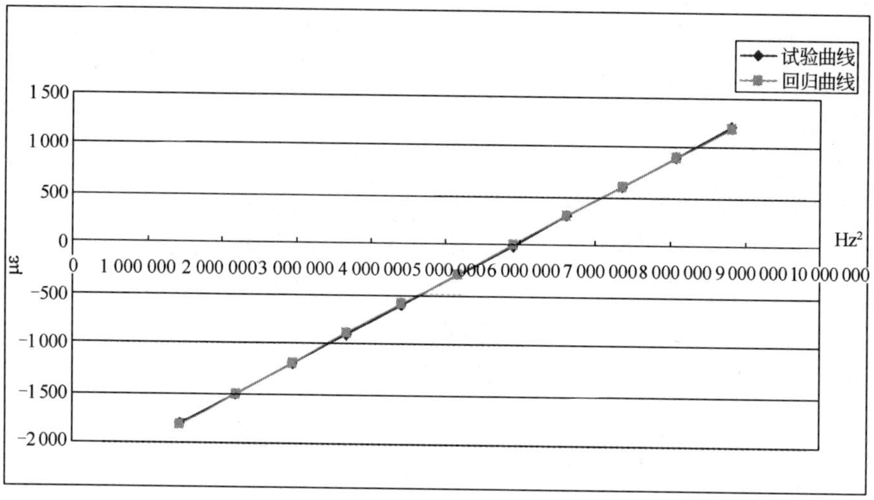

图 14　YH2120 表面应变计标定曲线图

7　质量控制

该工法对传感器的要求与评定,前面已经进行了说明,下面将对监测系统安装过程中的控制要素进行说明。

7.1　监测点位的选取

监测点位的选取决定了监测成果和预报成果的准确性,因此在布设点位时,首先要通过结构计算软件计算最不利的位置,在最不利点位布设传感器。

7.2　水压钻孔

测试水压钻孔要控制钻孔的速度以把握岩性是否均一、裂隙是否发育,有无断层破碎带存在等判据。

7.3　位移钻孔

多点位移计监测效果的好坏取决于钻孔的深度,监测要保证钻孔的深度,最好大于一倍洞径。

7.4　要避免施工对 485 总线的破坏,加强对总线的保护和管理

8　安全措施

该工法在操作过程中,要求操作人员要带好安全帽,高空安装 485 总线的人员要系安全带,钻孔人员要按照规范进行操作,防止人身伤亡事件发生。

9　环保措施

钻孔产生的泥浆要及时进行清除,严禁直接排放到河道,污染水体。

10　资源节约

此工法与其他工法相比,以地质分析法作为基本方法,对其大力加强后,可以进一步提高其应用价值,减少物探的频率和费用;水平钻孔法虽然造价较高,但是在特殊的复杂地质地段必须坚持应用,能够起到切实有效的作用,若合理纳入施工组织,在灾害预报方面能够节约大量的成本。

11 效益分析

此工法仅投入10万元左右(具体费用要看点位布置的多少),但是能够起到对灾害预警预报的作用,后期带来的成效是十分显著的,且比其他监测手段更准确可靠,带来的间接经济效益可观。

12 应用实例

工法开发背景主要依托鹧鸪山隧道工程、南水北调工程——辽宁大伙房输水工程和国家重点工程武广客运专线下穿浏阳河隧道工程。其中辽宁大伙房项目进行了系统水压单要素的测试,武广客运专线下穿浏阳河隧道工程中进行了系统围岩内部位移、钢拱架变形、水压水量等要素综合监测,现以浏阳河隧道监测为背景,论述一下系统在国家重点工程中的使用。

12.1 工程概况

武广客运专线是我国铁路目前开工建设线路里程最长、技术标准最高的客运专线。浏阳河隧道是该专线的关键工程,它位于湖南省长沙市东部,起止里程为 DIIK1 560 + 785 ~ DIIK1 570 + 900,全长10 115m,其中隧道长9 935m,出口外引道长180m。DIIK1 568 + 666 ~ DIIK1 569 + 028 处为下穿浏阳河河底段,该段长362m,隧道与浏阳河河道走向夹角50°,河堤处隧道埋深30.5 ~ 36.9m,河底段隧道埋深为19.1 ~ 23.8m。根据区域地质构造,下穿浏阳河河底段属黄花向斜核部,地层主要为弱风化泥质粉砂岩、砂质泥岩等遇水易软化岩层,呈暗红色,黄花向斜轴部在 DIIK1 568 + 980 附近与线路相交,向斜轴向65°,两翼与浏阳河河底段 DIIK1 568 + 700 ~ DIIK1 569 + 000 相连,向斜核部围岩相对破碎且透水性强,形成构造富水区。隧道开挖至黄花向斜轴部时,在河水压力作用下,拱部极易掉快、塌方,导致涌水突泥灾害发生。

浏阳河水面坡降0.08‰ ~ 0.44‰,河水水深7m,洪水季节可达14m以上。水位高程年平均30.19m,流量年平均97.4m^3/s。地下水与河水联系紧密并有一定承压性。据岩石压水试验资料表明,隧道穿越层泥质粉砂岩渗透系数平均值0.010 22m/d,最大值0.016 4m/d,渗透性等级为弱透水。按水下隧道计算隧道涌水量,围岩属中等富水区,洞身单位长度最大涌水量1.23m^3/d·m,属中等富水段,该段最大涌水量为455m^3/d。但不排除局部风化槽、地质构造的影响存在突涌水的可能。

浏阳河隧道是客运双线铁路隧道,开挖宽度15m以上,开挖高度13m以上,横断面面积超过160m^2,属特大断面隧道。浏阳河隧道是城市大型地下工程项目,由于是线形结构物,穿越除浏阳河河流之外,还有许多重大工程项目,也是施工控制的重点,途经重大工程项目分布如图15。

图15 浏阳河隧道穿越重大工程项目分布图

12.2 监测要素和方法

依据《铁路隧道施工规范》(TB 10204—2002 J163—2002)的要求,并根据浏阳河隧道的结构特点、施工方法,结合设计单位和施工单位提供的隧道监测建议,拟订了本隧道的监测项目和监测频率。其中包括:隧道内部观察、掌子面地质素描、围岩内部位移、净空收敛变形、拱顶下沉、钢拱架应力、渗水压力7个方面的观察和测试,其中隧道内部观察和掌子面地质素描均为现场人工记录输入,净空收敛变形和拱顶下沉量测,采用了大断面非接触监控量测方法进行。系统主要实时监控围岩内部位移、钢拱架应力和渗水压力。为了测试系统的准确性,实时监控系统加大了各项监测项目的监测频率,采用的仪器设备和测试元件及监测频率如表 13 所列。

现场监测项目及监测频率

表 13

序号	项目名称	仪器、元件	测读频率			
			1 ~ 15d	16d ~ 1 个月	1 ~ 3 个月	>3 个月
1	净空收敛	SWJ-IV 型收敛计	1 ~ 2 次/h	5 次/d	1 ~ 2 次/d	1 次/月
2	围岩内部位移	单点位移计	1 ~ 2 次/h	5 次/d	1 ~ 2 次/d	1 次/月
3	拱顶下沉	水准仪、激光光斑	1 ~ 2 次/h	5 次/d	1 ~ 2 次/d	1 次/月
4	钢拱架受力	振弦式表面应变计	1 ~ 2 次/h	5 次/d	1 ~ 2 次/d	1 次/月
5	围岩压力	振弦式土压力盒	1 ~ 2 次/h	5 次/d	1 ~ 2 次/d	1 次/月
6	渗水压力	渗压计	1 ~ 2 次/h	5 次/d	1 ~ 2 次/d	1 次/月

12.3 现场监测方案实施

试验段的确定

根据浏阳河特长隧道的地质条件、工程条件,经与设计单位和施工单位共同讨论,认为下穿浏阳河底是工程控制的关键,所以监测段选为下穿浏阳河底段,根据现场平面示意图,如图 16 所示,第一种方案是从出口端明暗交界处开始进洞,总线沿隧道岩壁走线,抵达河底监测点,该方案的缺陷是总线距离长且没有固定房屋作为计算机中心。第二种方案是选择 3 号竖井,从工区计算机中心将 485 总线沿竖井电梯引入井下,再沿岩壁走线,抵达河底监测点。这种方案经济实用,能够起到较好的作用。经研究决定,选择 3 号竖井至河底段为系统测试试验段。

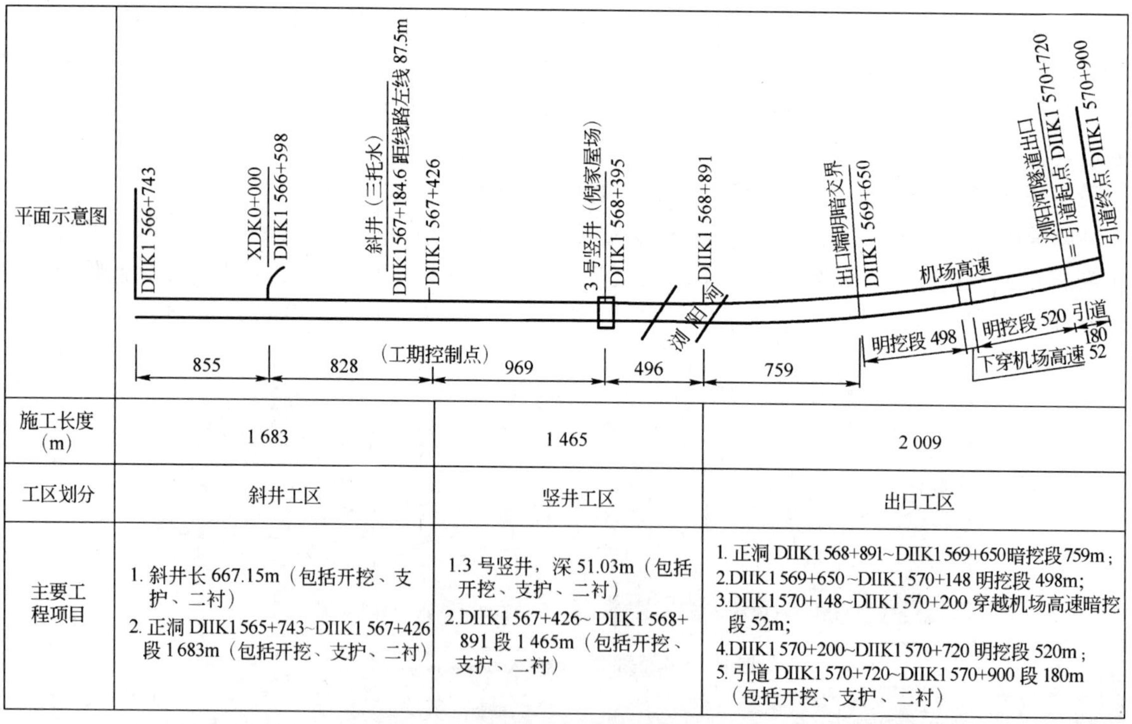

图 16 浏阳河隧道平面示意图(尺寸单位:m)

3 号竖井位于长沙市东岸乡,长沙人民东路南 650m,农园路北 170m,交通较为便利。竖井附近地形平坦,位于浏阳河北岸一级阶地上,距浏阳河 650m。浅部为第四系厚 1.5 ~ 2.5m 黏性土和厚 5 ~ 6m 沙砾层,浅部第四系孔隙水丰富,且与浏阳河河水水力联系密切,下伏基岩为泥质粉砂岩、粉砂质泥岩等。竖井附近岩体完整,其南侧上部 20 ~ 25m 基岩风化不均匀,强至弱风化,下部均为弱风化,岩体完整，竖井附近演示均为软质演示，易风化，遇水易软化。2007 年 11 月至 2008 年 1 月进行了现场试验工作。根据研究计划，现场布设 450m 485 总线，总线由隧道掌子面起始，穿过二衬台车内侧，通过竖井电梯，引至工程技术室，设备终端放置于工程技术室内。

12.4 监测项目横断面布置

12.4.1 施工采用的初期支护参数

该段围岩等级为 V 级，全环采用 I20a 钢拱架，纵向间距 0.6m，所采用的方法为三台阶临时仰拱法，上台阶高度为 4.2 ~4.7m，上台阶底部临时仰拱喷 10cm 厚 C20 混凝土；中台阶高度 3.5 ~4.0m，中台阶临时仰拱喷 10cm 厚 C20 混凝土，其余为下台阶，上中台阶拱脚 1m 范围内打设 2 ~3 根 ϕ50mm 锁脚钢管，长度为 3.5m。设计上台阶长度 3 ~5m，中台阶长度 3 ~5m，下台阶长度 2 ~3m。二次衬砌落后三台阶开挖 6 ~8m。台阶长度视施工现场实际情况调整。环向打设径向锚杆，间距 1.0m ×1.0m。拱部系统锚杆采用带排气装置的长 4m 中空注浆锚杆，边墙采用长 3.5m 的普通砂浆锚杆。如图 17 所示。

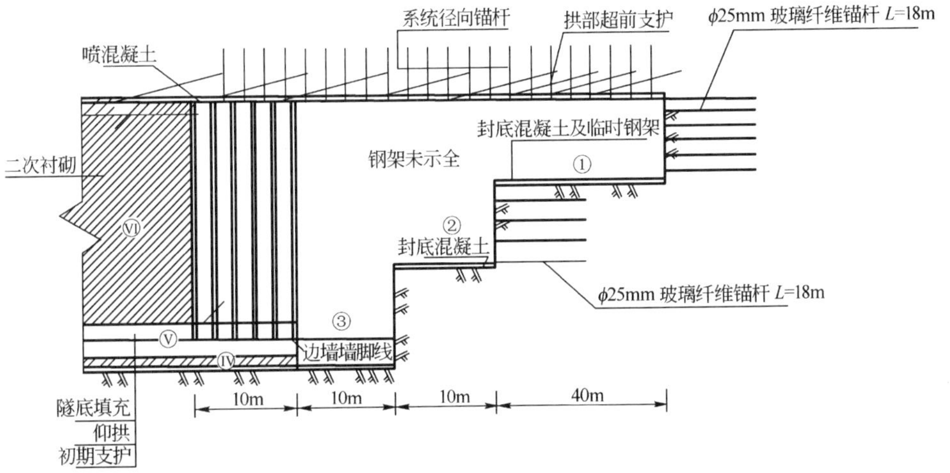

图 17 初期支护简图

12.4.2 测点布置及安装

1）围岩内部位移监测

根据计算，选择测点位置为上台阶拱脚位置，在拱脚上方 1m 处径向钻孔，孔直径 42mm，深 5.0m，孔口岩壁用水泥胶砂抹平。

位移计端头采用橡胶锚固头（图 18），并用环氧树脂锚固剂锚固橡胶锚头与加长杆体。将位移计放

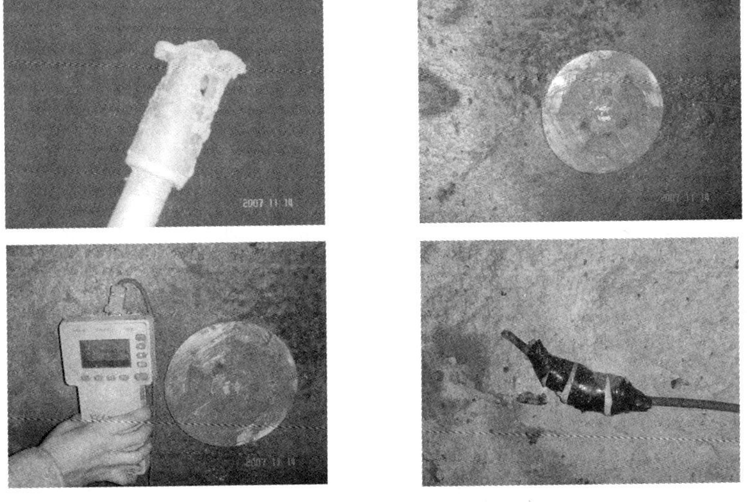

图 18 位移计安装现场

入钻孔后,立即顶紧位移计,用环氧树脂锚固剂锚固尾端,并用快凝水泥封孔,前后锚固长度不小于20cm。保证底部托盘与围岩紧密相贴。连续读3次初始读数,取平均值作为初始值。在检查埋入后传感器读数正常后,就可以将传感器数据线接入485总线上,并做好保护总线工作,留下明显标志,以便日后查察。

2)水压监测

在上台阶拱脚位置径向钻孔,孔直径42mm,深5.0m,孔口岩壁用水泥胶砂抹平,选用ϕ35mm稳态PPR铝塑管,在铝塑管上钻ϕ7mm小孔若干,小孔呈梅花形布置,间隔30mm。用土工布包裹铝塑管,将渗压计(图19)插入铝塑管一端,并用环氧树脂密封,将带有渗压计的铝塑管置入孔中,渗压计尾端紧贴岩面,并用环氧树脂加膨胀水泥封口,用读数仪监测三次数据,若数据正常,就可以将传感器数据线接入485总线上,并做好保护总线工作,留下明显标志,以便日后查察。

图19 渗压计

3)钢拱架应变

钢拱架应变采用表面应变计进行监测,在贴近掌子面的钢拱架上面选择拱顶1点、拱腰2点、拱脚2点作为监测点。测点布置如图20所示。

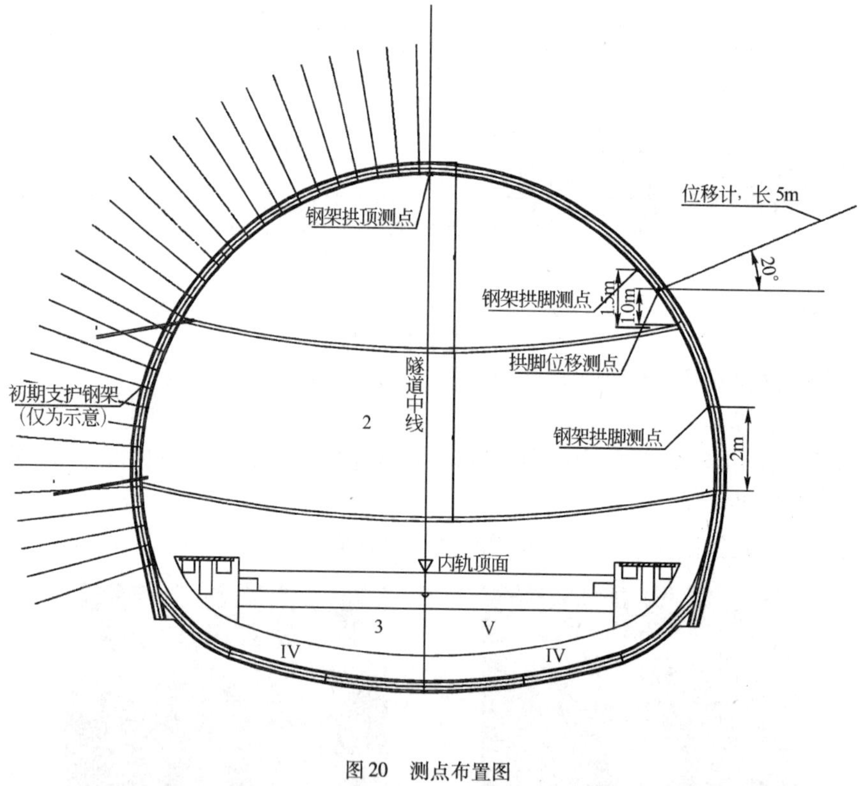

图20 测点布置图

首先分析钢拱架受力,调节表面应变计的量程,适当降低受压量程,增加受拉量程。先用模拟应变计,将表面应变计支座提前在钢拱架设计位置上焊牢,再用真应变计替换模拟应变计(主要是怕焊接高温破坏应变计)。如图21所示,利用读数仪再次调整监测量程,压设防水防喷射混凝土的不锈钢罩,用AB胶和环氧树脂封口,将传感器数据线沿钢拱架内缘引入总线附近,待喷射混凝土完成后,测量传感器数据。若数据准确,可将应变归零作为钢拱架初始应变,数据线接入485总线上,并做好保护总线工作,留下明显标志,以便日后查察。安装完毕后有两次边墙走线被施工设备挂断。采取了及时换线措施,并将电线用金属波纹管套牢,并将其与岩壁紧贴喷入混凝土中。在上下断面交界处采用厚壁PVC管保护485总线,以免下台阶施工造成总线破坏。

图21　表面应变计的安装

12.5　系统现场测试

12.5.1　系统监控断面

第一次现场测试,2007 年 11 月 6 日开始,首先选择武汉至广州方向 DIIK1568 +644.5 作为监测断面。在该断面上埋置了两个表面应变计(拱顶、拱腰),2007 年 12 月 3 日下台阶开挖至 DIIK1568 +635,下台阶初期支护由格栅拱变为钢拱架,12 月 3 日在 DIIK1568 +635 处下台阶右侧再次安装了一个表面应变计,并在 DIIK1568 +644 和 DIIK1568 +682 两个断面安装了两个位移计,位移计探孔深度 5m。在 DIIK1568 +682 左侧安装了 1 个渗压计。

第二次现场测试,2008 年 1 月 16 日开始,首先在 DIIK1568 +728 首榀钢拱架上安装了 3 个表面应变计,在 DIIK1568 +725 安装了 2 个表面应变计。在 DIIK1568 +694 处右侧安装了 1 个渗压计。

12.5.2　实时预警预报系统的运行

为了更好地适应浏阳河隧道工程的监测,对"隧道突发性地质灾害预警系统"进行了细微调整,如图 22 所示。系统于 2007 年 11 月 14 日开始测量,数据监测间隔时间由 1min 至 1h 不等,期间共监测有效数据5 000多条,如图 23 所示,系统读取数据正常、时间调整、图形绘制能够达到实时的要求,能够达到与预期的效果。

图22　调整后的系统界面

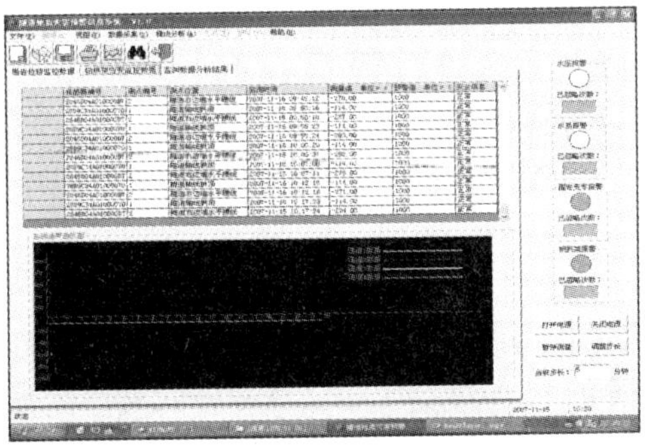

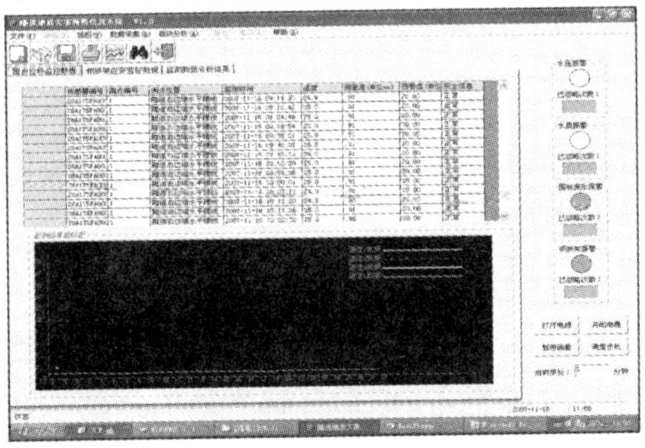

图23　系统监测界面

12.6　监测数据整理

由于采样间隔大都在 5min 到 1h 不等,每天采集数据相当庞大,系统根据用户定义,选择数据平均值作为当天采集的数据,待采集工作结束后,自动套用电子表格,对监测的数值进行回归分析,如图 24 所示。

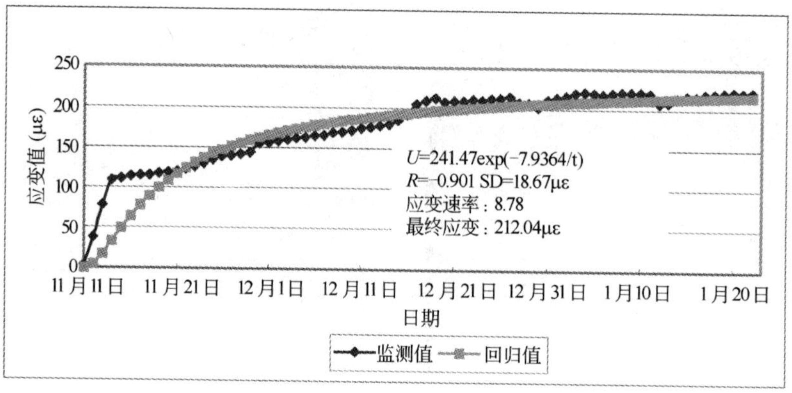

a)

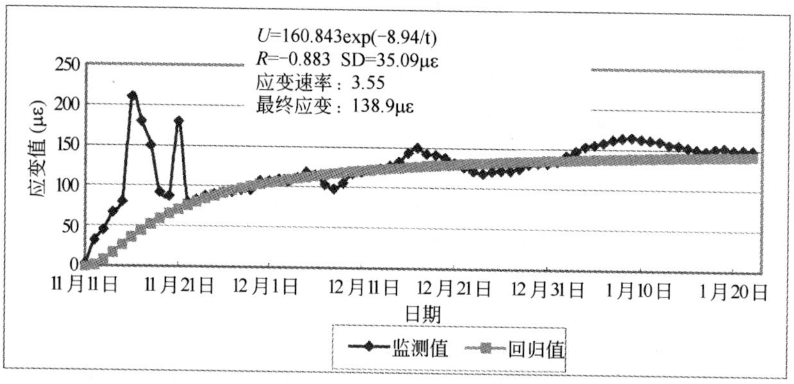

b)

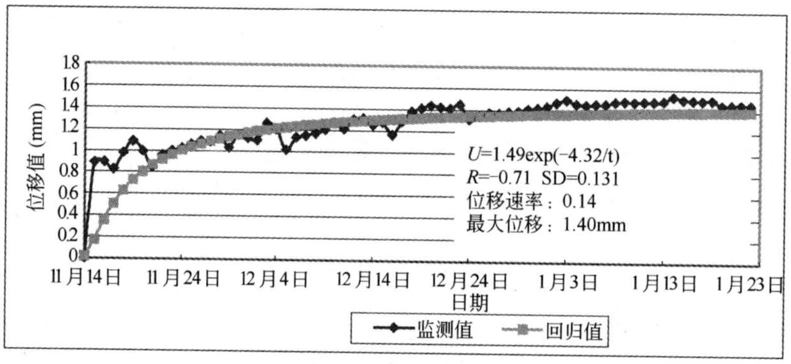

c)

图24　监测数据回归分析曲线

a)拱顶表面应变计监测数据分析(DIIK1568+644.5)；b)右侧拱腰表面应变计监测数据分析(DIIK1568+644.5)；c)右侧位移计监测数据分析(DIIK1568+644)

12.7　监测结论

根据现场采样结果和地质素描情况判断，隧道为弱风化泥质粉砂岩，呈暗红色，岩体完整性较好，上台阶掌子面1.5m和2.7m处有软弱夹层，夹层为白云质灰岩，厚度为1cm，1.5m处的夹层完整性好，无垮塌现象，水平倾角13°，水平长度4m，纵向倾角7°。2.7m处的软弱夹层，无垮塌现象，完整性较好，水平倾角5°，水平长度5.2m，纵向竖直倾角3°。经系统对地质情况分析，认为由于夹层薄，时隐时现，倾角小，导致隧道滑塌可能性小。掌子面无渗漏水现象，水压监测值基本为零，其他要素监测数据均在正常范围内，综合判断得出监测结论：隧道初期支护合理，围岩安全稳定，施工可以正常进行。

经过对后续断面的开挖，软弱夹层在3m内完全消失，隧道围岩稳定，监测结果与实际开挖情况相符合，围岩位移情况与大断面非接触监控量测结果相近，表明该监测系统安全有效，能够起到指导施工生产，预防地质灾害发生的目的。

大断面陡坡小半径曲线通风斜井施工工法

GGG(中企)D1102—2008

刘汉红　李集光　郭世杰　罗俊荣　张永强　崔建新
（中国中铁股份有限公司）

1　前言

石(柱)—忠(县)高速公路土建工程 B12 合同段斜井工程,位于重庆市石柱县境内,为方斗山隧道的专用通风巷道,分为左、右线。左线斜井全长 708.2m,倾角 24°,井口与井底高差 283.639m;斜井净宽 8.5m,净高 6.25m;开挖断面面积为 56.8～72.7m。右线全长 781.1m,倾角 22°,井口与井底高差 283.203m;净空面积 31.49m;井身有 127m 位于平面半径 $R=150$m 的曲线上。

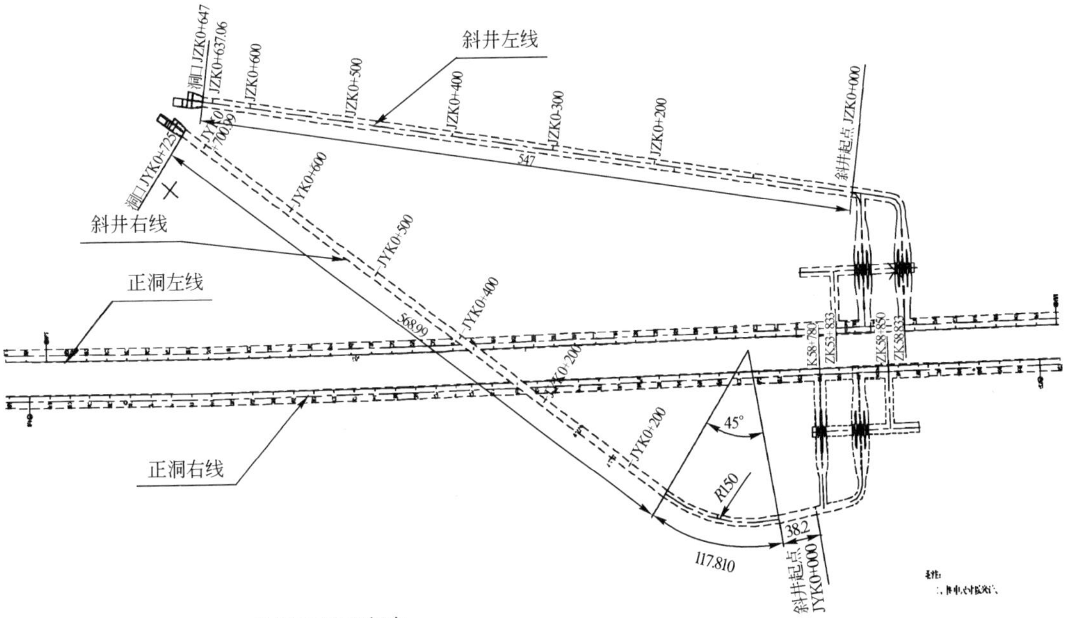

斜井特征点坐标表

项目	左洞斜井				右洞斜井			
	桩号	X	Y	设计高程	桩号	X	Y	设计高程
井底起点	ZK0+000	334 522.956	591 374.410	579.659	JZK0+000	334 670.103	591 611.978	580.518
						334 606.563	691 679.628	
口部变坡点	JZK0+637.064	333 984.2 868	5 917.5 857	863.298	JZK0+700.953	334 002.498	591 728.387	863.721
地面暗洞口	JZK0+647	333 975.888	591 719.814	863.000	JZK0+725	332 978.568		863.000

右洞斜井平曲线要素表

R	P	F	ZY	QZ	YZ
150.03	32.132	12.359	JYK0+038.200	JYK097.105	JYK0+156.010

图 1　方斗山隧道通风斜井平面位置图

在小半径曲线地段,由于矿车运行时受钢丝绳牵引力方向与矿车走行轨中线方向间夹角不断变化的限制,极不利于牵引矿车的安全运行,故现场多采用安全性和效率较低的分段运输法或设备庞大、复杂的刮板式输送带运输法。方斗山隧道通风斜井通过在曲线段轨道中安设转向立辊、给矿车安装绳卡器等一系列新技术,实现了"提升机 + 轨道 + 矿车"的有轨运输系统在小半径曲线斜井中的应用,显著提升了运输的安全和效率。

2 工法特点

本工法针对大倾角、大断面、小半径斜井的具体特点,在传统方法基础上开发出既能辅以隧道施工作业又能满足隧道运营要求的斜井施工工法,具体特点如下。

2.1 施工进度快:在井身坡度陡、断面大、地质条件复杂、涌水量多的情况下,在施工技术、施工组织、安全管理等方面采取了有效的措施,能保证稳步快速施工,斜井曲线段开挖月进尺达到77.5m/月,缩短施工工期。

2.2 施工安全性好:在掘进、物料运输、衬砌支护、防排水等方面采取针对性的技术措施,较好地解决了安全问题,未发生重大安全事故。

2.3 机械化程度高:开发了部分专用机械,解决了大倾角地势和小半径曲线条件下较大型开挖及运输设备的安装、固定、行走等一系列技术问题,为斜井快速施工提供了有效的保证。

2.4 设备工艺简单:本工法省去了"刮板式输送机"中庞大复杂的设备,同时由于小半径曲线条件带来的限制,在采用有轨运输系统的分段运输法时,要多次进行"井巷内摘挂钩作业",大大增加了安全控制难度和降低了作业效率。本工法只是在直线运输系统的基础上,对轨道和矿车设备进行适当改造,不需增加设备和人员,易操作。

3 适用范围

本工法应用于大断面(开挖宽度8m以上、高度6.5m以上)、陡倾角(15°~30°)的长大山岭隧道有轨运输斜井施工。对与此条件类似斜井也有参考价值。

其中小半径曲线段物料提升方法还适用于采用有轨运输和矿用提升机提升系统的铁路、公路、水工及各种人防工程等地下结构的小半径曲线斜井的物料提升运输。

4 工艺原理

在小半径曲线地段,拉紧的牵引钢丝绳在曲线两约束点间是一弦线。受曲线半径的控制,随着矿车的运行,钢丝绳牵引力方向与矿车走行轨中线方向间夹角不断变化,而且钢丝绳向曲线内侧偏移值随着曲线半径的减小而加大。当线路曲线与牵引钢丝绳弦线组成的弓形正矢大于该高程处斜井宽度的1/2时,牵引钢丝绳将会与斜井围岩产生摩擦,这是造成钢丝绳断裂的根本原因。在陡坡地段,钢丝绳的断裂不但是运输安全的严重隐患,而且对运输效率造成极为不利的影响。本工法通过在小半径曲线段轨道中安设转向立辊、给矿车安装绳卡器等一系列新技术,对矿车运行中牵引钢丝绳向曲线内侧的偏移量进行约束和控制,达到了物料运输的安全高效,实现了"提升机 + 轨道 + 矿车"的有轨运输系统在小半径曲线斜井中的应用。工艺原理见图2。

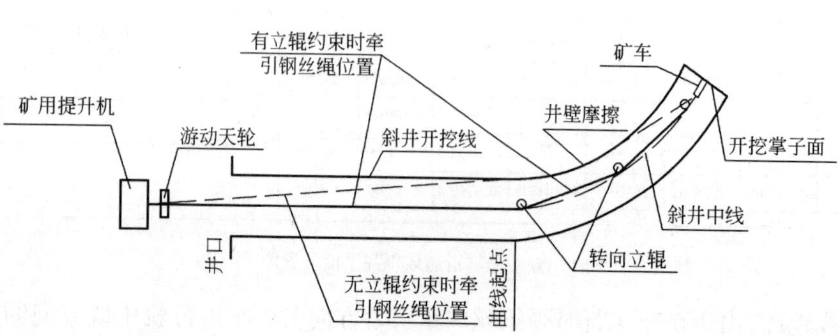

图2 工艺原理示意图

5 施工工艺

5.1 施工工艺流程

5.1.1 斜井施工工艺流程(图3)

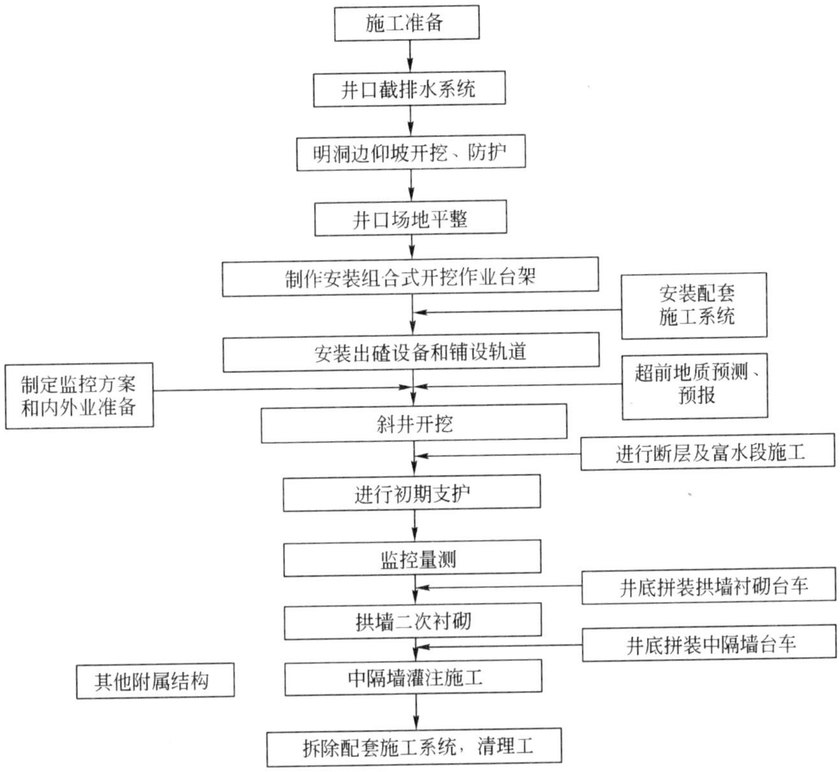

图3 斜井施工工艺流程图

5.1.2 小半径曲线段运输和提升设备安装流程(图4)

5.2 操作要点

平坡直线段施工与传统方法相同,陡坡段施工及小半径曲线段物料运输需要采取如下有针对性的特殊方法。

5.2.1 制作、拼装开挖组合式台架

考虑到斜井空间较小,且在陡坡上作业环境较差,为减少施工中台架拼装和拆卸时间,开发研制了组合式开挖作业台架,其主要构件按纵向分为若干个大片件进行组合,以利于洞内搬运和组装。台架拆除或拼装用约20min时间便可完成,有效地加快了施工速度。

1)制作开挖台架组件

台架立柱、横梁、插销套全部采用 ϕ50mm×4mm 无缝钢管制作,插销采用 ϕ38mm 无缝钢管制作。为适合人工钻眼操作,台架顶部至开挖拱顶高度不大于200cm,台架加工见图5。

2)拼装检查台架

台架在平坡地段用 ϕ38mm 无缝钢管制作的斜撑对拉杆、插销等部件进行连接组装,各种插销要打紧,对台架的稳定性进行检查,性能达到要求且稳定可靠后验收备用。

5.2.2 安装出碴运输设备和铺设轨道

根据工程设计坡度情况,平坡段采用无轨运输;陡坡段采用履带式挖掘机装碴;洞口处绞车提升,栈桥处卸碴,洞外无轨运输至碴场,提升系统布置见图6。

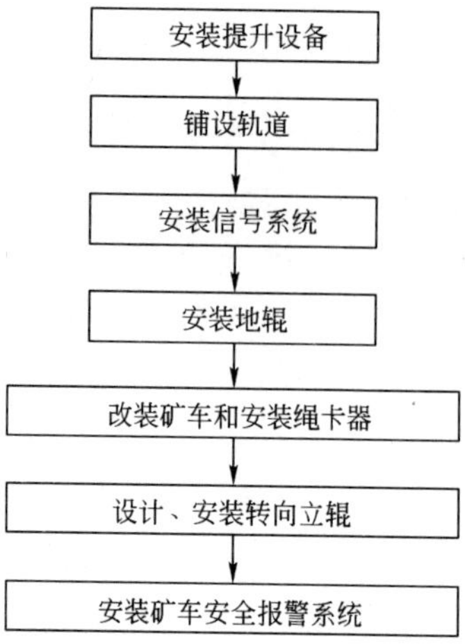

图4　斜井曲线段提升运输设备安装施工工艺流程图

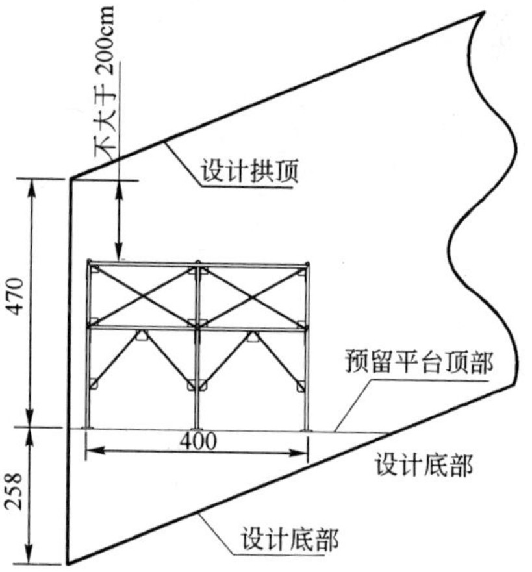

图5　台架示意图(尺寸单位:cm)

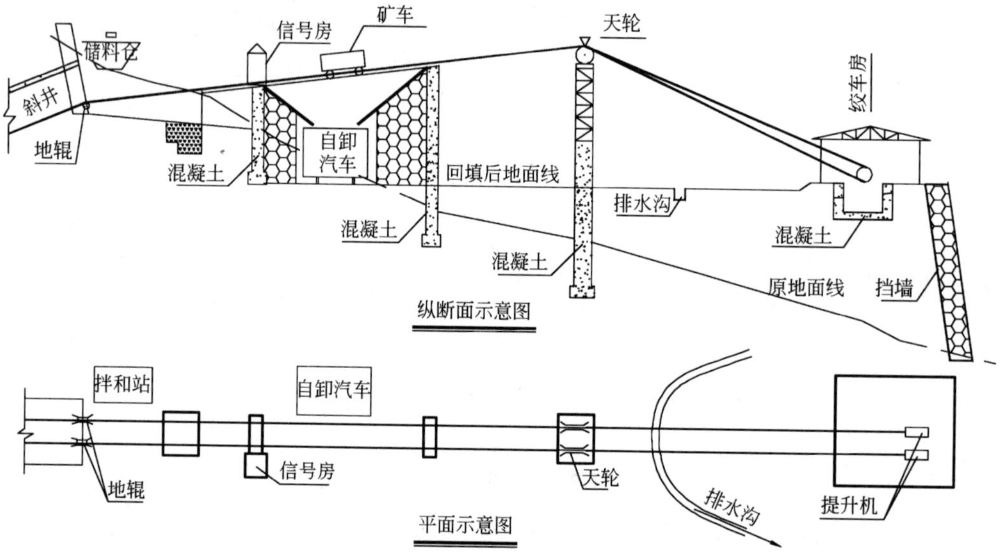

图6　斜井提升系统井口栈桥布置示意图

1)安装提升设备

左右线安一台400kW双筒绞车,卷筒直径2 500mm,卷筒宽度1 500mm,拉力90kN,最大提升速度3.8m/s,钢丝绳直径31mm,钢丝绳长度1 000m,钢丝绳拉力90kN,电机功率400kW,总质量35 943kg,使用电压6 000V。钢丝绳按三层设置,其安全系数为6.5倍牵引载重。

2)铺设轨道

陡坡段轨道铺设与平坡轨道铺设有所不同,轨道防滑装置采用ϕ22mm×1500mm锚杆将钢枕锚固于底板基岩上,间距8.0m。在井口,井底停车处设置阻车器,以防矿车在停车时因绞车系统制动失灵而溜车。轨道采用双线,随开挖进度依次铺设。钢轨采用43kg/m;枕木采用200mm×160mm×1 500mm油枕,间距800mm;安装地辊处采用16号槽钢轨枕,轨道与钢枕用螺栓连接;为了保证钢丝绳不与地面及轨枕摩擦,曲线段间距8m、直线段间距16m设置一个地辊,地辊安装高度距轨面40mm;轨道参数应符合有关规范要求。轨道线路及其他管线布置见图7。

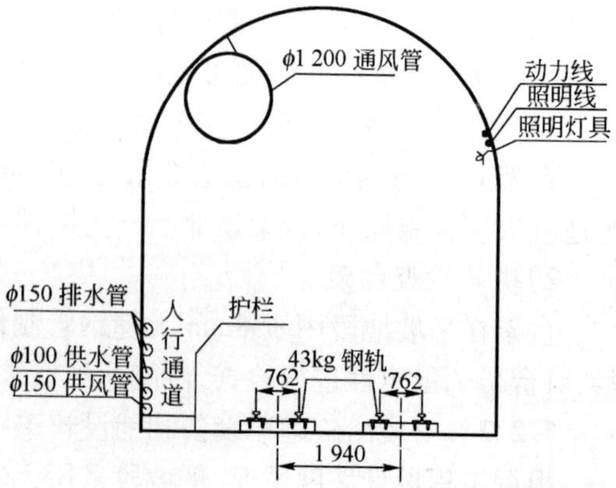

图7　斜井内主要管线布置示意图(尺寸单位:mm)

5.2.3 小半径曲线段物料运输和提升系统安装

1)铺设轨道

采用单线双轨,钢轨型号及轨距与直线段相同。轨道按《煤矿安全规程》铺设,采用错距 2m 的曲线错接式接头。枕木采用 200mm × 160mm × 1 500mm 油枕,铺设间距 800mm。安装地辊处采用 16 号槽钢做轨枕,轨道与钢枕用螺栓连接,轨道防滑装置采用 ϕ22mm × 1500mm 锚杆将钢枕锚固于底板。

2)安装信号系统

信号通信系统主要由视频装置和信号灯、电铃、有线及无线电话组成。在作业时,各种信号工具同时使用,可避免因某种工具损坏而影响绞车系统正常运行。

3)安装地辊

地辊的安装高度在轨面下 40mm 处,地辊支架仍焊接在槽钢上,安装间距为 8m 一组,其结构仍与直线段运输的地辊相同。地辊安装见图 8。

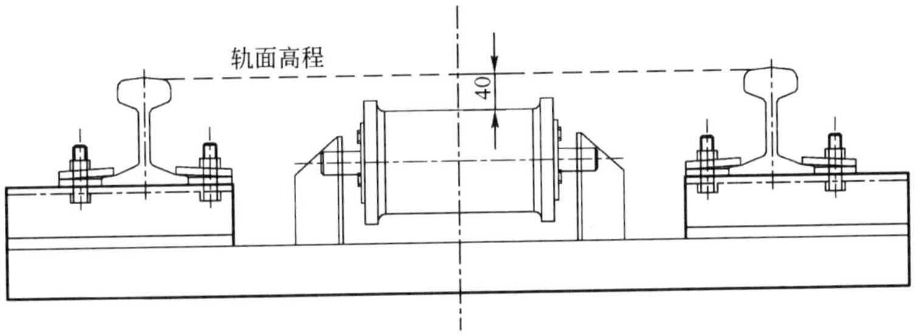

图 8 地辊安装示意图(尺寸单位:mm)

4)安装绳卡器

绳卡器通过支座与矿车底盘相连,材料为 Q235 钢。所有连接部位采用连续焊接法焊接,焊缝高不低于 8mm。为防止钢丝绳在绳卡器的绳槽中滑动,在绳卡的夹绳器与钢丝绳之间设计镶嵌一套两半圆形紫铜套。紫铜质地较软,在夹紧力的作用下能与钢丝绳紧密接触,形成足够的摩擦力。紫铜套与夹绳器之间各刻有矩形螺纹槽,使之相互镶嵌而防止紫铜套与夹绳器相互滑动。

矿车牵引修改见图 9。

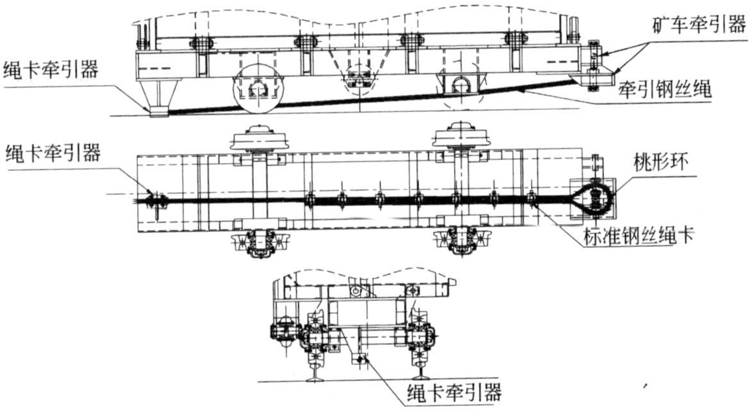

图 9 矿车牵引修改图

5)设计及安装转向立辊

(1)转向立辊高度设计

转向立辊总高度不能超过矿车车轴的下平线高度,否则矿车便无法通过转向立辊。

①转向立辊总高度:

$$H_{总} = H_1 - H_2 \tag{1}$$

式中:H_1——轨枕面与矿车轮轴下平线的距离;

H_2——转向立辊顶端与轮轴下平线之间安全距离(取15mm)。

②转向立辊有效区高度(自由区间):

$$H_{效} = H_{总} - h_1 - h_2 \tag{2}$$

式中:h_1——转向立辊顶端至五花凸缘下缘尺寸;

h_2——转向立辊基座底面至地辊上平面的距离。

(2)五花凸缘尺寸设计

由于牵引钢丝绳在运动中受外界因素影响较多,运行中经常产生跳动现象。为确保牵引钢丝绳不从转向立辊约束区域内滑出,在转向立辊顶端设计一厚20mm凸缘。为减少凸缘对钢丝绳的连续摩擦,将凸缘设计成五瓣。经现场试验,凸缘尺寸应大于钢丝绳直径1.5倍,这样凸缘既能有效约束牵引钢丝绳,又能使矿车底盘有足够空间通过凸缘部分。

转向立辊见图10。

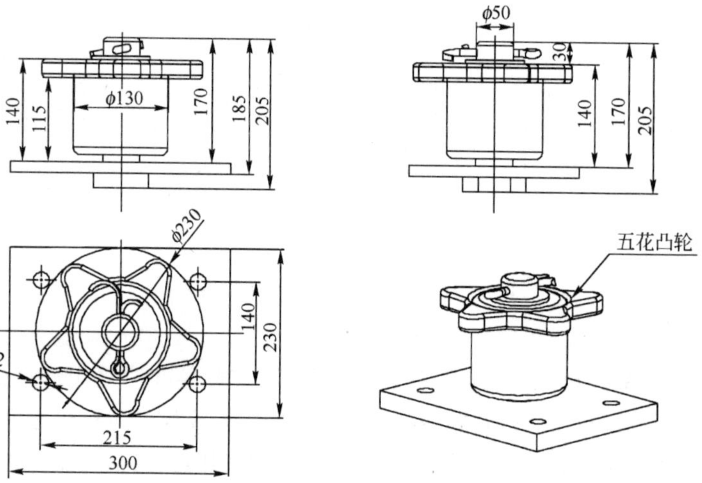

图10 转向立辊图(尺寸单位:mm)

(3)转向立辊安装

在距曲线起点8m处开始安装转向立辊,在该处连设两组转向立辊及轨距拉杆(间距0.8m),其后转向立辊安装间距5.0m,轨距拉杆5.0m一组。

立辊与轨道钢枕用M20螺栓连接,钢枕两端各用4根ϕ22mm砂浆锚杆将钢枕与巷道底板锚固在一起,锚杆长1.5m。

5.2.4 斜井开挖

施工顺序:施工准备→测量画线→超前地质预测、预报→"L"形掌子面打眼、装药→"L"形底部打眼、装药→同时爆破→通风→清除危石→初喷→出碴→初期支护→下一循环。

1)制定斜井开挖方案

陡坡段开挖,若采用常用的全断面开挖方法,由于坡度陡,爆破后的岩碴主要堆积在掌子面楔形槽内,给出碴造成困难,极大地影响了施工进度;同时,由于施工作业平台无法固定,也影响了掌子面的施工组织。因此,工法采用了在距掌子面6~10m范围内预留作业平台的"L"形开挖方案,可加快陡坡段的开挖进度,优化了掌子面的施工组织。

2)斜井开挖作业

施工方法是先利用组合式开挖作业台架进行"L"形掌子面钻眼、装药,本工序完成后,拆除台架,然后进行"L"形底部钻眼与装药,两部分同时爆破出碴。开挖施工方法见图11。井身全部开挖完成后进行捡底、人工钻眼,松动爆破,挖掘机装碴,利用井身开挖时已有的提升机出碴。爆破参数与一般隧道相同不予详述。

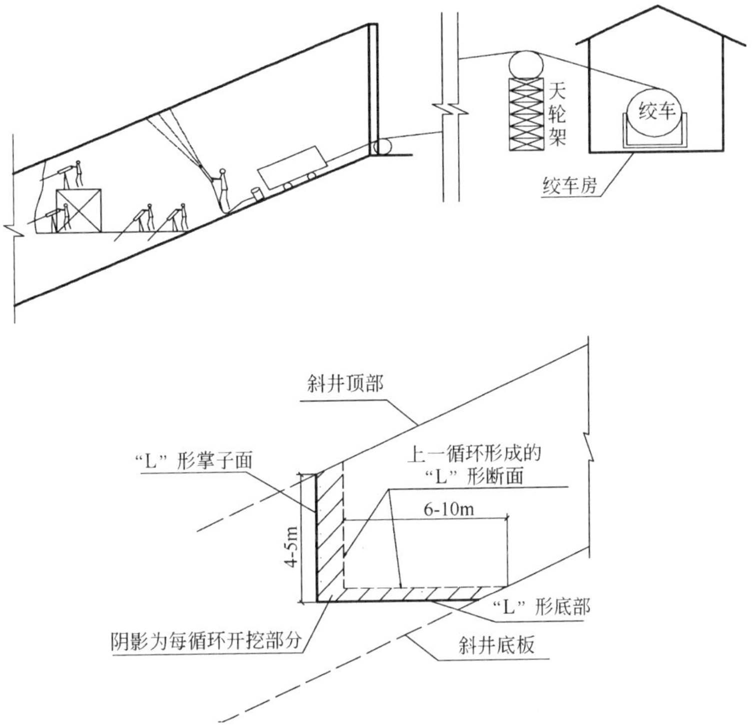

图 11　井身"L"形开挖作业示意图

5.2.5　初期支护

初期支护采用"喷、锚、网、喷"加钢拱架支护体系，根据围岩条件组合。在组合式开挖作业台架上作业，方法与一般隧道施工方法相同。喷射混凝土集中拌制，采用皮带输送机输送至轨行运输车，由轨行运输车运至作业面，人工上料进行喷射作业。

5.2.6　断层及富水段施工

1）进行超前地质预报、预探

由于陡坡地段水流速快，斜井开挖施工中，一旦处理不当，将会造成水淹斜井的严重后果。所以，进行超前地质预测、预报，了解地质和地下水的活动情况十分必要。

2）确定不良地质地段的处理方案

根据地质情况和地下水情况，在施工前采取超前局部预注浆、超前周边预注浆和超前帷幕预注浆；在施工中，对于深孔注浆的盲区要注意进行有效补充；开挖后，对局部涌水段前后 5m 范围采用径向小导管补充注浆。

3）注浆施工

预注浆的作业工法与一般隧道基本相同，在此不作详述。

5.2.7　铺设防水层

作业方法与一般隧道基本相同，但考虑到斜井坡度陡的特殊性，设计制作了专用雪橇式防排水作业台架，初期支护表面清理、安设环向透水盲管、复合防水板铺设均在台架上作业。为有利于在陡坡上台架的支撑和固定，走行系统难以采用传统的轮式，而采用雪橇式移动和固定装置，即在台架底部特制一个钢雪橇，加大台架与地面的接触面，既利于台架的稳定，又便于安设移动和固定装置（见图 12）。台架前移和固定采用两对 5t 手拉葫芦交错拖动实现。防水层铺设超前二次衬砌 1 ~2 个循环。

5.2.8　二次衬砌

衬砌分部见图 13，灌注仰拱、铺底、边墙基础混凝土施工工序与一般隧道施工工法基本相同。拱墙与中隔墙二次衬砌作业方向与顺序：拱墙衬砌由井底向井口方向连续施工，中隔墙衬砌与拱墙衬砌方向相同；先进行拱墙整体衬砌，中隔墙衬砌滞后拱墙衬砌三个循环平行施工。灌注拱墙衬砌除与一般隧道

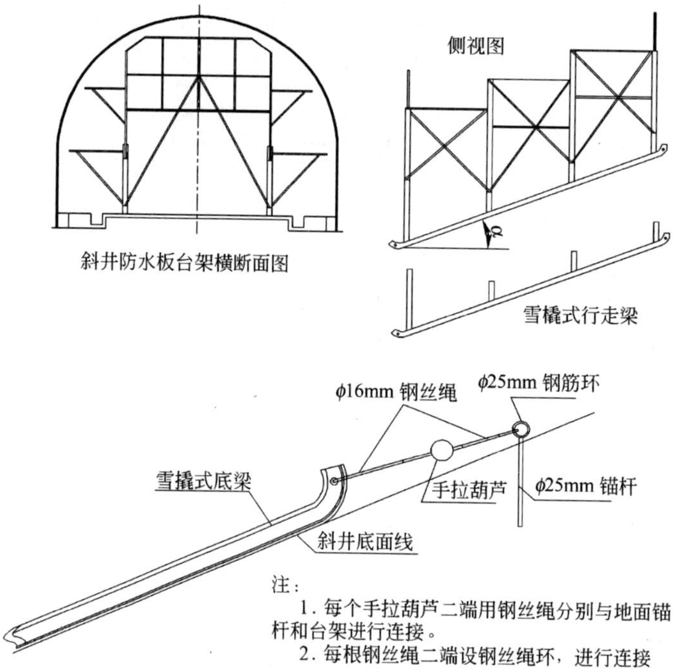

图 12　雪橇式作业台架示意图

施工工法相同部分外,其中针对大倾角斜井,需增加如下特殊的设施和工序。

1)铺设衬砌台车行走轨道

由于斜井倾角大,为了保证轨道及衬砌台车在施工过程中不下滑,在钢轨底面每隔 80cm 焊接一个锚垫板,锚垫板上设 ϕ30mm 锚孔四个,钢轨直接铺设在铺底垫层混凝土上,用 180cm 长 ϕ25mm 锚杆将钢轨固定于垫层上,间距 1.0m,轨道铺设必须保证轨道中线与洞室中线误差不大于 50mm,以使台车定位准确。

2)制作拼装衬砌模板台车及安装台车专用移动和固定装置

左线模板台车长度 9.0m,右线台车长 6.0m,台车采用槽钢、工字钢、角钢等材料加工,模板为 10mm 钢板制作;结构形式与一般模板台车基本相同,主要是行走机构由轮式改为步进式;模板台车在井底平坡段用手拉葫芦等机械进行拼装,然后行走到施工工位。中隔墙台车左线长 9.0m,右线长 6.0m,台车采用槽钢、工字钢、角钢等材料加工,模板为 10mm 钢板制作;台车设计为分离式两个主框架结构,行走采用步进式行走机构。拱墙模板台车见图 14,中隔墙模板台车见图 15。

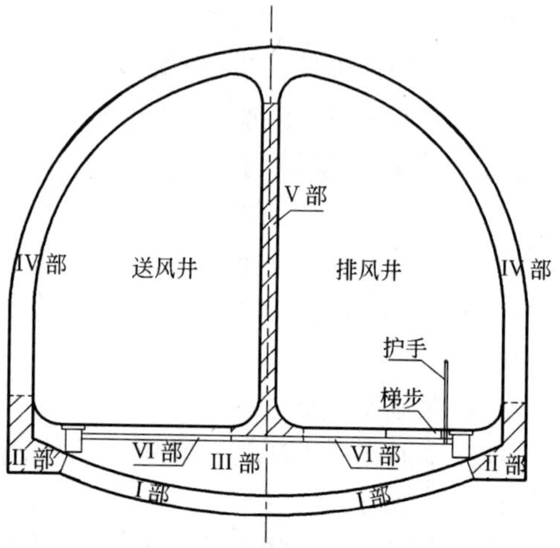

图 13　衬砌分部示意图

在陡坡上模板台车处于斜置状态,其固定和挪移位置的方法与平坡地段不同。为此在台车底部安装两组伸缩式液压油缸,每组伸缩式液压油缸推力为台车下滑力的 2 倍。两组油缸交替推进,将台车行驶至预定位置后,用固定丝杠将台车锁定在轨道上,固定丝杠、伸缩式液压推进油缸均用插销与轨道连接固定。这样,固定丝杠与行走油缸同时抵抗台车与混凝土的下滑力。为增大抗溜、抗滑安全性,在台车前部用增设手搬葫芦固定。台车固定见图 16。

3)调整衬砌模板

用横向摆动油缸移动衬砌模板,调整到位后用螺杆固定。

4)灌注衬砌混凝土

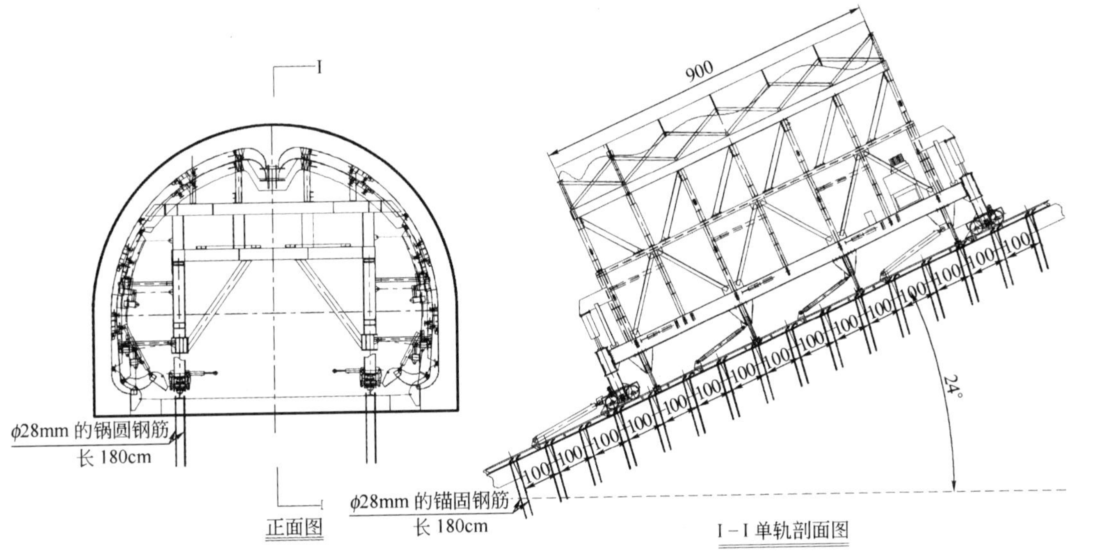

图 14　拱墙模板台车示意图(尺寸单位:cm)

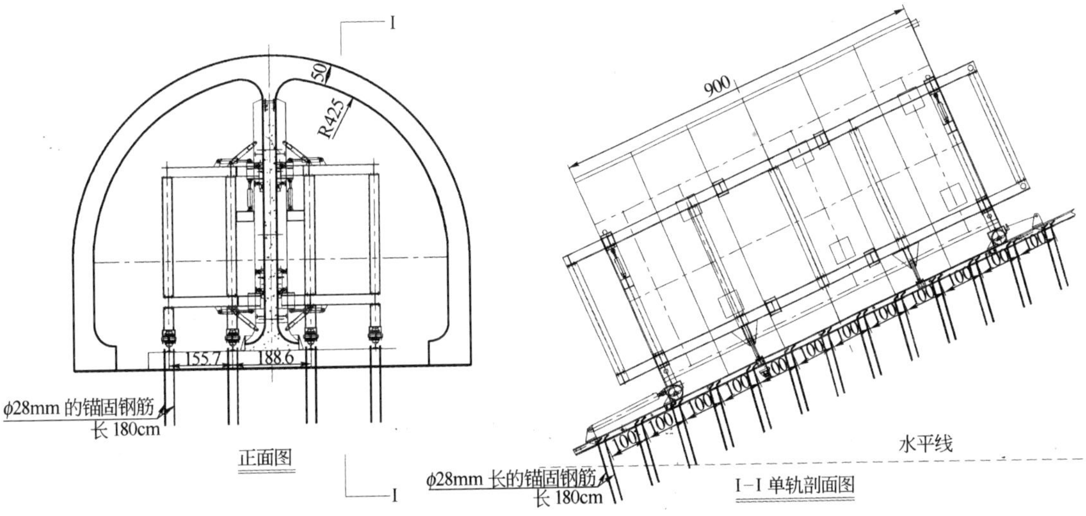

图 15　中隔墙模板台车示意图(尺寸单位:cm)

(1)优化混凝土输送方案

传统的斜井混凝土衬砌是采用“轨行式矿车运送混凝土到工位后再入模或经投料孔投料到洞内后,经二次搅拌再入模”的施工方法。该方案设备较多,工序较复杂,施工进度较慢,施工组织和安全控制难度大。

如采用由山上(洞口)往下泵送混凝土方案,利用斜井原有喷混凝土搅拌站由上往下泵送混凝土,因长距离泵送对混凝土坍落度要求严,坍落度大时,混凝土易产生自流现象,同时向山上运送混凝土原材料运输费用大,不拟采用。

现采用由正洞内自下往上泵送混凝土方案,则可利用正洞衬砌搅拌站集中拌制,但考虑泵送距离长、高度大,一级泵送难以实现,因此,需采用分级接力泵送的方案解决。

根据以上方案的比选,决定采用以自下往上分级泵送混凝土为主、短距离由上往下泵送为辅上下结合的方案,这样不但减少了斜井内安装输送泵的难度,而且缓解了长距离泵送混凝土坍落度控制的难度。本方案混凝土可连续施工,施工进度快;充分利用原有搅拌系统生产混凝土,无二次搅拌,混凝土质量有保障;由于洞内和洞口结合,施工机械设备利用率高,施工人员少,有利于施工组织。

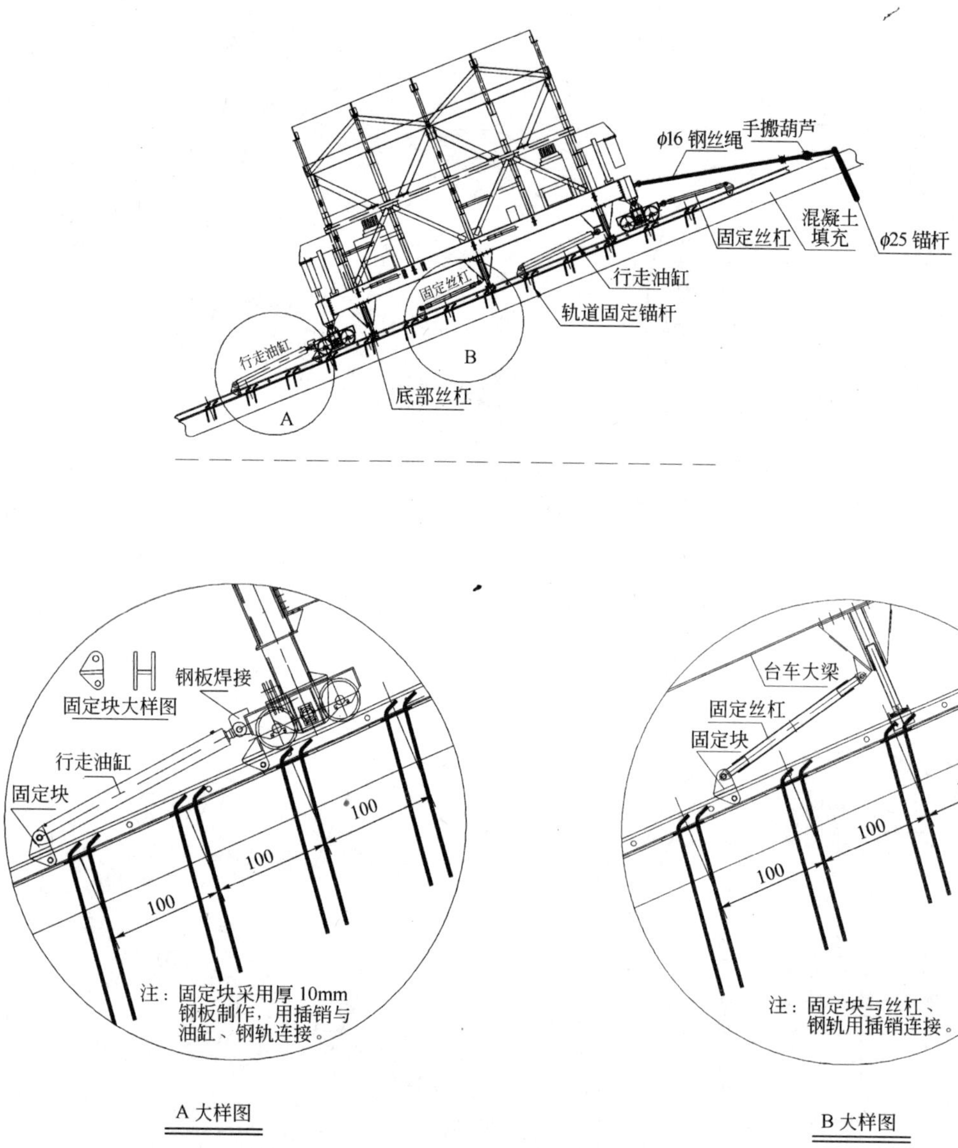

图 16　台车固定方法示意图(尺寸单位:cm)

(2)混凝土输送施工

混凝土由正洞洞外搅拌站生产,混凝土运输车运至洞内井底,用输送泵接力泵送入模的方式衬砌(见图 17),第一级混凝土泵设在井底,当混凝土衬砌到 300m 时,在距井底 280m 处安装接力混凝土泵。当衬砌距井口 150m 时,改由斜井洞口往下泵送混凝土。

5)灌注中隔墙衬砌

中隔墙施工方向与拱墙衬砌方向一致,在拱墙衬砌三个循环后开始,与拱墙衬砌平行作业。其施工顺序:凿出预埋钢筋→中隔墙钢筋绑扎→中隔墙台车定位→台车加固、涂油、立堵头板→质量检查→混凝土浇注→拆堵头板、脱模→养生。台车定位加固、混凝土施工与拱墙施工相同。

5.2.9　监控量测

本项作业在施工过程中随即进行,在工程后期亦应配合质量评估和竣工验收,进行系统的监控量测。主要监测项目:工程地质及水文地质观察、支护状况观察、井口浅埋段地表下沉、周边位移、拱顶下沉、锚杆抗拔力。

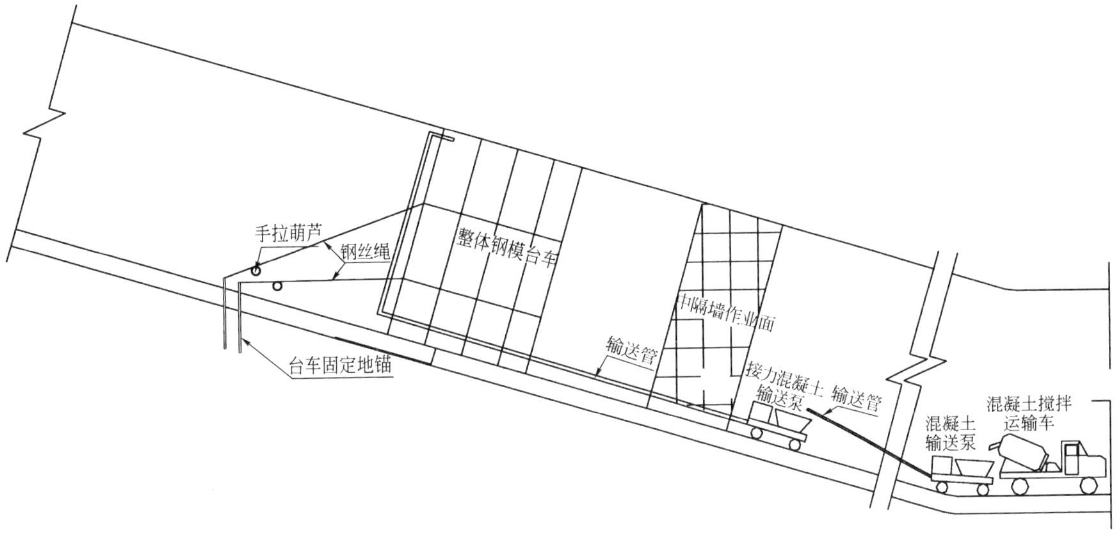

图17 斜井衬砌作业接力泵送示意图

5.2.10 安装配套施工系统

与一般隧道施工基本相同，为确保斜井施工的正常进行，须在施工前和根据施工进度建立洞外拌料系统、钢筋加工系统、提升系统、风水电系统、信号通信系统、排水系统、通风照明系统、混凝土输送系统等八大保障系统。与一般隧道施工相同的通用做法不作详述，仅叙述大断面陡坡斜井施工的特殊做法。

1）安装风水电系统

分为供风、供水、供电三个子系统。

根据计算，供风子系统配备 $20m^3/min$ 活塞式空压机、$\phi150mm$ 送风钢管。供水子系统利用洞顶设置的高压水池供水，供水管为 $\phi100mm$ 钢管。

供电子系统：高压变电站集中设置在提升系统绞车房附近，随着井身施工的加深和施工抽水负荷加大，在井中二级固定泵站附近设置 2×500kVA 变电站。大断面陡坡斜井反坡开挖时，一旦停电将极易造成严重的安全事故，洞外配备2台发电机做二路电源，可随时启动向洞内送电，确保国家电网停电时的施工用电。

2）安装信号通信系统

在大断面陡坡斜井施工中，有轨运输的信息沟通困难，本工法安装了主要由视频装置、电铃、指示灯、对讲机组成的综合信号通信系统。作业时，各种信号工具同时使用。绞车司机收到信号人员的操作指令，并确认轨道线路无障碍时，发出回应信号，再得到信号人员确认后，方可进行操作。严格遵守信号的发布程序，在停车状态，若收不到明确的信号，不能操作。

3）安装排水系统

本斜井设计在 F_4 断层，虽然采用了超前预注浆，但岩溶富水段及其他地段仍有较大的水量泄出，同时为解决“大高差”造成的排水困难，经过计算，安装了“固定高扬程大抽水泵站、低压接力泵站与移动泵站”相结合的排水系统。本斜井左、右线各安装4座固定高扬程抽水站，开挖时在掌子面设移动泵站，当移动泵站不能满足抽水需要时，在移动泵站和固定泵站之间设低压接力泵站，通过多级连抽及时将水抽出洞外。低压泵站采用无人值守的自动抽水装置。泵站设置见图18。

左、右线洞内分别设置3趟 $\phi150mm$ 排水管，在断层带及富水段前，先安装2趟管路，预留1趟管路的位置，在开挖至断层带或岩溶富水段时，可根据现场情况安装第3趟管路。

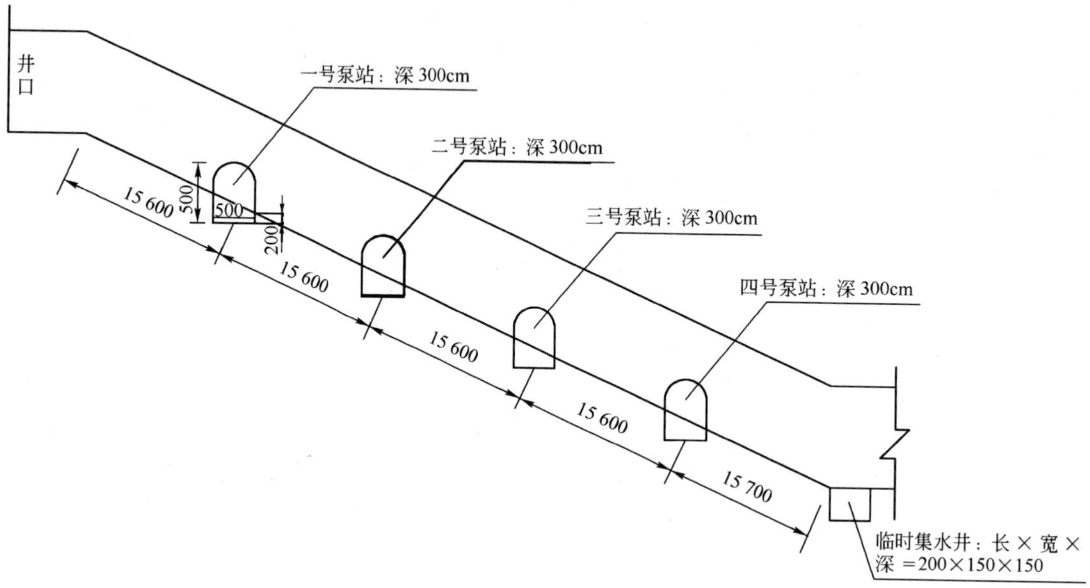

图18　抽水泵站示意图(尺寸单位:cm)

5.3　劳动力安排(表1)

主要劳动力配备

表1

分队	班组/班次	主要工作内容	工　种	人数 左线	人数 右线	备　注
开挖队	开挖出碴班/2	作业台架拼装与拆卸、钻眼、装药、放炮、找顶、清帮、装碴	风钻手	12	10	
			炮工	2	2	
			挖掘机司机	2	2	
			普工	6	6	
			小计	42		
	支护班/2	初喷、挂网、立钢支撑、锚杆、复喷	支护工	10	8	
			电工	2	2	
			普工	4	4	
			小计	30		
衬砌队	防水板作业班/1	作业台架的行走、盲管安设、防水板铺设	防水板工	6		
			普工	2		
			小计	8		
	钢筋班/1	衬砌钢筋绑扎、安装预埋件	钢筋工	10		
			电工	4		
			普工	8		
			小计	22		
	混凝土班/1	铺底、台车定位、混凝土灌注、脱模、养生	台车司机	4		
			泵送司机	4		
			混凝土工	8		
			木工	6		
			普工	6		
			小计	28		

续上表

分队	班组/班次	主要工作内容	工　种	人　数		备　注
				左线	右线	
机械队	提升班/2	轨道设置、检修,钢丝绳检修、更换,操作绞车	轨道工	7	7	
			检修工	2	2	
			绳检工	2	2	
			绞车司机	6	6	
			小计	34		
	信号班/2	发送信号	信号工	6	6	
			小计	12		
	排水班/2	井内涌水外排	管子工	3	3	
			抽水工	10	10	
			小计	26		
合计				200		

说明:因左线断面较右线断面大,表中左右线部分工种人数不等。

6　材料与设备

6.1　材料

本工法涉及水泥、碎石、中粗砂、钢筋、型钢、混凝土外加剂及水玻璃等材料为常规建筑材料。

6.2　设备(表2)

主要机械设备配备表

表2

序号	机械设备名称	规格、型号	单位	数量	备　注
1	空压机	$20m^3$	台	5	
2	风动凿岩机	YT28	把	30	左线16把,右线14把
3	混凝土喷射机	PZ－5	台	6	左右线各2台,备用2台
4	注浆机	YZB－100/9	台	2	
5	组合式开挖台架		台	2	左右线各1台
6	履带式挖掘机	$0.45m^3$	台	2	洞内装碴,左右线各1台
7	装载机	ZLC50C	台	1	洞外装碴
8	自卸车	20t	台	2	洞外运碴
9	卷扬机	10t	台	2	左右线各1台
10	升压器	350kW	台	2	左右线各1台
11	双筒绞车	400kW	台	2	左右线各1台
12	侧卸矿车	$4m^3$	台	4	左右线各2台
13	轨行运输矿车		台	2	左右线各1台
14	皮带运输机	自制	台	2	洞外上料,左右线各1台
15	轴流式通风机	37×2kW	台	2	
16	强制式搅拌机	JS750	台	2	左右线各1台
17	雪橇式台架		台	2	
18	拱墙衬砌台车	9m、6m	台	2	左右线各1台
19	中隔墙衬砌台车	9m、6m	台	2	左右线各1台

续上表

序号	机械设备名称	规格、型号	单位	数量	备　注
20	高压输送泵	HTB60C	台	5	左右线各2台,备用1台
21	混凝土输送车	$8m^3$	台	4	左右线各2台
22	手拉葫芦	10t	台	12	左右线各6台
23	液压油缸	70t	台	8	左右线各4台
24	液压油缸	40t	台	4	左右线各2台
25	信号通信设施		套	2	视频装置、电铃、指示灯、对讲机等、左右线各1套
26	发电机	400kW	台	2	国家电网停电时使用

7　质量控制

严格执行《公路隧道施工规范》(JTJ 042—94)及《公路工程质量检验评定标准》(JTG F80/1—2004)要求,并在施工中注意以下事项。

7.1　通过岗前培训、技术交底、经验总结和岗位责任制等手段,规范操作行为,从人的因素上杜绝质量隐患的发生。

7.2　掌子面开挖轮廓放样时,必须考虑斜井纵坡的影响,即:掌子面(铅垂面)开挖轮廓为椭圆曲线或椭圆曲线的组合,而非圆曲线或圆曲线的组合。

7.3　测量放样必须准确,开挖要结合施钻人员的技术水平和习惯,安排到合适的位置上,钻孔时在钻杆上标出深度标记,控制钻孔深度。

7.4　安排熟练、有经验的风钻手进行周边眼的钻孔,以便控制斜井的倾角。

7.5　喷射时先喷拱架与岩面之间的间隙,再喷拱架周围,最后喷拱架之间,使拱架与开挖轮廓之间所有间隙充填密实。

7.6　规范注浆施工工艺,保证围岩注浆质量,确保施工安全。

7.7　中隔墙与拱部及仰拱结合部位必须按规范要求进行凿毛,且预埋钢筋位置准确,并加强该部位混凝土振捣,确保结合部位的施工质量,满足运营使用功能。

7.8　加强初期支护监控量测,并对量测数据进行分析,及时进行信息反馈,以指导施工。

7.9　对超前地质预报、预探数据和水文长期观测数据加强分析,以准确探明断层、影响带围岩特征及地下水的活动,以便于指导施工。

8　安全措施

由于斜井施工的特殊性,需制定严密可行的安全措施并严格遵守,才能确保施工安全。

8.1　严格遵守绞车信号制度。

8.2　对绞车、轨道、钢丝绳等严格按检查制度进行检查,并做好检查记录。

8.3　绞车操作严格贯彻执行主副司机制,对制动系统要在开车前进行检查,在确认无故障后方能使用。

8.4　绞车行驶不得超速,严格按信号及时减速、制动,轨道要顺直、接缝平整。

8.5　设置矿车跳道信息捕捉装置,实时将信号传送给绞车司机,以便立即停车处理。

8.6　抽水机要加强保养、损坏的要及时维修,要有一定的水泵储量,并能在出现险情时快速进行排水作业。

8.7　钢丝绳连接必须采用重型绳卡,绳卡数量不得少于6个,绳卡里端为钢丝绳断头端。

8.8 采用视频监控系统对矿车运行全过程进行监控与录像，直线段每间距150m设置一套，曲线段间距30m设置一套，其中卸碴位，变坡点，曲线起始、终止点各增设一套，由绞车副司机进行监视，发现问题及时停车处理。

8.9 衬砌台车必须确保地锚的安装质量，锚固段长度保证3m以上，养护14d以上方能使用。

8.10 台车定位前，预先在铺底中埋设短钢筋用做固定钢轨。

8.11 洞外准备2台并网发电机，可随时启动向洞内送电。

8.12 两矿车之间最突出部分之间的最小距离不得小于20cm，矿车最突出部分与斜井初期支护表面之间的最小距离不得小于30cm。

9 环保措施

对周边环境最大的保护是不破坏，因此，环境保护措施本着尽量少破坏、不破坏既有状态的原则而制定。

9.1 开工前组织全体干部职工进行生态资源环境保护知识学习，增强环保意识。

9.2 合理布置施工场地，生产、生活设施尽量布置在征地线以内，并在周围进行绿化，以尽量减少对原有环境的破坏。

9.3 做好生产、生活区的卫生工作，保持工地清洁，生活垃圾在指定的地点堆放。

9.4 井口及生活区设污水处理系统，经处理达到国家规定标准后再排放。

9.5 加强施工机械养护，禁止机械运转过程中产生的油污水未经处理就直接排放。

9.6 隧道内设专人检测洞内空气成分、粉尘含量及温度。减少大气污染及对粉尘污染防治等。

9.7 加强施工机械设备的维护保养，减少机械噪声，尽量减少施工对当地居民的不利影响。

9.8 弃碴要“先挡后弃”，并设环形截水沟，保证排水畅通，尽量不破坏原有地表径流通道。

9.9 富水段处理以“堵”为主，以“排”为辅，尽量减少因地下水损失对地面建筑的影响。

10 资源节约

10.1 材料运输工具适宜，装卸方法得当，防止损坏和遗洒。根据现场平面布置情况就近卸载，避免和减少二次搬运。

10.2 现场机具、设备、车辆冲洗用水必须设立循环用水装置。施工现场办公区、生活区的生活用水采用节水系统和节水器具，提高节水器具配置比率。项目临时用水应使用节水型产品，安装计量装置，采取针对性的节水措施。

10.3 制订合理施工能耗指标，提高施工能源利用率。设定生产、生活、办公和施工设备的用电控制指标，定期进行计量、核算、对比分析，并有预防与纠正措施。

11 效益分析

11.1 经济效益

(1)组合式开挖台架的开发使用，使进度加快，每循环可节约2个小时，仅工费可节省约40万元，工程成本能得到较好的控制。

(2)曲线物料运输工法的开发使用，减少了大型机械设备及附属辅助设施的投入，与分段运输法和刮板输送机提升法比较分别节省费用102万元和163万元。

(3)衬砌台车、泵送混凝土方案的实施，有效加快了衬砌速度，人工、机械的投入可减少约230万元，达到了较好的经济效益。

综上分析，本工法经济效益显著。

11.2 社会效益

大断面陡坡斜井的提升技术、衬砌台车、泵送混凝土施工技术等的成功应用，既节约了施工成本，又加快了施工进度,保证了石忠高速公路的按时建成,为西南地区的发展提供了交通便利。在一年多的施工中,未发生一起安全、质量事故,保障了施工人员和企业的生命和财产安全,体现了西南地区的公路建设的文明水平,具有良好的社会效益。

11.3 技术效益

本工法在大断面陡坡斜井施工中成功采用了斜井衬砌台车、泵送混凝土施工技术,为今后类似条件下斜井工程的设计和施工提供可靠的决策依据,填补了国内大倾角斜井施工的空白。

12 应用实例

12.1 方斗山隧道斜井工程

方斗山隧道斜井为专用通风巷道,分为左、右线。斜井全洞要进行二次混凝土衬砌,二次衬砌厚度为30~45cm。斜井衬砌设中隔墙,中隔墙厚度为30cm,为钢筋混凝土。

初期支护主要采用D22砂浆锚杆($L=2.5\sim3.0$m)+钢筋网+C20喷射混凝土。

本项目计划工期为26个月(2005.3.28~2007.5.28),斜井左线开挖支护计划工期14个月,斜井右线开挖支护计划16个月。斜井实际开工时间为2005年6月28日,左、右线斜井的实际工期分别只有11个月、13个月,比计划工期大大提前。

12.2 摩天岭隧道2号斜井

巫奉高速公路A19合同段摩天岭隧道2号斜井位于重庆市东部,岩性以砂岩、页岩、灰岩为主;该斜井作为巫奉高速公路重难点工程之一,担负7 353m摩天岭隧道右线的运营通风任务。斜井坡度大(24.95°)、长度长(816.763m),地质情况复杂多变,集破碎带、流沙地段、岩溶等地质灾害于一身,施工难度极大。

由于采用本施工工法技术,加快了斜井运输速度,有力地支持了斜井的快速掘进,使得斜井提前计划40余天掘进至井底。

12.3 象山隧道2号斜井

新建龙岩至厦门铁路ZD-I标段象山隧道2号斜井长506m,综合坡度22°,与正洞夹角39°26′11″,斜井与隧道采用正交双联连接方式,采用三车道有轨运输,承担正洞左、右线1 942m、2 416m施工任务,运输任务极为繁重;2号斜井作为正洞施工运输通道之一,总工期仅为35个月,但28个月内至少一个单洞(右线)须达到铺架条件,留给2号斜井开挖的时间仅为7个月,工期极为紧张。施工中,在采用本工法相关技术的基础上,科学规划,实现了斜井的快速掘进。

利用组合式门架台车施工多断面及大断面隧道二次衬砌工法

GGG(中企)D2103—2008

王付祥　朱家稳　刘学忠　徐富忠　马　俊　孟庆誉　梅卫锋
（中铁二局股份有限公司
中交第一公路工程局有限公司　中交一公局第一工程有限公司）

1　前言

近年来,随着我国经济建设的发展,城市化进程的不断加快,对基础设施,尤其是交通设施建设的需求在不断增加,出现了大量大断面、多断面隧道工程,且规模越来越大。采用大断面、多断面隧道方案,不仅能很好地满足特殊地质及地形条件、线桥隧衔接方式、总体路线线形的特殊要求,而且有利于公路整体线形规划和线形优化,可取得良好的技术经济效果,具有显著的经济、社会、环境效益。通过厦门市万石山、钟鼓山立交隧道群分岔部大断面衬砌台车的施工及杭新景高速公路 SJB5 合同段隧道工程实践,总结出了本工法。

2　工法特点

2.1　施工进度快。本工法选用双门架组合式衬砌台车,在衬砌断面变化时只需拆装上部组件,改装迅速。

2.2　双门架组合式衬砌台车,易组装、易拆除、且多数构件能在不同断面形式之间相互周转使用,节约材料。

2.3　台车断面可变。本组合台车通过变换加宽座和加高座来适应不同大断面的衬砌施工。

2.4　现场施工管理易控制。衬砌台车操作人员易于掌握拼装程序以及定位、加固、混凝土浇筑、台车拆除等操作要点,有利于现场施工管理和工序质量控制。

3　适用范围

本工法适用于地下互通、高速公路扩能等大断面、多断面形式隧道工程二次衬砌施工。

4　工艺原理

本工法是在常规台车单门架基础上增加一个门架形成可组可分的衬砌台车,适应城市地下立交公路隧道分岔部大断面衬砌施工。基本方法是,在 ZF1、ZF2、ZF3 三种不同形式断面台车拼装过程中,行走轮、主门架、立向螺旋千斤顶、门架纵向连接杆、门架横梁、门架立柱、门架下纵梁、钢模板等是构成台车的基本构件,列为不变构件。侧向调节丝杆、上部台架弦杆、上部台架立柱、型钢连接梁、模板等为可调构件。在进行台车拼装时,根据衬砌断面,可由 ZF1 断面到 ZF3 断面,也可从 ZF3 断面到 ZF1 断面进行衬砌(见图1),三种大断面尺寸见表1。从 ZF1 断面开始衬砌时,首先进行线路中线、水平测量,固定点位,根据测量点位进行铺枕木和钢轨,拼装台车下纵梁和行走轮,并进行吊装到位,加斜撑固定。其次拼装双主门架、连接梁、横梁、门架斜撑进行固定,再拼装上部千斤顶、纵梁、台架弦杆、侧向调节丝杆、型钢拱连接梁、台架立柱、衬砌钢拱,拼装完成后,进行中线水平测量和调整台车,进行固定。检查各连接件,组装钢模板,调节刹尖板,装挡头板,进行衬砌混凝土浇筑施工。拼装 ZF2 时,对不变构件行走到位,根据断面参数,对可变构件进行加工成型,拼装步骤同 ZF1 相同。拼装 ZF3 时,对双主门架进行分离，加连接横梁进行支撑固定，根据断面参数，不变构件不动，对可变构件进行加工成型，进行拼装，步骤也与 ZF1 相同。

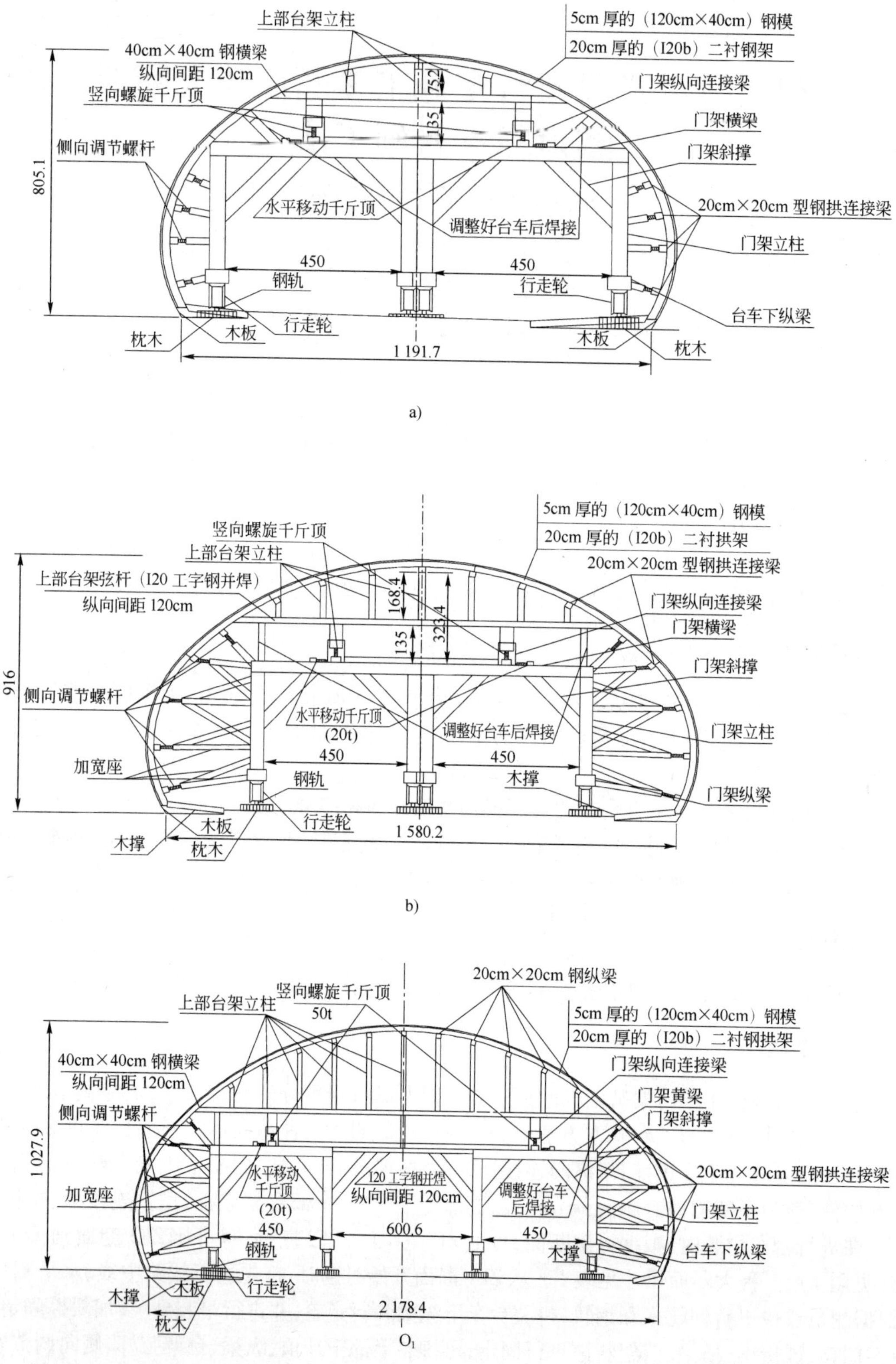

图 1　组合式台车构造图(尺寸单位:cm)

a) ZF1 组合式台车构造图；b) ZF2 组合式台车构造图；c) ZF3 组合式台车构造图

ZF1、ZF2、ZF3 衬砌断面尺寸表　　表1

衬砌类型	开挖高度(m)	开挖宽度(m)	衬砌厚度(m)	衬砌净高(m)	衬砌净宽(m)	备 注
ZF1 断面	9.16	14.82	0.55	7.64	13	
ZF2 断面	9.91	18.46	0.5	8.59	17	
ZF3 断面	11.78	25.4	0.8	9.99	23	

钢模板安装和普通台车相同,但混凝土灌注窗口的层间距比普通台车小,由于大断面衬砌厚度大,一次灌注高度过高会使台车移位或偏倒,因此混凝土灌注窗口的层间距应控制在1.5m,同时控制混凝土浇筑时间和入模量。

混凝土拆模,当混凝土强度达到设计强度的75%时进行拆模,挡头板从上至下拆除,松侧向调节丝杆,松上部千斤顶,让台车拱架整体缩到最小位,及时对模板校正、整修,铲除表面混凝土碎屑和污物并均匀涂刷脱模剂。铺设枕木和钢轨,台车行走,进入下一组衬砌混凝土。

5 施工工艺流程及操作要点

5.1 施工工艺流程

施工工艺流程见图2。

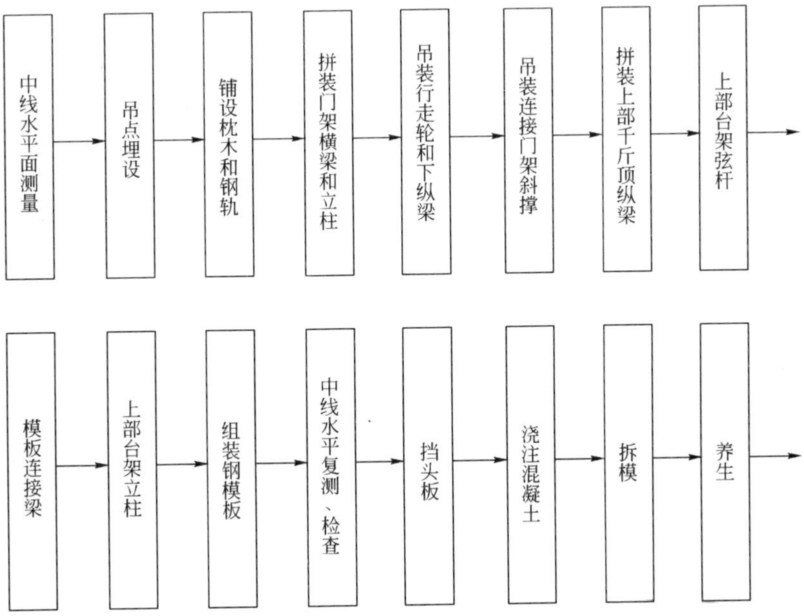

图2 施工工艺流程图

5.2 操作要点

5.2.1 ZF1 断面衬砌台车拼装

1)吊点布置

衬砌台车洞内拼装,采用隧道内埋设吊点方法拼装衬砌台车。即在支护好的拱顶同一横断面上每2m位置埋设1个吊点,共埋设3个;每个吊点按0.1m^{2}范围内垂直岩面以60°的外插角钻孔3个,孔深3.5m,装填砂浆锚杆,3根砂浆锚杆外露头成交错状。对3T的滑轮进行改装,同时将改装好的滑轮安装焊接在砂浆锚杆外露头上,作为3个不同的吊点,拼装衬砌台车时采用挖掘机和装载机配合进行吊装。

2)铺设枕木和钢轨

枕木尺寸按0.6m×0.2m×0.2m下料,在浇筑好的路面调平层上根据测量中线、水平定位点进行铺设枕木。钢轨选用12m和6m长两种,60kg重型轨下枕木垫,钢轨按4列铺设。ZF1、ZF2枕木按3列铺设,双门架中间两钢轨采用共用枕木,ZF3双门架分离,枕木铺设4列,见图3。

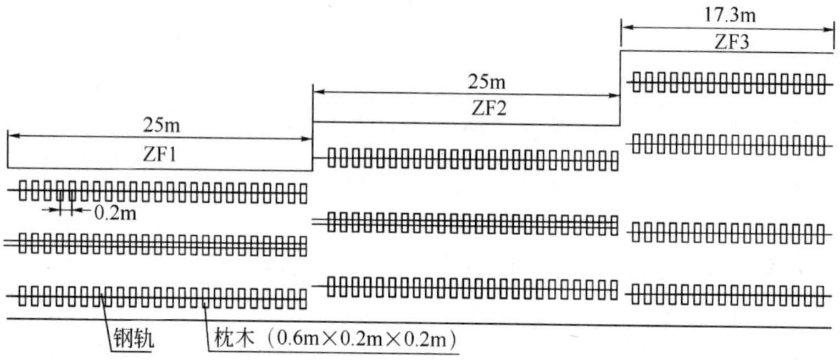

图3 A匝道分岔部钢轨、枕木布置图

3)衬砌台车行走

衬砌台车行走由主动轮、被动轮两部分组成,安装在两个主门架立柱下纵梁两端,支承在钢轨上,配置2台15kW电动机,由2套主动轮行走机构完成,电动机带动减速器,通过链条传动,使主动轮驱动整机行走,被动轮随动,同时制动器紧跟,保证衬砌台车行走安全。

4)主门架拼装(图4)

衬砌台车构件在现场加工,经检查合格后运抵洞内拼装,在浇筑好的路面上拼装主从动轮与下纵梁,门架立柱和横梁,上部纵梁及千斤顶座。根据测量中线、水平定位点,铺设枕木和钢轨,先将下纵梁及主从动轮吊在钢轨上,加斜撑固定,用木制三角形对行走轮进行制动,再吊装门架立柱和横梁,利用门架纵向边接梁和门架斜撑进行固定。在整个吊装过程中,采用ϕ16mm钢丝绳一端固定在连接好的构件上,通过拱顶定滑轮,另一端固定在挖掘机斗背上的挂钩,通过挖掘机行走,将单个门架吊装在下纵梁上,用螺丝进行固定,横向双门架之间用螺栓连接,形成门架整体连接。整个台车拼装双门架6榀,纵向间距1.2m。

图4 衬砌台车主门架拼装成型

5)平移机构和升降机构拼装

拼装平移和升降机构时,先将竖向千斤顶座和伸缩套安装在门架横梁前后端的滑槽内,沿线路中线横向间距为340cm,用14cm×14cm的槽钢对焊连接。然后将水平千斤顶安装在滑槽两端,一端固定在门架横梁上,另一端支撑在竖向千斤顶座上。在中间门架横梁上沿线路中线横向间距为340cm位置分别安设竖向调节螺杆座,通过水平千斤顶和竖向千斤顶对衬砌台车上部台架横向和纵向进行调节。

6)上部台架及支撑拼装

拼装上部台架和支撑时,先将上部台架纵梁焊接在竖向千斤顶伸缩套上,并利用中间门架横梁上竖向调节丝杆支撑,纵向间距1.2m与中间各门架对应位置安装上部台架弦杆,在弦杆上安装对应长度的立柱,立柱上安装相对应的型钢拱纵向连接梁。按设计尺寸将侧向调节丝杆安装在门架立柱外侧,衬砌台车主架拼装完毕。

7)衬砌台车拱架、模板、加固及调试

用螺丝进行固定,横向双门架之间用螺栓连接,形成门架整体连接。整个台车拼装双门架6榀,纵向间距1.2m。

(1)衬砌台车模板拼装;每环台车模板由四片组成,拼装时先拼装拱部两片,后拼装边墙两片,拼装前先将台车轨道接长到台车长度的三倍,并移动台车主架离开吊点位置。将拱部单片模板运到相应吊点下面,在模板的中心焊接吊环,采用 ϕ16mm 钢丝绳一端固定在吊环上,通过拱顶定滑轮,另一端固定在挖掘机斗背上的挂钩,通过挖掘机行走,将单片模板吊起,然后移动台车主架和模板连接。拱部模板拼装完成后将台车整体移动离开拼装位置,将边墙模板按顺序树直靠在拼装位置的隧道边墙上,然后移动台车回到拼装位置,用手拉葫芦将边模连接到拱模上。

(2)ZF1 衬砌台车拼装完成后,对衬砌台车进行整体调试;由测量技术人员用全站仪对两端头进行定位测量和各主要部位进行测量和校验,同时埋设观测点,检查模板和净空尺寸,安装挡头板,整体加固,进行混凝土浇筑。

(3)整个 ZF1 台车拼装完成共用 7d。

(4)第一组 ZF1 混凝土浇筑完成后,使用 7 根 12m 长 I16 工字钢,其中 5m 用 5 组骑马卡卡在台车横梁上,外露 7m 用作挂设防水布及绑扎钢筋平台。

5.2.2 ZF1 衬砌断面与 ZF2 衬砌断面参数对比

根据 ZF1 与 ZF2 断面参数对比表(见表 1),ZF2 衬砌断面最高和最宽分别比 ZF1 高 0.95m,宽 4m,边墙半径同为 500cm,依据 3 个主要参数,更换衬砌台车拱部型钢拱架,对上部立柱加高和对侧向调节丝杆加宽座加宽。

5.2.3 ZF2 台车组拼步骤

(1)最后 1 组 ZF1 混凝土拆模后,衬砌台车行走到 ZF2 断面,依据断面对比表,衬砌台车双门架、平移机构、竖向千斤和竖向调节丝杆使用 ZF1 的不变。对衬砌台车可变部分全部拆除,先加高上部台架立柱 0.95m,弦杆加长 11.269m。

(2)侧向调节丝杆改进:在主门架上原安装 ZF1 侧向调节丝杆位置上,用 I16 工字钢焊接成直角三角形状 2m 加宽座,一端与门架外侧焊接,另一端固定在工字钢滑槽上的调节丝杆加宽座上。

(3)拱架改进:ZF1 衬砌台车拱架每榀采用 5 节拱架,而 ZF2 每榀拱架采用 7 节,其中边墙半径为 500cm 边墙拱不变。

(4)ZF2 台车整过组拼完成共用 9d。组拼完成后,进行加固、安装模板、台车调试方法同 ZF1。图 5 所示为 ZF2 台车拼装成型。

图 5 ZF2 台车拼装成型

5.2.4 ZF2 衬砌断面与 ZF3 衬砌断面参数对比

根据 ZF2 与 ZF3 断面参数对比表(见表 1),ZF3 衬砌断面最高和最宽分别比 ZF2 高 1.4m,宽 6m,边墙半径同为 500cm,依据 3 个主要参数,更换衬砌台车拱部型钢拱架,对上部立柱加高和调节双门架横向分离宽度。

5.2.5 ZF3 台车组拼步骤

(1)衬砌台车双主门架、侧向调节丝杆及三角形加宽座、台车平移机构、竖向千斤顶和竖向调节丝杆均与 ZF2 的相同。

(2)衬砌台车双门架进行分离:先将双门架立柱之间连接螺栓拆除,上部台架纵向连接梁不动,其他连接构件全部拆除,测量人员放好 ZF3 中线、水平点后,双门架横向间距边对边 6m 分离成 2 个主门架,铺设枕木和钢轨,在分离的单个主门架横梁之间用 6m 的 I20 工字钢对焊连接,门架立柱和工字钢之间增设 I20 工字钢斜撑,混凝土浇筑时需在分离的主门架立柱之间安设 ϕ150mm 钢管作对撑,保证台车刚度。对衬砌台车可变部分全部拆除,先加高上部台架立柱 1.4m(用 I16 工字钢对焊),弦杆加长 17.492m。

(3)衬砌台车上部加固:在台车上部台架和门架横梁间增设支撑柱:台架弦杆和门架横梁之间每榀均匀布置 12 根竖向 I20 工字钢作为支撑柱。

(4)侧向调节丝杆加工:在主门架上原安装 ZF2 侧向调节丝杆位置上,用 I16 工字钢焊接成直角三角形状 2m 加宽座,一端与门架外侧焊接,另一端固定在工字钢滑槽上的调节丝杆加宽座上。

(5)ZF3 整过衬砌台车拼装完成共用 14 天。拼装完成后,进行加固、安装模板、台车调试方法同 ZF1。图 6 所示为 ZF3 台车拼装成型。

图 6　ZF3 台车拼装成型

5.2.6　混凝土浇筑

(1)混凝土施工性能指和易性、坍落度、流动性以及施工时的强度等。因此,在施工过程中,应根据施工条件、构造条件、环境条件等,使之具有符合运输、灌注、捣固等作业的施工性能,项目部、商品混凝土公司、监理针对混凝土配合比进行了选定。

(2)混凝土采用商品混凝土,混凝土浇筑使用混凝土输送泵泵送,混凝土运输使用搅拌式混凝土运输车。

(3)浇筑混凝土时采用两侧对称浇筑,左右高差不大于 50cm,水平分层的厚度不大于 50cm,保证混凝土施工间歇时间不得超过两小时,每次浇筑高度不得超过 2.0m。

(4)混凝土浇筑时间控制,每次单侧浇筑高度和间隔时间,根据制定的浇筑时间和混凝土入模量,交替轮换浇筑,每次浇筑时间控制。见表 2。

不同断面一次浇筑时间表

表 2

衬 砌 断 面	ZF1	ZF2	ZF3	备　注
混凝土厚度(cm)	50	60	80	
4 块摸板 1.2m 混凝土量(m^3)	3.6	4.32	5.76	
每一罐车浇筑时间(min)	30	30	30	罐车 $8m^3$
输送泵转换时间(min)	15	15	15	
关模 3 片的时间(min)	25	25	25	
单侧灌注混凝土最多时间限制及车数的限制	≤80min ≤1 车	≤80min ≤1 车	≤80min ≤1.5 车	
每组混凝土灌注时间	12	13.5	16	
立模时间(h)	24	28	36	
脱模等待时间(h)	12	16	20	

(5)混凝土用内部捣固器(附着式捣固器)和插入式振捣器振捣,振捣时间每次不超过30s,振捣棒移动距离不得超过振捣器作用半径的1.5倍,插入混凝土深度一般不超过每层厚度的2/3。拱圈封顶混凝土应适当降低水灰比,增加泵送压力,振捣密实。防止与初期支护之间产生空洞现象。

(6)混凝土在浇筑过程中,重点控制拱顶剎尖封顶混凝土,从内向外端模方向浇筑,排除拱顶空气,保证拱顶混凝土密实。

(7)试验员重点控制混凝土泵送时间、速度快慢,及时进行调整,确保衬砌混凝土质量。各种断面平均浇筑一组(6m)混凝土时间统计见表3。各分岔部大断面月平均衬砌速度见表4。

表3

各种断面平均浇筑一组(6m)混凝土时间控制表

断　面	每组设计混凝土数量(m^3)	车　数	浇筑时间(h)	备　注
ZF1	80.94	10	12	
ZF2	90.3	12	13.5	
ZF3	175.8	22	16	

(8)在泵送混凝土过程中,现场技术人员监督木工对各支撑点进行检查,随着浇筑高度,增加检查密度。

表4

各分岔部大断面月平均衬砌速度表

工 作 面	大断面设计总长(m)	衬 砌 时 间	天数(d)	月平均衬砌速度(m)	备　注
A 匝道与钟鼓山分岔部3种断面	67.3	2006.8.13 ~ 2006.12.2	112	21.6	月平均数=完成总长/天数×30天(拆装台车时间计入该时间)
B 匝道与钟鼓山分岔部3种断面	87.83	2006.12.30 ~ 2007.4.7	99	28.6	
C 匝道与钟鼓山分岔部3种断面	166.73	2007.1.21 ~ 2007.6.2	133	42.3	

(9)混凝土拆模时间以封顶混凝土强度达到2.5MPa时便可脱模,此时边墙混凝土强度可达6~8MPa。具体拆模时间视洞内温度情况而有所不同:温度高时为16~20h,温度低时为24~36h。浇筑完衬砌后需进行养护,通常于10~12h后即洒水养护,洒水养生时间不少于7d。

6　人员、材料与设备

劳动力资源配备见表5,材料与设备见表6。

表5

劳动力资源配备表

序　号	工 种 名 称	班　　制	人　　数	人 员 合 计
一	台车拼装	3		
1	指挥	3	1	3
2	挖掘机司机	3	1	3
3	起重工	3	2	6
4	电焊工	3	2	6
5	机械工	3	2	6
6	电工	3	1	3
7	普工	3	3	9
合计		36人		
二	混凝土浇筑			
1	钢筋工	3	6	8
2	木工	2	2	4
3	混凝土工	2	4	8
4	试验工	2	1	2
5	电工	3	1	3
合计		25人		

材料与设备表

表6

序　号	机具机械名称	规格或型号	机具机械数量	备　注
1	砂轮切断机		2台	
2	钢轨	60kg	72m	
3	千斤顶		4个	
4	电焊机		4台	
5	挖掘机		1台	
6	装载机		2台	
7	混凝土输送泵	HBT-60	2台	1台备用
8	混凝土运输车	$8m^3$	4台	轮胎式
9	全站仪		1台	

7　质量控制

7.1　大断面检测:对开挖支护成型断面进行检测,对欠挖超出规范要求的,全部进行处理,确保欠挖在允许范围内。

7.2　大断面开挖及监控量测:二次衬砌混凝土浇筑在围岩和锚喷支护稳定后进行,位移速率趋于稳定,水平位移收敛小于每天0.2mm/d,拱顶下沉速率小于0.07~0.15mm/d。

7.3　施工场地在浇筑混凝土之前需清理干净,做好中线、水平及开挖断面检查工作,对欠挖部分,立即进行凿除。

7.4　岩面检查处理:对喷射混凝土表面外露的锚杆头或钢筋断头全部进行割除,以防刺破防水板;对凹凸不平部位进行修凿喷补,使喷射混凝土表面平顺。

7.5　防水层挂设:使用无射钉悬托施工,预留10%~15%富余量,接缝采用热黏法,确保隧道防水效果。防水层铺挂采用吊带铺挂,不允许用钉子将防水板钉在喷射混凝土层表面上。铺挂点壁面每$1m^2$不少于1个。采用羊角钉子或自制U形钉(以无尖角为原则)。

7.6　钢筋制作:钢筋在洞外下料制作成型,汽车运送到洞内施工现场进行焊接,使用麻绳固定钢筋中部,人工拖拉将单根钢筋吊入就位,减少因钢筋焊接对防水板的烧伤。

7.7　固定小块钢模板采用螺栓全部扣紧,保证在混凝土浇筑时,模板不移位。混凝土表面平整,光洁度好,不产生错台、错缝现象。

7.8　缓膨型止水条安设:采用挡头模板中部环向钉2cm×3cm方木条,使挡头混凝土表面预留出止水条凹槽,将缓膨型止水条黏连固定在凹槽内。

7.9　定位检查:当衬砌台车就位后,进行衬砌台车最后定位测量和布设监控观测点。观测点设在拱顶、拱腰、起拱线及拱脚7个位置。在浇筑过程中,观测衬砌台车受力情况,确保衬砌混凝土外观质量。

7.10　加固检查:台车因弹性变形而导致混凝土错台,影响混凝土外观质量。台车就位后,除按上述要求上好丝杆千斤外,另用ϕ150mm钢管作横撑,加以辅助支撑,以防止台车模板走样。模板下缘,是整个台车受力最集中点,另加钢支撑和枕木竖向加固模板下缘。实践证明,此法很有效,混凝土错台都控制在1.2cm以下。

7.11　为预防因黏模而造成混凝土表面麻面,衬砌台车脱模后,作业人员及时用电动砂盘对模板残余混凝土浆表面清除干净,校正、整修,并均匀涂刷脱模剂。

8 安全措施

衬砌台车在安装、拆除、行走整个施工中,高空作业、起重作业等工序多,加之洞内开挖施工,行人多、出碴车辆通行、相互干扰大,项目经理部要加强安全控制措施和施工过程的指挥配合协调工作。主要安全措施有。

8.1 制定了衬砌台车的安装、拆除安全操作规程,安排专人负责现场指挥施工人员、车辆通行,明确职责,做到令行禁止。

8.2 制定衬砌台车安装、撤除安全技术措施,组织班组操作人员进行交底,对起重工、电焊工、装载机司机、电工等特殊工种进行培训并持证上岗。

8.3 配齐操作人员的个人劳动保护用品,对高空作业配备安全带、安全绳、安全网,加强洞内照明和电器设备管理,由专职电工统一安装并经常检查电线路,确保用电安全。

8.4 在衬砌台车进行拼装和撤除施工过程中,每班设置一名安全检查员,负责指挥车辆通行,同时随时检查作业区施工安全。

8.5 钢丝绳和起吊钩每班必须进行检查,项目部安全质量负责人员定期组织对钢丝绳的检查,确保吊装安全。

8.6 拼装杂工在搬动各类材料时,应轻拿轻放,凡多人一起搬动的大件材料,必须统一指挥,防止失手,发生伤人事故。在机械搬动过程中,堆码高度不宜超过1.2m。

8.7 架子工在进行高空作业时,必须系安全带,所带工具必须装包,对大件工具应相互传递,严禁向下掷丢。在洞内掌子面进行出碴作业时,严禁高空作业。

9 环保措施

环境保护是我国的一项长期的基本国策,环境保护从我做起,保护人类共有的一个地球,创造美好舒适的工作环境和生活环境是我们义不容辞的责任,在隧道施工中应做到以下几点。

9.1 加强宣传教育和学习,认真贯彻国家颁布的《环境保护法》。

9.2 在施工范围内,必须保持施工场地整洁干净,对污染物、固体废物、废料要集中及时处理,防止生产垃圾污染四周环境。加强对废弃物排放的管理.对作业废水要集中沉淀处理后再排放,制止乱排乱放的现象发生,对固态废弃物集中存放,集中回收,集中处理。

9.3 结合城市市内施工实际,合理安排工序作业时间,对易产生噪声、污染、扬尘的工序,尽量避开在夜间时段(22.00~6.00)和午间时段(12.00~14.00),同时合理安排作业工序,尽量减小对周边居民的影响。加强噪声控制,对噪声源实施消音处理,保障人们正常生活和工作环境。

9.4 保护周边环境,开展美化环境工作,对作业场地范围外的草、树采取严格保护措施,做到不乱砍乱伐一草一木,对作业场地内的树木,不需要砍伐的坚决不砍伐,能保护的坚决保护。

9.5 提供洒水车,定时在洞内、便道等产生扬尘的地方洒水,保持便道湿润,使产生的扬尘、空气污染减至最低程度。

9.6 对施工范围内所产生的油污、泥水,必须排到沉淀池内进行沉淀,去除残渣及有害物质后,再排入城市地下污水管网。

9.7 冲洗骨料的水或施工废水,经过过滤、沉淀才允许排入城市地下污水管网。

9.8 工程完工后,及时对施工现场进行彻底清理。

10 效益分析

混凝土衬砌台车是隧道施工过程中二次衬砌不可缺少的非标产品,若12种分岔部大断面按正常断面全液压衬砌台车一样配备,那么施工大断面、分岔部将造成大量人力、物力、财力的浪费,直接影响整个工程进度,难以实现工期目标,因此选用组合式衬砌台车,从工期目标、施工进度指标上均能满足工期要求。本组合式台车与全液压衬砌台车相比,节约费用如表7所示。

经济效益分析

表7

成本项目	节省费用金额(万元)	备注
节约材料费和加工费	283.5	
台车液压系统	40.5	
设备及人工费	16.86	
合计	340.86	

各项费用的计算依据如下。

(1)采用本工法,使衬砌台车主架在隧道的各种断面中均能适用,共节约9台门架,平均每台门架需用钢材42t,共节约材料和加工费共计:42t×9×7 500元/t=2 835 000万元(钢材及加工每吨为7 500元)。

(2)采用本工法,在施工中每台台车节约液压系统1套,总共节约液压系统9套,共节约费用:9套×45 000元/套=405 000元。

(3)采用整体式模板台车衬砌,由于整体式衬砌台车比组装式模板少了一道组装、拆除拱架和模板的工序,缩短了衬砌循环周期,与采用组装式模板相比较:每模(6m)二次衬砌混凝土节省人工10工日×60元/工日=600元,本次二次衬砌洞身长980m,共节省600×980/6=98 000元;每模(6m)二次衬砌混凝土节省施工时间1d,从而节省施工时间为980/6×1=163d,节省施工机械费用为:输送泵13 000元/月×163/30=70 633元,此项合计节省168 633元。

社会效益:厦门市万石山、钟鼓山地下立交隧道群是目前国内首座完整的地下立交隧道工程,隧道位置地形、地质条件、设计结构(15种衬砌断面形式、17种衬砌断面形式的人防隧道)、施工条件、施工方法复杂,隧道形式上有普通公路隧道、超大断面隧道、连拱隧道、小净距隧道、双孔箱形明洞、拱形明洞、竖井、梯步斜井等多种形式,所通过的地质条件有Ⅱ~Ⅴ级围岩、断层破碎带、既有隧道施工时坍方形成了隧道扩建的不良地质,通过该项目的实施将对城市地下空间开发利用、各类隧道施工技术有着极其重要指导意义。本工法适合多种地质条件下、断面改变频繁的立交隧道群,可供今后同类隧道施工借鉴。

11 应用实例

万石山、钟鼓山隧道是由7条隧道组成的地下立交隧道群,共设6个分岔部、1个并线段、4个下穿段、15种隧道净空断面,最大开挖宽度26.69m,最大开挖高度11.99m。共计12种大断面形式,17种衬砌断面形式的人防隧道,在进行大断面衬砌施工中,按工期安排共投入了4台大断面衬砌台车,工期进度指标满足要求,在提高工作效率的同时保证了混凝土施工质量。衬砌混凝土表面密实,结构轮廓线条顺直美观,混凝土颜色均匀一致,施工缝平顺无错台。质量在验收时评定为优良。

杭新景高速公路SJB5合同段隧道中二衬混凝土采用整体式衬砌台车施工,在正常情况下每工作循环的施工周期是2.5d,在提高工作效率的同时保证了混凝土的施工质量。衬砌混凝土表面密实,结构轮廓线条顺直美观,混凝土颜色均匀一致,施工缝平顺无错台。质量在竣工验收时评定为优良。